本丛书为云南大学
"双一流"建设民族学一流学科建设项目成果

编委会

主　任：林文勋

副主任：何　明　关　凯　赵春盛　李志农　李晓斌

委　员（按姓氏笔画为序）：

马居里　马翀炜　马雪峰　马腾岳　王文光

王越平　牛　阁　龙晓燕　朱　敏　朱凌飞

庄孔韶　李永祥　李伟华　李丽双　何　俊

张　亮　张　赟　张海超　张锦鹏　陈庆德

陈学礼　周建新　郑　宇　赵海娟　高志英

谢夏珩

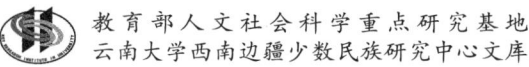

教育部人文社会科学重点研究基地
云南大学西南边疆少数民族研究中心文库

新民族志实验丛书·第二辑
主编 何明

杞麓湖畔

通海县纳古镇回族村民日志
（2009—2018年）

冯 瑜 编

纳文群 纳 杰 纳瑞媛 记录

冯 瑜 马晓雯 臧思沅 马秀艳
何马璐涵 李文月 许沁颖　整理

学苑出版社

图书在版编目（CIP）数据

杞麓湖畔：通海县纳古镇回族村民日志 / 冯瑜等编. — 北京：学苑出版社，2021.1
　　ISBN 978-7-5077-6134-4

　　Ⅰ.①杞… Ⅱ.①冯… Ⅲ.①乡村—概况—通海县 Ⅳ.① K927.44

中国版本图书馆 CIP 数据核字 (2021) 第 017207 号

责任编辑：战葆红
出版发行：学苑出版社
社　　址：北京市丰台区南方庄 2 号院 1 号楼
邮政编码：100079
网　　址：www.book001.com
电子信箱：xueyuanpress@163.com
联系电话：010-67601101（营销部）　 010-67603091（总编室）
印　刷　厂：河北赛文印刷有限公司
开本尺寸：710×1000　1/16
字　　数：1288 千字
印　　张：86.75
版　　次：2021 年 1 月第 1 版
印　　次：2021 年 1 月第 1 次印刷
定　　价：268.00 元

总序

"他者的倾诉":还话语权予文化持有者
——"村民日志"的民族志实验意义解读

何 明

5年前,我们在云南大学"211工程""十五"民族学重点学科建设方案中提出了设置"云南少数民族村寨跟踪调查与小康社会建设示范基地"项目。这是一项综合性的项目,既涉及民族学／文化人类学的理论研究,也涉及运用应用人类学"互动作业"方法及其他学科的方法以促进少数民族农村的社会主义小康社会建设和新农村建设等应用性研究,以及引进智力、项目、资金等发展实践运作问题;此外,还涉及人才培养、教学改革、民族学／文化人类学基础设施建设等内容。其中,在民族学／文化人类学理论研究中的一项具有探索性意义的工作便是:10个调查基地在当地各聘请若干名"村民日志"记录员,对本村每天发生的事情进行观察与记录,从中国少数民族农村的社会文化实际出发,把国际文化人类学界近20年来争论不休、模式各异的民族志书写问题在中国少数民族农村进行实验,让研究对象即文化持有者成为民族志的作者,运用"主位"(emic)方法,从"本文化"内部视角对自己民族和村寨的社会文化进行叙述与评论,以求在当代国际文化人类学的学术平台上进行中国民族志和文化人类学的"本土化"创新，促进具有时代特征和中国特色的文化人类学建设。

一、民族志：文化人类学知识生产的结晶和学术创新的核心

民族志（ethnography）和田野工作（fieldwork），是现代文化人类学具有区别性意义的重要特征。在文化人类学领域，这两项工作一般被视为古典人类学与现代人类学的分野。前者被称为"摇椅上的人类学"或"书斋里的人类学"——学者们不从事系统的田野工作，其学术成果也不是通过民族志的方式表达，学术研究和理论建构的资料来源大都是旅行家、传教士、殖民者、船员等曾目睹过异文化的人士所撰写的文字资料和历史档案文献，人类学家们不进行系统的田野调查，不撰写系统的民族志。从19世纪末起，文化人类学开始从古典向现代转型，其标志便是英国动物学家兼人类学家哈登（Alfred Cort Haddon）在1898—1899年两次率领剑桥大学的考察队赴托雷斯海峡进行田野调查并完成了6卷本的调查报告。其后在功能主义人类学的代表性人物马林诺夫斯基（B. K. Malinowski）和拉德克利夫-布朗（Alfred Reginald Radcliffe-Brown）的倡导与实践下，田野工作和民族志成为现代人类学所必不可少的两项核心性工作，并成为现代人类学的基本学术范式。其主要创新之处在于，"它将先前主要由业余学者或其他人员在非西方社会中进行的资料搜集活动以及由从事学术理论研究的专业人类学者在摇椅上进行的理论建构和分析活动结合成一个整体化的学术与职业实践"[①]。在现代学科体系中，田野调查和民族志通常被视为文化人类学区别于其他学科的学术方法特质，尽管社会学、考古学等学科也进行田野调查，但终究没有像文化人类学那样把田野调查和民族志当作不可或缺

[①] ［美］乔治·E.马尔库斯、米开尔·M.J.费彻尔：《作为文化批评的人类学》，王铭铭、蓝达居译，北京：生活·读书·新知三联书店1998年版，第39页。

的学术实践，也未能像文化人类学那样建构如此系统的田野调查范式和完成如此之多的民族志经典文本。

田野工作与民族志之间具有非常紧密的信赖关系和错综复杂的内在联系。从工作程序的表层上看，田野工作在前、民族志在后，民族志是对田野工作的调查过程和内容的记述，由此便形成了田野工作和民族志之间是因果关系，没有田野工作也就没有民族志的普遍认识。但事情远不是如此简单。若从认识论层面探究民族志作者的学术行动逻辑，那么就会发现，人类学家的意识绝不是一块由调查对象的文化任意书写的"白板"，民族志与其所书写的文化之间更不是简单的反映与被反映之类的线性关系。事实上，人类学家在进入田野之前早已形成了特定的学术范式或称"理论预设"。已故著名人类学家费孝通先生在总结自己对花蓝瑶和江村的两次调查时深刻地指出："在实地调查时没有理论作导线，所得的材料是零星的，没有意义的。我虽然在这一堆材料中，片断地缀成一书，但全书并没有一贯的理论，不能把所有的事实全部组成在一个主题之下，这是件无可讳言的缺点。"[①]事实上，人类学家选择何处作调查点、调查什么、怎么调查、如何解释等，均受其学术目标和理论范式的限定与影响。他或她是带着业已形成的术语、概念、范式进入田野，并按这些因素所框定的思维和视角进行体验、观察研究对象，或有意识地或无意识地对研究对象进行有选择性地关注与调查。也就是说，人类学家开始田野工作之前已经有了一个民族志写作的基本性的框架，这一框架或多或少、或强或弱地影响与左右着田野工作及其重点和方法。田野工作与民族志的关系是相互渗透、互为因果的。

民族志是文化人类学学术实践的核心产品。作为学者，人类学家的社会角色是知识生产者，其基本职责是对鲜为人知的异文化体系和人们所熟知的本文化体系进行描述、阐释与反思并将其公诸于学界和社会，

---

① 费孝通、张之毅：《云南三村》，天津：天津人民出版社1990年版，第12页。

也就是说，民族志是文化人类学知识生产的产品和结晶。田野工作因具有明显的私人性而无法直接诉诸公众，也无法让社会所共享，因而，从这一意义上看，田野工作是手段，民族志才是目的。纯思性的分析作品或称为"写文化之后"的工作，尽管也是文化人类学的重要组成部分，但其所分析的对象大都离不开民族志，或进一步分析民族志所叙述的文化，或以民族志为对象评论田野工作的方法，或探讨民族志撰写问题，从而使民族志成为文化人类学的理论研究的基础文本和主要对象。

民族志的创新是文化人类学学术创新的基础和关键。学术创新的一般进程大体是：发端于理论和方法的反思，运用于学术的研究过程，体现于学术研究的成果。文化人类学的理论方法反思的结果最终要通过田野工作的试验并体现于民族志的撰写，即"文化书写"的学术实践之中，而且不断创新的理论和方法只有转化为民族志撰写的实践，文化人类学才完成了学术范式的转换与创新，也才在实质意义上实现了学科的进步与发展。

费孝通先生的《江村经济》和林耀华先生的《金翼》是中国人类学在 20 世纪 40 年代学术创新最具标志性的成果，并有力地促进了中国人类学的进步与发展。这两部民族志受到当时国际人类学界最权威的人类学家的高度重视与全力推荐，被国内外许多高校列为人类学专业的必读书，至今仍然被人类学界公认为民族志的经典著作。之所以如此，主要在于它们具有前沿性和创新性等特征，是在国际人类学界较早进行"本文化"研究时的代表性成果。当时在国际人类学界盛行以"异文化"为研究对象的条件下，费先生和林先生大胆地把"本文化"作为研究对象，并分别将自己的家乡作为田野调查点，而且在一定程度上探索并实践了近 30 年之后由美国人类学家哈里斯（Marvin Harris）概括出的"主位"的研究方法。可以说，这两本民族志为国际人类学界关于研究对象由"异文化"向"本文化"回归，关于民族志书写的"主位"（emic）和"客位"（etic）区分的理论方法创新做出了有益的探索和重要的贡献。

《江村经济》和《金翼》两部经典民族志的成功案例，充分说明：民族志是文化人类学学术研究最核心的成果，民族志的创新在文化人类学学科创新中具有决定性的意义。

二、"更彻底地让研究对象发出自己的声音"：以当代国际人类学界"文化书写"问题为平台的实验

不同的时代有不同的学术创新平台。我们与西方人类学家同处于21世纪，共同享有人类智慧所创造的物质和精神产品，共同分享着当代思潮和知识体系等学术资源所搭建的学术交流、对话与创新平台。作为中国当代人类学工作者，我们只有关注与融入当代学术思潮，掌握与运用当前国际学术界的话语模式解读与回答中国社会文化问题，才能够登上当代学术舞台进行中国学术的"展演"，才能建构具有时代特征、中国特色的学术体系，也才能为当代社会文化背景下的知识生产贡献中国文化的智慧。

20世纪后半叶以来，当代思潮对被现代科学和学术奉为"圭臬"的"真实""客观""实证"等原则提出质疑与挑战，"主体""意义""语言"等问题受到各学科的普遍关注并成为讨论的焦点，出现了人文和社会科学各个学科的语言学转向态势。胡塞尔（Edmend Husserl）现象学哲学将人们的注意力从独立于人的意志之外的"客体"世界引向"意义"世界，结构主义理论认为这一"意义"世界与语言体系具有同构性而不是独立于语言体系之外，福柯（Michel Foucault）和德里达（Jacques Derrida）的解构主义则提出语言体系本身是不稳定的，语言在表意状物时具有"局限性"并形成意义的"延宕"，由此便引发了"叙述危机"或"表征危机"等的认识论危机和人文社会科学学科的"语言学的转向"。[①]

---

① 盛宁：《人文困惑与反思——西方后现代主义思潮批判》，北京：生活·读书·新知三联书店1997年版，第39—57页。

其将语言学理论模式作为认知范式,对已有理论和认识重新进行审视,颠覆总体性和同一性,强调多元化、相对主义和差异性,"它是怀疑论的、开放的、相对主义的和多元论的,赞美分裂而不是协调,破碎而不是整体,异质而不是单一。它把自我看作是多面的、流动的、临时的和没有任何实质性整一的"①。

在当代哲学思想、社会思潮和学术背景的影响下,文化人类学开始对20世纪初以来形成的学科范式和知识体系进行反思,具有浓厚的科学主义、实证主义倾向的功能主义等学术思想和以田野工作、民族志撰写为核心的学术范式被放到了"学术反思天平"上重新估量,形成了一股强劲的反思与解构的学术思潮。反思人类学对以功能主义为理论基础的传统民族志提出批评和挑战,认为其具有明显的局限性和不可靠性。其中最核心的问题是"在实证主义社会科学的霸权支配下,民族志的核心实践曾被掩饰和伪装"②,文化书写者遮蔽了所书写的文化和文化持有者的声音。传统民族志并非如其书写者所标榜的那样,是"异文化"的"客观""真实"的叙述,而是西方人类学家从自己的意识形态和学术目的出发重新建构出来的文化,是"被某些支配性的框架所控制和表述"③的文本。自20世纪初以来,西方人类学的田野工作大都在西方的殖民地进行,人类学家的西方文化与非西方文化在殖民主义的时代背景下碰撞,殖民主义等西方意识形态不可避免地影响甚至控制着田野调查和民族志的撰写,有人直接指责马林诺夫斯基的人生和学术与西方向非西方的文化渗透有着非常密切的关联性。④同时,民族志往往为人类学家的学术目的服务,如从功能主义理论出发的田野调查和形成的民族志,"习俗只

---

① [英]伊格尔顿:《后现代主义的幻象》,华明译,北京:商务印书馆2000年版,第2页。
② [美]乔治·E.马尔库斯、米开尔·M.J.费彻尔:《作为文化批评的人类学》,王铭铭、蓝达居译,北京:生活·读书·新知三联书店1998年版,第49页。
③ [美]爱德华·W.萨义德:《东方学》,王宇根译,北京:生活·读书·新知三联书店1999年版,第50页。
④ [美]Asad, Talal. *Anthropology and the Colonial Encounter*. London: Ithaca Press,1973.

是拜物教化了的功利"①。与此相对应的是，这些民族志为了突出所谓的"客观性"和"真实性"，大都采取了似乎是"价值无涉"的第三人称的书写方式，但从更深层次上看，则是剥夺了文化持有者的话语权以及自我、情感、世界观等的表达，实际上是人类学家借其研究对象的"自白"而阐述其思想观点的"任意裁剪"。除此之外，民族志在书写上也存在着日益僵化和程式化的问题，"它们的描述形成固定的连续性程序（生态学、经济、亲属制度、政治组织和宗教信仰），对调查者角色不再重视，死板地将制度的概念切割为泛文化比较的类型学窠臼"②。

为了克服传统民族志的缺陷，摆脱人类学的困境，当代国际人类学进入了"一个人文学科的实验时代"。西方人类学家们进行了多种形式的探索与各种实验，冠以各种名称、形式各异的民族志纷纷涌现出来，诸如"心理动力学民族志"（psychodynamic ethnographies）、新现实主义民族志（realistic ethnographies）、现代主义民族志（modernist ethnographies）等等，有的倡导采用"主位"（emic）的方法，有的运用人类学家与研究对象之间对话"并置"（juxtaposition）的方式，有的干脆邀请研究对象参与民族志的写作。尽管名目繁多、意见不一，但"这一实验趋势的任务就在于：跨越现存民族志文体的局限，描绘出更全面、更丰富的异文化经验图景"③，"更注重对他们赋予研究对象以意义的过程的反思，并更彻底地让研究对象能发出自己的声音"④。

我们如何进行属于中国文化的新民族志实验？我们的民族志如何"跨越现存民族志文体的局限"？怎样才能"更彻底地让研究对象能发出

---

① M·萨林斯：《文化与实践理性》，赵丙祥译，上海：上海人民出版社2002年版，第4页。
② [美]乔治·E.马尔库斯、米开尔·M.J.费彻尔：《作为文化批评的人类学》，王铭铭、蓝达居译，北京：生活·读书·新知三联书店1998年版，第50页。
③ [美]乔治·E.马尔库斯、米开尔·M.J.费彻尔：《作为文化批评的人类学》，王铭铭、蓝达居译，北京：生活·读书·新知三联书店1998年版，第69页。
④ [美]约翰·R.霍克、玛丽·乔·尼兹：《文化：社会学的视野》，周晓虹、徐彬译，北京：商务印书馆2002年版，第402—403页。

自己的声音"？经过反复思考与学术实践，我们选择了"村民日志"这一书写路径，目的是探讨一种让文化持有者的主体性从主流文化的"话语霸权"束缚下突围出来而从其文化内部的"主位"视角自主地叙述自己的社会文化与表达"自我"的模式，以求"描绘出更全面、更丰富的异文化经验图景"。

首先，文化持有者真正成为文化书写的主人，他们所做的日志是严格意义上的"主位"观察与描述的结果。自马林诺夫斯基提出"钻进土著人的心里"的田野准则之后，人类学家们在"钻进"的问题上进行了不懈的努力。至20世纪60年代，康克林（H. C. Conklin）、弗莱特（Charles O. Frake）等人在其"新民族志"（new ethnography）中极力倡导"主位"观察与描述的方法。其后，格尔兹（Clifford Geetz）及其弟子克利福德（James Clifford）等人发起的实验民族志（experimental ethnography）则提出了把原本被排除在外的合作研究者、田野居民等与民族志相关的人物也纳入民族志作者并让其语言直接进入文本的书写方法，即所谓"多音位"（polyphonic）模式。目前，上述学术实践的真实度、有效性、干扰性等问题仍然未能得到令人信服的解决，其深层根源则是研究者的主体性与研究对象的主体性之间的矛盾无论如何都难以弥合。两千多年前中国思想家庄子提出的"濠上之辨"难题始终无法破解，才出"浅描"的泥潭又入"过度阐释"的沼泽，才让文化持有者发出了自己的"声音"，而学者所属的社会无法理解的"嘘声"即起，按照马林诺夫斯基的金科玉律"钻进土著人的心里"后便发现，原来"钻进土著人的心里"的是带着坚固的西方社会文化结构"前置"的人类学家。而"村民日志"的作者是生长于斯的"土著"，是村寨社会文化的参与者和行动者，以他们的眼睛和头脑观察本村每天的日常生活，以他们的思维和语言表达对本村发生的大大小小事件的评价与感受，这才是严格意义上的"主位"方法，才能真正"从内部提供有关异文化的解说"，因而对记录者来说，"村民日志"是对"本文化"的记录与反思。

其次,"村民日志"的记录者连续性地归属于他／她所叙述的社会,因而他／她的视域与其叙述对象所包括的视域是高度重叠与融合的。在"本文化"研究中,人类学家尽管属于"本文化",但因其境遇使他／她与"本文化"之间产生了或深或浅的"历史时间间距",从而降低了研究者视域与研究对象所包含的视阈之间的重叠度或融合度。费孝通先生对自己在家乡的田野调查体验的反思充分地证明了这一点,他说:"我是这个县里长大的人,说着当地口音,我的姐姐又多年在村子里教老家育蚕制丝,我和当地居民的关系应当说是不该有什么隔阂的了。但是实际上却并不是这样简单。当时中国社会里存在着利益矛盾的阶级,而那一段时期也正是阶段矛盾激烈的时期。我自己是这个社会结构里的一个成员,在我自己的观点上以及在和当地居民的社会关系上,也就产生事实上的局限性。这种局限性表现在我对于所要观察的事实和我所接触的人物的优先选择上。尽管事先曾注意要避免主观的偏执,事后检查这种局限性还是存在的。"① "村民日志"的记录者不仅在文化认同上归属于本村的社会文化,而且境遇使他／她在实践和时间上连续性地归属于本村的社会文化,不存在"历史时间间距"所形成的视阈间隔,其视阈与所叙述的社会文化包含视阈是天然契合的与高度重叠的,因而"视阈融合"度不仅要高于"外来者",而且高于属于本文化的学者。

再次,"村民日志"的叙述场域是自然而常态的,记录者的心态与通常田野工作的"报道人"大相径庭。"报道人"是人类学田野调查时不可或缺的角色,他们的"报道"场域与其日常生活具有明显的差异,属于非常态性的——面对陌生的"外来者",围绕着研究者的询问话题进行"搜肠刮肚"的作答甚至"编造故事"。为了解决这一问题,实验民族志的一种做法是将人类学家与报道人之间的谈话过程呈现出来。然而,所呈现的仍然是非常态场域下的谈话——人类学家因拥有民族志的最终书

---

① 费孝通:《迈向人民的人类学》,《费孝通选集》,北京:海峡文艺出版社1996年版,第312—313页。

写权而不可回避地产生一定程度的"话语霸权",从而对文化持有者的话语表达产生干扰或渗入。"村民日志"则规避了这一问题,记录者的叙说话题是自主性的,叙说场域是常态的——在自己家中并无"他者",做到了"想说就说""想说什么就说什么""想怎么说就怎么说"。

由此,文化持有者的关注视角、价值观念、情感模式等主体性在"村民日志"中得到了逼真而完整的表达。如果从汉语表达和学术话语的角度看,10个村寨的日志则给人以非常明显的"参差不齐"之感。但这种"参差不齐"却含有一般语用所没有的含义,不仅呈现出10个村寨文化的差异性,而且"彰显"出许多实验民族志所追求而难以企及的不同民族、不同村寨文化的"认知图式"的差异。日志所记述的内容大多是饮食、生产等琐碎而重复的生计活动,似乎是"无关宏旨""不得要领"的唠叨,但这却是记录者基于他／她的立场对村中所发生的事件按照他／她所认定的重要性进行过筛选排序而记录下来的,是记录者及其所属文化对社会活动的选择,这恰恰体现出其关注视角、价值取向的特殊性。日志的语言表达既无文学作品的生动形象,也无学术论著的严谨高深,大多"平淡无奇""枯燥乏味",且各本日志在描述的详略、反思的深浅甚至语言的顺滞等方面均有较大差异,但却体现出各民族、各村寨文化的感知能力、表达能力、反思能力的差异,即其"镜像"识别的独特性和差异性。因而,尽管"村民日志"有悖于一般正式出版的文本,甚至与已有的民族志文本也大相径庭,但其内含的"张力"和所表达的意义的"深刻性",远非一般民族志所能企及,也正是许多实验民族志所追求的目标。

当然,来自"异文化"的学者的影响并不是说排除无遗,但我们所做的仅仅是:第一,选择"他"或"她"记录,提出了举例式的记录内容引导;第二,根据"于研究对象无害"的社会研究伦理原则,对于日志中可能会危及所描述的对象和记录人的正常生活的少量内容做了删节。

三、用汉语叙述：基于中国少数民族与汉族的文化关系的本土化实验

近年来，中国文化人类学的"本土化"的呼声渐强，且有对汉人社会研究的一些探索，但对于少数民族社会的研究，大都止于"需要本土化"之类的"舆论动员"，少有"如何本土化"方面的"指点迷津"，更缺乏"以身试法"的"躬身实践"。尽管这是一个相当复杂的问题，在此不做专门的探讨，但可以从中国文化人类学20世纪30～40年代的学科发展史中获得如下初步的启示，这就是：中国文化人类学"本土化"学术实践的核心是民族志的"本土化"，而民族志实现"本土化"的基本前提是，选择适合中国社会文化实际的途径，将国际文化人类学前沿性理论方法用于中国社会文化的田野调查与民族志书写的实验，以参与到当前国际文化人类学前沿性问题的探讨，并在当前国际学术前沿的平台上进行理论和方法的创新。

前文述及的费孝通先生的《江村经济》和林耀华先生的《金翼》两本经典民族志，不仅是学术创新的典型案例，同时也是中国文化人类学"本土化"的成功典范。两位人类学家以当时被国际人类学界所公认的理论和方法为学科平台，以具有悠久历史文化传统的中国社会文化为研究对象，并从中国社会文化的实际出发，分别选择了在西方工业文化影响之下的农村生活变迁和家族制度这两个最具中国社会文化特色并在中国社会文化中占据重要地位的问题进行调查研究，从本土文化的眼光和中国文化的表达方式进行民族志书写。诚如马林诺夫斯基所说："我敢预言费孝通博士的《中国农民的生活》（即《江村经济》）一书将被认为是人类学实地调查研究和理论工作发展中的一个里程碑。此书有一些杰出的优点，每一点都标志着一个新的发展。此书让我们注意的并不是一个小小的微不足道的部落，而是世界上一个最伟大的国家。作者并不是一

个外来人，在异国的土地上猎奇而写作的；此书的内容包含着一个公民对自己的人民进行观察的结果。这是一个土生土长的人在本乡人民中间进行工作的成果。如果说人贵有自知之明的话，那么，一个民族研究自己民族的人类学当然是最艰巨的，同样，这也是一个实地调查工作者的最珍贵的成就。"[1]弗思对《金翼》也做出了类似的评论，他说："作者（指林耀华——引者注）似乎是身临其境，不论是在药铺、在闺中、还是在土匪山老巢，他都能真实地告诉我们每个人物的言行举止，甚至能探寻他们的心灵深处，解释他们当时的动机和昔日的感情。……他写的是他的故乡，他从童年开始直至成年相识的人们。倘若他并不是一直与他们朝夕相处，至少他也是经常处于相同的环境。"[2]因而，尽管这两部民族志都先以英文版在国外出版，但无论是研究的对象和主题还是文化书写的视角和表达方式都是"本土化"的。

自《江村经济》和《金翼》问世以来，国际人类学发生了巨大的变化，当年被视为最先进、最科学的理论方法受到了反复的证实与证伪、肯定与否定的挑战，并从中发展、变异、衍生、创造出流派众多且取向相异的当代文化人类学理论和方法。中国人类学自20世纪80年代恢复发展以后，一批年轻人类学家尤其是曾留学欧美的人类学家进行了当代国际人类学的大量译介工作，这对于中国人类学的理论方法创新是非常必要的和不可或缺的。但这还是远远不够的，理论译介仅仅只是手段，目的是进行"本土化"创新，是将其作为背景、视野或工具对中国社会文化的事实和经验进行调查研究，撰写出具有时代特征、中国特色的民族志，解释与回答现代化进程中和全球化背景下的中国社会文化的理论和现实问题。因此，沿着费、林二位先生开辟的道路，站在当下国际人类学的

---

[1] ［英］马林诺夫斯基：《江村经济·序》，费孝通：《江村经济》，北京：商务印书馆2001年版，第13页。

[2] ［英］弗思：《金翼·英文版导言》，林耀华：《金翼》，北京：生活·读书·新知三联书店1989年版，第1—5页。

平台上，进行现时代的中国文化人类学理论方法创新，撰写出"本土化"的当代中国新民族志，这是时代赋予我们的职责和任务，也是当代学术背景下中国人类学学术创新的关键环节之一。

在当前国际人类学界关于民族志书写问题的研讨中，研究者与研究对象的关系是一个关键性的问题。因而，研究中国少数民族社会的民族志，要解决的一个首要问题是中国的人类学工作者即以汉文化为主导文化的研究者与研究对象即少数民族之间的关系有什么特征？以汉文化为前置文化结构的学者视角下的少数民族文化和西方人类学家视角下的非洲文化、印第安文化等，都可以称为"异文化"，但其"异"的程度和本质却是截然不同的。前者之"异"，是同一种文化之内的不同文化类型的差异或同一种文化类型之中不同文化分支的差异，即中华民族"一体格局"文化中的"多元"的差异；后者之"异"，是基本上没有实质性关联的两种文化之间的差异。费孝通先生提出的"中华民族的多元一体格局"命题，是理解与把握中华民族中各民族文化之间关系的关键词。一方面，中华民族的起源是多元的，各文化区、各民族以及各民族内部各支系之间的文化也是多元的，正是这种多样性、多元化的文化构成了色彩斑斓、博大精深的中华民族文化。另一方面，从新石器时期起，中华大地上的各文化区、各族群文化之间传播、接触、交流与融合的文化互动便开始了。从春秋战国时期起，各族之间的交流与融合进入频繁而密切的阶段。在汉族形成以后的两千年漫长历史中，其他族群融入汉族的所谓"汉化"和汉族融入少数民族的所谓"夷化"的"民族流动"从未停止过。在这种民族流动过程中，逐渐形成了一个凝聚多元文化的核心——汉族及其文化通过"一个点线结合，东密西疏的网络"[①]传播与融入各少数民族及其文化之中，从而构建起由区域性到全国性、由弱到强的多元一体格局。由此可见，在中国，以汉文化为基础的学者和作为研

---

① 费孝通：《中华民族的多元一体格局》，《费孝通选集》，北京：海峡文艺出版社1996年版，第350页。

究对象的少数民族之间的关系，是"一体"之内的"多元"的差异，两种文化之间存在着悠久、密切、深刻的内在联系，而且研究对象即少数民族文化中吸纳了汉文化的诸多因素，从而使中国人类学者与其研究对象之间保持着远非西方学者所能具备的亲密关系和沟通条件。

作为中国文化重要组成部分和中华民族交流沟通的最重要的工具，以汉文化为基础的汉语及其书写符号系统汉字早已为多数少数民族所接纳，除了大多数回族把汉语作为母语之外，许多少数民族还把汉字作为重要的甚至是唯一的书面记录与表达符号。随着近代以来民族—国家的形成、文化教育和现代传媒的推广，汉语在少数民族中程度不同地得到普及，绝大部分少数民族农村都有人能够使用汉语交流、运用汉字进行书面叙述表达。中国少数民族语言文化的这一特征，为村民们运用汉语记录成为可能，也使运用"村民日志"的模式描述中国少数民族社会文化的民族志实验具有了中国特色；同时，为了使之能够为更为广泛的群体所阅读，运用汉语记录也是一种别无他途的选择。

不可也不必隐讳的是，10本日志之间存在着文化书写和言语表达的明显差异。从表层上看，这一差异所呈现的是不同民族、不同村民运用汉语进行言说与表达的能力的差异，从而显示出不同民族、不同村民受汉文化影响程度的差异；从深层上看，在少数民族村民运用汉语记录的过程中，作为叙述的符号和传播中介，汉语及其特有的无意识结构和术语等被法国精神分析学家拉康（Jacques Lacan）称为交流对话的"第三参与者"因素，无疑参与到日志的文化叙述的建构之中了。但无论前者还是后者，其本身就具有学术研究的价值。美国语言学家、人类学家萨丕尔认为："言语这一人类活动，从一个社会集体到另一个社会集体，它的差别是无限度可说的，因为它纯然是一个集体的历史遗产，是长期相沿的社会习惯的产物。言语之有差别正如一切有创造性的事业都有差别，也许不是那么有意识的，但是正像不同民族之间，宗教、信仰、习俗、艺术都有差别一样。走路是一种机体的、本能性的功能（当然它不是一种本能);言语是一种非本能性的、获得的、'文化的'功能。"①因此,"村民日志"除了其所叙述的内容可以作为研究对象之外,文本本身亦可置于当代实验民族志研讨的学术背景下作为一种"社会事实"进行解读。

四、对话:多维交复话语张力的实验

"对话"是现代主义民族志的重要文本策略,"学者们认识到,在民族志里所要表述的经验,必须是发生于民族志作者与报道人之间的对话"②。为此,我们在"充分给予被研究者表达自己意见的空间"的同时,还采用了"充分对话"的文本策略。

《新民族志实验丛书》和《少数民族村落社会文化研究丛书》两套丛书的安排,是根据"充分对话"原则设计的。其中,既有同一文本内的"局内人"(insiders)与"局外人"(outsiders)之间的对话,又有不同文本的"局内人"与"局外人"的对话,而且在有的"村民日志"中还有"局内人"中不同性别、角色之间的对话。首先是"村民日志"同一文本中的"局内人"与"局外人"之间的对话,日志的主体部分是村民即"局内人"表达自己意见的空间,而"前言"及"村寨概况"则是研究者即"局外人"对研究对象基本概貌的解读。其次是两套丛书之间构成的对话,《新民族志实验丛书》的作者主要为村寨文化"局内人",而《少数民族村落社会文化研究丛书》的作者则是作为"局外人"的研究者,两者在同一时空内对同一对象做出的不同解读本身就是一种对话,这一对话事实上还具有留给读者进行分析的"张力"。最后是不同社会角色的"局内人"的对话,即在本课题设计时要求各个调查点选择2—3名性别、身份不同的记录者进行"村民日志"的记录工作,使同一本"村

---

① [美]爱德华·萨丕尔:《语言论》,陆卓元译,北京:商务印书馆2005年版,第4页。
② [美]乔治·E.马尔库斯、米开尔·M.J.费彻尔:《作为文化批评的人类学》,王铭铭、蓝达居译,北京:生活·读书·新知三联书店1998年版,第101页。

民日志"中出现同一村寨中不同社会角色之间的对话,但因有的记录者因患病、外出等各种复杂的原因未能坚持记录,从而使这一设计意图未能在全部"村民日志"中得到落实,出现有的日志由两位或两位以上记录者完成,有的日志则完全由一位记录者完成的情况。

正如美国人类学家马尔库斯和费彻尔所言:"在这样一个时代,我们承担着一种风险,即,我们既可能拥有巨大的潜能,也可能因走进死胡同而无能为力。"①我们"新民族志实验"的命运究竟是前者还是后者,只有让时间告知。

2020年5月6日午夜
草于白沙河畔寓所

---

① [美]乔治·E.马尔库斯、米开尔·M.J.费彻尔:《作为文化批评的人类学》,王铭铭、蓝达居译,北京:生活·读书·新知三联书店1998年版,第11页。

总 目 录

第 1 册

序言 /1

纳文群日志
2009—2018 年 /1

第 2 册

纳杰日志
2010—2013 年 /553

第 3 册

纳瑞媛日志
2014—2018 年 /869

目 录

序言 …………………………………………………………… 1
纳文群日志 …………………………………………………… 1
    2009 年 …………………………………………………… 3
    2010 年 …………………………………………………… 9
    2011 年 …………………………………………………… 67
    2012 年 …………………………………………………… 123
    2013 年 …………………………………………………… 177
    2014 年 …………………………………………………… 233
    2015 年 …………………………………………………… 271
    2016 年 …………………………………………………… 333
    2017 年 …………………………………………………… 409
    2018 年 …………………………………………………… 477

序　言

　　纳古镇位于东经102°45′1″、北纬24°11′2″，居滇中玉溪市通海县西北部，背靠狮子山，面临杞麓湖，离县城约12千米，镇辖面积12平方千米，地势北部依山较高，南部滨湖微低，平均海拔1805米。纳古镇东与二街村接壤，西与十街村毗邻，北与江川大街镇邻界，南与"秀甲南滇"的秀山翠峰隔湖相望，依山傍水，风光秀丽。历史上纳古镇分为纳家营、古城、三家村3个自然村，相互近邻，阡陌相连，鸡犬相闻。纳家营和古城形成于元明之际，三家村则形成于民国时期。中华人民共和国成立后，成立乡人民政府，取纳家营和古城两村的第一个字，冠予"纳古"两字，称"纳古镇"。定居在今天纳古镇的回族居民，是伊斯兰教的先知穆罕默德的后裔、布哈拉人赛典赤·赡思丁长子纳速拉丁长子伯颜儿子纳数鲁的嫡传后代。因此，纳数鲁是纳古镇回族的始祖。纳数鲁于元至正二十年(1360)随蒙古人阿喇帖木耳旆大元帅到达通海，镇守曲陀关，后继任为元帅。随军家属则先后选择了杞麓湖畔的纳家营安家落户。

2017年末，全镇总户数3364户，总人口9599人。少数民族人口7776人，占总人口的81%。纳古镇是一个以回族为主体民族的建制镇，回族人口众多，民族文化历史悠久，一直是滇南主要的回族聚居地及伊斯兰教文化重地。此外还居住有汉族、彝族、哈尼族、傣族、壮族、拉祜族等多个民族。纳古镇的回族都信仰伊斯兰教，分为两个教派：格迪目和哲赫林耶，其中格迪目派占纳古全镇回族人口的97%，哲赫林耶派占纳古全镇回族人口的3%。

全镇辖2个村民委员会，其中纳古纳家营村民委员会下设5个村民小组，纳古古城村民委员会下设2个村民小组。纳古镇共有党组织14个，其中党委1个、党总支2个、党支部11个。农村党支部9个，非公企业党支部2个，机关事业党支部2个。纳古镇共有中国共产党党员275人，其中女性党员127人，占党员总数的46.2%。35岁以下党员78名，占党员总数的28.4%；60岁以上党员68人，占党员总数的24.7%。少数民族党员176人，占党员总数的64%。大专以上学历党员72人，占党员总数的26.2%。支部类型主要有三种：农村党支部、非公企业党支部和机关党支部。

纳古镇是云南省著名的"侨乡"和"手工业之乡"。改革开放以来，个体私营经济长足发展，以建筑建材、五金刀具和清真食品为主要产业，主要产品有焊管、带钢、角钢、钢窗料、铝合金、工艺刀等。纳古镇历史文化浓厚，人才辈出，知名阿訇达400余人，将军、举人、进士30余人，享誉中外的阿拉伯文化泰斗、联合国教科文组织首届阿拉伯文化沙迦国际奖获得者纳忠教授和《一千零一夜》的译者、著名翻译家纳训先生都是纳古人。

现在的纳古，经济发展、社会稳定、民族团结、宗教和顺，人民安居乐业，先后被国家和省、市各级授予"全国民族团结进步先进集体""云南乡镇企业五十强乡（镇）""云南省体育特色乡（镇）""玉溪市发展工业经济先进乡镇"等荣誉称号。目前，纳古正紧紧围绕县委、县政府部署，实施"生态立镇、工业强镇、旅游兴镇、文化和镇"的发展战略，以"工业企业转型升级、旅游文化品牌打造、农村危房改造工程、基础设施建设"四个方面作为支撑，打造特色"旅游文化"小镇。充分开发伊斯兰风情民俗、历史文化等资源，打造伊斯兰特色精品乡村旅游，以旅游产业带动经济发展，真正把纳古打造成为一个生态环境优美、旅游发展成熟、产业结构合理、人民生活富裕、社会和谐稳定、民族宗教和顺的旅游文化小镇。

纳古镇回族人数、回族传统文化保存的完整性及回族经济发展的特点在云南省回族聚居区具有一定的典型性。2004年，云南大学启动建设纳古镇回族研究基地和示范基地。目前，研究基地已经接待过来自美国、日本、埃及、沙特、缅甸、意大利、澳大利亚、马来西亚等国家和国内一些大学的研究者。云南大学民族学与社会学学院冯瑜老师于2007年接手纳古镇回族研究基地负责工作一直到现在。

2009年7月27日—31日，国际人类学与民族学联合会第十六届大会在昆明召开，"纳古镇学术考察点"成为大会5个学术考察点之一。纳古镇回族研究基地承担了5天、每天120人次的来自世界各地的人类学专家的参观和接待工作。冯瑜老师做了《中国西部少数民族传统文化与工业化——云南纳古镇个案研究》的学术报告，并现场回答专家、代表们的提问。专家们观看了由云南大学制作的人类学影片《纳古穆斯林婚礼》，并参观了云南大学在民族学、人类学方面的研究成果展示。

云南大学纳古镇回族研究基地办公室设在纳古镇文化站三楼，由纳古镇镇政府免费为云南大学提供。研究基地办公室使用面积120平方米，配备有办公桌、电脑、会议桌，以及上千册图书。基地每年固定接待一次云南大学民族学专业本科二年级学生短期3天田野实习，截至2018年已经坚持了7年。同时，在暑假，承担来参加云南大学民族学暑期田野学校的学员田野调查任务，时间一般为20天。平时承担云南大学及其他高校老师、学生的田野调查接待任务，平均每月接待2人次。从2009

年至今，每年有 1～2 篇本科生、硕士生或博士生撰写的与纳古镇有关的论文产出，从经济、宗教、社群治理、手工艺、教育、外来务工等各方面进行学术研究和讨论。

纳古镇回族研究基地先后有纳文群、纳杰、纳瑞嫒三位当地村民为研究基地承担工作，每天坚持记录村民日志。纳古镇回族研究基地记录的日志从 2004 年至今，一直坚持，没有中断过，每年记录量约在 3 万字。记录员在各种重大节日中还进行影视拍摄记录。从 2009 年至今，已完成影视资料约 1200 分钟。

3 位日志记录员是 3 位回族女性。

纳文群是纳古镇中心小学高级教师，教龄 35 年，从 2004 年至今一直担任云南大学回族研究基地的日志记录工作。纳文群经验丰富、认真负责，对于日志记录工作怀有很深的感情和极大的热情。她所记录的日志除部分因工作原因而涉及中心小学的相关工作内容外，对村寨婚丧嫁娶、节日民俗、粮食蔬菜等方方面面都给予了细致入微的关注和观察。一个包裹在各种宗教庆典、宴席祝贺、日常往来、爱恨纠葛中的村寨形象跃然纸上。纳文群的日志语言平缓和蔼、娓娓道来，同时对村寨中存在的一些问题又不失鲜明的态度和犀利的评价，从中可以看出一位深深热爱着自己家乡的村民，对家乡的发展寄予的良好愿望和殷切期望。

纳杰，1979 年 9 月出生，曾从事民族宗教相关工作，2010—2013 年担任云南大学纳古镇回族研究基地日志记录工作。纳杰的日志有很大的比重关注纳古镇青年和他们的生活，她习惯通过网络来观测青年们的思想、态度和行动，她擅长将当地村民对某个问题的各方评论，甚至是争论的话语记录下来。纳杰的日志语言生动活泼，具有个性色彩，让我们能有机会一窥传统社区中青年们特有的状态，体察他们所面临的各种问题以及应对的方式。

纳瑞嫒，1977 年 10 月出生，大学学历，曾担任过中学老师，后调入纳古镇财政所工作至今，曾任纳古镇人民政府党委委员、妇联主席、机关支部书记、党政办专职副主任、财政所所长。纳瑞媛的日志工整严谨、一丝不苟，侧重于记录政府在纳古镇所开展的一系列工作。这些记录使我们能从政治、经济、文化的角度进一步解读纳古镇的变迁和发展，了解各方面的力量如何作用于当地，了解纳古镇如何应对产业结构转型的阵痛，并在各种困境中继续努力前进，不屈不挠。

最后需要说明的是，日志中涉及的一些专门的宗教词汇、日常用语，我们都一一做了注释，以方便读者的阅读。

2020 年 2 月

冯瑜

纳文群日志
2009—2018年

纳文群日志
2009年

2009 年 7 月 28 日—8 月 1 日

国际人类学与民族学专家到纳古考察。

国际人类学与民族学联合会第十六届大会于 7 月 27 日在昆明开幕，中共中央政治局常委、国务院副总理回良玉出席开幕式并致辞。这是国际人类学和民族学界的一场大规模、高规格的学术盛会，历来被称作"学界奥林匹克"，是第一次在中国举办，共有来自全球 100 多个国家和地区的 4000 多名专家、学者参会。中国方面提出的"人类、发展与文化多样性"的大会主题，直面当今人类学所面临的处境和问题，涵盖了人类学与民族学乃至人文社会科学各研究领域，得到国际学界的广泛认同。

作为本次大会的 5 个学术考察点之一——纳古镇，于 7 月 28 日至 8 月 1 日，分批次迎来了国内外 400 余名专家、代表。会场设在纳古镇中心小学。专家、代表们于每天上午 10 时左右抵达学校，在阶梯教室举行会议。云南财经大学教师张婷婷主持会议并致欢迎词，金杰担任现场翻译。镇长纳锦斋首先介绍纳古概况，并通过纪录片《纳古腾飞》全面展示纳古的政治、经济、文化、教育和宗教的发展历程。接着，由云南大学教师冯瑜作《中国西部少数民族传统文化与工业化——云南纳古镇个案研究》的学术报告，并现场回答专家、代表们的提问。每一个提问都很有针对性，甚至不无尖锐的问题，但冯瑜老师及相关领导，都能立足于本地实际，结合国家的民族政策，站在学术的高度，细致地为代表们答疑解惑，令他们十分满意。最后，代表们观看了人类学影片《纳古穆斯林婚礼》及云南大学民族研究的成果展示。会后，专家、代表们在学校餐厅就餐。餐厅提供中西餐具，丰富的菜品、水果、点心和饮料，使得国内外的客人十分欣悦。学校的杨云景老师问一位山东的教授："饭菜还合口味吧？"教授说："不是合口味，而是非常非常合口味，只可惜没多带一个胃来！"引得在场的人好一阵欢笑。在学校期间，专家、代表们纷纷题词、留言，英文、日文、泰文、印度文、阿拉伯文等多种文字题满了一本又一本的留言册，台湾辅仁大学等院校的一些学者、教授还当场泼墨挥毫，抒写感受，留下一幅幅墨宝。身着回族服装的礼仪队，更是引得专家、代表们争相合影。学校校长马灿敏、副书记纳文群及27个教职工也自愿加入志愿者的行列，引导代表们参观，热忱地为他们服务。

下午，专家、代表们告别纳古镇中心小学，前往纳家营清真寺参观，上千名的群众夹道欢迎，清真寺的阿訇①也早早地在清真寺门口迎接，暑期小学阿文班的学生们在门两边排成队列，以热情的祝安词"色了目"②和热烈的掌声欢迎国内外客人的到来，一段儿段儿的《古兰经》诵读令专家、代表们兴奋不已，纷纷和街边的群众问候，和阿訇们握手，并簇拥在孩子堆里留影。每一个参观点，都令他们流连。他们赞叹纳古小学的漂亮、纳家营清真寺的宏伟壮丽、女寺浓郁的中国古典建筑，也为纳古群众良好的精神风貌所吸引，照相机的灯光一直闪个不停。离开清真寺，代表们又分组参观了6个民居考察点，走进纳古百姓家，和主人们聊家常，了解他们的生产、生活，耳闻目睹纳古自古以来的变迁，主客互相邀请合影，客人向主人赠送名片，虽然主客语言不通，但可以看出主客的心是相通的，一座世界的友谊之桥架起来了。一连5天，各国、各地专家、学者，通过对纳古的实地考察，都纷纷表示，中国少数民族的文化、传统和宗教习俗都得到了很好的保护，中国多民族和谐、共同发展的局面给他们留下了深刻的印象，他们十分赞赏中国政府鼓励少数民族自主发展的政策。纳古将是他们难忘的一站。7月31日下午，最后一批国内外专家、代表离开纳古，本届大会在昆明落幕。

---

① "阿訇"，中国伊斯兰教职称谓。波斯语音译，意为"教师""学者"。亦译"阿衡""阿洪""阿宏"等。约自明代后期胡登洲开班经堂教育时起，中国穆斯林开始称教授经文的教师为"阿訇"，后逐渐流行。（参见：中国伊斯兰百科全书编委会编.中国伊斯兰百科全书[M].成都：四川辞书出版社，1994:13.）

② "色了目"，又写作"色兰"，伊斯兰教礼仪用语。又译作"塞拉姆""色俩目"，意为"和平""平安""安宁"。意为"愿主的安宁降临于你们！"（参见：中国伊斯兰百科全书编委会编.中国伊斯兰百科全书[M].成都：四川辞书出版社，1994:484.）

8月1日上午，上一届国际人类学与民族学联合会主席瓦格斯，新一届国际人类学与民族学联合会主席纳斯、副主席索菲亚等贵宾，在省外事办李处长的陪同下，到纳古学术考察点的学校、纳家营清真寺和两户民居访问，并愉快地在学校餐厅就餐，给予纳古学术考察点几天来的接待工作很高的评价。

通过本届大会及专家、代表们的来访、考察，纳古的民族文化得到了传播，这也为纳古进一步走向世界提供了良好的机遇和有利条件。

纳文群日志
2010年

2010年4月1日

今天,一场雨啪啦啪啦,拍打着屋顶,拍打着窗户,拍打着外面的树,拍打着大地。下雨了,雨水滋润着大地;下雨了,人们的身心也得到了滋润,这是百年不遇的大旱时下的一场雨,虽然这是一场人工降雨,而且是打了260多炮才降下的雨,但是,它也足以让村民们兴奋不已,这场雨使我们看到了希望!

2010年4月2日

前几天,在纳古打临工的两伙人因争下货而互相追打,一个残疾民工被砍死,媳妇也是残疾人,还带着一个8个月大的孩子。村民们听说后说:"啊呀!可怜了,我们帮帮她!"首先是把埋体①抬到清真寺,为不幸的死者站"者那则"②,按照伊斯兰教的规矩安埋。然后在清真寺大门口,大家一个人凑点,为他们母子筹了2万多元现金,以此表达大家的怜悯之心。

2010年4月3日

纳古的企业老板们说生意难做。从2010年初至3月28日,在短短的3个月时间内,国内主要品种钢材价格每吨已上涨了700元,部分地区部分品种的钢材甚至出现了1000元的涨幅。截至3月30日,各地多种钢材价格比上周又上涨了110~200元/吨不等。"以前是一个月一个价,现在是一天一个价",虽然今年以来买卖不少,但不一定都是赚钱的生意,很多时候,都在赔钱出货。谈及原因,他们直言"都是铁矿石价格不稳惹的祸"。因为,他们与部分大客户都是按照合同价走货。

---

① "阿敏",伊斯兰教用语,系阿拉伯语音译,源自希伯来语,意为"祈主准我所求"。(参见:中国伊斯兰百科全书编委会编.中国伊斯兰百科全书[M].成都:四川辞书出版社,1994:29.)

② "者那则",当地又称为"站拜",伊斯兰教殡礼仪式。中国穆斯林如遇"者那则"必争相参加,以示穆斯林兄弟之哀悼告别,被视为一种义务。(参见:中国伊斯兰百科全书编委会编.中国伊斯兰百科全书[M].成都:四川辞书出版社,1994:736-737.)

比如合同价是每吨4500元，客户提货的时候购买原料的价已经成了每吨4600元，为了保持信誉，他们只能按照合同价"咬牙亏本出货"。除了价格上的影响，销售总量也受到了影响，好多客户知道了钢材涨价的消息，现在过来大部分都只是询价，并不出手购买，没有办法！

2010年4月4日

去年入秋以来西南五省遭遇了百年难遇的大旱。峨山县回族村子甸百亩，在这次大旱中受灾很重，饮用水已干枯。纳古几个志愿者为甸百亩的村民捐款抗旱，此次活动得到了纳古广大穆斯林的大力支持，有的老板捐出几千元，同时运送云南山泉大瓶1.5升1200瓶、现金20300元，为他们解决喝水难的问题出一点力。

2010年4月5日

每月的5号是电力公司抄表停电的日子，这日8点又停电了，如今电与百姓的生活越发密切啦，烧水、煮饭、炒菜、洗衣、上网、看电视……尤其是厂里要停产，唉！影响生产啦！

2010年4月7日

七组一个村民生的一个女娃娃20多天了，家人们忙碌两天，请了200多桌亲朋好友，为孩子酬祝米客[①]。和小重孙的老祖在清真寺一同学习念经的同学70多人都来做客。

2010年4月8日

这日两点来钟，年仅48岁的纳静书，因患肺癌医治无效，归真。[②]

---

① "祝米客"，当地小孩子满月请客称为"祝米客"。
② "归真"，伊斯兰教族认为人的死亡是回到人的创造者真主那里，所以称为"归真"。

她有 4 个孩子。她短暂的一生很勤奋，在自家的厂里善于管理，生意顺利，家常也办得好，对人热情大方，深受亲朋好友的喜爱，死呢可惜了，对于她得的病，村民们担忧：纳古近几年环境污染严重，得病的人多了。

2010 年 4 月 9 日

面对大旱，纳古镇部分企业慷慨解囊，抗旱救灾为纳古打井工程捐款：连铸钢铁工贸有限公司捐款 2 万元；热带轧钢厂、巨峰高频焊管有限公司、大升经贸有限公司、恒华物资有限公司各捐款 1 万元；日辉钢铁工贸有限公司、大康工贸有限公司、康宏工贸有限公司、大升工贸有限公司、华侨铰链有限公司各捐款 5000 元；鸿翔焊管有限公司捐款 3000 元；锦程刀具有限公司、西南焊管有限公司、纳古工贸集团股份有限公司、方圆工贸有限公司各捐款 2000 元；恒瑞工贸有限公司捐款 1000 元；灿达实业工贸有限公司捐款 500 元，合计 97500 元。

2010 年 4 月 10 日

两年前的 4 月 10 日那天，在通建高速蚂蚁山大桥附近出了一起连环撞车事故，死伤惨重，据说死亡 10 多人，仅纳家营就有 4 人不幸遇难，再加上前两天另一起事故中受伤的一人也在这一天归真，一个 8000 多人的小镇陷入极度的悲伤中。村民们不禁感叹："啊呀！这个顿亚①老实淡啦！跟的才出克的人，一个小时呢没有就说人死了！"大家三五成群相约来到亡人家里"问死"，②为亡人做堵阿，③祈祷后世"得好"，

---

① "顿亚"，阿拉伯语音译，"现世""今世"的意思。伊斯兰教把世界分为今世和后世，活人生活的世界是今世，死后的世界是后世，并认为今世是短暂的，后世是永恒的，穆斯林在今世的宗教功修决定了其在后世天堂或火狱的归宿。

② 回族听到有人即将亡故或已经亡故的消息，要跟到丧主家慰问家属，当地人称为"问死"。

③ "堵阿"，伊斯兰教的功修和礼俗用语，阿拉伯语音译，意为"祈祷"。（参见：中国伊斯兰百科全书编委会编. 中国伊斯兰百科全书[M]. 成都：四川辞书出版社，1994:136.）

并且安慰死者家属节哀顺变。现在，两年过去了，近几天，家人们陆续为亡人做两周年，请师傅①到家里开经，②请亲戚朋友到家里做客。

2010 年 4 月 11 日

"走！出发了！"几个老倌儿③包了一张面包车，约着要去寻甸柯度做圣节。他们经常外出，走遍了云南各地的大小回民村寨。

2010 年 4 月 12 日

享有"篮球之乡"美称的纳古镇今日又拉开了篮球比赛的序幕。纳古镇中心小学第三届"茴香杯"篮球赛开始了，4～6 年级 21 个班，男女队共 42 个参赛队，分初赛和决赛两个阶段进行，家长们还给孩子买了球队服装。"赶紧走克瞧阿些小娃打篮球克"，村民们相约来到学校，为孩子们加油！助威！有几个篮球前辈还现场当起临时教练，美滋滋地看着。

2010 年 4 月 13 日

目前旱情仍在持续发展，灾情仍在进一步加深加重。通海县委组织部要求全县在职职工，充分发扬"一方有难、八方支援"的传统美德，关注灾情、伸出援手、慷慨解囊，帮助灾区人民共渡难关。公务员捐款标准为科级每人 1500 元，副科级每人 1000 元，职员每人 600 元；教师捐款标准为副高职称每人 1200 元，中级职称每人 800 元，初级职称及其他人员每人 400 元，纳古镇政府和学校职工踊跃捐款，纳古镇中心小学学校教师捐款 52320 元，上交到县民政局，将送往受灾严重的地区。

---

① "师傅"，当地人称呼伊斯兰教教职人员阿訇为"师傅"。
② "开经"，中国穆斯林宗教仪式。"开经"即请阿訇诵读《古兰经》。穆斯林对诵读《古兰经》非常虔诚，因此在诵读《古兰经》30 本（卷）时，首先请阿訇开经，由其逐日 1 本，30 天诵读完；如果是集体开经，则按所请阿訇的多少开一本或几本，诵读完后举行"圆经"仪式。（参见：中国伊斯兰百科全书编委会编．中国伊斯兰百科全书 [M]．成都：四川辞书出版社，1994:282、716.）
③ "老倌儿"，云南方言，男性老人。

2010年4月14日

2010年4月14日晨,青海省玉树县发生两次地震,最高震级7.1级,地震震中位于县城附近。

2010年4月15日

昨天夜里,下雨了!今天空气清新,气温宜人,花草树木焕然一新,大家见面就说,终于下雨了!

2010年4月16日

今天是星期五,做完"主麻"①的程序,今天加了两拜"求雨拜"。全村的男人,上自八九十岁,小到四五岁,两千多人,虔诚求雨,盼望早日结束干旱。

2010年4月17日

今天,下雨了,大家都说是村民们做"求雨拜"心诚。

三组纳顺民的父亲归真,80多岁。一条街的邻居合伙请死人家属以及远方来送"埋体"的客人吃饭,四五桌人。据我们这里的习俗,3天内本家是不起火的,都是亲戚朋友们请吃饭,这个习惯很好,是安慰死人家属的一种方式。听说,汉族死了人还得忙着煮饭招待客人。

2010年4月18日

四组纳文洁的奶奶归真30周年,亡人的两个儿子(家瑞、家琨)每年都要请阿訇念经、开经,今天两家分别请阿訇到家里开经,纪念亡人。

---

① "主麻",指伊斯兰教规定的天命拜功之一,亦称"聚礼"。阿拉伯语音译。因在每周主麻日(星期五)举行,故名。(参见:中国伊斯兰百科全书编委会编.中国伊斯兰百科全书[M].成都:四川辞书出版社,1994:768.)

2010 年 4 月 19 日

四组运华的父亲，60 多岁，前天，听说有人归真了，就去"问死"，在路上被二街村过路的一辆摩托车撞倒，在玉溪市医院抢救无效归真了，邻居和亲戚们赶来收家、抬水板，准备停"埋体"，他重庆上班的女儿和女婿也赶回来了。

2010 年 4 月 20 日

1. 长时间的干旱使得杞麓湖入湖河道长期处于低水位运行，甚至干涸，而沿湖乡镇、村组的疏于管护使得河道内垃圾众多，造成河道拥堵，存在的隐患令人担忧，一旦雨季来临，又将给杞麓湖带去多少污染？甚至堵塞，将致湖水泛滥成灾。"未雨绸缪""抗旱防涝"并重，在省、市、县的统筹部署下，今天上午，全县组织 2 万人，清理杞麓湖入口垃圾。我们纳古也不例外，由镇政府组织 2000 多名群众参加义务劳动，抓住雨季来临前的有利时机，对河道、沟渠进行有效清理，预防"前面抗完旱，后面又抗涝"。

2. 截至 4 月 20 日 10 时，玉树地震遇难人数为 2046 人，失踪 193 人，受伤 12135 人，其中重伤 1434 人。为表达全国各族人民对青海玉树地震遇难同胞的深切哀悼，2010 年 4 月 20 日国务院决定，2010 年 4 月 21 日举行全国哀悼活动，全国和驻外使领馆下半旗志哀，停止公共娱乐活动。

2010 年 4 月 21 日

"逝者已去，给我们留下了感伤和思念，此时此刻，任何语言都无法让我们释怀……"今天是全国哀悼日，上午 10 点在我们纳古镇政府、清真寺、小学都降下了半旗，表达对玉树地震遇难同胞的哀悼。在纳古小学，师生们在 3 分钟的默哀时间里，有学生眼含泪水，还有些学生小声抽泣。一位老师伤心地说："学校降半旗的那一刻，整个心都飞向了玉树，如同两年前的汶川一样。"老师们专门出了地震专刊，一（3）

班的老师带领学生齐声高喊"加油玉树、加油中国"。

2010 年 4 月 22 日

以四（3）班班主任纳瑞飞日志为例：学校的"茵香杯"篮球赛正在如火如荼地进行中。上周进行的是淘汰赛，非常残酷。周一，是我班女生对阵（6）班，以两球之差输了，孩子们很不服气，先是号啕大哭，接着竟约（6）班女生再来一局，闹出了不小的矛盾。我深刻地反思自己，哪里出错了？第一，比赛当天，我因为开会，没能到场助威，输了士气；第二，学生过于轻敌，输在了傲气；第三，散会后，因为我的疏忽，没能及时安慰、开导孩子们受伤的心灵。

周五是男生的比赛，也是对阵（6）班。虽然我班拿下了比赛，可以说赛况是空前的激烈，两班比分咬得很紧，两局后，（6）班以5分的优势遥遥领先。第三局，我及时调整了上场阵容，孩子们竭尽全力，一分一分地将比分追了上来，"平了，平了！"孩子们欢呼着。第四局，我悬着的心终于放了下来，以2分的优势取得了决赛权。呵呵，这一切，都是全班孩子努力的结果。可是，更惨烈的比赛还在后面。

周六、周日休整了两天，做好了打决赛的准备。

本周二早上，迎来了决赛的第一场球。两班势均力敌，比分咬得很死。第二局快结束的时候，主将纳锦凡运球摔倒在地，右手手腕受伤，此时的我也顾不上比赛了，立即换下了凡凡。第三局开始了，因为缺少了主将，在场上的队员打得慌乱，可能是受了我班的影响，(1)班同学也乱了阵脚，第三局，（1）班没进球，我班进了一个。在比赛快结束时，另外一个队员左手手腕又受伤了，请求换人，大家都争着要求上场，我犹豫着，当我回过神来，只见纳锦凡忍着伤痛已经在场上奔跑着了。这场比赛，孩子们以坚强的毅力拿下了。我欣喜万分，也不由得佩服起孩子们来，你们真棒！

今天，又要对阵（4）班了，我的心态平静了不少。在赛场上，相信孩子们，他们是最棒的。

2010 年 4 月 23—29 日

23—29 日纳文群和纳杰到云南大学培训"村民影像记录"。

2010 年 4 月 24 日

今天晚上，纳古两户村民因在三中读书的儿子在学校打架，导致两个家长气冲冲地来到三中大打出手，动了刀子，打得血迹斑斑，吓坏了同宿舍的孩子们，造成极坏的影响。

2010 年 4 月 27 日

四组马天荣的父亲60岁左右，突发脑出血，从得病到归真只有两个小时。村民们说："啊呀！死呢老实脆了，害怕了！害怕了！赶紧抓紧拜功，①生死路上无老少。"

2010 年 4 月 28 日

三中的学校领导来到纳古，请来了党委书记武林、人大主席马恒骧、镇长纳锦斋、清真寺教长纳寿慈、管委会主任马儒魁、小学校长马灿敏，会上通报了24号在三中发生的事情，而且公安已经介入，参会人员认为事情的发生非常不应该，支持三中严肃处理。纳古村民得知此事后，大家都觉得这件事中的两个家长给纳古人脸上抹了黑，太害羞了！

2010 年 4 月 29 日

马月娇的爷爷80多岁，卧病在床两年，儿女们服侍得很细心周到，今天归真。

---

① "拜功"，伊斯兰教信仰中的"五功"之一。"五功"为：念、礼、斋、课、朝。礼，即礼拜，故又称为"拜功"。

2010年5月1日

"五一节到了,格克哪点儿玩玩呢?"伙伴们或兄弟姐妹们相约外出,有的自驾车到远处去旅游,有的准备好凉米线、包着冷饭来到后山休闲,去采白刺花。

2010年5月2日　晴

清真寺组织管委会人员及营的小有名气的企业家到各个企业去捐功德,这次为清真寺"建盖教学楼"而捐款,3天的时间共捐款80多万元,捐得最多的是转炉厂,捐款15万元,像这样的捐款每年都有一两次。

2010年5月3日　晴

"伊晴园"是纳古镇一家颇具规模、上档次的清真馆,因扩建停业9个月,今天终于开张了,一共拥有约40张餐桌,口味也不错,这回多了一个去处,可以换换口味啦。

2010年5月4日　晴

最近全国连续出现几起校园凶杀案,引起各级领导的重视,县教育局局长、镇长、派出所所长约10人到学校召开安全专题会议,要求加强门卫管理,各校进行安全隐患排查,及时进行整改,制定预案,杜绝恶性事件在学校发生。

2010年5月5日　晴

今天,马月娇老师的爷爷归真7天筹客,请客200多桌,村民们八九点就去了,学校118个同事去做客,是到11点半放学后出去的。没有收礼,按原来的习惯死人筹客要收礼的,街坊礼是30元、50元,较亲近的人家送得更多,有一两年的时间开始改的习惯。

通海县五中教师男女队,到纳古小学和我校教师进行篮球友谊赛,她们女队打得很好,男队稍弱,纳古小学男队打得很好,在通海县赢过很多场次了。赛后招待他们晚饭。

2010年5月6日　晴

学校党支部、团支部组织党员24人、团员41人、入党积极分子4人、年级组长9人及学校领导共78人到纳古优秀企业"马老表米线厂"参观,回来后全校教职工118人共进晚餐。

2010年5月7日　晴

百年不遇的旱情还在持续,很多人家的水池上不了水,太阳能、洗衣机、热水器几乎用不了。

2010年5月8日　晴

今天早上,四组一位家长为女儿"会亲"[①]请客约200桌,晚上请吃汤圆,比早上的客人还多。一般情况下,二日[②]结婚时请得着的人家都要请来吃汤圆,熬白糖糖稀近100斤,还得磨豆末、花生面,来做客的人每个都发一包"果子",要磨吊浆糯米面200多斤,亲友们和邻居们都来帮忙"搓汤圆",要四五口锅,每口锅10多个人围着,大家不停地往锅里扔,有专人负责锅里,搅着、捞着、送着、抬着,大家齐心协力才能供得上客人吃,两个小时的工夫,客人招待完了。

2010年5月9日　晴

纳古镇中心小学每年一届的"校园之星"才艺比赛于3月举行,经过初赛和复赛,34名学生从88名参赛者中脱颖而出参加决赛,他们纷纷登台展示当代小学生的良好风采和才艺特长。

---

① "会亲",回族婚俗中的第一个程序,即将结合的男女双方家人聚会在一起,相互认识彼此的亲戚,称为"会亲"。

② "二日",当地方言,"以后"的意思。

决赛当晚，学校礼堂内悠扬的乐曲、闪亮的灯光，伴随着此起彼伏的阵阵掌声，第三届"校园之星"才艺比赛决赛如期举行。34名小学生分别参加了器乐类、舞蹈类和歌唱类三个类别的比赛，他们虽然不很专业，但个个都非常投入，表演得十分逼真，赢得了台下师生、家长们的阵阵掌声，不禁为这些学生自信的表现、扎实的功底和精彩的演出深深吸引。

三（3）班学生曾飞琴表演的口琴《剪羊毛》拉开了决赛序幕，曲音既流畅又欢快，"剪羊毛"风味十足；马涛、锁俊豪表演的舞蹈《牛仔在忙》以动感的舞蹈吸引了观众的眼球；李雪莹、纳羽贝、马思瑶先后登台演唱《祖国祖国我们爱你》《马兰瑶》《荷塘边的歌谣》，歌曲一次次把决赛推向高潮。四（3）班纳浩奥获得本届"校园之星"称号。

参加决赛的34名学生中有2/3是农民工子女，坚持每年举办一次比赛的目的，旨在为学生们提供展示才艺、风采的平台，锻炼他们与人沟通的能力，让他们在参与中体验快乐，学会自信，这也是该校全面推进素质教育的一项重要举措。

2010年5月10日　晴

这日又着①七街天了，走，坐的小马车克②赶街。

2010年5月11日　晴

纳家营清真寺教长纳寿慈父子3个，拿出10余万元钱，印刷《古兰经》，赠送全省80多所清真寺各一套（500元），其余的按照成本价卖给教亲③们。该版本抄写者纳安志哈吉，④校稿马连芳掌教、纳子祥师

---

① "着"，当地方言，"遇到"的意思。
② "克"，当地方言，"去"的意思。
③ "教亲"，对于具有共同伊斯兰教信仰的穆斯林的称呼。
④ "哈吉"，伊斯兰教称谓。亦译"哈吉""哈志""罕志"。阿拉伯语音译，意为"朝觐者"。专用以尊称前往伊斯兰圣地麦加朝觐，并按教法规定履行了朝觐功课的男女穆斯林。（参见：中国伊斯兰百科全书编委会编. 中国伊斯兰百科全书[M]. 成都：四川辞书出版社，1994：189.）

傅、马建康副院长，现在已印成，今天相关人员到昆明看成品。

2010年5月13日

从 3 月 23 日福建南平市校园血案到 5 月 12 日陕西汉中市幼儿园血案，仅 49 天的时间就出现校园血案 6 起，纳古镇政府、派出所、学校召开安全专题会议，要求加强门卫管理，各校进行安全隐患排查，及时进行整改，制定预案，杜绝恶性事件在学校发生。这两个星期，纳古小学召集各年级家长会，希望家长和学校为保障孩子们的安全共同努力。

2010年5月14日

合儒东的父亲 70 多岁，主麻下拜后因病归真。

大家盼望赶快下雨！每天生活用水都供不上，水压太小，上不克水池的，洗衣机也用不了，这可怎么办？旱情严重啦！

2010年5月15日

纳古志愿者今天（星期六）早上 8 点 30 分在纳古小学办公楼门口集合，8 点 45 分安排工作，9 点准时出发。开展关爱孤寡老人、残疾人活动，活动内容是给每一位孤寡老人、残疾人发放一袋 50 斤大米和 50 块钱，每家约 110 元钱。本次活动大米和钱由纳荣彬哈吉和某教亲两人提供。志愿者自主参与（最好带上家里的孩子，以便接受教育），本次活动参与的人员多，各种文化层次的都有，有社会青年，有大学生、高中生、初中生，还有小学生，资助范围广泛，一共去了 51 家，还有几家没跑完，得到老百姓的称赞。

2010年5月16日

菜市场上卖鱼人去进货，但因长久干旱导致鱼塘大鱼死亡，难以进到更多的货。古城村关塘里的 10 多斤的大鱼也死了好多条啦。

2010年5月17日

纳古镇中心小学2010年"敬老助残、奉献爱心"活动今天举行，70多个少先队员（志愿者）、26个党员、团员及本地教师，约100人参加活动，分成10个小组，每组一个孤寡残疾人，为他们打扫卫生，和他们拉家常，听他们讲烦恼的事，为每家带来50元的副食品、一套价值50元的打扫卫生的工具。

2010年5月18日

今天早上，合儒东家为父亲做7天，请了200多桌客。

2010年5月19日

团县委唐雅馨副书记、县妇联副主席艾明珠、县统战部副部长、文明办主任丁朝中，县教育局德育主任唐文娟等8位领导到纳古小学看一节我校教师王春莉在五（2）班作的主题班会课——"与道德同行"，此课将与县六中的一节进行比较之后，推选一节代表通海县到市级和省级参加"做一个有道德的人"的竞赛。

2010年5月20日

学校于5月19日举行低段主题为"环保诗歌"小学生朗诵比赛，5月20日举行了高段主题为"环保美文"小学生朗诵比赛。

本次比赛得到了老师和同学们的高度重视。赛前，各班都认真挑选参赛选手与作品，并进行精心的朗读指导。比赛中，选手们的仪表、着装、整体精神面貌等方面都显得大方得体，都能通顺、流利地使用比较标准的普通话朗读课文；在对作品基调、情感方面也把握得比较好，许多选手能正确运用朗读技巧，语调方面或抑扬顿挫、铿锵有力，或柔嫩甜美、错落有致，读出了语言的韵味，读出了语言的音乐美、层次美、节奏美。

但我们必须更清晰地认识到：本次参赛的学生比例毕竟很少，还有大批学生的朗读水平需要加强、需要锤炼；在比赛中，有部分学生的心理素质差，有些学生夹带地方音，尤其是平舌音、翘舌音混同一起；在手势、眼神、情感处理方面不够自然投入。

经过激烈的角逐，低段组李雪莹、钱蓉琪获得一等奖；纳诗月、何靖、杨帮秀、闪悦、虎恩月、余笑涛 李思宇7人获得二等奖；纳滕爽、罗云艳、李娟、王婷、锁丹、马建思、马露霜、杨雨蝶、李蓉、蒋佳璇10人获得三等奖。高段组纳腾娅、纳雪然获得一等奖；马吉然、马雨蝶、管梓栖、马增、马圆圆、赵敏、纳静珊7人获得二等奖；纳玉娇、解林超、马彭展、朱劝、杨建珊、付晶晶、纳雪锦、纳蝶妍8人获得三等奖。

整个朗诵比赛在浓烈、紧张的气氛下进行，比赛接近尾声时，我校合跃金老师还给同学们做了精彩的示范。他以标准的语音、端庄的仪态、丰富的情感、自然的语调、恰当的停连、清晰的吐字博得了台下的阵阵掌声，极大地调动了学生诵读课文的兴趣。比赛结束后还进行了颁奖。

相信老师和同学们通过这次活动，会更加重视朗读，享受"读"的无限乐趣，使语文学习变得生气勃勃。

2010年5月21日　晴

下午，新华社云南分社副总编李自良率员在玉溪市委常委、政法委书记刘宁笙，通海县委常委政法委书记钱润光等领导陪同下到纳古，进行民族团结、社会稳定、经济发展的专题调研，武林书记作全面汇报，马恒骧主席从历史和现实两个方面分析了民族团结的经验和教训。

2010年5月22日　晴

为了提高课堂教学效率，按照本学期教学工作计划的安排，各年级在岗位练兵的基础上，进行学校的教学竞赛。我校在上周进行了2010年下学年青年教师课堂教学技能竞赛展示活动。本次活动历时4天，共有14位语文教师展示了自己的课堂教学技能，在本次展示活动中，可以用 10 个字来概括："三实（课风朴实、手段平实、训练扎实）、高效，回归语文教学本质。"总体来看，每节课都较好地体现了新课程理念，每节课非常重视品词析句。立足文本，适当拓展，教学资源使用比较恰当，展示了教师良好的教学技能和独特的教学风格。每个年级的课都上出了各年级的特色，反映了各年级之间的团结协作及认真对待。参赛教师从教学设计、课件制作都进行了充分准备，他们理念新、素质高、角色定位准确，能创造性地使用教材，教师的业务素质、心理素质都有了长足的进步。可以看出：（1）教师的基本功比较扎实。表现在教师语言表达准确、清晰、简练、普通话较好；（2）教师主导作用发挥好，教师精神饱满，教态亲切、自然、和蔼可亲，尊重并信任学生；教师教学设计、板书工整、合理、规范，教法灵活、得当，充分、适量、适当利用现代化教学手段；（3）特别是新教师成长迅速，无论从教学设计、教学方法、教育机智都比上一年有了长足的进步。

听课教师更是虚心好学，无论哪科的教师都是既要忙上课、又要忙听课，听课秩序井然，并且认真地做记录，做到了"一人参赛，大家提高"。

学生的表现也是令人欣喜，课堂上从容、积极的状态以及口头表达能力都比往年提高。

最后，通过各位选手的认真努力，评出一等奖 2 名、二等奖 3 名、三等奖 3 名。

这次竞赛活动，使我校教师受益匪浅，我们也将以此为契机，不断总结经验，加大教学研究的力度，深化教育教学改革，推动素质教育进程，促进我校青年教师更快成长。

四组马双英的母亲 80 多岁，因前两天被别人推摩托撞到摔伤，今天归真，下午 5 点钟送埋体。

2010 年 5 月 23 日　　晴

纳古小学利用星期天请昆明明通小学到学校上课、评课、讲座，特级教师施锐和纳古教师们就课堂上遇到的问题互动，老师们受益颇深。通海九街、杨广、河西中心小学的教师也来一起学习，课后纳古中心小学招待全部参加听课的教师 200 多人，在学校食堂就餐。

2010 年 5 月 24 日　雨

今天终于下雨了！教亲们念起了感赞真主的经。

2010 年 5 月 25 日　雨

四组纳杏梅第二胎生了个儿子，今天孩子的爷爷奶奶为孩子开经请客，外婆家为孩子送祝米。以前只是头胎才酬祝米客请客，二胎酬祝米客是这几年才兴起来的，一般都不接"人亲"。①

2010 年 5 月 26 日　雨

纳家营清真寺文化学院有一年级的女生想在纳家营找一个"哈万德"②（供其完成学业的人家），寻求愿意帮助的人。"我是山东的一名学生，由于身体状况差，故来到云南气候温和的纳家营学习。山东是一个注重教育，但没有信仰的省份。我家也并不怎么支持我到此学习，一直是哥哥资助我，由于他刚毕业几年，毕竟还有许多事要做，所以我想拜托教亲的资助，为他减轻点负担，安拉彻知我的举意，祈求安拉回赐你！"

2010 年 5 月 27 日　雨

今年的哈吉名额已经批下来了，纳古人现在已经开始做准备。

2010 年 5 月 28 日　大雨

---

①　"人亲"，本地方言，即"礼金"的意思。
②　"哈万德"，中国伊斯兰教称谓用语，系波斯语音译，原意为"为公共事务操劳的人"。在此指为专门学习宗教知识的学生（中国穆斯林称为哈里发或满拉）提供资助的人。

纳古镇民办蓓蕾幼儿园举行建园10周年系列活动庆祝，幼儿手工作品展览在农贸市场举行，师德师风演讲、庆祝六一儿童节文艺演出在园内举行，前来参加晚会的领导通海县周副县长、教育局王晓婷局长、纳古镇镇长纳锦斋、副镇长李旭、纳古小学副书记纳文群、园长李雪娅及从幼儿园毕业的12个学生代表在会上发言，然后，幼儿们做精彩的表演！10年来，李雪娅园长为蓓蕾的发展历尽千辛万苦，为纳古教育事业的发展作出了积极贡献。

2010年5月29日　晴

近日来，菜农们又遇到蔬菜大降价，小铁头（白菜）才1角钱一斤。

2010年5月30日　雨

"走了，娃娃不读书么克玉溪住两天！"这一两年来，由于村民们富裕了，也因纳古空气污染严重，大家纷纷到通海县城、玉溪、昆明等地买房子，仅玉溪时代广场有几十家就买了，在通海买的更多。住通海的晚去早回，住玉溪、昆明的偶尔去度假。民间流传一句话："有钱的往通海、玉溪跑，没钱的就支的死了。"没办法，纳古空气污染确实很严重。

2010年5月31日　雨

哦，又是一年月季花开的旺季了，这年的花咋呢贵？啊，要5角一朵呢，往年么只消① 两角哈，怕是天干影响花开数量，管的呢，还是要买点来泡泡呢！

死在主麻日，送埋体的人更多了，来得"经钱"的小娃也很多。

---

① "只消"，当地方言，"只需要"的意思。

2010年6月1日

"六一"歌声如潮,"六一"灿烂如梦。为了让孩子们愉快地度过六一儿童节,6月1日,通海县少工委、团县委和教育局在体育场内举办了隆重而盛大的少先队鼓号队检阅比赛。

检阅场上,队旗飘飘,队鼓阵阵,号声嘹亮,来自全县9支代表队的700多名少先队员参加了检阅。检阅比赛中,队员们伴着催人奋进的鼓点,踏着有力的步伐,展示着新世纪少先队员昂扬向上的精神面貌。经过激烈的角逐,我校鼓号队77名少先队员以飒爽的英姿、整齐的步伐、嘹亮的号声、清晰的鼓点赢得了领导和观众的高度评价,喜获二等奖。

此次少先队鼓号队检阅比赛,集中展示了我校少先队组织基础建设的成果,进一步增强了少先队组织的凝聚力,充分展现了我校少先队工作的勃勃生机,展示了我校少先队员朝气蓬勃的精神风貌,更体现了孩子们对祖国的热爱和争当"四个好少年"的决心!

镇政府妇联组织妇女委员和镇政府女职工到玉溪佳园大澡堂洗桑拿,每人59元费用,一条龙服务。

2010年6月2日

1. 学校学前班举行亲子游戏活动,邀请幼儿父母到学校和孩子一起游戏。

2. 相约周末讲座:《关注下一代——从信仰与人生开始》

为了让我们青少年多了解些珍贵的历史、民族的交往融合以及伊斯兰文化中的一些美德,纳古志愿者特邀几位德高望重的老师,从历史的、现实的、传统的、多元文化的角度为我们举行一堂精彩的讲座。现诚邀纳古的青少年、在校学生及清真寺的学生,同时也欢迎其他地方的同学参与!

讲演老师:纳家瑞(纳古小学老校长)、马灿敏(纳古小学校长)、张维真(纳家营伊斯兰文化学院院长)

讲演对象：中小学生、高中生、大学生、清真寺学生（同样欢迎家长、老师、曾经的学生们参加）

讲演内容：云南回族历史、民族关系、伊斯兰文化中的美德、互动交流提问；由纳古志愿者组织。

讲演时间：2010年6月5日（星期六）上午9：00

讲演地点：纳古学校阶梯教室

2010年6月3日

学校学前班举行庆祝"六一"儿童节文艺演出，家长前来观看。学前和小学的家长积极为孩子买礼物，请吃饭，孩子们的节日过得很丰富。

2010年6月4日　雨

学校小学部举行庆祝六一儿童节系列活动：上午表彰会，表彰学生545人，表彰家长88人；资助贫困学生54人，资金3130元，其中镇政府800元；文艺演出每个年级2个节目，教师2个节目；下午商贸活动。

2010年6月5日

今天上午9：00相约周末讲座：《关注下一代——从信仰与人生开始》，马灿敏（纳古小学校长）讲述内容包括：纳古志愿者成立的意义、义务及志愿者义务责任作了发言，也指出了纳古目前存在的不良现象：早订婚、娃娃不爱读书等；纳家瑞（纳古小学老校长）结合纳古历史与现实讲了和谐、发展的意义；张维真（纳家营伊斯兰文化学院院长）从宗教角度讲和谐。中小学生、高中生、大学生、清真寺学生、家长、老师、企业老板，沙甸十三中的10位老师也赶来参加，一共约250人参加讲座，志愿者马杰修主持。会后，大升公司老板亲自邀请参会人员共进午餐。

2010年6月6日

《纳家营》刊物出版。

2010年6月7日

纳古钢材价格受国际国内的影响，从5月底至6月初，钢材降价20%，库存大的企业又亏了。

2010年6月8日

"无花果成熟了，赶紧来摘了吃！"在街头听到一个声音。记得小时候吃的无花果是老品种，成熟时是黑色的，很甜！很香！这几年引进新品种，是绿色的，成熟时个头稍大，较甜，每天可摘很多。

2010年6月9日

网络"纳古社区"最近异军突起，欣欣向荣，社区一片和谐，网友间关系融洽，新人不断加入！作为云南穆斯林的代表地之一，为你们加油！最近流行"纳古社区"！

2010年6月10日

伊斯兰教商业禁忌：

1.严禁重利盘剥。2.禁止在商品中掺假，以次充好。3.禁止囤积财富垄断市场。4.禁止缺斤少两。5.禁止发售推销商品。6.禁止购买偷窃、抢夺来的东西。7.严禁出售违禁物品。8.禁止经商中使用欺骗手段。

2010年6月11日

今天，镇人大主席马恒骧代表纳古镇领导陪同陇滇公司老总马喜光到甘肃筹备陇滇公司的庆祝活动。

2010 年 6 月 12 日

纳家营与十街村互相争干海子山地的事有好几年了，这几天因十街人在争执地里种了烟，县相关部门令其拔掉，纳家营七组的 20 多个村民请了推土机去推地，十街人又邀约 300 多人到现场，幸好县领导及时出面制止，避免了一场事件的发生。

2010 年 6 月 13 日

今天民办蓓蕾幼儿园 10 周年庆典，通海电视台播放蓓蕾幼儿园的表演，《花园宝宝》和《海绵宝宝》很受孩子们欢迎。蓓蕾幼儿园办得很成功，借庆祝之际请客 800 多桌。

2010 年 6 月 14 日

这几日钢筋老实降价啦，盖新房子的人家多了起来，盖一幢（三层）400 多平方米的房子，40 多万元可以住进去了。

2010 年 6 月 15 日

从过年后工钱开始涨价，请一个小工要六七十元。

2010 年 6 月 16 日

七组红香家生了个孩子，今天为孩子酬祝米客。

2010 年 6 月 17 日

陇滇公司是纳古人和甘肃人在甘肃合办的一家股份企业，占地 200 亩，投资 2 个亿，纳古群众控股 51%，股东们大的投入几百万元，少的投入 1 万元，一把手是纳古马喜光。从集资到现在试车成功仅两年时间，今天，纳古老板们 80 多人乘机去甘肃参加公司点火仪式，这是纳古的一件喜事，但愿一切顺利，来年有望分红。

2010 年 6 月 19 日

不知不觉发现纳家营有了好些家卖彩票的，有两家体彩专卖，另有几家刮刮卡的。有几家门头上拉着横联"本店中××万"，看得呢心动，有买的冲动，难怪会有排着队买的现象。在此祝买的人中大奖，提高纳古的 GDP，但是，彩票业就像赌馆，有赌博行为。赌博是伊斯兰教明令禁止的。还有卖彩票的那几家，卖的罪不会比买的罪低。话有点儿刺耳，但属真理。切记！

2010 年 6 月 20 日

小学生社团活动的学习告一段落，本周内老师们陆续邀请该班家长到学校观摩孩子们的特长学习汇报课，有舞蹈、合唱、国画、素描、手工、计算机、英语、电子琴、篮球、乒乓球、足球等 16 个班。

2010 年 6 月 21 日

纳古小学加强对青年教师的考察和培养，把那些工作能力强、主动要求上进的青年教师吸收到党员队伍中来，为党组织不断补充新鲜血液。在七一党的生日前夕将马娅琼、纳雪梅、何文平 3 位青年骨干教师吸收为预备党员。

2010 年 6 月 22 日

纳古 80 多人参加陇滇公司点火仪式后，顺便到宁夏参观，参观了回族博物馆等景点，还到纳家户清真寺礼拜，得到当地群众的盛情款待，召开座谈会，纳家户 98% 是回族，80% 以上姓纳，据说与纳家营是同一个老祖宗。晚上大家从甘肃乘机平安回家。

2010 年 6 月 23 日

纳家营素有"篮球之乡"的美称，无论大人、小孩非常喜欢打篮球，近日，云南首届宗教界运动会召开，纳古篮球队代表玉溪地区伊协出征，荣获第二名。

2010年6月24日

纳古小学教师男队、女队到通海秀山小学新校区打篮球，纳古男队打得很好，女队不如秀山小学。

2010年6月25日

1970年1月5日，在云南省通海、峨山间发生了7.7级的强烈地震，使通海、建水、峨山、华宁、玉溪一带人民的生命、财产遭到了严重损失。在通海县高大乡五里村，震源深度仅134米，主震后发生5~5.9级余震12次，引起严重滑坡、山崩等次生灾害，受灾面积4500多平方公里，造成15621人死亡、338456间房屋倒塌、166338头大牲畜死亡，生命、财产损失巨大。仅通海县造成的经济损失，按可比价格计算就达27亿元之巨，被命名为"通海大地震"。这是20世纪中国重大自然灾害之一，也是中华人民共和国成立以来死亡人数万人以上的三次大地震之一，纳古死亡人数162人，忠训路中段伤亡明显严重。今年是大地震40周年纪念，通海搞了相关活动，纳家营清真寺每年都要开经，纪念亡人。

2010年6月26日

现在，天不再那么蓝，水也不再那么清。经济的短期发展，掩盖了很多问题。从长远说，环境首当其冲：纳古最大的资源就是仅有的不多的土地，是盲目开发，继续单一产业的短期神话，还是高效、规模、绿色地稳步、持久发展（很多人意识到，也在做）。再者就是污染，浓烟、粉尘、废水、噪声、汽车尾气、炼锌气味……先富起来的人可能认为，大不了搬迁，搬到哪去？况且就算搬迁也是少数人（有经济实力的），更多世代居住杞麓湖畔的纳古人呢？富了一代人，我们不能用毁了几代人来做筹码。何去何从，期望纳古的明天碧水蓝天，怀念纳古曾经"前有湖，后有山，中间还有几个小龙潭"的美丽仙境。

2010年6月27日

在玉溪人民医院里有个护士，老家是纳家营五组的。在医院里，所有人都称她"马姑娘"。只要你有事找到她，她就像是你家姑娘——热情、大方、体贴，忙前忙后……她无数次感动着通海人。

2010年6月28日

星期一，玉溪市庆日，学校、机关单位放假一天。

2010年6月29日

根据国家"十二五期间农村学前教育规划"，纳古小学在做幼儿园规划，按照1200个幼儿的规模进行规划，建筑面积达1万平方米，占地面积1.5万平方米。

2010年6月30日

七组马泽孝20多日前因发烧、咳嗽到玉溪看病，查出肝癌，今天中午归真，年仅42岁。

2010年7月1日

前段时间，个旧十三中（沙甸中学）老师就着我们搞讲座的时候来宣传十三中的招生计划，总的来说十三中各方面的条件还是非常好的，他们的高中部到2009年一共考了3届，目前升学率比通海三中还差一点点，但是因为是新办，而且3年中一年比一年好，有良好的发展势头，特向广大的纳古学生推荐到沙甸中学就读高中！

2010 年 7 月 2 日

最近纳古流行什么？流行网络"纳古社区"，流行纳古志愿者，流行艺龙轩喝茶，流行图书室吹牛，流行世界杯，流行甘肃考察，流行骑自行车，流行关注环保。

2010 年 7 月 3 日

七组马泽孝的亲属为他做 4 天（祭日），请阿訇到家里开经，请亲戚、邻居吃饭。

2010 年 7 月 4 日

红绿灯路口怎么天天堵车？过磅秤附近货车多，红绿灯成了摆设，司机不相让，巴不得一条路上就他一辆车。交易废铁的老板车停得不合理，见空就停；2 号过磅秤位置设计不合理，从高速路方向下来的过磅车辆经常会停在十字路口等待过磅，导致过往的其他车辆被堵。

2010 年 7 月 5 日

学校准备考场，6—9 日县统考，统考科目：语文、数学、科学、品德与生活四科，其余科目学校出题考，音乐、美术、体育、英语抽考部分学生；说话、朗读、写字由年级组长负责抽考。

2010 年 7 月 6 日

从今天到 9 号，小学生期末考试，县统考语文、数学、科学、品德，一人一座，家长参加监考，已经有 5 年的历史了；县教育局派 2 个巡视员全程参与监督。

2010 年 7 月 7 日

清真寺中老年班的男生们 70 多人相约到沙甸大清真寺听经，每期 3

天，一直待在清真寺里，听沙甸阿訇们讲经，据说讲得很好，但也有个别消极的东西。

2010年7月8日

纳古环卫资金紧缺，由纳古镇政府向村民和企业收取2009年卫生赞助费，共收到经费95550元。

附：纳古镇2009年环境卫生企业赞助款名单公示

各村民小组、镇属各企业：

为加强纳古小集镇环境卫生管理，解决环境卫生管护资金紧缺的现状，2010年5—6月期间，镇人民政府指派专人向辖区各企业（或个体工商户）收取了2009年环境卫生赞助款，收取金额达95550元，有123户企业积极献出自己的一份爱心。为感谢他们对纳古环境卫生做出的支持，本着公开、透明的原则，特此向社会各界进行公示。

附：《纳古镇2009年环境卫生企业赞助款名单》

纳古镇人民政府

2010年7月8日

纳古镇2009年环境卫生企业赞助款名单

企业	金额	企业	金额
巨峰公司	15000元	标准件厂	200元
顺发纸厂	100元	代增林纸厂	200元
国跃拉丝厂	200元	天方食品有限公司	1500元
大营矿山机械厂	200元	建华造纸厂	400元
通江公司	500元	华盛厂	500元
裕兴造纸厂	300元	信用社	400元
农行纳古分理处	400元	蓓蕾幼儿园	300元
纳古车队	500元	纳家营清真寺	2000元

古城清真寺	1000元	光明造纸厂	1000元
开平五金厂	500元	马恒慈	2000元
新月公司	500元	恒源标件厂	300元
纳伊公司	500元	裕林公司	500元
华宇钢模板厂	500元	珠源铝业公司	1000元
宝恒工贸有限公司	300元	马老表加油站	300元
白羊钢锄厂	200元	佳康公司	1500元
马红生厂	300元	纳维恒	500元
纳锦彬厂	1000元	纳泰钢铁有限公司	1000元
纳家营钢窗合页厂	1000元	古城带钢厂	500元
通海振华公司	1000元	高源炼钢厂	200元
纳孝彬厂	110元	合卫坤厂	100元
金马轧钢厂	1000元	纳立明角钢厂	200元
鸿飞厂	100元	云南通海大康工贸公司	2000元
通海县轧钢厂	500元	通海县永成建材轧钢厂	500元
通海县长山经贸公司	500元	大众异型钢模板公司	500元
纳古卫生院	1000元	纳文祥	100元
永昌轧钢厂	300元	恒益轧钢厂	500元
纳学杰	100元	通海县石棉瓦厂	500元
纳家营航峰配件厂	200元	马林孝	40元
建安包装工贸有限公司	500元	海埂厂	100元
林华轧钢厂	500元	纳锦用	100元
云南通海智群工业公司	500元	恒瑞公司	1500元
日辉公司	2000元	锦程轧钢厂	1000元
锦程刀具公司	500元	马汝应厂	50元
马有礼轧钢厂	500元	巨峰板材厂	500元
马灿敏厂	1000元	巨峰模板厂	500元
马孝芳厂	300元	超赛厂	100元

推拉门窗厂	100元	中频炉厂	500元
灯具厂	300元	云南通海包装工贸公司	300元
纳顺超	100元	强庆钢模板厂	300元
航凯焊管厂	500元	天宇公司	500元
方正公司	200元	友谊模板厂	300元
云南中云工业有限公司	2000元	通海源源纸业有限公司	500元
方园公司	300元	腾峰模板厂	100元
通海纳古连铸工贸公司	5000元	星泰公司	1500元
玉通公司	800元	纳光存厂	500元
古城加油站	200元	新光公司	1000元
马俊雄	50元	西南焊管有限公司	2000元
热轧带钢厂	3000元	胜宝公司	500元
高新焊管厂	2000元	鸿海工贸有限公司	1500元
鸿翔焊管有限公司	2000元	恩号物资有限公司	200元
通海伟达工贸有限公司	300元	合林福	300元
雷敏厂	100元	恒通铁艺	500元
马有儒厂	300元	锦迪五金厂	100元
新型扁铁厂	200元	长利花岗石厂	300元
伊兰炼钢厂	500元	通海振通工贸发展有限公司	1500元
云庆公司	500元	洁雅饭庄	300元
纳润华厂	200元	大升经贸有限公司	3000元
合保华	500元	葛发友造纸厂	500元
康宏公司	2000元	纳家营纸制品厂	1000元
云琼公司	100元	乔峰轧钢厂	300元
兴达五金厂	200元	恒誉二厂	200元
通海千山公司	200元		

合计：95550元

2010年7月9日

四组纳文洁儿子纳高扬说媳妇会亲，请客200多桌。

2010年7月10日

纳家营伊斯兰文化学院院长张维珍由于在学院担任院长职务两届，满6年，今天离开纳古，前往马来西亚深造。纳家营教亲舍不得他走，希望学习回来能继续到纳家营任职，为他召开欢送会，为他送行。

2010年7月11日

七组纳林芬儿子讨媳妇，请客200多桌，晚上请师傅赞圣，吃米线，明天早上送亲的还要去吃早饭，加上男方亲友还有100来桌客人。

2010年7月12日

五组马慧芬昨天嫁女儿，今天接回门，请客200多桌。

2010年7月13日

中考录取工作已经开始，玉溪一中起分线644分；玉溪师院附中621分，向梦妮、纳毕威、马露莹、纳宏闪考取玉溪师院附中；玉溪民中608.5分，纳雪莲、纳梦柳考取玉溪民中。考取市属高中的学生有6个。

2010年7月14日

学校为鼓励鼓号队员比赛获得好成绩，率领全体人员一共110人到昆明进行一天的夏令营活动，游玩野生动物园、昆明大学城、云南大学等地，请相关大学师生做介绍，深受家长欢迎。

2010年7月15日

中小学生放假了，清真寺开学了，孩子有来到阿语班学习。纳家营清真寺提供早点，有 2000 多人参加假期学习；古城清真寺提供早点和中午饭，大约 300 人参加学习。

2010 年 7 月 16 日

学校召开学年总结大会，马灿敏校长作发言，会后巨峰公司在"伊晴园"请全体教师吃晚饭，一共 11 桌。

2010 年 7 月 17 日

纳古小学党员教师 23 人到易门活动 2 天。易门旱情仍在继续，大龙口出水口干涸，沿途玉米叶子都晒干了。

2010 年 7 月 18 日

通海九中一轿车在四街加油站附近路段与纳古方圆焊管公司大货车相撞，被货物砸死 1 人，伤 1 人。

2010 年 7 月 19 日

云南大学冯瑜老师率领云南理工大学、重庆大学等省内外教授、学生到纳古搞调研，住纳家营腾帅宾馆，准备进行 10 天的访问调查。

2010 年 7 月 20 日

20-30 日，学校全体教师加班准备"两基迎国检"表册、文化户口册等，表册烦琐、工作量巨大，上级要求 35 岁以下只能填写读完九年，才算达标。多数信息从计生站、派出所借用，但很多东西老师们还得进行入户调查。

2010 年 7 月 21 日

纳古镇党政办组织教育、卫生、综治、经济等部门负责人与冯瑜老师一行 10 多人在镇政府三楼会议室举行座谈会。

2010 年 7 月 23 日
纳家营清真寺组织相关人员在清真寺大门口进行募捐，用于假期阿语普及教育培训班。

2010 年 7 月 24 日　雨
五组马兴与四组纳雨松结婚，冯瑜老师他们参加了其婚礼。下午冯瑜老师一行 10 多人到鸿翔焊管厂访问纳家瑞老校长。

2010 年 7 月 25 日　大雨
下回村过"亡人节"，纳古两营很多人都参与。一组马丽，学校教师，今天与大回村村支书的儿子结婚。

2010 年 7 月 26 日　晴
三组纳汝斌家会亲请客。

2010 年 7 月 27 日
纳古镇政府组织机关干部职工、村民小组领导、志愿者参加义务植树活动。

今晚，全体穆斯林过"白拉特"节（也叫"了节"），[①] 十多户人

---

① "白拉特"，阿拉伯语音译，原意为"清白""无辜"，引申为"赦免""无罪"。穆斯林在伊斯兰教历 8 月 15 日的夜晚做礼拜、诵经祈祷，诚意悔罪、祈求饶恕、祈求福禄。伊斯兰教认为，每个人平日的善恶言行，由右、左肩膀上的两位天使记录在各人的"文卷"中，以作为末日审判时赏罚的依据。因此在这一夜是更换文卷并祈求安拉赦免罪责的夜晚，是忏悔的夜晚，一般亦称"换卷本的夜晚"。（参见：中国伊斯兰百科全书编委会编.中国伊斯兰百科全书[M].成都：四川辞书出版社，1994:84-85.）

家在清真寺门口卖油香，^①大家都要买一些送到清真寺里，让礼"节拜"的人沾沾"塞瓦布"^②。

2010 年 7 月 28 日

今天，宁夏永宁县统战部部长马银华率领县政协王主席、人大纳副主任等党政干部到我镇参观考察。

2010 年 8 月 1 日

纳古、沙甸、昆明 3 个社区志愿者在纳古文化站进行"云穆公益交流会"。

2010 年 8 月 2 日

近来一段时间，回民们忙着"走节"，^③有的是小伙伴相约，有的是一条街的邻居相约，有的是一大家和起来，请师傅到家里赞圣走节，由于请的人家太多，师傅都忙不过来了，连晚上都有好多家请。

2010 年 8 月 4 日

"第十九次全国回族学研讨会"于 8 月 5 日在内蒙古呼和浩特召开，

---

① "油香"，中国穆斯林食品之一。一种圆形油炸的面饼。凡逢宗教节日、婚丧大事等隆重场合，穆斯林都炸油香款待宾客，馈赠亲友。（参见：中国伊斯兰百科全书编委会编. 中国伊斯兰百科全书 [M]. 成都：四川辞书出版社，1994:715.）

② "塞瓦布"，伊斯兰教用语。阿拉伯语音译，意为"报酬""奖赏""回赏""回赐"，指安拉对穆斯林善行的一种奖赏。中国穆斯林在日常生活中使用此语时，引申为向对方表示感谢、感激并祈求真主回赐对方的意思。（参见：中国伊斯兰百科全书编委会编. 中国伊斯兰百科全书 [M]. 成都：四川辞书出版社，1994:473.）

③ "走节"，中国穆斯林将"白拉特夜"扩大为"白拉特月"，即从进入伊斯兰教历八月以后便开始了宗教纪念活动。阿訇走家串户，先以阿拉伯语带领全家穆斯林念"讨白"（忏悔的经文），表示对一年中过失的忏悔，然后高诵用波斯语编成的"劝善词"，其内容为关于穆斯林的诚信和礼拜的重要性及其"回赐"等。这种活动一直持续到白拉特夜，俗称"转白拉特"或"走节"。

纳古企业界8位代表参加，今天乘飞机前往报到。

2010年8月6日

今天是主麻日，沙甸大清真寺落成正式启用，举行万人观礼，15000多人礼拜，发"邦克"，①开经，纳古两营100多人前往观礼。

2010年8月7日

四组纳宝清儿子结婚，请客400多桌，煮牛肉1100斤。四组纳跃光的母亲归真，80多岁。

2010年8月8日

三组纳继海女儿与宝清儿子结婚，今天接回门。

纳古镇政府全体干部职工参加县组织的环湖远足，对杞麓湖湖边环境进行视察。

2010年8月11日

今天进入一年一度的"斋月"②了，今晚接斋头，③开始礼二十拜。④

2010年8月13日

扒枝里等8家清真寺到纳家营捐款建盖清真寺。

---

① 发"邦克"，波斯语音译，伊斯兰召唤穆斯林礼拜的仪式。意为"召唤"。念此召唤词的仪式被称为发邦克。（参见：中国伊斯兰百科全书编委会编.中国伊斯兰百科全书[M].成都：四川辞书出版社，1994:621–622.）

② "斋月"，指伊斯兰教历9月。阿拉伯语音译为"莱麦丹月""赖买丹月"。是月，全世界穆斯林均须按教规履行封斋功课，故名。（参见：中国伊斯兰百科全书编委会编.中国伊斯兰百科全书[M].成都：四川辞书出版社，1994:729.）

③ "接斋头"，当地回族用语，即"开始进入斋月"。

④ "二十拜"，指斋月的夜晚宵礼后所礼的20拜，称为"泰拉威哈"拜（间歇拜）。

2010 年 8 月 14 日

佴驿金家庄等 7 家清真寺到纳家营捐款建盖清真寺。

2010 年 8 月 15 日

学校争取到一幢"廉租房"建盖指标、资金。

2010 年 8 月 17 日

通海县小学教师招考,全县录用 20 名普岗教师,纳维锐大学毕业参加考试被录取,分配到纳古小学,纳古教师缺口 30 多人,今年只分到 1 人。

2010 年 8 月 18 日

纳古镇 8 位相关人员到民宗局参加县纪委对民宗局的民主评议。

2010 年 8 月 19 日

马兴诚等 3 个小学生骑一辆摩托与一民工摩托相撞,马兴诚重伤。

2010 年 8 月 20 日

纳家营清真寺开始一年一度的斋月"挂功德"活动,由管事、掌教在主麻聚礼时做动员,副管事在广播里通知参加募捐的人员,早上 9 点在清真寺集中后,分组到各个厂家去,晚上公布数目,一天捐到 106 万元。

2010 年 8 月 21 日

今天继续捐款,晚上达到 136 万元。明天,清真寺捐款活动转向一般群众,在清真寺门口设点捐款。

2010年8月22日

学校开始招生，今年六年级毕业6个班，一年级6岁以上就有12个班，因教室和师资紧缺，决定招6岁半以上的，有8个班，教室不够呢。

2010年8月23日

学校今天拆除1992年建盖的第一幢教师宿舍，不带卫生间32套，重新建盖一幢48套的"廉租房"。

2010年8月24日

外来务工子女在纳古就读学生数达到65%以上。

2010年8月27日

召开"2010年大学生表彰暨家琨教育基金奖励会"。

2010年9月1日

新学期开学，小学有学生2394人，有46个班，其中本镇生655人、外地生1739人，有教师123人，学前班540多人，有11个班。

2010年9月2日

每年斋月里，菜市场卖菜时间延续到下午，每天两点以后比较热闹，生食、熟食样样都有，每天要宰10多头牛，卖牛商家就有12家，专业绞肉机有5台。

2010年9月3日

只说卖鸡小贩就有10多家，专业洗鸡3家，每只2元，熟鸡品种多样有：烧鸡、卤鸡、飘香鸡、剪刀鸡……

2010 年 9 月 4 日

再说卖糕点，有 14 个摊位，有玉溪大荞饼、驿大饼子，有盘溪冰糖，平远街茄子糖，昆明"四两坨"，景洪的罐头，纳家营的"小钱面包"，古城寸金糖，小回村沙糕，老超家的落松糖，老云家的洗沙饼……都很受欢迎。

2010 年 9 月 5 日

说说纳家营粑粑：烧粑粑、玉麦粑粑、油香粑粑、黄花粑粑、荞面粑粑，荞糕、麦面粑粑、糯米油香、蒸糕、杨扁柳枝花粑粑，反正老实多呢。

2010 年 9 月 6 日

回族"二十八节"，[①] 说得媳妇的人家要买糖果送给女方家，已经结婚的也要买给岳母家。姑娘家要请小伙子家吃开斋饭。

2010 年 9 月 7 日

临近大开斋[②]了，卖牛肉的生意也不好了，尤其是二十八的第二日，完全没有人买。

2010 年 9 月 8 日

今天开始，大开斋有客事的人家开始采买牛肉、鸡肉，大家比较喜欢买的牛肉就是"弯刀""胸子""饭盒""以丹""筒子骨"[③]等，好的肉价一般在 19 ～ 20 元之间。

---

① "二十八节"，当地回族的节日，伊斯兰教历莱麦丹月（9 月）28 日，这一天订婚或已婚的男子要给女方家赠送礼物、到女方家吃开斋饭。

② "大开斋"，中国穆斯林将伊斯兰教历 10 月 1 日的开斋节称为"大开斋"，而把伊斯兰教历 12 月 10 日的古尔邦节（宰牲节）称为"小开斋"。

③ 以上皆为回族民间对于牛身上不同部位牛肉的称呼。

2010年9月9日

晚上8点多，清真寺大门口敲锣打鼓，向全村人民宣布：明天大开斋，今天晚上就不礼二十拜，礼两拜见月①拜，据说是大庄的见月了，打电话来"报月"，因而"见月"开斋，虽然只能把斋②29日，但通常说的"29日强过于30日"。

2010年9月10日

一年一度的大开斋节，每人要拿出几块"费特勒"③钱，在礼"尔德拜"④之前给穷人。礼拜结束后，亲家之间互相宴请，一般吃粑粑丝儿。学校放假一天。

2010年9月11日

今天仍然有一部分人家请亲家吃饭。

2010年9月12日

镇政府组织职工外出考察，第一批去张家界，第二批今天出发，前往新疆等地。

2010年9月13日

学校安装一套校园广播系统，布点108个，音响效果好，投资15万元。

---

① "见月"，因为伊斯兰教历是太阴历，以月亮的盈亏来制定月份，故以"是否见到新月"（见月）为一个月开始或结束的标志。见到新月的要及时向周围的人传达见月的信息，称为"报月"。

② "把斋"，方言，称斋月封斋为"把斋"。

③ "费特勒"，也写作"赛德盖·菲图尔"，伊斯兰教法规定在开斋节施散的财物，也称"菲图尔乜贴"。阿拉伯语音译，意为"开斋施舍"。系穆斯林男女老幼在开斋节会礼（节日集会礼拜）前舍散的一种欢度节日的施舍。也称为"开斋捐"或"菲图尔钱"，有的也交清真寺作宗教基金用。（参见：中国伊斯兰百科全书编委会编.中国伊斯兰百科全书[M].成都：四川辞书出版社，1994:474.）

④ "尔德拜"，"尔德"是阿拉伯语"节日"一词的音译，尔德拜即在开斋节或宰牲节两大节日所礼的拜。

2010 年 9 月 22 日

中秋节，放假 1 天。

2010 年 9 月 23 日

云南省"凝聚杯"回族篮球赛在纳家营举行，由纳武斌和纳建喜承头操办。

2010 年 9 月 24 日

快过圣节了，在恋爱的小伙子要买衣服给小姑娘。

2010 年 9 月 25 日

六年级学生纳斌贤、纳腾娅两位同学通过先后几个回合的比赛，荣获玉溪市"小玉小溪十佳文明形象"称号。

2010 年 9 月 26 日

镇政府组织职工外出考察团，今天从北京返回。

2010 年 9 月 27 日

学校"两基迎国检"工作，接待省、市、县初检，市级拍摄"纳古如何公平对待外来务工子女就读"专题片。

2010 年 9 月 28 日

学校请省特级教师、少先队终身辅导员肖平，省教厅报刊社副编审徐桥到学校讲课、评课，学校王春莉和罗艳红讲课，全体教师参加，秀山小学 20 人也前来听讲。

2010 年 9 月 29 日

"凝聚杯" 回族篮球赛已经进入决赛，每场比赛看球的人很多。

2010 年 9 月 30 日

全村老少主动到清真寺帮忙，准备明天圣诞节的饭菜，今日就开始宰牛了，宰了 45 头。

2010 年 10 月 1 日

今天是纳家营的圣红节，上午就吃了 1000 多桌，虽然有雨，但各方客人很多。

2010 年 10 月 2 日

今天是圣红节的正日子，中午召开庆祝大会暨阿文学生毕业典礼大会，今年有 41 个学生毕业，纳古的女生只有 1 个。

2010 年 10 月 3 日

今年的圣红节共宰牛 102 头。

圣红节收到公德 152 万元，其中本地捐 102 万元，外来客人捐 50 万元，支出 100 万元，结余 50 万元。

2010 年 10 月 4 日

今天是古城村的圣红节，天气转晴。

2010 年 10 月 5 日

高三学生国庆放假只有 3 天，学生都在 3 号返校。

2010年10月6日

10月结婚的人家很多，请客面又广，做客频率很高，送礼金额不一，少的30元，50元占多数，一般伙伴送100元，较亲的人家就不好说了，也有送几千元的，由于客事多，很多人有个把月没有在家开火了。

2010年10月7日

一组马有礼家二儿子结婚，天下大雨，请客很不方便，但客事还是顺利进行。

2010年10月8日

今日三组纳雪家接回门。

2010年10月9日

小学今天开学，连续上课7天。

2010年10月10日

四组纳跃高结婚，请客用牛肉约2000斤。

2010年10月11日

学校篮球队到河西小学进行友谊赛，男队纳古赢，女队河西赢。

2010年10月12日

学校少先队举行60周年建队纪念日，开展"心系领巾争四好，我为队旗添光彩"系列活动，把整个活动过程图片、文字资料上交玉溪参赛。

2010年10月13日

今天纳淑娇和管奇剑结婚。

今天，县教育系统党委书记和组织委员，镇党委书记，副镇长到学校任命李波为副校长。

2010年10月14日
国务院第六次全国人口普查领导小组办公室《致全国人口普查住户的一封信》，今天学校发给学生带回家交给家长。

2010年10月15日
一年一度的教师节因学校工作太多，尤其是"两基迎国检"很费事，一直往后推，终于在今天举行了。今年没有大型庆祝，只是开个庆祝会，150多人参会，表彰40位优秀教师，每位教师给200元钱，退休教师和来宾发一个被套。

2010年10月16日
一年一度朝觐①已经临近，今年通海县一共200个名额，纳古有160多个名额，通海大小回村、下回村一共30多个名额；纳古另外从北京争取59个名额。

2010年10月17日
四组纳洪恩家嫁姑娘，今天接回门。

2010年10月18日
四组纳洪恩家请姑娘家的"七天"，此习俗本来是结婚第七天请，

---

① "朝觐"，伊斯兰教五项基本功课之一。阿拉伯语"罕吉"的意译。旧译"朝功"。中国穆斯林称"朝天房""朝克尔白"。朝觐者称"哈吉"。朝觐为"天命"的功课，是每一个具备条件的穆斯林所应履行的宗教义务。（参见：中国伊斯兰百科全书编委会编.中国伊斯兰百科全书[M].成都：四川辞书出版社，1994:109.）

从近两年来为了省事，就着炊具并在回门客事的第二天了，一般换一下口味，吃饵丝。

2010 年 10 月 19 日
今天早上，洁雅饭庄、伊琼园两家大点的饭店客事爆满，因为很多人家都宴请将去朝觐的人吃饭，做客的准哈吉已是一顿应酬四五家，做客的也很累。

2010 年 10 月 20 日
通海县经贸委捐赠给纳古镇中心小学财物，物品均为旧物捐赠。
七组纳雪丹和纳吉彪结婚。

2010 年 10 月 21 日
通海一中的教师篮球队到我校打篮球，纳古负通海一中。

2010 年 10 月 22 日
纳宏展和纳宇航明天结婚，男方很多人帮忙。女方也开始忙碌，洗鱼 300 斤、藕 400 斤，油炸腰果 40 斤，大约下午 2 点，女方帮忙的亲友到男方家吃饭。

2010 年 10 月 23 日
今天全镇送哈吉，在清真寺吃早饭，10 点召开座谈会，10 点半出发，200 名哈吉统一乘坐大巴车，要求亲友不要送，但送的人家还是很多。

2010 年 10 月 24 日
纳宏宇赴墨尔本留学，经过十几个小时的飞行，于今天早上到学校报到。

2010 年 10 月 25 日

纳宏展和纳宇航结婚，今天下午娘家请 7 天，有客人 20 多桌。女方请客 3 餐，使用牛肉 1400 斤，每斤 17 元，宰黄牛 3 头，牛肉是本地牛，膘气适中。

2010 年 10 月 26 日

23 日出发的哈吉本来是当晚的飞机，因航线紧张晚点一天，组团方负责安排在昆明云安会都吃住，另外每人获得 800 元的补偿金。

2010 年 10 月 27 日

学校老师为了迎接"两基迎国检"捐赠图书款给学校，每人 15 本，折合现金 75 元。学生捐书 4788 本。

附企业捐赠购买电脑经费：

纳武敏捐 50000 元；华宇工贸有限公司捐 50000 元；通海灿达实业工贸有限公司捐 50000 元；纳古连铸钢铁工贸有限公司捐 30000 元；通海县大升经贸有限公司捐 10000 元；通海大康工贸有限公司捐 5000 元。

2010 年 10 月 28 日

在通海县第二中学当高中语文老师的纳鸿翔参加玉溪地区副科级干部招考，考了县委办副主任职位的第一名，经过考察被录取，今天二中 8 位领导送她上任。

2010 年 10 月 29 日

学校 30 多名老师到通海参加县教育局运动会开幕式。

2010 年 10 月 30 日

教师领到 2009 年争收节支奖金 1250 元，公务员已经在 2009 年按时领取。2010年定包奖600元，大家很是欢喜。

2010年10月31日

今天是七组纳露和胡维猛结婚。

10月终于结束了，一个月来，大家都忙于请客、做客，每天都吃做客饭，难怪纳古人"三高"比较突出。

第二批哈吉一共60人，今天出发，清真寺组织开伙食，每人交500元费用，不够的纳顺康拿出来，全村人吃一餐早饭。

2010年11月1日

纳古股份制企业"日辉钢铁公司"曾经分红50%，现在合并给董事长纳杰初和纳杰文，股份缩水10%~20%。

2010年11月2日

教育系统举行教师运动会，昨天开始进行男女篮球赛。今天是球赛第二天，我校已经连胜4场。

2010年11月3日

今天有两个穆民归真，一个是古城村马开存的父亲，生病多年，80多岁；另一个是四组马碧华，40多岁，查出肝癌不到两个月就归真。

2010年11月4日

四组纳文坤继父约65岁，今天归真。

纳古商会进行换届，纳家琨继续被选为会长，副会长为马跃升、纳继斌。

2010 年 11 月 5 日

七组纳汝华的继母去世,据说已经有 103 岁,先后被市、县授予"百岁老人"称号。

2010 年 11 月 6 日

我校男女篮球队双双进入决赛,女队以小组第一名、男队以第二名出线,今天开始决赛。

2010 年 11 月 7 日

因教育局临时改变竞赛规程,我校无缘进入前四,只好争取前八中最好的名次,打得很精彩,男女队都取得第五名。

2010 年 11 月 8 日

因为教育局临时改变竞赛规程对我校男女队名次影响很大,运动员很生气,认为遭受了不公的待遇,写了一封申诉书给局长和书记,决定放弃后面两场赛事。两位领导一接到信就来到学校,把改规程一事做了自我检讨,希望学校领导做好运动员工作,学校领导表示理解,会请运动员支持教育局工作。

2010 年 11 月 9 日

一组马光眉,大约 60 岁,脑出血多年,不能行走,今天归真。

2010 年 11 月 10 日

镇政府召集纳古各界人士 60 多人,在政府六楼召开会议,关于"撤镇改街道办事处"商议会。会议由副镇长纳立凡主持,县民政局张副局长、镇党委书记张兴有、人大主席马恒骧分别对"改"与"不改"或"暂时不改"的利弊做讲述,休息并讨论各自意见,会议再次进行,请发表意见,纳家瑞老校长和马荣福老书记分别做了发言，最后每人填写一份意见并署名。

此事是响应中央城乡一体化，推进城市化进程的号召。玉溪市把通海、澄江作为试点，这是通海县的一个大事，全县 9 个乡镇现有 5 个要求改，另有 3 个民族乡是以农业为主体，不具备改的条件，纳古镇是市长和副市长都提出具有工业城镇条件，应该优先改，也可以自己决定改与不改，镇领导几次召开会议进行论证，而且先后到省上和市上请教有关领导，多番听其意见。

下午镇领导班子据上午结果（62 票全部同意保留镇，32 人希望下设 3 个社区）再次召开会议，一个一个表态，最后形成报告上交县民政局，纳古镇暂时不撤镇改街道办事处，希望先下设 3 个社区。

2010 年 11 月 11 日

今天三组马万隆与一组马梦娇结婚。

学校男女乒乓球比赛，女队获得小组第四名，没有进入决赛；男队获得小组第三名，进入决赛。

2010 年 11 月 12 日

纳古商会将在昆明经济开发区"昆阳千山物流钢材市场"购买土地 500 亩，群众可以入股，需要几亩报一个数字，交 1 万元定金，签一份合同，大约一亩 28 万元。

2010 年 11 月 13 日

人事局组织专业技术人员考试"低碳经济知识读本 A 卷"，学校教师全部参加。

2010 年 11 月 14 日

11 月以来，多种主要蔬菜平均批发价格每公斤 3.9 元，比年初上涨了 11.3%，零卖一般在每斤 5 元左右。

2010 年 11 月 15 日

团县委书记赵波到纳古为全校小学生搞"环保知识"讲座，主会场设在阶梯教室，分会场设在各班教室，一共 230 多名师生参加听讲。之间穿插马冰贤和纳腾娅两个学生的演讲与表演。

2010 年 11 月 16 日

小开斋①将要来临，很多人家忙着买牛、羊准备做"古鲁波"。

2010 年 11 月 17 日

今日小开斋，回族地区机关学校等单位放假一天，县级单位回族干部可以享受节日休息。

清真寺门口买卖油香的很热闹，家家都要买"三个、五个、七个、九个"不一定数，但必须是单数，送到清真寺里，让师傅们念经搭救亡人，②供给礼节拜的人们下拜时吃。

2010 年 11 月 18 日

小开斋这几日，做"古鲁波"的人家很多，又是一轮做客小高潮，持续四五天，一顿做客两三家。

---

① "小开斋"，中国穆斯林将伊斯兰教历 10 月 1 日的开斋节称为"大开斋"，把伊斯兰教历 12 月 10 日的古尔邦节（宰牲节）称为"小开斋"。

② "搭救亡人"，中国穆斯林将为亡人所做的诵经等一系列宗教仪式称为"搭救亡人"。

2010 年 11 月 19 日

今天还在做客，以羊肉为主，也有宰牛的，一只羊可以做 1 个人的"古鲁波"，一只中等大的羊需要 1500 元，一头中等大的黄牛 6000 元，一头牛可以做 7 个人的"古鲁波"。

2010 年 11 月 20 日

纳家营成立第一家房地产公司"纳古忠爱房地产开发公司"，公司是股份制，现在已经开始征地，第一宗土地是三组马某 0.9 亩，240 万元成交。

2010 年 11 月 21 日

四组合冰瑶与纳赛结婚，今天女方接回门。

2010 年 11 月 22 日

六（6）班小学生纳冰贤获得云南省"优秀少先队员"称号，全县有两个名额，另一个是秀山小学学生。

2010 年 11 月 23 日

纳古镇党委组织入党积极分子听党课，镇人大主席马恒骧主讲《争做时代青年，争当时代先锋》。

2010 年 11 月 25 日

纳家营到县城单边乘车费 3 元，单边包车 70 元，随着油价不断上涨，公交车收费一直没有涨，听说是公家给的补贴。原来是小面包车，共有 162 辆，一辆车有一个户头，价值十来万元。2008 年经过有关部门协调，4 辆合并为一辆大车，减少路上来往车辆数量。合并以后，在公交车站不远处又多出一个面包车队，大约 15 辆车，专门是包车用的，不得专跑县城。

2010年11月27日
"看看纳古的一线天",盖房子的人家都希望多占一点,占了地面,再占空中,有的老房子都被高楼大厦挤得快要垮了,我们应不应该反思?

2010年11月28日
早上为了迎接哈吉回家,全村穆民都在清真寺吃早饭。

2010年11月30日
今年这批哈吉磨难多,来去都揪心。去的时候,航空公司没有安排好,误机20多个小时,航空公司也对哈吉进行了补偿,每人800元现金和一床毛毯。回来的时候听说也发生了一些不愉快,昨天哈吉还没出机场就已经乱开了,因为大家带的行李太多,希望每人扣留一部分,因而闹出几家欢喜几家愁。如今的哈吉也不一定都很够格。今后哈吉出发前不但要学习宗教知识,也要学习一些美德和一些法律知识才行啊。

2010年12月1日
学校举行一年一度的冬季运动会,历时3天。

2010年12月2日
对于六队的"方井街",大多数的纳古人没有走过。街名因一饮"四方井"而得名,是六队人的主要街道,现在大家都往外盖,年久失修被人遗忘,也许属于已经租给外地人的天地。但是今天的"方井街"却堆满垃圾、污水乱流。

2010 年 12 月 3 日

记得小时候，每逢开斋节、圣纪节时，清真寺的广播就会一遍又一遍地通知，叫每家每户打扫自己家门前，要干干净净地过节，然后大家都很积极，各家门前就会干干净净的，阳沟也是很干净。现在广播也不通知了，每家每户也懒了、麻木了，视而不见，甚至把自家门前的垃圾往别家推，很不像样！院里更是垃圾满满的，又臭又脏，像这种沟，相信现在的纳古人并不陌生，很常见。

2010 年 12 月 4 日

一组马思思订婚，早上会亲，晚上吃茶，① 吃糯米饭。

2010 年 12 月 5 日

四组纳汝山患前列腺癌3年多，昨天晚上11点30分归真，今天下午4点30分站拜。纳汝山是通海县政协副主席退休，算是纳古中华人民共和国成立以来任官职较大的一个，县相关部门和领导先后到家里问死。

2010 年 12 月 6 日

值得纪念的日子。"伊友书会"首次走近大众，很仓促的活动，果断的决定。早上9时许，清真寺大门口，活动拉开帷幕，效果不错，大众热情高涨，借阅近百本各类书籍，远超之前的总和。反响也很好。读书是每个人的权利，我们离不开大米，我们也需要精神食粮。争取每周一次晒书，今天再次向大家借书。

---

① "吃茶"，当地回族将婚俗中男女双方亲戚第一次见面、相互认识、确认关系称为"会亲"。因为会亲过程中相互要祝福以伊斯兰教祝安词"色兰"（阿拉伯语，平安的意思，又译为"色了目"）问候，故又把会亲称为"说色了目"或"做色了目"。当地旧有的风俗，会亲或"做色了目"的仪式后邀请亲朋好友来家中喝茶、吃饭，晚上吃汤圆、吃糯米饭或吃米线庆祝，所以将此仪式的请客吃饭部分称为"吃茶"。

2010 年 12 月 7 日

现在的公路越来越宽，却为何在人们心中的路越走越窄？红绿灯路口横七竖八停满大车小车，别说开车过不克，就是走路也得绕弯弯。唉！没办法，只好走"镇长路"了。

2010 年 12 月 8 日

镇党委组织开展年终三项工作，今天全镇党员 200 多人到镇政府六楼参加党员培训，镇人大主席马恒骧主讲十七届五中全会精神。

2010 年 12 月 9 日

一年一度的年终目标考核工作开始了。今天，通海县教育局一行由刘敏副局长带领，来到纳古学校进行考核，副校长李波全面汇报，之后查各种材料，教科所副所长储敏点评，感觉纳古工作扎作实，成绩突出。

2010 年 12 月 10 日

镇领导班子成员，学校鼓号队敲锣打鼓，欢送纳古六组（汉族）两个小伙子参军。全镇就两个：一个叫苗静，一个叫刘炳坤。

2010 年 12 月 11 日

纳家营老伊玛目纳泽周，于昨日 23 时许归真，享年 89 岁，因为从 17 岁起就是"伊玛目"，所以全村老少都称他为"小伊玛"，担任 60 多年，是我纳家营名副其实的学者。这样品学兼优的学者去世，是我们纳家营宗教文化及各方面的较大损失。通海县内及邻县几个回族村子都派代表前来送埋体，尽管下了一天的大雨，但在大殿下面站拜的人很多，都挤满了。

大回村过圣节，纳家营很多教亲都去恭贺。

2010 年 12 月 12 日

回族村子葛家营（现改为上回村），今天过圣节，纳家营很多教亲都去恭贺。

2010 年 12 月 13 日

在纳古生存打工过日子的外地穆斯林非常强大，在我们还没有来得及接受他们的时候，他们已经融入纳古的节奏里边：清真寺礼拜、念经学习班、学前班的孩子、戴盖头买菜的陌生妇女、卖水果的小贩……

2010 年 12 月 14 日

在纳古，流动人口非常之大，有超过本地人 2 倍的外来人口，他们不可能永远生活于纳古，在他们回到家乡的时候，能用上在纳古所学习的技术为生活谋利，能继续用纳古的方式生活，能用学习的教门知识向家乡人宣传。

2010 年 12 月 15 日

今天，北京团的哈吉[①]回来啦，全村欢聚一堂，为他们接风洗尘，在清真寺聚餐，为他们召开欢迎会议，欢送他们回家，来到家门口，欢送的人们发"邦克"，大家能完成功课，平安归来。

2010 年 12 月 16 日

最近几个月来，物价上涨，就连一个"小碗米线"也要卖 3 元钱，去年是 2 元。

[①] 伊斯兰教称谓，意为"朝觐者"。

2010年12月17日

赶七街坐小马车的车钱也涨了,原来是5角,现在涨到1元。

2010年12月18日

天昊公司是股份公司,轧大型工字钢:一般在20号以上,日产800吨,2008年集资1个亿,今天试轧成功,请师傅开经,请股东聚餐。

2010年12月19日

峨山文明村是回族村子,与纳古的交往较多,今天过圣节,纳古很多人都去参加,并且管委会①成员打了一场篮球友谊赛。

2010年12月20日

纳古学校一个年级里9个班只有2个班是本地居民,另外的7个班是外地生,本地居民响应政府号召实行了计划生育,现在本地学生越来越少。2300多个小学生中只有600多个是本地生;10年前的2000年,全校有小学生1092人,那时基本没有外地生,10年的工夫纳古人就从四位数降低到600多人,计划生育真是见效了。

2010年12月21日

大约下午2点,路过洁雅饭馆,一对新人在举办结婚庆典,他们应

---

① 清真寺民主管理委员会的简称。根据2006年5月12日中国伊斯兰教第八次全国代表会议通过、2006年8月7日公布的《清真寺民主管理办法》第六条:"寺管会是寺坊穆斯林的群众组织,由爱国爱教、遵纪守法、办事公道、热心为穆斯林群众服务、具有良好的宗教操守和一定伊斯兰教知识及工作能力的本寺坊穆斯林组成,并在当地伊斯兰教协会指导下成立。其成员须经本寺坊穆斯林群众民主协商、推选产生。本寺坊聘任的主持教务活动的阿訇、伊玛目、海推布等主要教职人员可以作为寺管会成员。清真寺应当结合当地实际制定寺管会成员产生的办法。寺管会设主任一人,副主任若干人。每届寺管会任期三到五年,寺管会主任任期一般不得超过两届。寺管会成员须报所在地县级人民政府宗教事务部门备案。"

该是在这里工作的人，反正不是本地人！恭喜他们，很高兴他们在这里安家立业，像这样在这里结婚的新人很多，每个月都有好几对，尤其是每月 5 号那天，因为是停电日，大家休息有空。

2010 年 12 月 22 日

通海县政协委员、纳古连铸钢铁公司董事长马跃升，在教了 20 多年书后辞职下海办企业，勇于承担社会责任、热心公益事业，在当地广为流传，并深受人们赞誉。他从小手工作坊逐步发展壮大，现拥有企业 4 家，其资产超过亿元，4 家企业共为社会提供了 1000 多个就业岗位，年上缴国家税金近千万元。2004 年，马跃升带领大家创办纳古连铸公司时，他就和其他股东商量，积极吸纳小股民参股，只要你愿意，1 万元也是一名股东，公司赚了，大家都有收益，公司亏了，小股民的钱由他支付。由于大家对马跃升非常信任，纷纷入股，1 万元、2 万元、10 万元不等，现在纳古连铸公司的股民已超过 540 多户。通过三年多的经营，连铸公司的全部股民都得到了真正的实惠，全部收回了入股成本，有部分股东带着分红利润去自办企业，随后也成为企业家。马跃升带动大家共同致富，对纳古的企业做强、做大，推行民营股份制运作起到了良好的带动作用。

2010 年 12 月 23 日

股份公司"恒瑞"投产 3 年，前两年由于市场因素一直亏本，今年终于有了转机，今天请师傅开经，请股东及亲戚朋友吃饭，听说准备分红 10%。

2010 年 12 月 24 日

在过去 20 多年间，纳古经济依靠钢铁工业飞速发展，经济发展的同时也导致了生存环境的恶劣，从前青山绿水的纳古现在已经竖满了黑烟滚滚的烟囱。只有当遇到节日（如圣节）或领导要来视察之前，关闭工厂几天之后空气质量才会稍有好转。环境变化给纳古人民带来了经济收益，为大量外来劳工带来了就业机会，除此之外还带来了什么呢？致命的疾病！

2010 年 12 月 25 日

现在纳古人约 8300 人，携妻带子到纳古打工的约有 14000 人，有一部分就因为要给孩子一个好的学习环境来到纳古。也有少数人家在邻近几个村打工的外来人员，听说人家不接受他们读书，也是到纳古租房住下，就为孩子在纳古读书，纳古学校压力不小，没有教室，只好将同年级的 9 个班合并为 8 个班，即使这样也要把每学期来插班的每一个学生收进来。

2010 年 12 月 28 日

吴家宏，男，汉族，原任通海县公安局杨广派出所副所长，现任纳古派出所所长、通海县纳古镇人民政府副镇长。

2010 年 12 月 29 日

纳家营文化学院两个学生因为一点生活小事发生口角，昭通人用刀子捅了一个新疆人，已经死亡，凶手在逃。

2010 年 12 月 30 日

今天县级相关部门来了很多人，协调处理后事，公安要求尸检，但根据回族风俗，死者家属不同意做尸检，最后写下协议，只做体表检查。

纳文群日志
2011年

2011年1月1日

今天中午,按照纳家营的习俗把被害人安埋在纳家营小长山上,家属来了20人,纳家营众教亲纷纷前来站拜。

2011年1月2日

今天,死者家属请一部分教亲在清真寺为死者做"三日",① 做油香,下拜后发给礼拜人。

2011年1月3日

学校放元旦假1天。

2011年1月4日

学校召开期末考务会。

2011年1月5日

纳古烧烤一条街闻名通海县,许多县城的或附近村庄的都是开车过来品尝,特点是:味道好,价格便宜,还相对清洁。

2011年1月6日

听说是哪家厂中有3个工人,在使用吊车时,因钢绳断,打倒堆放的货物,3人都被砸死。工人们自我保护的意识淡薄,厂方应该经常组织培训,提高安全意识。虽然3个人共得到101万元的赔偿,但有什么用呢?最可贵的是人的生命啊!

---

① "三日",死者去世后三天亲人为其做的宗教纪念活动。

2011 年 1 月 7 日

市人大常委会主任董诗强率市工信委、民宗局、住建局负责人对通海县纳古镇小城镇建设进行调研。他要求,更新观念,抓住机遇,科学规划,强化产业支撑,加强文化建设,加快纳古城镇建设。

董诗强指出,加快纳古镇的城镇建设,一要更新观念,抓住机遇,谋求纳古新发展。加快推进小城镇建设,充分利用纳古的区域、交通、资源、产业等优势,认真研究国家产业政策,充分利用周边地区和周边国家的资源,积极引导业主和居民在建设中突出规模和档次,扎实抓好产业整合提升,形成具有深刻内涵和独具民族特色的小城镇。二要科学规划,按照科学发展要求坚持规划先行,从纳古的经济、社会、生态环境的角度出发,明确发展方向和定位。根据产业定位,对小城镇建设的空间布局、资源利用、产业调整提升等进行详细规划,合理布局,把城镇规模控制在环境承载力之内。充分考虑纳古与市、县城市建设发展的互利关系,加强纳古镇工业发展与市、县工业园区的对接,突出系统性、规模性、规范性,处理好市、县城市规划建设与纳古小城镇规划建设协调发展的关系。三要调整提升产业,强化产业支撑,以产业强镇。要把小城镇建设与产业发展、市场培育、结构调整结合起来,立足纳古自身区位优势、资源优势、产品优势,把小城镇建设与第二、第三产业发展结合起来,与推进新型工业化、产业化结合起来,充分考虑产业的市场前景和后续发展,加强对小城镇支撑项目的策划。相对集中的加工企业要走兼并重组的路子,整合现有小、散企业,培育特色产业,提高产业层次和产品附加值,促进产业集群尽快形成,以产业集聚带动城镇发展。四要盘活土地,坚持小城镇建设与保护耕地和生态环境相结合,在保护耕地和保障农民合法权益的前提下,调整土地利用结构,盘活土地存量,禁止土地闲置,妥善解决建设用地。要运用市场化运作手段,打造一批有特色的精品住宅小区,提高土地利用率,营造良好的人居环境和城镇形象。五要加强文化建设,依托文化资源,挖掘文化内涵,打造回民文化,建设特色鲜明的民族城镇，营造良好的人文环境。

　　董诗强要求，相关部门要在资金、人力和技术等方面加大支持力度，做好协调、规划等工作。纳古镇要加快建设步伐，进一步完善城镇功能，增强城镇集聚度、综合承载能力和管理服务能力，彰显工贸型城镇特色，着力打造集居住、旅游、商贸为一体的生态旅游城镇，使全镇经济实力、产业支撑、生态环境、社会发展再上一个新台阶。

2011 年 1 月 8 日

　　江通收费站设在纳古不远处，个别纳古人舍不得交过路费。有人建议不交过路费的绕走老路，老路已经完全通车。如果要走新路经收费站不交过路费的脱掉白帽，不要给民族丢脸！

2011 年 1 月 9 日

　　做"逊乃"，① 回族男孩在四五岁时，家长要带孩子去清真寺做逊乃，小时候做过逊乃还可以预防前列腺炎和细菌感染。

2011 年 1 月 10 日

　　一组马思思结婚。

2011 年 1 月 11 日

　　纳古镇召开第四届第四次人代会，镇长纳锦斋作政府工作报告，人大主席马恒骧作人大工作报告。

---

　　① "逊乃"，此处指伊斯兰教的"割礼"，指穆斯林男孩 7~8 岁或 12 岁时割掉阴茎包皮的仪式。穆斯林将割礼视为"圣行"（阿拉伯语音译为"逊乃"）而遵守，故回族民间将割礼称为"逊乃"。（参见：中国伊斯兰百科全书编委会编.中国伊斯兰百科全书[M].成都：四川辞书出版社，1994:161.）

2011年1月12日

七组纳绍飞，现年31岁，生前身体健康，昨晚突然似着痧的感觉，2个小时后在医院死亡，未来得及诊断，估计是心脑血管问题。最近两个星期以来，我们周围已经有3个30多岁的人死于心脑疾病。

马子发工厂因行车钢绳断，吊的货物打倒堆放的货物，打死3个工人，惊动市县相关单位，组织镇领导到其他厂家进行安全检查。

2011年1月13日

学前班已经放假，小学正在考试，也即将放假。

2011年1月14日

马儒萍的父亲90来岁，今天归真。

2011年1月15日

近几年来，纳古人们生活在一个"烟雾"缭绕、充满灰尘和噪声的环境之中。今天听说纳古的小型钢铁企业经营者自发组织，决定将纳古辖区内所有的小钢企整合在一起，通过对设备的升级换代、对经营模式的摸索创新等方式从而有效地降低能耗，减少环境污染；降低成本，提高利润空间，增强市场竞争力，获得更好、更稳定的发展。目前，经营者们所担心的电力供应、土地等问题也得到了各有关单位的支持和帮助。据悉，今早已有超过70%的经营者如不按要求执行，将由有关单位配合电力公司对不遵守协议企业做出强制断电措施。

相信企业经营者所发起的改善环境的行为是更有力量、更有效果的，是一个纳古民众都乐意看到并支持的好事！

2011年1月17日

学校考试前10天，少儿在清真寺学习班放假，今天，孩子们已经考试结束，清真寺又收假了。唉！小娃也是累啊，假期不得睡个懒觉。

2011年1月19日

恒瑞公司召开股东会，2006年建厂，第二年投产，至今有近5年，2008年，遭遇全球金融危机亏损700多万元，几年盈亏冲抵后到2010年底，盈利480多万元。董事长纳继斌任期5年，现换届，董事会投票，纳恒宝与纳继斌票数持平，纳继斌让贤，由纳恒宝担任董事长，今天的会议是商议公司的发展大计。

2011年1月20日

学校召开团员大会，由党支部主持选举团支部委员和书记，选举结果：马娅琼当选团支部书记，李春花当选副书记，宗云峰当选委员。

2011年1月21日

学校召开期末总结大会，由校长马灿敏主讲，之后全体教师在学校食堂聚餐，宰羊两只。

2011年1月22日

省内外在读大学生到纳家营清真寺学习，大约来了200人，免费吃住。参加了家访活动，受到热情的招待，与主人进行亲切交谈。

2011年1月23日

恒瑞公司召开董事会，纳恒宝自觉担任不了董事长的重任，现在还是由纳继斌当董事长，重组管理班子，纳恒宝等5个管理员退出公司的管理，希望公司的发展会有起色。

2011年2月1日

过年前后,纳古企业放假,民工回家过年,老板们领着老婆、孩子与朋友相约到外地旅游,听说纳向辉全家一行25人到新加坡、马来西亚、泰国,也有到越南等地旅游的。

2011年2月2日

今天是除夕,纳古的回民是不举行什么仪式的,也不吃年饭,也不拜年。

2011年2月3日

这几天企业放假,纳古空气格外清新,马路上车辆极少,村子里人也少了很多,显得很安静,难得的静!

2011年2月4日

这几天由于外出旅游的人比较多,村中请客的人家也很少,可以在家吃几顿素食了。

2011年2月10日

废铁涨高,打包机走俏。

2011年2月11日

七组的纳光顺不幸患上尿毒症,已经被送到昆明住院治疗,但是听说很严重,需要换肾才会好,现在靠透析来维持生命。在他之前,10年内纳古已经出现过5例,死亡4例,其中1例纳文翠换肾后两年死亡,马应达换肾七八年,目前健康。希望光顺能找到适合的肾源。

2011 年 2 月 12 日

印象中纳家营的井水是相当甜的，想不到现在纳家营的水质也会遭到污染。很多口井早没了，更悲哀的是在一切为了大炼钢铁的前提下，"官儿门前"[①]养活几十代人的小井也快干枯了。

2011 年 2 月 13 日

一位六年级的女孩武绍雪，农民工的女儿，在纳古伊友会以阅读的高姿态，获得 2010 年第一季最佳读者。

2011 年 2 月 14 日

黄龙潭、白龙潭、牛屎龙潭、双胞龙潭、古城关塘水等地出水旺，而且水很清，是妇女洗衣服、男人游泳、小孩戏水的好地方，今年已经全部干枯了。

2011 年 2 月 15 日

听老人们款，[②]过去从黄龙潭一直到古城阿条路边，处处出水，阿几丘[③]烂水田里也出，古城街心的阿三条沟是沟是水满了淌下克，这就是我们小时候的水！

2011 年 2 月 16 日

几百年没枯，现在为了钱什么都没了，再这样下克么小井也要干枯了，最后就是自来水没了，不仅泪没了，人都会散光了。

---

① 官儿门前，纳家营老清真寺牌坊前一块地方的地名。
② "款"，当地方言，"说""讲"的意思。
③ "阿几丘"，当地方言，"那几丘（田）"的意思。

2011年2月18日

合惠儒的丈夫3年前车祸归真，纳锦彬媳妇一年前因肺癌归真。今天两人喜结良缘，重组家庭，请客200多桌。

2011年2月19日

纳古志愿者归纳总结大学生座谈内容为以下几条：1. 对讲课老师的课堂、课余工作有待加强。2. 到家里访谈、交流，话题不理想、太单调，特别爱提经济。我们希望是从镇的、家庭的、个人的角度给大学生们一些更具体、更丰富的讲解答复、介绍。3. 大学生反映多的问题：纳古环境卫生太差，处处是垃圾。4. 坚持爱国爱教，为和谐社会、和谐中国作出一份纳古地方上和大学生力所能及的贡献。

2011年2月20日

今天早上合惠儒家接回门，请客200多桌。

2011年2月21日

这几天纳古的小型钢铁企业经营者整合炼钢企业，通过对设备的升级换代、对经营模式的摸索创新等方式从而有效地降低能耗，减少环境污染；降低成本，提高利润空间。17家炼钢企业合并，更名为"大白龙工贸公司"，每家出资200万元以上，每家出一个管理者，投票推选出纳吉伟为董事长，副董事长由纳光存、马洪生、纳维坤、纳顺芳4人担任，纳伟担任出纳。向广大群众集资，1万元为一股，股东积极性很高，几天的工夫就报数约1.5亿元。

2011年2月22日

持续干旱，已经有3个月没有落雨了，近来自来水经常停水或是水比较小。

2011 年 2 月 23 日

"大白龙工贸公司"正在准备建立电站，管理者们在疏通各种关系，等待批准。

2011 年 2 月 24 日

下午，一个民工的儿子，14 岁，在纳古镇中心小学六（3）班就读，寒假常在星月路上和几个小伙伴玩捉迷藏，猛地冲出，被一辆货车后轮碾过，当场死亡。

2011 年 2 月 25 日

今天，死亡的孩子还没有安埋，双方因赔偿问题还没有达成共识。死方要求赔偿 50 万元，车主最终赔偿 8 万元。保险公司意外险赔偿 3 万元。

2011 年 2 月 26 日

三组纳忠学，48 岁，因患肌无力、糖尿病等多种疾病，今天归真。

2011 年 2 月 27 日

听说恒瑞公司订货 6000 吨，可是又遇上新一轮的原料涨价，又得赔钱了，真是不顺啊！

2011 年 2 月 28 日

小学生收假上课，本学期共有学生 2906 人，其中小学生 2367 人。

2011 年 3 月 1 日

春季学期学校一般不接受插班生，但由于也有较特殊的情况，因而接收了十几个插班生。

2011 年 3 月 2 日

那该死的油价又飞了，很多大车不得不停业，忠爱大街成了停车场。

2011 年 3 月 3 日

"大白龙工贸公司"开始收第一次款，按报数的 20% 收起，之后签订入股协议。

2011 年 3 月 4 日

镇政府组织 20 个妇女到县妇联听"维权"讲座。

2011 年 3 月 5 日

今天三组和七组各有一家姑娘订婚，一家吃汤圆，一家吃糯米饭。

2011 年 3 月 6 日

石景公司在大营厂房里开经请客。

五组纳成航，18 岁，在泰国学习泰语，因骑摩托与一车相撞当场身亡，亲属一行 9 人当天赶往泰国料理后事。

2011 年 3 月 7 日

据说因为近两天没有从泰国飞往云南的航班，只好埋在异国他乡，加剧了亲人们和乡亲们的心痛。

2011 年 3 月 8 日

"三八"节，各个村民小组为妇女们买一份小礼物，也就是 10 多块钱的东西，大家都很高兴。纳古小学是给女教师们进行妇科体检，每人 60 元钱。

2011年3月9日

通海团县委"青春彩云南,关爱农民工手拉手"启动仪式在纳古小学举行,县团委领导、秀山小学师生和纳古师生约200人参加了手拉手活动。

2011年3月10日

学校组织全体教师看视频"学习杨善洲先进事迹",老师们被感动得哭了。

2011年3月11日

因"三八"妇女节,学校在今天放假半天。

这日中午日本发生9.0级大地震引发海啸,村民们很关心,都在看电视关注灾情,有的说可怜。

2011年3月12日

四组吉春的女儿与纳锦彬的儿子结婚,没有接"人亲"。

2011年3月13日

吉春家接回门,请客200多桌。

2011年3月14日

学校教师马亚丁与前夫已离婚几年了,今天再婚,接回门,邀请客人100多桌。

2011年3月15日

连续3个月没有下雨了,今天总算下雨了。下午飞起来碎米雪,气温只有3℃~8℃,下降了13℃。

2011 年 3 月 16 日

这日早上又飞起小雪。听说邻县华宁青龙镇 18 个自然村纳古镇党委换届，召开第十次党代会。

2011 年 3 月 17 日

这日早上又飞起小雪。

纳古镇党委换届选举结果已经出来：党委委员 11 人；书记张兴友、副书记合惠儒、周正宽；纪委书记李刚；人大主席马恒骧、宣传委员程建秋、武装部部长吕传龙、组织委员徐江波、村干部王莉萍、经管中心许珍丽、副镇长纳立凡。

今天在办公室，发现很多老师正在通过各种途径托关系购买食盐，一买好几箱，上千元，阔气得很。一问才知道，原来最近"盐紧"，此地已经无盐可买了。我不禁好笑，"愁什么不好，愁盐？"再说，就算紧，也不必买几箱吧？——吃得到老死！老师们却纷纷讽刺我"不当家"。

其实，与当不当家无关系，而与有无基本常识很有关系。氯化钠是地球上很平常和普遍存在的物质，而且地球 7/10 的面积都是海洋，盐不可能紧缺。

老师们当真要验证那句俗话吗？——"我吃的盐比你吃的饭还多！"

大家见面或通电话都是开玩笑地问"格买得盐？"纳古盐已经在上午就卖完了，有的小贩把原来 50 来块一箱的盐抬高到 200 多块一箱，听说邻村六街卖到 10 块、20 块一包，真是可笑啊！盐，你吃得下多少？

2011 年 3 月 18 日

近两日来，由于日本震后核危机加剧，以及传言食用碘盐可以防核辐射，加之民众担心核辐射未来波及中国沿海，进而污染海水产品及食用盐等，中国一些地方出现了抢购食盐的情况。17 日，中国盐业总公司启动应急工作机制，要求各地盐业公司确保食盐市场安全供应。与此同时，国家发展改革委发出紧急通知，要求各地立即开展市场检查，坚决打击造谣惑众、恶意囤积、哄抬价格、扰乱市场等不法行为，维护市场秩序，稳定商品价格。各地方政府也对此高度重视，通过各种方式劝导民众理性消费，勿信谣言，并核实中国沿海未出现污染迹象。

2011年3月19日

今天商店里已经有盐卖了，抢购囤积者吃亏了。

2011年3月20日

清真寺管委会主任和教长5年任期将要满了，这两个职位责任重大，谁来上任？我们有人选了吗？你认为哪位适合当主任或者是教长？最近偶尔有人在议论这一话题。

2011年3月21日

目前，纳古的钢铁发展速度惊人，但是一些潜在的问题显然已经摆在我们面前。第一，缺乏足够的原材料供应，也就是说钢坯的产量成为限制纳古钢铁进一步发展的瓶颈。所以，纳古需要各界通力合作向政府争取支持再上几个档次更高、技术更先进、污染更小的高炉及转炉。第二，纳古人应当学习沿海一带民营企业的经营理念，不是相互内部之间进行内耗，互相打价格战，而是合理分工，形成一条互补的产业链，建立价格协调机制，团结一致对外。第三，纳古做焊管的不少，现在该是建立一个上档次的带钢厂的时候了，不能再拖了。

2011年3月22日

纳古连铸公司在农贸市场门口有一块小黑板，招工信息常出现，现招聘4名安全员，要求有责任心、热爱工作、敢于说真话、做真事，有初中以上文化程度，年龄在30～55岁之间，工资待遇试用期满后2000

元/月以上。工作内容：负责监督上班员工是否有违规安全生产。

2011年3月23日

纳古旁的小村子十街一个村民，清晨特意起了个大早，顶着严寒到了田地里，摘了自家产的一些豆角到纳古市场上出售。来到纳古市场才知道，原来卖豆角的人还真多啊，大家都聚集在一起，来买的人也很多……不多时，来了个高声嚷嚷的人，要卖菜人把各自的豆角拿到大街白线之内，不允许超出一丝毫，限时三声……没见过这阵势的人吓坏了，看样子惹急了他会把你的东西砸掉……原来是清真寺的市场管理员。

2011年3月24日

纳古美容厅有5家，这几日紫澜阁搞活动了，198元送4次水膜，另外还有礼物，还是划算呢。"走，克开一张卡克！"

2011年3月25日

纳古镇人大组织镇人大代表活动，每人1800元费用由镇上出，跟随旅游团，到贵州遵义、黄果树瀑布等地进行"红色之旅"，让代表们了解革命历史，感受祖国大好河山，开了眼界，增进代表们友谊。

这日小学开展第二届美术节展览和颁奖仪式，设有金奖、银奖、铜三个等次，奖给画夹、彩笔等。

2011年3月26日

这日有两个教亲归真：三组马跃光，57岁，患风湿多年，行走不便，可能治疗风湿的药吃多了，脸有些浮肿，近来因慢性胃出血而死亡；五组马永廷，73岁，前年查出肺囊肿，今年病情加重，转成肺癌，多次住院治疗，归真前到北京治疗无效，回家两天，今天归真。

2011 年 3 月 27 日

今年气候反常,这几天异常寒冷,大家只好把收起来的毛毯和棉衣又翻了出来,咋恁冷啊!只有三四(摄氏)度。

2011 年 3 月 28 日

学校教师马然与纳溪结婚,纳溪原来是生活在昆明,现在回老家,定居在二叔家,今天是马然家接回门。

2011 年 3 月 29 日

这日,两家家属为亡人做"四日",[①]请阿訇开经搭救亡人,也称作"起经",[②]从今日起 40 日内,每天早开晚念,一般 7 日筹客,也有人家在 40 日筹客。

2011 年 3 月 30 日

学校教职工代表大会通过《纳古镇中心小学教师绩效工资方案》。

2011 年 3 月 31 日

春游活动是小学生喜爱的活动,去年因环境被破坏严重,到处开山盖厂房,学生外出游览没有好的去处,因而取消了沿袭几十年的春游活动,今年学校还是鼓励老师们带学生出去走走、看看。其实也没有什么好去的地方,真是难为老师们了!

2011 年 4 月 1 日

七组的纳光顺已经找到适合的肾源,顺利做了肾移植手术,现在已

---

① "四日",死者去世后四天亲人为其做的宗教纪念仪式活动。
② "起经",中国穆斯林把送别亡人后开始的第一次诵念《古兰经》的宗教仪式活动称为"起经"或"起经头"。

经出院,在玉溪姐姐家静养,感谢真主开解。听说费用是由几个小舅子共同承担,大约用去 25 万元。

2011 年 4 月 2 日

七组纳云树,70 岁,住通海城约 25 年,血压高,昨天突发脑出血,经抢救无效死亡。

2011 年 4 月 3 日

五组马连厚的母亲,90 多岁,今天归真。

2011 年 4 月 4 日

纳古志愿者决定再次开展"关爱孤寡老人、残疾人"活动,给每一位孤寡老人、残疾人发放一袋 25 公斤大米。今天志愿者出动 5 辆车,大米同时分发,送出大米超过 160 袋(每袋 25 公斤)、香油 160 桶以上(每桶 5 升),经费来源是天课、① 捐赠。

2011 年 4 月 5 日

献爱心捐款倡议书

尊敬的各位老师、亲爱的同学们:

大家早上好!当我们安然有序地学习工作、安康幸福地享受天伦之乐时,一个不幸的家庭却在紧急呼救!

虎娅就读于我校三年级六班,今年 9 岁,平时懂事乖巧,学习努力,但不幸的是今年 1 月患病毒性脑炎住进了医院,病情极为严重,在重症

---

① "天课",伊斯兰教的五项基本功课之一。亦译"课功"。阿拉伯语"则卡特"的意译,原意为"纯净",指穆斯林通过缴纳天课使自己占有的财产更加纯洁。教法规定,凡穆斯林所占有的财产超过一定限额时,应按一定比率缴纳天课。故此项基本功课实系一种宗教课税制度,因为是真主命令的"天命",故此项课税称为"天课"。(参见:中国伊斯兰百科全书编委会编.中国伊斯兰百科全书[M].成都:四川辞书出版社,1994:557.)

监护病房熬了将近 20 天才度过危险期。在医生的努力抢救下，病情才得以控制。住院一个多月，花去医药费 6 万余元。虽然出院了，但其记忆力已经受到严重影响。

本以为这场灾难已经过去，但出乎意料的是，3 月初，病毒性脑炎的后遗症又突然发作，令这个 9 岁的小姑娘昏迷不醒，现在仍在医院救治。但沉重的医疗费用使几经摧残的家庭不堪重负。

经虎娅父母向学校申请，学校行政会研究决定，学校大队部向全校师生、员工发出倡议：发扬"一方有难，八方支援"的人道主义精神，伸出双手，奉献我们的爱心，以捐款方式为虎娅同学提供关怀和帮助。愿我们的点滴付出汇成爱心的暖流，让暗淡的生命重新迸发出灿烂的霞光。我们热忱地期盼你伸出援助之手，帮助身边的人！"爱人者，人恒爱之！"感知您的关爱，致以诚挚的谢意！

纳古镇中心小学少先队大队部

2011 年 4 月 6 日

纳家营空气污染严重，很多人家不敢开门窗，只要有空就到玉溪或者通海去呼吸一下新鲜空气，唉！哪日会有一点好转？

2011 年 4 月 7 日

学前班举行幼儿"安全在我心中"儿歌诗朗诵比赛，个人和集体各 11 个节目，请来教育局幼儿教研员李琳、二幼教师、杨广镇幼儿园园长及教导主任，学校纳文群、李波、纳雪梅 7 人担任评委，学前主任杨丽娅、副主任马娅琼组织。

2011 年 4 月 8 日

为满足适龄儿童入园需求，促进纳古镇学前教育事业发展，纳古镇召开 2011 年教育工作会议，县教育局王局长、纳古镇主要领导、纳家营、古城清真寺管事、各村组组长、纳古小学马校长等出席会议，就纳古镇中心幼儿园建设进行讨论。讨论话题主要围绕幼儿园土地征用问题。众所周知，在纳古这块寸土寸金的土地上，土地征用问题是较为复杂的，特别是作为教育投入这类社会公益性用地，在毫无经济利益可图的情况下，如何处理好征用方式和方法，是需要政府和村民之间高度协调与配合的。

三组管雪瑞，30岁，患子宫癌一年多，有3个孩子，今天归真。

2011年4月9日

七组纳泽会的四儿子与一组马忠三的女儿结婚。

2011年4月10日

收垃圾清运费了，每个村民一年收10块钱，学校一年交了2400元。

2011年4月11日

三组合儒雄，32岁，几年前与通海城一个汉族女子相好，后来两人都分别各自结婚。也不知有什么瓜葛，在前年合儒雄把那个女子杀害，合儒雄被拘禁，今天早上8点半在通海宣判死刑，10点在玉溪刑场采用"安乐死"处决。

2011年4月13日

有人骑车到后山，半路上闻到很浓的臭鸡蛋味道，应该是硫化氢气体的气味。硫化氢气体一般是化工副产品，有毒，吸入少量会致人头晕，大量可致人死亡。难道后山有人办怪厂？！现在的人真是只顾自己赚钱，哪管别人死活？可恶！

2011年4月14日

学校为虎娅同学捐款已经达到14587.2元。

2011年4月15日

泸西一对夫妻带着4岁大的女儿，她的名字叫马纯盈，孩子于两个月前检查出患上了母细胞血管瘤，孩子骨瘦如柴，肚子奇大无比，在省内（云南）实在没办法医治，医生希望尽早上北京儿童医院治疗。夫妻俩平日勤俭节约，仅凭在清真寺里当阿訇微薄的薪水（400元/月）养着一家4口。为了给女儿治病，辗转多家医院，使原本就捉襟见肘的家庭陷入更大的困境。现在看着日渐消瘦的女儿挺着大大的肚子，父母的心是无比疼痛。于是，夫妻俩决定到纳古寻找早年嫁到这里的大姐，希望在纳古这个穆斯林聚居区能得到更多的帮助。幸好纳古社区志愿者们发起了这次宣传，把他们的事情宣告给更多的人，希望人们关注的同时能帮帮他们！今天纳古两个清真寺的管事已经答应在主麻上倡议群众捐款。大家一边帮助筹钱，一边与北京儿童医院联系，决定19日到北京治疗。

2011年4月16日

纳顺能儿子，21岁，与纳光学的女儿结婚，据说一共宰牛7头，红烧900斤，小炒350斤，凉片1000多斤，客人比较多。纳顺能在景洪办企业，请来大约200个景洪客人，统一穿着傣族服饰，很是漂亮。

2011年4月17日

纳光学家为女儿接回门，客人也很多。

2011年4月18日

马纯盈病情恶化，已经在腋下和脖子上发现肿瘤，知情的教亲们陆续来看望可怜的孩子。

2011 年 4 月 19 日

马纯盈不幸于今天早上板多①前归真，社区发出停止捐款的通知，志愿者们帮助请车，有几个热心人陪同他们送孩子回家。可爱的小纯盈怎么就这样走了，我们还等着她去北京治疗呢！

2011 年 4 月 20 日

现在朝觐报名的人听说是上千人在排队了，如果按报名的顺序去朝觐的话可能要等 3 年，可是有关系的人就可以当年报名当年就去，这就是插队了，没有关系、年纪大的人迟迟去不了，这种插队行为不应当，应该优先给年纪大的或有病在身的先去，毕竟岁月不饶人。

2011 年 4 月 21 日

朝觐名额大大减少，去年通海县国家团有 170 人，今年只有 110 人，据说是去年的哈吉因为托运仙水的斤头与机场管理员发生矛盾，有损哈吉形象，所以今年的名额就缩水了。

2011 年 4 月 22 日

学校举行防震减灾演习，全校近 3000 人参与，第一次警报响起表示地震突来，教师组织学生暂时躲避在桌子下面。间隔 3 分钟，第二次警报响起，全体师生有序逃生，用去 3 分 48 秒时间进行撤离。

学校领导为虎娅同学送去 14587.2 元捐款，目前，该同学回老家进行治疗。

---

① "板多"，伊斯兰教一日五时礼拜中的"晨礼"，系波斯语音译，一译"邦答"，时为夜交昼之中，共 4 拜，前 2 拜为圣行，后 2 拜为天命。（参见：中国伊斯兰百科全书编委会编.中国伊斯兰百科全书 [M]. 成都：四川辞书出版社，1994:309.）

2011 年 4 月 23 日

马儒琼的女儿与纳家礼的儿子结婚；另外四组纳继达与大回村一个姑娘结婚。

2011 年 4 月 24 日

清真寺召开大师傅换届会议，历届管委会主任、副主任，现任四掌教等相关人员在晚上9点召开会议，提出候选人5人，将在本月28日举行全民性的选举，候选人三组合儒彪、四组纳跃涛、五组李孝明、七组纳跃义及现任大师傅纳寿慈，五选一，采取直选的方式，这算是民间选举规模大、程序规范的一种选举了。要求大家充分了解，独立思考，慎重地自主投票！但是也免不了会有暗箱操作拉选票等因素存在。

2011 年 4 月 25 日

镇、县、市相关领导召开多次会议，研究明天接待省委书记到纳古调研的事项。

2011 年 4 月 26 日

1. 学校教师到县城参加县工会、县教育局、县体育局举行的多项技能比赛，粉笔字6人，键盘录入1人、羽毛球3人，评委1人，领队2人，早上举行开幕式，紧接着进行比赛。

2. 四组纳汝康归真，70来岁，听说是心血管疾病。

3. 早上，在春日和煦的阳光下，省政府领导来到纳古调研。

2011 年 4 月 27 日

姑太节，纪念穆罕默德圣人的女儿法图麦的节日。前些年，每逢姑太节，纳古两村都是相当热闹，大家赞主赞圣，特别是妇女们学习法图麦的美德，增加自己的功课，[①] 形成了良好的氛围。当然每年这一天，妇女们也都会宰牛烹羊集体聚餐，体验穆斯林的集体生活，那样的情景至今仍在眼前，记得奶奶过完姑太节回来，很兴奋，都要讲一讲她们过节的情景，说："尽是一包糟的老妈妈"，当时每人凑2元钱就可以了，妈妈她们也参加过几次，到我们这一代，细细算来已有好几年没有过这个传统节日了。

2011年4月28日

今天早上8点，纳家营举行大师傅选举，选举结果：三组合儒彪7票、四组纳跃涛14票、五组李孝明9票、七组纳跃义1045票、现任大师傅纳寿慈498票，纳跃义当选大师傅，近40岁，是中华人民共和国成立以来较年轻的一个。

2011年4月29日

樱桃红了！赶紧走克里山摘樱桃！今年有一种新品种，个大、色暗红，晚熟，9块钱一斤，在园里免费吃，还可以体验摘樱桃的乐趣。

2011年4月30日

今年大洋葱又掉价了，开始40多元一袋，后来只有20多元的价了，农民又要吃亏了。

2011年5月1日

四组纳红虹与五组金杰波结婚。金杰波，广州中山医科大学硕士毕业，现在玉溪市医院当医生。

---

① "功课"，此处"功课"指伊斯兰教宗教功修。

2011 年 5 月 2 日

纳红虹家接回门。

2011 年 5 月 3 日

今天是劳动节,放假 1 天,因为是周末推到今天补假。

2011 年 5 月 4 日

在全国助残日将到来之际,学校党支部、团支部再一次组织党员、团员、少先队员和工会委员参加"敬老助残"活动。下午 4 点,近 90 名师生在升旗台前集中,学校纳副书记做了讲话,大家举着党旗、团旗、队旗,分成 10 个小组,到纳古镇 10 户孤寡、残疾、重病人家里看望、帮助他们,给他们送去了一份欢乐!学生和老师们来到他们家中,大家争先恐后地帮助打扫卫生、收拾房间,劳动之余与残疾人和孤老亲切交流。大家在帮助残疾人的过程中,既培育了关心他人、扶助弱者的爱心,同时又是一次社会道德和拼搏精神的自我教育,学校给老人们送去价值 100 元的慰问品。收到这份礼物,他们十分开心!

2011 年 5 月 5 日

葆玉清,十几年前丈夫离家出走,留下 3 个儿女,一直由葆玉清勉强维持着一家人的生活,眼看大儿子也长大了,二女儿要参加高考,此时,不幸发生在这个可怜的家庭:葆玉清在一个厂上班,工作中盖头裹进运转的台钻里,皮带紧紧缠住她的脖子,七窍出血,送到医院,不知能否转得过来,村民们很是怜悯她,主动看望并送去心意。

2011 年 5 月 6 日

为了恭喜纳跃义当选为纳家营清真寺教长,全村群众在清真寺聚餐,召开欢迎大会,大家希望在新教长的带领下,纳家营的伊斯兰教门和文化传承百尺竿头更进一步。送别老教长，纳寿慈老教长这些年来任劳任怨，敢说敢当，鞠躬尽瘁，爱国爱教，一心为主道，不向邪恶势力低头，慷慨，坚持正确主张。群众不满意的地方，就是能力的限制，还有思想境界的限制。

2011 年 5 月 7 日

纳古人打篮球是很厉害的，就是小学生也不例外，纳古队打篮球赛，一定要赢，输了会很丢脸，有失传统，因而篮球比赛拿了很多奖。

2011 年 5 月 8 日

虽然伊斯兰教没有专设"母亲节"这个节日，可在"母亲节"来临之时，还是有很多儿女向母亲祝福，有的给母亲买一个礼物，有的给母亲发一条短信，有的在QQ上给母亲送一个虚拟的礼物，小学生们给母亲做一张贺卡。

2011 年 5 月 9 日

今天五组孤寡老人纳顺宝归真，80来岁。

2011 年 5 月 10 日

纳古老辈的人可能会记得"辉三枪"——纳古手工制枪大师纳文庆（也叫老辉三），族侄纳家瑞为他写下碑文，摘抄如下：

纳公文庆，赛典赤　赡思汀之后人也。公生于一九一四年，归真于一九七三年二月二十七日。享年五十九岁。

文庆公乃省内远近闻名之钳工大师。技艺之高深，制品之珍奇，众所公认也。一九四一年，曾有两名美国空军驻华人员在英语教师纳兰珍的陪同下专程拜访了文庆公，看到公用手工制作的手枪，不仅外观精美，且质量过硬，可与洋枪媲美。客人惊叹不已，并将自己带来的两支洋枪换走了文庆公制作的手工艺品，作为艺术珍品带回国去，此事一直成为公众之佳话美谈。文庆公之一生，乃勤奋辛劳，开拓创造的一生。公为我乡创业发展史写下了光辉的一页，堪为后辈师表，故书以志之。

2011年5月11日

小学一年一度的"茴香杯"篮球赛正在进行中，四年级至六年级，一共要进行两个多周。

2011年5月12日

摘黄泡、摘黑果儿的季节来了！纳古周边山上有好多呢！去爬爬山，锻炼锻炼身体！还有甜甜的黄泡、黑果儿吃，何乐不为呢？

2011年5月13日

纳寿慈大师傅担任纳家营清真寺大师傅已经6年，现在因任期到，换届选举而下台，举义邀请古城、纳家营两村村民吃饭，原定在清真寺办，后来现任清真寺管委会成员不同意在里面办，他就在家里办，宰牛6头，摆桌子80张，客人700多桌，平时村民的客事很少超过350桌，这个场面太大了！村民们认为管委会对大师傅做得过分了，因而大家都主动去帮忙，很是热闹。

2011年5月14日

纳家营"姑太"们聚集在合连恩家做姑太节，这个节已经失传好多年，今天大家又聚在一起过节了，随心功德，合连恩家出5000元，纳寿慈家出一头牛，马恒慈出2000元，其他100元、200元不一，凑了好几万元，吃了一天，老少都有，早上全是女的，有千把人，下午邀请家属参加，还请了古城村和纳家营的阿訇开《古兰经》，大家主动去帮忙做事，非常开心。

2011年5月15日

纳古男足胜利了，3∶1！赢了！对手是昆明社区足球队！昆明队下半场反击很有力，中场组织拦截很有秩序，形成很多威胁射门，两次击中门柱横梁！

2011年5月16日

今年雨水多，不像去年干旱，隔几日就下一场雨，老实好了！

2011年5月17日

为了大力宣传和弘扬杨善洲同志的崇高精神，更快地提高我校教师的综合素质，增强教师教书育人、为人师表的自觉性，展示教师魅力，弘扬师德风范，进一步营造创先争优的浓厚氛围，在深入开展创先争优活动中引导广大党员讲党性、重品行、做表率，争科学发展之先，创和谐社会之优，庆祝建党90周年营造良好的氛围，学校党团工会和教导处共同举办纳古镇中心小学"创先争优在行动——学习杨善洲，为党旗添光彩"演讲比赛，13位教师参加比赛，合跃金和马月娇获得一等奖。

2011年5月18日

江川人的糯玉麦吃得了，前几日4块一斤，这几日3块一斤，比较新鲜。

2011年5月19日

合跃金参加通海县委组织的"学习杨善洲，为党旗添光彩"演讲比赛，全县45人参加比赛，合跃金荣获第七名。

2011年5月20日

纳维聪的女儿与纳素英的儿子结婚。

2011年5月21日

下午纳素英的女儿会亲,晚上女儿吃茶,很多人来帮忙搓汤圆。

2011年5月22日

纳维聪家为女儿接回门。

2011年5月23日

下午,马俊能自家办的厂里来了四五个找工作的外来人员,有意挑衅,把马俊能打了一顿,还好被其他人追到3人,交到派出所。

2011年5月24日

清真寺选派纳丽潇到昆明参加全省《古兰经》诵读比赛,获得二等奖,受到大家的称赞。

2011年5月25日

镇领导马恒骧和程建秋,到学校商议参加县委主办的建党90周年合唱比赛事宜,组建纳古镇80人合唱团,参加人有镇职工30多人、学校教师40多人,由小学音乐教师师双梅辅导。

2011年5月27日

沙甸大清真寺组织一个相关的宗教学术研讨会,全国各地很多穆斯林参加,我们村也有很多教亲参加了这个为期3天的活动。

2011年5月28日

自来水供给不足,洗衣机无法正常运转,古城村供水已经定时,不能全天供给。

2011 年 5 月 29 日

阮殿富到沙特留学后，留在麦地那工作，今天一家三口返回纳家营探亲，女儿 11 个月，很漂亮。

2011 年 5 月 30 日

学前班（已经批准为幼儿园，但是设施还达不到要求）30 个孩子参加县组织的幼儿运动会开幕式节目表演。

2011 年 5 月 31 日

学前班参加县组织的幼儿运动会，共有 110 个幼儿参赛。

2011 年 6 月 1 日

老实好了，[①] 昨天一场大暴雨之后又下了一夜的小雨，是该陆续下下，不然连吃的水都成问题了。

2011 年 6 月 2 日

幼儿庆祝"六一"儿童节，文艺表演。

2011 年 6 月 3 日

学校小学生庆祝"六一"儿童节，表彰会、游园活动、买卖街……

2011 年 6 月 4 日

镇党委组织 80 人合唱团参加县委举办的建党 90 周年庆祝晚会，人员由镇政府 35 个职工和学校 45 个教师组成，指导训练的教师是学校音乐教师师双梅，钢琴伴奏是外请王原老师。

---

① "老实好了"，当地方言，"非常好"的意思。

2011 年 6 月 5 日

近几年因纳古企业往山上发展,山地成了办企业的重要因素。

2011 年 6 月 9 日

古城村自来水厂通知,因水源不足,每天供水三段时间,学校三号宿舍因楼层高,断水严重,影响正常的生活。

2011 年 6 月 10 日

二组村民状告本组领导,说他们卖山地,自己捞好处。

2011 年 6 月 11 日

据说四组一家地基约 6 分,地势较好,卖得 360 万元,天价啊!在纳古如果你没钱、没房、没地基,那就麻烦了。

2011 年 6 月 12 日

七组马全芳的父亲 93 岁,因脑出血,3 天病后归真。

2011 年 6 月 18 日

因转炉扩展的地皮涉及一组和三组,两个组在地界上有争议,三组村民在组长的率领下,50 来个村民来到转炉厂扯地皮的事情,在厂门口堵断交通约 10 个小时,造成很大损失。

2011 年 6 月 22 日

镇团委书记换届,召开第八次团员代表大会,选举李旭为书记、马燕妮为副书记。

2011 年 6 月 23 日

7 月建党节即将来临之际,镇党委组织全镇党员召开党员大会,表彰优秀党员和优秀党支部。

2011 年 6 月 28 日

纳古镇党委组织 80 人合唱团参加县委举办的"庆祝建党 90 周年歌咏比赛"。

2011 年 7 月 1 日

纳古钢铁企业不景气,很多厂家都放假停产,因为价格不稳定,不停产也是挣不到钱。

2011 年 7 月 2 日

五组、七组部分人家到后山栽树,与四寨村民发生地界争议。

2011 年 7 月 3 日

小学生期末考试结束,今天开始放假,今年的暑假很长,有 50 多天,老师也有 40 天假期。

2011 年 7 月 4 日

学校教室安装了 15 套电子白板,每套约 1.8 万元。

2011 年 7 月 5 日

学校党支部、工会、团支部组织全体教职工举行"庆祝建党 90 周年文艺联欢晚会"。

2011 年 7 月 6 日

今年兴起一股热潮:几个穆斯林相约到省外、国外,与当地穆斯林进行宗教知识的交流活动，然后对方回访，所以在纳古也常常看得到外来的穆斯林。

2011 年 7 月 7 日
今年雨水丰富，隔几日就有一场雨，老实好了。

2011 年 7 月 8 日
学校老师宰羊聚餐，放假。

2011 年 7 月 9 日
马贤东家与纳宏晓家会亲，女方亲友约 50 桌邀请到男方家做客，男方家的客人也很多，很热闹。

2011 年 7 月 10 日
抚仙湖的一个农家乐很有生意头脑，为了吸引纳家营人去消费，特意建了回族厨房、配备了炊具，还建了礼拜堂，很受欢迎。

2011 年 7 月 11 日
学校中层以上人员来到施甸县"善洲林场"参观学习。

2011 年 7 月 14 日
今年的青头菌咋呢贵，[①]25 元一斤，还要老嫩一起卖；干巴菌 150 元一斤。

---

① "咋呢贵"，当地方言，"怎么那么贵"的意思。

2011 年 7 月 15 日

暑假里各地大学生陆续来到纳家营清真寺学习,大约 400 人。

2011 年 7 月 21 日

吉林大学博导杨军应邀到纳家营为大学生们讲课,讲得很生动,本地也有许多群众参加听讲。

2011 年 7 月 22 日

在三中当老师的红爱订婚,亲友们前来吃茶、祝贺。

2011 年 7 月 23 日

七组合应鹏与四组纳雪梦结婚。

2011 年 7 月 24 日

纳古镇人大主席马恒骧为大学生们讲课,从纳古历史、地理、文化到经济名人等,并向大家介绍纳古的特点。

2011 年 7 月 26 日

纳宏晓家与马贤东家吃茶,今天晚上吃米线,男方的亲友邀请到女方,双方约有 100 桌人吃米线。

2011 年 7 月 27 日

马贤东家与纳宏晓家会亲,男方亲友约 50 桌邀请到女方家做客,女方家的客人也很多,共计约 300 桌人吃饭,晚上男方亲友邀请到女方家吃汤圆,200 多斤糯米吊浆,亲友们前来帮忙搓汤圆,上桌的配料有一碗糖稀、一碗白糖、一碗豆沫、一碗花生面。

2011 年 7 月 28 日

来自各地的大学生今天结束学习，离开纳古。

2011 年 7 月 29 日

"走，去抚仙湖边玩去啦！"大热天来到湖边玩玩水是很爽的事，要把斋了，大家忙着出去休闲娱乐，在抚仙湖能看到很多纳家营人，男的要游泳，女的只是在湖边戏水、聊天。

2011 年 8 月 2 日

这日是斋月的第一日，农贸市场卖菜的时间也随着调整为下午卖菜，早上也卖，因为厂家要买工人的菜。

2011 年 8 月 3 日

晚上开斋大家都尽量吃点容易消化的米线、卷粉、面条，这样封斋时才吃得进去。

2011 年 8 月 4 日

干米线 1.5 元一斤，发好的潮米线也是 1.5 元一斤，划不着买发好的。剥好的小毛豆 5 元一斤，小瓜 1.5 元一斤，白菜 5 角一斤，黄牛菜 20 块一斤，熟牛菜 30 块一斤，土鸡 13 块一斤，"天然香"大米 3.6 块一斤。

2011 年 8 月 5 日

阿文学院开学了，学生到多了，但是质量更重要，尖子生几年培养不出来一个！学生多，不说明办学办得好。学院办得好，不能只靠盖房子。

2011年8月6日

路过红绿灯口时，总是会堵车，尤其是早上，简直不敢往此路走！无论是开车还是步行，要是清真寺的过磅房重新找个地方，在那搞个废钢铁交易市场就好了。

2011年8月8日

七组纳顺达，52岁，18岁开始受风湿的折磨，后又得痛风、糖尿病，长期服药导致肾衰竭，今天凌晨在昆明工人医院归真。

2011年8月9日

市场不好的日子，很多厂家放假了，隆隆的噪声少了，滚滚的黑烟少了，菜市场的繁荣少了……

2011年8月12日

斋月里又开始挂功德了，早早的清真寺广播里就在念参加募捐的名单，每个组几十个，然后分组到几个片区去。新一届的管委会委员17个，一共挂了490万元，主任马恒慈100万元，副主任纳锦高、马自猛各挂50万元，打算重建盖一个6000万元的阿文学院。

2011年8月14日

纳古卫生院，被通海康复医院承包，设有住院部，也有人在住院，但是，卫生差、设备差、药品不新鲜等问题突出，一个常住及暂住人口达1.5万人的镇，有这么一个医院，确实不像样。

2011年8月15日

经过几天的积累、群众的大力支持，清真寺的功德已经达到近1000万元了。

2011 年 8 月 16 日

学校教室又安装了 9 套电子白板,每套约 2.2 万元。

2011 年 8 月 17 日

学校开通校园网站,教室安装了电子白板,在学生开学前教师就开始培训运用。

2011 年 8 月 18 日

订婚的男女在大开斋来临前双方互相买一套服装,一般价格在 2000 多元,也有 3000 多元的。

2011 年 8 月 19 日

学校开始报名招收插班生(务工子女,全免费教育),共计招收了 100 多人,各年级每班本来已经 50 多人,现在还插,实在是困难了。

2011 年 8 月 20 日

三组纳永胜,30 多岁,通海往返昆明的大巴车主,下午大巴车从昆明来到玉溪研和加油站,在路边停车,纳永胜站在车后被一辆公安车撞飞,重重地摔在路边广告牌上又弹回来,从出事到断气只有 5 分钟的时间,惨不忍睹,上有老,下有小,咋个整?

2011 年 8 月 22 日

为贫困户捐款,共 236 人,捐款 70000 多元。

2011 年 8 月 23 日

学校请来云南省特级教师、终身辅导员肖平为教师讲"三生教育"——珍爱生命、学会生存、幸福生活;玉溪市总辅导员徐吟丽讲"少先队工作探讨"。

2011 年 8 月 24 日

在纳古热轧厂路口处,一个通海县大营村的出租车司机被杀死在车上,钱财已经被洗劫。

回族的"二十八"节还没有到,大家就忙着买糖果,说得媳妇的人家要买糖果送给女方家,已经结婚的也要买给岳母家。姑娘家要请小伙子家吃开斋饭。

2011 年 8 月 25 日

五组马某,17 岁,因昨天与一个比他小的务工子弟打架,今晚被务工人员复仇捅了 4 刀。

2011 年 8 月 26 日

晚上,两个务工人员发生矛盾,其中一个被砍几刀,喊着救命来到潭子边,上衣沾满鲜血,旁边人帮忙报案、抢救。

2011 年 8 月 27 日

"二十八"节到了,大家忙得不亦乐乎,做客的、请客的,三岔路都堵车了,吃过开斋饭,大家忙着去礼"节拜",五组纳维锦的爷爷百岁老人,在家人的招呼下还来到清真寺礼拜,礼完节拜交还"失撒的拜功",① 真是难得。

四组小芬家牛圈失火,失火后,人倒是真的多呢,但是自带水桶的少,而且墙太高,水倒不进去。假如本村配有消防车嘛,灭火的效果就更好,更快速了。特别是现在街道太窄,楼层又太高,水压又不够,碰到更大

---

① "失撒的拜功",口语,将之前因为疏忽或各种原因没有做的拜功称为丢失或撒下的拜功,将其补上称为"交还失撒的拜功"。

的危机的时候就只能束手无策地干望着，干等着消防车来了。自来水停水，通知水厂供水，管理员说没办法，一点儿也抽不出，纳古的水确实是个问题。但是一家有难，全村支援。算是见证了什么叫人多力量大了。大家自发地排成两条人体长城，一条把盛满水的容器从水源点往火灾前线传过去，另一条又把前线退下来的空桶传回水源处。不分轻重、脏累，每个人都在自己的那个位置默默贡献……于是火被扑灭了，大家被这种父老乡亲们的真情感动了。

2011年8月28日

老彩娘，80多岁，孤寡老人，不久前摔了一跤，今天吃封斋饭时归真。

2011年8月29日

小学生开学了，第一天上课，一切都很顺利，这与学校的课前准备是分不开的。

2011年8月30日

明日要开斋了，这日宰牛数大增，仅小春家就要宰4头大黄牛，要请亲家的人家一个月前就定好"弯刀""以丹""胸子""里脊""三角""饭盒""筒子骨"等，每斤20元。

2011年8月31日

老历初三，把斋29天，不足30天，但也强过于30天，今天大开斋。

2011年9月1日

今日是开斋的第二天，还有人家在请客，有两个未婚的孩子的家庭就得排队请客，一般开斋第一天都是吃饵丝，第二天请的人家就只能吃饭了。

2011 年 9 月 2 日

今日中老年班念经的男士们到大庄清真寺学习。

2011 年 9 月 3 日

宏晓要去读大学了，父母、姨妈、舅舅一行 11 人送行到兰州。

2011 年 9 月 4 日

县上对乡镇进行千分制考核，得到奖金约 10 万元，镇政府一般未挂职的职工领到 1200 元奖金。

2011 年 9 月 5 日

"引水上山工程"，请马荣富老书记负责施工，正在紧锣密鼓地进行着，眼看快要见效，水管也埋到马鞍子桥了，马鞍子路因为拆迁难度大，先将下水道搞了，以免以后重复开挖。但是星月路上段是要连路面铺设一起搞的。经过几年的准备，决定以股份制来投资建设：镇政府占 51% 股份，商会占 49% 股份，商会向用水企业提前收起费用来搞建设，以后的水供给企业，以作水费。现在清真寺提出股份之争。

2011 年 9 月 6 日

七组纳顺达的母亲，约 75 岁，查出癌症才 3 天的时间，因心衰归真，离大儿子纳顺达归真还不满一个月，很令人心痛。

2011 年 9 月 7 日

斋月过了，到清真寺礼拜的人少了，大家应该像斋月一样坚持集体礼拜！

2011年9月8日

经过通海警方连续15天的日夜奋战，8月24日晚发生在通海县纳古镇的一起抢劫杀害出租车司机案成功告破，犯罪嫌疑人薛某被及时抓获。

8月24日晚9时42分，通海110指挥中心接到报案称：在纳古镇江通公路岔路口公路边（"热轧带钢厂"），出租车驾驶员陈某被人杀死在出租车内。经通海警方现场勘查查明：出租车驾驶员陈某被他人用锐器切割颈部致失血性休克死亡，其放在出租车上的两部手机及一个装有2000余元现金的棕色钱夹被抢走。

案件发生后，通海县公安局成立了由副县长、公安局局长赵南方任组长的"8·24"专案组，抽调100余名警力迅速投入案件侦破工作。围绕案发现场提取到的痕迹物证，结合大量的走访调查工作，专案组民警在全县范围内对出租房、宾馆、旅社、企业及外来人员聚居地组织开展了"地毯式"摸排调查；调取案发现场周边监控视频重点时段录像，及时发现案件线索。同时，积极发动广大人民群众协助公安机关开展侦破工作，并发出悬赏通告，对提供线索破案的人员给予1万～2万元的奖励。

经过10余个昼夜的缜密侦查、连续奋战，专案组民警最终在华宁县盘溪镇某修理厂内将藏匿在此的犯罪嫌疑人薛某成功抓获，并顺利起获薛某暴力行凶后丢弃的凶器及黏附有被害人血迹的衣裤、拖鞋。经审讯，现年19岁的华宁盘溪籍犯罪嫌疑人薛某对8月24日晚抢劫杀害出租车驾驶员陈某的犯罪事实供认不讳。

目前，犯罪嫌疑人薛某已被刑事拘留，案件正在进一步审理中。

2011年9月9日

四组纳吉的母亲，86岁，昨天还去散步，傍晚得病，今天归真，死得容易！①

2011 年 9 月 10 日

学校庆祝第 27 个教师节，每个教师发给 200 元现金以鼓励。

2011 年 9 月 11 日

家琨教育基金奖励金额及名额：

考取本科及重点高中的学生，各奖励 1000 元；

考取硕士研究生的优秀学生，各奖励 2000 元；

考取博士研究生的优秀学生，各奖励 5000 元；

高考文科及理科分数最高的高中毕业生各追加奖励 1000 元；

以上奖励制度在基金会资金充裕的情况下无名额限制。

2011 年 9 月 12 日

难忘的纳古"大米儿"石榴，琥珀样红，蜂蜜样甜，核儿软而酥，在大地震前，纳古处处是石榴园，吃不完还往江川等地卖呢，如今纳古人反而要买蒙自石榴吃。

2011 年 9 月 13 日

这两日 60 岁以上的老人，从今年 7 月起至 9 月每月领到 55 元的养老保险，以后每月都有，老人们很高兴，说国家富强了，惠民政策也多了，以后每月都可以领到 55 元。

2011 年 9 月 14 日

房子免费入保险，每户只需要提供户主的户口册和身份证就可以入保险，如果以后有什么不测，将会得到 2 万元的补偿，大家纷纷去投保。

---

① "死得容易"，表示没有经历太大的痛苦就去世了。

2011年9月15日

今天,四组纳宗兴的儿子与文波家的女儿结婚;七组纳礼存家的儿子与张世禄的侄女结婚。

2011年9月16日

圣纪节日子已定于10月1日至3日,挂功德是按每一头牛5000元来计算,一共收到厂家130头牛的功德钱数,也就是说约有65万元,另外普通老百姓的也有好几万元。

2011年9月17日

今日又是一个星期天,结婚的人家有3对,做客的忙得不亦乐乎,"人亲"也需要不小的数目,每家50元也得150元。

2011年9月18日

三组盖起了老年活动中心,今天竣工典礼,请客开经,也请来了上级领导,大宗捐款,纳武敏1万元,转炉厂10万元,县委贺礼1000元,纳古政府1000元,市民宗局1000元。

2011年9月19日

哇!卖衣服的铺子生意太火了!快过节了,大家忙着买衣服,本村店铺买了还不够,又到县城、玉溪、昆明等地大采买,每人买几千元的很普遍,买一套还不够,还买两套、三套,购买力真够强大的。

2011年9月20日

卖盖头的生意也不错,往年较贵的每个也不到上千元,今年可好,每个盖头卖到了3000多元,仍然有人买。

2011 年 9 月 23 日

一组马俊航与小回村的姑娘结婚。

2011 年 9 月 24 日

三组纳武孝的儿子与一组马孝芳的女儿结婚。

古城马成良的父亲归真，70 多岁，头日晚上还上馆子吃米线，去女儿的商铺玩耍，半夜就归真了。

2011 年 9 月 25 日

纳恒胜的儿子与沙甸姑娘结婚，请客 300 多桌，没有接"人亲"。结婚不接"人亲"的人家很少，酬祝米客不接的逐渐多了起来。

2011 年 9 月 26 日

七组马明芳的母亲，近 90 岁，患胰腺癌几年，今早归真。

2011 年 9 月 27 日

纳古实业公司车队开经请客。

2011 年 9 月 28 日

根据清真寺规定，"给死人做油香不得多做"，马明芳母亲的"三日"只做了一袋麦面，以往一般要做五六袋面，他们家带头执行规定，得到大家的称赞。

2011 年 10 月 1 日

纳家营圣节，雨天阴冷，客人没有往年多，但还是很热闹的。

纳古镇政府、清真寺、学校、家琨基金共同在政府六楼召开2011年欢送大学生、表彰优秀教师（纳古小学 23 个、三中 10 个）大会，会上对 35 名新考取的大学生、研究生、重点高中生进行奖励，一本获得奖金 3000 元、二本获得基金 2000 元、专科以下获得基金 1000 元，资金由政府、清真寺、家琨基金共同承担，家琨基金发起人纳家琨对困难大学生资助做了宣传，希望大家推荐或自己提出申请。

2011 年 10 月 2 日

圣节第二天，上午 11 点召开庆祝会，举行毕业典礼，今年共有 8 个毕业生，全是本地人，他们都有 3 年的学习经历。

2011 年 10 月 3 日

七组王进喜的父亲，约 80 岁，1 号还去清真寺过圣节吃饭，2 号因心脏病送往昆明医治，准备换支架，不幸夜里就归真。归真前还交代儿子说老伴儿的药放在电视机柜里，记得给她吃。

2011 年 10 月 4 日

古城村圣节，天阴冷，但节日气氛还是浓郁。

2011 年 10 月 5 日

今年下半年纳古查出肺癌 3 人，这与纳古空气污染肯定有直接的关系。他们年龄都不算大，60 来岁，大家都很担忧纳古人的健康状况，但是"大炼钢铁"却毫不松气，形成赚了钱再去治病的恶性循环。

2011 年 10 月 6 日

今年报名朝觐有了新规定：去过的人 5 年内不得占用名额，实行电脑报名，插队者也难了。

2011年10月7日

七组合林跃的父亲，80岁，因肺心病归真。出院回家路上还到孙女新居吃了一小碗饭，到家下车还自己走路到房间，不到10分钟就归真，老实快了！

2011年10月8日

五组合林华的母亲，近80岁，今天归真。

2011年10月9日

七组合林跃家为父亲做3天，遵循清真寺规定，没有做油香，到老光朝家买了一些给师傅念经。

2011年10月10日

这几日请客的人家很多，大家都忙着请准哈吉吃饭。

2011年10月11日

"你的保险要买？"16～59岁的农民户口可以参保，每年投保数额自选，100～400元，60岁开始返回，如果现在已经59岁，需要一次交够1500元即可；如果现在不投保，到了60岁，就领不到55元的养老保金。

2011年10月12日

请小工的工钱也上涨了，去年一个女工60元，今年到了80元。

2011年10月13日

学校少先队大队部举行建队62周年主题大队会，全校师生在操场上开展活动。

2011年10月14日

这日是主麻日，下拜后全体礼拜人参加清真寺新学院奠基仪式，到地基发"邦克"，之后就要动工了，要建造云南一流的阿文学院教学楼。但是还是有一些反对的声音。话说回来搞这样大的建设有矛盾在所难免。

2011年10月15日

物价飞涨，小菜也不例外，1块以下的菜几乎没有了。

2011年10月16日

四组纳宗武炼钢厂一工人被电触死，经过协调赔偿经费28.5万元。

2011年10月17日

金融危机影响纳古钢铁行业，前边订单还没加工，如今又降价了，有些厂只好放假停业，不放假者也是贴钱，难做了，就连投资10年、效益一直很好的槽钢厂，今年也是亏本了。

2011年10月18日

如果一个人一个月的工资800块钱，带着一个在外上初中的孩子，如今的生活支出项目又多，哪像前些年？日子过得紧巴巴的，连小菜都不敢买，吃点咸菜，吃点洋瓜……

2011年10月19日

欢送哈吉，今年纳古一共有142人，多数的哈吉是年纪较轻的，年纪大的比较少，7点20分各家各户就发"邦克"，送到清真寺吃饭，全村都在里面吃，8点召开欢送会，分别由大师傅纳跃义、管委会主任马恒慈、伊玛目合儒立讲话，会议比较简短，到昆明还要召开会议，是下午4点的飞机。

2011 年 10 月 20 日

纳古第一个武术俱乐部开打了！由马阿訇担任教练！俱乐部成立意在增强体质，促进经济社会和谐发展。欢迎理智健全、有兴趣的朋友来报名参加！教练将对不同年龄组进行不同的武术教育和培养！每天早上板多后，或晚上沙目①后，时间自由安排，可多可少！

2011 年 10 月 22 日

下午底盖尔②拜后，由纳古商会组织并部分出资，纳古镇 44 位来自镇政府、清真寺、企业的教亲乘坐大巴前往昆明，开始此次的参观考察行程，主要目的是看望西北的穆斯林兄弟姊妹，尤其是银川永宁县的纳家户的教亲；参观学习宁夏吴忠市城市建设，民族经济发展取得的经验；参观甘肃与纳古合办企业"陇滇公司"；以及瞻仰保存在循化县我国迄今为止发现的最古老的《古兰经》手抄本等。

2011 年 10 月 24 日

"忠爱房地产开发公司"的第一个"忠爱小区"开始报名了，据说要盖 33 层，每平方米 2800 元，每上一层每平方米加 20 元，也有一部分人报名，但只有少数的人去交确认款 6 万元。

2011 年 10 月 25 日

陇滇公司分红了！从建厂到分红两年多的时间，还算顺利，分红比例 23%，股东们很高兴！

---

① "沙目"，伊斯兰教一日五时礼拜中的"昏礼"，系波斯语音译，时在昼交夜之中，共 5 拜，前 3 拜为主命，后 2 拜为圣行。（参见：中国伊斯兰百科全书编委会编.中国伊斯兰百科全书[M].成都：四川辞书出版社，1994:309.）

② "底盖尔"，伊斯兰教一日五时礼拜中的"晡礼"，系波斯语音译，时为申时，即约为下午 3 时至黄昏前。共 4 拜天命。（参见：中国伊斯兰百科全书编委会编.中国伊斯兰百科全书[M].成都：四川辞书出版社，1994:309.）

2011年10月26日

昭通苹果运得一大货车到纳古，1.8元一斤，甜美香脆，一袋20多斤，40多块钱，很便宜，又好吃，平时也有卖的，可能是货卖堆山的原理吧，买的人很多！

2011年10月27日

纳古企业最近蒸发了3亿元，每吨掉价六七百块钱，废铁、钢锭、成品都在掉价，没有哪个在赚钱，这六七百块钱去哪里了？可能等涨价的时候大家都会赚钱，那时候却是活着不多的几家在赚少许的钱，所以说钱越来越难找了！就连效益最好的转炉都可能要放假了，放假不赚也不亏，不放假亏得还很多。没办法，国际形势就这样。

2011年10月28日

开始收2012年新农村合作医疗保险费了，上交金额提高，开始是10元、20元，今年涨到50元，报销比例也大幅提高，门诊报销由原来每年60元提到每年200元；住院乡镇级医院可报销95%，省外可报销50%；普通疾病可报到10万元，重大疾病可报到19万元；居民户口也可入新农村合作医疗保险，也可以选择居民医疗保险，保险费每年120元。

2011年10月29日

现在中国的计划生育在纳古确实见效了，小学生的数量1999年1037人，今年只有628人了，12年的时间减少了409人，负增长的速度惊人！超生家庭几乎没有了，优生优育的意识增强了，现在每个家庭生两胎，也有部分生一胎，再搞"计划"，以后老龄化会很严重。

2011年11月1日

纳古小学语文教师合跃金、英语教师孔德雪、数学教师李玉洁代表通海县参加玉溪市教学竞赛课，举办科目四科，我校占了三科，这在通海县来说是从来没有过的。

2011年11月8日

时光荏苒，转眼《纳家营》杂志已经走过了5个春秋，从最初的影响甚微到如今的广为人知，在所有顾问、编委及各位编辑、作者和读者不懈的坚持与努力之下，《纳家营》杂志也取得了长足的进步，渐渐发展成为一本综合性的地方性杂志，并且影响越来越广。也许你喜欢"纳古春秋"这个版块，也许更中意"综合文苑"里的文章小品，哪怕只是其中的某一期某一个小故事曾经感动过你，又或许是你对《纳家营》杂志存在更大的期许，希望往后的《纳家营》杂志有所创新和改变，都请把你对《纳家营》杂志的感受和意见发给我们，字数、文体不限，谢谢大家一直以来的关心与支持，希望大家积极踊跃投稿，稿件一经采用，将刊登于《纳家营》杂志2012年第一期上，期待您的积极参与。

2011年11月9日

11月9-10日，中国学生留学埃及80周年暨云南桥头堡战略建设学术研讨会和云南第二届回族企业家论坛在云南个旧隆重召开！纳忠的两个儿子、两个孙姑爷、一个重孙姑爷参加了会议，纳古镇党委书记、人大主席、镇长，另有几位企业老板参加了会议。中国回族学会会长高发元致开幕词；留埃学生纳忠的儿子纳家瑞代表留埃70余留学生家属作了发言；大会作了三个主旨报告，主旨报告一：马丽娟（回族 云南民族大学副校长）；主旨报告二：纳麒（云南省人大常委会民族委员会副主任）；主旨报告三：王子华（云南省回族研究会副会长）。11日，代表们还将参观红河州州府、云锡十万吨铅／铜项目；参观个旧市沙甸区小城镇建设；参观通海县纳古镇（纳忠、纳训故乡）小城镇建设。

2011年11月10日

编辑们辛苦了，编委操心了，出资人厉害了！再接再厉。

2011年11月11日

《纳家营》杂志2011年最后一期"中国学生留学埃及80周年特刊"以纳家营人纳忠、纳训以及马坚等人的文章为主，内容丰富，尤其是纳忠20来岁在"清真铎报"上发表的文章，非常珍贵,感谢家属的大力支持！听说特刊在大会上赠送以后，很多地方的人都来要这本书，怕要着不够发呢！

2011年11月20日

纳古小学教师到玉溪参赛已经结束，语文教师合跃金获得市级一等奖、英语教师孔德雪获得市级二等奖、数学教师李玉洁获得市级一等奖。

2011年11月23日

一年一度的小学生冬季运动会从今天到后天举行，有田赛、径赛、广播操比赛等，项目多，参赛人数多，按团体总分给予奖励，羽毛球拍、乒乓球拍等作为奖品，其间学生投稿鼓励运动员，好不热闹。

2011年11月25日

今天下午，教师开展运动会，为了倡导"节能环保，低碳出行"，举行骑自行车比赛，100多名教师骑车到沙沟嘴海边，开展集体游戏，大家很快乐！

2011年11月26日

三组工业路上段道路硬化工程，被列为2011年纳古镇农村一事一议工程建设项目。11月25日，纳古镇对该工程进行了招投标。该工程总投资 16 万元，将对 180 余米道路进行路面硬化，建成后将解决沿街居民出行难的问题。招投标按照公平、公开、公正的原则，由镇纪委、财政、水保等部门领导和第三村小组领导参与见证了招投标过程。共三家建筑公司参与投标，最后由通海县第二建筑工程公司第二施工队中标。

2011 年 11 月 30 日

纳古镇中心幼儿园冬季运动会正在进行中，孩子们稚气的表演逗得场外一阵阵笑声。

2011 年 12 月 1 日

在村子七八公里远的地方——新义村，有一股水很好，听说吃了可以化结石，有一家新义人专门运到我们这地儿卖，5 块钱一桶，每天都能卖出一车；另外在小白坡公路边有一股山泉水，常年四季自然流淌，很多人家开车克拉来吃，水质也不错。

2011 年 12 月 2 日

伊友读书会每个星期天的早上 8—12 点，纳家营清真寺铜门口看书摊的志愿者招募中。

2011 年 12 月 3 日

七组公房经费收入：县委"一事一议"25 万元，县长给 10 万元，七组村民和厂家功德 100 万元。

2011 年 12 月 4 日

七组，公房已经竣工，今天早上发"邦克"、开经，请客 500 桌。

2011 年 12 月 5 日

五组李孝慈的儿子结婚,新娘是下回村人。

2011 年 12 月 6 日

小学生正在开展年级特色活动,今天四年级主题是"石头文化",举办了学生作品展览,主要材料就是鹅卵石,还很不错;三年级是以年级为单位跳集体舞"小白船"。

2011 年 12 月 7 日

七组纳四的女儿与三组纳应康的儿子结婚。

2011 年 12 月 8 日

一组纳灿雄,46岁,患白血病8年多,今年病情加重,每月需要药费3000多元,今早归真。

2011 年 12 月 9 日

四组纳红安,年轻时到昆明工作,现年85岁,因患肾衰竭,归真,送回老家来安葬。

2011 年 12 月 10 日

近一周内气温变化大:冷!雨水丰富!周一:26℃,周二:24℃,周三:18℃,周四:15℃,周五:8℃,周六:3℃……一个礼拜过完春夏秋冬。

2011 年 12 月 11 日

今冬请客菜谱:牛肉凉片、牛肉丝、红烧牛肉、冻鱼、干巴、凉鸡、(或是佐料鸡)、木耳、水豆腐、藕、地豆米儿、萝卜、腰果、咸菜,大家都不外乎上面菜中的 9 种。正客吃九碗，小客事自便。

2011 年 12 月 12 日
这几天江川到玉溪的公路上很多地方修路，开车不是很通畅。但是大家都要超车，尤其是超货车的车很多，你超，我也超！超车的车就一串一串的，危险！

2011 年 12 月 13 日
七组两家姑娘订婚，男方送来糖果"小玩玩"，女方招待吃米线，原来清真寺未做规定时一家要吃百来桌米线，现在只有 20 多桌了。

2011 年 12 月 14 日
"冻鱼"，纳家营的一绝，这是地方特色菜，佐料也是够爽的了。加点落松米儿，就更完美了！

2011 年 12 月 15 日
说起吃的东西，我们这点地儿的老式饼干很好吃，干（无油）、脆、香，可惜现在已经逐渐消失，留恋啊！

2011 年 12 月 16 日
这几日，我们点儿的摩托车疯狂被偷，一天 10 多辆，停在自家门前，大门开的，人就在天井的，哪么哪时偷的呢。

2011 年 12 月 17 日
七组马孝芳的女儿结婚，现年 17 岁。

2011 年 12 月 18 日

听说偷摩托车的小偷已经被抓,是一个本地人掺和一伙外地人干的。可恶,应该严惩!

2011 年 12 月 19 日

天气终于转晴了,这回怕阴了半个月了,这两日阳光灿烂,气温 3℃～17℃,大家又换下了羽绒服。

2011 年 12 月 20 日

初中毕业了,做事还小,不能散放的,送到清真寺念经吧!于是有了一个"本地班"。

2011 年 12 月 21 日

临近期末,外来务工子女转出逐渐多起来,今天就有 10 来个学生说要回老家就读。

2011 年 12 月 22 日

一组马顺宗母亲,106 岁,归真,归真前还做礼拜,耳聪目明,也没有糊涂,少有。

2011 年 12 月 24 日

四组纳鸿宇与峨山桃园村马龙订婚,会亲,早上吃饭,约 300 桌,晚上吃汤圆。

2011 年 12 月 25 日

三组纳永明的父亲归真,96 岁。

2011 年 12 月 26 日

七组纳吉增的四女儿,在玉溪银行上班,与沙甸小伙结婚,男方在纳家营洁雅饭庄宴请女方送亲宾客。

2011 年 12 月 27 日

今天是纳吉增为女儿接回门,客人很多,一共 300 多桌。

2011 年 12 月 28 日

学校召开期末考务工作会。

2011 年 12 月 29 日

玉溪市政法委领导到纳古小学检查"流动人口服务均衡发展考核"工作,对学校竭尽全力接收 70% 的外地生就读,学校对他们的"一视同仁",甚至加倍关爱,给予了高度赞扬,这么大的规模、人数在云南都是少有的。

纳文群日志
2012年

2012年1月1日

今天早上,利用元旦放假时间,马恒骧家在七组公房为儿子"会亲"请客。有9桌师傅阿訇来开诵《古兰经》,宴请很多亲戚朋友来吃饭,350多桌客,支了37张桌子,从早上8点20分开始待客,一直到中午11点多钟。

下午,为纪念恒骧母亲归真4周年,又请了6桌师傅阿訇来开经赞圣。

2012年1月2日

请客过后忙于付牛菜钱、米钱、煮牛菜的工钱、煮饭的工钱以及香油钱、酱油钱等,昨天那场客,共花去了约4万块钱。

2012年1月3日

云南电视台报道了12月31日在昆明连云宾馆举行的纪念赛典赤·赡思汀诞辰800周年座谈会的情况。

2012年1月4日

镇党委书记传达县委十一届二次全会精神,镇人大主席作题为《学习贯彻省九次党代会精神,推动经济社会发展的新跨越》的专题讲座。

2012年1月5日

镇领导们上昆明看望在省委党校学习的玉溪市民族宗教事务局马良昌局长。

2012年1月6日

大家在为镇人代会的召开而积极地做着筹备工作。

2012年1月7日

镇领导率有关人员值班。

2012年1月8日

四组村民纳宝清家请客,他家儿子添了一个小宝宝。

2012年1月9日

请在纳古社区发帖的各位兄弟姐妹注意,在此发帖请多些宽容,语言不要过激,事皆有两面性,我们说话要慎重,尽量不去伤害、攻击别人,在这里多些"命人行好,止人作恶"。请各位支持纳古社区健康地发展。

2012年1月10日

镇机关干部、职工为落实"四群教育"工作,领导挂帅分组联系7个村民小组的企业和困难户。仅七组就有14户企业、16户困难群众。

2012年1月11日

玉溪民生银行到纳古举办"财富大课堂",该行目前已在纳古放贷2.1亿元,支持70户企业的发展。

2012年1月12日

纳古镇第四届人民代表大会第五次会议在镇上的大会议室召开,46名代表参加,我和60多名列席人员参加了会议。

2012年1月13日

上午,县统战、侨办等部门领导来慰问侨属困难户4户。

下午,"纳古镇2012年银政银企新春茶话会"在镇上举行,县、镇有关领导,纳古的骨干企业老总,玉溪、通海的12家银行老总参加会议。

2012 年 1 月 14 日

有些人家驾车前往玉溪度周末，爬红塔山、转商铺、看电影。

2012 年 1 月 15 日

四组还没有盖好请客处，只好到三组请客。

2012 年 1 月 16 日

下午，镇上职工带上各自的家属集中吃"年饭"，汉族在县城的海赢餐厅，回族在县城附近的清真岚馨园。

2012 年 1 月 17 日

今天下午，镇党委政府在食堂里宰了一只马鹿、一只山羊，请县、镇、组干部来吃"年饭"，但今年县上许多部门领导忙于其他应酬，来得很少。

2012 年 1 月 18 日

纳古虽然不过年，但还是有些节日气氛，大企业也给职工发过年钱，或是买点年货。

2012 年 1 月 19 日

今天早上，马慈安大叔因患脑出血而归真。

2012 年 1 月 20 日

其他地方的机关单位早已放假，而纳古的还在上着班。

2012 年 1 月 21 日

今天开始放春节长假，共 8 天。我们一大家子共计 32 人，包了一辆大巴车去新平磨盘山、嘎洒、元江等地游玩。晚上，住在傣族风情十分浓郁的嘎洒小镇。

2012 年 1 月 22 日

乘车去游览"陇西世族庄园"、南恩大瀑布、石门峡景区、原始生态公园，在茶马古道森林公园门口吃过自带的饭后，大家相邀一起去茶马古道上走走。晚上，住在元江县城，一夜爆竹声声、礼花闪闪。

2012 年 1 月 23 日

吃过早点后，全家人乘大巴车到离元江县城 10 多公里远的温水塘，泡脚、吃 90℃高温煮熟的山药、洋芋、苞谷、鸡蛋、凉拌韭菜，以及自己人宰杀、清洗、店家煮的鸡（5 只），还有自己带去的米饭和腌菜。大家玩得十分开心。

2012 年 1 月 24 日

登红塔山，领略春节后红塔山的早晨：绿树、小草、鸟鸣、晨练的人们，一切的一切，在阳光的照耀下，显得格外的清新亮丽。

2012 年 1 月 25 日

早上纳荣芳家请客，他父亲纳家廷 4 天前归真，今天"起经"。

2012 年 1 月 26 日

五组有人家会亲，早早就宰牛，开始帮忙了。

2012 年 1 月 27 日

今早有村民请客,早上吃饭,晚上吃汤圆。晚上,等客人们散后,姑娘、小伙子们开始互相泼水,个个都被从头浇到脚。

2012 年 1 月 28 日

外出旅游的纳古人也陆续回家了,准备投入新一年的生产、生活中。

2012 年 1 月 29 日

机关单位今天收假上班。

2012 年 1 月 30 日

机关干部们分别到"四群教育"的联系户家中走访,了解民情。

2012 年 1 月 31 日

马恒骧到县人大参加县十四届人大五次会议筹备工作联络会。

2012 年 2 月 1 日

三组国清的母亲 60 多岁,因患乳腺癌约 3 年,今天归真。

2012 年 2 月 2 日

五组纳黎的母亲,2006 年第一次脑出血,坐在轮椅上 6 年,现在第三次脑出血,而且出血量很大,医生说没有做手术的价值,今天归真。

2012 年 2 月 3 日

下午,镇政府组织各界人士召开刊物《纳家营》杂志出刊 5 年座谈会,会上主编马恒骧作了总结。

2012年2月4日

现在装修用的石材有江川石,一平方米55元,路南石一平方米65元,建水石与路南石差不多。

2012年2月5日

这两年我们这点儿老实干旱呢,雨也下得少,海边的泥巴也是干得炸裂了。

2012年2月6日

最近建盖钢屋架房屋的师傅每天工价170元。

2012年2月7日

二街的翠花、杨潇、小春等帮助纳家营请客的人家洗碗、洗菜,每天工价100元。

2012年2月8日

市场上的水果品种多了,以前没有的火龙果、山竹、山里红、琵琶、柠檬等也常卖。

2012年2月9日

学校已经连续4年获得教育局的目标管理考核一等奖,今年得奖金11000元。

2012年2月10日

在清真寺念经的各种班级今天开学了,从1月20日开始放假,假期20天。

2012 年 2 月 11 日

最近,纳古两营涌现出一个骑自行车的高潮,初中生、大学生、社会青年都分别相约骑车旅游,华宁、玉溪、九溪、四寨多数是骑山地车,实在没有路时,就扛着走,这倒是一个好风气。

2012 年 2 月 12 日

老校长纳家瑞,今年 83 岁,还在鸿翔焊管公司上班。最近与家人讲起自己的人生经历和家乡经历的大事,内容非常丰富、坎坷、精彩,每天讲两个小时,大约要讲两个月。

2012 年 2 月 13 日

小青豆上市场了,4 块钱一斤,曾经家家户户都要种的农作物,现在很多人家都是买了吃。

2012 年 2 月 14 日

纳古土地能种庄稼的已经很少了。

2012 年 2 月 15 日

代课教师工资从 3 月份起,每月平均增加工资 100 元,平均每月可领 1000 元工资。

2012 年 2 月 16 日

里山工业园区合正方厂挖地基,在老梗的土层间显示一条似"龙"的形象,轰动了周边百姓,说:"龙年现龙身。"

2012 年 2 月 17 日

清真寺大管事等 14 人到新平高粱冲购买大榕树,准备种在小海公园。

2012 年 2 月 18 日

马跃升为董事长的两个大公司召开股东大会，股东们非常高兴，为马跃升的管理效益称赞，正如纳家瑞在大会上发言说的，"今年全国钢材行业的收益为 2.9%，而我们的转炉厂分红 42%，高炉厂分红 40%，这是非常了不起的，是全国钢材行业的十几倍，股东们投资少则 1 万元，多则几百万元，有 200 多家股东，现在每 1 万元已经升值到 5 万元，纳古其他公司基本是亏本经营，更不要说是分红了"。

2012 年 2 月 19 日

学校组织全体教师观看全国优秀教师高金英视频《静下心来教育，潜下心来育人》。

2012 年 2 月 20 日

五组马朝阳外祖母 90 多岁，归真。

2012 年 2 月 21 日

新疆区民族宗教部门率领 19 人到纳古考察阿语教学情况，马俊宰羊招待，为他们做了手抓饭和手抓羊肉。

2012 年 2 月 22 日

四组白雪家奶奶 96 岁，病重已经 3 天，心里明白，但是已经起不了床了。

2012 年 2 月 23 日

大管事马恒慈的钢材市场竣工了，20 来亩地，有铺子近百间，每间出租 2.5 万元，收入可观。

2012 年 2 月 24 日

志愿者发动捐衣捐物,从开始收集到近几天,收到了许多善心人的物资,发放的也不少,如果有捐赠的,或者有需要物资的,与相关人联系。

2012 年 2 月 25 日

春节已过,寒假结束了,学子们纷纷返回学校。在兰州西北民族大学的大一学生纳宏晓和马旭丹乘坐飞机回学校了,母女依依不舍,挥泪告别。

2012 年 2 月 26 日

在清真寺发现一个被遗弃的婴儿,4 个月大,是一个两性人,抱被里留着一张求救信,说:孩子是回族,希望好心人救救孩子。我们自己没有能力救孩子,据说需要几十万元手术费。派出所和清真寺把孩子托付给三组的家礼媳妇代管。

2012 年 2 月 27 日

小学生开学,正式上课,早上孩子们穿上新校服参加升旗活动。

2012 年 2 月 28 日

今早在北京吉利大学读大三的马浩然和纳高扬在纳家营与父母告别,毕竟是大小伙了,独立性增强,第一学期去报到也是自己去,今天返回家长也没送往昆明。

2012 年 2 月 29 日

近日,通海县正加紧实施农村义务教育学生营养改善计划,确保自 3 月 1 日起,要求在全县 9 所寄宿制初级中学和 55 所农村小学中全面推行营养餐,以此改善农村学生营养状况,提高农村学生健康水平,促进农村少年儿童正常发育和健康成长。学生营养改善计划按照每名学生每天3元的标准进行补助，费用由市、县两级财政按照1：1的比例承担。按这一补助标准，按每年每生补助200天计算，该县38729名学生共需财政补助资金2000多万元，其中，地方财政需要投入补助资金上千万元。

2012年3月1日

今天是新学期开学的第四天，营养餐必须启动，因为时间紧，学校全体老师投入运送分配活动中，暂时由学校订购：包子（1.5元）、面包（1.5元）、牛奶（0.9元）、鸡蛋两个（1.4元），牛奶每生一袋，另加一样主食，就这样过了周四、周五，下周有企业负责送餐、分配，并且增加品种。

2012年3月2日

干旱再一次袭击云南昭通、玉溪等地州，水库、坝塘干枯，杞麓湖水位下降到2.5米以下，已经不能用于灌溉，纳古深井水位比去年下降2米，抗旱形势严峻。

2012年3月3日

今天营养餐已经通过招商，确定供应商。共有三套：一是包子（1.5元）、水果（0.6元）、豆浆（0.9元），二是面包（1.5元）、水果（0.6元）、牛奶（0.9元）；三是鸡蛋两个（1.4元）、水果（0.6元）、稀饭（0.9元）。每天两个年级食物一样，第二天又换为另一种。

2012年3月4日

纳古武术培训中心成立，设在星月路54号。为了强身健体，发扬武术之精神，几个纳古人特开办武术培训班，听说教练是外省人到曲江入赘的姑爷。开设项目：武术、散打、跆拳道。招生对象：6岁以上，男女不限。报名地点：星月路54号。联系人：王三和纳光全。

2012年3月5日
学校组织学生学习雷锋活动。

2012年3月6日
纳家营清真寺教师宿舍大约在夜里被盗，从一楼到五楼，家家遭殃，不知怎么搞的，小偷摸到卧室里，把衣服里的零用钱都掏走了，主人都没有发现，相机、手提电脑、金银首饰……便宜了小偷。

2012年3月7日
市、县纪委领导到纳古调研，请镇人大主席马恒骧将伊斯兰教的《古兰经》、圣训里的反腐倡廉方面的名言警句，挑选摘录下来，提供给廉政文化活动。

2012年3月8日
纳古干部群众关心关注着全国人代会。

2012年3月9日
县委政府领导下来做指导，进一步做好多次到上边反映山界问题的几个重点人员的说服工作。

2012年3月10日
县检察院领导率员到纳古，向县人大代表、政协委员通报工作，并听取意见、建议。

2012 年 3 月 12 日

旅行社率领一批约 30 个外国游客来纳家营旅游,这是第一批由旅行社率领来的客人。

2012 年 3 月 13 日

早上,30 多个村民到镇政府反映 20 世纪 90 年代纳家营山界划定不合理的事项。

2012 年 3 月 14 日

一组马灿业,38 岁,前天外出就没有回来,今早经四街村民发现,在三中附近有一死尸,已经变样。接案后确定,因吸毒过量死亡。10 年来,纳古两营死于吸毒者大约 10 人。

2012 年 3 月 15 日

最近两个月,纳古树桩交易火了起来,大树桩、小树桩、紫黎木、鬼柳、梅桩等,都遭殃了!挖掘树桩导致水土流失,水土流失导致干旱……树桩嘛,栽不活就当柴烧!唉!家里美化了,山坡秃了!怎么就没有人管一管呢?

2012 年 3 月 16 日

市、县民族宗教部门领导到纳古,传达省宗教局"关于推荐第二批宗教界爱国主义建议基地的通知"精神,并安排纳家营清真寺撰写申报材料,由镇人大主席马恒骧担任写作组组长。

2012 年 3 月 17 日

学校为奖励篮球队员,领导 10 人、教练 6 人带领 20 个队员到澄江帽天山古生物化石群参观、学习。

2012 年 3 月 18 日

纳家营清真寺被评为"全国爱国爱教先进单位",玉溪市两所清真寺获得此项殊荣,上报的材料由马恒骧负责组织人员撰写,主要部分由马恒骧写。

2012 年 3 月 19 日

镇妇联请妇科专家到学校阶梯教室搞讲座,讲的内容是妇女保健,并做现场咨询,每个生产组邀请 20 人来参加听讲,还每人发给一桶洗洁精。

2012 年 3 月 20 日

三组马艳珍,60 岁,胆管泥沙型结石引发胰腺炎,住院两个月,耗资 40 多万元,最后大出血,出院两天后归真。

2012 年 3 月 21 日

云南民族大学副校长马丽娟率 3 名研究生来纳古,就外来流动人口情况开展学术调研,镇人大主席马恒骧为她们做历史、文化、经济、团结、民族、源流等多方面的介绍。

2012 年 3 月 22 日

纳古镇和县图书馆加强交流与合作。

2012 年 3 月 23 日

云南大学姚继德教授从昆明打来电话,叫提供留埃纪念方面的纳忠、纳训等名人名家的 8 篇文章给他,他们要出版一本纪念专册,镇人大主席马恒骧毫无保留地迅速从电子邮箱里发送给姚教授。

2012 年 3 月 24 日

这日是农历三月三，突然降温，像冬天一样，很冷，也下了几颗雨，粗心的人认不得下过雨。从过年到现在两个月的时间只下过两场雨，老实干了。

2012 年 3 月 25 日

近年来，纳古的许多年轻人喜好自行车运动。

2012 年 3 月 26 日

县人大张副主任率一行 8 人到纳古镇，就医药卫生体制改革工作进行调研。

2012 年 3 月 27 日

一组马启坤的父亲，60 多岁，在巨峰公司路上被一辆九街来的摩托车撞到而摔倒，当场死亡。

2012 年 3 月 28 日

纳家营清真寺管寺及其他教亲一行人下午已抵达马来西亚，并在下午 6 点受到了马来西亚前首相马哈蒂尔的接见。马自猛教亲代表纳古教亲向马哈蒂尔赠送了礼物。听说纳家营教亲本次马来西亚之行的目的，是为纳家营文化学院向马来西亚名牌大学争取留学学生名额。

2012 年 3 月 29 日

学校领导 8 人到清真寺与纳家营清真寺管委会成员商议学校申请在大坟地建盖一幢教学楼的事项。

2012年3月30日

学校马顺玉老师和纳瑞娟老师从伊晴园骑摩托车出来,与一辆快速直行而来的华宁摩托车相撞受伤。

2012年3月31日

镇上分发大米给困难户,每户2袋,可以缓解他们的一些困难和压力。

2012年4月1日

老管事合连恩73岁,因患膀胱癌,小便难排出,已经归真。

2012年4月2日

四组向组民们募捐,建盖公房,听说是室内篮球场和请客处一起建盖。

2012年4月3日

三年大旱,就算下几天几夜的雨也无济于事呀!

2012年4月4日

如今纳古发展根本离不开金融机构,但是各方面却受到限制,大部分银行不针对高风险的钢铁行业放贷,可以放贷的银行利息超高。纳古有了一家担保公司,但是该公司基本是为自己股东服务的!如果让纳古人自己投资一家银行,立足扶持地方经济,远离高利贷!那多好!

2012年4月5日

纳家营清真寺管委会成员到学校参加升旗仪式,之后实地考察学校申请在大坟地建盖一幢教学楼的事项,暂时没有达成一致意见。

2012年4月6日

农田里用大棚的多了，栽花、种菜，不过大棚投资一亩约2万元。

2012年4月7日

下午，突降大雨，约1小时，太好了，一切都需要雨水。

2012年4月8日

纳家营清真寺申报全国第二批爱国主义教育基地。

2012年4月9日

下回村翻印田家培手抄《古兰经》木刻版，传入纳家营。

2012年4月10日

纳文鹏制造的茶刀很畅销，设计的小刀商标"纳家营"，繁体"納"字很有特色。

2012年4月11日

纳家营小海湿地公园已经基本填平，并向企业捐资绿化。

2012年4月12日

纳家营清真寺选举伊玛目，候选人是3人，结果：原来的伊玛目合儒立260多票续任伊玛目，马俊赛160多票、纳云祥40多票，两位任副伊玛目。

2012年4月13日

纳宝福的母亲，88岁，归真。昨日早上还能扫天井，中午洗脸礼拜时，还自己把毛巾晒好，到吃下午饭时就不在了，领受好了。

2012 年 4 月 14 日

镇政府宣传部门向上级争取到 1 万元，招收了 15 个小学生在镇文化站培训书法，今天开学。

2012 年 4 月 15 日

纳锦斋的大女儿与纳吉龙结婚。

2012 年 4 月 16 日

纳古文化站第一期书法培训班开班，有学员 24 个。

2012 年 4 月 17 日

在清真寺大门口，纳伟教亲提供赠饮，来自麦加的泉水。

2012 年 4 月 18 日

杞麓湖周边自建了许多钓鱼台，县湖管局统一清理拆除，今天纳古湖边的 10 多个钓鱼台也拆除了。

2012 年 4 月 19 日

纳家营小海湿地公园绿化已经初见雏形，今天清真寺请礼拜的全部人员到海边聚餐并参观。

2012 年 4 月 20 日

马碧仁的父亲 70 来岁，患有糖尿病、心脏病，安过支架，因突发心梗归真。

2012 年 4 月 21 日

由镇政府组织的"2012 年纳古镇关于集中开展爱国卫生、节水活动"在今天早上顺利开展。参加活动的主要有：纳古镇政府全体职工、纳古小学党员和团员、纳古镇两个中阿学校部分学生、居民小组负责人，8点30分在政府大楼前，开始了启动仪式，陈副镇长主持，卫生局副局长和镇党委书记、副镇长分别做动员讲话，强调了活动的重大意义，两个青年宣读倡议书。9点所有人带上了各自的工具从政府出发了，主要分成3个片区：纳古小学片区、纳家营街区、古城街区。通过清扫街道、散发宣传材料，号召全民积极参与到讲究卫生、节约用水的行列中来。

纳家营7个老板发起的"穆光钢铁工贸公司"，在里山工业园区征地500亩，向全市各族人民吸收资金，准备投资4.8亿元，轧"百万吨"薄板，今天召开动员大会，参加大会的人很热闹，挤满了镇政府六楼大会议室，董事长由纳锦辉担任。

2012年4月22日

纳家营忠爱房地产公司出资买得两只山羊请教经的师母①们聚餐。

2012年4月23日

今天，暂停整顿的营养餐重新启动（停止了20天），由县教育局统一招商订购"伊利"牛奶一盒（2.0元），另剩1元由学校订购：包子（1.0元）、面包（1.0元），每周吃3次包子，2次面包。

2012年4月24日

彩色电视机老实便宜了，创维LED19英寸才卖799元，42英寸才卖3260元，2011年5月37英寸还要3600多元，42英寸就要5000多元。

---

① "师母"，回族对女性伊斯兰教教职人员的称呼。

2012 年 4 月 25 日

青玉米上市了！可惜老实贵啦，一斤要 4 块呢，买的人不算太多。

2012 年 4 月 26 日

县委请王志刚工作室的张志友等 6 人到纳古调研，设计旅游线路。

2012 年 4 月 27 日

到纳古参观游玩的人越来越多了，有外国人，也有本县人。

2012 年 4 月 28 日

县委副书记率人到纳古，协调山界问题。

2012 年 4 月 29 日

省政协副主席马开贤率沙甸党政宗企各界人士共 31 人到纳古走访。

2012 年 4 月 30 日

秀山清真寺大殿竣工庆典活动。

2012 年 5 月 1 日

5 月 1 日下午，纳家营伊斯兰文化学院举行了"2012 年夏季运动会"开幕式。为了减轻学生的学习压力，丰富学生的课业生活，12 周期中考试结束后举行"夏季运动会"，意在增加师生情感、增强学生身体素质、团结来自各地的求学者！开幕式以《古兰经》"开端章"开始，其次是校长致开幕词，然后是运动员代表宣誓，再次便是宣读比赛项目和比赛规则。全体师生在清真寺大厅完成了开幕式后在篮球场上观看了精彩的跆拳道表演。

2012年5月2日

"穆光钢铁工贸公司"准备投资4.8亿元，经过20多天的报名，现在已经达到预期数目。

2012年5月3日

"英凤清真烧饵块"进驻纳家营，生意红火，听说加盟费1万元。

2012年5月4日

文化路、星月路陆续开张服装店，大略算一下有30来家，就连大小回村、峨山、通海等地也经常有人相约来采买。

2012年5月5日

目前股市、期钢、电子盘继续以下跌姿态呈现，现货市场下跌行情也依然延续，并且止跌的时间表还没有出现，纳古钢铁行业的心态迷茫又无奈，只能眼看价格一跌再跌，跌破成本线，再跌破大家心理底线却无能为力。想必没有比这种无奈更加折磨人了，不少弟兄感叹钢市这是怎么了，上半年已然至此，下半年又如何操作呢？停产避亏的同时，丢了工人、"挨"了利息！

2012年5月7日

这阵的白菜、花菜等完全是农药泡大的，吃也不敢吃了。

2012年5月8日

鸿翔焊管是纳家营第一家焊管厂，质量好，经营管理好，发展平稳。

2012年5月9日

纳古小学召开第三届少代会，民主选举了新一届大队委，邀请市、县教育局和团委及各乡镇相关领导参加会议。

2012 年 5 月 10 日

纳古商会会长纳家琨因年岁已大，提出辞职，政府部门到企业调研、摸底。

2012 年 5 月 11 日

专门在纳家营贩卖小菜的商家就有几十家。

2012 年 5 月 12 日

傍晚底盖尔后，三海版主马杰修带大家回顾了云南回族史，深度剖析了清朝时引发回汉流血冲突的一些因素，居然都是些鸡毛蒜皮的小事。我们要以史为鉴，内强素质，外树形象，处理好跟兄弟民族间的和谐友好的社会关系，这是纳古志愿者组织的首次读书交流会，举办很成功！

2012 年 5 月 13 日

四组纳顺高的母亲约 65 岁，2011 年朝觐前体检查出胰腺癌，之后带病顺利完成朝觐任务，回来后做了手术，手术后也就不能出门了，今晚归真。

2012 年 5 月 14 日

四组纳纯俊的奶奶 90 岁，平时身体没什么大病，患脑梗不几天的时间，今天早上归真。

2012 年 5 月 16 日

纳古小学生"首届英语口语大赛"今晚在学校阶梯教室举行，选手们水平还不错，教育局研究员黄梅老师对纳古英语课的正常开设给予肯定，其他乡镇的小学英语基本没有开设，纳古英语活动搞得有声有色，值得赞扬。

2012年5月17日

为了加强和改进未成年人思想道德建设，构建社会主义和谐社会，进一步深化爱国主义教育，弘扬民族精神，教育学生热爱祖国，心系民族命运，心系国家发展，心系人民福祉，将爱国情感转化为刻苦学习、奋发图强的实际行动，引导少年儿童从我做起，从一点一滴做起，从小树立正确的世界观、人生观、价值观和荣辱观，争做新时期的"四好少年"，根据县关工委统一布置，经学校研究决定在全校范围内深入开展"中华魂"主题教育活动，我校立足于《理想点亮人生》教育读本，提倡全体学生结合实际广泛开展读书活动。马燕妮宣布"纳古中心小学中华魂主题教育活动——《理想点亮人生》启动"。主席台领导为学生代表赠书：全国"中华魂"主题教育活动用书——小学生读本《理想点亮人生》。老师为在会场的全体五年级学生发放读本《理想点亮人生》。市关工委学校组副组长、玉溪市总辅导员徐吟鹏，县关心下一代工作委员会副主任解宝祥，镇纪委书记、关心下一代工作委员会主任马燕妮分别作了讲话。

2012年5月18日

忠爱房地产公司今天下主麻发"邦克"，之后招待大家吃下午饭。

2012年5月19日

这几日气温特别高，已达30℃，太阳火辣辣地烤着大地，可以不出门的人们就待在家里。

2012 年 5 月 20 日

今天是"穆光钢铁工贸公司"招资收款截止日，这次投资人来自许多地方，有投 1 万元、2 万元、5 万元……当然也有上千万的，虽说给穷人有发财的机会，但是从投资数目来说，如今贫富差距未免也太大了。

2012 年 5 月 21 日

小海边上，有人种了莲藕，一年四季都在扒了卖。

2012 年 5 月 22 日

青玉米上市以来，刚上市时一斤要 4 块呢，买的人不算太多，这几日价格逐渐下降，一斤 3 块，卖到散街子时 2.5 块一斤也可以买到，大家每天都要买点，比起前几年自家地里种点，那可大不一样了。

2012 年 5 月 23 日

垃圾，已经成为一个头疼的问题。

2012 年 5 月 24 日

要盖文化学院了，听说宰牛场要取消，到时候难道说随地宰牛？

2012 年 5 月 25 日

现在好多人家有点小客事都是到洁雅或是伊晴园请，一般 280 元一桌也就吃得成了。

2012 年 5 月 26 日

外来打工者结婚也是在这两家餐馆请客。

2012 年 5 月 27 日

这阵儿,娃娃们讲究穿戴,小小呢就认得这样牌子、那样牌子,不得了。

2012 年 5 月 28 日

儿童节就要到了,家长们忙着为孩子买新服装。

2012 年 5 月 29 日

大行单车,成了女同胞们的最爱,怕家家有呢。

2012 年 5 月 30 日

孩子们准备着儿童节要买的东西。

2012 年 5 月 31 日

学校为孩子们庆祝"六一"儿童节。

2012 年 6 月 1 日

我们纳古是以回族、汉族为多数,含彝族、哈尼族、傣族、壮族、蒙古族、拉祜族等个民族组成多民族杂居的小镇,截至 2010 年 5 月底共有人口 8496 人。其中,回族 7005 人,占总人口的 82.45%,其他民族占 17.55%。

2012 年 6 月 2 日

学校教师马月娇、合跃金等表演的"一封家书"获得奖金 1000 元。

2012 年 6 月 3 日

学校安全工作责任重大,上级要求各校要拿出领导 1/3 的精力管理安全工作。

2012 年 6 月 4 日

纳古社区的汉族同乡估计还是有几个的，但就是没见来注册，虽然我们社区是在中穆网上成立的，但既然是纳古社区，只有回族的参与还是不够完整，特建议至少吸收一位汉族同胞做纳古社区的版主，吸引更多的其他民族的同胞前来和我们一起交流，一起关心我们的美好家园——纳古，让纳古社区更名副其实！估计真要成了，应该会是地方社区中的第一位非穆版主吧，这对于中穆网来说也是比较有意义的！

2012 年 6 月 5 日

四组纳汝龙阿訇编著的《阿拉伯语法基础教程》，分词法和语法上下册，由北京朝华出版社出版发行，是学习阿语不可多得的工具书。

2012 年 6 月 6 日

镇领导与管委会一起协调动员海埂路 12 户农户支持扩路。

2012 年 6 月 7 日

纳古 93 岁的李金萍老人，仍然耳聪目明，每餐能吃一碗饭。

2012 年 6 月 8 日

群众到镇政府再次提出干海子山界问题。

2012 年 6 月 9 日

读书交流会组织马应能阿訇在文化站讲"走出家门去学习"的讲座，30 多人参加。

2012年6月10日

今天召开中穆网纳古社区管理人员座谈会。镇党政领导、清真寺管理人员和社区各位版主围绕网站发展方向、管理模式及宣传重点进行交流发言。大家认为：中穆网纳古社区自2009年成立以来，为宣传纳古、促进政府工作和群众的交流学习发挥了积极的作用。下一步，政府、清真寺将与各位管理人员定期进行交流，互通信息，并充分发挥网站的作用，积极加强对纳古民族宗教文化、工业发展及城镇建设等方面的宣传报道，以树立纳古经济发展、民族团结、社会和谐的良好形象。同时，相关人员将加强对网站的管理，并按照公开、透明的原则切实做好网络的舆论引导，杜绝网络谣言及各种不实信息的传播。

2012年6月11日

学生在校生病离校要与家长联系，不能让学生自己回家。

2012年6月12日

镇上分组到各企业进行安全生产大检查。

2012年6月13日

副科级干部到县上参加预防职务犯罪的学习活动。

2012年6月14日

几个农户到镇政府上访，有邻居占田霸地。

2012年6月15日

学校中层以上领导一行8人到山东省胜利大街小学学习，觉得云南教育与人家相比相差太远，无论是教师素质还是学生学习积极性都是我们比不了的。

2012 年 6 月 16 日

学校领导 8 人到山东济南胜利大街小学参观学习，时间 9 天。

2012 年 6 月 17 日

中小学职称改革，把中高称为副高、小高称为一级、小一称为二级。

2012 年 6 月 18 日

加强学生学籍管理，采用电脑系统管理，加大了老师的工作量。

2012 年 6 月 19 日

学校里增加了教学设施，电子白板安装到教室已经一半多，还会继续增加，是通海县最早、最多的学校。

2012 年 6 月 20 日

纳古镇中心小学更名为纳古中心小学。

2012 年 6 月 21 日

纳家营加油站共有 3 个，有两个已经租给外省人经营。

2012 年 6 月 22 日

平板摩托较多，嫁姑娘的人家都要陪嫁，但是在营里骑车，大家都没有办证。

2012 年 6 月 23 日

读书交流会组织第七期讲座，财大纳超洪主讲"教育与学习"。

2012年6月24日

伊友读书会坚持每周摆书一天，每天借书者约200人。

2012年6月25日

镇人大组织召开主席团会议，任命派出所所长黄成彦为纳古镇副镇长。

2012年6月26日

县宣传部、县禁毒大队到纳家营进行"禁毒防艾"展览宣传。

2012年6月27日

学校期末考试已经来临，召开考务会，教导副主任马顺玉做安排。

2012年6月28日

纳古天方食品公司成立党支部，共有党员8人。

2012年6月29日

通海县开展农转城活动，纳古不在此列。

2012年6月30日

纳古、玉溪、昆明3个社区的志愿者联合到澄江右所镇慰问回族困难户20多户。

2012年7月1日

站在湖边看通海县城，虽然远点但很清晰。回看纳家营就不同了，不信你去看了试试，整个村子全都笼罩在烟雾中，你也可以看出哪个厂烟子大，老百姓没办法，政府也没办法，厂老板就好推憨啦！

2012年7月2日

学校党支部举行建党节座谈会,温习入党誓词,了解党史、合唱红歌,畅谈党的丰功伟绩。

2012年7月3日

通海是蔬菜和花卉大县,纳家营有限的土地出租,多数是栽菜、栽花。

2012年7月4日

现在大家都用混合阀洗漱,以前用的铜罐儿,用得少了。

2012年7月5日

回族有亡人时,洗埋体需要七八个铜罐,这阵有人家买几个塑料的,洗干净,包好待用。

2012年7月6日

四组的马慈有,50岁,骑自行车到四寨锻炼,不慎被落下的石碑砸在头上,当场落气,大家都为之惋惜。

一组李维新患肺癌两年,今天上午归真,64岁。

2012年7月7日

四组白雪的奶奶下午归真,98岁,因摔伤,已经在轮椅上6年的时间,10来年前就诊断为胆囊癌,本人也不知道,也没做手术。

2012年7月8日

一所三间四耳的房子大约价值120万元,而且不在大路边。

2012年7月9日
现在流行的室内花有圣诞树、大富贵、凤尾竹等。

2012年7月10日
学校校长马灿敏由省残联组织到清华大学学习一个星期。

2012年7月11日
大学生来纳家营学习民族文化知识，据说今年要来600人。

2012年7月12日
镇政府组织县人大代表和政协委员一共7人到砚山巨成钢铁公司参观，当地县领导接待了他们，并且召开座谈会，顺道游览了普者黑。

2012年7月13日
杞麓湖水位退下很多，地下水用量巨大。

2012年7月14日
纳古志愿者送米、油活动又来了。纳古志愿者送大米活动已经举行了好多次，活动组织越来越规范，派送范围越来越大。今年这次斋月前的送大米活动的范围将就募集资金的情况而定。

2012年7月15日
大学生在纳家营学习期间，分小组到村民家访问，一般20多人，今晚到马恒骧家访问。

2012年7月16日
云南省教育厅厅长罗崇敏率领副厅长2人、教育厅处长5人、副处长 4 人、其他主任及副主任 8 人、记者 2 人；玉溪市领导多人；通海县领导多人到纳古镇中心小学调研，听取马灿敏汇报会，罗厅长拍板给学校 100 万元危房改造资金，幼儿园同意立项，将会给 200 万元建盖经费。

2012 年 7 月 17 日

学校老师加班加点完成"普九表册"，省督察组将到通海进行检查，纳古小学是检查的重点对象，需要从 2007 年以来的表册齐全，而且表表相符，工作量非常大。

2012 年 7 月 18 日

小海公园绿化工作已经正式开始了，有了公园的模样，不过，我们得感谢管事们，当大家在休息的时候，他们却在为我们奔忙。

2012 年 7 月 19 日

菜市场卖咸菜的有五六家，有两家较卫生，生意也很好。

2012 年 7 月 20 日

回族用的铜罐现在卖到 300 来块一个了。

2012 年 7 月 22 日

清真寺里礼 20 拜的人老实多了。

2012 年 7 月 23 日

斋月里的菜市场很热闹，熟食、生食样样有，方便了。

2012 年 7 月 24 日

小海公园在社区里请各位网友为几个亭子命名提出宝贵意见！

2012年7月26日

2012年连铸公司斋月感恩、爱心慰问,即将开始。

2012年7月27日

穆斯林们一年一度的抽天课又开始了。

2012年7月28日

天刚降下夜幕,纳家营看起来更是朦胧、模糊,只觉得咽喉被呛得很不舒服。很佩服晚上冒烟的厂,好像白天不敢这样放肆,良心老实黑了。

2012年7月29日

一位伯父买了一棵清香树,树形好,枝叶茂盛,3万块钱。

2012年7月30日

装修用的地板砖,马可波罗、强辉、东鹏等都是大家喜欢的品牌。

2012年7月31日

家琨教育基金2012年度助学金申请工作已开始几天了。

2012年8月1日

玉溪市民宗局马良昌局长率董副局长及白宗元、鲁仕祥等领导,到联系单位纳古镇督促检查民宗维稳工作。

2012年8月2日

上午9点,县教育局党委书记陈明华及科长张勇伟,到纳古答复县十四届人大五次会议上人大代表提的建议,通教字〔2012〕21号,对人大代表54号建议答复:增加编制,配齐教师。

上午 10 点，市、县环保部门领导到纳古连铸公司督促高炉的烧结除硫设备整改。

2012 年 8 月 3 日
机关上下班作风应该整顿了，下午 4 点不到就跑了。

2012 年 8 月 4 日
今天星期六，不像平时那样请客人家多，因为是斋月里。

2012 年 8 月 5 日
啊呀！空气污染严重啦！

2012 年 8 月 6 日
县委组织部部长张丽、副部长吕发东来纳古，征求意见，如何搭配党政班子。

2012 年 8 月 7 日
斋月的菜市场热闹了。

2012 年 8 月 8 日
在玉溪中医院治疗腰腿痛，与同病房的病友们聊得很投机。

2012 年 8 月 9 日
洁雅饭庄的大厨师利用斋月放假机会到菜市场卖熟食：一品馨、蒸肉、酸辣鱼、麻辣鱼、芝麻肉、油炸茄子、黄焖鸡……品种多，味道好，价格也不贵。

2012年8月10日

"二十八"节还有好几天,买糖果、饮料到儿子的对象家的人们就忙碌起来了。

2012年8月11日

斋月的下半月,买牛肉的人家明显没有上半月多了。

2012年8月12日

这阵得腰椎病、颈椎病的人咋恁多。

2012年8月13日

玉溪市的民宗、通海、华宁、峨山等几个地方的6个朝觐带队干部一起,空腹上昆明国际旅行体检中心体检,丈夫是其中的一个,直到下午7点30分才回到纳家营。

2012年8月14日

审核《纳家营》杂志第二期文稿。

2012年8月15日

一年一度的"二十八"节到来,大家买着东西,分别去看望几位老人。晚上,穆斯林们集中在清真寺里礼拜,也有很多妇女集中在小伙伴家礼拜的。

2012年8月16日

撰写关于《伊斯兰教》一书的文章稿件。

2012 年 8 月 17 日

今天中午，县、镇两级领导率政法、民宗、公安、工信、环保、电力等部门人员一起，到古城李某某的地盘上，处理了一家河南省外来老总办的玻璃厂，停电，并限期拆除、搬走。因为这个污染企业已引起广大群众公愤，引起县委领导关注、过问。

2012 年 8 月 18 日

今天是今年的最后一天斋戒，至此，共把了 29 天斋。晚上开斋后，大家围在清真寺门口，敲锣打鼓，为斋月送行。

2012 年 8 月 19 日

今日是回族大开斋，大家电话催促各自的亲戚，到亲家的家里吃饭（多数人家都是吃饵丝、粑粑丝儿），一般是男方先请女方，女方接着又请男方。

早上 8 点 30 分，大家穿上节日盛装，集中到清真寺。

之后，各家各户去坟山为亡故的亲人祈祷，漫山遍野都是诵经人。

2012 年 8 月 20 日

机关、学校因大开斋节放假一天。

2012 年 8 月 21 日

各级查访整顿机关上下班纪律。

2012 年 8 月 22 日

一年一度的奖励资助大学生座谈会在镇政府举行，政府、两所清真寺出资 4 万元，家琨教育基金出资 3.3 万元，对 23 名三本以上的大学生（河西 6 名）及 10 名重点高中生进行奖励。

2012 年 8 月 23 日

这两年考取大学的学生数有所下降，而且重点大学也太少了。

党委政府派人员到企业中请求赞助垃圾卫生清运费，大多数还是理解支持的。

2012 年 8 月 24 日

我们这儿请客的人家吃的菜大多是固定的菜谱，家家都是吃那几种。

2012 年 8 月 25 日

警察在通海六中附近发现尸体，已经死亡四五天，是七组谢某的大哥，30 多岁，死前吸食海洛因。

2012 年 8 月 26 日

我们一大家共 34 人，分乘 7 辆轿车，从纳家营、玉溪城、昆明城等几个方向，赶来玉溪飞井海畔的清真饭庄汇合聚餐，外公出钱让大家高兴。

2012 年 8 月 27 日

纳古派员参加明天县上组织的"云南大山精神"演讲比赛。

2012 年 8 月 28 日

纳古社区微信公众号开通了，各位可通过微信公众号 nagusq 关注纳古社区网微信，也可以通过扫描二维码后上传照片。

2012 年 8 月 29 日

五组纳红兵，40 多岁，今日归真，生前吸食毒品。

2012 年 8 月 30 日

啊呀！恼火啦，因为吸毒死的人有好几个啦，害怕了。

2012 年 8 月 31 日

上午 9 点纳古商会在政府六楼举行界中调整大会，县、镇领导及 99 家商会会员代表参加会议，上届会长纳家琨提出因身体原因辞职，通过选举产生商会第三届执委，新会长由马跃升担任。

2012 年 9 月 1 日

今日小学生开学，小学生人数 2290 人。

2012 年 9 月 2 日

说说家乡好风俗：办喜事时，亲朋好友送的"人亲"送得少，一般就是 30 元、50 元、100 元，不过客事太多了，有时一家办事两边挨，或者一顿有两家请客，也送不得那么多；当然也有送得很重的，成千上万也有。

2012 年 9 月 3 日

说说家乡好风俗：回族有丧事时，主家 3 天内不起火做饭，都是亲戚朋友请主家吃饭，有时一顿就有几家请。

2012 年 9 月 4 日

说说家乡好风俗：结婚办喜事时不放鞭炮、礼花，闹新房也较文明，（古城村闹得过火些）；结婚这两天亲朋好友都来庆贺，来帮忙做饭菜，一般请客 300 来桌。

2012年9月5日

说说家乡好风俗：乐善好施是回族的传统，办厂挣得钱了，一定拿出来做公益事业，以前管事纳兰廷在10多年前就拿出50万元探测地下水，开通自来水工程；本届管事马恒慈已经拿出100万元建盖文化学院。

2012年9月6日

说说家乡好风俗：探望病人，到死者家慰问，资助困难户等。

2012年9月7日

说说家乡好风俗：男女老幼都到清真寺学习《古兰经》和圣训，教人从善，止人作恶，很好！

2012年9月8日

哈吉培训班开学了。

2012年9月9日

子祥老师已经80岁了，精力很好，还负责培训哈吉们念经。

2012年9月10日

纳家营伊斯兰文化学院举行学生军训活动。

2012年9月11日

学校庆祝教师节。

2012年9月12日

说说家乡坏风俗：订婚早是目前比较严重的现象，小的男有15岁、女有13岁，再大点的男有十七八岁、女有十五六岁，可悲可叹！

2012 年 9 月 13 日

说说家乡坏风俗：订婚手续复杂，花费的钱多，如买手机、买首饰、买服装、买糖果，尤其是斋月里男方"二十八"节买太多的糖果和饮料，女方请男方的至亲吃开斋饭；大开斋时又要双方互请，又累又浪费。

2012 年 9 月 14 日

说说家乡坏风俗：孩子不爱读书，家长注重孩子婚事，还在读初中就操办婚事，影响孩子的学业。

2012 年 9 月 15 日

说说家乡坏风俗：办婚事、丧事大请大吃两三天，家家都吃，重盐重油，大鱼大肉经常吃，危害很大。

2012 年 9 月 16 日

说说家乡坏风俗：以前做客是先待男客，后待女客，现在女客做客去得太早，弄得男的挤不过女的。

2012 年 9 月 17 日

说说家乡坏风俗：还说说做客的事，做客时，有少数客人"自觉"打包带走饭菜，还没有一个数，往往导致主人家的饭菜不够待客。

2012 年 9 月 18 日

说说家乡坏风俗：红绿灯不管用，横冲直撞，停车只管自己方便，乱停乱放很严重。

2012 年 9 月 19 日

说说家乡坏风俗：盖房子、装修房子一家赛过一家，像是暗暗地比赛，看看哪家盖得高、看看哪家装得好、看看哪家最厉害。

2012 年 9 月 20 日

通海县、澄江县哈吉共 210 人左右集中在纳古培训，省、市、县民宗局负责人到会进行讲解。

2012 年 9 月 21 日

三组村民纳世清写的《讲给孩子们听的故事——最初的记忆》，在社区里登出，以后还会陆续登载。

2012 年 9 月 23 日

哈吉兑换美元报名报数目，少则一两千美元，1 万美元，多则 2 万～3 万美元，以 6.33 元人民币换 1 美元。

2012 年 9 月 24 日

近来我们这里流行骑自行车，大人、小孩都喜欢这项运动，自行车的价位最便宜的是 600 多元，最贵的好像是 2 万多元，小孩子嘛骑着在家附近玩玩，大人呢有些还骑着去澄江游泳。

2012 年 9 月 25 日

现在纳古镇中心幼儿园 3 岁就可以入园了，在学校这样的环境中早早地让孩子接触更多的人和事，锻炼他（她）各方面的能力，在以后的生活中家长不必担忧。

2012 年 9 月 26 日

孩子入园早也是木单子，① 从此孩子就要开始奋斗了，直到老死啰。

---

① "木单子"，云南本地方言，"可怜"的意思。

2012 年 9 月 27 日

蓓蕾幼儿园是私立幼儿园，这几年经营还不错，生源较好，就是环境不够宽敞。

2012 年 9 月 28 日

哈吉交箱子了，每人限制在 30 公斤，大家带的东西多了，什么大黄梨、柚子了，大米、电饭锅……不过都很实用，不带也不行。

2012 年 9 月 29 日

二队的老年协会楼上，村民们组织跳舞健身，不过回族是没有参加的。

2012 年 9 月 30 日

渐渐地，在蓓蕾幼儿园门口形成一个小菜市场，这里的菜还算新鲜。

2012 年 10 月 1 日

今天是纳家营一年一度的圣节暨举行文化学院毕业生典礼——"穿衣"，各地客人来得很多，市、县领导也来祝贺，也是增加互相了解的机会，通过圣节可以联络各地穆斯林之间的感情。

2012 年 10 月 2 日

欢送哈吉赴麦加朝觐，今天是圣节的正日子，哈吉们 7 点发"邦克"进清真寺吃饭，7 点 20 分召开欢送会，7 点 40 分出发，师傅阿訇们带领哈吉和众乡亲们，在大门口发"邦克"，之后鼓手们敲锣打鼓欢送哈吉上车。即将出远门的哈吉看着来送行的父老乡亲，难免有些不舍。

一组李秀珍患肺癌 1 年，今天上午归真，67 岁。

2012 年 10 月 3 日

云南教亲们每年都举办圣纪，具体的举办时间由各地自定，无固定日期。大家都很盼望过节，特别是小娃娃。

2012 年 10 月 12 日

今天下午，总团组织去麦加城外半个多小时车程的阿拉法特山参观。

2012 年 10 月 13 日

早上，才 4 点多，我们才出宾馆大门，满街走的都是人，一路上到禁寺的广场、大殿、天井（天房居中），到处都是各国来的哈吉们，十分拥挤，比我们报到游那天多几十倍。

"哈吉"，是一个不简单的称号，要会忍耐、宽容、克制、谦虚、好学、豁达、乐善、好施、谦让、和谐、友爱……

2012 年 10 月 14 日

才早上 6 点 50 分，太阳刚出，但温度却已经很高了，中午时分，室外气温高达 43℃，一路上，鸽子满地觅食，与人群嬉戏，在空中飞舞。到处都是鸽子，这是麦加的一道风景。

2012 年 10 月 15 日

我们十分佩服沙特政府的接待、组织、管理能力，仅电力、饮用水、粮食、菜蔬、水果的供应，就非常的繁杂，还有交通、住宿、安保等工作，十分艰难。

2012 年 11 月 1 日

不知道大家注意没有近期墙体小广告很兴旺，特别是一些主要街道，什么卖"枪支弹药，K粉迷药"的小广告，从学校到清真寺这些主街道特别多，怎么就没有人管管呢，要是搞几幅圣训去把它覆盖一下就好了！

2012年11月2日

最近纳古小偷猖狂：偷车、偷厂、偷车轮、偷清真寺礼拜人的单车摩托、厨房里的油等。

2012年11月3日

现在的治安状况，派出所也没有预防措施，很多小村镇都有街道监控，纳古也应该加强一下。

2012年11月4日

欢迎哈吉回国，清晨5点多，从吉达飞往昆明的哈吉专机平安抵达昆明，家乡的亲人半夜就出发赶到昆明接哈吉，四辆大巴车载着通海县约200人回家了，清真寺像往年一样准备了丰盛的早饭喜迎哈吉，并且召开了欢迎会。由专门分配的阿訇们和亲友送哈吉回家，每家都要发"邦克"，之后全村的男女老幼走家串户去恭贺，喝点"仙水"，吃个"仙枣"，关系比较近的还带来贺礼，一床毛毯、一个圌……过后哈吉家也为亲友回赠礼物，有万里之外的地毯、礼拜毯、手表、枣子、仙水……也有在国内选购的礼品。

2012年11月5日

克小海公园看看风景、跑跑步、打打篮球，每天克散步的人也不少。

2012年11月6日

我们这地儿呢早订婚现象越发严重了。

2012年11月7日

纳古社区征帖通知，大家冒小气①噶，看到喃有意思的帖子都发个网址过来点摆的，中穆的活动积极参与，这回编辑周刊么大家多在意噶，多多益善！

2012年11月8日

玉溪市伊斯兰教协会首届《古兰经》诵读比赛，有很多人都去观看了。

2012年11月9日

这攒②我们地儿摆地摊，卖东西的人老实多了：卖衣服的、鞋子的（大人、小孩都有）、厨房用品、药品等，很热闹，他们从早上7点摆到中午12点收摊。

2012年11月10日

今年的外来人口比以前少了很多，在我们学校读书的有70多人被转到老家去就读了。

2012年11月11日

中国移动通信分理处原有一家，今年增加了3家，方便了群众。

2012年11月12日

电视由原来的闭路电视更换为现在的数字电视，每年缴费298元。

---

① "冒小气"，当地方言，"不要小气"的意思。
② "这攒"，当地方言，"这会儿"的意思。

2012 年 11 月 13 日

学校中层以上领导 11 人到县委学习十八大精神。

2012 年 11 月 14 日

一家裁缝铺，专门缝制"长衫子"和"袍子"，生意很好。

2012 年 11 月 15 日

纳古商会于 2012 年 11 月 15 日早上 9 点 30 分在镇政府多媒体会议室召开第三届执委会的第一次全体会议，旨在通过这次会议落实执委会职责，明确商会未来发展目标，将定期召开执委会，完善商会制度，更好地为商会成员服务，促进经济发展，团结各方，为纳古经济的发展发挥更大的作用。

2012 年 11 月 16 日

今年哈吉回家带来了很多的盖头，料子与国内买的不同，镶的钻也不同，一看就知道是沙特货。

2012 年 11 月 17 日

现在结婚礼钱少的一二万元，多的三四万元，女方要贴钱陪嫁。

2012 年 11 月 18 日

现在结婚的人家，开销很大，女方嫁妆：双开门冰箱、液晶彩电、本田摩托、全自动洗衣机、黄金或白金首饰一套、服装许多套及一些生活饰品。

2012 年 11 月 19 日

有些人家还要陪嫁轿车、股份、城里的单元房。

2012年11月20日

为伊斯兰教育奋斗一生的纳文波老师今天下午1点归真了。他在纳家营、昆明经学院、大理穆专为穆斯林地区培养了一批批人才，桃李遍全国。我们又失去了一位著名的穆斯林学者。祈主赐福他！

2012年11月21日

哦！这阵我们点儿的女的呢，普遍都戴起盖头来了。

2012年11月22日

学校教师学习十八大报告要点和亮点，从12个方面进行学习。

2012年11月23日

纳古20世纪90年代就是拥有固定电话的"电话村"，座机费12元，后来参加过电信公司的活动户，就被提高到15元。

2012年11月24日

现在下午到海边公园散步和跑步的人很多，有老人、青年等。

2012年11月25日

现在生活水平越来越好，我们这里有钱的也比较多，当然给孩子的零花钱就多。

2012年11月26日

我们这里现在说媳妇的老实说呢小了，就像玩过家家一样呢，小姑娘13岁，小儿子16岁。倒退了。

2012 年 11 月 27 日

官门前太热闹了，有卖涮菜、炸洋芋和卖烧烤呢，三家味道还是可以的，吃的人也多。

2012 年 11 月 28 日

烧烤街到晚上很热闹，品种齐全，开着四五家，各家的味道都不同。

2012 年 11 月 29 日

文化路成了服装买卖街，一家接一家，卖符合纳古人的风格，款式宽松、稍长的衣服，短袖已经没有人穿了。

2012 年 11 月 30 日

学校党员签订《党员目标责任书》。

2012 年 12 月 1 日

中穆网拉近了各地区穆斯林之间的距离，让彼此有了更多相互学习、了解的机会，增强了穆斯林之间的凝聚力，资源共享、友谊传递！

2012 年 12 月 2 日

目前通海县代课教师还有 100 多人，纳古小学就有 40 人，每月工资 1000 元，还帮买三大保险，给教育局和当地政府、学校带来很大的负担，经常是发工资时，校长就很为难。

2012 年 12 月 3 日

现在的人一个也不愿意得罪人，纳古的毒品一直监管不力，老百姓认为对待卖小麻的人，政府应该加大力度治理，甚至组成一个纠察队，达到刑拘的就刑拘，该枪毙就枪毙。

2012 年 12 月 4 日

大街小巷墙上的贩卖枪支、迷药等的电话又多了些，不会有人关注的，其实他们不知道这里没市场，即便是来骗人的。

2012 年 12 月 5 日

克小海公园走走，看看那些人对大家作出的贡献当真老实大啦。

2012 年 12 月 6 日

又是干旱的年称，杞麓湖水面临干涸的危险。

2012 年 12 月 7 日

工厂又是一个不景气的年景，今年分红怕是要泡汤了。

2012 年 12 月 8 日

今年纳家营流行穿貂绒毛大衣，去年买 1200 元一件，后买的只有四五百元一件，当然质量也不如先前买的了，全村怕有几百件，在我们这点儿就是这样，"回回一窝蜂"。

2012 年 12 月 9 日

在三岔路开了一家电信公司分理处，可以在这里办理网络业务，不用跑到四街去办了。

2012 年 12 月 10 日

中国银行在纳顺康家租房开了一个门市，扩大纳古贷款的同时，也要求相关厂家在他们行发工资，方便了。

2012 年 12 月 11 日

清真寺把红绿灯处做了扩宽，还画了两幅宣传巨画，请纳学伟看守，不得乱停车辆。

2012 年 12 月 12 日

虽然红绿灯路口扩宽，但是过磅房附近大车多，仍然拥堵。

2012 年 12 月 13 日

在纳古志愿者、社区版主的推荐和鼓励下，大家可以申请纳古社区版主一职。大家互相学习，共同进步！

2012 年 12 月 14 日

这里的红砖价格是 0.46 元一块，水泥 16.5 元一包，石灰粉 8 元一包，河沙 550 元一蓝箭车。

2012 年 12 月 15 日

七组纳润华的女儿与五组马恒孝的儿子结婚。

2012 年 12 月 16 日

马来西亚世纪大学学院院长陈博士及国际部主任一行二人，在云南师范大学马老师的陪同下抵达纳古参观访问。来宾们参观了纳家营伊斯兰文化学院、纳古小学，与学院负责人、老师等进行座谈交流，参观女生院同学们上课并与之互动，双方就学习交流方面的合作达成了一些共识。马来西亚世纪大学拥有 1 个大学学院、6 个分院、3 个培训中心，在校生人数 28000 人，其中有来自 100 多个国家和地区的 3000 多名留学生，涵盖文、理科多个专业、多种学科，是一所综合类大学。

2012 年 12 月 17 日

上午纳润华家为女儿接回门，下午请吃饵丝。

2012 年 12 月 18 日

代课教师工资终于有一点儿着落了，现在全县由政府出资设立 100 个岗位，每月给 900 元工资，买五大保险。小学教师 60 个，幼儿教师 20 个，必须是连续在校代课 3 年以上的，保安 20 个（可以向社会招聘），纳古小学分到 14 个小学教师、幼儿教师 1 个，通过笔试和教龄来录用。

2012 年 12 月 19 日

从纳家营红绿灯下来又有人开始卖树桩了。"不知道还有人举报吗？关起来最好了，断了财路就没人挖来卖了，山呢挖倒了。"

2012 年 12 月 21 日

清真寺大师傅纳跃义在主麻上主讲纳古最近吸食毒品小麻的情况、危害，从国家法律和教律上都是违法行为；下拜后各界人士在纳古镇政府召开会议，内容是关于如何加强对吸食毒品及贩毒行为进行严厉打击。

2012 年 12 月 22 日

纳家营伊斯兰文化学院在纳古中心小学举行"阿语文艺节目演出"，全校师生参加观看演出。本次演出一共 10 余个节目，有话剧、小品、对话等，内容丰富精彩。学校本着学以致用的理念，在学习之余组织学生进行阿语实践活动，以阿语为主各班编排节目，大大提高了同学们张口说阿语的兴趣，继而提高学习阿语的动力和热情。

通海县城清真寺过圣节，纳家营很多人参加服务，抬菜、相帮[①]等。

---

① "相帮"，当地方言，指在宴席中站在桌旁为用餐者提供盛饭、添菜等一系列服务。

2012 年 12 月 23 日

上午 9 点 30 分，在纳古镇政府小报告厅，纳古商会组织开展"伊斯兰教与云南回族"讲座，特别邀请到了云南民族学会副会长、云南社科院院长、云南大学博士生导师纳麒教授主讲。到场聆听讲座参与学习的有纳古镇长、政府的工作人员、商会的各个成员企业代表，以及纳古志愿者代表。讲座主要围绕以下核心内容进行：

一、伊斯兰教传入中国与回族的形成；

二、伊斯兰教的基本信仰、功修和习俗；

三、伊斯兰教与回族文化的关系；

四、云南回族的历史境遇与民族个性；

五、云南回族文化的"核心价值观"；

六、云南回族科学发展面临的问题。

在民族发展、社稷繁荣方面，纳麒教授独到的见解和富有哲理的宣讲，带给后辈诸多启发。最后由纳古商会会长马跃升进行总结，12 点讲座结束，本次听讲的人数较多，大家也能坚持听到结束。

2012 年 12 月 24 日

清真寺组织部分纳古文化人参加研讨，推选关于"云南 400 位名人"故事丛书的候选人，大致选定纳忠、纳训、纳本慈、纳奉春、马跃升、纳家瑞，大家定纳家瑞，但他本人认为纳奉春更应该写入史册。

2012 年 12 月 25 日

七组纳宗寿的母亲归真，80 多岁。

2012 年 12 月 26 日

这几日纳家营后山有人乱砍松树，但是，好像没有人管，咋整个？

2012 年 12 月 27 日

纳宗寿家为母亲做 3 天，油香跟纳光朝家买。明天早上做 4 天，念经。

2012 年 12 月 28 日

三组马金福的儿子纳学凯归真，生前吸毒。

镇政府换届选举镇人民代表，共计选举镇代表 47 人、县代表 5 人。全县统一在今天选举。

2012 年 12 月 29 日

县代表名单：马恒骧、张兴友、马灿敏、纳爱云。

2012 年 12 月 30 日

今天天气很冷，温度是 -1℃ ~ 12℃，大家都说今年天气不冷，其实我们这里要到 1 月才像冬天一样的冷。

纳文群日志
2013年

2013 年 1 月 1 日

外来务工工人泸溪纳慈龙（祖辈是纳家营人），到纳家营帮人看厂，每天都到清真寺老年班学习念经，昨晚因天气寒冷，他用木柴取暖，在炭火将灭前抬进房间，人还未睡觉就发生意外，第二天被发现已经死亡，清真寺主持安葬在纳家营。

2013 年 1 月 2 日

下回村过圣节，纳家营有很多村民参加，由于天气很冷，温度是0-12℃，没有往年热闹。

2013 年 1 月 3 日

县委领导一行人到纳古视察换届选举事项，闲谈时鼓励坚持办好《纳家营》杂志，这是一本很好的刊物。

2013 年 1 月 4 日

今天主麻日，大管事马恒慈主讲纳家营清真寺建盖的阿语文化学院募捐事项，学院将建盖教学楼、宿舍、食堂、办公楼、运动场，希望大家积极捐资，举一个好的"乜贴"。①

2013 年 1 月 6 日

纳古镇第五届人民代表大会第一次会议召开，上午9点举行开幕式，会议由马恒骧主持，党委书记张兴友讲话，县领导讲话。代理镇长纳立凡作政府工作报告，马恒骧作人大工作报告，新一届人大主席团成员：马恒骧、张兴友、马跃升、纳跃义、鲁绍伟、向有林、纳海熙7人，下午47个代表和50多个列席代表分成4个组进行讨论。

---

① "乜贴"，伊斯兰教用语。阿拉伯语音译，意为"心愿""意图""决心"，经堂语为"举意"。穆斯林有某种有益于人的意愿，如决心举办公益事业或做某种善事，被称为"举意"或"举乜贴"。

2013 年 1 月 7 日

今天早上选举,人大主席马恒骧 47 票全票通过;镇长纳立凡 47 票全票通过;副镇长马燕妮、陈申力 47 票全票通过;派出所所长兼任副镇长也是 47 票全票通过;新任镇长作就职演说。人大主席就昨天代表们提出的 5 个方面 22 条意见和建议向大会汇报。

2013 年 1 月 8 日

二组的 16 个村民将代表纳古镇参加县体育局举办的民族健身操比赛,今天请县上的教练来教授。

2013 年 1 月 9 日

七组马跃香的三女儿与五组纳忠祥家的儿子会亲。

2013 年 1 月 10 日

为了支持民营企业的发展,国家出台了政策:男 55 岁、女 50 岁,可以提前退休,可以停薪留职,可以辞职。还从无息贷款等优惠政策上鼓励大家出去闯荡,然后腾出岗位留给年轻人。

2013 年 1 月 11 日

今天气温 1℃ −5℃,这是今年降温较大的日子。

2013 年 1 月 12 日

三海中正钢铁公司今天召开股东大会,公司成立已有几年的时间了,但是遇上钢铁行业不景气,一直效益不好。今日终于分红了,虽然只有 12% 的红利,但是大家还是很高兴,上午召开股东大会,下午召开社会各界人士会议。

2013 年 1 月 13 日

由纳古镇政府出资 1 万元，杨峰作词，杨峰、田蕴坪作曲，宁夏索菲燕原唱的《纳家营》，这几天在网络上和纳家营传唱起来。

2013 年 1 月 14 日

省政府出台一个文件——"关于支持民营经济发展的实施意见"，鼓励事业单位人员提前 5 年退休、停薪留职、辞职。

2013 年 1 月 15 日

三组纳为存，60 多岁，糖尿病多年，近来因为牙疼导致脖子肿痛，做了手术不见好，今天归真。

2013 年 1 月 16 日

县人大代表马恒骧、马灿敏、马恒慈、纳爱媛、张兴友到县上参加人代会。

2013 年 1 月 17 日

小学生正在考试，考完试后，就要放寒假了，3 月 2 日开学。

2013 年 1 月 18 日

纳古第二次召开新型毒品防范工作座谈会，镇党政领导、两所清真寺阿訇、管委会成员计 30 余人参加座谈。首先，观看了宣传电教片《毒海深渊》，加深了对新型毒品危害的进一步认识。其次，镇派出所所长介绍纳古近年来禁毒工作的情况和吸食新型毒品人员的相关情况分析，具体阐述了纳古下一步禁毒工作开展的具体实施方案；大家对如何实施方案谈了自己的看法，提出可操作性的意见和建议。下一步，镇党委政府将牵头，协调清真寺、派出所等部门发挥各自的优势，筹措经费，安排专门工作组，切实加大对毒品危害的宣传及毒品犯罪的打击力度，通过提高群众的知晓率，畅通毒品违法犯罪举报机制，最终在纳古形成"吸毒、贩毒人人喊打"的良好局面。

2013 年 1 月 19 日

一组马永康的儿子马继伟与玉溪大营的马娅娟结婚。

2013 年 1 月 20 日

七组王少波的父亲，70 多岁，患有痛风、糖尿病等，这几日因肠梗阻住进昆明医院，医治无效，今早归真。

2013 年 1 月 21 日

五组马儒慈的三婶，80 来岁，今天归真。

2013 年 1 月 22 日

四组纳存逵的儿子与一组纳娅芬的女儿结婚，今天回门。

2013 年 1 月 23 日

穆光公司高层管理员 10 来个人已经进驻工地，一期工程地基正在推进中，大约 500 亩。

2013 年 1 月 24 日

一组马有礼的三儿子与四组纳跃刚的女儿结婚。

2013 年 1 月 25 日

市、县史志办 14 人到清真寺参观。

2013 年 1 月 26 日

七组的纳泽跃与三组的纳苏然结婚。

2013 年 1 月 27 日

清真寺组织挂功德建盖文化学院，一天的工夫收获170多万元，虽然工厂生意不好，大家也有好的"乜贴"的，好了。

2013 年 1 月 28 日

纳顺聪的父亲87岁，在清真寺礼完底盖尔，骑着三轮车到菜市场老年协会学习，10多分钟的时间就归真了。

2013 年 1 月 29 日

纳家营有公厕3个，全部是清真寺建盖的，出租给外来务工者经营。

2013 年 1 月 30 日

学校安装了一盏警灯，夜里一直在闪烁，影响了老师的休息。

2013 年 1 月 31 日

开始卖香椿了，只是贵些，50元一斤呢。

2013 年 2 月 1 日

四队修的路是歪歪扭扭，又弯又窄，反正是四队人自己修自己走。这阵处处搞城镇化、新农村建设，路是又宽又直，他们没有眼光。

2013 年 2 月 2 日

回族割包皮的习俗，从医学的角度看是很卫生的，是有科学道理的。回族对儿童进行割包皮手术的习俗，是对身体健康有益的，是一种良好的卫生习俗。据调查，回族当中现在几乎没有患阴茎癌的。回族对小孩进行割包皮手术，过去都是由专门的宗教人员施行，称其为"逊乃巴巴"。其方法：有的采用简单的冰冻麻醉法，然后用专用刀割之；有的用夹板将包皮夹好，用上麻醉药品，再割之。随着医学的发展，现在回族群众一般都把小孩送到当地医院进行手术。这样既安全，又卫生，伤口愈合快，不到一星期就痊愈了。

2013 年 2 月 3 日

据一个纳古籍的医生统计：每个月都有纳古两营的人看胆结石手术，没做手术的更多，有的才 10 多岁，这已经成为纳古人一个突出的疾病问题。

2013 年 2 月 4 日

糖尿病、高血压的病人较多，可能与纳古人客事多有关。

2013 年 2 月 5 日

做客的饭菜老实盐咸了，高血压的病人吃了危害太大了。

2013 年 2 月 6 日

天气冷，血压高的人危险了，吃药有时也不管用呢。

2013 年 2 月 7 日

纳家营的餐馆开始放假了。

2013 年 2 月 8 日

镇上职工放过年假了，但是要派人值班。

2013 年 2 月 9 日

过年了，我们这地呢回族是不过年的，也不吃年饭，不走亲戚。

2013 年 2 月 10 日

大年初一，纳家营的三岔路上很是冷清，外地人回家了，本地人外出了。

2013 年 2 月 11 日

五组郑文清的前妻，60 多岁，患痛风多年不能出门，今天归真。

2013 年 2 月 12 日

四组纳超恒的父亲，70 来岁，患心脏病，在堂屋里晒太阳，病发倒地，10 多分钟就落气了。

2013 年 2 月 13 日

虽说不过年，纳古的各行业都放假了，如餐饮、企业、机关等，就连菜市场也不热闹了。

2013 年 2 月 14 日

由于工厂没有生产，浓烟滚滚的天空暂时恢复了前几年的美丽。

2013 年 2 月 15 日

家族式的外出旅游队伍陆续回来了。

2013 年 2 月 16 日

今日各厂家开始收工了。

2013年2月17日

钢铁行业是纳古的主打产品，全国钢铁都不景气！咋整个？

2013年2月18日

七组胡维安吸毒多年，30多岁，今日去世，据说昨天他还把几年前卖掉的弟媳妇的摩托车找回来。

2013年2月19日

五组纳本林，50多岁，患肝癌两年多，今日归真。

2013年2月20日

马恒骧写的"春节中的纳古"：春节是中华民族的节日，千百年来人们都以隆重的方式来庆祝。纳古的回族是不过年的，不买年货，不吃年饭，不贴春联，不在春节期间走亲串戚。只是几个人约着去县城瞧场电影、看几场篮球赛、爬爬秀山、吃碗米线就回家，有些球迷则是在县城小住几天，一直等到球赛结束才回家。这几年，有的人到州城，有的人到省城玩上一两天，潇洒放松一回。

随着党的改革开放政策的深入，人们的生活水平提高了，休闲时间增多了，纳古回族人民以自己的独特方式参与春节活动，分享节日的快乐和美好生活的喜悦。每当春节来临，来自省内外的务工人员回家过年去了，工厂、机关、学校、商铺、饭店的员工都放假，老板们就忙里偷闲，利用假期组织家人外出旅游。

自2000年春节期间有一个大家族到海南旅游以来，几乎每年都有纳古回族外出旅游的，或10来人一组，或20余人一队，或30多人一团，而且人数成倍增长。旅游形式多样化，有跟团旅行的，有自驾游的，也有自己组团的。有家族式的，也有朋友、小伴儿相约而去的。有的在本市内的新平哀牢山、元江、澄江抚仙湖畔等地，有的在省内大理、丽江、腾冲、瑞丽、西双版纳、迪庆、文山、红河等，有的到省外的城市和地区，如北京、上海、南京、苏杭、深圳、桂林、北海、海南、香港、台湾等，还有的去国外如新加坡、马来西亚、泰国、越南等地旅游。

今年2月4日才刚刚立春，就有一个团出发前往省外华东五市旅游去了，紧接着在除夕前后大部分人开车的、坐火车的、乘飞机的，就向着自己计划好的旅游景点出发了。当然有的是去腾冲几所清真寺做圣节，有的是到其他穆斯林聚居地旅游。

今年在家的我们，感觉集贸市场很冷清，大街上也不见了往日的热闹，商铺、饭店关门，连清真寺里礼拜的人数也大减。这时，我才想起一年一度的春节又到来了。这几天，天空是蓝蓝的，空气十分清新，无论白天或夜晚都很宁静，只偶尔能听到几声附近乡村的汉族同胞放爆竹和礼花的响声。没有外出旅游的人们，很惬意地享受着少有的、悠闲的日子。

利用春节假期出外旅游的人们，领略了南国风光、椰林海滩，到北方冰雪世界堆雪人、开雪战、观冰雕，赴东部沿海感受大都市的繁华、喧嚣，往西部腹地欣赏大自然的美丽。领会党和国家改革开放的好政策。在大地上旅行的人们增长了见识，拓宽了视野，学到了无限的知识。

正如一首歌曲里唱的"春去春会来，花谢花会再开"，大年初四、初五，人们开始陆续返回故乡。纳古小镇的街上行人一天比一天多了，集贸市场也开始热闹起来，请客的人家也陆续动起来，清真寺里凑众礼拜的人数又多起来了！

2013年2月21日
纳家营烧烤出名了，便宜又好吃，来这地点吃的外边的人很多。

2013年2月22日
平时到清真寺礼拜的人不算多，主麻日比较多。

2013年2月23日

五组纳维庆的儿子与七组纳宗恒的女儿结婚。

2013年2月24日

纳俊楠与小回村一小伙子结婚,两人是在大学认识的,自由恋爱。

2013年2月25日

三组纳顺明的母亲近90岁,患糖尿病多年,今天归真。

2013年2月26日

王进喜的母亲80多岁,患有老年性精神病好几年了,这日归真。

2013年2月27日

雅芝阁美容店套盒:10次推背、10次洗脸、10次做卵巢保养,收费2280元。

2013年2月28日

药品"维力多"专卖的老板自制松花粉,生意还不错。

2013年3月1日

今天是个特别的日子,散布在村子中的25台小炼钢炉,给纳家营环境带来非常大的污染,有19台断电,停止生产,有的已经在进行拆除。这对大家来说是一件值得庆幸的大事,还有5台,计划4月1日执行断电。

2013年3月2日

从红绿灯口下来的地方成了树桩市场,为什么就没有人管管?山是要挖光呢!

2013 年 3 月 3 日

上午 9 点,在纳家营伊斯兰文化学院及纳古志愿者的组织下,来自纳古两所清真寺的老师、同学们及部分社会人士一起,听取了参加假期支教活动的学生代表们的支教总结。通过这次交流会,大家了解了云南穆斯林大学生及纳家营文化学院学生的支教理念及发展过程,也体会到支教活动带给他们的感动和收获。

2013 年 3 月 4 日

以前水很少停,而且空气也好,很凉爽,现在是一年比一年热,大家一定要珍惜每一滴水了,说不定哪天真的不得水,咋整?

2013 年 3 月 5 日

又是一年"三五命令"纪念日,清真寺开经感谢真主当年没有把"大摆了"①降临在纳家营。

2013 年 3 月 6 日

牛肉的价格涨了,炒吃的黄牛肉卖 33 元一斤,炖吃的牛肉卖 31 元一斤,绞肉费 1 元一斤。

2013 年 3 月 7 日

"一千零一夜"小区,建在小菜市场,每层 4 户,35 层,一共 140 套,每平方米 2800 元,地基是清真寺集体所有,由管委会承头,利润用于清真寺建盖文化学院。今天上午 10 点,在清真寺大殿一楼举行建房听证会,有许多教亲踊跃参与,并且充分发言。

---

① "大摆了","摆了"指灾难,"大摆了"即指"大的灾难"。

2013 年 3 月 8 日

上午，镇上组织相关人员及乐于奉献的人们进行杞麓湖入湖沟道清淤工作，也有志愿者们前来参与，共计 150 来人参与。

2013 年 3 月 9 日

建房听证会后，群众中间也有不同意建盖的声音，他们散发了传单，认为集体的土地不能出卖，即使是一个尿灰坛也不该处理，应该用于建盖一个街心花园，盖文化学院的钱不够可以等一等……

2013 年 3 月 10 日

停水，停水，又停水啦！格会哪天真的没有水了？担心呐！

2013 年 3 月 11 日

四组纳文梅，48 岁，这日中午 12 点 30 分归真，以前从来没有不舒服，咳嗽、发热五六天，服药有好转，10 日病情加重，送往通海县医院之后转院到市医院，下病危通知，呼吸衰竭、心衰，一夜未眠，血压不稳定，低压高时 178mmHg，低时 21mmHg，非常令人担忧，呼吸比正常人高出一倍多，医生说生命体征逐渐消失，是否采取呼吸机等急救措施，呼吸机也只是延长一些日子，救不了命，回族信前定，①拉回家吧。到家了，在堂屋商量如何进房门时，她还自己提一下裤子，眼睛也是很有光泽，几个人抱进去放下时，医生就说人不在了，全家悲痛万分。

她小时候，1 岁零 8 个月时，当时已经当了姐姐，会扶着床铺喊妹妹的"经名"了，不小心从床上摔下来，伤了后脑勺，从此就坐不稳，

---

① "前定"，伊斯兰教义学概念，一译"定然"。是穆斯林六大信仰之一，即相信一切自然现象和社会现象均出自真主的安排，人无法预知，只能顺其自然。穆斯林相信前定的前提下，也充分肯定自由意志的重要性。（参见：中国伊斯兰百科全书编委会编.中国伊斯兰百科全书[M].成都：四川辞书出版社，1994:443-444.）

直到7岁才会走路,说话一直说不清,一二十岁时会做简单的家务活,三四十岁后体重超标,也就做不了什么事了.喜欢打毛线,每天都在打,当然也是打打拆拆的,全家老小都关心、爱护她,虽然穿的、吃的都很好,但她有喜怒哀乐都不会说。可怜啊!也许是真主慈悯她,在临危时没让她受罪,把她死的困难转为容易。

2013年3月12日
植树节到了,也不下雨,植树的气氛也没有了。

2013年3月13日
"学习雷锋好榜样,忠于革命忠于党,爱憎分明不忘本,立场坚定斗志强……"学习雷锋的歌又响彻在校园。

2013年3月14日
纳文梅归真4天,今天起经,在四组请客处,待客250桌。

2013年3月15日
虽然冬天已过,打毛衣的小组还在四五个铺子里热火朝天地进行着。

2013年3月16日
大白龙公司投资近两亿元,建厂准备了约两年,今天终于试机,而且已经成功,目前正式生产,公司管理人员此前是村中各个小炼钢炉的老板,小炼钢炉3月1日全面停产后,他们将把更多的精力投入大白龙的管理中。希望各位教亲和股东做好"堵阿",使我们纳古经济与环境都能有好的发展和改善。

2013 年 3 月 17 日

纳家营快餐饭店有五六家，生意较好，每餐 8 元，带点小炒，小炒有五六个品种。

2013 年 3 月 18 日

七组的彩和大娘归真，约 90 岁，无儿无女，是个两性人，生前由一个亲戚照顾，一生孤独可怜。

2013 年 3 月 19 日

彩和大娘归真后，听说她的房子就被一个亲戚锁了，连照顾她的那个表嫂都进不去了，你瞧瞧，人活的时候，生活不能自理没人来认亲，死后就来争了。

2013 年 3 月 20 日

省委领导到纳古调研，参观了清真寺、名人故居，"怪四"和"文鹏"刀具作坊。

2013 年 3 月 21 日

彩和大娘归真 4 天，今天起经，在七组请客处，大约 200 桌。

2013 年 3 月 22 日

"一千零一夜"小区是盖？还是不盖？有人写了一封的给管委会，大家议论纷纷：如果盖了应该会租金翻番，还有一大笔收入，好多人可以有房买，也改善了景观和环境；但是盖呢，又出卖了寺产，以后慢慢变成私人的了，现在缺钱可以慢慢想办法，加上清真寺的传统是只拿进来不让出去。

2013 年 3 月 23 日

三组的纳顺恒为女儿接回门，请客 200 多桌，没有请师傅开经。

2013 年 3 月 24 日

七组的马某，33 岁，有一个两岁的孩子，吸食毒品多年，今日在通印大酒店死亡，有外伤，估计是被打致死，父母没有报案，不主张进行法医鉴定。

2013 年 3 月 25 日

四组的纳美翠女儿在纳家营文化学院学习，今日家长在家接着一个电话，说她家的孩子纳某某在学院摔伤已经送往医院急救，需要 10 万元费用，叫家长赶紧汇钱过去，纳美翠当即昏过去，其他家人立即汇款 5 万元，之后才知道孩子根本没事，是被骗了，报案后，款已经被提走。听说另外一家在县一中读书的孩子的家长也接到同样的电话，打电话给班主任，班主任说一日内已经接着家长打来同一内容的电话五六个了。

2013 年 3 月 26 日

清真寺门口，有摊贩在卖笔记本电脑，有人说下载一个硬件大师测试一下，却被卖家拒绝了。大家要注意啊，三大件的数据可能都是"软改"过的，要谨慎购买！

2013 年 3 月 28 日

海滨公园旁马某某盖的钓鱼台（实际成了住家房），家具齐全，已经拆除。

2013 年 3 月 29 日

小海公园成了孩子们春游的好地方，上周五小两个年级的学生，本周五幼儿园全部孩子共计 600 多人都到小海公园，孩子们尽情地跳，尽情地玩，可怜那些草地被踏平了。

2013 年 3 月 30 日
过年后，下过两场雨，不大！

2013 年 3 月 31 日
前年春天，学校的老师到沙沟嘴外海边春游，海水离我们活动的场地不远，今年又去，海水离我们太远，退出几百亩干地，害怕了！

2013 年 4 月 1 日
"一千零一夜"小区预算已经出来，每平方米 2500～2800 元，听说已经报到 139 套，管委会不允许订购，目的是显示现在建盖此小区不是他们想住，而纯粹是为了赚钱去建盖文化学院，根据预算可以赚钱约 3000 万元。但是不同的声音还是比较突出。

2013 年 4 月 2 日
七组跃仁的父亲，69 岁，断食 20 天，每天以水维持生命，一直能说话，意识清醒，今天归真。几年前，患青光眼、双目失明。

2013 年 4 月 3 日
四组的黑萍大妈归真，生前日子过得不富裕，听说还留下几万元钱。

2013 年 4 月 4 日
清明节学校放假一天，把周日合并，周日上课。

2013 年 4 月 5 日
三组纳仓福的母亲归真，90 多岁。

2013 年 4 月 6 日
七组马浩江与五组纳勇的女儿结婚，请客 280 桌。

2013 年 4 月 7 日
这几日香椿从开始 50 块一斤，降价到 5 块一斤，开始卖那会儿划不着，买来吃不划算。

2013 年 4 月 8 日
早上纳勇家为女儿接回门，下午请"七天"，吃饵丝。

2013 年 4 月 9 日
云南电视台、《云南日报》、《春城晚报》几家媒体到学校采访校长马灿敏办学情况。

2013 年 4 月 10 日
通海团县委发起全县团员和学生"捐一元钱，汇一片海"，纳古小学搞了动员仪式，捐款 3000 多元。

2013 年 4 月 11 日
这日学校举办第四届"校园之星"才艺大赛，A 组校园之星：李想（7 岁）；B 组校园之星：李雪莹（12 岁），两人都是纳古人。

2013 年 4 月 12 日
"一千零一夜"小区效果图出来了，很气派。不过，今天主麻聚礼前有人拿了几千份题为"心痛"的材料，反对建盖，说了25条反对的理由，写得全面，也很尖锐。大管事也做了简单的回应。

2013年4月13日

团县委、教育系统团委举行"华明爱心"助学活动，捐赠物品为价值298元的护目宝。学校根据上次贫困生申请材料上报了一（1）班柳同学、一（4）班王同学、五（4）班徐同学，3人都是务工人员子女。

2013年4月14日

省委领导从建水过通海时批评通海：比起建水来落差太大，简直是"脏、乱、差"，要求限期整改，县委书记表态：一个月的时间改变。

2013年4月15日

周末两天都没有休息了，这日镇政府组织全镇村民和政府职工进行纳古镇大扫除，还实行主要领导负责制，每人负责一条主要街道，交给各家"自扫门前雪"，大家共同建设一个清洁、卫生的通海县。

2013年4月16日

今天下午纳家营前山起火，镇政府职工与森林公安一起灭火，四五个小时才熄灭。

2013年4月17日

据说玉溪新上任的市委书记很强，要把违规建筑都给拆了，峨山文明一所违规建筑清真寺已经被拆，听说拆除那天，县有关部门的人还坐镇纳古呢。

2013 年 4 月 18 日

忠爱房地产建盖的 32 层商品房封顶，放鞭炮庆祝。

2013 年 4 月 19 日

七组马俊香的儿子与四组纳宝恒的女儿结婚。

2013 年 4 月 20 日

纳宝恒家为女儿接回门。

2013 年 4 月 21 日

学校开始一年一度的教学大奖赛。

2013 年 4 月 22 日

纳古镇响应县委"拆临、拆违、拆大棚"行动，高速路边的建筑已经拆除 10 处。

2013 年 4 月 23 日

学校党支部委员任期已满，今日进行换届选举工作。

2013 年 4 月 24 日

小海公园建了两块篮球场，吸引了很多男女老幼去锻炼。

2013 年 4 月 25 日

五组马二家在小海公园篮球场旁边开了一家"建水小吃"，卖建水双色蒸糕、建水凉卷粉、自助烧烤等，生意不错，大家是图边吃边赏湖边美景。

2013 年 4 月 26 日

省政协副主席马开贤大阿訇等到纳古传达省委三号文件，动员纳古、沙甸争取进入民族经济园区。

山东省伊协会长王树理等 8 人随旅行团私访纳古，纳汝龙阿訇接待，客人到老校长的办公室，请纳家瑞老校长为他们介绍纳古情况，双方交流后，客人非常高兴，对纳古和老校长赞叹不已！想不到谈得那么好！

2013 年 4 月 27 日

今年的樱桃有点儿贵，一直是 20 元一斤，去年只要八九块就可买到，可能是干旱导致樱桃少的原因吧。

2013 年 4 月 28 日

纳古商会请云南大学姚继德老师在小学为纳古企业家们讲课，题为"从国内外经济形势看纳古经济的走向"，大家能遵守会场纪律，坚持听讲到最后。

2013 年 4 月 29 日

天气渐热，到海边走路的越来越多了，有的快走，来回走几趟，有的慢走，边走边和亲友们聊天，很惬意！

2013 年 4 月 30 日

终于降雨啦！

2013 年 5 月 1 日

"五一"节放假一天，合并一个周末，共计 3 天。纳古在昆明钢材市场做买卖的人也放假回家，难得休息一下。

2013年5月2日

清真寺第一次举行全民公开投票：对"一千零一夜"小区是否建盖进行表决！投票结果是653票同意建盖，354票反对建盖，监委会成员纳为明宣布"投票有效，同意建盖"，并做了总结发言。

2013年5月3日

主麻日，大师傅纳跃义主讲民族团结问题，他引经据典讲到与外民族的团结、本民族间的团结。

2013年5月4日

云南大学冯瑜老师、杨文辉主任、胡凌老师带领云南大学27个学生到纳古参观学习，人大主席马恒骧从纳古的历史、宗教、文化、教育、民俗等各方面为他们做了两个多小时的座谈、互动。

2013年5月5日

五组纳绍伟家为儿子和女儿会亲，为办两个孩子的事，热闹非凡。

2013年5月6日

纳古镇各界人士30人到沙甸、建水参观城镇建设，受到热情接待。

2013年5月7日

镇上组织第五届村民小组党支部书记换届选举工作。当选的为：一组书记向有林，二组书记鲁绍伟，三组书记马绍飞，四组书记纳爱媛，五组书记纳宏锦，六组书记曹永安，七组书记合卫伦。

2013年5月8日

小菜市场周边的铺子已经拆除，在做地勘测量。

2013年5月9日

清能的母亲归真了，约70岁，也是个苦命人，因为再婚嫁到馆驿，归真后立即拉往馆驿安埋。

2013年5月10日

这几日可称得上是纳古"经济大地震"，股份制天浩钢铁公司面临破产，股份投资9000多万元，投入1.2亿元，也有5年的时间了，原来是纳杰初，现在是纳顺康任董事长，建厂以来收益一直不好，现在华夏银行的1000万元贷款到期，还不出来，牵扯到担保的几个公司。

2013年5月11日

五组纳吉伟家为女儿会亲，晚上吃汤圆。

2013年5月12日

上午，纳古商会执委会在政府三楼会议室商量天浩公司的问题，县工信局局长沐华彬主讲现代企业管理制度；下午召开大股东会议，沐华彬再主讲现代企业管理制度。会上，希望大家帮助天浩公司渡过难关，也要求管理人员承担一定责任，说到小股东的钱虽少，但可能是全部身家的投入，大家一定要认真商讨公司的发展思路。

2013年5月13日

纳古小学生一年一度的"茴香杯"篮球赛结束，今天颁奖，由于班级太多，今年采取男女生各打两局合成一个班的成绩，大家感觉不尽兴。

2013年5月14日

天浩公司召开全体股东会议，共同商讨公司出路。

2013 年 5 月 15 日

国家出台政策，解决中小学代课教师问题和原民办教师遗留问题。这几天在清理排查，自中华人民共和国成立以来在纳古任过课的民师代课，有的代课几个月，有的代课 20 多年，有的当民办教师 20 多年，一共 180 人。

2013 年 5 月 16 日

这日"沙目"后又有人家被盗，听说门锁被拗断了，而且把保险柜抬走，首饰、钱财也丢了不少，小偷太胆大了，已经发生 3 起案件，手法相似。

2013 年 5 月 17 日

三组原队长合义宗归真，73 岁，因患糖尿病引发肾衰竭。

下午，通海新任县长卢维江到纳古走访宗教界、企业界人士，点名请马恒骧陪同，纳跃义、马跃升、纳家忠等人与其进行 2 个半小时的交谈，气氛非常融洽。

2013 年 5 月 18 日

星期五，镇政府全体职工响应县上的号召，到社区去打扫街道，治理脏、乱、差，已经定为长效机制，每月最后一周的周五就行动。

2013 年 5 月 19 日

由于偷盗猖獗，纳古社区里有人教大家防盗知识，但是，毕竟是在乡镇，好多东西还暂时实现不了。

2013 年 5 月 20 日

大师傅纳跃义在广播里提醒全体穆斯林注意防火、防盗。

2013 年 5 月 21 日

镇政府组织各村民小组海选，推选组长。

2013 年 5 月 22 日

根据昨日海选，组长人选已经确定下来：一组组长纳慈良、二组组长廖兴华、三组组长合宝华、四组组长纳锦彬、五组组长马恒慈、六组组长苗绍有、七组组长纳光生（马子得票数最高，不愿意担任）。

2013 年 5 月 23 日

小学老师也有机会晋升副高职称了！从 2012 年 10 月试行第一批，纳古小学得到一个名额，今年 5 月，按照小高教师数（我校有 32 个小高），分到一个名额。

2013 年 5 月 24 日

五组纳红生的父亲归真，80 多岁，前两天还克海边散步，听说是拉肚子。

2013 年 5 月 25 日

三组纳志恩的妻子归真，60 多岁，患乳腺癌。

2013 年 5 月 27 日

五组纳如庆的父亲归真，76 岁，半年前体检时，身体健康，因有痛风，吃过地摊草药，导致心、肾衰竭。

2013 年 5 月 28 日

学校德育处组织小学生捐衣物，大家积极响应，收到很多衣服，适合幼儿穿的多些，适合男生穿的少些。

2013 年 5 月 29 日

云南省玉溪市外事办的工作人员到纳家营商量 6 月初原马来西亚总统马哈蒂尔到纳家营参观时的接待事项。

2013 年 5 月 30 日

这几日,有点雨了,雨后很多人到海边捉鱼,因为干旱泥土开裂,雨后鱼儿来抢水,水退后,可怜的鱼儿留在泥缝里,很容易就捉到了,而且很多人都捉到几十斤。

2013 年 5 月 31 日

五组纳如庆家在七组大场为父亲起经,请客几百桌。

县委领导到纳古督查工作,督促镇党委、政府拿出方案和行动,推进三组小长山头上一块"违拆"建筑,计划建成纳古观景台。

纳古企业界老板 50 多人,集中在政府商量天浩公司还贷款事宜,天浩董事长纳顺康没有露面,手机打不通,其他几个高管也不到场,大家觉得主人一个不在,说多少也无济于事,不了了之,散了。

2013 年 6 月 1 日

昨天,小学校里庆祝"六一"儿童节,上午召开表彰会、资助困难学生及游园活动,下午"跳蚤市场"——买卖一条街,今年一改往年大吃大喝的习惯,要求家长不要买东西送来,也不要请全班去家里吃饭。

2013 年 6 月 2 日

海南 30 多个回族青年组团参观纳古。

2013 年 6 月 3 日

小学校作息时间从改吃三餐后,一直是中午 12 点放学,下午 2 点上课，已经 10 多年了，从今天起改为下午 1 点 10 分上课。

2013 年 6 月 4 日

河南驻马店 30 多个中老年妇女到纳家营，听说住三组纳维丽家或纳慈仙家。

2013 年 6 月 5 日

早上在菜市场马会卖包子处，一组马应坤与三组的三虎不知道因为什么矛盾发生打斗，两败俱伤。

2013 年 6 月 6 日

中午，在省政协副主席马开贤，玉溪市党政领导张祖林、饶南湖、左广、马良昌及我县党政领导的陪同下，马哈蒂尔首先来到纳古镇政府，与市、县领导及纳古部分企业代表亲切座谈。

市委书记张祖林代表市委、市政府欢迎马哈蒂尔访问玉溪、访问纳古，并介绍了玉溪、纳古的经济社会发展情况，还向马哈蒂尔赠送了具有浓郁地方特点和民族风格的牛虎铜案。张祖林说："玉溪是一个美丽的地方。通海的纳古镇虽然地处西南边疆，但是在各级党委、政府的大力关心下，纳古镇取得了翻天覆地的变化。这里经济发展，人民生活幸福，党和政府的宗教政策、民族政策得到了很好的贯彻。"

张祖林说："马哈蒂尔先生领导了马来西亚 22 年，把一个贫穷、落后的地方，发展成为亚洲相对发达的地区，而且生态环境非常美好。马来西亚的生态建设也是我们玉溪今天努力和追求的发展模式，希望通过马哈蒂尔先生此次来通海参观考察，为我们多提宝贵的意见和建议。我们将努力把玉溪建设成美丽家园，让这里的老百姓更加享受改革开放的福祉和经济发展的成果。"

马哈蒂尔在讲话中说，自己"曾两次到访云南，到纳古镇是第一次。

在访问纳古之前,认为纳古可能只是个偏僻的小乡镇,没有想到纳古的发展已经达到相当高的水平,这里宗教和顺,人民安居乐业,当地群众十分热情好客,勤劳、智慧"。这也体现了中国近年来经济和社会的持续、稳定发展。此次访问是他有生以来最独特的国外体验之一。马哈蒂尔表示,中国与马来西亚的合作潜力非常大。他将继续致力于推动中马之间的友好交往与全方位合作。

在清真寺女子学校,马哈蒂尔与大家一起为新种下的榕树培土,共同祝愿中马两国友谊长青;马哈蒂尔还走进纳家营伊斯兰文化学院,看望广大学生,并与同学们亲切交流,学生们向马哈蒂尔赠送了用阿拉伯语书写的经文。

市委书记张祖林接待马哈蒂尔后,到纳古中心小学视察工作,市政协副主席马良昌、县委领导等人陪同。张书记走进校园,听取了马校长对这所百年老校的介绍,认真、细致地了解学校发展情况,张祖林与校长马灿敏边走边聊,查看校园环境和教学设施建设,对身患残疾的马灿敏10余年来为纳古基础教育所作的贡献给予高度肯定。他亲临新建综合楼施工现场,他指出,"小学教育责任重大,是基础教育的重要组成部分,对一个人的发展非常关键"。他要求学校抓好师资建设,不断提高教学质量,在弘扬中国传统文化和伊斯兰文化方面下功夫,使多元文化在民族地区的学校能兼容并蓄,为培育国际型人才打好基础;要抓好"美丽校园"建设,为教书育人创造更好环境。

针对纳古镇经济社会发展情况,张书记强调,"发展不仅是经济的发展,也要抓好生态文明建设"。"纳古镇过去在经济发展中带了个好头,如今在科学发展、和谐发展中更要带头,少一点冒烟的烟囱、多一点高科技产业,少一点'傻大黑粗'、多一点'高、精、尖'。"他说:"纳古人已经有了'第一桶金',基本完成了原始积累,就应该向更高层次、更优结构的产业调整。"张书记指出,时代已经给我们提出了新的要求,不能再穿新鞋走老路,一定要开创新局面,正确处理好经济发展同生态环境保护的关系，大力调整产业结构，推进生态文明建设，建设环境友好型社会，"不能让高耗能、粗加工、高污染成为纳古的代名词，要让'高、精、尖'和'绿色'成为纳古的代名词！"

张书记此次调研给纳古镇和纳古小学未来的发展指明路子，也给学校带来了新的机遇，全体纳古小学教师将以时不我待的精神，挑起时代赋予的重任，努力办好教育，让家长放心，让人民满意！

2013年6月7日

纳古经济何去何从，这是个值得思考的问题，纳古经济日益缺乏活力、竞争力、创造力，纳古经济靠经营钢铁，产品单一，大气候一影响就差了，一家出问题，牵连一大片。

2013年6月8日

"尿毒症"又来袭，七组一村民，27岁，结婚两年，还好已经生了个孩子，现在隔一天就要透析一次，等待肾源；一组一村民，36岁，两年前住过院，没有查出，误诊为前列腺病，现在已经到了严重状态，接受保守治疗；还有一村民，23岁，家里卖了田，为他治疗。

2013年6月9日

纳家营的牛菜片，[①] 是大小客事都要上的一道菜，每人分得4片牛菜片，蘸点儿芝麻盐，带回家，让没去做客的家人品尝，非常香，也很有名气，算是回族的一道特色菜了。据说是几百年前从阿拉伯国家传来的，蕴含了深厚的历史文化。但是，因为现在生活好了，牛菜片带回家也吃不完了，有些浪费，纳古人也几次尝试改革，但最终还是沿袭下来，最近，四组纳锦彬家酬祝米客，改为切小片、薄片，放上蘸水，在桌上

---

① "牛菜片"，即用牛肉制作的凉片。

就吃了，就不带回家，接着又有一家也效仿，看会改得如何？

2013年6月10日

通海县残联组织我镇辖区村民今天早上8点在通海县医院五官科进行白内障免费筛查，有意参加检查的村民尤其是老年人携带新农合医疗本、身份证原件及一份身份证复印件空腹前往县医院检查。

2013年6月11日

前几天发生的入室盗窃保险柜等4起案件，现在已经逮捕嫌疑人，听说是在广东打工的贵州人作的案。

2013年6月12日

这日端午节，回族不过端午节，学校、机关单位放假一天，菜市场有卖熟粽子的。

2013年6月13日

纳古联想电脑Erazer专卖店招导购员一名，男女不限。要求会使用电脑，口齿伶俐。会简单软件、系统维护者优先，试用期三个月，保底800元＋销售提成（电脑销售提1%，配件销售提5%，维修提10%），三个月后底薪1200元＋销售提成，后期可按实际工作情况增加底薪。工作时间：8小时（上午9：00—12：00，下午4：00—9：00），一个月休息一天。

2013年6月14日

学校毕业班照毕业相，请县城婚纱照相馆或其他专业人士来照，这阵老实方便了，20年前要到阿克通海城才可以照呢。

2013 年 6 月 15 日

纳家营联想电脑 Erazer 专卖店，今天开业，主要经营联想系列电脑，销售各类高、中、低档兼容机、电脑配件。承接各类网络工程，500 万高清数字监控安装等。志在打造纳古最大的认电脑销售、配件、电脑服务、电脑维修为一体的店铺！

2013 年 6 月 16 日

每天早上起来都能闻见一股刺鼻的烧胶皮的味道，让人喘不过气来。少数人为了一时的经济利益而侵害全镇人的健康，纳古的环境污染真是无可救药了吗？

2013 年 6 月 17 日

"清真不卖酒，卖酒不清真"，在通海县回族地方开的餐馆可以保证不卖酒，不喝酒，只要发现有悄悄卖酒的店，就会有人出面干涉，不允许挂阿文招牌。

2013 年 6 月 18 日

前几天发生的入室盗窃保险柜等 4 起案件，现在已经逮捕嫌疑人，昨天带嫌疑人到纳古指认现场，听说是玉溪公安追到广东省、贵州省把他们抓捕归案的。

2013 年 6 月 19 日

纳古中心小学是一所发展较快的学校，现在外来务工子女人数已经占学生总人数的 2/3。为拓展外来务工子女的阅读视野，使他们也能和本地学生一样获得更多的阅读资源，进一步丰富他们的学习、文化生活，培养他们的阅读兴趣、习惯，同时利于学校同步搞好教育教学工作。"纳古志愿者读书会"特购置了一部分图书，于今天下午 3 点 20 分在纳古中心小学阶梯教室，举办了一次以"同一片蓝天，同一个希望"为主题的捐赠活动，用实际行动表达对外来务工子女的真爱与关怀。

此次捐赠活动得到学校教师的大力协助，通过教师精心的挑选，选取了适合各年级学生阅读的儿童读物，这样能做到适合学校教育教学的需要，做到阅读书籍的针对性、适用性、趣味性。参加活动的有纳古中心小学的领导马灿敏、纳文群、孙建勇，部分教师、学生，"纳古志愿者读书会"的纳鼎、纳继坤、纳继昌、马俊赛等部分成员，共计捐赠图书900余册。仪式上，"纳古志愿者读书会"的主要负责人纳鼎和学校纳文群副书记作了简短的发言，纳鼎发言中真诚地表示将把此项赠书活动坚持下去，争取每年都能献上他们的爱心。

一组向华媳妇在晚上10点带着孩子走在回家的路上，迎面一男子走过，出其不意将她的提包夺过，快速转身逃跑，向华媳妇只看到他的背影，也无法追赶，损失2000多元现金、一部手机。

2013年6月20日

1. 玉溪新闻网讯（记者 李铎业 通讯员 毕波 李德辉）　听闻通海县纳古镇经济发达，居民生活富庶，实施盗窃易得钱财，在广东打工的5名贵州籍男子购买了手套、撬棒等作案工具，乘着借来的越野车，用车载导航仪引导，从千里之外的广东一路赶到通海纳古踩点，并于4月29日晚窜至一户居民住宅，盗得一个保险柜，盗取柜内财物分赃后，于当夜迅速驾车返回广东。

第一次盗窃的钱财被5人吃喝玩乐、赌博用完之后，无经济来源的他们再次踏上前往通海县纳古镇盗窃之路。这次5名犯罪嫌疑人为了逃避路上公安机关的检查，将作案工具通过快递公司邮寄至通海后，于5月17日抵达通海，连续三晚以同样的手段，随机选择无人看守的小洋楼，入室盗窃保险柜、黄金首饰、镶金边紫砂茶具等，屡屡得手。4起盗窃案涉案总价值达23万元。

案件发生后，通海县公安局立即成立专案组，对 4 起案件进行并案侦查。经过专案民警反复仔细侦查，最终于 5 月 26 日发现有一辆贵州车牌的黑色起亚越野车，在案发前后多次出现在通海主要路口及纳古的城市视频监控中。经核实，乘车人员刘某曾在广东实施盗窃后被判刑，今年 3 月刚刑满释放。与其一起参与盗窃的还有詹某某等 4 人，作案车辆的车主为贵州省思南县一冉姓女子。

确定犯罪嫌疑人后，5 月 27 日，市公安局与通海县公安局组成两个抓捕小组，分别前往贵州和广东，缉捕犯罪嫌疑人。在多地警方的协助下，分别于 5 月 30 日、31 日，将 5 名犯罪嫌疑人抓捕归案，同时还从詹某某姘妇冉某身上搜到部分被盗黄金饰品，缴获用于作案的起亚越野车和作案工具。

经审讯查明：嫌疑人刘某等 5 人均为贵州省思南县人，都有盗窃前科。他们先后从老家到广东罗定打工，因"老乡"关系相互结识。在狱中听牢友讲，通海纳古镇经济发达，居民生活富庶，实施盗窃容易得手。今年 3 月，刚出狱的刘某就邀约詹某某等 4 人一起驾乘冉某的黑色起亚越野车，先后两次来到通海纳古，实施了 4 次入室盗窃作案。6 月 19 日上午，通海县公安局押解刘某等 5 名犯罪嫌疑人，对作案现场进行指认。目前，犯罪嫌疑人已被刑事拘留，案件还在办理中。

2. 镇妇联第七次代表大会召开，选举产生了纳瑞媛任主席，马梦任副主席；表彰 12 户五好家庭、生态文明家庭、妇女能手等。

2013 年 6 月 21 日

土耳其发出招生通知，土耳其各地穆斯林学校，均可招收世界各地穆斯林男女青年到该校学习伊斯兰知识，有志于伊斯兰教育事业的青年男女，有无基础均可。除交 6000 元人民币外，其他费用全免。（每人每月享受至少 50 里拉补助；大学生每月 300 美元。）

2013年6月22日

学校回族老师，约了30人，在马顺义老师家包饺子，"走节"，请4桌师傅开经，请来退休教师11人，请来各自的家属及父母，很是热闹，包饺皮50斤（剩下10斤），牛肉20斤。

2013年6月23日

自2013年4月28日玉蒙铁路开通以来，特意去坐火车的人很多。昆明到蒙自北49.5元，通海到建水12.5元，通海到蒙自北18.5元。车票将同全国车票同步发售，可在全国任意火车站和代售点购买，也可拨打0871—95105105和登录12306网站购票，预售期为：网络和电话订票20天（含当天），火车站和代售点18天。纳家营很多妇女相约到蒙自游玩之后到沙甸，有的到建水缝制衣服，当天往返，也有住一夜的。

2013年6月24日

纳古镇出席县级妇代会的代表一共10人，她们是马丽清、钱玉芬、马绍飞、纳素兰、纳汝翠、赵时英、马秀、纳文群、纳瑞媛、马梦，已经填写个人基本情况上交。

2013年6月25日

在三中读初中的一个学生与外地初中辍学生到纳古小学附近，使用恐吓、打骂、勒索几十个小学生的钱，共400多元，今天在校内被派出所带走进行审讯。

2013年6月26日

派出所因破获"盗抢保险柜"案件，镇政府给了300块钱，今日下午宰羊聚餐。

2013 年 6 月 27 日

纳古镇位于通海县西北部，背靠狮子山，面临杞麓湖，南去县城 14 公里，北上昆明 110 公里，平均海拔 1800 米，气候宜人，四季如春，总面积 12 平方公里，由纳家营、古城、三家村 3 个自然村组成，2012 年，常住人口 8822 人，其中回族人口 7234 人，约占总人数的 82%，是一个以回族为主体民族的乡镇。原为四街镇的一个村公所，1988 年经省人民政府批准建立纳古回族乡，1997 年撤乡建镇。这里的人们信仰伊斯兰教，相传是赛典赤·赡思丁的后裔。改革开放以来，这里的人民靠着自己的睿智与胆识，发展非公有制经济，主要以钢铁企业、手工业、交通运输业、饮食服务业四大经济支柱产业为主。经济的发展吸引了大量的外来务工人员。目前，全镇共有外来务工人口 13000 余人，他们的子女就读于纳古中心小学。2012 年 9 月，小学有 46 个教学班，学生 2267 人，其中本镇生 640 人，借读学生 1627 人，占 71.8%；回族学生 1315 人，占 58%；彝族学生 72 人，哈尼族学生 13 人，傣族学生 1 人，壮族学生 3 人，苗族学生 16 人，是一所由 12 个民族组成的多民族融合的民族性示范学校。

2013 年 6 月 28 日

听说今日夜里停放在忠爱大街上的多辆大车被撬，里面的柴油被盗，最多的一辆是刚加的油，价值几千元，损失惨重。

2013 年 6 月 29 日

昨日下午，建水回龙集聚了来自纳古、沙甸、开远以及回龙当地的志愿者，共同分享建水志愿者 2012—2013 年间服务社会的喜悦。

2013 年 6 月 30 日

纳古商会在镇多媒体会议室召开执委会，12 名执委到会，会议由马跃升会长主持，商会办公室工作人员纳汝翠和镇人大主席马恒骧列席了会议。会上,马会长和马恒骧主席分别讲话,动员企业家们积极赞助全国回族学会主办、建水县承办的"建水紫陶杯"全国回族书画大赛,并踊跃参加颁奖大会。纳古的企业家真是好样的,当场就凑够10万元的任务数。

2013年7月1日

纳古镇党委书记张兴友、人大主席马恒骧、副书记李刚和商会的马跃升、纳家琨、纳家忠、马喜光、纳恒周、纳顺祥、苗春波等11人,到建水县城参加书法大赛颁奖大会。

大会由原云南省社科院院长、组委会副主任纳麒主持,建水县党委人大政府政协主要领导出席,来自各地的书法家、企业家、社会各界人士共600余人参加了大会,云南大学原党委书记、全国回族学会会长、大赛组委会主任高发元和张县长分别讲话。

此次书画大赛组委会共收到全国31个省、区、市的参赛作品1200余件,经过专家认真、公正、公平和无记名投票评选,评出5个奖类的获奖作品201件。

2013年7月2日

今年的空气比起往年好多了,人是矛盾的,空气好了大家都高兴,但是工厂没有生意,烟囱不冒烟人们又担心,很多人家收入少了,也有的人家没有收入。

2013年7月3日

参加"建水紫陶杯"全国回族书画大赛的60余名书画大师,在大赛工作人员和通海纳古镇人大主席的全程陪同下,从建水来到了滇中回族名镇——纳古参观考察,书画大师们在当地企业家和各族群众的盛情邀请下,挥毫泼墨,奉献自己的墨宝,皆大欢喜。

2013 年 7 月 4 日

这两日是期末考试，三至六年级考英语，第一题是听力测试，由一个老师在广播里读题，学生翻译做在试卷上。通海县只有纳古开小学英语课，只有纳古将英语作为考试科目，与教师的考核挂钩，学生学得也很好，一共有 4 个英语专职教师。

2013 年 7 月 5 日

小学生从这日下午大扫除后就开始放假了，暑假比较长，学生有 55 天，教师有 45 天，领导有 40 天。

2013 年 7 月 6 日

学期结束了，学校教师宰羊聚餐，两只大羊有 181 斤，这几日羊菜①的价格已经涨到 45 块一斤了，羊下水 100 元一套，洗工 50 元，下水倒是好吃呢。

2013 年 7 月 7 日

学生营养餐的吃法是：每天一盒伊利牛奶，一个包子或一个面包，学生不爱吃，常常把包子扔掉，把牛奶拿去换其他东西。

2013 年 7 月 8 日

"三免一补"政策执行将近 10 年了，现在每个小学生一学年 20 元文具费，幼儿班从 2011 年 9 月给予 56 个孩子困难补助，每人每年 150 元。

2013 年 7 月 9 日

原民办、代课离校教师资格、教龄认定我校有 190 个，第一批基本

---

① "羊菜"，当地回族方言，即"羊肉"。

上是有工资花名册做依据，已经审查过关的有 69 人，每年教龄可以得到 830 元的补贴；现在进行到第二批，第二批一般是请同事和学生证明，学校又派专人去核实。

2013 年 7 月 10 日

美洲、非洲 7 月 9 日入斋，其他地方可能 10 日入斋，我们这点儿一般是初三入斋。

2013 年 7 月 11 日

转基因食品大豆油已经充斥到农村市场、超市。

2013 年 7 月 12 日

星月路几乎每天都停水，现在好几家都自己想办法，挖地下水池蓄水，或打井解渴，打井工人多半是江川人，300 块打 1 米，一般要打 5～10 米深度。

2013 年 7 月 13 日

一年多的时间，牛肉的价格就从十六七块升到现在的三十一二块，米线 4 块钱一个小碗，土鸡蛋 1.5 块一个，洋鸡蛋 6 角一个。

2013 年 7 月 14 日

昨日和今日，纳古志愿者在纳古、河西两地为可接受天课者及贫困家庭举行"爱心送大米"活动！

2013 年 7 月 15 日

星月路原来是老沙沟，下雨时山水流过的地方现在成了居民区，山水仍然要下来，大雨过后，砂石、垃圾留下许多。

2013年7月16日

黄牛菜三十二三块一斤炒吃的，32块一斤煨吃的，水牛菜又稍微便宜些，但是，现在的黄牛菜好多人不敢买，多数是缅甸的大白牛、洋牛，模样不好，味道不好。

2013年7月17日

最近一段时间也经常下雨，小海公园锻炼身体的人很多，从早上到晚上都有很多人去走路，也有二街、六街的姑娘、小伙，还有十街、四街的妈妈们带小孩来玩，更多的是本地人和务工人员。

2013年7月27日

下回村清真寺在斋月里举行穆斯林知识有奖问答，做得还好，纳家营应该借鉴一下。在广播里讲一个主题虽然还好，但实效性也不见得。

2013年8月1日

信息时代，人们使用键盘、手机，很少用笔写字，有些字都记不得咋写了，写出来的字也是不如以前的好看了，还是应该练练字。

2013年8月2日

星月路是原来的沙沟，只要下雨，洪水、沙石就会满街冲，看来治理还得找源头。

2013年8月9日

这阵我们营有很多男人闲在家，找不着事情做，还是老火的。

2013年8月10日

纳学林家在花子洞开了一家石锅鱼（鸡）的馆子，地点宽敞，风景自然，生意还是不错的。

2013 年 8 月 20 日

五组的马贤东与七组的纳宏晓结婚，早上 8 点多男方"石兄弟"[①]就将一席饭菜送到丈母娘家，十几样菜，每个菜两碗，很是丰盛。下午是正客，二三百桌客。

2013 年 8 月 21 日

早上马贤东家还有 100 多桌客人吃饭，纳宏晓家开始宰牛，去帮忙。

2013 年 8 月 22 日

纳宏晓家早上接回门，热闹非凡，下午吃粑粑丝，吃了 250 斤。

2013 年 8 月 23 日

5 年之前，纳古大部分老板考虑的是：资本寻找出路。现在大部分老板考虑的是什么呢？是否是为资金链不断裂而努力，或者是为资本回流努力，抑或是后悔当时的负债投资大跃进。总之，我觉得事实摆在眼前，潮水退去的时候，谁在裸泳，一目了然。

2013 年 8 月 24 日

明年斋月前就要选管事了，最近社区开始乱选管事的事了，谈到了"宰羊拉选票"，还有"大饼子拉选票"。

2013 年 8 月 25 日

请客吃牛菜片，已经彻底改革了，不再每人分 4 片带回家，而是每

[①] "石兄弟""石姐妹"，当地方言，指青少年成长中一起相处得非常好的小伙伴。

桌切半碗，在席面上就吃了，这样可以省下将近一半的凉片钱。

2013年8月26日

昆明三斗钢材市场的搬迁迫在眉睫，相关部门已经进入，市场不准进货，只准出。

2013年8月27日

纳家营焊管协会在昆明东边郊区铁公鸡附近合伙买了一块地，开辟为焊管市场，但是据说手续不全，还没有成器，就又面临关闭，每家投资100多万元，怕是又要泡汤了。

2013年8月30日

为了民族教育事业，纳家营清真寺管委会各方筹集资金，兴建伊斯兰文化学院，同时也让清真寺的一些有限的资产更大化地得以利用，管委会决定把现在的小农贸市场改建成高层商业住宅楼，把住宅楼赚来的钱用于兴建教学大楼。现在大楼设计已经完成，进入预售阶段，每户必须先预付人民币10万元。

2013年8月31日

清真寺管委会请来"一千零一夜"小区的设计师等相关人员，在上午10点进行讲解，展示户型模型，总共32层，每层有三个户型，六套，3200元一平方米，每上一层一平方米加20元。

2013年9月1日

这日开始交首付了，每套交10万元，以交钱先后为认房顺序。

2013年9月2日

上午，在纳家营清真寺大殿一层举行了"纳家营伊斯兰文化学院2013年秋季开学典礼"。纳家营清真寺纳跃义教长，马恒慈、马自猛等管事参加了开学典礼并进行了讲话。

2013年9月3日

今年做客送"人亲"，一般送50元。送亲或回门的多数能送到100元，当然也还有送30元的。

2013年9月4日

"今年纳家营不过圣节了"！消息传出，村民们有呢说要得了，省得劳民伤财呢，不过这个节，全村可以省下几百万元，纳家营按1500个家庭计，以平均每个家庭3000元的节日开支计算，共450万元。

2013年9月5日

早上9点，省宗教局在纳家营清真寺为我县新哈吉专门进行了培训。会议就有关朝觐期间物品存放和携带、人员安全等诸多问题进行了培训，同时对朝觐期间往返海关检查、吃住等突出问题进行了详细的指导。

2013年9月6日

星月路只要下雨，洪水、砂石就会满街冲，现在终于有行动了，在转盘上方砌起一堵挡砂石的挡墙，看起来会起点作用，否则星月路的居民是生活在深水和砂石中。

2013年9月7日

"一千零一夜"小区，报名时有180多家，现在交首付的只有50多家，看来有点难呢。

2013 年 9 月 8 日

我们这里得糖尿病人咋呢多，一位村民的母亲得了糖尿病多年，一不小心剪趾甲时伤了脚趾，化脓了，在昆明只好把脚锯到小腿处，伤口不会愈合，到山东疗伤好几个月，终于可以回家了，可惜的是又把伤的腿摔断了。唉！可怜的病人！

2013 年 9 月 9 日

在清真寺大殿一层召开了文化学院本地女生家长会。会议主要就如何在学院老师和家长的配合下更好地为我们的学生创造一个良好的学习环境进行了探讨，同时就存在的本地女生因订婚、结婚等的影响过早结束学业的问题进行了商讨。

2013 年 9 月 10 日

最近客事老实多了，有讨嫁的，更多的是请新哈吉吃饭的，馆子生意非常火爆。

2013 年 9 月 11 日

七组马忠孝归真，70 多岁，主要是糖尿病，已经躺床上几个月了。

2013 年 9 月 12 日

学校过教师节，为响应上级厉行节约的号召，县教育局通知：今年过教师节学校不能发贺礼和红包，所以，纳古小学的教师节就是开个会、吃顿饭了，学生放假一天。其实，过个节，一年到头的，发百十块钱也不过分。唉，当今的事情，说不清！

2013 年 9 月 13 日

清真寺举行建盖小区座谈会，主题是"小区预交首付" 推进，参加座谈会的有清真寺管委会、四长教、县政府土地局、镇领导和大众。

2013 年 9 月 14 日

今年纳家营不过圣节，清真寺文化学院的毕业生"穿衣"——毕业仪式只好合并送哈吉的一起搞了，今年共有88个穿衣，本地生有40多个，其中女生也是最多的一次。

2013 年 9 月 15 日

这日镇政府召开人大代表会议，主要商量全镇"成立村委会"的事情，代表当中也有不同的意见，意向是成立两个村委会，即古城一个，纳家营一个，但有的村民代表却提出不和某某组在一个村，要和某某组在一个村等意见。

2013 年 9 月 17 日

欢送哈吉，早上8点30分各家各户陆续发"邦克"，送新哈吉进清真寺，在清真寺吃过早饭，10点召开欢送会，11点出发，下午5点30分的飞机，两个小时后，在成都加油。

2013 年 9 月 18 日

纳家营焊管协会在昆明东边郊区铁公鸡的钢材市场，接到昆明市整顿市场的文件通知，限期搬迁，9月20日断水、断电！唉！钢材行业又不景气，钢材市场8月才从三斗搬迁，铁公鸡也不算市区嘛，政府部门真的不管企业的死活啦！

2013 年 9 月 19 日

今日是中秋节，虽然回族地区不过节，但还是享受了放假一天的待遇。星期四、五、六放假，星期天上班。

2013 年 9 月 20 日

板多下拜讲经讲呢很好，但还是希望可以换个人讲讲，才比较新鲜，多锻炼几个人。

2013 年 9 月 21 日

原三组纳子坤，因为幼时父亲死亡，母亲带他嫁到江川，随了汉族，现已经年长，回归伊斯兰教，今天归真，按照回族的习俗安埋。

2013 年 9 月 22 日

做"逊乃"在回族地区有几百年的历史了，就是割去小男孩阴茎上过长的包皮，一般都是在男孩子五六岁时做的，每年在清真寺由民间专门做"逊乃"的人做，现在会做的老人也不在了，加上大家安全意识强了，送孩子到医院做，有时还会遭到医院拒绝，做"逊乃"成了一个难题。

2013 年 9 月 23 日

免费做"逊乃"割礼报名开始了，本活动全程免费、安全、放心！医生会安排手术时间通知你。第一批可以到玉溪第一人民医院外科免费做，以后有了条件可以定期在清真寺免费做！

2013 年 9 月 24 日

这几日糯玉米快要了尾啦，中秋节前卖 2 块一斤，这阵是 2.5 元，磨了做粑粑的人家很多，都说难得吃了，要到明年了。

2013 年 9 月 25 日

一组老三娘（纳光伦的母亲），89 岁，这日早上归真，昨日还出克玩，这日早上还吃东西，不大一会儿就说"难了"，① 很快也就归真了。

2013年9月26日

这日去做客的路上经过两个龙潭，十年前的水又清又满，十年后的今天，水干涸了，长满野草，以前在龙潭边洗衣、洗青菜的日子忘不了，那样的日子不会再现了，可惜了！

2013年9月27日

这届管事任期啊着满了，② 差不多又要换管事了，还希望负责小海公园建设的继续负责。小海公园老实整呢板扎！③ 很不容易。是否还给他们继续干一届的时间呢？

2013年9月28日

纳古连铸公司带钢生产计划在董事长的率领下，在众管理者辛勤努力下，今天终于顺利出产品了。

2013年9月29日

本周末没有休息，连续上班29日至30号，休息合并国庆节，国庆节放假从1号到7号，休7日。

2013年10月1日

昨日下午，纳家营清真寺管委会成员、纳家营清真寺四掌教成员、纳家营文化学院领导专程去看望了连铸公司马跃升董事长并参观了公司新的带钢生产线。大家在连铸公司与马跃升董事长进行了深入交谈，并

---

① "难了"，当地方言，即"感觉身体不舒服""感觉心里难受"的意思。
② "啊着满啦"，当地方言，"快要到期啦"的意思。
③ "板扎"，云南本地方言，"非常好""非常棒"的意思。

就当前钢铁产业所面临的主要问题进行了探讨。马董事长对大家的看望深表感谢，并表示连铸公司在钢铁产业面临如此困境之下还能坚持生产并斥资近亿元上带钢项目，全依靠所有股东、董事和全厂职工对自己工作不懈的支持。马董事长也对纳古钢铁产业如何渡过难关提出了自己的看法："在此严峻考验面前，纳古人民一定要团结，只有团结了才能战胜一切，而这也是连铸公司有今天成就的最主要原因！"同时，马跃升董事长也明确表示在做好钢铁产业的同时，将会一如既往地为教门和教育的发展作出自己的贡献。

2013 年 10 月 2 日

纳家营请客不再把牛菜片带回家的做法，破坏的是纳家营几百年固有的民族传统和民风民俗。现在有些人自认为生活好了，先富起来了，小康了，就看不起几片小小的牛菜片了，可在人民群众心里，4片牛菜片不单单是一种物质上的享受，更是一种心灵上的寄托，一种对本民族文化的归属感。改革之后去做客，一两次没有带走呢牛菜片感觉新鲜，但是之后每次去做客后就总感觉心里少了点什么，总是不合适！像这种有民族烙印的东西和传统，改革有待商榷！可以把小炒换成一个绿色的蔬菜，不是更健康、更节俭？

2013 年 10 月 3 日

今年不做圣节了！很多人反映，要求管委会协商在今年国庆期间组织举办一场篮球友谊赛，这样国庆期间大家也有个休闲的地方，同时也能搞活本村的体育运动。

2013 年 10 月 6 日

今日早上大升公司高炉转炉的股东们聚在厂里，请师傅发"邦克"，大家参观新上的项目，在厂里吃自助餐，之后召开转炉股东大会。马跃升董事长的讲话非常鼓舞人心，虽然今年没有找到钱，但是行业不景气，不亏本就好了，去年没分红，留下来投资，现在投入了7200万元，现在只差1000多万元，增加了一台转炉，又上了一套带钢机，高炉厂赚了几千万元，今年要分红的。两个厂给大家带来的都是好消息。

2013年10月9日

玉溪市常委方志鸣、市县关工委领导到纳古小学调研外来务工子女在纳古及残疾小学生在校情况，镇党委书记张兴友作汇报，马灿敏补充，最后方常委讲话，表态给5万元专项资金，用于支持贫困残疾学生家庭及孩子。

2013年10月10日

学校开展阿语课的教学，幼儿班每天一节，孩子们学到了一些口语。

2013年10月17日

国家五部委领导到纳家营调研文化学院的办学情况。

2013年10月18日

我校被评定为"玉溪市德育工作示范学校"，通海县德育工作现场会在纳古小学举行，教育局领导、全县各中小学德育工作者共100多人参加活动。

2013年10月19日

昨日原管委会一两个主任又提出纳家营的圣节不过不好，今早在清真寺商量，县、镇政府领导分别做稳定工作。

2013年10月21日

一年一度的小学教学大奖赛又开始了,语文学科的赛点在我校已经好几年了,今年增加了参赛教师的才艺展示,一共15节课,我校解丽芝、吕香琼参赛。

2013年10月22日

超市卖清真鸡肉肠,其实是生产猪肉的企业来做清真产品,回族吃不得,大师傅也说不能吃,网上也有说不能吃的文章。

2013年10月23日

哈吉们今天在吉达上飞机,明天凌晨可以到达昆明机场。

2013年10月25日

哈吉回家了,清真寺规定的不给亲友发送礼物,但还是每家都要发,多数是礼拜毯、盖头、白帽、枣子、仙水,也有买床上用品送亲友的。唉!难操心了!

2013年10月27日

据反映,小学校门口小卖部出现一种"魔爽烟"的食品,孩子像吸毒一样用鼻子吸食,学校领导非常重视,组织人员到现场调查,有4家商铺在卖,教育商家停止销售。在学校晨会上进行教育,禁止学生买这种东西。

2013年10月28日

纳古小学给家长的温馨提示:近段时间以来,社会上出现了一种叫"魔爽烟"的食品,有些孩子像吸毒一样用鼻子吸食。现在学校门口也在卖这样的食品,希望食品卫生主管部门介入调查,并提醒家长和学校注意孩子的食品安全。先不说卫生问题，采用吸烟和吸毒的方式来吸食这种果粉，本身就存在严重的不良导向作用。而且该食品最近在学生中很流行，5毛钱一包，有各种口味，同学们一般都是通过吸管吸粉，然后呼气产生烟雾，与大人吸烟的动作非常相似。相关专家表示，粉状物食品与唾液溶解后发生化学反应，会刺激呼吸道和食道，长期食用这种零食可能会引起呼吸道和食道疾病，更不能用鼻腔进食。省教育厅已经迅速作出反应，通知各级教育行政部门要联合工商、公安、质监、卫生、食药监等部门开展以"魔爽烟"果粉为主要内容的校园周边食品安全清理整治。目前，教育厅已经第一时间协调工商部门进行地毯式排查，将发现商户销售的"魔爽烟"进行暂时封存，抽取部分样品送往质检部门进行检验。希望各位家长教育孩子不要买这种食品，以免对孩子的身心健康造成不良影响！

2013年10月29日

请客的家数多了，帮忙人员也累，大家都爱惜自己的手，很多人都喜欢戴一副橡胶手套，建议是要戴就戴好的，正规有包装的全新的，这样才卫生。

2013年10月30日

一年一度的教学大奖赛正在进行中，纳古小学接待语文组竞赛活动。我校教师李香琼获得语文一等奖；毕光灿获得数学一等奖；解丽芝获得语文二等奖；张琴获得数学二等奖；李香琼将代表通海县参加市级语文比赛，马明香将代表通海县参加市级英语比赛。

2013年11月1日

县教育局到小学进行一年一度的目标管理考核，通过听汇报、查资料、实地查看、反馈检查情况，认为学校各项工作做得很好，可以保持一等奖的好成绩。

2013 年 11 月 2 日
学校又在加班，准备晋升省级文明单位的材料。

2013 年 11 月 3 日
纳家营文化学院全体教师走访了沙甸大清真寺和沙甸新伊斯兰学院，受到了沙甸管委会人员和沙甸伊斯兰学院全体老师的热烈欢迎，双方就现阶段办学过程中存在的共性问题进行了探讨。双方表示今后要进一步加强学院之间教师培训、教学活动等方面的交流，共同探寻一条既能培养人才又能让学生在以后的社会中有一技之长的办学之路。

2013 年 11 月 4 日
学校接到县教育局带来县信访局的通知，有一位家长打玉溪市市长热线举报学校存在乱收费现象，经学校自查发现，由年级统一收取的违规费用有：教辅费 23 元、作业本费 10 元、寒假作业 10 元，学校立即责令退款，并且做家访道歉。

2013 年 11 月 5 日
早上，县级及镇分管教育的副镇长等人到学校门口查"魔爽烟"的贩卖情况。

2013 年 11 月 6 日
五组纳维春的母亲 70 岁，今天归真。

2013 年 11 月 7 日
合跃金代表云南省到南京参加全国语文教师素养大赛，学校 7 人陪同前往。希望能获得好成绩。

2013年11月8日

群众对"魔爽烟"的呼声：养成不良习惯，影响青少年身体健康，危害明显；5角钱一包，商家又有多少利可图？害人不利己；应该坚决抵制！许多群众认为，警告一下学校门口卖的商家，如果认得是哪家卖这种东西，就克砸他的店。

2013年11月26日

凌晨，一个七八岁大的小男孩徘徊在通海县纳古镇街头，冻得瑟瑟发抖，眼神中满是焦虑。路过的好心村民李孝慈上前询问情况，小男孩却什么也不愿意说。难道是被父母赶出了家门，还是干了坏事不敢回家？冬天的夜晚异常寒冷，为了孩子的安全，李孝慈赶紧掏出手机拨打了纳古派出所的值班电话。

民警很快赶到，将小男孩接到派出所。小男孩名为兴语，是纳古中心学校二年级（2）班的学生，暂住四街镇大营村。母亲几年前离家出走，留下他和姐姐与父亲相依为命。父亲在里山工业园区一家工厂上班，姐姐在通海三中上初一，为了照顾弟弟，没有住校。11月25日晚，因父亲出门去上夜班，家里只剩他和姐姐两个孩子。从大营到纳古小学要走三四公里的路程，他担心第二天早上睡过头上学迟到。思来想去，小男孩用塑料袋装好书本，晚上10点多就出门，一直步行到纳古，打算就这样一直等到天亮学校开门。据小兴语说，他在外面待了4个小时，街上一个人也没有，又怕又冷，只能在路灯下来回走动取暖。走到蓓蕾幼儿园时遇到了正好路过的李孝慈。

2013年11月27日

欢迎海鸥到纳家营小海公园来，观赏群众自带面包喂海鸥，人鸟和谐共处，无限欢乐！

2013 年 11 月 28 日
通海县公安局将纳古派出所民警写的简讯上交给《春城晚报》，当天该报登出题为《纳古小学6岁男孩买不起闹钟 怕迟到深夜摸黑上学》的文章。第二天各大网站都把该文章做了链接，纳古小学迅速成为大家关注的焦点。

2013 年 11 月 29 日
上午，县委宣传部、公安局、教育局、民政局、镇政府等单位到学校研究如何面对此事，大家一致认为事情的本质是：因家庭不和，母亲离家出走，父亲上夜班，姐姐也还小，无人照顾而导致小兴语半夜去读书的事情。现在要还原事情真相，引导媒体向积极方面发展，媒体对学校和镇政府的采访由外宣办安排，各地热心人士的捐赠由县民政局负责，对该家庭给予一定慰问安抚，但不能作秀。下午3家媒体对学校、孩子进行采访，想采访家长，家长一直关机，没有采访。

2013 年 12 月 1 日
云南六台民生关注播放"小兴语"事件后到学校跟踪采访。

2013 年 12 月 4 日
中央二台播放"小兴语"事件后采访。

2013 年 12 月 5 日
某企业今天一个工人在工厂上班时，意外死亡，听说是二街村村民。

2013年12月6日

今日忠爱房地产建筑工地上一个工人从高空坠落，当场死亡，听说是自杀。

2013年12月7日

安全事故又一次发生，高炉厂一个工人在夜班快结束时被机器带伤，送医院治疗无效，死亡。死者是五组村民的丈夫，孩子两岁，木单子了。①

2013年12月14日

今日下雪了，孩子们异常兴奋，跑出去玩雪。

2013年12月15日

昨天夜里又下雪，有积雪，今天上午继续下雪。学校里，课间孩子们都跑出去看雪。

2013年12月16日

大雪过后，气温非常低，达到零下三四摄氏度，是这几年较冷的日子。

2013年12月17日

下白头霜了，多年不见的冰凌又出现了，树木普遍被冻伤。

2013年12月18日

这几日青老白菜老实好吃了，煮呢老实烂，挨霜扎伤了。

---

① 木单子了：当地方言，"可怜了"的意思。

2013年12月19日

今年牛干巴的价格与去年差不多，一斤37块，新鲜牛菜33块一斤，熟牛菜60元一斤。

2013年12月20日

卖牛菜的商家说，今年因为企业生意不好，直接影响到卖牛菜的生意，买的人没有以前多。

纳文群日志
2014年

2014年1月3日

"小兴语"事件后,全国爱心人士为张兴毅等外来务工子女捐赠学习用品、衣物等3000多件,钱款12900元。纳古小学今天举行爱心捐赠大会,邀请部分纳古企业为外来务工子女捐款,10多家企业捐款8万多元,学校197个困难小学、幼儿孩子得到财物帮助。

2014年1月5日

七组纳顺伟的女儿结婚,请客。

2014年1月6日

在纳家营管委会的召集下,纳家营、古城、下回村三村管委会成员及部分教众,以及纳古镇政府人员一行共30余人赴七街村,重温"咸同滇变"中河西东乡36营"回汉互保"的历史。

当大家到达七街村时,七街村村委会主任、县民族宗教局纳锦斋局长及工作人员早已在广场等候,我方一行受到了热烈的欢迎。纳家营管委会向七街村赠送了"患难与共"牌匾与慰问金,七街村向我方赠送了一只山羊。

随后,双方(纳家营、古城、下回村一方和七街村一方)在七街村村委会进行了座谈,重温了"咸同滇变"中回汉互保的有关历史,县民宗局对纳家营和七街村回汉之间互相尊重、共谋发展的和谐局面给予了肯定。

最后,会上纳家瑞等知名人士做了讲话,双方都表示今后将加强交流,将"回汉互保"这种友情延续下去,为共同发展营造良好的社会环境。

2014年1月7日

五组金沙的父亲归真,77岁,心脏病,病倒半年。

2014 年 1 月 8 日

七组跃仁的母亲归真，70 岁，心脏病，头日晚上还礼虎夫坦拜，之后说心疼，昨日下午落气。

2014 年 1 月 9 日

工字钢厂还算好，钢材市场萧条，大家都非常难做，今年还分了 12% 的红利。

2014 年 2 月 1 日

有红嘴鸥的光临，说明纳古的环境好了，据说通海杞麓湖只有纳古来了红嘴鸥，倡议大家要讲卫生，爱护环境，保护小海公园的"客人"。

2014 年 2 月 2 日

过年期间，通海人、江川人、华宁人、玉溪人……纷纷到纳家营观赏红嘴鸥，来的人很多，可以说人山人海，浮桥都下沉约 1 米了。

2014 年 2 月 3 日

红嘴鸥的到来，给大家带来了商机，海边迅速摆起了小摊，卫生状况也不乐观！

2014 年 2 月 4 日

过年了，厂家放假了，连铸公司建厂以来一直没有放过假，今年市场不景气，连铸公司也放假了，咋整个？

2014 年 2 月 8 日

纳家营清真寺篮球运动会今天开幕了，本届篮球运动会自 2 月 8 日开始，2 月 14 日结束，历时 7 天。

2014 年 2 月 9 日

来自纳古及周边村镇的 17 支球队百余名运动员参加了比赛，比赛采用分组循环制，每天近 8 场比赛，吸引了无数篮球爱好者。

2014 年 2 月 10 日

老中学教学楼竣工于 1990 年，2007 年中学与县三中合并后，归学前班使用，改为幼儿园后不能满足需要，现拆除，准备重建，但是立不上项。

2014 年 2 月 11 日

通海县暴发禽流感，市场上不准出售鸡、鸭、鹅和鸡蛋。

2014 年 2 月 14 日

纳家营清真寺篮球运动会胜利闭幕，经过多场激烈的比赛，最后纳古联队摘下本次运动会冠军。大家充分发挥"友谊第一、比赛第二"的竞技精神，顽强拼搏，奋力争先，赛出了风格，打出了水平，强健了体魄，促进了交流、增进了友谊，同时丰富了节日文化生活。篮球赛结束，全村在清真寺聚餐。

2014 年 2 月 20 日

在大家的极力建议和号召下，由纳古志愿者牵头，将到小海公园打扫卫生。23 日早上 9 点在清真寺门口集合（也可自行前往），请大家自己带上工具，包括尼艾台、火钳、捞兜、铲铲、箔帚，下水的小船、轮胎……反正能想到的，有利于打扫卫生的东西都带上。

2014 年 2 月 21 日

红嘴鸥一直受欢迎！仍在小海公园"做客"，但是禽流感也可能在红嘴鸥上传播，镇政府宣传不近距离接触红嘴鸥，它们将没有了食物，肚子挨饿。

2014年2月22日

学校领导收假，做开学前准备。

2014年2月23日

学校33个领导、教师到通海一中参加县教育局组织的校长论坛，心理学教授李辉主讲。

2014年2月24日

全体教师开学，马灿敏做开学动员讲话，长达3小时。

2014年2月25日

德育处搞师训，邀请县教科所罗树伟所长为老师们讲座，专题还是心理健康教育方面的。

2014年2月26日

上午，纳古镇召开违法违规用地专项整治动员会，镇党政班子成员、各中心站所负责人和各村民小组支书、组长、副组长共30余人参加了动员会。

会议介绍了此次开展专项整治行动的背景、我镇违法违规用地现象的历史由来、现状和土地违法的追责情形，通报了近3年我镇违法违规用地情况。

会议要求，全体党员干部要高度重视，充分认识此次专项整治工作的重大意义，坚定立场，把此次专项整治工作作为近期的一项重要工作。按照各自职责抓落实，深入违法场地，做好宣传动员工作，针对不同类型的违法用地，采取不同的措施，对于专项整治工作落实不力、推诿扯皮、干扰阻挠、隐瞒谎报的单位和个人，依照有关规定实施问责。

2014年2月27日
教导处组织教师培训，播放参加全国教学竞赛老师的才艺展示录像。

2014年2月28日
党支部组织全体教师培训，做党的群众路线教育实践活动动员；邀请县委党校高级讲师孔祥云主讲十八届三中全会精神。

2014年3月1日
新教学楼开始使用，幼儿园暂用一、二楼，四年级用三楼，四、五楼还没有装修。

2014年3月2日
某公司这样就被抢完了？老总真不负责任，带头强占、抢烧东西的人，真不厚道！别人的钱不是钱吗？！小股东们可怜了，一样呢抓捞不着！

2014年3月3日
今日小学生正式开学上课，外地生转出50多个。

2014年3月4日
"3·1"案件后，卖刀铺面关门歇业。

2014年3月6日
放学后，纳古中心小学的女老师们，把学生送出校门，包着冷饭，排着队，到小海公园过"三八"节，大家在一起聊聊天，照照相，吃吃冷饭，嘿嘿，还可以！

2014年3月7日

马老表米线，是出门少不了的饮食选择，现在已经可以网购了。

2014年3月8日

"三八"节到了，部分妇女相约外出旅游。

2014年3月10日

农村人也会网购，快递公司纳古分理点出现七八家，到纳古的小件加4块钱。

2014年3月11日

某公司完了，地归还古城清真寺，设备已经抢完，听说水管都被敲烂。曾经的"董事长和董事"难道就一点儿责任都不负吗？

2014年3月13日

因为禽流感，有客事的人家不能买鸡，大家就吃鱼吧！

2014年3月14日

安装"四季沐歌"电加热太阳能热水器，24管，一吨容量的水桶，总计5700元一台，也够贵的，一个科级公务员每月工资只不过3800元。

2014年3月16日

禽流感！疫情在加重，离我们这地一两公里的右所营发现两万只鸡得病，已经处理！

2014 年 3 月 17 日

因为禽流感的关系,纳家营菜市场也不得卖鸡、鸭、鹅和蛋类。

2014 年 3 月 18 日

小海公园的"客人"——红嘴鸥飞走了,希望明年它们还来!

2014 年 3 月 19 日

高炉分红了! 25% 的红利,在钢铁行业非常不景气的年头,高炉以马跃升为首的管理者还给大小股东带来好消息,真是不容易!

2014 年 3 月 20 日

纳家营版手抄本《古兰经》将重印,此版本口碑极好,经多位具深厚伊斯兰学识人士修正,且是手抄版,很多人家都已经收藏,许多成年班的学员也在使用。需要的报名,已经报得 300 来部,报足 500 部可以印刷。

2014 年 3 月 21 日

春雷响起,春雨下起,好兆头,看来今年怕会风调雨顺了。

2014 年 3 月 22 日

镇政府组织全体干部职工和各村民小组开展了爱国卫生集中大扫除,这次活动共有 200 余人参加。村民小组管辖区各组党员打扫,大家带着工具,清理垃圾杂物和卫生死角,并对辖区内的垃圾塘进行石灰消毒,以防传染疾病的传播。

2014 年 3 月 23 日

因为卖刀的铺子已经停业 20 来天,做刀的师傅也停业、失业了。

2014年3月26日

几场春雨过后,疫情也许会缓解一些,下雨真好啊!

2014年3月27日

又开始出现羊瘟了,政府职工走家串户做登记,要求不放养、打疫苗。

2014年3月28日

菜市场上没有人卖羊肉了,老百姓也不敢吃羊肉了,鸡也不能吃,蛋也不放心吃,现在羊肉也不能吃了。

2014年3月29日

高炉分的25%的红利,分两期到账,现在到账15%,虽然比例低些,但是有几百家股民还是欢喜的。

2014年4月1日

最近村子里的自来水老是停水,很多人家都装上助力泵,有的人家因为没有水池,洗脸的水都没有了!

2014年4月2日

整个纳家营自来水供应上万人的用水井共有3口,1995年纳兰廷资助,勘探、打井两口,深分别是200米、252米;随着用水量增大,3年前又由镇上打了一口400米的深井,现在还是不够用,听说每天能抽到的水是很有限的。

2014年4月3日

私人打深井已经深达400多米了,两口,大家都在问"我们的水都哪儿去了"?被私人卖了!

2014 年 4 月 4 日

晚上，纳家营伊斯兰文化学院迎来了云南大学马雪峰博士等一行共9人的交流团队。团队成员有云南大学马雪峰与张美川博士、云南农业大学赵卫东老师、云南社会科学院马超老师、昆明学院虎利平老师、云南开放大学马丹丹老师、昆明民德中学马贤荣和马贤老师等，给我学院教育教学的发展建言献策。

2014 年 4 月 5 日

早上，9位老师分成了6个组，分别听了学院一、二、三年级、男女校共6个班级的课堂授课。马雪峰博士在纳古小学多功能教室为全院师生作了"科学：理论还是真理？"的讲座，并与师生进行了互动。下午交流团成员分成4个小组与学院领导、教研室负责人、部分科目教师、学生代表进行了座谈，对教务管理、学生管理、师资管理、教学教研等各方面进行了详细了解。

2014 年 4 月 6 日

早上，在学院四楼会议室召开了学院教师大会，9位老师在听课、座谈、问卷调查、走访的基础上对我校存在的问题以及未来的发展给出了具有建设性的意见。

2014 年 4 月 7 日

菜市场上的羊肉和鸡都不能吃，大家担心牛也得病，储存牛肉成风气。

2014 年 4 月 8 日

大家的观念还是转变了，吃的东西还是不能图便宜，宁可少买点，便宜没有好货嘛！

2014 年 4 月 9 日

纳家营"伊香"榨油坊开业了，在小菜市场对面，现榨现卖，让大宗们吃到纯正的菜籽油，放心，清真，远离地沟油。

2014 年 4 月 18 日

听说一组一个养羊户的羊死亡十几只，羊瘟有点严重。

2014 年 4 月 19 日

纳古小学党支部接到县教育局"党的群众路线教育实践活动"办公室通知，说中央督导组将到通海督导，可能还会到我校检查工作。

2014 年 4 月 20 日

因为经常断水，有的人家则把多年以前就封存不用的水井重新开封使用！有的人家挖了新井。

2014 年 4 月 21 日

纳古小学举行为期两周的教师语文、数学、品德、班会教学竞赛，推选参加县级竞赛人员。

2014 年 4 月 24 日

大树村小学生划船进杞麓湖玩耍，死亡 6 人，我校安全教育管理责任重大，引以为戒。

2014 年 4 月 25 日

1 个月过去了，没下过一场雨，干旱又在持续。

2014年5月16日

近来听好些在三中读书的孩子们说,他们的伙食是越来越贵、越来越差了!

2014年5月17日

还听说三中教学质量越来越差了,怎么搞的?20世纪80、90年代三中办得红红火火,纳古也出了不少的人才,如今真是王小二过年——一年不如一年了,考取玉溪一中的也没有了。

2014年5月18日

纳古中心小学现有59个教学班,其中小学47个班、幼儿12个班,在校学生2866人,其中外来务工子女1842人、本镇生1024人,外来务工子女占学生总数的64.3%。

2014年5月19日

学校有这么一大群随父母来纳古打工的孩子,他们住得较远,部分家长中午要给孩子送饭,更多的家长整天忙于生计,没有时间来照管他们,甚至有的父母一上班就是一整天,这些孩子成了"半留守儿童"。他们的中午饭都是在学校门口随便买点小食品、米线等应付一下,长此以往,容易造成营养不良。在征求意见中,家长提得较多的就是希望学校为孩子们提供午饭,让家长安心工作。为了更好地践行党的群众路线教育实践活动,为家长解难心,保障学生身心健康,学校领导认为这是民心工程,应该积极整改。在校领导多方筹措下,280多个留守儿童从5月19日起可以到学校教师食堂与教师们同吃中餐,每人每餐收取5元餐费。

2014 年 5 月 26 日

今日星期一学校本应该开晨会，因恐怖活动频繁发生，上级通知取消一切大型活动，因而我校晨会取消。

2014 年 5 月 29 日

加强学校门口安全管理，学校新买了防备器械，值周教师每人手中都要一件，派出所也派出警力，协助管理。

2014 年 5 月 30 日

今年的儿童节不能集中庆祝，学校布置各个班在教室庆祝，一天的时间，的确有些难熬。

2014 年 6 月 1 日

鉴于最近全国恐怖活动的威胁，上级通知不准举行大规模的集会，儿童节只好各班在教室活动，又要求不上课，为难老师了，一天的时间难于打发。

2014 年 6 月 2 日

监委会的负责人纳为民等请镇人大主席帮忙起草清真寺管委会选举办法。

2014 年 6 月 3 日

群众心声：清真寺是不是可以有女管事？女寺都是一直由男管事管。

2014 年 6 月 4 日

我们纳古小学到兴蒙小学，组织我校教师献课两节，并做交流。

2014年6月5日

七组宗跃的母亲归真，70多岁，已经卧床不起一年多。

2014年6月6日

《玉溪日报》到学校采访关于280多个随父母来纳古打工的孩子在学校教师食堂与教师们同吃中午饭一事，以"'小食堂'解决'大问题'"为题做了报道，赞扬了学校在党的群众路线教育实践活动中服务学生，为家长解决实际困难的做法。

2014年6月8日

群众心声：希望竞选的人有个演说，任职期间要做些什么，怎么做，达到的目标。到期的应该有个总结，做到了什么，什么没有做到。哪些下一届应该继续，哪些可以放弃。要有连贯性，不要这届上来推翻上届的，重复建设，浪费资源。

2014年6月9日

早上9点多，清真寺监委会主持召开了下一届管委会选举协商会。有监委会的领导及成员、两位长教、学院领导、几位群众等参加会议协商了选举事项。纳家营清真女寺的管理也在会上提出了讨论，大家一致同意选举出女穆斯林3～5人，成立女寺管理小组，在管委会的领导下，负责管理女寺事务。

2014年6月10日

幼儿小二班、中一班因每班有两例手足口病的幼儿，服从上级卫生部门的安排，停课一周。

2014年6月11日

兴蒙小学是我们纳古小学帮扶联系的学校，今天他们组织部分教师到纳古进行教研、听课。

2014年6月12日

县卫生局到学校检查卫生工作。

2014年6月13日

新哈吉到昆明体检。

2014年6月14日

这几日，各家各户"走节"、开经，客事较多，阿訇也很忙。

2014年6月15日

清真寺号召18岁以上爱国爱教的男女穆斯林教亲，为了我们的清真寺及教育教门发展稳定，大家应积极主动地站出来，为选举献计献才，争取选出有品德、有胆识、有智慧、有能力的管委会来。

2014年6月16日

纳古中心小学参加市级"聂耳杯英语口语大赛"，A组、B组特等奖、一等奖全部被我校夺下，辅导教师都是孔德雪老师，厉害了！

2014年6月17日

为让老人做礼拜方便，好心人在大殿里新增加了凳子！

2014年6月20日

六年级（4）班先后有3个外来务工子女辍学，学校高度重视，校长直接过问此事。

2014 年 6 月 21 日

朱源铝厂在厂里开经请客,宰羊 14 只,客人来自昆明、玉溪、通海等地,吃自助餐,大家很随意。

2014 年 6 月 22 日

21 日、22 日,纳古志愿者在纳古、河西两地为贫困家庭举行"爱心送大米"活动!

2014 年 6 月 23 日

今日早上,学校晨会为一年一度的"校园之星"颁发奖状和奖品。

2014 年 6 月 24 日

县委群众路线教育实践活动办公室,看到我校报送的为外来务工子女提供午餐的简讯"关爱留守儿童,共建和谐校园"后,觉得我校真正为家长解决难心事,来到我校专访,准备报送市活动办。

2014 年 6 月 25 日

各家各户都在打扫卫生,准备以清洁、干净的环境来迎接尊贵的斋月。

2014 年 6 月 26 日

今天早上 8 点 50 分左右,纳古发生了一起绑架案。纳家营清真寺监督委员会主任纳为民,被 4 个操普通话夹杂东北口音的大汉,用一辆昆明牌照的车和一辆通海出租车,公然到其公司绑走。经过通海公安、呈贡公安、相关部门的大力工作,以及各位亲朋好友的无私帮忙下,绑架的犯罪嫌疑人在呈贡收费站被公安人员全部抓获，被绑人今晚安全到家。

2014 年 6 月 27 日

各个村民小组推选出 25 人，4 个组共 100 人作为新一届的管委会候选人。

2014 年 6 月 29 日

中央九台"历史的拐点"栏目到纳家营拍摄，主要到清真寺拍摄中老年人学习《古兰经》、少儿学习阿拉伯语、大师傅纳跃义、伊玛目合儒立、纳家营全貌、农贸市场等镜头。

2014 年 6 月 30 日

学校党支部庆祝 93 周年建党节。

2014 年 7 月 1 日

今日，清真寺正式选举管委会 16 名成员，纳为明当选管委会主任（大管事），纳维恒、纳锦高、马子昌、合儒立当选副主任，合宝华当选监事会主任。

2014 年 7 月 2 日

四组纳美书，57 岁，因肝硬化引发并发症，腹水较多，住院治疗无效，中午有说有笑中归真。

2014 年 7 月 3 日

四组纳富廷，70 多岁，今天归真。

2014 年 7 月 4 日

2014 年连铸公司"爱心慰问"即将开始。为了让股东了解公司的资金流向,让资金快捷如实地落实到每一位长者和爱心户手中。公司在"纳古社区"公布 2014 年纳古镇慰问名单,请各位网友看到名单后,转告名单本人,如名单有误差请与公司相关负责人联系。

慰问情况如下:

	65 岁以上老人	爱心户	两项合计
一组	186	31	217
二组	39	16	55
三组	127	42	169
四组	143	42	185
五组	129	67	197
六组	68	21	89
七组	111	24	135
合计	803	243	1046

2014 年 7 月 10 日

七组马士香的父亲归真,79 岁,高血压多年,脑梗。

2014 年 7 月 16 日

今日沙目前,清真寺管事在广播里宣布了关于斋月期间婚庆行为的决议,规定如下:1. 男方配送给女方的糖果礼品价值只能在 2000 元以内,条件好的要考虑到别人的难处。2. 女方请男方吃开斋饭,不要再大操大办,仅请一请女婿就可以了。大开斋互请控制规模。

2014 年 7 月 24 日

今天是一年一度的"二十八"节,大家按照清真寺规定执行订婚女方不再宴请男方亲友吃饭，只请姑爷一人，男方不得买超过 2000 元的糖果送给女方。

2014 年 7 月 27 日

11 点多，广播里通知明天开斋了，本次"见月"是天文望远镜观测到的月相图？网络太虚拟，有些不敢轻信，我们既然身在纳古这个集体，肯定是追随各掌教定夺，但是又难释怀，不过通海县城和我们营的有些没有开斋。

2014 年 7 月 28 日

今日大开斋，清真寺禁止亲家之间互相大规模宴请，大家积极响应。

2014 年 8 月 6 日

我校党的群众路线教育实践活动领导班子专题民主生活会于今天上午召开，由党支部副书记纳文群主持，班子成员 6 人出席会议并作专题发言，系统党委教育实践活动指导组张姚波同志到会监督指导。会上，班子成员凭着对党、对事业、对班子、对同志、对自己高度负责的态度，聚焦"四风"问题，认真对照检查，以整风精神开展批评和自我批评。会上查摆了班子存在的问题和不足，分析了产生问题的原因，明确了整改措施。张姚波同志代表指导组进行了点评，给予很高的评价，提出了要求。民主生活会起到了交流思想、凝聚力量、增进团结的效果，达到了预期目标。

2014 年 8 月 7 日

近日，镇政府、清真寺管委会共同拟定的"纳古穆斯林公约——勤俭节约篇"，将在主麻上宣布并从第二天开始执行，大意如下：

纳古镇穆斯林公约——勤俭节约篇

通海县纳古镇，是一个多民族杂居的和谐小乡镇，其中穆斯林人口约占全镇的80%，是小镇的主要居住群体。

数百年来，纳古穆斯林传承了虔诚的信仰、淳朴的民风、优良的习俗、崇高的品德。特别是一些好的习俗，在我们一代代纳古穆斯林心中，留下了点点滴滴抹不去的美好记忆。但是，近些年来，随着生活水平的提高，大家不是多干善功来感赞安拉赐予我们的恩典，而是得意忘形，随波逐流，即使卖田卖地甚至债台高筑也不甘示弱，背后的辛酸苦衷只能自己品味！为了面子活着是多么的痛苦啊！

……

为响应国家"厉行勤俭节约、反对铺张浪费"的号召，经纳古镇三所清真寺掌教、管委会协商，并广泛听取了大宗的想法和意见后，特制定本公约，望全镇穆斯林相互监督、共同遵守！

一、禁止在筹办大小客事的头天晚上吃面条、米线、饵丝等宵夜。

二、孩子的订婚仪式，废除大玩玩、小玩玩。只能在当天晚上筹备一点宵夜，邀请男女双方的至亲和孩子们的小伙伴参加。

三、废除会亲。吃茶当天严禁请客吃饭，只允许晚上吃糯米饭或汤圆，严禁举行泼水等不良陋习。

四、结婚陪嫁物品中，严厉禁止陪嫁汽车；结婚照相一定按伊斯兰教风格摄照，且总费用不超过2000元。

五、结婚当天晚上禁止小伙伴们在新房内闹房，禁止具有破坏性的不文明闹新房行为。

六、结婚庆典，严禁女方回门后请新媳妇七日用餐；"祝米客"（孩子满月酬客），提倡按精简节约、不乱攀比、量体裁衣的原则进行操办。男方操办之后，女方不再请满月客。

七、临近盖德勒夜间的前后几天，亲家之间不再请吃开斋饭、封斋饭，只能请女婿一人。

八、临近盖德勒夜间，亲家之间，男方配送女方的糖果礼品价值不得超过2000元人民币，双方若能协商减免更为上善之举。

九、看望病人是穆斯林应尽的义务，病愈后，不要再为了馈谢看望者而酬客。

十、做圣节或私人请客，送盒饭只限于伤老病残者。

十一、有人归真后，亲朋请吃饭只限于亡者家属及外来客人。

十二、禁止丧事三日时大范围送油香，四日启经时请客只限于请吾师台开经，七日、四十日严禁再酬客。

十三、禁止特意邀请准哈吉就餐。

十四、禁止朝觐归来酬客，毕业生穿衣酬客。

十五、朝觐归来，亲朋之间不互赠礼品。

十六、禁止纳古镇内穆斯林过生日。

十七、严禁在订婚至结婚期间，无论在平时或节日亲家之间互赠手机、服装等礼物。

十八、以上规定，若有违规者每次罚款5000元并通报批评，寺掌教、管委会、监委会成员中违规者加倍处罚。屡劝不改者，以后举办婚事等大小事务寺掌教不再参与。

十九、以上规定望各位教亲共同遵循，共同监督与举报，如有违规者，由寺掌教、管委会、监委会执行处罚。

二十、举报电话：

1. 纳家营清真寺举报电话：18008××××××、 18987××××××、13987××××××。

2. 古城清真寺举报电话：0877—3××××××

3. 古城新寺举报电话：13577××××××

本公约自2014年8月9日生效执行。

2014年8月8日

今天主麻拜后纳古镇纳家营清真寺和古城清真寺在管委会和教长的号召下，大家为昭通鲁甸8.03级地震受灾区举行专项捐款。两个清真寺教长先后接受通海电视台记者采访，对灾区表达穆斯林大众的深深痛悼之情，通过镜头转达穆斯林对鲁甸的美好祈愿和祝福。在这吉庆的日子里，带着衷心的祝福，为灾区献上自己的一份力量，共同祝福在灾区逝去的、幸存的、支援的所有人，祈求真主愿主，鲁甸早日重振家园。

2014年8月9日

七组马恒骧的儿子马浩然与纳向辉的女儿纳静秋结婚，婚礼非常隆重，请客的大米用了1100多斤、牛肉1500多斤。宗教仪式由浩然的爷爷和纳子祥阿訇主持，至亲给新娘、新郎见面礼，浩然的阿公和五公给的礼物很贵重。很多亲朋好友前来祝贺，昆明等地的亲友也来了，浩然的三叔一家从广州赶来，四娘一家特意从沙特回来参加侄儿的婚礼。并且主动带头执行"纳古穆斯林公约第一条：禁止在筹办大小客事的头天晚上吃面条、米线、饵丝等宵夜。"

2014年8月10日

今天下午，纳向辉家为女儿纳静秋举办回门喜宴，请客300多桌。主动带头执行纳古穆斯林公约："禁止在筹办大小客事的头天晚上吃面条、米线、饵丝等宵夜；禁止在女儿出嫁接回门后再请'七日'吃饵丝"。

2014年8月11日

大家一致赞同公约，并积极拥护，认为这样做既省力又省钱，而且利于身体健康，因为客事太多，吃出许多病。

2014 年 8 月 12 日

通海几所清真寺捐赠的价值 70 余万元的救灾物资，于今天集中在纳家营清真寺，一共 16 车物资，一起出发开往鲁甸地震灾区，志愿者随行，实地慰问灾民。

2014 年 8 月 13 日

我校党的群众路线教育实践活动党员专题组织生活会于今天下午召开，由党支部副书记纳文群主持，32 名党员全部出席会议并作个人对照检查专题发言，组织党员进行互评，党员领导干部要带头剖析自己和评议他人。互评时，敢于触及矛盾和问题，避免不负责的评功摆好，大家讲真话、实话，提出了批评意见，真正做到"红红脸""出出汗"。党员互评后，采取民主测评的方法，组织党员以无记名方式填写《民主评议党员工作自评表》，对每位党员进行民主测评，并按"好""一般""差"和评分来进行评议，经过梳理 22 名党员被评为"好"，10 名党员被评为"一般"，并把每个党员的得分作为今年教师节评选优秀党员的依据。

2014 年 8 月 14 日

三组纳伟的儿子纳雪特与五组纳向成的女儿结婚。违反纳古穆斯林公约："禁止在筹办大小客事的头天晚上吃面条、米线、饵丝等宵夜。"被罚款 1 万元。

2014 年 8 月 15 日

今天下午，纳向成家为女儿举办回门喜宴，请客 300 多桌。

2014 年 8 月 16 日

通海穆斯林企业方圆公司 73 万元的水管于今日运往鲁甸，镇长纳立凡、人大主席马恒骧带领公司主要负责人一起前往鲁甸灾区。

2014 年 8 月 17 日

七组合利聪的儿子与三组纳绍昌的女儿结婚,结婚后新娘子继续上大学。

2014 年 8 月 19 日

纳家营小菜市场如何开发?有的认为清真寺盖钢架房,一层卖菜、二层商用,可以考虑立体停车场!也有的提议老百姓认购,自己划区自己搭建铺面!或是清真寺搭建大棚,仿大菜市场。三个意见在社区投票确定。

2014 年 8 月 20 日

今天早上三组纳绍昌家为女儿接回门。

2014 年 8 月 21 日

监委会副主任纳伟家,因违反了纳古穆斯林公约规定的第一条:"禁止在筹办大小客事的头天晚上吃面条、米线、饵丝等宵夜。"纳家营清真寺,四掌教及管委会找到了纳伟,经过多方努力,纳伟交了罚款1万元,他们家既没有带好头,又可以说为大众带了一个服从公约缴纳罚款的好头。

2014 年 8 月 28 日

七组纳顺生的父亲归真,78 岁,已经睡倒 20 天,患脑梗、肺大泡。

2014 年 8 月 29 日

纳古七组纳孝鸿,外号"石林果",昨天还去送埋体,夜里突然在背部迅速长出巨大肿瘤,家人将其送到玉溪市人民医院。市医院医生称病情严重,市医院无能力医治,建议转院治疗。于是,当天其家人将其转入成都军区昆明市总医院（43医院）心胸外科。

2014年8月31日

在昆明的部分纳古志愿者，纳继昌、马旭涛、合儒诚、纳文琪等前往43医院探望纳孝鸿。医生也拿不准病情和病因如何，医治费用可能在40万~50万元。当天早上7点40分，43医院医生对病人进行了手术，手术一直进行到当天下午5点左右。经过手术，医生从病人身上摘下两个硕大的瘤。

2014年9月1日

"拆临拆违"工作在通海火热进行中，而纳古确实难做工作。

2014年9月2日

纳古志愿者协会提出倡议，发起"伸出援手，救助纳孝鸿"的活动，希望大家可以伸出援手，积极捐款帮助乡亲，七组纳光生等热心人积极参与到募捐活动中。

2014年9月3日

马跃香等7人的商务朝觐今天出发，费用不高，每人3万元左右。

2014年9月4日

从"纳古穆斯林公约——勤俭节约篇"公布后，大家都能遵守第三条：废除会亲。吃茶当天严禁请客吃饭，只允许晚上吃糯米饭或汤圆，严禁举行泼水等不良陋习。大家就在下午吃顿帮忙饭，晚上吃糯米饭或汤圆，省了约5万块钱，很好！

2014 年 9 月 6 日

中国朝觐总团今年一共 14000 多名中国哈吉到沙特做朝觐。

2014 年 9 月 7 日

今天下午 4 点，玉溪朝觐团纳家营哈吉在清真寺吃饭、开欢送会后前往昆明长水机场，乘坐凌晨 1 点的飞机，不在中途加油，约 9 个小时可以到达。

2014 年 9 月 8 日

玉溪朝觐团今早安全到达麦地那，在此地住 6 天后转往麦加。

2014 年 9 月 12 日

今天下午放学后 4 点钟，小学过教师节，举行校级表彰会，24 名教师受表彰，奖金 200 元。其他教师没有礼金，没有纪念品，从去年就这样了，就连 2012 年已经发过的礼金也要退回。

2014 年 9 月 13 日

纳孝鸿募捐活动已经捐到六七万元，现在病人还在救治中，病检也没有结果，医生说还没有见过这种病。

2014 年 9 月 14 日

县纪委发了一个关于公职人员带头、劝说亲属"拆临拆违"工作的通知，据说纳古完成拆除任务比较少，要加油！

2014 年 9 月 16 日

小学体育教师宗云峰代表通海县参加市级教学竞赛，荣获第一名，下周将代表玉溪市参加省级竞赛。

2014 年 9 月 17 日

一年一度的欢送大学生大会今早在镇政府举行，今年考取大学三本以上学历 25 人，考取重点高中 10 人，马云琼在三中以第一名成绩考取玉溪一中，受到表扬、奖励。家琨基金给予每一位考取的学生奖励。

下午镇政府举行教师节表彰会：三中 12 人，纳古中心小学 20 人，蓓蕾幼儿园 4 人。

2014 年 9 月 18 日

"拆临拆违"工作正在进行中，纳古镇分为 3 个组，分头做工作，难了！连十几年前就用的厂房、养鸡房等都在范围。

2014 年 9 月 19 日

纳古镇政府领导、清真寺教长、管委会负责人、村民小组负责人、纳古中心小学领导在政府集中，前往县三中与三中领导一起以"关注、发展、团结"为主题进行座谈会。

2014 年 9 月 20 日

三组纳恒鹏的儿子纳凯屯与峨山姑娘结婚，讨外地姑娘的人家一般是早上就待客，下午是正客，第二天就不待客了，这样安排也比较合理。

2014 年 9 月 22 日

纳雪梅被学校推举为校级后备干部，22-27 日到昆明云师大参加后备干部培训班学习。

2014 年 9 月 23 日

本周通海县举行小学教学竞赛，语文竞赛赛点在秀山二小，数学竞赛赛点在纳古中心小学，品德与生活竞赛赛点在杨广中心小学。

2014 年 9 月 24 日

小学语文教师纳维锐、胡雪梅，数学教师马海燕、施艳，品德教师岳爱，美术教师溥静参加县级教学竞赛。

2014 年 9 月 26 日

宗云峰代表玉溪市到保山参加省级体育教学竞赛，获得省级二等奖。

2014 年 9 月 27 日

小学语文教师纳维锐、胡雪梅双双荣获县级语文组一等奖；数学教师马海燕获得县级数学组一等奖，数学教师施艳、品德教师岳爱获二等奖，美术教师溥静参加县级教学竞赛获得县级一等奖。

2014 年 9 月 28 日

穆斯林护肤品牌"伊兰妮娅"已经入驻纳古，真正的清真护肤品，不含任何违禁成分，生产加工手法符合教法规定，真正用得放心，纯天然植物配方，是针对广大穆斯林美女不卸妆，也可安心做礼拜的护肤品。得到广州市伊斯兰教协会认证。

2014 年 9 月 30 日

三组纳爱华因患脑癌归真，56 岁。

2014 年 10 月 1 日

《纳家营》刊物编辑部召开会议，针对经费紧缺、稿件不足等问题商讨对策。

2014 年 10 月 2 日

副市长明正彬等领导到纳家营清真寺商谈阿文学校规范管理事项。

2014 年 10 月 3 日

镇政府、清真寺组织群众、干部、阿文学校学生打扫街道卫生,迎接古尔邦节。

2014 年 10 月 4 日

三组纳子安突发脑出血归真,67 岁。

2014 年 10 月 5 日

全体穆斯林欢度古尔邦节。

2014 年 10 月 6 日

古尔邦节,很多人家宰羊请客,主要吃羊肉冷片、清炖、烤全羊。

2014 年 10 月 7 日

今晚,景谷发生 6.6 级地震,我们这点儿稍有震感。

2014 年 10 月 8 日

目前地方收缴的卫生费,每人 20 元。

2014 年 10 月 9 日

今天,市委书记罗应光到通海县开展随机调研,并深入到古镇走访看望民族宗教界代表人士。

2014 年 10 月 10 日

20 世纪 70、80 年代露天电影放映员由上级给予一定经济补偿。

2014 年 10 月 12 日

钢铁行业生意不景气，废铁每吨 1950 元，钢坯每吨 2300 元，钢筋线材每吨 2800 元，老板们戏称钢铁不如白菜价。

2014 年 10 月 13 日

迎接 100 名多新哈吉回家。

2014 年 10 月 14 日

召开党的群众路线教育实践活动总结会。

2014 年 10 月 15 日

云南国际旅行社组织马来西亚游客约 180 人到纳家营清真寺参观，清真寺招待他们吃下午饭。

2014 年 10 月 16 日

中央电视十套"历史的拐点"栏目 7 个记者，到纳古拍摄"民族团结、经济发展"专题片，专访纳家瑞等社会知名人士。

2014 年 10 月 19 日

海鸥归来，原任大管事的马恒慈承头捐款修浮桥，打捞水草，为海鸥创造良好环境。

2014 年 10 月 20 日

县史志办主任段志伟到纳古与马恒骧商谈《纳古镇志》的撰写工作。

2014 年 10 月 21 日

县委领导派民族宗教局、住建局领导到纳古商讨"棚户区"改造事项。

2014年10月23日

近几日,阿文学校规范管理一事正在开展中。

2014年10月24日

县级领导分别到各个企业联系,今天人大副主任、工信局党委白书记到纳古鸿翔、日辉、热轧等企业进行调研。

2014年10月25日

省民委、省博物馆有关专家到纳古,指导"纳古回族文化博物馆"建管工作。

2014年10月28日

县领导到纳古召集清真寺管委会成员,对阿文学校规范管理一事进行再交流、沟通。

2014年10月29日

纳子升提供其父亲纳子厚先生80多年前撰写的《伊斯兰教与风俗》一文。

2014年11月1日

玉溪州城过圣节,纳家营人居多。

2014年11月3日

菜市场的特色食品还真多,仅咸菜就有几十个品种。

2014年11月4日

学校召开欢送会,欢送一直工作在纳古小学的纳文群教师退休。

2014 年 11 月 6 日
镇领导参加县级组织的普法大会。

2014 年 11 月 10 日
马恒骧为政府全体职工主讲"增强道德观念,做有道德之人"。

2014 年 11 月 12 日
按照一年一度的党风廉政建设要求,县纪委书记到纳古与党政班子成员集体谈话。

2014 年 11 月 15 日
古城过圣节,纳家营三四队的小媳妇们去帮忙"相帮"。

2014 年 11 月 21 日
修建文化站外墙,以《弟子规》等为内容,宣传中华优秀传统文化。

2014 年 11 月 24 日
清真寺阿訇讲卧尔兹,批评当前出现的不良习气。

2014 年 11 月 25 日
镇人大组织人大代表视察纳古镇街道管理、环境卫生、幼儿园建设等。

2014 年 11 月 26 日
县交通局下发江通公路小白坡收费站减半收费卡。

2014 年 11 月 27 日
七组马子能的母亲因心脏病归真,69 岁。

2014 年 11 月 28 日

清真寺挂圣节功德总计 160 多万元。

2014 年 11 月 29 日

文明村过圣纪节。

2014 年 11 月 30 日

甘肃临夏州 15 人到纳家营考察。

2014 年 12 月 1 日

纳古镇财政收入情况：2010 年 3723 万元；2011 年 3018 万元；2012 年 2569 万元；2013 年 2190 万元；2014 年 1437 万元。近 5 年一直处于经济下滑状态。

2014 年 12 月 2 日

镇政府正在为纳古四街两镇的民族团结工作努力，在筹备两个镇的民族团结座谈会。

2014 年 12 月 3 日

常务副县长柳洪到纳古征询财政体制改革意见。

2014 年 12 月 4 日

清真寺腌 1 万斤青菜，准备过圣节。

2014 年 12 月 5 日

纳古一组一村民，长期以来患有慢性肾功能衰竭、尿毒症等重大疾病，由于一直以来都没有合适的肾源进行移植，长期依靠透析维持生命。

11月24日，终于等来了合适的肾源，并在云大医院进行了肾移植手术。手术当天，纳古志愿者协会纳继昌、纳文琪等前往医院进行了探望，当时病人处于隔离观察区，未能与病人直接进行交流。

据悉，此次肾移植手术仅肾源就花费20余万元，这还不包括高昂的手术费。进行肾移植手术之后，病人后期需要服用大量药物，还需要一笔非常大的开销，仅术后注射用的针水费用每天就需要5000余元。马毕豪仅有新农合医疗保险，而手术费、后期医药费用等一切费用新农合可能仅报销极小的一部分，其他还需要病人自己及家人承担。

目前，病人肾移植手术的费用，其家人已经解决。但是，病人的家里再也承担不起昂贵的后续医药费用。

2014年12月6日
清真寺召集各界人士共19人开会，研究圣纪节期间"和谐纳古民族文化展览"一事。

2014年12月7日
三组纳学红的母亲归真，82岁。

2014年12月8日
市政协马副主席率有关部门领导到纳古调研经文学校办学情况。

2014年12月9日
因省城城市不断扩大，纳古企业在昆明的钢材市场多次搬迁，给企业带来较大损失。

2014年12月10日
县禁毒防艾办负责人到纳古开展讲座，搞宣传。

2014 年 12 月 11 日

七组合林孝父亲归真，89 岁。

2014 年 12 月 12 日

市文化局到纳古考核文化工作，参观清真寺和名人故居。

2014 年 12 月 13 日

清真寺在七组大场对圣纪节牛进行估价：共 58 头牛参与估价，水牛 25.2 元一斤，黄牛 28.4 元一斤，约需 3.5 万斤牛肉。

2014 年 12 月 14 日

进入冬春季节，森林防火工作又被提上议事日程。

2014 年 12 月 15 日

公务员公休假，20 年工龄者，可以享受 15 天休假。

2014 年 12 月 16 日

文化学院在中穆网纳古社区上发出帖子："教胞们，纳家营清真寺将于 2014 年 12 月 31 日、2015 年 1 月 1-2 日，举行盛大的圣纪节活动，在圣节期间，在管委会的主持下，将举办纳家营伊斯兰文化学院办学 20 周年庆祝活动和毕业生毕业仪式。为了借此次活动让外界对纳家营清真寺发展历程、学院办学历史有一个清晰的认识，我们将会制作相关的宣传材料。现向所有教胞征集有关纳家营清真寺、学院的相关图文资料，希望有相关资料者能踊跃提供，对一些相片类历史资料我们将会在活动后原物归还。"

2014年12月20日

市公安部门考核纳古派出所工作。

2014年12月22日

县委党校教师深入乡镇宣讲十八届四中全会精神。

2014年12月25日

镇人大主席马恒骧应云南大学邀请为民族学本科生、研究生分别讲课，讲授"纳古手工业发展史"。

2014年12月26日

镇人大主席马恒骧在昆明理工大学为建筑学本科生讲课——"纳古手工业发展史和刀具的工艺"。

2014年12月27日

纳荣文的母亲归真，89岁。

2014年12月30日

清真寺开始宰牛，计划宰58头，今天宰了30头。

2014年12月31日

圣纪节第一天，各地客人纷纷到来，几万人相聚纳家营。

中午，市委罗书记、夏副书记、饶市长等领导前来参加。对此，《玉溪日报》记者赵琳、曾永洪撰文报导："元旦前夕，市领导罗应光、饶南湖、夏立洪、吕昌会、马良昌等前往通海县纳古镇，看望圣纪节期间参加欢庆活动的穆斯林群众，向他们送去节日的问候和祝福。罗应光指出，民族团结是经济发展和社会进步的保证，各级、各部门和各族人民要倍加珍惜玉溪民族团结、稳定发展的大好局面，共同为开创玉溪改革发展新局面贡献力量。"

罗应光、饶南湖一行参观了清真寺以及正在举办的"和谐纳古——首届民族文化风情展"，并与正在欢度圣纪节的穆斯林群众亲切交谈。

罗应光说，"2014年，在中央和省委、省政府的正确领导下，市委、市政府团结带领全市各族干部群众克服困难、顽强拼搏，全市经济社会发展平稳，各项工作取得明显成效，这与全市广大干部群众的努力分不开，与各民族团结的良好局面分不开。新的一年，我们要倍加珍惜玉溪民族团结、稳定发展的大好局面，各民族和睦相处、和衷共济，共同团结奋斗、共同繁荣发展，为开创玉溪改革发展新局面贡献力量"。

"纳古镇是一个有着700多年历史的回族名镇，当地教育发达，文化底蕴深厚，人才辈出，民族团结，经济发展，社会和谐。在这次圣纪节期间，纳古镇按照建设和谐社会、实施文化建设的要求，举办了'和谐纳古——首届民族文化风情展'。'民族文化风情展'共设清真饮食、阿语角、民族服饰、民族书画工艺、本土文化五个板块，展现纳古镇在构建和谐社会过程中各方面所取得的成绩，表现纳古群众将继续与各族人民共同努力，为建设美丽玉溪作出积极贡献的决心和信心"。

纳文群日志
2015年

2015 年 1 月 1 日

圣纪节第二天，今天举行阿文学校学生毕业典礼——"穿衣仪式"，本地班级第十三届穿衣学生 16 人，学院第十七届穿衣学生 55 人。

2015 年 1 月 2 日

圣纪节第三天，今天帮忙的教亲终于有了闲暇时光，大家相约前来女寺参观"和谐纳古——首届民族文化风情展"，展览共分五个版块：乡土文化、民族书画工艺、阿语角、清真饮食、民族服饰。展览是节日期间一大亮点，各地来宾透过展览进一步了解纳家营。

2015 年 1 月 3 日

高大乡发现病鸡，以为又发生禽流感，县级、乡镇各部门紧张应对，到基层摸清各地情况。

2015 年 1 月 4 日

三组纳立超的儿子与合儒胜的女儿结婚，新娘刚满 18 岁。

2015 年 1 月 5 日

傍晚，三组一所老宅不慎失火，男女村民积极投入救火，人多力量大，又是白天，因而没有造成大的损失。

2015 年 1 月 6 日

合儒胜为女儿接回门请客。

2015 年 1 月 7 日

近年来，新婚旅行的去处多为国内，也有的去马尔代夫、韩国、泰国、毛里求斯等地。

2015年1月8日

在纳古小镇,有"云融"回味清真饺销售点,货真价实,味美料足,制作过程卫生、放心。活动价优惠多多,实惠多多。

2015年1月9日

晚上8点左右下雪了,雪花大片大片的,大人、小孩急忙跑到雪中感受雪的美景。

2015年1月10日

今天早上又下雪了,很多人家开车到后山看雪景、打雪仗、堆雪人,这对云南人来说是很难得的。

2015年1月11日

七组马俊聪为女儿接回门请客。

2015年1月12日

因为天气太冷,喂海鸥的人也不多,海鸥饿了,上千只海鸥跑到港湾茶餐厅门前,大家戏说:海鸥来做客了。

2015年1月13日

纳古中心小学2014—2015学年上学期PEP小学英语四年级期末试卷上传百度。

2015年1月14日

纳古镇人大主席马恒骧应云南大学和昆明理工大学邀请,先后到两个大学给学生讲课。

以《千锤百炼始成钢》为题给云南大学民族学本科生讲课,主要讲授了纳古手工业发展史。之后给云南大学民族学研究生讲课——《奋斗铸就辉煌史》，重点讲授"民族文化与手工业发展的关系"。次日，给昆明理工大学建筑学本科生以《名刀锋从磨砺出》为题讲课，主要讲授"手工业名牌产品——刀具的工艺及其相关知识"。

来自省内外和部分留学生共计170余人，在听完讲座后对纳古的手工业发展历史及其手工业产品工艺和民族文化非常感兴趣，纷纷发言、踊跃提问，师生互动，对云南回族名镇——纳古产生了良好的印象。

据悉，本项目是云南大学民族研究福特基金美联项目"传统知识与大学课堂互动"的其中一个部分。

2015年1月15日

纳古代表团在县人代会上提了4个议案，其中一个是请求上级重视湿地公园的基础设施建设；一个是制定保护海鸥的措施。

2015年1月16日

今日大师傅纳跃义倡议大家要关心爱护海鸥，天冷时多去送食物。

2015年1月17日

周末和晚上政府领导干部轮流值班。

2015年1月18日

在乡镇工作的公务员、事业单位人员，每人每月领取乡镇补贴500元。

2015年1月19日

三组纳锦标的女儿与一组马有礼的儿子结婚。

2015 年 1 月 20 日

纳古镇五届人大三次会议召开，人大主席马恒骧代表主席团作人大工作报告；镇长纳立凡代表政府作工作报告。

2015 年 1 月 21 日

三组纳锦标为女儿接回门请客。

2015 年 1 月 22 日

纳古镇请省级有关专家指导撰写纳古回族文化博物馆申报材料。

2015 年 1 月 23 日

镇政府送 4 袋麦面到湿地公园请港湾茶餐厅做成馒头喂海鸥。

2015 年 1 月 24 日

清真寺举办大学生寒假培训班，为期半个月，今天举行开班仪式，一共 300 多名学生参加。

2015 年 1 月 25 日

大学生分成 18 个组，与当地群众进行 1 个小时的交流。

2015 年 1 月 26 日

通海县社保局和纳古镇党委、政府举行企业退休人员春节年拜会，向全镇 30 余名企业退休人员送上了新春的祝福。

2015 年 1 月 27 日

县委考核组 4 人一行到纳古镇开展基层党建、招商引资等重点工作领导干部履职表现的考核。纳古镇班子成员、各中心站所负责人、各小组支书及组长等30余人参加了本次考核。考核主要采用听取汇报、考核测评、查阅台账、实地走访的方式进行，并落实招商引资工作资金到位的情况。

今天下午4点30分大学生分别到18家居民家中走访、座谈。

2015年1月28日

上午，纳古镇对各村民小组村组干部进行年终考核。镇班子成员、各中心站所负责人、各小组支书及组长等30余人参加了本次考核。考核中，发放测评表，对村组干部从道德建设、工作能力、工作态度和工作成绩四个方面进行考核。

七组纳绍安的儿子与纳俊从的女儿结婚，两个都是大学生。

2015年1月29日

党员、干部到海边清理垃圾。

2015年1月30日

七组纳俊从为女儿接回门请客。

2015年1月31日

纳古后山森林防火实行网格化管理，干部职工分片负责。

2015年2月1日

纳古镇组织召开了2014年村民小组党支部书记抓基层党建工作述职评议工作会。参加本次会议的有：县委组织部副科级组织员林维齐、镇党政班子成员、中心站所负责人、各村民小组党支部书记及组长、部分党员代表、人大代表、基层干部群众代表，共计40余人。

2015 年 2 月 3 日

近年的"人亲"多数在 100 元、50 元。

2015 年 2 月 4 日

上海小桃园清真寺白润生老师,是一个学者型的阿訇,在纳家营清真寺为大学生讲伊斯兰教的人生观,谈到我们要两世兼顾,不能极端,只追求后世。

2015 年 2 月 5 日

春节期间,纳古镇因其丰富的民族文化和美丽的自然风光,迎来了众多慕名而来的游客。为了做好春节期间到纳古的游客接待工作,纳古志愿者充分发挥青年的活力与热情,为游客提供接待咨询服务,此项工作也得到了镇党委、政府的大力支持。志愿者们在纳家营清真寺伊斯兰文化学院前设立了旅游接待点,为到访游客提供饮水、小吃、《纳家营》杂志、义务导游等服务,向游客们宣传介绍纳古。通过一系列的服务,使游客们充分体会到宾至如归的感觉,同时更好地展现了纳古的精神风貌,为纳古镇的伊斯兰文化和旅游业发展增添了一抹亮丽的色彩。

2015 年 2 月 6 日

大学生培训班请来讲课的学者、阿訇有上海的白润生、河南的李海洋、甘肃的张维真、玉溪的张维新、昭通的马玉田、纳家营文化学院的马国凡、杨振奎。

2015 年 2 月 7 日

为期半个月的大学生培训今天结束了。

2015 年 2 月 8 日

县统战部、民宗局、安监局、质检局、消防五部门联合对 3 所清真寺进行消防安全检查。

2015 年 2 月 9 日

晚上,纪委领导到纳古镇政府督查干部职工值班情况。

2015 年 2 月 10 日

政府赠送 25 个篮球给"海鸥杯"篮球队。

2015 年 2 月 11 日

县委领导对宗教界上层人士进行春节前走访慰问,每人发放 500 元慰问金。

2015 年 2 月 12 日

市、县统战部领导慰问宗教界人士马尔继。

2015 年 2 月 13 日

今天早上 10 点 20 分马有容归真,肺癌。享年 63 岁的马有容老师,1952 年 5 月 1 日生于云南玉溪大营村一回族经学世家,原籍是通海县纳古镇古城村,逝于昆明,安埋家乡。

2015 年 2 月 14 日

市、县侨联对 4 户侨属困难户进行春节慰问,每户 500 元慰问金。

2015 年 2 月 15 日

县政府领导对 4 户困难户进行春节慰问。

2015 年 2 月 16 日

镇政府职工开展消防演练活动。

2015 年 2 月 17 日

孟加拉组织 500 多万人的宗教文化交流大会，中国 200 多人参加，纳家营纳维恒等 4 人参加。

2015 年 2 月 18 日

今天是大年三十，回族不过年，趁放假机会，七组 50 来岁的"小伙伴"们，10 多对夫妻相约到后山野餐，吃洋芋焖饭。

2015 年 2 月 19 日

今天是大年初一，来自各地的旅客大约千人先后到小海公园，分批上浮桥观看海鸥。

2015 年 2 月 20 日

四组一位老人摔伤，子女带老人到四街李文安家就医，他家的骨科较有特色。

2015 年 2 月 21 日

春节纳古"海鸥杯"篮球赛，今天拉开序幕了。

2015 年 2 月 22 日

"海鸥杯"篮球赛共有 21 支球队参赛。

2015 年 2 月 23 日

通海火车站已经通车，不少人家到河口、昆明、大理游玩，方便快捷、安全。

2015年2月24日

还在春节假期，外出游玩的人家很多，村子里异常安静。

2015年2月25日

也有人家没出远门，到黄金海滩吃烧烤、凉米线。

2015年2月26日

春节期间，纳古镇迎来了许多慕名而来参观湿地风景、喂食海鸥的游客。为保证节日期间不因游客数量激增而造成安全隐患，纳古镇派出所民警及镇政府值班工作人员在景点处值守巡逻，并引导游客按次序依次喂食海鸥，保证了节日期间的安全秩序，也让游客有了一次愉快的旅行。

2015年2月27日

主麻主讲：希望大家多到各地清真寺走访，少与人家赛过年。

2015年2月28日

"海鸥杯"篮球赛今天闭幕了，冠军恒华物资、亚军队坦克队。

2015年3月1日

过去的一年，面对国内外经济形势下行和宏观调控带来的不利影响，全镇紧紧围绕"生态立镇、工业强镇、旅游兴镇、文化和镇"的发展战略，加强环境卫生综合整治，加强基础设施建设，转变发展方式，确保经济平稳健康发展。

2015 年 3 月 2 日

2014 年，全镇完成财政总收入 1437 万元，本级财政收入 542 万元，农民人均纯收入 15202 元，上缴税金 895 万元。与去年相比，虽然经济总量稍有上升，但收益有所下降，总体上保持经济平稳发展、社会和谐稳定。

2015 年 3 月 3 日

如今，纳古镇政府已经全面实现了以电子政务平台为依托的无纸化办公，改变了原有纸质办公带来的浪费、低效，并连接了与全市合并后的电子政务网。电子政务网经过全镇干部职工的一段使用期后，已经能够满足各部门之间的电子公文起草、收发、传输、邮件、信息报送等功能。电子政务网不仅用于各办公电脑之间，它还将全镇干部职工的手机连接起来，可以在手机上实现无纸化办公，并且有短信提醒功能，功能的全面性使得办公节能、高效。

2015 年 3 月 4 日

纳家营清真寺有两间铺面出租，地点：清真寺西大门北边教学楼一层，在网络上发布招租消息。

2015 年 3 月 6 日

县委张小良书记到纳古调研稳定与发展工作，建议纳古重做小城镇规划，费用由县上出。

在一年一度的"三八"国际劳动妇女节到来之际，纳古镇工会、纳古镇妇联积极组织全镇机关妇女干部职工参加健步登山活动。

2015 年 3 月 7 日

三组纳学宇在沙甸归真，30 来岁。

2015 年 3 月 8 日

县中医院到纳古镇卫生院免费为 65 岁以上老人进行身体检查，体检时间四天，每天早上 8 点半开始，参加体检的老人基本都年过半百。体检项目有肝功、肾功、血常规、尿常规、心电图、内科、外科等常规项目的检查。本次免费体检活动受到群众的一致好评，刚开始体检的几天，每天体检老人有百余人，进行身体检查可以有效地帮助老人们了解自身身体状况，为其老有所安提供帮助。

2015 年 3 月 9 日

2015 年全镇应着重抓好的八个方面的工作任务，明确了新型工业化、"三农"工作、生态立镇、文化旅游产业等。

2015 年 3 月 10 日

县商务局杨局长到纳家营清真寺与管事对接农贸市场改造事项。

2015 年 3 月 11 日

县政协副主席等领导到纳古进行五金机电行业发展调研，到大白龙钢铁公司实地考察。

2015 年 3 月 12 日

四组纳家信的大儿子 40 来岁，归真。

2015 年 3 月 13 日

市、县政协领导到纳古调研当前工作。四组纳树彬的父亲 68 岁，因心脏病归真。

2015年3月15日

纳古镇积极响应县妇联号召，于在全镇范围内组织开展寻找"最美家庭"活动。

2015年3月16日

通海县派出两个小组分别到河南、宁夏、四川、贵州、海南几个省区为在通海清真寺学习的学生办理相关手续。

2015年3月17日

经过各村组支部推选评比，纳古镇"善行美德光荣榜"已于近日公布，本次"善行美德光荣榜"从7个村组的个人、党员、商户等人选中，推选出在社会公德、职业道德、家庭美德、个人品德中的优秀典型，共计选出77人，其中包括"奉献社会好人士""保护生态好标兵""诚信立业好商户""创先争优好党员""文明和睦好家庭""尊老爱幼好媳妇""持家有道好婆婆""互敬互爱好夫妻""和睦友爱好邻里""孝敬父母好儿女""助人为乐好公民"。

2015年3月18日

纳古镇全体干部职工利用夜学时段，在三楼多媒体会议室组织观看了政论片《百年潮，中国梦》第四集《中国力量》。

2015年3月19日

纳古镇社保中心办公室已于日前装修完工，将纳古镇就业和社会保障服务中心改造为二层框架结构，社保中心改扩建后总建筑面积为305平方米，总投资5万余元。本次工程历时两个月，已于上个月进行了验收，社保中心将在完善配备相关设施后正式投入使用。

2015 年 3 月 20 日

连续两场大雨,缓解春旱,滋润了大地。

2015 年 3 月 21 日

纳古志愿者在清真寺门口发放收集的旧衣物,很受欢迎。

2015 年 3 月 22 日

市公安局到清真寺拍摄警民团结的场景。

2015 年 3 月 23 日

镇领导前往里山工业营区协助处理小回村废铁老板与纳古企业之间的债务纠纷,并且限制纳某某人身自由 10 多个小时。

2015 年 3 月 24 日

纳古汉族殡葬改革,新建公墓"纳古仙鹤汉族公墓"通过验收。

2015 年 3 月 25 日

学校工会本着为全校师生办好事、办实事,全心全意为全校师生服务的宗旨,对学校食堂进行全程跟踪。

2015 年 3 月 26 日

纳家营清真寺组织学生参加市第三届"卧尔兹"演讲比赛及《古兰经》诵读比赛,马增磊获得演讲比赛第一名;马敏豪获得诵读比赛第一名;马婉静获得演讲比赛第二名。

2015 年 3 月 27 日

在主麻上,教长纳跃义严肃抨击要账者的一些过分行为,教导大家要用合理手段，不能采取违法过激行为；并且告诫欠债的业主要敢于面对，不要逃避责任，更不能损公肥私。

2015 年 3 月 28 日

镇上职工分组到各村民小组发通知给违法占地户，要求自行拆除。

2015 年 3 月 29 日

纳古镇第三期青少年书法培训班即将开班，预计招收 20 名新学员、10 名前期优秀学员。培训班将延续第二期新老学员同时、同地上课的制度，以达到在将新学员引进门、培养其兴趣爱好的同时，通过优秀学员的带动作用激发新学员的学习热情和动力，并使往期优秀学员在温故知新的基础上达到更高水平的效果与目的。

2015 年 4 月 1 日

时至阳春三月，小精灵们经过冬季的蛰伏，储存身体的能量，准备飞回几万公里外的繁殖地了，陪伴了我们整个冬季的红嘴鸥也日渐稀少，预计 4 月红嘴鸥将迁徙而归。看着湖面上稀稀疏疏的鸥影，我们仍会感觉不舍，祝小精灵们一路顺风。

2015 年 4 月 2 日

为推进"智慧玉溪"建设，玉溪市政府决定实施无线 WIFI 网络租赁项目，提高政府部门便民办事窗口和公共服务场所无线宽带网络覆盖。该项目是市政府的一项公益性项目，是实施便民、为民、惠民的一项重要举措。通过 WIFI 网络建设和租赁，实现全市范围内 103 个市、县、乡／镇党政机关和部门、27 个对外服务部门、13 个交通枢纽、14 家医院、2 个公共服务地点、13 家主要酒店，共计 172 个热点的无线宽带网络覆盖，项目完成以后将实现所覆盖区域的免费上网。本次纳古镇共安装 4 个免费 WIFI 热点，目前施工已经初步完成，统一开通后即可使用。

2015 年 4 月 3 日
春天来了，农村妇女们相约聚餐、出游。

2015 年 4 月 4 日
四组纳吉琼的女儿送祝米，亲友到男方家做客。

2015 年 4 月 5 日
因省督查组要到通海督查护林防火工作，全县干部职工周末不休息，加班！

2015 年 4 月 6 日
在昆明的五弟纳家振来看望二哥纳家瑞，哥俩几十年来谈话十分投机，家事、地方事、国家事、民族事、世界事，事事关心，事事谈得上来，难得的人才。

2015 年 4 月 7 日
清真寺教长纳跃义组织阿訇看望生病的纳家瑞老师，恰好弟弟纳家琨一家也在，几位教长阿訇对纳老师为家乡的巨大贡献给予肯定和赞扬。家人全部在场陪护。

2015 年 4 月 8 日
8～10 日纳古派出所开展了为期 3 天的法制宣传活动，送法进校园、进清真寺。在纳古小学，民警向师生们展出了消防宣传、火场逃生、交通安全、电信诈骗、毒品知识、110 报警等展板 30 余块，发放宣传材料 2000 余份。在纳家营清真寺内，展出的交通安全、禁毒宣传展板吸引了广大群众驻足观看，一系列超速、酒后驾驶、疲劳驾驶、闯红灯、无证驾驶等严重违法行为带来的后果给群众留下了深刻印象。现场开展的禁毒知识解答、交通法规宣传让群众丰富了法律知识，此次宣传受到了师生、家长的广泛好评！

2015 年 4 月 11 日

镇上组织企业家 10 多人到上海、义乌、兰州等地考察。

2015 年 4 月 12 日

市林业局资局长到纳古视察林业工作，给了 5 台风机、20 套防护服装。

2015 年 4 月 13 日

市、县政协委员到纳古，对宗教活动场所管理情况进行调研。市、县统战部、民宗局领导和县政府分管领导赶来陪同。

2015 年 4 月 14 日

市人大依法治市执法调研组一行 20 多人到古城清真寺阿文学校调研。

2015 年 4 月 15 日

纳古镇组织召开了动物疫病防控工作会，县畜牧局、卫生局领导，镇兽医站、卫生院、派出所等部门负责人及各村组支书及兽医 20 余人参加了会议。

2015 年 4 月 16 日

2015 年纳古镇 65 岁以上老人人数各组情况：一组 190 人，二组 38 人，三组 129 人，四组 149 人，五组 132 人，六组 68 人，七组 119 人，大回村 185 人，合计 1010 人。

2015 年 4 月 17 日

纳古镇党委书记、副镇长组织相关工作人员及纳古镇第六村民小组组长 10 余人，查看了纳古镇镇级农村公益性骨灰公墓一期工程，并听取了公墓建设情况的介绍。一期工程包括停车场挡墙、管理房、墓穴、公厕等已完成基础工程建设。

2015 年 4 月 18 日

四组纳家瑞老师因胆管阻塞归真，享年 87 岁，纳校长从教数十载，桃李满天下，各地领导、学子、朋友纷纷发文纪念。纳老师的离去，是地方的一大损失。

2015 年 4 月 19 日

下午 5 点，县内各所清真寺师傅管事、亲友以及昆明、华宁、玉溪、峨山等地亲友共计 2000 多人前来送纳老师。在葬礼仪式上，纳跃义教长高度赞扬、充分肯定老校长：一生热爱教育，呕心沥血，转变家乡教育理念，使纳古小学成为省级一流小学；在家乡几次危险关头出面协调，化险为夷；退休后兴办焊管企业，带动一方经济发展，对家乡、对民族作出不可估量的贡献。

云南大学秘书处简讯：4 月 19 日下午，云南回族研究会会长、云南省社科院原党组书记兼院长纳麒教授，云南回族研究会副会长兼秘书长、云南大学西南亚研究所所长姚继德教授，云南回族研究会副会长、昆明市地方志办公室原副主任马颖生编审等三位领导，代表研究会专程赶赴通海县纳古镇纳家营，参加了我会顾问、纳古镇中心学校原校长纳家瑞老师的葬礼，并慰问了其亲属。其后，我会名誉会长、中国回族学会会长、云南大学原党委书记高发元教授也亲赴纳古镇看望了纳校长亲属。

2015年4月20日

家人为纳家瑞老师做的"伊斯科"①分发到各所清真寺办公益事业，另外特别留出2万元给纳古小学，专门用于扶助贫困学生，学校领导说，把"伊斯科"送到学校这种善举以前没有过。

2015年4月22日

最近听说杞麓湖拉丝厂有关起门来镀锌问题，此厂与水源上端离得很近，一旦渗入水源，各种疾病就会随之而来。害怕了！

2015年4月24日

为进一步落实县委、县政府关于殡葬改革工作有关会议精神，实现火化区范围内两个100%目标（人员死亡后100%火化；火化后100%进公墓），纳古镇召开了抓好殡葬改革工作落实会。镇政府机关全体干部职工、镇属协作单位、学校、卫生院以及7个村民小组等相关人员参加了本次会议。

2015年4月26日

纳古镇按照县委宣传部有关要求，在职工例会上传达学习习近平总书记在云南考察工作时的重要讲话精神，联系实际提出学习贯彻落实的具体要求。

2015年4月29日

利用夜学，纳古镇组织全镇干部职工学习《通海县干部作风"红黄牌警告"制度》和《通海县干部尽职免责暂行办法》。纳古镇党委书记张兴友要求，要认真学习规定、办法，深刻领会其精神实质，要自觉依

---

① "伊斯科"，中国穆斯林丧葬仪式之一。

法依纪履行职责，提高工作效能。

2015年5月1日至3日
"五一"节假期，全体干部职工不放假，分头做群众工作。

2015年5月4日
"五四"青年节当天，纳古镇团委组织全镇20名团员，组成两支参赛队伍，参加团县委组织的第五届青年登山比赛。

2015年5月5日
县公安局到清真寺开展禁毒防艾、出入境管理、流动人口管理等宣传工作。

2015年5月6日
镇领导干部按照"三严三实"和"忠诚干净担当"的要求，鼓励干部认真履行职责，提高工作效能，全力推进我乡各项工作的有序开展。

2015年5月9日
云南大学冯瑜等5位老师带领24个学生到纳古进行田野调查。镇长纳立凡、人大主席马恒骧接待，为学生解答十个方面的问题。

2015年5月10日
马恒慈宰羊招待省、市、县部分离职老干部。高发元教授到纳家瑞老师家慰问家属。

2015年5月11日
通过群众、村（社区）、乡妇联、纳古中心小学的推选及乡党委政府综合考评,最终推选出 5 户符合评选标准的"最美家庭"参加县、市级的评选。

2015 年 5 月 12 日

云南大学教授姚继德陪同吉尔吉斯斯坦国立大学教授、孔子学院院长拉希德到纳古访问。

2015 年 5 月 13 日

纳家营清真寺夏季运动会开幕。

2015 年 5 月 14 日

新哈吉到昆明体检,每人交杂费 1600 元,不含体检费。

2015 年 5 月 15 日

现在已经实现电子化办公,文件的传送、批阅都在网上了。

2015 年 5 月 17 日

四组纳吉琼家新房子竣工,六层楼,带电梯。

2015 年 5 月 21 日

纳古中心小学马灿敏校长率领行政班子一行来到玉溪一小参观学习。

2015 年 5 月 22 日

省公安厅到纳古开展禁毒工作督查调研。

2015 年 5 月 23 日

四组纳顺存的母亲归真,70 多岁。

2015 年 5 月 24 日

部分群众到下回村参加"亡人节"。

2015 年 5 月 26 日

县公安、地税、国税、土地等多部门人员到纳古开展工作。

2015 年 5 月 27 日

上午,纳古镇团委组织"仙湖卫士"青年先锋队,针对杞麓湖入湖河道湖岸湖滩,开展了一次"仙湖卫士青年行动"。

2015 年 5 月 29 日

纳古小学六一儿童节庆祝大会,团县委书记纳鸿翔到会并讲话。

2015 年 5 月 30 日

省回族学会、纳古镇党委政府主办,纳古小学承办的"纳家瑞校长归真追思会"在学校大礼堂举行。省回族学会副会长姚继德,纳家营清真寺教长、管委会主任、老校长生前好友、老同事、学生代表、家属代表、学校年级主任以上领导教师共50多人参加会议,马灿敏、马跃升、马恒骧、纳恒炳、纳立凡、姚继德先后发言,追忆老校长对家乡、对学校的巨大贡献。

树人百年留美誉 才德千载存世间
——纳家瑞校长追思座谈会纪实
(作者:通海县纳古镇中心小学教师)
纳雪梅

纳家瑞校长出生于1929年4月1日,于2015年4月18日归真,享年87岁。系著名学者纳忠教授之子,云南回族研究会顾问,在工、农、兵、学、商等各领域里拼搏奋斗过。1952年作为中央民族学院首届毕业生，本可在北京工作，但因热爱家乡教育事业，尤其是回民地区的基础教育，主动要求回家乡工作，曾在几个学校担任校长，几年后被错误处理回纳古当了22年农民。三中全会后恢复公职，再任校长，青春焕发、锐气未减！在社会上大声疾呼，寻求各界支持教育，在教育教学管理上，大胆改革、呕心沥血，苦战13年，成绩斐然。被民间戏称为"教育疯子"，被云南省评为"劳动模范"。62岁退休后仍然关心支持家乡的教育事业，为家乡教育事业奋斗了一生。

2015年5月30日下午，由云南回族研究会主办、纳古中心小学承办、纳古镇政府、老校长家属协办的纳家瑞校长追思座谈会在纳古中心小学阶梯教室举行。追思会旨在缅怀纳校长，追忆他艰苦办学的往事，继承发扬他的高尚品格，以这样的方式在他学习、工作过的地方来缅怀他，以此勉励各行各业的人士、全体教育工作者像他一样支持教育、热爱教育、服务家乡、奉献社会。

参加会议的来宾有：云南回族研究会副会长兼秘书长姚继德博士、常务理事马德生先生；纳古镇党委副书记、镇长纳立凡、镇人大主席马恒骧；纳家营清真寺管委会主任纳为明、教长纳跃义、老校长的同事代表、学生代表、家属代表及我校领导与教师代表共46人。会议共有六项议程，首先由纳古中心小学校长马灿敏讲话，马校长回顾了学校发展史、纳校长对学校发展所作出的巨大贡献及纳古小学教育现状，呼吁社会各界都来关心支持纳古教育的发展。

接着老校长的同事、战友、纳古小学原副校长，现在的成功企业家马跃升作了深情的发言，回忆了他和纳校长深厚的战友情谊、办学历程及取得的成绩……发言中，马老师几度哽咽。家属代表马恒骧对纳家瑞校长的生平作了简介。毕业于清华大学、现在昆明工作的纳恒炳作为纳家瑞校长的学生代表，回忆了纳校长因材施教、幽默风趣的教师形象及对学生的深远影响。纳古镇纳立凡镇长对纳家瑞校长的一生给予了高度的评价。云南回族研究会副会长兼秘书长姚继德博士就纳家瑞校长遗留下来的艰苦创业、无私奉献、勤俭节约、民族团结、居安思危等方面的精神遗产给予了高度的赞誉,并对纳古教育中存在的"短板"提出了中肯的建议:纳古经济社会要健康发展,必须高度重视教育。

纳家瑞校长的一生是传奇、坎坷、奋斗的一生,他把其大半生都奉献给了他热爱的教育事业,他见证了纳古教育的变迁和发展,他好比纳古历史及教育发展变化的一本"活辞典"。"纳校长是我们心目中的教育家、历史学家、企业家,是伟人、榜样、恩人,民族团结的楷模,纳古文明的倡导者和践行者,是一个永远有故事的、头脑清晰的智者、活辞典,是纳古国民教育的奠基人。"(摘自纳鹏杰博士《致尊敬的纳家瑞校长》一文)

追思会朴实而充满了温情,对纳校长的一生给予了充分肯定,对纳古教育的发展指明了方向。

2015年5月31日

纳古团委联合纳古志愿者服务队组织开展了一次爱心服务活动。当天上午8点,志愿者们已经设好摊点、拉上布标,为为期一天的活动做好了准备。本次活动主要为纳古的困难群众免费发放衣物,同时也鼓励广大群众进行爱心募捐。活动还为图书爱好者提供免费借阅。志愿者们纷纷表示,这样的活动非常有意义,今后一定要努力为更多的人服务,让更多的人感受到自己的爱心、热心和真心,用自己的行动给他人带来欢乐。

2015年6月1日

儿童节资助贫困学生:镇妇联资助10人,每人100元;镇关工委资助10人,每人100元;学校资助40人,每人50元,本地生、外地生一视同仁。

2015 年 6 月 2 日

一年一度的"白拉特"之夜到了，也称换卷本之夜，教亲们做大净，换上干净衣服，到清真寺礼拜、忏悔、祈祷。

2015 年 6 月 3 日

市委副书记夏立洪到纳古对规范管理工作做指导。县委组织部部长到纳古对县、镇工作组成员到岗情况进行督查。

2015 年 6 月 4 日

组织部送来副镇长杨文兴，填补空缺一年半的副镇长职位。

2015 年 6 月 5 日

县民宗局局长纳锦斋被组织调回纳古镇政府工作。

2015 年 6 月 6 日

三组纳子胜的父亲归真，95 岁高龄。

2015 年 6 月 7 日

玉溪市清真寺管事联谊会在纳家营召开，43 所 150 多人参加。

2015 年 6 月 8 日

清真寺管事联谊会议参会人员合影照不知被谁上传到网上，还附上不实的文字，引起不良效果。

2015 年 6 月 9 日

三组纳子学归真，60 多岁。

2015 年 6 月 10 日

清真寺组织全村人员在清真寺"走节",开经、吃饭,祈求经济发展,百姓安康。

2015 年 6 月 11 日

人大任命法院的人民陪审员,其中有两人是纳古的纳宏锦、鲁少伟,在此之前有马恒骧、纳跃义、马灿敏担任过陪审员。

2015 年 6 月 13 日

《纳家营》杂志第一期出版,分发到群众中。

2015 年 6 月 16 日

在过去的 4 年间里,纳古青年志愿者连续在斋月期间进行爱心捐赠。今年纳古志愿者多渠道筹资 6 万余元,提前购买了大米和食用油。6 月 13-14 日,纳古镇团委联合纳古志愿者组织 10 余名青年团员、志愿者对纳古及河西的困难群众进行送米、油慰问活动,向这些与我们同在一片蓝天下的困难群众伸出援助之手。本次活动共发放 303 份米、油,其中纳古 235 份、小回村 40 份、大回村 25 份、葛家营 3 份。

2015 年 6 月 17 日

县上组织禁毒文艺演出,公安局邀请清真寺管委会成员参加观看。

2015 年 6 月 18 日

一年一度的斋月到了。

2015 年 6 月 21 日

五组马儒芳的母亲归真,80 多岁,在葬礼仪式上纳子跃师傅突发脑出血。

2015 年 6 月 22 日

斋月里，晚菜市场热闹非常。

2015 年 6 月 24 日

湖管局到纳古答复代表议案，"关于制定杞麓湖珍稀鸟类的保护规定的建议"。

2015 年 6 月 25 日

连铸公司继续开展爱心慰问活动，拿出 40 万元慰问全镇 65 岁以上老人，纳古镇 1299 人，大回村 185 人，共计 1484 人，6 年来共计慰问金 200 多万元。

2015 年 6 月 26 日

镇政府各部门工作人员组成的普法宣传队伍走上街头，在纳古人群较为密集的十字街口摆放图文宣传展板，向过往群众发放宣传材料。

2015 年 6 月 27 日

省人大民族委主任孔祥庚在市、县主要领导的陪同下，到纳古调研民族文化传承与保护，走访文鹏刀具作坊，孔主任指示"要多培养一些这样的小巨人，以此带动经济的可持续发展"。

2015 年 6 月 28 日

四组纳宝清的母亲因心脏病归真，75 岁。

2015年7月1日

县纪委书记刘世伟深入纳古,看望慰问困难党员,向他们送去了慰问金,来到老党员(原大队支部书记)纳为品家中,感谢他们为地方经济发展作出的贡献。

纳古中心小学庆祝建党94周年活动。

2015年7月4日

素有"手工刀具之乡"美誉的纳家营,祖祖辈辈凭手艺过得富足,40多岁的纳文鹏虽从事金属工艺数十年,像一位文质彬彬的书生,他认为如果只停留于粗放的制造,就难以在新时代寻找到自己的价值和地位,他不满足于只做一名工匠,他不懈追求,凭着自己精湛的手艺,赢得了"云南省金属工艺大师"的称号。

2015年7月5日

在纳家营回族的田地不种烤烟,只有二组、六组汉族的田地才种,也有少数的出租田种。

2015年7月6日

纳古镇综治办、司法所开展了《中华人民共和国反间谍法》宣传会,镇各中心站所负责人及各村民小组干部参加了本次会议。

2015年7月7日

由纳古志愿者协会筹建的"电子阅览室"目前已初步建成,并已开始试运行,"电子阅览室"构建在云上(网上),全天24小时运行。

"电子阅览室"目前有近70本电子图书,图书数量将会在制定好书单后迅速增加,注重质量。读者只需要一台Kindle或一台安装了Kindle应用软件的智能手机便可以使用"电子阅览室"。

2015 年 7 月 8 日

纳古镇开展了有关创业小额贷款的贷免扶补工作会，会上县妇联 2015 年办理贷免扶补工作人员为需要申请创业小额贷款的有关群众说明了相关政策要求，落实了办理贷免扶补工作的有关流程和所需材料。

2015 年 7 月 9 日

在第一村民小组支书向有林的主持下，召开了第一村民小组党支部及村民小组会议，9 名村组党员代表参加了会议，对"争当仙湖卫士"行动分片责任制、80 户"低保户"申请审查、党员积分制考核、新农村建设工作、红色信贷以及"荣耀通海"融资项目进行了宣传落实。

2015 年 7 月 10 日

"七一"建党节之际，纳古镇组织看望慰问困难党员，向他们送去了慰问金和节日的祝福。本次共慰问了 7 户困难党员，发放慰问金 2100 元。

2015 年 7 月 18 日

今天是穆斯林传统节日"开斋节"，纳家营清真寺进行了集体礼拜会欢度开斋节。斋月，又称莱麦丹月，是伊斯兰历每年九月。根据《古兰经》的规定，斋月期间穆斯林只有在黎明前和日落后才能进食，也就是通常所说的"把斋"，除了完成宗教义务外，还在于陶冶性格，克制私欲，锻炼毅力，体会穷人饥饿之苦，萌发恻隐之心，以资济贫、行善。

2015 年 7 月 19 日

纳古志愿者们开展爱心捐助衣服活动，在纳家营清真寺门口设置爱心服务点，向外来务工人员和过往群众免费提供衣服。

2015年7月20日

纳古镇烤烟指导性种植面积225亩,合同交售量37500公斤。

2015年7月21日

镇上根据"荣耀通海——通海县基础设施建设保本投资收益项目——基础建设工程、管网改造工程、保障房工程"会议精神,由镇上的党政办牵头,精心组织工作人员深入纳古镇第一村民小组,利用村组开展村民活动机会,广泛开展"荣耀通海"保本投资收益项目宣传动员工作。

2015年7月22日

三组纳汝辉的母亲因心血管疾病归真,70多岁。

纳古中心小学、纳古蓓蕾幼儿园、通海鸿翔焊管公司、通海纳古运输公司4家单位被县委、县政府表彰命名为通海县第十届文明单位。

2015年7月23日

原通海康宏钢铁有限责任公司,是当地一家老牌钢铁生产加工企业,伴随着近几年的钢铁行业持续走入低迷,公司也同其他钢铁企业一样陷入了困境。公司董事会紧紧围绕建设滇中高原特色农业的发展趋势,抓住通海蔬菜产业包装箱需求量大这一机遇,生产包装箱和波形瓦楞纸板,因地制宜进行转型升级。这是纳古钢铁企业积极探索转型升级新路子的成功典范。

2015年7月24日

五组马兴鹏的父亲归真,70多岁。

2015 年 7 月 30 日

古城清真寺管委会换届，选举马开福连续担任主任。

2015 年 8 月 1 日

镇政府组织召开了 2015 年一事一议工程项目招投标会议，本次会议主要进行了纳古镇第三村民小组"振兴路下段路面硬化及涵管铺设"的公开招标工作。

2015 年 8 月 4 日

五组纳希望结婚，改革待客餐次，原来是结婚当天和第二天早上待客，现在改为结婚当天早上和下午待客，晚上赞圣、吃米线后结束。

2015 年 8 月 5 日

省、市、县伊协、民宗部门到纳家营清真寺对通海、华宁、澄江 3 个县的 159 名新哈吉进行涉外知识等注意事项培训。

2015 年 8 月 6 日

四组纳学庚与纳红子结婚，待客形式照老规矩进行。

2015 年 8 月 7 日

带队团长到广告公司为哈吉们做中、阿、英文标签。

2015 年 8 月 8 日

纳红子家接回门，很是热闹。

2015 年 8 月 9 日

市文化馆馆长等到纳家营调研伊斯兰文化。

2015 年 8 月 10 日

清真寺对教学楼进行翻新。

2015 年 8 月 11 日

为收集整理各地民风民俗，市文化馆一行 4 人到纳古考察采风。镇文化分管领导马恒骧主席详细介绍了纳古民风民俗，并与 4 位老师交流研讨有关文艺创作方面的事宜，使 4 位老师对伊斯兰文化进行了一个大概的认识与了解，为后期创作打下基础。

2015 年 8 月 12 日

我镇经过初赛筛选出 4 名工作人员参加通海县总工会保密知识竞赛复赛。通过竞赛活动，广大干部职工和涉密人员充分认识到学习掌握保密技术防范知识是工作所需、责任所系。

2015 年 8 月 13 日

云南省医院协会社会评价调查队到纳古进行"乡镇卫生院社会满意度调查"，调查采取匿名问卷的方式进行，群众根据以往接受乡镇卫生院服务的经历和感受完成调查问卷。

2015 年 8 月 15 日

镇社会保障服务中心开展了 2015 年就业困难人员灵活就业社会保险补贴工作。本次补贴对象为具有通海县户籍，从事灵活就业后申报就业，月收入低于 1605 元，以个人身份缴纳社会保险费的就业困难人员。

2015 年 8 月 16 日

纳古镇根据县委宣传部《通海县百姓宣讲团实施方案》的要求，认真做好宣讲团成员的筛选工作。镇宣传办从离退休干部、退休教师、优秀村组干部中，本着能胜任宣讲工作和本人乐于奉献的原则，最终选出三人上报县委宣传部，并按照县委宣传部采取了座谈、试讲等形式，进行了初步审核筛选。百姓宣讲团将会在学习贯彻党的理论、政策和弘扬社会正能量中发挥重要作用。

2015年8月17日

截至今日，纳古镇妇联已完成2015年贷免扶补工作，共为36名符合条件的创业人员，每人给予5万元的免息创业贷款，共发放创业贷款180万元。

2015年8月18日

今早下方发生一起特大交通事故，三死多伤！看到这样的事情我们应该多参悟和多反思，谁也不知道死亡和明天哪样先到来。

2015年8月19日

镇领导与清真寺师傅管事对接朝觐筹备工作。

2015年8月20日

纳古镇实施"美丽乡镇"建设项目。在纳古镇的忠爱大街上进行道路铺设工程，项目力争在10月初竣工，建设项目主要包括道路人行道铺设青石板、道路中间绿化带以及路灯照明工程等。

2015年8月21日

镇政府、清真寺、家琨教育基金、学校、部分企业举行大学生欢送会，共80余人参加，对本科大学生37人、重点高中5人进行表彰，奖金1000元及阅读器。

2015 年 8 月 22 日

纳古镇第一家农村淘宝店开张。

2015 年 8 月 23 日

按照 2015 年夏季征兵工作计划日程安排，近期，纳古镇已完成报名的 7 名应征青年的初检工作。此次初检的项目主要有身高、体重、五官等，并通过目测了解应征人员基本身体状况。本次应征对象中有 2 名女兵以及 1 名大学生男兵报名参加初检。

2015 年 8 月 25 日

纳古镇财政所标准化建设以 106.9 的总分顺利通过市、县财政部门验收检查。

2015 年 8 月 27 日

纳古中心小学组织由合跃金老师主讲了一期以"教师修炼与修养"为主题的教师培训，合老师首先从管建刚的"三个一百"策略娓娓道出，我的语文"四个一"工程：1. 上好一堂课；2. 读好一本书；3. 研究好一个问题；4. 写好一篇文章。之后，用自己的成长经历，讲述了语文教师是怎样炼成的，概括出了：1. 在课赛中成长；2. 在交流中提升；3. 在研究中积淀。然后，讲述了教学与修养，真正的修养来自丰富的精神生活，善养大气，终成大器。最后讲了如何做一个幸福的教师。整个讲座用"修炼是为了成就自己；修养是为了成为自己；真正的幸福是做自己！"来结束。

2015 年 8 月 28 日

三组纳立辉的父亲纳家为，70 多岁，因癌症归真。

2015年8月29日

家乡哈吉从圣地麦地那传来消息：哈吉们从麦地那转到麦加，玉溪6个团乘6辆大巴历经400多公里到达。

2015年8月30日

纳古学校对小学教学楼、综合楼进行翻新改造及幼教楼的收尾工程。因恰逢雨季耽误了工期，造成施工方不能在学生收假前交工。为了保障学生安全入学及学校整体工作安排，现调整为9月5日收假，9月6日正式上课。

2015年8月31日

纳古中心小学德育处组织小学部全体教师100余人进行培训。特邀请了云南省教育厅报刊社副编审徐桥老师进行"班主任工作的几点思考"专题讲座。徐老师从班主任的工作艺术、班主任的工作方法、班主任的基本素质、班级管理的主要内容等几个方面，对如何做一名合格的班主任、合格的教师进行了解读。

2015年9月1日

新学期开学，纳古中心小学外来务工子女转出比以往多，现在学生人数少了200多人。

2015年9月2日

我镇组织开展希望水窖"1+X"爱心捐款活动。广大干部职工、团员青年、纳古志愿者奉献爱心，为干旱地区援建希望水窖积极募捐。

2015年9月4日

今年正值抗日战争胜利70周年，央视一套播出的《2015开学第一课：

英雄不朽》。纳古中心小学为了加强对学生的爱国主义教育，增强学生的民族自豪感，让学生铭记历史，缅怀先烈，下午，组织全校两千多名师生认真观看了这意义深刻的"开学第一课"。

2015年9月6日

团县委应团省委的要求，要筹集4万元资金，实行"圆梦计划"，在纳古镇开展捐赠倡议活动。本次捐款马绍凯2万元，纳家琨1万元、马跃升2000元、其余8000元为其他捐赠，对10个大学生进行资助，每人4000元，为考入大学的贫困家庭学子奉献自己的爱心，帮助他们圆大学梦。

2015年9月7日

纳古镇12名申请2015年度"基层党员带领群众创业致富贷款"的党员致富带头人拿到了总额60万元的贷款，他们将把这笔贷款用于发展种植、养殖、经商等多种形式的创业。同时，去年的7名贷款户也在全部偿本付息后得到了总额2.4万元的财政贴息补助。第五村民小组党支部书记纳宏锦，同时也是创业致富贷款的受益人，在县委组织部近日召开的"2014年基层党员带领群众创业致富贷款财政贴息发放工作会"上，作为纳古贷款人代表做了交流发言。

2015年9月8日

上午，副市长、市公安局局长朱家伟，市政协副主席马良昌等领导在副县长、县公安局局长赵南方，县政协副主席杨文良，县民宗局局长纳爱斌等陪同下一行10余人到纳古进行随机调研。调研组一行走访了纳家营清真寺，与清真寺的教长及工作人员亲切交流，看望了正在清真寺女寺上课的学生，在随后的座谈中听取了纳古镇的近年发展状况报告。朱副市长对纳古的经济文化建设所取得的成绩给予了充分肯定，鼓励大家团结一致，利用好现行政策尽快实现经济转型，把纳古建设得更加繁荣美丽。

2015 年 9 月 9 日

我镇在认真做好当前"一事一议"财政奖补和"美丽乡镇"建设工作的同时，提早筹备谋划，着手制定"一事一议"和"美丽乡镇"建设"十三五"规划。"一事一议"项目规划以农村基础设施和人居环境改善为重点，围绕村内主干道建设、小型水利设施、村庄绿化、亮化等，不搞大拆大建。

（一）2016 年实施的项目

1. 海埂路下段改造，实施下水管道埋设、路面硬化、亮化、绿化工程。该道路长 577 米，宽 7.37 米，厚 0.3 米；Φ800 涵管，安装 7 米高、间距为 30 米的太阳能灯；绿化间距为 5～6 厘米，亮化间距为 5 米。该项目预计投资 76.68 万元。

2. 海埂路上段改造，实施下水管道埋设、路面硬化、亮化、绿化工程。该道路长 576 米，宽 7.88 米，厚 0.3 米；Φ800 涵管，安装 7 米高、间距为 30 米的太阳能灯；绿化间距为 5～6 厘米，亮化间距为 5 米。该项目预计投资 98.07 万元。

（二）2017 年实施的项目

1. 象鼻路改造，实施下水管道埋设、路面硬化、亮化工程。该道路长 278 米，宽 5.5 米，厚 0.3 米；Φ600 涵管，亮化间距为 30 米，该项目预计投资 32.92 万元。

2. 纳古镇关塘防渗引水工程，面积 2.1 万平方米，库容 4.2 万立方米，预计投资 225.92 万元。

（三）2018 年实施的项目

1. 文化路北段改造，实施路面亮化、绿化工程。该道路长 855 米，亮化间距 30 米，绿化间距为 5～6 厘米，该项目预计投资 18.1 万元。

2. 忠训路改造，实施下水管道埋设、亮化工程，该道路长 537 米，

Φ600 涵管，亮化间距 30 米，该项目预计投资 24.41 万元。

（四）2019 年实施的项目

1. 官门前街改造，实施下水管道埋设、亮化工程。该道路长 224 米，Φ600 涵管，亮化间距 30 米，该项目预计投资 11.71 万元。

2. 湖滨路下段改造，实施下水管道埋设、路面硬化、亮化工程。该道路长 766 米，宽 6 米，厚 0.25 米；Φ800 涵管，亮化间距为 30 米，该项目预计投资 90.83 万元。

（五）2020 年实施的项目

1. 中沟街改造，实施路面硬化、亮化工程。该道路长 709 米，宽 5.0 米，厚 0.2 米，亮化间距 30 米，该项目预计投资 38.76 万元。

2. 狮山路改造，实施人行道砖更换、亮化、绿化工程。原花砖换为 300×600 青石板，安装 7 米高太阳能灯，间距 30 米；绿化为 5～6 厘米，间距 5 米，该项目预计投资 91.62 万元。

2015 年 9 月 10 日

为了进一步加强安全消防设施的管理，保障消防设施的可用性，近日，我镇对老化的消防栓、消防水带、老旧灭火器等进行了统一更新与维护。通过进一步的检查维护，以确保消防设施在安全隐患发生时能够发挥应有的作用。

2015 年 9 月 11 日

下午，纳古中心小学召开庆祝第 31 个教师节暨表彰会，学生代表和教师代表分别做了献词，校长马灿敏对全校教学工作所取得的成绩给予了肯定，勉励在座老师再接再厉。副镇长羊文兴代表镇党委、政府向全体教育工作者致以节日的问候，总结回顾了近年来我镇教育取得的成绩、存在的问题，并就未来对我镇教育工作发展道路提出了中肯的建议。最后对本年度的优秀教师和教育工作者进行了表彰，奖金为每人 200 元。

2015年9月14日

镇政府大院内人头攒动,热闹非凡,来自六组的新兵苗绍俊及其亲属、朋友聚集在大院内,参加欢送新兵入伍仪式。

镇党委书记张兴友和镇长纳立凡向苗绍俊表示祝贺,为他佩戴了"光荣花",代表镇党委、政府向新战士送上慰问金,并叮嘱他一切行动听指挥,严守军队纪律,刻苦训练。

2015年9月15日

经云南省教育厅选拔推荐,纳古中心小学合跃金老师于9月15日至9月25日在成都师范学院参加了教育部"国培计划(2015)"一线优秀教师培训技能提升研修项目小学语文教研员培训。第二阶段的网络研修,包括网上学习和线下实践,共计80学时,将持续到2015年12月31日。合跃金老师在此次研修项目集中培训中,被四川省教师继续教育成都师范学院培训中心评为"优秀学员"。

2015年9月16日

为编制《玉溪市新滇中新民族风格建筑研究及实施导则规划设计》,省城乡规划设计研究院工作人员一行5人到纳古镇对伊斯兰风格建筑及伊斯兰文化进行考察调研。省设计院工作人员先到省级金属工艺大师纳文鹏处了解纳古伊斯兰文化。在交谈中,大家逐渐改变原先的一些观点和看法,并对回族及纳古镇有了一个全新的认知。后又参观了纳家营清真寺、纳家营清真女寺、古城清真寺和纳忠故居、纳训故居,采集了部分纳古镇伊斯兰建筑风格的图片资料。通过访谈与参观,收集一手资料,为后期的设计编撰奠定了基础。

2015年9月17日

七组马满香家在下午一两点钟被盗,被盗现金3万元及一些首饰。

2015 年 9 月 18 日

大家到派出所交材料,准备为超生的孩子办理落户手续。

2015 年 9 月 19 日

下午,纳古中心小学举行教学质量分析总结会议,全体教师参加了会议,会议由付琼教务主任主持。付老师翔实地分析了 2014—2015 学年下学期教学质量检测情况,高度概括总结了目前教育管理及教学取得的成绩,主要有以下六大亮点:亮点一,务实教研活动;亮点二,加强教师培训;亮点三,举行教学竞赛;亮点四,参与教学交流;亮点五,进行优课录制;亮点六,开展学科活动。同时还剖析了存在的问题,提出了具有方向性和指导性的工作意见。

最后,围绕以下五点对本学期教育教学工作做了详细要求:1. 教师培训促成长;2. 书香校园显特色;3. 教育科研提内涵;4. 教学竞赛创佳绩;5. 教学质量创新高。明确了"全面实施素质教育,夯实小学办学基础,提升教育教学质量"的小学教育发展方向和教育目标。

2015 年 9 月 21 日

镇党委副书记陈申力认真传达了县委办、县政府办 2015 年 45 号、46 号文件精神,安排部署纳古镇扶贫攻坚工作。镇长纳立凡要求全体干部职工统一思想,尽职尽责,把扶贫攻坚工作干到实处。县委常委、县纪委书记、联系纳古镇领导刘世伟对工作纪律提出了要求,他指出:领导干部要提高认识,用真心;热情服务,用真情;勇于担当,用真功;确保扶贫攻坚工作与全县目标同步完成。扶贫攻坚联席会的召开,让相关包帮人员对自身的职责与义务有了更清晰、准确的认识,为打好全镇扶贫攻坚战奠定了坚实的基础。

2015 年 9 月 22 日

上午，镇政府组织召开 2015 年中秋、国庆节期间严明节庆纪律、加强作风建设工作会，镇纪委书记周锁明同志传达学习了省纪委和县纪委通知精神，强调了省纪委"八个严禁"纪律要求，并对节庆期间贯彻落实中央八项规定精神，加强作风建设工作进行安排部署。镇长纳立凡同志强调，全体干部职工要充分认识加强中秋、国庆期间作风建设的重要性和必要性，不折不扣地执行中央纪委关于坚决刹住中秋、国庆期间公款送礼等不正之风的要求；各单位、部门要切实执行党风廉政建设责任制，加强对干部职工的教育、管理和监督，防止违规违纪问题发生；镇纪委要认真落实监督责任，紧盯中秋节、国庆节等重要节点，加强对节假日期间落实中央八项规定精神和省纪委"八个严禁"情况的监督检查力度，不定期组织明察暗访，坚决遏制"四风"反弹，坚决把纪律和规矩挺在前面。同时，对中秋、国庆期间顶风违纪、"四风"问题禁而不绝的单位、部门，不仅追究直接责任，还要追究领导责任。

2015 年 9 月 23 日

今年降水丰沛、光照充足、气温适宜的自然条件对农作物生长成熟十分有利，全镇 310 余亩连片水稻喜获丰收，预计产量可达 26.8 万公斤。

2015 年 9 月 25 日

3 天的小开斋宰牲节正在进行中。

2015 年 9 月 27 日

五组一中年人劳教结束返回家乡，其间父母、祖母先后归真，亲友十分难过。

2015 年 9 月 28 日

为保护杞麓湖小海湿地周边生态环境，我镇安装 6 块通告牌声明严禁在杞麓湖一级保护区内倾倒工业废渣、农业、医疗废弃物和生活及建筑垃圾，违者将根据《云南省杞麓湖保护条例》第十三条第（三）项及第二十二条之规定，处 1 万元以上 5 万元以下罚款。

2015 年 9 月 29 日

下午 2 点，纳古中心小学召开了一年级全体家长会。此次家长会邀请了云南省家庭教育讲师团老师、全国突出贡献少先队工作者徐吟鹂老师为家长作了专题讲座。

2015 年 9 月 30 日

下午，县委书记张小良率部下到纳古镇调研旅游文化小镇发展情况。他强调，"充分开发伊斯兰风情民俗、历史文化等特色资源，建设旅游文化小镇，促进产业转型升级和经济发展，进一步改善群众生活。"在纳古镇政府，县党政领导张小良、魏德武、钱润光、刘世伟、牛建明、柳洪、李艳萍及有关部门负责人与纳古镇主要领导、宗教界人士及企业家代表亲切座谈，听取纳古镇经济社会发展情况、旅游文化小镇发展情况汇报。

2015 年 10 月 2 日

纳家营举办圣纪节活动，每逢圣纪，除了举行必要的宗教活动，清真寺要聚餐，穆斯林买新衣，各家各户要早早地邀请各地的亲朋好友，节日气氛浓郁。今年纳古镇的圣纪节还一并举办了"和谐纳古——第二届民族文化风情展"，有清真食品、手工艺品、伊斯兰服饰、民族特色文化、书画工艺、盆景工艺六个板块。

2015年10月3日

四组合林达的父亲合永昌因心血管疾病归真，65岁。

2015年10月5日

太阳能灯具进寻常百姓家，不带灯杆，500多元一盏。

2015年10月8日

上午，纳古镇纪委周锁明书记在政治学习例会上传达学习云南省委《关于落实党风廉政建设监督责任的规定》的通知文件，认真落实党风廉政建设监督责任，深入推进反腐败斗争工作。

2015年10月9日

近几天来，充沛的雨水降临大地，杞麓湖水又涨了一大截。

2015年10月10日

五组纳会明的母亲归真，84岁。

由纳古中心小学承建的纳古镇中心幼儿园已装修竣工。在纳古中学教学楼原址上推倒重建。新建的纳古镇中心幼儿园占地面积1500余平方米，建筑面积2000余平方米，总投资460万元。项目主要建设综合教学楼、活动场地，教学楼建筑主体三层，建筑立面造型简洁明快，融入伊斯兰民族特色风格，可容纳12个标准班500余名幼儿入园接受学前教育。

2015年10月11日

七组纳东润的大女儿嫁到峨山文明村，小伙子在埃及留学，结婚后将带女方出国。

2015年10月12日

为认真贯彻落实党的十八大及全国第七次少代会精神，庆祝中国少年先锋队建队66周年，进一步加强通海县少先队辅导员队伍建设，提高少先队辅导员队伍的整体素质与业务水平，今天由通海团县委、县教育局联合举办的2015年少先队辅导员培训在通海县纳古中心小学举行。玉溪市少工委主任赵波、玉溪市总辅导员徐吟鹂、通海团县委书记纳鸿翔、副书记陈太汝、县总辅导员唐文娟以及来自全县各学校、乡镇的团委书记、少先队辅导员共计100余人参加了此次培训活动。开班仪式上，通海团县委书记纳鸿翔做了重要讲话，她要求辅导员们安心学习、静心领悟，做到学有所获、学有所悟、学有转变、学以致用。纳古中心小学校长马灿敏从少先队辅导员岗位设置、大队委建设、少先队活动课开展情况等几方面进行了少先队工作经验交流。玉溪市少先队总辅导员徐吟鹂老师作了"全国第七次少代会精神及少先队工作基本知识"的讲座。还观摩了纳古中心小学六(4)中队的少先队活动课《和谐之风伴我成长》，整堂活动课围绕校园之家议和谐之音、百花齐放促和谐行动、齐心协力谱和谐乐章三个篇章进行，活动课主要采用情景剧、快板、舞蹈、朗诵、小品等形式来开展。活动课的所有素材都来自本班的真实事例，真正做到用身边的事来教育身边的人。

最后，团市委副书记赵波对本次建队日活动和辅导员培训班做了总结发言。她要求全县少先队组织和辅导员深刻地认识到历史所赋予的光荣而艰巨的使命，切实增强少先队事业的责任感和使命感，积极思考，融会贯通，学以致用，努力提高工作能力和业务水平，以科学的理论指导自己的实际工作，不断把红领巾事业做得更好。

2015年10月13日

为保证我镇居民应保尽保，将政府惠民政策落到实处，根据《云南省人力资源和社会保障厅、云南省财政厅关于做好2015年城镇居民基本医疗保险工作的通知》等相关文件精神，我镇社保中心工作人员集中开展办理2016年度城镇居民医疗保险参保缴费工作。2016年度玉溪市城镇居民基本医疗保险的人员（含特殊困难群体）年缴费标准为120元，并且玉溪市城镇居民基本医疗保险的人员可以免缴大病补充医疗保险费，享受大病补充医疗保险待遇。原免缴费的特殊困难群体中的重度残疾人、低收入家庭60周岁以上老年人及低收入家庭的未成年人、2015年6月及以后通过民政部门审核的低保人员，可以由财政代缴费用。老百姓认为缴费过高，而且不断上涨。

2015年10月14日

为进一步提高我镇一线民警的基本素质和应对突发状况的应急能力，纳古镇派出所组织民警、协警15余人进行定期集体作训，本次作训主要是针对武器警械和示范技能教学训练，作训的组织可以让警务人员的身心素质得到一次很好的锻炼。

上午"云南省杨琼英小学英语名师工作室"送教下乡活动在通海秀山一小举行，纳古中心小学3名英语组教师参加本次活动。

2015年10月15日

云南省城乡规划设计研究院工作人员进驻纳古开展实地调查，初步了解纳古镇的现状。下午在镇政府召开旅游文化小镇工作领导小组第一次会议，同时邀请省城乡规划设计研究院工作人员参会。纳立凡镇长通报了旅游文化小镇规划工作的进度，要求各成员积极配合，通力协作，尽快制订出可行性的高质量规划。研究院人员在实地考察后，提出：纳古具备建设旅游文化小镇的优势，但是同时存在不少问题。旅游小镇的规划建设任务艰巨，需要大家的全力配合。此次会议的召开正式启动纳古旅游文化小镇建设的规划工作。近年来，受国内外经济形势下滑影响，我镇钢铁产业受到重创，曾经的"工业重镇"正面临着产业转型的巨大压力。面对此现状，旅游文化小镇的建设无疑是一场及时雨，不仅解决了纳古多年的集镇规划不合理及生态环境等难题，更重要的是给纳古的经济发展带来新的春天。纳古镇要立足背靠狮子山、面临杞麓湖，交通便利等区位优势，充分开发伊斯兰风情民俗、历史文化等特色资源，按规划逐步实施，突出特色、传承发展，长远谋划，促进经济发展、产业融合、产业转型升级，进一步改善群众生活，全力打造具有滇中民族特色的美丽家园。

2015年10月16日

近来，纳古镇党委坚决贯彻执行县委、县政府各项决议、决定，集中开展以治理干部走读为主要内容的作风建设，收到明显成效。

一是认真落实全员值班工作制度。二是执行好"两个纪律"：执行好党的政治纪律、执行好民族宗教纪律，努力维护纳古社会稳定、民族团结、宗教和顺。三是严格遵守好单位内部各项规章制度，积极推进用制度管人、管事。认真治理干部"慵、懒、散"等不良风气，激发广大干部职工内强素质、外树形象的主动性，营造干事创业光荣、偷奸耍滑可耻的良好氛围。四是调动干部职工积极性，关心职工生活，为干部职工履行好岗位职责树立信心，创造条件，提供帮助。五是提高执行力。通过跟踪问效、督促检查等方式，提高班子成员和干部职工执行力，保证各项工作有序开展。

2015年10月17日

峨山文明村清真寺过圣节，多年来都邀请纳家营各界人士参加。

2015年10月18日

"2015年云南中小学班主任工作艺术与德育管理创新研讨会"在云南农业职业技术学院举行，纳古中心小学纳雪梅等14位德育工作者参加为期 1 天半的培训。

2015 年 10 月 20 日

文山州砚山县江那镇人大主席陈林祥率江那镇人大代表、政协委员一行 30 余人深入纳古，在纳古人大主席马恒骧的陪同下实地参观连铸公司、天方食品等公司，了解企业发展情况，并与企业管理人员交流，学习纳古乡镇企业的先进经验，进一步加强工作交流合作。

2015 年 10 月 21 日

下午，为了提高学校少先队"红领巾广播站"广播员的素质，进一步完善学校少先队广播站广播工作，增强"红领巾广播站"在广大少年儿童中的吸引力、凝聚力和影响力，纳古中心小学少先队大队部举办红领巾广播站播音员培训班，由明通小学的郝学兰老师来给我们做专题培训。学校负责红领巾广播站的部分教师和三年级到六年级各中队精选出来的优秀播音员、小记者参加了培训。

2015 年 10 月 22 日

华文出版社"丝路文化出版中心"主任杨平等 2 人到纳古走访名人故居，了解历史文化。

2015 年 10 月 23 日

镇妇联积极协调，参与纳古调委会调解成功了一起因 8 年前离婚引起的家庭矛盾纠纷。

2015 年 10 月 24 日

为进一步加强学校与家庭、教师与家长之间的密切联系，增进每一位家长对学校工作的了解，更全面地了解自己的孩子在校的表现情况，真正达到家校携手共同培养孩子的目标，24日通海三中召开纳古镇回族学生"关注、支持、共谋、提升"家长会。纳古镇党委书记杨堂聪、镇长纳立凡、副镇长羊文兴、中心小学校长马灿敏以及两所清真寺管委会主任参加了家长会。

纳古镇的学生均是在通海三中上初中，三中为纳古培养了许多人才。近年来，由于镇党委政府、清真寺的关心，广大家长的配合，纳古回族学生取得了优异的成绩。三中校长王廷顺向各位家长介绍学校的办学理念、校园文化、安全措施、教学成绩及今后的方向和目标，重点指出学生安全问题及家教合作问题。纳立凡镇长和两位清真寺管委会主任分别表达了对学校的关心，共谋纳古教育事业的发展。

通过本次家长会，各位家长及时了解了近年来纳古回族学生中高考成绩和在校各方面的表现情况，确定了子女今后学习的努力方向。大家都一致认为：孩子是明天的希望，只有大家携起手来，把学校教育和家庭教育、家长和教师紧密联系起来，才能把我们的下一代培养得更好。

2015年10月25日

"七彩云南全民健身运动会"暨通海县第十二届机关职工运动会在通海县体育场隆重开幕，纳古镇干部职工积极参加体育运动。镇党委书记和人大主席带队参加了拔河比赛，并取得了三等奖的好成绩。

2015年第二期云南省科技体育模型辅导员、裁判员培训班于10月24日至25日在玉溪汇龙生态园举办，纳古中心小学科学教师参加了此次培训。

2015年10月26日

为全面贯彻落实省政法委、省综治委《关于在全省开展"秋季集中宣传活动"》的要求，经镇党委研究、决定从10月开始在全镇开展为期3个月的"秋季集中宣传活动"。

通海县2015年小学语文"高效课堂"教学竞赛，于10月26日至29日在纳古中心小学举行，来自9个乡镇的15名参赛选手分别就课堂教学和才艺进行了展示。他们扎实的教学功底、精致的教学设计和动人的课堂效果，深深吸引了现场数百名的观摩代表。经过7位评委的打分，结果现场揭晓，纳古中心小学的苗雪芹、吕传凤和秀山一小的王丽佳获得一等奖。

2015年10月27日

省城乡规划院黄副院长一行4人到纳古，与党政主要领导商谈旅游文化小镇设计规划，确定规划设计方案。

2015年10月28日

经纳古镇周密组织、认真细致推进，顺利完成镇第五届2名人大代表补选工作。

2015年小学科学课堂教学竞赛于10月27日至28日在秀山一小举行。纳古中心小学岳爱老师参赛，科学组教师进行观摩活动。在本次活动中，岳爱老师所执教的《生的食物和熟的食物》以学生分组实验为主线，教学设计新颖，教学基本功扎实，教学效果显著，荣获一等奖。

2015年10月29日

纳古镇团委以"秋风送暖,情系老人"为主题开展"敬老月"慰问活动。活动中，纳古镇团委对辖区内8户困难老年人进行了走访慰问。

镇政府召开"全国第二次地名普查培训及动员会"。

2015年10月30日

纳古镇积极组织10名种植能手参加全县省级农村劳动力转移种植技能培训班，培训以栽培技术知识、蔬菜绿色防控技术为主要内容，以及农民素质提升理论教育。

2015年11月1日

志愿者纳学栋建立微信群为居民二胎、农民三胎落户问题互通信息，约50家。

2015年11月2日

县委书记张小良率纪委、组织部、发改委等部门的领导到纳古镇调研党的基层组织建设工作。

2015年11月3日

根据县教科所教学竞赛的相关要求，纳古中心小学数学教研组通过近两个月的反复听课、磨课、修改，最终选派了张琴、施艳两位教师参加此次小学数学教学竞赛并分别荣获一等奖、二等奖。

2015年11月4日

近年来，受国内外经济形势下滑影响，我镇钢铁产业受到重创，曾经的"工业重镇"正面临着产业转型的巨大压力，大家一向看好的大升高炉、转炉也停产了。

2015年11月5日

下午，纳古中心小学二至四年级的数学老师参加教研活动。此次活动先由三年级的鲁彩红老师执教了人教版二年级数学上册的《搭配》这一节课，让学生在做中学，在学中做，大大提高了课堂教学效率，取得了很好的效果。课后我组织了现场评课，听课教师热情高涨、各抒己见，指出了这节课成功的地方和需要改进的地方，大家一致认为这节课充分体现了新课标理念，让学生在做中学，在学中做，注重了课堂的实效性，具有一定的指导意义。最后由我对本次教研活动进行了总结，并对后面的期中考试和教学进度进行了安排。

2015年11月6日

为全面完成2016年我镇新农合筹资任务，让群众充分享受到这项惠民政策，纳古镇按照《通海县2016年新型农村合作医疗筹资工作方案》的要求，高度重视、精心组织，通过宣传发动、集中收取和审核缴验三个阶段，圆满完成2016年筹资工作目标。据新农办反馈，纳古镇参合总人数为8224人，参合率达100%，筹资额达98.6万元，超出全县平均水平，达到了"参合率高、参合积极性高、筹资进度快、筹资效果好"的筹资目标。

2015年11月7日

2006年1月，纳家琨个人出资100万元成立"通海家琨教育基金"。基金的成立旨在抛砖引玉，期盼更多能人志士都来关心资助品学兼优、家庭贫困的莘莘学子完成学业，振兴民族，报效祖国。自家琨教育基金成立以来，在社会各界的支持下，特别是在得到通海热轧厂的支持下，以发展教育、培育人才为宗旨，从来不计较回族、汉族，只在乎帮困济贫，扶植新秀，奖掖群贤。截至2015年10月底，共奖励或资助536名品学兼优、继续求学有困难的学生，资助金额达97万元。其中：2006年奖励或资助23人，共计奖励或资助5.4万元；2007年计奖励或资助16人，共计奖励或资助5.6万元；2008年计奖励或资助19人，共计奖励或资助7.4万元；2009年扩大范围，共奖励和资助通海县优秀学生27人，并通过云南省民族文化发展基金会，资助在昆明就读的贫困大学生20名，共计发放奖助学金10.3万元；2010年奖励或资助33人，共计3.6万元；2011年71人，共计8.7万余元；2012年65人，共计8.1万元；2013年76人，资金创历史新高，共计15.1万元；2014年受资助学生增加至

83 人，共计 13.55 万元；2015 年受资助学生增加至历年最高 101 人，共计 18 余万元。

2015 年 11 月 9 日

进一步加强青少年生态文明教育，普及环境保护意识，动员青少年从小事做起，从自己做起，积极参加绿色环保行动。11 月 12 日下午 3 点 20 分，纳古中心小学特组织党支部、团支部、少先队代表近 80 人开展"携手保护杞麓湖　共创美丽新纳古"活动。

2015 年 11 月 10 日

下午，姚桂琼名师工作室合跃金成员组"自选文本教学"专题研讨活动在纳古中心小学多功能报告厅举行，玉溪市小语学会会长、红塔区教科所副所长、工作室主持人姚桂琼老师与玉溪市教科所综合研究室主任、特级教师、工作室顾问彭慧勇老师，以及红塔区春和中心小学教导主任、工作室成员杨海燕，瓦窑小学办公室主任孙妍亲临指导。纳古中心小学全体语文教师、曲陀关小学部分语文教师参加了本次活动。

2015 年 11 月 11 日

受钢铁市场持续低迷、房地产市场用钢量大幅下降、市场需求严重萎缩等多重因素影响，2015 年纳古钢铁行业亏损严重，企业破产、倒闭趋势加剧，对纳古镇几项重要经济指标形成巨大影响。1—9 月，纳古完成公共财政预算收入 383 万元，完成工业总产值 45 亿元，减产 11 亿元；完成固定资产投资 50 万元。

2015 年 11 月 12 日

纳古镇团委进村入户，开展"敬老月"志愿服务送活动。经了解，走访慰问的 8 户老人中，其中 3 户是孤寡老人，2 户视力模糊、听力下降，

1户双腿天生残疾。本次慰问最高年龄94岁，最低年龄61岁。

活动受到了慰问对象、村民小组领导和附近居民的一致赞扬。培养了纳古青年有爱心、乐于助人的好品质，使团员青年受到敬老爱老和扶贫助残的中华传统美德的教育。

2015年11月13日

一组纳宝光归真，70多岁。

2015年11月14日

纳古中心小学7名数学教师到昆阳一小参加何筱良名师工作室"统计与概率教学"研讨活动。

2015年11月15日

一组纳美娟归真，癫痫病多年，60多岁。

2015年11月16日

本学期，纳古中心小学继续开展"推门课"，对全校教师随时进行备课、上课、课堂管理等系列的常规检查。

2015年11月17日

纳古中心小学教科室主任储勇老师组织课题组成员参加论文评选活动。这次论文评选活动首先由年级经过初评，各年级推荐2～3篇优秀论文参加校级评选，经过课题组成员认真评选，共选出10篇优秀论文参加通海县2016年论文评选。

2015年11月18日

纳古中心小学广大教师积极撰写论文，多数论文能围绕评价研究，按新课改、新理念展开讨论，说理透彻，论据充足，很少有抄袭、拼凑或网上直接下载现象，这也反映了我校教师的教育理念在不断提高，文章中一些独到的见解对我校的教学改革具有一定的指导意义。

2015年11月19日

骑自行车，相约环湖已经成为一种时尚，大家经常相约远行的路线是：去程：纳古—小白破—江川—螺丝铺—大树—阳光海岸—禄充—澄江；返程：澄江—路居—雄关—海东村—二街—纳古。

2015年11月22日

纳古志愿者在团县委书记纳鸿翔的指导下，志愿服务活动深入秀山街道六一社区，为六一社区"爱心超市"送去了一些旧衣服和书籍，交流学习了"爱心超市"的志愿服务活动，突显了"奉献、友爱、互助、进步"的志愿精神。

2015年11月23日

纳古中心小学现有学生2100人，教职工134人，高级职称3人，中级职称32人，初级职称50人，省、市、县骨干教师6人。学历合格率100%，本科学历达43.3%。

2015年11月24日

根据统一部署，自2015年10月开始，纳古镇全面启动第二次地名普查工作。镇政府高度重视，切实加强领导，明确责任分工，相互协调配合，落实保障措施，严格进度，确保纳古镇第二次全国地名普查工作圆满完成。

2015年11月25日

纳古镇位于通海县杞麓湖北岸，总面积12平方千米，2014年末常住人口8976人。纳古镇下辖7个村民小组，机构设置为村民小组党支部、村民小组，设置党支部书记、组长、副组长各1人。自1988年建乡以来，纳古镇已按此模式管理27年。近年来随着经济社会的快速发展，在此模式实施过程中，存在不利于上级项目资金落实、不利于少数民族干部培养、村干部待遇不高等弊端。为了纳古镇能够争取到更多的项目资金，促进民族团结和保持社会稳定，更好地发挥村委会职能作用，更好地为村民服务，镇党委、政府今日组织召开征求成立村委会意见会议，72.5%的参会人员同意设立村委会。同时镇党委政府正积极向上级部门申请成立村民委员会。根据《征求成立村委会意见会议》的征求结果，经镇党委、政府召开会议研究，决定成立古城村民委员会和纳家营村民委员会。具体方案如下：古城村民委员会由第一、第二村民小组组成，人口2414人，830户，行政区划按原第一、二村民小组的行政区划不变；纳家营村民委员会由第三、第四、第五、第六、第七村民小组组成，人口6343人，2146户，行政区划按原第三、四、五、六、七村民小组的行政区划不变。村级组织下设三委：村党总支、村民委员会、监督委员会。村民委员会暂无固定的办公地点，暂时采取租用方式。

2015年11月26日

纳古镇属于工业特色小镇，目前共有工业企业256户，其中钢铁产业占到80%，在全镇经济社会中占有较大比重。由于近些年在发展过程中钢铁业产能过剩的情况越来越明显，再加上全球钢铁业市场疲软，纳古镇的钢铁企业已步入寒冬。

2015年11月27日

古城过圣节，纳家营妇女去相帮。

2015年11月28日

27日至30日,"七彩语文杯"第六届全国小学语文教师素养大赛将在江苏南京举行。为了促进教师专业成长,提升教师专业素养,纳古中心小学派出何跃金、纳雪梅、纳维瑞、胡雪梅、苗雪芹、吕传凤等7位教师,参加了现场观摩与学习。

2015年11月29日

纳古镇党委举行了2015年基层党组织书记暨组干部专题培训班,对基层党组织书记进行了为期一天的专题培训。此次培训,以各党支部书记为重点对象,将各组组长、副组长,各支部委员纳入培训范围,共38人参加了此次培训。培训采取集中授课和外出参观学习相结合的方式,由镇党委副书记陈申力主持。

2015年11月30日

一组马绍东突发脑出血归真,54岁。

2015年12月1日

下午,纳古中心小学邀请纳古镇派出所教导员任彦兵警官给学校三至六年级学生代表进行了一场精彩的法制教育讲座。讲座中,任警官结合一个个触目惊心的青少年违法、犯罪实例,从法律专业、日常生活等多个角度对当前青少年心理问题、行为习惯等进行了深入浅出的分析和解读。

2015年12月2日

纳古中心小学德育处何文平、徐正艳、马顺瑜3位教师和马雨琪等11名红领巾广播站成员到明通小学北辰校区参观学校少先队红领巾广播站建设情况。

2015年12月3日

为普及微课程知识，探索和创新信息技术环境下教与学的新模式，促进信息技术与学科教学的深度融合，纳古中心小学全体数学教师在集体教研时学习了微课程知识以及如何制作微课程，效果良好。

2015年12月4日

大师傅纳跃义的女儿订婚，吃汤圆，支持婚丧喜事的改革，没有会亲。

2015年12月5日

三组纳恒的父亲归真，83岁。

2015年12月6日

纳古小学办公室人员开始指纹打卡上下班了。

2015年12月7日

为切实加强农村基层干部的监督和管理，正确评价村组干部的任期经济责任，促进组干部勤政廉政，于12月7日开始，对纳古镇组干部2013年1月至2015年12月任期内的经济责任进行离任审计。纳古镇是这次全县审计工作的第一家，镇农经站在会计账务方面准备充分迎接审计。

通过审计，检查组干部任期经济责任的履行情况，为考核、选拔组干部提供重要依据，为农村基层组织的选举工作打下扎实基础；进一步加强农村基层组织建设和农村党风廉政建设，维护农村集体经济组织和农民利益；进一步健全和完善村务公开和民主管理制度，推动纳古镇组集体经济组织财务管理的规范化、制度化和民主化；考核和评价组集体对《村集体经济组织财务制度》和《村集体经济组织会计制度》的执行情况。本次审计主要采取就地审计和乡镇（街道）相互交叉审计的方式进行。

此次审计力求把全镇组干部任期和离任经济责任专项审计工作做实、做细、做到位，为组干部换届选举工作顺利进行打牢基础。

2015年12月8日

县招商局王学明局长、杜传龙副局长、四川博能天然气公司领导到纳古镇进行天然气管道铺设项目洽谈，镇党委书记、经管中心主任和各村民小组支部书记参加了会议。会上，四川博能天然气公司董事长及总经理从经济性、安全性、环保性以及在工业方面的广泛使用等方面介绍了天然气的优势。

2015年12月9日

七组纳维辉的母亲归真，70多岁，几年来先后发生四次脑出血。

2015年12月10日

纳古镇党委利用夜学时间及时组织干部职工和组干部，传达学习十八届五中全会精神，在纳古掀起学习五中全会精神热潮。

2015年12月11日

纳古镇党委、政府高度重视党报党刊征订工作，经过半个多月的努力，在镇党委、政府的关心和各企事业单位的支持下，纳古镇圆满完成2016年党报党刊征订任务，共征订《人民日报》9份、《云南日报》51份、《玉溪日报》41份、《光明日报》2份、《经济日报》2份、《求是》4份。确保公费优先订阅中央和省、市委重点党报党刊，同时积极鼓励自费订阅，工业企业自费订阅量超过60%。

2015年12月12日

七组马学芳的儿子结婚,新媳妇是玉溪人,婚宴早上开始待客,下午正客,一天清。

2015年12月13日

上午召开纳古镇路域环境整治推进会,党委书记杨堂聪安排具体工作;每个重点整治项目都安排专人负责,全镇上下形成了齐抓共管的良好局面。之后组织全镇干部职工开展江通公路纳古段沿线环境卫生整治行动,对辖区内公路沿线的生活垃圾、建筑垃圾、杂草等进行清理。

2015年12月14日

通海县团县委"青基会"筹集9万元到纳古小学资助在学校食堂吃中午饭的贫困学生100人,每人900元。

2015年12月15日

镇上组织预防艾滋病专题讲座,组织村民听讲。

2015年12月16日

为进一步提升全镇人力资源社会保障管理服务水平和金融服务能力,拓展社会保障卡应用领域,方便人民群众享受社会保障待遇和金融服务,12月8日,纳古镇组织召开金融社保卡发放工作会。会议对金融社保卡的定义及功能、发卡任务及对象、组织领导、实施步骤、职责分工、工作要求等做了详细安排部署。

2015年12月17日

纳古七组村民持身份证领取社会养老保险缴费卡,每人每年缴费100元,60岁时据所交金额多少领取养老金,最低每月75元。

2015 年 12 月 18 日

纳古忠爱小区的商品房也随着全国房价一样降价了。

2015 年 12 月 19 日

今年因为经济不景气，也受清真寺制定的村民公约限制，各种客事少了很多。与以前比较：丧事不酬客、吃茶不会亲、盖新房不酬客、生孩子娘家不请满月、结婚不请七天等。

2015 年 12 月 20 日

三组纳玉琼，57 岁，中风多年，能活动，近年病情加重，卧床不起，这日归真。

四组纳恒周家看厂师傅，70 来岁，孤寡老人，近年也不能做事了，经常住院，基本是纳恒周家管理，这日归真，后事也是纳恒周家料理。

镇政府组织全体干部职工和各支部党、团员清扫全镇街道卫生，共分为 10 个小组。

2015 年 12 月 21 日

纳古商会召开代表大会，举行第四届执委会换届，经过代表投票，大会选出 17 个执委，有代表发言，提出异议。执委一次全会选出马跃升担任会长，马丽波、马喜恒、李学开三人为副会长，秘书长许珍丽。第一届会长由副镇长纳锦斋兼任；第二届会长由纳家琨担任；第三届会长由纳家琨、马跃升担任。

2015 年 12 月 22 日—25 日

记录员纳文群、纳瑞媛到云南大学参加少数民族田野调查基地村民日志、影像志培训，全省 12 个少数民族基地，回族研究基地在纳古。纳文群已经参与记录 11 年，马恒骧、马启尧记录 4 年，已经出书一本，纳杰接手马恒骧、马启尧记录，今年纳瑞媛接手纳杰的记录工作。

2015 年 12 月 26 日

玉溪城区清真寺过圣节暨第十五届学生毕业典礼，纳家营很多教亲参加，挂功德 300 元、500 元不一定。

2015 年 12 月 27 日

五组马艳玲的母亲，70 多岁，得肠癌一年多，这日归真。

2015 年 12 月 28 日

三组纳继清的三女儿与五组马儒春的儿子结婚，这日接回门。

2015 年 12 月 29 日

三组纳汝辉的父亲，75 岁，患脑梗，这日归真。老人先天残疾，但是 50 多岁时儿子企业做大了，老人也享福了，坚持晨泳多年，不幸还是患上疾病。

2015 年 12 月 30 日

镇上 12 个领导分到各村民小组贫困户开展"挂包帮""转走访"活动。

纳文群日志
2016年

2016 年 1 月 4 日

五组纳存兰的丈夫张俊平归真，53 岁，脑出血。

2016 年 1 月 5 日—6 日

农网电力改造，七组柿花园稍后于其他片区，村民们反映多次，盼望已久，因为经常跳闸，电磁炉也起不动，终于可以改进了。

2016 年 1 月 7 日

今天听到一个好消息：纳古作为"省级民族团结示范镇"，将由省、市民宗部门配备 450 万元，分两年下拨，用于民族团结事业、产业发展、城镇基础设施建设、民族工艺、历史文化名人故居纳忠、纳训故居修缮。

2016 年 1 月 8 日

市民宗局组织 25 人到宁夏、陕西等地参观学习，纳古大师傅纳跃义、马尔继参加了活动。

2016 年 1 月 9 日

县图书馆在纳古文化站安装"电子图书阅览"设备，河西、纳古作为第一批，只需扫一扫二维码就可以进入阅读。

2016 年 1 月 10 日

纳古镇退休干部、教师新春会在镇政府三楼多媒体报告厅召开，镇长和老干局领导做了慰问讲话，20 多位人员参加会议。

2016 年 1 月 11 日

镇主要领导 4 人到市民宗局汇报纳古镇"省级民族团结示范镇"建设项目及资金分配计划，市民宗局沐局长和董副局长给予指导建议，尤其对纳忠、纳训名人故居投入要加大。

2016年1月13日
晚上7点中央九套播放"一家人·过日子——云南故事",讲述云南各民族间团结友爱、互帮互助等内容,以纳校长讲述"回汉互保"及经济发展中和谐发展的情况,从而阐述民族团结的重要意义。

2016年1月14日
海鸥来了,小海公园热闹非凡,今年看海鸥的人特别多,停车场较紧张。

2016年1月16日
清真寺管委会经会议研究决定派出8个阿文教师参加省伊协举办的第六期教师培训,1-5期没有派出人员参加学习。

2016年1月17日
镇党委书记杨堂聪在县招商局带领下到浙江等地考察招商引资。

2016年1月19日
镇上组织年轻人参加社保局到纳古举办为期一周的创业培训。

2016年1月20日
七组纳光生姊妹几家在县城的"伊清火瓢牛肉馆"开张了。

2016年1月21日
市人大副主任吴建森到纳古调研集镇建设情况。

2016年1月22日

镇经管中心、安监站等部门到各企业开展安全生产检查。

2016年1月23日

经过通海县委宣传部、县文产办、县文化局共同组织市、县有关专家，对参评"通海县第二批民族民间传统文化工艺师"民间艺人的从艺经历、艺术修养、制作技艺、作品特色、生产前景、带徒能力等方面进行严格评审，纳古镇纳文超被评为"通海县第二批民族民间传统文化工艺师"，于近期获得了命名授牌。现在，纳古镇已有省级工艺大师1人、市级工艺师1人、县级工艺师2人，成为纳古镇民间工艺品产业发展的"领头羊"，为打造纳古民族民间工艺品牌、促进纳古特色文化产业发展提供了强有力的人才保障和支持。

2016年1月24日

几十年不遇的大雪降临纳古。

2016年1月25日

因冰雪冷冻，全镇上千个水表、接头、太阳能等冻坏爆裂，街头巷尾水流四射，水电工抢修多日。

2016年1月26日

纳古镇召开宗教界、企业界人士座谈会，教长、管事、商会会长等人发言，围绕经济发展、诚信为本、旅游文化、人才培养等发言。

2016年1月27日

县镇有关人员对纳古3所清真寺进行大殿、食堂、锅炉消防、食品安全检查。

2016 年 1 月 28 日

古城举行篮球赛开幕式。

2016 年 1 月 29 日

镇文化中心、林业站等部门对"纳永阶墓、马云照拱北、纳忠、纳训故居"等重点文物单位进行安全防火检查。

2016 年 1 月 30 日

2005 年以来，纳文鹏的通海华钢刀剪公司根据市场的需要，研发并推出了茶刀，经过 6 年来技术的不断创新、改进，现工艺日趋成熟。生产的茶刀共 10 余个品种，价格从几十元到几千元不等。由于具有做工精细、美观实用等特点，一度成为收藏和馈赠的首选。现年产量虽已达到 5000 余把，但还是经常出现供不应求的现象。

2016 年 1 月 31 日

焊管协会负责人马应福组织大家商议，解决担保人与贷款人之间的纠纷问题。

2016 年 2 月 1 日

市、县有关部门对宗教界上层人士、侨属困难户进行慰问。

2016 年 2 月 2 日

镇领导深入民间寻找购买即将消失的农具、手工业品、马帮用具等物件，为将开业的纳古文化展览馆提供物品。

2016 年 2 月 3 日

纳古志愿者领取《纳家营》杂志 2015 年第 2 期 270 份，准备在春节期间向到纳古的游客发放。

2016年2月5日
现在生活水平提高了,大家的健康意识增强,追求优越的医疗条件,看病做体检都到市级医院,就连产检、生孩子也是到市级医院,但是市医院产科正所谓一床难求,走廊加床都非常紧张。

2016年2月6日
要过年了,赶紧走出克旅游了,过年前宾馆生意淡,房价低,出克玩的人不多,我们回族不过年,出发吧!

2016年2月7日
纳古人多半去三亚、西双版纳、大理、丽江等地,也有去泰国的。不错的选择,自驾游,带上电饭锅。

2016年2月8日
过年了,通海县城为保护老城已经禁止放烟火好几年了,但在省城等地放得很热闹。

2016年2月9日
勐海县城清真寺落成庆典,过圣纪节,纳古人去了不少。追溯缘由,历史上赶马经商在那里安家的,或是去工作的、做生意的也不少,故多年来来往也较多些。

2016年2月10日
大年初一以来,到我们这里看海鸥的人络绎不绝,每天不少于1万人次,海边的小摊贩生意不错,听说一家卖油炸洋芋的一天就有6000

多元的营业额。

2016年2月11日

党委政府主办，清真寺协办的第三届海鸥杯篮球赛开幕，共24个队，其中少年组8个队。一等奖奖金2500元。

2016年2月12日

民间组织乒乓球团体赛，在四组纳恒光家里举行，第一名被下回村夺走，第二名纳家营乒协（马自猛、纳绍武、纳文洁、纳恒光），第三名纳家营志成队（纳汝义、纳维恒等），少年队（纳颖等）得精神文明奖。

2016年2月13日

四组雷敏姊妹几家到泰国清迈开中国餐馆，听说生意不错，因其祖父赶马经商定居泰国，留得商铺，故与那里的亲人合作开馆。

2016年2月14日

随着网购的迅速发展，在纳家营已经有3家"农村淘宝网店"，另有申通、中通、百世汇通、顺丰等10多家快递店铺。

2016年2月15日

五组纳向辉的儿子纳俊台与纳欣然结婚，宴席设为一天，共600来桌，订牛肉1600多斤，当天没有接"人亲"，婚房设在忠爱小区14楼，家里也安排了新房，与父母分开居住还算开了先例。

2016年2月16日

纳古镇马恒骧等5个县人大代表参加县第十五届人大第四次会议。

2016年2月17日

清真寺建两部观光电梯，可达四楼，造价120多万元，资金来源主要是一户村民捐赠100万元，其余部分由清真寺支付。

2016年2月18日

县十五届人大四次会议闭幕，纳古的县人大代表回到各自的工作岗位。

2016年2月19日

市旅游局杨英泽副局长在通海县李艳萍副县长的陪同下一行20人到纳古调研古建筑，到女寺及纳忠、纳训故居参观。

2016年2月20日

今年起60岁以上老人养老金由原来每月75元增加到85元。

2016年2月21日

四组纳某某因高血压致冠状动脉阻塞，送医院急救，装支架2个，花了约3万元。

2016年2月22日

纳跃义的女儿与纳绍伟的儿子结婚，双方都是再婚，但婚宴仍然办得热热闹闹，而且没有接"人亲"。

2016年2月23日

马恒骧收到北京著名作家元康的大作《回族大家》《信士在人间——陈克礼的学术与人生》等书籍。

2016年2月24日

纳跃义家为女儿接回门，他们家也没有接"人亲"。

2016年2月25日

阿文学校教师马健康在纳家营教学20多年了，儿女也长大成人，今天儿子与四组纳鹏春的女儿结婚，新房买在忠爱小区，算是在这点儿定居了。

2016年2月26日

镇组干部到县上参加换届选举动员大会。

2016年2月27日

四组纳鹏春为女儿接回门。

2016年2月28日

三组合连国的父亲赶马经商在泰国定居娶妻生子，父亲1974年归真，其妻儿回国探亲，今天妻子归真。

2016年2月29日

马恒骧、鲁燕标代表通海县出席"云南省第十次归侨侨眷代表大会"，全省340名代表，其中回族22人，通海代表2人。大会选举省侨联主席、副主席、秘书长、委员。

上午，纳古镇农技农机站举办了一期水稻栽培技术培训班。镇农技员、村农科员及种植户52人参加了培训。培训班上，市农科院及县农技站的专家多媒体授课，结合我镇实际，从如何选择适合我镇种植的优良稻种，根据节令适时浸泡谷种，耕整田、播撒育秧、插秧、病虫害防治、科学施肥、科学施用农药、确保粮食安全生产等方面进行了深入浅出的讲解，内容实用，通俗易懂。现场学习气氛浓厚，参训学员认真听讲。并就专家所讲的内容进行热烈的讨论与交流，大家都十分珍惜这次难得的学习机会。

2016年3月2日

纳古小学学前班正式成为幼儿园，500多名学生开始在园睡午觉、吃一餐三点，请营养师搭配，每天6元伙食费，每月收保育费120元，一个学期600元，待幼儿园升等级后将提高。

2016年3月4日

云南民族大学段副校长一行5人到纳家营拜访阿拉伯经贸商马泽湘，因其儿子在北京二外学习阿拉伯语，特意来进行相关交流。

2016年3月5日

学校进行食堂改造，按上级要求不得烧柴火，只能用电，电烤箱蒸饭，电锅炒菜，电炉熬汤，全套造价30多万元，食堂人员8人，900来人在食堂吃饭。

2016年3月6日

四组合永清的儿子结婚，因女方是独生女，结婚后小两口两边照管。

2016年3月7日

过年后，钢铁价格不稳定，不以天论价，而是以小时议价，总体是上涨，比低时涨了每吨500元，不几天又降低三四百元，难做了！

2016年3月8日

镇、村两级党组织换届动员及业务培训会。

2016年3月9日

纳古镇、村组、企业界共26人参加县"争先创优跨越发展大讨论、大行动"动员大会。

2016年3月10日

镇团委组织全镇团员到海边喂海鸥。

2016年3月11日

晋宁到纳古打工的一个汉族家庭，已经进教5年，今天因为癌症归真，停在清真寺内，志愿者帮忙料理后事。

2016年3月12日

下回村大管事家栽了15亩樱花，2000多棵，现在正是盛开时节，我们村很多相约去赏花。

2016年3月13日

连铸公司2015年股东大会第十一次会议，钢铁行业疯狂的一年，每吨上涨五六百元，之后又下降三四百元，在钢铁行业的严冬时节迎来连铸公司股东大会，在这么严峻的形势下，今年还有收益，分红10%，让我们这些小小股民的心里有了丝丝暖意。马跃升董事长说：一个企业要想长久，首先要有严明的纪律，团队成员要团结协作，作为董事会领导要清廉，凡事要公开，公开才能公平，公平才有公正……严冬过后必是春天，祈求安拉让纳古人民早日走出严冬，迎来明媚的春天。

2016年3月14日

《纳家营》杂志编辑部发出征稿启事：2016年4月18日，是纳家瑞老校长归真一周年的纪念日。纳校长是我们心目中的教育家、历史学家、企业家，是伟人、榜样、恩人，民族团结的楷模，纳古文明的倡导者和践行者，是一个永远有故事的、头脑清晰的智者、"活辞典"，是纳古国民教育的奠基人，也有人称他是我们纳古的一位灵魂人物。同时老校长还是《纳家营》刊物的编委和指导者，他的逝去是我们的重大损失。

为了缅怀纳家瑞老校长，本刊决定举办一期纪念特刊，诚邀他生前的好友、同事、至亲、学生等各界人士，从逝者生前二三事或三两句话展开回忆，让思念从纸面复活。

文稿的题材不限，可以是回忆性、论述性文章，诗歌、题词、书法、画作、摄影作品等，都是我们所期待的，也都是广大读者所希望看到的、了解的。

2016年3月15日
纳家营7个妇女参加新华保险公司组织的港澳观光购物旅行团。

2016年3月16日
纳古工商所对纳古市场进行食品、药品安全检查，基本合格。

2016年3月17日
各村民小组等10个党支部选举党代表59人，将出席镇党代会。

2016年3月18日
近年来，受钢铁市场持续低迷、房地产市场用钢量大幅下降、市场需求严重萎缩等多重因素影响，纳古钢铁行业亏损严重，企业破产、倒闭不断出现。2016年，在国家供给侧结构性改革、钢铁去产能等重大政策的影响下，纳古镇钢铁企业的生产经营越发艰难。按照稳增长、促转型，实现经济社会跨越式发展的要求，为确保纳古经济有序发展，社会持续稳定，确保各项工作顺利进行，完成年初县委政府下达的各项经济指标任务，纳古镇党委政府决定对镇属钢铁企业做地毯式的走访，挨家挨户进行详细调查了解，俯下身子去倾听企业厂家的心声，了解企业目前存在的困难、以后的发展思路、需要镇党委政府提供什么帮助以及如何避免因经济不景气而引发的各类矛盾、纠纷等。在调查走访的基础上，镇党委政府能更准确地对纳古企业的生产经营现状、债权债务情况、土地利用情况、产品结构情况进行重新定位，更有效地采取工作措施，实事求是，解放思想，通过走出去、请进来等方式帮助企业解决思路不广、眼界不宽、重复投资、同质发展的问题，帮助企业提质量、保存量、降成本，引导和鼓励企业加快技术改造和创新，优化产品结构，延伸产业链，增强企业竞争力，推进工业企业转型升级，谋求纳古跨越发展新的机遇路径。走访活动自 3 月初开始，现在已走访企业近 60 户。

2016 年 3 月 19 日

七组马红星家女儿结婚。

2016 年 3 月 20 日

春天来了，万物复苏，但是，今年到处看到的是被冰雪冻死的热带移植来的植物，本地植物枯死的比较少。

2016 年 3 月 21 日

晚上春雨降临大地。

2016 年 3 月 22 日

清真寺教长讲卧尔兹，主题是"杜绝卖淫嫖娼"。

2016 年 3 月 23 日

纳古镇"旅游文化小镇"初审，省城乡规划设计院工程师 5 人汇报讲解，规划搞好后由镇政府出资 123 万元。

2016 年 3 月 26 日
七组合灿熙与五组黑妹的女儿结婚。

2016 年 3 月 27 日
县财政美丽乡镇"一事一议"给马鞍子路 92 万元修建费，龙潭路下段 96 万元。

2016 年 3 月 28 日
五组黑妹家为女儿接回门。

2016 年 3 月 29—30 日
中国共产党纳古镇第十一次代表大会隆重召开，59 名镇党代表、30 余名列席人员参加了此次大会，县委常委、纪委书记刘世伟，县政协领导、县委指导组有关领导列席会议并指导工作。杨堂聪同志代表中国共产党纳古镇第十届委员会向大会作了党委工作报告；李国兴同志代表中国共产党纳古镇纪律检查委员会作了纪委工作报告；在新一届纳古镇纪律检查委员会第一次会议上，李国兴同志当选书记，常敏同志当选副书记。在中国共产党纳古镇第十一届委员会第一次会议上，杨堂聪同志当选书记，纳立凡、陈申力同志当选副书记，在镇党委十一届一次全会上还通过了镇纪委一次全会选举结果。

2016 年 3 月 31 日
纳古镇第五届人民代表大会第四次会议召开，镇人大代表 47 人，邀请镇工作人员、主要企业负责人等列席人员共 87 人参加了会议。县人大常委钱秀琼、县政协秘书长刘正鹏列席会议并指导工作。会上，镇党委副书记、镇长纳立凡代表镇人民政府作《政府工作报告》，报告回顾了"十二五"期间和2015年的工作情况，提出"十三五"时期的发展目标，明确2016年纳古镇将重点从完善基础设施建设、开展产业建设、优化人居环境、加强法治建设、突出民生建设、转变政府职能六个方面开展工作。党委委员、人大主席马恒骧作《人大主席团工作报告》，提出镇人大主席团要坚持以邓小平理论、"三个代表"重要思想和科学发展观为指导，坚持党的领导、人民当家作主和依法治国的有机统一，切实增强监督实效，发挥代表作用。

2016年4月1日

下午2点30分，纳古中心小学三至六年级的优秀少先队员代表以及学校大队委的全体成员在党员教师、团员教师的带领下，100余人来到通海烈士陵园开展"缅怀革命先烈，弘扬爱国精神"清明节扫墓活动，缅怀那些为了人民解放、祖国富强而献身的革命烈士。

2016年4月2日

1926年2月，纳家营遭遇"丙寅劫难"，国民党军队杀良冒功，放走建水土匪，杀死136名百姓，放火烧纳家营，80%以上民房被烧毁。今年是90周年，清真寺组织阿訇开经，纪念亡人。

2016年4月3日

七组纳会祥的儿子与四组纳福初的女儿结婚。

2016年4月4日

鉴于近期发生因为债务偿还不力而挟持债主的事件，大师傅在主麻上讲：欠债人要尽最大的力量偿还债务，有钱不还，或是转移资产都是不义的；催债人也不能过分强硬，采取非正常的手段也是要不得的。

2016年4月5日

大白龙炼钢厂已经停产半年多了,听说最近将三海中正的轧钢机以2150元的价格谈成,以入股的形式并入大白龙,形成自己炼钢自己轧钢的模式,希望能有好效益,小股东们也才有好日子过。

2016年4月6日

"女童保护"志愿讲师王琴来到纳古中心小学,为五年级学生讲授儿童防性侵课讲座,县妇联还发放了儿童防性侵手册供孩子们学习了解。

2016年4月7日

纳古镇新成立纳家营、古城两个村委会,镇党委政府高度重视,切实加强联系,指导和组织工作。今天,召开动员会启动村组换届选举工作。

2016年4月8日

经过前期的努力和积极准备,纳古镇马鞍子路、海埂路、龙潭路延长线改扩建工程三个项目已通过上级批复,其中马鞍子路、龙潭路延长线项目资金已到位,进入招投标程序。

2016年4月9日

上午,县民宗局领导和镇领导、清真寺管事接待宁夏银川金凤区统战、民宗、清真寺负责人共16人,参观纳家营清真寺和拱北。

2016年4月10日

七组纳光坤与勐海曼寨一傣回结婚。

2016 年 4 月 11 日

哈吉到昆明体检，以往每年有不合格的人，今年大家都通过。

2016 年 4 月 12 日

一户村民 3 人食用老白花，二人中度中毒。

2016 年 4 月 13 日

纳古幼儿园幼儿住园已经一个多月了，每个孩子每天 6 元的伙食费，吃一餐三点，很多家长反映孩子吃饭习惯好了，也长胖了。

2016 年 4 月 14 日

纳家营村按照镇党委审批意见和既定议程，在镇村组换届工作指导组的主持下，顺利选举产生了纳家营村第一届村党总支委员会委员 7 人、在纳家营村党总支委员会第一次全体会议上，纳宏锦当选党总支书记，合卫伦当选副书记。

古城村选出第一届村党总支委员 5 人，在党总支委员会第一次全体会议上，马俊坤当选党总支书记。

2016 年 4 月 15 日

三组振兴路下段路面硬化及涵管铺设项目正在有条不紊的开展中。

2016 年 4 月 16 日

近日，"厄尔尼诺"现象影响全球，也影响到我们的家乡，经常狂风暴雨，灾难不断。

2016 年 4 月 17 日

四组纳文洁家开经酬祝米客，纪念归真一年的父亲。

2016年4月19日

为推动残疾人创业，促进就业，提高残疾人及其家庭收入水平，玉溪市残联印发《玉溪市"助残就业同奔小康"创业就业行动方案》，经过纳古镇工作人员的积极宣传，共有13户残疾人自主创业户申报补助资金。县残联理事长施俊到纳古镇对13户申报户进行现场核查。申报资料将上报市残联审核，审核通过的残疾人自主创业户每户将获得不少于8000元的补助。

2016年4月20日

卫生院用5天的时间为65岁以上的老人做免费健康体检，项目有B超、心电图、肝功、肾功、血糖、血脂等。

2016年4月21日

今年是发起"爱国卫生运动60周年"，4月是第24个爱国卫生月，为进一步改善我镇环境卫生面貌，提高人民群众的卫生健康水平，巩固我镇创建国家卫生城镇工作所取得的成果，加快创卫工作步伐，借助爱国卫生月的有利时机，结合我镇工作的实际，于今天集中开展爱国卫生、节水活动，参加人员有：纳古镇党委政府全部领导干部职工、派出所、卫生院、纳古小学、7个村民小组领导（党支部书记、组长、会计、团支部书记）、纳家营伊斯兰文化学院、古城阿文学校、纳古志愿者协会等。

2016年4月22日

长江师范学院210多名师生到纳家营清真寺参观。

2016年4月23日

四组纳凤辉的儿子与一组马兴信家的女儿结婚。

2016 年 4 月 24 日

县妇幼保健院免费为 35 岁以上妇女做宫颈癌和乳腺癌筛查,纳古镇有 150 个农民妇女参加检查。

2016 年 4 月 25 日

纳古镇组织召开省级民族团结示范镇建设规划初评会。县民宗局、财政局、住建局、发改局等相关部门领导参加评审,初评已经通过,等市级评审通过后,将投入 450 万元建设经费。

2016 年 4 月 26 日

纳家营村、古城村圆满完成了 2 个村、7 个村民小组党支部班子的选举换届。

2016 年 4 月 27 日

新成立纳古古城村、纳古纳家营村两个村党总支。纳古古城村党总支下辖 2 个党支部,纳古纳家营村党总支下辖 5 个党支部。新一届的村组党组织呈现"年轻化、高学历化、男女比例平均化"三个特点:

一、年轻化。两个村党总支共选举产生委员 12 人,其中 35 岁以下的年轻干部 5 人,占 42%,两个村的党总支书记均为 80 后。7 个党支部共选举产生委员 21 人,其中 35 岁以下的年轻干部有 8 人,占 38%,3 个村民小组党支部书记年龄都在 36 岁以下。

二、高学历化。在 12 名村党总支委员中,高中以上学历 5 人,占 42%;大学以上学历 3 人,占 25%,两个村的党总支书记均为大学学历。21 名支部委员中,高中以上学历干部有 9 人,占 43%,大专以上学历有 4 人,占 19%。

三、男女比例平均化。在 12 名村党总支委员中,妇女干部有 3 名,占 25%。21 名支部委员中,妇女干部有 10 名,占 48%,其中有 3 名村民小组党支部书记为妇女。

"三化"干部为村组班子注入了新活力、新思想。

2016年4月28日

纳古镇2个村民委员会同时开展村委会成员候选人提名"海选"，投票时间为上午9点到下午4点。通过集中计票、唱票和统计，纳古古城村共提名主任候选人40名，其中妇女2名；提名副主任候选人49名，其中妇女3名；提名委员候选人122名，其中妇女39名。纳古纳家营村共提名主任候选人52名，其中妇女5名；提名副主任候选人79名，其中妇女9名；提名委员候选人176名，其中妇女44名。

2016年4月29日

纳古七组召开党员学习大会，邀请马恒骧主席为大家上党课，会议学习了《关于在全镇党员中开展"学党章党规、学系列讲话、做合格党员"学习教育实施方案》的精神，结合七组实际，给予工作指导。

2016年4月30日

这几天定的带钢价格是每吨2980元，厂家订货一般1000吨以上。

2016年5月1日

云南民族大学发生四季豆中毒事件，60多人出现中毒反应。

2016年5月2日

云南大学、云南师范大学等高校60多名师生到纳古开展为期4天的社会实践活动，镇人大主席马恒骧为他们介绍纳古情况1个小时。

2016 年 5 月 3 日

纳忠教授的儿子纳家宝从北京回家乡探亲。

2016 年 5 月 4 日

一批又一批外省、外国穆斯林到纳家营，纳家营部分村民也经常外出到各地穆斯林聚居区参观交流。

2016 年 5 月 5 日

这日是立夏节令，早上就下了一场大雨。

2016 年 5 月 7 日

5 月以来持续高温干燥，纳古镇对护林防火工作毫不松懈，增加卡点人员，加强宣传教育，抓好火源防范管理。

2016 年 5 月 8 日

纳古镇 3 辆垃圾清运车日均清运垃圾近 30 吨，垃圾问题比较突出，难于管理，乱扔乱放，不入坑。

2016 年 5 月 9 日

5 月以来持续高温干燥，纳古镇对护林防火工作毫不松懈，继续严格按照省、市、县森林防火命令要求抓好火源防范管理。坚持以预防为主、防范第一的思路，深入扎实推进森林防火大宣传、大预防、大检查、大排查、大整治专项行动。

2016 年 5 月 10 日

纳古中心小学组织全校少先队员开展 2016 年"红领巾相约中国梦"少先队基本知识竞赛活动。比赛由三至六年级的 4 支代表队参赛，每支代表队都由 1 名辅导员和 3 名少先队员组成。竞赛方式为个人必答题、集体必答题、抢答题、风险题。每支代表队的队员都是有备而来，答题非常顺利，经过激烈的角逐，三年级代表队以 198 分的好成绩赢得本次比赛的冠军。最后，党支部副书记纳雪梅老师对此次活动做点评。

2016 年 5 月 11 日

纳古古城村通过正式选举产生村民委员会，马灿勇当选村民委员会主任，廖兴华当选副主任，马丽清、李春玲、杨丽当选委员。此次选举选民积极参与，参选率高达 98%。公布选举结果以后，村民们纷纷表示选举结果符合选民意愿，认为当选的 5 位同志都是公正、能干事的人，有望带领纳古古城村更好、更快地发展。上午 11 点，市换届工作指导组一行到纳古镇对选举投票工作进行现场巡查。

2016 年 5 月 12 日

5 月 12 日，纳古纳家营村正式选举第一届村民委员会。纳古纳家营村共有 7 个村民小组，共计选民人数 5022 人。共计发出选票 4974 张，收回 4963 张。一次性顺利选举产生村民委员会成员：主任 1 名，副主任 1 名，委员 3 名。

2016 年 5 月 13 日

2016 年 4 月 30 日定的带钢价格是每吨 2980 元，厂家订货一般 1000 吨以上，现在还没有拉完，价格又下降了，每吨降了 600 元，甚至来买焊管的只给 2300 元一吨，这个生意咋个做？

2016 年 5 月 14 日

今年纳古镇烤烟栽种任务为 248 亩，烤烟收购任务 37500 公斤。纳古镇全部完成 248 亩烤烟栽种任务，其中连片种植面积达 200 亩，膜下小苗种植率达60%。

2016年5月15日

2015年纳古镇统计有贫困户12户，共44人，2015年底脱贫2户，目前还有10户共38人。

2016年5月16日

镇党委、镇政府利用3月、4月两个月时间，在全镇工业企业中开展"大走访、大调研"活动，对全镇工业企业做地毯式的走访调研。目前企业生产经营状况：法人企业单位64户，占42.38%，个体工商企业87户，占57.62%。正常生产的企业占46%，断续生产的企业占33%，停产的企业占21%，部分停产企业正筹集资金准备恢复生产；2016年第一季度，63%的企业处于收支平衡或略有盈余，28%的企业有较大盈余（主要是有一定规模并且正常生产的钢铁企业），9%的企业处于亏损状态。

2016年5月17日

县级督查验收组到纳古镇对烤烟栽种面积落实情况进行督查。经过到田间地头的实地查看，督查组一致认为：纳古镇"保质、保量、适时"完成了县级分配的烤烟栽种任务，有效确保了计划合同、种植地块、移栽面积三吻合，对纳古镇烤烟栽种工作给予了充分肯定。烤烟栽种任务顺利通过县级验收。

2016年5月18日

随着刀具企业的发展，纳古近年涌现出一批省、市、县级民族民间工艺师。其中有省级民族民间工艺师一名（纳文鹏）、市级工艺师一名、县级工艺师两名、民间工匠上百人。

2016年5月19日

河南省民族商会代表团一行11人在中国回族学会副秘书长、省民委处长明瑜的陪同下到纳古镇进行交流考察,镇党委政府相关人员及通海县纳古商会主要人员参与了交流座谈。座谈会上,镇人大主席马恒骧介绍了纳古镇基本情况,纳古商会人员介绍了纳古主要产业和产品。纳古商会在今年钢铁市场持续低迷的情况下,通过引导企业调整产业结构、加大企业兼并重组力度、优化产业升级等方式扭转下滑局面,积极配合镇党委政府着力推进清真食品产业、民间手工艺产业的发展。河南省民族商会代表团对纳古清真食品"马老表"方便米线十分感兴趣。双方就民族企业的发展思路和商机进行了深入探讨。

2016年5月20日

纳古镇职工与全县一致积极参加义务劳动,捞沟渠淤泥、捡垃圾,净化、美化家乡环境。

2016年5月21日

镇农技农机站认真组织开展农产品产地快速检测工作,将"农产品销售市场100%纳入监测范围",实时监测农产品质量。按照县农业局的安排,纳古镇农技农机站于1—6月定期对辖区内农产品生产者、市场销售的蔬菜、水果进行随机抽样检测,并进行动态管理,确保农产品产地质量安全。共抽检农户60户,抽样检测蔬菜、水果样品60个,合格率100%。

2016年5月22日

纳古镇300亩水稻连片种植示范基地,是我县目前最大的水稻连片种植基地。

2016 年 5 月 23 日

纳家营名人"老憨清",55 岁,有智力障碍,父母双亡,就靠跟"阿耶"①"阿婶"讨点钱过日子,大家都很喜欢他,也常常主动关心他,这日归真。

2016 年 5 月 24 日

纳古镇古城村二组民族团结示范村建设项目于 2015 年 12 月开工建设,主要包括篮球场、活动广场、老年活动中心等的翻新重建,总计投资 80 万元。现在建设也基本完成,镇验收组进行了初验,认为工程建设符合相关要求。

2016 年 5 月 25 日

三组的纳荣四归真,73 岁,脑出血。

纳古镇残联在镇分管领导的带领下走访慰问贫困残疾人。慰问组每到一户,都详细了解他们的生产和生活困难,鼓励贫困残疾人克服困难,树立信心,积极面对生活。这次走访共慰问贫困残疾人 10 户,发放慰问补助资金 5000 元。

2016 年 5 月 26 日

镇政府召集各界人士对"旅游文化小镇"征求规划修改意见,大家对每户建设占地面积 120 平方米意见较大,认为应该给 200 平方米。

2016 年 5 月 27 日

众时代购物广场开张,促销手段多样化,很热闹,交款排成两大列。

---

① "阿耶",当地方言,"叔叔""伯伯"的意思。

2016年5月28日

镇政府职工李春彦,在通海县七街集贸市场见义勇为帮助一名受害者抓住了偷手机的小偷,扭送到公安机关处理。被通海县社会治安综合治理委员会表彰为"2016年社会治安综合治理先进个人"。

2016年5月29日

志愿者募集到5万元经费,买大米、香油,送往贫困孤寡户家里。

2016年5月30日

为提高广大穆斯林群众"知恐、识恐、防恐、反恐"的意识和避险自救能力,县民宗局、县公安局、纳古镇政府和镇司法所联合在纳家营清真寺举办《反恐怖主义法》知识讲座。讲座邀请县公安局反恐大队大队长刘帮鑫同志向大家讲授"反恐"基本知识。

2016年5月31日

上午,纳古小学举行一年一度的庆祝"六一"儿童节活动,节目丰富多彩。通过资助学生、表彰优秀家长、优秀学生、开展游园活动、"少年传承中华传统美德"书画展等活动,给纳古镇的小朋友们送去节日的祝福,引导少年儿童向真、向善、向美,让孩子们度过了一个快乐而有意义的节日。纳古镇妇联、镇关工委给品学兼优的20位贫困学生送去2000元助学款,纳古小学资助49名学生,发出资助款2450元。表彰本年度内表现突出的优秀家长86人,优秀班干部、进步学生、优秀学生共计473人。弘扬教育子女、尊师重教、积极进取的正能量精神。

2016年6月1日

纳古镇组织新一届村组干部进行培训。新成立的古城村和纳古纳家营村两个村党总支、村委会、村务监督委员会以及各村民小组干部共42

人参加了培训,培训由镇党委副书记陈申力主持。

2016 年 6 月 3 日

纳古"百事通"民间微信公众号开通两个月,约 2000 人加入,每天发微信数十条,多为微商广告。

2016 年 6 月 4 日

村班子成员组织党员、青年团员等先锋力量率先开始了大扫除。同时,发出倡议书 2000 多份,倡导全民参与清洁环境卫生,建设美丽家园活动。利用纳古新闻网、纳古社区微信平台宣传爱护环境卫生"正能量",劝阻、制止破坏环境卫生的不良行为,扩大影响。倡导个人树立公共环境卫生意识,养成文明健康生活方式。

2016 年 6 月 5 日

云南大学民族学专业大二的 22 名学生、3 名教师到纳古进行社会实践活动,镇人大主席马恒骧为他们介绍纳古地理、历史、宗教、民俗、经济等方面内容,文化学院纳惠为他们讲相关内容。

2016 年 6 月 6 日

纳古回族文化展览馆已收集到部分藏品:具有伊斯兰风情的物件、富有生活气息的用品、传承马帮文明的器具等。

2016 年 6 月 7 日

今天是斋月第一天,我们村仍然遵循老古规:初一见月、初二把斋,不见月就初三把斋。

2016年6月8日

县委副书记曾丽娟一行到纳古镇进行调研并与纳古镇党政班子成员进行了座谈。座谈会上镇党委书记杨堂聪同志就纳古镇的经济社会发展情况、以后的发展规划和目前正在开展的主要工作等几个方面作了汇报。听取了汇报后,她提出4点要求:1.纳古镇党委政府要全力做好民族团结工作,确保宗教和顺、社会稳定;2.要加快"旅游文化小镇"建设力度,规划先行并加大宣传力度,让老百姓了解发展规划,更好、更快地推进发展;3.抓好供给侧改革的机遇,引导企业转型升级,结合纳古特色发展民族手工业;4.要注重抓好班子团结,营造干事创业的积极氛围,加大宣传力度,让更多人认识新的纳古、发展中的纳古。

2016年6月9日

早上下拜后,清真寺组织阿訇在大殿开经纪念300多年前归主的蔡老师祖。

2016年6月10日

镇纪委针对机关工作纪律、公车使用等情况开展现场检查,并对村组"零接待"情况进行了检查。

2016年6月11日

《纳家营》杂志2016第1期——纳家瑞校长纪念特刊已经出来了,印刷2000册,每册7.2元,合计14400元,以往期刊由纳家瑞和他们鸿翔焊管公司每年赞助9000元,本期由校长家属全部承担。

2016年6月12日

有一位不知名的老板出钱做盒饭在清真寺门口免费提供开斋饭,主要针对外来人员,特别是来沾塞瓦布的教亲,①这一做法在纳古算是首家,以往提供的是一些开斋的小零食。

2016 年 6 月 14 日

按照通海县林业局的要求,纳古镇林业站按照镇党委政府的统一安排和部署,对纳古镇辖区内 2013 年冬至 2015 年春完成的杨树、喜树等各种绿化树种进行全面检查,成活的树种目前长势良好,成为建设生态纳古和美丽纳古一道亮丽的风景线!

2016 年 6 月 15 日

五金产业园区液化气储备站发生爆燃事故以后,为深刻汲取事故教训,纳古镇结合实际,组织全体干部职工召开安全生产大检查工作会议,制定安全生产大检查实施方案,在全镇企业全面开展安全生产大检查工作。此次共分为 8 个检查小组,主要对全镇约 86 户企业及交通运输、消防、人员密集场所的生产安全进行检查。

2016 年 6 月 16 日

以三组为主的一场由妇女组织的斋月爱心活动,走访、看望老人、病人及困难户,给 200 多人送去红糖、大枣等营养品,这一做法已经做了 6 年,今年参与的人数有所增多。

2016 年 6 月 17 日

《纳子厚评传》一书已经出版,纳子厚是纳家营小学 20 世纪四五十年代的校长,是纳家营党支部第一任书记,20 世纪 50 年代被诬陷致死,后得以平反。

---

① "沾塞瓦布的教亲",在此处特指生活没有着落、因贫困而乞讨的穆斯林。

2016 年 6 月 18 日

清真寺进行斋月里募捐功德活动，几天下来，捐到 155 万元。

2016 年 6 月 19 日

纳古镇发展壮大第三产业，支持以家庭经营为主要形式的小商店、小餐饮店、民族手工艺品店发展，今年发放贷免扶补及扶贫贷款 61 户，共计 610 万元。

2016 年 6 月 20 日

在创建纳古"民族团结进步示范镇"的规划中，纳古镇通过打造主要街道景观、加强基础设施建设、建设回族文化展览馆、修缮忠训故居、民族手工艺展示厅等七个方面的项目实施，努力建设纳古民族团结进步示范镇，促进民族地区经济社会发展，增加少数民族群众收入渠道，有效地改善民族群众生产、生活条件。

2016 年 6 月 21 日

按照《通海县城乡人居环境综合整治三年行动方案》文件要求，纳古镇加大城乡人居环境和路域环境卫生整治力度，加大重点区域的保洁清理和监督。环卫工人负责做好对集镇主要街道进行保洁，7 个村民小组的保洁员负责辖区范围的卫生清扫，3 辆垃圾清运车日均清运垃圾近 30 吨。对企业厂区、流动人口集中居住区等卫生意识淡薄，容易出现乱倒生活、建筑、农业、工厂废弃物等垃圾的区域，进行经常性集中清理工作。同时对附近相关企业和住户进行教育劝说，安排人员强化日常监督检查工作。

2016 年 6 月 22 日

纳古镇党委政府一直以来高度重视民族团结和稳定工作，坚持一把手负总责，牢固树立"经济是第一要务，稳定是第一责任"的观念，建立健全长效机制，妥善处理民族问题，努力促进民族团结。

2016年6月23日
七组纳恒运因心血管疾病归真，68岁。

2016年6月25日
镇上组织人员在公路边栽种香樟树、滇朴树，约需要50万元。

2016年6月26日
清真寺大殿窑窝里安装了一套音响系统，效果较好，价值8万元。

2016年6月27日
县纪委书记李荣奇到纳古镇进行调研，分别听取了镇党委书记杨堂聪、镇长纳立凡关于全镇经济社会发展情况和党风廉政建设工作情况汇报。李荣奇对纳古镇各项工作表示满意，他说："一直以来，纳古工业经济在全省都小有名气，近几年由于钢铁产业不景气和产业政策调整等因素，经济发展有所下滑，给纳古人民的生活带来了极大的影响。在这种情况下，纳古镇党委政府保持了社会的长期和谐稳定，这是可喜的工作成绩"。李荣奇指出，在今后的工作中，纳古镇党委政府要抓好"三个稳定"，力推纳古经济再上新台阶。一是抓民族稳定，纳古是以回族为主的少数民族乡镇，要将民族稳定工作作为重中之重来抓，将党风廉政建设与政府中心工作有机结合，发挥清真寺宗教管理优势和企业界人士引导作用，进一步转变作风，推动民族稳定工作。二是抓经济稳定。在当前经济下行的压力下，镇党委政府要严格贯彻执行上级决策部署，镇纪委要从稳增长做好纪律服务，监督执纪，帮助和引导企业找准定位，突出优势，积极转型升级。三是抓好社会稳定工作。要充分发挥村级组织的作用及基层党员领导干部带头实干作用，确保社会的长期和谐稳定。

2016 年 6 月 28 日

纳古中心小学党支部开展以"学党史、铭党恩、颂党情"为主题的庆祝活动,马灿敏书记带领大家一起学习历史,回顾党走过的路程。接下来是少先队员、党员、团员代表用舞蹈、诗朗诵、合唱等不同的形式来歌颂党、歌颂祖国。

2016 年 6 月 29 日

五组纳汝义的母亲归真,84 岁。

2016 年 6 月 30 日

市水利局局长到纳古调研,答应给 100 万元修复关塘。

2016 年 7 月 1 日

纳古镇召开庆祝中国共产党成立 95 周年大会,全镇各党支部代表 50 余人参加了会议。组织党员观看了红色电影《建党伟业》,了解中国共产党成立的背景和曲折历程,加深了对党的热爱。最后,到峨山县甸中镇等教育基地,开展革命传统教育和爱国主义教育活动。听教育基地工作人员讲述滇中地委建立的历史,并现场重温入党誓词。

2016 年 7 月 2 日

"七一"前夕,县委常委、纪委书记李荣奇及我镇党政主要领导,深入各村组看望慰问困难党员,并送去慰问金,感谢他们为党的事业和纳古经济社会发展作出的贡献,向他们致以节日的问候和祝福,共组织走访慰问 7 人,发放慰问金 5600 元。

2016 年 7 月 3 日

省内外 6 所清真寺到纳家营挂功德,在大门口摆摊统一收取,两天时间收到 20 万元。

2016 年 7 月 4 日

今天是初一，昏礼后观测新月未见，明天继续把斋。

2016 年 7 月 5 日

经过两个月的反复实地踏勘，讨论商量，挨家挨户多次做动员工作，最终，马鞍子路涉及住户对道路改扩建具体实施方案基本达成一致意见并签字同意。7 月初，在电力、通信设施迁移安置第一阶段工作完毕后，道路两旁住户开始陆续拆除围墙，为铺设路面做好准备。

2016 年 7 月 6 日

今天大开斋，聚礼后新华社昆明分社两名记者参与节日仪式全过程，之后采访大师傅纳跃义和镇人大主席马恒骧。

2016 年 7 月 7 日

昨天的采访文章以"中国西南边陲古老清真寺的开斋节会礼"发表在新华社客户端，已有 20 多万人浏览。

2016 年 7 月 8 日

纳古镇连片水稻田里装上了 8 盏太阳能板杀虫灯。近几个月来，杀虫灯大显身手，充分发挥了杀灭害虫的作用，农户在水稻田里几乎没有使用农药，目前进入孕穗期的水稻长势良好，节约了农药成本的同时也保证水稻质量安全。太阳能板杀虫灯利用太阳能发出紫光，吸引害虫靠近并进行物理杀灭，主要杀灭螟虫、黏虫等害虫，安装的 8 盏杀虫灯成效明显，接下来将在全镇农田加装太阳能板杀虫灯。

2016 年 7 月 9 日

采摘野生菌的季节到了，很多村民相约上山采菌。

2016 年 7 月 10 日

国家赴朝团回国，云南 23 人，纳家营 5 人。

2016 年 7 月 11 日

一组李维东患肝癌归真，51 岁。

2016 年 7 月 12 日

为确保全镇畜产品的质量安全，杜绝"瘦肉精"等禁用物质使用，纳古镇畜牧兽医站组织全镇规模养殖户、屠宰户、畜禽贩运户及村动物防疫员、协检员等 20 余人开展畜产品质量安全培训会。通海县动物卫生监督所副所长岳修俊从畜产品质量安全生产行为控制、动物和动物产品的检疫、病死畜禽无害化处理、违法案例分析等方面对参训人员进行了培训，讲解贴近实际。

2016 年 7 月 13 日

纳古镇组织召开 2016 年综治维稳工作会议，镇领导班子成员、相关站所长、村两委班子以及调解主任等 30 余人参加了会议，会议由镇党委副书记陈申力主持。

2016 年 7 月 14 日

纳古司法所邀请通海县司法局基层股股长张汝春同志向新任村委会调解委员会成员 20 人进行调解业务培训。

2016 年 7 月 15 日

这阵我们这点儿的孕妇多半要到玉溪克做产检,尽管主任挂号费从 7.5 元涨到 21.5 元,还是要去。

2016 年 7 月 16 日

清真寺举行毕业生典礼,毕业生共 54 人,男生 19 人,女生 35 人,本地 27 人。

2016 年 7 月 17 日

7 月以来,纳古镇政府下发通知给烟尘排放不达标的企业厂家,要求停产整改,不整改不开工,并对整改情况严格监督。

2016 年 7 月 18 日

宁夏回族自治区文联主席到纳古考察。

2016 年 7 月 19 日

纳古刀具生产企业有 14 户,主要生产水果刀、餐具刀、工艺刀 3 个系列 10 多个产品,符合市场需求和国家政策,年产值达 2000 万元。其中生产茶刀的企业有 12 户,年产量为 37000 把,年产值 1000 多万元。特别是"纳家营牌"茶刀(已注册),规模、档次、质量全国领先,成功进入高端普洱茶具市场,并在英国、马来西亚、新加坡等国外市场建立了良好的口碑。

2016 年 7 月 20 日

七组合云猛与五组纳玉英的女儿王星结婚。

2016 年 7 月 21 日

　　纳古镇 300 亩连片种植水稻正值抽穗期,是防治穗瘟病、稻曲病的关键时期。为了切实抓好水稻病虫害的防治工作,由镇农技农机站联合县植保植检站,采用统一人员、统一药剂、统一时间、统一技术指导、统一作业的方式,使用 2 架植保无人飞机进行农药喷洒,对这片水稻开展统防统治服务。植保无人飞机喷洒农药成效明显,节劳省时、喷洒均匀、不浪费、用量小、降低成本,提高了病虫害的防治效果和效率,削减了农业面源入湖污染负荷,确保了水稻增产增收、粮食生产安全。

2016 年 7 月 22 日

纳玉英家为女儿接回门。

2016 年 7 月 23 日

四组纳顺康的儿子与五组纳继昌的女儿结婚。

2016 年 7 月 24 日

马昌俊的父亲盖石棉瓦摔下来归真,60 来岁。

2016 年 7 月 25 日

纳继昌家为女儿接回门。

2016 年 7 月 26 日

镇人大主席到深圳参加"2016 年第三期人大主席培训"。

2016 年 7 月 27 日

三组纳周存归真,80 来岁。

2016 年 7 月 28 日

五组纳维彪的父亲归真，76 岁。

2016 年 7 月 29 日

县委统战部部长蔡骏辉到纳古镇走访慰问困难优抚对象。蔡骏辉代表县委政府给现年 79 岁的纳德文带去了亲切慰问，送去慰问金 500 元。

2016 年 7 月 30 日

16-31 日，来自云南大学、云南师范大学、云南民族大学、西南林学院、昆明理工大学等高校的 300 余名学生到纳古进行社会实践。在社会实践活动期间，大学生们主要将通过听讲座、调查走访、交流等形式了解纳古的社会经济和民族宗教等情况，马恒骧为他们讲纳古的方方面面，已坚持 10 多年。

2016 年 7 月 31 日

五组马爱梅的母亲因病归真，65 岁。

家琨教育基金公布奖励办法，面向中考考上重点高中、高考考上二本以上大学的学生。

2016 年 8 月 1 日

纳古镇 10 家小型轧钢厂被举报到中央督查组，上级有关部门要求其停产整改。

2016 年 8 月 2 日

2013 年底，纳古镇辖区范围内的 10 余家造纸厂被依法强制关停，并及时搬迁。但光明造纸厂、新业造纸厂两家造纸厂虽已关停，却一直未进行拆除搬迁。为改善纳古人居环境，今天纳古镇党委政府对这两家造纸厂进行现场督促拆除，两家造纸厂比较配合。

2016年8月3日

七组马浩然家添了一个小公主，今天酬祝米客，约300桌，没有接"人亲"。

2016年8月4日

纳古镇成立两个村委会：纳家营、古城，因"古城"与杨广古城同名，而被强加"纳古"两个字，即"纳古镇纳古纳家营"，"纳古镇纳古古城"。

2016年8月5日

今年进入汛期以来，降水量持续增加，特别是近期几场大雨来势急、雨量大，在短时间内形成了大量积水。镇党委政府安排农业中心工作人员每天巡查主要入湖河道及村庄主要排水沟渠，发现堵塞，立即清理。

2016年8月6日

纳古镇通过召开党支部会议"抓学习、抓部署、抓落实、抓整改、抓宣传"等措施，扎实开展"两学一做活动"。开展好"学党章党规、学系列讲话、做合格党员"学习教育活动。

2016年8月7日

纳古镇成立"美丽纳古"建设工作领导小组，下设农村危房改造和"百村示范、千村整治"行动项目组、城乡环境综合整治组、督促检查组、宣传报道组，确保工作顺利推进。

2016年8月8日

纳古司法所组织工作人员重点走访了在册矫正张某。张某，因犯虚开增值税专用发票被判有期徒刑 3 年，缓刑 5 年。2015 年 3 月初，与朋友到山上骑摩托车不慎摔倒，身体多处严重骨折，病情严重，长期住院治疗，生活不能自理。在走访过程中，司法所所长一是对病情、生活情况进行了解，鼓励其重树生活的信心；二是对其使用已损坏定位的手机进行更换，以便能及时掌握其动态情况；三是送去法律书籍，丰富休闲时光，提高法治意识。

2016 年 8 月 9 日

纳家营小海公园被人举报"清真寺乱围乱占 80 亩，环境卫生管理不到位"。镇政府针对此事找出相关依据，作出情况说明，公园所占地是大包干时三、四、六 3 个生产队的承包低洼田，几年后被湖水淹没，到 2009 年连续几年干旱，各户界限不清，个别几户填围跨界多占。为保护杞麓湖，广大村民要求由清真寺统一管理，建成公园，现在绿树成荫，海鸥嬉戏，吸引许多玉溪市内游客，也成了大家游玩、散步的好地方，深受群众欢迎。只是由于地处农村，没有配套设施与人员管理，加上过年期间每天上万游客，卫生差也就在所难免了。

2016 年 8 月 10 日

纳古镇一年一度的大学生优秀高中生表彰会在纳古小学隆重举行。纳古镇党委政府、纳家营清真寺、古城清真寺及连铸公司、星泰公司、方圆公司、康宏公司、云钢管业、云马扣件 6 家企业共同出资 7.46 万元对全镇今年上线的 39 名三本以上大学生、2 名研究生以及 7 名考取重点高中的学生进行了奖励。"家琨教育基金"也出资 3.2 万元，对 30 名优秀学生进行了奖励。

2016 年 8 月 11 日

"贝因美与爱同行公益项目"是由中国妇女发展基金会与贝因美婴

童食品股份有限公司合作开展的一项公益活动，目的是为促进贫困地区母婴健康、营养状况持续改善。纳古镇妇联结合精准扶贫工作，通过前期摸底调查，将县妇联发放的6箱贝因美（1～3阶段）奶粉，发放到了我镇两个村15户贫困家庭手中。

2016年8月12日

"家琨教育基金"是纳古镇社会各界捐资助学的"领头羊"，由企业家纳家琨于2006年出资100万元创立，分为助学金和奖学金，到目前为止资助奖励的个人和团体已达500多个，累计捐赠助学奖学金101.8万元。

2016年8月13日

三组马亮厚的儿子因患肾衰竭归真，30多岁。

2016年8月14日

欢送哈吉。今年通海县111人，纳古70人，比往年少了，也有报名排队到了又往后推的。

2016年8月15日

云南省文产办主办的"2016年云南省特色文化产业示范县（市、区）、示范村、销售示范街区（市场）及示范企业"评选活动在昆明国际会展中心举行颁奖仪式。全省22个县（市、区）、村、销售街区以及企业获奖，通海县纳古纳家营村凭借工艺刀具产业被评为"2016年云南省特色文化产业示范村"。到颁奖现场领奖的纳古纳家营村党总支书记纳宏锦说，"获得全省特色文化产业示范村这一殊荣是对纳古纳家营村工艺刀具产业的肯定，我们将以此为激励，引导刀具生产企业在产品文化内涵的提升、品牌打造、包装设计、创意研发、市场营销等方面继续努力，切实发扬文化特色，打造示范产业。"

2016年8月16日

在8月10-15日举办的创意云南2016年文化产业博览会上，纳古工艺茶刀参加了玉溪展区的展销，前来参观、咨询的人络绎不绝，极大地提升了纳古工艺刀具的知名度。省级工艺大师纳文鹏带着自己制作的工艺茶刀参加了展览。纳文鹏制作的茶刀工艺精湛，设计充满奇思妙想，具有深厚的文化内涵，吸引了众多茶艺爱好者的关注。市委副书记保明顺莅临视察，在听取纳文鹏介绍了茶刀的工艺流程和市场需求情况后，保副书记鼓励道："工艺大师要充分发挥自身优势，发扬纳古文化特色，将纳古工艺刀具产业做大、做强。"到场的新闻媒体对纳古工艺茶刀十分感兴趣，针对工艺刀具产业的历史、现状、规模、市场等问题对纳文鹏进行了采访。展会上，茗峰茶魂茶具厂的工艺师傅苗从应制作的大马士革花纹钢茶刀受到了参观群众的热情围观。花纹钢美观大方、高档，配于各类角，更彰显茶刀的个性。苗从应师傅介绍说：制作花纹钢的材料必须采用弹性好、易腐蚀、强度高的优质钢材。弹性好以提高其韧度；易腐蚀以体现其花纹；强度高以保证其刃口的锋利。制作时要严格控制温度，多层折叠锻打，就像揉破酥包子一样。在本届文博会上，纳古纳家营村荣获"2016年云南省特色文化产业示范村"称号。

2016年8月17日

纳家营靠近杞麓湖的一片农田低洼积水，适宜莲藕生长，今年全镇种植莲藕40余亩。正在田里施肥的大叔说，"我们纳古种的这些藕已经成熟，他家去年种植的藕亩产约2～3吨，大的藕一根就有10多斤重，增加家庭收入约2万元，今年田里的莲藕长得好，预计又是一个大丰收"。

2016年8月18日

七组胡维斌的女儿参加县一幼教师招考，经过激烈的竞争，已经被录取。

2016 年 8 月 19 日

幼儿园入学前体检，180 人到纳古妇幼站体检，其中 160 人将进入纳古幼儿园，20 人将进入蓓蕾幼儿园。

2016 年 8 月 21 日

又一波假币来袭纳古菜市场，卖咸菜的、卖豆腐的、卖烧饵块的、卖小菜的都中招了。

2016 年 8 月 23 日

通海县宣传部牵头，各乡镇建官方微信平台，纳古微信名暂定为"神奇纳古"。

2016 年 8 月 24 日

副市长黎晓英到纳古镇走访调研，副县长李艳萍陪同前往。纳古镇党委书记杨堂聪介绍了镇经济社会基本情况以后，黎晓英实地察看了纳古镇工艺刀具生产销售企业锦程公司、清真食品生产销售企业天方食品有限公司，并与工业企业代表纳恒周进行了座谈。了解了纳古镇企业的发展历程、产业特色以及企业转型升级中面临的难题。黎晓英一行还参观了纳古镇最具伊斯兰文化特色的纳家营清真寺。

2016 年 8 月 25 日

玉溪市副市长、市公安局局长朱家伟带领市政协、市民宗局、市公安局国保支队相关领导到纳古镇开展随机调研，通海县副县长、县公安局局长杨兴龙，县民宗局局长祁跃红，纳古镇相关领导，县公安局副局长师震海及国保大队、反恐大队负责人陪同调研。朱副市长一行首先对纳古派出所工作进行了检查，通过问、听、查、看后，朱副市长对纳古派出所的工作表示肯定，同时要求纳古派出所在社区工作中做到精细化管理，做到点、线、面条块结合，有目标、有针对性地开展工作，实施人管人、措施管人，织密纳古镇社会治安综合防控网。

随后，朱副市长一行走访了纳家营清真寺、古城清真寺，并与纳古镇宗教界人士进行了座谈。朱副市长指出，纳古镇在民族宗教管理中要做好三点工作：一是要学习借鉴省内外先进经验，大力宣传国家方针政策，寻找民族、宗教、法律的契合点，营造爱国、爱党、爱教的氛围；二是要加强'反恐'宣传教育，珍惜当前和谐稳定的社会局面，继续保持纳古经济社会繁荣稳定发展；三是民族宗教人士要支持公安工作，同时公安机关将贯彻执行党的民族宗教政策，支持民族宗教工作长足发展。最后朱副市长强调，"纳古镇刀具产业的发展要按照当前的规定，保护合法、打击非法，确保刀具产业健康、有序发展"。

2016 年 8 月 26 日

纳古镇组织召开土地确权登记颁证工作推进会，邀请县确权办领导、老师指导工作开展。镇班子成员、土地确权工作组成员、各村组领导班子共 30 余人参加了会议。

2016 年 8 月 27 日

纳古幼儿园举行招聘代课教师面试工作，4 个本地大学生出色地通过面试提问、绘画、弹琴等测试，已被录用。

2016 年 8 月 28 日

截至 2016 年 6 月底，我镇实现地方财政收入 255 万元，完成全年目标任务的 46.7%；向上级争取资金 205.7 万元，完成全年目标任务的 82%。截至 7 月底完成工业总产值 35.1 亿元，完成全年目标任务的 61.19%。截至 8 月完成社会固定资产投资 4495 万元，完成全年目标任务的 81.73%。

2016年8月29日

市委组织部、市财政局组成的检查组到纳古镇检查、了解党员活动室建设使用情况。纳古镇2个村委会，共有7个村民小组。在7个小组党支部中，有5个建有党员活动室，2个因无公房而未建设。检查组一行实地察看了党员活动室后，对纳古镇各支部的党员活动室建设使用表示肯定，同时指出不足和存在的问题。

2016年8月30日

近期，纳古镇农技农机站、安监站、综治维稳办、派出所联合开展农机安全隐患排查整治工作，主要对拖拉机、微耕机等农机道路行驶运输安全情况进行排查整治。检查拖拉机25辆，无违法、违规驾驶运载行为，检查组工作人员在检查的同时，还对驾驶员宣传农机安全驾驶相关知识和法律法规。

2016年9月1日

今年我镇烤烟种植合同面积为225亩，烤烟交售任务量37500公斤，目前已经交售17378.6公斤，其中上等烟比例99.04%，交售均价约36.96元/公斤。

2016年9月2日

镇三资中心主任张建萍再次重点讲解了工作流程和需要把握的基本要求，安排我镇土地确权登记工作的近期任务：9月5日前完成资料收集；9月6日开始作业单位入驻纳古，开始实地测绘、指认工作；9月15日前，无争议、无纠纷的地块全部完成信息录入。

2016年9月3日

年轻的父母们带宝宝到通海、玉溪拍摄百天照、半岁照，一般价格在 300～600 元间。

2016 年 9 月 4 日

县委书记卢维江，县委常委、县组织部部长刘绍宏一行到纳古镇调研。纳古镇党委书记杨堂聪围绕 1—8 月纳古镇开展的主要工作、工作中存在的问题及接下来 4 个月的工作计划做了汇报，镇班子成员分别汇报了分管工作的开展情况。卢维江对纳古镇新一届领导班子开展的工作表示肯定，他对纳古镇今后的工作开展思路提出了四方面要求：一是要求纳古做好发展规划，做好特色旅游文化小镇建设的规划，在城镇规划的基础上做好产业规划；二是要求引导促进产业转型，可以做好第二产业和第三产业结合，引导纳古企业向有优势的工艺刀具、清真食品等行业转型；三是要求接下来的人大和政府换届工作要早筹备、早宣传，严格落实政治意识、大局意识、核心意识、看齐意识；四是要求结合纳古镇实际，高度重视环保问题和教育问题。随后，卢维江一行与纳古党政班子成员进行了单独谈话，通过交心谈心深入了解班子建设、干部思想状态及工作开展中的亮点及出现的困难。

2016 年 9 月 5 日

从今天开始，纳古镇各村组土地确权工作进入群众指认阶段，农户积极参与，目前已有过半农户通过指认确定了自己的土地位置、面积等。

2016 年 9 月 6 日

村委会组建联防队，协助搞好社会治安工作，也给村民们创设一个更安全的生活环境。

2016 年 9 月 8 日

三组纳增廷阿訇归真，80 多岁，教长在葬礼上对其在成人教学方面的贡献给予了肯定。

2016年9月9日

清真寺圣纪节筹备组召开第一次会议，成立18个工作组。

2016年9月10日

清真寺圣纪节宣传组到通海广告公司定做宣传标语。

2016年9月12日

今天是古尔邦节，纳家营全体穆斯林群众身穿节日盛装，齐聚清真寺参加会礼做礼拜，欢度这一传统佳节。

2016年9月13日

纳古镇组织全体干部职工对"中国共产党玉溪市第五次代表大会"会议精神进行了学习传达，镇党委书记杨堂聪主持学习并传达会议主要精神。

2016年9月14日

通海县委、政府对我县2015—2016年度优秀教师和优秀教育工作者进行表扬奖励，纳古小学教师常庆有、马喜兰、徐正艳、宋东霞被评为"优秀教师"，校长马灿敏被评为"优秀教育工作者"。

2016年9月15日

纳古小学召开了以"甘守三尺讲台，争做'四有'老师"为主题的"庆祝第32个教师节暨优秀教师表彰会"，纳古镇政府领导、纳古中心小学退休领导、全校教职员工等170余人参加了表彰会。大会对做出显著成绩的40名优秀教师、优秀班主任、优秀教育工作者以及在2015—2016学年县级教学竞赛中获奖的5位教师给予表扬奖励，号召广大教职员工向他们学习，以他们为榜样，为学校的各项工作作出新贡献。

2016 年 9 月 16 日

16 日至 17 日，纳古镇组织相关站所人员对辖区内的库塘、自来水厂蓄水池、小水窖、沟渠、排涝站进行了拉网式全面排查，确保安全度汛无死角。

2016 年 9 月 17 日

海泥田湾儿的水稻田里连片的稻谷陆续成熟了，金色的谷穗沉甸甸的，把稻秆压弯了腰。农民在田里收割稻谷，脸上都是丰收的喜悦。收割的稻谷在田里直接脱粒，马上就运到晒场晒干。过几天，大家就可以吃到纳古的新米啦。

2016 年 9 月 18 日

买新米克了，荣福老书记家栽得最多，栽了 20 多亩，收获 2 万多斤，3 元一斤，也有 3.5 元一斤的，老安家也卖的呢，官三家呢好吃，大家忙着相告，赶快买些搁着。

2016 年 9 月 19 日

纳家营伊斯兰文化学院邀请县武装部教官为 200 余名在校生开展军事训练活动。此次军训活动为期 5 天。目的在于增强学生的爱国主义精神和国防观念，进一步磨炼学生果断、勇敢、顽强、自制和坚忍不拔的优良意志和品质。通过军训，激励青年学生在奋发、成才之路上努力攀登，为今后踏上工作岗位、走上社会奠定良好基础。

2016 年 9 月 20 日

县精神卫生综合管理试点工作领导小组到纳古镇开展三季度试点工

作督导，镇党委副书记陈申力就纳古试点工作开展情况作了汇报。

2016年9月22日

上午，市、县农业局农产品质量安全监督管理站的工作人员在县农业局高发旺副局长的带领下，到我镇开展水稻抽检工作。抽检水稻样品之后将送到省内水稻所、农科院等专业机构进行农残物和重金属的监测，检测结果将会真实地反映我镇的水稻质量，为加强我镇粮食质量安全监管，及时发现和消除粮食质量安全隐患，确保粮食质量安全打下了坚实的基础。同时农业局将会根据检测结果指导我镇明年的水稻监督和生产工作。

2016年9月23日

在县科协、县经作站的大力支持和指导下，纳古办学点举办了一期蔬菜栽培技术培训班。镇农技人员、村组干部、村农科员及种植户64人参加了培训。

2016年9月24日

纳古镇2015年农危改工作目标任务50户，目前已经全部竣工。纳古镇组织人员进行了初步验收，有9户符合农村危房改造补助要求，其余41户多为超层、建筑面积过大及结构不合理。县验收组于2016年8月2日对我镇9户进行验收，通过验收的有2户，已兑付农危房改造（拆除重建）补助资金20400元。纳古镇根据验收组要求积极督促存在问题的农户进行整改。截至9月20日，7户整改完成，已向县验收组提交复验申请。

2016年9月25日

下午，镇邀标领导小组严格按照县招投标办的相关规定，在镇纪委的全程监督下，圆满完成纳古环卫服务中心最后一批生活垃圾清运设备采购招标工作。

2016年9月26日

纳古镇民族团结示范镇狮山路、创新路改建项目在公共资源交易中心进行招投标，6家公司参与竞标。在现场公证员的监督下，招标按程序依次进行。通过专家组5名专家的细致评选，云南通海第二建筑有限公司中标，工程造价报价1776610元，工期45天，工程包括纳古镇两条主要交通道路狮山路、创新路的全线美化、绿化、亮化等。9月27日－29日为公示期，公示无异议后该公司将即刻进场施工。

2016年9月27日

历时3天的云南省第三届宗教界体育运动会在玉溪聂耳大剧院圆满闭幕。纳古镇12名穆斯林参加了此次运动会，参加了跳绳、自行车、体操、气排球等多项比赛。分别获得：体操团体冠军、气排球团体第二名、个人跳绳第二名、羽毛球混双第四名、篮球团体第五名、乒乓球混双第六名。

2016年9月28日

纳古中心小学以第十九届普通话推广周为契机，邀请国家级普通话测评员、玉溪市演讲学会副会长、玉溪师范学院文学院金国东老师于9月28日下午到学校为100余名教师进行了"教学语言优化策略"专题培训和普通话指导。

2016年9月29日

在玉溪市文化产业博览会上，纳古纳家营村的苗从应师傅的两件作品获奖，分别是："镇宅宝剑"荣获云南省工艺美术"玉溪文博·工美杯"精品评选二等奖；"白牛角茶刀——茶魂"荣获云南省工艺美术"玉溪文博·工美杯"精品评选三等奖。

2016 年 9 月 30 日

纳古纳家营清真寺定于 10 月 1 日、2 日两天举行圣纪节活动，届时预计将接待上万人次用餐，纳古镇加强监督管理及巡查检查，确保圣纪节期间的安全稳定。

2016 年 10 月 1–3 日

国庆期间，纳家营举办了盛大的圣纪节欢庆活动，每逢圣纪，穆斯林买新衣，各家各户要早早地邀请各地的亲朋好友，节日气氛浓郁。除了举行必要的宗教活动，清真寺还要举行大型聚餐活动，共待客大约 6500 桌，共收入 165 万余元，支出 107 万余元，余 58 万元。圣纪节的第二天，举行庆祝活动，并为 61 个毕业生举行毕业"穿衣仪式"；今年纳古镇的圣纪节增加了盆景工艺版块，在展出的地点和形式上也做了一下改变，把盆景工艺品放到街道上展出，这样既减少了对清真寺待客的干扰，又能全天候开展活动。

2016 年 10 月 4 日

纳古镇对全镇 46 名公职人员进行"权责利"相对应的履职分工，认真细化工作职责、明确岗位，做到职责与岗位对应匹配，并以挂图上墙的形式公之于众，接受监督。

2016 年 10 月 5 日

截至 10 月 5 日，纳古镇交售烤烟 37500 公斤，100% 完成了烤烟收购的各项指标任务。今年，纳古镇加强管理督促，落实各项政策，烟农种植热情高，产出烟叶质量良好，交售的烤烟中，中上等烟占 98.14%，均价为 33.72 元／公斤，比去年增加 0.73 元／公斤，显著提高了烟农收入。

2016年10月6日

"百事通"是纳古民间创设的微信公众号,开通约半年了,加入数百人,每天发出微信几十条,多为顺风车、微商广告、本地新闻信息等。

2016年10月7日

昆明钢材市场国庆节后开张第一天,每吨涨价50元,涨价原因是节庆期间限载重量引起,生意惨淡。

2016年10月8日

纳古镇综合业务楼2号楼已建成多年,部分设施已不能正常使用,为解决办公环境,现在对该楼墙体、地板、门窗、水电、卫生间等进行修缮。项目工期2个月,总投资约63万元。

2016年10月9日

通海县人民医院纳古分院举行了揭牌仪式,纳古镇政府领导、县卫计局领导、医院领导、工作人员及前来就诊的广大患者参加了本次揭牌仪式。张院长为本次揭牌仪式致辞,纳古镇书记的讲话对通海县医院托管纳古卫生院这一举措给予了充分的肯定。最后,纳古镇书记和卫计局钱局长进行了揭牌,老百姓非常高兴,纳古的卫生院终于像个样了!当天医院还为大家进行义诊,派出的义诊专家主要有内科医生、外科医生、妇科医生和口腔科医生,护理人员为患者免费量血压、测血糖,医院还为患者免费发放药品。

2016年10月10日

建设纳古回族文化展览馆是创建纳古民族团结示范镇的一个重要项目,目前,展览馆装修工程已正式启动,总投资50余万元,包括展览馆装修工程、购置陈列设施、物件等。建设纳古回族文化展览馆,研究、展示精品回族文物及各类回族传统文化资料，对云南纳古回族传统文化进行调查研究、抢救保护，采集、征集一批各类资料，征集一批精品回族文物，征集以赛典赤·赡思汀、纳忠、纳训等为代表的纳古回族历史文化名人的事迹和相关文物资料，永久收藏在展览馆，作为历史和文化发展的见证物，力争把文化展览馆打造成"民族团结进步示范镇"和纳古"旅游文化小镇"的一张名片。

2016 年 10 月 11 日

市人大教科文卫主任周葵一行 4 人在通海县人大副主任钱秀琼等领导的陪同下，到纳古进行刀具文化产业调研。调研组专题走访了华钢刀剪有限公司，了解了工艺刀具的生产及销售情况。同时听取华钢刀剪公司董事长、省级金属工艺大师、通海民族工艺刀具行业协会会长纳文鹏的汇报，目前通海民族工艺刀具行业协会带动了 38 户农户生产茶刀。

市民宗局沐爱斌局长一行在县委统战部、民宗局领导的陪同下，到纳古镇指导民族宗教工作，纳古镇班子成员、宗教上层人士参与座谈。镇主要领导汇报了 2016 年民族团结、宗教和顺、社会稳定等工作情况，市民宗局沐爱斌局长对我镇当前工作给予了指导。

2016 年 10 月 12 日

四组保玉清，52 岁，几年前脖颈受伤留下后遗症，一直在病痛中，今天归真。

2016 年 10 月 13 日

为了提高纳古镇妇女的"两癌"健康知识水平，做好自我预防和保健，纳古卫生院邀请县妇幼保健院李波副院长开展了一期"两癌"防治知识讲座，纳古镇 60 余名妇女参加了此次讲座。

2016 年 10 月 14 日

纳古司法所组织在册 9 名矫正对象到海鸥栖息地纳古镇小海湿地公园进行环保公益劳动。

2016 年 10 月 15 日

纳古镇狮山路、创新路是纳古镇主要入口道路，现在已经正式启动改造工程，对狮山路、创新路重新铺设道路两旁人行道、更换路灯、实施绿化、美化，建设较好的门户形象。项目工期 2 个月，总投资约 171 余万元。

2016 年 10 月 16 日

三组纳子文的母亲归真，60 多岁，生病几年了。

2016 年 10 月 17 日

马鞍子路因路面土方开挖施工，不慎将纳家营村的引水主管压断，致使村子无法正常供水，连续 3 天白天都停水，给村民生活带来不便。

2016 年 10 月 18 日

纳古镇海埂路修建工程正式启动，海埂路修建工程属于纳古民族团结示范镇建设中的一个重要项目，今天施工人员正在进行墙体拆除等扩宽路面作业。该项目总投资 300 余万元。

2016 年 10 月 19 日

市人大秘书长李伟、研究室主任王革平一行 4 人在县人大主任魏德武、副主任普家伟、钱秀琼等领导的陪同下，到纳古镇对人大活动联络站建设情况进行调研。对我镇"人大代表联络活动站"的阵地规范化建设、制度上墙等工作进行了实地查看，并现场查看了活动开展的档案、台账资料，镇人大主席马恒对我镇"人大代表联络活动站"工作作了全面的汇报，镇党委书记杨堂聪作补充汇报，同时对我镇人大工作下一步的开展作出了更高的要求。调研组对纳古镇人大活动联络站建设工作给予了充分肯定，认为纳古镇党委政府对人大活动联络站工作高度重视，做到代表开展活动有场所、有设施、有制度、有内容，全面完成了人大活动联络站建设目标任务。

2016 年 10 月 20 日

马鞍子路修建工程的施工人员正在进行土方开挖及清运等路面清理作业，整个工程正在有序推进中，早上师傅发"邦克"。

2016 年 10 月 21 日

纳古镇组织全体在职在编干部职工开展"纪念红军长征胜利80周年"知识答卷活动，全镇共46名正式干部职工参加了此次测试活动。通过本次活动，让广大干部职工重温红军长征精神，拉开了纪念红军长征胜利80周年活动序幕。

2016 年 10 月 22 日

为推进农村危房改造和抗震安居工程建设，打造美丽宜居纳古，纳古镇2015年度农危改50户的建设任务数已完成。镇级初验有10户符合农村危房改造补助要求，其余40户多为超层、建筑面积过大及结构不合理；县级验收通过2户，共兑付补助资金2.04万元，其余8户已整改完成，等待复验。2016年度农危改工作稳步实施。

2016 年 10 月 23 日

镇组织46名在职在编干部职工开展"纪念红军长征胜利80周年"知识答卷活动。

2016 年 10 月 24 日

纳古镇政府办公楼里挂出了脱贫攻坚作战图，作战图公开了我镇脱贫攻坚指挥体系、贫困人口脱贫目标责任、精准脱贫的发展思路、作战示意图等情况。纳古镇高度重视脱贫工作，围绕五个一批实施六大工程来推动全镇脱贫致富。在精准识别贫困人口、规范贫困户建档立卡的基础上，由镇党政班子成员对贫困户进行一对一帮扶，制订贫困户脱贫帮扶计划等措施来落实精准脱贫。挂图作战将脱贫攻坚的时间倒排、任务倒逼、责任倒追，确保我镇建档立卡的贫困户 10 户 38 人在 2016 年底全面完成脱贫。

2016 年 10 月 25 日

这几天，收缴新型农村合作医疗保险费，2015 年每人每年 120 元，老人、残疾人免费，今年 150 元，而且老人、残疾人也要交。

2016 年 10 月 26 日

前两日纳古派出所接到一群众报警称：我家里来了一位迷路的老人需要帮助。接到报警后，值班民警立即赶到现场，发现一位白发苍苍的老大爷迷了路，误走进纳古镇一居民家中，以为是回到了家，好心的群众帮助报了警。由于老人患有老年痴呆症，现场一时问不清老人的具体情况。于是值班民警只有把老人带回派出所进一步核实身份。民警本着全心全意为人民服务的宗旨，怕老人饿着，买来热气腾腾的饭菜给老人吃，等待老人心情平复些了，民警耐心地询问老人的姓名、家庭住址和亲人的情况，从老人的只言片语中得到老人的相关信息。工夫不负有心人，民警通过全国人口信息系统查询和云南省人像比对实战应用平台，终于得知老人叫蔡某，今年 87 岁，今早从通海县秀山街道城郊社区外出，然后坐公交车来到纳古镇转转，由于年岁已高，又患有老年痴呆症，就迷失了方向，误走进纳古镇一居民家中，以为是回到家了，幸好遇到好心的群众报了警。民警通过老人的信息联系到了老人的三儿子蔡某，立即通知蔡某到派出所将老人领回家好好照顾。当老人的三儿子蔡某来到纳古派出所看见老人完好后，激动地连声道谢。

2016年10月28日
三组管林生的父亲归真，80多岁。

2016年10月29日
听说镇上投资200万元购置垃圾处理车1辆、垃圾收集车3辆、流动垃圾箱36个，希望能改善垃圾清运问题。

2016年10月30日
下午3时许，派出所户籍室门口发现一只小鸟，民警走近一看，原来是一只猫头鹰，右边翅膀受伤，安静地躲在户籍室门口角落里。为了防止猫头鹰再次受伤，民警将其小心翼翼地抱到派出所值班室内妥善照顾，并帮其检查伤口。经检查，猫头鹰除了右边翅膀受了伤，其余身体无大碍。民警及时与通海县森林公安局进行联系，并将受伤的猫头鹰交由专业人员救护，确保它的安全。

2016年10月31日
纳古镇成立了由党委副书记陈申力担任理事长，综治专干纳锦斋任副理事长，科协专干简树棚任副理事长、秘书长，中心小学校长、各村党总支书记为理事，工会、团委、妇联、司法所负责人及各村调解主任为成员的"通海县反邪教协会纳古镇分会"。

2016年11月1日
下半年云南省群众安全感满意度测评已经开始。为安排、配合好调查工作，近日，纳古镇综治办利用 QQ 群、微信群、"6995"等多平台、多渠道进行宣传。通过宣传来发动和组织群众积极参与安全感满意度调查，客观、公正地评价我县今年的社会治安状况，理性、真实地反映我县群众安全感、政法综治部门和平安创建主体部门的工作情况，帮助改进我县政法综治工作作风、塑造"平安纳古"对外良好形象。

2016 年 11 月 2 日

镇人大主席马恒骧主持召开纳古镇第五届人大主席团第 13 次会议。会议内容有三项：一是审议并通过《关于成立纳古镇选举工作领导小组及选区领导小组的通知》；二是审议并通过《纳古镇关于县、镇两级人民代表大会换届选举工作实施方案》；三是安排部署县、镇人大换届选举相关工作。

2016 年 11 月 3 日

3—5 日在全镇组织开展以农户农田为重点的冬季统一灭鼠工作。镇农技农机站及村组工作人员等 10 余人在全镇农户及村子周边 200 公里以内的农田投放灭鼠毒饵。工作人员入户灭鼠，共计投放灭鼠毒饵 700 公斤，投放范围覆盖了全镇 3203 户农户以及 1100 亩左右农田，预计可灭鼠 14000 只，挽回粮食损失 2.8 万公斤，折合人民币 11.2 万元。

2016 年 11 月 4 日

镇人大主席马恒骧向来自昆明的 3 位客人（其子要去美国留学，需要写一篇关于回族文化的传承与保护的文章）介绍情况。

2016 年 11 月 5 日

清晨 5 点，纳古狮山电站高压主线断了一根，导致全镇线路混乱，有些灯亮，有些灯不亮，清真寺广播没有宣礼声，大家习惯听广播起床礼拜，今天很多人都睡过了。

2016 年 11 月 6 日

镇人大、政府即将换届，县委干部考察组到纳古考察干部人选。

2016 年 11 月 7 日

纳古镇召开县、镇两级人大换届选举动员暨培训会。县人大副主任钱秀琼，指导组沈荣选、童永贵、龚建云到会指导，镇全体干部职工、各村三委成员、村民小组干部、选举委员会全体成员共 70 余人参加了会议。人大代表选举日为 2016 年 12 月 22 日，整个换届选举工作共分六个阶段进行，包括筹备和宣传动员、选民登记、提名推荐初步候选人、考察审核和确定正式代表候选人、组织选举、筹备和召开新一届人民代表大会。我镇将选举产生县人大代表 4 名、镇人大代表 47 名。

2016 年 11 月 8 日

冬春季节是禽流感的多发时节，纳古镇结合镇情，采取五项措施严防禽流感。召开 2016 年今秋明春高致病性禽流感综合防控工作专题会，安排部署防控工作。

2016 年 11 月 9 日

中共纳古镇委员会召开第四季度中心组理论学习暨学习十八届六中全会精神专题会议，传达学习党的十八届六中全会精神，掀起在全镇范围内深入学习贯彻全会精神的热潮。对学习宣传贯彻工作提出三个要求：一是要求各基层党组织立即行动，组织广大党员开展形式多样的专题学习，深入学习、深刻领会，准确把握党的十八届六中全会的精神实质。同时与"两学一做"学习教育结合起来，采取党课学习、干部职工政治学习、座谈会等形式，全面准确领会全会精神，吃透内涵、把握实质，把党的十八届六中全会精神传达到基层党组织和广大党员干部心中，增强贯彻落实全会精神的自觉性和坚定性。二是要求通过学习宣传，切实把思想和行动统一到中央的决策部署上来，统一到"以习近平同志为核心的党中央"的重大决定上来，以只争朝夕的精神和善作善成的作风，抓好全会精神的贯彻落实，坚定不移地推进纳古全面从严治党各项工作，确保全会确定的各项决策部署和工作要求在纳古落地生根、开花结果。三是要求把学习贯彻党的十八届六中全会精神与贯彻落实玉溪市第五次党代会、县第十二次党代会精神同做好当前各项工作紧密结合，坚定信心、扎实工作、全力冲刺，确保完成今年目标任务，为明年的发展打好基础；把学习宣传贯彻全会精神与及早谋划明年工作结合起来，抓紧做好镇人大、政府换届工作；同时，要加强社会治安综合治理，全力维护社会和谐稳定，巩固好全镇安定团结的良好局面。

2016 年 11 月 10 日

纳古镇召开综治创安提升群众安全感满意度工作会，会议由镇党委副书记陈申力主持，镇班子成员、中心站所长、各村党总支书记参加会议。会议对争创全国"长安杯"，提升群众社会安全感满意度工作作出了要求和部署，一要强化宣传教育，努力提升群众认同感。二要强化规范管理，努力提升群众满意度。三要强化治安防范，确保治安环境良好。四要强化打击整治，努力提高群众安全感。

2016 年 11 月 12 日

纳家营 5 人、大理 6 人、甘肃 12 人，组团赴耶路撒冷远寺观光。

2016 年 11 月 13 日

经过考察，县委对各乡、镇及县级部门人员进行调整，纳古镇人大主席已经连续担任三届（副处级），不能继续任职，由原镇长纳立凡担任人大主席；镇长由原团县委书记纳鸿翔担任；副书记陈申力担任县教育局局长；副镇长马燕妮担任县司法局副局长；副镇长羊文兴担任县国土局副局长。

2016 年 11 月 14 日

纳家营小海公园的"客人"——红嘴鸥回来了！大人、小孩都在说海鸥的事，湖边游玩的人也多起来，卖小吃的摊点也摆上了。

2016 年 11 月 15 日

中午，纳古派出所积极组织全体民警学习十八届六中全会精神。

2016 年 11 月 16 日

纳古镇进行"黑网吧"清查行动。为进一步规划网吧经营管理秩序，有效解决我镇"黑网吧"不断滋生、屡打不绝、半公开经营的突出问题，及时消除社会安全隐患，净化社会文化环境，促进未成年人健康成长，今天上午，镇文化站、派出所、市场监管所配合县文体广局、县公安局进行"黑网吧"专项整治工作后期清查落实工作，对前期未关闭的3家"黑网吧"进行实地调查，对前期已关闭的4家"黑网吧"进行抽查。在清查过程中，工作人员就断网一事进行核查，向经营者严正声明继续经营"黑网吧"的后果，表明打击"黑网吧"的决心，传达相关法规政策，详述办理网络经营许可证的内容、条件。

2016 年 11 月 17 日

通海县住建局组织并主持召开纳古镇转型发展系列规划专家评审暨部门意见征询会，会议邀请市级专家组成的专家组对系列规划进行评审，县发改局、旅发局、工信局、住建局、交通局、环保局、水利局、文广体局、湖管局、纳古镇政府等部门参会。

纳古镇转型发展系列规划是在纳古镇当前产能过剩、传统工业型特色小镇发展面临危机的背景下，县委、县政府高度重视，为纳古未来发展谋划方向，以挖掘资源、突出特色、促进企业转型升级为目的所做的全面规划。系列规划分为转型发展战略研究与行动计划、旅游专项规划、居民点改造规划、小海湿地公园修建性详细规划、望三海公园修建性详细规划五个部分，为纳古2016—2030年的发展做出了近期、中期、长期的详细规划。

2016年11月18日

11月中旬，云南省首届民族团结教育说课比赛在省民族中学举行，全省140多名优秀教师参加比赛，通海县纳古中心小学苗雪芹老师代表玉溪市参加了此次竞赛活动，并荣获一等奖。苗雪芹老师说课内容为小学民族团结教育教材六年级上册的《少数民族著名人物》，她运用交互式电子白板辅助，从教学内容、教学目标、教学设计、教法学法、教学过程和教学反思等方面进行说课。苗老师紧扣大纲精心设计说课内容，她精练的语言和沉稳的教态深得评委欣赏，在小学组37位选手中脱颖而出。本次比赛，以教学比赛的形式，以赛促教、以赛促学，表彰奖励先进学校、优秀教师，督促、鞭策后进地区、后进学校全面贯彻落实学校民族团结教育各项规定和要求，在全省各级各类学校掀起民族团结教育新高潮，为民族团结进步示范区建设夯实思想基础、打牢进步根基。

2016年11月19日

为进一步提高小学生对法制观念的理解，强化护校安园工作，创造良好的校园秩序，今天，通海县公安局纳古派出所教导员走进纳古镇中心学校，为全校800余名师生进行法制教育讲座。课上，教导员任彦冰主要围绕《中华人民共和国未成年人保护法》，结合近期宣传的安全防范知识以及自己的工作经验和近期发生在自己身边的真实法律案例，向孩子们展开授课，引导他们如何去预防身边的陌生人以保护自己的安全；此外，他还向孩子们传授了基本的法律、消防、禁毒、预防拐骗等知识，让孩子们在此次教育讲座的影响下学会保护自己、懂得生活中的常识，做生活中的小能手。此次教育讲座，不仅提高了孩子们的法律意识和自我保护能力，还加深了孩子们对法律和生活常识的认识，让孩子们在校园内外健康成长。

2016年11月20日

纳古镇中心幼儿园分年级组举行了美术活动比赛：小班以"给水果宝宝穿衣服"为主题的幼儿现场计时30分钟涂色比赛；中班以"会变的圆形"为主题的幼儿现场计时40分钟图形变变变比赛；大班以"海底世界"为主题的幼儿现场计时60分钟蜡笔画比赛。本次比赛活动是在班级评比的基础上，各教师选拔了2名优秀选手参加，共56名幼儿参与了此次比赛。小班孩子涂色认真，能从一个方向仔细涂色。中班的孩子更让教师们眼前一亮，圆形变出了许许多多的动物、植物等。此次活动，不但为幼儿提供了一个展现、表达自我的平台，而且进一步激发了幼儿对图形、色彩的兴趣，充分发挥了幼儿的想象力，作品展出后赢得了教师、家长的赞赏。

2016年11月21日

纳家营热轧带钢厂于2001年建立，9个大股东，投资2530万元，是第一个建在山上的企业，董事长纳家琨，曾经非常红火，现在因为市场不景气，已面临重新寻求出路的困境。

2016年11月22日

11月22日至24日，纳古镇第三次全国农业普查办公室组织镇统计站、农村经济中心、农业中心、国土所等中心站所及村组工作人员共8

人参加了通海县第三次全国农业普查培训。农业普查是摸清"三农"家底的重大举措，开展农业普查，有利于摸清我镇家底，把握10年来"三农"的新变化。据悉，此次普查的对象主要是全镇行政区域内的农村住户，包括农村农业生产经营户和其他住户；城镇农业生产经营户；农业生产经营单位；村民委员会；镇人民政府。普查的行业范围包括：农作物种植业、林业、畜牧业、渔业和农林牧渔服务业。普查的主要内容包括：农业从业者基本情况；农业土地利用与流转情况；农业生产与结构情况；新型农业经营主体与农业规模化、产业化发展情况；新农村建设情况；农村人居环境与农民生活方式变化情况等。按照全县的统一部署，我镇预计于12月15日前完成清查摸底工作，并于2017年1月1日正式开始普查。

2016年11月23日

纳古镇召开第十四次人大主席团会议。研究人事任免工作，主席团成员应到7人，实到6人。会上通过选举，全票通过了纳立凡、羊文兴、马燕妮因工作变动，免去原任职务。全票通过了纳鸿翔任通海县纳古镇人民政府副镇长、代理镇长，张波任通海县纳古镇人民政府副镇长，柏云海任通海县纳古镇人民政府副镇长，尹绍荣任通海县纳古镇人民政府副镇长。会议研究决定同意马恒骧辞去通海县纳古镇第五届人大主席团主席职务，提名纳立凡为通海县纳古镇第六届人大主席团主席。

2016年11月24日

纳古镇对脱贫攻坚政策落实情况进行抽查。为严格贯彻省委办公厅、省政府办公厅《关于建立脱贫攻坚政策落实情况抽查工作机制的通知》（云通〔2016〕68号）精神，纳古镇党委政府高度重视，根据县纪委脱贫攻坚落实情况抽查工作的具体要求，11月24日，镇纪委对辖区内2户贫困户进行抽查。镇纪委成立抽查小组，到2户贫困户家中详细询问家庭生活情况和脱贫中存在的困难与问题。2户贫困户均表示，镇联系领导一直以来经常到家中进行走访、问寒问暖，及时把各项扶贫政策宣传到户，并帮助其解决生产、生活中的实现困难，给了我们很大鼓励和实实在在的帮扶。目前2户均能享受基本医疗、社会养老政策和精准扶贫的各项政策。

2016年11月25日

纳古中心小学举行"聚焦阅读素养 绽放活动魅力"少先队优质活动课竞赛。中队辅导员和少先队员们精心地设计和准备，通过各年级初选以后，6个班级的主题队活动脱颖而出，参加全校竞赛。学校总辅导员李玉洁老师对每个中队的活动课都从队活动课的仪式、活动内容的设计、队员的表现等方面做了精彩的点评，让队员和辅导员有了更大的收获。最终二(4)中队以《和好书交朋友》荣获"阳光中队"的称号，六(3)中队以《与阅读同行，让生命精彩》荣获比赛的第一名。"我爱阅读"主题队活动课竞赛以活动为载体，旨在激发师生读书的兴趣与热情，让师生都亲近书本，喜爱读书，学会读书；让师生在阅读队活动课中感知学习的快乐，体验成长的乐趣，提升自我阅读品位。

2016年11月26日

纳古镇综治办、司法所、宣传办等站所组成宣传组深入企业、村组开展"长安杯"群众安全感满意度调查宣传活动。此次宣传共发送宣传单100余份、宣传品100余份，通过宣传，让更多的群众知晓"12340"为群众安全感满意度电话，号召大家都积极参与到"长安杯"群众安全感满意度调查活动中来。

2016年11月27日

纳古镇狮山路改造工程正在积极推进中，近期正在铺设石板，改造工程预计于 12 月底全部完工。

2016 年 11 月 28 日

立冬后，远方的客人红嘴鸥如约而至。杞麓湖北岸纳古小海湿地公园，蓝天、碧水、海鸥，构成了冬日里最亮丽的一道风景。海鸥自 11 月中旬到来，至次年 3 月初离开。每年都有数千只海鸥在湖面上蹁跹起舞，前来观看海鸥的游客达上万人次。海鸥的到来，给纳古人民带来了吉庆和欢乐，纳古人民对海鸥也极其关爱。

2016 年 11 月 29 日

这日进入冬月，天气渐冷，气温在 8℃—21℃。

2016 年 11 月 30 日

秀山中心小学校长、园长 43 人；六一幼儿园教师 20 人；九龙中心小学学前教师 34 人一行来纳古幼儿园参观。老师们一走进幼儿园，便被充满童真、童趣的校园环境所吸引。老师们兴致盎然地参观了幼儿园的环境创设，认真、仔细地观摩了幼儿园的一日活动。幼儿园老师用废旧物品制作的精美教具、丰富多彩的区角设置、充分发挥孩子互动性的主题墙等特色亮点引起了参观教师的极大兴趣，大家进行了细致的观察和记录，不断用相机记录下一个个精彩的画面。走出去收获经验，请进来共享经验，大家来园共同探讨、交流，对纳古幼儿园起到了促进作用。我园将以此为契机，进一步细化常规管理，扎实开展好每一项保教工作，与各校各园携手前进，争取早日晋升等级园。

2016 年 12 月 1 日

纳古镇组织各村、组领导，镇、县、乡人大换届工作领导小组及工作指导组成员 30 余人召开纳古镇县、乡人大换届业务工作会。

县人大常委会主任魏德武一行到纳古镇调研县、乡人大换届工作。

2016年12月2日

在我国，每10年开展一次全国农业普查。10年来，随着经济发展进入新常态，国情、社情、农情发生了深刻变化，纳古镇将严格按照省、市、县安排部署，积极做好宣传培训工作，确保我镇第三次全国农业普查工作顺利进行，稳步推进。纳古镇召开会议安排部署第三次全国农业普查摸底工作，并对普查员进行业务培训。副镇长柏云海、镇农普办成员、村组主要领导、普查员等35人参与了培训。

2016年12月3日

纳古小学迎来了2016年冬季运动会！本次运动会共设：拔河、30米迎面接力、50米迎面接力、30米骑小马、跳长绳5个集体项目比赛；跳短绳、30米快跑、50米快跑、一分钟呼啦圈、一分钟投篮、流星球、立定跳远7个单项比赛，各班级都积极参与。赛场上，队员们奋勇拼搏，在快乐而又紧张的氛围中体验"趣味"。同学们你追我赶，加油声、欢呼声此起彼伏，大家都想为班集体增光添彩。

2016年12月4日

纳古中心小学工会在今天下午组织开展了教职工踢毽子比赛活动。比赛时间是1分钟，在规定的时间内完成次数多者获胜。通过比赛，教职工们不仅从中获得了参与的快乐与获胜的喜悦，同时也推进了学校教职工体育运动的开展，活跃了校园文体生活，增强了教职工参与体育健身的意识，受到了广大教职工的欢迎与好评。

2016年12月5日

纳古镇对各选区推荐的人大代表初步候选人进行考察。镇工作人员分成3个工作组，对我镇7名县代表初步候选人，81名镇代表初步候选人进行考察。考察通过填写民意测评表和谈话的方式进行，对初步建议人选的政治素质、参政议政能力、一贯表现和作用发挥等方面进行民意测评，并通过与镇班子成员、中心站所长、村组干部等30余人谈话全面了解初步候选人的基本情况。考察工作完毕以后，初步候选人名单将于12月7日前进行公示。

2016年12月6日

纳古镇召开镇选举委员会第四次会议，安排部署县、乡人大换届工作，镇选举委员会成员参加了会议。

为使《宪法》家喻户晓、深入人心，纳古司法所以"12·4"宪法宣传日为契机，联合镇派出所、综治办、社保中心等多个部门，以悬挂横幅、发放宣传资料、上法制课等多种宣传方式，用通俗易懂的语言，向大家普及《宪法》基本知识。

2016年12月7日

为保障广大人民群众及农机驾驶员的生命、财产安全，有效预防和遏制农机安全事故的发生，创建"平安农机"，促进新农村建设，纳古镇在镇、村道路隐患路段安置5块农机安全警示宣传牌。警示牌主要内容为："严禁拖拉机违法载人""严禁酒后驾驶拖拉机"。

2016年12月8日

下午，纳古中心小学邀请云南昆明"12355"青少年服务台心理教育志愿者、国家二级心理咨询师冯楠老师，为全体五年级学生进行了一场青春期启蒙讲座。讲座开始，冯老师先和同学们进行了轻松的谈话，与同学们互动，在游戏和活动中普及青春期基本知识，然后冯老师针对五年级学生的生理和心理特点，结合具体案例，用幽默生动的语言给学生讲解有关青春期的知识。同学们认真倾听，积极参与讨论，对青春期出现的问题、烦恼等都有了正确的认识，同时也掌握了许多自我保护的方法和人际交往的知识。

省伊协副会长代俊峰、马忠等在市、县民宗部门领导的陪同下到纳家营清真寺督查经文学校评估工作进展情况。

2016年12月9日

12月5日是"国际志愿者日"，为深入弘扬志愿服务理念，提升志愿服务水平，推动志愿服务活动深入持久地开展，纳古镇组织志愿者开展"关爱他人、关爱社会、关爱自然"活动。今天，志愿者在主要交通街道及清真寺门口开展便民利民、文明劝导与秩序维护活动，志愿者通过发放不动产登记、社会保障服务制度等宣传单来宣传便民利民政策，同时用实际行动和口头劝导来引导人们文明礼让，维护交通秩序。

2016年12月10日

纳古镇司法所牵头，组织多个部门工作人员，在纳古镇开展了岁末年初法制、反邪教、科普及安全生产等宣传活动。活动当天，镇农技农机站发放了印有农机安全生产内容的手提袋子、致广大农机户的公开信、农机驾驶（操作）人员守则、农机驾驶员安全操作常识、告拖拉机驾驶员书、微耕机安全使用注意事项传单3500份，宣传群众达3000余人次。活动增强了人民群众安全生产的意识和防范能力。

2016年12月11日

随着冬季的到来，海鸥陆续回到小海公园，来纳古观看海鸥的人也越来越多。为了保持纳古的人居环境，给大家展现一个整洁的纳古，纳古纳家营村委会联合纳古志愿者协会发出《环境卫生大扫除倡议书》，呼吁大家共同行动起来，培养文明健康的生活方式，不乱扔垃圾、不乱摆乱占、不随地吐痰、不践踏花木、不损坏公共设施,做健康文明的好村民。今天,纳古纳家营村组领导、村民代表、党员、志愿者及热心群众开展了一次大扫除。在村组领导的带领下全面清理卫生死角,打扫街道卫生,清运积存垃圾。活动得到了群众的积极响应,男女老幼齐出动,大家自带工具,将房前屋后、大街小巷打扫的干干净净。小海公园是这次大扫除活动的重点,在大家的共同努力下,清运了30多袋垃圾,小海公园焕然一新。

2016 年 12 月 12 日

县综治考核组到纳古镇对2016年综治维稳信访工作的开展情况进行考核,镇班子成员、相关站所长参加了考核。镇党委书记杨堂聪汇报了自2016年以来,纳古镇综治维稳信访工作主要情况、取得的成绩以及存在的困难与不足。随后,考核组一行对照考核细则查看了纳古镇2016年综治维稳信访、平安法治建设的工作台账及日常工作痕迹资料。

2016 年 12 月 13 日

县、乡人大换届选举工作正在紧张有序地开展中,纳古镇加大宣传力度,扩大宣传面,努力营造群众参与、依法选举的换届氛围。用悬挂条幅、张贴标语、发布换届工作信息、电子屏宣传等方式开展宣传,在主要街道悬挂条幅9条,张贴标语100余条,利用电子屏每天显示换届宣传标语100余条,在全镇营造了浓厚的换届氛围。同时,利用网页、微信等发布我镇组织开展县、乡人大换届工作进展情况、换届工作的程序、换届的纪律要求、相关法律法规等,吸引群众全面了解此次县、乡人大换届工作,确保换届工作依法有序地进行。

2016 年 12 月 14 日

2017年森林防火工作动员大会,纳古镇党政班子成员、各中心站所负责人、镇属相关单位负责人、村两委主要领导50余人参加了会议。因受厄尔尼诺现象的影响，2017年森林防火形势严峻，今冬霜雪及明春高温干旱的自然条件加大了防火任务的艰巨性。

2016年12月15日

河南郑州游客51人到纳家营参观。

纳家营村民40多人赴泰国清迈旅游，顺便参加清迈王和街清真寺的圣节。

2016年12月16日

通海县教育局、四街镇各小学校长成立的检查组，储美春、旃太春等一行成员到我校检查指导义务教育均衡发展工作。检查组实地察看了我校的校园建设、教辅用房、操场跑道、图书仪器等，听取关于义务教育均衡发展工作的汇报，仔细查阅了义务教育均衡发展迎检档案。督导组对我校整洁的校园环境表示满意，高度评价了学校在校园文化、绿化、美化方面做出的努力，对学校的办学理念提出了指导性意见。对我校操场跑道不达标等实际问题，提出了努力方向和整改建议。检查结束后，储美春提出了几点希望，要求学校精细化、规范化管理；资源（硬件、软件、人力资源）整合利用；注重校园文化建设；努力营造浓厚迎检氛围，尽心彰显学校办学特色，精心优化校园环境建设，进一步规范和完善档案建设，确保我县义务教育均衡发展通过验收。

2016年12月17日

邀请县防艾办主任史发明老师为全镇干部职工进行艾滋病知识培训，镇全体干部职工40余人参加了培训。

2016 年 12 月 18 日

建水馆驿清真寺过圣节，17 个学生"穿衣"毕业，其中 5 个是纳家营人。

2016 年 12 月 19 日

纳古镇邀请县委党校高级讲师师丽虹为全镇干部职工宣讲十八届六中全会精神，镇全体干部职工 40 余人参加了宣讲会。师丽虹老师以《关于新形势下党内政治生活的若干准则》和《中国共产党党内监督条例》为重点，宣讲了"党的十八届六中全会的重要意义""严肃党内政治生活，推进全面从严治党""加强党内监督，落实管党治党责任""认真履行岗位职责，做好本职工作，把十八届六中全会精神落到实处"四个方面的内容。

2016 年 12 月 20 日

四组杨厚的母亲归真，76 岁。

纳古镇古城村二组"百千工程"建设项目正在如火如荼地开展中，施工人员正在进行活动广场大门建设作业，现在已完成龙潭路上段硬化、活动广场青石板铺设部分。该项目月底竣工，总投资约 96 万元。

2016 年 12 月 21 日

纳古镇组织镇换届选举工作组全体工作人员召开培训会议，县联络组到会进行指导，详细安排部署 22 日的选举投票工作。会上，镇人大主席纳立凡通报了我镇县、乡人大换届选举工作的进展情况，并对 22 日选举工作进行了安排部署。我镇县、乡人大代表名额共 47 人，按照换届选举工作程序，通过推荐、考察、公示，产生正式候选人 66 人，正式候选人名单已于 12 月 15 日公布。12 月 22 日，全镇 19 个选区将与全县同步进行选举投票工作，投票时间为早上 8 点到中午 12 点。县联络组组长沈荣选同志对纳古镇工作开展情况表示肯定，认为纳古镇严格按照《宪法》和法律程序开展工作，较好地完成了换届选举的准备工作。

他强调，在22日的选举投票工作中，工作组全体人员要严格遵守投票选举的基本原则，严格遵守投票程序，严格遵守计票程序，严格遵守换届纪律要求，确保换届选举投票工作依法按程序进行。

最后，镇党委书记杨堂聪要求，镇换届选举工作组全体工作人员要高度重视，端正态度，团结一致，确保选举顺利、平稳进行。

2016年12月22日

上午8点，根据全县统一安排，纳古镇19个选区同时开始换届选举投票，投票时间为上午8点到中午12点。镇换届选举工作组成员带着流动票箱挨家挨户发送选票，每到一户，工作人员都详细讲解选票填写注意事项，选民认真、慎重地填写选票。县指导组、联络组领导到各选区指导查看选举投票工作。投票工作结束后，镇换届选举工作组全体工作人员集中在镇大会议室统一开箱计票，计票、统票工作在监票人的监督下依法按程序进行。通过紧张有序的计票、统票，镇选举委员会当场宣读选举结果，此次选举结果合法有效，纳古镇共选举产生县人大代表6人、镇人大代表47人，换届选举工作圆满完成。

2016年12月23日

纳古小学召开了由全体党员、中层领导近30人参会，以践行"两学一做"为主题的专题组织生活会。全体党员重温了入党誓词，纳雪梅副书记根据我校过去一年来的工作进行了总结，深刻反思了我校存在的问题，提出面对问题的新举措、新目标、新希望。随后，党员及列席代表分3个小组开展民主评议。根据评议情况，各位党员按10%的比例推荐优秀党员，支部共28名党员，25名党员评议为合格，3名党员评议为优秀。

三组纳忠存的父亲归真，100岁。

2016 年 12 月 24 日

三组纳孝逵归真，65 岁，25 天前查出肺癌晚期。

2016 年 12 月 25 日

甘肃省张家川清真寺到纳家营挂功德。

2016 年 12 月 26 日

马尔继参加中央统战部在中国人民大学哲学院举办的第十一届"爱国宗教界人士研修班"，为期 3 个月，云南只有他一人参加。

2016 年 12 月 27 日

纳古镇县、乡人大换届选举正式代表名单分别以通海县人民代表大会常务委员会公告和通海县纳古镇第五届人民代表大会主席团公告形式公布。按照《选举法》及有关法律法规的规定，经县第十五届人大常委会代表资格审查委员会审查，纳古镇选区马俊坤等 6 人当选通海县第十六届人民代表大会代表。经纳古镇第五届人大主席团代表资格审查委员会审查，纳古镇 19 个选区分别选出的纳鸿翔等 47 人当选纳古镇第六届人民代表大会代表。

2016 年 12 月 28 日

通海县伊斯兰教协会成立，第一次代表大会在县政府 8 号会议室举行，48 个代表参加会议，纳家营 18 人参加会议，选举纳家营教长纳跃义担任会长。

2016 年 12 月 29 日

纳古镇组织全体干部职工召开镇第六届人民代表大会第一次会议筹备会，镇人大主席纳立凡对会议筹备工作进行安排部署。为开好纳古镇第六届人民代表大会第一次会议，纳古镇成立了镇党委书记杨堂聪任组长、副书记王绕任副组长，党政班子成员、干部职工任成员的领导小组。下设秘书组、服务组、生活组、保卫组 4 个工作组。纳古镇第六届人民代表大会第一次会议将于 2017 年 1 月 1 日至 2 日召开，届时纳古镇 47 名人大代表，88 名列席人员将参加会议。

2016 年 12 月 30 日
五组马志怀的女儿与七组马汝兰的儿子结婚。

2016 年 12 月 31 日
召开镇人大代表履职培训会。

纳文群日志
2017年

2017年1月1日

纳古镇第六届人民代表大会第一次会议隆重开幕，47名镇人大代表，来自全镇各行各业的88名列席人员参会。县统战部部长蔡骏辉、组织部副部长胡立元、政法委副书记黄勇、县人大沈荣选到会指导。

三组纳学用的母亲归真，70岁。

2017年1月2日

纳古镇第六届人民代表大会第一次会议圆满完成各项议程，胜利闭幕。会议表决通过了《政府工作报告决议》《第五届人大主席团工作报告决议》及《关于提升纳古镇集镇内人居环境综合整治的建议》，听取了议案审查委员会关于代表议案处理意见的报告。依法选举产生了纳古镇新一届镇人大主席纳立凡、镇长纳鸿翔和副镇长4名：尹绍荣、柏云海、张波、张从国，新当选的镇人大主席、镇人民政府领导班子做了庄严的宣誓。新当选的镇人民政府镇长纳鸿翔做表态发言，表示将不负全体代表的期望，带领新一届政府班子，在县委政府的领导下，在镇党委的指导下，在镇人大的监督下，在各位代表和全镇人民的支持配合下，把纳古建设成为开放、民主、富裕、美丽的新纳古。

三组马金福归真，70来岁。

2017年1月3日

纳古镇农技农机站联合派出所、安监站等相关部门联合行动，在全镇范围内开展农机安全专项整治。

2017年1月4日

小学生假期在即，各种辅导班在忙着招生。

2017 年 1 月 6 日

三组合儒超归真，75 岁。

2017 年 1 月 7 日

2016 年 12 月底召开森林防火工作动员会以后，纳古镇森林防火工作已经全面启动，前期宣传教育、装备配置、半专业扑火队培训等工作，1 月 1 日开始进行巡山工作，1 月 16 日开始设立卡点对进出车辆、人员进行检查登记。

2017 年 1 月 8 日

纳古镇党委政府在镇政府三楼多媒体会议室召开"七五"普法启动工作会，镇政府全体干部职工、村组领导等 60 人参加了此次会议。

2017 年 1 月 9 日

纳古镇反邪教协会开展了元旦、春节期间反邪教宣传活动，发放了印有反邪教内容的日历、传单、《反邪教警示教育宣传册》、粘贴反邪教宣传警示告知书等反邪教宣传资料 2500 份，宣传群众达 3000 余人次。

2017 年 1 月 10 日

县老干局到纳古组织召开退休干部春节年拜会，老干局书记主持会议，镇长纳鸿翔主讲，老干部们就当前纳古的发展做讨论。

2017 年 1 月 11 日

镇社保中心、计生站、民政等中心站所也分别走访慰问了困难失业农民工、贫困流动人员、低保户等，送出慰问金及慰问品 5000 余元。

在春节前，各级各部门共开展走访慰问活动 8 次，共走访慰问贫困家庭、困难群众等 56 户，送出慰问金、慰问品共计 19600 余元。

纳古镇创新路、狮山路具备施工条件的路段已经改造完成80%，两条路全段亮化全部完成，安装太阳能路灯86盏。今天，建设方、监理方、施工方联合到现场实地查看工程质量及进度，下一步将进行绿化树种植等工作。

2017年1月12日

通海县2017年农村劳动力"转移就业百日行动"创业培训纳古班开班，纳古镇54名农村转移就业劳动力学员参加培训。此次培训由通海县劳动就业局组织开展，邀请玉溪市二职中的优秀教师为大家讲授创业知识。通过5天的培训，让学员学习和掌握小企业开办、经营和管理的必备知识，有针对性地对有创业意愿和创业能力的学员开展创业咨询，跟踪辅导，提高学员的创业综合素质和创业成功率，以创业进一步带动其他农村劳动力的转移就业。

县纪委党员干部到纳古镇走访慰问联系的21户贫困户，送去了大米和食用油。

2017年1月13日

市民宗局沐局长到纳古，对当前矛盾问题的解决给予指导。

2017年1月14日

上午，纳古纳家营村"民族和谐杯"篮球赛举办开幕式，相关市、县领导到场祝贺，镇党委政府领导、友好乡镇（村）代表等出席了开幕式。此次比赛时间为1月14日至1月20日，共有26支球队报名参赛，其中成人队18支、少年队8支，除了纳古镇的球队，还有大回村、小回村、十街村等代表队参赛。纳古人民热爱篮球运动，几乎每年都会举办篮球比赛，这次篮球赛是纳古纳家营村成立后组织举办的第一届比赛，旨在通过比赛，宣传民族团结和谐，加强与各村组的交流和联系，增强村民之间的团结协作，提倡健康运动的生活方式。

2017 年 1 月 15 日

三组纳恒胜的儿子与沙甸大管事的女儿结婚。

2017 年 1 月 16 日

根据《关于坚决遏制钢铁、煤炭违规新增产能打击"地条钢"规范建设生产经营秩序的通知》要求，纳古镇党委政府高度重视，成立了主要领导任组长的打击"地条钢"专项工作领导小组，安排工作人员对全镇企业进行排查，排查出涉及使用中频炉生产的企业 10 户。

2017 年 1 月 17 日

纳古镇召开专题会议，安排布置 2017 年烤烟生产暨集镇浅层地下水开采清理整顿重点工作。

2017 年 1 月 18 日

市、县统战部领导到纳古镇走访慰问 4 户困难侨眷，共送出慰问金 2000 元。

2017 年 1 月 19 日

纳古镇组织召开 2017 年度企业离退休职工春节年拜会，42 名企业离退休职工齐聚一堂，欢歌笑语迎新春。会上，通海县社会保险局副局长吴焕丽向各位离退休职工介绍了 2016 年通海县企业离退休人员管理的主要工作开展情况，并祝各位老前辈身体健康、阖家幸福、万事如意。纳古镇镇长纳鸿翔代表镇党政班子致新春贺词，并向老同志们汇报了纳古镇 2017 年的重点工作和重要建设项目，希望各位老前辈积极支持党委政府工作的开展。

司法所工作人员向刑释解教人员讲解了近期内由镇社保中心办理的10万元无息创业贷款，为刑释解教人员就业创业创造了有利环境，鼓励符合条件的人员积极争取，尽量减少他们初期的创业压力和困难。

2017年1月20日

纳家营村三委举办的"民族和谐杯"篮球赛闭幕，此次参赛的18个队，来自高大、四街、河西、纳古4个镇，经过5天的比赛，第一名为州工业，第二名为小回村，第三名为千里志，"道德风尚奖"为十街队。

2017年1月21日

春节前后，纳古镇计生所深入纳古镇人口密集的流动人口区域开展流动人口关怀、关爱活动。

2017年1月22日

县委、县政府、人大、政协领导到纳古镇走访慰问贫困户和优抚对象，共送出慰问金2000元。

三组纳锦恒的父亲归真，76岁。

2017年1月23日

纳古镇组织开展"文化、科技、卫生三下乡"活动，营造温暖欢乐的节日气氛。此次活动由镇宣传办、文化站、派出所、农业中心、卫生院、综治办、司法所、团委等部门合力举办。发放玉溪精神新年日历，种植、养殖等科技书籍，反邪、禁毒及相关政策法规宣传册、森林防火知识宣传册及计生用品等。

纳古镇党委政府组织走访慰问7位老党员、困难党员，共送出慰问金5500元。

2017年1月24日

县委副书记曾丽娟、县人大副主任钱秀琼到纳古镇专题调研农危改工作、"百千工程"。实地走访了农危改施工现场和镇马鞍子路、龙潭路等百千工程项目以后,曾副书记一行对纳古镇工作开展表示肯定。近年来纳古镇积极争取项目,通过基础设施建设极大地改善了镇人居环境。

县团委到纳古镇走访慰问贫困"留守儿童"、单亲家庭儿童4户,送出慰问金2000元。

2017年1月25日

今天,10户企业全部按要求停电、停产,6月30日前全部拆除。

2017年1月26日

纳古镇首届普法杯乒乓球赛在四队大场举行,本地6个队,客队7个队,来自开远、华宁、澄江、通海、下回等地。

2017年1月27日

今天是大年三十,我们回族不过年,像平时一样,只是大家都放假,相约外出旅游的人家较多。

2017年1月28日

今天是大年初一,大量外地游客来到纳古小海公园看海鸥,每天约上万人。

2017年1月29日

过年期间,菜市场、主街道、清真寺等地都较清净,许多商家歇业,难得的安静。

2017 年 1 月 30 日

小海公园游客多,给纳古人带来了商机,许多人摆摊做起了买卖。

2017 年 2 月 1 日

纳古镇海埂路项目纳十小河段道路硬化现已完成,连接到小海公园,现进入封路保养期。镇人民政府发出封路公告,在 2017 年 1 月 9 日至 2 月 5 日期间对海埂路十街小河段进行封路保养,禁止车辆通过。

2017 年 2 月 3 日

机关单位职工收假上班,但是许多企业却无法正常开工。

2017 年 2 月 4 日

纳学政的儿子结婚,新娘是成都人,两口子是在网上认识的,这在纳古还算是新鲜事。

2017 年 2 月 5 日

日辉公司因检修机器,不慎发生事故,1 人死亡,经调解后赔偿 42.6 万元。

2017 年 2 月 6 日

纳古司法所工作人员对本辖区内在册矫正对象进行入户走访活动。

2017 年 2 月 7 日

市编委办主任高宝林到纳古调研。

2017 年 2 月 8 日

县统战、民宗部门到纳古调查伊斯兰教教派、宣教团、清真标识的使用情况。

2017 年 2 月 9 日

网民"游戏啦啦去了"为发泄私愤在通海贴吧中发帖侮辱、谩骂纳古派出所两名户籍协警人员，还恐吓要杀了他们及全家，后被公安机关依法处以罚款 300 元人民币的处罚。

2017 年 2 月 10 日

县统计局副局长师本其率县农普办几位领导到纳古镇对农普工作进行指导。目前，纳古镇已基本完成"三农"普入户登记工作，此次，农普办一行将对纳古两个村已完成的农户普查表进行审核，修改完善后，纳古"三农"普工作将进入 PDA 录入程序。

2017 年 2 月 11 日

五组马琼的母亲归真，73 岁，患有糖尿病、心脏病。近几天无大碍，今天突然出事。

2017 年 2 月 12 日

一组李吉坤的母亲归真，71 岁，去年患小血管炎而累及肾脏，透析半年，做"伊斯科"15 万元。

2017 年 2 月 13 日

纳古镇组织开展专题学习会，邀请县委党校师丽虹老师为全镇干部职工宣讲省第十次党代会精神及玉溪精神。

2017 年 2 月 14 日

五组马兴鹏的女儿与纳双祥的儿子结婚。

2017年2月15日

纳家营清真寺为停工几年的文化学院校舍工程收尾,捐款296万元。

2017年2月16日

副县长张润生同志率县统计局副局长张春明及相关专业人员到纳古镇调研。镇长纳鸿翔着重对纳古镇目前的经济困境进行了分析汇报,目前纳古镇正处在产业提升与转型的关键阶段,淘汰落后产能,引进新项目,调整和优化产业结构,是纳古镇经济社会发展的重中之重。以厨房用刀、工艺茶刀等为特色的民族手工艺刀,以"一千零一夜"为契机的特色小镇建设,以清真食品为特色的少数民族农副食品等,无不是纳古产业转型的方向和经济社会建设的契机。同时,还强调了党委政府对三农普工作的重视,纳古镇将在接下来的时间里,集中精力开展好三农普录入工作,保证普查数据真实可靠的同时,按时完成此次普查任务。

张副县长一行在听取汇报后,对纳古镇"三农"普工作做了业务指导,肯定了纳古镇在通海县经济社会发展中所取得的成绩和贡献。张副县长指出,以江浙一带的产业转型为例,纳古镇现在的发展困境是源于没有抓好产业转型的时机,但是转型的滞后并不代表着没有转型发展的转机。纳古镇经过多年的发展,为转型升级奠定了坚实的经济基础,同时,作为以回族为主的少数民族乡镇,也有着其他乡镇不能比拟的优势。"再难都要抓转型!"这句话道出了张副县长对纳古未来经济发展所寄寓的厚望,更是纳古镇领导班子和广大干部职工对纳古未来的期盼。

2017年2月17日

纳古派出所通过深挖线索,认真排查,在辖区内将纳某、合某和纳某3名吸毒人员查获,带至派出所进行尿样检测,结果呈阳性。经询问,3人如实供述了近日以来吸食毒品的违法事实。

2017年2月18日

在全国钢材行业举步维艰的情况下，马跃升旗下的高炉、转炉、工字钢3个厂分红，其经营管理确实值得称赞。

2017年2月19日

马俊赛和纳绍伟的儿子赴埃及学习，原来有4人在那里学习。

2017年2月20日

七组纳川和四组的马伊莎结婚。

2017年2月22日

镇分管安全生产工作领导和安委办工作人员对全镇辖区内3座加油站进行安全检查。主要针对加油站的安全管理、现场布局、防火安全、消防设施、隐患巡查整改记录、安全标准化运行记录以及是否落实安全生产责任制等情况进行了检查。通过检查，我镇辖区范围内的3座加油站基本符合安全要求，没有发现大的安全隐患。

2017年2月23日

纳古镇政府组织召开动物疫病防控和畜产品质量安全培训会议。镇分管领导、镇畜牧兽医技术人员、村组干部和村动物防疫员、协检员等共30余人参加。

2017年2月24日

钢材再次涨价，近来每吨已涨约200元。

2017年2月25日

书记、镇长到沙甸考察清真食品产业的发展。

2017 年 2 月 26 日

连铸公司请师傅阿訇在大殿开经,之后在洁雅饭庄就餐,真不容易,在经济寒冬里还有盈利。

2017 年 2 月 27 日

五组纳俊彬的儿子与一组纳艳芳的女儿结婚。

2017 年 2 月 28 日

村民小组党支部年终党员民主评议。

2017 年 3 月 1 日

中国民间艺术家协会副会长到纳家营参观考察。

2017 年 3 月 2 日

纳古越野 2017 林道障碍耐力摩托车赛开始报名,交报名费 100 元。

2017 年 3 月 3 日

市民宗局副局长董存志,县民宗局局长祁跃红、副局长曾永萍一行到纳古镇检查调研经文学院规范办学情况及民族团结示范镇建设工作。纳古镇人大主席纳立凡、副镇长尹绍荣陪同调研。

2017 年 3 月 4 日

七组纳鹏礼的儿子与一组马灿红的女儿结婚。

2017 年 3 月 5 日

富民城区清真寺新建,到纳家营捐款。深圳龙岗清真寺到纳家营参观。

2017 年 3 月 6 日

纳古镇组织村组领导干部召开 2017 年度兵役登记工作会，副镇长张波详细讲解了《兵役法》的相关内容，指出兵役登记的重要性，要求各村组干部加强排查宣传，确保纳古镇 2017 年 12 月 31 日前年满 18 周岁的男性公民都按时进行兵役登记。镇武装部设立纳古镇兵役登记站，及时受理镇内公民的网上兵役登记和政策咨询，为不方便上网的公民提供现场登记报名和表格打印，同时对已进行网上登记的公民进行目测初审。

2017 年 3 月 7 日

现在纳古镇垃圾清运每月需要 2 万元，全年 24 万元，但是每年每人收取 20 元，只能收取几万元，收支难以相抵。

2017 年 3 月 9 日

村、镇两级政府组织职工和群众、党员在全镇范围内进行大扫除。

2017 年 3 月 10 日

学校打造楼道文化，教学楼共四层均以纳古教育的发展历程和伊斯兰文化两个主题做展板，办公室主任纳雪梅和德育处主任李玉洁请教马恒骧作思路指导。

2017 年 3 月 11 日

今天一村民的女儿，从小智力稍弱，今天结婚，男方也有一定问题，但愿他们幸福。

2017 年 3 月 12 日

民间负责接待的沙特客人 10 人来纳家营访问。

2017年3月13日

副伊玛目马俊赛到埃及学习辞去职务，清真寺聘请学院教师锁才用担任此职务。

2017年3月14日

纳古镇组织镇相关站所工作人员、村组领导干部、食品信息员召开专题会议，学习《云南省食品生产加工小作坊和食品摊贩管理办法》（以下简称《管理办法》）。要求参会人员根据《管理办法》要求，依法履行镇对镇内食品生产加工小作坊和食品摊贩的食品安全管理职责。

2017年3月15日

纳古司法所以综治宣传月大型宣传活动为契机，在纳家营清真寺门前开展法律援助知识宣传活动。

2017年3月16日

省人大民族外事委副主任管国芳到纳古调研民族团结及扶贫助学。

2017年3月18日

县医院妇科主任张锦虹到纳古讲授妇科疾病预防常识。

2017年3月19日

五组纳俊彬的二儿子与四组纳红娜的女儿结婚。

2017年3月20日

在国家供给侧结构性改革、钢铁去产能、关闭中频炉等重大政策的影响下，纳古经济以钢铁一枝独大的路子已经走到了必须彻底洗牌的关键时刻，转型困难、发展乏力、人心不稳、社会不安是现在纳古面临的严峻形势。

2017 年 3 月 21 日

镇政府全体干部职工分成两个组，清理入湖河道垃圾。

2017 年 3 月 22 日

从海埂路铺设好之后，村民们三五成群来到湖边散步，大家的健康意识大大增强。

2017 年 3 月 24 日

海鸥北飞了，大约 3 天的时间，几千只海鸥全部离开，大家都盼望着明年还来。

2017 年 3 月 25 日

北大附中云南实验学校近几年招收纳古的少部分学生，品学兼优，表现较好，因而该校到纳古举办家长见面会，希望招收更多中学新生。

2017 年 3 月 26 日

富民城区清真寺做圣纪，纳家营的 20 多个村民去帮忙，承担起炒菜、切菜、煮牛肉等工作。

2017 年 3 月 27 日

樱花开放了，很多村民相约到下回村观赏樱花。

2017 年 3 月 28 日

县政府再督促 10 家中频炉钢铁厂拆除，现在已经拆除 9 家。

2017 年 3 月 29 日

县委书记卢维江来纳古谈经济、文化、城镇建设。

2017 年 3 月 30 日

纳古镇召开清明高火险期护林防火暨农业机械设备购置补贴专题工作会议，镇、村、组三级领导及相关站所负责人参加会议。会上，纳古镇副镇长尹绍荣对清明节期间森林防火工作进行安排部署，以及农业机械设备购置补贴的相关工作。

2017 年 3 月 31 日

晚上 11 点多，两个姓李的鲁甸男子醉酒后在团结路上扰民，之后约来同伴大闹在派出所，扰乱工作秩序，被拘留 5 天。

2017 年 4 月 1 日

市民宗局沐副局长、官副局长到纳古调研宗教工作。

2017 年 4 月 2 日

云南衡水呈贡实验中学栗副校长等到纳古镇政府多媒体会议室举办学校推介会。

2017 年 4 月 3 日

清明节放假。

2017 年 4 月 5 日

纳家营村委会主任等人督促海埂路拆除工作。

2017年4月6日

孟副县长在纳古调研时通报市发改委将给80万元作杞麓湖北岸建设的前期工作经费。

2017年4月7日

新哈吉到昆明体检,今年纳古只有47人,全县73人,又少了许多,有11人因"三高"等问题待复查。

2017年4月8日

七组纳维坤的儿子与四组纳吉章的女儿结婚。

2017年4月9日

河南郑州李海洋阿訇在纳家营清真寺讲瓦尔兹。

2017年4月10日

通海县8所清真寺在纳家营举行《古兰经》诵读比赛,结果小回村伊玛目获第一名,纳家营副伊玛目获第二名,二人将被推荐到省上参加比赛。

2017年4月11日

玉溪市义务教育均衡发展检查组到纳古小学检查。

2017年4月12日

纳古小学"茴香杯"篮球赛正在进行中,本次赛事谢绝家长参观。

2017年4月13日

纳家琨、纳文钊、马喜光、纳立凡、纳锦斋几位到甘肃陇滇钢铁公司处置国家钢铁政策下纳古与甘肃双方资产问题。

2017 年 4 月 14 日

昆明盘龙区政府下属一个创业团队到通海各乡镇拍摄亮点、推介旅游业，在纳古拍了清真寺和 6 家手工刺绣过程及作品。

2017 年 4 月 16 日

三组纳恒祥的儿子与一组马锦标的女儿结婚。

2017 年 4 月 17 日

市、县政协委员 30 多人到纳古小学调研民族政策法规进校园，以及校园安全工作情况。

2017 年 4 月 18 日

纳家瑞校长的北京同学杨叔文的女儿等 3 位客人，特地来看望纳伯伯，到家得知老人已经归真，很是伤感。

2017 年 4 月 19 日

纳家营伊斯兰文化学院召开学生运动会。

2017 年 4 月 20 日

柳洪县长在全县大会上宣布将把纳古、杨广作为省级特色小镇上报，但是又突然变为杨广、兴蒙，纳古不在内了，镇领导十分着急。

2017 年 4 月 21 日

各方客人到省级金属工艺大师纳文鹏处参观，很多人都希望得到《纳家营——纳忠纪念特刊》及《纳家营——纳家瑞校长纪念特刊》。

2017 年 4 月 22 日

一组李吉坤的女儿与五组马儒敏的儿子订婚，双方经人介绍，见面后，经过微信联系觉得还谈得来。

2017 年 4 月 23 日
易门城区清真寺落成典礼暨圣纪节，很多村民前往参加。

2017 年 4 月 24 日
镇政府将请传媒公司制作"民族文化旅游宣传"专题片、策划文案，约 5 分钟，在公众号、微信号上宣传 3 个月，约合 10 万元经费。

2017 年 4 月 25 日
马恒骧、纳宇娇等人再次审核《纳家营》杂志 2017 年第 1 期稿件。

2017 年 4 月 26 日
镇上成立 2 个大组、18 个小组对纳古镇基础设施建设及文化旅游建设落实到人，争取年底见成效。

2017 年 4 月 27 日
村民们喜欢上度假的好地方，即龙朋——龙韵养生谷。

2017 年 4 月 28 日
纳古中心幼儿园举办第九届"我快乐，我歌唱"比赛活动。

2017 年 4 月 29 日
纳家营清真寺管委会即将换届，在管委会主任和教长的主持下，成立了换届领导小组，开始筹备工作。

2017年4月30日

近期，镇民政办严格对低保工作进行资产核查，要求所有村组对低保户入户调查，各低保户到银行、车辆管理部门实施盖章确认，了解财产收益、生活状况。经调查，有近60户低保户已脱贫致富。对脱贫致富，不符合条件的已经及时停发，对符合低保条件的困难群众尽快纳入，做到应保尽保。

2017年5月1日

根据《通海县困难残疾人生活补贴和重度残疾人护理补贴制度实施方案》，纳古镇残联及民政办公室，着力解决残疾人因残疾产生的额外生活支出和长期照护支出困难。困难残疾人生活补贴标准，每人每月50元；重度残疾人护理补贴标准，一级每人每月70元；二级每人每月40元。纳古镇符合条件的残疾人共有258人，共计补助12990元，已上报上级部门审批，补助将于近期开始发放。

2017年5月2日

为进一步规范纳古镇食品市场秩序，让群众吃得放心，县食药局、畜牧局、纳古镇食安站等多部门组成的联合执法检查组到纳古镇，对超市、农贸市场、饭店等进行联合执法检查。

2017年5月3日

湖北省伊协会长、省统战部部长及湖北省各州、市伊协会长到纳家营清真寺参观指导，管委会主任纳为明、教长纳跃义、古城清真寺教长马尔继等人接待。

2017年5月4日

纳家营四组纳爱媛、纳秀春、娅娟等人承头，组织全村广大妇女"走节",开经赞圣,有400多桌。

2017年5月5日

纳古志愿者10多人来到"美诺高电位纳古免费测试中心",提醒老年人不要购买仪器、药物等;下午纳古镇政府、派出所及县工商局到现场依法取缔、没收仪器,听说在九街商家把价值2000多元的仪器以9800元的价卖给老人,老人都急得生病了。

2017年5月7日

纳古志愿者在"百事通"微信平台上发出通知,斋月前,准备给困难户和孤寡老人买米、油送爱心,希望大家有心意的将款送到志愿者处。

2017年5月8日

黑果、黄泡成熟了,大家相约上山采摘,也有几位妇女将果实拿到菜市场出卖,一般10~15元一斤。

2017年5月10日

省、市、县工信局再次到纳古督查10家企业中频炉彻底拆除的情况,包括炉子、操作平台、变压器等设施。

2017年5月11日

省委常委、省统战部杨部长到纳古对经济、宗教、经文学校、旅游发展等工作进行调研,市、县、镇党政领导陪同。

2017年5月12日

镇党委、政府组织全体职工开展一次大型文体活动,这次活动是继1997年香港回归多年后的第一次活动,大家认为应该经常组织活动,以此增强集体凝聚力。

2017年5月13日

"驴妈妈旅行社"纳古分社在纳古组织旅游团，今年内组织前往泰国过圣纪节，第二批前往迪拜的团又出发了。

2017年5月14日

加大环境整治力度，对生活区内24台炼钢炉、1家炼轮胎厂和4家造纸厂实施了关停，配合县政府开展好绿化工作，完成植树1.2万株。

2017年5月15日

国务院"简政放权、公正监管、高效服务"，简称"放管服"督查组到通海进行为期3天的督查，全县各级干部职工高度紧张。

2017年5月16日

国务院另一个督查组到通海督查"地条钢"中频炉设备拆除情况，中午到达纳古对11家企业进行督查。

2017年5月17日

纳古镇"村村通"道路于今日开始动工改造。"村村通"是连接纳古镇两个村的交通道路，全长约4公里，预计3个月可以完工。"村村通"道路硬化以后，将极大地方便村民的出行，加强两个村的联系。

2017年5月18日

省人大常委会调研组一行4人，在玉溪市人大常委会相关领导的陪同下，实地调研通海县县、乡人大工作和建设情况，了解贯彻落实中央关于加强县、乡人大工作和建设的若干意见、省委关于加强县、乡人大工作和建设的实施意见情况，听取基层人大对省人大工作的意见和建议。

2017年5月19日

纳古镇团委牵头邀请县团委组织全县街道、社区、镇、村的团总支、团支书、部分团员、关工委、"五老"人员共59人到安宁少管所参观，开展青少年法制警示教育活动。

2017年5月20日

县政协副主席吴云一行到纳古镇走访新当选政协委员。纳古镇2017年新任政协委员3名，主要是经济界人士。在交谈中，吴云向委员介绍了通海县政协的基本情况，委员们也就自己的专长为政协工作的开展、通海经济的发展提出了看法和建议。

2017年5月21日

纳古志愿者为困难户送温暖，一共走访慰问了280户，每户送大米50斤、香油10斤，价值220元。

2017年5月22日

清真寺副伊玛目锁才用代表通海县，参加省伊斯兰教第十二届《古兰经》诵读比赛，在43名选手中，获得二等奖。

2017年5月23日

上海同济大学的朱教授等专家，在市、县规划部门的领导陪同下，到纳家营清真寺、女寺参观，镇原人大主席马恒骧、副镇长张波等人向客人介绍了纳家营的历史、经济、文化、民俗、风土人情等。

2017 年 5 月 24 日

纳古镇团委组织村团总支、组团支部团员干部开展"一学一做"教育实践活动。在镇团委副书记徐瑞的带领下，与会的团干共同学习了《习近平总书记在同各界优秀青年代表座谈时的重要讲话》，习总书记要求广大青年一定要坚定理想信念，一定要练就过硬的本领，一定要勇于创新创造，一定要矢志艰苦奋斗。

2017 年 5 月 25 日

纳家营清真寺举行新一届监督委员会、管理委员会的换届选举。

由纳家营第一、三、四、五4个回族村民小组推选出来的代表（每组25名，共计100名），加上四掌教，应到会104人，实到98人参加选举。新一届监委会主任：合保华；副主任：马子能、纳立超、纳福仓、纳俊荣；常务委员：7名；委员若干名。新一届管委会主任：纳为明；常务副主任：纳恒宝；副主任：马儒逵、马子发、纳恒碧；成员：11名。

2017 年 5 月 26 日

中午昭通籍男子解某妻子袁某因身体不适到私人诊所看病，该诊所医生诊断袁某为感冒后就对其进行输液，不料袁某在诊所输液过程中死亡。

2017 年 5 月 27 日

华文出版社丝路文化出版中心，85年后再版《征程》一书。该书系纳子嘉君于民国二十年十一月由滇起程，经越至埃及之旅途记载；纳君素富情感，偶有所见，感慨系之，乃草于日记，而悲欢之状，遂溢于文中；故是篇作游记看可，作日记看亦无不可也。该稿原由纳君指交广州《穆民月报》发表，嗣因余来桂后，该报主持乏人，暂行停顿；兹值本省教友嘱编《广西伊斯兰教》一刊，谨将《征程》全稿付梓，以供国人；文内所载，多为国内教友所未观，阅之，无异卧游胜地；斯不独编者得借光篇幅，而读者亦必得观先快也。

2017 年 5 月 28 日

纳古镇调解委员会成功调处 26 日发生的私人诊所因输液致人死亡的医疗赔偿纠纷。组织双方当事人调解，死者家属最终与诊所达成了协议，由诊所一次性补偿死者家属丧葬费、死亡赔偿金、抚养费、赡养费、精神抚慰金等共计 42 万元。

2017 年 5 月 30 日

纳古镇对本年度三个重点项目进行了招投标，分别是主要道路交通标识线划定项目、民族文化墙项目和纳忠、纳训故居修缮项目。

按照年初制定的《纳古镇 2017 年重点项目实施方案》，纳古镇本年度计划实施 18 个重点项目，各项目工作小组对所负责的项目抓紧实施。目前，已开工建设项目 6 个，新开工建设项目 2 个，进入招投标程序项目 4 个，其他项目正在努力推进。

2017 年 5 月 31 日

"温馨祝福送上门，亲情关怀暖人心"。在"5·29"中国计划生育协会成立 37 周年来临之际，镇计生部门走访慰问了 2 户家庭，一户失独家庭，一户单亲家庭；详细询问和了解他们最近的生活、身体状况，鼓励他们克服困难，要乐观地面对生活，并为他们送上了慰问金，让他们感受到党和政府的关怀与温暖。

2017 年 6 月 1 日

上午镇领导陪同玉溪市人力资源和社会保障局张副局长、县统战部蔡部长、县人事局吕局长一行实地走访调研省级工艺大师纳文鹏工作室，为下一步推荐遴选云岭工艺大师、云岭首席大师和云岭工匠做好前期摸底准备工作。

2017年6月2日

纳古派出所开展交通安全文明宣传工作，结合我镇实际制作宣传展板，专题宣传了交通安全文明驾驶。

2017年6月3日

为迎接南亚、东南亚国家商品暨投资贸易洽谈会的顺利召开，确保纳古辖区内的社会治安稳定，纳古派出所持续加强辖区重点人员管控，全力排查肇事肇祸精神病人，及时送治一名重性精神病人，消除了社会安全隐患。

2017年6月5日

镇政府在忠爱大街、狮山路、创新路等主要街道画停车线和行车线，规范交通秩序。

2017年6月6日

连铸公司举行一年一度的斋月慰问活动，出资80万元，65岁以上老人1537人，贫困人417人，共计1954人受益，每人400元，其中大回村279人。

2017年6月7日

纳家营清真寺组织挂功德至今天共计收到180多万元。

2017年6月8日

七组马儒香父亲归真，患脑瘤半年多，67岁。

2017年6月9日

纳古小学"三城同创"工作在准备中,"三城同创"指创建文明城市、卫生城市、园林城市。

2017年6月10日

镇杨书记、纳镇长一起陪市、县"地条钢"验收组到佳康、日辉、曹华、大白龙、玉通等实地检查验收,然后镇上填相关表格,验收组签字。

2017年6月11日

农业普查是全面了解"三农"发展变化情况的重大国情、国力调查,是新常态下全面了解"三农"基本情况、准确把握"三农"发展变化的最重要统计调查方法。纳古镇政府统筹安排,精心组织,现已基本完成了我镇农业普查各项工作。

2017年6月12日

纳古司法所组织辖区内的社区服刑人员进行了一次以"反恐怖"为主题的集中教育学习,并组织他们进行公益劳动。教育学习会后,组织社区服刑人员到纳古镇樱花停车场进行了公益劳动,清扫垃圾,给樱花树苗浇水,大家分工合作,互相配合,态度积极认真。

2017年6月13日

纳古中心小学第七届少代会下午3点在学校阶梯教室拉开帷幕。出席本次会议的有学校党支部副书记纳雪梅老师、副校长何文平老师、团支部书记李玉洁老师、大队辅导员徐正艳老师、各年级组长以及各中队少先队员代表等180多人。本次大会的主要任务是:回顾总结过去一年学校少先队工作;选举产生新一届少先队大队委;表彰过去一年来的优秀少先队小干部、优秀鼓号队员、优秀播音员、优秀少先队员。

2017年6月14日

上午，纳古镇党员干部自发对辖区内的所有入湖河道及入河沟渠进行彻底清理整治，在党员干部的带动下，群众开始积极响应，共同参与到这场"保护母亲湖、留清于子孙"的活动中。在打捞运输机器的轰轰声中，纳古镇大沟小渠，干部群众齐参与、老中青年同上阵，展开了一场对纳古镇所有入湖沟渠的彻底大清理整治行动。

2017年6月15日

政协通海县委员会纳古镇学习组组织委员到"第五届昆明南亚博览会"参观学习，镇政协委员、党员代表、村组领导和镇相关工作人员共30余人共同参加了活动。在"南博会"上，参观人员结合纳古镇实际，对制造业、建筑业、饮食业、绿化装饰等行业的新技术、新产品进行了详细的参观和了解。

2017年6月16日

纳古派出所民警果断出击，将经营已久的吸毒、贩毒窝点彻底捣毁，成功抓获9名涉毒违法犯罪人员，其中，1名贩毒犯罪嫌疑人，8名吸毒人员。

2017年6月17日

纳古镇组织召开了"三资"信息入户公开推进会。镇政府主要领导、纪委委员、"三资"中心工作人员，各村党总支书记、主任、分支书记、组长、副组长，以及广电网络公司负责人和业务人员，共50余人参加了会议。会议指出，"三资"信息通过高清数字电视公开，能有效遏制村组乱开支、乱作为现象，切实从源头上减少和避免村组干部违纪违法行为，让村组干部树立良好的形象。会后立即组织村组干部进村入户宣传政策，广电网络公司随即现场安装高清互动电视，两年一次缴费588元，机顶盒免费提供。

2017年6月18日

纳古镇党委政府今日上午9点召开纳古镇经济社会发展座谈会，召集村组干部、三所清真寺主任教长、60户企业近80人。杨书记首先汇报了纳古镇经济现状、镇党委政府半年来工作情况和下一步工作打算。各界代表踊跃发言，纷纷表示拥护党委政府决定，群策群力、共同谋划。这次座谈会气氛热烈，给纳古近期低迷的经济社会现状注入了一剂强心针。马跃升董事长透露连铸公司将与穆光公司合作，这可是半年来最激动人心的好消息！

2017年6月19日

通海县气象台发布6月19日8时至20日8时雨量：通海38.9毫米、杨广47.2毫米、纳古37.3毫米、四街27.3毫米、九街26.5毫米、河西29.7毫米、兴蒙30.7毫米、里山17.9毫米、高大27.3毫米。

2017年6月20日

下午，省政府督学黄福光、官渡区人民政府教育督导室主任张庆诠等检查组在县政府、县教育局领导的陪同下，到我校对义务教育均衡发展工作进行省级检查评估和验收。专家组一行刚进校园，就被学校整洁亮丽的育人环境、温馨和谐的校园文化和规范科学的规划格局所吸引，并给予高度评价。接着检查组对科学实验室和器材室、音体美活动室、少年宫室、音体美器材室、微机室、图书室等工作进行详细的检查和评估，并提出了一些宝贵的建议。

2017年6月21日

玉溪市一幼、通海县一幼、县教科所各级领导、专家一行到我园开展园区建设"生活活动"展示暨玉溪市第一批园长培训班跟岗指导、邓成丽名师工作室帮扶活动。本次活动主要分两块内容,第一块内容是县园区建设"生活活动"展示,第二块内容是玉溪市第一幼儿园园长任职资格培训学员在岗研修实地指导暨名师工作室活动。

2017年6月22日

纳古镇非公企业党支部召开全体党员会议,选举产生新一届支委会。在新一届支委会上,马跃能同志当选为支部书记。

2017年6月23日

网名"狮山猎人"以《纳古当下》为题写了一篇打油诗,摘录部分如下:

杞麓湖的水涨了
纳古的资产缩了
工厂逼停了
债务官司启动了
董事长们头大了
股东们希望小了
外地务工者少了
本地闲逸人多了
天空是明净了
心里却朦胧了
夜晚寂静了
思想却嘈杂了
行驶的马路拓宽了几条
经济发展之路垮塌了一片
表面上谈信仰的人多了

暗地里相互信任的人少了
债务越算越多
朋友越来越少
……
纳古的经济危机来了
但
塞翁失马焉知非福
有的人已放下架子
调整步子
有的人正痛定思痛
不再莽冲
人们意识大有提升
教育得到了进一步重视
要想长期稳定地发展
必须得走规范之路
所以
莫气馁，纳古人
求祈安拉襄助
不因噎废食
更不能因事废人
大家携手并进
才是最佳出路

2017 年 6 月 24 日

通知：各位同胞，《纳家营》刊物 2017 年第 1 期已出版，如有需要，请来镇政府一楼领取，或者拨打电话：1388××××××××，也请大家踊跃投稿，稿件可发送至 3959×××××@qq.com 或 7413×××××@

qq.com，谢谢！

2017年6月25日

通知：纳古镇农业支持保护补贴（种粮补贴）公示时间为2017年6月20日至6月27日。公示地点在两村委会大门处。在公示期间，明细表上信息错误的或者有种植田地遗漏的农户，请大家到各组副组长（会计）处进行补登，补登时需要提供身份证号、农村信用社账号、电话号码、家庭地址、种植亩数。

2017年6月26日

纳古派出所联合纳古镇司法所、综治办在纳家营清真寺门口开展"纳古镇"6·26"禁毒宣传日"活动。以实际行动着力抓实、做实禁毒常态化宣传工作。针对当前合成毒品危害加剧的严峻形势，让群众更深刻地了解到毒品的危害，从而远离毒品。

2017年6月27日

为了提高老百姓的健康意识，了解糖尿病的相关知识，提倡健康生活，纳古卫生院在纳古镇政府六楼会议室，为纳古镇居民开展一期"糖尿病防治知识"的健康讲座。

2017年6月28日

七组马桂芬的母亲归真，82岁，已经卧床几年了。

2017年6月29日

共青团纳古镇第十次代表大会胜利召开，会议审议通过了《纳古镇第九届团委工作报告》，对共青团纳古镇委员会今后3年的工作提出意见和建议，并选举产生了第十届委员会，郑雪娇同志被选举为共青团纳古镇第十届委员会书记，叶鉴剑同志、纳学栋同志被选举为共青团纳古镇第十届委员会副书记。在大会开幕式上，镇党委副书记、镇长纳鸿翔致开幕词，对共青团纳古镇第九届委员会的工作成绩表示肯定，认为广大团员青年是我镇社会主义现代化建设的一支值得信赖的生力军，共青团组织无愧于自己的光荣称号。要求团员代表们团结一心、群策群力，把我们的大会开成一次民主、团结、振奋、进取的大会。

2017年6月30日

由中共通海县委员会举办的"颂歌献给党"纪念建党96年歌咏比赛在政府新区秀麓写字楼演播厅举行。纳古中心小学为了庆祝中国共产党成立96年，讴歌近百年来党走过的光辉历程和伟大成就，推动"两学一做"学习教育深入开展，展现纳古中心小学教师的良好风貌，党支部书记马灿敏率领由52位教师组成的合唱队参加比赛，参赛歌曲《在太行山上》赢得阵阵掌声，唱出了纳古人朝气蓬勃、团结向上、奋发进取的精神风貌。最终，在11支参赛队中成绩排名第三，取得二等奖的好成绩！

2017年7月1日

通知：古玩现场当面交易，时间定于星期六早上8：30至12：30位于云南省玉溪市通海县纳古镇在地图中查看农行对面"古雅小筑"，欢迎各位藏家拿藏品来交易，必须是真品，拒绝任何假货！贵重物品如需保密的我们绝对守口如瓶。同时本店收售、寄售各种古玩，请记住每周六早上准时开门，咱们每周不见不散。

2017年7月2日

现在接到通知，原来农村孕产妇分娩补助400元的政策，从7月1日开始就不补助了。

2017 年 7 月 3 日

县宣传部部长陪同省、市文联组织 15 个作家到纳家营采风，马恒骧接待，参观清真寺、名人故居、小井等地。

2017 年 7 月 4 日

帮纳古供电所宣传一下：纳古的小伙伴们，拿起你们的手机，点开微信扫一扫，扫一下二维码并关注，绑定你家电表的户号，可以在线查询电费、停电通知等各种信息。

2017 年 7 月 5 日

纳古篮球培训班报名地址：纳家营清真寺正对面中国移动韩宇营业厅进行报名，报名费 500 元，7 月 16 日开始培训。

2017 年 7 月 6 日

下午，纳古镇组织纳古企业债权债务协调会，邀请县法院执行局、农行通海县支行主要领导、两所清真寺大管寺参与，就近期纳古人越来越多地出现在失信人员名单，长期会导致地方社会不稳定这一紧迫问题，共同协商解决，"一人一策""一户一策"，特别是因响应国家政策拆除中频炉无力偿还贷款的 11 户企业，要具体个别研究，镇党委政府和清真寺全力配合支持银行、法院，引导债权人根据实际情况逐步偿还债务，避免列入失信人员名单。

2017 年 7 月 7 日

七组金兰的大女儿与孟加拉国一小伙子结婚。

2017 年 7 月 8 日

今年汛期降水频繁，防汛任务重，杞麓水位已经达到 5 米多，前几年最低时只有1.4米，湖水已经淹到小海公园篮球场，纳十大沟已经满了，水从石脚缝溢出，十几年没有这样满了。

2017年7月9日

晚上9时许，家住通海县四街镇十街村八组王武营的王某老人因患有智障疾病，离家出走后一直未归，其家人十分焦急，四处寻找未果后报警求助。纳古派出所民警通过调取监控视频查看走失老人出现过的位置，初步判定老人可能停留在纳古镇江通公路附近的一个废旧钢铁仓库里避雨，值班民警立即带领老人的家属对该仓库进行了查找，但并未找到老人。因为当时天已黑，又下着大雨，气温急速下降，老人的安全让人担心。为扩大查找范围，尽快找到老人，民警和老人的家属将寻找老人的信息通过微信转发到朋友圈和微信群，并分头对纳古镇各条道路和可能容纳行人避雨的地方进行查找。7月10日0时许，纳古派出所建立的"纳古流动人口服务管理群"里有群众回复称，在纳家营村三组大东街90号合林彬出租房附近田间看到一名穿着雨衣的老人很奇怪，不停地在田间走来走去，样子很像派出所要寻找的人。收到信息后，民警带领队员迅速赶往现场，在当面核对老人特征后，发现其确系走失的智障老人王某。因为已是深夜，又下着大雨，老人浑身上下沾满泥浆，冷得直打哆嗦，一只脚上的鞋子早已不知去向，样子十分狼狈。民警赶忙脱下警服，替老人挡着雨，并搀扶老人坐上警车。在返回派出所的途中，民警将找回老人的情况向110指挥中心和值班所领导进行汇报，并通知老人的家人到派出所接人。民警将老人带到派出所后，把盛满热水的杯子递到老人的手中，老人因为又冷又饿，接连喝了两大杯。此时，老人的家人也陆续赶到派出所，亲人相聚的时刻，一度十分感人。在雨夜中查找了近4个小时，民警早已疲倦，但看到走失的老人能够与其家人团聚，感觉累也值得。在办理交接手续时，老人的家人极力要求对民警进行物质方面的感谢，但都被民警好言婉拒。此事，本是派出所工作中经常遇到的小事，民警早已不放在心上，但是，老人的家人却没有忘记我们。7月23日晚上9时许，通海县四街镇十街村八组村民王氏兄妹将一面绣着"忠于职守 为民服务"的锦旗送到了纳古派出所值班民警手中，感谢民警深夜冒雨帮其找回走失的智障老人。"警察同志，谢谢你们，淋着雨在深夜里帮我们找回走失的亲人……""不用谢，这是我们应该做的，请看护好家中老人，如需帮忙请及时与派出所取得联系……"在公安、派出所待过的民警，多多少少都遇到过这样的场景，不经意间，付出与回报总是能碰撞出些许平凡而又感人的火花，让人铭记下每一个温暖的瞬间。雨夜，因我们不再寒冷。"对党忠诚、服务人民、执法公正、纪律严明"，我们在行动。

2017年7月10日

通海纳古恒誉体育用品店兼舒华品牌跑步机通海总代理店斯伯丁篮球及护具装备等健身器材在纳家营开张一段时间了，质量、性价比一直被顾客看好！

2017年7月11日

纳古"百事通"消息：由于纳古"百事通"已达5007人，实在加不了了，只有在有人退出以后才能加。请加不了的见谅，给各位说声抱歉。感谢各位的关注和支持。注册"百事通"只为传达正能量，构建和谐社会。

2017年7月12日

农函大纳古办学点于上午举办了一期蔬菜栽培技术与测土配方减肥增效技术培训班。镇农业中心工作人员、村组干部、村农科员及部分蔬菜种植户代表共59人参加了培训。

2017年7月13日

镇政府组织71个残疾人进行残疾人心理健康及书画印艺术培训。

2017年7月14日

就业局胡局长到纳古调研农村劳动力转移工作并听取意见,并做工作安排。

2017年7月16日

来自省内外的300多名大学生到纳古参加暑期学习。

2017年7月17日

7月8日至7月17日,纳古中心小学暑期少年宫活动如期进行。活动前,学校制定了暑期乡村学校少年宫活动方案并召开本次活动动员会,统一部署要求,同时安排行政人员值班,对少年宫活动开展情况进行检查和反馈。活动中,各个社团的辅导老师认真指导,努力激发孩子们的学习兴趣与创造力,孩子们热情高涨,仔细聆听,感受着活动的乐趣。少年宫开设的项目有科普、绘画、舞蹈、葫芦丝、足球、板羽球、钢琴、水粉画、象棋等20个。在两个小时的时间里,同学们在各自相应的社团里度过了一个有意义的下午。

2017年7月18日

来自北京的民俗文化旅游团,成员是中小学生,基本是汉族,听说是对少数民族文化感兴趣,因而来到纳古。

2017年7月19日

镇畜牧兽医站工作人员根据县农业局清真食品安全专项整治行动方案的要求,纳古镇结合本地实际,本着"标本兼治、着力治本"的原则,将打击假冒伪劣清真食品为专项整治重点，同时检查清真食品卫生及质量安全。对辖区内企业、单位、养殖场户、屠宰零售户等进行检查，深挖严查违法生产经营清真食品行为，保障清真食品"清真"和质量安全。

2017年7月20日

纳古派出所联合县局"反恐"大队，结合当前"反恐"新形势及辖区禁毒问题，具有针对性地在纳古镇纳家营清真寺开展了"反恐"怖法、普及禁毒知识讲座。

2017年7月21日

纳古镇卫生院特请来市二院专家贾敏——心身疾病、老年精神病科主任，为纳古镇重症精神患者家属讲解精神疾病家庭护理健康教育相关知识。

2017年7月22日

纳古镇残联近期组织召开了通海县残疾人心理健康服务、书画印艺术人才培训班纳古专场，共有57人参加。由通海名邦书画艺术院的伯龙老师、蒋七二老师、肢体残疾的张正明老师等为学员们讲解书法、绘画、篆刻等各种知识，并现场挥毫献墨。通过培训，鼓励残疾人学习掌握书、画、印中的一门技术，并通过技术创业，多方面开辟就业渠道。

2017年7月23日

为期8天的朝觐知识培训今天结束。玉溪市伊协副会长、通海县伊协会长、纳家营清真寺教长纳跃义，在培训结束时做了总结，并做了重要讲话，要求大家爱国爱教、遵章守纪、团结互助，共同完成朝觐功课，平安归来，为家乡、为国家的建设努力奋斗，做出表率！

2017年7月24日

县民宗局、财政局等相关领导到纳古,对民族团结示范镇的"纳古回族文化展览馆"和"工艺刀具展示厅"两个项目的进展情况进行督促检查。

2017年7月25日

24日、25日两天新哈吉到玉溪集中培训,往年是省伊协下到村子里进行培训。

2017年7月26日

云南天方食品公司,多年来一直坚持馈赠马老表方便米线给准哈吉们。今年,通海的准哈吉们已经每人领到了一箱(24袋)!求主回赐他们公司,生意兴隆,两世吉庆,阿敏!

2017年7月27日

七组胡维辉的儿子与五组纳绍东的女儿结婚。

2017年7月28日

县民宗局、财政局等相关单位工作人员组成验收组到纳古镇验收纳古古城村二组民族团结示范村建设项目,主要包括篮球场、活动广场、老年活动中心等翻新重建,总计投资80万元。目前已经全部建成完工。

2017年7月29日

今年以来,纳古镇借贷纠纷显著增加,由于经济原因引发的矛盾也越来越多,为进一步提高辖区人民调解员应付这一社会问题的业务水平和法律素养,扎实开展好人民调解工作,纳古镇纳古司法所在县司法局副局长马燕妮的带领下,组织由县人大代表、县人民陪审员、村三委干部、调解员、治保员等17人组成的村级调解员队伍到通海县人民法院学习业务知识。

2017年7月30日

通海名邦清真私房菜升级完工，今正式营业，热诚欢迎新老客户光临指导，给您家的感受。一样的地方，不一样的就餐环境！地址：通海中医院正对面——纳福仓。

2017年7月31日

纳古镇组织全体干部职工召开新一轮"严禁领导干部收受红包"专项整治工作会，镇全体干部职工50余人参会，并签订承诺书。

2017年8月1日

镇综治维稳办积极引导社会各方面力量参与矛盾纠纷排查化解工作。做到化解矛盾，堵塞漏洞，消除隐患，切实把各类矛盾纠纷解决在当地、化解在萌芽状态。

2017年8月2日

关于发生在学校门口拖学生的事，是误会。当事人到派出所说明情况了。是彼此不认识，有车过来，为了安全，当事人出于好心拉了一下，造成了误会。请各位家长谅解。感谢派出所。

2017年8月4日

上午，在纳古镇召开纳古、四街两镇钢铁企业座谈会，柳洪县长、孟志明副县长、工信局可恒昌书记、张颖星局长、工商局张兴友局长、企业主、纳古四街镇村干部、清真寺教长管事共100余人参加会议。会议由杨堂聪书记主持。首先由纳鸿翔镇长就下一步国家验收工作作具体安排；其次孟志明副县长和各部门领导就当前的钢铁市场形势进行深入分析，并作出下一步工作要求；最后柳洪县长提出要求和希望：1. 肯定企业在拆除中频炉工作中的付出；2. 下一步国家验收工作按照孟副县长和部门乡镇安排；3. 积极争取纳古、四街钢铁企业转型升级政策支持。

2017年8月5日

通海县委宣传部、县文明办、县直机关工委、县总工会、团县委、县妇联等部门联合举办了通海县第十一届"红土地之歌"演讲大赛。纳古小学教师纳月代表纳古镇参加此次演讲比赛。来自全县各乡镇及单位的16名选手围绕"弘扬良好家风、引领时代风尚"这一主题，经过激烈比拼，纳月以自身的经历、真挚的感情、优美的普通话打动了现场观众及评委，完美诠释了什么是"相亲相爱一家人"，最终以9.780的最高分获得本次比赛的第一名。

2017年8月7日

为提高各文艺队的业务能力和水平，加强各文艺队间的合作与交流，备战2017"云舞飞扬"首届云南IPTV广场舞大赛，镇文化中心于8月7日下午在文化站四楼多功能活动室举行广场舞培训，并聘请专业舞蹈教师为其授课。

2017年8月9日

县卫计局督查组到纳古镇督查2017年上半年卫生和计划生育工作完成情况。考核组主要是从目标责任指标完成情况；健康扶贫、家庭医生签约工作；公共卫生工作；计划生育、计生协工作；防艾工作等各项工作进行督查，并到通海县人民医院纳古分院进行了实地查看，入户走访贫困人员了解生病住院减免费用等情况。

2017 年 8 月 10 日

县督查组对纳古镇十九大维稳安保工作进行督查。督查组具体从矛盾纠纷排处情况、"反恐"工作落实情况、反邪教工作落实情况、道路交通安全整治情况、消防安全整治情况五个方面开展督查，确保社会环境和谐稳定，为党的十九大胜利召开提供坚强保障。

2017 年 8 月 11 日

手机店老板纳某报警称：其手机店内两部手机被盗，怀疑是 3 名小孩所盗。纳古派出所接到报警后，立即出警处置，通过调取商店里的监控视频，发现 3 名小孩子作案嫌疑很大，民警通过查监控视频、入户走访等方式寻找嫌疑人，没想到 3 名嫌疑人就在当天晚上 10 时许到盗取手机店的隔壁另一家店买手机壳，不小心被店主识破，来个瓮中捉鳖。被民警带到派出所后，经查，犯罪嫌疑人 3 人属表兄妹关系，系昭通人，目前随父母暂住在纳古镇，由于家庭条件差，父母不给买手机，又比较迷恋手机，3 人打起了到手机店偷手机的想法。3 天前，锁真某就邀约两个表妹到纳古镇 ViVO 手机，两个表妹到前台以咨询业务为由吸引店主的注意力，表哥就趁机打开柜门盗取两部手机，没有被人发现，第一次尝到甜头后，于 8 月 10 日下午 3 人又故技重演盗取两部手机，可是没想到第二次等待他们的是警察。此案涉案金额高达 4600 余元，考虑到 3 人均未成年，因不满刑事责任年龄，又是首次作案，因此交由其父母带回严加管教，父母也赔偿了店主损坏手机的费用。由于民警及时追回被盗手机，并归还店主，避免了群众的损失，提高了人民群众的安全感和满意度，得到群众的一致好评。

2017 年 8 月 12 日

纳古镇组织召开了纳古镇开展十九大维稳安保专题会，镇全体干部，各村党支部书记、村委会主任，派出所、司法所有关负责人参加。会议由镇党委副书记王绕主持。纳鸿翔镇长做了重要讲话，并指出"稳定是第一责任，发展是第一要务，稳定是发展的前提"。在当前较为复杂的国际、国内环境中，各村要切实增强抓好当前信访维稳工作的责任感和紧迫感，切实增强忧患意识，积极主动地开展工作，确保社会大局稳定。

2017年8月13日

上午9点，纳古镇召开农村劳动力转移就业信息台账工作会。参加会议的有镇党委副书记王绕、分管领导柏云海副镇长、社保中心全体工作人员及各村支书、主任、副主任共20余人。会上，分管领导柏云海副镇长传达了《云南省人力资源和社会保障局办公室关于建立农村劳动力转移就业信息台账的通知》文件精神，着重强调了文件要求和工作内容。社保中心主任徐瑞做了宣传动员，要求各村按要求做好、做实调查登记工作，做到不漏一户、不缺一人。

2017年8月14日

纳古镇在镇政府三楼视频会议室召开了警示教育专题会议，会议由镇党委副书记主持，镇全体干部职工及临时人员40余人参加。组织观看廉政专题片《永远在路上》第一集《人心向背》，该专题片呈现了苏荣、白恩培、周本顺等多个落马高官的违纪案例，其声声忏悔和句句反思叩动了全体干部职工思想上的"弦"，触动着人们的心灵。让大家真切地感受到，十八大以来党的中央正风反腐不松懈，"老虎""苍蝇"一起打，绝不是一句空话。观看专题片后，镇党委书记杨堂聪强调，要求全镇广大干部职工以此为鉴，从自身做起，坚决纠正不良之风，严格遵守工作纪律。日常工作与生活的每个细节，都要时刻提醒自己保持拒腐防腐的状态，在思想上高度重视，在行动上严守党纪国法的"红线"，不忘初心，堂堂正正做人、干干净净做事。

2017 年 8 月 15 日

纳古镇党政领导对艾滋病防治工作高度重视，认真落实"一把手"负责制，层层签订了目标责任书。进一步扩大 HIV 检测覆盖面，年底完成年度内常住人口 HIV 检测比例 25%、任务数 1000 人的目标。

2017 年 8 月 16 日

市委常委、组织部部长晏淼在通海县委常委、组织部部长刘绍宏的陪同下，来到通海县纳古中心小学，实地观看学校党建文化，查阅党建工作台账，认真听取情况汇报，详细了解纳古中心小学党建工作思路和举措，并与工作人员亲切交谈。晏淼充分肯定了纳古中心小学党建工作取得的成绩，她指出，"学校的党建工作做得好，带动了少先队、工会、教育教学工作的开展。下一步，要进一步总结经验，更加突出民族团结教育和外来务工子女教育；要继续努力，将纳古中心小学的党建工作抓得更好。"

2017 年 8 月 17 日

通海县又一次暴发禽流感，为了大家的安全，请客的人家已经不用鸡、鸭待客。

2017 年 8 月 18 日

畜牧兽医站工作人员针对当前禽流感防控形势，组织村防疫员及村组领导认真分析，对全镇秋防工作进行了安排和部署。

2017 年 8 月 19 日

下午，纳古镇党委政府邀请省内专家、学者、教授、工商界知名人士及本土部分企业名家出席"谋划纳古发展座谈会"，既为经济发展面临困境把脉问诊，又为下一步经济升级转型，打造"一千零一夜旅游文化小镇"建言献策。镇党委副书记、镇长纳鸿翔主持座谈会，镇党委书记杨堂聪同志作纳古经济发展情况汇报。

与会专家、学者高度肯定打造纳古旅游文化小镇的发展思路，并就纳古当前面临的困境提出以下几点建议：一是解放思想，转变观念。二是组建经济专家小组，调研纳古发展方向，指导企业转型，将产业转型升级朝紧缺、尖端、高端、多元化方向发展。三是打造独具特色的"一千零一夜旅游文化小镇"。四是加强宣传意识，争取各级支持。五是发展支柱产业，有产业支撑，才能吸引人才、留住人才。

镇党委政府表示，将各位专家、学者的建议踏踏实实地落实到纳古经济发展中去。

专家、学者们与我镇领导及部分企业代表面对面地座谈交流，畅所欲言地剖析国内外宏观经济形势走势，分析宏观调控政策下经济发展所面临的挑战与机遇，寻求纳古未来发展的新突破口。专家、学者们讲得鞭辟入里，镇领导及企业代表听得聚精会神，座谈会上气氛活跃，令与会者们颇受启发，深受鼓舞。

在认真听取各位专家、学者长达4个多小时的发言之后，镇党委书记杨堂聪十分感谢专家学者们对纳古经济社会发展的献计献策。他说，"纳古镇将坚决按照中央的要求，坚持以科学发展观为指导，坚定不移地改革创新，进一步转变经济发展方式，着力推进企业转型升级，全力打造旅游特色小镇，突破发展'瓶颈'，攻坚克难，保持纳古经济平稳健康发展、社会和谐稳定、民族团结、宗教和顺。"

教授、博士生导师，中国回族学会会长，云南大学原党委书记高发元同志；教授、博士生导师，云南回族学会会长，原云南社科院院长、党组书记纳麒同志；教授、博士生导师，西南财经大学博士、中山大学博士后，云南财经大学、云南企业发展研究中心主任，兼任云南白药控股公司董事纳鹏杰同志；教授、暨南大学博士、硕士生导师、中国会计领军人才，云南财经大学会计学院财务研究中心主任，兼任沃森生物股份公司独立董事纳超洪同志；北京大学青年教师纳海同志等11名专家、学者；玉溪市政协副主席马良昌同志；华宁县副县长沐华斌同志等上级领导；纳古镇班子成员、村干部、清真寺领导及部分企业代表出席了座谈会。

2017年8月20日

纳古镇围绕"廉洁扶贫护航精准"这一主题，利用宣传栏、电子显示屏张贴和滚动廉洁扶贫标语17条，悬挂廉洁扶贫布标4条，张贴廉洁扶贫宣传标语5条，发放廉洁扶贫宣传单20份。在营造良好氛围的同时，畅通扶贫领域信访渠道，多举措持续释放从严执纪的强烈信号。

2017年8月21日

纳古镇综治办传达习近平总书记对反邪教斗争工作的重要批示和市委防范处理邪教工作会议精神，各组、各村要深刻认识到"法轮功""全能神"等邪教的危害性、严重性，认清其对广大群众生命、财产的危害，要站在讲政治的高度去关注与重视，继续绷紧弦，不能有丝毫麻痹。

2017年8月23日

23-25日纳古镇召开纳家营村、古城村、纳古镇妇女代表大会，陈妍澹当选妇联主席。

2017年8月24日

纳古镇一年一度的奖励中、高考优秀学生表彰会在纳古小学举行。

会上，学校代表、企业家代表、社会知名人士代表依次发言，对受奖励的优秀中、高考学生表示祝贺，并提出了殷切期望，鼓励大家在新的学习环境里"不忘初心，继续前进"，用自己的成绩为纳古建设作出贡献。鲁睿晗是今年刚刚考取云南财经大学的研究生，他表示在今后的学习中将更加努力，以此答谢大家对他的肯定和鼓励。此次表彰会由纳古镇党委政府、纳家营清真寺、古城清真寺及多家爱心企业和爱心人士共同出资 10 万元对全镇今年上线的 3 名研究生、37 名本科以上大学生以及 10 名考取重点高中的学生进行了奖励。"家琨教育基金"也出资 3.7 万元，对 35 名优秀学生进行了奖励。玉溪市政协副主席马良昌、纳古镇党政班子领导、社会各界专家学者、"家琨教育基金"代表、爱心企业代表、部分教师代表、受表彰的学生及家长等 300 余人参加了表彰会。多年来，纳古镇党委政府十分重视教育事业，坚定实施"科教兴镇"战略，社会各界踊跃捐资助学，在全镇营造了尊师重教、尊重人才、爱惜人才的良好氛围。表扬奖励优秀学生是纳古开展"科教兴镇"的一项重要举措，纳古镇党委政府从 1984 年就开始对优秀中、高考学生进行奖励，第一届表彰会表彰了 6 个大中专学生，通过表彰会让全镇人民认识到教育培养孩子的重要，不断推进纳古镇教育事业的发展。

2017 年 8 月 25 日

纳古镇启动 2017 年畜禽疫情防控工作，对辖区内活禽交易市场开展全面排查。对辖区内活禽交易市场开展逐一排查，要求各养殖、贩运户严格执行"一日一清理、一周一消毒、一月一休市、过夜零存栏"的制度，保障人民群众生命安全和食品安全。

2017 年 8 月 26 日

在纳古防洪大沟纳家营小海段，纳古镇污水处理项目正在进行场地回填，车辆来来往往运输沙土，推土机正在进行场地土方回填平整。

据相关负责人介绍，通海县纳古镇污水处理项目建设工程内容主要为污水处理厂工程和污水配套管网工程两部分。新建污水处理厂 1 座，占地面积 1807 平方米，新建 DN300 污水管网总长 110 米，工程概算 694.27 万元。项目完成后，服务能力达到 3.07 万人，将极大改善全镇人居环境，为保护杞麓湖生态环境增添力量。目前，项目场地土方回填已完成，下一步将进行地质勘查。

2017年8月27日

纳古派出所组织辖区内的旅馆、物流寄递、加油站、网吧业主召开了行业场所管理工作会，纳古辖区涉及的27家业主全部到齐参会。要求各个行业的工作人员积极参与到纳古镇的社会治安防控体系中来，让公安机关到处都有"眼睛"、有"耳朵"，共同维护纳古镇的良好社会治安秩序。

2017年8月28日

纳古镇纪委书记李国兴在职工政治学习会上组织学习《玉溪市党员干部使用微信行为规范》（以下简称《行为规范》）文件精神。《行为规范》从10个方面对党员干部使用微信的行为作出了规范。通过学习《行为规范》，引导全镇党员干部严守政治纪律和政治规矩，营造健康向上、风清气正的微信使用环境，发挥好微信群、微信公众号等联系、交流工作的正面作用，真正让微信等自媒体成为推动工作的高效工具，成为宣传党的理论和路线方针政策的舆论阵地。

2017年8月29日

今年汛期降水频繁，湖堤水位线不断上升，纳古镇防汛办经常对辖区内的沟渠、湖堤进行全面巡查，并在湖堤标注最高水位线（5.2米），保障人民群众的人身、财产安全。经巡查，河道保洁正常，沟渠、湖堤安全！

2017年8月30日

全体哈吉于昨天下午乘车进驻米那帐篷营地，今天为饮驼日，大家在米那帐篷养精蓄锐，骨干们前往射石场探路。

2017年9月4日

连铸公司分红啦！在钢铁行业处于严冬时节，连铸公司仍然管理有方，创造效益，给股东分红，对大家来说真是喜讯。

2017年9月5日

27团的男哈吉在麦加宾馆值班15个小时。

纳家营在沙特首都利雅得留学的学生纳红帅、纳锦慕、纳宇浩3个小伙子在朝觐期间为哈吉做翻译，办了很多事。

2017年9月6日

正朝功课完成后，哈吉们相约包车到吉达游红海。

2017年9月7日

我们为祖国的强大而骄傲，在沙特，常常碰到外国人为中国竖起大拇指，处处看到中国制造的商品、中国建造的工程。

2017年9月8日

麦加菜市场的小菜价格高，一棵小铁头白菜要10元人民币，哈吉的伙食也只能以干菜为主，而且菜品简单重复。

2017年9月9日

连续一个多月的大雨，纳古镇已经有部分农田被淹、排水沟渠溢水等情况，但是镇内道路街道、民居安全，没有发生受灾情况。

2017年9月10日

前几年由于降水量少,纳古的几个龙潭都已经干涸。黄龙潭也是干了10多年,今年连续降水一个多月,黄龙潭已经出水,一两天的时间就满了,全村人高兴万分,很多人到黄龙潭去看奇观,微信上更是互相发送照片及喜讯。

2017年9月11日

早上8点05分哈吉们乘坐8个小时的飞机降落了,大家纷纷打电话报平安,接机的亲友们忙不迭地赶往机场。中午回到家乡,清真寺举行欢迎会,回家后亲友们争先恐后去恭贺,主人家用"赞目赞目"水[①]和椰枣款待。

2017年9月12日

纳古司法所开展烤烟收购专项法治宣传活动,深入烟站开展法治宣传,重点宣传烟草专卖相关法律、法规、政策。现场解答烟农咨询,结合"以案释法"案例进行讲解分析,有效地为烟农提供相关的法律及政策咨询服务。开展涉烟矛盾纠纷排查化解工作,确保烤烟收购有序开展。此次普法宣传共发放资料1000余份,抽纸300盒、围裙200条,解答咨询30余人次,粘贴横幅2条。取得了良好的普法效果,为全镇烤烟收购工作稳步推进营造了良好的法治氛围。

2017年9月13日

七组纳会祥的母亲归真,一个多月前在家摔伤,94岁。

---

① "赞目赞目"水,阿拉伯语音译,伊斯兰教圣地麦加地下涌出的泉水,又翻译为渗渗泉水,英文写作zamzam。中国穆斯林喜欢称之为"仙水"。

2017年9月14日

按照玉溪市委办公室、玉溪市人民政府办公室关于印发《玉溪市农村危房改造及配套设施建设二期（第二轮"百村示范、千村整治"）行动实施方案》的通知要求，纳古镇结合实际，对镇内基础设施较差的四个村民小组进行建设项目申报。目前，4个建设项目已经通过市、县评审。纳古镇4个"百千工程"建设项目分别是纳古镇纳家营村一组、二组、五组和纳古镇古城村一组的基础设施建设，主要包括垃圾污水处理设施、绿色村庄建设、村内道路硬化、太阳能路灯安装等，每个村民小组建设项目预计投资约100万元。项目建设完工以后，将极大改善纳古镇村容、村貌，优化群众生活环境。

2017年9月18日

我镇安全生产专项检查从8月到10月开展，成立了镇长纳鸿翔任组长，副镇长柏云海、张波、张从国、尹绍荣任副组长，相关站所和单位、村组负责人任成员的安全生产大检查工作领导小组。重点对交通运输、建筑施工和重点建设项目、危险化学品、烟花爆竹、工贸企业等行业领域进行全面排查。在领导小组的带领下，目前已经开展了企业自查自改和职能部门重点检查、集中整治等工作。

2017年9月19日

纳古镇在纳家营做文化墙，弘扬优秀传统文化。请者弯村农民书法家杨正福执笔绘画书法。

2017年9月20日

纳古司法所组织在册12名矫正对象观看县司法局自编自演微电影《我不服》。该剧是一部反映社区矫正工作的微电影，讲述了一个社区矫正对象从不服矫正到心甘情愿接受矫正的故事。影片情节引起了矫正对象的强烈共鸣，在潜移默化中引导社区服刑人员学法、知法、守法，从而取得更好的矫正效果。

2017年9月21日

市委常委、副市长田川带队，市发改委、工信委、国土局、质监局、工商局、安监局等部门领导组成调研组到纳古镇开展钢铁行业转型升级转移调研。调研组一行现场查看了纳古镇部分铸造企业、轧钢企业和正在转型升级的企业，了解通海县在打击和取缔"地条钢"及钢铁行业转型升级工作开展情况。通过与企业负责人交流，了解企业目前面临的困难和问题，以及在转型升级中的努力和创新做法。田副市长还询问了解了企业安全生产管理工作落实情况。实地调研以后，市调研组与通海县领导、相关部门负责人及企业代表进行座谈。座谈会上，听取了县长柳洪、副县长孟志明对我县打击和取缔"地条钢"工作开展的情况汇报、工业经济发展中存在的困难和问题。纳古镇党委书记杨堂聪介绍了纳古镇基本情况，汇报了纳古镇党委政府针对钢铁产业转型升级中出现问题的应对措施。企业代表也从企业的角度谈了对国家产业政策的理解和积极配合。田川副市长对通海县县委政府和纳古镇党委政府的工作表示肯定，认为打击和取缔地条钢工作落实到位。对今后工作的开展提出三点要求：一是政府和企业要明确不走回头路，用与时俱进的思想来发展；二是政府要着眼长远，加强对企业的服务和指导；三是要按照省、市对通海的新定位来发展经济。

2017年9月22日

纳古镇第六届人民代表大会第二次会议在镇人民政府召开，全镇人大代表、特邀列席人员等100余人参会，县人大副主任钱秀琼、县政协副主席施俊出席开幕式。

第一次全体会议上，听取了镇人民政府镇长纳鸿翔作镇政府专项工作报告——《纳古镇关于2017年上半年重点项目建设和企业转型升级的报告》，镇人大主席纳立凡作代表视察工作报告——《纳古镇人大主席团关于组织市、县、镇三级人大代表视察情况的报告》，镇财政所长纳瑞媛作《纳古镇人民政府关于2017年上半年财政收支预算执行情况的报告》。

全体代表和列席人员分为四组开展讨论，镇班子成员参加了各小组的讨论。讨论中，镇班子成员详细介绍了2017年我镇重点开展的18个工程项目进展情况，面临的困难和问题。代表和特邀列席人员也根据三个报告分别对纳古镇经济社会发展建言献策，对镇党委政府的工作提出意见和建议。

第二次全体会议表决通过了镇人民政府专项工作报告、人大主席团代表视察工作报告和镇人民政府关于本级财政预算执行情况的报告，会议圆满闭幕。

2017年9月23日

七组马全芳的儿子与纳光全的女儿结婚。

2017年9月24日

四组纳宗兴10多年前患有脑梗，现在再次犯病，今天归真，70多岁。

四组纳宝航的母亲归真，60多岁，生病一年多。

2017年9月25日

纳光全家为女儿接回门。

2017年9月26日

县民宗局到纳家营清真寺，做圣纪节前安全检查。

2017 年 9 月 27 日

圣纪节即将来临，很多村民忙着买节日服装，有网购，也有到玉溪、昆明去采购的。

2017 年 9 月 28 日

清真寺紧锣密鼓进行圣纪节前的准备工作。

2017 年 9 月 29 日

海南省三亚市伊协会长、原会长等领导率先来到纳家营参加圣纪节，挂功德 3 万元，今年参加圣节的海南村民也很多，大约 100 人。

2017 年 9 月 30 日

新哈吉纳顺飞归真，41 岁，突然头疼难耐，住院检查发现患脑动脉肿瘤，已经破裂出血，必须立即手术，手术后 10 来个小时归真。

2017 年 10 月 1 日

昨天、今天宰牛 60 头，各行各业帮忙人员积极投入节日服务，省内外朋友前来参加圣纪节。

2017 年 10 月 2 日

副市长朱家伟、市政协副主席马良昌、市民宗局局长沐爱斌，县委书记卢维江等市、县领导参加圣纪节。

2017 年 10 月 3 日

国庆期间，纳家营举办了盛大的圣纪节欢庆活动，清真寺举行大型聚餐活动，共待客大约 6937 桌，共收入 170 万余元。

2017年10月4日

清真寺组织学院师生,收拾桌椅、打扫寺内清洁卫生。

2017年10月5日

三组纳为品归真,93岁。纳为品是纳古大队七八十年代大队党支部书记,老书记为纳古的发展做了好多事情,尤其是与纳家瑞老校长新建纳古小学。

2017年10月6日

华宁县暮车村做圣节,许多纳古人开车前往参加,一同欢度节日。

2017年10月7日

三组纳永明的儿子与七组纳宗寿的孙女结婚。

2017年10月8日

四组马存福的女儿在昆明上班,与安宁小伙结婚,今天接回门。

2017年10月9日

截至10月8日通海县降水量达1154.6毫米,比去年同期偏多319.6毫米。通海县气象台2017年10月9日发布,快接近1989年的1200毫米了。

2017年10月10日

纳古卫生院回族食堂开业,该食堂也承接外面客人及外卖。

2017年10月11日

三组马跃廷之母于凌晨零点多归真,84岁。

2017 年 10 月 12 日

七组纳泽运的儿子结婚，妻子是同一个单位的人。

2017 年 10 月 13 日

党委、政府为了响应上级号召，结合当地民风民俗做文化墙，请马恒骧和杨正福起草相关宣传内容。

2017 年 10 月 14 日

为了实现"小病不出乡镇，大病不出县城，预防在基层，人人享有基本医疗卫生服务"的医改目标，通海县医院于 2016 年 9 月 1 日起整体托管纳古卫生院，并更名为通海县医院纳古分院。于 2016 年 10 月 12 日举行揭牌及开业仪式，正式接待门诊病人，于 2017 年在各级部门的关心和支持下成立住院部，现有 30 张病床，主要设有内科和外科，整个病区光线明亮，环境清洁卫生，标识清晰，庄重而温馨，从而为医务人员及患者提供了一个良好、舒适的环境。

2017 年 10 月 17 日

推荐市级华侨代表大会代表，候选人：马恒骧、合正方、纳泽彬、马继丕、马喜恒 5 人。

2017 年 10 月 18 日

上午，举世瞩目的中国共产党第十九次全国代表大会在人民大会堂隆重开幕，纳古中心小学大队部组织全校少先队员在教室收看十九大开幕式盛况。

2017 年 10 月 19 日

纳家营村委会召开会议，邀请各界人士 60 多人参加，制定村规民约。

2017 年 10 月 20 日

下午，县委组织部副部长杨翔，县公安局政委杨亚恒，县教育局副局长溥海淋，各中心校书记、校长一行 39 人莅临纳古中心小学指导党建工作。

2017 年 10 月 21 日

镇上请木工师傅商量纳忠、纳训故居的再修缮工作。

2017 年 10 月 22 日

《纳家营》刊物编委开展对全镇古民居的调查工作。

2017 年 10 月 23 日

23-25 日，玉溪市"秋韵杯"小学语文教学竞赛在易门县龙泉小学举行，来自全市各县区的 10 名选手参加了竞赛活动。纳古中心小学的苗雪芹老师代表通海县参赛，她执教的《第一次抱母亲》，真情流动，感人至深。教学中，苗老师将"煮书"的方法贯穿始终，引导学生反复诵读，品词析句，体现出纯正的"语文味"。凭借着精致的教学设计、精练的教学语言、精彩的课堂呈现，以及扎实的教学功底，苗雪芹老师在众多选手中脱颖而出，获得本次竞赛的一等奖。

2017 年 10 月 25 日

上午，通海县公安局政委杨亚恒，带领公安系统 40 多人到纳古中心小学参观指导"育禾苗，感党恩"党建工作，我校副书记纳雪梅、副校长何文平等行政领导陪同。

2017 年 10 月 26 日

今日停电一天，村民对没有电的日子十分不习惯。

2017 年 10 月 28 日

小回村做圣纪节，很多村民前往参加。

2017 年 10 月 29 日

五组纳汝彩的母亲归真，103 岁，百岁老人为数很少。

2017 年 10 月 30 日

三组纳锦辉的儿子与纳顺锦的女儿结婚。

2017 年 10 月 31 日

七组纳运正归真，73 岁。

2017 年 11 月 1 日

县长柳洪到纳古讲党课，各界人士 100 多人参加。

2017 年 11 月 2 日

全县危房改造共计 480 户，纳古有 5 户。

2017 年 11 月 3 日

四组纳周孝的女儿与马有三的儿子结婚。

2017 年 11 月 4 日

七组合利德的父亲归真，83 岁。

2017 年 11 月 5 日

县上召开旅游会议，关于"一部手机游云南""云南旅游资源大数据库中心"，纳古上报吃、购、游、娱、住、行六个方面的相关资料。

2017年11月6日

七组纳光生的女儿接回门。

2017年11月7日

杞麓湖水很满，波光粼粼，非常漂亮。

2017年11月8日

中国伊斯兰教协会会长杨发明、中国伊斯兰教协秘书长马中平、中国伊斯兰教协会网信办主任马利强、《中国穆斯林》汉文版副主编敏俊卿、中国伊斯兰教协会网信办干部董赛漠、中国伊斯兰教协会网站技术合作人员石德斌、省伊斯兰教协会副会长马忠、省民族宗教委宗教三处干部朱敏一行8人到通海县纳家营、古城、古城新寺进行调研。通海县委副书记、县长柳洪，县委常委、统战部部长蔡骏辉，玉溪市民宗局副局长官建团及相关科室负责同志陪同调研并向调研组介绍了通海县伊斯兰教协会工作开展情况。调研组分别就各清真寺的具体情况进行了实地查看，重点了解经文学校教学工作、社会主义核心价值观、中国传统文化进校园相关情况。最后，杨发明会长对通海县伊斯兰教协会提出了殷切希望。并强调：一、当前要认真学习贯彻党的十九大会议精神，坚定正确的政治方向，将宗教工作统一到党的十九大会议精神上来；二、要注重培养好人才，传承好中国文化，严把经文学校教师关、生源关、教材关；三、要营造和谐环境，增强爱国主义意识；四、要保护好民族团结示范镇的牌子，为建成民族团结示范区作出积极的贡献。

2017年11月9日

下午4点，纳古中心小学在学校阶梯教室举行少先队活动课交流研讨活动。本次研讨活动旨在为辅导员老师搭建一个互相学习、交流的平台。此次活动分为三个环节：第一个环节是学习《中国少年先先锋队标志礼仪基本规范》；第二个环节是观摩少先队活动课；第三个环节是点评交流。首先由大队辅导员徐正艳老师带领全体中队辅导员学习《中国少年先锋队标志礼仪基本规范》，通过讲解和练习，辅导员们对于红领巾的佩戴方法、队旗、队徽、队会仪式基本程序等都有了进一步的了解，有效提升了辅导员们的业务水平和素养，为今后大家的少先队工作起到了推动作用。

2017 年 11 月 10 日

近日，通海县纳古镇党委、政府邀请省内专家、学者、教授、工商界知名人士及本土部分企业家，出席"谋划纳古发展座谈会"，既为经济发展面临的困境把脉问诊，又为下一步经济转型升级，打造"一千零一夜旅游文化小镇"建言献策。与会专家、学者高度肯定打造纳古旅游文化小镇的发展思路，并就纳古当前面临的困境提出五个方面的建议：一是解放思想，转变观念；二是组建经济专家小组，调研纳古发展方向，指导企业转型，将产业转型升级朝紧缺、尖端、高端、多元化方向发展；三是打造独具特色的"一千零一夜旅游文化小镇"；四是加强宣传，争取各级支持；五是发展支柱产业，有产业支撑，才能吸引人才、留住人才。

2017 年 11 月 11 日

三组合群的儿子与合儒娟的女儿结婚。

2017 年 11 月 12 日

一组马帅结婚。

2017 年 11 月 13 日

下午，宁夏社科院副院长一行 11 人，到纳家营调研。

2017 年 11 月 14 日

《玉溪志·人物志》准备出版，镇宣传委员请马恒骧撰写，纳古入选人物：纳忠教授、纳训先生、省劳模纳家瑞、烈士纳存明、马灿敏校长、省级工艺大师纳文鹏。

2017 年 11 月 15 日

连铸公司召开股东大会，宣布与穆光公司重组合作一事。

2017 年 11 月 16 日

镇政府在学校综合楼五楼开辟筹办一个"纳古回族文化展览馆"。

2017 年 11 月 17 日

古城做圣纪节及 24、25 班学生毕业典礼。

2017 年 11 月 18 日

纳家营村许多回族村民前往古城村参加圣纪节，这是两村多年来互相往来的一个重要体现。

2017 年 11 月 19 日

峨山大白邑做圣纪节。

2017 年 11 月 20 日

五组纳继昌的舅舅纳宗文在昆明归真，回到纳家营安葬。

2017 年 11 月 21 日

20 日至 24 日，乘着十九大胜利召开的东风，纳古中心小学大队部组织全校二至六年级的 1500 多名少先队员，利用每天上午课余时间举行"唱响国歌、唱亮队歌,争做新时代好队员"合唱比赛。

2017年11月23日
七组马俊聪的女儿与五组黑眼儿的儿子结婚。

2017年11月25日
通海县组织机关事业单位职工去省外疗养,今年是第三个年头了,而纳古镇政府职工则是第二次派员参加。去年是40余岁的两个女职工和50余岁的两个男职工,今年是54岁的一个男职工。

2017年11月26日
纳古镇开始对纳忠故居、纳训故居进行修缮。

2017年11月27日
下午,学校党支部组织全校教职工集中学习党的十九大精神。此次学习请来了通海县委党校讲师梁润文老师。梁老师从中国特色社会主义进入新时代的基础,中国特色社会主义进入新时代赋予中国共产党新的历史使命,新时代中国特色社会主义的理论指导、基本方略,新时代中国特色社会主义的战略安排,新时代中国特色社会主义的行动纲领五个方面对十九大精神进行了高度概括,脉络清晰、生动形象,讲解深入浅出,内容十分丰富,对全体教师全面准确地把握十九大精神具有重大的意义。

2017年11月28日
四组马孝坤的母亲归真,70多岁,因心脏病到蒙自某医院就诊,突然发病。

2017年11月29日

两个名人故居修缮中。

2017年11月30日

镇召开残代会,35名代表参加,选举出第五届残联领导,合惠儒当选理事长。

2017年12月1日

纳古镇"文化墙"建设工程分六个点,内容涉及中华传统文化、回族道德文化、纳古历史人文、社会主义核心价值观、党的十九大精神等。

2017年12月2日

纳古回族文化展览馆,大体分为农耕文化、马帮文化、手工业文化、回族文化、纳忠、纳训等名人文化,共五大块。

2017年12月3日

连铸公司与穆光公司重组在里山省级工业园区穆光公司车间召开会议,新吸收股份2.8132亿元。

2017年12月4日

连铸公司与穆光公司吸收新股份已达3亿元以上。

2017年12月5日

清真寺请人来将大坟地里的那些已有数百年历史的柏枝树砍掉,说是要栽些名贵树在里边。

2017年12月6日

对于那些被砍掉的柏枝树，许多老人甚感痛心。

2017年12月7日

大禄的女儿老芳离开家 30 多年，现在回来了，有个小伙子陪伴着，病得很严重，宫颈癌，脚肿了，肚子疼得厉害！

2017年12月8日

县财政局将各乡镇的财政收归县上集中统一管理。

2017年12月9日

致纳家营村全体村民：

尊敬的各位村民，临近年底，全村辖区内偷盗情况时有发生，请大家提高防范意识，同时天气转冷，请大家注意取暖电器使用，防范火灾隐患。学校门口接送学生，相互礼让，车辆避免使用远光灯，保证学生上下学安全。近期我们会加大巡逻力度，防火、防盗，为大家营造一个安定、和谐的家园。谢谢大家！

纳家营村总支委员会、治保委员会

2017年12月10日

建水县老丁庄做圣节，去的人很多，其中纳古人占大半。

2017年12月11日

镇上派员去大坟地里给那些古墓碑照相，有好几块被砍树时打坏了。

2017年12月12日

民族团结示范镇的项目工程：马鞍子路、海埂路、纳古镇手工艺展示厅、回族文化展览馆、纳忠故居、纳训故居等，通过县级验收。

2017 年 12 月 13 日

纳古镇召开2018年森林防火工作会议，镇长纳鸿翔在会上作了讲话。

2017 年 12 月 14 日

玉溪市政府办公室编《玉溪市志·人物志》一书，纳古镇符合条件的《中国的阿拉伯文化泰斗纳忠》《著名的阿拉伯文学翻译家纳训》《云南省劳动模范纳家瑞》《革命烈士纳存明》《云南省金属工艺大师纳文鹏》《全国自强模范马灿敏》6人入该志书，6篇稿子均由原人大主席马恒骧撰写。

2017 年 12 月 15 日

纳家营小海公园正紧锣密鼓清理中：在镇党委，村领导的统一指挥协调下，请来了杞麓湖清理公司对纳家营小海公园进行了打捞水漂葫芦的工作，为打造纳古旅游小镇、共建美丽纳古，又迈出了一步。

2017 年 12 月 16 日

中国民间艺术家协会副主席宝根（内蒙古人）等一行7人，在通海县文联主席林启龙等3人的陪同下，到纳古访问。马恒骧带领客人参观了纳家营清真寺、女寺、官门前水井、纳忠故居、纳训故居等，每到一处，均由马恒骧进行讲解。

2017 年 12 月 17 日

纳家营五组一村民家儿子结婚。

2017 年 12 月 18 日

镇综治办通知机关单位职工，加新浪网微博，以关注"云南反邪教"栏目内容。

2017 年 12 月 19 日

纳古人积极响应中央号召，迅速拆除中频炉及其设备，社会特别稳定，并且实现"零上访"，对云南省有突出贡献。

2017 年 12 月 20 日

六组苗红春夫妇车祸受伤严重，约需要 20 万元的手术费和治疗费用，只好在"轻松筹"平台寻求帮助。

2017 年 12 月 21 日

昆明粗卡公司的两名摄影师，到纳家营清真寺拍外景，到女寺、纳训故居、纳忠故居、纳忠厚老师家、纳荣宽师傅家、纳家营官儿前小井等地选点。

2017 年 12 月 22 日

昆明粗卡公司两名摄影师，到纳家营清真寺礼拜大殿内，拍摄信教群众的礼拜仪式。

2017 年 12 月 23 日

古城一组李吉坤之女嫁纳家营五组马儒敏之子。

2017 年 12 月 24 日

今日，峨山县甸百亩做圣纪节，纳、古两营的人去的很多。

2017 年 12 月 25 日

纳古已被上级批准作为北片区工业园区，现有 2 户企业入驻。

2017 年 12 月 26 日

纳、古两营 2017 届哈吉聚会，聚餐。

2017 年 12 月 27 日

三组纳立凡的父亲纳家学归真，75 岁，患老年痴呆症已经几年了，但家人伺候得很好。

2017 年 12 月 28 日

镇党委书记杨堂聪、镇长纳鸿翔、原人大主席马恒骧到通海三中，参加县教育局、纳古镇、四街镇、通海三中联合举办的"教育教学座谈会"。

2017 年 12 月 29 日

在三中大门外发生一起恶性杀人事件，高三学生解某因一些小矛盾把初二的两个同学杀害，纳家营六组一村民的儿子不幸遇害，另一个遇害者是四街村的。

2017 年 12 月 30 日

通海驴"妈妈旅行社（纳艳桃）"搞活动，128 元游宜良九乡，共计组织成员 300 多人，纳古参加活动人数达到 150 多人。

2017 年 12 月 31 日

建水馆驿做圣节暨学生穿衣毕业典礼，纳家营有 5 人在那里念经毕业。

纳文群日志
2018年

2018年1月1日

纳家营村党总支、村委会告纳家营村全体村民：

值此2018年元旦来临之际，村党总支、村委会向全体村民致以节日的祝贺和良好的祝愿！过去的一年，是收获的一年；过去的一年，是不平凡的一年。我们完成了马鞍子路硬化、海埂路硬化，亮化也正在实施，"村村通"、忠训路、互保路项目已立项。成立村治保委员会，全村治安、交通、环境卫生工作有所改善。成绩的取得，离不开镇党委政府的领导，离不开全体村民的共同努力。"多经风雨志弥坚，关山初度路犹长"。磨炼使我们坚强，经历使我们成熟。新的一年，新的起点，新的希望。让我们以十九大精神为动力，统一思想，凝心聚力，共产党员起先锋模范带头作用，承担我们的社会责任，想群众之所想，急群众之所急，让我们的生活更加幸福、美满！再次祝愿全体村民身体健康、阖家欢乐、工作顺利、万事如意！

2018年1月2日

四组的纳红宝是纳家营摩托车队的一个成员，今天在九街与一辆货车相撞，不幸归真，31岁，众人为之心痛。

2018年1月3日

四组国英的母亲归真，73岁，血小板减少症，合并老年性痴呆症。

2018年1月4日

中国共产党纳古镇第十一届代表大会第二次会议召开。50名镇党代表出席会议，镇党政班子成员、中心站所负责人、村组领导干部等受邀列席会议。在上午举行的开幕式上，镇党委书记杨堂聪代表镇党委作题为《高举习近平新时代中国特色社会主义思想伟大旗帜　努力开启纳古跨越发展新篇章》的党委工作报告。

2018年1月5日

纳古镇召开第六届人民代表大会第三次会议。43名镇人大代表,来自全镇各行各业的84名列席人员参会。开幕式上,镇长纳鸿翔代表镇政府作政府工作报告,报告总结了2017年以来纳古镇人民政府取得的工作成绩:抓好重点项目建设,城镇面貌不断改善;严格执行国家政策,积极促进企业转型升级;一、二、三产业发展步伐稳步加快;生态环境建设扎实推进;民生事业不断完善;社会治安综合治理不断强化;政府自身建设不断加强。对2018年工作开展提出计划:一是坚守安全环保底线,筑牢可持续发展屏障;二是推动旅游文化产业发展,书写小镇故事;三是着力完成重点项目建设,发展集镇基础设施;四是努力推进企业转型升级,走多元化发展的路子;五是争取省、市资源,搭建平台,寻求经济增长点;六是加强人居环境综合整治,建设生态美丽新纳古;七是坚定不移推进改革,不断创新监管机制;八是发展民生事业,增强群众幸福感;九是加强社会治安管理,维护纳古社会长期和谐稳定。镇人大主席纳立凡向大会作了人大主席团工作报告,总结了2017年镇人大工作情况:一是依法履行人大职责;二是积极参与中心工作;三是加强自身建设,提高履职能力。提出2018年工作重点:一是围绕党政中心工作谋划全局;二是服务大局,强化各项监督工作;三是加强联系,发挥代表的主体作用。下午5点,参会代表表决通过《纳古镇第六届人民代表大会第三次会议关于政府工作报告的决议》《纳古镇第六届人民代表大会第三次会议关于纳古镇人大主席团工作报告的决议》,大会圆满结束。

2018年1月6日

李吉彬铝厂的一个高管在铝厂请客,宰羊18只,招待客人200多桌。

2018年1月7日

陇滇公司是纳古人与甘肃人合办的一家钢铁股份公司，曾经一次分红20%，现在已经倒闭。陇滇公司的通知：各位股东，前段时间公司卖设备，现在按2.4%的比率退还股东的股金，请收到此信息的股东把农行银行卡号发来进行核对。

2018年1月8日

纳古镇人民政府组织和配合县农业生产资料有限公司将县发改局下达给我镇的70吨救灾化肥及时地分配到各村组，由村组负责按受灾农户统计名册逐一分发到农户手中，并按每包尿素72元的补贴优惠价格收取化肥款。

此次下达到受灾农户手中的救灾化肥（金沙江牌尿素）共70吨、1750包，满足灾后农业生产用肥面积724亩，用肥农户244户。确保了救灾化肥补贴政策让农民群众真正得利，也满足了灾后农业生产用肥需求。

2018年1月9日

四组的一村民归真，50来岁，宫颈癌，她因为家庭不幸而在20岁不到就离家出走，30多年只回过一次家，听说远嫁广东省，有4个儿女后又跟一个较年轻的贵州人出走，幸好在弥留之际奔回家，热心人纳惠文承头帮她"浆伊玛尼"，[①]并且帮忙料理后事，将其筹得的6000多元钱用了4000元做"伊斯科"，2000元做三日的油香。当天她远在广东的儿子和媳妇赶来，住了3天，对他妈妈的身世也做了相互了解，并且留下5000元钱给他妈妈料理后事，给外公2000元、继外婆1000元，还说以后将每月汇生活费给外公。其实，在这个纳家营人都很唾弃的事件中，她的不幸都是其父亲造成的。不管咋说，还算好她回来了，不然

---

① "浆伊玛尼"，当地的说法，指给别人举行加入伊斯兰教的入教仪式。

怎么死、死在哪里都不知道。

2018年1月10日

纳古镇2018年退休干部春节年拜会，县老干局领导主持会议，镇党委副书记王绕主讲纳古镇2017年主要工作，老干部马荣福做发言。

2018年1月11日

今天下午路过学校门口遇到了来自河南的回族旅行团，他们正在校门口的小吃摊热闹地吃着烧粑粑、炸洋芋……后来问了导游得知，他们今天是不含餐的，所以大家早上在沙甸就只吃了些小吃。不完全含餐是旅行社的通常做法，因为这样能让团费看起来更便宜些，毕竟大部分人都只是对价格敏感，这个团的行程走的是大丽线＋沙甸，纳家营本来不在其计划行程内，因为司机师傅也是来自巍山的回族，知道客人们来云南一趟不容易，而且回昆明也较为顺路，就把大家拉来纳家营了，毕竟纳家营在我省众多回族聚居区里还是颇负盛名的。

在打造旅游小镇方面，我们落后于沙甸和巍山东莲花等地。希望各行各业的亲们积极发挥聪明才智，一起合力打造我们的"一千零一夜小镇"。

2018年1月12日

镇政府在全镇范围内开展元旦、春节期间农机安全专项整治。为期10天的行动共出动车辆9辆次，人员30人次，检查拖拉机26台次，微耕机15台次，无证驾驶1人，脱检拖拉机8台次，发放农机安全宣传资料1000余份。

2018年1月13日

志愿者倡导村民们：不随手扔垃圾，不乱闯红灯，不随意按喇叭等，我们以信仰为基础，提升我们内外的素质，靠美好的人性和良好的社会风气来打造自身的魅力，这才是吸引各地游客的根本。

2018年1月14日

三组纳某某归真，44岁，患红斑狼疮约10年，归真时突发脑出血，可怜了，丢下老小。

2018年1月15日

纳古镇实施公民素质纲要工作领导小组召开2018年工作安排部署会议。

会议由领导小组组长、镇长纳鸿翔主持，她提出：纳古镇高度重视公民科学素质的提升建设，科学素质决定公民的思维方式和行为方式，进一步加强公民科学素质建设，不断提升人力资源质量，对于增强自主创新能力，推动大众创业、万众创新，引领经济社会发展新常态，注入发展新动能，助力纳古建设和全面建成小康社会具有重要战略意义。

会上，纳鸿翔对春节前开展"三下乡"活动做出具体安排：一是春节前在纳家营清真寺门口开展"文化、科技、卫生三下乡"活动，明确活动由镇综治办、司法所、反邪教分会牵头，宣传办、科协、文化中心、派出所、农业中心、社保中心、卫生院、团委等部门合力举办。二是要求各部门准备好宣传资料，安排至少一名工作人员在宣传活动现场接收群众咨询。三是要求各中心站所结合春节期间开展的走访慰问活动，进行"三下乡"宣传。四是请各村委会配合做好"三下乡"活动。

2018年1月16日

七队纳某某归真，患心脑血管疾病，60多岁，纳家营20世纪70、80年代的篮球健将。

2018 年 1 月 17 日

纳古镇人居环境集中整治正在行动！呼吁大家爱护我们的家园！保护环境从我做起，组织大家大扫除。

2018 年 1 月 18 日

为贯彻落实中央、省、市、县关于扶贫领域腐败和作风问题相关文件要求，纳古镇从认真履行扶贫领域监督执纪问责职责出发，紧紧围绕脱贫攻坚工作，集中开展腐败和作风专项整治行动，下大力气解决群众反映强烈的突出问题，扶贫领域的不正之风和腐败问题得到根本遏制，人民群众的满意度和贫困群众的获得感得到提升。

2018 年 1 月 19 日

古城清真寺在学校门口建盖房子，并占领学校两块篮球场的 1/3，引起与纳家营村的分歧。现在，政府出面协调，解决方法是：因为已经造成事实，由古城清真寺拿出两间房给学校以补篮球场的面积，在建的房子就此封顶，不再往高处建。

2018 年 1 月 20 日

纳古派出所成功调解一起多年遗留的矛盾纠纷，维护了纳古镇良好的社会治安环境。2010 年 3 月 17 日晚上 9 时许，撒某（贵州威宁县人）与马某（贵州威宁县人）、马群某（贵州威宁县人）发生口角纠纷而打架。经调解，撒某答应支付马某的医药费 7000 元，并取得对方的谅解，最终化解了多年来遗留的矛盾纠纷。

2018 年 1 月 21 日

为有效净化辖区社会风气，纳古派出所结合当前开展的今冬明春集中打击整治行动，以"零容忍"的态度始终保持严打"黄赌毒"高压态势，对于涉黄、涉赌、涉毒案件坚持露头就打,发现一起,查处一起,绝不手软。2018年以来,纳古派出所共办理涉黄案件2起;涉赌案件1起,该赌博窝点主要是一些打零工的外地人员在此处找活计做等待的过程中,就利用扑克牌以"斗地主"的方式进行赌博;涉毒案件2起,有效地净化了辖区社会风气,受到群众的好评。

2018年1月22日

三组马玉能归真,71岁,也是突然走的。

2018年1月23日

下午,通海县规范钢铁生产工作会在纳古镇召开。县工信局、工商局、发改局领导到会指导,纳古镇、四街镇主要领导、分管领导和工作人员,纳古镇、四街镇轧钢企业、销售钢材的个体户等60余人参会。

会上,县工信局局长张颖星强调,钢铁企业要依法、依规进行生产销售,建筑行业用的钢材,要有许可证的企业才能生产,国家明令禁止的、未取得许可证的,一律不准生产。

县工商局局长张兴友、副局长张建伟传达国家相关法律、法规精神,强调国家要求生产建筑用钢材必须取得许可证。

县发改局领导李维也在讲话中要求各生产销售企业对自己的企业负责,依法、依规进行生产销售。

纳古镇镇长纳鸿翔、四街镇副镇长林广尧进行表态发言,要求镇内钢铁企业按照国家法律政策进行生产,国家明令禁止的,就坚决不做。

2018年1月24日

为提高我镇文艺队的水平,增强全县各文艺队间的合作与交流,镇文化中心组织两名文艺骨干参加县文化馆为期一周的舞蹈培训班。

2018 年 1 月 25 日

五组鲁亚洁归真，45 岁。几个月来，因患上脑瘤做手术，手术后视力和记忆力都基本散失，后因胆穿孔病情恶化而归真。

2018 年 1 月 26 日

为切实做好 2018 年全国、全省两会和春节期间社会治安维稳工作，纳古派出所加强辖区重点人员管控，全力排查肇事肇祸精神病人，及时送治一名精神病患者，并收缴了 2 把管制刀具，消除了社会安全隐患。

2018 年 1 月 27 日

纳家营一组马子会一家 8 人，前往迪拜旅游，在此值得一提的是他父亲马福义，已经 85 岁了，仍然入团而行。

2018 年 1 月 28 日

近来，又一次掀起赴新加坡、马来西亚、泰国等东南亚国家旅游的热潮，一家一家的、组团而去的，形式多样，人数不一。

2018 年 1 月 29 日

上午，纳古镇组织召开春节期间安全生产六项行动工作部署会议，传达县安委会文件精神，对镇内春节期间安全生产重点工作进行安排部署。会议由镇长纳鸿翔主持，镇班子成员、镇安委会成员单位负责人参加会议。

2018 年 1 月 30 日

为期 3 年的全国"扫黑除恶"专项斗争，已经开始。

2018 年 1 月 31 日

纳家营、古城两所清真寺坟地盖房纠纷,已达成协议:古城不再盖第三层,3 月 1 日学生收假前盖好,给学校用两间。

2018 年 2 月 1 日

镇社保中心对镇内 6 户特困农民工、企业下岗失业人员进行慰问,送出慰问金 3000 元。

2018 年 2 月 2 日

五组纳继昌的父亲归真,70 来岁,患胰腺癌,查出没有几天的工夫,疾病太凶猛了!

2018 年 2 月 3 日

自 2017 年 8 月,一名西部志愿者正式到纳古镇服务,至今日已近半年,时值春节期间,又正值各地学校放寒假,为进一步做好志愿者的安全、健康管理工作,使在纳古的大学生志愿者能尽快熟悉环境,保证他们愉快、平稳、安全地开展服务工作,镇团委组织开展了走访座谈。

2018 年 2 月 4 日

纳古镇认真贯彻《中华人民共和国食品安全法》《中华人民共和国农产品质量安全法》,落实好党中央、国务院关于加强农产品质量安全工作的一系列决策部署,切实保障农产品质量安全和公众饮食消费安全,共同推进健康社会建设。

2018 年 2 月 5 日

县委常委、县统战部部长蔡骏辉到纳古镇走访慰问困难党员 3 户,送出慰问金 3200 元。

2018年2月6日

纳德文的妻子归真，80岁，得病时间也不长。

2018年2月7日

县人民政府副县长杨兴龙、县民政局局长普家忠等领导到纳古镇走访慰问复员老军人、低保户、特困户、贫困残疾人家庭、空巢老人等共21户，送出慰问金11000元。

2018年2月8日

上午，纳家营村"民族和谐杯"篮球赛开幕，全村在小海公园聚餐，天很冷，在就餐处烧了8笼大火给大家取暖。

市委宣传部副部长方勇云同县文明办主任、县委宣传部副部长高达到纳古镇走访"玉溪好人"纳家琨，亲切座谈并送上新春的祝福。

2018年2月9日

下午，纳古镇组织召开党组织书记抓基层党建工作述职评议会。

会议由镇党委书记杨堂聪主持，镇党政班子成员、中心站所长等30余人参加评议会，县委组织部沐娟到会指导。会上，纳古纳家营村党总支、纳古古城村党总支、机关支部等5个党总支（支部）书记现场作抓基层党建工作述职报告。参会人员对进行述职的5个党总支（支部）进行了民主测评。

2018年2月10日

在新春佳节即将到来之际，县妇联一行到纳古镇慰问两名贫困妇女、儿童，并送去节日的问候与祝福。县妇联李副主席与贫困妇女、儿童亲切交谈，转达市妇联对她们的关心，分别向她们送去了500元慰问金，并鼓励她们积极面对暂时的困境，自立自强。受访家庭也表达了对政府、妇联的感谢。

2018年2月11日

纳古镇召开领导班子2017年度民主生活会，会议由镇党委书记杨堂聪同志主持。县委常委、县统战部部长蔡骏辉，县督导组组长李锦昌到会指导。

2018年2月12日

县委统战部到纳古镇慰问困难侨属、侨眷5户，送出慰问金2500元。镇计生站对镇内10户贫困流动人口家庭和留守儿童家庭进行慰问，送出慰问金2000元。

中午举办了一期蔬菜连作障碍防控减肥技术培训班。镇农技农机站工作人员、组干部、村农科员及部分蔬菜种植户代表共60人参加了培训。此次培训，纳古办学点结合纳古实际，按需施教，学用结合，传授农村实用技术，努力提高农民的科学素质和种植水平，引导农民运用先进的科学技术增收致富，促进农村产业发展。

2018年2月13日

纳家营村"民族和谐杯"篮球赛决赛并举行闭幕式，"横州"夺得冠军。

2018年2月14日

纳家智老师归真，86岁，老人用自己攒的3万元钱做"伊斯科"，不希望儿女们再出钱。

2018年2月15日

在新春佳节到来之际，纳古镇团委组织开展迎新春升旗仪式，换上新国旗，以崭新的面貌迎接新年的到来，以此祝福我们的祖国越来越强盛，祝福纳古镇的人民群众越来越幸福。

2018年2月16日

镇农技农机站将600袋共1200千克全水溶有机肥全部发放到示范户手中，并对示范户进行了相关技术培训和指导。有效削减农业面源入湖污染负荷，改善杞麓湖径流区生态环境及蔬菜品质，提供精准施肥技术指导服务。

2018年2月17日

通海三中学生打架杀人事，涉及纳古六组这户，已签协议，政府赔偿死者家属26万元。

2018年2月18日

纳家营湖边漂来一具尸体，大家纷纷猜测，也许是外来打工者喝酒多了而溺水死亡。

2018年2月19日

"云南省第三届普法杯乒乓球"比赛在纳家营四组大场举行。

2018年2月20日

年初一到初五，纳古镇迎来了今年观鸥高峰期，道路交通压力进一步增大。为确保辖区道路交通安全通畅，保证观鸥群众生命、财产安全，纳古派出所积极采取有力措施，全力做好观鸥季安保工作。

2018年2月21日

纳孝红归真，46岁。前年突发巨型肿瘤，治疗后一直没有痊愈，今天早上准备上昆明医治，病人还从家中自己走路出门乘车，不到10分钟就归真了。

2018 年 2 月 22 日

四组纳文洁的母亲归真，85 岁，高血压多年，伴心肺功能减退。归真前一星期发现喘，头日还自己念完各种讨白经，早上板多时候还走路到卫生间，大女儿协助洗小净，上午 10 点 10 分就归真，让人料想不到，走呢突然啦。

2018 年 2 月 23 日

今天是主麻日，送两个亡人，一个是昨天归真的文洁的母亲，另一个是纳东的奶奶在开远归真后送到家乡。

2018 年 2 月 24 日

在春节期间，杞麓湖北岸纳古段小海公园人员聚集，很多本地、外地游客纷纷到小海公园看海观鸥。纳古群众摆出摊位，将自己最拿手的美食拿出来招待游客。今年也是一样，春节期间，昆明、红河州等地的游客慕名而来，在纳古品尝了特色烧烤、观看了美景，还可以购买传统手工工艺刀具，同时也领略了纳古人民的热情好客。

2018 年 2 月 25 日

全营的师傅阿訇分作两部分，分别前往前天归真的两位逝者家属家中"念油香经"——俗称"十八段数勒"。

2018 年 2 月 26 日

纳忠故居已修缮完毕。

2018 年 2 月 27 日

云南省伊斯兰教"圣节杯"篮球赛运动会，在通海县河西镇下回村举行，纳家营村、古城村分别组队参加。

2018 年 2 月 28 日

《纳家营》刊物因经费紧张、稿源匮乏，勉强维持着。

2018 年 3 月 1 日

纳古的经堂教育源远流长，可追溯到元末明初。

2018 年 3 月 2 日

三组纳跃航的母亲归真，心脏病，原来已经装支架，70 来岁。

2018 年 3 月 3 日

为防止"全国"两会期间发生精神病人肇事肇祸案事件，确保辖区社会治安稳定，纳古派出所结合工作实际，采取有效措施，切实加强对 8 名精神病人的管控工作。一、细列管，不漏人，全面排查摸清底数。二、勤走访，常见面，严格落实管控措施。三、抓重点，重防范，加强重点区域巡逻守护。

2018 年 3 月 4 日

纳古镇针对节后复工情况全面开展安全生产大检查，确保各类生产经营建设单位安全运营、安全生产，为全国"两会"胜利召开营造良好的安全环境。重点突出烟花爆竹、道路交通、人员密集场所、消防安全、建筑施工、特种设备等重点行业领域的检查，严厉打击未经隐患排查治理、未经安全验收、盲目复工复产等违法行为。镇安监站、工商所、派出所、农业中心、规划中心等部门联合开展打击非法经营、储存、交通运输和燃放的清剿行动，严禁各类生产经营建设单位特别是各金属工贸、危险化品、特种设备、生产使用单位、劳动密集型生产经营单位等节后复工复产燃放烟花爆竹，彻底清除严重危害人民群众生命、财产的公共安全隐患。

2018年3月5日

以纳爱媛、纳惠文承头在四组请客处做姑太节，自愿捐资，50元、100元，或是更多，共筹集3万多元，牛肉是纳顺彬帮忙买的牛，只合23元一斤，比市场价便宜7元，100多桌人参加。

2018年3月6日

五队纳继辉之母归真，72岁；三队纳顺坤之父归真，91岁，今天又是两个亡人！大家都说今年1月以来怎么那么多人归真？

2018年3月7日

纳古小学学习雷锋活动月活动，部分教师带领学生到小海公园打扫卫生。

2018年3月8日

七组马书的母亲归真，96岁，10多天前还去金家庄做圣纪节。

2018年3月9日

马保学的父亲归真，83岁，山东人，儿子在纳家营结婚后，就在这里居住了。

2018年3月10日

纳古镇对小井进行修复保护。纳家营村小井是一个天然龙潭水源，始建于元末明初，历史悠久。小井水源清澈，在自来水普及以前，小井就是纳家营人饮用水和日常用水的主要水源，它陪伴了纳家营几代人的成长，养育了千千万万的纳古儿女，承载着无数纳古人的童年记忆和乡愁。从实际作用方面看，小井是附近村民洗菜、洗衣的场所；从文化意义方面看，小井历史悠久，而且位于纳古历史文化名人纳忠、纳训故居中间，是纳古镇建设旅游文化小镇的一个组成部分。

由于年久失修，小井设施残旧，附近环境也不理想，纳古群众纷纷呼吁对小井进行修复保护。镇党委政府针对小井进行了一系列的民情调查和方案设计，计划对小井进行修复和保护。目前，修复保护工程已经动工。

2018 年 3 月 11 日

纳古镇污水处理工程项目一期工程正在紧张施工。该项目作为提升纳古镇人居环境综合水平、保护杞麓湖水质的重要工程，于 2017 年 12 月开工建设，工程预计投资 330 万元，目前已经完成主体工程的 2/3，计划 4 月中旬可以完工。项目建成后，可以集中处理镇内 5 个村民小组的生产、生活污水，从源头上解决目前镇区污水和雨水排放杞麓湖的现状，保护杞麓湖，进一步促进杞麓湖水质持续好转。

2018 年 3 月 12 日

"三八"节期间，纳家营妇女自发组织陆续到沙甸、嘎洒等地游览。

2018 年 3 月 13 日

幼儿园小朋友到小海公园春游，部分家长全程陪同活动。

2018 年 3 月 14 日

小学六年级学生到秀山公园春游，其余年级学生先后到小海公园春游，家长们纷纷为孩子们准备各式各样的饭菜和水果。

2018年3月15日

纳古镇召开2018年高火险期森林防火演练培训会，县森林防火指挥部李勇、郭有联，镇有关领导及镇、村两级扑火队员参加了此次演练培训会。

会上，县森林防火指挥部李勇老师、郭有联老师做森林防火扑救知识、技能及自救知识授课；镇森林防火指挥所副指挥长尹绍荣、镇林业站站长蒴长林就当前森林防火高火险期做相关工作安排；镇党委书记杨堂聪强调，森林防火工作是一项事关生态环境、人民生命财产安全的大问题，大家要认清形势，提高认识，切实做好2018年森林防火工作。

2018年3月16日

小学生到小海公园春游，一瓶水，一份牵挂！送来了清凉与慰藉，滋润了孩子们的心田！大家的关爱是孩子们成长的动力！感谢纳家营村委会对纳古中心小学孩子们的关爱和牵挂！明媚春光无限好，瓶瓶清泉暖人心！

2018年3月17日

四组纳文达的儿子与红河姑娘结婚，两人是自由恋爱，成功结婚。

2018年3月18日

昨天纳古微信公众群"百事通"发了这样一条消息："请帮我发一下：云F尾号288的车主，你的爱车被我不小心剐蹭，请与我联系"，这样的事在纳家营时有发生。

2018年3月19日

农行工作人员来给政府、学校职工办理新医保卡的银行储蓄业务。

2018年3月20日

阿拉伯文化泰斗纳忠教授90年前发表在《清真铎报》上的许多文章，被人们所熟知，纷纷要求汇集成册，便于收藏，广为流传。

2018年3月21日

上午，纳古派出所全体人员到纳古镇小海公园开展以"清洁家园美化环境，我们在行动"为主题的学雷锋活动。主要捡拾小海公园里的碎纸屑、塑料制品、烟头等生活垃圾，还小海公园一个美丽、清洁的环境。

2018年3月22日

纳家营官儿门前小井重修工程完工。纳家营清真寺大门前，忠训路与中街的交汇处有一眼水井，系纳家营人的先辈修建，这口井有井台、井栏，在井台壁上雕刻了一个龙头，泉水由龙口喷出，常年吐水，夏季量大，冬天略减，从未间断。井台平整，同时可容纳三四个人打水、挑水。水井并不深，大约1.5米，青石的井栏约60厘米高，站在井栏边，用小桶把手一伸就可从井栏里提起水。西侧有一面约90厘米高的围墙，内侧墙角有两个灯笼形的石墩，用于摆水桶，井栏周围的地面是用不规则的青石铺成的，南北两边各安有一个抱箍石，龙口东侧有一水池，人称上池，长4.24米、宽2.2米，南北两侧有三级台阶，水池中间有一条约长3.6米的石条，可容纳10多个人同时洗菜。忠训路东侧长3.5米、宽2.8米的下池，是人们用来洗衣物的，两个池子之间有两个暗道相通，下池的水流到沟里，向南流出，灌溉农田。

这眼井被称为"官儿门前小井"，它的水质清、味道淳、口感好，村民们每天都挑去煮饭、做菜、腌咸菜、做酱面。陪伴了纳家营700多年的这眼小井，养育了一代又一代的纳家营人，更养育了享誉中外的阿拉伯文化泰斗纳忠、大翻译家纳训、多名伊斯兰经学泰斗以及赴各地任教的无数位师傅阿訇。同时，还养育了历史名人纳永阶、纳昌运，革命志士纳光显、纳家璧，教育名家纳子厚、纳仓宝、纳家瑞，手工艺大师纳文庆、纳文鹏，以及外出赶马帮、赴昆开商号的工商界名人等，当然还有当代的很多很多的各界名人。总之，官儿门前小井功不可没！

为了更好地保护和利用历经700多年的这口水井，纳古镇党委政府经多方协调、筹资，再次修缮，以期保护。目前修缮保护工程已经基本完工，在对小井进行保护的基础上，继续发挥小井供水、洗菜、洗衣的便民作用。

2018年3月23日

书记、镇长、纪委书记、宣传委员和人大原主席，一起对昆明粗卡公司制作的宣传片《纳古声音》进行认真的审核，并提出修改完善意见。

2018年3月24日

在纳古，许多人学会了一项技能：打开微信"发现"栏，找到"小程序"之"传图识字"，可以现拍，也可以从手机相册里选定一张图片，上传，选中全部或部分文字，打勾，完成复制，然后退出"传图识字"，进入"微信"栏，用"文件传输助手"，然后粘贴，发送至电脑（手机微信连接电脑）上，再复制到电脑"文档"，稍加整理，即可存为电子文本的文字材料，以待用。

2018年3月25日

广大干部群众认真学习《宪法》知识。

2018年3月26日

纳古镇开始安装"点亮玉溪"项目第二批路灯。去年，"点亮玉溪"项目123盏太阳能路灯落户纳古，照亮了纳古镇10余条主要街道，极大地方便了群众的生活，也为社会治安提供了一定的保障，是群众交口称赞的民心工程。今年3月,该项目第二批纳古镇的30盏路灯也已经到位,将对镇内还没有路灯照明的街道进行补充安装,目前安装工作正在进行中。

2018年3月27日

纳古镇召开第一季度安全生产联席会议,镇班子成员、各中心站所负责人、相关干部职工参会,会议由镇分管领导李波同志主持。会上,李波带领学习了《云南省安全生产委员会办公室转发国务院安委会办公室关于2018年春节期间烟花爆竹经营环节两起较大事故通报的通知》,强调安全生产工作要做到警钟长鸣。

2018年3月28日

为做好2018年纳古镇贷款工作,把惠民实事落到实处,社保中心、妇联在镇政府多媒体会议室,组织召开贷款培训工作会议。参会的有纳家营、古城两个村的社保代办员、妇女委员及有贷款意向的群众共70余人。

2018年3月29日

前天、昨天,接连下了几场大雨,其中,有两场最大,可谓倾盆而下。

2018年3月30日

县委常委、政法委书记兼县人大主任陈文存,到纳古开展工作调研。

2018年3月31日

昨天起,纳古社保、妇联、工商、共青团等部门,联合为近百名青年办理创业贷款报名手续。

2018 年 4 月 1 日

清明将至，纳古镇内入山群众显著增加，目前正是森林防火高火险期，为确保清明期间森林安全，纳古镇以预防为主，积极做好清明期间森林防火工作。镇党委政府发出《绿色清明 文明祭扫》（纳古镇文明祭扫倡议书），向纳古镇群众提倡文明的祭扫方式，上坟扫墓不带火种进山、不焚烧纸钱冥物，采取敬献鲜花、植树绿化、踏青遥祭、网络祭祀等文明环保的方式来过清明。

2018 年 4 月 2 日

纳家营莲藕、水稻、烤烟等作物种植面积达 500 余亩，约占全镇农业种植面积的 50%。在沿湖 100 米以内的田地里，种植莲藕、水稻、烤烟的占到 80% 以上。在近湖区域种植农药化肥施用少的作物，有效地降低了农残物排放。

2018 年 4 月 3 日

马俊峰之母因突发心脏病而归真。

2018 年 4 月 4 日

镇 54 名干部职工参加学习讨论《省纪委、省监察委关于规范农村操办婚丧喜庆事宜的通知》，对规范农村婚丧喜庆事宜的原则要求、操办范围标准、随礼上限、申报公示、责任追究等方面做了安排，要求全体干部职工严格按照通知精神带头贯彻执行。

2018 年 4 月 5 日

放清明节假。

2018 年 4 月 6 日

森林防火对半专业防火队穿扑火服进行森林防火武装巡护防火履职情况、森林防火卡点、巡山巡查以及清明期间上下班、值班在岗情况进行督查。

2018 年 4 月 7 日

纳古镇污水处理厂项目于 2017 年 12 月开工建设，将于今年投入使用。项目建成后，可以集中处理镇内 5 个村民小组的生产、生活污水，从源头上解决目前镇区污水和雨水排放杞麓湖的现状，保护杞麓湖，进一步促进杞麓湖水质持续好转。

2018 年 4 月 8 日

在推行"河长制"工作过程中，纳古镇牢固树立"绿水青山就是金山银山"的发展理念，通过镇党委政府的努力，党员领导干部积极带动，群众意识提升共同参与治理，"河长制"工作成效显著，步入常态化轨道。开展日常河道治理，多方筹措资金 10 万余元聘请保洁人员 6 名，由镇村组聘请入湖河道和环境卫生义务监督员 2 名，对全镇 4 条主要入湖道和集镇建成区、湖滨带等区域进行全天候保洁，对保洁员和义务监督员实行制度化和清单式管理，保证每一个环节都有人管、有人监督。

2018 年 4 月 10 日

纳古镇认真落实县人居环境综合整治工作，结合镇实际全面深入开展纳古人居环境综合整治，对镇内非定点堆放的垃圾进行清运，组织党员集体打扫卫生死角、共同清理公共区域、安排专人监督随地乱丢垃圾现象。

2018年4月11日

派出所对外来流动人员"一标三识"的信息进行采集。

2018年4月12日

镇上召开"伊斯兰教经文学校管理工作会议"。

2018年4月13日

纳古镇在县农函大及烟草公司的大力支持和指导下举办了一期烤烟栽培技术培训班,镇科技专干、村组干部、村农科员及部分烟农代表共57人参加了培训。

2018年4月14日

县民宗局局长到纳古指导民宗工作。

2018年4月15日

纳古社会治安各类案件逐年下降,2011年至今,纳古没有命案发生。

2018年4月16日

纳古小学请原人大主席马恒骧收集整理出6篇"回族传统道德"方面的文章资料,学校准备制作成展板、挂图,对学生进行宣传教育。

2018年4月17日

纳忠教授早年发表在报纸、杂志上的文章,正在收集整理之中。

2018年4月18日

纳古镇"万名党员进党校"暨基层党组织书记培训会(第一期)开班,镇党政班子成员、各村党总支(支部)委员、机关支部、非公支部委员等 70 余人参加培训，开班仪式由镇党委副书记、镇长纳鸿翔主持。

2018 年 4 月 19 日
纳古镇召开 2018 年党建、党风廉政建设暨基层党组织书记专题培训班，回顾 2017 年党建暨党风廉政建设工作，安排部署 2018 年工作，并对基层党组织书记就今年党建工作重点任务进行了业务培训。会议由镇党委副书记王绕主持。

2018 年 4 月 20 日
甘肃陇南伊协会长马秉元一行 12 人到纳古参观。

2018 年 4 月 21 日
镇政府值班组人员到后山巡查护林防火情况。

2018 年 4 月 22 日
宏图轧钢厂一个贵州籍工人因操作不当，不幸死亡。

2018 年 4 月 23 日
马恒骧户被玉溪市宣传部、文化局评为"书香之家"称号，全市共 10 户。

2018 年 4 月 24 日
县纪委、民宗等部门到纳古核查"民族团结示范镇"项目资金使用情况。

2018 年 4 月 25 日
纳古镇召开青年人才党支部党员大会，严格按照会议既定议程，选举产生了纳古镇青年人才党支部支部委员 3 名，镇党委书记杨堂聪当选纳古镇青年人才党支部书记。支部共25名党员参加了选举。

2018年4月26日

市政协副主席杨丽萍带领有关部门人员到纳古,对3所清真寺进行安全检查。

2018年4月27日

纳古镇人大主席团在纳家营村第三村民小组召开选区人大代表向选民述职大会,镇人大主席及其他主席团成员、选区县镇人大代表、纳家营村选民代表参加大会。

2018年4月29日

机关单位今天开始放"五一"节假。

2018年5月1日

纳古镇2017年注册成立了官方微信公众号"一千零一夜小镇",主要发布镇党委政府工作动态、重点工程项目推进、国家政策解读以及通知、公告等。公众号信息传播速度快、精神传达全面、传播范围广,有效弥补了传统纸质宣传、会议宣传的不足。

2018年5月2日

纳古群众的微信群"纳古百事通",群主纳继坤,建群两年多,该群既方便群众,又及时反映镇内基础设施建设、公共设施运行等各种问题。

2018年5月3日

纳古镇团委组织开展青年志愿服务活动,为纳古中心小学的孩子圆梦"微心愿"。镇团委领导一行送来学生需要的物品，捐赠物品饱含社会爱心人士对贫困孩子的关爱，为全校从一到五年级31名同学赠送运动鞋、精美书包和学习用品等学生期待的爱心物品，同时，爱心卡上一句句温暖的话语激励孩子努力学习，长大要懂感恩，报效祖国。

2018年5月4日

纳古镇组织全镇干部职工收看"纪念马克思诞辰200周年大会"，聆听学习习近平总书记重要讲话。

2018年5月5日

纳古镇团委联合中心小学组织青少年师生开展了以"护环境讲文明，做五四好青年"为主题的春游活动，让同学们在春意盎然的季节里放飞心情。此次春游的地点是纳古镇小海公园。

孩子们在游乐中感受快乐、认识自然、了解生态环保，体会团结与合作。执队旗、戴领巾、护环境、讲文明，青少年用自己的行动亮出了身份、亮出了自我，新时代"五四"青年的新风貌就这样悄无声息又生机盎然地根植进了孩子们的心田。

2018年5月6日

纳古镇农技农机站在全镇范围内开展春耕期间农机安全生产大检查专项整治，深入辖区田间地头对拖拉机无牌无证驾驶、超员超载、脱检漏检、违法载人，拖拉机、微耕机耕作时酒后及违规操作等违法行为开展专项整治。该行动共出动车辆8辆次，人员24人次，检查拖拉机28台次，微耕机20台次，发放农机安全宣传资料150份。

2018年5月8日

商会换届，原会长马跃升年事已高，推举副会长李学开担任会长。

2018年5月9日

纳古镇组织机关党员干部和村"三委"领导40余人到位于市委党校的玉溪市反腐倡廉警示教育基地参观学习。

2018年5月10日

中央民族大学的一个博士研究生张艳飞来纳古调研,马恒骧接待并介绍情况。

2018年5月11日

市人大副主任龙兰到纳古就农贸市场改造进行调研。

2018年5月12日

11日、12日两天,省图书馆张永强等2人到纳古拍摄民风民俗、手工艺作品制作、清真寺、宗教、民居等方面资料。

2018年5月13日

纳古镇综治办组织镇内妇女进行反邪教宣传。工作人员向妇女同胞宣传了什么是邪教组织、邪教组织的特点、邪教组织给人们带来的危害及怎样才能做到远离邪教等知识和国家有关防范邪教工作的方针、政策,教育大家要崇尚科学,远离邪教。参会妇女在现场签订了《纳古镇反邪教承诺书》,观看影片《回归——警惕邪教侵害》。

2018年5月14日

纳古镇组织召开2018年防汛工作会议,镇班子成员、防汛工作领导小组成员参会。会上,分管副镇长尹绍荣对汛期水库坝塘、排水沟渠的巡逻检查做出详细安排。镇长纳鸿翔指出,当前纳古镇正处于城镇化加速推进的关键时期,特别是进入雨季后,高温、大风、暴雨、雷电等极端天气带来的风险增加，全镇上下必须时刻保持高度警惕，有针对性地采取切实有效的预防措施，确保安全度过汛期。

2018 年 5 月 15 日

镇政府组织部分职工到玉溪科普馆参观学习防震减灾知识。

2018 年 5 月 16 日

今天，纳古派出所查处一起非法携带管制刀具案，现场抓获违法人员 1 名，收缴管制刀具 3 把。当天下午 4 时许，一群众举报称：在纳古镇某宾馆门前一辆商务车内有 3 把长刀。得知情况后，纳古派出所民警立即前往核查。经调查，侯某（男，通海人）和王某（男，通海人）驾驶一辆云 F 的白色长安商务车到纳古镇找其女友陈某（女，通海人）及陈某的朋友胡某（女，通海人）、白某（女，红河州人）、罗某（女，新平县人）。随后，侯某提出一起到纳古镇小海公园玩，王某在收拾车的时候将藏匿在车里的 3 把长刀放在了副驾驶座位上，被路过的群众看见，群众便拨打了电话报警。据侯某交代，刀是他的一个朋友的，3 天前他的朋友借用他的车时留下的，他索性没有归还他的朋友，想留下来做防身用，不想就被警察抓了。

经鉴定，该 3 把长刀属于管制刀具，根据《中华人民共和国治安管理处罚法》相关规定，通海县公安局依法给予侯某行政拘留 5 日，并收缴管制 3 把刀具的处罚。

2018 年 5 月 17 日

全球穆斯林几乎同一时间入斋，纳家营穆斯林也一起入斋。

2018 年 5 月 18 日

纳古镇纪委突出抓好五个方面重点工作，全面推进乡村振兴战略贯彻落实。一、压实乡村振兴战略主体责任。二、完善乡村振兴战略实施管理制度。三、加大乡村振兴战略实施监督检查力度。四、严查乡村振兴战略实施中的各种违纪、违法行为。五、发展集体经济助推乡村振兴战略。

2018年5月19日

纳古镇开展严禁公务活动中赠送、收受烟、酒、茶玉等专项整治行动。从四个方面开展：一是成立了纳古镇开展严禁公务活动中赠送、收受烟、酒、茶、玉等专项整治活动专项工作组。二是强化学习宣传，提高思想认识。三是全面开展自查自纠，促进专项整治行动有序开展。四是严明纪律，认真组织开展专项整治活动。

2018年5月20日

李维仙现年50岁，2016年5月担任纳古镇纳古纳家营村一组党支部书记，今年5月不幸被诊断为胃癌，每天3000多元的化疗费和后续每月数万的医药费让本就不富裕的家庭顿时陷入困顿。村党总支副书记第一时间在网上发起众筹救助活动，在党组织的带动下，大家纷纷通过微信群、朋友圈进行转发，发出倡议，奉献爱心，很快就通过"轻松筹"筹集到10余万元善款。各党支部书记积极响应，在支部内开展了捐款活动，党员群众纷纷慷慨解囊，有的现场捐款，有的通过微信捐款，短短两天时间就通过线下募捐到善款1万余元，党总支及时将善款送到了病人手上。镇机关党支部发动干部职工为李维仙进行现场捐款，共募捐到善款4270元。

2018年5月21日

为了迎接一年一度的儿童节，丰富校园生活，活跃校园气氛，切实构建我校"清雅本真"的校园文化，结合我校近期校园操场改造，学生活动区域减少的特殊实际，以课间10分钟为载体，引导学生积极开展健康、安全、有益的课间活动，努力构建和谐校园、文明校园、活力校园。纳古中心小学于2018年5月24日至5月25日举行了迎"六一"系列活动——"舞动课间，清雅绽放"课间舞创意比赛。

2018年5月23日

县委书记卢维江到纳古镇调研，与镇党委政府班子成员座谈，对纳古经济社会发展提出要求：一是在企业转型升级方面，卢维江提出，纳古镇经济发展较早，但是企业没有形成品牌与规模。他鼓励镇党委政府以国家产业政策调整，淘汰落后产能为契机，树立信心、抓住重点、有的放矢、继续前进，从大局上谋划产业发展，从大方向上给企业帮助。为纳古企业注入新的思想和理念，多跟企业谈商机、谈政策，引导企业抓住机遇，自主创新开展转型升级。二是在社会维稳方面，卢维江指出，社会维稳是重中之重，稳定压倒一切。他要求镇党委政府要好好把握党的民族宗教政策，在法律、法规之下研究处理问题；要高度重视意识形态工作，积极化解矛盾纠纷，严防"群体性事件"的发生，同时加强与宗教人士的交流和关注。三是在生态建设方面，卢维江指出目前纳古镇人居环境整治取得了一定的成绩，街道干净多了，但是存在的问题依然很多。他要求，要结合实际，充分发挥村、清真寺的作用，充分利用可利用的资源，疏堵结合开展集镇治理和人居环境整治。

卢维江还特别强调，防范"地条钢"死灰复燃依然是纳古镇的重点工作，镇党委政府要继续保持高压态势，监管工作决不放松。同时，要认识到清真食品是纳古镇的特色，要支持鼓励清真食品、食品加工产业的发展。

随后，卢书记实地调研查看了荣顺彩印包装有限公司和天方食品有限公司，向企业负责人了解企业管理模式和发展思路，鼓励企业吃透国家政策，走现代化高质量、高科技含量之路，着眼长远，推进第二、第三产业融合发展。

2018年5月24日

国务院督查组进驻云南，督查地条钢是否死灰复燃。

2018年5月25日

纳古志愿者协会送温暖、献爱心。自4月起，纳古志愿者协会就开始筹备送温暖、献爱心慰问活动，他们自发捐款，并通过宣传广泛发动镇内爱心人士捐款，共收到捐款7万余元。5月中旬，志愿者们用筹集的捐款买米、买油，对纳古镇内以及大回村、小回村的贫困家庭、孤寡老人、贫困残疾人等进行走访慰问，共送出大米和食用油600余份。

纳古志愿者协会自2009年成立以来，组织开展了多次公益捐款及志愿服务活动，他们救助病患、开展环境保护、关爱孤寡老人、抗旱救灾、捐送衣物、免费借阅书籍，号召青年关爱他人、关爱社会、关爱自然，吸引带动了镇内许多青年共同参与。近年来每年都组织发动捐款，为需要帮助的家庭和个人送去关爱和慰问，为纳古社会和谐和精神文明建设作出了积极贡献。

2018年5月26日

清真寺开始组织人员到各企业挂功德，第一天收获220万元。

2018年5月28日

清真寺到各企业挂功德，到今天一共收获315万元。

2018年5月29日

近日，纳古连铸公司为当地60岁以上的老人和低保户、困难户送去了103万元的慰问金，也给他们送去了温暖和关怀。

纳古连铸工贸公司成立于2004年，建厂以来，在国家产业政策的指引下，连铸公司定位国内先进水平，建设一流钢铁企业，大力推进科技创新、管理创新和机制创新，公司获得了发展，企业先后 8 年荣获年度财政贡献奖。发展至今，成为集结高炉炼铁、转炉炼钢、热轧带钢、冷轧带钢、高频焊管、余热发电为一体的现代化、产业化、规模化的钢铁企业。连铸公司在发展的同时，积极承担社会责任。从 2010 年起，公司每年都对纳古镇和大回村的老人和困难群众进行慰问，今年已经是第 9 年发放慰问金了。慰问金从当初的每人 200 元增长到现在每人 500 元，今年发放慰问金总额为 103 万元，惠及 2000 余人。9 年来，对老年人和困难群众捐助的善款总额已达 450 多万元。

2018 年 5 月 30 日

纳古镇人大主席团如期召开第六次主席团工作会议，镇人大主席纳立凡主持本次会议，第六届主席团成员 7 人参会。

在会议中，纳立凡传达了纳古镇校园安全建设工作和乡村振兴三年行动计划等近期的中心工作，并讨论通过了《关于人大代表履职平台微信群建立使用有关事项的通知》，随后对《人大代表述职评议办法》进行意见征求。

主席团成员充分肯定了纳古镇近期的各项中心工作和未来的发展思路，认为今后应围绕"绿水青山就是金山银山"的发展思路开展工作，利用微信平台加强代表履职及自身建设，密切联系群众，依法开展述职评议及各项专项视察，使我镇的人大工作迈上新的台阶。

2018 年 5 月 31 日

镇人大代表视察海泥田连片种植。通海县第十六届人大代表纳古镇党委书记杨堂聪、镇长纳鸿翔、镇人大主席纳立凡及纳古镇第六届人大代表，视察了我镇海泥田连片种植示范区建设情况。

视察中，几位代表听取了群众对高标准基本农田建设，海泥田 400 亩水稻观光区打造的看法和建议，讨论了我镇未来特色农业旅游产业发展规划的前景。

代表们一致认为,推进农业综合体建设,引导和推动更多的资本、技术、人才等要素投向休闲农业和乡村旅游农业综合体建设,推动形成产业兴旺的新型农业产业体系,可以为乡村振兴、产业结构转型升级提供有力的支撑。

2018年6月1日

六一儿童节活动分两部分进行:上午在阶梯教室进行表彰、资助大会,会上将对优秀学生、家长进行表彰并对贫困学生进行资助,纳古镇政府按照惯例,为学校困难家庭子女送去关怀,表彰优秀学生,资助学生20名,发放资助金1000元。会议结束后观看"校园之星"、"课间舞"一等奖获得班级表演;在各班教室举行课间舞、文艺表演之后组织开展游园活动或观看励志电影,使每一位小朋友都能感受到节日的气氛,参与到活动中去。下午在各班教室或走廊以年级为单位举行读书漂流活动,通过读书、看书、交换或买卖旧书的形式,增加同学阅读的积极性,扩宽读书的知识面;由各班推选2名同学参加学校组织的以推荐好书、谈读书感受、诵读经典、讲故事等为内容的读书展示活动及课间舞展示活动;六年级举行义卖活动,出售自己用不到的书籍、笔记本、文具用品等,并给学弟、学妹们讲讲自己的学习经验或感受。

2018年6月2日

全省40所清真寺到纳家营清真寺挂功德,统一由纳家营出面收集,之后平均分配给各所清真寺。

2018年6月3日

上午,纳古镇开展党委理论学习中心组第三次集中学习,镇班子成员、规环中心、农业中心、经管中心工作人员和镇机关支部全体党员参与学习。

2018 年 6 月 4 日
四组纳宝生的母亲归真，72 岁，患腰椎病，已经 13 年没有出门啦。

2018 年 6 月 5 日
四组纳文达的父亲归真，72 岁，患肺癌不到 1 年。

2018 年 6 月 6 日
在第 23 个"全国爱眼日"到来之际，纳古蓓蕾幼儿园特邀纳古镇卫生院李院长和通海县疾控中心公共卫生科储科长到园开展主题为"科学防控近视，关注孩子眼健康"两场健康讲座，把护眼知识落实到家庭和幼儿。

2018 年 6 月 7 日
纳古中心小学党支部联合少先队，以队会课为平台，全体党员教师走进课堂，精心组织开展了"传承红色基因，争做新时代好队员"党课进课堂主题活动。

2018 年 6 月 8 日
自 2018 年 5 月至 2020 年底，是进行农村低保专项治理行动的时间，此次行动集中治理三大问题：一是集中治理"人情保""关系保""错保""漏保"；二是坚决查处农村低保经办服务中的腐败和作风问题；三是提升农村低保规范管理水平。

2018 年 6 月 9 日
中央环保督查组到玉溪督查，县、镇各级干部职工积极做好迎接督查的各项工作。

2018年6月10日

甸百亩清真寺到纳家营挂功德，两天时间收获7.5万元。

2018年6月11日

三组一村民昨晚一夜未归，今早在杞麓湖里发现，已经溺亡，75岁。

2018年6月12日

纳古镇经管中心、安监站联合镇司法所、综治办等中心站所在纳古菜市场门口开展以"普及《安全生产法》 增强全民安全意识"为主题的集中宣传咨询活动，集中宣传安全生产方针政策、法律法规、安全知识、职业病防治和自救互救方法等，工作人员还在活动现场回答群众关心的安全生产问题。

2018年6月13日

我镇根据上级工作指示要求责成安监站、市场监管所、派出所、经管中心、农业中心、规划中心等部门，突出汛期安全、危险化学品、人员密集场所、消防安全、建筑施工、金属工贸、特种设备、食品安全、娱乐经营企业等重点时期行业领域，认真开展安全生产排查治理工作，全面排查治理安全隐患。共出动工作人员两百余人次，累计排查零售商铺6家次、加油站6家次、液化气经营店4家次、餐饮住宿26家次、人员密集场所9次、金属工贸企业97家次。张贴各类海报标语5副、到企业发放各类宣传单48份。对检查中发现的安全隐患，现场要求其立行立改，下达书面通知100余份，督促整改安全隐患90条，并利用到企业单位安全检查之机向辖区内企业单位宣讲新《安全生产条例》《安全生产法》等法规。

2018年6月14日

纳古中心小学各中队精心设计教室内"动感中队"文化，将活动开展情况精彩呈现，提升为一种文化，一种精神，一种催人奋进的动力。各中队教室愈发显得灵动，富有朝气，活力无限！"动感中队"创建活动培养了队员的集体主义精神和小主人意识，增强了少先队集体的吸引力、凝聚力，服务引领广大少先队员快乐生活、全面发展、健康成长。

2018年6月15日

纳古镇各党支部党员自带工具参与"清白"行动，对辖区内大小沟渠河道、大街小巷、田间地头、公路沿线进行全面清理。镇团委、妇联、关工委等也发挥作用，号召青年、妇女参与到清理白色垃圾行动中。几天以来，纳古镇干部职工、党员、团委妇联等群团组织、热心群众等共计300余人参加了行动，出动机械6台，大小运输车辆18辆，清理沟渠41余条，大街小巷70余条，农田800余亩，公路沿线8000余米，共清理、清运各类垃圾30余吨，"清白"行动成效显著。

2018年6月16日

在纳古镇党委政府的见证下，纳古商会与通海博能燃气有限公司签订《纳古镇工业直供管道投资协议书》，促进管道天然气在纳古工业片区内的推行。

2018年6月17日

纳古镇烤烟进入中耕期，副镇长尹绍荣带领工作人员开展中耕管理及揭膜培土巡查。

2018年6月19日

县委副书记金宏森到纳古镇调研民族宗教工作，与宗教界人士亲切座谈。

2018年6月20日

纳古镇林业站工作人员对镇内树种进行排查，开展名木古树认定工作。通过全面走访测量，上报上级部门认定名木古树5棵，经初步测评，其中最老的是一棵约有800年树龄的清香木。此项工作的开展，除了可以更好地保护名木古树，还对纳古镇的文化、历史、气候等诸多方面的研究具有重要参考意义。

2018年6月21日

县人大、县教育局领导到纳古镇就县人大代表提出的有关通海三中的意见、建议进行回访。

2018年6月22日

纳古镇继续深化环境卫生整治，对镇内零星养殖户和屠宰户走访宣传，发出《纳古镇畜禽规范养殖污染防治告知书》，要求养殖户、屠宰户不得有乱排、乱放、乱堆污染环境的行为。同时公布监督举报电话，请群众共同监督环境卫生治理。

2018年6月23日

纳古镇"点亮玉溪"项目153盏路灯完成验收，纳古镇是全县完成验收的第一站。验收过程中，镇政府工作人员、项目公司、施工方共同对辖区内太阳能路灯逐盏检查、逐一验收。由此，纳古镇基本实现了每个自然村户外路灯全覆盖，满足了群众晚间出行有路灯照明的基本需求，全县共安装太阳能路灯5195盏。

2018年6月24日

陕西省民委秘书长等5人到纳家营参观纳忠故居、纳家营清真寺等地，为撰写赛典赤传记收集资料。

2018年6月25日

全镇统计有企业192家，其中正常生产的涉钢企业42家。近年来，随着国家产业政策调整，纳古在市、县的指导下拆除中频炉，清理地条钢，进一步督促企业落实安全生产和环保等各项措施，向企业宣传政策方针与规划方向，引导企业自主转型升级。

2018年6月26日

"七一"前夕，县委常委、统战部部长蔡骏辉及我镇党政主要领导，深入各村组看望慰问老党员和困难党员，并送去慰问金，感谢他们为党的事业和纳古经济社会发展作出的贡献，向他们致以节日的问候和祝福。

2018年6月28日

下午，纳古镇机关党支部、青年人才党支部、纳古纳家营村党总支、纳古古城村党总支、天方党支部、非公党支部等欢聚一堂，共同庆祝党的97华诞。镇党委副书记、镇长纳鸿翔宣读镇党委表扬决定，对工作中表现优秀的党支部、党员和村组干部给予了表扬奖励。镇各党支部组成6支队伍，进行党的知识竞答，通过激烈的角逐，纳古古城村党总支代表队荣获知识竞赛一等奖。在活动中，各支部精心准备了节目，用合唱《没有共产党就没有新中国》《我的中国心》《明天会更好》，舞蹈《东方红》，朗诵《颂歌献给共产党》等节目向党的生日献礼。

2018年6月29日

纳古镇党委为提高广大党员对十九大精神和党的知识的学习了解，

由全镇各党组织组成 6 支参赛队，通过参赛队答题和观众抢答的方式，参与十九大精神和党的知识竞赛。

2018 年 6 月 30 日

常务副县长刘绍宏到纳古查看入湖河道及防洪措施。

2018 年 7 月 1 日

镇党委邀请玉溪市委党校理论教研室副教授胡伟为大家宣讲习近平新时代中国特色社会主义思想。全镇干部职工、村组干部、普通党员等共计 130 余人参加培训。

2018 年 7 月 2 日

纳古镇结合"七一"系列活动开展"万民党员进党校"学习教育，邀请县委党校副校长师剑平老师为党员、干部职工宣讲党的十九大精神和习近平新时代中国特色社会主义思想学习读本《新时代面对面》理论知识。

2018 年 7 月 3 日

云南民族文化艺术研究会纳文汇等 4 人到纳古镇就回族文化在"一带一路"建设中的价值作用研究进行调研，县民宗局局长祁跃红陪同调研。纳古镇党委书记杨堂聪、镇长纳鸿翔、镇人大主席纳立凡和宗教界、企业界代表共 30 余人参加了座谈。

2018 年 7 月 4 日

纳古镇优秀毕业生表彰大会即将到来！请符合条件的学生快来报名登记，还未收到录取通知书的大学生可持成绩通知单先行登记。

2018年7月5日

农工党云南省委参政议政处处长程本文一行到纳古进行"基层司法服务情况"调研，主要从基层司法服务的基本情况、服务过程中面临的困难和问题、如何推进基层司法服务深入开展的建议三方面进行调研。

县委副书记金宏森、县委统战部部长蔡骏辉一行到纳古镇调研民族宗教工作，对相关工作提出明确要求和安排部署。

2018年7月6日

县农业局植保站对纳古镇海泥田水稻连片种植示范基地开展稻飞虱、稻瘟病统防统治，采用纳米技术航空专用药剂、专人配药、统一时间、统一作业，使用无人机对稻田全范围喷洒。经检测，稻飞虱杀灭率达84%，成效显著。

2018年7月7日

纳古镇召集各村组领导召开土地确权确认工作安排会议，纳古共涉及农户约1500户，承包面积约2800亩。第三方公司将与各村组工作人员逐户进行指认确认。

2018年7月8日

通海县2018年老年人意外伤害保险工作纳古镇培训会今天上午在纳古镇会议室召开，县工作人员为各村组工作人员进行政策解读并提出工作要求。

2018年7月9日

镇组织镇污染源普查指导员、普查员召开污普协调工作会。传达县污普办工作要求，要求指导员和普查员按要求核查普查数据，按时报送清查成果。目前，纳古镇全国第二次污染源普查清查阶段建库工作基本完成。总共清查了 568 家企业，运行且纳入普查的企业为 102 户。

2018 年 7 月 10 日

县委书记卢维江、副书记金宏森、统战部部长蔡骏辉、县公安局领导等一行到纳古镇调研民族宗教工作。纳古镇党委书记杨堂聪、镇长纳鸿翔，两个村党总支书记、村委会主任和清真寺管理人员参加调研。卢维江要求纳古各界上下一心，把思想统一到党中央的要求上来，严格落实相关政策要求，确保纳古民族团结、宗教和顺、社会稳定。

2018 年 7 月 11 日

通海县杞麓湖湿地指挥部工作人员到纳古镇开展杞麓湖一级保护区界桩定点工作，测量确定杞麓湖 100 米一级保护区范围并确定界桩安装点。

2018 年 7 月 12 日

纳古镇污水处理厂设备基本完成安装，项目建设进入管道开挖埋设阶段。

2018 年 7 月 13 日

县委常委、纪委书记、监委主任李荣奇到纳古镇调研村"两委"工作和村务监督委员会履职情况，与村领导干部座谈，了解工作开展中存在的问题和困难。

2018 年 7 月 14 日

各党组织紧扣"七一"活动主题，认真落实"三会一课"，通过为 7 月入党的党员过政治生日，赠送"政治生日"纪念卡，重温入党誓词、谈心谈话等，严格落实党内政治生活，教育引导党员悟初心、守初心、践初心，争做"四讲四有"合格共产党员。

2018 年 7 月 15 日

傍晚，听乡人说：清真寺通知叫家长明天送子女去清真寺里学习，假期班开班了。

夜里，市、县多名重要领导下到纳古镇，研究工作方案，无论如何不能带"率先办假期班"这个头。

2018 年 7 月 16 日

纳古镇成立以镇长纳鸿翔为组长，副镇长尹绍荣、张波，武装部部长李波为副组长的工作领导小组，工作组成员由镇规环中心、农业中心、经管中心等相关中心站所工作人员组成，对全镇污染源行业企业进行地毯式入户清查、采集数据。纳古镇全国第二次污染源普查清查阶段建库工作基本完成。总共清查了568家企业，运行且纳入普查的企业为102户。

2018 年 7 月 17 日

县上的"五套班子"的正副职领导，率县级有关部门人员到纳古，分别找各界人士交流、沟通、引导，听取意见。

2018 年 7 月 18 日

镇妇联开展了"提升人居环境　巾帼在行动"志愿服务活动，发放贷免扶补和小额创业担保贷款10户，共计100万元。

2018 年 7 月 19 日

四组马存德之子纳敏因突发心肌梗死而归真，57岁。

2018 年 7 月 20 日

周乔伟的儿子归真，25岁，先天性心脏病。

2018 年 7 月 21 日

大学生到纳家营学习，200 多人这日正式开始学习。

2018 年 7 月 22 日

经多方协商，在纳古小学里举办涉及多方面内容的假期兴趣爱好培训班。

2018 年 7 月 23 日

四组纳锦高的儿子与纳维恒的女儿结婚，纳锦高家没有接"人亲"。

2018 年 7 月 24 日

来自几所高校的学生共计 19 名，到马恒骧家里做"家访"，马恒骧给他们讲授回族历史、文化，纳古历史、经济、文化、人文、乡土人情、宗教等多方面的知识。

2018 年 7 月 25 日

纳维恒家为女儿接回门，客人请的比较多。

2018 年 7 月 26 日

今年，纳古镇政府接到县政府交办的、通海县第十六届人大第二次会议期间及闭会期间县人大代表提出的建议 4 件。分别为：纳古纳家营村委会建设、纳古镇小井修复、纳古镇坟山路修建、纳古古城村排水沟及道路修缮。

2018 年 7 月 27 日

今天下午在纳古小学里举办的假期兴趣爱好培训班结束。

2018年7月30日

纳古镇企业经济已经出现缓慢增长。

2018年8月1日

下午2点半左右,一场大暴雨袭击纳古,时间长达25分钟。瞬间,街心里起大水,所幸没有造成洪灾。

2018年8月2日

今天,下了几场小雨,但仍然很闷热。

2018年8月3日

镇党委书记深入两个村,与村领导商议如何尽快落实前不久招标的办公点建设项目工程。

2018年8月4日

大学生在纳家营学习结束,其间每天下午都安排学生到部分家庭家访,并有家长与他们进行交流互动。

2018年8月5日

今天,本来是周末,大家都在休息,但为迎接省政府综合督查组的到来,只好赶回单位上班。

2018年8月6日

三组纳仓林归真,70多岁。

2018年8月7日

由纳家营老板创建的穆光投资8个亿,现在有200多个职工,预计

10月开始烧炉子，正常运转将有1000多个职工。

2018年8月8日

七组纳绍忠的女儿做"色了目"，大家叫"吃茶"，遵照清真寺规定：下午不吃饭，只是晚上吃汤圆或糯米饭。

2018年8月9日

前天的大暴雨25.7毫米，昨天的大暴雨37.5毫米，这两场大暴雨均在全县居第二位。

2018年8月10日

纳速拉丁生物食品有限公司要在总部搞企业文化，来请马恒骧为他们整理纳古回族历史、名人简介方面的文字资料。

2018年8月11日

五组马子红之子与七组马子恒之女结婚。

2018年8月12日

马子恒家明天在四组公房，为女儿"接回门"请客，今天请很多人去帮忙。

2018年8月13日

通海县"8·13"5.0级地震，据中国地震网正式测定，2018年8月13日1时44分通海县（北纬24.19°、东经102.71°）发生5.0级地震，震源深度7千米。

据初步统计，截至2018年8月13日下午4时，因震受灾9个乡镇（街道）、76个村（社区），受灾人口31.04万人，房屋受损1053间，部分倒塌91间；损毁桑塔纳轿车、微型面包车各1辆；库坝塘受损7座，沟渠损坏445米，水源设施损坏200米；县城礼乐路开裂110米。受伤人员12人，其中重伤5人、轻伤7人，生命体征平稳。

灾情发生后，省、市、县高度重视，市、县及时启动Ⅲ级应急响应，迅速作出安排部署，各级各部门干部、职工及时赶赴现场开展抗震救灾工作，全力做好人员疏散、灾情核查、交通疏导、维护稳定等工作；对全县地灾隐患点进行全面排查，同时对学校、医院、危旧房、非煤矿山、水库坝塘、交通设施、冷库及危化企业等重点区域加密监测，严格落实监测预警值守避让等防控措施，严防次生灾害，确保人民群众生命、财产安全；及时走访慰问和妥善安置受灾群众，及时统计核实上报灾情，迅速启动灾后损失评估工作。目前，全县交通、供水、电力运行正常，社会大局稳定。

据云南省地震预报中心专家会商、分析研判，通海"8·13"5.0级地震属主震余震型地震，余震衰减正常，近期通海县境内发生更大地震的可能性不大，市民可以回到安全的房子里居住。

2018年8月14日

通海妇幼保健院，纳家营医生接生地震娃！据《云南日报》报道："地震来袭，他们选择坚守。"电视台也采访了她。

2018年8月13日1时44分、8月14日3时50分，云南省玉溪市通海县（北纬24.19°、东经102.71°）先后发生两次5.0级地震，震源深度分别为7千米和6千米。截至8月14日19时，通海地震震区共发生2.0级以上地震18次，其中2.0~2.9级地震13次，3.0~3.9级地震3次，5.0~5.9级地震2次。

2018年8月15日

地震第三天，互助群通知：各位在家的兄弟，因为现在存在一定治安和火灾隐患，需要组建一支队伍在村里巡逻，有意愿的请于晚上 8 点 30 分到镇政府集合，我们分组、分时段开展。

今天传播谣言的违法犯罪嫌疑人李某，已被杨广派出所协助县局网安大队抓获，等待他的将是法律的制裁，所以再次告诫大家不传谣、不信谣！

纳古志愿者"8·13"服务组告全体爱心人士：为了合理利用大家的爱心捐赠，让物资到达最需要的地方，请爱心人士把物资拉到镇政府志愿者服务站，或联系我们。万众一心 众志成城 感恩有您！

2018 年 8 月 16 日

地震第四天，下大雨啦，有的帐篷被吹翻了，有漏雨的，有进水的，增加了灾民的困难。家乡有难，亲人相伴！虽然捐款公司和个人一再表示不用具名。但我们认为，正能量是应该宣传和表示敬意的！感谢聚元、方圆和合信宗、纳恒雷弟兄三人，此 4 家单位及个人各捐款 2 万元，鸿翔焊管 1 万元（其中给二街 5000 元），感谢纳宝航和若干兄弟姐妹的捐款！有大家的支持和爱心，我们一定能渡过难关！

2018 年 8 月 17 日

通海"8·13"地震发生后，往日热闹的通海小城变得冷清不少，曲作者身处外地，当从朋友圈知道这一消息后，内心难过万分，决定用音乐的方式来为家乡抗震尽一份力，于是邀约了一批通海音乐人士来共同完成这首《聚爱成海》。14 日凌晨，曲作者李彦钢谱好了曲，远在长沙的词作者纳继根连夜在火车上完成了歌曲的填词，毕业于通海一中刚被云南艺术学院录取的张家坤不眠不休地进行编曲制作。16 日，歌曲小样被县委宣传部通过微信公众平台推出，受到大家的热烈转发。17 日，9 位通海音乐人士聚集在 T 歌音乐艺术工作室，共同完成了《聚爱成海》的演唱和录制。3 天，72 个小时，从开始创作到歌曲小样的推出，紧迫的时间、繁重的工作量使本首歌曲及 MV 制作会存在一定的瑕疵，但为了在抗震的关键时期推出，慰藉身处灾区的通海，歌曲的主创人员很少休息，图的是一份心意，尽的是一份力量。

2018年8月18日

震后大家互相帮：1. 纳家营塔峰公司和宏峰公司出资购买大帐篷300顶无偿献给家乡人民使用。2. 企业老板朱绍金捐赠大米210袋，聚众兴捐赠150袋，鸿翔焊管捐赠50袋。3. 哪个在昆明方便的话去延安医院带点药，华法林，昨天晚上在停车场住，回去时候没锁门，回来药就不在了，谁方便，帮帮忙，这个药做手术必须吃。王超，主动帮忙去买药，还发消息：愿大家一切安好，其他人如果还有需要帮忙的可以联系：13888××××××（王超）。4. 今天主麻下拜，纳古3所清真寺师台管委会成员、村长、书记、志愿者及部分群众慰问了8个安置点的群众并且做了。红塔区州城清真寺管会及市伊协通海3所清真寺师台管事看望纳古群众。5. 纳古实业运输公司，纳武斌1000件水全部到位，其他很多人提供瓶装水和桶装水；马跃香，捐赠花塑料布30件；许多热心人士主动免费提供铁床、木床板、空心砖等救灾物资。6. 马存康出资请人煮饭给古城村的2000多人集体吃饭几天。在此，非常感谢纳古志愿者、镇村组领导、各地企业家、爱心人士对纳古老百姓的关心，辛苦大家了。纳古卫生院到安置点为群众看病；马俊能医生熬制中药到安置点给教亲，对冷感冒、热感冒、肠胃不适、大小便不畅通、有炎症、夜惊等病症给予及时的防治。为他们的义举点赞！当地个体医生马瑜琼、张存荣、马艳吉、姜鹏、李月芬、李红等也坚持出诊为灾民提供健康保障。每个集中安置点都设立了"外来务工人员帐篷"，群众主动把救灾帐篷让给外来务工家庭居住。他们说，外来务工人员居住条件较差，房子肯定不能回去住了，我们应该把帐篷给他们。

在地震来临时，纳古镇群众不等、不靠、不要，在政府救援到来之前，积极组织抗震自救，互帮互助，为纳古镇震后安置工作顺利开展提供了很好的条件。纳古人在灾难面前自救自助的做法赢得了上级部门的赞扬和肯定。

2018年8月19日

基层工作人员13日以来工作重心是搞好灾民安置和服务工作,从即日起工作重心转移到危房的排查和拆除工作。

2018年8月20日

晚上8点40分又地震了,2.1级;灾难还没有过去,纳古志愿者将站好最后一岗,许多妇女主动打扫街道,并到安置点帮忙。

2018年8月21日

古尔邦节大扫除圆满结束,感谢各位志愿者积极的参与、无私的奉献,你们在烈日下弯腰捡垃圾的身影令人动容!你们不畏辛苦,不怕脏,每捡起的一片垃圾,都凝聚着对家乡的爱!感谢你们的付出!

2018年8月22日

古尔邦节:"让贫困的人被眷顾,让身边的人被关爱,让世人知道忠诚和守义",今年的古尔邦节是很特别的:虽然大家还住在帐篷里,但大家宰牲敬畏的心更加急切了,有在家宰牛、羊的,也有在帐篷宰的,送到清真寺的羊53只、牛6头。

2018年8月24日

纳古镇2018年博士、研究生、大学生、重点高中生表彰会,53位同学受到了表彰,胸前的红花不能掩盖背后的努力,希望以后的日子学子们继续努力,学有所成,将来报答祖国,报答家乡!

2018年8月25日

灾后10多天，人们也逐渐返回到纳古，开始了正常生活与工作。一次考验把纳古人民紧紧地团结在一起。

2018年8月26日

在这个危难时刻，无论是政府职工还是志愿者，每个人都恪尽职守，有为难、有无奈、有委屈，更多的是有担当，关键时刻每个人都伸肩头在扛。这次灾难，我们会挺过去，谢谢大家的理解、支持、付出！夜里发生5次余震，稍强一次为3.6级。

2018年8月27日

"8·13"地震后纳古连铸公司发给800多名工人每人400元现金，作为慰问金，捐赠给县上20万元，共计50多万元。政府机关干部、职工按100元、200元、500元捐赠给县红十字基金会，学校教师100元。

2018年8月28日

近10天来，镇、村、组的干部职工，不分白天黑夜，周末不再休息，都在忙于做走街串巷、排危除险工作。

2018年8月29日

下午3点45分33秒，又发生2.2级地震，震源8公里。1个小时后，倾盆大雨，雷电交加，镇政府办公大楼六楼上的电力设备被打坏，导致大面积停电，至晚上9点，才修复供电。

2018年8月30日

县工作组环保局副局长李刚、纳古镇镇长纳鸿翔到杞麓湖北岸查看，对杞麓湖纳古段"四退三还"（退人、退房、退田、退塘、还湖、还水、还湿地）工作进行实地了解。

2018年8月31日

现在纳古小学及幼儿园共有50个教学班，2260个学生，132个教职工。

2018年9月1日

哈吉回来，今年人数较少，纳家营16人，送的时候哈吉凑钱请全村人在清真寺就餐，回来的时候各自在家请。

2018年9月2日

纳古镇村民在四街镇政府内免费检查白内障，请互相通知一下，带本人身份证。

2018年9月3日

通海县气象台发布9月2日08时至3日08时雨量：通海17.3毫米，杨广16.2毫米，纳古27.8毫米，四街26毫米，九街18.3毫米，河西22.5毫米，兴蒙22.1毫米，里山19.4毫米，高大6.4毫米，纳古降雨量最高。

2018年9月4日

纳古镇第四次经济普查工作动态：近期，纳古镇将依照规定对普查对象进行"地毯式"的逐一清查。届时，请各位普查对象给予支持和配合，积极参与经济普查，助力纳古经济发展！

2018年9月5日

余震不断，还有部分灾民不敢回家居住，还在住帐篷。

听说五组有一家重建家园时准备让出 80 厘米、宽约 20 个平方米的地盘以便路面更宽、更通畅！这才是真正的打通"生命通道"、建设美丽纳古、最具有魅力的做法！

2018 年 9 月 6 日

截至 2018 年 9 月 6 日 17 时，当天共拆除危房 3 户，房屋间数 24 间，占地面积 332.38 平方米，建筑面积 567.32 平方米；8 月 19 日至今累计拆除危房 156 户，房屋间数 1228 间（之前数据有更改），占地面积 19853.61 平方米，建筑面积 32738.66 平方米。这次拆房是由政府出资拆除以及拉运。

2018 年 9 月 7 日

这日主麻后全部礼拜的教亲到新建好阿文的学校教学楼前发"邦克"。

2018 年 9 月 8 日

黄保国承头组建纳古历史撰写工作小组，请马恒骧、纳恒鹏、跃义教长、管事。

2018 年 9 月 9 日

四组纳忠恒的母亲归真，80 多岁，一直身体还好。

2018 年 9 月 10 日

纳古小学"弘扬高尚师德，潜心立德树人"，热烈庆祝第 34 个教师节。七组马福义的岳母 94 岁，今天归真。

2018 年 9 月 12 日

纳古镇召开治理淘汰黄标车工作推进会，2000 年以前的车将被送去碾压，获得 6500 元的赔偿金。

2018 年 9 月 13 日

镇政府邀请县防震减灾局张维明股长到纳家营清真寺进行防震减灾知识培训。

下午与书记陪同陇川县党政考察团到相关企业进行考察、交流。

2018 年 9 月 14 日

清真寺面向全村各个企业及个人挂圣纪节功德，共计 110 万元。

2018 年 9 月 15 日

五组纳永恒与四组纳勇的女儿结婚。

2018 年 9 月 16 日

四组纳勇家接回门。

2018 年 9 月 17 日

七组党支部书记李维仙归真，50 来岁，半年前发现身患癌症晚期，肺、胃多处有癌细胞，在昆明住院治疗无效，今日早上去世。

2018 年 9 月 18 日

七组谢铁坤，33 岁，昨天下午骑摩托车到四街加油，不幸与拖拉机相撞，送往玉溪市医院抢救，并且做了开颅手术，仍然没有抢救过来，于今天早上归真！

夜里两次地震：1.7 级和 1.9 级。

2018 年 9 月 19 日

纳古镇召开震后过渡安置资金补助和恢复重建工作会议。镇长纳鸿翔传达县会议精神，对补助政策标准、时间节点要求进行安排。镇党委书记杨堂聪重点围绕恢复重建进行安排部署，要求参会人员做好政策宣传，严格落实工作要求。镇党政班子成员、各村组领导及联系村组工作组长参加会议。

下午 6 点 45 分又地震了，大约 2.0 级。

2018 年 9 月 20 日

下午，我校党员教师一起进行了学习。给我们授课的是峨山双江小学党总支书记朱长江，朱老师有着丰富的教学经验及党组工作的经历，朱老师从党建工作落实及党建工作创新方面给了我们新的思路、新的启发。

2018 年 9 月 21 日

中秋佳节来临之际，在县民政局的支持下，纳古镇村组走访慰问特困供养户，共为 33 户特困户送去月饼和节日的问候。

因电力公司体制改革，农业银行不再办理电费银行代扣业务，请各位用户在 9 月 22 日、23 日、24 日通过微信、邮政储蓄、农村信用社代扣方式结清电费，以免产生滞纳金和系统自动断电。

2018 年 9 月 22 日

四组纳建聪的儿子与马喜光的女儿结婚。

2018 年 9 月 23 日

四组纳宝会的父亲归真，83 岁，已经卧床 3 个月。

副县长常伟带领县湿地办、县林业局相关人员到纳古镇实地调研杞麓湖北岸湿地公园建设工作，在听取纳古镇党委书记杨堂聪汇报建设规划情况后，常副县长结合纳古实际，针对性地提出了建设意见和建议。

2018年9月24日

今日中秋节，我们这里的回民是不过团圆节的，但是也有一些企业给员工发节日礼品。

2018年9月25日

接清真寺管委会通知各村民小组统计圣纪节期间送盒饭，以下几种情况属于送饭对象：病人饭以老人、病人、孕妇、产妇为主；病人饭需在各组群里登记，并公开登记名单；所有经商的一律不得以任何借口来索要"病人饭"；圣纪节是全村人的圣纪节，望大家都进来帮忙，沾点塞瓦补。

为喜迎国庆，优化人居环境，纳古镇安排绿化工人对集镇内主街道绿化带（树）进行每年两次的常规除草修枝工作。

2018年9月26日

纳古镇中秋、国庆安全生产大检查工作全面开展，县安监局副局长杨奎华带领工作人员对纳古重点企业进行安全生产检查。

2018年9月27日

副市长周群英到纳古镇调研。在座谈会上，纳古镇党委书记杨堂聪汇报了纳古经济社会发展情况和今后发展规划。随后，周群英走访查看了展现纳古民族手工艺的纳古工艺刀具展示厅，具有文化特色的纳古清真寺、纳训故居和镇清真食品代表企业天方食品有限公司。副县长孟志明陪同调研。

2018年9月28日

纳古派出所办理案件，纳某非法运输、存储伪劣柴油案件，对纳某行政拘留7日。

市委开展全面从严治党走在全省前列专题调研组到纳古镇调研，走访了纳古中心小学党支部、纳古古城村党总支，通过听取汇报、查阅台账、实地查看等方式对基层党建、支部规范化建设、干部队伍建设等工作情况进行深入了解。县委副书记金宏森、县教育局党委书记陈明华、县委组织部副部长杨翔陪同调研。

2018年9月29日

县委副书记、代理县长马春明到纳古镇与党政班子成员座谈，了解纳古经济社会发展总体情况，对下一步发展规划、震后重建、民族团结、党建引领等工作提出意见与建议。

2018年9月30日

9月27-30日，由中国教育学会小学语文教学专业委员会主办的第三届小学青年教师语文教学观摩活动在金城兰州举行，这是全国小语界的一次盛会，来自全国各省、自治区、直辖市的32名优秀青年教师在本次活动中分别进行了阅读、习作、口语交际、阅读策略、习作策略等多种课型的现场教学展示，共计5000余名代表参与观摩。我校合跃金老师经省小语专委会遴选推荐，代表云南省在此次活动中进行现场教学展示，执教三年级下册《剃头大师》一课。合跃金老师立足学段目标与单元目标，紧扣"人文主题"和"语文要素"，双线组织教学，充分呈现朴实与扎实的教学效果，较好地体现了统编小学语文教材的编写理念及编者意图，深受现场专家与观摩教师的好评。

2018年10月1日

一年一度的圣纪节今天开始啦!

轻松筹信息:色兰,尊敬的各位穆斯林同胞和社会各界爱心人士,我是纳立本,53岁,出生于云南省玉溪市通海县纳古镇,原本就生于一个贫困的家庭,平时也只是在本县里做点小本钱生意。日子还算过得去,今年8月4日一个不幸的消息就这样毫无防备地降临在这个原本就过得艰苦的家庭,医院诊断为肝癌恶性肿瘤,医生建议手术治疗,肝切除手术,东拼西凑,找亲戚朋友借钱,凑够手术费用,现在手术过后已经花光了所有积蓄,还欠下很多债,然而情况还没有好转,今天因肝脏出现衰竭,现在还要做人工肝继续治疗,这个家庭已经没有能力再支付这样高额的手术费用,恳请大家伸出援助之手帮帮忙。

2018年10月2日

县委常委、常务副县长刘绍宏到纳古镇了解灾后重建开展情况,并对纳古灾后重建工作提出指导意见。

2018年10月3日

圣纪节待客,第一日2000桌,第二日2600桌,今早1100桌。大厅里的数字:自助餐室,前天3500人,昨天1万余人,今天2000人。机关餐室,9月30号下午12桌,10月1日一天180桌,10月2日一天210桌,今天无。功德本地约110万元,客人70万元。

2018年10月4日

"轻松筹"信息:我叫马斯,原纳家营人,结婚在沙甸20余年,生病的是我的母亲,云南省玉溪市纳家营五社人,名叫马培仙,回族,父亲是阿訇,收入低微,母亲艰辛将我养大,省吃俭用且体弱多病,本到了可以安享晚年的时候,不承想9月15日忽然病倒,全身呈现黄疸症状，到玉溪市人民医院检查确诊为胆管癌中期（考虑转移灶）。医生立刻安排9月25日做第一次切除手术，一家人得知此事后都难以接受，现在第一期的手术费用就需要10余万元，后期的手术治疗费用实在无力承担，为了让母亲能够安心接受治疗，希望能得到大家的帮助，伸出援助之手救助我的母亲，也希望各位善心朋友多多帮忙、多多转发，父亲前年刚去世，不想这么快再失去母亲，祈求大家的帮助。

2018年10月5日

纳跃义教长在"主麻"上对圣纪节服务活动做总结，对大家所体现的正面优点给予表扬，号召大家再接再厉，弘扬正气，发扬优点。

2018年10月6日

小海湿地公园投资2000万元建设，正式开工，由上海工程队承建。

2018年10月7日

纳家营一家西餐厅——"转角杞岸"开业后生意兴隆，现在招服务员数名。

2018年10月8日

昨天夜里，纳家营荷花小区被几名小偷入室偷走两只山羊，一只黑山羊，一只黄山羊，小偷无处不在，各人要保管好自己的财物。

2018年10月9日

市卫生局对纳古镇自来水厂末梢水水质进行现场取水化验。

2018年10月10日

纳古镇党委书记杨堂聪、镇长纳鸿翔到企业检查安全生产及企业除尘设备改造情况。

2018年10月11日

今天中央电视台纪录片频道工作人员为完善《中国影像方志——通海版》的录制，到纳古镇忠训故居拍摄纳忠、纳训两位教授的资料及名人故居。

2018年10月12日

县成长护航联合办公室调研组到纳古镇调研预青工作，镇党委书记杨堂聪、副书记王绕、派出所、镇团委、关工委、综治等部门参加座谈。听取镇党委副书记王绕汇报纳古预青工作开展情况以后，调研组介绍了全县预青工作的整体谋划布局，对纳古镇工作提出意见与建议。

2018年10月13日

中国少年先锋队建队69周年纪念日，纳古中心小学大队部面向全校少先队辅导员开展"微笑带给校园 承诺交给领巾"征文活动。分享少先队工作中令你难忘的、令你深深触动的经历，抒写辅导员生涯点滴感动。

2018年10月14日

四组纳周慈的儿子与五组马子聪的女儿结婚。

2018年10月15日

地震后重建工作，开始清运土。

纳古镇组织全镇干部职工观看以乡村建设为主题的《焦点访谈》节目，镇长纳鸿翔结合创卫工作对纳古人居环境整治近期重点工作进行安排部署。

2018年10月16日

新农合缴费又要涨了,去年才每人180元,今年每人220元,一开始每年每人才交10元钱,不过这阵报销比例高了很多。

2018年10月17日

通海县招商局对纳古招商引资工作进行督查。

2018年10月18日

纳古镇开展扫黑除恶专项宣传教育活动。

在县社保局的支持下,纳古镇社保中心开展百岁老人慰问活动,对镇内两位90岁以上的高龄老人进行走访慰问,送上重阳节祝福。

2018年10月19日

进行宣传片补拍,拍摄了清真女寺、古城清真寺、两位手工艺刀具工艺师、纳古小学、纳古美食和工业等场景,摄制组记者、导演吴静姣、摄像王永明等3人,在通海县委宣传部媒体管理中心赵辉等人的陪同下,到纳古镇,对纳忠故居、纳训故居及两位名人的成就、事迹、著作和相关物品进行了详细拍摄。宣传委员郑雪娇负责协调联系,原人大主席马恒骧和村民纳兆祥,分别做了讲解!

2018年10月20日

七组纳光全的儿子与峨山文明的女孩结婚。

2018年10月21日

纳古镇开展黄标车淘汰治理查处工作,对上路行驶的黄标车进行检查,要求车主按程序办理淘汰。

2018 年 10 月 22 日

纳古镇团委将爱心人士捐赠的"微心愿"礼物——书包和课外书，送到纳古小学一位三年级学生手上。2018 年以来，纳古镇团委在上级各部门的指导与帮助下，共完成 32 项"微心愿"征集送达，主要为学校的贫困学生送出运动鞋、书包、学习用品等爱心礼物。

2018 年 10 月 23 日

四组纳立本归真，53 岁，3 个月前得肝癌，在昆明治疗约 3 个月，出院回家没有几天。

2018 年 10 月 24 日

镇党委书记杨堂聪、镇长纳鸿翔、副镇长尹绍荣到纳古纳家营村二组推进"四退三还"租地工作，向涉及群众宣传"四退三还"工作的意义和租地政策，动员群众配合支持租地工作。

2018 年 10 月 25 日

镇上传达中组部规范使用村有关的名词："村三委"改为"村两委"，"村后备干部"改为"村级后备力量"。

2018 年 10 月 26 日

纳家营四组请客处，桌子下面摆放垃圾桶，保持干干净净，值得推广，大家的举手之劳让"吃文化"又增色不少。

2018 年 10 月 27 日

五组马儒敏的父亲归真，73 岁，肺癌。

2018 年 10 月 28 日

三组纳学会的儿子与四组纳荣升的女儿结婚。

2018 年 10 月 29 日

穆光公司，烧结厂主抽风机顺利试车。穆光公司炼钢厂，转炉本体顺利倾动。

2018 年 10 月 30 日

养老保险缴费基数，每年每人 100 元，60 岁老人每月可以领取 75 元养老金，80 岁老人每月可以增加领取 75 元养老金。

2018 年 10 月 31 日

纳古镇"四退三还"工作组到纳家营村委会与组干部商议租地协议签字的推进工作，就资金补偿政策做深入讲解。

2018 年 11 月 1 日

"8·13"震后拆着房子呢，需要贷款的可以跟各组副组长报，用微信、打电话，或直接来找人报。

2018 年 11 月 2 日

马子凡的母亲归真，70 多岁，患糖尿病并发心衰。

2018 年 11 月 3 日

七组纳玉仙的儿子与七组纳春飞的女儿结婚。

2018 年 11 月 4 日

镇党委政府通知，为有力推进杞麓湖治理保护各项项目工程的开展，请涉及一级保护区"四退三还"租地工作的组认真宣传执行,群众积极配合支持,这是国家重大民生项目,利国利民。此次"四退三还"租地工作涉及沿湖各乡镇,我们纳古要以不甘落后的思想和行动支持此项工作。

2018年11月5日

纳家营村民跟旅行团到文莱旅行,多数是妇女,这次共有32个人参加。

2018年11月6日

纳古中心小学举办了以"从小学习创造"为主题的少先队优质活动课大赛。全校各年级选送的7个中队参与了本次比赛,共评出一等奖2名,二等奖5名,1个"阳光中队",1名"最佳活动设计奖",成绩喜人。

2018年11月7日

纳古百事通平台组织摄影作品比赛,现在已收到"最美纳古"部分参赛的摄影作品,作品投稿最后时间为14日。15日发朋友圈参加点赞,20日结束,以点赞的数目为标准作为此次活动的获奖名次。

投稿要求:
(1)以纳古风景、人文为主,从不同视角展现纳古的美。
(2)投稿作品必须是自己拍摄的,可以是相片、音乐相册等。
奖品:
一等奖(1名)奖金300元,100元联通流量卡一张,5提抽纸。
二等奖(1名)奖金200元,100元联通流量卡一张,3提抽纸。
三等奖(1名)奖金100元,100元联通流量卡一张,2提抽纸。
鼓励奖(15名),100元联通流量卡一张,1提抽纸。

奖金、奖品领取方法：奖金直接发红包，奖品到指定地点领取。

特别感谢此次奖金、奖品投稿个人和单位：

1. 纳宏锦；

2. 纳古伊科电讯；

3. 玉溪学太商贸有限公司。

2018 年 11 月 8 日

省、市、县各级领导经过纳古，犹如钦差大臣巡视基层，下级官员们胆战心惊、如履薄冰。

2018 年 11 月 9 日

建水县回龙村做圣节，纳家营人去的很多。

2018 年 11 月 10 日

五组马朝阳之子与杨丽之女结婚。

2018 年 11 月 11 日

"双十一"，各商家借机搞促销，云南省一天成交额达 235 亿元，这其中也有纳古人的份。

2018 年 11 月 12 日

市侨联、妇联、总工会、共青团、计生协会、法学会 6 个代表大会在玉溪召开，纳古镇都分别有代表参会。

2018 年 11 月 13 日

县滇中引水办到纳古镇实地踏勘滇中引水二期自来水管道走向及取水口选址工作。

2018 年 11 月 14 日

全体党员，跟纳古小学党员教师一起打扫卫生。

2018 年 11 月 15 日

古城二组的汉族过"老年节"，邀请镇村组的回族同胞参加。

2018 年 11 月 16 日

纳家营二组的汉族过"老年节"，也同样邀请镇村组的回族同胞参加。

2018 年 11 月 17 日

五组僳艳清的儿子与四组纳学章的女儿结婚。

2018 年 11 月 18 日

晚上，七组马爱华的父亲归真，76 岁，已经卧床一年多了。

2018 年 11 月 19 日

五组纳维芳的母亲归真，脑出血，75 岁。

2018 年 11 月 20 日

纳古镇人大主席团开展人大代表集中视察，结合我镇中心工作，实地视察了：1. 杞麓湖北岸湿地公园建设情况；2. 纳古镇沿湖"四退三还"项目推进情况；3. 纳古镇"村村通"工程项目推进情况；4. 古城村关塘蓄水恢复工程建设情况；5. 古城新村震后重建项目情况；6. 回族文化展览馆。就地视察过程中采取代表视察和项目负责人现场汇报工作情况的方式，让代表们更充分地了解所视察内容。最后，集中前往里山工业园区穆光公司进行参观学习。

2018年11月21日

县财政局耿双昌局长一行在纳古镇杨堂聪书记等镇领导的陪同下，对杞麓湖纳古段周边基础设施建设进行实地调研。

2018年11月22日

昆明市官渡区博物馆受云南省文物局的委托，准备在五里多建盖一个赛典赤纪念馆，今天，张英馆长率员7人到纳古，通海县文管所李波所长等人陪同，纳古镇原人大主席马恒骧和文化事务中心主任陈妍澹带大家去纳家营大坟地寻访、纳家营清真寺女寺参观，专家们十分感兴趣，连声说："过几天再专门抽时间来，拓墓碑文字（中文、阿文）拓片，听马主席讲历史故事、民风民俗、风土人情。"

2018年11月23日

万里之外的精灵，纳古人民的故友——红嘴鸥如期而至杞麓湖北岸湿地公园。

2018年11月24日

2018年钢价，涨700元用了240天，跌700元仅24天。有人开玩笑称：钢道有风险，投资需谨慎，玩铁货，速效救心丸必须常备。

2018年11月25日

五组马慈坤，70岁，四组纳孝英的母亲，90多岁，两位老人归真。

2018年11月26日

纳古镇派出所联合纳古纳家营村委会开展治安交通乱点整治。

2018年11月27日

纳古镇土地确权工作进入颁证阶段,镇"三资"中心指导村组将土地承包经营权证发到群众手中。

2018 年 11 月 28 日

七组马荣斌的父亲归真,80 岁。

纳古 32 辆新能源公交车今天开始营业了,乘客自带零钱,自动投币。纳家营的乘客在以前站点等待古城过来的车,一过来有人拉上就出发了,四街也是一样,不像以前等时间,有人拉的就走了,不耽误时间,现在站点在古城,二街方向的乘客就更方便了,走过来一点就可以坐车了,从县城返回来也是来到古城站,通海县城站点在原来的位置。

2018 年 11 月 29 日

中国新闻社云南分社原社长纳家骅,纳家营人,1945 年 12 月出生于云南昆明市。自小就读于明德三小和昆明第十三中学,1967 年毕业于云南师范大学中文系。先后在云南楚雄等地工作,1982 年调入中国新闻社从事新闻报道工作,2006 年退休。几十年来,他对当时云南的政治、经济、文化、民族等领域的新闻重大事件进行了广泛的报道,对世界了解云南、推荐云南、深入云南作出了贡献。著名"心中日月"的香格里拉、"三江并流"等著名景点就是从他笔下宣传出去的。1996 年的丽江大地震发生时,他深入抗震救灾的一线报导,把受灾的真实情况用文字、图片等形式通过中国新闻社的平台及时传播给世界,对丽江地震及时争取到外界的援助起到了很大的作用。同时他还对丽江的民俗民风、风土人情对世界做了广泛的宣传,当时的省政府主要领导曾当面表扬他说:"丽江地震的重建恢复,中新社是起了重大作用的,你是做了大量工作的。"他从小受父母的教育和伯父纳忠先生的影响,对工作认真负责,不辞劳苦深入一线,实事求是,爱憎分明,生活简朴,工作中不怕苦、不怕累,爱憎分明。他经常外出工作,寝食不便,从不麻烦别人,经常一个馒头就解决一顿，他生活清贫，从不谋半点私利，他工作条件艰苦，常常连续工作几昼夜，交通条件不便的时候有时步行几十里。他爱云南、爱家乡，他认真工作，遵守共产党员实事求是作风写了不少的内参给中央领导，对中央领导提供了许多解决问题的依据，他对云南改革开放作出了一定的贡献。他勤奋工作的态度受到总社和云南省委、省政府的多次表扬，当时的省委、省政府的主要领导多次称赞他。

2018 年 11 月 30 日

今日又有两个人归真，三组合连芳，60多岁，突发脑出血；七组纳跃东，40多岁，肝硬化。

云南穆光工贸有限公司进行生产点火仪式，镇党委书记杨堂聪、镇长纳鸿翔、镇人大主席纳立凡、副镇长张从国到现场走访。

2018 年 12 月 1 日

新能源公交车共有32辆，每8辆为一个组，每一辆5个牌，原有4个牌，这次换车压缩了8辆车。每组每天休息1辆车，跑7辆车。

2018 年 12 月 2 日

三组合运华的儿子与七组马艳婵的女儿结婚。

2018 年 12 月 3 日

米世民的父亲归真，89岁，身体健康，昨天在昆明克清真寺礼拜的途中被一辆电动摩托车撞倒，不幸归真。

2018 年 12 月 4 日

省委统战部、省民宗委、市、县民宗局领导一行到我镇开展基层宗教工作队伍建设情况调研。

穆光公司今天产品出厂，将带钢运送到纳家营的各个焊管厂。

2018年12月5日

今天下午2点30分，纳家营村书记纳宏锦、纳家营爱媛、古城娅春师母、纳古志愿者、纳古百事通平台一同前往玉溪市人民医院看望了患者纳有才教亲，慰问了家属，到今天晚上10点共接收到捐款82137.53元。经过几位爱心人士的商量，交给家属5000元作为零用开支，交医院10000元作为医疗费用。几位爱心人士将共同监督所有捐款用途，根据患者的情况继续使用这笔爱心款，纳古百事通将继续跟踪报道最新进展。

2018年12月6日

县委卢书记到纳古小海湿地公园督促指导工作。

2018年12月7日

地震时村委会跟厂家借用了一些双台床及床板给村民使用，现在还有9张未能收回归还厂家，可能是因为有的人不会玩微信，看不到信息而致。

2018年12月8日

云南大学两名研究生到纳古调研党建工作，并采访了原人大主席马恒骧，时间达1个多小时。

2018年12月9日

昨晚，"村村通"项目搅拌站水泥被盗3.2吨。

2018年12月10日

四组纳有才归真，60多岁，脑出血昏迷状态下，因为家庭条件不好，得病后没有及时送医院治疗，后来好心人士帮忙筹款8万多元，又帮忙送医院，但不幸还是没有救过来。

2018年12月11日

纳古镇开展"弘扬《宪法》精神"系列宣传活动。

县安监局杨副局长带队到纳古检查。

玉溪美年大健康体检中心的医生到镇上给曾经去他们那里体检的职工做健康知识解答。

2018年12月12日

纳古镇2018年危房修缮加固改造施工推进中。

镇上工作人员对农户进行规范养殖指导，并对环境污染情况进行检查。同时，告知屠商：做好牛血、牛粪和污水的收集，经过处理后再排放，不能直排，搞好屠宰点环境卫生，生产合格的牛肉。

2018年12月13日

昆明市官渡区博物馆工作人员再次到纳古镇收集赛典赤·赡思汀的史料。

2018年12月14日

纳家营村委会召集小海湿地公园周围住户就立面改造工程召开专题会议。

2018年12月15日

村民把社会保障卡到纳古卫生院激活，以后看病就方便了。

2018年12月16日

低保半年一次盖章时间到了,希望低保户把低保证拿去办理,才可以继续享受。

2018年12月17日

纳家营村公所在镇政府大楼南边建盖村办公楼,今日开始动工挖地基。

2018年12月18日

城乡居民基本医疗保险已经缴纳,现在对各个村民小组的重度残疾人给予100%的缴费补助,即每人220元的补助金。

2018年12月19日

开始征收卫生费啦,每人每年20元,铺面每间200元,餐饮300～500元,企业不限数,以捐赠方式收取,捐赠多者由政府给予公示鼓励。

2018年12月20日

县委金副书记一行到纳古镇督导河道日常保洁、管护及村落环境综合整治项目工作,镇长纳鸿翔陪同。

海埂路沿途墙面要做文化墙,没有粉过墙的由村委会承头做,费用由各家各户自己承担,今日开始施工。

2018年12月21日

四组马存福之母归真,93岁。

2018年12月22日

市、县有关领导到纳古镇,对涉钢企业进行认真督查。

2018年12月23日

纳古百事通倡议书：海鸥来啦，给我们纳古经济带来发展，各种小摊小贩出来谋生，但现在没人管理，规划摊位，致使很多人乱认乱放，更有甚者认了也不卖，还出现吵架等现象，请呼吁领导管管这个事。

2018年12月24日

全县"四退三还"工作涉及四个乡镇，纳古、四街、杨广是向农户租地，秀山是向农户征地。纳古镇涉及纳家营村一、二、三、四组的139户、70余亩，至今已签字123户。

2018年12月25日

今天下午2点，全体机关支部党员到视频会议室，参加"2018年全省农村党员冬春训视频会议"。

2018年12月26日

县级验收纳古镇2018年四类重点农村危房修缮改造省级任务。

省督查组到纳古镇，对各项工作进行严肃、认真细致的督查。杨堂聪书记、纳鸿翔镇长等领导作工作汇报。

2018年12月27日

县安监局人员到纳古镇检查危险化学物品。

村村通项目路面开始硬化，里程达3.9公里。

2018年12月28日

纳古百事通在微信群里发消息：色兰，本周六早10点，云南衡水实验中学名师到纳古交流，怎样把你的孩子培养成为一个爱读书、有抱负的人。欢迎家长和学生一起来参加。如果你爱你的孩子请关注孩子的教育。

地点：兰苑学堂，忠爱大街98号三楼，请从安途汽贸车行里进。

市委督导组到纳古镇检查督导立行立改整改情况，指导小海湿地建设。晚上，镇长纳鸿翔率村组干部到农户家中做工作，向坚决不租地农户讲政策、讲杞麓湖保护、讲为子孙后代留下绿水青山，晓之以理，动之以情，通过近3个小时的工作，终于顺利签订了1户租地协议。目前，纳古镇"四退三还"租地工作已进入攻坚阶段，纳古镇将加大工作力度，想尽一切办法，完成县委政府交给的工作任务。

2018年12月29日

五组的山地又一年收租金，把收入按他们组户口人数分给村民，每人150元，同时扣掉每人每年20元的卫生费，每人拿到130元的现金，留下10来万元全组聚餐一天。

2018年12月30日

晚上9点多，五组纳俊学的母亲归真，88岁。

2018年12月31日

四组鹏二的儿子与馆驿一女孩结婚。

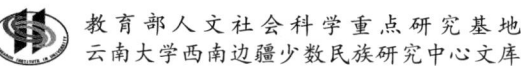

教育部人文社会科学重点研究基地
云南大学西南边疆少数民族研究中心文库

新民族志实验丛书·第二辑
主编 何明

杞麓湖畔

通海县纳古镇回族村民日志
（2009—2018年）

冯 瑜 编

纳文群 纳 杰 纳瑞媛 记录

冯 瑜 马晓雯 臧思沅 马秀艳
何马璐涵 李文月 许沁颖 整理

学苑出版社

目　录

纳杰日志……………………………………………… 553

2010 年 ……………………………………………… 555

2011 年 ……………………………………………… 665

2012 年 ……………………………………………… 739

2013 年 ……………………………………………… 843

纳杰日志
2010——2013年

纳杰日志
2010年

2010年4月1日　星期四　晴朗

今天是西方的愚人节。我们却觉得没有什么搞怪的气氛，盼望下雨的心情迫切。

真的开心，下雨啦！只是稍微有点小，对于缓解旱情起到的作用不是很彻底，但不管怎么说还是很知感主的。

看到下雨，就觉得抗旱的信心在倍增了。要是老不下雨，这接下来的日子怎么过？设想一下无水，到处都是缺水带来的难题，生产、生活和工作的信心都会受到打击。下了一场小雨，气温降了下来，地面也得到了一定的润泽，闻得到雨后的潮湿和芬芳。

2010年4月4日　星期日　晴朗

在中国西南遭受60年一遇的旱灾，云南滇中地区更是遇到了百年一遇的旱灾。

纳古社区纳古志愿者（我镇第一支志愿者队伍）到玉溪市峨山县小街镇牛百甸村委会甸百亩组开展慰问活动。这个组位于县城东南方向，距县城约14公里，2009年末总人口493人，农业人均纯收入约1500元，是一个半山区村民小组，主要以农业生产为主。人畜饮水主要以3个坝塘常年降水聚积为主要供水来源，因社会经济的不断发展，人口的增多，3个坝塘的蓄水量远远不能满足现有生产、生活的需要。经两次人畜饮水改造，都没有从根本上解决甸百亩组人畜饮水问题。

现甸百亩组已经出现近三个半月的人畜饮水困难，基本生产、生活用水无水可用，是到附近村组运水急用，有493人吃水成问题，基本靠拉水用。

纳古志愿者在得知甸百亩的旱灾以后，由纳继坤等朵斯提①组织纳古的穆斯林对甸百亩进行抗旱救灾活动，并把收到的捐赠物品和现金托

---

① "朵斯提"，云南回族在民间口语中称呼自己以及与自己拥有共同宗教信仰的穆斯林为"朵斯提"或"老朵"。"朵斯提"是波斯语音译，原意为"朋友"或"伙伴"。

纳继坤一行亲自到甸百亩村进行捐赠。此次活动得到了纳古广大穆斯林的大力支持，甸百亩村共收到云南山泉大瓶1.5升1200瓶，现金20300元。

云南山泉在保证每个穆斯林两瓶的基础上，对国民教育的小学和清真寺的学生也给相应数量的云南山泉水。20300元正在积极商量用于抗旱救灾，尽量保证不影响甸百亩村的正常生活为前提进行使用。

2010年4月5日　星期一　晴朗

今天，本来是清明节，国家明文规定放假一天。上班族可以通过这一天祭祖、上坟、悼念亡去的亲友。可是由于云南旱灾严重，森林预警信号强烈，县上做出决定乡镇上今天继续上班，不放假。今天上班任务是严防死守，做好二组、六组汉族同胞上山上坟的工作，不要发生火灾。在旱灾严重的这个特殊时期及时地做特殊工作是对的，可是县上的部门全放假，乡镇上不放，职工的怨言不少啊。

这个假期对于回族，意义不是很大，顶多就是有天假可以自由安排。回族的上坟风俗习惯是有的，就是到坟上去念诵《古兰经》相应的章节，不烧纸钱，不烧香，焚香可以在家里完成，对大环境造不成不良影响。没有发生意外，平安度过。

自4月5日开始，我镇党委、政府组织镇综治办、镇团委、镇妇联、纳古派出所、纳古学校工作人员组成"纳古镇校园及周边环境、食品卫生专项检查行动领导小组"对校园及周边环境、食品卫生等情况进行了为期一周的专项检查整治行动。一、对纳古学校食堂管理人员的落实情况、工作人员持证经营、持证上岗情况及环境卫生情况进行检查。二、对校外经营食品的小卖部、摊点的卫生环境和食品保洁情况进行检查。三、督促经营户对"三无"食品、过期变质食品进行清理。四、对占道经营和影响学校正常教学秩序的食品经营摊点进行清理整顿。在检查行动中，专项行动领导小组督促各经营户对检查出来的问题进行了自察自纠，对达不到要求的，进行了清理整顿。通过清理整顿，进一步净化了校园周边环境，规范了纳古学校的卫生安全管理，加强了学校食品卫生安全工作，维护了未成年人的身心健康和学校良好的教学秩序。

2010年4月6日　星期二　晴朗

自2009年7月以来，我镇降雨偏少，气温偏高，我镇范围内不同程度出现干旱。我镇的政府部门也积极行动起来，团结带领广大民众充分发挥生力军和突击队作用，全力协助党和政府做好抗大旱、保民生、促生产各项工作。

古城村的生活用水基本可以保障，但是生产用水不能供应。在这样的条件限制下，组上的领导主动找到镇上和县上的领导，批下来一个项目——一组白龙潭蓄水工程。听说工程完成以后，可以保证一组和二组两个村民小组的生产用水，洪涝时可以调控，天干时可以蓄水，因为有泉眼。

在遇到百年不遇的天干时，才知道水资源越来越紧缺，千方百计找水源是组领导和政府的当务之急，节约用水是我们每个村民必须做到的头等大事。

2010年4月7日　星期三　晴朗

早上去市场，看到在移动收费站缴手机话费。看到他们的墙上粘贴着由团委、移动公司和几家大公司联合制作的《青春彩云南·抗旱齐行动——来，一起节水嘎！》宣传画。听说是纳古团委来粘贴的，并且在临街铺面每个水龙头旁粘贴《节约用一滴水·润泽彩云南》宣传贴。我故意去镇政府看看，在政府倡导村民节约用水、众志成城抗旱的关头，政府里的工作人员做得如何呢？进去走了一遭，镇政府公共场所的每个水龙头（包括一楼到五楼的洗手间里）旁都粘贴上了《节约用一滴水·润泽彩云南》宣传贴。

我认为让大家节约公共资源，即使是免费的公共水源也应做到节约；

在纳古镇上两家移动收费站门口张贴，便于让前来缴费的人民看到宣传，及时参与到节水活动中来，这样的宣传值得赞扬、支持。

2010年4月8日　星期四　晴朗

前天归真了一位老太太，从下葬算起有3天了，她家的儿女为其在家里"做油香"。现在的"三天"（亡人下葬的第三天），以前要进行一定规模的"做油香"，请阿訇来家里开经，也要请三亲四戚来家里喝茶、吃油香，现在是亡人的家属请人来家里做好"油香"后，再发放到相对亲的亲戚和隔壁邻舍。

这种亲人离去的阴霾还未散尽，又听人说以前纳家营清真寺管事的妻子得了癌症，好久了，现在无法医治归真了。

2010年4月9日　星期五　晴朗

纳古镇这阵归真的人相对有点多，3000多人来"聚礼"。4月6日刚归真一老太，昨天又归真一中年妇女。今天主麻（回民周五聚礼日）特别热闹，一个因为是主麻，前来礼拜的男教胞比较多；二个是因为昨天归真的妇女，其家属选在今天为她送葬。由于有"埋体"（亡人尸体），古城清真寺的教长带领清真寺里的阿訇和学生前来为她举行"殡礼"——转"伊斯科"、站拜，亡人是纳家营村的，所以殡礼在纳家营清真寺的教长主持下进行。完毕后，才开始进行念"主麻邦克"。

下拜后，有1000多人将"埋体"送往坟山埋葬。

一组两户邻居发生了一点纠纷。其中一户盖房子，在没有和邻居商量的情况下，把另一户的滴水巷中堆积的基石搬走了，为此，两家就吵了起来。僵持着……

在镇政府和司法所的领导下来做工作后，两家听从领导的调解，以排水沟（滴水巷）的中间为限，互不再争吵，以后有什么，请他们商量着办。

2010年4月10日　星期六　晴朗

从1月开始,听说镇上派人勘探在镇上打一眼深井,解决纳家营民众的饮水问题。3月19日,终于开始动工了,在原来自来水厂里打纳家营的第三眼深井,说是要打400米呢。

到今天为止,我去看的时候,工程师说已经打到169米深了。由于机器出了故障,所以要停工一周。

2010年4月11日　星期日　晴朗

从西南地区旱灾以来,因为纳古的饮用水是地下水,我们受旱灾的影响相对较小,总的来说生产、生活还是能够基本保证的。

可是,从上周出现过自来水量减少以来,纳古镇内已出现了三楼以上的建筑物无法抽水上水池,镇政府内的办公楼已经停水几天。

村民的电话打到党政办,咨询自来水为何在没有停电的时候也停水了(平常一停电,供水就中断)。我想,也许纳古人民还没有真正的了解到西南旱情的严重,自来水也不是"自来",而是要在地下水丰富的情况下,通过抽水机增压泵抽上来自来水厂的蓄水池才能供应。我想资源的浪费是在无知和有意下形成的,倡导大家节约用水,共同对抗旱灾。

2010年4月12日　星期一　晴朗

今早政治学习。

宣传委员程建秋带领干部职工学习北大哲学系教授楼宇烈理论文章《民族复兴,需要文化准备》。21世纪是中华民族复兴的世纪,更是中国文化走向世界的世纪。在中国日益崛起的今天,如何去除百年文化悲情、迎接中华文化的伟大复兴?在全球化日益深化的今天,如何重新认识中国文化,定位中国文化未来的方向?

从这篇文章,我们也值得自省,我们回族文化也是民族文化不可缺少的一员，复兴不是一个人、一代人的事情，需要人人参与。

武林书记传达县上烤烟生产紧急会议的精神，做了镇上烤烟工作开展的细节要求。主要就是要树立在抗旱紧迫之际，每位职工要关心和重视烤烟生产，具体的负责部门要抓好烤烟生产任务的落实情况和后续的收购一系列问题，确保县上下达的指标任务圆满完成。

村民到政府林业站举报：村民纳本安，自行到后山甘海子要砍树。林业站的两位同志得到消息后，火速开车前往。做工作——一是要砍树的这个地点在纳古镇和四街镇的交界处，不宜砍树，否则容易引发纠纷；二是县政府没有下达砍树任务指标，不能砍树。经过再三劝说，才制止他继续要砍树的行动。

2010年4月13日　星期二　晴朗

今天早上，镇政府召集各村民小组新当选的组长、副组长和落选的组领导开会。主题是：欢迎新的组领导班子成立暨欢送落选的组领导。新当选的组长有纳顺福、马恒慈和李春玲，落选的组领导是纳建喜、纳泽喜和陈汝超，政府给予3位离开组领导班子的同志每人一份纪念品（被子一套）。散会后，大家一起用餐。

中午，纳家营清真寺广播里通知：今天有个"埋体"（女）。这个月归真的教亲确实有点多呢。

其实，今天是有两个"埋体"，有个男"埋体"叫纳嘉德，一位七八十岁的五保户，虽然有儿子但是他精神上有点问题，孩子们也没有和他一起生活，自己租房住。归真了，家人也没人知道，尸体都发出味道了才被人发现。举行殡礼都是他的家人自己召集亲属举行，草草料理就埋掉了。

他平常都是在纳家营和古城两个村子里晃荡，很多时候是在路上捡垃圾里的可卖之物，偶然还会在路上看见他跟别人发生纠纷，为了骗取一点点钱物。

女"埋体"是纳应达的奶奶,岁数也不小了。两位亡人在一天举行"殡礼",来为他们站拜的男教胞很多,来得"经钱"的小孩也很多,清真寺里热闹得一塌糊涂,从清真寺门口经过就知道拥挤了。

2010年4月14日　星期三　晴朗

路上遇到纳锦斋镇长和纳立凡副镇长,他俩带领着一行人在方圆公司巡视。

上前打招呼,经介绍才知,是市经济委员会的领导们在副县长杨英泽的陪同下,来我镇调研,考察一下我镇办厂的条件和在环保方面做出的成绩。

镇长还在现场宣传起来,说是要用3年的时间,把我镇粗放、污染、浪费型的生产模式改造成为节约、环保、高效型的模式,倡导镇上的企业经营者和镇上同心协力,一起做一个由省上支持的节能减排项目,到时候能出资的慷慨解囊,能出力的竭尽全力,大家心往一处想,劲往一处使,把纳古的环境治理做出效果来。最起码要让纳古的环境适合人居住。镇长还说,项目已经上报到县经委,上级部门会逐级上报的。多好的一个项目,这个项目如果可以下来,镇上的企业齐心协力地参加技改,不仅提高了他们的产量,提升了产品技术含量和品位,而且通过技改,村民的生产、生活也能最大限度地得到提高,技改可以预见的效益是成几何级数来增长的。

2010年4月15日　星期四　晴朗

遇到大旱,最希望的就是赶紧下雨。果然,凌晨3点差5分,一个响雷,紧接着雨就下来了,哗哗哗的,欢快极了,我虽然是从睡梦中被响雷惊醒,可是没有半点郁闷和懊恼,而是欢喜地赶紧看看现在的时辰。

雨下来,暑气就消了很多。早晨有些许凉意,难得呀!

虽然天干,纳古的小春作物已经有村民开始收割了。晒场上,有的早已堆成了垛，有的正在堆垛子洒水，有的正用马车拉来场上。看上去，收来的菜籽颗粒还是饱满的，希望其他还未收割的村民，收来的小春收成也是喜人的。从整体来说，纳古的农民大多已经"不务正业"——不完完全全的是在地里劳作的人，但是他们另辟蹊径经商、办工厂，做起了实业，所以作物的收成好坏对纳古的粮食、收入影响相对较小，但是其中也不乏老老实实的种地人，他们没有多余的能力做其他事，只能靠着那点田地挣足养家糊口的钱、粮。

总而言之，民以食为天，收成不好，民众的日子也不好过。物价上涨，粮食绝收，这样的结果谁都不愿意看到。

2010年4月16日　星期五　晴朗

六组的一户人家，老人来向组领导反映说是家里的一个女婿（入赘），要卖老人分给的田地，想变卖以后不管妻小跑掉。

组领导今天来到政府，向分管领导反映这件事情。具体的情况是：女方家共有姐弟四人，由于遗传原因，兄妹几个有点智障。留家里的这个女儿，排行第二，入赘的这个男的是四川人，有点手艺，在纳古镇内配合水保站，承接一些修、架水管的事情，小有收益。可惜这个人，长得有点一般，心术有点不正，作风有点问题，他在老家已经起了两层小楼，有意无意间透露要回去的想法。组领导听说有人去跟他买地，他有意要卖，而且准备签协议了，被听到风声的老人前去制止，现在家里的老人，请求组上、政府出面，让他做出书面保证，在孩子不成年期间不变卖家产，等孩子成年以后再跟孩子商量如何处理。

这件事情，现在还在处理中，还没有具体明确怎么办理。

2010年4月18日　星期日　晴朗

今天，白三娘（原四组会计）家宴请宾客，目的是房子新建成功，请师傅、阿訇来家里开经。

下午，纳家坤家开经，宴请四方宾朋。

5点多钟，乌云密布，有点下雨的迹象。果真没过多久，开始落下雨点，以为是小雨一场。不料，下了一场大暴雨，而且，风很大，有点暴风骤雨的感觉，心里觉得下雨真好！这是一场及时雨。

这样的大雨一下，让大地可以减少干旱的龟裂，可以让咱们的饮水之难得到缓解。

2010年4月19日　星期一　晴朗

杞麓湖是云南省九大高原湖泊之一，是通海县经济社会发展的基础资源，通海90%以上的人口居住在湖泊径流区内，工农业生产的用水大部分取用湖水，是我们通海名副其实的母亲湖。杞麓湖入湖河道污染问题引起了县委政府及省、市的高度重视，加大了对河道的整治力度。上周五，县上召开了今年杞麓湖入湖河流保洁活动动员会，号召开展保护母亲湖河道保洁活动。

4月19日早上8点30分，镇长纳锦斋主持，召集各村民小组领导来镇上开入湖河道保洁活动动员会。主要是传达县上的动员会会议精神和安排镇上开展保洁活动具体事宜，参加的人员有各组的人大代表、村民代表、党员、团员等。

动员会的目的是要做到未雨绸缪、明确责任，划分任务，通过多种措施，认真开展河道疏通工作，争取在汛期来临前，组织大规模的河道清理打捞活动，确保沟渠畅通，减少对杞麓湖的污染。

11点左右，甘肃省广和县的五套班子领导和民政局局长到我镇考察。镇长纳锦斋、人大主席马恒骧、副镇长纳立凡接待，并在镇长的主持下，介绍了我镇的基本情况、工业发展、社会稳定等情况。人大主席介绍了我镇的教育情况。

纳廷武教亲归真。大多得到消息的纳古男女教亲，从四方涌来，到家里望"埋体"，慰问家属。死亡的原因是亡者前天去干活，回来的路上在纳古学校附近被一辆摩托车撞了。当时被撞倒，是头部落地，这是致命的一击。等扶起来就显得很严重，路人通知其家属后，送往玉溪人民医院救治。诊断说，颅内出血，脑浆严重震碎，很严重，急救之后就下病危通知书了，医生认为只能熬过当晚。确实如医生所料，病情越来越重，医院让拉回家来，准备料理后事。家人看其没有断气，不忍心所以将他送到乡医院，当天夜里断气了。

2010年4月20日　星期二　晴朗

早上9点，镇上的领导干部集合完毕后被分成7个小组，然后对应地分到7个村民小组开展入湖河道、沟渠保洁活动。

书记武林带领12个职工到第一村民小组，副镇长刘有遴带领8人到第二村民小组，镇长纳锦斋带领10人到第三村民小组，纪委书记罗焯丹带领10人到第四村民小组，副镇长纳立凡带领10人到第五村民小组，党委副书记马寿光带领10人到第六村民小组，人大主席马恒骧带领10人到第七村民小组，县上的直管单位派出所、司法所、土矿所、流动人口管理站的工作人员，也被打散后分配到7个小组（人员包含在镇上的人员分配里面）。镇团委书记纳杰带领22名团员青年，到县上和团县委汇合，配合他们开展县上的保洁活动。

9点30分，镇上的领导干部到达各村民小组，和组领导、被喊来参加沟渠保洁活动的村民会合后，打捞工作正式开展。大家有的拿锄头捞，有的拿铲子铲，有的拿粪箕装，总之入湖沟渠旁一副热火朝天的干活场面。

11点30分，打捞、保洁活动圆满结束，大家收工，在镇政府里面聚餐。

12点30分，负责垃圾清运的同志们还要继续出去清运垃圾。

今天的保洁活动粘贴宣传标语2条，清理河道3500米，出动人数658人，出动运输垃圾车10辆，清运垃圾100吨，共计投入资金5000元。

今天的活动，是全县的机关单位、武警部队、各乡镇村组都参与的全县范围内的活动,活动的意义深远,要做到未雨绸缪、明确责任,划分任务,通过多种措施,认真开展河道疏通工作,争取在汛期来临前,组织大规模的河道清理打捞活动,确保沟渠畅通,减少对杞麓湖的污染。

下午4点,纳古一组带领今天组织来参加保洁活动的党员、村民们到澄江抚仙湖开展党员活动。

2010年4月21日　星期三　晴朗

今天是玉树地震的哀悼日,国旗已降,举国同悲。

我们讲尊重生命,不只是局限于尊重幸存者,给他们以最大的支持和帮助;更要尊重遭遇不幸的遇难者,给他们以生命的尊严,寄予沉痛的哀悼。鲜艳的五星红旗再次为普通公民在灾难中的不幸罹难而垂低,这既是一场表达举国之沉痛哀思的隆重国葬,又是为普通公民生命奏响的一曲赞歌——生命同样宝贵,每个同胞都是这个国家的一分子,生命之重,以此看出。

镇上政府、纳家营清真寺和学校3处有国旗的单位,都下半旗为玉树的遇难同胞们表示哀悼。另外,在默哀3分钟的仪式上,回族同胞按照回族同胞的规矩,朝向"克尔白"的方向,为亡者念诵祈祷词。

虽然玉树地震造成了人民群众的重大财产损失,但相信,每一个中国人,从哀悼日中收获的不仅仅是泪水,同时收获的还有民族精神的凝聚,收获的还有奋发图强的勇气和信心。也许,与苦难相伴而行的不仅仅是伤痛,还会有责任,有尊严。

国旗已降,尊严升起,每一个人都应该为玉树祈福!政府部门10点整,全体领导干部默哀3分钟。

今早纳顺明家,为去世5天的父亲开经,宴请师傅、阿訇和亲友来家吃饭。

纳廷武教亲归真3天,请阿訇来家念经。

2010年4月22日　星期四　晴朗

通海县城乡抗震安居工程是一个庞大而复杂的系统工程，范围广、任务重。各乡（镇）、各街道办事处、各有关单位要统筹兼顾，坚持"突出重点，带动一般，全面推进"的原则，以新建为主，新建与加固并重，加快城乡抗震安居工程建设。

昨天，我们纳古镇政府派出4名工作人员配合县建设局王副局长带来的8名工作人员，一起到去年实施抗震加固、危旧房改造的农户家中，对此项工程进行验收。

经过一天的入户查看，第三、四、五村民小组共计182家的抗震加固、危旧房改造全部合格，通过验收。

这样工程刚开始实施，主要通过以下的几个渠道推广，保质保量，惠及民众：

一要突出重点，全面推进。

二要加大宣传力度，广泛发动群众，依靠群众。

三要多渠道筹集资金，进一步加大抗震安居工程建设资金投入力度。

四要加强技术指导，为农民新建和加固住房及时提供技术服务。

五要加强工程质量安全监督，严把工程质量关。

2010年4月23日　星期五　阴

纳锦斋镇长率副镇长纳立凡、财政所所长李刚、水保站站长普进亭，到各厂家募捐教育功德。

2010年4月29日　星期四　晴朗

今晚，上海世博会将举行开幕式，心里很期待，早早就坐在电视机旁，等待开始。其他村民也是老早就听说有这事，还在一起议论，现在应该也在等待看现场直播呢。

2010年4月30日　星期五　晴朗

纳古镇换届已经于3月26日圆满结束，换届过程中有过领导调整的，今天进行交接手续。

换届选举的具体内容：

2010年3月3日，纳古镇7个村民小组党支部严格按照既定程序圆满选出新一届党支部领导班子。

7个村民小组党支部选出新一届支部委员共21人（含支书7人），新当选的委员中妇女9人，35岁以下青年领导3人，连选连任15人，落选6人，支部书记落选1人。

新一届党支部领导班子责任心强，性别、年龄等结构更趋合理。相信新班子的产生，对于村民小组实现更好更快发展、继续保持基层的繁荣稳定必将起到积极的作用。

2010年3月26日，是纳古镇村民小组换届的法定选举日。纳古镇7个村民小组通过精心准备，严格依法、依程序一次性选出了人民满意的组长、副组长。全镇7个村民小组连选连任组长5人，副组长6人，新当选组长2人，副组长1人，45岁以下青年人当选为村组领导的有12人。

此次选举主要有如下三个特点：一是广泛宣传，充分发扬民主，群众参选率进一步提高，全镇选民共5922人，参选人数5115人，达86.37%；二是严格依法办事，从选民登记到选举结束都严格依法、依程序进行，保证了群众的知情权；三是新当选的村民小组领导年龄结构和性别结构更趋合理，妇女及致富带头人当选有所增加。

针对新当选的领导：四组组长纳顺福、五组组长马慈恒，二组副组长李春林。今天把四组、五组和二组原来的组领导、现在当选的组领导都召集到政府来，由换届时的政府内联系小组的领导主持兼做见证，新老领导间作工作交接。

2010年5月1日　星期六　晴间多云晚有雨

在5月1日8时20分许举行的开园仪式上，国际展览局负责人和中国领导人将致辞，并将共同启动开园按钮。这代表上海世博园开园啦！

新闻、媒体和广播都在报导这件事情，有多少人观看，中国馆、日本馆、英国馆等200个国家和地区参加了本次世博会，详尽地介绍着盛会的细节，人们接踵擦肩参观世博的盛况——道来，让我们没有前往实地参观的人都有些心痒痒的。

今天还是一个重要的日子，是第124个世界劳动者的节日——"五一"劳动节。国际劳动节又称"五一国际劳动节""国际示威游行日"（International Labor Day 或者 May Day），是世界上大多数国家的劳动节。定在每年的5月1日，它是全世界劳动人民共同拥有的节日。

"五一"国际劳动节源于美国芝加哥城的工人大罢工。1886年5月1日，芝加哥的216816名工人为争取实行八小时工作制而举行大罢工，经过艰苦的流血斗争，终于获得了胜利。为纪念这次伟大的工人运动，1889年7月，国际宣布将每年的5月1日定为国际劳动节。这一决定立即得到世界各国工人的积极响应。1890年5月1日，欧美各国的工人阶级率先走向街头，举行盛大的示威游行与集会，争取合法权益。从此，每逢这一天，世界各国的劳动人民都要集会、游行，以示庆祝，并公众放假。

根据《全国年节及纪念日放假办法》及国务院办公厅通知，2010年"五一"放假调休具体安排：5月1日至3日放假，共3天。其中，5月1日（星期六）为法定节假日，5月2日（星期日）、5月3日（星期一）为公休日，5月4日（星期二）上班。

可是纳古这几天不论是机关单位，还是私人企业，都没有放假，更谈不上有补休。

纳古现在存在着以下四类打工者：

第一类是背井离乡从省外流入我省，到我镇打工的人。他们有老、中、青三种人，在纳古占到 12000 余人，远远超过纳古的当地居民。他们的到来大多是举家迁移，或者是来到这里安顿好了之后娶妻生子。他们大多在纳古镇工厂内工作，轧钢、炼钢、蹬冲床等，按照月份来领工资，有的一天工作八九个小时，一个月休息 1~2 天的，这样就是每个月几百块甚至上千元的工资；有的是每天工作量按照计件来完成，工资多少取决于自己工作量的多少。有一部分人是在"红绿灯过磅房"处追车，给人家装货或下料，工资当时结清，总的说来他们的工作量很大，也很苦。在路上看到这一部分打工者，不用标注和提醒，你一眼就可以认出来，因为他们浑身上下没有什么好衣服，都是漆黑的脸像是煤炭工人。有的家里男人去工厂上班，女人也不能闲着必须去做工，有的家里甚至稍大点的孩子（男孩或者女孩都如是）都要去挖（捡）可以赚钱的东西，生活很苦。当然，相对来讲，他们中有一小部分是属于来纳古打工的上层人士，他们拥有独特的技术和本领，在各厂家享有更高级别的待遇，薪水按年来计算，10 万元甚至几十万元一年的薪酬，可谓收入丰厚，妻儿老小不用去奔波，就可以衣食无忧地过着和纳古老板们一样锦衣玉食般的生活。

第二类是附近村子的居民流动人口过来打工。他们吃、住依然在家里，只是白天到纳古的工厂或者私人家里工作，在纳古的"红绿灯"处有一个固定的站工、卖工地点，即有空余劳动力的人来到这里等着雇主前来雇用，一般是去家里做零工，如收割庄稼、收拾屋子、搬运家里的东西等，工资每天大概 50 元（管早、晚两顿饭），不管饭的人家就给 60 元。

第三类是纳古人自己的劳动力输出。这有两种情况，一种是老一辈的技术工人被挑选上昆明去成都，在机床厂、铣床长、重机厂等一些技术部门，现在他们也是暮霭之年，退休的退休，归真的归真。哎，时光不饶人。另一种是现在的年轻人，有的是中专、初中、高中毕业，他们在纳古以外的地方找到工作，有的是大学（专）、研究生、博士毕业后找工作留在昆明或外省打拼，他们中的一部分就直接婚嫁在了外边不回纳古找对象，有一部分虽是在外工作，但还是回来纳古找对象、来纳古结婚，之后或走或留。

第四类是为自己打工的人。他们在纳古或者另外的城市，办工厂、经商（大到做出口生意，小到在市场卖咸菜等），往来于各大城市，寻求商机。实业做成并成功的人，经常会到纳古做一些公益事业，他们可以说是纳古经济的领跑者，是纳古经济好坏的风向标，他们的成功靠的就是纳古人信仰下的诚实守信、勤劳、敢闯、敢干。

就是因为有这些用自己的劳动换取薪（报）酬的人，纳古才有这样井然有序的生活秩序。为此，我们应该为这些劳动者致敬！祝愿他们"五一"节快乐！

2010年5月1日12时，纳古派出所接到纳古一组村民张锦聪报案：纳古镇西南焊管厂门口打架了，要求公安机关前往处理。民警赶到现场后了解到：华宇钢模板厂股东张锦忠、张锦聪、张锦喜、张锦泉（4人系回族新教古城新寺管事张运辉之子，曾积极参与古城新寺与二街村的公鸡山土地纠纷）与西南焊管厂股东马喜龙（"马老表"马喜光的弟弟）因土地纠纷在西南焊管厂门口吵打，幸无人受伤。后经公安机关做工作，双方答应来派出所就吵打一事进行调解，在派出所民警的组织下双方当事人就打架一事达成了协议，但土地纠纷一事未达成协议。

排查情况：经从中协调，双方同意暂且搁置争议，等待有关部门调解处理。双方具有一定号召力，若处理不当，将进一步恶化。

晚上9点多，雷雨交加。这么久的旱，看到下雨，心里别提多高兴了。龟裂的土地需要雨水，焦灼的老农也需要雨水。不禁想起那篇课文："种子说，下吧，下吧，我要发芽；花儿说，下吧，下吧，我要开花……"是啊，我们也需要雨水的润泽，需要它来洗涤心灵的浮沉。

2010年5月2日　星期日　晴间多云

今天早上我家孩子（3岁）发烧，在家让他吃了退烧药，及时进行物理降温，用冰袋让他枕着睡，用毛巾蘸冷水拧干敷于额头，脖颈动脉上贴着退热贴。不断地给他换敷于额头的毛巾，这样差不多持续了1个小时，39°的高烧渐渐地退下来了。可是心里是不踏实的，还是等他稍微有点精神带他到附近的医院检查。

去了才知，原来是咽喉发炎，很严重，隐约可以看见咽喉部位的脓苔。医生介绍说这久来的小孩十有八九都是这样的状况，很严重的高烧，有的是腮腺炎，有的是咽喉炎，这样的病症伴随的症状就是高烧、咳嗽、呕吐等，如果炎症不消退，那么发热就会不减弱。在医院打点滴的时候，来来去去了好多人，都是这样的病症。大家都在聊说是没有吃什么很上火的东西，可是就是咳个不停，嗓子很疼，嘴里也起疱疹，溃疡面很大；孩子除了咳嗽外就是发烧。

我认为是孩子的抵抗力不够，加上气候的影响雨下不透，可老人家说现在的孩子吃的东西太丰富了，而且基本上是一吃就上火的，像什么油炸洋芋、油炸鸡肉肠、炒冰、烧烤等，像他们小时候，就是3分钱的泡萝卜、2分钱的冰棍、5分钱的"扯丝糖"（白糖熬成，用两根小棒相互旋转搅拌，就可以使其坚硬、发亮）和"草果糖"（后来我们叫"寸金糖"，是用麦芽糖做的，带点微甜，是以前男女双方订婚必不可少的糖。在学校门口，专门有一位老人会来卖，通过改良，他的"草果糖"还有勺子状和镯子状，在当时很稀奇），反正就没有现在这样多的零食。现在的零食一吃进去哪里有好的，必然会引起很多不适来，加上孩子也很扭，不让吃还不依不饶，做老人的也舍不得，孩子要吃就只能给，这样的话最后还是孩子受罪、大人心疼。

对呀，我也很赞同老人这一观点，虽然不太全面，可是基本上是找到了诸多病因中的一种。把我的观点和老人的观点加上，基本就全了。呵呵，还是要正确地爱孩子，爱呢不要给得太多，也不要给得太少。

下午的时候，专门去村子里几家诊所看看。前来看病的人，也是如同早上看到的一样，咳嗽、喉咙疼痛，有的还有点流鼻涕，总的说来，老的、少的都有，这病没有分老少，席卷了抵抗不了它的全部人。

傍晚时分，纳家营清真寺里拉来了一具"埋体"。听说是在清真寺里的"哈里发"（求学的男穆斯林），放假期间去建水馆驿找在那里教经的老乡，在去某水库游玩的时候，玩泼水，自己不小心掉进水库溺水身亡。现在停放在纳家营清真寺大殿的一楼，等待其亲属赶来再做安埋的事宜。有他的老师和同学在那里看守，香静静地燃着，袅袅的青烟衬托的只有不舍。这样的意外，给他的父母亲戚、给他的老师和同学都是沉重的打击，活生生的求学之子，怎就这样没了。

2010年5月3日　星期一　晴朗

昨天，纳古辖区山里有人去偷砍树。由于偷砍树木的人是初犯，所以对他的处理没有公开只是进行了警告教育，让他写了保证。

我们作为纳古镇辖区内的村民，有必要对自己的行为负责。不要我行我素，即使做了缺德的事情也浑然不知，那样的话就是不可为的了。

从这件事情，我们应该对纳古的村民进行正面教育，不是说有事情发生了就隐藏。在干旱的时候更应该保护好树木，因为它们不仅给了我们阴凉，也给我们默默地做了水土保持的工作。如果没有充足的树木把持着山里的土，那么居住在山脚下的我们有什么安全保证？一旦大雨来临，发生山洪，到时候泥石流的发生是绝对不会少的。

这样说的话，需要把环保的意识植根在每个纳古人的心上。这样的工作也是很复杂的，但是很有必要做好。

昨天归真的那位"哈里发"，具体地说是宁夏固原人，20岁，男，来纳古镇求学有两年的时间。不幸的事情发生是因为在水库边上泼水（不是像他们说的是去救落水的小孩），但是具体的事情原委只有安拉和在场的人知道！

今天下午4点多，他的父母亲已经赶到，跟他舅舅在清真寺会面后商量，还是决定要将"埋体"运送回老家安埋。很多在那里慰问的纳古村民都劝说将孩子埋在纳古，可是老人拒绝了。老人的心情是可以理解的，他们白发人送黑发人，换作谁都难以接受。

把"埋体"装在从殡仪馆里购买的冰匣子里，租来辆车子，做好了一切可以离开的手续之后，亲属们带着悲痛的心情就这样离开了。

2010年5月4日　星期二　晴朗

最近，国家和各大中心城市出台的楼市政策，在居民中引起了不小的波澜。这几天，我们纳古工作单位上、村里在外买商品房的人讨论最多的话题就是楼价调整。

人民的"衣食住行"里的住是不可或缺的，因为安居才能乐业呢。除了我们中国的老百姓外，人家国际上也是相当地关注我国的楼市。从新闻、媒体、刊物等上面的论述就可以看出端倪。

看了这些媒体的评述，我自己都快懵了，不知道是不是该买，什么时刻该买，疯掉了。房子呀，是我们这一代人最大的困惑。

2010年5月6日　星期四　晴朗

为纪念五四运动91周年，营造科学、健康、文明的氛围，展示团员青年朝气蓬勃、积极向上的形象，展示广大团员青年健康的体魄和良好的精神面貌，5月6日8点30分团县委组织了"通海县瑞园杯首届'五四'青年登山比赛"，纳古镇组织两支队伍，共计22人参赛（领队2人，队员团员15人，青年5人），外加啦啦队员4人。

我们纳古镇队友们很积极、卖力地参与到登山的活动中，遗憾的是由于一支队伍中的一位男队员在登山过程中摔倒，受了伤，另一支队伍中的一位女队员缺氧没能登完，所以登山结束我们纳古两个队没有取得成绩。但是，我在这次比赛中看到了我们纳古镇的队员发扬出了相互帮助、团结一气的精神。没有取得成绩，队友们表现出来的不是相互埋怨，而是在领队的安排下，大家都是齐心协力地带他们去看病和处理琐事，最后安全抵达纳古。

这次活动我们真正地领悟了"登山与健康同在、友谊与和谐共享"。成绩固然重要，可是很难得的是在发生紧急情况的时候能够体现出健康的重要、友谊的重要。

2010年5月6日9点，纳古镇召开全镇工作会议，参加会议的有镇党政领导、镇属各相关单位、7个团支部支部和村民小组领导负责人共120余人。会议由镇长纳锦斋主持。

会上镇党委书记武林总结回顾了2009年以来镇党委政府的主要工作，并结合当前工作重点对今年的主要工作任务及工作措施进行安排部署；另外，镇党委书记与各支部、镇长与各村民小组分别签订了相关目标管理责任书。

此次会议目标明确、措施有力，同时也是在纳古圆满完成村民小组换届后召开的一次综合性会议。相信会议的召开，一是可使新上任的组领导尽快熟悉镇党委政府的中心工作；二是对于指导各村民小组、各单位结合实际认真抓好当前及今后的工作将起到积极的作用。

5月6日中午12点，纳古蓓蕾幼儿园开展青年教师演讲比赛活动。

今天共有12位教师参加演讲比赛，全部为青年女教师。来听演讲的观众有其他学校的同行，有400余名在校学习幼儿的家长。教师们的演讲，以对教师的职业理解为中心题意展开。印象深刻的就是：以前老师被喻为园丁、人类灵魂的工程师和授业解惑者，老师们对职业的热爱，直接影响着下一代成长的质量。现在教师的比喻在原来的基础上又多了几个角色、几个新的比喻：教师是"介绍人"，是"打火机"，是"领头羊"，是"味精"。

教师的演讲激情洋溢，极具说服力，让在座的家长们激动的鼓掌不断，也让家长们了解了教师的角色和职责，同时也能理解他们的辛劳，如此，才能和教师配合共同教育好自己的子女。

近段时间接连发生的校园伤害事件，给学校安全敲响了警钟。青少年是祖国的花朵，我们谁也不能对潜在的危险坐视不理。

经镇党委、政府研究，纳古镇于5月6日下午召开纳古镇校园周边治安秩序整治工作会议，党政班子成员、纳古学校校长、蓓蕾幼儿园园长、各村民小组党、团支部书记、两所清真寺管委会成员参加会议。

会上，副镇长沈绍飞同志传达全国加强中小学校和幼儿园安全工作紧急视频会议精神，并宣读纳古镇关于开展校园及周边治安秩序集中整治行动方案；随后学校、组领导对方案提出意见和建议；最后书记、镇长对校园安全工作进行强调：要深刻吸取近期福建、广东、江苏等地发生的伤害在校师生安全重大案件的教训，进一步加强我镇学校安全工作，对校园周边环境安全隐患进行排查，坚决杜绝影响重大的涉及在校师生的刑事案件的发生，努力把维护校园及周边治安秩序工作提高到一个新水平；并希望与会人员认真贯彻执行方案内容，迅速行动起来长抓不懈，防患于未然，确保学校安全稳定，确保青少年学生的健康成长。

2010年5月7日　星期五　晴朗有阵雨

纳古镇古城村一组的村民马恒，去年因为车祸丧生，今天已经满一周年了，家属为他在家里念经，宴请亲朋好友。

念经的习俗，在我们纳古由来已久。老的规矩是亲人归真的第三天、第五天、第七天、第四十天、第一百天和周年都要念经，做相应规定的事情。比如说三天的时候，家属要在家里做"油香"；第四天的时候家里要请阿訇来念经，每天晚上直到四十天；第五天的时候俗称"起经"，也会在家里宴请阿訇和亲朋；第七天也是一样，只不过比第五天的时候规模要大一些。

这几天天气太热了，中午的时候，室外气温达到了三十一二度，可是村民仍然在晒场上忙着晒油菜籽和蚕豆。收获的季节大多都这样忙碌，没有空闲。以往这样的时候，除了忙着晒收来的作物，还要忙着看天气，因为5月立夏以后时刻会有阵雨袭来，所以忙碌就不能少了看天气，否则作物就有被大雨打湿的危险。

今天下午开始风很大，看着像是有雨。晚9点左右，确实下雨了，阵雨的势头，雨点也大，可是没有持续多久雨水就停了，刚刚淋湿的路面又开始干燥起来。

2010年5月8日　星期六　晴朗

今早，纳家营四组村民纳宗喜家"会亲"。师傅阿訇的念经声高亢、绵长，宾朋满座欢声笑语，热闹一片。"会亲"在纳古镇两营很盛行，意思就是定亲的两家人，宰牛、烹调，弄丰盛的宴席请亲朋好友来家里享用。意在向亲友们公布家里的喜讯，让亲友们相互认识，增进情谊。

以前，这样的宴请很常规，人数也相对要少，宴席的桌数也有限，不过几十桌，而现在，一是因为经济宽裕了，办的规模也大了；二是因为亲朋好友多了，几十桌无法满足，只能一再地扩充，现在的宴请规模达到了上百桌的程度。宴请的场面，堪称宏大。我对宴请的印象不是很好，人来时闹哄哄的一片，人散时杯盘狼藉，请很多人在为这样的宴请忙碌。以前是自己的至亲亲自置办，从收家，采购宴请用的食材、拣菜、洗菜、切菜、煨、炒、装盘、收拾。而现在亲友是来家里帮忙，仅限于程序里的几个，而像清扫场地、收拾家什都是请人来做，工人每人每天50元。

村民的想法，请客是很麻烦的事情，很烦琐，如果有个集中的场地那该多好。也正好没过几年，现在村组上已经建盖起来这样的公房。第一个率先建成的是纳古第三村民小组，而其已经有很多家村民成功地在此宴请成功，因为里面提供所有请客需要的盆、盘、瓢、桶、桌椅等。在此之后第七村民小组也在建盖，快要竣工了。这样看来，其他的组也有建盖的趋势。建盖这样实施齐全的公房，对于村民来说很实际，不论是请客的还是做客都能感觉到方便和实惠。

2010 年 5 月 9 日　星期日　晴朗

晚上 10 点多，纳古二组的 4 个村民（小青年）和纳古四组的一个青年打架。有人报警，派出所出动警力到现场维持秩序，并展开调查。

原因是 5 个小青年在二组的一个台球铺打台球，因为一点点口角双方就打起来，总的来说还是钱的事。二组的 4 个青年中的一个欠四组的这个小青年 16 块钱，说是没有零钱，拿了一张 100 元的给四组的小青年去找补，结果被四组的小青年拿出去换零钱没有及时把找补的给人家二组青年，所以双方就在一个小时后相遇时打起来了。

民警调停也没有得到效果。

进一步证实：几个小青年都是纳古镇的劳教释放人员，当中还有几个吸毒人员。所以这样的复杂性造成了彼此的不信任和急躁性，认识里只有打架才可以解恨，才可以教训对方。

纳古镇这样的小青年很多，不在少数。他们的生活境地也很尴尬：

一是劳教归来的人员找不到事情做。一方面是雇佣方不愿意找这样的问题青年来为自己做事，原因可想而知；另一方面是劳教回来的青年们在找了几次工作后，无果，泄气。

二是长时间生活在别人异样的眼光和言谈里，自责、矛盾和自暴自弃的心理促使他们没有勇气过上正常人的生活，也无法过上正常人的生活。

三是家里没有实业的人家，比方说不办厂、不开营业性场所的人家，他们不能自行消化自家劳教回来的家属或亲戚。

四是家里有实业的人家，可以相互帮忙拉一拉、顾一顾把问题青年吸纳到自己的管理团队来，一个消除了无业青年没有事做的难看，另一个降低了社会上闲散人员就业难的压力，减弱了治安隐患。可是这样，问题青年的问题依然存在，这些小青年因为有所依靠，还是没有百分百安分守己。

五是小青年自己的劣根性，他们习惯了三五成群地结伴在一起活动，特别是朋友圈子很窄,都是一些没有多少上进心的问题青年,这样的话,他们的想法很接近。只要有一个坏主意出来,其他的追随者不在少数,这样一来,即使改好了的青年也会重蹈覆辙,再走上违法的道路。

总之,问题青年只增不减的原因应该是主观的和客观的、自身的和社会的几重影响。另外是应该帮扶的这些机构形同虚设,没有真正发挥它们的作用。

2010年5月10日　星期一　晴朗

8点30分,最近杞麓湖周边的村民们,纷纷对分给自己的责任田进行垫土栽种或者建房。原来这些村民的这些责任田在杞麓湖水水位很高时没法栽种,今年遇大旱,水位下降,所以田地都露出来了,村民就对其进行土方填田。前不久其他村镇的有人这样做,纳古没人去动。纳古是上个周才开始陆续有人去做的。

今早,镇政府的分管领导刘有逵副镇长已经安排具体的事情,让各组的领导小组领导深入各组的所属田地去查看具体情况,让后上报政府具体分析对策。

下午1点,在镇政府六楼会议室,通海县烟草分公司的3位工作人员来到我镇,对我镇40余户卷烟零售户进行卷烟网上订购培训。参培的零售户中青年销售人员有24人,其他为中年人。

培训的目的是营造规范有序、公平竞争的良好市场环境,塑造卷烟经营诚实守信的良好社会形象,确保国家、企业、零售户、消费者的合法权益不受影响。市烟草公司统一对卷烟零售户进行培训,从源头上控制卷烟的质量、订购程序。打破原来由市烟草公司直接打电话给零售户进行卷烟订购的模式,现在通过培训转换成网上订货,从客户需要的卷烟品种、数量等方面掌握信息。

网上订货的好处在于充分保障零售户和消费者的权益,让卷烟商品进行明码标价,防治假烟、非烟销售,让烟草零售户依照《烟草专卖法》

进行合法经营。

今天早上8点30分，工会主席罗焊丹传达了县总工会《关于居民、职工申请廉租房的通知》的文件，并且把文件复印给了村民小组的领导，让他们在各组广泛宣传，让符合条件的村民都来参加报名申请。

2010年5月11日　星期二　晴朗

纳古镇内种田的农户，已经赶在节令里面，开始种大春作物了。

田地里面种植的庄稼没有20年前的那样统一了，那时候的田里该种大春时基本上是清一色的水稻。大家冒着烈日、戴着草帽在田间劳作的那个画面定格在我们的脑海。特别记忆深刻的是，那个年代，农户的种植热情很高涨，也主要是因为分田到家、包产到户的关系，多种多得、多劳多得，朴实的农民们基本上都是活跃在农田里，连我们这些孩子也要跟着到田里去帮忙，给大人们送秧苗、送饭、送水。再往后的10年里，有了农耕机器的介入，农民们不用自己挖地，不用请人家的牛来犁田，只要报名排队等农机来耕。

慢慢地，到了现在，纳古人种地的越来越少，绝大部分有田地的人都是转租出去，让附近其他村子的汉族村民来栽种蔬菜和烤烟。现在的田地里，形形色色的作物都有，种秧苗的时候，别的田地还有种白菜、种烤烟的。总之，农户的经济意识也强了，没有跟风、跟时节的了，只要现在种植什么作物有利于自己，那么农户就会自己衡量着栽种，完全市场化，没有了计划经济时代的控制了。包括现在，政府下达硬性指标说要多少用户、多少亩田地种植烤烟，可是这样压制的结果是没有达到预期的种植目标。原因很简单，就是经济利益趋势的情况下，农户会自己衡量种植的价值。收购的低价没有达到他们的想法，那么就没有舍去能够赚钱的其他经济作物而来选择种植烤烟！特别在通海县，适宜种植各式蔬菜和花卉，这样的话大家就放弃了原来抢手的烤烟，而改种其他作物了。

纳古一组的组领导（向有林）来政府汇报请示后，希望可以在纳古一组修建一条防洪大沟。在大旱时节修建水利设施，防备大涝的出现，改善纳古一组一直以来都在猪山脚下受山洪水淹的困境。如果真能通过修建防洪沟解决这样的难题，感觉上对一组的村民来说是很实际的事情。总之，这样的请示得到了政府领导的支持。

今天早上就开始动工了。据说是先让垃圾车清理沿路堆积的垃圾，其他的等待经费到账后再具体动工。

5月11日下午2点，县国税局工作人员来纳古镇开展会计培训。参加培训的人员是纳古镇辖区内纳税户的负责人（厂区里是委派厂里的会计人员来学习），共计60余人，基本上以女青年为主，有55人。具体的培训内容是由国税局高伟老师讲授。

高伟老师借助投影仪主要讲解普通发票数据采集的问题，具体包括"需要采集数据的普通发票种类""普通发票数据采集要求及报送时间规定"和"采集过程中出现违章如何处罚"三个方面。讲解完毕后还教学员们如何从国家税务局网站下载需要的表格。

培训结束，发放宣传单：《通海县国家税务局关于普通发票采集的说明》《如何规范使用普通发票》等130份。

马有四教胞归真已经半个月了，今早请阿訇来家念经。习俗上有这样的规矩，亡人归真半个月俗称"小满月"，得请阿訇（几桌，一桌8人）来家念经。另外也是要请至亲好友来吃饭。

2010年5月13日　星期四　晴朗

早上10点，县统战部普部长、马副部长两位来到镇上，邀请镇内民宗分管领导、3所清真寺的教长和管委会主任来四楼会议室座谈。主题是从清真寺角度出发做好维稳工作。最近，通海县河西镇的大回村的回民，因为建盖清真寺一事闹得不可开交。

为了纳古镇内的稳定，清真寺内的教长和管事要挑起重担，在镇内领导的部署下统一步调、认真配合，做好这件工作。

10点30分，刘有逵副站长把7个村民小组的支书、组长和会计叫来镇上三楼会议室集中，开一个名为"2010年纳古镇环卫费用收取"的会议。去年我镇收取环卫费用9万余元，但是只能占到每年花费的1/3，还有近2/3的费用无法筹措，开了会议之后，现在要求每个村民小组积极开展垃圾费用的收取，村民每人每年10元，厂区的收费额度具体再定。

下午3点，镇团委书记纳杰召集村民小组团支部书记，来镇上三楼会议室召开2010年团员青年贷免扶补贷款工作会。

首先，纳杰回顾了去年12月至今的工作，做了总结，也提出了意见和希望。接着，传达了团县委《关于切实做好2010年鼓励创业贷免扶补工作的通知》文件精神，并对2010年的贷免扶补工作做了具体安排。

其次，由各组团支部书记对以往工作提意见、建议，对将来开展团的工作提出好的意见和建议。这样做，便于查找以往工作中存在的不足，在以后的工作中能不断整改和提高。

最后，由分管领导罗焯丹做小结讲话。罗书记讲了两点要求：一是要请各位团支部书记加强自身的学习；二是要请各位务必配合镇团委书记做好团委工作，特别是贷免扶补的具体工作。

2010年5月16日　星期日　晴朗

因为前不久纳家营清真寺（女寺）旁垃圾房内发现一名死亡男婴，估计是刚出生以后就遗弃至此了。据清理厕所的大妈绘声绘色的描述，她去清扫（女寺）女厕时，发现很大的一摊血迹，而且垃圾桶内黏糊糊的东西粘着下不来，当时她用火钳夹出来了，那东西上很多纸，还以为是谁来生产完孩子后把胎盘扔这里了，那时自己还咒骂了一通，现在看见是一个男婴，心里很后怕。

发现婴儿的清理垃圾的人报警，当时纳古派出所的人员到现场调查，事后如何的结局不得而知。

不久的今天,竟听说文化学院出新举措:女生周六休息,男生周日休息。我觉得这样的休息轮休制有点"此地无银三百两"的感觉!

有的教亲说:"此举开了伊斯兰教育的先河,教育应以人本为重,现在是凌驾于人性之上,不妥!"

有的教亲说:"其实,许多人忽略了一件事:很多出来清真寺学习的学生、海里发,也有希望通过在清真寺的时间找找自己的另一半,是真诚地想找了作为丈夫或者妻子。茫茫人海,在自己的家乡可能的话,也不至于。如果城市可能的话,又不一定是穆斯林了。所以这个事情还是要多方面顾及。如果除了学习的原因,婚姻也是到清真寺的一大目的,那么,还要阻断这种希望,是不是很无助、很无奈?!"

有的又这样说:"对于男女生交往的事,应该加于引导、教育,而不是禁止、杜绝。学校应该多下工夫,让学生们人生也有归属不是更好吗?在清真寺这么好条件的地方都不能找到另一半,毕业了就各奔东西了,相信以后的条件多数不会再有这么好了。"

家乡人说得很有道理,赞同。人性和无人性要换位感觉。如果男生中有我,如果女生中有我,我希望怎么做?然后再站在"管事"的角度想一想,站在纳家营长久不败的角度想一想。

2010 年 5 月 21 日　星期五　晴朗

自我县上个月发生"狂犬病"病例以来,全县人民都人心惶惶。狂犬病是由狂犬病病毒诱发的一种人畜共患传染病,极大地威胁着广大人民群众的身体健康和生命安全。5 月以来是狂犬病的高发季节,为及时预防和控制"狂犬病"的蔓延,同时为了抚平老百姓的担忧,增加人民群众对"狂犬病"防治知识的了解,5 月 21 日,我镇召开了由副镇长、村民小组、兽防站、卫生、党政办及相关部门负责人参加的"防控动物狂犬病"专题会,全面安排部署狂犬病防疫工作,明确了村组干部的狂犬病防控职责，对我镇预防和控制"狂犬病"工作提出了多项措施和要求：

一、加强领导，科学防治。通过对"狂犬病"传播途径及预防知识等的学习，认识到"狂犬病"是一种可防可控的传染病，要采取科学的手段进行防治，不能有封建迷信思想，更不能轻信谣言或者无所顾忌。

二、强化宣传，倡导良好风尚。通过对各村组兽医员进行技术培训和指导，并发放宣传材料，加大对老百姓"狂犬病"相关知识的宣传，提高老百姓对养狗和"狂犬病"预防的认识，提倡安全、文明养狗。

三、突出重点，全面落实推广免疫的综合防范措施。各村组要慎重选择工作人员，采取"人工保定"的方法，保障人身安全。要求各村组在本月20日以前必须完成全乡100%犬只的疫苗注射，以控制疫情发展。

四、工作落实要到位、及时。一是要立即摸清底数，掌握情况；二是要加大宣传，提醒犬主做好预防；三是要相互配合，做好犬主的思想工作，齐心协力完成犬只免疫工作；四是要加强监测，严防严控，一旦发生疫情，要及时上报，果断处理，并配合相关部门开展工作。

有村民上山砍果树，事态有点严重。

原因：1990年左右，纳古镇党委政府召集纳古7个村民小组的领导开会，会议确定在纳古后山建立一个果园，占地500亩左右。2002年，纳古镇将该果园出租给纳维方、合龙华两人管理使用。2010年5月16日，纳古三组的组长合保华带领三组的50余人到后山果园该处查看三组的界限，准备将三组在该处的地收归三组集体管理使用，而纳古四组的村民也蠢蠢欲动，准备上山围四组的地，并于今天讨论，拟于2010年5月22日邀约人员到后山将三组土地范围内的果树砍除。

排查情况：镇党委政府就此事要求纳维方、合龙华对果园合同履行手续进行进一步商定。已经达成共识，妥善调处。

至今，未发现有其他组上山砍树。

按照昨天会议的精神，于22日开始由兽医工作人员同村组干部挨家挨户对犬只进行登记和进行狂犬病免疫注射服务。在进行免疫过程中，工作人员向群众大力宣传了狂犬病危害、犬只管理与免疫、被犬只咬伤后的科学处理方法等方面知识，提高了群众自我保护意识和能力，引导群众自觉配合实施各项防疫措施。

今天纳宝刚的奶奶归真，在底盖尔之前站拜，下拜后送葬。

2010 年 5 月 28 日　星期五　多云有雨

蓓蕾幼儿园举行建园十周年庆典暨"六一"文艺演出活动，县人民政府副县长周龙武、教育局局长王晓婷、镇长纳锦斋参加了庆祝活动并做了重要讲话。本次活动参加人数 1000 多人，参演节目有 20 个。

今天大雨倾盆，下雨持续时间很长，纳古镇内街道被淹、下水道排水系统几乎瘫痪。从居民居住的安全角度来讲，这样的暴雨下得太大，时间太长的话，对他们来讲很危险。老村子内的排水能力有限，这样容易造成水淹房屋的情况。从最近的栽种灌溉来讲，纳古的旱情可以得到很大程度的缓解，可以待雨停了以后，及时进行栽种。

2010 年 5 月 30 日　星期日　晴朗

纳古镇古城村"民族团结示范村"建设顺利通过市级验收。验收组、镇分管领导、相关部门人员及古城村领导共 30 余人参与了验收现场会。在实地查看项目实施情况后，刘有逵副镇长围绕古城村基本情况、创建项目实施及建设成效三方面进行了汇报。

该工程于去年 5 月开工建设，历时 4 个月完工并投入使用，项目总投资 74.67 万元，省级补助 30 万元，自筹 44.67 万元。建设内容包括：街道及活动场所硬化；科技活动室；公厕一座；养殖及安全生产培训 600 人次。该项目在各级部分的相互协调配合下，严格按照招、投标程序和财经纪律组织实施，镇水保站全权把关、负责。民族团结示范村的建设改善了古城村人民学习、生活、卫生环境，有力地促进了精神文明建设；对民族团结、和谐起推动作用，满足了人们日益增长的物质文化需求；对于生产发展、生活宽裕、乡风文明、管理民主起到相当大的作用，树立了组干部在群众中的威望。

验收组提了三点很好的建议：一是继续加强基层组织建设；二是加强群众科技、法律法规等知识培训；三是加强群众自我管理意识，实行"门前三包制"。

2010年5月31日　星期一　晴朗

中国清真网总裁李晓岚女士一行走进纳古，就清真产业和穆斯林电子商务发展状况进行了交流探讨，并参观了部分企业。

2010年6月1日　星期二　晴朗

从5月22日开展家犬登记、接种疫苗以来，截至6月1日共出动人员65人次，对登记在册中的313只中的232只犬进行免疫，免疫率达74%，免疫户数为207户，覆盖率达100%。

今年是"十一五"规划的最后一年，是深入落实科学发展观、应对金融危机挑战、促进经济平稳较快发展的关键一年。为深入贯彻落实中央关于加强和改进未成年人思想道德建设工作的重要部署和全国未成年人思想道德建设经验交流会议精神，围绕大局，突出重点，切实组织好2010年"六一"节各项庆祝活动，使我镇广大儿童度过一个快乐而有意义的节日。

结合中宣部、中央文明办对组织开展"迎世博、迎亚运、讲文明、树新风"的活动主题，纳古学校把社会主义核心价值体系教育贯穿到"六一"国际儿童节各项活动中，使广大儿童了解、掌握社会主义核心价值体系的基本内容和实践要求，切实做到思想感情上认知、认同，学习生活中遵循践行。以"做一个有道德的人"为主题，精心设计并组织开展形式多样、生动活泼的道德实践活动，纳古小学组织开展"文明在我心中"征文比赛，通过多种渠道，在广大少年儿童中推广文明礼貌用语，倡导文明行为，不断提高未成年人道德品质、文明素养和公民意识。

"六一"儿童节，我镇妇联联合镇残联慰问贫困学生8名，其中女童6名，送去现金800元，让他们用于书费，并鼓励他们好好学习；学校资助46名，发放资助金2200元，其中女童26名。另外，镇妇联还为蓓蕾幼儿园的小朋友送去了价值500多元的纪念品。通过这几种方式，表达了党委、政府对贫困儿童的关心。同时，我镇社会各界主动捐款捐物，有的送小食品、有的送文具，大部分家长亲自做饭做菜，邀请学生、教师到自己家里做客，充分表达了爱心，并给小朋友们送去了欢欣和喜悦。

纳古镇学校的老师、学生们，为了参加县上的鼓号队比赛活动，把他们自己的"六一"儿童节调整至6月4日去过。

纳古镇蓓蕾幼儿园选择在5月28日就让老师、家长和孩子们一起提前过节。

2010年6月2日　星期三　有云有雨间晴

纳古镇的单车队的队员们（纳家营的偏多），组织大家一起单车出游！今天多云有雨，间晴。

有的人说："第一张图片很美。第二张图片，我关心的是人群前面的红色、白色的垃圾袋、空矿泉水瓶，走的时候是一起带走，还是留下？低碳的同时，环保了吗？"

这样的出游，很有意义。低碳环保，大家也能锻炼身体。

纳古玩单车有点跟风……但是我认为，这样的跟风又有必要，总比去玩其他不健康的活动有意义多了。

2010年6月3日　星期四　雨

今年是"十一五"规划的最后一年，抓好今年的工业经济工作对于深入实施"工业强镇"发展战略，加快推进新型工业化步伐，为全镇经济社会又好又快发展奠定坚实基础具有重要意义。上午9时纳古镇召开

2010年工业经济、节能减排暨安全生产工作会议，市、县领导、企业老总、金融部门、担保公司、车队等部门负责人近百余人参加了会议。

分管工业的副镇长纳立凡主持，镇长纳锦斋作了题为"发挥传统优势，加快产业调整，奋力推动纳古工业经济迈上新台阶"的工作报告，报告总结回顾了2009年镇工业经济发展和安全生产情况，安排部署当前和今后一段时期的工作。市民宗局局长马良昌、县经委主任沐华斌亲临会场并做了重要讲话。马局长就纳古工业发展中如何更新观念、提档升级、打造纳古品牌、树立纳古形象，向世界展示纳古风采做了重要指示；沐主任简明扼要地分析了我镇工业发展的形势、面临的困难，对我镇工业经济的发展提出了中恳的建议和要求。会上对2009年度涌现出的14家财源贡献先进单位、20家安全生产先进单位进行了表彰，希望被表彰的企业继续发扬成绩，戒骄戒躁，再接再厉，发挥好示范带头作用。

会议对如何加快我镇工业经济发展，推进工业化进程具有十分重要的意义。

2010年6月4日　星期五　雨

数日以来的阴雨连绵，使气温骤降，感觉有点阴冷。可是人间自有温情在。马跃升董事长出资12万余元，为纳古当地逾700名老人体检。马总近年来一直致力于教育、扶弱济贫等公益事业，祈求安拉回赐他。

纳古小学过"六一"儿童节，县、镇领导和老师、家长一起来为孩子的节日祝福。学生们开展商品交易会、游园活动，游园活动内容符合儿童实际、人人参与、学生感兴趣；通过这一系列的活动，广大儿童度过了一个愉快而又特别的节日，开阔了眼界。

唯一遗憾的是，正在表演节目的时候，天降大雨。

在半个月前马跃升老总把这件事情委托政府来办理，具体的事宜由纳立凡副镇长办理。接到任务后，纳副镇长就召急各组领导来开会，向各组负责人了解受助人情况，并讲解相关事项，定下了具体的参检人标准（本地户口，年满65岁，不管男女，只要符合这个条件就可以去各组领导处领取表格，到县医院体检）。

从即日起，纳古当地700多名65岁以上的老人，将陆续前往县医院进行体检（含血液、彩超、胸透三大项），持续时间约3个月。所需费用12万余元，全部由连铸公司董事长马跃升赞助。

得到这样的实惠，老百姓很赞赏！但是也有很多让人担忧的事情，比如有的村民说："社会保障个人做，我们该喜还是忧？""大家还在担心环境变化吗？不用愁了！这么多好心人，就是得了癌症，也有人帮助你！""为马老师的善举表示感谢，也希望更多的人关注健康、关注环保，共创美好明天！""希望政府能把他的这份爱心做好，真正让老年人受益！"

"经济和环境都是必需的，至少马老师任法人代表的几个企业都不在居民区，而且环保措施的运用也走在纳古企业的前面，连铸公司（转炉和高炉）的股东至少在600户（不重复计算），也是符合较多数人的利益，我们关注的环保问题应该是居民区里的企业能否搬到别处，能否使用煤气发生炉及除尘设备等。""最有效的是大家都投身节能减排的改革中来，这才是对社会最大的回报。"

2010年6月5日　星期六　晴朗

纳古志愿者协会粘贴出通知：

在松柏常青的秀山下，碧水蓝天的杞湖岸边，生活着我们"礼乐名邦"的通海人。这是一个自古"道德、礼仪"令人称颂民族融合的好地方，而纳古更是文人辈出、热情好客、团结友邻的小镇。

如今，社会在发展，我们也希望自己的家乡通海能出现往日的辉煌：人人乐土爱乡，和谐和睦，礼尚交往。

为了让我们青少年多了解些珍贵的历史、民族的交往融合以及伊斯兰文化中的一些美德，纳古志愿者特邀几位德高望重的老师，从历史的、现实的、传统的、多元文化的角度给我们举行一堂精彩的讲座。

现诚邀纳古的青少年、在校学生及清真寺的学生，同时也欢迎其他地方的同学参与！

讲演老师：马灿敏（校长）、纳家瑞（老校长）、张维真（院长）

讲演对象：中小学生、高中生、大学生、清真寺学生（同样欢迎家长、老师、曾经的学生们参加）

讲演内容：云南回族历史、民族关系、伊斯兰文化中的美德、互动交流提问

讲演时间：2010年6月5日（星期六）上午9点

讲演地点：纳古学校阶梯教室

早上9点，由志愿者协会和镇团委组织，在纳古镇学校阶梯教室举行一个"关注下一代，从信仰与人生开始"的讲座。政府、清真寺和企业界代表，中小学生、青年团员、志愿者260余人到场。

纳家瑞（原纳古学校校长）、现任纳古学校校长马灿敏和纳家营伊斯兰文化学院院长张维真三位老师，从纳古的历史、民族关系和伊斯兰文化的美德等方面做了深入浅出的讲解。

通过这次讲座，我们青少年能多了解些珍贵的历史、民族的交往融合以及伊斯兰文化中的一些美德。大家从历史的、现实的、传统的、多元文化的角度重新认识我们的家乡。

纳古——人人乐土爱乡，和谐和睦，礼尚交往。这样和谐的日子即将来临了，有才人留诗一首：

狮裂龙去牛树尽，盗开掳围土军秃。

北含母乳千秋泪，南望窝心小井哭。

七百老祖一世传，二斗芝麻几时苏？

敢借愚公实心锤，定得三山恶疾除。

2010年6月7日　星期一　晴间多云

昨晚雨水点点，冲刷尽了纳古镇内的尘埃。到早拜时间，雨已经停了。一周以来，终于看见了灿烂的阳光！

今天，看见古城中阿学校已经粘贴出了《招生简章》！看来已经在料理招收学生的事宜了。

傍晚时分，甘肃省广河县人大主任和统战部部长领导带领一行20多人到纳古参观考察。

纳古两所清真寺教长主任和部分教亲与客人进行了交流。

纳锦斋镇长和纳立凡副镇长做了纳古镇和清真寺的发展情况介绍。

末了，他们参观了纳家营清真寺、古城清真寺和古城清真新寺。

2010年6月8日　星期二　晴朗

受5月持续高温多雨、正午烈日当头等气候条件因素影响，进入6月以来，镇内种植白菜的菜农最近很伤脑筋。我镇的菜农主要以二组和六组为主，其他的菜农是邻村来村种田地的农民。看着他们这样的揪心，我们心里也很不好受。大旱之后必有大涝，虽然不是大涝，只是连日下雨，可是排涝不畅和白菜这个菜种不能让水浸泡的原因，造成这样的损失。

田间白菜主要是"娃娃菜"发生大面积"干烧心"现象，昔日田间买菜的菜商销声匿迹。菜农李元善这样说："我们的菜干烧心，烧干了菜贩子的信心。"自5月菜价持续下滑以来，冷库买菜的菜商进菜持谨慎态度，对入夏蔬菜发现病虫害的都不敢收购，尤其是"干烧心"的白菜。

今天，担保公司发出信息，纳古企业家在甘肃临夏和政县开办的公司，即将举行开业典礼，他们希望组织愿意前往的企业家来报名。

今天，听一个村民说镇上某家一个儿子由于不乖，和家里的人闹得鸡犬不宁。听他家里告知邻居说："他在家里为非作歹的，没有好好地过生活，不养老人，不养媳妇，自己一天到晚游手好闲的。现在，就是一味地逼着老人要钱，要钱，由于大人没有给，就和他的娘吵起来。"

人家说，这样的年轻人在纳古有好多，至少三四十个，所谓的问题人员，吃、喝、嫖、赌什么都会干。有这样问题青年家庭的老人们，那个气呀，没有言语可以表述。

2010年6月9日　星期三　晴间多云

下午时分，宁夏永年县纳家户回族博物馆的两位女工作人员来我们纳古调研。主要是查找赛典赤·赡思汀的后裔纳速拉丁到纳家营扎根落户的足迹和纳家营的历史，还有就是有关纳忠、纳训两位教授为代表的文化痕迹。

到村组上找到纳忠先生的故居，由于没有得到及时保护和修缮，那栋房子现在租给外来打工者居住，现状是满目疮痍，到处是败落的萧条。也许这就是文化没有得到保护的惨重后果。

呼吁大家，赶紧行动起来，把那些有价值的历史保护起来，让我们后人能够看得见祖先的文化、生产和生活的痕迹。

民族的历史和文化，是最值得保护和传承的。一个民族的文化没有了，精神也就没有了一半。

2010年6月10日　星期四　晴朗

早上10点，镇关工委牵头，镇团委和纳家营清真寺文化学院积极配合，邀请县关工委马开基老师来讲关于未成年人思想教育的讲座。到场听讲座的团员青年和文化学院的学生有112人。

马开基老师讲了题为《浅谈未成年人的思想教育 应从身边点滴小事抓起》的论文，文中案例贯穿始终，包括斗殴、偷盗、抢劫、行骗等方面。马老师幽默风趣，深入浅出地把未成年人因为没有做好思想教育而酿成的犯罪，讲解得简单明了，把如何落实未成年人的思想教育说得具体分明，让在座的青年朋友们听得津津有味。

纳古五组的一名妇女，在母亲的陪同下来镇妇联处反映自己的婚姻情况。

2010年6月11日　星期五　晴朗

今早10点，县上验收小组到我镇对"五五"普法、"三五"依法治镇工作进行验收。

10年前，我们经济发展缓慢，法制混乱，经过10年有序的推进普法教育，现在的纳古经济发展、社会稳定、民族团结、宗教和顺。纳古作为赛典赤·赡思汀后裔回族乡镇，"侨乡""手工业之乡"，对于居民的学法、用法，对华侨归国人员的普法，对外来务工人员的普法进行宣传。这几个都是纳古普法宣传里面的特色，特色的亮点是将普法的触角延伸到纳古镇的两所清真寺文化学院、阿文学校，清真寺里面来学习的学生，来自全国各地，做好这些青年人的学法、用法是很有必要的，而且也是十分有利的，为学校的管理提供保障，也为镇上派出所管理这些"外来学习人员"更加规范有序，保证他们的人身安全。

全民动员起来，学习好国家的法律法规，用好国家的这些法律，在生产、生活中充分展现出来，让纳古，我们自己的家乡安定有序。

如今的社会可算是挑战与机遇并在，希望与困难共存。纳古亦然！家乡的发展给我们带来许多美好的憧憬，同时也给我们带来了许多的忧患。我们认为面临的首要问题就是环境问题。自然界为人类提供了各种物质和能量，是人类存在和延续的基础。环境与我们的生活极为密切，与我们的生存息息相关。

曾经的杞麓湖和它身旁的小村庄，是一幅清秀幽静的山水画：蓝色的小湖之上，一汪汪的水波，一群群戏水儿童呼唤童心；蔚蓝的天，清新透明的空气，风吹响谷叶带走了思绪；一棵小草、一滴露珠、一捧清水沉醉心灵。

可如今，呈现出的新农村景象是：高楼、别墅交错，灰色弥漫着村镇，一排排烟管又接连不断地渲染着灰色，人们的心情也随之黯然，只有其间白帽子与白衫子才能不时给人亮眼和心情些许的转换。各色的盖头攒动，星星点点绘出美丽的色彩，除了沁人的板格声音就只有伴眠的机器轰鸣声、呛鼻的空气，眼泪里时常带着沙尘……

美丽的自然才能带来美丽的心境，美丽的心境才能带来美丽的生活。这些年，家乡在不断地发展进步，对环境造成了严重的破坏，直接迫害着我们的身体健康！

我们不知这些是污染，还是工业化必然的产物？不知道我们还能容忍这种状况多久，但我们知道改变这种状况是非常艰难的。发展是要付出代价的，但付出多大的代价、又由谁付出代价等，我们现在是不清晰的。是不是到该治理的时候了？该不该治理？怎样治理了？我们越来越奢侈的物质享受的背后，却是生态的失调、环境的恶化，人心惶惶，生命变得脆弱。倘若我们还不行动起来，我想过不了多久，我们所面临的环境将会更加恶劣，我们的身体健康更加成问题，我们的家乡还受欢迎吗？

纳古志愿者倡议：保护我们的环境！爱护我们的生命！我们必须开始行动，为了明天打开窗子可以感受到：空气很清新，天空明朗，小鸟轻鸣！

这是一篇纳古志愿者发在"中穆网"的《环保倡议书》，我们大家都有意识，居住环境变了，可是我们却总结不出来，现在有人家志愿者贴出这样的帖子，真的有待我们深思，全民在倡议下行动起来。

有人感叹："收费站的小坡过完就只有烟冲冒黑烟，山头上就算了，不影响。

在纳古不能穿白衣服，所以现在流行黑色！

小时候抢水鱼游到村里边，现在没有了，水井里的水打起来漱口都会辣嘴，说明水被污染有点严重。

扫不动、拖不完的地板，一天就是一层黑灰，再也睡不着最干净的床单，不得不改掉认床的习惯！

小孩病很多，特别是周岁以下的，很多人有慢性支气管炎、哮喘、咽喉炎、鼻咽炎等疾病。

即使在外边买了房子可是仍然离不开这里，没有人想离开。"

2010年6月12日　星期六　晴朗

今天是"绿色出行日"，也是"节能减排"宣传周的第一天，我镇的文化路上粘贴很多有关这方面的标语：

1．环境你我他，绿色靠大家。

2．不要让绿色从身边消失。

3．保护环境，少说多做。

4．保护环境＝保护自己。

5．美我校园重在每一举动。

6．请您足下绕一绕，草儿向您笑一笑。

7．小小一口痰，细菌千千万。

8．"绿色生死恋"——有绿才有生命。

9．痰吐在地，辱写在心。

10．我选择，我喜欢，我环保，我健康。

11．学校是我家，美化靠大家。

12．学会做人，学会学习，保护自然。

13．绿色奥运应从绿色校园开始！

14．理想校园——绿色、生机、健康、希望

15．保护绿色摇篮，你行，我能！

16．环保从点滴做起！

17．环境就是你的"脸"，要好好爱护。

18．让校园成为绿色殿堂！

19．绿色——永恒的美；学校——永远的家。

20．水清自然甜，水浑人人厌。

21．把绿色带入校园！

22．当绿色褪去，就意味着人类走向命运的低谷。

23．让绿色的希望从校园萌芽！

24．追求美好生活，应先拥抱绿色！

25．保护环境系各人，美化校园靠大家。

26．爱花、爱草、爱树、爱校园。

27．见垃桶，弯个腰，争做绿色小使者。

28．垃圾筒——我不想"失业"！！！

29．让绿色的旋律环绕每一个生命！

30．幸福就是天蓝、山青、水绿。

31．拯救地球，一起动手。

32．保护环境，从我做起。

33．促绿色消费，做绿色选民。

34．追求绿色时尚，拥抱绿色生活。

35．把消费限制在生态圈可以承受的范围内。

36．让经济发展的浪潮进入绿色的河道。

自从中国正式对外宣布控制温室气体排放的行动目标，决定到2020年单位国内生产总值二氧化碳排放比2005年下降40%～45%。

一时间，"节能减排""低碳生活"成为当下的流行语。专家表示，这是一种生活态度，每个人都应积极提倡并去实践低碳生活，注意节电、节油、节气，从点滴做起。

纳古镇的居民也应该学着时尚起来。

早上，镇上有两家人请客，一家开经，一家是说媒成功会亲。忠爱大街、文化路上，妇女们熙熙攘攘，一片"盖头海"，如花艳丽无比。

2010年6月13日　星期日　多云有雨

今天下午2点至4点，蓓蕾幼儿园举行建园10周年庆典。

受邀前往用餐的男女老少熙熙攘攘地走在文化路上。用餐地点在文化路61号蓓蕾幼儿园处。

幼儿园发出的请帖有几千份，邀请的人有省、市、县和镇上的机关领导，有各处的学校领导和教师，有曾经和现在就读于幼儿园的小朋友及家长，有本村和附近村子的亲朋好友，有清真寺的师傅、管事和学生，总之，用餐的场景像是一个小村庄过圣纪节一样的热闹。

在幼儿园的大门口处，有发放纪念品的台子，有专门发放幼儿园庆典本子的老师，甚至还有迎宾的小朋友，很有意思。进大门的活动场地上，搭着台子舀菜、摆菜，摆放了整齐的桌椅供客人用餐。在各间幼儿教室里排放好了桌椅用来待客。据估算，按8人一桌来说，今天的待客数达到700余桌，5000余人，可谓场面宏大、热闹非凡。

迎客的男主人，帮忙的妇女，抬菜的男青年，待客的妇女（女学生），用餐的男女老少，大家齐聚一堂，浓缩了我们回民请客的场景。这样的剪影，代表了一代人的办学历程，一代人的学习路程，汗水、笑声、泪水等绘制这样的美景。李雪雅园长的创学之路，一路走来有过荆棘、有过艰辛，有过花环、有过掌声，苦恼和幸福齐驱。为纳古的孩子们开创了一片蔚蓝的启蒙海洋，任由他们在知识的海洋里畅游。

10年的艰苦创业，现在终见辉煌！

虎夫坦下拜，纳家营清真寺广播里有人讲："马恒杰小朋友，有人等你，见到的人叫他回来。"想必是家长找不到孩子了，才出此下策。愿主襄助，让那个小孩赶紧回家。

今天，听说纳古出大事了！

在老早之前就知道说后山和邻村争土地的事情。可是，这个问题一直没有得到解决。在后来听说，有几个纳古的县人大代表提议案，要求把有争议的这块后山红地作为纳古的公墓用地。似乎这件事情得到了县上的批准，因为县上同意纳古人把这一带土地在限定的时间内拖成平地，那么这块有争议的杂草丛生的地方改变模样之后，也同时变成了纳古的公墓用地了。

七组的队长，租来了三两推土机，按照市场价格谈妥后，便进行推土。大概到下午6点，邻村（四街镇的十街村）的村民得到了这个消息，立马组织人马带着工具上山来制止。他们赶到后，装载机停止工作，回家等待再工作的通知。但是山里的纳古的部分村民和十街村上山来讨礼的村民相遇，差点搏斗开了，幸亏纳古镇政府的领导和派出所的民警荷枪实弹地赶到现场，才算镇住了场面。现在的情况还没有给出结论，待续……

四街镇与纳古镇的行政区域界线，1999年通过民政部门组织双方进行了踏勘认定，权属明确。长期以来，纳古镇部分村民认为四街镇十街村干海子的部分山林土地属纳古镇，要求相关部门给予更正，2009年4月，纳古镇部分村民（主要是五组和七组，三、四组个别）在少数村民的鼓动下，到四街镇十街村干海子山地推路近1公里。十街村的村民反映强烈，把情况反映到相关部门，通海县委、政府获悉，责成县土地、林业、民政等部门做相关工作。通过多方面做工作，才停止，并等待上级部门答复。

2010年6月11日，刘副镇长接纳古镇第七村民小组组长报，四街镇有部分村民开垦了争议地两块，并栽种了烤烟，群众认为是四街镇又想占有我镇山地，要求四街镇给予说法，并还原山地。6月12日上午，我镇刘有逵副镇长、合惠儒、师亚红、李伟、第七村民小组组长王绍波、马荣聪、四街镇常伟副镇长、孟国雄等一行人上山查看现场，情况属实。经协商，四街镇同意一周内查实情况，并责令还原山地。

6月13日上午11点30分接报，我镇第七村民小组组长王绍波带人上山推山地。纳锦斋镇长、刘有逵副镇长、纳立凡副镇长、合惠儒、周正宽、师亚红、派出所肖仁洪立即上山查看，现场有3部推土机在干海子上部作业，七组王绍波、马光廷、纳恒祥、胡维辉、纳绍忠、马慈良等 10 人在现场指挥。经多方做工作，作业方一致认为，四街镇部分村民尝试占有七组山地，不只有两块山地被栽种，还推了两块山地摆着，不知用途，作为纳古镇七组山地是与四街镇山地毗邻，应该有自己的属地标志，随时管理，否则会让四街镇部分村民一步步侵占属七组山地。经多方做工作，同意只是今天推山地，明天不再上山。

下午 1 点至 3 点，四街镇村民主动用旋耕机将已栽种的烤烟拔除。下午 5 点 50 分，接报，四街镇十街村村民群情激愤，扛着农具要上山去打架，再次规劝作业方赶快从纳家营山路下山，然而口头答应，依然在推山地。6 点 45 分，肖仁洪收到报十街人已上去 100 多人，赶快上山，经拉架、劝解，防止了一场械斗。

昨晚，古城村的一家村民家女儿订婚，举行订婚宴说"色了目"吃汤圆。

2010 年 6 月 14 日　星期一　晴朗

6 月 14 日至 6 月 16 日，因端午节放假。纳古镇政府班子成员、各中心站所长照常上班，下到村组了解情况，听取意见。群众没有听说昨天发生之事，没有任何反响。当事人表示不再上山，对待山界之事，等待上级解决。

2010 年 6 月 15 日　星期二　多云间晴夜间有雨

今天，端午节放假，镇上的值班小组照常值班。由于昨天镇上出了争地的事情，值班组扩大了人员范围，镇上的领导班子都在值班。

今天多云间晴，天气预报说西南八省有雨，通海今天也有雨，可是盼着呢雨老是没有来，到了 10 点半左右，阵雨轰轰烈烈地来了，场面大着呢，雨一着地，新鲜的泥土气息就跟着扑鼻而来，可惜就是持续的时间有点短。

2010年6月16日　星期三　晴朗

今天是汉族的端午节，对于我们回民来说没有多少强烈的感觉，就是觉得去买菜的时候市场里很挤。在纳古的汉族和外来务工人员，挤着买鱼、买肉、买水果；本地的回族也在这熙熙攘攘的人群里购买蔬菜、水果，总的就是繁荣一片、热闹一片。

我们回民是不过端午节的，但是在市场里面可以买到粽子吃。倒不是要特意地举意纪念谁、为谁过这个节，只是有个理由放放假，一家人可以聚一聚而已。

可也有人说："节日分'宗教节日'和'文化节日'，比如端午、中秋、元旦这些都叫作文化节日。过这种节其实只是体现当地的人文特色而已，并不带任何宗教色彩。像端午节纪念一下屈原，吃吃粽子，我觉得还是蛮不错的嘛！而且又有假放！"

2010年6月17日　星期四　晴朗

下午2点，团县委赵波书记和牛杰来到纳古，与纳古镇马寿光副书记、团委书记纳杰、申请贷款的团员青年和7个村民小组团支部书记，在三楼会议室进行座谈。

赵波书记对申请贷免扶补的16位团员、青年进行了提问交流，获取他们个人创业的扼要信息，另外针对团省委下一步的小额贷款计划，向大家收集意见和建议。

申请贷款的人员情况：女：10人；男：6人；制造行业3人；销售行业12人；运输业（客运）1人。

大家在讨论的时候各抒己见，把自己对申请到贷款后用途简要地说明，同时也对及时还款表明态度。

2010年6月18日　星期五　晴朗

前几天报名前往甘肃陇滇钢铁有限公司的18名市、县、镇领导，

80余名股东及家属，6月15日下午出发前往昆明，乘坐16日的飞机抵达兰州。他们的到达，能够准时参加今天早上10点30分召开的公司落成典礼。

庆典举办得很成功，公司已经正常运营。

今天，纳古的一位有识青年说个旧十三中（沙甸中学）老师就着我们搞讲座的时候来宣传十三中的招生计划，总的来说十三中各方面的条件还是非常好的。他们的高中部到2009年一共考了3届，目前升学率比通海三中还差一点点，但是因为是新办，而且3年中一年比一年好，有良好的发展势头，特向广大的纳古学生推荐到沙甸中学就读高中！而且有优惠条件：前100个报名注册可以免费。

有去过的人说："现在高中办得比三中还好点了，中考的学生可以考虑。"

也有人关切地问："三中去年录取率是62%。已经受到玉溪教委的嘉奖了，去年老师们还分到嘉奖的奖金了。十三中录取率是多少？"

针对上一位的提问，一位村民说："纳古没有好的中学吗？出不了个中学校长吗？录取率要看怎么计算，是不是跟读的考上才算，缺考的不计入等，录取率中'211'的录取率是多少？似乎是0吧！一本的录取率有没有5%，二本录取率呢？难说都是专科的。"

三中考试结束，纳古学生家长开车到学校门口接学生回家把学校门口给堵住了，里面的老师要出学校保安请纳古的那个家长把车开了让一下，那个家长把头歪朝一边不理保安。那个老师出来说请让一下，学生家长让那个老师等。老师说："学生还有40多分钟才放学。"那个家长还是不理……我真的是无语了。

看到这个情况，让我想到两个多月前的碰到一件事。

那段时间清真寺正拉土填秧田，拉土的车经常从那上下。四队的那条路又不是很宽，就在那个十字路口经常堵车。那天正好看见个认得的人开辆面包车下去，拉土的车正好从清真寺老大门那边转弯过来，堵车了。那辆面包车纹丝不动，就是不挪动，任凭别人怎么喊就是不挪一下，如果挪的话是完全可以通行的。最后拉土的车只得两辆一起退下到纳忠故居下面的路上让面包车……

如果你遇到了会怎样处理？

一个村民答道："其实我很同情该司机的处世观念！"

想要别人尊重你，首先你得尊重别人。

光脚不怕穿鞋的，是钱重要还是命重要，遇着脾气暴呢，两捶就上来了，该司机也就是门巴候，出了通海这片天也就邃（sui）了！"

一位家长说："纳古的学生这样的好多，考完试后都要让家人来学校拉东西，要是以后在外面读书的话，他们找谁拉东西呀！建议学生自己收拾行李回家。到时候他们在外读书嘛包机去接吧。当年我们读三中的时候大家都是单车自己驮，把斋时候早晚天天骑单车。有的开车去拉从没有停路中间的，即使去，一般是帮所有认得的同学的行李一起拉回来。"

2010年6月19日　星期六　晴朗

今天，福建、广州、广西、湖南等省份降暴雨，河、湖水和水库水位暴涨，局部地区还出现了房屋被淹、桥梁坍塌、居民被困，洪涝灾害很严重。可是今天的云南，纳古镇一样的是艳阳高照，30多度的气温让人有点难耐。这样没有雨且闷热的天气，着实让人深刻地体味着夏天。

听天气预报说今天是有小雨的，可是总没下下来。期盼雨露……

听人说，纳家营清真寺文化学院的张维真老师要走了。具体走的时间还没有得知，感觉挺遗憾的！到村民中间一打听这个消息，回答让人喜忧参半。

2010年6月20日　星期日　多云转大雨

下午2点左右，大雨倾盆。一直这样哗哗地下着，到了9点才渐渐小了，但还没有停。

云南旁边的省份都在下暴雨，今天我们也迎来了大雨。没雨，人们着急，怕干旱席卷我们；有雨，人们也着急，怕洪涝吞没我们。

这样的暴雨，持续的时间不要太长为妙。淅淅沥沥地下一阵，这样才能潜入地里，而不是流掉。雨太大，冲刷的是地表，带走的是泥土，所以，暴雨让人担忧。

别的省份，大暴雨降下，路淹、房倒、桥坍塌、人被掩埋……十分可怕。我们纳古镇在山脚下，由于最近几年，纳古修了一条高速路，村民也到山上开辟厂房，面山不同程度地受到破坏，加之纳古的山脚没有大的下水道，排水不畅，如果暴雨下得太大，那么发生泥石流是必然的。

象征我省五大宗教和谐、团结、进步的盛会——2010年云南省首届宗教界运动会暨文艺会演，于6月20日上午在大理州体育馆开幕。云南省佛教协会、道教协会、伊斯兰协会、基督教"两会"、天主教"两会"5个全省性宗教团体代表队，以及16个州市宗教代表队参加开幕式。

本届活动以"爱国爱教、团结和谐、加强交流、增进友谊"为主题，采用健康有益、丰富多彩的文体活动形式，促进各宗教、各州市之间相互学习、相互交流、加深了解，是积极引导宗教与社会主义相适应的创举。

纳古也有篮球队和乒乓球队队员参赛。他们是统一在玉溪市统战部的安排下，组成一支玉溪代表队参加比赛。

2010年6月21日　星期一　阴

6月13日以来发生的第十四次强降雨过程造成福建、江西、湖南等南方9省区遭受严重洪涝灾害，福建闽江上游，江西赣江、信江、抚河，湖南湘江上中游、资水，重庆綦江等47条河流发生超警戒水位洪水。

6月19日8时至20日8时，湖南、江西大部、福建西北部、广西北部、湖北重庆南部、贵州南部和东北部等地降了大到暴雨，其中江西中北部、湖南怀化、常德、益阳、岳阳、福建南平、广西河池、桂林等地降了大暴雨。

据悉，受强降雨影响，江西信江和抚河全线超警、福建闽江上游建溪和富屯溪、重庆綦江等6条河流局部河段发生超保证水位洪水,福建建溪上游、江西信江支流泸溪等3条河流发生超历史实测记录洪水。6月20日7时,福建富屯溪邵武水文站超过保证水位1.29米,洪水频率超过50年一遇;20日5时,福建建溪上游建阳水文站超过保证水位2.24米,洪水频率为30年一遇。

另悉,6月19日10时,贵州铜仁沿河县红星小(二)型水库因发生超标准洪水,洪水漫顶而垮坝。险情发生后,当地政府紧急转移下游可能受影响的人员,垮坝未造成人员伤亡。国家防总于6月19日发出紧急通知,针对今年以来已发生5座小型水库垮坝(均无人员伤亡)的情况,要求各地加大水库安全度汛督查力度,采取一系列行之有效的措施,全力确保水库安全度汛。

此外,据水利部水文局分析,6月20日强降雨将主要集中在江西、浙江、福建、湖南、广西、贵州等省区,降雨强度仍然较强,一些江河可能再次发生超警以上洪水。

国家防总要求有关省区进一步加大防汛抗洪工作力度,尤其要做好山洪灾害防御工作,及时启动应急预案,第一时间转移山洪灾害危险区和易发区内的群众,防止发生群死群伤事件,全力减免人员伤亡。

预计,6月20日8时到6月21日8时,贵州南部、湖南中南部、江西大部、安徽东南部、浙江、上海、福建北部和西部、广西、广东北部及云南东南部和西北部等地有大到暴雨,其中,湖南南部、江西中部、福建西北部、浙江大部、广西东北部和南部等地的部分地区有大暴雨,局地有特大暴雨;上述部分地区并伴有短时雷雨大风等强对流天气。

预计,今天白天,河北南部、山西中部和西南部、陕西关中和东南部、河南大部、山东西部、湖北西北部、安徽西北部、内蒙古西部、甘肃西部以及雷州半岛、海南大部等地将有35℃~37℃的高温天气;新疆北疆及南疆盆地将有35℃以上的高温天气,其中,吐鲁番盆地最高气温可达43℃~45℃。

中央气象台建议暴雨地区做好应急工作，切断危险地带的室外电源，暂停户外作业，并做好城市、农田的排涝，注意防范可能引发的山洪、滑坡、泥石流等灾害；建议高温地区居民尽量避免午后高温时段的户外活动，对老、弱、病、幼人群提供防暑降温指导，并采取必要的防护措施。有关部门应注意防范因用电量过高，电线、变压器等电力设备负载大而引发火灾等。

天气预报说今天有大雨，看了其他省份的情况心理压力也挺大。原来是广西、贵州省份和我们一样，陷在抗旱救灾的旋涡里，现在他们是在拼命地抢险抗洪，心里也挺不是滋味的。

在闲暇之余，大家谈论起一位"马姑娘"的事情。在玉溪人民医院里有个护士，老家是纳古人。在医院里，所有人都称她"马姑娘"。只要你有事找到她，她就像是你家姑娘——热情、大方、体贴，忙前忙后……她无数次感动纳古人。她的故事很多，所以倡导大家讲讲！

"马姑娘是纳古小医的榜样！""马姑娘是所有在外学习工作的纳古人的好榜样！她对家乡人真的很亲切。""是呢嘛，要是纳古在外面的人都像她就好了，有一些拽了要死，遇见呢是装作认不得，有事情嘛更是躲呢躲不及。""顶一下！再向马姑娘致敬，这是一个真正意义上的白衣天使！愿安拉接受她的工作和善举，多多回赐她，阿米乃！""觉得纳古小医弄不好要背上心理包袱了。她也是跟我们一样的凡人，而且还要面临从学校到工作、社会的过渡。唉……我们遵从'严于律己，宽以待人'，但愿对纳古小医，大家不是'严以律小医，宽以待自己'。""'马姑娘'真的不错，和蔼可亲，不分亲疏热心助人！我也要变成那样的姑娘，呵呵！"

大家畅所欲言，把评价、想法和希望都说尽了。

2010年6月22日　星期二　晴朗

今天早上，镇上的畜牧兽医林维槐带领村组上的兽医一行6人，到纳古镇辖区内的厂家，直接对养狗的厂家做工作，并对其所养的犬只进行疫苗注射。这次疫苗一天下来共注射52只，全部是免费的。

估计这项工作将持续3天左右。实际上来说，困难很大，因为纳古的厂区太大，养狗的情况也很多，大多厂家的狗是放养状态，主人也不太配合，所以这个工作开展也很困难。

上午8时许，云南云海玛钢有限公司（厂址在河西镇）发生一起较大事故，造成3人死亡、11人受伤。该事故系云南云海玛钢有限公司热处理车间退火工部隧道式退火炉爆炸引起。事故发生后，市委、市政府和县委、县政府高度重视。县委主要领导与县政府分管领导和职能部门领导第一时间赶赴事故现场，指导事故救援及调查工作，及时就善后工作作出安排部署，要求迅速救治受伤人员，认真做好善后工作，查明事故原因。县政府立即成立由分管副县长任组长，安监、公安、监察、经委、社保、质监、消防、检察、宣传、工会和河西镇等部门组成的事故处置领导小组，对事故的现场救援、伤员救治、善后维稳、调查处理和安全排查等工作进行了安排。市政府市长助理刘国宇、市安监局局长方玉明、市公安局副局长张家明等市级相关部门也立即赶赴现场进行处置，事故调查及善后处理工作正有序开展。

这起事故充分暴露了我县安全监管中存在的薄弱环节。为深刻吸取事故教训，举一反三，切实抓好我县安全生产监管工作，坚决遏制较大以上安全事故的发生，进一步落实"安全第一，预防为主，综合治理"的安全生产方针，构建经常化、制度化、规范化的安全生产隐患排查治理长效机制。依据《中华人民共和国安全生产法》《生产安全事故报告和调查处理条例》和《云南省安全生产条例》等有关法律、法规，结合我县实际，要求进行安全大检查。

今天我镇的企业分管领导和安监站站长，参加了县上下午3点就这个事故召开的紧急会议，想必工作将在明后天开始。

今天起，通海县将组织一次安全生产大检查工作，对全县企业中存在的安全生产隐患进行整治，消除安全隐患。

2005年才配的全国最先进的退火炉，一般最少使用寿命15年，这个才用5年竟发生事故。

企业历来重视安全生产工作，不仅对新员工进行安全生产培训，还定期地做宣传、做检查，四大车间都边检查边整改，基本上没发生过安全方面的大事故。

出事的生产线在半年前才检修过，没有问题，而企业在安全生产上历来很重视，都会定期对人员进行安全生产教育，对设备进行检修，特别是本月安全生产月，企业还开展了相关活动。现在出事了，工厂不得不停工了，每天几十万元的收入没了，但是他们还是得马上进行全厂安全生产教育，对可能存在的安全隐患进行整改。

经过3天的角逐，云南省首届宗教界运动会在大理落下帷幕，有宗教界人士表示，此举在全国乃至全世界都是首创，在世界宗教史上都会留下痕迹。

云南省宗教局副局长、组委会副主任马开能也对活动的成功举办给予了高度肯定，"通过体育、文艺这一载体和平台，各省宗教团体和各州（市）的代表们欢聚一堂，相互交流，展示了才华，增进了友谊，增强了凝聚力和向心力。"

云南省16个州（市）和省佛教协会、省道教协会、省伊斯兰教协会、省基督教"两会"、省天主教"两会"等全省性宗教团体共组成了21个体育代表队共922名运动员，围绕100米短跑、800米中长跑、4×100米接力、跳远、乒乓球、羽毛球、篮球、象棋、跳绳、拔河等比赛项目展开角逐。同时，由5个全省性宗教团体组成的演出队表演武术、舞蹈、歌曲和乐器演奏等节目。

纳古篮球队代表玉溪市宗教代表队出征荣获第二名！篮球队带队是纳武斌，教练是纳关生。

乒乓球队员杨忠在市级选拔赛中获得第一名，这次在大理的比赛可惜没有拿到名次。

2010 年 6 月 23 日　星期三　晴朗

昨天，我县发生了特大安全事故。今天接到通知，要求各乡镇进行安全检查。

经济管理中心分管领导、安监站站长下到厂区，对厂区内有锅炉、煤气发生炉、压力容器等设备的厂家进行实地检查指导。

发生事故是不幸的，但事故的发生表明安全方面肯定是存在问题的。毕竟有果必有因！通过安检也能暴露出一些没被引起重视的安全问题，引以为戒！不能光看到企业的收入就忽视人员的安全！生命是无价的！

2010 年 6 月 24 日　星期四　晴朗

今天是赶集（地点在七街）的日子，人很多，纳古的马车又活跃起来了。

和赶集相比，毫不逊色的就是这世界杯足球比赛进行得如火如荼，纳古的男女老少很多都迷恋，正在疯狂地赶着看直播。

2010 年 6 月 26 日　星期六　晴朗

今天听说两件可喜的事情：

一是纳古志愿者组织的图书吧筹建活动正在如火如荼地进行中。

二是志愿者们自行为高考结束填报志愿有困难的高中生们召开答疑解惑交流会。

原因是发起者接到几个电话，主要询问填报志愿的事项。从询问志愿填报中可以看出几个问题：

1. 考生没有弄清楚自己希望学到的知识与专业的关系。

有位考生想学会计，说要报云大的经济学院。还好问了我，要知道，在云南大学学会计应该去读工商管理与旅游管理学院的财务管理专业才对。

2. 选学校的时候存在误区。

云大应该算是云南最好的综合性大学了，很多考生就以为云南大学什么专业都好。其实不然，财经类专业还有云南财经大学好。很多学生面临选择的时候总是摸不着头脑，例如，应该着重选好的学校还是好的专业？应该选省内的还是省外的？应该选热门专业还是冷门专业？

鉴于以上这些问题，我们应该响应号召（贴出的通知摘抄）：

在6月27日报志愿之前统一与准大学生们进行一次交流，除了提供填报志愿方面的交流以外，还可以提供未来大学生活的交流。

活动地点：纳古读书交流会（镇政府大门旁，通海信用担保有限公司楼上）

活动时间：星期六早上9点

本次活动希望曾经的大学生朋友积极参与，主要与准大学生交流读大学的"失败经验"。

预计今天可能会拿到考生名单，就看学校有没有这个名单了。为保险起见，也请各位向我们提供考生名单。

若您知道今年参加高考的学生，请您将他们的姓名与电话发短信至……

看到他们贴出来的通知，很欣慰。这种事情放到家里不是任何一个家庭都可以解决的，父母的受教育程度、认知水平、希望孩子就读的专业、工作的方向等原因，都是阻碍考生填好志愿的因素。所以志愿者发起这样的交流会真的是纳古的首创。

6月26日——世界禁毒日。看着电视方才知道今天是"世界禁毒日"，这个日子再次提醒我们，全球每年因吸毒而死亡的人数达20万人，每年有上千万的人因吸毒而丧失劳动能力，而因吸毒导致妻离子散、陷入痛苦之中的家庭更是不计其数。

由禁毒日不由使我想到曾有人问我：吸烟算不算犯戒。对于这个问题愚下以为：吸烟一方面污染环境空气，对他人的健康会产生伤害，是损人的事；另一方面对自身的健康来说无形中是一种伤害，是一种慢性自杀。吸烟对人和动物的病变机理等多方面的资料，明确揭示了吸烟对人体健康是有害的，特别是与肺癌和心血管疾病有密切关系。由于以上的原因，所以有了5月31日——世界禁烟日。

1980年，世界卫生组织提出"要吸烟还是要健康，任君选择"的口号，并把这一年定为"反吸烟年"。1987年，联合国世界卫生组织总会作出一项决议，把1988年4月7日，即世界卫生组织成立40周年纪念日作为第一个"世界无烟日"。从1989年起，"世界无烟日"定在每年国际儿童节的前一天，即5月31日，以便提醒人们注意烟草对儿童的危害。

不管是禁烟还是禁毒，对人类来说都是一项艰巨的任务，为了人类的和谐共处你我都有责任！

我们纳古把今天的禁毒宣传活动定在6月29日进行。今天就只是看看电视新闻、听听广播，从这些途径了解到今天禁毒任务的艰巨性和禁毒工作的困难面。纳古镇是通海县禁毒工作最为艰巨的地方，这里的吸毒人员等级在册就有37人，加上没有登记的估计可以突破50人吧，所以禁毒需要每一个纳古人的努力。

今早，志愿者协会组织的交流会如期举行，可惜的是来的高中毕业生只有7人。指导队伍还是热闹的，他们是大学毕业生，加上其他的企业老总共有16人。据统计，参加高考的人有四十几人，可是很多学生听从学校的安排，已经在星期五的晚上去了学校，由学校指导填报志愿。

可喜的是来的7位高中毕业生得到了他们想要的填报志愿的指导。

遗憾之处在于，组织得有点仓促，另外是组织之前拿到高中毕业生名单但是没有具体通知到个人，所以在下一年举行这样的交流会必须要做足准备。

2010年6月28日　星期一　晴朗

今天玉溪市内八县一区的企事业、机关单位都放假，因为是撤地建市的纪念日。

就这样的悠闲，串串门，聊聊天。

2010 年 6 月 29 日　星期二　阴雨

早 8 点半，为 6 月 26 日的第 24 个"国际禁毒日"，积极营造更加浓厚的全民抵制毒品、参与禁毒的社会氛围，纳古镇集市区开展了一次以"禁毒"为主题的法制宣传教育活动。

活动由纳古镇综治办牵头，县禁毒大队、镇团委、派出所、司法所、计生站等部门联合开展，共展出禁毒展板 56 幅、交通安全展板 28 幅，发放有关禁毒、防艾、治安管理、行政许可、检察监督等法制宣传材料 1000 多份，发放避孕套 200 多盒。

这次宣传很有意义，让大家能够从直观的展板上看到吸毒的现状、后果，影响应该是深远的。来看的人有老有少，有男有女，总之，这样的广泛宣传起到了一定的作用，通过村民的口头传述，其他没有来看到的村民也可以从道听途说中获得禁毒方面的知识，同样也可以起到宣传的作用。

中午开始下起了小雨，淅淅沥沥，持续的时间有点长。

今天下午 4 点 25 分，纳古担保公司粘贴出了"甘肃陇滇钢铁有限公司招工启事"。

甘肃陇滇钢铁有限公司招工启事

甘肃陇滇钢铁有限公司成立于 2008 年，位于和政县咀头村咀头河滩工业区，是以云南纳古及甘肃两地回族穆斯林为主成立的民族企业。公司主要经营连铸钢环，线材（各型普线）、型材（各型工字钢、角钢、槽钢、扁钢、螺纹钢、圆钢、H 型钢、C 型钢、钢门窗料、管材及其他建筑材料）加工和销售业务。

目前公司已步入正常的发展阶段，具有良好的发展前景，为使得公司更好、更快地发展，提高管理效率及本着培养本地人才的需要，现面向纳古范围内招收以下工作人员：

1. 生产管理人员；

2. 供销人员；

3. 统计员；

4. 炊事员。

要求：

具有一定的职位工作经验、组织、协调与合作能力及文化水平；年龄在25岁以上；如有夫妻同行者优先考虑。

待遇：

包吃包住，月薪2000元以上，年底奖金3万~10万元。

报名时间：2010年6月28日至7月5日

联系方式：纳学栋

人不出门身不贵，希望有志开创属于自己事业的兄弟姐妹们，尤其是年轻人能够到陇滇公司发展，虽然离家有点远，但待遇很不错，也有较好的发展空间，机遇难得，只要认真努力地付出自己的汗水，一定会有丰厚的回报的。去了吃住都方便，又是回族地方，不存在无奈的说法，要是刚结婚的夫妻一块去是最好的，纳古人要拒绝做家乡宝。

有人反对说："离家远，外面的世界很精彩，外面的世界很无奈。"我倒认为要是人人待在家乡，就不会有纳忠先生和纳训先生了，不是把好的东西一直拥有在怀，就能表示爱！

古城村有一家村民，为了争财产闹矛盾。缘由是，家里的母亲将儿子名下的一处加油站私自篡改了法人（原来是她的大儿子），改成了她的大女儿。又将这个加油站出租了别人，租期10年，一次性收取租金共计400万元，母亲将这笔租金分给了自己、大女儿、二女儿和小儿子，唯独没有给大儿子一毛钱。大儿子找母亲理论，他的母亲回答说他有很多钱没有必要给他租金。儿子气不过扬言要杀了母亲。在亲戚的劝说下，这件事平息了，但是母子二人变成了陌路。

也正是这位母亲，占用她侄女的一块房产，侄女多次要也不吭声，归还与否，现在侄女也是要和她闹着打官司，基本上也成了冤家。

为了经济利益闹纠纷的不止她们家，现在纳古只要沾到土地、金钱，不是打就是杀，真让人头疼。

2010年6月30日　星期三　阴雨

今天纳古镇归真两个人。一个是一岁多点的男孩，原因是出生时身体带着点残疾，估计是先天的呼吸系统的毛病。从出生到现在一直在医治，已经花了8万多元了，可是现在还落得人财两空的局面，父母很伤心呢。另外一个是45岁的男教亲。听他的姐姐说死因是得了肝癌晚期，从发现得了这样的病到现在有20多天的时间。但是去查病因的时候感觉只是咳嗽，再怎么重的病该是肺炎吧，谁料结果出来却是肝癌，他和家里人都觉得吃惊。这个人走了，家里的人觉得十分可怜呢。因为早几年和妻子离婚，带着一个女儿单过，女儿出嫁后，只剩自己。他便在纳古开出租车，生活不是很宽裕，饥一顿饱一顿的日子常有。他姐姐说的时候是伤心得一把鼻涕一把眼泪的，让人不免伤感。

今天都要举行殡礼的，在这样伤感的气氛里，又加上细雨淅淅沥沥地下着，更是让人提不起心情。5点30分的时候，和往常一样，在纳家营清真寺举行了殡礼（站拜）。

2010年7月1日　星期四　多云

今天是"七一"建党节，纳古的活动安排在明天进行。

持续了近两个月的妇联贷免扶补贷款工作已经在今天全部结束，而且贷款金额已经全部到达纳古信用社账户，镇上受到资助的11位妇女，在今天带着个人私章和存折就可以到纳古信用社办理了。

今天的天气有点多云的阴霾，到下午的时候有点好转。

早上11点左右，在古城管事马存康的厂房里发生了一起车祸。两辆车相撞，一辆拉着满载的钢锭，每条钢锭有差不多1吨。其中的一位货车司机埋在钢锭里了，已经命丧黄泉了（江川人，汉族，40岁左右），车主是古城人。解决一事没有听说。

真是天天有事情发生呀。

2010年7月2日　星期五　晴朗

二组和一组的两户人家，一家汉族，一家回族，为了两家人排水沟的问题扯皮，今天来到了镇上综治办反映，要求解决。镇上综治办、派出所、司法所几家联合下到现场调查。调研结果倒是已经由综治办掌握，可是没有给出具体的解决方案，只有说解决待续。

2010年7月3日　星期六　晴间多云，有雨

今天的天气有点闷，早早的晴朗，一会儿有点乌云密布，到下午的时候终于下起雨来，可惜的是持续的时间不长。

今天晚上，四组的一户村民举行订婚仪式，很热闹。今天女方家没有吃汤圆，而是吃糯米饭。

看着热闹的订婚仪式，我们的心里也有担忧的时候。一位小资"剩女"谈论道：曾几何时，逢人不再问你，上几年级了？在哪上学？取而代之的是，你结婚了吗？做个测试，你过了25岁了吗？那么，还没结婚吧？如果两个答案都是Yes，恭喜你！你华丽地被剩了。

网上沸沸扬扬有条段子："过了25岁不到30岁的单男单女称'剩斗士'。而30～35岁的曰'齐天大剩'，35岁以上的，Sorry，您成功晋升为'斗战剩佛'。"在我们家乡这片土地上，因为比较早婚，大概鲜有此三类"战士"。那么，一不小心被剩的那些孩子就愈加孤立无助了。

那么，你们可曾思考过，是怎样沦为"小番茄（剩女果）"一族的呢？自问，你们是不是也条件尚可，甚至部分条件优渥。身边也从来不乏蜜蜂、蝴蝶翩翩起舞。可惜，谁都只差那么一点点就可以"梁祝"了。

这个，可以，那个，也行！恍惚间，一个个都成了你的后备。时间划过，后备越积越多，而你想要的那一个却越来越模糊。

年龄本就是把双刃剑。一方面年龄渐长，加之诸方压力，让你巴不得随手抓个就可以"蝶变"。另一方面，年龄摆在那儿，你更不敢饥不择食，愈加重视一击即中，因为再没多少年华可以似水。所以对质的要求也就愈加严苛起来。

有一熟知姐姐，年过30，条件优渥，却迟迟不见"喜上眉梢"。年岁越来越长，要求却越拔越高。

姿态很重要，有的人过度矜持，不舍得放低身段，就算内心诠释着多寂寞的忧伤，在外人看来，也依旧是倨傲挺拔！内心波澜澎湃，外表却气定神闲，那叫淡定到一定高度！

被剩下来肯定不是你的错，也不是我的错，更不是TA的错，错在姿态，它偏了……

早结婚未必是好事，俗话说得好："谁笑到最后，谁笑得最好"。提醒那些盲目结婚的人：婚姻不是儿戏，一旦走错了这一步，想重新来过，基本上就是不可能了。

2010年7月4日　星期日　晴朗

有孩子在学校读书的家长们，今天发起一个有趣的讨论。

题目为：你的孩子零食吃什么？

你的孩子吃什么？

纳古小学门前的零食店，真该整顿一下！

这种垃圾食品吃多了，坏处很多的。对孩子的成长很不利。

孩子放学天天吃，不吃的很少，经不住诱惑。

吃得回家连饭也不吃。

据说在很多地方的学校门口是禁止卖的，被监察的发现，马上没收加罚款！

有的母亲答道:"正在为即将上小学的孩子担心这个,毕竟垃圾食品对小孩子的诱惑力太大了!痛恨垃圾食品,想想小时候我们只吃泡萝卜和红糖稀,还蛮健康的。"

有个父亲愤慨地说:"卫生条件还是有关部门抓一下,一大锅米线,从早泡到晚地卖。还有炸洋芋的油,怕从来不换,黑洞洞呢,沫子又多。看着都觉得害怕。"

有个孩子还没有上学的父亲说:"包装袋里的'烤鸭''羊肉串'(豆腐皮制作,但有很多会添加肉粉),这些食品味精等调料放得比较多,闻着、吃着自然要更香一些。现在的垃圾食品最大的害处还是改变了孩子们的味觉,使他们吃什么都觉得没味了,就像药吃多了有很强的抗药性一样,所以就要吃盐、辣椒添加剂更多的食品。至于米线、铁板豆、糖水杨梅等自己人加工的食品,我觉得还是必须存在的,毕竟便宜。"

有个母亲说:"应该将这些小摊点取缔的。学校出面干涉最合适,为了下一代的健康。或者直接由学校来供应早点以及一些健康食品(如水等),毕竟学校里卫生部门好监督检查。"

有个年轻母亲说:"对的,我也是很反对这些食品!因为我是一个很'贼精'的保命人,觉得父母给的身体不能胡乱糟蹋。呵呵,我的孩子我也要让他认识到这一点,'贼精'地活出意义。"

父母们说得很好呢,各抒己见,看来以后得多看看形势,多听听父母们的意见,这样才能把孩子照顾好。

2010年7月5日　星期一　晴朗

持续了近两个月的共青团贷免扶补贷款工作已经接近尾声。在完成了宣传阶段后,现在的准备材料阶段已结束。今天11位团员、青年朋友按时、按质、按量把贷款需要的纸质资料全部准备完交到了镇团委处。

大家都在响应党中央的"以经济建设为中心"的号召,使人民群众的经济上台阶,腰包鼓起来,为了完成这样的使命,各个部门、机构都在全力投入。共青团贷款是继妇联、畜牧两个部门之后掀起的经济补助热潮，去年也是这个时候顺利完成了贷款工作，今年也在同期预计将55万元的贷款全部发放到需要贷款并且符合条件的团员、青年手里。

不管是哪个部门，有这样的惠农政策都需要几家相互配合。积极对接，把这样的好政策确实落到实处。

2010年7月6日　星期二　晴朗

纳古七组的两户村民，因争田地的权属闹纠纷扯皮多年，今天在纳古综治办和司法所的配合调处下，终于化解，冰释前嫌。

团县委的唐副书记、县一中团委书记来我们纳古调研。针对外来务工人员的子女李才贵考取大学申请"圆梦"奖学金一事。镇团委书记也陪同前往学生家里，查看实际家庭情况，希望可以给予他帮助。

镇上倒是有一个"家坤教育基金"，但是今年的资助对象重新确定范围，不知道外来务工的孩子属于这个范围不，要是可以资助就皆大欢喜了。

2010年7月7日　星期三　多云

纳古的一些群众看到忠训路、湖滨路和海埂路等几条路的路灯亮和灭不规律，所以议论纷纷，打电话来投诉也有，直接来政府反映的也有。这倒是好事，说明大家都把纳古的事情当作自己的事情来做，至少没有漠然。

有的村民说："最近一段时间海埂路及互保路的路灯都不亮了，听说是政府差供电所电费，所以被'停电'。不知道这个说法是真还是假，如果是真呢，未免也过于夸张了，若大的纳古政府不要被其他村子笑。"

主要是我们纳古人吝啬的不在少数。如果每家每户不要让人家专门成立什么收费人员上门收费的话，那些无谓的工资就可以省下来多请几个环卫工人。倡议一下，让大家多来关心一下自己日夜住着的纳古，尽一尽自己的绵薄之力，毕竟清扫、清运垃圾不是易事，需要有金钱做后盾的。

早上9点，县上的相关部门来验收我镇七组的公房建设工程、六组的公厕建设、二组的互保路硬化工程和文化路硬化。三项工程属于"一事一议"和新农村建设的项目，都是2009年开始的项目，现在来验收。工程除了七组公房到9月竣工外，其他的两项都已经竣工了。

2010年7月9日　星期五　多云

今天二组村民陈如超家和一组村民马某某家为了争田埂而闹矛盾。镇上综治办、司法所一起配合前往现场处理。

纳古爱卫会的工作人员，在清真寺和学校门口粘贴出一张公告。

纳古镇2009年环境卫生企业赞助款名单公示

各村民小组、镇属各企业：

为加强纳古小集镇环境卫生管理，解决环境卫生管护资金紧缺的现状，2010年5—6月期间，镇人民政府指派专人向辖区各企业（或个体工商户）收取了2009年环境卫生赞助款，收取金额达95550元，有123户企业积极献出自己一份爱心。为感谢他们对纳古环境卫生做出的支持，本着公开、透明的原则，特此向社会各界进行公示。

附：《纳古镇2009年环境卫生企业赞助款名单》

纳古镇人民政府
2010年7月8日

纳古镇2009年环境卫生企业赞助款名单

巨峰公司	15000元	标准件厂	200元
顺发纸厂	100元	代增林纸厂	200元
国跃拉丝厂	200元	天方食品有限公司	1500元
大营矿山机械厂	200元	建华造纸厂	400元

通江公司	500元	华盛厂	500元
裕兴造纸厂	300元	信用社	400元
农行纳古分理处	400元	蓓蕾幼儿园	300元
纳古车队	500元	纳家营清真寺	2000元
古城清真寺	1000元	光明造纸厂	1000元
开平五金厂	500元	马恒慈	2000元
新月公司	500元	恒源标件厂	300元
纳伊公司	500元	裕林公司	500元
华宇钢模板厂	500元	珠源铝业公司	1000元
宝恒工贸有限公司	300元	马老表加油站	300元
白羊钢锄厂	200元	佳康公司	1500元
马红生厂	300元	纳维恒	500元
纳锦彬厂	1000元	纳泰钢铁有限公司	1000元
纳家营钢窗合页厂	1000元	古城带钢厂	500元
通海振华公司	1000元	高源炼钢厂	200元
纳孝彬厂	110元	合卫坤厂	100元
金马轧钢厂	1000元	纳立明角钢厂	200元
鸿飞厂	100元	云南通海大康工贸公司	2000元
通海县轧钢厂	500元	通海县永成建材轧钢厂	500元
通海县长山经贸公司	500元	大众异型钢模板公司	500元
纳古卫生院	1000元	纳文祥	100元
永昌轧钢厂	300元	恒益轧钢厂	500元
T航凯焊管厂	500元	天宇公司	500元
方正公司	200元	友谊模板厂	300元
云南中云工业有限公司	2000元	通海源源纸业有限公司	500元
方园公司	300元	腾峰模板厂	100元
通海纳古连铸工贸公司	5000元	星泰公司	1500元

玉通公司	800 元	纳光存厂	500 元
古城加油站	200 元	新光公司	1000 元
马俊雄	50 元	西南焊管有限公司	2000 元
热轧带钢厂	3000 元	胜宝公司	500 元
高新焊	2000 元	鸿海工贸有限公司	1500 元
通海县鸿翔焊管有限公司	2000 元	恩号物资有限公司	200 元
通海伟达工贸有限公司	300 元	合林福	300 元
雷敏厂	100 元	恒通铁艺	500 元
马有儒厂	300 元	锦迪五金厂	100 元
新型扁铁厂	200 元	长利花岗石厂	300 元
伊兰炼钢厂	500 元	通海振通工贸发展有限公司	1500 元
云庆公司	500 元	洁雅饭庄	300 元
纳润华厂	200 元	大升经贸有限公司	3000 元
合保华	500 元	葛发友造纸厂	500 元
康宏公司	2000 元	纳家营纸制品厂	1000 元
云琼公司	100 元	乔峰轧钢厂	300 元
兴达五金厂	200 元	恒誉二厂	200 元
通海千山公司	200 元		

合计：95550 元

今晚三组的一户村民，与下回村的一户村民结为亲家。下回村的那位姑娘在纳古小学教书。

2010 年 7 月 10 日　星期六　多云

纳古的教亲们在讨论"纳古的教门、纳古的工厂现状"。

很多人爱用"经济发展，教门兴旺"来形容纳古的状况，包括我们自己在内。也确实，我们从内心，也这样认同。

当然，有时也会过犹不及。比如，经济太过注重，教门流于形式。

现在，一切以发展经济为中心的纳古人很多，身心围绕"钢铁"转，个别人可能早就身心憔悴了。勇于争先的时候，忘了疲惫不堪的身心，忘了累。

2010 年 7 月 11 日　星期日　晴朗

纳古的志愿者们在"艺龙轩"茶市，发起一个讨论：

假如你是下一届管事！

或者下一届政府领导班子！

你脑子里的"形象工程"（其实不是贬义，既然是形象工程，就肯定是很被人关心的项目）是什么？

看看纳古到底有些哪样的迫切要求需要改进？

一位男同志说："我觉得是环境问题，还有外来人口膨胀问题"。

纳古应该多搞绿化建设，培育亚热带树种，最好能营造镇在森林中的感觉。回归清新空气也是一个问题。

其次，外来人口众多，如何发扬伊斯兰民族文化的问题。

最好能在纳古立一座赛典赤的碑，毕竟纳古现在是赛典赤后人最集中的聚集地。有条件也可以建一座云南回族博物馆，讲述赛典赤宗教世家、政治世家的历史和云南回族的历史文化。

如果要选址，纳古是最好不过的，有这个客观条件！

另一个人说：环境是头号问题。地皮少可以种竹子，竹子长得快又茂密，不占地方，还有云南特色。""我觉得嘛，搞绿化固然是好，不过后期维护成本太高了，不适合大范围地搞。要我来做的话，我就在纳古搞几个公共健身场所。

另一人说：我觉得沙甸和纳古最缺少的是文化氛围，成立一个能体现当地文化涵养的广场或者陈列室之类的吧！

有人说：我是镇长们，先清算一下各家各户的土地使用权，把被占的土地如茅斯窝、墙角养鸡场、滴水巷、盖沟（有人把公共的沟盖住占为已有），还有一些乱伸的阳台等要回来，还纳古本来面目。纳古的路原来并不窄，记得小时候有很多大车可以通过村子，看看现在都成什么样了。

一位妇女讲：我觉得每次一进纳古就觉得好脏。但细心一想，这不是关键。表面现象而已。只有当"心"清了，环境才会清。

记得以前社区中提到过早婚的问题。其实，之后带来的就是教育问题。

可不可以为准妈妈、准爸爸以及妈妈、爸爸们做点事呢。他们优秀了，宝宝也优秀了。纳古的根本"形象工程"也就树立起来了。

我们最重要的形象工程——教育为本。

2010年7月12日　星期一　晴朗

牛刀在他的博客中写道："富二代在家中可能听见最多的话，是贷款、融资、股份、股票、分拆、上市、投资、汇率、人民币升值、IPO等，与实际的企业经营和管理挨不上边，与现在的投资决策也不相靠。钱对他们家族来说，只是一些数据的变化，不是实际需要的付出，也谈不上经验和智慧，而且，不可传授。他们的父亲正处在年富力强之时，也不需要他们帮忙，他们也插不上手。愿意读大学的还可以混几年大学，愿意留学的也可以去海外。"

这让我想起了纳古的"富二代"，他们有没有想过当他们家某一天破产，变得一无所有的时候可以靠什么过活。

任何人都需要有忧患意识，特别是"富二代"更要有。

纳古现在"富二代"很多，大家都知道，每个月零花钱过万的不在少数。要知道，昆明目前公布的159个工种的薪酬中，有79个工种的年薪还不到1万元。

我觉得"富二代"有"富二代"的优势，而这种优势不好好利用就会成为绊脚石。一旦企业垮台，工人们无非是换个企业工作，而"富二代"

呢，必将一筹莫展。

我的一个阿姨说过：很多事情你可以会，但不一定要去做。我想，"富二代"们不管家里再怎么富，都需要有一门可以拿出手的手艺，不管是机修还是电气，会，但不一定要去做。要有"即使一无所有我也可以生活"的底气。

纳古多有一些"富二代"不是坏事，毕竟，从统计上讲"富二代"成功的概率要比较高。而父母对于富二代的教育对其是否成功确实起到了决定性的作用，这是值得大家关注的。

2010年7月13日　星期二　有雨

这几天，由于工伤的厂里职工有点多，从政府进进出出，来反映在厂里受伤，受到不良待遇。

早上，在司法所就成功解决了一户来反映的外来务工人员受伤的案子。

2010年7月14日　星期三　晴朗

纳古六组的一个小青年，14岁左右，骑着一辆家里的摩托车到处横冲直撞，由于速度过快，在纳古高速路转盘处撞倒了一个老奶奶，老人当场死亡，小青年受重伤。

这几天村上请客的人很多。

刚好"来寨卜"（一种副功斋）期间，开经的人也很多。借着这样那样的事情，请师傅、阿訇来家念经，请亲戚朋友来家吃上一顿便饭，热热闹闹的，很好的聚会。

2010年7月15日　星期四　晴朗

早上，纳家营清真寺前任大师父纳才生二儿子家，房子竣工开经。人很热闹的，摆桌几百桌。

2010年7月17日　星期六　晴朗

今天周末，天气晴朗。纳古二营请客的人家也很多。

早上纳古有4家人宴请，大街小巷都是去做客的人群。

特别是七组纳跃义家的女儿订婚，早上举行会亲。人山人海的。

古城新寺今天举行"亡人节"开经典礼（一说是过"姑太节"），总之在那古老的院落里面，宴请着县上、镇上、通海其他想着的新教穆斯林和纳古镇的新教穆斯林。他们的宴请活动分早上和下午两顿。主要纪念清朝时期在通海的大屠杀事件中亡故的穆斯林同胞。这样的纪念，是因为亡故的他们得到了烈士的品级，所以活着的穆斯林为他们念经，求真主把更好的品级待遇给予他们。

上午11点30分，云南大学冯瑜老师一行15人来到纳古镇。来的人来自全国各地，男7人，女6人，主要来调查以经济为主题的调研活动。入住在纳家营工业路"鹏帅宾馆"，那里的条件相对可以，在乡下回族人家的宾馆，卫生很过关。

下午，有3家人家宴请。两家是嫁娶，一家是开经。斋月临近，请客的人家也是很忙呢，特别是嫁娶的人家。

晚上的时候，纳跃义家的女儿举行订婚仪式，吃汤圆。

2010年7月18日　星期日　晴朗

早上，柿花园内一家纳姓的村民为女儿订婚举行了会亲。

晚上，还是照例的订婚仪式，阿訇来家里开经，完了吃汤圆。当然还有就是男女双方的亲戚也来女方家里吃。吃完了汤圆就带走"果子"，实际上就是装一点瓜子、4颗不同类型的糖、两片饼干。意义是什么，想来是分享主人家的喜悦吧。

今晚，来自云南大学、昆明理工大及西藏大学等高校的师生一行近15人走进纳古读书交流会，和志愿者就纳古的经济、教育、文化等各方面进行深入探讨。重点对环保、均衡发展、宗教信仰进行了对话交流，也了解了志愿者成立的宗旨。明早他们去古城清真寺，探讨幼儿教育。本次田野活动近10天，下一步他们将深入家庭，并向清真寺、政府了解更多相关情况。欢迎你们的到来，旁观者清，希望你们完成学习任务的同时，站在专业的角度，对纳古的发展提供建议和意见。

2010年7月19日　星期一　晴朗

今天是玉溪市聂耳纪念日。

2010年7月20日　星期二　阴雨

从早上起来就天阴，没一会儿就开始下大雨，下了好几阵大雨。

云南大学田野调查的学员们在冯瑜老师的带领下，来到镇政府，和镇上的各口的分管领导进行座谈。主要从教育、社会稳定、经济等几个方面进行提问，镇上的分管领导们也认真地回答提问者。

有几个问题很突出：

一是纳古国民教育的发展现状如何，让一线的老师谈看法。

二是教师待遇和培训问题？

三是少数民族学生的语言教育问题和农民工子女的入学问题，是否达到公平？

2010年7月21日　星期三　阴雨

今天纳恒慈教亲归真，5点半举行殡礼。

纳古企业生意持续走低，有很多老总聚在一起，谈论最多的就是国家钢铁企业的政策和消息。

据工信部消息：800家钢企将大幅减至约200家。

下半年，工信部将积极推进新能源、新材料、节能环保、生物医药、信息网络和高端制造产业等战略性新兴产业的发展。确定新能源汽车技术路线，制定新能源汽车发展标准。推进国家传感信息中心建设，加快培育物联网产业。

20日，工信部新闻发言人朱宏任在国新办关于"上半年工业通信业经济运行情况"新闻发布会上，作出上述表示。

除了战略性新兴产业，朱宏任提到，下一步，将在服装、家纺、家电等行业推进自主品牌建设，在食品行业推进质量诚信体系建设。

朱宏任同时透露，将按照国务院促进企业兼并重组的部署和要求，制定重点企业兼并重组实施方案，完善配套政策措施，力争年内取得初步成效。

在同一场合，工信部原材料工业司司长陈燕海称，力图通过联合重组、淘汰落后，将目前约800家钢企大幅减至约200家。陈燕海表示，达成这一目标的手段是工信部颁布的《钢铁行业生产经营规范条件》（以下简称《条件》）。陈燕海透露，工信部正在组织研究并积极落实相关意见，下一步将会同有关部门和各地方认真做好这个《条件》的实施。

"小钢厂难逃被淘汰的命运。"兰格钢铁研究中心分析师张琳昨日告诉早报记者，尽管政府鼓励企业通过联合重组达到《条件》要求，但大企业"嫌弃"小钢厂落后装备，根本不会接受重组，而小企业简单"抱团"，又在环保、能耗等硬性指标上难达到要求。

根据7月12日公布的《条件》，2009年普钢企业粗钢产量100万吨及以上，特钢企业30万吨及以上，且合金钢比大于60%（不含合金钢比100%的高速钢、工模具钢等专业化企业）。

河北冶金协会副会长宋继军对早报记者表示，尽管现在河北很多民营小钢厂都希望"挂靠"河北钢铁集团，但很多小钢厂，河北钢铁集团"不想要"。

实际上，早在2005年，中国钢铁业"压小取大"的产业政策就开始推行。据了解，以中小钢企较多的河北省为例，地处南部的武安市在2006年就从20家缩减至3家，其中新武安钢铁集团由18家小钢厂"抱团"而成。

早在 2009 年，新武安钢铁集团就有意与河北钢铁集团"结亲"，但至今未展开实质行动。

冶金工业规划研究院院长李新创表示，很多中小钢厂有自己稳定的市场，"一刀切"关停并不合适。

张琳也指出，以行政命令的方式淘汰小钢厂，不符合市场竞争优胜劣汰的生存法则，这种方式保护了大钢厂的利益，有悖于市场经济公平竞争的原则。

起始于 2000 年的中国钢铁行业淘汰落后产能的"壮举"，时至今日仍未能摆脱越淘汰、越过剩的怪圈。

26 日，国家工信部副部长苗圩在某论坛上再次"炮轰"落后产能，称"18 个行业落后产能占总产能比例达到 15%～25%"，未来将坚决防止"一边淘汰落后产能，一边新增落后产能"。

苗圩说这番话之际，10 天前，国务院刚刚下发了《关于进一步加大节能减排力度加快钢铁工业结构调整的若干意见》（以下简称《意见》），国家对淘汰落后产能"首当其冲"的钢铁业再度使出"铁腕"。

刊登在中国政府网上的《意见》明确指出，2011 年底前不再核准、备案任何扩大产能的钢铁项目，并对 2005 年以来建设的钢铁项目进行清理，同时要求工信部尽快公布淘汰落后产能企业名单。

更早之前的 5 月 5 日，全国节能减排工作电视电话会议提出，要采取铁的手腕淘汰落后产能。其中，今年要淘汰落后炼铁产能 2500 万吨、炼钢 600 万吨，5 月底前要把任务落实到各地区和企业。

钢铁业落后产能，已经成为伴随中国经济增长多年的"痼疾"，然而市场一直在反问有关部门：钢铁业重复建设为何屡禁不止？落后产能又缘何"越淘越剩"？

"就像超生游击队。"

就钢铁行业落后产能现状，业内两位专家近期分别对山西、河北地方钢企进行了实地调研。

山西、河北两地钢铁企业在中国钢铁行业颇具代表性。山西钢铁巨头有太原钢铁（集团）公司、海鑫钢铁集团有限公司，后者还是该省最大的民营企业之一。河北的邯郸钢铁集团公司，由两大钢铁公司——唐山钢铁集团有限责任公司和邯郸钢铁集团有限责任公司联合组建而成。

北京科技大学冶金学院教授许中波在山西调研时发现，在一些贫困地区，钢铁企业是纳税大户，当地政府在贯彻淘汰落后产能时消极应付甚至暗地里支持钢企钢管。

中国钢铁业陷入越淘汰、越过剩的"怪圈"，其中究竟是何作怪？

许中波一个幽默的比喻道破了其中玄机："钢铁企业几乎已经形成共识，胆大的先建了再说，就跟农村的超生游击队一样，老实的就吃亏了。"

许中波在山西实地调研发现，目前山西各地拆掉炼铁小炉子，新建大炉很少有小于1000立方米的。许中波解释称："越大的越能节能减排，同时也不会在工艺上落后，也有利于加快生产，但这同时无疑大幅增加了产能。"

早在2006年，国家发改委就曾发文要求，2006年淘汰全部200立方米以下的小高炉，2007年淘汰300立方米以下的小高炉和20吨及以下的转炉。

河北省冶金行业协会副会长宋继军在河北进行了调研。宋继军告诉早报记者，除了经济发展对钢铁产能扩张的实际需求外，国家要求淘汰小高炉时，地方变相改扩建大高炉，如此一来产能非但没有减下去，重复建设与产能过剩现象却越来越严重。

宋继军10年前担任河北省冶金行业管理处处长，彼时负责淘汰当地钢铁落后产能工作。

根据许中波的调研结果，去年年产在500万吨以下钢铁企业，由于产品以建筑用材为主，利润增幅在70%左右。年产在500万吨以上的钢铁企业，尤其是特大型的钢铁企业，因为产品以高端为主，效益反而不好——利润下降50%。但大企业不敢缩减产能，小企业因效益好而加大产能,这使得今年以来钢铁生产继续加快。

"在落后地区,钢铁是一些地方政府的纳税大户,有了钢厂,财政收入就有保障,除了钢铁,落后地区干其他的又没有优势,假如钢厂把污染标准放低点,还是有一定效益,所以地方政府不仅不愿意把它们关掉,反而会在暗地里支持它发展。"许中波说。

政策力度再大,或许都要看地方钢企与地方政府的"脸色"了。许中波表示,国家政策是灵活的,经济形势好的时候,节能减排作为软任务就抓一抓,不好的时候就赶紧调控。"所以地方钢企和地方政府对中央政策也摸清楚了,它们也不是不干,但也不是真干,就是消极应付。"

许中波对地方政府淘汰落后产能的态度并不乐观。

可查资料显示,从2005年开始,中国钢铁产能飙升。2006年,国内钢铁产能迅速超过4亿吨规模。随后国家发改委调整了调控目标,将"十一五"期间的钢铁产能调整到5亿吨的规模。然而,2007年国内钢铁产能不降反升,居然达到了4.89亿吨。

2008年金融危机爆发后,受惠于4万亿元投资,落后产能依然能找到市场需求而免遭淘汰。

在今年2月5日举行的中国钢铁工业协会2010年理事(扩大)会议上,工信部副部长苗圩透露,2005年以来建设的钢铁项目有近3亿吨产能未经批准。

河北标本。

作为钢铁大省,河北省淘汰落后产能任务非常艰巨,早报记者了解到,今年前三季度,河北将淘汰钢铁落后产能1440万吨,其中炼铁产能1240万吨,炼钢产能200万吨,其淘汰落后产能的力度在全国应该是最大省份之一。

然而截至目前,河北省已淘汰的落后产能仅240万吨。这意味着,在接下来的第三季度,该省将面临淘汰1000万吨落后产能的艰巨任务。

"我们有一整套实施方案已经报送给省政府,上面也很重视,到第三季度末完成淘汰落后产能目标没有任何问题。"江西省工信委产业政策处处长朱印在接受早报记者采访时表示。

而据宋继军介绍，新一轮信贷紧缩对河北省民营钢企影响特别大，将对钢铁业调整结构、节能减排和淘汰落后产能起到相当大的作用，因为它卡断了落后产能的资金来源，可以说是致命一击。这对河北省来说，不知道能不能算是淘汰落后产能的"福音"。

这些专家所言，在我们纳古同样有这样的事情存在。纳古99%的财政收入是工业经济收入。虽然大家都知道几百号企业给纳古镇带来的经济效益、带来的环境污染和后遗症，可是终究因为有利可赚，企业老板们依然是在撑着。在6月，纳古的企业关门停产的比较多，估计除了专家所说的上述的那些原因之外，还有就是国家的政策和雨季到来，房地产事业在争议声中缓慢前进，这样一来导致纳古的钢铁企业多生意一度冷淡。

2010年7月22日　星期四　阴雨

今天没什么大事，就是阴雨连绵。

2010年7月24日　星期六　晴朗

今天下午，四组企业老总纳宗喜家嫁女儿。

2010年7月25日　星期日　大雨

一早，纳古志愿者协会动员镇上的青年们，请大家参与今天早上8点30分的大扫除。

活动进行了近两小时圆满结束。

一次饱满汗水的劳动实践，在清洁街道的同时清洁了我们共同的心！是志愿者活动中非常有意义的一次！

2010 年 7 月 27 日　星期二　晴朗

过了几天的阴雨天，今天真正地放晴了。气温不低，烤得人难受。

今日的另一道风景线就是七八家专门做"油香"的摊点，他们在清真寺门口热闹和忙碌地做着买卖。

2010 年 7 月 28 日　星期三　有雨

宁夏永宁县的县领导一行 6 人，来到纳古参观考察。

镇上的人大主席、镇长、分管工业的副镇长几人参加接待。

到镇上会议室座谈过后，参观纳家营清真寺、纳家营有代表的几家工厂。

2010 年 7 月 30 日　星期五　有雨

古城清真寺很热闹呢，因为他们也是开展假期孩子和大人的学习班，孩子们每天都在里面吃早点。

去到古城清真寺，总有点感觉，曲径通幽、桂花飘香，而且那种古代和现代建筑的完美结合，让人陶醉。

说到这里，有的人就聊起来，他们记忆里的古城清真寺后面的小花园，原来是一个关塘，有蓄水、防洪的作用，现在却被完全隔离了，只能从栏杆的空隙里看见关塘。

一个村民说："江南可采莲，莲叶何田田，鱼戏莲叶间……这儿虽不是江南，这儿却有着江南的风韵，这儿就是我儿时的关塘，七八月的关塘，荷叶亭亭玉立，荷花飘香，清澈见底的水中鱼儿游来游去地相戏，'水片溜'唧唧唧唧叫着，哧溜地钻入了水中，一忽儿又从别的地方钻了出来，阳光照在荷叶上，闪闪发光，男孩子们手中擎着刚采的荷花，高兴地在水中游来游去，女孩子们在水浅的地方采蓝色的水葫芦花。

每年放水的时候，家家户户都去关塘里边捉鱼，盘藕根，直到天黑沟边还有人洗鱼、洗藕根。关塘里的鱼味道很鲜美，藕也比现在买的好吃。

这就是我记忆中儿时的关塘。

我尤其爱雨后的关塘，晶莹的小水珠在荷叶上滚来滚去，水面上浮着一层淡淡的轻烟，现在想来脑海中总会浮现出"蒹葭苍苍，白露为霜"那些美好的诗句，只可惜这些美好的景色已经随时光流逝了，留下的只有回忆时的忧伤。"

有个男孩子说："在闲暇的时间里把曾经的美好回忆带给我们分享，其实我也是那一群游泳的孩子之一。不管是放学还是周末关塘，是我们最好的去处。在水里比游得快，比'闷头子'，比谁的游泳花样多……有不会游泳的就抱一个篮球在里面漂，这一切好像还在昨天发生着。"

现在的关塘已经没有他们说的那种意境，但是我想对美好事物的怀念是应该有的，这样才能够反思我们人类的所作所为是对是错？在发展的过程中丢掉很多，比如说环境、栖息地等，我想这是不应该的，也是很不科学的。

再比如说到污染，有眼睛的谁看不到纳古的天空在朦胧的背后？

2010 年 7 月 31 日　星期六　晴间多云

今天早上天气晴朗，做客的人也满街都是。

今天云南大学的教师纳文琪结婚。娶的是纳家营第五村民小组的一位女大学生，刚从云南民族大学毕业。

纳文琪是纳忠教授的孙子，到他为止，纳忠教授的孙子辈全部成家立业。

他们家里请客，没有接"人亲"（红包），请客的规模也很大，有 400 余桌人。

看到人家结婚，感觉有点奢华，也感觉有点羡慕，呵呵，不过感觉有点那个……

将近有个男同胞说了这样的话："今天我一个朋友和他刚刚说到的一个女孩子第一次出去玩，买了一套衣服给女孩（一件衣服，一条裤子，一双鞋），花了2200元，只是第一次出去！

在前几天，我另外一个朋友和他女朋友（小玩玩之后）出去买衣服给那个女孩，也花了2400元，也是一套衣服，一部手机2000多元，一个戒指2200元。

男女双方都是纳家营人！都还没正式订婚（吃茶）呢，那到那时要花多少钱。

我的好多朋友说媳妇去买衣服时，基本都是几千元买一套衣服，本人没有这方面的经验，不知道是不是自己太小气了。"

另一个男同胞说："你说的怕是些富家子弟，按自己的能力就是了！"

第一个男同胞说："是富家子弟就好啦，都是我朋友，一个月就1500元的工资，家里也不太好，我晕啊，叫他不要去那些地方，他就去那些地方。我也打听了一些，大多是这样的！"

有个女同胞说："江南布，真我永恒，浪漫一身……不是纳古的消费达到了这样的水平。多数人在跟风攀比，你买了我也买得起！有的人看别人穿江南布衣的衣服，买相同款式回来，然后发现不适合自己，低价卖给了其他朋友。一个包1万多，一条皮带几千块……我个人认为我们不应该有这样的消费观念，人的价值不在包装！"

哎，我晕！

婚姻的基础是信仰，是爱，而不是物质，还是量力而行，根据自己的能力而选择。

2010年8月2日　星期一　晴朗

这阵结婚的很多，快要结婚的也很多，所以涉及一个问题就是结婚的费用问题。

一个男青年说："看见结婚浪费的情况，正好我准备要讨媳妇，问问过来人。一样一样帮我算算！要多少钱能讨回来？"

一个已婚的同胞说："看怎么算了。

1. 衣服什么的可以买几千上万一套的，也可以买几十几百的，套数可多可少。有人担心挂不出来，我认为不用管就是了。

2. 请客嘛看多少，现在大家都怕做客，想少请点也没事。

3. 家具档次也分很多级别，看你买什么，电器也一样。

4. 聘礼那是必需的，该买的首饰看情况多少自己商量，反正买了一般不会戴。

5. 房子装修也是看个人，简单的话双灰粉一刷就可以了。

6. 结婚照可照可不照，不过建议照，一生一次，满足女孩子一下，不然以后耳根麻烦。

以上是费用问题，我认为最难、最麻烦的已经是父母、亲朋好友帮做了，订婚、结婚、请客等相关事宜都是父母亲朋好友做，这可是上百人在帮忙的，买菜、洗菜、切菜、炒菜、舀菜、抬菜、相帮、洗碗、清扫、桌椅板凳、请客等，想想看哪家大客不超过100人帮忙。"

有个过来人说："东西是要买的，而且要上千，你不出这些钱，很难和女的再发展，说不定才买回来女的就退了，就结束了。除非是自己好上的，双方都能顶住压力，这样就没必要买那么多东西了。现在不是富人和富人比，是穷人和富人比，也不看看自己的实力，人家几千是N多牛上的一毛，自己的几千是好几个月的工资。"

有句俗话：难得有情郎。只要是真诚地相爱，不一定非要多少钱才能讨媳妇的。

纳古现在的结婚现状有点让人后怕，说不起媳妇、结不起婚，清真寺里屡禁不止，说是反对奢侈浪费，反对大摆大请，可是到自己家，特别是有钱的人家，人家怕丢面子，或者反正有的是钱，人家不差钱，当然爱怎么请就怎么请，实在是难以禁止，所以很多人家娶媳妇之后，老人背负着账务，而且还变成了难言之隐。这点确实需要改革。

建议，大家把不物质的东西看少一些，把信仰和真诚看多一点。

2010 年 8 月 3 日　星期二　多云

纳古镇卫生院组织医务人员到纳家营清真寺门口开展纳古镇居民健康档案建立工作。

这项工作涉及面广，要建立纳古镇本地居民的全部档案，细致到身高、体重、血压等每一项。要求以个人的方式建立，一人一档案。

到今天为止，共建立400余人的健康档案。听卫生院的人员介绍说："这项工作以后会涉及很多优惠，如测血压、血糖等，以后会增加更多的优惠。"

我觉得这样工作是双赢的工作，建立的居民健康档案可以使政府和医疗部门更准确地掌握居民的健康状况，对于他们的医疗方向可以做好调整，另外就是方便居民对自己的健康状况有所了解，可以明白威胁自己健康的事项是哪些。

这项工作估计要做半个月之久，是一个大工程。

2010 年 8 月 6 日　星期五　晴朗

沙甸大寺于今天落成，沙甸的教亲们已经在这里礼主麻了。

3个大殿载满，15000多人。

纳古的很多教亲很多人去参观。

今天，我跟随镇上分管企业的副镇长、人大主席，到天昊公司观摩开工情况。

天昊公司规模很大，企业的情况很理想。炼钢、轧钢一体化、自动化，几个工人数控着几台机器，哗哗地生产着。纳古的企业都应该走这样规模化、先进化、环保化的模式，才会有出路。

2010 年 8 月 7 日　星期六　晴朗

2010年炼铁淘汰落后产能的云南企业名单中没有纳古的企业，原因估计有两个：

一是纳古的炼钢企业诸如连铸钢铁公司、天昊钢铁、日辉钢铁有限公司等属于大型企业，符合现行炼钢标准，不在淘汰之列。

二是纳古的另外一类企业，是基本上不入流的企业。不入流的这些企业，看来前途堪忧！

2010年8月8日　星期日　晴朗

今天是县上号召的"全民健身运动"第三个年头。

县上组织各乡镇召集人前往县上统一行动，开展环湖走运动。

我们镇上有40个人参加，包括镇上的领导干部和组上的团员青年。

2010年8月9日　星期一　晴朗

今年"家坤教育基金"的奖励活动，已经开始有人来征集信息啦！

到目前为止，二本及以上普通高校的录取工作已经基本结束了，通海"家琨教育基金"会一年一度的优秀学生奖励活动正在筹备。

现面向纳古镇征集（包括祖籍纳古的）今年考上二本及以上高校的高中毕业生，以及考上玉溪一中、玉溪师院附中、玉溪民族中学以及其他省、市级重点高中的初中毕业生名单。

听说只要有知情的或者考上的，请与纳古学校苗开寿联系，或者直接报名都可以。具体的奖励标准到时候再公布。

2010年8月12日　星期四　晴有阵雨

纳古的菜市场热闹啊。从早上一直卖到下午，估计得到开斋的时候才会收摊。这是纳古集贸市场买卖里的惯例。卖菜的也习惯了这样的转变。等过几天，早上就不做买卖了，等到中午开始卖。

从今天开始，老年人体检（即65周岁以上的纳古老年人）四组结束后，换给了二组和六组两个汉族组。二组今天去体检。

2010年8月13日　星期五　晴朗

昨天、今天，两天的时间，二组的老年人体检已经结束。

换到了六组。说是周末不体检，从下周一开始。

今天，纳古志愿者出来几个帖子发在"中穆网"上，跟帖的人很多。

第一个帖子：《工业路上打响环保第一枪》

这是一个值得纪念的日子，纳古，终于有人站出来了！为了家园、环保、健康。

长久以来，受污染的人们忍气吞声。不是因为胆怯，是因为斩不断理还乱的亲情、友情。

而排污的人却无动于衷。个别人还变本加厉，不顾周围人的死活。不分昼夜地排毒烟、发噪声。

怪病越来越多，身体抵抗力越来越弱，天空越来越污浊，纳古到底怎么了？我们的良知哪里去了？

这么多年来，也就是谈论治理污染的这些日子以来，污染不但没有减轻，反而越来越严重。

如果没有人站出来，我们只能等待污染方的自己良心发现吗？

工业路上(也就是镇长路)上，已经站出来的人，请记住，正义的路上、维持自己合法生存权的路上，你们不要心虚，不要愧疚。你们不会孤独，你们有最广泛的支持和拥护者！

我，作为一个志愿者，是你们最忠实的支持者。因为好事上、正义上，要求我们互相支持和勉励；干歹上、丑恶的事上，要互相提醒和劝止。

很多人不明白到底是怎么回事。

有个叫"志愿者007"的网友解释说："我今天去看过了。在工业路上很多人不知道工业路在哪里，就是学校后面的那条，人们常说的镇长路上。

听说是这样的，在修工业路前，那条路上的人达成协议，工业路修好，路上的工厂就停止、搬迁走，不再污染工业路。

大家都知道工业路已经走了两三年了吧？可是还有工厂没有停止，还在污染。于是路边有的人就联合起来用车子堵断路，不让大车经过，只让小型机动车、摩托、单车等经过，等工厂按照之前达成的协议，有个说法后再放行大型车辆通过。如果没有说法，就一直堵下去。"

　　"不管怎么说，事件本身只是一个反思和治污行动的开端。我们不应该把它看成某某人针对某某人，或者说某些人针对某些人的事件。它应该是我们集体反思、集体行动，共同来重视污染、解决污染，工厂、居住分开，整个镇协调发展的开端。"

　　一位叫"西域望三海"的网友说道："今早，跟我们一位对地方事业'忧国忧民'的前辈坐了一会儿，他告诉我们，纳古志愿者对纳古来说，最大的公益就是在'污染'上发言发力了，我自己也是深度赞同。

　　纳古，污染的事，我们确实不得不正视，真正来下手解决了！我们还能等到什么时候?！等多久?！

2010年8月15日　星期日　晴朗

　　纳古三组一家村民，父亲归真后，三兄弟轮流赡养母亲，为了赡养费分割的事情，兄弟几人打起架来。据说是父亲活着的时候，卖了家里的一块农田，得了几十万块钱，每个子女分了5万元，还剩下10万元作为二老的养老费。另外还有4万块钱，是二儿子生病发生意外时，医院给的赔偿金共计6万块，用掉2万元后，还剩4万元。总共有14万元左右的养老费这样子，由于母亲生病精神有点不太正常，结果这些钱就被大儿子全部掌控了，现在母亲在3个儿子家每家轮流吃1个月。

　　二儿子质疑，要求他哥哥把养老金的事情说明白，最好把钱拿出来平分，可是他哥哥一口咬定钱已经被他赌输了，现在没有钱。态度就是"要钱没有，要命有一条"这样子。

　　到政府里的司法所调解，也没有达成共识，所以今天兄弟几个就打起来了。

派出所干警赶到现场调解，事态是暂时平息了，但是事情还没有最终解决。

纳古现在家庭里为了经济问题吵闹的越来越多，经济杠杠在家庭里起的作用太大。有钱的也要吵闹，没钱也要吵闹，真是那句话："为钱好，为钱恼。"大家为了钱财奋起是对的，意识到钱的重要性是对的，但是过分地追求钱财、利益的好处而忘却了亲情和邻里的感情是不对的。

2010年8月16日　星期一　阴雨

今天，五组的一个女村民来要求落户。

快20年了，她一直没有落户，现在是由于镇上开展全国第六次人口普查，她没有户口现在才来要求。

可是她们家的情况很复杂，父亲亡了，母亲坐牢了，而且她母亲当时和父亲在一起时，他父亲有妻子而且有4个子女，她父母亲的关系是姘居关系，而她一直没有落户，在十六七岁时，按照回族的婚嫁习俗嫁给了古城的一户人家。可是由于没有户口也没有领结婚证，没有法律上的认可，两个人仍然是姘居。现在育有一个女孩，好像他们夫妻俩现在又再走父母的老路一样。

她现在要求落户，可是需要费些周折，先落户到她母亲名下然后再婚迁到纳古来。

先来这样的非婚生育的子女在纳古很多的，但是像这样快20年没有身份地过生活的人不多。

希望我们这里的父母们能够为自己的后代多考虑，不要放任自己的行为，造成子女的伤害。

2010年8月17日　星期二　晴朗

上星期天的"工业路环保第一枪"打响之后，对于环保问题，大家都在热议中，而且有人提出很多关于环保问题，纳古人应该做些什么？

有的人看了工业上的环保问题解决后提出："湖滨路上的有几家，大家把名字和老板名字补出来，大家一起公布，给他们压力！"

有人回应说："不要公布名字。纳古的环保非一日之痛，解决环保问题需要政府和电力公司给予支持，不知道他们都做了什么？我听炼钢厂的人说过他们也愿意搬，谁不知道纳古镇的土地很贵，搬出去了厂可以发展得大些，可是谁给协调地。电也是问题，搬出去电力公司就要求安装电柜补偿，乱七八糟加起来要好几百万元。电力公司玩的是你不搬我随你，你一移动我就宰你。纳古的环保要政府出面解决，炼钢厂配合。谁不知道纳古的环保问题严重，我们继续关注。"

有人还说到地价的问题："纳古的地价已经比玉溪、呈贡的贵很多了，工业用地的话甚至比昆明市区的还贵了，悲哀啊，自己玩死自己。不但污染了环境，还自抬地价搞坏经济环境，表面看来很繁荣。再这样下去的话，污染越来越大，地价越来越高，企业又走不出去，即使政府不管偷电漏电、偷税漏税，迟早也要自己玩完。"

8月10日那天志愿者粘贴出来的帖子，说是要慰问纳古镇内的弱势群体，送米、送油近150家人。

纳古这件事情做得好呢，让出钱人的钱真正地用到需要的人手里。

通海警方，在前期侦查的基础上，对纳古葛家大山一户养羊村民赵某和同伙纳某、马某组织的百家乐赌局成功端掉。

涉嫌赌博的人员有70多人，赌资2500多元和600个赌币，赌博团伙组织严密，每天花100元雇人放风，而且为参赌人员提供车辆接送、伙食等一条龙服务。

纳古涉嫌的参赌人员有10余人，组织人2人。

2010年8月18日　星期三　晴朗

在纳古生存打工过日子的外地穆斯林非常强大，在我们还没有来得及接受他们的时候，他们已经融入纳古的节奏里边：清真寺礼拜、念经学习班、学前班的孩子、戴盖头买菜的陌生妇女、卖水果的小贩……

这是纳古的优势：在纳古，流动人口是非常之大，超过本地人2倍的外来人口，他们不可能永远生活在纳古，在他们回到家乡的时候，能用到在纳古所学习的技术为生活谋利，能继续用纳古的方式生活，对于纳古这是多么伟大的功劳。

我想，看问题得全面地去解析为好。是的，外来打工的人在纳古受到很多的好处，我不敢否认。特别是孩子的教育，这是最为欣慰的。可毕竟纳古的工业还多是个人小企业，现在虽然渐渐地形成了"集团"的形式，但在对环境、人体的危害方面还很严重，好多事我就不一一说了，我只知道这个世界是好坏相依相互的，只看好的或只看坏的，都太过激。

8月18日晚9时，网友Ynthhn在百度玉溪吧爆料，"特大新闻！通海东街金伯利被抢！"这位网友发帖称，"刚刚我就在东街上，看见几个人戴着口罩、墨镜，手提大刀，抢劫了通海东街上的金伯利。激动了。就像是电影上一样！"此言一出，众网友表示强烈围观，讨论声不绝于耳，但也有网友表示，"无图无真相。"

这犹如电影画面的一幕，也让许多网友产生联想，"会不会是拍电影？"

究竟有无此事，还是纯属谣言？日前记者从通海警方获悉，确有此事，但无人员伤亡。

劫匪离去前炫耀大刀。

记者注意到，被抢钻石店位于通海县最繁华的步行街中央阁楼附近，打劫时间为晚上9点。这一切是怎么发生的？

站在事发现场，记者看到步行街上人来人往，而门面颇大的金伯利钻石店大门紧闭，离它不到百米的地方就有两个金店，北面还有一家老字号珠宝店。

金伯利钻石店附近开店的李大妈回忆说，事发当晚9时多，她正准备打烊，突然听见隔壁钻石店内传来玻璃被敲的声音，她正准备进店一看，只见 3 个男子背对着大门正在敲店内墙壁上的玻璃，其中一名男子似乎拿了一把约 1 米长的大刀，几个女店员都被吓呆了。不到 1 分钟的时间，3 名男子迅速拿了财物，跨上门口的一辆摩托，扬长而去。"其中一个男的还炫耀式地扬了扬手中的刀。"

一位在附近开店的人告诉记者，几天前他曾看到有男子在金伯利店对面的眼镜店里转悠，"本来这里很热闹，人来人往的，我也没注意，可那几个男的出现了好几次，我就有点疑心。"

警方表示，正对此事展开调查，不便向记者透露更多细节。

闹市打劫为何能成真？

事发地是当地最繁华的步行街，明目张胆地抢劫何以成为可能？记者发现，虽然步行街标明早晨 8 点至晚上 12 点机动车辆等禁止通行，但是不到晚 9 时，步行街上就有不少车辆出入了，特别是摩托和电单车更是穿梭于人群中。

一位店主告诉记者，年初发生的血案（宋泽刚案）曾让经营户们感到恐慌，不到晚上 9 点几乎都关门回家了。可随着该案件的侦破，通海治安环境的好转，大家悬着的心慢慢落下，一些店铺开到 10 点多才关门，谁知又出现了这起闹市抢劫案。

纳古市场门口的墙上都已经出来通缉令了，看的人还蛮多的。这样的事情真让人害怕，硬是弄得像是拍电影一样。

看来贫富差距大了之后，容易让人产生仇富心理。现在的纳古也面临这样的问题，这是亟待解决的严重问题。否则将变成纳古下一步治安维稳的一大隐患。纳古的外来务工人员和本地游手好闲的人也不乏人在，另外就是纳古一些吸毒人员，这些将构成纳古仇富人员。

2010 年 8 月 19 日 星期四 晴朗

刚刚去菜市场转了下，看见又新开张了家童子鸡连锁店。

看得那个诱人啊。不过让人值得怀疑的是虽然打了清真标志，真的是清真吗？

那么多的小鸡，到底从何处来的？不可能是自己宰的吧？

问过一目击者，小鸡都是冰冻的，也就是说是直接从外面运来的，是否清真？确实值得我们去了解！

那么多数量的鸡，机械化生产的可能性很大！

如果有人要清真包装的，就拿印刷外观是清真的装。

鸡翅、鸡爪，几乎可以肯定：不能吃！

2010年8月25日　星期三　晴朗

这几天，纳古人一直在热议天课、污染等问题。

有人就提出来"搬迁工厂不太适宜，最好是合并工厂，小厂合并成一个大厂"。

当然最难就是如何说服并厂了。不过，我想我们纳古人思想都是开明呢，眼观也是广阔呢，有些事情只要愿意努力并付出行动就能做到。应声安拉。

另外一个人也提出来："并是很好的，但是又存在几个涉及利益的问题：

1．并起来的时候估值怎么估，这就涉及股权怎么设定的问题。

2．如果都是小厂，股权很分散，谁来管理，谁服谁？

3．如果有一两个大股东了，参与管理的拿着高薪，一年几十万元，这合理吗？

4．参与管理的或者大股东如果做些为了少部分人私利的事，谁来监控？"

提出合并构想的人说："成立董事会，以商会形式经营，董事会进行监督，股权大者当头，会挣钱的人，即使把钱亏了也能挣回来，这是一种能力，当然更要托靠安拉。腐败问题是在任何时期都存在呢，就像和珅虽贪，但其办事效率高，利大于弊时，取利！我也只是说句实在话，只要不过分,只要能带来更多利益,有些问题并不重要。融资必须签合同,律师事务所会办了,这个心就不需要你操了。管理拿钱是合理呢,你也可以管理,你不管理自己出去干点其他呢也能一年挣几十万或者更多,这个看个人才能,如果没有才能,又怎么能来管理?

1. 董事会并不是监督机构,而是决策机构。监事会才负责监督嘛。

2. 股权大者当头也不适宜。股权大者最多就是多有几个董事名额,公司最终经营最好由董事会聘请经理进行。

3. 至于腐败嘛,只要股东定期查账也问题不大了。

4. 管理人员拿管理费是应该呢,但是每个大股东就要送一个人进去管理就不对了。有钱不一定有能力嘛。现在很多人入股就是冲管理费克呢,公司经营得好也就算了,经营得不好就完全成了小股东养大股东了。"

纳古的污染问题亟待解决,人心不安,哪来乐业。纳古人是应该全策全力,为解决污染问题建言献策。

2010年8月27日　星期五　阴冷

纳古镇政府、通海"家琨教育基金"会今早9点在纳古中心学校礼堂共同举行"2010年中、高考优秀学生表彰大会"。

县民宗局鲁燕标局长、阮繁生副局长、纳古镇人大主席马恒骧、镇长纳锦斋、副镇长纳立凡等领导,两所清真寺大师傅和管委会主任和纳古学校马灿敏校长、家琨教育基金纳家坤就座主席台,各位领导依次讲话。

考上大学(大学本科、专科)的学生有24人,考上高中受到奖励的有1人。政府奖励的标准是大学本科的奖励1200元,专科和高中生奖励800元,还发放一床价值250元的毛毯。"家琨教育基金"会长纳家琨对考取的高中生、大学生各奖励1000元,对高考状元奖励特别追加1000元。

2010 年 9 月 1 日　星期三　晴朗

通海县举行抗日战争胜利 65 周年纪念活动，组织全县机关、教育系统、经委等单位参加歌咏比赛，全县共计 16 支参赛队伍。

纳古镇组织镇政府干部职工 42 人参赛，获得三等奖。

2010 年 9 月 2 日　星期四　晴朗

今天，纳古镇政府召开有镇上领导班子、组上的领导和清真寺管委会主任参加的环境污染治理执行会议。

会议结束，他们就分成 4 个组直接到污染的厂家做工作。厂家都口头承诺愿意整改厂内的污染源。

纳古的污染有望整改成功。

古城一男教亲归真。

2010 年 9 月 3 日　星期五　晴朗

纳古镇连铸公司抽 12 万元天课，发放给纳古镇 7 个组的 480 位孤寡老人、贫困人员。

2010 年 9 月 4 日　星期六　晴朗

纳古有两位老人归真，两位都是 80 岁以上高龄的妇人。

2010 年 9 月 5 日　星期日　晴朗

斋月守夜前夜，街市上摆满了蔬菜、饮料、糖果等食物，纳古的居民们熙来攘往地前来采购。

2010 年 9 月 6 日　星期一　晴朗

斋月接近尾声，今天是我们纳古守夜的日子。

2010年9月8日　星期三　晴朗

纳古镇有人归真。

一位是纳古镇的艾滋病重患者，同时也是吸毒至深的人，在病了一个多月后昨晚夜里归真。

一位也是纳古镇的吸毒人员，昨晚夜里归真。

今天，两位同时埋葬。

在板多下来时，纳寿慈师傅说前往看望"埋体"，有人在下面应和说是不该为他们这一类人举行"殡礼"。

纳寿慈师傅讲解说："有四类人不该为其送葬，一类是自杀者；一类是去抢劫、偷盗被杀者；一类是……他们这类人不属于不该举行殡礼的人群，所以活着的教亲有义务为他们举行殡礼。"

所以看望"埋体"的人很多，为他们举行殡礼的人也很多。

吸毒死亡的人群在当今社会不在少数，如果在纳古镇这样有教门的地方都带头不为死亡的毒品受害者举行殡礼的话，活着的人情何以堪。

2010年9月9日　星期四　晴朗

纳古镇新开挖的400米深井，今天开始抽水供应居民用。

每小时抽水有80方。

2010年9月10日　星期五　晴朗

今天是大开斋，纳古两营的回民们到清真寺礼拜。

2010年9月11日　星期六　晴朗

今天，纳家营清真寺和古城清真寺通知，请今年去朝觐的123名新哈吉，来清真寺里集中，前往昆明打预防针。

具体的事宜由县民宗局负责。

2010年9月13日　星期一　晴朗

纳古镇机关干部职工到新疆考察民族地区风俗人情和民族经济发展情况。

2010年9月20日　星期一　晴朗

纳家营村今天归真一个小孩。她的归真引起的震动很大，因为她才10个月，而且出生1个月就被确诊为不可医治的绝症——婴儿病理性黄疸肝炎。这种肝炎病症在纳古实属首例，但是她们家人说在昆明儿童医治的时候了解到，这种病别的地方很多呢，就是医治痊愈的不是很多。

2010年9月21日　星期二　晴朗

今天，纳古镇食安委牵头迅速组织问题乳粉清缴工作。根据通海县人民政府办公室《关于进一步清缴问题乳粉的紧急通知》要求，纳古镇迅速采取措施，开展辖区问题乳粉清缴工作。

一是迅速部署问题乳粉的清缴工作。根据县人民政府统一安排部署，镇政府高度重视，及时组织了食品安全工作站相关人员召开紧急会议，对清缴问题乳粉工作做了统一安排部署。

二是进一步落实清缴工作责任。为加强对清缴工作的领导和监管，落实各经营单位工作责任，镇政府与辖区6个超市签订了《纳古镇问题乳粉清缴工作责任状》，责任状对问题乳粉清缴范围、时间、处罚、监督举报进行明确规定，确保各经营单位不因责任意识不强而造成问题乳粉的流失。

三是扎实开展问题乳粉清查工作。9月19日，镇政府从卫生院抽调2名工作人员对辖区出售乳粉的6家超市开展了检查，经查，未发现"销售、藏匿的2008年问题乳粉和2008年9月14日以前生产的未经检验三聚氰胺的乳粉"。与此同时，工作人员还对超市责任人员进行了相关知识的宣传教育，公布了食品安全监管举报电话，使问题乳粉置于广大群众的监管之下，切实保障了婴幼儿身体健康和生命安全。

2010年10月1日—10月3日　晴间有雨　国庆假期

纳古镇纳家营清真寺举行圣纪节活动。

红黄牌原本是出自足球场上，尤其是碰上两支粗野的球队，更是红牌、黄牌满天飞了。今年圣纪恰好使用了红牌和黄牌，把这种红黄牌和足球场上的红黄牌挂上钩，表面上看是把风马牛不相及的两件事连接在一起，显得驴唇不对马嘴，滑稽可笑。但是，单从警告和开除的角度来看，我觉得两事物之间还是有一定的可比性，或者说有一丝半缕的相似。

我说的红牌，就是挂在脖子上的"服务员"工作牌；黄牌，就是"餐券"——背后写着"嘉宾"字样。

红牌挂在脖子上一飘一飘的最是威风。那是通行证，各门各槛可自由出入。有了这个红牌，逆行道顺风路，无所不能。它对于久不回家的故乡人来说，还是一个重要标志——挂上红牌，才是真正的本地人；挂上红牌，不管平时多么疏远，甚至几年不回家，我也是纳家营人；挂上红牌，我此时此地已经融入家乡的怀抱；挂上红牌，我也能为家乡做我能做的事而自豪，我以我是纳家营人而荣耀。

听父亲说，有昆明、玉溪的老人，连续几年，每逢圣纪回纳家营，到的第一件事就是将圣纪服务员的牌子挂在身上。可想而知，挂上牌子的那一瞬间，写在回故乡的老人脸上那千折百皱的"山药沟"里的是什么，那是发自内心的一排排"笑"，那是满足感，那是"落叶对根的爱"。

圣纪黄牌，嘉宾的待遇，就餐的保障。上面有三日9顿餐的空格，吃一顿，服务员在一个格子里画一个"√"。我不知道，没有这张黄牌，坐在餐桌上得到的将是警告还是开除。为了不出那种洋相，也为了尊重规则，我坚持要拿着餐券去就餐。

今年第一餐去得晚，人不算多，排队才排到大殿墙角，慢慢向前挪动，等了"两行"就进入大殿底层的就餐大厅了。不用"逼脚杆"就"安全"落座,菜没有端上来,就有服务员过来,一看,是小时候很好的玩伴,微微一笑,边打招呼,边接过我手中的餐券,麻利地在空格里画着勾,还一再向我们说着"在后了、在后了",我的"没有"还没说完,他已经笑着移动到下一桌子"勾"去了。看着他有些冒汗的脸,我走神了,跑到了30多年前少年时代的快乐中。端菜来的少年把我从回忆中拽回来——明年,我的孩子就到广播里的"法定"抬菜年龄——16岁。就可以挂上飘扬的"服务员"牌,履行他纳家营人的责任了。

第二天上午,我们特地带着亲友去感受自助餐的"自由",请他们去尝一尝已实行6年的新鲜事的味道。在服务员手把手的"指导"下,大家轻松地吃了一顿自由餐,不停地夸赞人们聪明。唯一遗憾的事是腌菜吃不完,有些浪费。吃自助餐,最困难的就是楼梯口的那一关,不光是拥挤,还要抬头仰视那些熟悉又严格的面孔,本地人是很难为情的。我曾经被"六亲不认",但是我心里很高兴,因为他们认出我是本地人,如果我戴了服务员的牌子,他们肯定放我过去,那我心里反倒觉得酸溜溜的。今天,虽然把关的年轻人隔开人群,嘴里不停地重复着"老人可以从旁边上",舅母却低着头,嘴里说着"我来这里和客人挤不合适"。不知是不是"法定",自助餐室没有在餐券上打勾勾,要不就是有人认出我们是不戴红牌的"红牌"。

下午因为陪客人,又厚着脸皮去了机关餐室,同样没有用上餐券。第三天扫厨饭,在大殿下面待客,同样没有人来收查打勾。凝望着黄色的餐券,我为那些汉族民工的孩子感到万分惋惜,曾经有4个穿戴整洁漂亮的小女孩,两个六年级,两个四年级,与妻子同桌吃饭的她们,手中的餐都是5元一张买来的,像这样的孩子还有多少呢?由于没有继续"✓"餐券,可想而知,这些可怜的孩子是多么懊恼与失望。

每年都有家乡的人们问我:"你到底算是本地人还是外地人?"也有直接说"你也是客人的",当然说得更多的是"本地的客人"。言意之下就是说客人可以先用餐,本地人就压后点。我也是每年混迹圣纪之中，时而早早用餐，时而压阵脚，尽管有时我也觉得自己做的是服务员的事，但是，我又不屑于服务员的某些特权，而且还觉得弄个"服务员"的牌牌挂着有损我真正本地人的形象——我至今愿意暗暗为圣纪做力所能及的所有事，这大概就是我行事的风格。很纠结、很混沌的我今年又拒绝了"红牌"，接受了"黄牌"。我没有开除自己纳家营人的村籍，但是，我接受餐券的做法。

说得那么多，最后还是要给今后的圣纪进一言：改变做法，树立新形象。

将胸前的吊牌摘下，戴上专为圣纪制作的白帽、头巾，穿上专为圣纪制作的领卦。纸上谈兵地设想如下：

1．同样款式，三种颜色，多了就显得乱；

2．人生第一次做纳家营圣纪的服务员，由清真寺免费赠送，第二次则收取工本费，如果穿小了可以交旧领新；

3．每年做一枚印章，加盖在白帽、头巾、领卦上的显眼处。

重点说说印章，用印章的意思是为了不必一年做一次那三件标志物，而且使它们充满文化特色，每一位纳家营人或外地义工，拥有几次印文就是为纳家营圣纪尽过几次义务，那是自己的成就，也是大众对义工的表彰，珍惜自己的荣誉，永远保存它们。

成败的关键就在这枚印章上。它需要一年和一年不一样，印文可以是中文、阿文、中阿文并用。印章可以采用向全国各地穆斯林篆刻家公开征求免费印章，然后投票采纳。为了回报艺术家，应该在圣纪三日的显要位置陈列这位艺术家的简介和相关作品，借以做出正面宣传。并且连同前10名入选作品一同刊登于最新一期《纳家营》杂志上，表彰无私的穆斯林艺术家们。

圣纪结束时，择机将全部捐赠作品拍卖，所得收入全部作为《纳家营》杂志的经费，这样各得其所，一举多赢，物尽其用。

想象一下，圣纪上整齐的着装，自豪的服务员笑迎各方宾客；白帽头巾，浩浩荡荡，一起一伏，流动在清真寺的各个角落，有什么比这样的场景更令人激动和骄傲的呢？

另外，设立专门的工作人员餐室，保证工作人员体力充沛地为圣纪服务好；工作人员进餐室，部分本地人、外地人，共同一起进餐，与客人同乐（难了一点，还是需要），等等。

2010年10月6日　星期三　晴朗

卫生院的医生在纳家营清真寺通知村民，让一年级的孩子到卫生院打预防针。

2010年10月7日　星期四　晴朗

从今天起，放假近两个月的孩子们，开始正常的经堂学习啦。

2010年10月8日　星期五　晴朗

最近，纳古两营都忙着讨嫁事宜、开经。家家户户忙着请客、做客，特别是师台、阿訇们，连着洁雅、一青窈两家餐厅也忙得不可开交。

之前说纳古镇要更名为街道办事处，但是改或者不改，都已经说了不改了，但是议论仍然不减。

2010年10月15日至27日　晴朗

全国第六次人口普查的筹备工作已经开始，纳古的培训会议也于今天早上召开。

为提高我镇开展全国第六次人口普查的业务水平，尽快开展人口普查摸底调查、登记填表和汇总造册，完成县上下达的全国第六次人口普查任务。10月15日，镇人普办邀请县人口普查办公室的两位老师，到镇上六楼会议室为普查指导员和7个村民小组普查员共38人，主要培训人口普查的业务知识，培训时间为一天。

我镇镇团委书记、7个村民小组中的3位团支部书记和5位团员参加培训，投身到本次活动中来，积极配合镇人口普查办做好当前全镇乃至全县的中心工作。

从15日开始截至25日，我镇将开展人口普查摸底、登记工作。镇上的9个指导员和组上的38个普查员都积极投身到这次摸底工作。摸底登记是全镇居住的人口16055人，本地人口8267人，外来务工人口7897人，但是存在的问题是，居住在我镇的外来务工人员非常惧怕人口登记，以为这是和计生相关的登记，自家的孩子明明居住在纳古，而且就在身边登记时却不报实数。这样下来，普查出来的人数就相对不太真实。本地人口登记也存在问题，就是明明家里在户口的人数是包含死亡的人口，家里人却没有去销户，死亡几年的人口仍然是按照活人的登记方式存在。这样下来，实际的人口数就小于派出所登记的人口数。诸如此类的问题一时不能解决，给人口登记工作带来很大的难度。

另外，就是纳古的普查被分成了14个普查小区，不按照组的界线来分，但是抽上来参与普查的工作人员是从各组抽调上来的，他们只是对本组的情况熟悉，对其他组的情况不甚了解，这样造成的结果就是普查时难度很大。

2010年10月28日　星期四　阴天

上午，通海县工商联合会纳古镇分会第三届换届工作会在纳古镇隆重召开，县政协、县工商联的领导、镇党政班子成员、100余家企业老总参加了会议。

会议选举产生新一届执委班子。纳家琨同志当选为新一届会长；马跃升、纳继彬、马喜光3位同志当选为副会长；许珍丽同志当选为秘书长；纳向城等17位同志当选为执委。

此次会议由马寿光副书记主持。县政协副主席、县委统战部部长普家伟出席会议并做了重要讲话，他强调："要做好商会工作，必须充分发挥好其职能作用；加强建设，适当提升企业会员比重"。镇党委书记张兴友为大会致开幕词。上一届商会会长纳家琨同志作工作报告，大会通过了相关决议。

2010年11月2日　星期二　阴冷

纳古镇四组一男青年，由于肝癌医治无效死亡。

2010年11月4日　星期四　阴冷

纳古镇一位老人归真。

2010年11月5日　星期五　晴朗

纳汝华之母归真，107岁的老人。

2010年11月7日　星期日　阴冷

古城一教亲归真，送葬程序如前。

11月7日，周日，是纳古伊友书会值得纪念的日子。负责人纳继云等几位教亲让伊友书会首次走近大众。虽然是很仓促的活动，但是结果表明决定很英明。早上9时许，清真寺大门口，活动拉开帷幕，效果不错，大众热情高涨，借阅近百本各类书籍，远超之前的总和。反响也很好。

读书是每个人的权利，我们离不开大米，我们也需要精神食粮。

2010年11月8日　星期一　晴朗

纳古厂区传来噩耗，说有一职工触电身亡。经核查确有此事，是纳光存厂里的员工。

2010年11月10日　星期三　晴朗

县上协调，征求乡镇意见，改"纳古镇人民政府"为通海县属街道办事处。

为了这事，请镇上的人大代表、镇上的中心站所负责人到镇上六楼开征求意见会。

请县上民政局局长到现场讲解改与不改的利弊。

到最后，发放投票单80份，收回80份，有60份不同意改街道办事处。最后，镇政府统一意见后定夺："保留镇人民政府，要求增设3个社区。"

2010年11月11日　星期四　晴朗

昨天，全国第六次人口普查结束。我们纳古镇的普查也结束了，但是数字在昨天没有汇总出来，原因是一个组的人数太多，没有核实准确，所以上报的数字待今早才整理出来。

纳古镇有14个普查小区，普查出来的人数共计16321人，本地户口的人数是8048人，户口在其他村委会的人数是7962人，外省的人士2044人，户口待定的人数311人，离开本村人士有436人，全镇要求统计且符合条件的新生儿有291人，死亡人数39人。

这样劳民伤财的统计工作持续了近1个月，现在还不算完毕，还有就是后续工作——手工过录汇总、复填表格、微机汇总。

2010年11月13日　星期六　晴朗

最近的物价上涨，波动很大，直接反映就在菜市场、早点摊上。

一个上班族说："一筷头的米线，一嘴一个的包子，薄如纸片的粑粑，做小生意的也不好做，钱都被钞票印刷厂赚了。"

一位姓纳的男教胞说："昨天去超市买油，发现金龙鱼涨了几块，大米涨了2毛，奶粉听说也涨价了。基本没有不涨价的东西了，除了工资！"

一位男同志说："纳家营的米线说是红烧牛肉米线，谁见过红烧了，前段时间是慈姑，现在连慈姑都不见了！以前5角，现在1块。一个月每天一个，30 个，不就是多出了 15 块？"

是呢说，什么都涨价，只是真正谁得益？谁亏损？

2010 年 11 月 14 日　星期日　晴朗

伊友书会的数目已经整理、更新了，今天继续免费借读，和上周一样，8 点 30 分排出去。前来借阅的人挺多的，看来需要精神食量的人很多呢。这在纳古也是一大好事，让需要充电扩大自己视野的人有了可以选择的地方。

2010 年 11 月 15 日　星期一　阴冷

昨夜下了一场入冬以来最大的雨，直到早上才见小。

今天团县委邀请了环保局的杨家荣同志到纳古学校，为纳古镇中心学校的全体学生上了一堂 2010 年校园巡回环保知识讲座，名为《大地的呼唤，人们苏醒了》。

一到六年级的学生每班选出 5 人到学校礼堂现场听讲，其他的学生在教室听广播。有课的教师直接在班上和其他的学生听，没课的教师到现场听讲。

一堂环保知识讲座，讲得妙趣横生。孩子也积极配合，有问就举手抢着回答。

发放《节水小窍门》宣传单 1000 余份。

2010 年 11 月 16 日　星期二　晴朗

为了加快纳古镇社会主义新农村建设步伐，推进纳古镇城镇化进程，树立城镇文明形象，我镇将启动马鞍子路和星月路上段的改扩建工程。

按照《纳古镇城镇建设规划》要求，马鞍子路和星月路上段改扩为 16 米宽的大道，为保证路基修建工程的正常进行，请各位住户给予积极支持、配合，尚未拆迁的住户请按规定尽快拆除，已拆除的住户请及时清除路面堆放的杂物。

2010年11月17日　星期三　多云间晴

这几天，一些年轻人在一起讨论《春天里》《老男孩》《再现江湖》这几个小品剧，同时也在议论剧里的含义。

试着解读一：看着《春天里》两个老男孩光着膀子弹唱，表面看来觉得他俩很洒脱，无拘无束，虽然清贫，但也豪放，最重要的是会释放自己。无奈当中有丁点悲壮。潜在的，也许是所谓的现代底层的一无所有的放得下而无所谓的开心。反衬的，也许是贫富急剧分化下物质富裕的人的忧心忡忡、患得患失反而放不下的迷失再找不到快乐。被诱惑的，也许会是其中两个极端的人，物质上太清贫的，只是物质上太富但精神上太清贫的。也许可以解释有的教门人家的小孩会出乎意料地叛逆的部分原因。

试着解读二：正式引起共鸣的还是《老男孩》，也是它让我居然能耐心地不时发笑地看完。毕竟其中的那些老歌，也是我们这代人再熟悉不过的了。熟悉的旋律总容易嗅出学生时代已经淡忘的那些人、那些事、那些青春的情怀。其中的两个，互相建立友谊的过程就不提了，但他俩命运的从英雄到凡人是否因为越来越本性的憨厚？还是个人"背景"上没有后台。普通不起眼的，凭借狡诈玩阴招，又事业飞黄腾达，还揽得别人想得而得不到的美人归。除了所谓的能力还有所谓的背景、后台吧，"官二代"、"富二代"、三代、四代……相对也就有穷二代、农民工二代三代……滑稽当中还是有些辛酸。

还真别说，"歌"，有好多东西被赋予的。比如：寄托情感、表达心灵、歌词美妙的文学性、难以言说的艺术等。

记得几年前在吉隆坡街上，几天之后，突然听到华语歌曲，心里特别来感觉，不说一个声音，即使一个调子也是特别亲切。然后又去了华人家，不用说太多的话，虽然之前没有接触很多，说着相同的话，举手投足之间的一举一动和音容笑貌，都是那么的易懂和熟悉。从此我似乎就明白一个道理：远亲不如近邻！

纳古的环境污染如何治理是政府现在要做的很棘手的工作。

后山有一家搞污染炼油，镇上要求关停。下面是关停通知。

2010年11月27日　星期六　晴朗

纳古镇今年在各组宣传征兵，到昨天得到确切的通知，纳古征兵成功得到的人数是两人：纳古六组的苗靖和刘炳坤。

这个结果已经粘贴了公示。

《中国信息报》记者王麦玲在省、市、县人普办的陪同下到纳古采访李春彦先进事迹。

李春彦，男，汉族，现年45岁，中共党员，现任通海县纳古镇社会事业服务中心主任兼镇第六次全国人口普查办公室主任。李春彦同志作为纳古镇人普办主任，他深知自己肩上的责任和担子，在自己认真学习人普相关政策和业务知识的基础上，思想上高度重视，工作中兢兢业业，任劳任怨。他自始至终保持了高度的责任心和使命感，是优秀的带头人和实施者，在单位人员变动特别是家中发生不幸事件急需他的时候，他毅然放下家庭事，放下为父亲守孝，坚守岗位，勇挑重担，不离不弃自己本职工作，特别是人口普查工作，其高尚的敬业精神和情操为全镇人口普查工作人员树立了榜样。

2010年11月30日　星期二　晴朗

纳古第一家房地产公司成立了，叫作"忠爱房地产公司"，老板是纳宗喜等几位，并且在纳古镇政府门口租赁了一间铺面搞集资。听他们里面的工作人员讲在纳古红绿灯那一片已经购置了10亩地，准备起第一期。集资是1万块一股，只要愿意的都可以到他们的办事处办理相关手续。

2010年12月1日　星期三　阴冷

纳古的一位老板在谈起房地产时说到一件事情:"我听说纳古学校一个年级里7个班只有2个班是土著居民,另外的5个班是非土著,土著居民响应政府号召实行了计划生育,非土著就随心所欲了,超生游击队也不过如此。我不敢想纳古照这样下去会是什么样的结果?非土著超过土著N倍,纳古还会叫纳古吗?还有许多问题会出现。有个非土著问我,纳古房地产公司什么时候卖房子了,他也想变土著,100个平方米住上20人他说估计没有问题。如果是高楼乘电梯挤着点两次就可以搞定。"

是个问题,纳古这些年讨外面老婆的很少,嫁外面的也是少之又少,都愿意在我们营的,如果突然涌入那么多在纳古拥有永久地产／拥有永久居住权的人,我还是有点担心的,担心上面的仁兄所担心的。

人口增长要看其他方面怎样增长,比如素质、经济、文化等各方面,能否跟上!纳古人有点担忧是对的,想想接下来发展的对策是对的,没有反思和策略是危险的。

2010年12月3日　星期五　阴冷

省领导在市、县主要领导的陪同下到纳古调研。

今天,纳古停电一天。

省长一行参观了纳家营清真寺、清真寺女寺和天方食品公司包装车间,随后在天方食品公司与市、县、镇主要领导进行了座谈。

2010年12月5日　星期日　晴朗

纳古镇的老党员,政协副主席,退休老干部纳汝山归真了。说是得了癌症,拖了3年的样子。

2010年12月6日　星期一　晴朗

今早得知纳古有一孩子落水身亡了。孩子是昭通人，父母在这里打工，出生在纳古，小女孩，回族，8岁。昨天傍晚，死者和另外两个孩子到纳古海边游玩，在水边有个孩子不慎落水，死者就去拉，没拉上。她自己跌到沟里，被冲走了。到今天差不多凌晨了才找到尸体。

据村民讲，孩子的爷爷奶奶要求拉回去埋葬，今天早上已经雇车拉回去了。

孩子的安全教育需要加强。当然，按照回族的说法，先定死后定生。生死已经有阿拉定下，所以我们人只能预防。

2010年12月7日　星期二　晴朗

玉溪市民宗局马局长、通海县政法委书记钱润光、县公安局局长赵南方等领导，对在"世界人类学民族学联合会第十六次大会"安保工作中受伤的通海县公安局民警余庆勇、沈绍飞进行表彰、慰问。与会领导对两名民警的英勇行为表示高度赞赏，也对两人的光荣负伤表示深切慰问，随后马局长和钱书记分别给两名民警送上了慰问金。受表彰的民警余庆勇、沈绍飞对各级领导的关心和厚爱表示感激，同时表示在今后的工作中将再接再厉，一如既往地干好自己的本职工作。

2010年12月9日　星期四　晴朗

纳古镇集中全镇9个支部240余名党员，我们团委推优入党的4名团员今天正式加入中国共产党，她们被邀参加入党宣誓之列。在镇政府开展2010年"三项工作"暨学习党的十七届五中全会精神大会。

会议在上午9时开始。第一，由镇党委书记张兴友就2010年的党建工作进行总结，并对下一步的工作提出了要求；第二，副书记就我镇在党员中开展授旗评星活动进行了安排部署；第三，镇组织委员徐江波带领6名新发展党员进行了入党宣誓；第四，镇党委书记张兴友与各支部签订了目标管理责任书；第五，人大主席对全体与会人员进行了十七届五中全会专题讲座。

下午，各支部分别开展了党员民主评议。

2010年12月10日　星期五　晴朗

我镇今冬征兵工作自10月启动以来，认真做好：适龄青年摸底，征兵宣传动员，报名，初检，政审，送县体检，定兵等各个工作环节，两名应征团员青年脱颖而出穿上军装。12月10日中午，镇党委政府举行热烈的送兵仪式，将他们送入部队。

镇党委书记、镇人大主席将红包（每人600元）送给新兵，党委书记叮嘱两位新兵。

2010年12月11日　星期六　阴雨

今天，天阴沉沉的，但还是有好事发生。纳古有两家人嫁娶，其中有一家是嫁到河西镇下回村，请客是在通海县城的清真寺里进行。

天冷了，有好事也会有不好的事情，比如说纳古镇任期最长的伊玛目在今天归真了。他的年纪也是有些大了，八九十岁的老人了。雨势很大，但是在下午4点30分还是准时送"埋体"。

今天广播里继续通知：让没有服用"脊灰"糖丸的孩子到卫生院领取。

2010年12月14日　星期二　晴朗

近年来，纳古镇大力实施"科教兴镇"战略，把教育摆在优先发展的位置，切实加强对教育的投入力度，先后投资1200余万元完成了对校园基础设施的建设，并逐步完善各项配套设施；镇政府和"家琨教育基金"每年投入近20万元对全镇考取大学的学生和贫困生进行奖励和资助；解决了1739名外来务工子女的入学问题；纳古的教育受到了各级政府的重视，尊师重教在纳古已蔚然成风。

为了更进一步加强学校的软环境建设，近日，镇党政领导在党委书记张兴友的带领下，将镇政府出资 3000 元购买的图书和部分职工捐赠的图书共计 636 册捐赠给纳古中心小学。据悉，纳古小学现有图书 35911 册，按现在校生 2394 人计算，生均图书 15 册，图书达标率已符合国家标准。

2010 年 12 月 16 日　星期四　晴朗

中国现代国际关系研究院民族宗教研究中心副主任方金英博士一行到纳古调研。调研组在县统战、民宗等部门及镇领导的陪同下分别与宗教界人士、村民小组领导及企业界人士就我镇民族宗教工作的开展情况和政策落实情况进行座谈。

2010 年 12 月 24—31 日　晴朗

2010 年 12 月 24—31 日，县委政府考核组从经济建设、社会建设、生态建设、维护稳定、党建工作和落实要求五个方面完成了对纳古镇的千分制考核。各考核组通过听汇报、查阅相关资料等形式进行量化打分，在肯定工作成绩的同时，针对存在的问题提出建议，以便今后更好地开展工作。

2010 年 12 月 29 日　星期三　晴朗

这一阵，纳古镇很太平，没有什么大事情，只有婚嫁的事情而已。

2011 年 12 月 30 日　星期四　晴朗

今天，纳古镇第四届人大主席团召开第十二次会议。会议共三项议程：一是人事任免。任纳古镇派出所所长吴家宏为纳古镇人民政府副镇长；免去沈绍飞纳古镇人民政府副镇长职务。二是确定 2011 年第四届人大第四次会议召开的时间及列席人员。三是讨论了镇人大主席团工作报告。

2010年12月31日　星期五　晴朗

纳古的太平被今天出的大事给打破了。

纳家营清真寺里的学生闹别扭，两个同学吵闹，结果有一个昭通的20岁男孩子过于激动，用刀子把新疆籍的一位同学刺伤致死。

现在，昭通的犯罪嫌疑人在逃。新疆籍学生的家属赶到纳古，守在亡者身旁，对于善后的事情还没有拿出什么方案。

纳古的村民对这件事早就议论纷纷了，说是吵架发生在昨天7点多。具体的事由不知。

纳杰日志
2011年

2011年1月1日　星期六　晴朗

今天是汉族的新年，我们也跟着凑了热闹。

可是由于纳古出了事情，我们镇政府的领导和部分职工也未休息，跟着公安忙前忙后。

好在，昨晚做了死者家属的思想工作，同意今天送"埋体"。

在下午1点半的时候，在纳寿慈的主持下，举行了葬礼仪式。

2011年1月5日　星期三　晴朗

今天，市人大主任董诗强率市民宗局、市住房和城乡建设局、市工信委等主要领导到纳古进行调研。

董诗强首先听取了近年来我镇工业经济发展、小城镇建设等方面的情况汇报。

董诗强等市、县领导在肯定我镇的发展取得成绩的同时，针对当前我镇存在的企业用地、用电难，城镇建设无专门管理机构等实际情况，要求我镇在今后一定要按照做活政策、做强产业、做好环境、做美城镇的工作思路进一步加强工业经济的发展和小城镇建设，并提出建议措施。

2011年1月7日　星期五　晴朗

在新春佳节来临之际，为保障和促进节前社会治安的稳定，今天上午，纳古镇组织派出所、司法所、纳古镇流动人口办公室、经济管理服务中心等部门在清真寺大门口、农贸市场向群众、外来务工人员、在校学生开展以禁毒防艾、预防经济犯罪、安全生产、道路交通和消防安全为主的大型法制宣传活动。

此次活动共散发《禁止传销条例》《识别非法集资、远离非法集资》《如何规范使用普通发票》《假币坑害群众的几种常见手段》《人民调解法》《玉溪市流动人口服务和管理实施意见》《云南省安全生产条例》《生产安全事故报告和调查处理条例》《食品安全温馨提示》《农村家宴卫生知识》等宣传材料 2600 余份，展出禁毒展板 38 块，提供法律咨询 23 人次，发放安全套 2000 余只，为保障节前社会稳定营造了良好的法治氛围。

纳古镇商会新一届执委班子认真履职，紧扣"提高服务，加快发展，增强竞争力"这一主题，带领和团结广大会员，在镇党委政府的正确领导下，积极为纳古的经济发展出谋划策。

近日，纳古镇商会召开第三次会员大会。对当前我镇企业面临原材料供应不足的形势进行了客观分析，并就解决原材料不足、计划新上工业项目等建议向各位会员征求了意见。

2011 年 1 月 9 日　星期日　晴朗

老麻把马老表米线带到了达喀尔！

马老表过桥米线，是纳古镇食品工业的龙头企业。

2011 年 1 月 10 日　星期一　阴冷

上海浦东发展银行玉溪分行拟向纳古企业提供 10 亿元贷款。

近日，纳古镇商会与上海浦发银行玉溪市分行签署《金融服务战略合作协议》。上海浦东发展银行玉溪分行根据纳古商会所属企业的资金需求，意向性安排不低于 10 亿元人民币综合授信额度，以支持纳古商会所属企业经营发展。

2011 年 1 月 11 日　星期二　阴冷

县纪委书记杨思荣、县政协副主席尚学寿等领导到纳古进行春节走访慰问。向部分困难党员和群众送去了慰问金，让他们感受到了党和政府的温暖。

2011年1月12日　星期三　晴朗

　　由于纳古出了今年第一次较大安全生产事故,昨天一夜镇上的主要领导、分管企业生产的领导和值班人员都未能好好休息。今早立即定下来了针对这件事情,纳古镇政府内的全体职工,分成六个工作组,按照分工安排分头进行工作(附后)。

　　全县的安全生产紧急工作会暨春节前安全生产检查部署会在纳古镇政府六楼会议室召开。会议由杨英泽副县长主持,会上部署了近期安全生产的相关事宜。

　　一是对于纳古新光有限公司的这件事情,纳古的职工配合县上的工作,一起进行家属安抚和赔偿事宜。

　　二是在全县范围内,进行一次安全生产大检查。

　　三是要举一反三,把这样的事情防范好,做到未雨绸缪。

　　今天,纳古七组的一位年轻人,归真了。据说是瘾君子。

　　一天下来,安抚组都在努力地做工作。直到晚上11点左右,终于有两家(华宁和昭通)家属和厂方达成协议,华宁的死者61岁,赔偿得到21.6万元;昭通的死者30余岁,得到赔偿38万元。最后的一家死者家属还在和厂方进行拉锯战,开口要90万元,现在还没有达成协议。看明天怎样!

　　　　　纳古镇"1·11"安全生产事故善后处理工作组

　　2011年1月11日19点30分,通海县新光工贸公司仓库内槽钢倒塌,造成3人死亡的较大安全生产事故。为妥善做好善后工作,经镇党委、政府研究,成立善后处理工作组,组成人员名单如下:

　　组　长:张兴友(镇党委书记)

　　副组长:马恒骥(镇人大主席)

　　　　　　纳锦斋(镇人民政府镇长)

　　成　员:党政领导班子成员

　　领导小组下设六个工作组:

一组由纳立凡副镇长、马寿光副书记负责

主要职责：负责昭通鲁甸家属的安抚工作。

二组：组长李刚（镇纪委书记）

成员：李旭、程建秋、普进亭、胡晓兰、李月芬。

主要职责：负责通海高大家属的安抚工作。

三组：组长周正宽（镇党委副书记）

成员：徐江波、许珍丽、李春彦、常敏、师亚红、李丽萍。

主要职责：负责华宁青龙家属的安抚工作。

四组：组长吴家宏（副镇长、派出所所长）

成员：合惠儒、马燕妮、杨平。

主要职责：负责全镇安全生产事故处理期间的维稳和信访工作

五组：组长马恒骧（镇人大主席）

成员：鲁子祥、吕昌、葛友、旃长林、朱琼、王桦。

主要职责：负责全镇安全生产大检查。

六组：组长纳瑞媛（镇党政办专职副主任）

成员：纳杰、程斯、程家弟、杨丽敏、林维槐、简树棚、马瑾、张梅、李伟、胡宪武。

主要职责：负责此次安全生产事故的后勤服务工作。

2011年1月13日　星期四　多云间晴

安全生产大检查正在如火如荼地进行。由人大主席马恒骧挂帅负责对镇内辖区的厂家检查安全。

下午4点，高大乡的死者家属已经和厂方达成协议，给予赔偿42600元。

2011年1月14日　星期五　阴冷

纳古七组一位老人病逝，阴雨连绵的，挺凄凉。

据说，这位老人是有妻有妾的老一辈代表人物，当然了，妾不是古代有名分的妾，只是现实生活中和老人的妻子在一屋居住。

2011年1月16日　星期日　阴冷

气温骤降，连续3天都是天气阴冷，降到6℃左右，让人难熬啊。

今天晚上，纳家营清真寺通知，让放寒假的幼儿、少年们到清真寺念经，经堂教育假期班开课了。

课程安排是：从早上8:00-10:10，幼儿是下午底盖尔下拜后念。

2011年1月17日　星期一　阴冷

云南省内大学生们今年的寒假学习在纳家营进行。今天一天是报到时间。

宁夏永宁县杨和镇张镇长一行16人，到纳古参观考察民族经济的发展情况。

纳锦斋镇长、纳立凡副镇长、李旭副镇长等纳古政府工作人员参与接待，陪同永宁客人参观了纳古食品生产龙头企业——"马老表"方便米线生产基地、四街鲜花生产基地——丽都花卉生产基地、旅游刀具代表——进程刀具有限公司。

参观完了生产企业后，到纳古镇政府进行座谈。杨和镇张镇长表示，来纳古一是考察民族经济的发展情况，二是来寻亲（纳家户的纳氏后裔来了3人）。纳锦斋镇长对远道而来的客人表示欢迎，接着介绍了纳古的民族人口、社会稳定、经济发展等基本情况。纳镇长强调纳家营和纳家户都是同族同宗的亲人，希望大家可以在签订了友好合作协议的平台基础上，经常往来、交流经验、合作共赢。

在春节即将来临之际，通海县社保局领导召集纳古部分企业退休人员在镇政府举行春节年拜会。当天天气异常寒冷，但各位老同志在得到县领导温暖的问候时，心里是暖洋洋的。

2011年1月18日　星期二　阴冷

云南民族大学研究所的杨正军、邵媛媛两位博士，为了调研云南回族和汉族关系的课题和问卷，在省民委的委托下，在县民族局阮繁生和施加文两位副局长的陪同下来到纳古。

镇上分管民宗的纳立凡副镇长和民宗专干纳杰接待了他们，做了将近3小时的访谈。访谈涉及镇上的经济基本情况、民族分布情况、清真寺四掌教和管委会的情况、外来务工人员的情况。当然就是一些诸如换届、人员选举、婚嫁等情况。

他们来预计要待3天，具体要根据访谈的情况来定。

云南省知名院校的大学生们到纳古来进行寒假学习实践。

今天，纳古镇迎来了一支由回族、汉族等几个民族组成的社会实践团。其成员来自的学校主要是省内的各高校，有昆明理工大学、云南大学、云南师范大学、云南民族大学、西南林学院等本科院校。此外，还有省外的如北京吉利大学、广州中山大学等几所高校，大学生共有301人（还有大学生陆续赶来），95%都是省、市及县内的学生，70%是团员，有部分是党员、学校的学生干部。

整个活动过程有组织、有纪律。同学们在总负责人和相关小组长的管理下秩序井然。这次实践活动由纳家营清真寺接待，比较妥善地安排好了食宿和课程：伙食一日三餐；学生们住在清真寺宿舍；每天的课程有5节，晚上有一节自由交流。课程主要是清真寺聘请省内外知名学校的几位教师来上。

2011年1月19日　星期三　阴冷

一早，带领杨正军和邵媛媛两位和镇上民族大学聘请的4位大学生助手，要对纳古镇的宗教上层人士进行访谈。

第一站是前往一组访谈马尔继，将近2小时的采访结束后，第二站转战到纳家营清真寺采访纳寿慈。

前段时间由于网站实名制的原因导致纳家营清真寺网站被关闭了。现在重新开通了。由于管理者等多种因素，网站有许多不足，今天正式开通。请有管理网站能力的兄弟姐妹参加进来一起管理。

有的管理者提建议："网站没新意，内容也更新慢，既然叫纳家营就不要只以清真寺为核心，如果可以，不妨增加更多企业信息、地理人文，壮大论坛，多做网站宣传，再搞些小游戏什么的来吸引人气，点击率高了就能吸引广告，如此才能越办越好，招有能力'兄弟'需要报酬，网站本身还是要自立。"我觉得首先可以从企业宣传及销售着手，有总比没有好，既然有就要更好。

2011年1月20日　星期四　晴

按照市、县《关于举行学习型党组织建设知识竞赛的通知》要求，我镇组织机关干部职工进行了学习型党组织建设知识竞赛。

此次知识竞赛活动，镇党政主要领导带头参加，全体干部职工积极参与。通过竞赛，大家学到了相关知识，同时明白了下一步需要加强学习的重点。

2011年1月21日　星期五　阴冷

天气阴冷，但是镇上安排说今天镇上的主要领导挂帅开展春节前特种设备安全生产检查。

8点30分开始集合，9点正式开始出发。

分成四个组：

一组：张兴友　　纳立凡　　许珍丽　　旃长林

二组：马恒骧　　李　刚　　鲁子祥　　吕　昌

三组：纳锦斋　　马寿光　　葛　友　　程家弟

四组：周正宽　　杨家军　　杨海玲

根据《纳古镇开展特种设备安全生产检查的工总方案》第二项，专项整治的范围和内容做如下分工：

一组、二组、三组负责其中第一、二、三项的检查（各企业各种设备的检查）。

四组负责其中第四项的检查（学校、清真寺、小浴室、小酒坊、小豆腐坊、小制衣房、小饭店、小宾馆、小米线加工房、小茶叶加工房、小苗条厂、小食品厂等小型企业使用锅炉和压力容器情况的检查）。

2011 年 1 月 22 日　星期六　晴朗

这几天，纳家营清真寺正忙着接待远道而来的大学生们学习的事情。分成了很多组，有宣传的、授课的、后勤的等，总之分工协作，没有不忙活的。

这回的讲课老师阵容很大，有陕西师范大学的、兰州大学的等，知名的回族教授邀请了很多。

这次的培训班，纳家营的男女老少都有事情在做了。年长者专门来听课，中年妇女则按照组别排队来为大家做饭，年轻人也是忙着交朋友、培训。老师们更是不用多说，忙着讲课。

接下来的很多天都是这样，上课单排得满满的。

2011 年 1 月 24 日　星期一　晴朗

纳古的一个志愿者反映说："一个镇的最基本配套设施，乡改镇快20年了吧，记忆中有过一个代收服务点（已夭折）。于是乎，天天有的日报改一周两回了，还经常送错，偶尔收不到……每次抱着一大摞时效性很强而姗姗迟来的杂志，很郁闷；其实，邮局建在镇长路也不错。"

另一个说："苦等60年，依然要骑着小毛驴去四街取包裹，100年够了吗？纳古镇政府也应该立志改善一下公共设施，宽带老年化，银行服务落后化，公交收费不合理化，路灯不务正业化……"

是的，虽然说信息时代，但是邮政也不可或缺。他们反映的真是一件大事呢。幸好建邮政所的事情已经提到议事日程上了，而且马上要开工了，以后有包裹就不用再到它处去拿啦，幸福呢！

2011年1月25日　星期二　晴朗

今天晚上的教授上课，讲得很在理——请把你的水烧开！

初中时，物理老师告诉我们云南是高原地区，在我们这地方烧开水是烧到89度左右水就开了，结果在物理老师的现场试验下，我们都知道了海拔、气压跟开水的关系。

现在太多的人不能把水烧开，很多人都是烧到60度就撒手了；有的人是这壶水还没烧开呢，又跑去烧另外一壶水……

今早听了纳教授的讲课，觉得他提到了一点很重要，也是我们都应该具备的观念，用纳教授的经济词汇讲应该算是"核心优势"吧，不知道准确不。

所谓的"核心优势"就是一个人跟别人比较起来，他真正的优势到底是什么。其实社会上只有没有烧开的水，没有不值得烧的水。正所谓"三百六十行，行行出状元"。

纳教授今天问了好多同学"你是怎么样考虑你的明天"。其实只要我们都清晰自己的定位，努力地、不停地烧我们的开水，直到把开水烧开。

烧开水的过程是绝对艰苦的，因为我们总是不断地怀疑这壶水能不能烧开，甚至是值不值得烧开。记得初中时，老师曾经出过一个看图作文，图上是一个人在挖井，他的身后是好几个已经挖了不同深度的井，而水就在那些井的下面，只不过有的井接近出水，有的还有点距离而已……

这就是没有把水烧开。一个能够把水烧开的人，绝对是经历了艰难和挫折而一步步走向成功的。成功的人不过是坚持到了最后，把水烧开了而已。

遗憾的是我们今天的社会，想去烧另外一壶水或者想去烧别人那一壶水的人实在是太多，哪壶不开提哪壶的人太多。真正能够独坐板凳头，以寂寞为伴，直至把自己那壶水烧开的人，反而是太少……

2011年1月26日　星期三　晴朗

快到中国的春节了，我们没有这样的节日。

值此新春佳节来临之际，县委统战部部长普家伟、副部长刘正鹏等领导对纳古的4户困难侨眷进行走访慰问，给他们送去了慰问金。此举体现了党和政府对侨属、侨眷的关心、帮助。

2011年1月28日　星期五　晴朗

《纳家营》（第9期）、《Muslim学子》已经出版，刊登的文章都很好，现在预计要做下一期的编辑，正在约稿呢。

纳古政府也对广大干部职工说明了这本杂志的初衷、过来的历程和杂志存在的意义。现在，需要广大干部职工来爱护《纳家营》杂志，积极投稿。

省关工委《云岭春光》主编杜昌荣、副主编童荣超到通海县纳古镇中心小学进行采访。就纳古镇党委、政府近年来实施"科教兴镇"战略，重视教育，依法保障外来务工子女就学权利等进行了专题调研，县关工委、镇分管教育的领导和镇关工委、镇团委负责人陪同调研。

近年来，纳古镇大力实施"科教兴镇"战略，把教育摆在优先发展的位置，切实加强对教育的投入力度，先后投资1200余万元完成了对校园基础设施的建设，并逐步完善各项配套设施；镇政府和"家琨教育基金"每年投入近20万元对全镇考取的大学生和贫困生进行奖励和资助；解决了1739名外来务工子女的入学问题。纳古教育取得的成绩得到了省关工委领导的认可，并表示将对纳古重视教育、关心未成年人健康成长的经验做法进行宣传与推广。

为使人民群众吃上安全、放心的食品，保障全镇人民过上一个喜庆、祥和的节日，由镇人民政府牵头组织，镇团委、镇食药站、综治办协调配合，邀请县工商局四街分局人员到我镇进行食品安全情况联合检查，检查组一行共分成两组，重点对农贸市场及校园周边超市、土杂店进行检查，检查发现，多数食品经营者能遵守食品安全相关的卫生规定，但也有少数土杂店存在销售无生产日期和过期的食品，部分食品经营者还销售卫生标准不符合国家规定的进口食品等情况，同时无证照经营现象突出，仅有6家规模较大的超市和土杂店持有经营许可证。

此次检查共涉及全镇28家较大超市及土杂店，对存在食品安全问题的各食品经营者，检查人员做出了限期整改和下架销毁处理的建议，有力地确保了全镇春节期间的食品安全。

2011年1月30日　星期日　晴朗

学习了半个月的各省、全国高校大学生们今天就要离开纳古了。

幼儿和中学生们今天学习完，也要放假一星期。8号才正式开始念经。

政府里的领导们今天起大家一起来值班，为的一是平息大白龙的纠纷，二是可以坐镇，应急突发事件。

2011年1月31日　星期一　晴朗

纳古镇采取多种措施，充分挖掘社会资源，积极筹措资金，切实把党的温暖送到最需要关心救助的困难党员和老党员中去，确保每位困难党员和老党员度过一个平安、祥和的春节。纳古镇在县委慰问的基础上，筹措资金8100元慰问了27名困难党员，切切实实让困难党员和老党员感受到了党的温暖与关怀。

2011年2月2日　星期三　晴朗

今天是我国传统节日春节中的除夕，俗称大年三十。我们纳古虽是以回族居多，不过春节，但是还是有两个汉族组，他们零星的鞭炮声划破了纳古难得的寂静。

之前的纳古隆隆的工厂机器声，现在却只剩下寂静。

该回来团聚的，该回去过年的，都在忙忙碌碌地行动。

2011年2月3日　星期四　晴朗

今天是农历大年初一，意味着新的一年开始了。在我国有这样的传统，只有过了农历年，才算是真正意义上的辞旧迎新。

汉族同胞们贴春联、插香烛、吃团圆饭，还有是走亲访友给压岁钱，这些都是过年必不可少的，但是对于纳古的回民来说，这几天就是难得的清闲天，他们乘着得闲亲朋好友约在一起，在国外——新马泰；省外——海南、西安；省内——西双版纳、大理、丽江等地，都有纳古人的足迹。

经济条件好了，外出游玩的闲心也就有了。

六组的苗开成脑出血过世，在汉族同胞这样团圆的日子，亲人离去，想来悲痛是巨大的，没有过好年是肯定的。这样喜庆的日子，却要料理丧事，真是命不由人呀！但请亡人家属节哀顺变。

2011年2月4日　星期五　晴朗

几近如空巢的纳古，今天有了点生机。

菜市场里打破了前几天的空荡和冷清。平常买菜的商贩以汉族为主，这几天过年人家没来做生意，再加上买菜的人也是少之又少，使得菜市场里空空荡荡的。

今天却是与前几日不同，买菜的和卖菜的都多了起来。人们似乎是约好了，一下子从四处簇拥而来。好似出外游玩的也陆续回来了。

但是，清真寺里（纳家营和古城两所清真寺）的阿訇们和孩子们都放假，还是清静一片。

2011年2月5日　星期六　晴朗

纳古镇的天空很蓝，空气很清新。

可是这样的美好也有人没法享受，纳家营的两位村民马儒萍和纳武能之母归真了，说在撇申下来望"埋体"，4点30分举行殡礼。

2011年2月7日　星期一　晴朗

今天开始，古城清真寺的孩子们收假念经了。虽然很多家庭都外出旅游，但是到了念经的时候，还是有很多人到学堂念经呢。

来古城清真寺，顺便看了一下古城的观塘。原本是清澈见底的池塘，现在却是真真正正地见底了，因为没有水了。

大的鱼儿已经被捉了，小的鱼儿估计也只有渴死的份了。原来还以为是涸泽而渔，到后来询问了一组的党支部书记以后，才算明白说是在2010年12月底的时候，由于天旱，水位就一直下降，直到上个月底开始大面积的干枯，现在只有最低洼的地方还有一点点水和几条小鱼，估计在2月底也会没有水的。

纳古镇精心组织、积极选送节目《繁花似锦》参加全县迎新春文艺晚会。演员们精彩的演出赢得了观众热烈的掌声。

纳古镇内有几个主要水塘，纳家营村的是黄龙潭、牛屎龙潭，古城村的是观塘、白龙潭和磨镰刀沟，但现在却是无龙无水，干涸之地。

2011年2月10日　星期四　晴朗

纳古第六村民小组的6家人，集体去镇里司法所上访说有一户葛姓村民把他们的路堵了，6家村民说出钱购买路的使用权，但是葛姓村民不答应，主要是嫌价格太低。

在综治、司法所和信访的综合调解下，现在他们已经基本达成共识。

将近10点了，纳家营清真寺广播里通知说，一个叫作侯小兵的小男孩，从下午4点30分出去，到现在一直没有回家，如果有人看见了，就让他回家。

这样的通知确实是有点让人啼笑皆非，因为特征不明显，除了他家的亲戚朋友，或者小孩的同学、老师，其他陌生人怎么知道小孩叫侯小兵？不过，通知到了，责任已经尽到了，希望可以起一传十、十传百的效应作用，然后让大家都能够相互告知，让孩子早点回家。

2011年2月11日　星期五　晴朗

有人到镇政府举报说："有江川人到纳古的山界内栽种核桃树，将近1亩。"镇政府派人去了解之后，核实确实是在纳古的山界范围内，镇政府工作人员要求江川人移栽，并恢复纳古山体原貌。

这些天，天气干旱，大春以来无雨水，森林防火等级高，镇林业站对山林的管护也提高了警惕，加强巡逻和管理。

今晚有两家人吃茶，一家在纳家营，一家在古城。

2011年2月12日　星期六　晴朗

这些日子，请客的人家特别多。多半是"会亲"、吃茶的，也有娶亲、回门的。

整个镇内，到处是请客、做客的人。

中午时分，有人打电话举报说，纳古大梁子山上，有人雇用两辆马车和工人去偷树。

不法分子和那些贪图蝇头小利的人，不顾大局势、大环境，宁愿伤害别人的利益甚至是生存环境，也要铤而走险。这些人应该狠狠地惩罚。

2011年2月14日　星期一　晴朗

为确保在今年3月中旬前顺利完成我镇党委换届选举工作，我镇党委高度重视，抓紧谋划，在县委召开乡镇党委换届选举工作会议后，及时成立了镇党委换届选举工作领导小组。并于2月14日召开纳古镇党委换届选举工作动员会议，对全镇党委换届选举工作做全面动员部署。

出席这次动员大会的人员有：县委抽调的乡镇党委换届指导组成员（杨思荣、吕发东、黄勇、王永辉），镇党委班子成员、换届领导小组成员和村组党支部书记，共计22人。

会上，县纪委杨思荣书记做了精辟的讲话：一是请大家充分认识党委换届的意义；二是让每一位党员积极发挥作用，明白党员责任；三是要协商、安排好党代表的选举工作。接着，镇党委张兴友书记做了重要的动员讲话，要求在座的各位把头带好、把起到模范带头作用的党员选为代表、积极发展党内民主、注意党代表的结构问题四个方面的内容。

最后是组织委员徐江波给大家做业务培训，从换届的文件拟写、上报，党代表的酝酿、筛选等，事无巨细，一一说明，并把具有指导性和操作性的材料发给镇党委换届指导小组组长和党支部书记。

各支部就组织代表候选推荐人选，就在下午公示了"一上一下"代表候选人名单，全镇共计推荐候选人78人。

今天是天主教的情人节，我们回族虽然不过节，但是也免不了受点影响，问候是免不了的。

为增强我镇森林防火半专业扑火队员防火意识，提高应对森林火灾的技能，今天上午，纳古镇举办了灭火机使用方法培训。镇防火指挥所副指挥长周正宽为队员进行了讲解和现场演示。本期培训共有34人参加，通过培训演练，广大扑火队员进一步掌握了风力灭火机的操作要领和使用方法，为灭火实战创造了一定条件，为下一步做好我镇森林防火工作奠定了基础。

今天通海县中医院的5位坐诊医生到纳古开展免费体检活动。

在早上的时候，纳古镇两所清真寺就利用广播通知，村民在下午2点半到纳古镇政府一楼大厅就诊。

来就诊的村民很多，咨询的问题也很多，有心脏方面的，有消化系统的问题，有精神方面的等，还给予了药物。

2011 年 2 月 15 日　星期二　阴冷

纳古第二村民小组的一些村民来上访，有关他们自己的土地被出卖一事！

村组上闹得沸沸扬扬，主要涉及纳古第二村民小组和第一村民小组、古城清真寺，详细的内容现在还在保密，但是已经有纳古镇综治维稳专职副书记牵头下去办理。

2011 年 2 月 23 日　星期三　晴朗

纳古镇8个党支部进行出席镇第十次党代会的代表选举。

今天一早，镇司法所内就挤满了人，说是纳古三组的合龙华请了一位工人在承包的山上开展修剪树叶，没承想竟然出意外了。说镰刀掉在了大腿上，割在大动脉上。

2011 年 2 月 24 日　星期四　晴朗

今天机关支部选党代表，共选举代表6名。

纳古镇内的9个支部，已经全部选举结束了，共选代表59人。

下午1点左右，星月路上段一个外来务工人员的小孩被一辆大卡车碾死了。

2011 年 2 月 25 日　星期五　晴朗

今天，县上把新选上的纳古镇的人民武装部部长吕传龙送到了纳古，今天开始走马上任。

曾在纳古挂职一年的李旭现在被正式任命为纳古镇的副镇长。

纳古一个教亲纳忠学，重病医治无效归真。

2011 年 2 月 26 日　星期六　晴朗

纳家营清真寺广播通知，今天下午5点为纳忠学教亲站拜。去问死的村民听其教亲说是由于得了癌症，已经到了晚期，医治无效归真。这些都是归真的方式，主要的是真主给予的期限已到，该是要走的人了。

再听村民议论，这个人和前妻育有2个儿子，每人抚养一人。早前，在和前妻还生活的期间遇见了现任妻子，并有一个女儿时，带着回来和前妻离婚。

这样的遭遇，已经感觉够呛了，现在的归真方式又是重病归真，所以感觉人的无常时刻让活着的人警醒。

2011年2月28日　星期一　晴朗

纳古镇的职工大会，通知了一系列的事情。

纳古镇新一届党委换届在即，但在这前，县委作出了纳古领导人事调整。免去马寿光纳古党委副书记的职务，由合惠儒接替；任命吕传龙为纳古人民武装部部长、党委委员；免去纳瑞媛纳古党委委员一职。

2011年3月1日　星期二　晴朗

纳古镇恒孝的小女，中午来纳古农业银行纳古分理处取钱，估计钱取得有点多。取完出来，被一个人尾随，行至忠训路中段时，被抢劫。包被抢走，连同钱、手机等重要的物件。那时，不给包，抢劫者就要杀她，所以无奈不得不给。

大白天的，竟然在公共场合抢劫，这还了得！

不知道这个抢劫者，是本地人？外来务工者？还是流窜作案人员？不得而知，具体的情况要等公安部门追查出来才知道。

不管怎样，要加强自身的防范意识，也要再多留个心眼，外出取钱、汇钱也要注意安全。

3月1日，县检察院马副检察长率职务犯罪预防科等相关人员到纳古指导预防职务犯罪工作。县检察院领导与我镇领导通过座谈会的形式进行交流。

首先，镇党委书记张兴友、纪委书记李刚就我镇当前党风廉政建设工作暨预防职务犯罪工作的主要做法进行了发言；其次，县检察院领导根据他们的办案经验及针对当前存在的一些社会现象，对我镇的预防职务犯罪工作提出如下建议：

一是应加大对各中心站所负责人、组领导的预防教育工作力度，并加强农村财务监管；

二是逐步完善相关制度，并落实各项责任措施，切实做到用制度管人、管事；

三是加强对企业负责人的宣传教育。

2011 年 3 月 3 日　星期四　晴朗

纳宝达的弟弟，在上星期碾死了一个 13 岁的小孩（男孩，外来务工人员的子女），也是意外，说是一群孩子在玩捉迷藏，这个死者突然窜出来，不幸卷到车轮下面致死。

当天，调解无效。

今天，继续在司法所和纳古派出所的协助下调解。一整天，没能达成协议。死者家属要求 20 万元以上，驾驶员一方只给 8 万元左右，所以没能调解好。

纳古从去年以来，死亡的务工人员和子女人数呈上升趋势。这个也是自然的事情，因为在纳古 12 平方公里的地界上，人口密度相当大，人员矛盾、纠纷、意外、死亡等多种问题也都会陆续暴露，但是要如何把这些安全隐患降到最低点，是现在的派出所和维稳综治部门的重要事情。这样才能让居住的人有安全感。

2011 年 3 月 6 日　星期日　晴朗

云南省委巡视组今天上午 11 点到纳古走访座谈。

纳古镇政府的党政班子成员、纳家营清真寺四掌教和管委会成员作陪。

参观完了纳家营清真寺和女寺,就开始座谈。

今天是毛泽东同志题词"向雷锋同志学习"48周年纪念日,也是第12个"中国青年志愿者服务日"。为进一步弘扬"奉献、友爱、互助、进步"的志愿服务精神,树立新时期雷锋精神的光辉形象,今天,在纳家营清真寺门口,纳古镇团委和纳古伊友图书社联合,举行了公益借书活动。今天共计有图书、杂志483本,涉及经济管理、人生励志、儿童读物等12个领域。共借出书本214本,借书人有大人、小儿、教师、学生等,翻阅人数上百人。

开展这样的活动目的就是使大家有精神食粮,而且益处多多。读书可以丰富我们的知识量;多读一些好书,能让我们了解许多科学知识。读书可以让我们拥有"千里眼"。俗话说得好:"秀才不出门,便知天下事。""运筹帷幄,决胜千里。"多读一些书,能通古今、通四方,很多事都可以未卜先知。读书可以让我们励志,读一些有关历史的书籍,可以激起我们的爱国热情。

2011年3月7日 星期一 晴朗

纳古镇的一个19岁男青年,今天归真了。可惜的是,没有在家乡埋葬。这个孩子是去泰国清迈读书,不幸遭遇车祸。在那边医院医治无效死亡,人已经埋在了泰国。

国际第101个妇女节到来之际,纳古镇四组发给每个妇女一块香皂。

2011年3月8日 星期二 晴朗

今天是国际"三八"妇女节。纳古镇的妇女们在街头巷尾都是说着这样的话:"今天放假去哪里玩?"

呵呵,是啊,难得有自己的一个节日。镇政府的女将们去了秀山开展登山活动;纳古信用社的女职工们去了玉溪人民医院体检;纳古学校的女教师们把节日放假调在周五,内容是去体检;村组上的女人们开展自娱自乐的活动,或者全家出动。

无论形式是什么,大家开心就好,放假不放假都无所谓,主要是从细节上可以看出女人在一个家庭、一个单位、社会上的重要性。

"慈母手中线,游子身上衣",母爱永远是个温暖的话题。在国际"三八"妇女节到来之际,纳古镇中心小学大队部组织全校少先队员开展"我让妈妈露笑脸"的感恩活动。

本次活动根据学生的年龄特点,分为低、中、高年级三个组,以写一封感恩信、制作感恩贺卡、我为妈妈画一幅画、帮妈妈做一件好事、说一句节日祝福语等形式,给女教师和母亲(奶奶、外婆)一个"特别的惊喜"。

通过此次活动既展示了孩子们小手的能干,又为他们留下一份值得纪念的礼物;做了一件关爱人的好事,身体力行,孩子们用实际行动表达了对妈妈、外婆、奶奶的爱。

2011年3月9日　星期三　晴朗,夜晚有雨

通海县团委今天早上在纳古中心学校阶梯教室举行"青春彩云南关爱农民工子女　手拉手青帆快乐课堂"和关爱农民工子女手拉手活动启动仪式。

到会的人员有市级关工委主任、团市委副书记马立兴、团县委赵波、县教育局总辅导员唐文娟、通海县9个乡镇的团委书记、秀山小学校长、纳古学校校长和两个结对帮扶学校的辅导员代表、大队代表、少先队员代表,共计400余人。

议程有:

一是奏队歌;

二是团县委赵波书记讲话;

三是秀山小学与纳古小学吴正刚校长讲话,纳古中心小学马灿敏校

长讲话；

　　四是秀山小学老校区、纳古学校总辅导员、大队委、中队代表互献红领巾；

　　五是省级青年文明号福源堂老总向纳古中心学校，农民工子女赠送文具；

　　六是结对学校学生代表发言；

　　七是课堂活动；

　　八是团市委马立兴副书记发言。

　　上午 8 点 30 分，在纳古镇中心小学举行"青春彩云南　关爱农民工子女　手拉手青帆快乐课堂——通海县 2011 年少先队关爱农民工子女手拉手活动启动仪式"。参加启动仪式的有玉溪市总辅导员徐吟丽，县教育局书记陈明华，团县委书记赵波、副书记唐雅馨，县少总辅导员唐文娟，秀山小学王朝艾、禹传飞等，县三乡六镇的团委书记，纳古小学相关领导，通海福源堂医药有限公司团支部书记李新有，秀山小学老校区、纳古镇中心小学的中队辅导员代表、中队长代表以及大队委成员，纳古镇中心小学农民工子女代表，共 200 余人。

　　首先是启动仪式对接会，接下来是"心手相牵看纳古"参观活动，最后是"一对一"中队主题队会。

　　此次活动，在各级领导、社会各界爱心人士、爱心组织的关心与支持下，为纳古中心学校农民工子女的健康成长创造良好的社会环境，为关爱农民工子女搭建了很好的平台。同时推动教育事业科学发展，为人们提供更加多样、更加公平、更高质量的教育。

2011 年 3 月 10 日　星期四　晴朗

　　立春已经一个多月了，但是没有听见春雷滚动，也没有见落点春雨，现在的感觉真是春雨贵如油了呢。

　　这些天的气温，白天能够到 24℃左右，只有昨天开始早上有点天阴，而且多云，风大。

盼望着下雨呀，天干物燥的，再不来点雨，我们这里的森林防火警戒的任务和责任要重了呢。

盼望着，盼望着，终于在昨晚夜里10点30分下了春雨。（都是听人说的了，因为睡得早呢）雨下得有点大，只是持续的时间不长。这样的雨要是多下一小会儿，或者多下几场就好了。

纳古镇清真寺法制课教育自开展至今已进入第17个年头，其对于维护社会稳定的效果日益显现。为进一步提高回族青少年的法律素质和法制观念，积极引导广大回族青少年更好地学法、守法、用法，增强青少年的爱国意识、权利意识，学会明辨是非，提高自我约束与保护能力，2011年度继续坚持在纳古镇两所清真寺开展法制课教育活动。司法所、镇团委两家相互配合，结合实际，为两所清真寺的学生安排了《禁毒防艾法规》《残疾人保障法》《继承法》《道路交通安全法》《人口与计划生育法》等课程。

今天，本年度第一堂法制课在古城和纳家营两所清真寺正式开课，由气象局和食品药品监督管理局的两位专业人员为200多名学生分别讲解了《气象灾害防御条例及防雷避险知识》《食品安全法与食品安全知识》。

2011年3月11日　星期五　晴朗

根据《通海县2011年综治维稳宣传月活动方案》的精神，为了进一步倡导见义勇为，弘扬社会正气，进一步加强综治维稳工作，营造全社会尊重和保障妇女儿童权益的良好氛围，今天上午9点，纳古镇综治办联合镇妇联、计生站、团委、派出所、司法所等部门在集贸区开展了一次大规模的综治宣传活动。

本次活动主要宣传社会治安综合治理、倡导见义勇为、妇女权益保障、计划生育管理服务、流动人口管理与服务、民族团结、生态建设、关爱农民工及子女等内容，共悬挂布标 4 块，张贴标语 200 多张，发放宣传材料 1800 余份。

这次活动，受到广大群众的欢迎，收到了很好的效果。特别是镇团委的关爱农民工子女的宣传单，属于第一次在综治宣传的场合发放，使愿意参与关爱行动的纳古人民多了解，可以积极参与到以后的关爱活动中去。

2011 年 3 月 12 日　星期六　晴朗

"植树节"是一些国家以法律形式规定的以宣传森林效益，并动员群众参加造林为活动内容的节日。按时间长短可分为植树日、植树周或植树月，总称植树节。通过这种活动，激发人们爱林、造林的感情，提高人们对森林功用的认识，促进国土绿化，达到爱林、护林和扩大森林资源、改善生态环境的目的，是为了动员全民植树而规定的节日。1979 年 2 月 23 日，我国第五届全国人大常务委员会第六次会议决定，仍以 3 月 12 日为中国的植树节，以鼓励全国各族人民植树造林，绿化祖国，改善环境，造福子孙后代。

今年的植树节是我国第 31 个植树节，但是在纳古，今天并不适合植树，平常的植树活动都是定在 5、6 月进行，那个时候，我们这里的天气适合旱冬瓜、飞松子等树种的生长。

今天还有两件重要的事情发生：

一是中央党校的教授一行 6 人，在市、县领导的陪同下，来到纳古镇调研民族团结、经济发展的情况。在纳家营清真寺参观了新盖的清真寺和女寺，并听了纳寿慈师傅、马儒逯管事两位教亲的讲解；看了纳古"纳永阶墓碑"。

二是纳古镇新当选的 59 名第十届党代会代表到镇上六楼参加党代表培训。学习了党章关于"党员与代表权利和义务"章节的学习。纳古的党代表以回族居多，汉族不到 15 名。

2011年3月13日　星期日　晴朗

我镇的纳继云和我一般大，但是至今还是单身，直到今天得知他已经找到了自己的伴侣。

他在纳古镇是一个积极向上的有志青年，他投身纳古镇志愿者协会的筹办、伊友读书会的创办，把这两个公益会所引领在正轨上。开展的公益活动，有声有色。从筹办志愿者协会到现在，共计开展活动不下10次；每个周的星期天开展免费借阅书刊活动，一直坚持到现在。

如此勤于公益的小伙子，应该好好地祝福他的好姻缘！

遗憾的是没有到过现场，所以不知道细节。只是听人说："他的伴侣，新疆人，在甸百亩清真寺教经，他们是经那里的管事介绍结缘的。在今天晚上，举办了别具特色的订婚仪式，没有纳古这边订婚仪式的参与人数多，但是绝对的新鲜，在订婚场所（甸百亩清真寺的教室里面）由甸百亩清真寺的管事主持，整个过程庄严、喜庆。别具一格的是，新人们有念堵阿、送花、戴戒指等环节。"

在场的教亲们，其乐融融，吃的喝的，应有尽有。

2011年3月14日　星期一

孟忠运驾驶车辆拉土去厂外打水坝，在倒车过程中，由于没有打开车窗，听不到指挥人员指挥，发生翻车事故，孟忠运当场死亡。

2011年3月16日　星期三　阴冷有雨

清真寺的管委会主任和教长任期已满，马上要面临换届了。虽然，清真寺还没有正式提出通告何时换届，何人被提名，但是在纳家营群众中已经议论得沸沸扬扬的了，尤其是年轻的、有些小成就、学识也不错的男同胞们，出现了你推荐我、我推举你的现象，在背后弄得像是选举似的。

当然了，言论自由，选举自由！

纳文琪说得满在理的："有匕贴的就可以来宣传宣传了，但群众还是要擦亮眼睛，该投票的就投，不该投的就不投嘛。怕就是怕认不得到底该不该投票。"

有人还煞有介事地封了个"纳古1号"出来，看来是这个人有点威望，有点意思。

纳继坤提议："其实来个智囊团，这样就可避免水平不行和别有用心。把纲领和制度公开化，事情就简单了。教长、校长、大管就成了大家智慧的结晶！"这样的提议我觉得合乎理性，应该支持。

不知道，选教长和管事的事情何去何从，会不会有推陈出新的运作模式，期待着！

说到换届，这天也是纳古辖区内的大事呢，纳古镇党委换届！参加开会的代表共计59人，纳古人民参政议政的意识很强，参加开会的代表们7点就陆陆续续到纳古大院报到了。

为了加强妇女对《婚姻法》的了解，保护自己的合法权益，在县妇联的关心支持下，3月16日上午，镇妇联特邀县人民法院河西庭范丽娟副庭长为我镇妇女上了一堂婚姻家庭法制课。范副庭长从婚姻家庭关系的基本准则、结婚、离婚、夫妻财产及债务的认定等方面进行讲解，其内容丰富、语言通俗易懂，还不时引用案例分析。参与妇女100余人，她们纷纷表示，此次讲座，贴近生活、贴近实际，让她们学会了如何用法律武器保护自己的合法权益。

为表彰先进，树立典型，进一步激发广大妇女爱岗敬业、奋发有为的进取精神，推动全镇基层妇女工作蓬勃开展，在群众中更好地发挥示范带头作用，讲座结束后，镇党委、政府对马丽清等3位"优秀妇女干部"、纳素兰等2位"先进妇女工作者"、许珍丽等4户家庭"生态文明家庭"进行了表彰。

2011年3月17日　星期四　阴冷有雨雪

今天，是纳古人民重要的日子。纳古镇的党委书记开始重新选举，原来在任的武林已经调走，现在来的张兴友书记必须通过选举来确定续任。除了选党委书记，还要选举纪委书记和党委班子成员。纳古镇的党代表们，早上得通过自己投出神圣的一票来确定。

通过几次会议的日程，终于定音了。党委书记、纪委书记和两个班子成员已经确定。

这样的选举，对于纳古来说不是寻常的事，倍加重要。一个好的班子，可以带领纳古人民走上科学的、可持续发展的致富路，如果班子成员没有选好，那将注定纳古接下来的路要走偏了。

马聪林代表说得好："我们不想再过以前的苦日子了，要想过上好日子，我们自然得通过自己的选举，选出适合纳古的书记，带领纳古人民走上康庄大道。一个班子没选好，就注定给纳古抹黑，给纳古的发展搬绊脚石。作为一个党员，我们坚决抵制那些没有组织精神的人。"

向有林代表说："纳古以前来的几任书记，特别是黄勇书记，给纳古做了很多实实在在的事情。我们纳古人忘不了这样的书记，今天选举，我们也希望可以选到这样的书记，带领纳古继续发展。"

无论谁来当纳古的书记，我们都希望带领人民发家致富，搞经济生产，把纳古的环境污染治理好，否则，人民不会答应在任期糊弄人的领导。老百姓的心声，通过代表们来实现，通过代表的选举来定局，同时也需要上级的领导来关心纳古的发展。只有这样，纳古才能让经济腾飞，让民族团结、社会稳定！

2011年3月20日　星期日　阴冷

2010年11月7日，周日，值得纪念的日子。伊友读书会首次走近大众，很仓促的活动，果断的决定。早上9时许，清真寺大门口，活动拉开帷幕，效果不错，大众热情高涨，借阅近百本各类书籍，远超之前的总和，反响也很好。

时至今日，伊友读书会的志愿者们，公益借书，已经有19回了，借阅的书籍上千本，借去还来，大家都很讲信用。

读书是每个人的权利，我们离不开大米，我们也需要精神食粮。

今天他们又晒书了，虽然说晒有点矛盾，因为天气很冷，可是，有什么可以挡住热情呢？冷天气都被大家高涨的热情冲淡了，有书读的日子暖洋洋的，看着借阅者的脸上洋溢着无比幸福的笑容，我们也由衷地开心，至少，伊友读书会给大家带来了真正的精神食粮。

伊友读书会，是我们第一个纯民间的读书活动组织，没有它以前，大家的读书活动具体怎么开展我都不甚了解，现在他们在纳家营清真寺门口借阅，总是让大家心里暖暖的，纳古现在的年轻人，越来越讲求知识致富了，可喜可贺呀。

2011年3月26日　星期六　阴雨

纳家营的纳某某儿子与古城马某某之女结婚。婚礼的程序和往常没有什么两样，特别的地方在于：

纳某某之子是他与前妻的孩子，20多年来一直跟随他母亲生活，在来纳古之前，这个孩子刚退伍没多久。退伍后，在昆明一家公司做事。在其父亲的说服下来到纳古，现在在他叔叔的工厂里做事，刚到纳古才不过两个月的时间。在他继母的奔忙下，请媒人做成了这样的好事。

婚房没有设在父亲的家里，可能是因为父亲家很贫困，没有房子的缘故，所以婚房设在了孩子的叔叔家，请客也在叔叔家进行。像这样的情况，在纳古相当少见，孩子的经历曲折、复杂。

纳古今天还有一个事情是，幼儿阿语教师马子昌的父亲归真了。说得的是肺癌，医治无效，回家没几天就归真了，年纪在70岁左右。另外一位归真的是马跃庭的弟弟马跃慈。淅沥沥的雨下着，纳家营广播通知今天"底盖尔"拜后举行殡礼。

2011年3月28日　星期一　阴冷

早上古城马××家回门。去做客的村民说，他们家嫁女儿没有收红包。在纳古，嫁女儿没有收红包很少见，只有说儿子讨媳妇不收红包的，嫁女儿不收红包第一回听说。

当然，马××家经济条件确实很好，不收红包也是正常之举。

下午的时候，前天归真的两家人家家里做"油香"，就是亡人已经下葬了三天啦，在方言里说"做三日"。人一旦归真了，就是越走越远了，亲人可以做的，除了想念以外，主要的莫过于为他（她）念经。

2011年3月31日　星期四

孟忠运系甲方通海县纳古镇连铸工贸有限公司雇请的工人。2011年3月14日，孟忠运驾驶车辆拉土去厂外打水坝，在倒车过程中，由于没有打开车窗，听不到指挥人员指挥，发生翻车事故，孟忠运当场死亡。家属情绪激烈，达不到赔偿要求绝不从殡仪馆拉回尸体。经调解，今天，双方达成协议，矛盾化解。

2011年4月1日　星期五　晴朗

纳家营的纳云树归真了。他已经70多岁了，可是没有在纳古，是娶了一个通海的汉族人。今天是为了要去礼主麻，在做大净的时候摔在卫生间里了，送去医院就断气了。

今天在主麻前就举行殡礼了。

2011年4月2日　星期六　晴朗

人走得真是快！今天，纳古又归真了一位老妇孺，说快有90岁了。殡礼不曾有什么两样。

2011年4月4日　星期一　晴朗

纳古志愿者协会得到爱心人士的捐助，在米和油到位的情况下，广泛宣传动员。镇团委积极配合他们的活动要求，大力支持。

我们纳古镇的回民是不过清明节的，所以利用现在有的资源为那些未亡人多做善事，积极为他们排忧解难。于是在4月4日早上，出动青年志愿者26人、青年团员12人、车辆5辆，直接把爱心人士捐赠的米和油送到了孤寡老人和贫困家庭。他们总共计160户人家，送出大米和香油各160件。

青年们，不怕日晒、不怕辛苦，挨家送去物品。等送完物品已经下午1点多了，组织者没有提供伙食，而是他们自行解决。志愿者们这种奉献精神，值得推广，让小一代的青年们一起来加入志愿者的行列，帮助他人，自己也能得到快乐。

纳古镇是一个以回族为主体民族的建制镇，辖3个自然村，8607人，有回、汉、彝、傣、壮、哈尼、拉祜7个民族，回族占81.7%；纳古镇在云南省、全国乃至世界上都享有盛名，不仅因为它的历史悠久、人才辈出，更因为这里经济发展、民族团结、政通人和。

今天，为了调研纳古的民风民俗，云南大学5名教师率22名学生一行共27人，到纳古镇进行民族学田野调查活动。镇长纳锦斋、镇团委纳杰和宣传委员接待了他们。他们是省级特色专业——民族学专业本科的学生，今天来主要是实地调研，参与观察，了解纳古民风民俗，为民族学专业的学习打好基础，为下一步力争打造国家级特色专业做准备。

他们的调研，看到了纳古人几代人的努力——多年来，镇党委、镇政府把发展经济作为民族团结的重要抓手，走出了一条"以科学发展促进民族团结、以民族团结保证科学发展"的路子，全力打造经济发展、民族团结、社会和谐的新纳古。

2011年4月6日　星期三　晴朗

这几天是放假的时间，各组上没有什么大的事情。

2011年4月8日　星期五　晴朗

今天，纳古的一位女青年管某某因为得了子宫癌归真了，在"主麻"前举行了殡礼，送在了主麻后。这位亡人生前生活经历有些前卫且曲折。先结婚在了三队，后来跟一位籍贯海南岛的海世福私奔了，那个男人也是已婚男人，媳妇是五队的马某某。

私奔了一年后，回到了纳古，生了两个男孩。在送"埋体"的那个时候，路上的人都见到了令人心碎的一幕。小一点的孩子，2岁不到，抱着电线杆哭着找妈妈。

哎，这人也是难以预料的，是好是歹难以说清。

中午时分，滇秀玛钢厂的一位司机，在下煤的时候摔死了。

2011年4月12日　星期二　晴转多云

人的死法各有不同，像纳古今天就有一个特殊的亡者，叫合儒雄——他是新型安乐死的杀人犯。

两年前，有一件事在纳古闹得沸沸扬扬。

哎，说来话长！说一位年轻的男教胞杀人了，而且杀的是一位身怀有孕的妇女，警察叔叔的老婆。更稀奇的在于，这位被杀的妇女是杀人者的前女友。在杀人之前的许多年，合某和死者是恋人关系，合某也经常不回家，在通海县城待着。也在相恋几年之后，谈婚论嫁，但是合某家里不同意，结果闹了分手。分手后，死者嫁给了一位警察，合某在家人的压力下和本村三组的一位女教胞结婚，可惜，结婚当天就没有同房，而是分房睡，不到一个月，他们就离婚了。在这一个月里，家里人说，还有听说他和以前的女友有些联系。

具体在什么时候起了杀人之念就不得而知了。反正大家知道的时候已经是造成杀人事实了。该是去自首的，不过之后听说审定之后，由于家属一再上诉，所以一直关押在通海看守所内。

事隔近两年，上诉无望，今天 10 点 30 分被判定为死刑，立刻执行。

今天早上，合某的家属被通知，自己请阿訇到玉溪刑场处为合某做讨白、① 领尸体。

定于 5 点送埋体。

"法网恢恢，疏而不漏！"所以做人千万不能犯法，犯法了就一定会得到制裁。

纳古六组苗某某等五户因相邻道路及厕所使用权属发生争议，一方在建盖厕所时，另一方出面阻止，经多次调解仍存分歧，今天，双方又因建盖厕所发生争执，手持工具，情绪激烈，极易发生械斗。

2011 年 4 月 14 日　星期四　晴朗

纳古志愿者贴出一张告示，说是要捐款。主要是为马平理夫妇的孩子治病捐款。

他们的故事：

马平理是云南红河州泸西县金马镇白石头村的阿訇，白水镇人，2005 年娶桂红仙为妻。

2007 年 6 月 22 日，马阿訇的第二个孩子小纯迎出世了。看着妻子和孩子都健健康康地在自己眼前，说不出的喜悦洋溢在心头。一家人的幸福由此更进一步，可惜，好景不长……

童年，对于每个拥有过的人来说，大多都是美好的、值得怀念的。但很不幸的是在小纯迎眼里，原本幸福、美丽的童年被一个巨大的肿瘤覆盖了！

今年大年初二（2 月 4 日）他们发现小纯迎的腹部肿胀，于是带着

---

① "讨白"，即"忏悔"的意思。

孩子去了县里的医院，医生告知他们在这里没办法治，让他们去大医院里。于是马阿訇夫妻二人带着年仅3岁半的小纯迎到了昆明。昆明儿童医院、昆明肿瘤医院、43医院……看过了所有的大医院，都是一样的结果：孩子的这个病发病率只有1/1000，以云南省目前的医学水平是没办法医治的，建议到北京儿童医院，那里有一例这样的病症被医治好了。有的医生直接说这种病就算治好了也会反复复发，很难根治，要是没有一定的经济实力的话还是不要再治了。

听了这话，一家人心里更加难受了，不更世事的小纯迎只知道父母带着自己四处奔波，饿了、累了就哭着喊妈妈。一个中国的阿訇，一个月的收入也就是几百元，平时自己省吃俭用的一家人过日子还是很知足了，哪料到孩子遭遇这样的折磨呢！难道就眼睁睁地看着孩子肚子一天比一天大，直到归真吗？身为父母，他们现在能做的，就是拼尽全力为孩子寻找生命的出口！

到底小纯迎患的是什么病呢？

这种病是先天性的母细胞血管瘤，据现在检查的结果，小纯迎的这个瘤长到了脾脏的下方，包裹住了左边的肾脏和大部分腹腔血管。看过的医院都没办法保证为孩子诊治，以现在的水平，不手术的话还能多活些日子，手术了或许就出不来了。

孩子虽然不知道疼痛，但是巨大的腹部和骨瘦如柴的身体，都那么让人心疼。目前只是以中药制约肿瘤的恶化，孩子危在旦夕！

一想到去北京看病，夫妻俩是失落大于希望，莫说是治病的钱，就连去的路费都不够，忧愁布满了二位的眉间心里。此次来到纳古，部分亲友也出了钱帮忙，但是要救这个孩子，这些力量太微薄。天下穆民是一家，希望通过这篇文章，能让更多的人关注到马阿訇一家，奉献自己的一点爱心，帮他们走出困境，救救小纯迎！

通过大家的努力，共捐得28025元。可惜，这个孩子还没有得到医治，就已经归真了。

2011年4月19日　星期二　晴朗

这几天，村组上开始收割油菜了。实际上，纳古种田地的人少之又少了，只有为数不多的几家在各组球场上堆放油菜枝。

以前的时候，一到收割的季节，纳古到处都是繁忙的景象，现在，这样的场景少得可怜，要看都是奢侈的。

大家都忙着创业、办厂、经商，完全没有以前的"农民"气息了，所以现在的农业发展在纳古相当的困难，在全镇的生产统计看来，纳古的工业占到了95%以上，其他的农业占不到3%。

2011年4月20日　星期三　晴朗

纳古镇根据县上的统一部署安排，开展打捞杞麓湖入湖河道沟渠垃圾活动。

9点30分，镇上的领导干部达到各村民小组，和组领导、动员来参加沟渠保洁活动的党员、妇女、团员青年会合后，打捞工作正式开展。大家有的拿锄头捞，有的拿铲子铲，有的拿粪箕装，总之入湖沟渠旁，一副热火朝天的干活场面。12点30分，负责垃圾清运的同志们还要继续出去清运垃圾。

今天的保洁活动粘贴宣传标语2条，清理河道700米，出动人数机关干部38人，组上村民521人，出动运输垃圾车3辆，清运垃圾23吨，共计投入资金1100元。本次活动的意义深远，要做到未雨绸缪、明确责任，划分任务，通过多种措施，认真开展河道疏通工作，争取在汛期来临前，组织大规模的河道清理打捞活动，确保沟渠畅通，减少对杞麓湖的污染。

2011年4月22日　星期五　有雨

古城村的一位老妇人归真，就在今天已经送了。

2011年4月24日　星期日　有雨

这天开始,派出所在接下来近一个周的时间为外来务工人员办理暂住证,已经办理过证件的,只要来加盖公章和登记人口就可以,没有办理过证件的就得拍照片重新登记。前来办理证件的务工人员多如潮水,一拨接一拨地来。

这样一来,便于派出所登记流动人口的人员变动情况,为纳古针对管理流动人口管理规定和方法提供很好的基础作用。办理证件的事情实属必要。

2011年4月25日　星期一　多云

4月24日宵礼后经纳家营清真寺管委会及监委会30余人的协商,确定了本次新教长选举的候选名单及相关事宜,特在社区里将有关事宜告知各位教亲:

候选人:纳跃义、纳寿慈、合儒彪、纳跃滔、李孝明。

投票时间:4月28日(本周四)早上8点到11点。

投票方式及对象:年满18岁者一人一票,现场发选票,不得代投。选举实行无记名投票、公开计票的方法,选举结果当场公布。

民主选举教长,你看中谁,就先来投一票。

单选投票,　距结束还有:2 天23 小时49 分钟

1. 纳寿慈

   66.67% (2)

2. 纳跃义

   33.33% (1)

3. 纳跃滔

   0.00% (0)

4. 李孝明

   0.00% (0)

5. 合儒彪

0.00% (0)

纳古社区贴出帖子，让大家参与网络投票，看自己想支持谁来担任下一届的教长，就投票。

纳家营清真寺的管委会和四掌教面临着换届，现在呼声相对高一些的就是纳寿慈和纳跃义。我个人的意见，纳寿慈教长不是当得不好，主要是年纪大了，大家的呼声也不是特别高，可是下一代的没有很出色的人来接手，两难呀。这样的局面，可能到最后会出现上一回的局面——无人当教长，临时聘请。

今天，纳家营清真寺的广播里通知说明天有上级领导来纳古参观，请在红绿灯口、振新路、忠爱大街停放车辆的教亲给予支持，把车子停到别处。

2011年4月26日　星期二　多云

一早，百余人便衣警察就来到纳古，站在了领导要去参观地点的主要街道口。形势很严峻，应该是一个大人物来。

直到9点钟，镇上的主要干部作陪，小镇内风平浪静，没有什么异常动静。后来才得知，是白恩培省长一行来视察。

昨天夜里归真的纳汝昌，在今天下午5点举行殡礼。听说，他们兄妹几人都是属于高血压、糖尿病，前年、去年和今年兄妹几个都已经归真了。

2011年4月27日　星期三　多云

纳家营清真广播里通知，明天将推选纳家营教长。三组、四组、五组和七组分别推出一个候选人，合儒彪、纳跃滔、李孝明、纳跃义，纳寿慈师台是因为还具备候选人资格，所以直接进入候选人行列。

还念了选举办法，让相关组的村民明天早上8—11点投票。

2011 年 4 月 28 日　星期四　阴雨

村民们翘首以盼等待很久的新教长选举，今早正式开始了，8：00—11：00 这个时段投票，结束投票后就开始唱票。

纳跃义：1045 票

纳寿慈：446 票

合儒彪：19 票

纳跃涛：16 票

李孝明：6 票

纳跃义以高票当选，马儒逵大管事在广播里通知。

2011 年 4 月 29 日　星期五　晴朗

今天是新掌教选举后的第一个"主麻"。在大殿里，纳跃义就做了简要讲话了。

2011 年 5 月 1 日　星期日　晴朗

"五一"劳动节，纳古的机关、事业单位都放假了，工厂里倒是没有放假的迹象。

小长假里，纳古外出旅游的也是有的，只是不如长假外出的多。

2011 年 5 月 2 日　星期一　晴朗

现在，新掌教已经选出来了，接下来在商量请客吃饭的事情。

纳家营清真寺都有这个传统，只要是接新师台，都要请全镇人民吃饭。具体由清真寺管委会负责，需要的资金也由清真寺负责支出。

2011 年 5 月 4 日　星期三　晴朗

为纪念五四运动 92 周年，深入贯彻落实国务院颁布实施的《全民健身条例》和《全民健身计划》，营造科学、健康、文明的健身氛围，展示青年朝气蓬勃、积极向上的形象，号召广大青年以健康的体魄和良好的精神面貌，为我县经济社会发展作出更大贡献。

纳古镇组织一支由7男3女组成的青年队，参加共青团通海县委、县体育局共同举办的"通海县千喜杯第二届'五四'青年登山比赛"，在赛场上，大家奋力拼搏，努力冲刺。

虽然到最后没有拿到奖品，但是大家都体会到了在运动中的乐趣、锻炼的快乐。

2011年5月5日　星期四　晴朗

纳家营的一家五金小作坊，在做工的时候，纳古人氏保玉清在工作的时候，不小心出了工伤事故。

皮带绞到了盖头，就把她自己绞进机器里了。由于机器很小，没有当场绞到死亡程度，但是已经窒息导致休克，送到乡医院不敢接收，县上也要求转玉溪，现在在玉溪急诊室住院治疗，但是情况不理想。

纳古由于工业发展迅速，所以带来的问题也很多。特别是工伤事故，今年到现在才4个多月，就已经有过好几起了。

玉溪市伊斯兰教协会主办、纳古镇古城清真寺承办的"玉溪市伊斯兰教协会首届《古兰经》诵读比赛"在纳古镇古城清真寺开幕。市、县民宗局的领导和镇上的相关领导亲临现场，领导代表除了做重要讲话外，还给参赛青年们鼓劲加油。参赛的选手来自通海、易门、新平、峨山和红塔区共计31名云南籍青年，选手中有学习阿拉伯语的青年男女学生，也有身为教育者的阿语老师，可贵的是他们都是80后、90后。

登山队经过两天紧张而激烈的角逐，冠军、亚军、季军、已经有了主人。冠军是马轮；亚军是杨思理、马春乔；季军是马春云、马梅仙、纳丽霄。纳古的青年有8人参赛，取得最好的成绩是3名学生得了季军。

我们恭喜获奖选手的同时，也感谢参赛而没有获奖的选手们，因为有了大家的参与，比赛才得以进行。更值得感谢的应该是组织这场阿语比赛的相关单位，为社会上学习阿语的青年们提供了这样的平台，让他们有了展示自己的机会，可以让他们在自己熟悉的领域体现出出众。通过这样的比赛，优秀的选手可以作为他人的榜样，互帮互助，共同进步；稍显不足的选手可以找出自己的差距，不断地增加自己学习的动力和激情，你追我赶，齐头并进。

清真寺里面，已经通知让在家里的妇女到清真寺帮忙，为了明天请客吃饭的事情。清真寺里面相当热闹，完全是过圣纪节的感觉呢，呵呵。

2011年5月6日　星期五　晴朗

纳家营清真寺在今天宴请宾客、村民，请大家到清真寺用餐一天。用餐形式是自助。

早上接师父，10点钟开会。

市民宗局、县民宗局、统战部和乡镇领导都参与了会议。

2011年5月9日　星期一　晴朗

纳古镇五组五"保户"，纳顺宝今天归真了。

他的情况相当特殊，因为是家里的独子，父母早已不在了，无兄妹，无子女。

所以归真了，由他的堂哥哥纳顺发来料理后事，停放在纳顺发家里、总之一切殡礼的事由都由纳顺发来料理操办。

2011年5月10日　星期二　晴朗

纳古二组鲁绍增等10户农户与李春林户因大白龙山地权属存在争议发生吵打，接到报警后，镇领导和派出所及时赶往制止，并就打架事宜作出处理。至于山地权属问题，这10户农户反映，山地是1985年队上分给他们的，李春林户侵占了他们的10多个平方米的面积。李春林表示没有侵占任何人的面积，是属于自家的山地；经调查，各自山地面积普遍存在面积、界限不清的情况，以致各持己见，二组集体则表示涉及山地属于集体，应由集体作出处理。

二组部分村民对大白龙工业用地相当不满，就结伴到工地现场进行阻拦，事态有些严重，差点相互打起来。

最后，由派出所进行了调停，做工作调解。

2011年5月11日　星期三　晴朗

纳寿慈师台现在已经从掌教的位置上下来了，但是他老人家想请纳古两营的众教亲吃一顿饭，结果呢，由四组支书纳爱媛料理这件事情，经她向纳家营管委会一汇报，人家管委会的人员不同意让纳寿慈师台家到清真寺来请客。反反复复磋商无果，现在纳寿慈师台家决定在家里请客吃饭。估计这样一请得要15万元左右。

五保户纳顺宝已经归真三天了，按照回族的风俗，今天要做"油香"。他的堂兄为他做的"油香"，是在很多爱心人士的帮助下完成的，比如，香油和糖稀是纳爱媛捐给的，麦面是纳红英捐的，等等。

"油香"发给的人不太多，就是象征性地给了些人家。

2011年5月12日　星期四　晴朗

汶川地震3年了，很多地方都在举行纪念活动。我们纳古没有举行什么大型的纪念活动，想来这样的生死问题，个人思考比较妥当。个人的人生观、价值观可能都已经受到了冲击。特别是在这3年的时间里，世界范围内也有很多地方地震、海啸、战乱，离我们最近就是日本的九级地震和海啸以及利比亚的战乱。在纳家营清真寺的宣传栏里，贴出一张很有意义的宣传贴——《在日本地震和海啸之后，我们应该深思的》，这样的帖子粘贴在宣传栏里，很有警醒意义。

2011年5月13日　星期五　阴

纳寿慈师台家请全镇的穆斯林吃饭，主要是开经。昨天下午已经由各个组的组领导到家里去具体邀请。镇上的、县上的和省、市领导已经通过各种渠道和方式邀请到位。

他家在他们家附近的一条街的各家各户安排了桌椅和待客的人员，整整吃了3个小时，人很挤、热闹一片。

2011年5月18日　星期三　多云

县政法委副书记童永志、计生局副局长钱可留等一行5人到纳古镇调查流动人口基本公共服务均等化试点工作开展近况。纳古镇党委副书记周正宽详细介绍了工作进展情况。

2010年，纳古镇在册登记流动人口近6000人，是全县流动人口最多的乡镇。流动人口的管理服务工作事关整个纳古镇的经济发展和社会稳定，镇党委政府高度重视。按照通办发〔2011〕12号文件要求，2011年3月底，纳古镇及时成立流动人口基本公共服务均等化试点工作领导小组，下发工作实施方案。5月10日，在镇综治维稳工作会议上与7个村民小组领导签订了目标管理责任书。并于5月初开始进行流动人口清理工作，在清理过程的同时进行相关的政策法规宣传，现清理工作仍在进行中。近期还将与房屋租赁户、用工企业和外来务工人员签订社会责任承诺书。下一步，纳古镇将按照工作实施方案的步骤，继续稳步推进该项工作。

2011年5月22日　星期日　晴朗

纳古镇计生办今天接待了贵州毕节威宁计生局的一行领导。他们来纳古的目的是要配合纳古计生办管理好从贵州出来打工的贵州威宁人的计生事宜。

2011年5月23日　星期一　多云

为认真贯彻上级《关于创新流动人口服务管理机制推进流动人口基本公共服务均等化试点工作方案》文件精神，切实做好我镇2011年流动人口基本公共服务均等化试点工作，根据上级要求，结合我镇实际，镇党委政府坚持"党政领导、综治牵头、部门共同参与"的原则，及时成立了工作协调领导小组，认真研究方案，对方法步骤、时间安排、清理片区详细划分，认真组织实施，做到人员到位、程序清楚、内容翔实，有序开展工作。镇妇联会同镇流动人口办公室成员、派出所干警及联防队员，讨论、部署、安排了工作日程，经过一个月的工作，圆满地完成了上级领导交给的任务。现将工作情况总结如下：

一、这次活动的工作对象主要是纳古镇辖区内以跨县域（流入、流出）30日以上，以工作、生活为目的的异地居住的流动人口。在这次活动中，我们对三个片区内的流动人口摸底调查，按照"六同六进"的要求，做到了街不漏巷、巷不漏户、户不漏人、人不漏项，准确登记入网入账。截至5月23日，居住在纳古镇的流动人口网上录入共6062人，其中男性3631人，女性2431人，16周岁以下的1069人，16周岁至35周岁的2923人，35周岁至60周岁的2042人，60周岁以上的28人。PADIS信息反馈率100%。

二、对辖区内的流动人口坚持"属地化管理、市民化待遇、亲情化服务"，开展流动人口便民维权服务，上门办证服务，查看相关证件，对符合政策的育龄妇女免费办理《玉溪市流动人口计划生育综合服务证》以及《流动人口婚育证明》；对生活困难的流动人口家庭和流出人口留守家庭提供服务和帮助；对符合政策的育龄妇女免费发放叶酸；对违法怀孕的妇女，积极向户籍地协查通报，及时妥善处理。

三、此次宣传月活动中，我们对三个片区内的出租房免费发放宣传资料3000多份、安全套2000只、避孕药4盒。开展流动人口需求信息调查，了解流动人口所需，知流动人口所想，为做好均等化服务打好基础。

大力宣传，营造氛围。结合清理清查，做好宣传活动，使流动人口基本公共服务试点做到家喻户晓、人人皆知，同时也让流动人口明确了自己应有的权利和应尽的义务。

此次活动，在镇党委、政府重视支持和有关部门的通力合作下，取得了圆满的成功。

2011年5月25日　星期三　多云

5月25日晚上10点30分左右在龚杨发生交通事故，肇事者已经逃逸。在事故中受伤的那个孩子叫作黄兴文，14岁，纳古镇六组人。黄兴文现在在玉溪市医院医治，因为家里比较贫困，无钱继续医治下去。

但是孩子的病情危重，生命危在旦夕，无路可走了，才向社会上的好心人求救。听村民介绍六组的团支部书记葛道波一向比较热心，乐于助人。受害者的家属找到他，说明儿子的伤情、现在无力医治等情况，需要他帮助去捐款。

热心肠的葛道波马上应承下这件事情，立即和受害者的哥哥展开捐款筹备活动。

2011年5月26日　星期四

在纳古镇中心小学就读三年级的外来务工子女虎娅同学患有病毒性脑炎，住院花去6万多元，该病的后遗症使9岁的小女孩昏迷不醒，沉重的医疗费用使几经摧残的家庭不堪重负。纳古中心小学向全体师生员工发出倡议："发扬一方有难，八方支援"的人道主义精神，伸出双手奉献爱心，开展"送温暖·献爱心"捐款活动。经过两周时间，共捐款14785.2元，学校于"六一"节前把汇聚着全校师生爱心的救助款送到虎娅家中。

2011年5月26日早上，纳古一组47户农户约60人邀约至大白龙，阻止大白龙公司推整厂地。声称大白龙公司推挖了他们的山地，侵占了他们的利益，大白龙公司向他们解释说所推挖的山地已经与纳古一组集体签订了出租协议，双方仍争执不下。得到消息后，镇综治办及时组织派出所、土管所、林业站负责人及纳古一组领导赶往大白龙，向47户农户解释说明了山地出租的具体情况，在签订出租协议前通过村民小组代表商议决定。对于其他仍然不清楚或有争议的问题，47户农户选出代表，约定时间与地点，与组领导商量解决。同时与大白龙公司负责人积极沟通，要求大白龙公司在争议解决前暂停动工。

2011年5月28日、29日　星期六、日　晴朗

5月28日、29日，发动六组的团员、青年和三中就读的学生在纳家营清真寺的门口设点捐款，另一拨人跑厂区展开捐款。捐款总额现在到了15000余元，已经全部交到了受害者妈妈的手里，贴补医药。现在孩子已经可以继续打着点滴。

纳古镇团委协助团县委开展的扶持农村团员青年创业贷免扶补贷款发放工作，截至5月29日已经圆满结束。

镇团委有10个贷免扶补名额，自办企业4家，个体工商4家，大学生创业者2家。在镇团委的指导下，10位本镇的团员、青年申请人按照要求办理了相应的贷款手续。

前期工作完成后，在5月28日、29日，纳古镇农村信用社工作人员将总共50万元贷款，按照县上审批金额如数打到申请对象的个人账户。

2011年5月30日　星期一　阵雨

纳古镇妇联在做好第八轮小额贷款跟踪管理的同时，协助农行纳古营业所于5月30日前安全回收本次贷款，还款率达100%，大部分贷款户时间不到就到农行归还贷款，只因农行系统还款时间不到，不能承办还款业务。第八轮小额贷款，覆盖七个村民小组的21户农户，惠及群众82名，其中：养殖户5户，种植户1户，经商、餐饮、运输等其他行业

15户。小额贷款，社会效益深远，经济效益明显，为缺资金、懂管理、会经营的农户解了燃眉之急；真正地促进妇女创业、就业，达到了激发妇女创业热情、强化创业势头、提高创业成效的效果。

通海县关工委常务副主任王传益、副主任解宝祥，办公室主任师发愿，纳古镇关工委常务副主任马存凤，镇团委纳杰，到纳古镇中心小学看望外来务工子女何磊、虎娅，本镇孤儿马冬妮，给他们每人发放了300元救助金，鼓励他们要克服暂时困难、坚强自信，做一个好孩子，在家听父母的话、在学校听老师的话、刻苦学习，以优异的成绩回报社会，并提前祝他们"六一"节快乐。

2011年5月31日　星期二　阴雨

为了加强纳古镇的林业工作，将各项林业方针政策、法律法规贯彻落实到各村民小组，提高我镇组干部的法律意识，控制各种破坏森林资源的违法犯罪行为，2011年5月31日下午，我镇开展了林业相关法律法规的培训，参训人员20人。

会上主要宣传了《中华人民共和国森林法》《云南省林地管理条例》等法律法规。

当前，我镇的森林资源管理工作的任务艰巨，责任重大，通过这次培训，提高了组干部林业方面的法律法规知识。

2011年6月1日　星期三　多云

5月31日，我镇召开会议，专题部署6月"安全生产月"各项工作，并要求从6月1日起全面启动。

在为期一个月的活动中，我镇将抽调镇相关人员组成若干组，分别负责宣传咨询教育、全面安全检查、安全生产竞赛、应急预案演练等活动的开展。

此次活动将以"安全责任，重在落实"为主题，以强化企业安全生产主体责任为重点，以"三深化""三推进"为主要抓手。通过严厉打击各类非法违法生产经营建设行为，严格落实责任，健全规章制度，夯实安全基础，提高技术装备水平，全面加强安全监管和安全管理，坚决防范重特大事故的发生。

纳古镇在 1975 年"沙甸事件"中受到错误评定的，在通过受害者合理上访、自愿接受解决的情况下，得到了平反。从 2010 年 1 月开始领取生活补贴 210 元／月。领取的人员共计 18 人，分别是：马忠会、马聪华、纳恒超、马荣福、马开仁、马开喜、马开周、马孝存、纳志家、纳为存、纳志学、合林恩、李孝慈、纳为康、张登福等。

另外，还有人陆续来反映某人在当年的事件中也是受害者，希望可以得到平反和给予补助。

2011 年 6 月 2 日　星期四　阴雨

下了一天一夜的雨，晚上的时候，雨有些大。

2011 年 6 月 3 日　星期五　晴朗

今天是回族一个周里重要的日子，因为"男人的主麻、穷人的哈吉"。很多在家的人都要积极地到清真寺聚礼。

在纳家营的主麻上，大师傅纳跃义宣讲了《吸食毒品的危害性》，提醒家长，一定要多关心、询问在校学生的近况，多跟踪他们的思想动态。不要不理不问的，等到最后又出现大问题。据大师傅所言，纳古现在有近 200 人吸食毒品，种类包括海洛因、鸦片、大麻、小麻（麻黄素）等，年龄越来越小，男女都有。家长们应该多和学校对接、和老师沟通，这样才可以掌握自己孩子的动态，把孩子教育好、管理好，使他们在成才的道路上不走偏路。

古城清真寺的主麻前，大家对组上领导的做事方式和现在造成的古城一组后山集体资产流失的事情很愤怒。在向组领导讨个说法的时候，差点闹成群殴事态。最终没有造成大的事故，不过影响相当恶劣，差点没能顺利地礼主麻。

2011年6月15-16日　星期三、星期四　晴朗

2011年6月15日，林业站在巡山时发现葫芦山北面山脚林带被毁，向分管领导汇报后，16日我站及分管领导立即进行实地调查。了解的基本情况是：纳古镇一组部分群众所为，该地段是一个农林交错的梁子，被毁农地约3亩、林地约6亩，推山目的不明。

若该行为不及时制止，极有可能引发纳古镇群众效仿。

2011年6月17日　星期五　晴朗

2011年6月17日下午，纳古三组集体群众五六十人以连铸公司侵占其集体山地为由，开车至连铸公司，将公司大门堵住，导致货物运输车辆无法出入产区，影响公司正常生产，要求公司给予解决，才肯离去。镇主要领导及时赶往现场调查处理。原来，2007年纳古一组的二夹会山与纳古三组的葫芦头山之间的箐沟被连铸公司填埋用于生产，面积约10亩。纳古一组认为此箐沟全部属一组集体所有，三组则认为应以箐沟为界，两个组各有一半。现纳古三组要求连铸公司对于侵占山地给予解决。经镇领导组织协调，及时作出处理决定，三组群众方才离去。6月18日，镇及时向纳古一组、三组和连铸公司下发通知，要求连铸公司停止对箐沟的施工，保持现状，且不能向一组或三组支付租金，待政府组织进行界限确认后，再具体商议处理。

2011年6月18日　星期六　晴朗

纳训先生夫人已于6月18日在京归真，享年86岁。

2011年6月22日　星期三　晴朗

今天，共青团纳古镇第八次代表大会在镇政府六楼大会议室隆重召开。全镇35名团员青年代表和特邀的37名镇属重要单位人员参加会议。这次大会是在全镇紧紧围绕经济建设这个中心，全面建设小康社会的大好形势下召开的一次重要青年盛会。大会的主要任务是：认真总结第七次团代会以来全镇共青团的工作，明确今后三年共青团工作的指导思想和奋斗目标；选举产生共青团纳古镇第八届委员会和出席通海县第十六次团代会代表。

会上，纳古镇党委书记张兴友、团县委领导唐雅馨、纳古镇分管共青团工作的合惠儒副书记做了重要讲话，希望全镇团员青年在以胡锦涛同志为总书记的党中央领导下，高举邓小平理论伟大旗帜，全面贯彻"三个代表"重要思想，为加快纳古全面建设小康社会贡献青春年华，谱写出无愧于时代、无愧于人民的辉煌篇章。

会上，镇团委书记李旭代表第七届团委作了《凝心聚力　乘势而上　为构建和谐纳古奉献美好青春》的工作报告，报告回顾了三年来纳古镇共青团的工作，提出了今后三年纳古镇共青团工作的主要任务。

经过与会代表们一上午的努力，共青团纳古镇第八次代表大会顺利完成了各项议程，胜利闭幕。大会选举产生了共青团纳古镇第七届委员会委员9名和出席通海县第十五次团代会代表8名，并选举李旭担任镇团委书记，选举马燕妮、纳娅春和纳学栋3名回族人员担任团委副书记。

2011年6月23日　星期四　阴雨

今天，纳古镇隆重举行庆祝建党90周年表彰大会。全镇计200余名党员参加会议。这是全镇回族和汉族党员的大事，一年一度的七一建党节，开展会议形式的活动也就是在这样的日子。

会议主要任务是：

回顾党的奋斗历程，表彰先进基层党组织、优秀共产党员和优秀党务工作者，安排部署2011年党建工作，进一步解放思想，创新实干，努力推进全镇经济社会又好又快发展。

会议提出要求：

一、认真学习领会会议精神。这次会议回顾了中国共产党的光辉历史，并从加强党的建设，打牢党的执政根基提出了要求，可以说，这是一次凝聚人心、振奋精神、鼓舞斗志、促进发展的大会。会议要求全镇党员要认真领会，让党的光辉历史激励全镇广大党员和干部群众，增强信心，团结一致，真抓实干，促进我镇经济社会持续快速、健康协调发展。

二、学习先进，争创业绩。全镇党员干部要以典型为榜样，以先进为楷模，激发斗志，学先进、赶先进，求真务实，锐意进取，努力完成各项工作任务，创造新的辉煌业绩。

三、明确责任，狠抓工作落实。当前，全镇各项工作都进入了关键时刻，各部门要围绕大局，转变作风，进一步明确责任，抓好落实工作，按照时间过半、任务过半的要求，深入开展"创先争优"活动，对照实际，查找不足，抓住关键，以务实的作风、求实的举措、踏实的工作，全身心地投入下半年的工作，切实解决发展中遇到的困难和问题，为全面完成2011年各项奋斗目标再作新贡献！

纳古三组群众与纳古五组村民马正位家子女因江通公路旁一块山地的权属问题发生纠纷。此山地在纳古三组集体权属范围内，马正位于数年前私自开挖，近年来三次砌墙圈围，多次劝阻无效，纳古三组群众将其所砌围墙推倒。6月7日，经调解，双方仍未达成一致意见。之后，纳古三组将此山地出租，双方因此发生吵打。

2011年7月1日　星期五　晴朗

为切实加强全镇安全生产工作，推动各项措施的落实，促进安全生产状况持续稳定好转。一个多月来，我镇通过开展一系列的安全宣传、安全讲座以及安全检查、安全隐患治理等活动，确保了全镇安全生产工作取得实效。

一、加大宣传力度。结合纳古实际，镇人民政府于2011年6月1日前，制作4幅宣传标语，在纳古镇高速路入口处、纳古镇过磅房（当地企业钢材交易聚集区）、纳古镇人民政府大门、忠爱大街4条主要干道悬挂；督促辖区内企业制作安全生产小标语在厂内张贴。让"安全责任、重在落实"的安全生产意识深入企业职工和群众的意识当中。积极向企业负责人宣传职工劳动保障的重要性，督促企业负责人为尚未购买劳动保险的职工购买保险。

二、全面开展拉网式安全大检查。按照安全生产月活动方案和专项整治各项实施方案的要求，工作组在全镇全面开展拉网式安全大检查，对辖区内企业、社会单位，逐家摸底调查，排查隐患，并逐一登记造册。截至6月30日，共检查个私企业和其他单位51户，填写《通海县冶金企业基本情况登记表》34份，《通海县（乡镇、系统）在用特种设备安全生产隐患排查治理记录表》48份，共登记锅炉20台、起重机203台、炼钢企业6户、轧钢企业31户、危化品企业7户。检查中，共排查一般隐患142项、重大隐患14项。

三、督促企业进行整改。针对以上存在的问题及隐患，检查组对企业进行检查督促，要求企业未取得安全生产、经营许可证的必须停止违法生产，尽快办理相关合法证件。对所存在的隐患马上进行整改，确保生产安全。必须设立安全警示标识，及时建立安全管理制度和岗位安全操作规程，并要求企业根据自身实际尽快制定《安全生产紧急救援预案》。

2011年7月3日　星期日　阴雨

这些天阴雨，垃圾清运遇到阻力。实际上，垃圾清运困难不仅关乎天气，更重要的在于经费和人力。大街上随意堆放垃圾，确实不能容忍，而且这样容易滋生细菌和传染病菌。纳古的爱心人士很多，都来讨论这样问题应该怎样处理。有人说道："关于纳古垃圾处理，纳古镇政府哪个部门管？怎么规划？到处臭得很，我家出门那条路上有两堆，都是两长条，丢人现眼不说，还经常为此堵车。现在的处理方法不行，其实就是一个方案和经费的问题有关部门在哪里？"

有人说要求恢复前些年垃圾的清运方式，另外呢，增加设备。我个人认为对整个纳古来说，垃圾清运方式也应该有很多种方式并存，不能"一刀切"。

举个例子，对于纳古的老街道，可以采取活动垃圾车兜的方式集中清运；对于"别墅"集中的地方，可以每家门口放置一个一人左右高那种垃圾桶，由垃圾车负责统一收集。当然，经费的话，可以说服"别墅"用户出一部分。

2011年7月4日　星期一　晴朗

纳家营、古城两所清真寺开始招收幼儿、小学生、中学生开始学习阿语、伊斯兰教知识。

纳家营清真寺管委会贴出公告，招收女学生班。报名时间截止到20日。

2011年7月5日　星期二　晴朗

7点30分，纳古中心小学举行庆祝建党90周年文艺晚会。镇党政班子成员及学校师生观看了晚会表演。镇党委书记张兴友致辞！

举办文艺会演旨在丰富校园文化生活，进一步激发全校教职员工的历史使命感和责任感，凝聚热情和力量，继续为纳古教育事业的发展，顺利实施"科教兴镇"战略多作贡献。

晚会节目精彩纷呈，掌声不断。会场座无虚席，到处洋溢着热烈、隆重、喜庆的气氛。最后，晚会在大家《歌唱祖国》的歌声中落下帷幕。

2011年7月6—7日　星期三、星期四　晴朗

纳古镇中心幼儿园招生，大、中、小三个班次，共招收学生621人。

包括本地生和外地生。

2011 年 7 月 8 日　星期五

纳古三组村民合保华与马丽波两家因相邻巷道使用权属发生争议。马立波拉沙将争议巷道路口堵住，后合保华拉牛粪一车停于马丽波家大门前，双方互不相让。至次日，马丽波家聚集亲戚朋友欲采取过激行为。镇党委政府全力制止、调解，于当日化解矛盾。合保华与马丽波家为征地闹矛盾，到镇上解决。

2011 年 7 月 10 日　星期日　晴朗

为进一步贯彻实施"科教兴镇"战略，总结纳古5年来教育事业发展所取得的成绩，提出今后纳古教育发展的思路，并对5年来关心纳古教育事业发展，勇于捐资助学的单位和个人予以表彰。镇党委、政府研究，决定于2011年7月28日在纳古学校大礼堂召开全镇教育工作会。

会议的召开，旨在进一步统一思想，继续激发社会各阶层捐资助学的热情，保证纳古教育事业健康协调发展。

目前，纳古镇抽调相关人员成立了教育工作会筹备小组，各项筹备工作正有条不紊地进行。

2011 年 7 月 11 日　星期一　晴朗

今天，纳古镇组织机关全体干部职工，深入学习胡锦涛总书记在庆祝中国共产党成立90周年大会上发表的重要讲话精神。通过学习，大家一致认为，胡总书记的讲话立意高远、气势恢宏、思想深刻，具有很强的理论性、实践性、指导性，是认识党、建设党、发展党的纲领性精神，是党在新的历史时期的重要行动指南，其精神对于指导我们学习和工作将具有重大而深远的指导意义。具体联系纳古实际，镇党委提出三点要求：

一、继续开展学习活动。通过学习，要求各位干部职工深刻领会讲话精神实质，进一步坚定跟党走、听党话的信心和决心，并把学习的成果用于指导实践和工作。

二、转变作风，深入基层。要求各位干部职工经常深入基层、深入企业、深入群众。与宗教界人士、企业界及社会各界人士广交朋友，熟悉纳古的情况及了解群众的合理诉求，真正把民情、民意、民需、民盼，作为我们想问题、做决策、办事情的基本立足点和出发点，执政为民，真心诚意为群众办实事、谋利益。

三、创新社会管理，关注改善民生。牢固树立"群众利益无小事"的工作理念，加强对民族宗教事务的管理，按照"最大限度激发社会活力，最大限度增加和谐因素，最大限度减少不和谐因素"的要求，坚持以发展为前提、道德为引领、民主为基础、法制为保障，重在实际、重在基层、重在建设、重在创新，建立健全党委领导、政府负责、社会协同、公众参与的社会管理格局，全面做好协调社会关系、规范社会行为、解决社会问题、化解社会矛盾、促进社会公正、应对社会风险和保持社会稳定等工作，不断提升社会管理科学化水平。

2011年7月14日　星期四　多云

昆明护国路街道办事处人大代表团一行11人到纳古，就民族宗教工作开展情况进行观摩、交流。

护国路街道位于昆明市中心，面积1.8平方公里，常住人口6万余人，流动人口10余万人，商业经济发达，辖区回族众多，有4所清真寺。为了进一步做好民族宗教工作，护国路街道办党工委徐书记率辖区人大代表团选择到纳古进行观摩、交流。代表团一行在镇领导的陪同下先后参观了纳家营清真寺、纳家营清真女寺和天方食品公司，并与镇领导举行了座谈，双方就新形势下做好民族宗教工作进行了座谈、交流。

2011年7月16日　星期六　晴朗

随着今年暑假的到来，7月14日，纳古镇迎来了一支由回族、汉族等几个民族组成的社会实践团。其成员来自的学校主要是省内的各高校，有昆明理工大学、云南大学、云南师范大学、云南民族大学、西南林学院等本科院校，此外，还有省外的广州中山大学、厦门大学等几所高校，大学生现有423名（还有大学生陆续来着），95%都是省、市及县内的学生，青年们有的是团员，有的是党员，有的是学校的学生干部。

整个活动过程有组织、有纪律。同学们在总负责人和相关小组长的管理下秩序井然。这次实践活动由纳家营清真寺接待，比较妥善地安排好了食宿和课程。

2011年9月1日　星期四　晴朗

纳古七组村民合林聪房屋与纳光存仓库相毗邻，纳光存在仓库存放大量石英砂，导致合林聪住房地基下沉，墙体多处出现裂缝，裂缝宽度达10多厘米，已无法居住。合林聪要求纳光存给予赔偿，双方因此发生纠纷。现双方已达成共识，矛盾化解。

2011年9月5日　星期一　晴间多云

省、市、县质监部门领导，县经委、环保、安监等部门领导与纳古镇领导、企业界人士齐聚一起，论道纳古企业发展。

座谈会由副县长方维主持。会场座无虚席，各位与会人员踊跃发言，企业界与各级领导交流互动，气氛热烈。

座谈会成效明显。首先，为纳古企业今后的发展指明了方向；同时，也为相关部门在加强企业服务中找准了自身存在的不足。

2011年9月6日　星期二　多云转晴

纳古镇召开农村养老保险工作推进会。会议对当前全镇农村养老保险工作和农村房屋火灾保险工作及时进行安排部署。镇政府领导、劳保所、民政、财政所工作人员及各村民小组领导共20余人参会。

首先，镇业务人员对村组干部进行专门业务知识培训；随后，镇长纳锦斋强调，农村养老保险和农村房屋火灾保险都是关系民生的实事、好事，要求各位村组干部加大宣传，并按时间要求进行认真落实，切实为群众服务。

2011年9月7日　星期三　晴朗

马鞍子路上段道路硬化工程，被列为纳古镇2011年"一事一议"工程建设项目。今天下午3点，纳古镇对该工程进行了招投标。四组的纳爱媛、纳顺福和雷家顺到场，因为这项工程是四组来具体负责开工的。

共三家施工单位参与投标，最后由通海县第二建筑工程公司第二建队中标。镇纪委、财政、水保等部门领导和第四村小组领导见证了招投标过程，体现了公平、公正的原则。

纳古镇文化路上一家本地人开的美容院，聘请上海的美容学、婚姻学和营养学专家郭莉，在纳古学校多媒体报告厅开养生讲座。

8点30分的讲座，7点30分就有很多纳古妇女到场外等候。在甬道上看去，人山人海，这足以说明纳古妇女对自己健康的重视、对于求索新知识的渴求。到讲座正式开始，到场的妇女同胞有近400人，有的不够坐，就直接站在了走廊上。

讲座围绕女人健康的自我认知、妇科病自我防范、病症自我诊断和治疗，主要就是要让姐妹们远离妇科病，做个健康的女人。讲座中穿插抽奖活动，活跃气氛。

整个讲座，讲师旁征博引，用实例告诉大家，如何避免妇科病，如何防止病症的病变；讲师也和台下的姐妹们有问有答，气氛融洽；讲座过程中，还教做自我调节健康操，台上、台下融为一片。

讲座完毕，还现场表演舞蹈，很有趣。抽到奖品的妇女，喜笑颜开；

没有抽到的也在台下鼓掌加油。总的来说，这样的民间养生讲座很有意义，让农村妇女们可以现场听到高质量的讲座。

2011 年 9 月 9 日　星期五　晴转多云有雨

纳古镇计划投资 15 亿元、年产 100 万吨薄板的生产项目，已完成论证等前期准备工作，企业用地得到落实，现正进入实质性筹备阶段。

今天，纳古商会执委会召开专题会议，就该项目成立公司、公司董事会人员组成、《公司章程》及董事会成员出资额等事项进行了专题讨论。

据悉，该项目投产后，预计每年可实现工业总产值 45 亿元，实现利润 2 亿元，上缴税收 3000 万元，并将吸纳 1000 余人进行就业，实现经济效益与社会效益双赢的良好局面。

古城有一位村民归真，主麻下拜后，举行殡礼。

纳家营清真寺在主麻前的演讲中，定下了今年圣纪节的时间为 10 月 1、2、3 日，1 日下午尝汤饭，2 日开始才正式待客，八大碗、待牛肉片。

2011 年 9 月 10 日　星期六　晴朗

今天，镇领导、中心小学全体教职员工、离退休教师共 170 余人欢聚一堂，共同庆祝第 27 个教师节。

大会通过学生献词、教师献词，表彰优秀教师、领导讲话等形式向全镇广大教师及教育工作者送去了节日的祝福。

大会肯定了纳古近年来教育事业发展所取得的成绩，对广大教师和教育工作者的辛勤劳动表示感谢！同时，希望大家立足岗位、恪尽职守、甘为人梯、乐于奉献，为莘莘学子成才撑起一片蓝天，为培养我们祖国的花朵和民族的希望作出更大的贡献！

纳古学校举行教师节庆典和表彰大会，对优秀教师和优秀管理者、服务者进行了表彰。

纳古中学拆并以后，中学部的教师节在通海三中举行。纳古镇政府和经常赞助三中教育的大厂矿、公司也在应邀参加教师节庆典的行列。

2011年9月13日　星期二　晴朗

纳家营清真寺广播通知，强调为了纳家营过圣纪节可以吃上放心的腌菜，在纳家营清真寺内的车辆请全部开走，不要停留。

2011年9月14日　星期三　晴朗

纳家营清真寺纳子祥老师通知强调，请家里有牛要卖的教胞，拉到宰牛场估价。

2011年9月15日　星期四　晴朗

纳古的第一家连锁超市——华联超市，开张了。可是有人来反映说他们华联有些强买强卖，是这样说的："曾经在华联超市买过东西，收银时，本该找给我一角，结果却补了一颗糖。我当时也没在意，我以为是他们零钱用完了。

后来，我发现糖不单是补给我一个人，而是补给了几乎所有人（反正我从来没见过补给哪个角票）。

一颗阿尔卑斯硬糖批发价多少钱，我不清楚，我估计最多3分钱（社区经营超市的朋友可以出来辟谣）。

华联超市在纳古开了以后，抢了旁边很多超市的生意，原因是什么？一是便宜，二是货物齐全。经常可以看到华联超市人头攒动，而其他超市冷火清烟。

本来，在纳古开一个更大的超市，促进竞争，促进纳古本土的超市不断改进是好事情，但你一来就自以为是、店大欺客是不是有点过分了？在光顾华联超市的人中，有很多外地打工者，还有小孩，你说每次该补给3毛钱的时候，你却补给他3颗糖，你让他们心里多不是滋味。要知道，外地打工者每一分钱都来之不易。既然华联超市您都把糖当作硬通货，当作钱补给顾客了，要是哪天我拿着糖去超市买东西，您认不认您这硬通货？"

听上去，确实有些道理，但是现在的超市十有八九都这样，顾客也没有选择的权利。

2011年9月17日　星期六　晴朗

纳古镇的小伙子纳继云，今天下午大婚。之所以值得一提，是因为他是纳古镇的活跃青年。在他的带领下，纳古镇的伊友读书会成立了、纳古镇志愿者协会成立了，在两个社会团体的成立以后，他们带领着很多有识青年，开展了很多扶贫济困的活动。

现在他结婚了，而且还是找了一个新疆来云南学习的女子。

2011年9月18日　星期日　晴朗

纳古镇第三村民小组的老年人活动中心已经建成，今天早上举行庆典开经。

2011年9月21日　星期三　阴

为发展民族经济，促进民族团结。云南省民族商会第一届会员代表大会暨成立大会于9月21日至22日在昆明召开。

纳古共21名企业家参加大会。有8人被选为理事，纳古连铸公司董事长马跃升被选为副理事长。

大会主要确定了七个方面的工作任务：

一是将在经济发达州市或会员较为集中地区成立若干民族小额贷款公司，帮助会员中的中小企业解决信贷难题；

二是由商会牵头，整合会员中实力较强企业的闲余资金，组建云南民族投融资担保股份有限公司，为会员单位拓宽融资渠道；

三是建设商会发展保障制度，完善商会内部机构建设；

四是规范会员单位信息，逐步建立会员档案；

五是将会员单位适当归类，成立行业分会；

六是加快商会标准化制度建设，制定符合商会发展的标准化纲要；

七是通过出版刊物、组建网站的形式打造商会的品牌。

2011年9月24日　星期六　阴雨

古城一位姓马的老人归真。听说没有什么病症，也没有说平常哪里不舒服，在昨天夜里，睡下后，就没有起来。

古城清真寺通知，定在下午5点送殡。

陆续去慰问的人，凝重的表情，让人很难过。

2011年9月26日　星期一　阴雨

马润芳之母，今早归真了。

下午4时，纳古镇中心小学第六期家长学校开学典礼隆重举行。县关工委常务副主任王传益、县教育系统老领导马开基等应邀参加开学典礼。开学典礼由学校德育主任何文平老师主持。会议按三项议程依次进行。首先县关工委常务副主任王传益讲话；接着何文平老师就纳古学校发展情况做简单介绍；最后马开基老师就"如何做一名合格的家长？"做讲授。马老师围绕家长应当树立四种正确的观念即人生观、儿童观、亲子观、科学的教学观；家长对孩子还应做到财力、时间、感情、科学知识四投入等方面进行讲授，其讲座情真意切，语言通俗易懂，还不时地引用身边的案例，受到与会家长的好评，大家受益匪浅。让与会家长懂得了要想成为合格的父母，应对孩子科学教育，从小培养他们感恩的思想，让孩子在健康的家庭环境中成长。

2011年9月27日　星期二　阴冷

为落实全县法制宣传教育工作精神，总结"五五"普法和"三五"

依法治镇工作经验，部署"六五"普法和"四五"依法治镇工作。今天上午，纳古镇召开"五五"普法表彰暨"六五"普法工作启动会。会议由镇分管政法副书记周正宽主持，镇党、政班子成员，各组党总支书记、组长、会计、全镇干部职工、受表彰的先进集体代表、个人共60余人参加会议，县司法局宣传股股长海燕到会指导。

会上，镇人大主席马恒骧宣读了镇第四届人民代表大会主席团第十四次会议的决议和《关于成立纳古镇"六五"普法和"四五"依法治镇领导小组的通知》等相关文件；对五年来在普法依法治理工作中涌现出的先进集体纳古镇第六村民小组，先进个人向有林、纳爱媛进行了表彰；政法副书记周正宽代表党委政府对"五五"普法和"三五"依法治镇工作进行了总结和回顾，对启动"六五"普法和"四五"依法治镇工作进行了全面的安排部署。周副书记强调：一是要加强领导，统一思想，充分认识开展普法依法治理的重要意义。二是要明确"六五"普法依法治理工作的目标、任务、工作措施，狠抓落实。三是要开拓进取，创新普法方式方法，努力开创纳古普发依法治理工作的新局面。

最后，县司法局宣传股股长海燕对我镇今后开展"六五"普法依法治理工作提出了意见和建议。

下午4时，纳古镇中心小学召开主题为"激发孩子持久学习动力，帮孩子成为学习的赢家"的家庭教育专题讲座。本次讲座邀请到中国关心下一代工作委员会"点燃生命"课堂组研究员之一的包桂芝老师。共300余名学生、家长认真聆听了包老师的讲座。

包老师从家长要善于发现并呵护孩子的兴趣、家长要激发孩子持久的学习动力、帮孩子树立自信心、培养孩子的好习惯并让孩子感恩四个方面进行讲授，包老师用自己的切身体会和一个个生动鲜活的教育案例告诉家长要用现代科学的理念来教育孩子，要懂得激发孩子对学习的兴趣和持久的学习动力，更要让孩子懂得为什么要学习，为什么要感恩老师、感恩父母。

通过这次讲座，家长们受益匪浅，了解到现代家庭教育不再是一种空洞的理论，而是可以从身边的每一个细节开始，同时也增强了学校和家长的沟通与联系。

2011 年 9 月 28 日　星期三　阴

今年考取的大学生，已经全部统计出来了。考上了 26 个大学生、2 个研究生。

纳古镇 2011 年录取的研究生、大学生名单

序号	学生姓名	家长姓名	家庭住址	录取学校及专业
1	陈柳林	陈汝存	纳古三组	昆明医学院肿瘤学专业（硕士研究生）
2	苗绍刚	苗发光	纳古六组	昆明医学院外科学专业（硕士研究生）
3	葛玲平	葛增寿	纳古六组	海南大学市场营销专业　理科　一本
4	苗彩艳	苗开富	纳古六组	延边大学医学院护理学专业　理科　一本
5	纳宏晓	纳顺生	纳古七组	西北民族大学新闻学专业　文科　二本
6	纳雨珊	纳汝标	纳古三组	昆明学院　文科　二本
7	纳红子	纳洁琼	纳古四组	玉溪师范学院汉语言文学专业　文科　二本
8	纳　娇	纳俊丛	纳古七组	云南民族大学财务管理专业　文科　一本
9	纳鹏举	纳润琪	纳古三组	云南民族大学财务管理专业　理科　二本
10	纳成松	纳灿波	纳古三组	中国计量学院电子信息工程专业　理科　二本

续表

序号	学生姓名	家长姓名	家庭住址	录取学校及专业
11	马克楠	马绍华	古城清真寺	海南医学院临床医学专业 理科 一本
12	马旭丹	马丽文	纳古一组	西北民族大学现代教育技术专业 文科 二本
13	合伊苒	合儒龙	纳古三组	云南财经大学汉语言专业 理科 二本
14	马茜茜	马兴文	纳古五组	云南财经大学会计学专业 理科 二本
15	周 东	管彩焕	纳古六组	云南国土资源职业技术学院专业 理科 三本
16	马云龙	马子富	纳古五组	云南机电职业技术学院 理科 一专
17	纳鸿伦	纳顺芳	纳古三组	昆明工业职业技术学院 理科 一专
18	马奥伊	马红星	纳古一组	云南师范大学会计学专业 理科 二本
19	马郅洋	纳素梅	纳古七组	云南林业职业技术学院市场营销专业 文科 一专
20	官雪燕	官兴金	纳古二组	云南大学旅游文化学院 文科 三本
21	崔庆邦	崔鸿寿	纳古二组	云南机电职业技术学院 理科 一专
22	纳俊伊	纳宗武	纳古四组	云南民族大学计算机应用技术专业 理科 三本
23	纳维薇	马顺玉	纳古七组	云南经济管理职业学院会计学专业 文科 一专
24	纳海迪	纳维方	纳古五组	云南经济管理职业学院会计学专业 文科 三本

续表

序号	学生姓名	家长姓名	家庭住址	录取学校及专业
25	邓俊男	邓应慈	纳古五组	玉溪师范学院计算机应用技术专业 理科 三本
26	纳杏雪	纳超恒	纳古四组	云南工商学院会计电算化财务管理方向专业 理科 三本
27	马志威	马素莲	纳古一组	云南师范大学文理学院经济学专业 文科 三本
28	纳雪蕊	纳恒碧	纳古四组	昆明理工大学工商管理专业 理科 二本

考上重点高中的有 7 个。

纳古镇 2011 年录取的重点高中生名单

序号	学生姓名	家长姓名	家庭住址	录取学校	原毕业学校
1	纳伊茹	纳应龙	纳古一组	玉溪一中	玉溪实验中学
2	纳诗茹	纳应龙	纳古一组	玉溪一中（择校生）	玉溪实验中学
3	纳淑薇	纳纯增	纳古四组	玉溪一中（择校生）	玉溪实验中学
4	马杨琛	马琼华	纳古四组	玉溪市民族中学	通海八中
5	廖 雪	廖孝坤	纳古二组	玉溪市民族中学	通海九中
6	鲁容希	鲁子桢	纳古二组	玉溪市民族中学	通海三中
7	纳云磊	纳慈伟	纳古一组	玉溪市民族中学	通海三中

对外村的也给予了表彰。

纳古镇 2011 年得到"家琨教育基金"资助的外村大学生名单

序号	学生姓名	性别	家庭住址	就读学校和专业
1	沐 雷	男	通海县河西镇下回村	吉林大学计算机科学与技术专业
2	高燕燕	女	通海县四街镇四寨村二组	思茅师范高等专科学校数学教育专业
3	马 威	男	通海县河西镇小回村	西南民族大学通信工程专业
4	廖存刚	男	通海县河西镇大回村	东南大学勘查技术与工程专业
5	旃立超	男	四街镇者湾村一组	武汉理工大学机电专业
6	林丽君	女	通海县杨广镇大新村	大连外国语学院对外汉语专业
7	沐仕锡	男	通海县杨广镇兴义村	昆明理工大学自动化专业
8	郭 翔	男	通海县秀山镇黄龙村一组	云南民族大学社会学类专业
9	张 欢	女	通海县杨广镇杨广村十四组	楚雄医药高等专科学校临床医学专业
10	沈发虹	男	通海县九街镇沈家营	宜宾职业技术学院机电一体化技术专业
11	张应启	男	通海县杨广镇义广哨村香树营	云南交通职业技术学院物流管理专业

2011 年 9 月 29 日　星期四　晴朗

镇上的马跃升老总，被评选为"云南省敬老爱老先进代表"，今天9点在云南省民政厅接受表彰。

为了迎接圣纪节的到来，纳家营清真寺早在一个星期前就已经请帮工来收洗锅碗瓢盆了。不光是请来的人，还有很多本地的教亲也一起帮忙去整理。

2011 年 9 月 30 日　星期五　阴冷

今天早上，才7点钟，纳家营清真寺里面就通知了十几位阿訇赶往纳家营四队球场，要宰牛了。

一早上，共计宰牛50头。

2011 年 10 月 1 日　星期六　阴冷

今天天气有些阴冷，但恰逢纳家营清真寺举行纪念穆罕默德圣人诞辰1441周年的圣纪活动。今年的圣纪节定了早上不吃早饭，只从下午开始吃。早上来了很多客人，但是没有饭菜招待，感觉今年的请帖邀请与清真寺定下的规定有些冲突，下一年应该好好商议。

下午的时候，前来参加圣纪节的人还是很多的。今天下午有个"埋体"，所以在"底盖尔"前举行了殡礼，下拜后就送了。

纳古镇召开表彰优秀教师暨考取大学生欢送会。对来自纳古中心小学、通海三中及蓓蕾幼儿园的37名优秀教师进行了表彰；并对2011年考取的28名大学生及7名考取市属三所重点高中的学生进行了奖励。共发放奖金45000元。

同时，家琨教育基金也出资55500元，对以上35名学生进行了奖励，并对13名困难的大学生进行了资助。

会议的召开，旨进一步在全镇范围内营造尊师重教、尊重人才、爱惜人才的良好氛围，切实加快纳古教育事业的全面发展。

纳古群众纷纷到忠爱房地产开发公司认购商品房，仅一天时间，在纳古即将开发的首批288套商品房就被认购150余套，纳古群众对本地在建的商品房表现出了极大兴趣。

由民间资金开发房地产，参与城镇规划建设，在纳古是一个突破，相信对于推动纳古的城镇化进程将起到积极的作用。

2011年10月2日　星期日　阴冷有雨

今天，早早的广播里面就叫开了，让"相帮"的、"抬菜"的、"舀小菜"的帮忙人员，赶紧就位，马上就要开始吃饭了。

中午时分，在纳家营清真寺门口，有6个老外，看上去像是三对一起骑自行车来的。不知道从哪里来、到哪里去。但是经过纳古镇的时候，穿街走巷。在纳家营清真寺门口，他们被街上的小摊小贩吸引了。特别是捏面人的和扯棉花糖的两个摊点，他们用摄像机摄下了制作的过程，也用照相机留下了精彩的瞬间。旁边围观了很多小孩子，大家都在一边看一边笑，觉得在自己眼里已经稀松平常的事物，在外国人眼里，却是那样的稀奇。

2011年10月3日　星期一　阴冷

按照预定的日程安排，今天早上吃饭完毕就结束了圣纪节的活动，可能由于剩下的饭菜太多，所以就临时改变日程。下午还要吃一顿饭才结束。

今天下午，也是有个"埋体"，说是居住在昆明的一个老人，逝世以后拉到纳家营来安葬的。

从今天下午开始，轮到古城清真寺的圣纪节了。

2011年10月7日　星期五

纳家营四组的村民在聚餐，一是商量组上要盖公房的事情；二是在要盖公房的这块地旁边，有一户村民加盖了一间屋子出来，阻挡了道路，要求他们家拆除。

下午5点钟，送了一个"埋体"。

2011年10月8日　星期六　阴

为了让老年人有个固定的活动场所，纳古镇三组经过多方筹措资金建盖的老年活动中心在"九九"重阳节到来之际完成建设施工，即将投入使用。

由纳古志愿者自发成立的"伊友读书会"，坚持每月向群众免费借阅图书，受到了人民群众的好评。

2011年10月9日　星期日　晴朗

"十一五"以来，纳古镇高度重视老龄工作，特别通过加强敬老道德教育，实施关注老年人系列活动的开展，老年人的权益得到依法保障，敬老孝亲的优良传统在纳古蔚然成风。

一是纳古实现了每年对60周岁以上老年人的健康免费体检，并建立健康档案。

二是由企业出资每年对60周岁以上老年人发放慰问金。

三是各村民小组建立老年人活动中心，丰富老年人精神文化生活；每年敬老节期间，各村民小组结合自身实际，通过邀请老年人聚餐、发放慰问品、观看文艺演出等活动营造了关爱老年人的良好氛围。

上午9时，县妇联主席王敏、工作人员刘琼英在镇妇联工作人员的陪同下，到纳古学校调研流动儿童现状。学校德育主任何文平老师从纳古学校基本情况、流动儿童现状、管理中存在的困难和问题以及今后的工作打算等几方面做汇报，教导主任董绍平老师就流动儿童的优势做补充，王主席专门就流动适龄儿童的入学率、是否和本地学生享有同等受教育权利做了提问。何主任一一做答复。

纳古学校现有学生2377人，本地学生628人，流动儿童1709人，占学生总数的72%，给学校管理造成了很大的压力，加之流动儿童大部分来自四川、昭通、贵州等偏远山区，未接受过正规的学前教育，管理上存在很大难度，主要表现在他们行为习惯差、卫生习惯差、学习基础差，导致流动儿童自卑感较强，缺乏自信心。学校主要通过开展一些有意义的活动，比如建设校园书香文化，加大校园图书室的投入，每间教室设立图书角；开展手拉手活动；举办家长学校……通过这些活动，提升流动儿童素质，树立自信心。

2011年10月13日　星期四　晴朗

纳古人爱好武术的人有喜事了！纳古第一个俱乐部开打了！由马阿訇担任教练！俱乐部成立意在增强体质，促进经济社会和谐发展。欢迎理智健全、有兴趣爱好的朋友来报名参加！教练将对不同年龄进行不同武术教育和培养！

时间：早上板多后，晚上沙母后，时间自由安排，可多可少！

联系人：王少波

5岁以下儿童入学三思，以免武学天才太小学成对社会造成影响！父母责任重大！

2011年10月21日　星期五

今天，纳古镇召开新型农村合作医疗筹资动员培训会。

会议传达了上级新农合工作会议精神，并结合纳古实际，对《通海县2012年度新型农村合作医疗筹资方案》进行了讲解说明。

会议要求各村民小组领导统一思想、提高认识，切实做好宣传发动，将此项民生工作落到实处。并要求各组务必于10月28日前完成筹资任务，并保证参合率不低于97%。

2011年10月22日　星期六

下午底盖尔拜后，由镇政府及有关单位组织纳古镇44位来自镇政府、清真寺、企业、村干部领导的教亲乘坐大巴前往昆明，开始此次的参观考察行程，主要目的是看望西北的穆斯林兄弟姊妹，尤其是银川永宁县的纳家户的教亲；参观学习宁夏吴忠市城市建设，民族经济发展取得的经验以及瞻仰保存在循化县我国迄今为止发现的最古老的《古兰经》手抄本等。

2011年10月25日　星期二

2011年冬季征兵即将开始。这既是加强国防和军队建设的一项基础性工程，也是全镇人民政治生活中的一件大事。

为营造氛围，我镇通过悬挂布标、张贴宣传标语、走访适龄青年等多种形式，积极进行宣传动员，以保证征兵工作的顺利开展。

纳古镇，今天起，开始征兵了。街道上粘贴了征兵宣传画。

2011年10月28日　星期五

今天，有人来反映，邮局现在是建好了，不过悲剧了，连英文标题都写错，中国邮政的英文写成了"CHINA POSPT"。过几天英文总应该改过来了吧；"CHINA　POST"，可是，过了很久没有动静，还是没有改呢。

2011年11月5日

今天，昆明市各高校的穆斯林大学生齐聚云南民族大学本部北校区，隆重举行"2011年古尔邦节联谊会"。丰富的内容和多彩的表演形式，给即将到来的"古尔邦"节渲染了浓厚的节日气氛。在一片"瑟兰"的祝福声中，有来自昆明各高校的在读大学生，有来自伊斯兰方面的杰出前辈们，有来自在昆从事各种职业的穆斯林弟兄姐妹，有来自遥远伊斯兰国度的穆斯林兄弟……大家欢聚一堂，一起互道"瑟兰"，一起相互交流，一起学习知识。民大的北校区沉浸在节日的欢庆之中，那徐徐而动的"盖头"，就是今天这座城市里一道别样的风景。

纳古社区的很多代表都已经到了现场，参与活动。

2011 年 11 月 11 日

"光棍节"是一种流传于年轻人的娱乐性节日，以庆祝自己仍是单身一族为傲（"光棍"的意思便是"单身"）。光棍节产生于校园，并通过网络等媒介传播，逐渐形成了一种光棍节的文化。1 月 1 日是小光棍节，1 月 11 日和 11 月 1 日是中光棍节，而 11 月 11 日由于有 4 个 1，所以被称为大光棍节。而一般光棍节则指 11 月 11 日的大光棍节。

11 月 11 日，光棍节，源于这一天日期里有四个阿拉伯数字"1"，形似四根光滑的棍子，而光棍在中文有单身的意思，所以光棍节是单身一族的一个另类节日，这个日子便被定为"光棍节"(One's Day)。 于 20 世纪 90 年代初诞生于南京高校，是校园趣味文化的代表产品之一。

今天，"中国留学生留学埃及 80 周年纪念大会暨云南桥头堡战略学术研讨会"在个旧召开，荣幸的是，下午有一个议程是 70 余名与会嘉宾到纳古参观，参观了千山管业、华侨铰链、马老表米线和纳家营清真寺，然后用完晚餐后返昆。

2011 年 11 月 12 日

早上 8 点 30 分，中国学生留埃 80 周年纪念大会的几位专家与《纳家营》编委座谈。

座谈会上，专家们提出很多关于改进《纳家营》杂志的中肯意见。

2011 年 11 月 14 日

2005 年以来，通海华钢刀剪公司根据市场的需要，研发并推出了茶刀，经过6年来技术的不断创新、改进，现工艺日趋成熟。

目前，该公司生产的茶刀共10余个品种，价格从几十元到几千元不等。由于具有做工精细、美观实用等特点，一度成为成功人士收藏和馈赠的首选。现年产量虽已达到5000余把，但还是经常出现供不应求的现象。

2011年11月15日

纳古自10月21日启动新农合筹资工作，截至11月15日，全镇已有7995人缴纳了2012年度参合费，参合率达98.62%。

今年由于医疗机构报销比例提高，参合农民真正感受到了新农合带来的实惠。加之工作人员宣传力度的加大，农民参合积极性较往年明显提高。

2011年11月16日

经过充分准备，我镇召开了党政领导班子专题民主生活会。

会议明确了主题：坚持以人为本、执政为民理念，发扬密切联系群众优良作风。结合保持共产党员先进性教育月活动，落实做好新形势下群众工作"四个一"要求和向杨善洲同志学习的情况，围绕党委换届工作，认真对照检查，正确对待个人进退流转、遵守组织人事纪律情况。

会议共进行了六项议程：一是汇报今年民主生活会的准备情况；二是学习确立以人为本、执政为民理念的重大意义；三是通报2010年民主生活会征求意见的整改情况；四是通报2011年民主生活会征求的意见用建议；五是开展批评与自我批评；六是提出今年班子的整改措施。

县纪委、组织部领导参与了民主生活会的指导。认为此次民主生活会严格各项程序，各位班子成员勇于剖析，坦诚相见，认真开展批评与自我批评，达到了预期目的；并要求大家结合各自工作实际，对照征求的意见及建议，检查自身存在的不足，认真制定整改方案，并认真抓好落实，把明年的工作做得更好。

2011年12月5日

今天，纳古镇组织机关全体干部职工，学习传达省第九次党代会精神。

张兴友指出，省第九次党代会是一个承前启后、继往开来的大会，是一个民主和谐、团结奋进的大会，是一个凝聚人心、与时俱进的大会，认真学习好、贯彻好、落实好省党代会精神，是当前全镇广大党员干部群众政治生活的一件大事。要在全镇范围内迅速掀起学习热潮，把学习省党代会精神作为纳古当前首要的政治任务、学习任务、工作任务抓紧、抓好、抓实。要按照"三个发展""四个翻番""两个倍增"精神的要求，结合纳古实际，把全镇广大党员干部的思想统一到省、市、县、镇党代会的精神上来，解放思想、开阔视野、转变观念，以国际视野、科学精神、战略思维来认识纳古、建设纳古、发展纳古。

2011年12月7日

中央电视台音乐频道《乐游天下》栏目"云南美MTV"摄制小组波特一行5人，在通海县外宣办主任李艳梅主任的陪同下，到纳家营清真寺拍摄回族风俗镜头。拍摄背景：来云南拍摄26个少数民族，回族的拍摄地点选择在纳古。

2011年12月8日

近一个星期以来，冬雨绵绵，天气越发转冷了。

今天，全镇的党员开展"三项工作会"。

2011年12月28日

近日来阴霾天气，似乎也影响到了各行各业的用工。

新闻报道说，两节将近，人们大量出行，给各旅游、餐饮等行业带来了收益，可是在这样的情况下，用工单位的难处在于难留住员工，哪怕开出高工资、高福利享受都难以留住员工。

纳古镇同样也出现这样的用工荒，不过不光是在餐饮业，在企业里面更为突出，如炼钢、轧钢、建筑建材等行业。用工荒的原因主要是：一是纳古镇实行的限电措施，由于超负荷，纳古实行给两天电停一天；二是现在的限电措施一出来，很多的炼钢、轧钢等配套工作的工人就要实行两班倒、二十四小时工作制度，这样的超量运动，务工人员身体难以承受；三是停电以后，务工人员工资很低，加上物价上涨飞快，难以维持整个家庭的支持；四是现在举国上下都实行"惠农政策"，农村农业人口也是补贴项目很多。所以，在元旦来临的时刻，很多务工人员就选择全家搬迁回去。去自己的家乡打工，不愿意选择出来了。

2011年12月30日

2011年欧美债务危机对中国钢材市场，特别是纳古钢材市场，具有非常大的影响。欧洲式"硬性债务违约"使得恐慌避险气氛蔓延，市场信心遭受严重冲击，导致钢材及其铁矿石等原料价格跌落；另外，难以偿还的巨额债务以及随之而来的美国式"软性债务减免"，势必引发世界主要国家货币新一轮贬值，从而将钢材及其原料价格推向历史新高。钢材市场走弱"双债危机"是祸首，在这种价格跌落的过程中，无论是钢铁企业还是矿山企业都会遭遇很大损失，其中钢铁企业的损失会严重得多。纳古镇钢铁企业损失在1亿元以上。

纳杰日志
2012年

2012年1月1日

元旦节。

2012年1月2日

纳古镇纳税大户光荣榜

以下17户为纳古镇2011年上缴国税、地税合计超50万元的企业名单：

通海纳古连铸工贸有限公司

云南通海恒瑞工贸有限公司

云南通海县纳家营综合开发公司

通海县大升经贸有限公司

云南大升工贸有限公司

云南通海方圆工贸有限公司

云南纳古工贸（集团）股份有限公司

云南通海县巨峰高频焊管有限公司

云南通海县慈良废旧物资经营有限责任公司

云南通海大运工业有限公司

云南通海热轧带钢厂

云南通海佳康型材有限公司

云南通海大康工贸有限公司

云南省通海胜宝工贸有限公司

通海锦川矿业有限公司

云南通海智群工业有限公司

云南中云工业有限公司

2012年1月3日

2011年，我镇全面落实各项强农、惠农政策，以促进务农人员等中低收入群体的持续增收。一是积极争取并发放小额信贷资金 423 万元，惠及农户 119 户；二是兑付"摩托车家电下乡"补贴资金 6.9 万元，购买农机补贴 5 户，共计 8100 元；三是支持完成农村民居地震安全工程，加固、重建 132 户，兑付补助金 42 万元；四是向 602 户农户兑付农作物良种补贴 1.55 万元。

2012 年 1 月 4 日

2011 年，纳古镇通过引导个私企业提档升级，走新型工业化发展路子，实现了经济持续健康发展。全年社会经济总收入达 56.15 万元，财政总收入 3005 万元，地方财政收入 1035 万元。实现人均纯收入达 10700 元，较 2001 年增长 10.1%，首次突破万元大关。

2012 年 1 月 10 日

永军烧烤旁边开了间拉面馆——阿卜杜拉拉面馆，今天中午和下午都在那里吃，味道很好！喜欢面食的朋友可以去感受一下！开店的是馆驿和玉溪大营的，好像还是穿衣阿訇！

2012 年 1 月 12 日

纳古镇召开第四届人民代表大会第五次会议，全镇 46 名正式代表和 51 名列席代表参加了会议。

会议听取和审议了《镇人民政府工作报告》和《镇人大主席团工作报告》，并通过相关决议。

大会对过去一年来镇政府和镇人大主席团所做的工作进行了总结回顾。过去的一年，全镇紧紧围绕"生态立镇、工业强镇、科教兴镇、和谐发展"的战略目标，以发展个私经济为重点，坚持统筹兼顾，有力推进了经济社会协调发展。

大会并提出 2012 年全镇应着重抓好八个方面的工作任务。

2012年1月13日

纳古镇举办银政、银企新春茶话会。

共邀请市、县 15 家金融机构负责人与全镇部分企业家座谈，共商纳古发展大计。县纪委书记刘世伟到会祝贺。

每年召开银政、银企座谈会，是镇政府实施工业强镇、引导企业提档升级、改善企业服务方式的重要举措。目的是帮助解决纳古企业融资难的问题，由政府搭建交流平台，促使政府、银行、企业三方通过交流沟通，促进相互了解，最终实现合作共赢。

2012年1月14日

2012年是实现"十二五"规划的重要一年，为实现国家提出新一轮西部大开发，省委、省政府提出"两强一堡"战略、实现"四个翻番、两个倍增"奋斗目标。今年，我镇应着重抓好以下八个方面的工作：

一、加快产业发展，推进实施新型工业化进程

深入实施"工业强镇"战略，壮大优势产业。继续支持骨干企业和优势产品向国内外发展，发挥骨干企业的社会效益和经济效益。继续加大推进企业的重组整合力度，优化产业布局，调整产业结构，加大用先进适用技术改造传统产业和企业兼并重组力度，强力推进年产100万吨薄板项目进驻里山工业园区。进一步推进股份制集团化企业的发展，积极培养成长性好、带动力强、关联度大的龙头企业。继续加大对清真食品企业的引导和扶持力度。加大企业安全生产监管力度，杜绝重特大事故的发生。

大力发展传统文化旅游产业。加快纳古刀具产业的发展，通过走"小商品、大市场"，"小特色、大产业"的发展路子，积极争取政策及资金扶持刀具企业创品牌、扩规模，使纳古的传统文化旅游产品成为全镇新的经济增长点。

实施"走出去"发展战略，关心、支持在外投资企业的发展；加大

对商贸、交通运输行业的支持力度；支持商会积极发挥作用，为企业持续健康发展创造良好环境；加大领导干部联系企业的力度，切实为纳古的企业发展提供服务；力争工业总产值突破60亿元。

二、夯实农业基础地位，努力增加农民收入

重视"三农"工作，加大支农、惠农的力度。认真落实各项惠农政策，进一步加大对农业投入力度，加快中低产田改造和农田水利等农业基础设施建设，完成湖水堤灌工程建设，解决农灌及生产用水，夯实农业发展基础。巩固烤烟种植，完成烤烟生产任务；重视规模养殖和畜产品质量，切实抓好疫病防治、技术推广，认真落实对规模养殖户的扶持政策，逐年增加大牲畜的出栏，争取建设管理规范的清真牛、羊定点屠宰场；加强对集贸市场的监管。进一步加强"三资"管理工作，严肃财经纪律；积极争取农村公益事业"一事一议"财政奖补和新农村建设项目资金，加大农村道路硬化和改扩建工程、继续实施农村民居地震安全工程，完成六组老年活动中心建设，加快农村各项事业发展。

三、做好财税金融工作，切实为地方经济服务

高度强化财政监督管理，多方培植财源，协调配合财税部门切实加强财税征管工作，大力宣传国家税收法律、法规，树立依法纳税的观念，构建和谐的税收征纳关系。加强与金融部门的协调联系、促进银企合作，支持信用担保公司的正常运作，为企业发展搭建融资平台。

四、做好环境，做美城镇，提高城镇化管理水平

全力推进"生态立镇"战略。坚持经济发展与环境保护及城镇化的有机结合，保证纳古新型工业化、特色城镇化路子的顺利推进。按照《纳古镇城镇规划建设实施方案》的要求，继续加强街道、公厕、排污等生产、生活基础设施建设，加强交通、环卫的管理，加大集镇的绿化、亮化、美化力度，完善城镇功能；严格执行《纳古镇村镇规划》，按照规划的要求，逐步建立和健全集镇建设和管理体系；争取启动集镇供排水管网改造工程，实现工业用水和生活用水的分离；启动纳古邮政所对外营业；

加强纳古营运公交车、客车的管理；提升集镇文明建设形象，逐步将纳古镇打造成集居住、旅游、商贸为一体的工贸型小城镇。

落实节能减排、清洁生产、循环经济各项责任措施，认真执行《纳古镇环境保护实施细则》，进一步实施环境专项整治，按《环境专项整治实施方案》的要求，抓好重点污染企业限期治理达标排放工作，引导企业加大重组和技改力度，力争完成炼钢企业的规范重组；严格项目审批，逐步改善纳古的生态环境；争取杞麓湖治理项目，实施湖滨湿地公园建设；加强项目建设环境管理；切实加强耕地保护，严格土地管理，提高土地利用率和集约化程度。努力把我镇建设成为社会文明、经济高效、自然和谐的乡镇。

五、大力发展社会事业，完善社会服务体系

加强和创新社会管理，切实解决好人民群众最关心、最直接的现实利益问题。

加强教育事业发展，巩固"两基"成果，认真落实义务教育阶段政策，维护外来务工子女的就学权利；继续加大对教育的投资力度，鼓励和支持社会力量办学，启动纳古中心幼儿园规划建设；继续实施纳古镇文化教育发展中心和"家琨教育基金"对全镇考取大学生的资助和奖励；支持通海三中的教育教学工作；加大对企业管理人才、实用技术人才的培训、培养力度，努力造就"有文化、懂技术、会经营"的高素质新型农民，不断适应工业化、城镇化的需要。

加强农村公共卫生事业的发展。推进新型农村合作医疗制度，缓解农民看病难、看病贵的问题，实现病有所医；进一步加强卫生防疫和妇幼保健工作，继续开展对60周岁以上老年人的免费健康体检，完善居民健康档案；加强卫生院的管理，稳定基层公共卫生和疾病防控队伍，落实疾病防治措施。

继续实施独生子女"奖优免补"政策，鼓励少生优生，降低全镇人口出生率和出生缺陷发生率，提高人口素质。

进一步完善社会保障制度。继续推进新型农村和城镇养老保险制度的落实，扩大宣传范围和力度，做到应保尽保，实现老有所养；认真贯彻落实《农村"五保"人员供养条例》，将符合低保条件的人口纳入低保范围。引导鼓励企业参与福利事业，逐步改善贫困家庭生产、生活条件。加强企业劳动合同管理和劳动行政监察，保障劳动者合法权益，建立和谐劳动关系。

六、加强精神文明建设，加快推动文化繁荣发展

弘扬伊斯兰传统民族文化。借助国家"文化强国"和县"文化和县"之机，挖掘保护历史文化资源，全面发展文化事业。加大对纳古特色伊斯兰历史文化资源保护和开发力度，搞好文物保护和利用，加强文化市场的规范管理。争取启动纳古民族文化展览馆、忠训图书馆的建设。弘扬和传承中华优秀传统文化，开展青少年书法普及教育活动。

深入实施公民道德建设工程，广泛开展和谐共建及精神文明创建活动。大力推进诚信建设，增强诚实守信意识。弘扬以爱国主义为核心的民族精神和以改革创新为核心的时代精神，深入开展农村形势和政策教育。广泛开展有纳古特色的全民健身运动，提高群众的健身意识和水平，启动文体中心建设，办好第二届冬季运动会。

七、加强社会治安综合治理，全力维护社会稳定

深入开展"六五"普法和"四五"依法治镇，抓好普法教育，以企业经营者、外来务工人员为重点，逐步提高全民的法律意识和法律素质；发挥学校和清真寺的宣传教育作用，继续加强青少年法制教育；深入推进新一轮"先进平安纳古"创建，加强社会治安防控体系建设，完善辖区监控系统；继续做好"禁毒防艾"工作，依法严厉打击各类违法犯罪活动，保障人民群众安居乐业。高度重视信访工作，完善利益表达、权益保障、矛盾调处等机制，积极预防和妥善处置各类突发性公共安全事件；整顿和规范市场秩序，加强食品药品等重点领域的安全监管，落实消防安全措施，保障人民群众生命、财产安全；依法管理民族宗教事务，维护各民族团结繁荣，构建和谐的社会主义新型民族关系。

八、转变作风，依法行政，切实加强政府自身建设

时刻牢记全心全意为人民服务的宗旨，结合当前正在开展的群众观点、群众路线、群众利益、群众工作"四群"教育和深入基层、深入群众、深入实际"三深入"活动，推进作风转变，畅通社情民意反映渠道，建立健全问政于民、问需于民、问计于民的长效机制。弘扬求真务实的作风，察实情、出实招、办实事、求实效，把为民造福的工作紧紧抓在手上，把促进发展的任务坚决落到实处，让改革和发展的成果真正惠及广大人民群众。深入推进依法行政，认真贯彻落实各级党代会精神，自觉接受人大和人民群众的监督，认真办理人大代表意见和建议，加强法制政府建设，提高政府公信力。

2012 年 1 月 15 日

纳古志愿者传统送米、油活动又来了。纳古志愿者送大米活动已经举行了数不清次，活动组织越来越规范，派送范围越来越大。去年斋月前的送大米活动将范围扩大到了河西的回族村子，这一次，我们的范围又大了，派送范围将会扩大到纳古附近的汉族村寨。

今天，我们又一次相聚纳家营清真寺，开展"关爱贫困家庭送米、油"活动。我们可爱的志愿者们，从 10 多岁到 60 多岁不等，分为七个小组，大家积极参与，付出了辛勤的劳动。活动历时 4 个多小时，共送出 25 公斤的大米 225 袋、5 公升的香油 223 桶，约折合 43000 多元，于下午 1 点圆满结束。 在活动中得到了纳家营清真寺、各企业及个人的大力支持。

2012 年 1 月 18 日

据说，纳古镇纳家营清真寺要在小海边上，也就是海埂路下段靠近杞麓湖的一片建造湿地公园。对于这样的设想，其实对于我们纳古的居住现状和改善环境效果是很好的。如果项目计划是真，进行起来估计要一年才能初见公园，另外，还有一种假设，杞麓湖的水位确保不会逐年上涨，否则，公园只能到海底去看了。

2012年1月19日

近日，纳古镇组织全镇干部职工及各组主要领导观看了《巨变》。

从"孟连事件"到"孟连经验"，孟连的变化天翻地覆。如何进一步做好新形势下的群众工作，是我们党面临的重大课题，我们党的一切工作都是为了实现和维护最广大人民群众的根本利益而开展的。共产党人区别于其他任何政党的一个显著标志，就是和最广大的人民群众取得最密切的联系，一刻也不脱离群众，一切服从于群众利益。密切联系群众是我们党最大的政治优势，因为我们党最有条件联系作为执政之基的群众。无论历史风云如何变幻，共产党人永远不变的是与群众在一起生活、工作，永远为改善群众的生活、工作条件而努力奋斗。

在做好党的群众工作中，各级党组织、各级党的执政机关、各级党员干部，是做好工作的矛盾的主要方面，必须积极主动地联系群众，必须殷勤地为"主人"服务到位。所以，群众工作做得好不好，关键就在于各级党组织、各级党政机关、各级党员干部的思想作风、工作作风和实际作为。做好群众工作，让群众不断提高满意度，必须千方百计地解决现实问题，必须为解决现实问题而不断进行制度创新。如何学习好"孟连经验"，开展好群众观点、群众路线、群众利益、群众工作教育，使干部直接联系群众制度落到实处，取得如期的实效。要深刻做到"三个反思"，即反思工作的思维定式、反思工作作风、反思对党的优良传统的继承和发扬；要坚持"三个深入"，即深入实际、深入基层、深入群众；要努力做到"四感"，即培养对群众的感觉、感知、感情、感想，与群众建立鱼水深情。

开展群众观点教育，就是要进行马克思主义群众观的教育。群众观点关系人心向背，关系党的存亡，关系国家的兴衰。作为党员干部，我们任何时候都要坚定马克思主义的群众观点，自觉摆正同人民群众的关系。群众路线教育，这是一个实践问题。"深入群众鱼得水，脱离群众树断根"。我们的广大干部必须自觉贯彻党的群众路线，执行群众路线，始终保持同人民群众的血肉联系。群众利益教育，这是一个现实问题。在工作中，我们必须始终站在人民群众的立场上，始终维护好实现好群众利益，任何时候都不能牺牲群众具体利益、当前利益。群众工作教育，这是一个方法问题。群众工作是进一步密切党群干群关系，实现党的宗旨的根本途径，也是我们党的优良传统和"制胜"法宝，任何时候、任何情况下，都不能丢、不能忘。深入基层，与群众同吃同住同劳动，增进了解、加深感情，拉近与群众的距离，增强干群相互信任，就是一种很管用的群众工作方法。孟连的实践深刻地启示我们，建立直接联系群众制度，从制度上保证党和政府与人民群众的最直接、最紧密联系，是我们新形势下做好群众工作一个行之有效的好方法。

2012年1月25日

位于纳古镇忠爱大街与狮山路的交叉路口，是全镇车辆及附近乡村过往车辆的必经之路。随着车辆的日益增加，现有道路已不能适应发展的需要，拥堵现象经常发生。为了改善道路拥堵的现状，切实减少因交通堵塞引发的安全事故及矛盾纠纷，促进社会和谐及民族间的团结，纳家营清真寺主动将道路两侧的商铺、坟地让出，以扩宽街道，此举受到了群众的好评和拥戴。

据悉，纳家营清真寺因拆除商铺每年减少的收入将达10余万元。目前，道路改造正在施工中。

2012年2月1日

之前提到说，纳家营清真寺来主持建造海滨湿地公园一事，看来是真的了。因为，清真寺已经聘请了古城的一家私人工程队进行挖土施工了。而且，鸟瞰效果图已经出来了。

这样的事情是好是坏还褒贬不一，因为这样大的工程，关乎民生。另外，实际占用的良田有多少？占用的退潮湿地有多少确切的还不得而知，因为不在公布的细则里。另外，对于现在的纳古，湿地建成可行性占多少比例，建成后改善纳古的人居环境利益占几成等问题，还没有得到剖析和论证！但是，建成这样一个湿地公园应该是好事吧，至少可以在纳古开创没有公园，没有这样自然的公共场所的先河。

2012年2月3日

《纳家营》杂志创刊五周年座谈会。参与此会的人员有纳古镇的镇长、副镇长，《纳家营》杂志的主创、编辑及当地志愿者等30余人。

座谈会进行了2个小时左右，主办人员做了《纳家营》杂志各方面的详细介绍，参会的主要人员也简要地阐述了各自对《纳家营》杂志的理解和展望。

更多详细内容将会在《纳家营》期刊中出现，我们期待下一期的《纳家营》。

有人质疑纳家营没有文化氛围，我觉得这样的质疑让很多文化人觉得匪夷所思吧。质疑纳家营没有文化氛围的人是想通过疑问的语气来促使纳古文化人更加注重培养纳家营的文化气息，其实，这种气息本身就是一种文化氛围的组成部分。文化从娃娃抓起，这是有文化氛围的必要条件，当然"文化不仅仅是靠从娃娃抓起"，没有父母不希望自己的孩子有文化。所以我们得营造一个更好的、更理想的文化氛围，让孩子们自由自在、畅快地遨游在蓝天下。我所说的鼓励，就是让这些孩子更加畅快地遨游。

不要小看鼓励，不是人人都会鼓励的。在我看来，我们的编辑需要付出更多的汗水才能找到这点鼓励的源泉。任何鼓励只有做得真诚和恰到好处才会有用，但是，没有鼓励，就可能不能触动，或者推迟触动天才儿童的天赋，激发他们发挥天分能力造福国家，造福地方。"千里马常有，而伯乐不常有"，希望《纳家营》的编辑们，希望地方上的方方面面的人都来做伯乐，以使我们的孩子成为真正的千里马。

2012 年 2 月 6 日

早上去宝东家吃米线，小碗涨到 4 块钱一碗，诧异呀！当然，涨价的不止米线，还有米、面、油、各种小菜等，但凡是生活日需品，都在涨价的行列里面。

在厂里，工人说不干了，原因是小菜涨价了，涨到一个小菜 1 块钱。这个压力马上大了起来。这个物价上涨很快，好恐怖喔！

2012 年 2 月 13 日

为加强党对非公企业的领导，推动纳古个私企业的健康发展，促进纳古各项事业的全面进步，镇党委批准成立了纳古镇商会党支部。

2012 年 2 月 14 日

宁夏永宁的纳家户清真寺阿訇来纳家营参观考察。

2012 年 2 月 15 日

今晚，宁夏的纳家户清真寺家长讲卧尔兹，主要讲解对母亲的孝道和人的责任。

2012 年 2 月 16 日

纳古志愿者一行 30 余人，满载全镇热心人士捐赠的衣物及作业本等学习用品，千里迢迢赶赴易门，对六街镇的柏树村、摩所村和铜厂乡的巴蕉村三个山区村开展送温暖活动。

志愿者一行往返行程近 600 公里，共送出衣物 3800 余件（条）、笔记本等学习用品 1100 多份，此举受到当地群众的热烈欢迎。

2012 年 2 月 17 日

最近，由于全省大部分地区持续干旱，各地用水供应紧张，纳古也不例外。为此，有效加大节水宣传，增强群众的节水意识，杜绝浪费，共渡难关已成为我们迫在眉睫的任务。

2012 年 2 月 18 日

由纳古镇政府牵头，邀请县工信局、供电公司及纳古规模以上企业负责人参与电力协调座谈会。

当前，云南持续干旱、电煤价格上涨等原因致使全省发电量减少；加之，春节后企业陆续投产，用电需求量加大，引起全省电力供应紧张，纳古电力供需矛盾尤为突出。

通过座谈交流，增进了电力供需双方理解互信，并为合理有效利用电力资源，尽力保证企业正常运转达成了一定共识。

2012 年 2 月 19 日

纳古镇投资 50 余万元，对星月路上段 230 余米的道路硬化工程已建成完工。目前，该路段已投入使用。

2012 年 2 月 20 日

镇党委书记张兴友率分管领导、烟办等相关人员深入纳古镇烤烟集中育苗点查看育苗情况。

在育苗点，张书记一行查看了出苗情况，并向管护人员询问了育苗进展情况。要求一定要加强管护，特别做好病虫害的防治，确保完成今年全镇烤烟种植任务 550 亩，收购任务 8 万公斤。

2012年2月21日

纳古镇组织全镇干部职工学习2012年中央"一号文件"。此文件题为《关于加快推进农业科技创新持续增强农产品供给保障能力的若干意见》，全文约10500字，共分六个部分23条，是21世纪以来指导"三农"工作的第9个中央"一号文件"。

通过学习，大家领会了文件的主要内容，明白了农业科技在农业生产中的重要作用，应该说中央"一号文件"让我们这些基层干部进一步找准了今后努力的工作方向，并增强了扎根基层、服务"三农"的信心和决心。会议要求各位职工，要将文件精神吃透，利用当前开展"四群"工作的契机将精神宣传到基层、宣传到农户，并结合实际切实抓好当前的护林防火、抗旱、烤烟生产等各项涉农业工作。

2012年2月22日

县委政府考核组对纳古党的建设工作开展考评。首先由党委书记张兴友对2011年党的建设工作开展情况进行汇报；随后考核组相关人员对口查阅了相关档案资料；最后反馈了考核意见，并在肯定工作取得成绩的同时，针对存在的问题提出相关建议。

县委政府对纳古的考核共分党建工作、经济建设、社会建设、生态建设、维护稳定五个方面进行，明后两天将迎来另外四个考核组的考评。通过考核，在肯定工作的同时，提出的许多合理化建议，相信对纳古今后工作的开展将起到积极促进作用。

2012年2月24日

纳古镇结合实际，以"五强化、五注重"思路抓实"四群"教育，实行干部直接联系群众制度。

——强化认识，注重理解到位。开展"四群"教育，实行干部直接联系群众制度，是坚持以人为本、执政为民理念的必然要求，是贯彻落实省第九次党代会和市党代会的重要举措,是构建平安和谐纳古的现实需要,也是加强和创新社会管理,进一步推进纳古经济发展的有力抓手。

——强化领导,注重责任落实。成立了由镇党委书记任组长、相关人员为成员的"四群"教育活动领导小组,领导组下设办公室在组织办,组织员具体负责相关业务工作。党委书记亲自抓,负总责;党委副书记具体抓,负直接责任;班子其他成员协助抓,对分管站所的"四群"教育活动督促落实,以"一岗双责"落实"四群"教育活动的具体责任。

——强化主题,注重关键环节。一是要扎实开展群众观点教育,时刻摆正同人民群众的关系,始终来自群众、根植群众、服务群众,切实履行好人民群众赋予的神圣责任;二是要扎实开展群众路线教育,引导干部职工自觉践行党的群众路线,虚心向群众学习,带着深厚感情、带着政治责任、带着敬畏之心,和人民群众打成一片,使日常工作更加体现群众意愿,更加赢得群众的信赖和拥护;三是要扎实开展群众利益教育,不折不扣地贯彻落实好各项惠民政策,切实把维护社会公平正义作为重要责任,把改善民生视为最大的政绩,在群众最盼的地方下功夫、最急的地方见真情、最怨的地方改作风,实实在在地办一些让群众看得见、摸得着、有实惠的实事、好事;四是要扎实开展群众工作教育,深入研究和把握新形势下群众工作的新特点、新要求,在总结运用成功经验和有效做法的基础上不断创新,成为一名愿做群众工作、敢做群众工作、会做群众工作的务实的干部。

——强化保障,注重基本要求。按照省、市、县的要求,我镇科级领导干部每年驻村时间不少于60天、直接联系群众不少于5户,其他干部每年驻村时间不少于60天、结对联系不少于4户,要与群众同吃、同住、同劳动,开展民情恳谈、记录民情日记、开展民情分析,妥善解决群众反映的困难和问题。

——强化落实,注重取得实效。一是深入一线,接触群众"零距离"。通过深入基层开展主题实践活动,听取群众的意见,解决群众的困难,送去党和政府的温暖，搭建群众和党委、政府交流的平台。要通过开展"大接访、大下访""下基层、送温暖"等活动，走访群众、慰问群众、帮扶群众，消除沟通障碍，密切感情交流。二是率先垂范，调查研究"全身心"。全镇干部职工要按照省委、市委和县委的要求，在认真完成本职工作的同时，积极开展调查研究，全身心帮助基层解决实际困难和问题。三是措施到位，服务群众"无缝隙"。思想上要高度重视，行动上要迅速落实，措施上要扎实有力，方法上要强化统筹，切实把"四群"教育活动抓紧、抓好、抓到位，不因活动影响正常工作，不因忙于业务工作而忽视活动开展。要坚持正确的舆论导向，注重营造氛围，宣传先进典型。

2012年2月25日

通海记者接到网友反映，称通海县纳古镇有人趁目前干旱杞麓湖湖水下降时，私自用土填湖造田。该网友表示，这样做无疑是得不偿失，希望媒体能给予关注。对此，记者迅速联系通海县外宣办。经过一天的调查，通海县外宣办给记者回应，称确有此事，不过当地已经及时制止私自填湖的行为。

通海县外宣办给出的回复表示：2012年1月4日，纳古镇纳家营清真寺管委会以阻止纳古部分群众私自乱填杞麓湖行为，拟在杞麓湖北岸修建湿地公园为由进行湖滨填土。纳古镇得知该情况后，第一时间组织相关部门进行实地调查了解，并勒令现场施工人员立即停止施工，随即要求清真寺管委会做好群众思想教育工作，进一步加强群众对杞麓湖环境保护的意识。同时，将填土事件的情况形成书面材料上报县委、县政府及相关单位，请求上级主管部门参与协调解决。

经多方协调，清真寺管委会停止了施工，但之后又再次组织施工。对此，通海县、纳古镇等相关部门多次召开专题会议，形成一致意见：勒令清真寺管委会立即停工，由湖管局针对施工主体下发《责令停止违法行为通知书》，县、镇相关职能部门对填土事件要认真调查，做好群众思想工作。

此事件发生后，通海县委、县政府高度重视，县委、县政府主要领导和分管领导到现场查看后及时召开会议作出要求。表示该项目无任何相关部门的审批手续，不符合《土地管理法》的规定，也不符合《杞麓湖管理条例》的要求，要求纳古镇清真寺管委会立即停止填土行为；并要求纳古镇党委、政府牵头，聘请相关单位，按照省政府杞麓湖综合治理现场办公会的要求，做好项目规划，并报相关部门审批；纳古镇、四街镇党委和纳家营清真寺管委会要做好双方群众的思想政治工作，确保社会稳定。

目前，填土的行为已经停止。

2012年2月26日

傍晚时分，派出所接到报警！一位爱心人士称在纳家营清真寺内发现一弃婴，希望派出所来处理。等派出所出警人员抱来后，发现是一个残疾孩子，是一个双性人。

2012年2月27日

现在这个孩子由镇计生办李春彦负责找镇上的人来暂时带着，每天给50元的工时费。今天有六组的人找合适的人领养，已经有镇民政办的人和县上联系。

2012年2月28日

纳古镇坚持"四个四"工作法做好群众工作。一是对照"四群"，经常"四问"：在制定、执行政策、化解矛盾、检验工作时，要问是否最大限度地体现了群众的根本利益、切身利益，是否最大限度地满足了、解决了群众的合理诉求、突出问题。二是对照"四群"，善于"四看"：

用"显微镜"分析、"放大镜"审视、"望远镜"处置,"多棱镜"思考群众反映的问题。三是对照"四群",把握"四宜":工作启动宜早不宜迟,面对困难宜进不宜退,民意表达宜疏不宜堵,矛盾调处宜解不宜结。四是对照"四群",坚持"四重":注重依靠群众、科学发展、守土有责、制度完善。

2012年2月29日

当前,森林防火工作已进入戒严期,风高物燥,火险等级高,森林防火形势十分严峻。按照省、市、县关于切实做好当前护林防火工作的相关要求,我镇采取以下四项措施切实加强森林防火工作:

一是加强领导,层层落实责任。对山林进行细分,并由党政领导分片负责,落实防火责任。

二是加大宣传力度。防火小组成员亲自深入林区,对承包果园人员、生产作业单位、放牧人员开展防火宣传教育,并签订了防火责任书。

三是严密监控火情,切实加强火源管理。针对我镇外来务工人员较多、入山人员情况复杂的实际,我镇专门安排3名护林员坚持每天巡山护林,在巡山时进行严格的检查、盘问,做到死看、死守。

四是严格值带班制度。要求各位值班人员随时保持通信畅通,严格火情报告制度。

2012年3月5日

3月5日是"向雷锋同志学习"纪念日,为丰富和拓展新时期雷锋活动的内涵与形式,弘扬和培育民族精神,在少年儿童中积极倡导团结友爱、文明礼貌、勤俭节约、无私奉献的新风尚。纳古中心小学少先队大队部开展"弘扬民族精神争做当代小雷锋"实践活动,在3月组织全校少先队员开展"八个一"活动:出一期学雷锋主题的黑板报;播一期"雷锋精神永放光芒"专题红领巾广播;开展一次以"雷锋精神代代传"为主题的中队会；唱一首"学雷锋的歌曲"；观看一部体现雷锋精神的影视；看一本《雷锋的故事》；开展一次"画雷锋"的活动；号召全校队员"我为家庭、我为学校、我为班级、我为同学做一件好事"的实践活动。

晨会上学校总辅导员给全校少先队员介绍了雷锋的事迹，接着少先队员代表倡议全校少先队员向雷锋叔叔学习。中午红领巾广播站开播"雷锋精神永放光芒"。下午第二节课全校开展"雷锋精神代代传"的主题中队会。放学后，全体队员在老师的带领下对学校的环境卫生进行了彻底清扫。老师和队员们干得热火朝天，他们不怕脏、不怕累，用实际行动践行"心中有雷锋，时时学雷锋"。

通过学雷锋活动，进一步丰富了孩子们的思想觉悟，提高了个人素养，增强了校园文化氛围；把学生的文明教育、养成教育落到实处；提高了学校这个大家庭的凝聚力，继承和发扬了中华民族的优良传统。

2012年3月6日

上午，纳古镇召开干部职工大会，传达学习省十一届人大五次会议和市委四届二次全会精神。

会上，镇党委书记张兴友传达了省十一届人大五次会议和市委四届二次全会精神，并就如何贯彻落实好省、市会议精神做了安排部署。

张兴友指出，学习两个会议的精神，首先要深入学习"两个报告"，深刻领会其精神实质，全面把握省、市、县各级当前及今后一段时期工作的指导思想、奋斗目标和工作任务，切实把思想和行动统一到上级的决策部署上来，并把会议精神在全镇党员群众中进行广泛宣传。

张兴友要求，各位干部职工一定要把思想和行动统一到镇党委的决策部署上来，按照上级提出的科学发展、和谐发展、跨越发展要求，进一步增强忧患意识、机遇意识和发展意识。进一步转变作风，结合"四群"教育活动的开展，深入基层、深入企业，了解群众的诉求和企业发展中面临的困难，多为人民群众、企业做好事、办实事。

2012年3月8日

"感恩"是一种精神境界，一种高尚情操，是中华民族的传统美德，感恩亲情、感恩母亲、感恩一切曾经关心、帮助过自己的人，是我们做人的基本准则。在2012年"三八"国际妇女节再次到来，纳古中心小学少先队大队部开展"感恩亲情 感谢母亲"八个一活动。

1．学习一次，通过上网或看书查找资料，了解世界妇女节的来历、了解世界著名女性的事迹。

2．分担一点家务：亲爱的妈妈，平时您做家务挺累的，今天好好休息休息一下，让我分担一点家务吧！

3．洗一次脚：可敬的母亲，您上班辛苦了！让我为您洗洗脚，为您洗去一身的疲惫吧！

4．说一句感激的话：伟大的母亲，您知道我有多爱您吗？今天，让我把心中感激的话说给您听，好吗？

5．做一件小礼物："三八"节快乐，可敬可亲的妈妈，这是我亲手做的小礼物，我想您会喜欢吧！

6．画一幅美画：妈妈，这是我心目中的您，您喜欢吗？

7．做一张美卡：妈妈，这是我制作的"生活妙招卡"，对您有帮助吗？

8．酿一篇美文：妈妈，这是我用真情酿成的美文，您感受到其中的甜蜜了吗？

通过活动让孩子们养成孝敬父母、尊敬师长、关心他人、热爱学校、回报社会的崇高道德风尚。

2012年3月9日

清真寺法制课教育自开展至今已进入第19个年头，其对于维护社会稳定的效果日益显现。为推进"六五"普法规划的实施，深化"法律六进"活动，进一步提高回族青少年的法律素质和法治观念，积极引导广大回族青少年更好地学法、守法、用法，增强青少年的爱国意识、权利意识，学会明辨是非，提高自我约束与保护能力，2012年由县委依法治县办统一协调，县属相关部门积极选派熟悉专业法律法规、具有丰富实践经验的人员继续坚持在纳古镇两所清真寺开展法制课教育活动。本年度结合实际，为两所清真寺的学生安排了《消费者权益保护法》《食品安全法》《防艾法规》《禁毒法规》《人民调解法》《刑法》《森林防火条例》《道路交通安全法》等课程。

今早，本年度第一堂法制课正式开课，由县工商局和食品药品监督管理局的两位专业人员为学生们分别讲解了《消费者权益保护法》与《食品安全法》。

2012年3月10日

纳家营清真寺招聘教师。公告如下：

我院现需要招聘四位教师：

1. 阿拉伯语教师一名，要求阿拉伯语专业，本科以上学历。

2. 经学教师一名，要求经学功底深厚。

3. 电脑教师一名，计算机相关专业，本科以上学历，实践经验丰富的专科生也可以考虑。

4. 汉语教师一名，文史哲专业，本科以上学历。

待遇面谈，未尽事宜可来电咨询。

学院地址：云南省通海县纳古镇

联系人：纳老师　马老师

招聘截止日期：2012年6月30日

2012年3月11日

纳古50余名自行车爱好者齐聚抚仙湖，完成了环湖自行车骑行活动。目前，全镇已有自行车骑行爱好者100余人，并有逐渐增加之势。

他们这种积极健康、低碳环保的生活方式受到群众普遍赞誉，更展示了纳古人民良好的精神风貌。

2012年3月12日

县检察院马副检长一行深入纳古，与部分县人大代表和政协委员座谈，就检察院的工作听取基层意见和建议。

纳古部分县人大代表和政协委员听取检察院工作情况汇报后，对检察院的工作表示满意，并希望检察院发挥自己专长，进一步加大对基层群众的普法宣传力度。

2012年3月13日

水与环境有着密切的联系，水是地球生命之源，水是经济发展之本，珍惜水源、爱护环境就是珍惜生命。2012年，大旱第三年袭击云南，因为缺水，几千万人在干旱中挣扎。水是如此的珍贵，然而在我们身边，浪费水、污染水的情形却比比皆是，人们爱水、节水的意识还十分淡薄。纳古中心小学大队部开展"节水伴我在校园 争做节水小先锋"宣传教育启动仪式。

启动仪式在诗朗诵《生命，从水中走来》拉开了序幕；四（4）班少先队员代表做了以"珍惜水资源"为主题的国旗下讲话，引导全体少先队员树立爱水、惜水、节水和护水意识，切实保护水资源；随后，全校少先队员在大队长马雨蝶的带领下就加入保护水环境志愿者行动的行列庄严宣誓；下午全校开展了节约用水主题班会；启动仪式在"节水伴我在校园 争做节水小先锋"千人签名活动中圆满结束。

希望全校少先队员以本次活动为契机，将节水习惯渗透到我们生活的点点滴滴中，为建设绿色家园作出积极的贡献。

2012年3月14日

为普及女性健康知识，增强妇女保健意识，提高妇女的自我保健能力，在县计生局的大力支持下，我们有幸请到陕西三八妇乐集团徐军教授，徐教授毕业于沈阳医科大学，从事产科临床医学和女性健康教学多年，具有丰富的临床经验。在讲座过程中，徐教授引用鲜活的病例，结合挂图，从女性生理特点，女性常见病、多发病的防治，女性保健知识三方面进行讲解。其内容形象生动，语言通俗易懂，理论联系实际，深受大家欢迎。同时，她提醒大家平时要养成定期进行自检和体检的良好习惯，预防胜于治疗，女性定期自检、体检是有效预防各类疾病发生的关键。讲座结束后，徐教授还进行了现场咨询活动。此次讲座，不仅让姐妹们在家门口与妇科专家进行了面对面的咨询交流，还得到了专家的亲自指导，学到了相关妇科保健知识。

2012年3月15日

3月12日至15日，县计划生育指导站7名医生与纳古计划生育服务所一起，对纳古的180多名已婚育龄妇女实施了免费健康体检，体检涵盖血压、心电图、B超及妇科检查等多个项目。通过体检及相关防病知识的宣传，进一步增强了我镇广大妇女的自我保健意识，此举受到了广大妇女同志的热烈欢迎。

为全面落实社区矫正工作任务，进一步提高教育矫正质量，纳古司法所结合实际，不断创新监督管理措施，"四项制度"强化社区矫正对象教育管理。

一是定期、不定期的走访制度。在坚持每两个月定期对社区矫正对象进行一次走访调查的同时，还在重大节假日、特殊时期等不定期地进行走访调查，及时掌握矫正对象的思想、生产、生活动态，对其进行思想教育。

二是集中教育培训制度。坚持每个季度对社区矫正对象进行一次集中教育培训，通过以案说法、观看专题片、发放宣传资料等形式，以法律、道德、心理等方面的教育为重点，深入开展《宪法》《刑法》《治安管理处罚法》等维护国家安全、促进社会和谐稳定相关法律法规的学习，深入开展心理学、社会主义荣辱观、养殖种植技能等知识的学习，不断增强矫正对象的法制观念和纪律意识。

三是定期公益劳动制度。把纳古镇集贸市场、图书馆、反邪教教育基地等地作为社区矫正对象的劳动教育基地，坚持每个季度组织社区矫正对象到劳动教育基地进行劳动教育，培养矫正对象社会责任感和集体观念。

四是发放民情联系卡制度。向矫正对象发放填有司法所工作人员姓名、联系电话和通信地址的"民情联系卡"，矫正对象有什么意见、建议、困难和诉求，可直接向司法所工作人员反映，司法所工作人员根据矫正对象反映的问题，及时调整矫正方案，帮助有困难的寻找解决途径，最大限度地预防和减少重新犯罪。

2012年3月16日

为关注女性健康，增强广大妇女自我保健意识和能力，3月14—16日，县妇联协调县博爱医院一行12名医务人员，携带检查仪器到我镇为广大妇女群众进行义诊活动，免费测量血压、空腹血糖、肝、胆、肾B超、阴道镜检查、外科普查，受益人数达500余人。活动之前，镇妇联以高度负责的态度，认真准备、广泛宣传。此次活动，受到了广大妇女群众的广泛欢迎和一致好评，让她们感受到了来自妇联"娘家"人的关爱和温暖。

2012年3月18日

纳家营清真寺作为全省管理较为规范、各项活动开展比较正常的宗教活动场所之一，日前，正积极准备申报全国宗教爱国主义教育基地。

纳家营清真寺历史悠久，相传元朝著名回族政治家、云南行省首任平章政事赛典赤·赡思汀之长子纳速拉丁的孙子纳数鲁，率随军家属迁居此地就已开始兴建，其间几经改扩建，形成今天的规模。

一直以来，纳家营清真寺始终把爱国爱教、遵纪守法、注重民族团结作为重点在广大信教群众中进行宣传教育；并在弘扬本宗教文化方面取得了突出成绩，培养了纳忠、纳训等世界级优秀的文化名人，他们为弘扬中华传统文化、开展对外文化交流、促进文化繁荣等方面发挥了积极作用。纳家营清真寺注重民主管理、关注民生，加强与各民族的团结和文化交流等方面得到了社会的广泛认可，并为全省乃至全国的信教地区树立了良好榜样。

申报全国宗教爱国主义教育基地，旨在充分发扬清真寺的优良传统，进一步激发全镇信教群众爱国、爱党、爱社会主义的热情和信心。

2012年3月20日

今天，我镇邀请玉溪华山眼科医院专家到纳古开展"光明工程"白内障免费手术筛查工作，对全镇有视力障碍的29名中老年人进行了筛查，其中19名被确诊为白内障患者。

云南省"光明工程"是党和政府实施的一项重大惠民政策措施，是推进防盲治盲工作的有力保障。为使这一惠民政策落到实处，尽可能使全镇的白内障患者真正得到有效治疗，我镇广泛宣传，精心组织，保证了整个筛查活动的紧张有序进行。

下一步，我镇将对适合手术并本人自愿手术的患者进行登记造册，等待上级医院的手术通知。

纳古六组老年人活动中心建设，被列为2012年纳古镇新农村建设项目。今天，我镇对该建设项目进行了公开招投标。

该工程预计投资107万元，建筑面积800余平方米，建成后将作为六组老年人活动、休闲的公共地方。

招投标按照公平、公开、公正的原则，由县监察局、镇纪委、财政、规划建设等部门领导和第六村小组领导参与见证了招投标过程。共三家建筑公司参与投标，最后由云南省通海县第二建筑工程公司中标。

2012年3月21日

纳古镇2012年政法综治工作要点：2012年是持续保持"十二五"开局良好势头的重要一年，同时也是党的十八大召开的重要敏感年份，做好今年的政法工作，维护社会稳定，意义非同一般，任务繁重艰巨。2012年全镇政法工作的总体要求是：按照省、市、县政法工作会议安排部署，紧紧围绕确保党的十八大胜利召开这个总目标，始终抓住影响社会和谐稳定的源头性、根本性、基础性问题，深化"社会矛盾化解、社会管理创新、公正廉洁执法"三项重点工作，切实开展政法干警核心价值观教育实践活动，力争在服务经济发展、维护社会和谐稳定、保障社会公平正义、政法队伍建设上取得新成效，努力为推动纳古"科学发展、和谐发展、跨越发展"创造更加和谐稳定的社会环境和良好的法制环境。

今年的政法工作必须服从并服务于确保党的十八大安全顺利召开这个大局。对此，全镇各村民小组、各部门、各单位要以前所未有的重视程度、前所未有的工作力度，以不可动摇的信念和决战"2012"的姿态投入工作，变压力为动力、化危机为生机，以超常规的力度、超常规的措施、超常规的作风，超前谋划、主动作为，全力以赴盯紧、抓实各项工作，切实做到"四个坚决防止"和"三个绝不允许"，即坚决防止发生重大政治事件，坚决防止发生大规模群体性事件，坚决防止发生重大恶性案件，坚决防止发生群死群伤等重特大安全生产事故；绝不允许危害国家安全和社会稳定的人员形成组织，绝不允许危害国家安全和社会稳定的活动形成气候，绝不允许全镇范围内发生任何有影响的暴力恐怖活动。

2012年3月23日

纳古中心小学的孩子期盼已久的日子,今天学校德育处组织老师要带他们去望三海春游找春天。

早上11点,孩子们怀着激动的心情背上包,排好队,迎着和煦的春风,在老师的带领下出发了。一路上,同学们兴高采烈,一会儿说、一会儿唱,欢声笑语在空中回荡,洒满山野的每个角落。

到了山上,孩子们争先恐后地跑向山上的草坪,找好自己的"阵地",放下背包,迫不及待地开始嬉戏:有的打滚,有的跳绳,有的玩老鹰捉小鸡,有的轻轻地躺在草地上倾听大地的心跳……汗水顺着孩子们的脸颊淌下来,头发湿了,衣服潮了,全然不顾,只管尽情享受大自然的美丽。

尽情玩耍过后,孩子们方觉肚子闹起了"空城计",于是,他们铺开餐桌布,把包里的东西一股脑儿全倒出来,同学们一把抢过自己喜欢的东西,便开始大吃大喝。就这样,他们吃着、喝着、玩着、乐着,食物一会儿就被"洗劫"一空。吃饱了、喝足了,孩子们又开始了下一轮的嬉戏。最后,孩子们拿出了塑料口袋把草地上的垃圾全部收拾好,唱着婉转的歌儿列队离开。

有人说:孩子在哪里,春天就在哪里。对呀!孩子们红扑扑的脸蛋告诉了大家:春天来了!

2012年3月24日

节水倡议书

全镇广大居民朋友们:

水是生命之源、生产之要、生态之基、发展之本。因为有了水,一切才更滋润,才有了上善若水的感悟。一日无水,人则虚;一年无水,国则损。有水当思无水之苦,如若不然,那地球上的最后一滴水将是人类的眼泪。

今年的5月13—19日是我国第21个城市节水宣传周。宣传主题是"惜水、爱水、节水，我们在行动"。合理节约用水，保护生态环境，维护人与自然和谐相处，已经成为我们责无旁贷的义务、共同履行的使命。

因此，我们向全镇居民朋友发出如下倡议：

一、节约用水是公民的责任，人人要把节约用水放在首位，充分认识节水的必要性和重大性，树立良好的节约用水意识，养成良好的节约用水习惯。

二、珍惜水就是珍惜您的生命，爱水、惜水、节水从现在做起，从我做起，从小事做起。

三、倡导一水多用，洗菜的水可用于清洁卫生。绿化卫生尽量不用自来水。

四、遇见水管跑水或漏水情况，应随即关闭或及时报告有关部门。

不舍细流，方成汪洋。您节约一滴水，也许可以孕育一棵绿色的生命；他节约一滴水，也许可以救活一只云雀；千百万人联合起来，拯救的将是整个人类。

亲爱的朋友们，生命呼唤水源，我们热爱生命，让我们积极行动起来，提高忧患意识、节水意识，从自我做起，从点滴做起，节约每一滴水。

2012 年 3 月 25 日

去年，我们纳古志愿者及广大同胞齐心协力展开了对小纯盈的救助行动。今年，志愿者再次收到同胞发来的求助信息。

云南省大理白族自治州巍山县永建的马阿訇（现任职于曲靖市沾益县棱角乡旧屋鲁清真寺），其女现年17岁，自2岁患上癫痫病便被病魔缠绕15年之久。辗转多家医院均无起色，现通过网络平台寻求更多帮助，祈求安拉慈悯，让这正值青春年少的女孩早日康复。

为积极响应云南省鼓励创业"贷免补扶"政策，实施小额信贷，扶持女性成功创业，根据县妇联3月24日会议精神，镇妇联于3月25日专门对此项工作召开会议，分配14户贷款指标。会议就贷款金额、对象、发放期限做了强调,相信有了小额贷款做资本,创业的妇女会勇敢地面对各种困难的考验,会信心十足地实现她们的计划。

2012年3月26日

由于持续的干旱,通海的部分山区已出现饮水困难的现象。为帮助山区群众渡过难关,纳古部分企业勇于承担社会责任,自发开展送水献爱心活动。

纳古镇开平五金厂、星福氧气厂两家企业就出资8000元,购买矿泉水400件,分别送到高大乡五街村勐蚱村民小组、路南村老黑山及河西镇清水河村,暂时缓解了当地群众和学生饮水困难的问题,此举受到当地群众的一致好评。

市县住建、土地等部门领导、专家对纳古镇特色小镇总体规划进行初步评审。纳古的总规在各位领导、专家综合多方因素,并进行充分酝酿讨论后获得通过。

下一步,我镇将对通过初评的特色小镇总规向省级相关部门进行申报。如获批准,纳古的小城镇建设将做到有章可循,并对纳古加快小城镇建设步伐起到积极的推动作用。

2012年3月27日

纳古镇召开2012年综治工作会,总结2011年全镇社会管理综合治理工作取得的成绩和经验,安排部署当前和今后一个时期全镇社会管理综合治理工作。并与各村小组和相关单位签订2012年度综治维稳责任书,对当前存在的矛盾纠纷进行了排查。

2012年3月28日

根据《玉溪市人民政府办公室关于立即组织开展安全生产大检查的通知》精神和县安全生产委员会相关要求,纳古镇决定立即组织开展企业安全生产大检查工作，切实落实安全生产责任，严防企业安全生产事故的发生。

2012 年 3 月 29 日

镇团委书记纳杰组织青年男干部职工、各团支部书记、团员青年代表参加镇妇联组织的"生态文明进家庭、文化礼仪伴我行"知识竞赛活动，参与人数达 47 人，其中男性 22 人、女性 25 人。

此次文明礼仪知识竞赛活动意义深远，为推进文化和镇建设，深化生态文明家庭创建新；为提高全民素质，打造纳古青年崭新形象，促进纳古经济社会和谐发展起着不可估量的作用。

2012 年 3 月 30 日

下午 3 点，纳古镇团委召集 7 个团支部书记参加镇团委 2011 年工作会。

会上，纳杰带领团支部书记们学习了《李纪恒副书记在云南省基层党建带团建暨共青团系统深入开展创先争优活动现场推进会上的讲话》，让各位团支部书记了解了文件精神，请他们把文件精神传达到各支部。学习了《共青团通海县委关于进一步加强"共青团关爱农民工子女志愿服务行动"结对工作的通知》，请各位提供意见及建议，以便形成方案，努力把我镇的农民工子女帮扶活动开展起来。

传达了今年贷免扶补工作的通知和新的工作要求，把名额分配到各团支部，并做了相关要求的说明，而且把文件、宣传资料发放到了团支部书记的手上。希望可以通过这样的途径，让更多的团员、青年在团委的扶持下，走上创业就业致富路。

最后，向各团支部书记传达了镇团委换届的工作马上就要展开，下一步要做的工作很繁杂，需要各位的通力配合、层层合作，才能把纳古镇团委的工作完成、做好。

2012年3月31日

纳古镇党委结合"四群"教育工作，给所结对联系的93户困难户送上抗旱救灾米4.6吨，受到当地群众的一致好评。

为进一步加强综治维稳工作，促进和谐社会建设，纳古镇多部门联手协作，以群众喜闻乐见的形式，从3月初开始至3月31日在全镇范围内深入广泛地开展综治维稳月法制宣传活动，取得了较好的社会效果。

一是组织开展"三八"妇女维权法律咨询宣传活动。2011年3月11日上午9时，纳古镇综治办、司法所、妇联、计生站、团委、派出所等部门在全镇人员集中的农贸市场、清真寺大门口开展大规模的"三八"妇女维权法律咨询活动。司法所、法律服务工作人员对前来咨询的当事人热情接待，耐心解答当事人有关婚姻家庭、人身损害赔偿、邻里纠纷等法律咨询，引导当事人依法解决家庭生活、生产经营中的矛盾纠纷。发放宣传材料对《婚姻法》《妇女权益保障法》《社会治安综合治理》《流动人口管理与服务》等相关法律法规进行大力宣传。

二是抓好纳古镇两所清真寺法制课教育。积极协助县委依法治县办落实好清真寺法制课教学计划。请县气象局周文彬副局长和县食品药品监督管理局许传富副局长为纳古镇两所清真寺青少年讲授了《气象灾害防御条例及防雷避险知识》《食品安全法与食品安全知识》，不断提高回族青少年权利义务意识，增强自我保护的知识和能力，引导广大回族青少年更好地学法、守法、用法。

三是举办法制讲座。为了加强《婚姻法》的学习宣传，保护广大妇女的合法权益，镇司法所、妇联于3月16日上午邀请县人民法院河西庭范丽娟副庭长为纳古镇妇女上了一堂婚姻家庭法制课。范副庭长从婚姻家庭关系的基本准则、结婚、离婚、夫妻财产及债务的认定等方面进行讲解，其内容丰富、语言通俗易懂，引用案例分析。参与学习的妇女100余人，她们纷纷表示，此次讲座，贴近生活、贴近实际，让她们学会了如何用法律武器保护自己的合法权益。

四是开展依法治理活动。围绕生态镇建设工作，从3月3日开始至3月10日，镇司法所、镇妇联组织开展"妇女　家园　环境"依法治理活动。发动七个妇代小组长动员全镇每家每户人人动手、个个参与，打扫门前屋后，清理各组阴沟、街道，尽量做到不留任何卫生死角。美化居室庭院，净化村庄道路，在全镇辖区内营建"绿色家园"。

据统计，整个活动共发放宣传资料1825份，张贴宣传标语210条，解答法律咨询23人次，上法制课2次，受教育青少年220人次，共有3220人次参加活动，整治道路5000多米，整治场地11850余平方米，清除垃圾和杂物87吨，清理沟道1900米，清除淤泥30吨，整治卫生死角63个，灭鼠药物投放40公斤。为建设平安纳古、构建和谐社会，促进纳古经济又快又好地发展创造良好的氛围。

2012年4月1日

建设纳古中心幼儿园，解决学龄前儿童入园难的问题是我镇"科教兴镇"战略的重要举措。近日，我镇就建设中心幼儿园选址、资金筹措等问题向纳古各界广泛征求意见。

2012年4月3日

县人大叶永元副主任一行到纳古调研《婚姻法》和《婚姻登记条例》贯彻执行情况。调研组在听取纳古镇贯彻执行情况汇报后，肯定了纳古镇近年来《婚姻法》和《婚姻登记条例》贯彻执行工作，表扬纳古结合实际采取了"法进清真寺"等方式对法律法规进行广泛宣传，取得了良好的社会效果。针对《婚姻法》和《婚姻登记条例》贯彻执行中存在的困难和问题，调研组提出了四个方面的意见和建议：一是继续把《婚姻法》和《婚姻登记条例》作为法进清真寺的教学内容，抓好对信教群众的宣传教育；二是发挥家长学校的作用，抓好学生家长的宣传教育；三是各职能部门积极发挥作用，实现资源共享，形成合力，齐抓共管；四是抓好流动人口的宣传教育。

2012年4月5日

为还全县人民一个干净的杞麓湖。近日，我镇积极配合县湖管局对湖岸违法所建钓鱼平台进行拆除，此举得到了全镇人民和纳家营清真寺的积极拥戴。

纳古中心小学的130名教职工在学校阶梯教室正聚精会神地倾听云南师范大学李辉教授的讲座。李教授运用贴近教师生活的鲜活案例和国内外先进的心理学理念，围绕"心理健康指数、心理三性"阐述了随着现代社会快速发展人们存在压力的客观性和如何从"调控刺激、调整需要、调整行为、调整认知"等几方面科学化解压力。李教授的讲座既有理论阐述，又有实践指导，还有游戏互动。讲座中，李教授妙语连珠、幽默睿智，会场上不时发出阵阵掌声和欢笑声。

两个多小时的讲座，让老师们听得意犹未尽，对此次培训内容和形式评价很高，感到这样的培训为今后轻松面对工作和生活起到了不可或缺的作用。

2012年4月6日　晴朗

县防汛抗旱办公室人员到纳古召开座谈会，对有效保护杞麓源现有水资源、合理调度水资源和控制水位进行专题调研。

纳古镇主要领导、各村民小组领导，部分党代表、人大代表和政协委员参加座谈。各位与会人员各抒己见，对保民生、抗大旱、合理利用杞麓湖水资源提出良好建议。

2012年4月7日

通海县纳古商会简介：

2011年10月，由通海县纳古镇工商企业自愿组成的具有法人资格的地方性、联合性、非营利性的社会组织"通海县纳古商会"正式登记成立。

纳古商会的宗旨是：遵守《宪法》、法律、法规以及国家政策，遵守社会道德风尚。贯彻党和政府有关方针政策，积极开展"爱国、敬业、守法"宣传教育，提高会员素质。团结全镇工商企业以市场经济为导向，诚信经营，发展本会优势，促进非公经济健康发展，为本地经济协调发展贡献力量。

纳古商会作为党和政府联系非公有制经济的桥梁，在会员与相关政府部门、会员与会员、会员与市场之间发挥纽带作用，其主要职能和任务是：1.维护会员合法权益，反映会员意见、要求和建议，在会员与政府之间发挥桥梁作用，当好政府管理非公有制经济的助手。2.为会员和社会提供市场、技术、商品等信息。3.开展工商企业专业培训，帮助会员改善经营管理、提高生产技术和产品质量。4.按照国家有关政策，组织会员举办和参加各种对内、对外展销会、交易会、组织会员外出考察访问，帮助会员开拓国内、国际市场。5.为会员排忧解难，提供必要的证明，协调关系，为会员和企业调解经济纠纷。6.增进社会各界、工商社团及工商经济人士的联系和友谊，促进经济、技术和贸易合作与发展。组织各种形式的联谊活动，增强会员与政府有关部门、企业、行业协会的互相联系。7.承办好政府和有关部门委托的事项。

纳古商会会长是纳家琨；副会长三人分别是：马跃升、马喜光、纳继彬；法定代表人是纳立凡；商会会址设在通海县纳古镇人民政府四楼办公室。

2012年4月13日

为记载云南新型工业化发展进程，见证云南工业为建设"富裕、民主、文明、开放、和谐"云南作出的贡献，云南省工信委决定编辑出版《辉煌"十一五"——云南工业》大型宣传画册。

纳古是云南著名"手工业之乡"。"十一五"期间，通过引导企业走联合重组、规范化经营的新型工业化的路子，个私企业取得了长足发展。今天，纳古镇迎来了《画册》编辑委员会的各位成员，他们与镇领导就如何宣传纳古工业发展成就，加强合作等事宜进行了交流与座谈。

纳古镇召集全镇钢铁企业，就当前行业的生产状况及今后的发展方向进行座谈。

座谈会上，各位与会人员对当前钢铁生产状况进行了客观分析，同时对今后企业走联合重组、规模经营的路子达成了共识。会议的召开，对于推动纳古钢铁企业的健康发展必将起到积极作用。

会议还要求各企业及时、客观地填报钢铁行业产能情况调查表，以便对全镇的钢铁行业科学决策、合理规划。

2012年4月14日　晴朗

上午9时，纳古镇精心筹备的首期青少年书法培训班在纳古文化站顺利开班，纳古小学25名四、五年级的学生幸运成为免费培训班的首期学员。简短的开班仪式后，书法老师纳立刚进行了第一堂书法课的讲授。

举办书法培训是我镇落实文化惠民工程的具体体现，是文化站实施免费开放，并计划长期坚持的一项重要内容。培训班每期计划培训100个学时，每周两个学时（原则上利用周六、周日或节假日进行学习），学习期满，成绩合格的颁发结业证书。

书法培训班自筹办以来，受到镇党委、政府的大力支持和社会各界人士的广泛关注，为了保证培训班取得实效，我镇聘请了3名经验较为丰富的书法老师，并在老师的指导下高标准配齐了各类学习用具。

培训班的举办，相信对于弘扬传统书法艺术、提高青少年道德艺术修养、为纳古培养书法人才将具有重大意义。

2012年4月15日

云南大学民族学专业的30余名学生在导师的带领下，怀着急切了解社会、践行理想、回报社会的激情，到纳古开展了为期2天的田野调查。他们通过与政府、清真寺、企业及社会各界的交流走访，真实了解了纳古镇经济、社会、文化等领域的基本情况。

纳古作为云南大学唯一的回族研究基地，每年4月组织师生到纳古开展田野调查已成为云南大学的一项重要教学内容。

2012年4月16日　晴朗

为保护母亲湖，保证雨季来临之时全镇入湖沟道的畅通，纳古镇早安排、早部署，及时启动了对主要入湖沟道的清淤保洁工作。

4月16日，我镇共投入挖机1台，车辆4台，全面启动了沟道的清理工作。下一步，我镇还将组织机关干部职工、村组干部、志愿者等人员开展大范围的清理保洁活动。

2012年4月18日　晴朗

保护母亲湖，清洁河道、清洁湖滩、清洁村庄、清洁田园是我们义不容辞的责任。今天，我镇组织全镇机关干部、党员、村组领导、共青团员及部分志愿者共计100余人对纳古的入湖沟道进行了集中清理保洁。

清理保洁活动的开展，旨在营造一种珍爱环境、保护母亲湖、共建和谐家园的良好氛围，以达到逐步提高群众环保意识的目的。

2012年4月19日

下午，纳古中心小学五、六年级近400名男生及班主任老师在阶梯教室聚精会神地倾听通海县公安局禁毒大队大队长黄朝武的"珍爱生命 拒绝毒品"禁毒知识讲座。

讲座中，黄朝武警官结合真实的案例，对毒品的概念、起源、种类、辨识、危害等一系列相关毒品知识进行了深入浅出的讲解。告诫同学们要了解禁毒知识，坚决抵制形形色色的诱惑，自觉与吸毒、贩毒等不法行为做斗争，珍爱生命，终生远离毒品、拒绝毒品。

通过校园禁毒知识的宣传和教育，有效增强了同学们的自我保护意识，帮助他们在生活中养成洁身自爱的良好习惯。

2012年4月20日　晴朗

本次活动由镇党委政府统一领导，整个过程得到全镇社会各界的积极响应，截至活动结束，共投入资金2万元，出动清运车15台次，清洁街道1200米，垃圾堆放点68个，清理河道700米，出动人员230人次，活动成功，进一步提高了纳古镇干部职工及群众的环境保护意识，倡导了健康文明的卫生行为，改善全镇人民生产、生活环境，真正做到远离疾病、保证健康。

爱护环境卫生倡议书

全镇广大居民朋友们：

今年是我国开展爱国卫生运动60周年，4月是我国第24个爱国卫生月。今年的活动主题是"爱国卫生人人参与，健康生活人人享有"。为推进我镇经济发展和生态文明建设，促进我镇卫生面貌大改观，打造一个卫生整洁、环境优美、适宜人居、适宜创业的工作、学习、生活环境，减少疾病传播，维护群众的身心健康，我们对全镇广大居民朋友们提出如下倡议：

一、从现在做起，从自己做起，从细节做起，人人关心，户户参与，切实搞好个人卫生、家庭卫生、岗位卫生、公共环境卫生，人人争当科学健康卫生知识的传播者，打一场爱国卫生运动攻坚战，让科学、文明、健康的生活方式成为我们的自觉行动。

二、遵守社会公德，增强道德情操，保持环境整洁，注意爱护公共设施，保持镇容、村容整洁。做到不在道路、街道两侧和公共场所乱摆乱占、乱抛杂物、乱贴乱写，乱立乱设各种广告，乱搭乱建各种物品，不在店外摆摊设点，不随地吐痰，爱护公共设施，不做有碍公共卫生的事。

三、积极支持和参与环境整治活动，主动做好"四清"（清垃圾、清杂草、清污水、清路障），切实做到居家净化、庭院美化，打造"村容整洁，乡风文明"的良好村容环境。

四、商场、超市、集（农）贸市场、餐饮服务店家、沿街店铺等窗口单位，实行门前"三包"，要严格遵守《食品卫生法》《公共卫生管理条例》等有关法律法规，做好市场内外、柜台前后、室内室外的卫生清扫保洁工作，清理清除乱堆乱放的杂物和废弃物，清除卫生死角。做到合法经营、有序经营、卫生经营。

五、注意饮食卫生，喝开水、吃熟食，自觉抵制不卫生食品，防止病从口入，树立健康饮食观念。

六、倡导健康的生活行为方式，加强体育锻炼，增强身体素质，提高抵御疾病侵袭的能力。

居民朋友们：我们每个人迈出一小步，就会使社会迈出一大步。让我们唱响"清洁家园，根除陋习，促进健康"的主旋律，为了我们的健康，让我们积极行动起来，养成良好的卫生习惯，自觉维护环境卫生，让我们的生活更健康，让纳古的明天更美好！

2012年4月23日

按照县《关于开展争创流动人口综合服务先进示范站活动的实施方案》文件精神，为争创规范统一、服务全面、便捷高效的"流动人口综合服务先进示范站"，纳古镇积极开展争创流动人口综合服务先进示范站活动的动员部署工作。2012年4月17日，镇党政班子结合纳古的实际情况，研究制定了《纳古镇开展争创流动人口综合服务先进示范站活动的实施方案》，调整充实了由书记任组长，党委副书记、副镇长为副组长，综治、派出所、计生所、劳保所等部门为成员的工作领导小组。

并按"七有"的要求，决定在镇为民服务所设立一个对外服务窗口，由计生所所长李春彦任流动人口综合服务站站长，计生所杨家军任副站长，确保计生、派出所人员进站联合办公。

下一步，将继续按照"七有"标准查缺补漏，做到有牌子、有制度、有流程、有工作内容，对照标准自行评估，填报争创申请，积极争创先进示范站。

县委督查组到纳古镇督查"四群"教育及基层组织建设年活动开展情况，镇"四群"领导小组成员20余人参加了会议。

会上，副书记李刚对我镇进展情况、工作做法、取得成效、存在不足及下步打算、工作意见建议五方面做了汇报。督查组组长武林同志对我镇今后工作提出了以下四个方面的建议：一是帮助企业解决用地、用电、用水等问题；二是结合综治维稳工作，做好矛盾纠纷的排查调处工作；三是繁荣伊斯兰文化，做到宗教文化与廉政文化相融合；四是切实深入群众，密切党群、干群工作。

会后，督查组深入农户中走访，与群众交流"四群"教育工作中存在的问题及不足。

2012年4月24日

穆光公司百万吨板材项目启动投资座谈会隆重召开。会场座无虚席，全镇120多名企业负责人亲临会议。

该项目坐落于里山工业区，是今年县委政府重点支持的投资项目，一期工程将向社会招股4.8亿元，计划两年时间建成。该项目投产后，将有效缓解纳古钢铁企业原材料不足的问题，促使纳古企业良性发展，以实现经济效益与社会效益双赢的良好局面。

2012年4月25日　晴朗

纳古红绿灯口路面改造施工正在进行中。据了解，此次改造旨在缓解交通压力、克服车辆拥堵、方便群众出行，忠爱大街与狮山路交叉路口路面扩建工程正在紧张施工中。

该工程将在4月底完工。到时，纳古城镇中心道路交通状况有望得到明显改善，纳家营清真寺拆房让路的义举也将广受群众称颂。

2012年4月26日

为切实做好反邪教的宣传预防工作，近日，我镇在对实际居民户数认真调查和核实的基础上，针对第二、第六两个汉族村民小组共452户家庭进行了"拒绝邪教进我家"宣传教育及"家庭拒绝邪教"承诺活动。

此次活动共发放宣传告知书428份，群众参与率达94%，其中城镇家庭参与率达100%。通过活动的开展，广大群众掌握了"什么是邪教""邪教的主要危害""打击处理邪教违法犯罪的法律法规""干部群众如何防范和抵御邪教""遭遇邪教违法犯罪活动怎么办"等知识，进一步增强了崇尚科学，反对邪教，共建和谐的责任心。

2012年4月27日

为还全县人民一个干净的杞麓湖，近日，我镇积极配合县湖管局对湖岸违法所建钓鱼平台进行拆除，共计32个，用掉拆除费用24万元。此举得到了全镇人民群众的支持和好评。

2012年4月28日

纳古镇组织党政班子成员、各站所负责人、财会人员及各村民小组支书、组长共计26人，前住玉溪市博物馆参观"法治与责任——全国检察机关惩治和预防渎职侵权犯罪展览"。

通过参观学习，全镇领导干部进一步熟悉了党和国家关于惩治和预防渎职侵权犯罪的相关政策、法规。各位参观人员均从典型案例中受到启示，并表示将以此为戒，进一步牢筑拒腐防变的思想防线。

2012年4月29日　晴朗

省政协副主席马开贤率沙甸区党政领导、企业界、教育界及宗教界人士与纳古各界进行交流、座谈。

座谈会上，马开贤指出，纳古和沙甸都是回族较为聚集的地区，在全省穆斯林地区较有影响力，继续保持两地的经济发展、民族团结、社会稳定对全省少数民族地区意义重大。

马开贤要求，两地应多加强交流，取长补短，共同发展，并用发展来解决存在的问题，在发展过程中，要切实转变方式，在做强、做大企业的同时，注重环境保护。马开贤强调，对待民族宗教工作，要有包容的胸怀，并通过求同存异、互相帮助的方式解决存在的分歧和矛盾，逐步树立一种对内团结、对外和谐的良好局面。要加强与其他各民族的团结交流，吸取历史的经验教训，珍惜目前发展、团结、和谐的大好局面，并争创民族团结进步的楷模，争做民族团结进步的表率，为全省穆斯林地区的和谐发展树立榜样。

沙甸交流团还先后参观了纳家营清真寺、纳古连铸公司、通海县热轧带钢厂和恒瑞公司。

2012年4月30日

根据《玉溪市人民政府办公室关于立即组织开展安全生产大检查的通知》精神和县安全生产委员会相关要求，纳古镇决定于2012年4月1—30日期间组织开展2012年企业安全生产大检查工作，切实落实安全生产责任，严防企业安全生产事故的发生。

为保证此次大检查工作深入开展，并取得实效，镇班子会通过研究，及时成立了安全生产大检查领导小组，由全镇领导干部和职工组成8个检查工作组，并将全镇所有企业的检查责任进行分解和细化。其中，52户重点企业的安全生产检查工作由联系该企业的镇党政领导负责。其他企业则由7个工作组负责检查，并明确了每个组所负责的企业名单。交通运输、消防安全则由以派出所为主的第 8 工作组负责检查整顿。

目前，全镇安全生产大检查工作正按照《纳古镇开展企业安全生产大检查实施方案》的安排部署深入开展。

2012 年 5 月 1 日　星期二

劳动节，烈日炎炎。

今天下午，纳家营伊斯兰文化学院举行了 2012 年夏季运动会开幕式。全体师生在清真寺大厅完成了开幕式后在篮球场上观看了精彩的跆拳道表演。

学习是学生的头等大事，为了减轻同学们的学习压力，丰富同学们的学习生活，特在第 12 周期中考试结束后举行夏季运动会，意在增进师生感情、增强学生身体素质、团结来自各地的求学者！

2012 年 5 月 2 日　　　　晴朗

纳家营伊斯兰文化学院夏季运动会隆重开幕。简短的开幕式后，在球场上还举行了精彩的跆拳道表演。

学院举办运动会，旨在减轻学习压力，丰富学习生活，增进师生感情，增强身体素质，以达到团结进步的目的。

据悉，此次运动会将设有团体和个人比赛项目。团体项目有接力赛、篮球赛、拔河等；个人项目有短跑、跳绳、一分钟投篮、乒乓球、羽毛球等项目。

2012 年 5 月 4 日　星期五　晴朗

为纪念五四运动 93 周年，深入贯彻落实国务院颁布实施的《全民健身条例》和《全民健身计划》，营造科学、健康、文明的健身氛围，展示青年朝气蓬勃、积极向上的形象，号召广大青年以健康的体魄和良好的精神面貌，为我县经济社会发展作出更大贡献。

纳古镇组织一支由7男3女组成的青年队，参加共青团通海县委、县体育局共同举办的"通海县广电网络杯第三届'五四'青年登山比赛"，在赛场上，大家奋力拼搏，努力冲刺，更加发挥了友谊第一、比赛第二的团结协作精神。

2012年5月5日　星期六　阴有雨

今天立夏，天气有所变化，转阴了。傍晚时分开始下雨，很美好的事情。可以改善纳古镇的旱情了。

2012年5月7日　星期一　阴有雨

天气很好，至少有雨了。今天，纳古镇组织全体干部职工学习了近期《人民日报》发表的《集中精力把两会精神贯彻好》《牢牢把握稳中求进的总基调》《满怀信心迎接党的十八大》三篇评论员文章。

文章深刻阐述了复杂多变的国际、国内形势下，当前改革发展稳定面临的若干重大问题，充分体现了党中央的精神，真切表达了全党全国人民的共同愿望。

通过学习，全镇干部职工提高了认识，统一了思想，在思想、政治和行动上更加自觉地与党中央保持高度一致，更进一步明确了今后学习、工作的努力方向和奋斗的目标。

2012年5月8日

为贯彻落实县安全生产工作紧急会议精神，我镇于4月9日至5月9日开展了为期一个月的企业安全生产大检查专项行动。

我镇组成8个检查组，按照要求，及时在全镇范围内开展了安全检查和隐患排查治理工作，对辖区内企业、社会单位，逐家摸底调查，排查隐患，并逐一登记造册。截至5月9日，共检查个私企业27户（其中炼钢企业5户、轧钢企业21户、五金企业1户），检查登记起重机127

台，高温炉窑 47 台，煤气发生炉 6 台，排查一般隐患 136 项。

专项行动的开展，有效地促进了全镇安全生产形势逐步好转。

2012 年 5 月 9 日　星期三

县住建局、县监察局、县财政局、县审计局的工作人员，来到纳古指导和督查 2009—2011 年农房改造及地震安居工程建设情况。要听汇报、查材料，主要内容：项目实施、检查项目资金管理、档案资金整理归档情况、存在困难和问题。

2009 年补助资金 36 万元，加固改造 180 户；2010 年补助资金 42 万元，加固改造 90 户；2011 年补助资金 25 万元，拆除重建 25 户。三年来，这样的工程惠及农户 295 户，得到县、市、省的资金补助 103 万元。

肯定纳古的工作！但是提出的建议是，为了和市、县的规定同步，规范资料档案的管理，需要纳古做出档案管理方面的整改。

2012 年 5 月 10 日　晴朗

下午，中国少年先锋队纳古中心小学第三次代表大会隆重召开。出席本次大会的有市、县、镇各级相关领导，各乡镇学校校长、总辅导员，我校领导、教师和学生代表、列席代表共 400 余人。

大会在辅导员、少先队员代表激情洋溢的献词声中拉开序幕，第一项议程是四街中心学校总辅导员郑静虹老师致贺词，接着团县委副书记唐雅馨致辞。第二项议程是学校总辅导员何文平老师代表上届工作委员会作工作报告。第三项议程是孙建勇副校长代表学校对本次大会收到的提案做了非常详细的答复，每一位代表都深刻地感受到自己就是广大队员的小话筒，能够代表大家向学校甚至向社会传达自己心中的疑问和想法，更加感受到了少先队阵地的重要性。第四项议程是选举产生新一届大队委，一条杠杠是一份责任，也是一份信任，未来的日子他们将担负比别的队员更多的责任和义务。当选的新一届大队长纳羽贝还做了精彩的就职演讲。衷心祝愿他们在今后的学习、生活和工作中，用自己的实际行动践行自己的承诺，做一名出色的接班人。第五项议程是对上一学年的优秀辅导员、少先队小干部、少先队员进行表彰。接着学校党支部副书记纳文群老师对全校少先队员寄予殷切希望。大会在玉溪市总辅导员徐吟鹂老师的嘱托声中圆满落幕。

中国少年先锋队纳古中心小学第三次代表大会在所有的领导、老师和队员的共同努力下圆满成功。

2012年5月11日

眼下很多孩子对外来饮食信手拈来，对自己家乡的饮食文化却不甚了解；大多数小孩娇生惯养，能烧煮的不多。此次活动是在孩子经过一个多星期的调查了解纳古饮食文化、学习家乡特色小吃的做法后开展的。

今天队员们不但自己买了食材，而且烧煮功夫也不错，不信你来看看！在教室里，电磁炉一摆，锅一放，做起菜来是有模有样。有的班级炸洋芋，有的班级包饺子，有的班级煮汤圆……孩子们分工合作，没多长时间新鲜的美食就出炉了。每个中队还做了一个别样的水果拼盘。面对自己辛勤劳动的果实，孩子们吃得是分外的香。最后孩子们还参观了各中队展出的作品。

通过此次活动，孩子们在了解家乡饮食文化、自己制作美食、品尝、欣赏美食的同时，增长了见识，提高了动手、动脑与合作的能力。

2012年5月12日

纳古镇残联以助残日为契机，看望慰问残疾人5名，发放慰问金4900元；与纳古中心小学联合开展"敬老助残"活动，近90名师生分成10个小组，到10户孤寡、残疾、重病人家里看望、帮助他们，学校给老人们送去价值约50元的慰问品，学生和老师们来到残疾人和孤寡老人家中，与残疾人和孤寡老人亲切交谈，给他们送去了一份欢乐！大家在帮助残疾人的过程中,既培育了关心他人、扶助弱者的爱心,同时又是一次社会道德和拼搏精神的自我教育!

2012 年 5 月 15 日

随着生活水平的日益提高,纳古群众的全民健身方式也逐渐出现多元化。人们已不再满足于篮球、乒乓球等传统健身项目,自行车、武术等健身项目日益成为群众喜爱的健身方式。

今年 2 月成立的纳古武术培训中心,近 3 个月时间就吸收学员 50 余名(其中少儿 31 人、成人 20 余人)。武术培训逐渐受到人们的青睐,练武也成为纳古群众一种健康的生活方式。

2012 年 5 月 16 日

县委副书记赵汉英率新农办一行,对纳古五组新农村建设项目进行督查。

纳古中心小学举行了第一届"希望之星"英语口语大赛。大赛分成 A、B 两个参赛组,A 组为三、四年级学生,B 组为五、六年级学生。

大赛共吸引 40 名学生积极参与,分别角逐 A、B 两组一、二、三等奖。

2012 年 5 月 17 日

由镇综治办牵头,公安、计生、司法等部门积极参与的流动人口均等化服务宣传活动全面展开。

活动主要针对外来流动人口,并以宣传计生政策法规、优生优育、生殖健康以及法律服务等知识为重点,通过宣传,以达到增强流动人口的信任感与归属感,实现宣教服务均等化的目的。宣传活动共发放各类宣传材料 2300 多份、安全套 3500 多只。

2012年5月18日

纳古中心小学举行"中华魂"理想点亮人生读书活动启动仪式。玉溪市关工委学校组组长施美凤、副组长饶佐、徐吟鹂、玉溪市教育局关工委秘书长李万民、通海县关工委主任王传益、副主任解宝祥、纳古镇纪委书记、关工委主任马燕妮、纳古镇关工委常务副主任马存凤及学校的相关领导和五年级学生共400余人参加了启动仪式。

在启动仪式上,玉溪市关工委学校组副组长徐吟鹂、通海县关工委副主任解宝祥都对孩子们读书提出了殷切希望。

学生代表马瑞良、李雪莹带领全体同学宣誓,一定养成爱读书的好习惯。纳古镇纪委书记、关工委主任马燕妮就"中华魂"读书活动做了情况介绍。孙建勇副校长对孩子们提出了读书的要求。杨水晶老师和马思瑶同学代表全体师生发言,向关爱青少年健康成长的关工委的领导同志们表示感谢,立志要多读书、读好书,为构建和谐社会而努力奋斗。

活动在给同学分发全国"中华魂"主题教育活动用书——小学生读本《理想点亮人生》中圆满结束。

2012年5月19日

纳古读书交流会第二期如期举行了,在上一期的交流活动中,我们一起回顾了一段"永昌往事"。今天有幸邀请到了纳古镇的人大代表马恒骧教亲,到这里和大家分享我们纳古的话题"以和为贵——纳古人的生存理念",一起学习、探讨我们纳古人民的历史和人生。他的讲稿如下:

多年来,纳古经济发展、民族团结、社会和谐、宗教和顺。因此,自20世纪80年代以来,国内外兴起了一股研究纳古的热潮,有外国政要、专家学者、大学教授、新闻记者、宗教人士、平民百姓,值得一提的是,伊朗副总统、乌兹别克斯坦大使、美国哈佛大学教授李普曼、杜维明以及程德淦、高发元、杨怀中、李兴华、胡振华、井晓晴、纳家骅等都到纳古进行过考察和研究。

2012年5月20日

纳古镇积极发动干部职工开展抗旱救灾献爱心活动，并将6700元捐款及时送交县社会捐助接收工作站。

通海自2009年遭受百年一遇的严重旱灾以来，持续干旱少雨，干旱范围之广、历时之长、程度之深、损失之重历史罕见。当前，旱情仍在持续，灾情仍在加重，全县水资源短缺矛盾日益突出，工农业生产、群众生活和森林防火面临着前所未有的困难。

为发挥"一方有难、八方支助"的传统美德，我镇积极响应县委的号召，及时组织干部职工开展献爱心捐款活动。同时，号召各位职工从节约每一滴水、节约每一度电做起，并以自己的实际行动影响身边的人，以提高抗旱救灾全民参与的意识，最终夺取抗旱救灾的胜利。

2012年5月21日

自2009年以来，由于通海持续干旱少雨，水资源短缺矛盾进一步加剧。面对持续和不断加剧的严重旱情，县委、县政府发出了动员一切社会力量，开展抗旱捐款的号召，要求全县各级各部门积极行动起来，把"抗大旱、保民生、保春耕、保稳定"作为压倒一切的中心工作，充分发扬中华民族"一方有难、八方支援"的传统美德，积极行动起来，伸出援助之手，用爱心帮助受灾群众抗击旱灾、渡过难关。

纳古企业勇于承担社会责任，积极响应县委、县政府的号召，纳古连铸公司、穆光公司等11户企业踊跃为全县的抗旱救灾工作捐款80余万元，为全县应急提水抗旱救灾工作作出了应有的贡献。

2012年5月31日

纳古镇特色小镇规划在云南省科技厅通过省级评审。

据悉，全省共计210家申报特色小镇。纳古作为其中之一通过评审，充分说明纳古近年来小城镇建设取得的成绩得到了各级认可。同时，纳古特色小镇规划将促使下一步城镇建设做到有章可循,并对加快纳古小城镇建设步伐起到积极的推动作用。

2012年6月1日

今天是六一儿童节,纳古学校在5月底就开展了很多以"六一"为主题的活动。

为了丰富少先队员的课余生活,展现当代队员们的自我风采,提高队员们的综合素质,在2012年6月1日国际儿童节到来之际,通海县纳古中心小学隆重举行了"多彩校园 欢乐童年"庆六一活动。纳古镇妇联主席纳蕊媛、纳古镇关工委常务副主任马存凤以及学校领导参加了开幕式。

上午8—10点是资助贫困学生和表彰会。会上孙建勇副校长向全体少先队员致节日贺词,接着大队长纳羽贝代表全校小朋友发言,然后由纳古镇妇联、关工委和学校资助贫困、残疾学生39人;最后表彰了46名优秀班干部、230名优秀学生、230名进步生以及92名优秀家长、7名优秀播音员。

下午4—5点班级联欢。在同学和老师的精心布置下充满了节日喜气的教室里,孩子们载歌载舞、畅所欲言,他们笑得像花儿一样灿烂。

活动在孩子们欢快的笑声中结束,带着老师们的祝福,纳古中心小学的全体少先队员兴高采烈地度过了一次难忘的"六一"儿童节。下午,学生们带着满心的微笑和自己辛勤换取的礼品回家了。又是一个让孩子们难以忘怀的"六一"节!

纳古镇政府和纳家营清真寺联合通知,需要拆除纳古镇海埂路左右两边的部分建筑,为了下一步的改扩建做准备。

2012年6月2日

纳古镇"伊友读书会"主办、云大调研基地协办的读书交流活动开展第三期,主讲人叫刘畅。

刘畅20世纪70年代出生，毕业于西南交通大学。在国有企业从事宣传工作多年，后在北京创办广告公司，从业10年。

2012年6月3日

2012年纳古镇卫生费收缴告知书

纳古镇各位居民、各企事业单位：

纳古镇位于通海县西北部，距县城14公里，总面积12平方公里，由纳家营、古城、三家村3个自然村和7个村民小组组成，常住人口8724人，是一个以回族为主体民族的建制镇。纳古镇主要以发展个私经济为主，全镇共有个私企业736户，其中工业企业356户。在纳古镇务工、生活的外来流动人口达13000余人，县内其他乡镇来纳古务工人员也有3000余人，如此一来，在纳古镇真正的居住人口在2万余人。

2012年，随着人口的日益增长，生活垃圾也在逐渐地增多。为了维护纳古的环境卫生，投入了大量的人力、物力。显而易见，纳古环境卫生维持压力也随之加大。2011年纳古镇政府加强环卫工作，投入资金35万元，建盖垃圾堆放点4个，并加大街道清扫和垃圾清运力度，清运垃圾1万余吨，保持了街面的整洁。2011年，居民和企业共计交垃圾费128200元；支付环卫工人工资97200元，支付垃圾清运车费用216000元；资金缺口185000元，缺口由镇政府多方筹措，补贴投入。

由于2011年度卫生维护费入不敷出，收缴标准低且收缴难度大，加之今年纳古镇政府财力吃紧，无力垫付更多的额外经费，2012年过来的5个月，镇政府已经拖欠了环卫工人工资和垃圾清运车的运输费用共计13万元左右。为此，纳古镇于5月21日召开党政班子会议，研究决定，2012年度居民卫生费的收缴标准由原来的每人10元/年，变更为每人20元/年。请各位居民、各企事业单位积极配合。

通海县纳古镇人民政府
2012年5月23日

2012年6月4日

2012年6月4日上午10时，纳古镇召开了就海埂路拆迁的专题说明会，参会的人员有纳古镇党政领导、纳家营清真寺管委会成员、纳古六组、七组领导及部分群众共60余人。会上，六组的部分群众、组干部、七组干部先后阐述各自的观点，纳家营清真寺管事、纳古镇人大主席、镇长、书记对拆迁的事项进行了说明。

参会群众认为：修路是关乎民生，加快纳古城镇化发展的有力举措，只要修路能做到公平、合理，大家都表示全力支持。

镇领导及清真寺管事对拆迁事项进行说明：有人发帖说强拆六队海埂路左侧汉人的房屋是不存在的。目前，镇政府、清真寺、六组、七组正组建工作组开展摸底工作，通过摸底，第一步将对道路沿线违法建盖且没有合法手续的建筑物进行动员拆除；第二步根据纳古镇的规划，拆除违章建筑物后，根据道路的现状，在征求意见的基础上科学确定道路的修建方案，到时如需拆迁，再确定拆迁范围。

大家一致认为：纳古是一个回、汉杂居的乡镇，民族间互相尊重具有优良的传统，误会是来源于对情况的不了解，下一步道路修建过程中，镇领导、清真寺、六组、七组及部分群众将全程参与见证，共同协商，共同努力，并全力做好宣传发动工作，以保证修路这一民生工程的顺利推进。

2012年6月5日

中午，纳古镇卫生院通知：纳古镇村民小组（农村户口）患有糖尿病和高血压慢性病的村民，到纳古卫生院慢性病科室办理相应的手续。

2012年6月6日

6月6—8日，全友在纳古镇片区内开展免费上门维修活动。纳古镇购买全友家私，登记在册的有2000余户，还有没有登记过的和一户人家里面多次购买的。

他们这个活动很有意义。

2012年6月8日

趣谈纳古的宴请。本人经多年的亲身观察体验，自我归纳了纳古宴请的五个特点：挤、快、多、累、俭。

先从挤说起。也许你认为，宴请就是要挤，挤才热闹呢！但如果你亲身经历一次纳古的宴请后，你会由衷地发出惊叹：原来做客也可以这么挤！纳古的宴请大多是在自己家里进行，家小或客人多的就借邻居的房子摆放客宴桌椅，客少一点的摆二三十张，多一点的摆近50张桌子。客人的数目少则一两百桌，多则四五百桌。客人大多集中在一个时间段赶来，早上集中在8点左右，中午集中在"撒申"前后。这么多客人一起涌来，人多桌子少，只有少部分客人能坐到桌子，其余的就只能等下一轮了。于是，院子里、走道上、阳台上，甚至新房里都站满等饭吃的客人。最令人佩服的是坐着的客人才刚开饭，饭桌周围就很积极地围满了一圈候补客人，等待着下一轮的到来。你坐着、我站着，你吃着、我瞪着，你还敢细嚼慢咽吗？在这种情况下，谦让的道德也受到很大的考验，功力深厚一点的仍能先人后己，功力弱一点的就争先恐后了！不过还好，本地客人总会谦让外地客人，年轻人总会让老人、小孩先坐。

接着说快。一轮饭的时间是多少？我们可以取个中数来算，摆桌子40张，总桌数250桌，每张桌子约有6次接待任务，而总的宴请时间基本上不超过150分钟，这么一算，每轮就餐时间约为25分钟，再除去洗碗筷和上菜的时间，客人实际吃饭时间仅十多分钟，这哪是做客，简直是打仗嘛！所以，纳古的宴请都是用汤泡着饭吃，以保证速度。饭量小一点的，一两碗，不紧不慢，还能保持住风度；饭量大一点的，四五碗，那就是快刀斩乱麻，飞流直下三千尺了！

第三说多。一是吃请多。讨媳妇、嫁女要大操大办，之前还有吃茶、过门、会亲，生小孩还要酬祝米客，要有3个子女以上，那可够闹腾几年了！盖房子要请，长辈归真了要做三日五七、周年，甚至病好出院了也要请！每年10月至次年3月，是宴请的高峰期，客事多的人家，长月不用生火煮饭，可"人亲"倒是一笔不小的开支。唉！唯有感叹，做人难哪！光请客这一副担子就够你挑一辈子了。还好，近几年清真寺下了命令，简化取消了部分宴请，可谓大得民心。二是客人多。七八千人的小镇倒有五六成是亲戚，加上朋友、同学、同事、同行，客人想少也难，这一请客，能撂下谁哪？一忙乎，把人家请落了，说你是小瞧人，宁肯请多也不能请漏了！凡请客就难免要得罪人，真是头疼！三是肉食多。宴请大多是"人亲饭"，如今生活水平好了，客人大多是50元、100的送来，饭菜总不能太寒酸吧？于是，萝卜换干巴，豆腐换腰果，鸡、鸭、鱼肉样样有，"八大碗"差不多成"肉八碗"了！嘿，管它呢，豁出去了，大不了就是血脂高、血脂稠！

  还用我说吗？这样的宴请就一个字"累"。最累的是主人家，提前几天就要打客单、发请帖、计算饭菜用量、买米、买菜、腾出房屋摆放桌椅、准备各种厨具家私、请人帮忙等，还要买些糖果、饮料，送点手巾、袜子之类的小礼物给帮忙的人，以表谢意。请客当天则要忙着招呼潮水般涌来的客人，接人亲，送人亲菜，唯恐招呼不周。客事结束了，拖着一副体力、脑力都已极端透支的身体，面对一片狼藉的战场，心底里油然而生两个字——"心烂"！怎么也体会不到"人逢喜事精神爽"的美好！帮忙的人也累，今天亲戚讨媳妇、明天邻居嫁女、后天朋友酬祝米客，这次切菜、下次炒菜、再下次"相帮"，练就了一身好武艺，都可以去开饭馆了！小一些的客事，可以承包给饭馆去张罗，轻松多了！稍大点的客事饭馆接不了，怎么办？还是三组想得周到，在组上建一个公共宴请的餐厅，各种用具准备齐全，村民的大小客事都可以在此举办，省了很多事，至少村民们不再"心烂"了！一时间，其他各小组纷纷效仿学习，想办法集资建盖民心工程！

以上的付出是有回报的,那就是"俭"。节俭、不浪费是回族宴请的优良传统。"八碗菜",除了咸菜是客人自己动筷外,其余的菜都由"相帮"人员用勺子送到每个客人碗里,客人的筷子一点接触不到,绝对的清洁卫生。这一轮的客人就餐完毕,桌上的剩菜一律由抬菜人员用托盘撤回厨房,加热添满后再抬给下一轮客人。客人是从来不兴剩饭菜的,这一点每一个人都心知肚明,并自觉践行,几百桌客下来,你找不到一点被倒掉的剩饭菜。如果计算适当的话,宴请结束后,剩余的饭菜也很少,即使剩余多一点,也不用急,主人家会将这些饭菜分给帮忙的人或是送到清真寺给学生。所以,纳古的宴请,不论规模大小,都不会有一碗饭、一勺菜被浪费!

朋友,说了这么多,不知你对纳古的宴请是产生了恐惧还是兴趣?有机会欢迎亲身一试!

2012 年 6 月 9 日

应能阿訇,国外游历数年,曾任瑞丽清真寺教长,曾任职于甸百亩中阿女校(师生评价:诙谐风趣),日前携侄子辗转巴基斯坦、孟加拉国归国。

2012 年 6 月 10 日

纳古镇召开"中穆网"纳古社区管理人员座谈会。镇党政领导、清真寺管理人员和社区各位版主围绕网站发展方向、管理模式及宣传重点进行交流发言。

大家认为:"中穆网"纳古社区自 2009 年成立以来,为宣传纳古、促进政府工作和群众的交流学习发挥了积极的作用。下一步,政府、清真寺将与各位管理人员定期进行交流,互通信息,并充分发挥网站的作用,积极加强对纳古民族宗教文化、工业发展及城镇建设等方面的宣传报道,以树立纳古经济发展、民族团结、社会和谐的良好形象。同时,相关人员将加强对网站的管理，并按照公开、透明的原则切实做好网络的舆论引导，杜绝网络谣言及各种不实信息的传播。

2012年6月11日

我镇自2011年成立企业联合工会以来，工会为完善企业管理制度，协调劳动关系，切实维护职工合法权益，促进企业健康发展起到了积极的作用。

为进一步扩大工会的覆盖面，积极吸收私营企业员工加入工会组织，近日，我镇召开了专题会议。对今年计划吸收到工会组织的61户私营企业进行摸底，并及时安排5个工作组深入企业，要求切实做好宣传发动和会员登记工作，保证预期目标任务的圆满完成。

禁毒法规知识和防艾知识继续在纳家营清真寺和古城清真寺同时开讲。此为增强回族青少年法律知识和法制意识的创举在纳古走过了18个春秋。

自1994年县司法局、镇党委政府、清真寺研究，决定在全镇两所清真寺开设法制教育课至今，县相关部门已累计上课213天、852课时，受教育学生达93750人次。

"法进清真寺"作为少数民族地区别具特色的法制宣传教育途径，其宣传的效果和所取得的成绩受到各级的肯定和全镇人民群众的欢迎，为促进地方经济发展、民族团结、宗教和顺发挥了积极的作用。

2012年6月18日

为增强商会的凝聚力和向心力，进一步展示纳古商会的整体形象，针对目前纳古商会人事变动及部分执委履职不力等原因，纳古镇召开党政班子会议，并研究决定于近期对商会进行换届选举。

为保证换届切实取得实效，镇党委成立了领导小组，并依据《中华全国工商业联合会章程》之规定，将通过宣传发动、推荐候选人、资格审查和大会选举等步骤依法组织实施。目的是真正把拥护党的领导、自觉遵守国家法律法规和商会章程、积极参与商会工作、切实维护商会利益、具有团结协作和奉献精神以及较强经济实力的人士推选出来。

2012年6月19日

上午我镇全体干部职工共30余人来到古城取水点旁参加义务植树活动。根据造林地块是陡箐、破箐、石漠化区的实际，以及适地、适树原则，点播车桑子8亩。

这次活动，提高了我镇广大干部职工植树造林和保护生态环境的意识，此次活动也是学习杨善洲精神的体现。

2012年6月21日

为消除企业安全隐患，促进企业安全生产，我镇在月初全面启动"安全生产月"活动以来，通过制定切实可行的方案和做好各项宣传工作，已取得了阶段性成效。目前，全镇各检查组正深入企业开展安全生产大检查，以排除隐患，保证企业安全措施落到实处。

纳古镇的领导被分成8个组，数百家厂矿企业，分配给这8个组。领导带领各自的干部职工，深入厂矿车间，进行生产安全检查。

2012年6月22日

纳家营伊斯兰文化学院是由纳家营清真寺主办，为进一步改善学院教学条件，纳家营清真寺决定选址重建文化学院。目前，已完成选址及土地的平整等工作，一期工程正紧张施工中。

2012年6月23日

纳古读书交流会第七期讲座成功举行，共30余名读者参加。

纳超宏博士作了题为《浅谈教育与学习》的专题讲座。纳博士结合自己多年对教育事业的关注及自身经历，通过对比介绍国内外从幼儿到大学教育的状况，分析了当前教育的特点。同时，针对纳古实际提出了加强伊斯兰文化教育的思路，并与各位读者进行讨论交流。

纳超宏是纳古镇的第二位博士，曾在复旦大学、清华大学研修教学；曾任香港中文大学商学院助理研究员、Aarhus大学商学院高级访问学者。由于纳博士博学多才，以及他精彩的讲座赢得了大家的好评，结束之时，大家意犹未尽，普遍感受到了一次心灵的洗礼。

2012年6月24日

纳超宏先生博学多识，本期的交流会上，他将结合自己历年对教育事业的关注及自身经历，与大家交流自己感受到的中国发达地区和西部落后地区、中外教育的几点差异，家庭教育与国民教育的功能。另外结合自己、学生及其社会工作人员的一些学习方法和情况做一些交流。如果有可能还将针对高考志愿及学生未来规划做一点交流。

越来越临近的斋月，伴随着越来越炎热的天气，纳古读书交流会即将开展第七期，这是交流会里程碑的一期——新地点搬迁到由政府提供的多媒体报告厅，大大改善了交流环境，参与的各位不用再拥挤在低矮、闷热的图书室，多媒体操作系统也较此前的更加专业。而这一期交流会更是得到纳古高端人才奥斯曼先生的支持，届时他将到场与各位见面、交流，共同学习。让我们拭目以待吧！纳古读书交流会是纳古的！是大家的，希望更多的同胞加入这里，求知的路、振兴的路，我们一起走！

2012年6月25日

今天上午10点30分，纳古镇第四届人大召开主席团第18次会议，主席团成员出席会议，镇党委李副书记、纳古派出所前任和现任所长等人列席会议。

会议有两个议程：一是马恒骧主席带领大家学习了《云南省乡镇人

民代表大会主席团工作条例》部分法律法规，学习了《云南人大》2012年第五期刊登的文章《用心用情联系人民群众，认真履行代表职责》（作者：省人大代表、昆明市人大代表、市伊协会长、迤西公清真寺教长代俊峰），马主席语重心长地对在座的每一位讲道，"做人大代表一天，就要为群众服务一天，向代俊峰学习，用心、用情联系人民群众，为人民实实在在的办事"；二是人事任免。

2012年6月26日

在"6·26"国际禁毒日之际，纳古镇在人口最集中的纳家营清真寺大门前举行了一次以禁毒为主题的大规模宣传教育活动。

本次禁毒宣传活动除了展出展板、发放宣传材料外，与以往不同的是向群众展示了真实的毒品样品：冰毒（俗称"小麻"）、海洛因及吸毒者自制的各种吸毒用具。群众纷纷前来观看、咨询，民警耐心、详细地讲述，广大群众对毒品有了更形象、更具体的了解。

同时，镇综治办、派出所、司法所、计生所、卫生院等部门共同参与，发放预防艾滋病、流动人口均等化服务、防范邪教、交通安全以及计划生育等各种宣传材料10000余份。

2012年6月27日

纳古镇党委再添一名新成员——云南天方食品有限公司挂牌成立党支部，为纳古镇的基层组织增添了新力量，注入了新活力。县委组织部、镇党委有关人员以及企业负责人、企业党员参加了挂牌仪式。

云南天方食品有限公司创立于1998年，主要生产"马老表"牌方便过桥米线（卷粉）系列产品，现有职工355人，其中各类技术人员42人，是一家集研发、生产、销售为一体的清真食品企业。公司连续被国家民委、财政部、人民银行认定为"十五""十一五"期间中国少数民族特需商品定点生产企业。经过前期纳古镇详细的党建工作调查了解，云南天方食品有限公司有党员3名，但因为其中两名党员是亲属关系，成立党支部的条件尚不完善，通过沟通及努力，2012年6月，天方食品有限公司经过非公企业联合党支部发展了5名党员，现共有党员8名，都具有很高的党性和觉悟，都希望成立党组织，借党组织这个平台来加强学习和沟通，加强党员之间的凝聚力，共同为企业的发展出谋献策。经过纳古镇党委的牵线组织及企业主的大力支持，经过一段时间周详的准备，于今天在公司举行了挂牌揭幕仪式。

县委组织部副部长钱忠俊同志从"感谢、希望、祝愿"三个方面做了重要讲话。镇党委书记张兴友同志提出了三点意见：一是统一思想，提高认识，高度重视非公企业党组织建设与时俱进；二是协调联动，强力推动非公企业党建工作；三是以"促发展、保稳定、构和谐"为目标，强化服务，努力提高非公企业党建工作整体水平。

近年来，随着经济社会的快速发展，我县纳古镇成为吸食新型合成毒品的重灾区，这引起了县禁毒委、镇党委、政府和清真寺的高度重视。为了扩大纳古镇广大人民群众对新型合成毒品危害的认识，从根本上有效预防新型合成毒品的蔓延，通海县禁毒办经过精心的组织和准备，联合纳古镇镇政府、纳古派出所、纳古司法所、清真寺管委会等于6月27日在纳古镇街道、学校、工厂集中开展新型合成毒品预防宣传活动。

宣传活动采取摆放毒品实物、展出禁毒展板、讲解员讲解毒品相关知识、开设讲座、发放宣传手册等方式进行。现场禁毒宣传氛围浓厚，前来观看的群众、企业工人、学生有上千人，宣传活动得到了纳古镇广大人民群众的一致好评。

2012年6月28日

云南天方食品有限公司是我镇唯一一家连续10年参加"昆交会"的企业。今年，该公司共申请特装展位4个，派出28名工作人员负责参展，会展期间，参观购买的人群络绎不绝，并有数十家企业咨询过该公司产品，部分达成合作意向。

该公司充分利用"昆交会"这一平台，通过宣传产品展示了企业形象，切实扩大了企业知名度，并逐步在北京、上海、广州等国内大部分城市建立了稳定的销售市场，使产品打开了销路。同时，"昆交会"上既有普通消费者，也有高端的国际经销商，公司产品通过在昆交会上进行展示，取得了十分广泛的宣传效果，为拓展国际市场打下了坚实的基础。

2012年6月29日

纳古镇"安全生产月"活动取得成效。

一年一度的6月"安全生产月"活动是我镇的一项重要安全生产工作，按照各级政府和安监部门的安排部署，我镇动员全体领导和干部职工组成工作组，并结合安全生产大检查、安全生产隐患排查治理专项行动、打非治违专项行动等工作，在全镇掀起了"人人讲安全、户户创平安"的热潮。

为保障此次活动的顺利开展，我镇及时成立了由镇长任组长的领导小组，并组成8个工作组，分别负责宣传教育、安全检查、资料报送等工作。截至月底，共出动人员150余人次，悬挂布标4幅，张贴宣传标语40条，发放宣传材料近200份，检查企业33户，排查安全隐患91项。经过1个月的共同努力，我镇安全生产工作取得良好成效。

2012年6月30日

今天，纳古镇"伊友读书会"的例行讲座交流来了次创新。去了澄江，议程很有意思。昆明社区、玉溪社区和纳古社区3个社区联合，去澄江。

以下是伊友读书会的邀约帖子，很有意思的，写得很有才情。

热情似火且活力四射的6月，正是我们尽情释放激情和追逐梦想的好时机，穆斯林志愿者们期盼已久的社区关爱活动也扬帆待发。此次活动由玉溪社区与纳古社区共同策划组织，希望两个社区来一次亲密接触和互动——携手走进澄江，延续关爱活动。

"公益＋游玩"的第一次澄江志愿者关爱活动，得到广大参与者的支持和肯定，同时影响了受访的华光村以及下左所的穆斯林群众。探访前听说当地的意识淡化，村子里多为留守的老人，带着大家"信道而且行善"的举意，"一袋米＋一桶油"分5组的探望活动有序进行。通过活动，人与人的心贴得更近了，关系更加融洽和谐，这正是我们所想要看到的。

澄江回族的总数不少，分布也比较广，第一次的两个村子仅是我们活动的第一站，希望延续活动。于是，这第二次探访的计划也就应运而生了。在澄江志愿者"草哥"的积极联系下，收集到了另两个澄江回族聚居的村落——右所大营村和毛营村的信息。毛营村有300多名回族，多以农业为主，相互联络和关爱的机会很少。右所大营本有500多名回族，贫困和留守老人现象也很突出。"草哥"代表我们穆斯林志愿者表达了走访探望的意愿，均受到当地阿訇的欢迎，希望通过活动能带给村民关爱和感动。

我们将秉承"公益＋游玩"的活动宗旨，"一袋米＋一桶油"，与纳古社区共携手，让关爱继续。游玩部分，地点在大树（海门桥与阳光海岸之间的湖边），尽情享受美景，划船、野餐（由纳古社区联系安排，一起准备好吃的铜锅饭，干巴丝焖饭，还有纳古特别准备的羊肉哦），同时进行由纳古社区主办的读书交流活动之《浅谈世界传统文明未来的走向·欧麦尔》。

线路描述：

1. 7:30 从集合地出发，玉溪纳古社区活动报名者分别在指定集合点集合，并在澄江碰头。

2. 10:00—11:00 探访右所大营清真寺，分组进行关爱活动。

3. 11:00—12:00 探访毛营清真寺，分组进行关爱活动。

4. 12:20—13:00 关爱活动结束，志愿者品尝澄江小卷粉。

5. 14:00—15:30 在大树游玩（在海门桥与阳光海岸之间的湖边）

6. 15:30—17:30 准备聚餐，并举办读书交流活动。

7. 18:00 活动结束。

听说，这次活动很成功！

2012年7月1日

纳古中心小学百年庆典倡议书

尊敬的纳古乡亲、纳古学校校友及热心纳古教育的先生、女士们：

你们好！2013年，纳古中心小学将迎来她的百年华诞。回首百年，瞻望未来，我们不禁心潮澎湃、感慨万千！为弘扬传统，再创辉煌，明年我们将举办百年庆典系列活动。相聚母校，追寻青春，感念师恩，共襄盛典，这是广大校友的心愿，也是母校的殷殷期盼。我们为母校而荣，我们为母校而庆。百年校庆将是纳古发展史上的一个里程碑，也会是所有纳古人光荣与梦想的盛典。

纳古百年华诞，纳古人皆翘首企盼。每一位曾在校学习或工作过的，都不会忘怀那温馨、静谧的校园生活、那如火如荼的求知岁月，都不会忘怀那恩重如山的师恩和情真意切的同窗。作为有幸目睹这一历史时刻来临的纳古学子，我们能为母校做些什么呢？纳古百年校庆筹备组成员号召所有纳古学子，发挥每一个人的能量，积极投身和参与到校庆的各项活动中，为纳古百年校庆"献一份礼物，出一个点子，办一件实事"。为表达学子对母校的热爱，让我们每一个纳古人，以更直接和实际的行动参与到支持校庆的活动中，在母校华诞盛典即将到来之际，我们提出如下倡议：

1. 凡知道明年纳古百年校庆的人，都要积极做好宣传工作，使更多的人关注这一盛事。

2. 从知晓庆典的一刻起，做好有关纳古学校资料的收集工作，无论图片、照片，还是相关文物、文字介绍等都行。

3. 庆典是所有热心纳古学校的事，我们要积极投身进来，争取"献一份礼物，出一个点子，办一件实事"。让我们朝着一个共同的目标行动起来吧！

4. 纳古镇文化教育服务中心、《纳家营》编辑部、纳古社区、纳古志愿者、伊友读书会、纳古学校等有关人员会将每一位收集整理到的文本资料或电子信息，或者手稿、录音等材料收好、保管好，等庆典后有需要的会一一返还本人。我们将制作庆典的书籍、画册、DVD等，也会首先送给贡献资料的人。

我们谨向每一位关心与支持校庆工作的师生员工表示衷心的感谢！拿出你的一分热忱，奉献你的一点心意，为母校百年华诞出一份力，尽一份情。百年校庆将因你的参与和贡献而更精彩！

联系人员名单（排名不分先后，人员将陆续增加）：

程建秋　纳立凡　马恒骧　纳顺生　纳恒鹏　马俊航　周乔伟　纳宇娇
纳文冬　马吉锦　纳杰明　纳超鸿　纳鹏杰　纳继锋　纳鼎　纳文琪
纳继坤　纳继昌　纳伟　纳跃滔　纳继云　马婉静　纳恒林　纳月
纳文群　纳世清　纳顺坤　鲁燕标　马杰修　马灿敏　马有容　马跃龙

2012年7月4日

今天是"白拉特夜"，意思就是辞旧迎新，换"卷本"。总结自己一年的是非对错，对的坚持，不对的就忏悔、悔过。另外，还要礼求"衣禄""安康""伊玛尼"等共计十二拜。

还有一个很有意思的信息就是，以前这样的节日，各家各户会做"油香"——很多馅儿的，绿豆沙、红豆沙、红薯沙的，也有直接麦面的油香。但是现在已经不在家做了，经济观念很强的纳古，已经有商家直接在纳家营清真寺门口摆摊设点卖"油香"。

2012年7月5日

上午9点,纳古镇2012年工业经济暨安全生产工作会在政府六楼大会议室召开。县安监局、工信局、镇党政领导、镇安委会成员单位和全镇100余户企业负责人参加了会议。

会议由纳立凡副镇长主持。按照议程,第一项议程由镇党委副书记李刚宣读镇党委、政府对财源贡献奖和安全生产企业的表彰决定,并进行颁奖;第二项议程纳锦斋镇长作了《迎难而上合力攻坚,奋力推动纳古工业经济迈上新台阶》的报告;第三项议程是由连铸工贸公司、玉通钢铁公司、大白龙工贸公司等5户企业代表上台签订2012年《安全生产责任书》;随后县工信局沐华斌局长从经济发展形势、国家经济和产业政策、规范企业管理等方面作了讲话;安监局杨永云副局长从全县安全生产形势、安全生产责任落实、安全隐患防范、安全事故案例和安全管理创新确保安全生产等方面作了讲话;最后镇党委书记张兴友针对目前经济形势从纳古钢铁工业发展现状、应对策略和探索企业经营发展模式、高度重视安全生产工作等方面作了重要讲话。

本次会议,签订《安全生产责任书》近100份,发放宣传材料100余份。会议的及时召开,对如何加快我镇工业经济发展、推进工业化进程、确保我镇安全生产形势持续稳定好转做了全面的部署。

2012年7月6日

今天主麻,纳古镇有3个"埋体",主麻后送了两个,下午底盖尔的时刻送了一个。

7月6日,纳古镇召开"农转城"工作动员会。纳古农转城领导小组成员、各村民小组领导计30余人参加会议。

会议传达了县"农转城"的相关政策,并就群众关心的土地承包、计划生育等政策进行了解答。会议要求各村民小组会后一定加大宣传力度,保证将这一惠农政策传达到群众中,落实到行动上,让群众感受到政策的好处。

2012 年 7 月 7 日

云南著名书法家董立章、霍春华应邀到纳古，为纳古青少年书法培训班授课。两位书法家结合自身的经历，向各位青少年讲解了学习书法艺术应具备的素质，并提出坚持是学习书法的唯一途径。

纳古镇自今年 4 月成立青少年免费书法培训班以来，坚持每周授课，受到广大青少年及家长的好评。此次邀请书法家亲临授课，目的是进一步激发青少年学习书法艺术的热情，确保书法培训班取得实效。

2012 年 7 月 9 日

全镇干部职工观看了纪录片《毒海深渊》，进一步认识了合成毒品的危害，增强了拒毒防毒意识。

禁毒关键在于预防，预防的关键在于教育。青少年近年来成为毒品侵害的高危人群，主要是对毒品缺乏认知，被误导而走上不归路。我镇组织观看宣传片，目的也是提高各位干部职工对毒品危害的认识，从而并影响教育身边的青少年，使更多的人群远离毒品，珍爱生命，打赢这场全民禁毒战。

2012 年 7 月 10 日

"走节"期间，很多人家都在念经，请客吃饭。

2012 年 7 月 11 日

县纪委书记刘世伟深入纳古镇第一村民小组，对其"四群"工作联系的困难户进行走访，了解他们当前的生产、生活情况，对他们存在的困难进行帮助并为其解决。

随后，刘书记还深入田间，查看了纳古的烤烟长势，并对加强烤烟中耕管理提出要求。

2012年7月12日

团县委书记唐雅馨和工作人员一行到纳古镇，对2012年贷免扶补工作进行调查了解。纳古共有5名村民享受到此项政策，其中4名为农民工，1名为大学生。书记在会上一一听取了各人对自己创业情况的说明以及资金的使用打算，大家都踊跃参与，气氛热烈。书记也对他们提出了希望："认真对待来之不易的贷款，钱要用在刀刃上。"

共青团贷款旨在为青年朋友提供创业资金，使青年的技术和力量都用于创造各项财富，不要闲置在家，为家庭和社会带来负担，甚至还做出危害社会的事件。通过相互扶持的方式，使更多的青年人积聚到共青团的大家庭中，安稳工作，快乐生活，真正使贷免扶补的意义得以弘扬。

9时30分许，一名叫张学华的华宁籍男子被工友抬到纳古派出所报称：刚才其在纳古镇忠爱大街因口角纠纷，被一拉煤渣的驾驶员打伤腹部，现在疼痛难忍已无法行走。细心的接警民警发现张学华脸色苍白、表情痛苦，便立刻赶到纳古镇卫生院叫上医生拿了担架到派出所将张学华抬到纳古镇卫生院进行救治，经医生检查，张学华系脾脏破裂伴内出血，随时会死亡，要立即转院抢救。情况紧急，值班民警立即一边与通海县人民医院急救中心联系手术事宜，一边查找受害人张学华的亲属。经过民警尽力协调，医院答应可以在受害人经费不足的情况下先行救治，经医院及时进行手术抢救，现张学华已脱离生命危险，从而避免了该案升级成命案。目前，该案正在进一步侦查中。

2012年7月13日

自6月以来，纳古镇严格按照县政府、武装部的工作要求，认真开展民兵整组工作，已完成各项任务。并于7月5日开展了民兵点验，县武装部副部长刘上伟亲临现场观摩指导，肯定了纳古整组工作取得的成绩，对下一步的民兵工作提出意见。

通过整组工作的开展，进一步要求全体民兵不断加强日常训练，真正发挥民兵平时服务、急时应急、战时应战的作用，为地方社会经济发展服务。

2012 年 7 月 14 日

在一年一度的回族斋月即将来临之际，纳古志愿者多渠道筹资 66000 多元，购买大米和菜油对全镇所有村民小组及河西几个回族村的贫困群众进行慰问。此次慰问活动按户均一袋大米、一桶油进行发放，共发放大米 330 袋、菜油 330 瓶，涉及困难群众 330 户。

2012 年 7 月 15 日

文山巨成公司是我镇近期对外投资规模相对较大的企业，为准确了解当地投资环境及项目建设情况，7 月 12 日，我镇组织县级人大代表、政协委员驱车前往文山州砚山县进行实地考察。

此次考察，通过与当地主管的相关部门领导座谈、交流，并实地察看了项目在建情况，深入了解到当地党委、政府优越的招商引资环境，以及我镇企业家为当地发展贡献力量的决心和勇气。

近年来，镇党委、政府积极引导，鼓励企业实施"走出去"战略并取得了明显成效。与甘肃合伙投资的陇滇公司是我镇"走出去"的主要代表，昆明、红河、文山、临沧、西双版纳等都有我镇"走出去"的企业。实践证明，实施企业"走出去"战略，不仅能解决我镇企业用地、用电不足及原材料严重匮乏的问题，同时也是展示纳古企业家形象，加强纳古对外交往，正面宣传纳古的有效途径。

2012 年 7 月 16 日

今天，省委高校工委书记\省教育厅厅长罗崇敏，省教育厅副厅长罗嘉福、王建颖等领导一行到我县调研教育工作及教育改革发展情况。

罗崇敏一行首先来到纳古中心学校，与学校负责人亲切座谈，了解学校建设发展情况及发展中存在的困难。创建于 1913 年的纳古中心小学，至今已有近百年的建校历史。近 10 年来，学校在各级政府及社会各界的关心支持下，不断改善办学条件。目前，学校共有 57 个教学班，在校学生近 3000 人，其中外来务工子女占 71%，教职工 128 人。罗崇敏对纳古中心学校在民族教育中所做出的努力给予了充分肯定，并指出民族教育是国民教育的重要组成部分，是国家公平教育的重要体现，希望学校加强现代化管理，提高学校的管理水平，为振兴民族教育，促进民族团结和地方经济发展再新贡献。

随后，罗崇敏一行冒雨走进通海职业中学，察看了解该校的办学规模、办学特色、校园建设、学生就业及下一步的发展思路等情况。通海职中创建于 1983 年，是一所以烹饪为特色，融职业高中、函授本、专科，以及各种短期培训为一体的省级示范性中等职业技术学校。学校现占地近 30 亩，建校以来共培训学生 7600 多名，连续 4 年代表我省参加中等职业学校全国烹饪大赛摘金夺银，为我省争得了荣誉。

滂沱的大雨挡不住罗崇敏等领导关心通海教育的脚步。走进通海一中，绿树成荫、花香满园，一幅和谐的校园风景图呈现在罗崇敏一行人的眼中。罗崇敏实地察看了解了该校的建校历史、校风学风及校园建设情况，并走进教室与学生们亲切交谈，语重心长地勉励学生们要爱知识、爱智慧、爱真理，要自信、自爱、自尊。

我县县委书记张延明代表县委、县政府对省、市各级领导对通海教育的关心支持表示感谢，对罗崇敏厅长提出的希望和要求，通海县委、县政府会认真研究，采取措施，加以落实，努力把通海的教育教学质量提高到一个新的水平，努力推进通海"四个翻番""两个倍增"的目标实现，为建设宜居生态名县作出积极贡献。

国家宗教局三司马劲司长、中央统战部石处长等领导，在省、市、县统战、民宗等部门领导的陪同下到纳古，就纳古民族宗教工作进行调研。调研组在参观古城清真寺、纳家营清真寺后，与镇党政领导和宗教界人士一起参加了座谈会。

马司长一行在听取我镇工作情况汇报后，肯定了纳古工作的"三好"，即经济发展好、宗教建设好和民族团结好。同时，希望纳古把加强民族团结及宗教事务管理等方面好的经验和做法进行总结，并发扬光大。

马司长要求，教职人员在今后工作中，继续加强学习，进一步提高管理水平，并教育信教群众继续发扬爱国、爱教的传统，增强国家意识、大局意识和责任意识，争取利用现在的黄金时期，继续把教门发展好、经济建设好，促进社会更加和谐稳定。

2012 年 7 月 17 日

近期纳古镇辖区连续发生多起入室盗窃案件，此类案件严重危害了辖区群众的财产、人身安全，对纳古镇社会治安造成恶劣影响。纳古派出所领导高度重视，多次召开案情分析会，寻找该类案件发生的规律及特点，并结合派出所的实际情况开展了人防、技防和夜间巡逻等多项工作，其目的是力争当场抓获犯罪嫌疑人，消除社会影响，还纳古辖区一个平安、和谐、稳定的社会治安现象。

今天凌晨 3 时许，当时天正下着大雨，纳古派出所黄成彦所长带领民警巡逻至纳古镇振兴路时，细心的民警发现一辆银灰色长安之星面包车在前面缓慢行驶，该车号牌被遮挡，行迹极为可疑。因该路段路面较窄无法超越，民警立刻示意该车停车接受检查。但该车的驾驶员丝毫不理会民警的警示，加快了车速一直驾驶车辆向前飞奔。黄所长带领民警驾驶警车紧追该嫌疑车辆，当追至振兴路上段一弯道处时对面有一车辆相向行驶过来，该嫌疑车辆躲闪不及被逼进一巷道内被迫停车。经检查，车上发现一名可疑男子，该男子神色慌张，车内座位被放倒装有格子门六扇，当进一步询问六道格子门的来源时，该男子对此来源回答时含糊不清，民警遂将该名男子控制，并带回派出所进行进一步盘查。经盘查得知，驾驶车辆的男子名叫朱某某，30岁，通海县人，且有盗窃前科劣迹，目前朱某某及可疑车辆已移交刑侦大队侦办。

2012年7月18日

县政法委童永志副书记一行5人到纳古镇检查上半年社会管理综合治理工作。此次工作检查分三个步骤：一、听取工作汇报；二、查阅台账资料；三、查看第五村民小组工作情况。镇党委副书记周正宽作了上半年综治维稳工作报告，镇党委书记张兴友就维稳工作的重要性及存在问题做了强调。镇综治办、派出所、司法所、信访、计生所、安监站等部门参与了工作检查。

通过检查，检查组一行对纳古镇上半年综治工作给予了充分肯定，并就下半年的工作提出指导意见：一是继续把社会矛盾纠纷排查化解作为综治工作重点，杜绝群体性事件，努力维护社会稳定，确保十八大顺利召开；二是深入巩固和推进"平安纳古"创建工作，加强治安整治，创新管理，继续做好流动人口服务管理工作；三是进一步落实民族宗教、信访、安全生产、交通消防、禁毒防艾等日常工作。

2012年7月24日

纳古连铸公司董事长马跃升为400余名到我镇进行暑期社会实践的大学生进行了一堂题为《创业》的知识讲座。

马跃升结合自身的成长经历和创业经历等心路历程，向大学生讲解了创业的艰辛及应具备的素质；同时，对自己创业成功后，积极履行社会责任，把企业回馈社会作为最后归宿的观点和大家进行了分享。通过讲座，广大学生进一步明白怀有梦想、学好知识、脚踏实地是大学生踏向社会的基础。

2012 年 7 月 25 日

7 月 12 日以来，陆续有 400 余名省内外各大高校学生到纳古，开展近半个月的暑期社会实践活动。

大学生们在为期不多的时间里，将通过听讲座、走访农户、与群众交流等方式了解体验基层群众的生产、生活状况及民风民俗习惯。

当代大学生思维活跃、知识面宽，但大家现在掌握的多是书本知识。拜群众为师，扎根基层接地气，拜农民为师，沉下心来干实事，从群众中来到群众中去，必将是大学生受益终身的最大收获。

2012 年 7 月 26 日

又是一年回族斋月来临，纳古连铸工贸有限公司如期兑现承诺，出资 30 万元，开展爱心慰问活动。对全镇 7 个村民小组 648 余名 65 周岁以上的老年人和 248 户爱心户进行慰问，每人发放慰问金 300 元。

4 年前，该公司董事长马跃升及各位董事就承诺，只要公司正常经营，每年将出资开展斋月慰问，并将此作为企业回馈社会的一项重要活动长期坚守。今年，由于受市场因素影响，全国钢铁行业效益普遍下滑，该公司仍然从微薄的利润中拿出 30 万元开展慰问活动；同时，为了保证慰问金按时、足额发放到慰问者手中，该公司今年还首次将受慰问人员名单、慰问金额提前进行公示。此举广受社会的好评，真正诠释了企业勇于承担社会责任的信念，也为全镇的企业树立了良好榜样。

2012 年 7 月 27 日

2012 年 1 月，纳古镇居民、私营企业主马某某与县农行签订《农户借款合同》一份，借款 45 万元，用于购买带钢。今年 6 月，他到通海人保财险公司投保了《借款人意外伤害身故保险》一份，保险金额 45 万元，保费 625.5 元，保期为一年。

今年 7 月，投保人因意外身故。保险公司在查清事实后，及时做好立案、做案、理算、上报市、省分公司审批等手续，并在第一时间将 45

万元保险赔款划拨到第一受益人账户中。

据悉，该案是人保财险公司通海支公司首个借款人意外伤害身故保险赔款，由于公司认真对待、及时理赔，受到了投保户的赞誉。

2012 年 8 月 1 日

市民宗局马良昌局长一行 4 人到纳古镇指导综治维稳工作，纳古镇全体班子成员参与座谈。镇主要领导汇报了上半年综治维稳工作情况，并提出在社会矛盾纠纷、社会治安、安全生产、民族团结、宗教和顺等方面存在的困难和问题。市民宗局给予了指导及建议，要求高度重视，明确责任，加强稳控，确保十八大顺利召开。

自去年起，市民宗局挂钩联系纳古镇综治维稳工作。两年来，纳古镇积极主动与市民宗局汇报交流综治维稳工作进展情况，市民宗局尽力给予指导和支持，共同促进纳古社会和谐稳定。

2012 年 8 月 13 日

为准确评估我镇小额担保贷款扶持创业促进就业工作成效，进一步提升创业促就业工作的政策效果，根据上级有关文件精神，纳古镇妇联开展小额担保贷款扶持创业促进就业成效分析调查，即对 2009—2011 年贷免扶补贷款户，采取每年抽查 5 户的方式进行创业人员满意度调查。

调查结果显示：2009 年任务数 15 户，年度实际完成 15 户，完成率 100%，按规定还贷率 100%；2010 年任务数 12 户，年度实际完成 12 户，完成率 100%，按规定还贷率 100%；2011 年任务数 14 户，年度实际完成 14 户，完成率 100%，按规定还贷率 100%。3 年来，贷款项目管理规范有序，综合效益明显，群众满意度高。

2012 年 8 月 22 日

一年一度的奖励资助大学生座谈会如期在镇政府会议室举行。

座谈会由镇党委书记张兴友主持。镇长纳锦斋、纳古小学校长马灿敏、纳家营清真寺管委会主任马恒慈、古城清真寺管委会主任马开福、家琨教育基金董事长纳家琨等先后发言，他们肯定了近年纳古教育发展取得的成绩，提出了今后的发展思路，并对考取的大学生及重点高中生提出了殷切希望。

会上，纳古镇党委政府、纳家营清真寺及古城清真寺共同出资4万元，对全镇今年上线的24名大学生及10名重点高中生进行了奖励。

随后，"家琨教育基金"也出资3.3万元，对考取三本以上的23名大学生（含6名河西镇回族学生）及10名重点高中生进行了奖励。

座谈会的召开，旨在进一步在全镇范围内营造尊师重教、尊重人才、爱惜人才的良好氛围，切实加快纳古教育事业的全面发展。

2012年8月23日

纳古镇"家琨教育基金"的掌舵人由创始人纳家琨变成了其次子纳文琪。随着新董事长的更换，新的沟通方式也出来了，这不，在"中穆网"上贴出了这样的帖子：

"基金会现在开通了微信账号，请通过微信号：gh_324996c2c28b 关注我们，或扫描以下二维码关注我们。"

当然，这样的沟通方式更适合年轻人，更好地做到宣传和申领基金、奖学金的孩子们，是好事一桩呀！

2012年8月25日

纳家营清真寺一位教师的家属，学美术的在纳古开设美术课程，通知如下：

伊苑赭艺——美术培训中心

著名艺术大师毕加索曾经说过："我完全可以轻松地像拉菲尔那样作画，但我却花了毕生的时间去学习怎样像儿童那样作画……"这说明儿童画的天真和淳朴对现代艺术家具有很大的启迪作用。那么，我们的审美培养也应该从小抓起。有关教育资料报道，小学生学习的好与坏，不在于智力的高与低，而在于他们对 A、B 两个事物的区分能力。所以当孩子学习音乐或美术时，对比自己唱的音律或自己画的图形与教师的有何区别，也就锻炼了孩子对事物的判断、区分的能力。比如市面上也有一些所谓的《找不同》书籍，即区分两页看似一模一样的图画上的细微的三五处不同，这类书籍也有助于孩子学习能力的提高与思维的拓展。

教学目标：

1. 伊苑赭艺美术培训中心以启发和教育为主。

2. 以培养学生独立观察、独立思考为目的。

3. 通过作业讲评、示范，根据每个学生的特点针性对解决问题，因材施教。

4. 定期举行画展，优秀者可获得奖状或水彩笔一盒（或同等价值画具），对学生取得的成绩予以肯定，同时调动了学生的积极性、主动性。

5. 培养学生热爱美、表现美进而去创造美的好习惯。

中学生的可塑性很强，不正确的教法会影响他们的进步和成长。当孩子还在自由涂抹地"涂鸦"时，我们就应该通过正确的引导，锻炼他们以自己的眼光去观察世界、认识世界，从而开发孩子的智力、毅力和审美能力。

教师简介：

田静：毕业于佳木斯大学美术学院，美术学（教育）专业，大学主修水彩，获学士学位。具有高级中学教师资格证和大学教师资格证，曾师从于黑龙江省水彩画学会秘书长、东北三省水彩年展评委赵云龙教授。水彩《静物》被录为全国大学生作品年鉴（2003 年卷）。

2007 年，中国伊协主办的《中国穆斯林》杂志创刊 50 周年有奖征文征稿活动中，创作的《阿拉伯语书法中堂》，荣获阿文书法类三等奖，作品以 1000 元被伊协收藏。

2008年6月20日，加入西安市水彩画学会，同年12月11日，水彩作品《宏村之一》《宏村之二》入选西安市纪念改革开放30周年第九届"走进新生活"美术作品精品展。

2009年11月，西安市美协主办的第十届"走进新生活"美术作品展中，水彩作品《秋》入选。

2010年，河北沧州全国回族书画展活动中，《彩色阿语中堂》荣获二等奖，作品以1200元被伊协收藏。

曾在西安担任过以下课程：

书籍装帧　视频编辑 Affter Efects&Premiere

原画设计（角色造型）　原画设计（场景造型）

Painter与手绘板　动画分镜头　艺用人体结构运动学　设计透视

设计速写　素描　色彩　风景写生　平面构成　色彩构成　立体构成

标志设计　Photoshop　coredraw　装饰画　图形创意等课程

对教育学、心理学的学习，结合几年教学实践，我坚信："没有学不会的学生，只有教不会的老师！"

课程设置：

儿童画：初级班、高级班

素描：石膏几何形体、静物

色彩：水粉、水彩（静物、风景）等。

招生对象（即日起开始报名，常年招生）：

5岁以上儿童、中小学生、高中生。

开课时间：

　　　　周六上午：8：30—11：30（素描班、色彩班）

　　　　　　下午：2：00—5：00（儿童画初级一班）

　　　　周日上午：8：30—11：30（儿童画初级二班）

　　　　　　下午：2：00—5：00（儿童画初级三班）

上课地址：纳家营

收费标准：

  每周1次，每次三小时，80元/月

  每周2次，每次三小时，150元/月

报名电话：田老师

2012年8月30日

停了差不多3个多月的红绿灯，今天终于在政府领导的敦促下，修理开通了。

2012年8月31日

纳家营清真寺，在"主麻"上通知，今天，纳家营清真寺邀请纳家营村的男女老少到小海公园"发邦克"，之后聚餐。

今天，我镇召开商会会员大会，选举产生了纳古商会的会长、副会长及执委组成人员，大会的召开标志着纳古商会届中调整工作圆满完成。

针对纳古商会人事变动及部分执委履职不力等原因，今年6月，镇党委决定对商会班子进行届中调整，并制定了实施方案。近3个月来，我镇严格按照方案的要求，切实做好宣传发动，推荐候选人、资格审查和大会选举等各项工作，民主选举产生了新的领导班子。新商会班子大多经济实力较强，且具有团结协作精神和奉献精神，相信纳古商会在新班子的带领下，一定会认真履职，并为纳古的经济发展和企业提档升级作出应有的贡献。

2012年9月5日

纳古镇召开"创先争优"活动总结表彰会。镇党政班子成员、机关支部全体党员、各党支部书记及党代表共计60余人参加了会议。会议对在创先争优活动中涌现出的2个优秀基层党组织和10名优秀共产党员进行了表彰。

镇党委书记张兴友同志在会上做了讲话，从围绕第一要务，在推动科学发展中创先争优；围绕团结稳定，在促进社会和谐中创先争优；围绕民生福祉，在服务人民群众中创先争优；围绕固本强基，在加强基层组织中创先争优四个方面总结了纳古镇2010—2012年创先争优的工作经验，并要求全镇各党支部和广大党员，一定要深入贯彻落实科学发展观，团结带领各族干部群众，以先进为榜样，以典型为标杆，解放思想、坚定信心、开拓进取、真抓实干，努力在推进纳古科学发展中创先争优，以优异的成绩迎接党的十八大胜利召开！

民主评议镇政府及组成站所政风行风工作是我镇今年落实党风廉政建设责任制的一项重要内容。为确保工作落到实处，自今年5月，我镇制定工作实施方案至今，先后完成了动员部署、查找问题并开展自查自纠等相关工作。

今天，由县监察局组成的测评组对政府及各中心站所开展了民主测评，测评包含信息公开、依法办事、服务质量、廉洁自律和制度建设五项内容。随后，测评组还与镇领导、组领导、社会各界人士举行了座谈，对被评单位的政风行风建设情况进行面对面评议。

下一步，我镇将督促被评部门对评议中发现的问题认真进行整改落实，并及时通报整改情况。

2012年9月10日

纳家营伊斯兰文化学院邀请县武装部教官为420余名在校生开展军事训练活动。

据悉，此次军训活动为期两周，每周3天。目的在于增强学生的爱国主义精神和国防观念，进一步磨炼学生果断、勇敢、顽强、自制和坚忍不拔的优良意志品质。通过军训，激励青年学生在奋发、成才的路上努力攀登，为今后踏上工作岗位、走上社会奠定良好基础。

2012年9月12日

县委考核组亲临纳古，专题对镇人大、政府班子及班子成员进行了届末考核测评。镇全体干部职工，各村民小组领导，部分人大代表、政协委员和纳古中心小学校长计30余人参与测评。会议由镇党委书记张兴友主持。

考核测评共分三部分进行。首先，人大及政府班子向各位参会人员进行述职；其次，以无记名填表方式进行民主测评、民主推荐和征求意见；最后，由考核组进行个别谈话推荐，并了解现任班子履职的表现及存在的不足。

2012年9月17日

县检察院马副检长一行深入纳古，与部分县人大代表和政协委员座谈，就检察院的工作听取基层意见和建议。

纳古部分代表和委员对检察院近年来的工作表示满意，认为县检察院作为国家的司法机关，是老百姓公平和正义的守护者，能在繁忙工作中深入基层听取意见的做法难能可贵，值得学习和推崇。同时，纳古代表们也希望检察院在今后的工作中继续发挥自己专长，进一步加大对基层群众的普法宣传教育力度。

2012年9月18日

四街镇工商分局，纳古派出所、食药站、文化站、卫生院等部门共同组成检查组，在纳古镇陈申力副镇长的带领下，深入纳古中心小学、蓓蕾幼儿园进行安全检查，督促学校按照安全责任制的要求严格落实安全责任。同时，检查组还对校园周边超市、学习用品经营店、小饮食摊点等进行了检查，对存在的卫生问题要求进行整改。

2012年9月19日

在"两节"及十八大即将到来之际，为强化纳古镇社会稳定工作，纳古镇党政班子召开会议，就影响较大的社会矛盾纠纷、上访案件进一步做了认真梳理，把每一件纠纷都落实到领导干部身上，要求每一位班子成员高度重视，亲自调查处理，确保纠纷尽快得到化解，确保社会稳定。

会后，各班子成员根据各自分担责任，及时对纠纷展开调查处理。

2012年9月20日

纳古镇党委、政府对来自纳古中心小学、通海三中及蓓蕾幼儿园的37名优秀教师进行表彰奖励。目的在于进一步实施"科教兴镇"战略，在全镇范围内继续营造尊师重教的浓厚氛围，激发广大教师爱岗敬业、为人师表、无私奉献的优良品质。

2012年9月24日

玉溪市关工委执行主任刘邦元在县关工委常务副主任解保祥、纳古镇纪委书记马燕妮等同志的陪同下到通海县纳古中心小学对外来务工子女的教育问题进行了深入的调研。

刘主任一行首先参观了学校校园，对学校基础设施建设、环境卫生、校园文化给予了充分的肯定。随后刘主任听取了马灿敏校长对学校在外来务工子女健康发展方面开展的工作、取得的成绩做了汇报交流。刘主任对学校在外来务工子女教育问题上实行公平教育给予了高度的评价，并对学校以后在外来务工子女教育问题上立足于民族团结教育、法制教育、心理健康教育等方面作出了重要指导建议。最后刘主任在镇关工委同志的陪同下参观了纳古镇关工委办公室，查阅了相关资料，在肯定成绩的同时提出了极具建设性建议。

2012年9月28日

我镇自2010年4月在全镇9个党支部、258名党员中深入开展了"创先争优"活动。在"创先争优"活动中，我们牢牢把握科学发展的主题，以"筑坚强堡垒、树先锋形象、促科学发展"为主线，坚持"四个围绕"，深入实施"生态立镇、工业强镇、科教兴镇、和谐发展"战略，以引领全镇各项事业健康发展为载体，确保了"创先争优"活动取得实效。

一是围绕第一要务，在推动科学发展中"创先争优"。以深化学习型党组织建设为契机，各党支部整合学习资源，通过领导干部带头学，不断深化镇情认识。紧紧围绕实施"十二五"规划，把加强班子建设作为破解发展难题的重要内容和切入点，明确争创主题，突出争创重点，履职尽责创先进，立足岗位争优秀，实现了经济发展、民族团结、社会进步、安定和谐的良好态势。

二是围绕团结稳定，在促进社会和谐中"创先争优"。立足我镇以回族为主、多民族杂居的实际，把团结稳定作为"创先争优"活动的一项关键内容，认真总结推广"以民族团结促科学发展、以科学发展促和谐稳定"的成功经验，引导党员干部进一步增强"以发展促稳定、以稳定保发展"的意识。认真落实领导干部下基层调研、进企业联系、"四群"工作等联系群众制度。普法和依法治理、禁毒防艾、安全生产、防灾减灾等工作扎实有效，综治维稳体系更加健全，社会保持安定和谐。

三是围绕民生福祉，在服务人民群众中"创先争优"。各党支部坚持把保障和改善民生作为衡量活动取得实效的重要标尺，为基层群众办好事实事，在经济发展、教育、医疗、交通、饮水、基础设施、社会保障等方面，为群众办了一批解民忧、增民利、化民怨的实事、好事。广泛开展"四群"教育活动，认真进行"一承诺二评议三公开"，运用领导点评、组织评选、群众评议等方式，全方位推进工作落实。教育投入不断加大，"两免一补"全面落实，"两基"成果巩固提升。社会保障救助体系不断完善，城乡低保应保尽保，新型农村养老保险和城镇居民养老保险试点工作稳步推进。

四是围绕固本强基，在加强基层组织中"创先争优"。以领导班子、领导干部为重点，认真组织开展"一面旗、一团火、一盘棋"主题实践活动，全面推进党的思想、组织、作风、制度建设和反腐倡廉建设。认真落实党委书记抓基层党建工作责任制，切实加强基层党组织带头人和党员队伍建设，圆满完成镇党委换届工作，选拔了一批优秀年轻干部、大学生村官和妇女干部进入党委班子。

2012年9月30日　阴

今年的圣纪节，定在了国庆的时间，今早就开始宰牛了。宰了25头呢。

2012年10月1日

以往的圣纪节是下午才开始尝汤饭，今年由于新哈吉明天就要送走了，所以今天早上就开始坐桌子了，人也是挺挤的。

2012年10月2日

今天，对于纳家营来说是一个非比寻常的日子。这一天是圣纪期间最为热闹的一天，纳家营的教亲们满怀欣喜地迎来了各地的宾客。

2012年10月3日

圣纪节的最后一天了，时间过得飞快。

2012年10月8日

县委常委、常务副县长李庆华带领电力、经委等部门领导亲临纳古，对纳古企业的经营状况进行专题调研。

李副县长一行先后深入纳古连铸公司、恒丰物资公司、巨峰高频焊管有限公司等企业车间，与企业负责人交谈，询问了解企业经营状况和发展存在的问题，并希望企业切实抓住当前钢铁市场逐步回暖的有利时机，逐步解决存在的困难和问题，切实做好企业经营管理工作，使企业朝良性、健康的方向发展。

2012年10月15日

由县纪检、监察、审计、宣传等部门组成的政风行风评议组来到纳古，就纳古镇政府及所属站所政风行风评议结果进行反馈通报。

今年9月，县评议组深入纳古，通过采取听、查、看、访等形式，利用集体走访、召开座谈会的方法，对纳古镇是否贯彻执行省、市、县有关政风行风评议的会议精神，落实上级各项政策、法规和内部管理规章制度，加强思想政治教育，改进机关作风，强化干部队伍建设，提高办事效率和服务水平的总体情况；是否存在群众反映强烈、损害群众利益的问题等方面进行调查。经过调查测评，满意率达92.8%，基本满意率占7.2%，综合满意率达100%。

2012年10月16日

纳古镇召开2013年新农合筹资动员会，镇政府分管领导、文卫助理及各村民小组负责人计20余人参加会议。

会议结合纳古实际，对《通海县2013年度新型农村合作医疗筹资方案》进行了讲解，并进行了相关业务的培训。

会议要求各村民小组领导统一思想、提高认识，切实做好宣传发动，将此项民生工作落到实处。并要求各组务必于11月20日前完成筹资任务，保证参合率不低于98%。

2012年10月18日

由市宣传、文化等部门组成的专家组亲临纳古，对纳古两位申报玉溪市第三批民族民间传统文化工艺师的艺人进行现场评审。各位专家通过现场视察、询问等方式分别对其作品包含的工艺流程、文化内涵、市场状况等进行了详细了解，并以此作为下一步评选命名的重要依据。

据悉，民族民间工艺师的评选，是市委、市政府贯彻落实科学发展观，坚持以人为本，倡导尊重知识、尊重人才理念，继承、保护和发展全市传统民族民间工艺的重要举措。通过对有突出业绩的优秀传统民间工艺人员进行命名表彰，以提高他们的社会地位，激励、引导广大传统工艺人员进一步繁荣创作，传承创新，开拓市场，促进全市传统民族民间工艺产业健康发展。

2012年10月19日

基层党建　从静态向动态转变
——喜迎十八大，看纳古变化之四

5年来，纳古镇党委坚持以科学发展观为指导，大力实施服务型党建工程，把经济发展作为民族团结的重要抓手，走出了一条"以科学发展促进民族团结，以民族团结保证和谐发展"的特色发展路子。先后荣获全国民族团结进步先进集体、云南省乡镇企业五十强乡（镇）、小康达标镇等60余个荣誉称号……

一、夯实组织基础，经济发展更加强劲

镇党委始终围绕"把党员培养成致富能手，把致富能手培养成党员"，增强基层党组织的凝聚力和战斗力。通过引进、嫁接、联合，转变经济发展方式，发展股份合作经济，做大、做强工业龙头企业，提高产品科技含量，提升产业发展层次和水平，形成了以建筑建材、五金加工为主导，商贸、运输等第三产业协调发展的格局。去年，全镇社会经济总收入达到56.15亿元，农民人均纯收入10700元。

二、夯实组织基础，民族团结更加牢固

镇党委始终把妥善调处民族宗教问题作为"一把手"工程，强化组织保障，健全组织机构，加强宗教事务管理，充分发挥民族宗教界人士在政策宣传、民意表达等方面的特殊作用。强化"三个离不开"教育，和宗教界人士广交朋友，彼此间相处融洽，亲如兄弟姐妹，促进各民族和睦相处、共同发展。

三、夯实组织基础，社会更加和谐稳定

镇党委加大在高知识群体，特别是在少数民族干部当中发展党员，组织实施党员创业致富工程，推行党务公开，着力解决基层群众的疾苦，坚持法治与德治相结合，全力维护民族团结和社会稳定。一方面，与云南大学合建回族研究基地，传承挖掘民族宗教文化，加强各族群众道德教育。另一方面，加大国家法律、政策在群众，特别是在少数民族群众中的宣传力度，增强全民法治意识。形成了人人共享社会发展成果、社会和谐稳定的新纳古。

2012年10月20日

入秋以来造成有些清冷，可是市场里面却没有受到丝毫的影响。由于"小开斋节"的临近，生肉摊铺和活畜活禽市场异常火爆。特别是牛、羊肉贩卖点，可谓人山人海。主要是因为小开斋节又叫"宰牲节"，所以很多的人家是达到宰牲条件的，宰牲——在伊斯兰教信教群众中，是每年小开斋节的必要功修。在自己的财力达到条件后，都必须宰。宰牛或者宰羊，就看家里是为哪个家庭成员做"古鲁波"。

2012年10月24日

纳古镇召开2012年度征兵工作会，标志纳古今年征兵工作全面展开。

会议传达了上级征兵工作会议精神，对纳古今冬征兵工作进行了全面部署，对兵源征集条件及各项优抚政策进行了详细的讲解说明。

会议要求各村民小组一定提高认识，加大宣传力度，积极走访适龄青年，做好动员工作，保证今年征兵任务圆满完成。

2012 年 10 月 25 日

今天就是"宰牲节",清真寺门口就摆起卖油香的摊点。以前的油香都是在家里各家制作,现在确实节省劳力和成本了,在街上买了之后就行了。早上呢,就是开始听讲经和礼"尔德"拜。

这是全世界信仰伊斯兰教的穆斯林共同的节日——古尔邦节(又名"宰牲节")。在古尔邦节这一天,全镇的穆斯林要穿新衣,屠宰牲口,将肉食不仅留给自己家,而且要分送给穷人,确保所有的穆斯林都要有一份肉食,欢乐情景如同汉族过年一般。

2012 年 10 月 26 日

纳古中心小学在学校阶梯教室举办"防震减灾"知识讲座。邀请了通海县防震减灾局张维明同志主讲,各年级的学生代表以及年级组长近400余名师生聆听了讲座。

在讲座中,张维明同志从正确认识地震灾害、应对地震的方法、避震救助的要点等进行了一一讲授,不仅传授了室内及公共场合逃生避震的注意事项,还重点强调了自救互救的要领。整个讲座内容丰富、语言平实,与学生互动交流,现场气氛非常热烈。

在自然灾害面前,人的生命是脆弱的。此次讲座重点是教育学生要牢固树立防灾减灾的科学理念,教会学生一些地震灾害面前自救互救的科学方法,极大地降低大家对地震的恐惧心理,意义重大。

2012 年 10 月 30 日

喜迎十八大,看纳古变化之一

5年来,我镇通过优化产业结构,走新型工业化的路子,使企业逐步向规模化、专业化、规范化方向发展。全镇社会经济总收入由27.6亿元提高到56.15亿元;财政总收入由1476.75万元提高到3005万元;地方财政收入由502.57万元提高到1035万元;农民人均纯收入从6656元提高到 10700 元。

一、企业规模化经营效果明显。全镇骨干企业已达 25 户（县级规模以上企业 9 户），上缴税金 50 万元的企业已达 17 户，上缴税金 100 万元以上的企业 10 户，纳古连铸公司上缴税金突破 500 万元，年产 100 万吨薄板项目进驻里山工业园区，骨干企业对社会贡献日趋突出，全镇 90% 的税收来自骨干企业。

二、多元化投资初显成效。为克服企业发展受电力、土地、原材料等因素的制约，积极引导企业实施"走出去"和"请进来"并举的发展战略，在对内、对外全方位开放中，促进了纳古工业经济的快速发展。在"走出去"方面，由纳古控股的甘肃陇滇钢铁公司顺利投产，昆明、临沧、红河、文山、华宁等地都有纳古"走出去"的企业。在"请进来"方面，纳古企业积极引进县外投资共 5000 余万元，引进沿海一带先进的生产工艺、管理人才和管理模式，促进了企业健康、有序发展。

三、融资渠道进一步拓宽。我镇组建了云南省首家乡镇级民营担保公司——通海县信用担保有限公司，公司注册资金 3000 万元，每年为企业提供信贷资金近 2 亿元。同时，充分利用民间资本，更好为企业发展服务。5 年来，我镇共有 10 余户企业利用和吸收民间资本，金额达 3 亿多元，参股人员达到 600 多人。一方面解决了企业自身融资难的问题，保证了好项目的顺利实施；另一方面吸纳小额股民积极参股，保证股民按股份分红，带动了群众的共同致富，促进了民族团结。

四、节能减排工作有序推进。通过争取各级政策资金的支持，有序推进纳古节能减排工作，纳古的节能项目被省工信委列为全省 100 项重点项目之一。5 年来，先后制定了《纳古镇环境保护实施细则》《纳古镇保护环境规范企业用电规定》和《环境专项整治实施方案》，并按其要求，积极引导和支持企业提档升级，严格项目审批，促使 28 户企业完成技术改造，实施关停的企业达 20 余户，联合重组企业 3 户，通过上级清洁生产验收的企业 2 户，环境治理已成为全镇人民的共识。同时，督促29户排污染企业向镇政府递交了《除尘改造承诺书》，明确了整改时限。

2012年10月31日

纳古镇召开2012年党务公开专题工作会，镇党委副书记、纪委书记、组织委员、机关支部书记等领导小组成员参加了此次会议。

会议传达了县党务公开工作的相关文件精神，对全镇开展党务公开工作进行了动员、部署。党委副书记李刚强调指出，各部门要高度重视党务公开工作，明确此项工作的目标和任务，按照镇党务公开实施方案和实施细则做好工作，及时上报公开内容。会议还明确了党务公开工作联络员，负责同县纪检监察部门联系对接工作。

2012年11月5日

纳古镇开展迎十八大专题党课讲座。机关全体党员、各村民小组党支部书记、组长、副组长和部分党代表计50余人参加听讲。

镇党委书记张兴友做了近100分钟的专题授课，主要围绕"决不能忘了'为了谁'""改革不可废，承诺不可弃"和"努力推进宪政改革"三个方面进行讲解。

通过党课教育，促使各位党员重新认识党员的标准，牢记党的宗旨，自觉将宗旨意识融入为人民服务之中，并正确认识中国当前改革发展面临的机遇和挑战，进一步增强党领导人民发展事业的信心，扎扎实实履行好一个党员应尽的职责，以优越的成绩迎接党的十八大胜利召开。

2012年11月7日

由县委组织部、纪委、财政等部门组成检查组，到纳古专门对基层组织建设年工作开展情况及党的经费使用情况进行检查。

检查组通过听取情况汇报、查阅台账资料等形式对纳古基层组织建设年工作开展情况及党的经费使用情况进行检查。检查组对纳古基层组织建设年工作和党建经费管理使用工作给予了肯定；同时，对存在的不足和下一步的工作提出了要求。

经过一个多月紧张筹备的纳古镇第四次残疾人代表大会胜利召开，全镇 35 名残疾人代表出席会议。

大会听取和审议了纳古镇残疾人联合会第三届主席团工作报告；选举产生了镇残联第四届主席团成员和出席县残联第五次代表大会代表；并通过相关决议。

2012 年 11 月 8 日

11 月 8 日上午 9 时，中国共产党第十八次全国代表大会在北京隆重召开，纳古镇社会各界人士收看十八大开幕式盛况。

青春期是人生中最宝贵的年华，是童年向成年过渡的必然阶段，也是人体生长发育的一个主要时期，是决定人一生体格、体能、智力、性格和行为习惯的关键时期。为了让同学们愉快、健康、安全地度过这一敏感时期，消除在成长中由生理变化带来的烦恼，正确认识、了解有关生理特点和心理特点，掌握一些心理保健知识，顺利走出青春期的迷惘，拥有一个灿烂精彩的人生。2012 年 11 月 8 日下午，纳古中心小学对全体六年级的 400 余名学生举行了"生命因你而精彩"心理健康知识讲座。本次讲座由我校心理专业的储勇老师主讲。

储老师先由一个轻松的游戏导入；然后，是一段搞笑的逆反心理的视频；紧接着讲了青春期常见问题；最后，储老师就如何保持生理和心理双重健康、加强青春期的卫生保健、正确处理男女生的正常交往等问题向大家提出建议。

本次讲座使同学们懂得要珍惜生命，有选择地交朋友，做一个有责任心的人，对自己负责，对父母负责，对社会负责。

我校一直以来都很关注学生的青春期教育，每年定期对学生进行相关的知识讲座。本次讲座，为六年级的学生解除了青春期的困惑，使他们对青春期有了正确的认识，为大家的健康成长奠定了良好的心理基础。

2012年11月13日

上午，市级廉政文化示范点考评验收组在县纪委领导的陪同下，到我镇检查验收廉政文化示范点创建工作。

今年，纳古镇被列为市级廉政文化示范点创建单位。镇党委、政府高度重视创建工作，镇纪委认真开展示范点各项工作，及时成立了领导小组，制定了实施方案，确保创建工作顺利开展，并取得实效。按照实施方案的要求，我镇充分挖掘伊斯兰文化中的优良廉政传统，创新形式，开展了形式多样的廉政文化建设宣传教育活动。

考评验收组先后走访了纳古小学、纳家营清真寺和云南天方食品有限公司3个单位，听取了镇党委书记张兴友对我镇廉政文化示范点创建工作的汇报，查阅了相关资料和工作台账，并对我镇的创建工作给予了充分的肯定。

2012年11月14日

纳古是一个具有浓郁穆斯林风格的工贸型小城镇。近年来，纳古通过将廉政文化与回族宗教文化有机结合，与群众思想道德教育相结合，把廉政文化建设延伸到民族宗教场所，延伸到学校、企业，进一步激发了广大群众崇尚廉洁的热情，促进了地方各项事业的健康发展。

纳古廉政建设取得的成绩得到上级的认可，被列为全市的试点镇，并于11月13日迎来了市组考评组的验收。

2012年11月15日

为深入贯彻落实科学发展观，以建设社会主义核心价值体系为根本任务，以满足人民精神文化需求为出发点和落脚点，使青少年把理想信念和道德品质落实在实际行动中。在镇司法所、阿文学校的协助配合下，于 11 月 15 日邀请通海县关工委常务副主任马开基到纳古镇古城阿文学校为 1000 多名学生进行"学习十七届六中全会精神，引领青少年在文化强国上前行"讲座，讲座紧密结合省、市、县党代会精神、目标任务、要求广大青少年成为成才立业的开拓者，列举社会、学校、志愿者感人的事迹、杨善洲的先进事迹，深入浅出地指出新时期青少年应该以雷锋为榜样，开展知雷锋、学雷锋、爱雷锋、找雷锋、做雷锋实践活动。这次讲座打动了每个同学的心，引起了强烈的反响，同学们纷纷表示：要以雷锋为榜样、学习上刻苦钻研、生活上艰苦朴素、勤俭节约。

阿文学校校长对关工委举行这次讲座非常感谢，要求学生热爱祖国、热爱他人，从自己做起、从小事做起、从现在做起，做一个对社会有用的人。

楚雄州人民政府办公室代副主任一行到纳古，就纳古新农村建设、民族食品发展状况进行考察学习。

考察组一行在县政府办领导及镇领导的陪同下参观了纳家营清真寺、第五、七村民小组公房及天方食品有限公司。

就"大团委"建设工作情况，镇分管领导李刚、各村组支部书记、团委成员共 10 余人在政府会议室召开了推进会，会议听取了大家工作的进度和实际困难，就一些实际问题提出解决方法，使工作能如期完成。

2012 年 11 月 17 日

集镇建设管理得到加强 城镇功能日趋完善
——喜迎十八大 看纳古变化之三

在城镇建设管理过程中，纳古围绕大力推进城镇化发展战略，狠抓建设和管理，集镇面貌大有改观，被省建设厅列为全省的工贸型小城镇建设试点。

基础设施投入逐年加大。5 年来，继续加强全镇基础设施建设及城镇管理工作。纳古多渠道筹资 5600 余万元对全镇的基础设施进行全面的建设和改造。加强维护和完善我镇的绿化、亮化工作；积极争取新农村建设及"一事一议"财政奖补等资金，完成星月路、工业路上段路面硬化和五组老年活动中心等新农村项目建设，并对马鞍子路实施管道铺设；民间资本参与城镇建设取得突破，忠爱房地产公司启动建房，有效促进了城镇建设朝规范、有序方向发展；完成了2.1公里的排污主体工程和纳古烟区水利设施改造建设，实施对部分供水管网的改造，启动了"湖水堤灌"工程，完成了农村人畜饮水抗旱打井工程、一组白龙潭扩建工程、四家坟小坝塘改造工程等，保证了全镇人民的安全卫生用水和工业用水；配套了工业园区的水、电、路等基础设施，引导纳古19户规模以上企业进驻园区；完成学校教师宿舍、三中回族食堂及一批廉租住房的建设。

城镇管理规范有序。完成了纳古镇（1：1000）地形图测绘，纳古镇特色小镇规划通过省级专家评审，使纳古的城镇管理做到有章可循；同时，为加强管理，相继通过了《纳古镇集镇规划建设管理办法》《纳古镇环境保护实施细则》《关于进一步规范城镇道路交通管理的决定》等制度，并配套完善了垃圾房、路灯、行道树等美化设施，每年投入资金50余万元用于垃圾清运、街道清扫及街灯电费及维护等，确保了城镇设施的正常使用。规范县城至纳古公交营运秩序，短途客运160辆微型车合并为40辆公交车。

2012年11月18日

届中人员调整后的纳古商会在会长马跃升的召集下召开了第一次执委会议。

会议分析了纳古企业面临的困难及发展机遇，并对纳古商会今后应该加强做好的工作进行了商议，会议统一了思想，达成了共识，疑聚了人心。

2012年11月19日

纳古镇政府人头攒动,六组应征青年曹开敏亲属、朋友聚在一起,为即将步入军营的曹开敏送行。

镇党委书记张兴友亲自为光荣参军入伍的曹开敏佩戴了光荣花,送上了祝福,并希望他入伍后听从指挥、严格要求,早日从部队传回立功喜报,为家乡添彩,为父母争光。

军营生活是每位有志青年向往已久的生活。穿着军绿色的迷彩服、佩戴着入伍光荣大红花的曹开敏脸上洋溢着自豪、骄傲的神情。

据悉,今年冬季征兵工作自10月开展以来,在镇党委、政府、各村民小组以及各相关单位的大力支持下进展顺利,经过初验、复检、政治审查、家庭走访、复查定兵等多个环节的层层把关和精心挑选,曹开敏作为第一批进西藏兵即日起程奔赴绿色军营,负起保家卫国的守土重任。

2012年11月20日

纳古镇组织召开县、镇人大代表换届动员暨业务培训会,镇选举领导小组、各选区联络员、各村民小组领导及工作人员共50余人参加会议。

会议共四项议程:一是镇党委副书记李刚宣读了相关机构组成人员名单;二是镇党委书记做了动员讲话,对县、镇人大代表换届做了动员部署,并提出要求;三是镇人大主席对换届选举进行了宣读和讲解;四是人大秘书就《选举法》、选民登记操作流程及要求对相关工作人员进行了培训。

2012年11月21日

上午9时,纳古自来水供水价格调整听证会在镇政府多媒体会议室举行。各村民小组领导、县镇部分人大代表、政协委员、企业、清真寺负责人等30名听证会代表经过近3个小时的讨论、酝酿,同意对纳古镇的自来水供水价格进行调整。

调整后居民生活用水（包括行政事业单位、城乡居民、学校及绿化用水）实行1.20元/立方米。居民生活用水采用限量用水每月每人6立方米，超过部分按非居民生活用水收。非居民生活用水（包括企业、洗车、餐饮、个体工商户等营利性行业）3.00元/立方米。调整后的供水价格拟从2013年1月1日起执行。

据悉，纳古水价自1996年至今已有16年未做调整，由于市场物价水平上升、人员工资、材料等各种费用增加，管网老化，长期的低价格运行，使供水经营处于十分困难的境地。此次调整供水价格是为了促进水资源的合理利用，避免浪费，保护水资源，并切实按照"补偿成本、合理收益、节约用水、公平负担"，同时兼顾经营者、消费者的原则进行确定。

为建设一个方便、有效的公开平台，提升公开效果，按照《纳古镇全面推进党务公开实施方案》的要求，我镇于2012年11月中旬投资1.5万元，制作了一个长51.2厘米、高32厘米的大型电子显示屏，安放在镇政府办公大楼一楼大厅的墙面上。全镇党务公开事项在通过审核及整理后输入电子显示屏，于每天上午8点30分至下午4点，由电子显示屏滚动播放党务公开事项，接受全镇干部群众监督。

通海县中小企业互助商会成立大会在纳古镇政府大会议室举行。副县长赵南方、县工商联领导、民生银行领导、纳古党政领导及纳古部分企业负责人参加成立大会。

该商会是由区域内小微工商企业、关心支持本区域内小微工商企业发展的有关人士自愿组成的服务性联谊组织。其宗旨是联合区域内的小微企业和个人，以服务会员、服务小微企业、服务社会为宗旨，以整合社会资源、搭建沟通平台、创新融资渠道、扶持小微企业，促进民营经济转型与发展，为区域民营经济发展和社会稳定作出贡献。

2012年11月26日

2013年，纳古中心小学将迎来她的百年华诞。回首百年，瞻望未来，为弘扬优良传统，再创明天辉煌，我镇拟举办"相聚母校，追寻青春，感念师恩，共襄盛典"为主题的百年庆典系列活动。目前，庆典各项筹备工作正在展开，相信百年校庆将是广大校友的心愿，也是母校的殷殷期盼，同时，也将是纳古发展史上的一个里程碑，也会是所有纳古人光荣与梦想的盛典。

2012年11月27日

选民登记是换届工作的一道重要程序。为保障换届工作的顺利进行，近日，我镇对选民登记工作进行了安排部署。

镇党委副书记李刚对选民登记的范围、原则和具体操作程序等进行了详细讲解，要求各选区工作人员采取逐户查访登记方法进行登记，在登记过程中严格把好三道关（年龄关、政策关、审核关），并确保选民登记做到不错、不漏、不重复。

目前，纳古各选区的工作人员及联络员已就位，选民登记工作正有条不紊地进行，登记后的选民名单将于12月8日前以选区为单位进行张榜公布。

2012年11月28日

2012年11月23—30日，我镇6位回族领导干部和企业家共计14人，参加了在福建泉州召开的全国第二十次回族学会暨回族企业家论坛，聆听了全国回族精英的理论报告，更是得到了他们的经验传授。

2012年11月29日

纳古组织全体干部职工到县体育场观看"玉溪市十七大以来反腐倡廉成果展"。目的在于促使全镇干部职工时刻牢记"全心全意为人民服务"

的宗旨，进一步筑牢拒腐防变的思想防线，教育和引导广大党员干部正确认识反腐败斗争形势，统一思想和行动，凝聚智慧和力量，进一步提高党的建设科学化水平，推动反腐倡廉工作深入开展。

2012年12月2日

纳古召开干部职工会议，传达学习党的十八大精神。镇党委书记张兴友传达了党的十八大基本情况和主要精神，并对十八大闭幕后习近平总书记所作《认真学习党章，严格遵守党章》的讲话精神进行了精辟讲解。

结合纳古的实际，张兴友强调，我们要按照县委的要求，以高度的政治责任感和奋发有为的精神状态，从四个方面扎扎实实开展工作：一是要认真抓好党的十八大精神学习宣传贯彻，牢牢把握"五个深刻领会"的要求，坚持做到"四个自觉"，扎实抓好六方面重点工作，进一步团结凝聚各方面力量，把学习宣传贯彻党的十八大精神不断引向深入。二是着力推进科学发展跨越发展，坚持主题主线，坚持稳中求进，抢抓新机遇，增创新优势，聚集新资源，实现新发展。三要全力完成今年的目标任务，要切实抓紧增长政策落实，抓紧工业生产调度、重点项目建设和产品出口，抓紧冬季农业生产和水利建设，抓紧为民办实事的兑现和困难群众的帮扶，抓紧安全生产和社会稳定，确保全面完成全年各项目标任务。四要进一步统筹谋划安排好明年经济社会发展的目标、预算和项目计划，确保开好局、起好步。

2012年12月3日

为做好党员发展工作，吸收更多的年轻同志加入党组织中来，为党组织增添新鲜血液，纳古镇举办了2012年入党积极分子培训班。全镇各支部入党积极分子共18人参加了培训。

培训会上，镇党委副书记李刚同志为大家讲授了《党章》的相关知识，并从建成小康、两个翻番、两个"五位一体"、民主协商、党的指导思想、八个坚持、两个"百年"、24字核心价值观、三型目标、文化活力十个方面对十八大精神要求进行了解读。

课后，对参训的18名入党积极分子进行了理论测评，测评合格率为100%。

通过培训，学员们加深了对党的历史和党的基本知识的认识，进一步端正了入党动机；看到了自己存在的差距，明确了今后努力的方向，为使广大优秀青年更好地服务社会奠定了基础。

2012年12月4日

县委考核组到我镇对党风廉政建设工作进行量化考评。

考核组采取"一听、二查、三看"的方式进行考评检查。镇党委书记张兴友首先汇报了我镇2012年度的党风廉政建设工作，随后检查组根据考核标准，开展档案资料的查阅和实地查访，考核组还对领导班子成员实施了民主测评。

考核组对我镇的党风廉政建设工作给予了充分肯定，对存在的不足提出建议。此次党风廉政建设工作量化考核，对于加强规范我镇反腐倡廉建设，提高全体干部职工反腐倡廉意识将发挥积极作用。

2012年12月6日

近日，纳古一组马本孝从自种山地里收获一株重23斤重的红薯。因其个头比较大，吸引了附近村民络绎不绝前往观看，马本孝喜悦地向村民介绍，他今年78岁，种了几十年地从未见过如此大的红薯，他还说他种的红薯从来不放化肥，只是放了一点农家肥就长这么大，真是开眼界了。

2012年12月7日

纳古镇召开了2012年度民主生活会，此次生活会结合工作实际和班子思想实际，坚持"六个突出"，认真组织领导班子专题民主生活会，广泛征求意见，查找突出问题，剖析问题根源，明确整改方向，沟通了思想，增进了团结，达成了共识。

2012年12月12日

纳古镇在镇政府六楼会议室召开2012年党委"三项工作"动员大会，全镇240余名党员参加大会。

会上，镇党委书记张兴友从三个方面对全体党员提出要求：一要提高认识，增强责任感和紧迫感；二要突出重点，扎实推进各项工作开展；三要明确目标，制定措施，使民主评议党员不流于形式。

为确保党员"三项工作"取得实效，张书记还提出了"四个注重"：一是注重理论学习，着力提高思想认识；二是注重突出实践特色，全面落实科学发展观，着力推进经济社会又好又快发展；三是注重作风建设，着力构建和谐社会；四是注重组织保障，着力加强基层组织建设。

纳古镇组织全镇271名党员，扎实开展年终党员培训、民主评议、目标管理"三项工作"。

上午，开展全体党员集中培训。在培训会上，纳古全体党员与新入党的同志一起重温了入党誓词；并听取了县委宣讲团成员、县委党校讲师孔祥云对十八大精神的专题辅导讲座。

下午，各支部进行党员评议，每一名党员都紧密联系各自的思想、工作、作风，认真对照检查，开展批评和自我批评。

组织开展此次党员"三项工作"，目的在于以学习贯彻党的十八大精神、着力纯洁党性、努力推动纳古科学发展、和谐发展、跨越发展为重点，紧密结合以"学习党章、严明纪律"为主题的作风建设年活动，深入查找党员自身存在的主要问题，明确努力方向，提出整改措施。

县委宣讲团党的十八大精神报告会在纳古镇举行。县委宣讲团成员、县委党校高级讲师孔祥云为全体党员解读党的十八大精神。

孔老师对十八大报告的基本框架、主要内容进行了客观辩证的讲解。特别能结合基层实际，对十八大召开的历史意义、为什么要坚定不移地坚持中国特色社会主义道路、科学发展观的含义、全面建成小康社会的奋斗目标等方面进行了深入浅出的讲解，对基层党员如何学习和贯彻党的十八大精神进行了指导，提出了思路。

2012年12月17日

纳古镇召开2013年森林防火工作会议，镇领导、7个村民小组领导和相关护林员、扑火队员共40余人参加了会议。会议由林业站站长师亚红主持。

其次，林业站站长师亚红总结了2012年度的森林防火工作取得的成绩和存在的不足。

随后，副镇长陈申力对2013年度的森林防火工作提出了详尽可行的安排意见，并与各村民小组签订了目标管理责任书。

最后，县林业局防火办工作人员就扑救森林火灾的方法、灭火安全及避险方法进行讲解培训。

此次会议镇党政领导高度重视、精心组织，防火目标明确，责任落实。会议的召开，相信对于有效预防明年全镇的森林火灾将起到积极的作用。

2012年12月18日

云南省玉溪市妇联副主席郑丽英、玉溪市八县一区妇联主席、副主席、维权干部等一行人在纳古镇妇联主席纳瑞媛等相关领导的陪同下莅临纳古中心小学视察、指导工作。交流座谈会由纳古镇妇联主席纳瑞媛主持，纳古中心小学德育主任、总辅导员何文平老师做交流，热烈欢迎各位领导的到来，并简单介绍了纳古中心小学建校至今的基本情况、办学管理、学校特色、家庭教育以及对外来务工子女的教育和所取得的成绩。纳古镇妇联主席纳瑞媛对留守儿童的工作做了介绍。接着在学校行政领导的陪同下参观了学校少先队大队室、宣传栏、教学楼走廊文化和班级文化。市妇联领导对纳古中心小学工作和取得的成绩表示了肯定和赞扬。

2012年12月19日

纳古召开新型毒品防范工作座谈会，镇党政领导，两所清真寺师傅、管委会成员计30余人参加座谈。

首先，参会人员观看了宣传电教片《毒海深渊》，对新型毒品的危害进行了了解。

随后，各位参会人员对如何防范新型毒品谈了自己的看法，提出可操作的意见和建议。

座谈会的召开，统一了思想。下一步，镇党委政府将制定可行的实施方案，清真寺、派出所等部门将发挥各自的优势，切实加大对毒品危害的宣传及毒品犯罪的打击力度，通过提高群众的知晓率，畅通毒品违法犯罪举报机制，最终在纳古形成吸毒、贩毒人人喊打的良好局面。

2012年12月20日

对于纳古六组青年葛志高来说，是一个值得喜庆的日子，因为他接到了县人武部的第二批新兵入伍通知，即将起程奔赴绿色军营。

军营生活是葛志高一直向往已久的生活，今年，他与其他有志青年一起报名，并顺利通过了体检、政审等环节。当接到入伍通知后，其新属、朋友聚在一起，为即将步入军营的小葛送行，喜悦之情溢于言表。

2012年12月21日

纳古县、镇人大代表换届工作正依程序有条不紊地进行。提名、推荐代表候选人和协商确定正式代表候选人是代表选举工作的重要环节，也是提高代表素质、优化代表结构、加强民主政治建设的重要阶段。

截至12月21日，纳古推荐的代表候选人已全部产生，经过反复酝酿、讨论、协商，最终确定了县、镇正式代表候选人，并于当日进行了张榜公布。

2012年12月22日

为了普及防震科普知识，进一步增强全校师生的防震减灾意识和震时应急反应能力，保证师生安全脱险，把损失降到最低限度，纳古中心小学根据学校安全工作计划，开展了"防震减灾"知识系列教育活动，举行了一次防震逃生演练，近3000名学生在整个活动用时3分45秒，效果甚好。

钟声敲响，孩子们迅速护头躲到桌子下边，随着警报响起，同学们在教师的指挥下以最短的时间按照规定的疏散路线有序撤离到安全地带，然后班主任清点班级人数，以口头的形式向总指挥汇报。最后，总指挥进行活动评估、总结。

为做好这次地震逃生演练，学校成立了领导小组并制定了翔实的演练方案，让学生熟悉应急避震的正确方法，明确演练的重要意义、演练的程序、时间和纪律要求，以及各个班级疏散的路线和到达的区域；对疏散路线和安全地带进行了仔细检查，消除各种可能存在的障碍和隐患，确保"逃生"路线畅通安全，真正做到了高效、有序、快捷地避震、逃生和疏散。

此次地震逃生演练，使广大师生熟悉了防震知识、避震方法，疏散路线，树立了自救互救意识，掌握了基本的自救自护技能，进一步提高了广大师生的防震减灾综合能力。

2012年12月24日

人员调整后的纳古商会成功举办首期知识讲座，纳古商会70余名会员到会听讲。

讲座邀请法学博士、教授、博士生导师，现任云南省社会科学院党组书记、院长的纳麒先生主讲。

纳教授结合云南回族的形成、回族的历史境遇及形成的民族个性、云南回族文化应当具备的核心价值观和回族科学发展面临的问题等六个方面分别进行了阐述。在推动回族地区科学发展过程中，对各位企业界、宗教界人士提出了希望。

纳教授精彩的授课，获得了参会人员的一致好评，整个会场座无虚席，秩序井然，收到了较好效果。

2012年12月26日

为不断优化全镇县、镇人大代表整体结构，纳古在推荐协商代表候选人时，在尊重选民推荐结果的同时，充分考虑人员良好素质和代表结构，确定的正式候选人结构不断优化。

纳古镇2012年县、镇人大代表换届选举共划分县代表选区3个、镇代表选区19个。县代表确定正式候选人10人（应选代表7名），其中：政党推荐3名，选民推荐7名；推出男性7名，女性3名；党员8名，群众2名；宗教人士1名；汉族5名，少数民族5名；镇代表正式候选人66名（应选代表47名），其中：政党推荐5名，选民推荐61名，男性51名，女性15名；党员31名，团员1名，群众34名；汉族15名，回族51名。

2012年12月31日

由云南省民族学会、云南省民族商会主办的"纪念赛典赤·赡思汀诞辰800周年座谈会"在连云宾馆召开。省政协原主席刘树生、省政府原常务副省长朱奎、省政协原副主席赵廷光、省人大常委会原常务副主任、省关工委主任张宝三、省政协副主席、省伊斯兰教协会会长马开贤等领导出席了座谈会。

省委副书记、代省长李纪恒给座谈会发来贺信，祝"赛典赤·赡思汀诞辰800周年座谈会"取得圆满成功，李纪恒在贺信中表示，"随着建设面向西南开放重要桥头堡战略的全面推进，云南的发展站在新的起点上，希望云南省民族学会再接再厉，发挥优势，继续在挖掘和发展民族文化事业中发挥积极作用，为把我省建设成为民族团结进步、边疆繁荣稳定的示范区作出新贡献！"

在座谈会上，来自各界的学术专家、社会团体代表纷纷发言，缅怀赛典赤的丰功伟绩，颂扬其崇高精神。

云南省民族学会会长郭大烈说："赛典赤抚治云南、建设行省、政通人和、迁昆明、关注民生、兴文重教，他是云南历史上首任省长，是第一位少数民族省长，是有作为、爱民的省长，是难得的清官，今天我们云南要建设民族团结进步的示范区，就是要继承弘扬先辈业绩。"

昆明市志办原副主任马颖生是赛典赤众多的后裔之一，马颖生介绍了对赛典赤家谱的研究，现在流传下来5本家谱，根据这些家谱记载，赛典赤五子的后代大都定居云南各地，分为十三姓，有很多人都为国家民族的发展作出了巨大贡献。如明代著名航海家郑和，是赛典赤6世孙；马注，赛典赤15世孙，是清代中国伊斯兰教四大学者之一；马毓定，参加第一次世界大战，赴前线对德作战，英勇善战，获得法国国家"十字刻"勋章，后来战死沙场，成为第一个在"一战"战场牺牲的中国人，孙中山亲书"黄胄光荣"挽联；马登云，云南回族第一代共产党员，积极从事学生和农民运动，任云南第一个共青团组织委员，为云南共青团组织的发展奠定了基础，1929年被国民党杀害……马颖生表示："作为后裔，我们今天纪念前贤赛公，就是要继往开来，把他忠于国家、热爱人民的精神发扬光大。"

与会的专家、学者还对赛典赤的文物古迹保护提出了自己的观点。云南省民族研究所研究员清升表示，"元代的墓葬在全国来说并不多见，建议在赛典赤陵园建一纪念馆，使游客在接受爱国主义教育的同时，又可瞻仰、凭吊赛典赤陵墓这一重要的文物古迹。"云南大学伊朗研究中心主任姚继德教授说，"忠爱坊是元代人们为了纪念赛典赤的功德而修建的，曾两次遭到烧毁，现在位于昆明市区的忠爱坊是1999年世博会为了再现历史文化名城胜迹而重建的，但是现在在忠爱坊上没有任何说明是为何而建"。所以他建议，在忠爱坊上用中、英、波斯文将赛典赤的事迹、功德刻上，让现在的年轻人也知道曾经有这样一位杰出政治家为云南作出了巨大的贡献。

 # 纳杰日志
2013年

2013年1月1日　晴朗

近日，省民委原副主任马化清、省民族理论学会副秘书长黄国益、省民委办公室助理研究员谭玉婷、省民委工作队干部陆韵秋在市、县民宗部门领导的陪同下深入纳古调研。

调研组一行专题了解纳古贯彻落实党的民族宗教政策情况及建镇前后经济社会发展变化情况，旨在为今后全省制定民族政策提供依据。

近年来，纳古镇大力推进新型工业化进程，工业经济取得明显成效，企业逐步向规模化方向发展，效益日趋突出，涌现出一批财源贡献突出、品牌效益明显的企业，并得到各级的认可。

在今年全县的经济工作会上，纳古的5户企业受到县委、县政府表彰奖励，其中通海纳古连铸工贸有限公司、通海县大升经贸有限公司获财源贡献奖；云南通海志诚实业有限责任公司获项目投资奖；通海日辉钢铁工贸有限公司、云南巨峰高频焊管有限公司获清洁生产奖。

另悉，云南天方食品有限公司、云南方圆工贸有限公司被列为通海县重点挂牌保护企业。

2013年1月2日　晴朗

新年伊始，纳古小学新建设的教学楼破土动工。

据悉，该教学楼建筑面积3869.76平方米，投资500余万元，工程计划于2013年8月底完工。教学楼建成后，将有效缓解纳古小学外来学生较多、教室等设施不足的困难。

2013年1月4日　晴朗

在创先争优活动开展过程中，纳古立足当地实际，以"四注重四坚持"增强党组织活力，激发党员内在动力，切实把创先争优活动落实到本职岗位上、融入日常工作里、体现到队伍管理中，推动创先争优活动持续深入开展。

今天，纳古召开会议，对新当选的47名人大代表进行专题培训。

会上，各位代表学习了《中华人民共和国全国人民代表大会和地方各级人民代表大会选举法》和《中华人民共和国全国人民代表大会和地方各级人民代表大会代表法》等法律法规；同时，对代表拥有的权利、义务和履行职责应具备的素质进行了系统学习。

2013年1月5日　晴朗

近日，马来西亚世纪大学学院院长陈博士及国际部主任一行二人，在云南大学马老师的陪同下到纳古参观访问。来宾们参观了纳家营伊斯兰文化学院、纳古小学，与学院负责人、老师、学生等进行座谈交流，双方就学习交流方面的合作达成了一些共识。

据悉，马来西亚世纪大学拥有一个大学学院，6个分院，3个培训中心，在校生人数28000人，其中有来自100多个国家和地区的3000多名国际留学生，涵盖文、理科多个专业，很多学科，是一所综合类大学。

2013年1月7日　晴朗

为期3天的纳古镇第五届人民代表大会第一次会议胜利闭幕，会议完成各项既定议程，取得圆满成功。

大会审议并通过了镇人民政府工作报告和镇人大主席团工作报告，审议并通过了关于对生活区造纸、炼钢等污染企业实行关停的建议。选举产生了镇人大主席、镇长和3个副镇长。镇人大主席由马恒骧担任，镇长由纳立凡担任，副镇长由陈申力、马燕妮、黄成彦担任，以上人选由纳古镇47名新一届镇人大代表选举产生。

2013年1月8日　晴朗

为参加全县2月初举办的"迎新春、大家乐"广场舞大赛，我镇认真组织，精心准备。并于近日邀请专业舞蹈教师对参加比赛的人员进行专门辅导。

2013 年 1 月 9 日

纳家营的同名歌曲《纳家营》于 1 月 9 日在网络上正式发布，这首歌曲由杨峰作词，田蕴坪、杨峰作曲，索菲燕演唱。

杨峰，回族，毕业于新疆大学中文系，北京师范大学信息管理学系，系新疆维吾尔自治区文联委员、科协委员、社科联委员，新疆作家协会会员，乌鲁木齐作协常务理事。现为新疆《西域文化》杂志常务副主编，是回族文学界很有影响的作家，其散文集《托克马克之恋》还曾获过"骏马奖"。部分诗作、散文、评论等曾先后被收入《中国回族文学作品选》《新疆 30 年诗选》《天山之歌》《穆斯林名家名作》《新疆少数民族文学作品选》等专辑中。

索菲燕是近年来活跃在民族歌坛上的一名出色的女高音歌唱家，毕业于星海音乐学院声乐专业，曾跟随部队的文艺演出团队到海岛边防哨所慰问演出，她的歌音色甜美，清纯透明，流畅圆润，被誉为"军中百灵"。

田蕴坪，现年 56 岁，河北深州市人，大学学历，1971 年在新疆石河子农八师 150 团场，先后任农工、中学语文教师，1993 年由兵团调干支教到和田市，在和田市一中任教至 2006 年 8 月退休。

《纳家营》这首歌曲的创作灵感来源于词曲作者杨峰在多次到访纳家营后，深深感受到了纳家营的风土人情，民族风情及历史文化，了解到纳家营位于云南省通海县西北部，背靠狮子山，面临杞麓湖，南去县城 14 千米，北上昆明 110 千米，平均海拔 1800 米，风光秀丽，气候宜人，山光湖色，四季如春，总面积 12 平方千米，全镇由纳家营、古城、三家村 3 个自然村组成为纳古镇，是著名的"侨乡"和"手工业之乡"，并且全镇 82% 的居民均为信仰伊斯兰教的回族人，这 7000 多的回族人大部分是元代著名回族政治家、云南省首任平章政事赛典赤的后裔，他们保持着自己的文化传统和风俗习惯，无论是饮食起居，还是婚丧嫁娶，都有着浓郁的地方特色和民族特色。700余年来，与周围乡村各民族和谐相处，1988年4月，被国务院表彰为"全国民族团结进步先进集体"。纳家营历史悠久，贤达辈出，中国著名的阿拉伯历史学家、荣膺联合国教科文组织"阿拉伯文化沙迦国际奖"的北京外国语大学纳忠教授、翻译了《一千零一夜》的著名翻译家纳训先生都是纳家营人，于是杨峰老师产生了要为纳家营创作一首歌曲的想法。2012年11月，第二十次回族研讨会在福建泉州举行，杨峰同一起参会的当时纳古镇人大主席马恒骧、镇长纳锦斋、副镇长纳立凡一起探讨了这个问题，纳古镇的领导们在听取了杨峰老师的想法后纷纷表示赞同，并决定请杨峰老师为纳家营制作一首属于纳家营的、讲述纳家营的歌曲。杨峰老师在会后立即着手创作，创作完成后，并邀请著名女高音歌唱家索菲燕进行演绎。于是，这一首旋律优美、歌词丰富、讲述纳家营的歌曲就诞生了。

喜欢这首歌的朋友可以登录以下网址进行倾听：http://yc.5sing.com/1565454.html。

2013年1月10日

纳古中心小学百年发展历程简述

2013年来了，纳古教育百年华诞庆典的脚步加紧加快，各位先生女士要积极行动起来，投入具体的工作中来，为母校的盛典贡献自己的力量！

经过一段时间的努力，百年庆典筹备组对纳古教育百年历史的资料收集和对相关人物的采访，纳古教育百年的历程可以通过几个年段和代表人物来进行划分和撰述。现在想把大致的脉络告知各行各业的人士，希望各位关心教育、关心纳古教育未来的人士能从各自熟悉和了解的年段、时代陈述自己的理解和见解，把我们纳古教育百年的各个时代和各个典型人物写得有声有色、精彩纷呈。赶快提起你的笔，让鲜活的人物、故事顺着笔尖畅意流淌，让对教育的希冀、向往通过您的华章个性飞扬，让各位爱教育和明天的情感、思考喷薄而出。来吧！亲爱的校友和乡亲，热心教育的先生和女士。纳古百年华诞的庆典等着您，等着您使之丰富多彩、留彩荧光！

根据对纳古百年教育历程的了解，可以用最为简洁和清晰的划分方法，基本脉络如下，有相关年代事件、人物资料或者意见建议的请提供出来，我们将不胜感激：

纳古中心小学百年发展历程

代次：第一代

代表人物：戴嘉珍

年代界限：1913—1926年

特点：1.还存有私塾特色；2.清真寺内办学，尊师重道。

典型人物：钱士珍

第二代　纳子厚 1933—1952年

1.1938年从初小发展成高小；

2.1941年扩校，并开办邮政代办点；

3.1946年建立古城村小，马树峰首任校长。马亮诚、纳苍宝、钱怀光、张发存、葛绍顺、马树峰、钱开辉、纳启荣、纳本慈、纳泽生、合文宗、纳友庭、纳光慈、纳翠仙、李忠英

第三代　马自发 1952—1979年

1.风云变幻的时段，人员变动频繁，领导更替较多；

2.学校几易名称。王国恩、王勤德、马启朝、张开寿、王寿尧、张家录、鲁燕林、马跃升、杨世昌、钟慧雯、管树荣、马恩信、纳家智、纳子祥、马启合

第四代　纳家瑞 1979—1991年

1.改革开放，恢复高考制度后教育发展形势变化巨大；

2.开始出现大学生。　　马跃升

第五代　马子厚 1991—2002年

1. 普九普实规范进行；

2. 普及初中规范教学。　李润之、马吉仙、马存凤

第六代　马灿敏 2002—2013 年

1. 十四中建成后合并三中；

2. 校园环境改善较大；

3. 普及教育成效显著。　王进科、陈艳

2013 年 1 月 24 日

5 年来，纳古镇面对复杂的国际、国内环境，不断优化发展环境，转变发展方式，以发展民营经济为重点，坚持科技兴农，促进农民增收，坚持统筹兼顾，推进协调发展，克服了资金趋紧、电力短缺等因素带来的困难，实现了国民经济的持续健康发展。5 年累计实现社会经济总收入 247.62 亿元，年均增长 15.5%；财政总收入 1.5 亿元，年均增长 20.2%，地方财政收入 5414 万元，年均增长 21.2%；固定资产投资 10.13 亿元，年均增长 5.75%；农民人均纯收入由 8008 元增加到 11300 元，年均增长 8.75%。

其中 2012 年主要经济指标均实现两位数增长，社会经济总收入 64.57 亿元，增长 15.2%；财政总收入 3320 万元，增长 10.1%；地方财政收入 1139 万元，增长 10.2%；完成固定资产投资 1.8 亿元，增长 18.9%。

2013 年 1 月 25 日

纳古镇新型工业化正稳步推进。

一是工业企业逐步向规范化、规模化和多元化方向发展。方圆工贸、穆光、华侨铰链等 8 户规模企业成功进驻通海里山工业园区；甘肃陇滇、文山巨成、华宁康宏等公司对外投资规模不断加大；连铸、纳古工贸等骨干企业对社会贡献明显；线材、焊管、角钢、槽钢等优势产品占有省

内主要市场，并逐步向省外和国外市场发展。传统五金、刀具等民族手工业进一步发展壮大；清真食品稳步发展。

二是清洁生产、节能减排工作取得实效。5年来，规范93户企业新上项目用电审批，促使企业完成技术改造，督促污染企业整改或关停；巨峰高频焊管、云马扣件等7户企业先后通过清洁生产验收；推进节能减排环境治理项目实施，投资1.48亿元完成62户企业116台工业燃煤锅炉改造、306台50千瓦以上电机变频改造和7万个节能灯绿色照明工程改造，共计实现节能9万吨标准煤。

2013年1月26日

今后五年政府工作的目标为：到2017年全镇社会经济总收入达到100亿元，财政总收入达到8000万元，地方财政收入达到3000万元，农民人均纯收入达到1.7万元，人口自然增长率控制在7‰以内，同省、市、县同步实现"四个翻番、两个倍增"的目标。

为实现上述目标，应着力抓好以下三方面工作：

一、用活政策、做强产业，加快新型工业化进程

继续加大推进企业的重组整合力度，着力做好结构调整、技术创新、节能减排等工作，提高经济运行质量。一是优化产业布局，调整产业结构，加大企业兼并重组力度，优化产业升级，组建集产、供、销为一体的大型企业集团。二是引导投产一批符合国家政策、环保达标、具有发展潜力的项目，带动纳古经济的新一轮发展。三是鼓励清洁生产、发展循环经济，切实改变高污染高能耗的现状，提高资源利用率、减少污染物排放，加强环境监督，依法治理污染；建立激励机制，积极争取政策、资金向治理进度快、效果好的企业倾斜。四是打造高端品牌，走品牌强镇之路，着力把纳古打造成为全省五金制品加工基地。继续加大对清真食品企业的引导和扶持力度，将清真食品推向国内外市场。到2017年，力争实现年产值突破20亿元的企业达到1户，突破10亿元的企业达2户，

突破亿元的企业达 20 户以上，实现工业经济总产值接近 100 亿元。

二、优化环境、做美城镇，打造省级文明城镇

紧紧围绕县旅游精品建设战略的总体部署，结合纳古民族文化资源，发挥名镇、名寺、名人的品牌效应和便利的交通区位优势，做好"一千零一夜"小镇的规划建设，采取"以镇招商、以商活市、以市富镇"的建设路子，吸引更多的资金参与城镇建设，加强街道、停车场、公厕和排污工程等一批生产生活基础设施建设，加大集镇的绿化、亮化、美化力度，树立良好文明的对外形象，积极建设旅游名镇，提升集镇品位，促进旅游经济发展，推进城镇化进程，最终建成能容纳 4 万至 5 万人居住，"环境优美、功能齐全、生产发展、生活方便"的中国西南伊斯兰文化教育传承基地。

三、统筹兼顾、构建和谐，推进社会事业协调发展

加快推进以改善民生为重点的和谐社会建设，扩大公共服务，完善社会管理，促进社会公平正义。加大财政对教育的投入力度，发扬群众捐资助学的优良传统。做好民族宗教文化的挖掘和保护工作，建成中心幼儿园、民族文化展览馆和忠训图书馆。完善学生资助制度，保障经济困难家庭、外来务工人员子女平等受教育的权利，继续鼓励支持社会力量办学。扩大就业比例，鼓励企业积极吸纳低收入家庭人员就业，逐步缩小贫富差距。加强公共卫生事业发展，保障人人享有基本医疗卫生服务，建立完善居民健康档案。完善社会保障制度，实现低保人员应保尽保。鼓励企业参与福利事业，关心帮助社会弱势群体，争取老年公寓、廉租住房和公租房等开工建设。认真落实人口计生政策，完善服务体系，优化服务质量。加强民主与法制建设，巩固"平安纳古"创建成果，以构建和谐社会为出发点，以提升群众满意度和安全感为最终目标，努力形成社会和谐人人有责、和谐社会人人共享的生动局面。

2013年1月30日

纳古政府今年将着重抓好八个方面工作：

一是优化产业结构，推进实施新型工业化进程。

二是夯实农业基础地位，改善农业生产条件。

三是完善集镇功能，提高集镇品位。

四是加强生态文明建设，建设美丽纳古。

五是加强和创新社会管理，努力改善民生。

六是加强思想道德建设，推动文化繁荣发展。

七是强化社会治安综合治理，保障人民安居乐业。

八是推进管理创新，加强政府自身建设。

2013年2月4日

在春节到来之际，纳古镇工会开展了困难职工走访慰问，对通海连铸工贸有限公司、鸿翔焊管有限公司、航凯工业公司的4名困难职工进行了春节慰问。

2013年2月24日

凌晨1时许，违法嫌疑人纳某某等二人擅自在纳古镇后山果园边的山场盗伐林木，被我镇纳古所伏击民警当场抓获。

目前，该案件已移交通海县森林公安局做进一步处理。

为切实保护纳古的生态资源，打击滥伐、盗伐林木行为，维护林区秩序稳定，希望广大群众增强森林资源保护意识，自觉遵守林业法律法规，切莫以身试法，同时也希望广大群众踊跃举报破坏森林资源的违法犯罪行为，共同保护纳古林业资源。

2013年2月25日

对纳古镇小菜市场的商品房开发项目讨论的村民很多，如下：

甲说:"纳家营,就那么点地方了,现在海边那些秧田也修了路,各家是各家的也围好了,都是私人的了。小菜市场,作为清真寺资产,为数不多的带有公益性质的公共场所,为何还要变卖成私人的呢?有人说大的那个就够用了,但10年20年后呢,当人口发展到3万、5万的时候呢,还会够用吗?也有人说,清真寺的资产利用得不好,带来的经济效益低,你盖成房子了,就高了吗?你盖成了房子,卖得个一千万两千万,你今年卖了明年还能接着卖吗?或者10年、20年后还能接着再卖一次吗?但作为菜市场,每年给我们带来的便利,折算成现金,每年会是多少呢?虽然没有卖房子多,但只要纳家营人在的一日,它就永远为纳家营的子子孙孙服务着,几十年后,上百年后,它给我们带来的便利、带来的效益,远比你卖房子的多。纳古,一弹丸之地,现在已经拥挤了,所以,在我看来,就不要打小菜市场的主意了,属于我们带有公共性质的场所太少了,当然,盖学院是好事,但真的就如此迫不及待吗?就不容许缓个三五年吗?真的值得我们做拆东墙补西墙这种事吗?大家三思。"

乙说:"难道我们一定要守着一块土地,一年收个二三十万就满足了吗?小区盖好后两层商铺的租金每年的收入我想绝对不会低于50万。如果几年后纳古发展了,我们不一定要把市场求地块大,纳古本来就小,完全可以在以后将大市场建成三四层的综合市场。"

丙说:"其实会算账的人都知道,以后盖好了底下五六层仍然都是归清真寺所管所运作,细算下来清真寺所有面积应该是比现在多多了,不存在信中所说的把清真寺土地贱卖了。反而是扩大了面积,增加了土地利用率,发挥了更大的经济效益。另外将多余更多的面积重新转让回有需要的群众手中。现在不是讨论盖与否了,而是应该有大家都来操操心提提建议,怎样盖、怎样卖、怎样取利于教门、取利于民最好!强烈建议:价格要适中,如果报名买的人多就应该实行按户口限购,应该倾向于照顾更多的确实需要住房的人。"

丁说:"1. 按本人想法,清真寺就不该有过多资产,清真寺目前单单土地就不止百亩,大量土地仅用于租赁,那是极大的浪费,而且清真寺拥有的土地大多位于核心地带,想必清真寺对推高地价出力不少。

"2. 名字只是个名字而已,总有人上升到意识形态的高度。最近听到另外一个消息更让我震惊:据说忠爱房地产的房子不卖给非穆斯林。如果这事是真的,你说你一个房地产项目,怎么还带民族歧视了呢?

"3. 想必反对小区项目的,要么不在纳家营住,要么是已经不愁住了。希望你也考虑一下小部分人的需求。只希望'一千零一夜'小区早日破土动工,尽快解决有需要的人们的住房问题。

"4. 现在新建的学院缺口几千万,如果'慢慢想办法'的话,学院建起我看最少十年。"

…………

就我个人,以及大部分村民来说,多数支持盖的,而且我个人更偏向于乙说的意思。

2013年3月1日

2月27日至3月1日,县委政府5个考核组分别对纳古镇2012年经济建设、生态建设、社会建设、社会稳定、党的建设等五方面和工作进行了综合考核。考核采取听、看、问、查、访等方式进行。考核为促进工作,通过考核,肯定取得成绩的同时,找准自身存在的不足,对于改进今后的工作必将起到积极促进作用。

2013年3月4日

为揭露"全能神"的邪教本质,防止"全能神"邪教组织对人民群众的生命财产安全造成危害。上午,纳古镇党政办公室配合综治维稳办组织全体干部职工、部分团员青年收看了防范"全能神"邪教的宣传片。

宣传片通过一系列触目惊心的画面,当事人家属现身说法,让大家对邪教组织的本质有了更加清醒的认识，教育大家坚决抵制邪教，崇尚科学，树立正确的世界观、人生观和价值观。

通过此次宣传，大家纷纷表示，要坚决抵制邪教组织，动员身边的人不参加邪教组织的任何活动，对出现的"全能神"违法犯罪活动及时报告派出所，坚决抵制歪理邪说，共同创造一个安全稳定的社会环境。

2013年3月5日

纳古召开干部职工大会，专题传达贯彻市委四届三次全会精神。镇党委书记张兴友对市委全会基本情况、主要精神及县委贯彻市委全会的主要精神进行传达。

张兴友指出，深刻学习领会和贯彻落实好市委全会精神，对于我们全面贯彻落实科学发展观，加快纳古各项事业发展重大意义。各相关部门、各位干部职工要进一步转变作风，廉洁干事，要认真贯彻落实中央、省、市、县"转变作风、密切联系群众"的相关要求，并认真执行镇党委的各项规章制度，进一步增强忧患意识、机遇意识和发展意识，克服庸、懒、满、奢等不良风气，努力为群众办好事、办实事；坚持厉行节约，勤俭办事，反对铺张浪费，自觉抵制享乐主义和奢靡之风，为推动科学发展提供坚强保障。

张兴友要求，贯彻市委全会精神要把当前纳古开展的拆临拆违、工业提档升级、集镇供水管网改造、护林防火、抗旱等重点工作结合起来，增强工作的紧迫感和责任感，要做到重点工作有人抓，并确保抓出实效。

2013年3月6日

近日，副县长朱珠在县文化局唐副局长的陪同下，轻车简从，对纳古民族文化传承保护及文化产业发展进行实地调研。

朱副县长参观了纳家营清真寺，并走访了纳忠、纳训故居及华钢刀剪公司，与基层干部和企业负责人交流，深入了解了纳古民族文化传承及文化产业发展面临的机遇和存在的问题。

纳家营清真寺通知明早10点召开小菜市场小区建设听证会！

2013年3月7日

自2012年12月以来，纳古镇第三村民小组、第四村民小组因小海门沟界问题发生纠纷，双方群众情绪激烈，多次发生语言冲突。镇党委政府多次调解，双方仍对沟界的确认划分各持己见，分歧较大。所争议的沟道是纳古镇主要的排水道之一，沟道被填埋后，排水极不畅通，导致周围部分田地被淹，而沟界未得到确定之前，又无法进行清理畅通。目前，雨季将来临，若不及时处置或处置不善，很可能使矛盾激化，甚至引发群体性事件。

为此，纳古镇党委政府高度重视，3月5日，及时向县领导做了汇报，请求指导解决。联系纳古的县纪委书记刘世伟当天赶到纳古了解具体情况，在对实地情况进行查看之后，同镇领导一起讨论制定解决措施，分头与两个村民小组领导协调沟通，听取各组意见。3月6日早上，刘世伟书记、县民宗局鲁燕标局长、原纳古镇党委书记黄勇协同纳古镇主要领导及镇综治办、土管所、司法所组织双方进行调解，经过两个多小时的协调，双方对沟界的确认划分方法基本达成一致意见。之后，到达现场对沟界进行定点、测量。下午2点，双方终于对沟界划分达成协议，并由镇土管所制作出图纸。协议中双方约定各退两米为沟，修建一条宽4米的排水沟，保障了纳古镇排水畅通。

纳家营清真寺上午10点，召开纳古小菜市场建设听证会。到场的教亲有150人左右，基本上有三点需要统一的：一是小菜市场开发否；二是开发的房子均价多少；三是开发的建设方案定哪个。

2013年3月8日 晴朗

3月8日是"三八妇女节"，也是一个感恩的日子。为了让学生们体验到母亲的辛苦和母爱的伟大，2013年3月，纳古中心小学少先队大队部以"三八妇女节"为教育契机，倡议全体少先队员：学会感恩，用真情、用行动回报父母亲、回报长辈，为妈妈、奶奶、外婆、女教师过个节。

在3月间，纳古小学开展了形式多样的感恩活动，写一篇感恩母亲的文章、做一张贺卡、写一封信、自制一份小礼物；在感恩母亲的实践活动中，让他们摸摸妈妈的手，亲亲妈妈的脸，为妈妈、奶奶、外婆……做些力所能及的家务事，献上一份最诚挚的爱，让妈妈知道，孩子变得细心了。

2013年3月10日

纳家营清真寺下午5点左右通知：定于3月11日上午8点—11点30分，下午2点30分—4点30分在纳家营清真寺管委会办公室报名，认购纳古镇小菜市场小区户型，预报名不用交任何款项。

2013年3月11日　晴朗

早拜下来，纳家营清真寺总有一个熟悉的声音在通知："通知，请大家注意一下，今天某某家的某某某归真，下午5点钟，请大家来要送'埋体'。"从过年以来到现在30天的时间，纳古镇归真了15位教亲了，这个归真频率真够大的。

2013年3月12日　大雨

早上6点30分的时候，下起了大雨。这场雨，应该算是一场及时雨。最近，天干物燥，杞麓湖湖水都萎缩了。下了雨，至少可以缓解旱情。下了半个小时就停了。

2013 年 3 月 13 日

为了普及防震科普知识，进一步增强全校师生的防震减灾意识和震时应急反应能力，保证师生安全脱险，把损失降低到最低限度，纳古中心小学按照上级文件精神要求和学校安全工作计划，开展了防震减灾知识系列教育活动，并于 2013 年 3 月 13 日上午 9 点半，举行了一次防震逃生演练，整个活动用时 2 分 47 秒，效果甚好。

随着警报响起，同学们在教师指挥下以最短的时间按照规定的疏散路线有序撤离到安全地带，然后由班主任清点班级人数，以口头的形式向总指挥汇报，最后，总指挥进行活动评估、总结。为做好这次地震逃生演练，学校成立了领导小组并制订了翔实的演练方案，让学生熟悉应急避震的正确方法，明确演练的重要意义、演练的程序、时间和纪律要求，以及各个班级疏散的路线和到达的区域；对疏散路线和安全地带进行了仔细检查，消除各种可能存在的障碍和隐患，确保"逃生"路线畅通安全，真正做到了高效、有序、快捷地避震、逃生和疏散。此次地震逃生演练，使广大师生熟悉了防震知识、避震方法，疏散路线，树立了自救互救意识，掌握了基本的自救自护技能，进一步提高了广大师生的防震减灾综合能力。

2013 年 3 月 14 日

加强生态文明建设，建设美丽纳古是全镇人民的殷切期盼。镇五届人大一次会议通过了《对纳古镇生活区内污染企业实施关停的决定》。

纳古新一届政府按照人代会的要求，抓好重点污染企业限期治理达标排放工作，制订了《实施方案》并认真抓落实。在经委及电力公司的大力配合下，截至 2 月底，已督促生活区的 19 户排放不达标企业实施了关停。今后，纳古还将逐步关停生活区内排放不达标的企业，以确保纳古的生活环境得到明显改善。

2013年3月16日

纳古大白龙工贸公司试机成功，目前已正式投入生产。该企业正式投产，对于我镇推进企业实施提档升级起到了积极的促进作用。

大白龙工贸公司是由纳古生活区19户排放不达标企业按照镇党委、政府提出排放达标、搬离生活区的要求联合组建起来的规模企业，该企业在投产前夕，已按要求对生活区19条生产线全面实施了关停。

2013年3月17日 晴

司法所调解婆媳反目，最终和谐处理。

纳古六组，有一老妇龚某，丧偶多年，育有一子二女，均已成家。2009年3月，年届六十的龚某因年老体衰，便将自己的承包田分给了儿子付某栽种。2010年10月，付某在本地工厂做翻砂工时，不幸发生工伤事故身亡。付某死后，儿媳带着7岁的儿子靠栽田生活。2012年12月，30岁出头的儿媳告诉婆婆龚某，她将与河西镇罗吉村来打工的某男子结婚，龚某知道这消息后，想到儿媳改嫁后，可能带走家产、处分田地。便找儿媳说，再婚不能带走家产、处分田地，不要带走孙子。儿媳认为婆婆是对自己再婚不满，故意找碴，便与婆婆发生争吵。2013年2月，儿媳结婚，婆婆与儿媳的关系进一步恶化。婆婆到司法所口头申请调解，要求改嫁的儿媳归还自己分给儿子的承包田及儿子的部分遗产。

司法所接到申请后，立即与组上调解员联系，对该起纠纷进行调解。调解过程中，调解员一方面做龚某的工作，向其宣传国家保护妇女的婚姻自主权，禁止干涉妇女的结婚自由。劝说龚某即便把承包田要回来，自己无力栽种，靠出嫁的女儿来管理也不现实，如果儿媳结婚后仍住纳古，愿意赡养自己，这样的话，儿媳靠栽田就能把10岁的孙子抚养成人，自己也将老有所养。另一方面向儿媳宣传《中华人民共和国妇女权益保障法》相关的法律知识，即丧偶儿媳对公婆尽了主要赡养义务的，作为第一顺序继承人，将来可继承婆婆的财产。经过多次调解，反复做双方的工作，

2013年3月，最终达成协议：1. 龚某将分给儿子的承包田继续给儿媳栽种。2. 儿媳一年给婆婆大米300斤，人民币600元做生活费；婆婆生病住院，死后安葬由儿媳负责。至此，一起婆媳反目的纠纷经调解员的不懈努力终于得到调解。

2013年3月18日

经过耐心细致的工作，纳古大桥废旧物资公司带头拆除了其占用68米公路排水沟修建的违章建筑。标志着纳古拆临拆违工作已初步取得成效。

今后，纳古将按县委、县政府的要求，总结经验，克服困难，切实做好拆临拆违、整治环境的相关工作，为建设美丽纳古积极创造良好环境。

2013年3月19日

有签订过关停炼钢炉的企业，自觉地在接到政府的关停通知后一天就按照通知要求关停了企业，并且拆除了炼钢供电设备，但是有5家人当时没有签订协议，现在也没有主动关停，政府希望在舆论的压力下，他们自觉关停，再不济，将进行强行关停，给他们下了一个通知，要求自主关停的时间是4月20日以前。

现在面临两个新问题：一个是关停掉的那19家炼钢厂，要求恢复他们的变压器负电荷，希望可以用这个电荷做点其他的五金加工；另一个是没有关停的另外几户人家，天天来找政府，希望可以延迟关停时间。如何解答，得看政府如何定。如果是按照居民的意志，是希望赶紧关停，并且不能让他们再重操旧业，更不能上其他污染严重的项目。

2013年3月20日

党的十八大结束了，但是我们学习的步伐还没有停止，我们纳古镇"五坚持"学习十八大精神及新党章。

2013 年 3 月 22 日

今天，有人发起讨论话题——外地人眼中的纳古和沙甸！大家的讨论相当热烈。

Na57 说："今日主麻前，与一位青海来的多斯体聊天，他跟我说：现在的沙甸，恐怕有一半都是青海人了。据他所说，青海人现在在沙甸买房的太多了，现房基本卖光了，很多人又订购了期房。为什么那么多人在沙甸买房呢？他说，青海的冬天太冷了，在沙甸买了房，冬天的时候来沙甸过冬。而且，沙甸的房子以前才 1800 左右一平方米，便宜，在西宁，每个冬天仅暖气费都要一万多。我问他，纳家营也有房地产项目了，来纳家营买嘛。他连忙摇头，说：纳家营不行。

"总结他的话，纳古和沙甸的差距在于：

"1. 纳古污染大，沙甸污染小（虽然实际并不一定如此，但眼睛看上去确实这样）。

"2. 沙甸有大清真寺，而且清真寺前面有很大的广场，看上去气派；而纳家营太挤，连像样的空地都没有。

"3. 纳古人排外。

"据说沙甸现在的地价在 30 万～50 万一亩，但房价已经是 3000 左右一平方米了。

"纳古就不一样了，地价 500 万～800 万一亩，这个地价已经不适合买地开发房地产了。"

纳学栋说："其实最大的区别还是清真寺没沙甸的气派；相对来说沙甸介于个旧、开远、蒙自三市的结合部交通要道，穆斯林大道就直直地对着开远的公路，过路顺便去参观的人也不少；沙甸是流通最广汉译本《古兰经》译者马坚先生的故乡，也算得上是沙甸最亮眼的名片，林松先生的韵译版本也是很优美；另外还有沙甸厂区和生活区不在一处。

"所以了嘛，我们借的'一千零一夜'住宅小区对我们同样优秀的纳训先生和纳家营这个牌子进行下再宣传还是很好的嘛，要说成就纳训先生和纳忠先生一定不比马坚先生和林松先生低。纳忠先生好歹还上着CCTV。

要说搞旅游小镇，纳家营条件也不比沙甸差，就是地价太高，要开发些绿地、小公园几乎不可能。"

马雷："就发展旅游这点来谈：

1. 沙甸处于个开蒙交通要道口，得天独厚的地理位置为沙甸旅游提供第一个条件。

2. 正如醋版所说，马坚先生为沙甸打响了名声。

3. 沙甸占地面积为 27.5 平方千米，纳古好像只是 15 平方千米左右。

4. 除了菜市场外，沙甸基础设施的建设比纳古提前和健全，比如：青牛体育场、两所幼儿园、四所小学和一所完全中学，而今鱼峰书院即将建成，这又为沙甸旅游提供另一个条件！提起鱼峰书院，不得不提白亮诚先生，除了是教育家外，懂茶的人都知道，云南的普洱茶之所以能传播各地，跟白亮诚先生的功劳是分不开的。

5. 开年来，接待的外省客人，大部分都会冲着聚礼日来，感受万人聚礼的场面。

6. 沙甸每年的青牛杯篮球赛、足球赛、三八节组织登山、书法美术摄影展为在这里居住的人提供了文体空间，承办云南省第二届回族企业家论坛等让外地客人更好地认识沙甸。

7. 沙甸除了油淋鸭子和干巴外，自己生产的 4 个 9 的白银深受各地游客的喜爱！带旅游团的过程当中，当旅客认识到在这个地方买东西，导游不拿提成不吃回扣的时候，更是放心购物！"

一位不愿透露名字的先生说："沙甸去过两次，总体来看，沙甸的发展空间要比纳古大很多。我 2005 年第一次来纳古，当时感觉挺好。但很遗憾，至今已经 8 年时间了，这 8 年间纳古几乎再没什么变化，除了私人家的小洋楼多了，气派了。而城市基础设施建设、公共设施建设 8 年来还是没有。2005 年来的时候就感觉纳古没有一个停车的地方、没有车站，车子马路上到处乱停，当时还想着应该很快就会改善，谁知道8年后还是一个样，道路更加拥挤。最大的变化就是纳古的地价由2005年的十来万一亩涨到了现在的动辄几百万一亩的境况。同时，由于多年来没一个好的城市建设规划，现在纳古房屋建盖凌乱、无序，街道狭小，而这些政府的一把手是负有不可推卸的责任的。现在就是有哪个领导想做点事想必也是心有余而力不足了。

当然了，有人会说现在纳古有小海公园，不错，但这也是去年才开始建的，并且现在也只是早期建设，离完工想必还要有很多年的时间，并且投资也是非常大的。

现在看来，纳古如果要发展，最大的制约瓶颈就是土地。东边靠湖、西边和北边都被山挡着，南边不远就是汉族地区，纳古基本没什么可以扩充发展的地方。如要发展，只能在保留老建筑的基础上，向高发展，成片规划。而这做起来又是何其难啊！

如果要跟沙甸比，交通、环境、城市建设、经济环境、文化方面，纳古还是差了一大截。

真希望纳古能出现一位能人，带领纳古人民，将纳古建设得更好。时间问题，只能随便说两句，说得不对，请大家指正。"

大家对纳古的关注还是很高的，不管是本地人还是外地人，主要大家的意见都是希望纳古发展好，更好。大家的透露也是发自内心的，没有什么偏见。

2013年3月25日

纳古四措施力推"三拆"工作。

一是成立机构，加强领导。结合纳古实际，成立领导小组，并制订了工作实施方案，以确保拆临、拆违、拆大棚工作做到有人管，有章要循。

二是广泛宣传，营造氛围。召开动员大会，并积极发挥村组干部、清真寺的作用，将拆临拆违工作的相关政策和要求及时向广大群众进行宣传。

三是摸清底数，落实责任。对沿湖、公路沿线等临时违章建筑进行摸底排查；并将排查核实的临违建筑 16 户 10698 平方米进行责任分解，落实到相关工作组，做到责任明确。

四是深入实际，耐心工作。各工作组积极开展工作，发放了拆除通知书，动员其自行拆除。至 3 月 21 日，已有 5 户开始自行拆除，其中拆除临违建筑 330 平方米，清理公路排水沟 220 立方米。

2013 年 3 月 29 日

古城村的村民到支部书记那里反映，说是古城村内有两户人家还在炼钢，为什么没有关停，没有尊重纳古镇政府的要求实施必要的关停程序？现在他们生活在这些炼钢厂周围，污染之巨，无法形容。他们要求镇政府要一视同仁，不能把古城村排除在纳古镇关停炼钢厂和污染企业的法令之外。村支书到镇上反映，希望镇政府可以给出一个满意的答复。

2013 年 3 月 30 日

经过 100 个学时的培训，为期近一年的纳古首期青少年免费书法培训班按要求完成了既定的学习任务，于 3 月 30 日顺利结业。17 名学生通过结业考试，7 名被评为优秀学员。

2013 年 4 月 3 日　晴朗

海边的一个自家搭建的小木屋，在纳古存在十几年了，但在今天的"拆违拆临拆大棚"工作中，它被定为杞麓湖湖边的违章建筑，要求拆除，在做工作半个月未拆除，今天镇政府的所有职工和请的工人，一起帮他们家拆除了这个木屋。住户是四组的马武聪，自家是有房子的，但是四个儿子都不赡养老人，加之马武聪的妻子有点精神障碍，不能正常和儿媳相处，所以才搬到湖边自建木屋以养鸡养羊维持生计。

这样的拆除是没有一点补助的,唯有请他们谅解。

2013年4月6日　阴冷,有阵雨

纳古镇内,似乎到处到弥漫着不太平的气息。一周来,连续归真了三位村民,年纪不是太大,由于送亡人的次数多了,加之一周几次加在一起,这样更让人警醒,死亡就近在咫尺,要多多行善才是。

2013年4月7日

这些天,纳古镇内到处在谣传说忠爱小区的商品房降价卖,说是优惠30%,不用付首付,很多人都在说值得去购买。

2013年4月8日

昨天才去证实优惠30%的说法,今天就有人来闹,要上访,就说是在忠爱小区购房的前期购房户,现在要求退30%的优惠价格的差价。最后,由忠爱小区的董事们来说明了这个谣言。

优惠30%,不用付首付的这个说法,只是针对股东,意思是购房的股东,30%的首付从股东的红利里面来扣除,他只用不足70%的房款就可以了。

差点,搞出群体性上访事件来。

2013年4月15日

一早就乌云密布,终于下雨了!

现在下雨了,就能缓解林业上的警情了。之前的纳古就发生5起小型火灾了,虽然火不大,但是天干物燥,最终把火扑灭,也费了不小的工夫了。

镇人民政府发动机关内的职工打扫镇内的忠爱大街、星月路、文化路、狮山路和振兴路,这几条主要街道,共打扫5千米左右。

2013年4月16日　雨

今早"板多"才下来，就淅淅沥沥地下起了雨，持续了差不多50分钟，地面湿漉漉的。希望这些天多下些雨，可以缓解我们云南的旱情。

2013年4月17日

镇机关的全体工作人员和县政协的全体工作人员，共同到纳古镇的杞麓湖畔的湿地公园打扫卫生，捡垃圾、捞沟。在杞麓湖岸上，看到的杞麓湖和7年前比，已经面目全非了。干旱很严重，水位下降得很快，已经见底了。

2013年12月28日　晴朗

通过精心组织，周密安排，历时近6个月时间，于今日在纳古镇19个选区选举出镇第五届人民代表大会代表47名，圆满地完成了本届人民代表大会代表的选举任务。

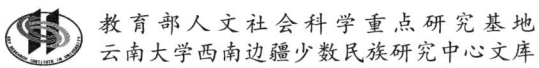
教育部人文社会科学重点研究基地
云南大学西南边疆少数民族研究中心文库

新民族志实验丛书·第二辑
主编 何明

杞麓湖畔

通海县纳古镇回族村民日志
（2009—2018年）

冯 瑜 编

纳文群 纳 杰 纳瑞媛 记录

冯 瑜 马晓雯 臧思沅 马秀艳
何马璐涵 李文月 许沁颖　整理

学苑出版社

目 录

纳瑞媛日志 …………………………………………… 869

2014 年 …………………………………………… 871

2015 年 …………………………………………… 947

2016 年 …………………………………………… 1057

2017 年 …………………………………………… 1175

2018 年 …………………………………………… 1279

纳瑞媛日志
2014—2018年

纳瑞媛日志
2014年

2014 年 1 月 8 日

在新春佳节即将到来之际，共青团通海县委领导到纳古镇进行 2014 年慰问贫困学生活动，为他们送去了新春的祝福。

慰问中，团县委书记唐雅馨详细地了解了贫困学生的学习现状、家庭情况及存在的困难。勉励他们不要气馁，树立起信心，好好学习，用自己优异的成绩来回报社会的关心和爱护，做一个对社会有用的人。贫困学生一致表示，一定好好学习，不辜负党和政府的关心，以优异的成绩来报答社会的关爱。

2014 年 1 月 9 日

下午，参加纳古镇第五届人民代表大会第二次会议的代表们分组对纳古镇《政府工作报告》和《人大主席团工作报告》进行了审议和讨论。

各分组讨论会场气氛热烈，代表们踊跃发言，普遍认为今年两个报告实事求是，总结和计划都比较满意。特别在对《政府工作报告》的讨论中代表们认为：过去的 2013 年，我镇克服国内外经济下行和国家宏观调控带来的不利影响，全镇人民调产业、强经济，抓整治，美环境，严打击、保稳定，实现了我镇经济平稳健康发展、社会和谐稳定的良好局面。报告所反映的我镇一年来各方面取得的成绩实事求是、全面客观，对存在的问题找得准、析得透，代表们总体上对镇政府的工作表示满意。2014 年的工作目标求真务实，符合科学发展要求和我镇实际，体现了全镇人民的利益，令人振奋。代表们希望镇政府要按照报告提出的目标和要求，严格履职，真抓实干，实现报告既定的目标任务。

讨论中，代表们还就农业基础设施建设、禁毒防艾工作和城镇建设管理等群众普遍关心的问题展开热议，并提出了意见和建议。

2014 年 1 月 10 日

在春节即将来临之际，通海县老干局领导、镇部分党政领导和退休老干部在镇政府举行春节年拜会。镇党委书记张兴友通报了2013年全镇经济社会发展情况和2014年工作计划、措施，并代表镇党委、政府向各位老干部送上新春祝福。

张兴友说，过去的一年，面对经济下行压力和宏观调控带来的不利影响，全镇经济社会总体上保持平稳健康发展，社会和谐稳定，这些成绩的取得，离不开老领导、老同志打下的良好基础，离不开老同志一直以来的关心和支持，希望各位再献余热，积极建言献策，促进经济发展，构建和谐纳古。

2014年1月11日

纳古镇组织召开了第三次全国经济普查正式登记动员暨业务培训会。县统计局领导到会指导，镇经济普查领导小组成员、普查小区负责人、普查员共30余人参加了会议。会议由副镇长陈申力主持。

会议安排部署了全镇第三次经济普查正式登记工作，动员全镇上下统一认识，迅速行动，扎实工作，确保高质量完成第三次经济普查的各项工作任务。

会上，统计局领导就经济普查登记做了业务指导，要求普查员认真负责，做到不重复、不漏登，按规定路线开展普查工作。

镇长纳立凡则着重强调了普查工作的重要性，他希望各位普查员增强大局意识和责任意识，把经济普查作为一项硬指标、硬任务，本着严谨负责的态度认真做好普查工作，确保在春节前完成个体户登记工作。

经普办主任马磊尧就分组和普查工作的要求及注意事项对参会人员进行了业务培训。

会议的召开标志着纳古镇第三次全国经济普查登记工作全面展开，动员会结束后，各小组及时行动，迅速投入普查登记工作中。

2014年1月12日

2014年政府工作的基本思路是：坚持以邓小平理论、"三个代表"重要思想和科学发展观为指导，深入贯彻落实十八大、十八届三中全会精神，紧紧围绕县委、县政府部署，坚定不移地实施"生态立镇、工业强镇、旅游兴镇、文化和镇"战略，更加重视生态建设、更加重视经济发展质量、更加重视保障和改善民生，引导工业经济转型升级，推动产业结构调整，挖掘民族文化旅游资源，努力实现纳古经济社会全面协调可持续发展。

今年经济社会发展的目标是：财政总收入增长15%以上，地方财政收入增长10%以上，农民人均纯收入增长14%以上，人口自然增长率控制在6‰以内。

围绕今年的目标任务，要重点抓好八个方面的工作：

一是深入实施"工业强镇"战略。坚持以结构调整为主线，以优势产业为龙头，以重组整合为出口，以转型升级为出路，优化产业结构，加快推进新型工业化进程。

二是重视"三农"工作，以强农惠农政策为保障，以发展传统产业为支撑，以提升优势产业为突破，夯实农业基础地位。

三是按照《纳古镇特色小镇规划》要求，严格规范用地，积极争取项目资金，完成一批在建项目，启动一批新建项目，通过项目建设带动城镇建设，加快城镇建设管理，逐步完善集镇功能。

四是全力推进"生态立镇"战略。坚持节约资源与保护环境并重，着力推进绿色发展、低碳发展，加强生态环保工作，从源头扭转生态环境恶化趋势，改善纳古环境质量。

五是转变发展战略，深入实施"旅游兴镇"战略。挖掘保护民族文化资源，弘扬伊斯兰民族传统文化，发挥名人效应，积极融入昆玉红旅游文化产业经济带建设，加快文化旅游产业发展。

六是努力推动教育、文化、卫生、社保等关系民生的事业健康发展。

七是通过抓好普法教育、社会治安综合治理和民族宗教工作，强化社会管理综合治理，全力维护社会稳定。

八是加强政府自身建设，坚持依法行政，提高服务水平，巩固"市级廉政文化示范点"创建成果，推进社会管理创新。

2014年1月13日

文化站是国家实施文化惠民工程的重要载体，承担着我镇图书借阅、文化信息资源共享、青少年书法培训、读书交流、电子阅览等文化工作。现有文化站总建筑面积600平方米，为三层砖混结构房屋，改扩建后将增加150平方米的公共活动室，工程完工后将继续对群众进行免费开放。

2014年1月14日

为切实做好春节期间安全生产工作，杜绝重特大事故的发生，近日，我镇分管安全生产工作领导和安监站工作人员对全镇辖区内3座加油站进行安全检查，主要针对加油站的安全管理、现场布局、防火安全、消防设施、隐患巡查整改记录、安全标准化运行记录以及是否落实安全生产责任制等情况进行了检查。通过检查，我镇辖区范围内的3座加油站基本符合安全要求，没有发现大的安全隐患，同时，检查人员也对存在的巡查记录不详细等问题进行了告知并要求其限期整改。

下一步我镇将继续实施对工业企业的安全检查，进一步优化我镇安全生产环境，争取春节期间安全生产事故零发生，确保全镇人民度过一个欢乐、祥和的春节。

2014年1月15日

为更好发挥文化站提供公共文化服务，丰富群众精神文化生活的作用，我镇积极向上争取资金对文化站进行整改扩建。

经过实地查看和公开招标，我镇文化站改扩建工程已于日前启动，工程包括楼梯改建和加盖一层钢结构公共活动室。项目总投资10万元，预计1月30日完工。

2014年1月16日

每年冬季，部分群众家里喜欢煮食草乌祛寒暖身，但草乌中含有的乌头碱毒性大。

为确保季节转变期间食品安全，近日，纳古镇食安办工作人员在主要街道和农贸市场等人员比较密集的地方发放《预防大草乌中毒等预警公告》，宣传食用草乌、附子等药膳可能引起的不良反应，严禁餐饮单位和集体食堂加工草乌，同时提醒家庭不要擅自加工制作草乌食用，如因误食出现资料上所述恶心、呕吐、腹痛、腹泻、头晕眼花等症状后应及时就医。

通过宣传普及了食品安全科学知识，提高了公众食品安全意识。

2014年1月24日

值此新春来临之际，纳古镇集中开展新春走访慰问活动，看望慰问老党员、困难党员、老乡干部、特困户和百岁老人等，向他们送去党和政府的关怀，并致以新春的问候和祝福。共对7名老地下党员、困难党员、老乡干部和8户特困户、7户残疾户、2户优抚对象和1名百岁老人进行了走访慰问，发放各类慰问金8700元。

2014年1月25日

镇积极组织普查员按照要求对我镇的体育场地进行了普查，在规定时限内圆满完成了普查工作。

普查员通过深入普查场地开展调查、询问普查对象、实地测量、登记造册等工作，对我镇辖区内的体育场地进行了全面细致的调查了解，共普查出标准篮球场地13块、不标准篮球场地1块、健身房1所、全民健身路径1条。

此次普查有利于更好地掌握我镇现有体育场地数量及使用变化情况，了解群众性体育运动开展情况，对科学配置体育场地设施资源，推动我镇体育事业与经济社会的协调发展具有重要的作用。

2014年1月26日

在纳古七组篮球场上举行了一场激烈的篮球比赛，参赛双方为子弹队和爱球队，经过激烈的比赛，子弹队以70∶71的总比分一分之差惜败爱球队，这是纳古七组举办的第八届春节篮球运动会的最后一场比赛，吸引了男女老少几百名群众到现场观战。比赛结束后随即举行了闭幕式，镇人大主席马恒骧和七组领导为参赛队员颁发了奖金和纪念品，至此，为期5天的纳古七组春节篮球运动会结束。

2014年1月27日

由通海县委宣传部主办的通海县民族工艺刀具产业发展培训会在纳古举行，培训会有幸邀请到了市委宣传部副部长、市文产办主任龚紫山，省工美协会会长张化忠，云南大学教授、省金属工艺大师毛云辉、县委宣传部部长蔡骏辉等上级领导和专家教授到会指导。

培训会上，蔡骏辉就培训的背景、目的和意义做了动员讲话。龚紫山通过华宁陶、江川铜等周边地区民族民间工艺品的发展实例介绍了民族民间工艺品的发展历史，指出要通过做好内容、文化和推广推动民族民间工艺品行业的发展。张化忠着重从名人、名品方面给出了品牌打造和市场营销的建议，建议刀具从业者要注入文化和创新，注重工艺和包装，多出精品，多参加活动，多参加各种社会组织，多参加各种评比，多和名人打交道，多做宣传。毛云辉则介绍了古今中外各地刀具产业发展的现状和特点，并就工艺方面做了专题培训，指出了纳古刀具发展的途径在于融入民族文化元素，加强分工合作，以世界三大名刀之首"阿拉伯刀"为榜样，打造独特的具有穆斯林文化和特色的纳古刀具，使纳古刀具产业得到更好的传承和发展。

此次培训班的举办为我镇的民族工艺刀具企业和广大从业人员提供了一个学习借鉴交流的机会，使大家进一步转变观念，激活思路，不断提升民族工艺刀具的研发生产制作水平，面向市场，多出精品，提高产品附加值，努力形成鲜明的特色和在全省、全国叫得响的知名品牌，逐步做大做强民族工艺刀具产业，进而带动全县民族民间工艺品产业加快发展。

县委宣传部、县工商联领导、镇党政班子成员和中心站所长、纳古镇从事生产制作销售刀具的人员共50余人参加了培训。

2014年2月5日

春节长假期间，甘肃、广东等地以及县内游客造访纳古探寻伊斯兰文化。纳古镇志愿者充分发挥青年的活力与热情，为游客提供接待服务，为人民献上新春的祝福。

为提高志愿者接待服务水平，迎接春节长假的游客，纳古镇政府联合清真寺举办了一次纳古镇旅游接待服务培训，以期能更好地展示纳古的风貌。

通过一系列的服务，纳古镇志愿者将纳古的精神风貌更好地传播开来，为纳古镇的伊斯兰文化传播、旅游业发展增添了一抹亮丽的颜色。

2014年2月6日

自从红嘴鸥飞临纳古做客以来，受到了群众的热烈欢迎，人们在惊讶和新奇中，奔走相告，闲暇时间带着亲人朋友到纳古看海鸥成了人们的新选择。特别是在春节期间，每天都有数千来自全县各地和回乡探亲的人们到纳古赏鸥喂鸥。

大年初二这天，刚到湖边，就看到很多车辆停在路旁，其中不乏外地车辆，湖边人流如潮、热闹非凡，许多人都是慕名专程来看海鸥的。一群群游客聚在一起，有的拿着面包喂海鸥，有的观看，有的拍照，因为人们的热情，海鸥也越聚越多，上千只海鸥成群结队，有的在湖面上嬉戏，有的高旋在人们头顶接受人们投喂面包，大家玩得不亦乐乎。为了避免因人多而发生意外，镇党委、政府、派出所、纳家营清真寺、纳古志愿者还特别安排了人员在现场维持秩序。据估算，春节期间共有上万人到纳古赏鸥喂鸥。

2014年2月7日

春节是中华民族的传统节日，千百年来人们都以隆重的方式来庆祝，但纳古的回族由于民族风俗的不同是不过年的。随着社会经济的发展，人们的生活水平提高了，休闲时间增多了，纳古回族群众以自己的独特方式参与春节活动，分享节日的快乐和美好生活的喜悦。

每当春节来临，随着外来务工人员回家过年，工厂、机关、学校、商铺、饭店的员工都放假了，老板们就忙里偷闲，利用假期组织家人朋友外出旅游。自2000年春节开始，纳古每年都有群众利用春节期间外出旅游且旅游形式多样化，有跟团的，有自驾的，也有自己组团的。国内外都是纳古群众旅游的选择，到南方去领略南国风光、椰林海滩，到北方冰雪世界堆雪人、观冰雕，赴东部沿海感受大都市的繁华喧嚣，往西部腹地欣赏大自然的壮阔美丽，到国外领略不同的异国风情，切实感受世界的多彩和变化，不仅增长了见识，也开阔了视野。

2014年2月8日

今天，纳家营清真寺举行篮球运动会开幕式，县政府党组成员、助理调研员鲁燕标，县民宗局、体育局和镇党政主要领导到场祝贺。

开幕式上，在身着穆斯林民族服饰的女孩引领下，17支参赛队伍和裁判人员踏着激昂的运动员进行曲入场，简短的宗教仪式后，到场领导分别做了讲话和致辞，随后进行了精彩的武术表演。开幕式结束后即开始正式比赛。

赛场上，只见队员们在努力奔跑，严密防守，精彩的配合，巧妙的抢断，不时将比赛气氛推向高潮，赛场外，观众忘情地为自己喜欢的球队鼓劲加油，气氛异常热烈。当有意外跌倒发生时，队员之间拍拍肩膀相互安慰一下接着再来，完美地诠释了"友谊第一，比赛第二"的竞技精神。

纳古镇一贯重视体育工作，篮球、武术、自行车等群众性体育运动开展得丰富多彩，自办运动会更独具特色，特别是篮球运动作为纳古的传统体育项目更是深受广大群众喜爱，曾经成功举办过几届狮山杯篮球赛，就在春节前纳古七组还成功举办了第八届篮球运动会，此次由纳家营清真寺主办的篮球运动会也广受欢迎，共吸引到来自纳古及周边村镇的17支球队参加，此次运动会旨在促进交流、增进友谊、加强团结，比赛采用分组循环制进行，将持续到2月14日结束。

2014年2月9日

入冬以来，天气持续干旱，森林防火形势严峻，面对当前森林火险等级高的严峻形势，春节期间，纳古镇采取切实有效的措施，扎实做好今冬森林防火工作。

一是领导认识到位。结合实际把冬季森林防火列入镇政府重要议事日程，全面部署了春节期间防火工作，多次在职工会上要求全体干部职工提高森林防火工作认识，对森林防火工作要常抓不懈。

二是防火宣传到位。发放森林防火户主通知书，在重点地段书写永久性防火标语，设置防火警示牌，利用回民聚礼日进行防火宣传，以提高群众的森林防火意识。

三是队伍建设到位。购置储备扑火工具，加强半专业扑火队员培训和管理，确保发生火灾能快速反应、科学扑救、有效控制。

四是火源管控到位。安排专人在进山路口设卡登记进山人员情况，护林员深入林区进行巡查，加大对野外用火和重点人员的监管力度，严防进山人员用火不慎引发森林火灾，确保火源管理工作落实到位。

五是应急措施到位。严格落实值班制度，加大巡查力度，春节期间由带班领导带队，坚持每天上山巡查野外用火，发现异常情况及时进行劝阻制止。

2014 年 2 月 13 日

昨天，纳家营清真寺篮球运动会继续进行，进入第六天的争夺。本次篮球运动会从 2 月 8 日开始，至 2 月 14 日结束，为期 7 天，采用分组循环制，每天进行八场比赛。

昨天上午迎来的是小鱼队和蓝灵队的比赛，相遇的两支球队实力强大且旗鼓相当，吸引了数百群众到场观看，尽管气温骤降、天气寒冷，仍然挡不住人们的热情，赛场周围围满了前来观看比赛的群众。严密的防守、精彩的抢断、激烈的碰撞、你来我往的争夺，高超的球技引来场边群众的阵阵欢呼，场面热闹非凡，气氛热烈。

2014 年 2 月 14 日

今天是西方的情人节，但是纳古没有过这个节日的传统，在宗教习俗里面也没有过这个节日的许可。

历时 7 天的纳家营清真寺篮球运动会胜利闭幕，经过多场激烈的比赛，最后纳古联队摘下本次运动会冠军。镇长纳立凡和纳家营清真寺管委会领导出席闭幕式并为获奖代表队颁发了奖杯、奖牌和奖金。

本届篮球运动会自 2 月 8 日开始，2 月 14 日结束，历时 7 天，来自纳古及周边村镇的 17 支球队 100 余名运动员参加了比赛，比赛采用分组循环制，每天 8 场比赛。各队充分发挥"友谊第一，比赛第二"的竞技精神，顽强拼搏，奋力争先，赛出了风格，打出了水平，强健了体魄，促进了交流、增进了友谊，同时丰富了群众的节日文化生活。

2014年2月15日

纳古镇高度重视、认真筹备，积极参加了2月14日至20日举办的通海县第十五届迎春花街，借此平台很好地展示了纳古的风采，向外界宣传和介绍了纳古。

在花街期间，纳古镇充分展示了以"通海剑兰"为代表的一系列花卉、花桩、根雕、盆景、园艺绿化，古朴苍劲的罗汉松树桩、造型别致的盆景、一盆盆火红的富贵子，吸引着游客纷纷驻足留影拍照，为花街增添风采，乡镇简介和纳古宣传册、《纳家营》杂志则很好地向外界宣传和推介了纳古，有利于推动纳古文化旅游业的发展。此外，从纳古成长起来并走出去的本土企业方圆工贸公司亦积极参展，做好企业宣传和推广。

2014年2月18日

今天是立春以来第一次下雨。从昨天的瓢泼大雨开始，一夜都在下。今天的雨断断续续，天也很冷。

2014年2月20日

为期7天的通海县第十五届迎春花街落下帷幕，此次花街除了传统的花桩盆景展览外，还增加了名特优产品展示一条街。

纳古镇积极动员组织本地名特优商品单位企业参展，通海刀具协会、通海锦程刀具公司、云南天方食品有限公司三户本土知名企业和单位参展，主要展示了具有代表性的传统民族工艺刀具、生活用刀具和清真方便食品，此外还有玉石盆景也颇受欢迎，每个展位前均吸引了大批游客前来咨询购买。通过花街搭台、经济唱戏，真正实现了以花为媒、传承文化、展示商品、营销纳古。

2014年2月21日

为坚决纠正违法违规用地行为，及时整改处理到位，规范土地管理秩序，坚守全镇的耕地保护"红线"。根据县委、县政府专项整治工作的安排部署，纳古镇党委、政府高度重视，决定全面开展违法违规用地问题专项整治行动，结合实际，在前期进行清查的基础上于近日下发了关于违法违规用地专项整治工作方案的通知。

根据工作方案，此次整治的范围包括近三年的各类建设项目用地。整治内容主要包括违法批准占用、违法供地；未批即用、未供即用；少批多占、未经批准擅自改变用途和其他违法违规用地行为等四个方面。行动分为自查清理、查处整改两个阶段，自2月20日开始至3月12日结束，历时20天。

通过专项整治，严肃查处违法违规用地行为，依法依规办理用地手续，建立用地管理长效机制，确保全镇范围内违法违规用地行为得到有效遏制，全力保障全镇经济社会健康发展。

2014年2月22日

云南省昆明独树成林企业管理有限责任公司到纳古，开创乡村民族民俗旅游项目，参观了纳家营清真寺、女寺、纳忠纳训故居、七组民居（纳氏大门楼、马任朝两户）。考察有无开发旅游的潜质。

2014年2月23日

今年，杞麓湖北岸纳古湿地首次迎来了远方的客人——红嘴鸥，通过口口相传、网络宣传及电视台和报纸的报道，许多人都慕名前来观看，尤其春节期间更是上演了"万人争相观海鸥"的景象，小精灵们为纳古带来了生机和人气，但由于游客增多，也产生了随之而来的大量垃圾，湖面上漂着投喂的面包屑、塑料袋，湖边草丛里尽是垃圾袋和食品包装袋……尽管摆放有垃圾桶，但仍然无法承载尽大家欢乐之余随意丢弃的垃圾，湖岸环境令人痛心。

22日，纳古志愿者通过网络和微信平台发出号召，号召人们清理湖岸垃圾，得到广大热心青年的积极响应，23日一大早，志愿者自带火钳、捞兜、铲子等工具早早在清真寺门口集合，前往湖边清理垃圾，共20余人参加了此次活动。通过清理，极大地改善了杞麓湖北岸纳古湿地的环境。

爱护环境，人人有责。在此，我们也呼吁广大游客保护环境，不要随意乱扔垃圾，纳古的环境需要大家共同爱护，共同为红嘴鸥创造一个整洁干净的环境。

2014年2月24日

为了进一步加强我镇安全生产工作，深化事故隐患排查治理，促进全镇安全生产形势持续好转。按照市县两级政府的统一安排部署，纳古镇于春节前后，由镇安委办牵头，组织全体干部职工成立8个整治工作组，针对消防安全、道路（水上）交通、烟花爆竹、油气管道和城市燃气、危险化学品、民用爆炸物品、冶金建材等工贸企业、建筑施工、特种设备、食品加工等重点行业领域的安全隐患进行了联合检查。

在企业检查中，发现部分企业未落实安全生产责任制，安全生产管理混乱，乙炔瓶与氧气瓶集中混放，工人进入车间未佩戴安全帽，煤气发生炉未安装防泄漏报警装置，起重机未定期检验，特种操作人员未持证上岗等问题和隐患。针对存在的安全隐患，检查组当即填写了《现场检查记录》，要求企业必须立即整改，消除隐患，确保生产安全。

本次行动对全镇安全生产工作起到了积极的警示作用，进一步加强了安全生产监督检查的力度，有效杜绝隐患的发生。

2014年2月26日

纳古紧跟上级的号召，召开纳古镇内土地整治工作会议。对镇内违法非法占地共计 94 宗土地将展开清理整顿工作。镇上将领导和干部职工分成四个工作组,具体下去做拆除违建的工作。

2014 年 2 月 28 日

通海大规模暴发禽流感疫情。县、镇都着手做工作,镇上为截断疫情污染源,通知宰鸡户从今天开始,不要再将活禽拿来纳古出售,镇上安排人在菜市场里面堵卡,清真寺的广播上已经通知,要求家里有养鸡、养鸭等家禽的,要立即在圈里喷洒消毒水。

2014 年 3 月 2 日

昆明火车站发生暴力恐怖袭击事件,截至 3 月 2 日 9 点,死亡 29 人,伤 130 余人。歹徒被击毙 4 人,抓获 1 人。

2014 年 3 月 3 日

在今天,通海县暴发禽流感,定性为 H5N1,高致病禽流感。

2014 年 3 月 4 日

纳古虽然没有感染疫情,但是也投入预防禽流感的战斗。全镇的干部职工,投入捉鸡打针的活动中。

2014 年 3 月 5 日

三·〇一事件已经结案,另外还有三人恐怖分子被抓获,经国家新闻发言人称,是在红河沙甸抓获的。

2014 年 3 月 8 日

在一年一度的"三八"国际劳动妇女节到来之际,纳古镇妇联积极组织全镇机关妇女干部职工参加由县妇联、县旅游事业局共同举办的"庆三八·登秀山·建生态家园"健步登山活动。

早上 7 点半，在秀山公园门口，29 名女职工迎着和煦的春风，沐浴着早晨的阳光，踏着欢快的脚步向山顶进发。一路上，大家三五成群，一路欢声笑语，共同享受着踏青的快乐，为初春的秀山增添了勃勃生机。

此次登山活动不仅丰富了女职工们的业余文化生活，更增强了大家的健康意识，增进了相互间的友谊。

2014 年 3 月 10 日

普查员来到纳家营钢材市场，与商户进行沟通，告知来意，取得理解和支持，派发告知书和普查纪念品，用 PDA 对企业进行 GPS 定位，并对企业提供的《企业法人营业执照》《税务登记证》《组织机构代码证》"三证"进行拍照录入信息。根据商户的主要业务活动和现场了解情况，采集所需资料，认真填写表格，耐心地向商户解释表中涉及的各项指标，要求商户能够如实地填写所涉及的数据，保证普查数据的真实性。

2014 年 3 月 11 日

上午，县消防大队到古城清真寺开展消防安全知识宣传系列活动，百余名师生参加了此次活动。

县消防大队参谋朱绍林首先向师生们讲解了消防法律法规、生活家庭基本消防安全常识、巧用身边的"灭火剂"和防火、灭火、逃生等知识。接着组织师生进行了火场逃生和灭火演练。在朱参谋"开始"一声令下，消防演练正式开始，学生们在老师的带领下，弯着腰、捂着鼻，迅速有序地从四楼教室顺利疏散到操场，在消防官兵的引领下，学员们整齐地站列在操场指定位置。演练结束后，师生们观看了消防宣传展板，消防官兵向师生发放了《消防情系你我他》宣传单。

2014年3月12日

二组文体活动中心被列为2013年省级新农村项目实施点。该项目属框架结构，建筑面积666平方米，总投资62万元，其中省级财政奖补资金30万元。工程自2013年7月1日开始施工，于2013年12月10日主体工程竣工。通过项目的实施，可以有效解决二组老年人"老有所学，老有所乐"的活动场所问题，进一步丰富老年人的文体娱乐生活。

验收小组深入实地，认真查看文体活动中心建设情况、工程质量，听取了项目实施负责人对整个建设情况的汇报，通过深入细致地查看工程情况，验收组同意对此项目验收。

2014年3月13日

结合我镇无大型养殖场，以散养户为主的实际，纳古镇建立干部职工包村民小组工作制，分成三个工作组，挨家挨户上门对全镇散养家禽进行强制免疫和养殖场地消毒，并做好免疫登记，同时向养殖户发放《重大动物疫病防治责任书》和《告养禽户书》等宣传资料，做好疫病防控工作。

截至3月13日，共对全镇326户4131只禽类进行强制免疫和场地消毒。

2014年3月14日

自我县部分地区发生禽流感疫情后，纳古镇高度重视，按照县委、县政府的统一安排部署，多措并举迅速开展疫病防控工作，确保辖区内不发生动物疫情，确保群众身体健康和畜牧产业健康发展。

一是明确职责。结合实际制订工作方案，成立领导小组，下设3个工作组负责全镇疫病防控工作，工作任务分解落实到人，形成人人参与的局面，保证工作取得实效。

二是强化排查。各工作组按照任务分解深入开展辖区内家禽养殖情况调查，实时跟踪排查免疫情况、开展疫情动态排查，进一步摸清底数并登记造册。

三是加大宣传。利用清真寺广播宣传、工作组入户宣传和散发宣传材料等多种宣传方式，增强群众对疫病的认识和自我防控意识。特别做好动物管理宣传工作，劝导散养户对散养家禽在紧急免疫后实行圈养，对家养猫、狗采取拴养方式。

四是强制免疫。各工作组深入村组，挨家挨户开展散养家禽紧急免疫工作，并做好免疫登记。

五是彻底消毒。各工作组严格按照要求对散养户的养殖场地进行严格消毒，积极督促养殖户清理养殖场所周边粪便及其他杂物。

六是严格封锁。关闭纳古镇农贸市场活禽屠宰摊点，禁止活禽及禽粪流通销售。加强食品安全监管，严格餐馆、家宴等饮食场所监管。

七是加强堵卡。在进出纳古主要路口设置三个卡点，安排专人值守，严防禽类产品和其他可疑污染物转运进出镇域范围。

由于各项防控措施到位，截至目前，我镇尚未发现疑似禽流感疫情。

2014年3月9日

由县财政局举办的通海县《行政单位会计制度》和《行政事业单位内部控制规范（试行）》培训在秀麓写字楼会堂报告厅举行。纳古镇组织了机关财务人员和持有会计从业资格证的全体人员参加了此次培训。

在18日举行的《行政单位会计制度》培训中，邀请到云南财经大学副教授施飞屿主讲，施老师用图文并茂、形象直观的课件，围绕会计信息质量要求、会计五大要素、会计科目和财务报表等方面内容进行讲解，调理清晰，通俗易懂；在19日举行的《行政事业单位内部控制规范（试行）》培训中，同样来自云南财经大学的副教授杨静则围绕我国内部控制的发展、行政事业单位正迎来内部风暴、内部控制的主要内容等四大方面进行讲授，讲座风趣幽默，不时穿插引用国内外经典案例，使枯燥乏味的课程变得生动有趣。

通过两天的培训，学员们受益匪浅，同时对进一步规范行政单位的会计核算，加强风险防控机制建设，提高行政事业单位内部管理水平和会计信息质量起到了重要的作用。

玉溪市关工委副主任师美凤一行深入纳古中心小学，专题调研了留守儿童之家的筹备情况。调研组一行首先视察了校园建设和留守儿童之家硬件准备。在随后的座谈会上，师美凤对留守儿童之家建设的软、硬件方面提出了具体的要求和意见、建议。她要求高度重视留守儿童之家的建设，做细做实这项民生工程，经费要做到专款专用，让大家都来关注、关心、关爱留守儿童的学习和生活，在全社会形成良好的氛围。

2014 年 3 月 20 日

为了严厉打击违法犯罪，有效维护社会稳定。我镇加大资金投入，在原有 10 个视频监控的基础上再投资 25.6 万元，在主要路口和地段新增 25 个视频监控，实现了主要街道和重点区域全覆盖。在打击各类违法行为中，视频监控系统有效发挥了作用，继成功侦破了社会影响较大的保险柜系列偷盗案件后，近日，通过观察视频监控，纳古派出所成功抓获了吸贩毒人员马某。

视频监控系统实现了科技强警，在维护社会稳定、服务侦查破案、震慑打击犯罪等方面发挥了重要作用，织牢了我镇的治安防控网络。

2014 年 3 月 21 日

县政府召开高火险森林防火工作专题会，要求各地各部门进一步落实森林防火责任制，坚持把防火力量布防到一线，措施落实到一线，检查深入一线，严看死守，强化护林员责任心，延长巡护时间，扩大巡查区域，加强堵卡点检查力度，特别是加强坟墓集中地、林区旅游景点等重点区域、地段的火源管理，彻底消除森林火灾隐患。结合我镇实际，现将清明期间森林防火工作安排如下。

通过继续张贴森林防火宣传标语、防火命令、设置警示牌、广播等方式进行广泛宣传的同时，大力倡导民众用植树、送花等有益生态环境保护的祭祀方式，降低森林火灾风险。

继续坚持24小时值班和领导带班制度，发现火情及时上报，确保信息畅通。领导带班安排如下：（1）镇党委书记张兴友：3月24、25、26、30、31日，4月1、5、6、7日。（2）镇人民政府镇长纳立凡：3月21、22、23、27、28、29日，4月2、3、4日。

实行领导分片负责森林防火区域，张兴友、周锁明书记、陈申力副书记负责纳家营前山片区；纳立凡镇长、马燕妮、黄成彦副镇长负责纳家营后山片区；马恒骧主席、胡在珠副书记负责古城片区。

巡山护林人员死守重要区域：鲁绍兴，负责葛家坟地片区。代廷富、合启华，负责通江公路下段、狮子山及二组坟场片区。马聪文，负责鸡脖子、望三海片区。

森林防火检查站人员：杨金华、张永新、苗开鸿，负责上山车辆、人员的登记检查，收缴保管火具，做好宣传、警示工作，并保证每天8:00—18:00时两人在岗，且佩戴红袖套挂牌上岗。

半专业扑火队12人，做好临战准备，保持通信畅通，确保一有火情能够快速出击，快速处置。

林业站全面检修现有扑火机具、协调好车辆，加强扑火物资储备管理，确保应急需求。区森林消防队全天候临战状态，确保一有火情能够快速出击，快速处置。

镇护林防火指挥所督查组加强督查，深入村组及重点部位、敏感地区以及坟区等防火第一线进行全面检查，发现问题，现场整改，确保各项防火措施真正落实到位。

2014 年 3 月 22 日

为全面开展好党的群众教育路线实践活动，进一步改善我镇环境面貌，提高人民群众的卫生意识，有效预防春季各类传染疾病的发生和流行，确保广大人民群众的身体健康，纳古镇开展了春季爱国卫生月集中清洁日活动。

此次活动，按照政府机关包保街道、村民小组各管辖区的方式进行整治。清扫现场，干部职工、党员群众、环卫工人带着铁锹、扫帚、火钳、小推车等劳动工具，对全镇主要街道和村民小组道路的环境卫生进行集中整治，重点清理垃圾杂物和卫生死角，并对辖区内的垃圾塘进行石灰消毒，以防传染疾病的传播。

活动共有 200 余名机关干部职工、各村民小组党员群众和环卫工人参加。

2014 年 3 月 23 日

纳古镇根据相关文件规定和通知要求，在"云南省政府信息公开门户网站"上对我镇 2014 年财政预算信息进行了公开。2014 年预算总支出 320.56 万元，全部属基本支出，其中：工资福利支出 202.04 万元；商品和服务支出 37.34 万元；对个人和家庭的补助支出 81.18 万元。

通过预算信息公开，细化财政预算支出公开内容，有利于加强财政科学化、精细化管理，进一步规范我镇财政预算支出，保障群众对财政预算的知情权和监督权，促进依法理财、科学理财、民主理财，向打造阳光财政目标靠近。

2014 年 3 月 26 日

市委常委、市委统战部部长吕昌会，市委常委、市政府副市长鹿辉阳一行到纳古就民族宗教情况进行调研走访。

吕昌会和鹿辉阳一行首先来到纳家营清真寺参观，向清真寺管委会主任和教长了解了清真寺的规模、建成时间、宗教文化等情况。在清真女寺，看到有学生在上课，两位领导信步走进教室，和同学们进行交流。吕昌会详细询问了学生们的学习生活情况，鼓励她们好好学习，树立远大理想，在学习好经堂知识的同时更要重视科学文化知识的学习，做到爱国爱教，切实为地方经济发展贡献自己的力量。鹿辉阳也同学生们进行了互动交流。学生代表则对市委领导的到来和关心表示感谢，希望市委领导能常来做客。

随后，市委领导一行与陪同人员在清真寺前合影留念。

县委常委、县委办主任、统战部部长牛建明、县政府副县长、公安局局长赵南方和县民宗局局长、镇人大主席、镇长和纳家营清真寺管委会主任、教长等相关人员陪同调研。

2014年3月28日

为深入贯彻落实党的十八大和十八届三中全会精神，深入学习中共中央办公厅《关于培育和践行社会主义核心价值观的意见》，在干部职工学习例会上，镇党委宣传委员专题组织学习了社会主义核心价值观内容，动员干部职工挖掘并推荐培育和践行社会主义核心价值观的先进典型故事，并积极参与"中国梦"主题文艺创作活动。

社会主义核心价值观具体概括为24个字，从富强、民主、文明、和谐；自由、平等、公正、法治和爱国、敬业、诚信、友善，明确了国家、社会、公民三个层面的价值目标、价值取向和价值准则，是社会主义核心价值体系的凝练表达。

通过学习，广大干部职工对社会主义核心价值观有了全面的认知。下一步，我镇将进一步加强和开展培育和践行社会主义核心价值观宣传教育，将培育和践行社会主义核心价值观与当前党的群众路线教育实践活动相结合，与开展"中国梦"主题活动相结合，以学习为契机，扎实做好当前各项工作，通过党员干部带头，进而感召群众，使社会主义核心价值观深入人心，通过开展系列活动释放社会正能量，彰显时代主旋律。

2014年4月1日

最近好多朋友在问一个事情，就是村子里的自来水怎么了？老是停水？有的人家因为没有水池，居然早上起来洗脸礼拜的水都没有了！有的人家则把多年以前就封存不用的水井重新开封使用！而更多的人家是在焦急地等待镇上给个说法：纳家营的自来水怎么了？

有人说道："现实的问题是不仅仅是用水问题啦，已经可以说是严重影响到了家庭和睦啦，早上都没水，就连洗脸的水都成大问题了，还敢考虑其他的吗？！"

2014年4月2日

为早日完成我镇绿化造林任务，改善纳古生态环境和人居环境，建设美丽纳古，经过干部职工前期深入村民小组实地调查了解，广泛动员村民小组和清真寺积极参与，确定我镇绿化造林的主要地点为民族文体活动中心、杞麓湖纳古流域湿地、三组大沟和忠爱大街绿化带。

确定种植地点后，我镇随即聘请施工队，动员清真寺积极参与，开展挖塘工作，并积极与县林业局联系树苗。今天，树苗运抵纳古，我镇随即组织人员进行栽种，工作人员有的放树苗，有的培土，有的浇水，进展顺利。截至目前，我镇已圆满完成1万株四季杨的绿化造林任务。下一步，我镇将聘请人员加强对树苗的管护，定期浇水，确保栽种一棵，成活一棵，栽种一片，成活一片。

2014年4月7日

在清明节之际，为弘扬爱国主义精神，祭奠先烈、先人、先贤，引导我辈在缅怀先烈情怀中认知传统、尊重传统、继承传统。结合纳古实际，近日，镇团委组织开展了"我们的节日·清明节"主题活动，组织团员观看了爱国主义影片《南京！南京！》。

影片以"南京大屠杀"为背景，通过一名普通日本士兵和一名普通中国士兵在南京大屠杀期间的经历，揭示在1937年南京疯狂杀戮强奸掠夺的背后，战争对人性的摧残。

电影结束，字幕放完、音乐停止，大家许久都没有从影片带来的震撼之中缓过神来，这是一部会触痛民族记忆的影片。通过观看影片，激发了团员青年的爱国热情，不少团员表示：每个中国人都要铭记这段历史，勿忘国耻，同时也深感今天生活的来之不易，要珍惜今天和平年代的幸福生活，大力弘扬爱国的社会主义核心价值观，为促进纳古经济社会又好又快发展贡献自己的一份力量。

2014年4月11日

为了对幼儿进行一次全面的安全教育，培养幼儿的安全意识，提高幼儿的口语表达能力及自信心，为幼儿提供一个展示表现自我的平台，今天，以"守规矩、懂安全"为主题的儿歌朗诵在纳古中心小学新落成的综合楼前举行。孩子们在老师的引导下，通过事先编排的舞蹈和儿歌展示了自己对安全的理解，稚嫩的声音、精彩的舞蹈、朗朗上口的旋律、形象生动的语句，让安全小常识变得通俗易懂，使小朋友易学易会。

安全是一种观念、一种方式、一种习惯，更是一份责任。幼儿喜闻乐见的表演形式，不仅使孩子们学会了很多安全儿歌，同时也丰富了孩子们的安全知识，增强了孩子们的安全意识，提高了他们的自我保护能力！

2014年4月12日

为进一步加强辖区内经营性旅馆的监督管理，整改旅馆业存在的薄弱环节和安全隐患，维护社会治安秩序，提升服务接待水平，县公安局、镇派出所、综治办组织辖区各旅馆业主召开了旅馆业整治工作会议，共

11 户旅馆业主参加了会议。

会上，民警对各旅馆业主开展了相关法律法规宣传教育，通报了各个旅馆不同程度存在的未取得经营许可证件，管理滞后，以及在消防、防盗、安全等方面的问题和隐患，对下一步的整治工作重点做了进一步强调。要求各旅馆即日起停业整顿，对信息管理系统的使用、消防应急通道、防盗设施、安全标识等方面进行规范，没有取得经营许可证件的须在一周内到公安机关申请办理特种行业经营许可证，未办理证件的将不得继续经营，否则将依法给予处罚。

会后，派出所民警到各旅馆进行现场整改指导，经过教育指导，各旅馆业主纷纷表态，表示一定按照要求进行整改，依法经营，提高服务质量。

2014 年 4 月 13 日

为切实做好小反刍兽疫的综合防控，严防该病传入我镇，我镇积极采取有力措施，加强对小反刍兽疫疫情的防控工作。

一是高度重视，迅速排查。党政班子成员迅速深入各联系村民小组，开展小反刍兽疫排查和羊、猪等牲畜养殖情况调查，进一步摸清底数。

二是加强宣传。小反刍兽疫又名羊瘟，是由小反刍兽疫病毒引起的一种急性病毒性传染病，主要感染山羊、绵羊等小反刍动物，严重暴发时死亡率 100%，轻度发生时死亡率 20% 以上。在排查过程中向养殖户进行宣传，使他们了解疾病防控和疫情处置的要领。

三是限制羊只移动，加强疫情报告。要求养殖户暂停活羊交易，并对羊只实行圈养，一旦发现羊只出现症状时，立即向镇政府报告。

四是加强免疫，做好消毒。畜牧站工作人员深入村组，挨家挨户开展免疫工作，并做好免疫登记。

2014年4月15日

截至今日，我镇共对681只羊进行免疫。同时对养殖场和排水沟、卫生死角使用消毒水和石灰粉做好消毒。

截至目前，未发现疑似病例。

保护母亲湖，清洁河道、清洁湖滩、清洁村庄、清洁田园是我们义不容辞的责任。今天，县政协干部职工、纳古镇全体干部职工60余人，对纳古入湖河道和湖滨湿地滩涂进行集中清理。

上午8点半，工作人员带着铁锹、扫帚、火钳、小推车等劳动工具整装待发，在镇长纳立凡简短的动员讲话和工作安排后，大家分头行动，以饱满的热情投入清理行动中。男职工主要负责打捞清理河道垃圾，女职工主要负责捡拾湖滨湿地垃圾。通过大家一上午的努力，入湖河道和湖岸环境得到了较大改善。

通过清理活动，营造一种增强全民卫生意识、自觉维护环境卫生、保护母亲湖、共建和谐家园的良好氛围，以达到逐步提高群众环保意识的目的。

2014年4月24日

有人反映，纳古小海公园有人把死羊丢弃在排涝沟渠里面。镇政府已经排除兽医站的工作人员到实际地点查看。由于最近羊瘟盛行，政府加大了在镇内的巡逻和宣传防范工作。有热心的人来反映情况，是一个很好的现象。

2014年4月25日

为认真贯彻落实中央、省、市、县实施"文明交通行动计划"的部署要求，加强农村地区交通安全管理，引导、教育农村群众增强文明交通意识、安全意识和法制意识，从源头上预防和减少道路交通事故，切实维护人民群众的生命财产安全。纳古镇决定依托村民小组和清真寺广播，把道路交通安全宣传内容纳入宣传范畴，在我镇建立交通安全广播宣传站（室），形成特色宣传平台。

2014年4月26日

云南大学29名师生到纳古开展社会调查，在镇政府会议室召开座谈会，镇人大主席马恒骧和镇长纳立凡参加了座谈会，并就纳古镇社会、经济、文化、宗教、民族等发展情况向师生们做了介绍，师生们则从清真寺参与经济社会事务、经堂教育与国民教育的关系等方面重点做了了解。

纳古是云南大学唯一的回族研究基地，于2004年3月成立，每年师生利用假期或周末组织到纳古开展社会调查已成为云南大学的一项重要教学内容，今年已经进入第十个年头。他们通过与政府、清真寺、企业、志愿者、农户等社会各界的交流走访，真实了解了纳古镇经济、社会、文化等领域的基本情况，拓展了视野，丰富了体验，同时也从各自的专业角度为我镇的发展提出积极而有益的意见和建议。

2014年4月28日

纳忠、纳训是我镇走出的阿拉伯文化名人。纳忠（1909—2008年），著名阿拉伯历史学家，阿拉伯语教育家，联合国教科文组织首届阿拉伯文化沙迦国际奖获得者，著有《回教诸国文化史》《阿拉伯通史》等，译著有《伊斯兰教》《阿拉伯—伊斯兰文化史》等；纳训（1911—1989年），阿拉伯文学翻译家，译著有《天方夜谭》《一千零一夜》《阿里巴巴和四十大盗》，中译阿拉伯文作品《背影》《捕蛇者说》等。

纳忠、纳训故居位于纳古镇忠训路上，纳忠故居始建于清同治年间，纳训故居始建年代不详，于1970年通海大地震后重建，均为土木结构，由于年久失修，故居已经陈旧残损，部分地方甚至已经朽烂，墙体剥落，屋顶漏雨。

为更好地保护物质文化遗产，发挥名人效应，弘扬伊斯兰文化，推动纳古镇旅游文化事业发展，由市民宗局出资，镇政府负责具体修缮事宜的纳忠、纳训故居修缮工程已于日前启动。本次修缮本着修旧如旧原则，主要对部分木结构进行更换维修、修补上漆、悬挂匾额。在修缮故居的同时，镇政府也积极收集相关文物、史料，丰富故居内涵。

2014年4月29日

纳古镇组织全体干部职工认真学习陶应全同志先进事迹，希望通过"学先进照镜子"，切实把深学、细照、笃行的要求落到实处。

陶应全，中共党员，生前系华宁县青龙镇糯租村绿塘子村民小组组长。2012年3月26日，陶应全同志在带领村民实施抗旱引水工程施工现场被坍塌的土石方掩埋，英勇牺牲，年仅39岁。2012年5月，省委追授陶应全同志"优秀共产党员"称号。同年7月，中央组织部追授陶应全同志"全国创先争优优秀共产党员"荣誉称号。生在基层、长在基层、扎根基层、奉献基层的陶应全同志，在平凡的岗位上，用自己的生命诠释了全心全意为人民服务的宗旨，为广大党员干部树立了一个学习的榜样。他的先进事迹具有鲜明的时代感、广泛的群众性和现实的感召力。

学习陶应全，就是学习他忠诚于党、守职尽责的政治品质，一心为民、服务群众的宗旨意识，自力更生、艰苦奋斗的实干精神，忘我工作、无私奉献的高尚情操。通过"学先进照镜子"，教育引导全镇干部职工以这次群众路线教育实践活动开展为契机，通过对典型模范人物事迹和精神的学习，从思想上引导干部职工把他们的崇高精神内化于心、外化于行，锐意进取，扎实工作，教育和引导他们进一步提高对教育实践活动的认识，坚定理想信念、激发创业精神、转变作风、扎实做好各项工作，树立为民务实清廉的新形象，用自己的实际行动推动纳古的发展。

2014年5月8日

"单独二孩"政策在我省落地后,纳古镇及时在群众中开展了对"单独二孩"政策的宣传和解读。5月6日,在纳古中心小学居住工作的刘先生和杨女士夫妇向镇计生所递交了生育"单独二孩"申请,经镇计生所调查,该夫妇符合《云南省单独两孩政策》的规定并报县计生局。经县计生局审核,近日,该夫妇的《生育服务证》申请获批并成功办理了准生证,这也成为我镇办理获批的首例"单独二孩"准生证。

2014年5月13—14日

在县政协副主席吴云的带领下,部分政协委员和旅游、招商等相关部门领导就全县乡村旅游发展进行调研。13日下午,调研组一行来到纳古,对我镇乡村旅游发展情况进行实地调研。

在纳古,调研组一行先后参观了纳家营清真寺、清真女寺和纳忠、纳训故居。在纳训故居,纳训先生的侄孙向政协委员介绍了纳训先生的生平事迹,得知我镇正在对故居进行修缮,吴云给予了肯定并对故居修缮给予了意见和建议。在随后的座谈会上,镇人大主席马恒骧向调研组介绍了纳古镇的旅游资源和发展情况以及存在的问题。调研组对我镇乡村旅游发展工作给予了肯定,认为我镇旅游资源丰富且有较高的历史、文化、艺术价值,应积极发挥优势,打造伊斯兰民族特色风情游。

下一步,我镇将继续推进"旅游兴镇"战略,充分发挥纳古饮食、民族、文化、风俗特色和名人效应,积极融入全县乡村旅游和"昆玉红"文化旅游带,推动纳古经济社会健康发展。

2014年5月15日

到地头去,感受炎炎夏日;到地头去,听听屎姑姑(布谷鸟)的歌唱;到地头去,辨一辨秧苗与麦苗;到地头去,和耕牛合个影;到地头去,看看荷叶田田;到地头去,让双脚走一走;到地头去,别再惦记银行;

到地头去，缓一缓灵魂；到地头去……到地头去，趁为数不多的耕地。

开始插秧了，纳古虽然还有为数不多的耕地，但是栽种的农户还是积极耕作。

2014年6月1日

在"六一"儿童节到来之际，由共青团通海县委和通海县少工委联合举办以"红领巾相约中国梦"为主题的少先队基本知识竞赛。纳古中心小学积极组队参加。在竞赛中，队员们发扬机智、聪慧、进取和团队协作的精神，通过参加必答题、抢答题、风险题和实践展示题四个环节的比赛，以丰富的少先队基本知识最终荣获优秀奖，赛出了风格，赛出了水平，为学校争得了荣誉。

2014年6月4日

省委常委、省委统战部部长黄毅到纳家营清真寺伊斯兰文化学院和古城清真寺中阿学校进行调研。市委常委、市委统战部部长吕昌会，县委常委、县委统战部部长牛建明等陪同调研。

在纳家营清真寺伊斯兰文化学院，黄毅首先看望了正在上课的老师和学生，详细了解了他们的学习生活情况，并实地察看了学院教学设施，观看了毕业学生的汇报表演视频，与宗教界人士座谈，听取了清真寺教长、管事和学院院长关于学院管理、教学内容、师源生源、师生待遇、就业情况等情况的介绍。

黄毅表示，纳古的穆斯林教育具备一定的规模，在培养穆斯林人才方面具有一定的影响力和特色，是国民教育的有益补充，为纳古的经济发展、家庭和谐、社会稳定做出了很大的贡献。但是面对当前国内外复杂形势，伊斯兰教领域也面临一些新情况、新问题，党委、政府和清真寺、学院要统一思想、形成共识，采取更加有力的措施办法加以破解，要加大依法管理宗教事务的力度，积极探索新形势下提高宗教院校办学水平的新路子，促进阿文学院规范办学，进一步挖掘和发扬宗教文化中的积极因素，培养一批爱国爱教、德才兼备的宗教人才，切实维护伊斯兰教领域的和谐稳定。

2014 年 6 月 7 日

省民委原张副主任、经济处处长郭锟一行 5 人到纳古就民族经济发展情况进行调研，并就纳古同云南省民族经济研究学会建立合作关系达成初步意向，通过我们出题目、学会出思路、成果我运用的模式促进纳古社会经济健康发展。

调研组一行首先参观了纳家营清真寺、古城清真寺和纳忠、纳训故居。在随后的座谈会上，镇长纳立凡围绕经济发展、民族团结、宗教和顺和旅游文化等方面取得的成绩、存在的问题、面临的困难和未来的规划等情况向调研组进行了汇报。调研组领导认真听取汇报，就相关问题进行了深入的了解，对纳古镇民族经济发展和文化传承给予了高度评价，并毫不讳言直指存在的问题，重点针对民营经济和民族文化旅游发展给出了积极的意见和建议，通过云南省民族经济研究学会为纳古做出指导和帮扶：一是总结宣传纳古的成功经验，积极申报全国民族团结示范镇，扩大宣传纳古；二是联合省发改委、财政厅等部门针对企业发展、社会管理、员工培训等方面做专题培训；三是针对纳古产业发展转型、企业发展战略、第三产业和民族文化旅游做专题探讨研究，提供思路，进行发展决策咨询研究；四是在搞好城镇建设的同时，发挥传统伊斯兰民族、文化、语言、服饰、饮食等方面的特色发展民族文化旅游。

2014 年 6 月 10 日

当前，正值手足口病流行季节，为做好手足口病的防控工作，保障广大儿童的身体健康，今天，纳古镇在纳家营清真寺门口宣传手足口病防治知识。

工作人员向过往群众发放《手足口病防治知识》宣传单，向群众宣传手足口病常识、怎样预防手足口病以及得了手足口病应该怎么办等知识，还发放了《常见传染病防治知识手册》《卫生保健手册》等宣传册，通过活动进一步提高了群众防治手足口病等传染病的能力，增强了卫生保健意识。

手足口病是由多种人肠道病毒引起的一种儿童常见传染病，多发生于6岁以下儿童，尤以3岁以下儿童发病率最高，患者和隐性感染者均可传播，主要通过密切接触传播，主要症状为急性起病，发热，口腔黏膜出现疱疹，手、足和臀部出现斑丘疹、疱疹等，可伴有咳嗽、流涕、食欲不振等症状，全年均可发病，一般5—7月是发病高峰，提醒家长一旦发现孩子有发热、出疹等症状，应及时到正规医院就诊。

2014年6月11日

今天，纳古镇召开江通收费站减收、包缴车辆通行费工作会，就减收、包缴车辆通行费相关工作做了安排部署。县交通局领导、镇党政班子成员、各村民小组领导、车队负责人参加了会议。会议由镇长纳立凡主持。

会上，县交通局副局长沈绍飞就江通收费站减收、包缴车辆通行费的具体规定做了阐释，重点对不予办理的情况进行了解释说明。派出所所长张从国则重点从实施依据、实施范围、办理方法和要求做了强调说明。与会人员就方案中未涉及的其他情况进行了咨询并提出意见和建议。

最后，镇党委书记张兴友做出两点要求：一是该项政策是经过各级各部门历时几年共同努力争取到的，是为群众办事的具体体现，希望与会人员提高对政策重要性、紧迫性认识，加大宣传力度，将政策宣传到位，把握好时间节点。二是党委、政府、村组、车队各方要统一思想、上下联动、齐抓共管，共同办好这一件惠民利民的好事，对于具体办理实施过程中遇到的情况要统一收集整理，汇总上报争取相关政策，共同维护纳古社会的和谐稳定。

2014年6月12日

为了解流动人口变动及公共卫生服务利用、计划生育服务管理等情况，国家卫生计生委拟于2014年在全国继续开展流入地监测调查工作，按照随机原则在全国流动人口较为集中的流入地抽取样本点开展抽样调查，使调查对全国和全省均有代表性，纳古为本次抽样调查点。

自4月调查工作开展以来，纳古镇按照要求，在一组和五组两个村民小组各随机抽取100户进行动态监测，再从中各随机抽取20户开展个人问卷调查。镇计生所和流动办工作人员深入抽样户家中，针对15～59岁的流入人口，就家庭与人口基本情况、流动与就业特征、基本公共卫生服务、基本医疗服务和婚育情况与计划生育服务管理五个方面的情况开展信息采集。

截至5月底，纳古已按要求完成信息采集和数据录入上报工作。

2014年6月13日

今天是"白拉特"夜，全镇的信教群众都要到清真寺参加礼拜。

2014年6月17日

根据《云南省收费公路车辆通行费免交、包交管理办法》的规定，经玉溪市人民政府批准，江通收费站对通海县部分区域的车辆实行减收、包缴通行费，纳古镇辖区内机动车辆（含辖区内行政和企事业单位所属车辆）可进行申报享受该政策。

申报要求申报人户籍、机动车车主户籍（行政和企事业单位所属车辆）所在地须为纳古镇。具体减收、包缴标准为：（1）一、二、四、六、七、八型车按照最低现场4元、年包缴300元、最高25元不等的价格收取；（2）对长期过往收费站的货车实行月、半年、年包缴政策；（3）对距离收费站较近的厂矿、企业自用车辆实行包缴，具体与企业协商核定。

申请人填写《江通公路车辆包交（减收）通行费申请审批表》，加盖所在村民小组公章，并携带申报人身份证、机动车行驶证和驾驶证复印件（行政和企事业单位提供机动车行驶证复印件并加盖单位公章）于2014年6月16日至30日到派出所办理。经纳古镇、县交通局和市公司审批，符合条件的机动车辆可凭发放的《车辆信息识别卡》和《包交卡》享受相应的减收、包缴政策。

据悉，除纳古镇以外，四街镇也在此实施范围内。

2014年6月25日

早上9点半左右，听闻纳古的一位老板被绑架。县公安局、镇派出所和镇上的主要领导都参与了调查工作。他们组成了指挥小组，开展了切实可行的排查。

截至下午2点，据说已经有眉目了，绑架人质正在送回来的途中。

2014年6月29日

今天正式进入回民的莱麦丹月份了，封斋了。

2014年6月30日

为全面推进节能减排工作，提高群众节能意识，积极响应国家高效照明产品的使用和推广，根据《通海县工信局关于2014年推广财政补贴节能灯的通告》，纳古镇在全镇范围内广泛宣传，动员居民积极购买。为了方便购买，纳古镇农村经济管理服务中心负责此次节能灯推广的登记、购买、发放工作，居民只需持本人身份证，到镇农村经济管理服务中心登记，便可以半价购买到节能灯，每人限购5只。

居民得知消息后，纷纷携带身份证前来登记购买。据了解，此次节能灯推广活动时间从4月持续到6月，全镇共登记购买节能灯3789只，价值58143.6元，其中政府补贴29071.8元。此次节能灯的推广，既惠及了群众，又极大地推动了节能减排，受到群众的热烈欢迎。

节能灯与普通白炽灯相比，不仅光效高、寿命长，而且省电。加上节能灯推广活动有政府补贴，居民均可以以低于市场价格购买到节能灯，既经济又实惠，一举两得。

2014年7月1日

纳家营清真寺管理委员会换届选举，通过4个小时的层层选拔，最终纳为明当选为管理委员会主任。设下成员10人，另外同时选出了监委会，合宝华担任监委会主任。

2014年7月3日

继纳古志愿者斋月送米油献爱心之后，纳古连铸公司继续爱心接力，出资50万元，对全镇7个村民小组804名65岁以上的老年人和243户爱心户以及河西镇大回村182名65岁以上的老年人和15户爱心户进行慰问，每人（户）发放慰问金400元。

上午，捐助仪式在镇政府会议室举行。镇党政主要领导、纳古连铸公司董事长及企业管理人员、纳古镇7个村民小组支书、组长、副组长及大回村村委会主任参加了这次爱心捐助仪式。全镇各村民小组组领导及大回村村委会主任代表各自村组老年人和爱心户领取了捐助款。简短的捐助仪式后，村组领导及时将爱心款送到老年人和爱心户手中。

纳古连铸公司是我镇的重点企业，也是县级以上规模企业，一直以来积极支持县、镇各项社会事业发展，并致力于慈善事业，对社会贡献明显。今年在行业经济不景气的情况下仍然出资献爱心，并将爱心款由原来的30万元增加到50万元，同时也是该公司第五年连续发放爱心慰问款，5年来累计发放180余万元，真正诠释了企业勇于承担社会责任的信念，也为全镇的企业树立了良好榜样。

2014年7月4日

在烤烟生产进入中耕管理的关键期,纳古镇把优化烟叶结构当作当前转变烤烟生产发展方式的重要举措和增加烟农收入的重要途径来抓,通过宣传政策,引导烟农把种烟热情转移到提高烟叶质量水平上,采取"统一收集、登记造册、集中销毁"的方式进行不适用烟叶处理,将不适用烟叶处置在田间,做好优化烟叶结构工作。

截至目前,我镇已完成320亩24吨不适用鲜烟叶田间处置,不仅优化了烟叶结构,农民也将得到相应的补助,为提高优质烟叶的有效供给能力、圆满完成烟叶收购任务、实现烟农降成本增收入提供了保障。

2014年7月5日

6月下旬至7月上旬,纳古镇联合县安监局开展了煤气发生炉专项整治工作,全面检查企业煤气发生炉使用情况,督促企业强化安全管理,落实隐患整改措施,消除安全监管盲区,确保煤气发生炉安全使用。

检查组对全镇20余户煤气发生炉使用企业进行了专项检查,并建立起煤气发生炉档案。重点对煤气发生炉的安全操作规程和管理制度、安全性能、消防设施、操作工上岗培训、安全资格证书等方面进行了检查,共检查出安全隐患5处。针对存在的问题和隐患,检查人员当场下达了《安全生产整改指令书》,提出整改意见并责令其限期整改,消除隐患,以确保安全。

2014年7月6日

7月,适逢穆斯林的斋月,纳家营的集市格外热闹,不同的是,往常的纳家营赶的是早市,早上开始,中午结束。斋月期间则可以从早上一直持续到傍晚,尤以中午最为热闹。早上7点过后,本镇的,附近乡村的,甚至有来自建水、石屏、红塔、华宁、江川等邻县的卖主,高高兴兴地从四面八方赶来,各种各样的摊点就陆续摆开,商铺也相继开门,偌大的农贸市场里，人群熙来攘往，各种时鲜蔬菜、时令水果、新鲜禽蛋、生熟清真肉类、精心腌制的牛干巴、各式小吃、清真甜点、进口小食品……应有尽有。家家户户都到集市上购买开斋后和第二天封斋前所需的食材，以便日落之后烹饪和尽享丰盛美食。其他民族的朋友也喜欢在这个时候到集市上逛逛，总能轻易寻到自己喜欢的美食，同时也可以感受别样的节日氛围。

斋月，又称莱麦丹月，今年的斋月为6月29日至7月29日。根据《古兰经》的规定，斋月期间穆斯林只有在黎明前和日落后才能进食，也就是通常所说的"把斋"，除了完成宗教义务外，还在于陶冶性格，克制私欲，锻炼毅力，体会穷人饥饿之苦，萌发恻隐之心，以资济贫、行善。

2014年7月9日

由中央电视台科教节目制作中心策划的大型历史纪录片《历史的拐点》到我镇进行了为期两天的取景拍摄。摄制组拍摄了我镇青少年学习阿拉伯语和中老年班念诵《古兰经》、穆斯林群众在清真寺礼拜、热闹的集市场景和美丽的纳古特色小镇全景，以及具有现代风格的纳家营清真寺和古朴典雅的清真女寺，并采访了部分宗教上层人士。

据了解，《历史的拐点》预计拍摄30集，是一部展现历史珍贵瞬间、紧扣时代脉搏的高清纪录片，该片精选若干个历史重要事件，以突破陈规的结构方式解读历史，同时将历史和今日的现实加以结合，旨在通过展现中国历史上最具影响力的历史瞬间，对祖国璀璨的文明史做出纪录和见证。该片预计于年底在中央一套和九套与观众见面。

2014年7月14日

从昨天开始，就陆续有大学生来报到，参加今年暑假设在纳家营清真寺的暑假伊斯兰知识培训班。据悉，请来了很多重磅级的老师，如张维真、白润生等。共计开课15天，每天8节课。

2014年7月15日

今天正式开课了，学生很多，还有其他的学生陆续到来。目前登记的学生有230人左右，再加上纳家营本地的教亲，一个会堂坐得满满当当。

2014年7月16日

开展培训课程，除了教师、学生很忙很累外，还有就是一大拨后勤人员，负责管吃管喝的大妈大婶们。由于是斋月，她们要比平常付出更多的精力和时间来筹备饭菜，还要绞尽脑汁地为学生和老师搭配餐点。

2014年7月24日

纳古镇是一个工业重镇，镇党委、政府在保证工业主体地位的同时坚持农业的基础性地位不动摇，认真抓好农业工作特别是烤烟生产工作。今年，县上下达我镇烤烟收购计划4万公斤，种植面积320亩。

为圆满完成烤烟生产工作，纳古镇高度重视，成立了烤烟生产工作领导小组，负责烤烟生产各项工作，并采取有力措施，全面抓好烤烟移栽、管理等各个环节。经过前期集中育苗、组织移栽、封顶打杈和优化烟叶结构等工作后，纳古烤烟长势良好，目前已到了采收烘烤阶段，预计纳古今年仍能圆满完成烤烟生产任务，实现农民增收。

当前，正值水稻稻飞虱、稻瘟病、稻曲病等病虫害防治关键时期，为了抓好我镇水稻病虫害防治工作。7月24日，由镇农技农机站联合县农业局植保植检站，组织35名工作人员，投入6辆车，使用机动喷雾器20台，对我镇310亩连片种植水稻开展统防统治服务。

本次统防统治采用统一人员、统一药剂、统一时间、统一技术指导、统一作业的方式，既提高了病虫防治效果和效率，为今年水稻增产增收打下良好基础，同时也使农民省钱又省力。

2014年7月25日

一年一度的征兵工作又将开始,今年与往年不同的是,全面推行网上征兵,适龄青年要全部参加网上登记。近日,纳古镇召开兵役登记暨征兵工作会,安排部署今年的征兵工作,标志着纳古今年的征兵工作全面展开。镇党政主要领导、征兵工作领导小组成员参加了会议。

会议传达了上级征兵工作会议精神,调整了纳古镇征兵工作领导小组成员,回顾了去年征兵工作情况,对纳古今夏征兵工作进行了全面部署,对兵源征集条件及各项优抚政策进行了详细讲解说明。会议要求,各村民小组一定要提高认识,加大宣传力度,积极走访适龄青年,做好动员工作,积极引导适龄青年参加兵役登记,投入国防事业,保证今年征兵任务圆满完成。

会后,纳古镇积极开展兵役网上登记工作,共登记适龄男青年81人,超额完成目标任务。

2014年7月27日

近日,县公安局副政委高德彦、副局长钱凡到纳古,就我镇县政协委员在政协通海县第十五届二次会议上所提的关于"加强纳古镇禁毒防艾"的提案给予答复,4位政协委员听取了答复意见。

副局长钱凡首先向政协委员们通报了通海县的毒情形势、毒品引发的社会危害及2013年1月至今全县开展禁毒工作的情况及取得的成绩,重点介绍了纳古镇的禁毒防艾工作情况。委员们就如何做好纳古镇的禁毒防艾工作积极建言献策,希望通过各方的努力,强力推进纳古镇的禁毒防艾工作。

此外,县委组织部、县交通局、县文产办、纳古镇政府还分别就培养少数民族干部、修建杞麓湖环湖路、纳古申报民族工艺刀具地理标志、纳古传统民族工艺刀具产业发展和校园周边环境安全等提案分别相继对提案者做了答复。

2014年7月28日

最近，人民日报连续发表了《不贪不占，岂能也不干》《要调心态，更要在状态》《千难万难，畏难才真难——论领导干部要奋发有为》三篇评论员文章。纳古镇及时利用每周一政治理论学习时间组织全体干部职工认真学习，领会文章精神，并结合我镇实际进行了交流、讨论。

2014年8月5日

上午9时，纳古镇党委、政府召开了全镇宗教界人士座谈会，镇党政班子成员及3所清真寺教长、管委会和监委会成员参加了会议。

会议由镇长纳立凡主持。会上，镇党委、政府通报了当前的重点工作及下一步的工作要点，并与宗教界人士共同研究制定了《纳古镇穆斯林村规民约（勤俭节约篇）》。该村规民约积极响应中央八项规定和"厉行勤俭节约，反对铺张浪费"的要求，就全镇穆斯林的婚丧嫁娶、朝觐请客、开斋请客、圣节请客等相关事宜做了明确规定，并将在近期执行。

《纳古镇穆斯林村规民约（勤俭节约篇）》出台后，必将在全镇进一步掀起反对铺张浪费的高潮，厉行勤俭节约更加蔚然成风。

2014年8月6日

为维护社会公平正义和群众公共环境利益，杜绝城乡违法违章建设，改善城乡人居环境，近日，纳古镇召开拆临拆违暨城乡环境综合整治工作动员会，镇党政领导班子、各中心（站所）负责人、各村民小组支书、组长、副组长、3所清真寺教长、管委会主任参加了动员会。

会上，镇长纳立凡传达了《通海县拆临拆违暨城乡环境综合整治工作方案》，结合纳古实际，就工作内容、拆除范围、工作步骤、实施办法、工作要求等方面做了安排。镇党委书记张兴友强调：违法占地侵占的是大多数人的利益，必须依法予以拆除。此次拆临拆违时间紧、任务重，大家务必高度重视，认真履职，各村民小组领导要配合镇党委、政府做好相关工作，无论任务多艰巨，希望大家形成合力，协同配合，共同做好此项工作，保护好子孙赖以生存的土地和环境。

会议要求，全镇上下要统一思想，大力宣传，积极行动，以过硬的作风、有力的措施，全力推进此项工作，为建设美丽纳古做出新的更大贡献。

2014年8月8日

下午2点，主麻下来纳家营清真寺开始为昭通地震受灾群众募捐，与此同时，古城清真寺也在古城清真寺开展另外场地的募捐活动。

通过一个下午的募捐，纳家营清真寺的募捐箱共捐到20万元现金，还有大量物品。古城清真寺捐到5万元现金和部分物品。

2014年8月9日

纳家营清真寺这几天，所有管委会成员到菜市场进行摆摊设点的规范。规范街道上不摆摊，原来摆摊的全部规范到小市场。通过这样整理，街道上畅通了，车辆容易通行了。

2014年8月11日

为有效净化纳古镇文化市场和网络环境，为青少年营造健康成长的良好环境，下午，纳古镇组织文化事务中心、综治办、派出所向辖区内的9户黑网吧经营户发放限期关停通知书，通知要求经营户在8月20日前自行关闭黑网吧并处置上网设备，如不按期关停，镇党委、政府将联合相关部门予以取缔。发放限期关停通知书，表明了镇党委、政府坚决整治黑网吧的决心。

纳古镇历来重视对黑网吧的打击力度，为保障整治黑网吧专项行动的顺利开展，于年初制订了黑网吧专项整治联合行动实施方案，并成立了领导小组，加强对专项行动的领导和全面协调，此次发放限期关停通知书是整治行动的第一步。

2014 年 8 月 12 日

纳古镇社会管理网格化建设工作按计划于 5 月底完成第一村民小组试点工作后，为了能在计划时间内完成全部工作任务，抽调机关相关部门工作人员，聘请了 11 名高中毕业生、暑假回乡大学生，分成两组开展工作。一组深入各村民小组，就楼房信息、房间信息、房屋及人口相关信息进行信息采集；另一组主要由会电脑、能力强、素质高的学生担任管理员，专门负责网格系统录入工作，将第一小组采集回来的信息录入《玉溪市网格化社会管理综合信息系统》中。

截至目前，我镇共完成信息采集任务的 87%、录入任务的 18.9%，待信息采集完成后将全部转入录入工作，预计能按计划于月底前完成全部信息采集录入工作。

2014 年 8 月 13 日

按照上级计生部门的工作安排，纳古镇积极开展玉溪市人口计生网格化信息采集录入工作，为了能按时按质按量完成工作任务，纳古镇抽调了部分机关工作人员、出动了计生信息员、聘请了 8 名暑期回乡大学生等组成 16 人的工作队伍开展工作。他们兵分两路，计生信息员深入各村民小组、机关事业单位进行入户调查，采集人口基础信息、育龄妇女信息、育龄妇女避孕信息、优生优育健康信息和落实奖励扶助政策信息，较全面准确地掌握第一手资料。再由懂电脑、会操作、技术熟的学生对采集到的信息进行复核并录入《玉溪市网格化社会管理综合信息系统》。

此项工作于 7 月中旬开始，计划 8 月底完成，共需对全镇 7 个村民小组，以及镇级机关、事业单位和流动人口等 3000 余户 15000 余人进行采集，截至目前已完成 1102 户 5121 人的信息采集录入工作，预计能按时完成工作任务。

2014年8月14日

由纳家营清真寺发起号召，玉溪市各清真寺为单位，向鲁甸地震灾区募捐。玉溪市清真寺管委会联谊会救灾专题会议研究捐款救助事项。会议决定：由纳家营清真寺牵头，玉溪市所有清真寺为鲁甸地震灾区提供物资支援和志愿协助。纳古志愿者协会受纳家营清真寺管委会委托全程协办此次活动。

活动预计筹款70万元，为鲁甸灾区提供优质大米、油、盐、棉被等短缺物资各1500件，其他急需物品数千件。

预计装车30辆物资，统一标语、着装。

8月13日装车于8月14日发车前往鲁甸，由各清真寺选派志愿者代表跟车前往鲁甸。

2014年8月14日上午9点30分在清真寺举行发车仪式，邀请各界人士和群众参加见证。

往返时间预计为一周。

一共收到捐款702083.70元（其中有通海中小企业暂借款20万元）。共计902083.70元。

支出：

香油 88125元

棉被等 252000元

大米及运费 175870元

其他生活物资 8090元

装卸费 800元

托运费 80元

现余现金 377118.70元

2014 年 8 月 16 日

"8·3"云南昭通鲁甸地震发生后，灾情牵动着纳古社会各界的心，大家纷纷捐款捐物，为灾区奉献自己的一份爱心。在得知鲁甸当地因地震造成自来水管网遭受破坏，灾民饮水困难后，方圆公司立即通过玉溪市民政局联系到昭通市民政局，希望可以利用自己生产各种镀锌管的优势，为灾区灾后重建贡献自己的一份力量。在得到答复后，方圆公司根据灾区重建所需管材立即组织生产系统为灾区全力生产五种型号的自来水管。8 月 16 日一早，方圆公司将为灾区专门定做的管材装车，由县里山工业园区副主任杨文申，镇人大主席马恒骧、镇长纳立凡和公司领导马丽波、马跃伟一行亲自带领车队立即赶往灾区，并于下午 5 点半将物资直接送到鲁甸县物资接收处，鲁甸县委、县政府表达了感谢并送给公司一封感谢信。

方圆公司负责人表示，一方有难，八方支援，希望能够通过这种方式为灾区群众奉献一份爱心，帮助灾区重建美好家园。企业的这份社会责任心和爱心，令人动容。

2014 年 8 月 29 日

纳古镇召开社会各界人士座谈会，总结通报近段时间开展的系列工作情况，并就即将开展的部分重点工作听取各方意见。镇党政班子成员、各村民小组支书、组长、副组长、3 所清真寺教长、管委会主任、纳古志愿者负责人、中小企业促进会会长等各界人士 40 余人参加了会议。会议由镇长纳立凡主持。

会上，镇长纳立凡就近段时间纳古开展的鲁甸地震抗震救灾、拆临拆违、穆斯林公约的制定实施等工作做了通报，并就下一阶段拆临拆违、大学生表彰、优秀教师表彰、《纳家营》杂志的编撰出版等工作听取各方意见。

参会人员纷纷建言献策。会议首先高度肯定了镇党委、政府、清真寺、志愿者、中小企业促进会等各界人士在"8·03"鲁甸地震中发扬的"一方有难，八方支援"的精神，抗震救灾工作组织有力，社会各界慷慨解囊，前后共募集到170余万元的善款物资组织送往灾区，彰显了民族大爱，希望总结经验，在以后的各类救灾中继续发扬；清真寺和部分企业均表示要继续支持镇党委、政府开展表彰大学生、优秀教师和《纳家营》杂志的出版等公益事业；并就开展黑网吧专项整治行动达成共识；针对拆临拆违工作，大家希望能够结合实际、因地制宜、分类对待开展拆临拆违，同时对治理占道经营、规划纳古城镇建设提出了积极的意见和建议。

2014年8月30日

"常修为政之德，常怀律己之心，常思贪欲之害，常戒非分之想""勿以官小而不廉，勿以事小而不勤"……走进纳古镇政府办公楼，墙上随处可见图文并茂的道德规范、廉政标语、格言警句，勾勒出一道亮丽的廉政风景线，形成了"弘扬社会主义廉政文化，推进党风廉政建设"的廉政文化景观，营造出浓厚的廉政教育氛围。

近日，为进一步加强干部作风建设，纳古镇以日常思想教育为切入点，以增强廉洁意识为目的，结合党的群众路线教育实践活动，开展廉政文化上墙活动，大力推进机关廉政文化建设。以社会主义核心价值观、道德规范、廉政警句为主要内容，制作了30余块廉政文化宣传牌悬挂在办公楼道墙壁上，不仅让机关办公环境面貌一新，也引导广大党员干部和职工群众树立正确的人生观、价值观和权力观，自觉培育和践行社会主义核心价值观，遵守各种道德规范，牢记公正廉洁，增强反腐倡廉的自觉性和主动性，营造良好的廉政文化氛围。干部职工普遍认为，这种廉政教育形式通俗易懂，富有吸引力，乐于接受，是强化党员干部反腐倡廉意识、净化社会风气的一种好载体。

2014年8月31日

纳古镇召开农村集体经济组织财务审计动员会，就2014年农村集体经济组织财务审计做动员，并安排部署近期相关工作。县农业局副局长、县农经站站长、镇部分党政领导、各村民小组支书、组长、副组长参加了会议。

会上，县审计组就此次审计的目的、要求和意义做了说明，指出了上一届村组干部任期和离任经济责任审计中存在的问题和下一步整改方向。各小组就换届以来财务审计整改落实、会计制度执行情况以及存在的问题做了汇报；针对换届后新当选人员较多的实际，村组干部建议县农经站加强对新上任村组干部财务知识和财经纪律的培训。县农业局副局长要求在审计工作中，审计组严格执行财务审计制度，各小组积极配合，镇党委、政府大力支持，共同做好此次审计工作，进一步严肃财经纪律，促进农村经济发展和基层党风廉政建设。

会议还就2012年中央补助地方农村文化建设资金使用做了培训，对农房火灾保险工作做了宣传动员。

据悉，县审计组将从9月1日至5日，对我镇7个村民小组进行集体财务交叉审计，此次审计为例行常规审计，审计期间为2013年1月至审计日，主要审计村组财务收支情况、2012年村组干部任期和离任经济责任审计的整改落实情况、《村集体经济组织会计制度》执行情况和财务制度执行情况。

2014年9月1日

纳古镇生活污水处理工程实施方案顺利通过省级专家评审。该项目一期预计投资736.42万元，建设规模为处理污水能力1000立方米／日，计划于年内开工建设。建成后，将能有效解决纳古生活污水排放问题，改善纳古人居环境，有效保护杞麓湖。

纳古镇生活污水处理工程是我镇特色小镇"一水两污"重点项目之

一，该工程位于纳家营小海，占地面积 1708 平方米，主要收集纳古范围内的生活污水，包含 1000 立方米／日（近期）污水处理厂一座，污水管网、构建筑物、污水处理设备、厂区工艺管线及配套绿化、道路、围墙等相关内容，采用一体化生物处理＋砂滤罐＋紫外线消毒处理方案，处理后的水质将达《城镇污水处理厂污染物排放标准》（GB18918-2002）一级 A 排放标准。

2014 年 9 月 4 日

纳古镇组织全体干部职工、派出所民警、施工人员共 60 余人，出动挖掘机，对 2 宗违法占用耕地的临违建筑进行强制拆除，拆除面积 1883 平方米。

在拆除现场，遭到了违建户当事方兄弟 3 人及亲属的阻挠，经过镇领导及工作人员耐心劝阻，取得违建户的理解和支持，纳古镇采取保护性强制拆除，拆除的建筑材料仍可再利用，尽可能减少违建户的损失，最终拆除工作得以顺利进行。对 2 宗临违建筑拆除后，还利用挖掘机对拆除现场旁的 2 千米杞麓湖埂道乱石、土堆等进行了清理。

自 2014 年 7 月 25 日全县拆临拆违暨城乡环境综合整治工作开展以来，纳古镇高度重视，积极开展专项工作，工作组挨家挨户做动员拆除工作。截至目前，纳古镇已累计拆除 10 宗临违建筑，总占地面积 4799.32 平方米，建筑面积 3368.92 平方米，其中，3 宗已恢复耕种，5 宗属路域环境整治自行拆除，2 宗强制拆除。

下一步，纳古镇将结合实际，分类指导、因地制宜，稳步推进拆临拆违工作。

2014 年 9 月 10 日

今年是《中华人民共和国归侨侨眷权益保护法》实施 24 周年，为了认真贯彻执行党和国家的侨务政策，让社会广泛了解涉侨相关政策、法规，切实维护归侨侨眷的合法权益。纳古镇统战工作人员联合党政办工作人员走上街头，在纳家营清真寺门口，向过往群众发放《中华人民共和国归侨侨眷权益保护法》《反分裂国家法》《侨台事务知识》和《涉侨政策、法律问答》等宣传材料。

为了使华侨和归侨、侨眷合法权益受到保护，1990年9月7日，七届全国人大常委会第十五次会议通过了《中华人民共和国归侨侨眷权益保护法》，这是一部我国侨务工作的基本法。

据悉，纳古镇的归侨、侨眷及其海外华侨、华人亲属有近千人，已经成为实际意义上的"侨乡"。

纳古中心小学召开庆祝第30个教师节暨表彰会，镇党政领导受邀参加并致辞。

当日的表彰会在小学礼堂进行，在学生代表和教师代表献词后，校长马灿敏引用习近平总书记在教师节前同北京师范大学师生代表座谈时的讲话"做一个好老师的'四有'标准"，与全校教师共勉。镇党委副书记陈申力代表镇党委、政府向全体教育工作者致以节日的问候，总结回顾了近年来我镇教育取得的成绩、存在的问题，并就未来我镇教育新发展提出三点希望：营造教育发展新氛围、创造教育发展新业绩、塑造人民教师新形象，努力开创全镇教育工作新局面。最后对24位优秀教师和教育工作者进行了表彰。

2014年9月14日

纳古镇网格化社会管理信息采集录入工作圆满完成，共采集录入楼房2654栋，房间3962户，人口14639人。

自全县网格化建设工作启动以来，我镇紧紧围绕全县网格化社会管理服务工作推进会提出的"5月试点，6月推开，8月完成"的网格化建设工作要求，切实将此项工作纳入镇重点工作，及时调整充实工作班子，健全完善工作方案，加大资金投入，动员整合各方力量，抽调镇干部职工，聘请村组领导、工作人员及中学生，对辖区内住宅、工厂、商店、单位组织等多种类型的楼房、房间和人口信息进行采集录入。截至8月底，我镇网格化社会管理信息采集录入工作已全面完成。

2014年9月15日

纳古镇召开网吧整顿工作会，邀请县文化局、四街工商分局对辖区内9户网吧经营户进行相关政策宣传、教育，镇党政领导对网吧经营户提出了整顿要求。

会上，县文化局稽查大队负责人就网吧开办经营许可条件及经营中的相关规定进行了宣传；四街工商分局局长则从相关法律法规、政策、网络市场现状等方面向网吧经营户进行教育；网吧经营户就办理网络经营许可证所需条件和要求进行详细咨询。

会议强调，网吧经营户必须依法取得国家经营许可方可进行经营，没有取得经营许可即为非法，希望各位经营户认真了解国家相关法律法规和政策规定，在取得经营许可以前自行关停，若不关停，镇党委、政府将联合文化、工商、派出所等相关部门进行坚决取缔，净化纳古网络文化环境。

2014年9月16日

县政协主席钱润光到纳古镇调研了解我镇政协工作开展情况。

钱润光首先听取了我镇政协工作和镇党委、政府近期工作情况的汇报，详细询问了政协学习活动小组开展学习活动情况，以及政协工作中存在的困难和问题，肯定了政协委员在纳古社会经济发展和公益事业中的积极作用和贡献，要求学习活动小组召集人开展丰富而有意义的学习活动，充分调动委员们参与学习活动的积极性；他同时指出，政协委员大多都是各个领域的杰出代表，他们见识广、经验丰、办法多，镇党委、政府要充分调动政协委员的积极性，引导他们参与到党委、政府的各项工作中来,充分发挥他们的职能作用和优势,激发他们参政议政的热情,凝心聚力,为纳古的社会经济发展提供良言美策。

2014年9月18日

在新生开学之际,纳古镇一年一度的学生表彰奖励大会如期在镇政府举行。镇党政领导、纳古中心小学校长、3所清真寺教长、管委会主任、中小企业促进会负责人、家琨教育基金董事长参加了会议,对今年考取三本以上高等院校的25名大学生和10名重点高中生进行表彰奖励,受表彰奖励学生家长代表学生接受了表彰奖励。

纳古镇党委政府、纳家营清真寺、古城清真寺、中小企业促进会、连铸公司、纳古小学、云马扣件厂共同出资5万元,对全镇今年上线的1名研究生、24名三本以上大学生及10名重点高中生进行了表彰奖励,分别给予了每人800元至2000元不等的奖金和一份纪念品。家琨教育基金也单独出资3.6万元,对36名学生进行了奖励。

会上,与会各方代表纷纷就发展教育的意义和纳古教育的发展情况先后发言,他们肯定了近年纳古教育发展取得的成绩,提出了今后的发展思路,并对受表彰学生提出了殷切希望,希望他们能好好学习,感恩社会,回报家乡,也希望通过对考取学生的表彰激励更多人努力学习。

纳古镇历来重视教育发展,每年都联合社会各界对考取高等院校和重点高中学生进行奖励,奖励已持续了8年,今后仍将一如既往坚持奖励政策,注重优秀人才的培养,助推教育发展和经济腾飞。

2014年9月19日

中秋是稻谷收获的时节。近日,天气晴朗,走进位于杞麓湖畔的纳古海泥田,310亩连片水稻正饱吸着大地的营养,金黄的稻穗迎着秋风起舞,弥漫着一股成熟的味道。田间已有不少农民在抢抓时节忙收割,只见有的在挥舞着镰刀收割、有的在用打谷机进行脱粒、有的在装稻谷,有的在捆扎稻草，大家分工合作，呈现出一片繁忙的收割景象。

今年以来，由于光照、气温、降水等条件对农作物生长成熟十分有利，加之前期水稻统防统治等田间管理工作到位，今年全镇310亩连片水稻喜获丰收，预计产量可达24.8万公斤。

2014年9月20日

纳古镇组织党政班子成员、纳古中心小学领导、各村民小组干部、3所清真寺教职和管理人员共30余人前往通海三中，与通海三中领导同话教育，共谋发展。

在通海三中，校长王廷顺首先带领纳古各界人士参观了学校校舍和校园建设，介绍了学校的整体布局和建设规划。在参观过程中，许多人纷纷怀念起了在三中度过的美好学生时代，同记忆中的三中校园做对比，纷纷感叹学校变化大。

在随后的座谈会上，校长王廷顺向大家详细介绍了通海三中的历史、现状等基本情况，近年来在教育教学方面取得的成绩和存在的问题，特别介绍了纳古的回族学生在学校的生活学习情况，感谢纳古各界人士在三中发展中给予的大力支持，表示下一步将继续加强学校管理，细化教育教学各个环节工作，实施教育教学改革，尽力办好学校教育，并希望继续得到大家的关心和支持。

纳古各界人士也纷纷发言，肯定了学校近年来在教育教学和学校管理方面取得的成绩，感谢学校对纳古人才的培养，并纷纷表示，将一如既往给予学校关心和支持。会上，大家达成共识，三中的教育离不开纳古各界的支持，纳古的发展也离不开学校的教育，只有教育发展了，纳古的社会经济发展才有后劲，同时希望三中越办越好。

据悉，原本位于纳古镇的通海县第十四中学于2007年同通海三中合并办学，纳古的学生全部前往通海三中上学，目前通海三中共有32个教学班近2000名学生，纳古的回族学生有354人，占学生总数的18%，学校占地 38.87 亩,是目前全市唯一一所完全中学。

2014 年 9 月 21 日

2014 年,纳古中、高考成绩喜人。今年高考成绩表现优异。全镇共有 26 名学生考取三本以上高等院校,其中研究生 1 名,一本 5 名,二本 16 名。来自纳古一组,同时毕业于玉溪一中的纳伊茹、纳诗茹双胞胎姐妹花,以优异的成绩双双考入昆明理工大学应用化学专业和化学工程专业,继续她们的美丽大学校园姐妹行。

中考成绩也不俗。全镇共有 10 名学生考入重点高中,分数都在 600 分以上,其中,600~700 分、700~800 分分数段的各 4 人,800 分以上的 2 人,他们分别被玉溪一中、玉溪师院附中、玉溪市民族中学、中央民族大学附属中学、云大附中等知名重点高中录取。

为鼓励优秀学生,倡导积极向上的学习氛围,培养更多的优秀人才,纳古镇对被录取的优秀学生进行奖励,奖励额度为研究生和一本每人 2000 元,二本和重点高中每人 1000 元,三本每人 800 元,此外每人还获赠一份纪念品。家琨教育基金则单独再给予每人 1000 元的奖励。

多年来,纳古镇党委、政府一贯支持教育事业,坚定实施"科教兴镇"战略,社会各界踊跃捐资助学。在全镇范围内营造了尊师重教、尊重人才、爱惜人才的良好氛围,纳古的教育事业得到全面发展。

2014 年 9 月 24 日

原玉溪市副市长张华生在县委书记张小良和统战、民宗等部门领导的陪同下,来到纳古看望宗教界人士并同宗教界人士代表举行座谈。纳古镇纳家营、古城、古城新寺和河西镇大回村、小回村、下回村清真寺的教职和管理人员参加了座谈会。

各清真寺教长、管委会主任围绕社会经济发展、城镇建设、经文学校规范管理等方面先后在座谈会上发言。在认真听取大家的发言后,张华生说，面对当前经济形势下行特别是纳古经济出现的困难，大家要增强信心，与县委、县政府，镇党委、政府形成合力，共同研究探讨产业提档升级、经济结构转型，利用现有资金和技术基础，探索符合自身发展的转型升级之路，继续续写纳古辉煌。张小良则鼓励大家多关注里山工业园区和曲陀关园区建设，争取企业入园发展，置换出空间和土地来进行城镇建设，将纳古建成民族特色文化旅游名镇，寻找新的经济增长点。

会议还就如何规范管理经文学校进行了积极探讨。

2014年10月4日

在全世界穆斯林的传统节日——古尔邦节之际，纳古穆斯林群众打扫卫生、参加会礼、走亲访友、宰牲待客，用传统方式欢庆节日，他们互致节日问候、共贺祖国昌盛。

节日前夕，由纳古镇政府、纳家营清真寺、古城清真寺、纳家营伊斯兰文化学院、古城中阿学校、纳古志愿者共同通过中穆网——纳古社区、微信等平台发起倡议，号召全镇居民共同清洁家园。3日一早，大家一起行动，各家负责清洁门前和庭院卫生，纳古两所清真寺和文化学院、中阿学校、纳古志愿者则按照分工，分别对忠爱大街、文化路、星月路、忠训路、振兴路等镇区主要街道进行集中清扫并清运垃圾。

4日古尔邦节当天，纳古镇穆斯林群众身穿节日盛装，齐聚清真寺参加会礼做礼拜，欢度这一传统佳节，会礼结束后，穆斯林群众高兴地互相致以节日祝福并进行宰牲活动。今年的古尔邦节时值中华人民共和国成立65周年、中央民族工作会议召开、国庆长假之机，穆斯林群众认为这个古尔邦节非常有意义。

古尔邦节又称"宰牲节"，是我国回族、维吾尔族、哈萨克族、乌孜别克族、塔吉克族等10个少数民族共同的盛大节日，与开斋节并称伊斯兰教的两大节日。按照传统习俗，在这一天穆斯林不仅要诚心正意、虔诚礼拜，还要宰牲款待亲友，并向周边的困难人群施舍。

2014 年 10 月 8 日

在日前结束的通海县第十九届老年人体育健身大会上,纳古镇老体协积极组织代表队参加,共 23 名中老年运动员参加了全部四个项目的比赛,并荣获少数民族健身操及自编操二等奖、气排球第三名的好成绩,为我镇赢得荣誉的同时也展现了我镇中老年人的风采。

由县体育局主办的通海县第十九届老年人体育健身大会于 10 月 8—10 日在县体育场举行,设气排球、中国象棋、少数民族健身操及自编操四个项目,共有来自全县 9 个乡镇(街道)的 230 余名中老年运动员参加了比赛。

通过参加此次健身大会,不仅丰富了我镇中老年人的文体生活,也加强了同其他乡镇中老年人的交流学习。

2014 年 10 月 9 日

纳古镇首个农家书屋落户二组。镇人大主席马恒骧和文化事务中心负责人陈妍澹代表镇党委、政府将价值 2 万元的 167 种 725 册图书送到二组农家书屋。

"农家书屋"是国家文化惠民工程之一。纳古二组农家书屋是纳古首家落成的农家书屋,设有图书管理员一名,各项制度规范,获赠的图书种类丰富,涵盖农业科技、医药科学、传统文化、古典名著、名人传记等多方面内容。农家书屋的落成,切实解决了广大农民群众"买书难、借书难、看书难"的问题,为村民学习农业科技知识、扩大视野提供了方便条件。下一步,我镇将继续向上争取在全镇其他 6 个村民小组建成农家书屋。

2014 年 10 月 10 日

纳古七组的纳孝鸿,外号"石林果",于 9 月因背部肿瘤突出增大,到玉溪市人民医院治疗,市医院医生称病情严重,无能力医治,建议转院治疗，病人于当天转入昆明市总医院（43 医院）心胸外科入院治疗。经检查，医生也无法判断病情和病因，只能按常规治疗，但治疗费用需要 40 万元至 50 万元。9 月 2 日，经过近 10 个小时的手术，医生从病人身上摘下两个硕大的肿瘤。对于高昂的医疗费用，病人家属无力承担，得知消息后，纳家营清真寺管委会、纳古志愿者遂通过网络、微信等平台发出倡议，发起"伸出援手，救助'石林果'"的活动，号召大家伸出援手，积极捐款帮助乡亲。

倡议发出后，纳古各界纷纷响应号召，慷慨解囊，积极捐款救助乡亲，截至 9 月 20 日捐款结束，共募集到爱心捐款 106200 元，其中纳古七组领导、运输公司负责人、纳家营清真寺管委会募集资金 86000 元，纳古志愿者募集爱心捐款 20200 元。纳古志愿者已转交病人家属 5.5 万元用于前期治疗。据悉，"石林果"目前已出院养病，待身体情况好转再入院医治，纳古志愿者将在病人再次入院时转交剩余捐款用作医疗费用。

此次爱心捐助活动为"石林果"解了燃眉之急，再一次彰显出纳古群众的爱心善举。

2014 年 10 月 11 日

纳古镇组织开展解放思想大讨论宣讲，县委党校师丽虹老师受邀做《解放思想、深化改革、促进通海经济社会科学发展》专题讲座。镇党政班子成员、各中心（站所）负责人、全体机关党员参加了讲座。

师丽虹首先带领大家回顾了全国开展解放思想大讨论历程，结合通海县实际，从"思想是行动的先导，思路决定出路，观念决定财富"指明了通海县开展解放思想的重要性和必要性，围绕"五破五立"点出了开展解放思想的首要任务，通过坚定不移扩大开放、坚定不移深化改革、坚定不移真抓实干、坚定不移加快发展四项措施，实现"以观念的大转变，推动全县的大发展"的解放思想的最终目标。讲座语言生动、内容丰富、贴近实际，使参会人员深受启发，进一步加深了对解放思想大讨论活动的认识，大家一致认为，思想是行动的先导，只有解放思想，才能推动各项工作顺利开展。

2014年10月13日

上午，纳古镇103名赴沙特完成朝觐功课的新哈吉平安回到家乡。

经过长途旅行，完成功课的哈吉略显疲惫，脸上却洋溢着幸福，他们更急于把朝觐经历以及在当地的所见所闻和家人朋友分享。

纳古镇召开2015年新农合筹资动员会，安排部署2015年度新农合筹资工作，对今年工作的目标任务、筹资原则及标准、筹资对象、筹资方式、缴款时间和地点等政策规定做了宣传和业务培训。

据悉，2015年新农合筹资工作从即日起至11月30日结束，坚持"政府引导、群众自愿"的原则，以户为单位参加新农合，缴费标准比去年有所提高，为90元／人。

会议要求各位工作人员高度负责，落实好救助对象，做好宣传，动员村民积极参合缴费，将这一民心工程切实落到实处，按要求完成目标任务，保证参合率达到98%以上。

2014年10月16日

中央电视台《我家云南》第二摄制组结束拍摄，第二次跟拍，设备专业人敬业，一个镜头前后左右上下反复拍。7月份来我镇拍摄民族团结、回汉互保的主题纪录片，准备在9月份播放，迎接中央民委召开的民族工作会议，但是中间由于审稿件的原因，延迟至今，预计最迟播放时间定在11月，中央一套或者九套播出。现在需要补拍的镜头主要是纳古镇菜市场的全景、小海公园的全景、纳忠纳训故居、工艺刀具传统手工制作现场、纳家瑞作为历史讲述人（名人之后）的生活场景和纳古镇仅存的回汉互保牌匾（存放于纳泽喜家）同时包括七街回汉互保牌匾。

2014年10月17日

今天，支部群众路线教育实践活动的总结会议陆续开始召开。像一组支部、四组支部今天下午已经召开完毕。

2014年10月18日

纳古镇召开职工会议，传达学习习近平总书记在党的群众路线教育实践活动总结大会上的讲话精神，全镇干部职工参加了会议。

2014年10月19日

为发挥乡镇文化站的作用，推进新农村文化建设，根据乡镇综合文化站职能和2014年玉溪市社文工作会议精神，纳古镇在对文化站进行改建的基础上，近日，通过制作宣传栏，打造宣传文化平台，营造文化宣传氛围。

纳古镇在文化站前的墙壁上安装了宣传栏，图文并茂地对纳古镇的历史文化进行了梳理，并展示了"文化乐民、文化育民、文化惠民"的成果，以便加深群众对纳古文化的系统认识和对文化站的了解。同时还更新了文化站的楼层分布图和科室牌，增加了禁烟和安全通道标识，使文化站建设更加规范化。

下一步，纳古镇还将进行文化墙制作，以儒家经典和传统文化为主题，通过图文并茂、形象生动的字画展示出来，打造宣传文化阵地，进一步营造宣传文化氛围。

2014年10月20日

今年夏季降雨丰富，绿化带内各种杂草生长旺盛，不仅影响绿化苗木的正常生长，还遮挡了人们的视线，也影响了绿化景观效果。

为此，纳古镇在开展城乡环境综合整治之际，加大对镇区绿化的日常管护力度，投入2万余元聘请施工队对镇区绿化景观进行集中清理，为绿化带"减负"。他们主要对江通公路纳古立交桥入口处绿化区进行修剪除草，对忠爱大街、狮山路、文化路、工业路等主要街道两旁的行道树修剪树枝，喷洒农药，进行病虫害防治，有效保护绿化苗木的正常生长，还对人行道、排水沟内的垃圾和杂草进行清运。

通过此次清理整治，极大地提升了镇区绿化的整体观赏效果，为群众营造了一个更美好的生活环境。

2014年10月21日

纳古镇组织召开七组海泥田排灌沟渠修建工程招投标会议，镇分管领导、镇属相关部门、第七村民小组领导参加会议，县二建司第二十五施工队、三建司第十一施工队、二建司第二建队三家单位参与投标，按低价中标的原则，三建司第十一施工队以每立方米230元的价格中标。

该工程为今年一事一议财政奖补项目，项目全长425米，总投资39.41万元，其中财政奖补资金10万元，其余资金自筹。工程计划10月20日开工，12月30日竣工，工期71天，工程的建设将有利于改善海泥田农田排灌设施条件，促进农业生产。

2014年10月22日

为了弘扬中华民族尊老爱老的传统美德，传承中华民族优秀文化，在敬老月之际，镇团委与纳古中心小学团委、少先队共同组织纳古中心小学学生参加云南省"我和我的爷爷奶奶"敬老文化主题公益活动。

活动主要征集反映敬老爱老助老主题的故事和绘画作品。纳古小学精心策划、周密部署，组织各年级同学积极参与。经过层层筛选，最终从每年级评选出一幅绘画作品和一个故事推荐参加评比。其中6岁的小朋友纳若依的绘画作品《朝阳与夕阳》，色彩艳丽、内容生动感人，通过描绘帮奶奶洗脚的场景，充分表达了此次活动的主题。目前，参与评比的作品已经报送到团县委。

2014年10月27日

镇农科站邀请植保（中国）协会成员单位陶氏益农公司吴亚鹏到纳古对农户进行农药科学使用及农药空包装回收培训，50余农户参加了培训。

培训会上，吴亚鹏围绕农户日常使用农药中存在的误区，讲解了如何科学合理选择、配制和使用农药、农药使用的个人防护措施以及农药空包装的回收作用。培训采用投影授课，直观生动，贴近实际，通过讲解引导与会人员积极思考，学习领会。镇农科站站长简树棚强调了农药使用中个人防护的重要性，对农药空包装回收工作进行了安排。

此次培训旨在宣传安全科学使用农药的知识和技术，引导农民正确使用农药，提高对农药包装污染环境的认识，减少农药包装废弃物对环境的污染，促进社会效益、经济效益和生态效益全面协调发展。

2014年10月28日

为切实维护人民群众的根本利益，有效转移农村火灾风险，提高农村灾后重建能力，不断完善救灾救济保障体系，纳古镇切实推进农村房屋火灾统保工作，今年镇组两级共同出资19432元为全镇2429户农户购买农房火灾保险，加上自行缴费的农户，共2456户投保了24440元。这也是纳古镇自农房火灾保险2010年开展以来连续第五年为农户购买农房火灾保险。

农房火灾保险由人保财险通海支公司统一承保，保险标准为8元／年／户，实行"农户自愿参保、政府补助推动、保险公司市场运作"的办法，采取政府补助4元、农户自交4元的方式进行参保（如保险金额需求不够，农户自交保费可选择12元、16元、20元三个档次）。

自农房火灾保险工作开展以来，纳古镇每年农户自筹的部分均由镇政府和各村民小组按50%的比例承担，即镇政府和各村民小组为农户各承担2元。今年，为进一步落实好支农惠农政策，进一步减轻农民群众的负担，农户自交保费部分仍然由镇政府和各村民小组各承担50%，并且保费由每户 2 元增加到每户 4 元，农户无须再自筹保费，保额提高后，赔偿标准也由原来的 2 万元增加到 4 万元。镇政府和组集体为农户购买农房火灾保险，农户无须交费就能享受到保障，切实体现了纳古镇镇组两级对农民的关心和支持，进一步提高了农民灾后自救、恢复重建的能力。

2014 年 10 月 29 日

为维护社会安定和谐，促进全镇各项事业全面发展，镇党委、政府结合实际，组织草拟了《纳古镇镇规民约（讨论稿）》，从社会秩序、环境建设、邻里家庭、计划生育、安全生产、民族团结等方面，对群众的权利与义务进行规范，希望镇规民约的制定可以更好地指导规范群众生产生活的方方面面，达到自我管理、自我教育、自我服务的目的。

为使镇规民约更加完善，纳古镇通过下发征求意见稿、在中穆网—纳古社区发帖的方式，面向全镇人民广泛征求意见，确保镇规民约的制定群众说了算。征求意见自即日起至 11 月 30 日结束，届时，镇党委、政府将对征集到的意见建议进行汇总梳理，制定出符合自身实际，群众普遍认同、主动遵守、自觉约束的规章制度，于明年初人代会讨论通过后执行。

2014 年 11 月 1 日

2015 年度新农合参合收费工作已经开始。为了方便参合群众及时缴交参合费，保证在规定时限前完成收费工作，我镇各村组收费人员结合纳古实际，统一时间、统一地点，利用早上在纳家营清真寺门口人流比较集中的地方和时段"摆摊设点"集中筹资，为群众缴费提供便利，既宣传了政策，又提高了工作效率。经过一周的集中收取，目前，收费工作已接近尾声，村组筹资人员正在核对缴费信息，查漏补缺，对还未缴交参合费的个别农户逐户进行催缴。

2014年11月5日

卫生院举办防治艾滋病知识及政策法规培训，县防艾办主任史发明受邀为广大群众讲授艾滋病相关知识及政策法规。培训在镇政府会议室举行，共50余人参加了培训。

通过此次培训，大家纷纷表示要教育和带动身边更多人增强自我保护意识，同时参与到宣传和防治艾滋病工作中来。

2014年11月9日

为深入开展法制宣传教育，根据上级司法部门的部署，近日，纳古镇组织机关全体干部职工参加了"六五"普法知识竞赛。通过知识竞赛，促进了我镇广大干部职工对法律知识的学习，进一步提高了干部职工的法律素质，加深了对十八届四中全会依法治国精神的领会，对于强化干部职工法制意识、提高依法行政能力具有一定的作用。

2014年11月10日

纳古镇今年首期（总第二期）道德讲堂在镇政府会议室开讲。本期道德讲堂以"增强道德观念，做有道德之人"为主题，由镇人大主席马恒骧主讲，全体干部职工聆听了本期讲堂。

当天的道德讲堂首先由全体干部职工一起诵读国学经典《弟子规》，之后马恒骧围绕传统文化的核心——道德，讲解了何为道德、古今中外的道德标准、公民道德规范及公民道德建设的重要性、弘扬社会主义道德的紧迫性和必要性、如何做一个有道德的人等五方面的内容，采用讲义和幻灯片结合的方式做了讲解，以说身边事、教身边人的形式，向广大干部职工传递了道德的力量。

2014年11月12日

11月11—12日，通海县第十届文明村、文明社区和文明单位第三考核小组在团县委书记纳鸿翔的带领下，到纳古镇对纳古中心小学等5家申报单位进行考核。

考核小组采取"一听、二查、三问"的方式听取了申报单位的情况介绍和近3年来精神文明创建工作情况汇报，查看了相关台账资料，并实地进行了察看测评，对考核中发现的问题及时给予了意见和建议，为完善本次申报工作和以后开展相关创建工作起到了积极的作用。

纳古镇志愿服务工作站在镇宣传办挂牌成立。

2014年11月20日

多年来，纳古镇活跃着一支志愿者队伍，他们开展了系列形式多样的义务劳动、清洁环境、扶贫帮困、敬老助残、抗震救灾等志愿服务活动，加上团委、妇联、工会等部门的青年志愿者，纳古镇有着良好的志愿队伍基础。"志愿服务工作站"的成立，有利于有效整合各方资源，健全志愿服务机制，规范志愿队伍建设，为开展志愿服务活动提供有力支撑，推动全镇志愿服务事业健康发展。

此次挂牌成立的服务站按照"八有"的要求，力求做到有机构、有阵地、有标识、有队伍、有制度、有台账、有活动、有成效，努力将志愿服务站打造成完善的基础平台。"志愿服务工作站"成立后，纳古镇将以此为新的志愿服务载体，立足实际，依托广大志愿者，更加深入有效地开展志愿服务活动，让"奉献、友爱、互助、进步"的志愿精神走进人们的心里，带动更多的人参与志愿服务。

2014年11月24日

为了顺利使用与全市合并后的通海电子政务网，提高全镇各部门办公自动化系统的应用水平，实现网上办公的高效便捷，逐步推进机关"无纸化"办公，今天，纳古镇举办电子政务网操作使用培训，对全镇干部职工操作使用电子政务网进行网上办公进行培训。

此次培训内容以公文的起草、收发、传输等流程为主线，全面介绍了办公自动化系统平台和公文传输的操作和使用方法，并现场解答了操作运行中的常见问题。通过培训学习，参训人员对系统有了一个比较全面的了解，基本掌握了发文、收文和传阅文件等业务操作流程，特别是对该系统在实现电子化办公、电子公文流转、群发、回退等功能的使用方面，感觉操作非常便利，大家纷纷表示，要尽快熟悉并使用新的电子政务网，推进办公便捷高效化。

通过培训会的形式，动员全镇干部职工积极行动起来，加强学习，自觉运用政务内网，提高办公效率，逐步推广使用网上行政办公系统、实现办公自动化，推动高效节能办公。

2014年11月25日

为认真贯彻落实县委关于推进拆临拆违和城乡环境综合整治会议精神，今天，纳古镇召开村组干部会议，安排部署我镇下一阶段拆临拆违和环境卫生综合整治工作，县委常委、纪委书记刘世伟应邀参加了会议。

会上，镇长纳立凡对今年以来我镇开展的拆临拆违和环境卫生整治工作情况和下一阶段将要开展的工作和城镇建设项目做了通报。今年以来，我镇按照县委、政府的安排部署，积极开展拆临拆违专项工作，挨家挨户做动员拆除工作，并适时组织了强拆，土地违法乱象得到一定程度的遏制；组织开展了系列环境卫生综合整治活动，联合清真寺清理了占道经营，环境卫生得到一定程度的改善。但是由于历史原因和外来人口众多、城镇空间狭小，临违建筑、占道经营、乱丢垃圾等现象仍然存在，环境卫生不容乐观。下一阶段，纳古镇将加大城镇建设项目力度，完善基础设施建设，改善城镇人居环境。

针对纳古实际，刘世伟建议：一是树立规划意识，促进企业搬迁、提档升级和产业结构转型，利用纳古伊斯兰民族文化浓郁的特色，争取民族特色小镇建设，打造伊斯兰民族文化旅游小镇，寻找新的经济增长点；二是加强城镇管理，规范车辆停放，清理占道经营和乱堆乱放，加大环境卫生清扫力度，注重镇区绿化美化亮化工作，打造干净整洁、环境优美的镇区环境；三是要统一思想，高度重视拆临拆违工作，结合实际，本着杜绝增量、消除存量的原则，逐步实施拆临拆违，为城镇建设置换腾退空间。

2014 年 11 月 26 日

江通收费站工作人员到纳古发放通行费优惠卡，发放地点设在纳古派出所篮球场。申请登记并审核通过的车主凭身份证和行车证到现场核对信息，缴纳 20 元的优惠卡押金，就可以根据申请登记时所填信息领取《车辆信息识别卡》或《包交卡》，持卡人员在通过江通收费站时就可以凭《车辆信息识别卡》或《包交卡》享受相应的通行费优惠。

江通公路收费站距纳古镇 2～3 千米，纳古运送货物的大型车辆及外出的各类私家车需要经常通过江通收费站，因距离较近，给纳古的车辆增加了很大的运输成本，部分群众因此出现冲卡逃费的现象，既扰乱了公路管理秩序，又带来很大的安全隐患。纳古的群众、人大代表、政协委员为此多次向上级相关部门反映，得到上级部门重视。根据《云南省收费公路车辆通行费免交、包交管理办法》的规定，经玉溪市人民政府批准，江通收费站对通海县部分区域的车辆实行减收、包交通行费政策，纳古镇辖区内机动车辆（含辖区内行政和企事业单位所属车辆）根据条件可进行申报并享受相应包交（减收）优惠政策。纳古的群众对此非常支持，并于 6 月份积极到派出所办理包交（减收）申请登记，经过近 5 个月的翘首以盼，终于可以领到优惠卡。

据悉，此次登记申请并审核通过发放的优惠卡达 901 张。

2014 年 11 月 29 日

据悉，2014 年 1—11 月底，纳古镇共 9819 人次在村、乡、县、市、省各级医疗机构花去医疗费用613.63万元，享受新农合补助350.96万元，占总费用的57%，平均每人次享受357元，极大地减轻了农民的负担。新型农村合作医疗，让广大农民群众看得起病、看好病，解决了广大农民群众的一大难题，极大地促进了农村经济社会的发展和稳定，让广大农民群众受益。

2014年11月30日

上午，甘肃省宗教局局长丁军年、宁夏回族自治区宗教局伊斯兰教处处长田玉福一行4人到纳古参观考察。

在市、县民宗局领导的陪同下，来宾们参观了纳家营清真寺、清真女寺和古城清真寺，实地了解民族宗教文化和各清真寺基础设施建设情况，对清真女寺和古城清真寺礼拜殿的精美木雕给予了高度的赞美，纷纷举起相机进行拍照。通过参观和了解，来宾们对纳古镇的社会经济建设和民族宗教文化发展给予了高度评价，并表示甘肃和宁夏也是穆斯林聚居地，民族宗教文化具有诸多相似之处，希望三地加强民族宗教和文化旅游发展方面的交流合作，为三地的社会经济文化发展而共同努力。

2014年12月1日

县卫生局、合管办、农行等部门工作人员到纳古进行新农合筹资资金票据缴验工作。各村民小组经办人员会聚到一起，对开具的收据、筹集的资金和缴费人员信息进行核对，做到人、款、票相符，核对无误后上报参合信息表，资金上缴财政专户。

为进一步加强农村集体经济组织的资金、资产、资源（简称"三资"）管理，规范村民小组行为，建立产权明晰、权责明确、民主监督、科学管理的"三资"管理体制和运行机制，进一步推动、加强农村基层党风廉政建设。根据通发〔2014〕18号文件精神，11月26日，纳古镇召开"三资"管理工作会，对村民小组"三资"管理工作业务进行培训。参加会议的有镇党政主要领导和全镇 7 个村民小组支书、组长、副组长共 20 余人。

会议由镇纪委书记周锁明主持。镇农村经济管理服务中心负责人张建萍依照《中共纳古镇委员会纳古镇人民政府关于进一步加强农村集体资金资产资源管理的通知》（纳发〔2014〕51 号）文件精神，围绕财务收入管理制度、财务开支审批制度、资产资源承包、租赁、出让制度，结合 7 个村民小组在近几年"三资"管理工作中存在的主要问题，对组集体的收入管理、支出审批管理、规范票据管理、资源管理、工程建设、民主理财与财务公开等内容进行了详细讲解。

镇党委书记张兴友要求各组干部必须高度重视，深刻认识农村集体"三资"管理工作的必要性和重要性，采取有力措施，按照文件要求规范管理，把加强农村集体"三资"管理工作落到实处。

2014 年 12 月 2 日

今天，纳古镇政协学习活动小组开展第四季度学习，安排部署"三四五"活动和提前征集政协通海县第十届委员会第三次会议提案的工作。

会上，镇政协学习活动组组长王丽波带领政协委员们共同学习了十八届四中全会精神和习近平关于依法治国重要讲话精神，总结了 2014 年镇政协学习活动小组的学习活动情况，重点安排了"三四五"活动总结。委员们结合自身实际，紧紧围绕"写一份提案或建议、反映一份社情民意、做一件好事"和"联系五户群众"，认真对自己 2014 年的履职情况进行总结。同时根据县政协关于提前征集政协通海县第十届委员会第三次会议提案工作的函，会议要求各位委员切实发挥主体作用，以高度的政治责任感和强烈的为民服务意识，主动作为，积极履职，在深入调研的基础上撰写高质量的提案，通过提案充分发挥政协委员政治协商、民主监督、参政议政的作用。

最后，委员们对下一年政协学习活动开展计划和目前我镇城镇建设中存在的问题分别提出了意见和建议。

2014 年 12 月 3 日

新农合筹资是整个新农合工作的重点之一。为保证 2015 年新农合筹资工作顺利开展，确保更多农民积极主动参加新农合，按照《通海县 2015 年新型农村合作医疗筹资工作方案》的要求，纳古镇高度重视，周密部署，责任到组，以会代培方式及时召开了筹资动员会，安排部署筹资各项工作。通过集中筹资、票据缴验等工作，于日前圆满完成 2015 年度新农合筹资工作。根据县新农办近日返回的数据，全镇 2015 年参合总人数为 8375 人，其中受资助对象 490 人，参合率达 99.62%，超出全县平均参合率 0.65%，达到了"参合率高、参合积极性高、筹资进度快、筹资效果好"的筹资目标。

2014 年 12 月 4 日

从遥远的西伯利亚来过冬的红嘴鸥如约而至，再次成为纳古冬天的一大亮点。近日，天气晴朗，蓝天点缀着白云朵朵，走进杞麓湖北岸纳古湿地，只见在清风的吹拂下，杞麓湖水面微波荡漾，几百只美丽的红嘴鸥或在湖面浮游，或在蓝天白云间上下翻飞、展翅翱翔，或在水草间觅食嬉戏。赏鸥的人们兴奋不已，有的向空中抛撒食物，有的忙着拍照留影，还有摄影爱好者静静地蹲守在一旁，举着长焦镜头对准湖面的红嘴鸥，只为捕捉那飞舞灵动的身影。

自去年红嘴鸥大规模飞临纳古后，吸引了上万游客到纳古赏鸥喂鸥，也许是这些红嘴小精灵感受到了人们的热情，今年红嘴鸥如约而至，继续带给人们欢乐。

2014 年 12 月 5 日

12 月 5 日是第 29 个国际志愿者日，纳古镇志愿服务工作站积极发动，以纳古志愿者协会为依托，开展了以"争做志愿服务，共享美好生活"为主题的形式多样的志愿服务活动，深入弘扬志愿服务理念。

开展"关爱民生、寒冬送暖"募捐活动。12月1日，镇志愿服务工作站联合民政办发起"关爱民生，寒冬送暖"爱心募捐活动。活动中，党员领导带头，干部职工积极参与，经过一周的时间，共收到爱心捐款1025元，该笔捐款将被用于走访慰问贫困家庭。

在国际志愿者日，纳古镇开展的形式多样的志愿服务活动，突显了"奉献、友爱、互助、进步"的志愿精神。

2014年12月6日

马毕豪，纳古一组居民，长期以来患有慢性肾功能衰竭、尿毒症等重大疾病，过去由于一直没有合适的肾源进行移植，长期依靠透析维持生命。11月24日，马毕豪终于等来了合适的肾源，并在云大医院成功进行了肾移植手术。此次肾移植手术仅肾源就花费了20余万元，还不包括高昂的手术费和术后需要服用的大量药物和康复费。据悉，仅术后注射用的针水费用每天就需要5000余元，是一笔非常大的开销，而新农合只能报销极少的部分，大量费用还需要病人自己及家人承担。

目前，病人肾移植手术的费用其家人已经解决，但是，对于后续的医疗费用，病人的家里再也无力承担。纳古志愿者协会代表于手术当天曾前往医院进行了探望，在得知这一情况后，于12月3日通过中穆网——纳古社区网站和纳古社区微信平台为马毕豪发起爱心捐款倡议，得到了纳古群众的积极响应，大家纷纷慷慨解囊，通过现金、银行转账和支付宝支付的方式向患病乡亲捐款。截至12月10日，共收到爱心捐款29970元，目前，捐款仍在进行中，将于12月31日结束。

2014年12月7日

纳古志愿者自发成立的"伊友读书会"都会在清真寺门口摆上"书

摊"，向过往群众免费借阅图书，宣传读书的重要性，前来借书的人络绎不绝，此举受到了群众的广泛好评。在免费借书的同时，还开展募捐衣物活动，并将收集到的衣物进行分类后，通过托运的方式送到需要的地方。

2014年12月10日

自《通海县治理乡镇（街道）干部职工"走读"问题暂行办法》下发以来，纳古镇认真贯彻落实文件精神，严格执行驻镇值班制度，并认真开展"夜学"活动。

晚上，纳古镇组织全体干部职工夜学，邀请县防艾办主任史发明为干部职工讲授艾滋病相关知识。

开展夜学，可以使大家静下心来认真学习，开阔眼界，增长知识，提高理论水平。下一步，纳古镇将建立健全"夜学"制度，把每周三晚上确定为集中夜学时间，每次集中学习不少于2小时，有计划、有步骤地组织干部职工开展学理论、学政策、学业务、学法律活动，通过学习，不断提高干部职工的政治理论水平和业务工作能力，更好地服务群众。

2014年12月11日

团中央国际联络部副部长董霞一行在团市委书记罗盛勇和团县委书记纳鸿翔的陪同下，来到纳古就民族团结教育情况进行调研，并同纳古镇党委和中心小学领导进行座谈。

座谈会上，镇党委书记张兴友、纳古中心小学校长马灿敏和学校领导班子分别就学校的基本情况、民族学生学习生活和教育情况以及取得的成绩进行了汇报。董霞仔细听取汇报并就学校开展民族教育情况、如何引导学生认识民族风俗、开展民族教育对学生认识了解宗教的作用，以及各民族学生日常交往情况等问题做了详细了解和交流。在参观校园建设后，董霞高度肯定了学校近年来所取得的办学成果，对学校在外来务工子女教育和民族团结教育方面做出的贡献表示赞赏。针对在青少年中普遍存在的玩电脑、玩游戏的问题，她建议学校正确引导学生对电脑和网络的认识，同时开展丰富的课外活动，增强课外活动的吸引力，培养青少年健康积极的生活方式。

2014年12月12日

为扎实做好今冬明春森林防火工作，今天，纳古镇召开2015年森林防火工作会。全体干部职工、村组干部、卫生院、学校、清真寺等各单位负责人和护林员共70余人参加了会议。

会议总结了2014年森林防火工作，就2015年森林防火工作做安排部署，与各村民小组及相关单位签订了《2015年森林防火目标管理责任书》，并请县林业局防火办邱少文对森林防火、扑火相关知识做了培训，镇长纳立凡做动员讲话。会议强调，2014年在大家的共同努力下，我镇森林防火工作圆满结束，实现了零火灾。当前已进入新一年的森林防火期，各单位要继续保持高度的政治责任感和强烈的忧患意识，充分认识今冬明春森林防火工作的重要性，扎实做好各项准备工作，抓好野外火源和隐患排查，强化应急处置和报告制度，一旦发生火情，要做到及时报告、立即出动、合理调配，确保做好今冬明春森林防火工作。

2014年12月13日

近日，市文明办专职副主任王科来到纳古镇，调研指导我镇志愿服务工作站建设工作情况。他强调，志愿服务工作站要完善机制，吸纳多方力量，搭建志愿服务平台，策划组织活动，传播正能量，促进社会发展与稳定。县委宣传部副部长、县文明办主任曹玲陪同调研。

王科来到纳古志愿服务工作站，详细了解了纳古镇志愿服务工作站建设和志愿服务活动开展情况，并查看了相关资料台账。在得知纳古镇有一支民间志愿者队伍并已开展了许多卓有成效的服务活动后，王科对此表示赞赏，他充分肯定了纳古的志愿服务工作，认为纳古的民间志愿服务活动走在了前列，志愿服务工作基础较好，希望镇志愿服务工作站一要利用好现有资源，吸纳多方力量，做到整合提升，一方面继续联合依托现有志愿者资源，另一方面完善招募机制，积极吸纳干部职工、企业家、党员、群众和回乡大学生等群体；二要完善活动机制，立足实效，贴近群众、贴近实际，创新活动方式，丰富活动载体，认真开展丰富的志愿服务活动，弘扬社会正气，传播正能量；三要开展志愿者培训，提高志愿者志愿服务理念和认知，搭建好志愿服务网络平台，让志愿服务活动逐步规范化、制度化、常态化、长效化，让"我为人人，人人为我"的志愿服务精神发扬光大，让"奉献、友爱、互助、进步"的理念深入人心，让志愿服务活动遍地开花。

2014年12月17日

为了进一步增强教师职工的核心价值观，弘扬爱岗敬业、无私奉献、淡泊名利的师德师魂，传播道德正能量。今天，纳古中心小学在学校礼堂举办了以"厚德尚善，爱与责任"为主题的首期道德讲堂。共有来自县教育局、镇领导、全校教职工和各乡镇学校德育主任共200余人参加聆听了本次道德讲堂。

本期道德讲堂按照"唱一首歌、诵一段经典、学一位模范、做一番分享、送一份吉祥"5个环节开展。讲堂在4名师生领唱，全体人员合唱《相亲相爱一家人》中拉开了序幕，歌声唤起了大家有缘相聚、亲如一家人的感觉，把大家的心连在了一起，气氛顿时浓厚起来；接着，学校道德讲堂宣讲团的老师们带领大家一起诵读了古圣先贤孔子的《论语·宪问》和荀子的《荀子·议兵》中的名句，激励我们岗位虽平凡，但只要坚持去做，认真去做，就能平中见奇、好中创优，干出一番令人羡慕的成绩！随后，舞蹈老师杨玲献上的舞蹈《水姻缘》，让大家在优美的中华古典舞曲中感受到德的内涵；在"学一位模范环节"，大家观看了九龙街道一位山区民办教师孙士忠爱岗敬业、无私奉献的视频短片，并现场聆听了他本人的诉说；孙士忠老师的事迹感人至深，在座的老师们很受感动，几位老师随即分享了自己当老师的感悟和体会，并纷纷表示要向孙志忠老师学习；讲堂的最后，由"全国第五届语文素养大赛特等奖"获得者合跃金老师为大家现场送上书法作品"道德传心"，所有在场的人也将自己的祝福语写在事先准备好的小卡片上，互送祝福，活动在大家的互道祝福中画上了圆满的句号。

此次道德讲堂旨在讲述身边人的道德故事，用道德故事感染身边人，学习中华民族灿烂的道德文化，希望每一个人都能成为道德的传播者、践行者和受益者。

2014年12月21日

在画家笔下，春天的雨，夏天的荷，秋天的果，冬天的雪，无一不是一幅美丽的画。而在孩子笔下，多姿多彩的四季又会是什么画面呢？

为了丰富校园文化，让孩子们充分发挥艺术才能和想象力，提高审美及创作水平，近日，纳古中心小学举办第六届校园美术节暨师生作品、学生课堂作业作品展，吸引了众多师生、家长前来观看。

此次作品展，以学校美术节为契机，以学校艺术教育为支撑，以"童心飞扬　我爱四季"为主题，展览内容丰富，体裁多样，有绘画、手工、雕塑、摄影、书法等艺术作品。其中书画展有8块展板，共展出了包括水彩笔画、水粉画、粘贴画、装饰画、油画棒画、摄影、毛笔书法、美术字、硬笔书法9类79幅作品。画展中的参赛作品围绕本次美术节主题，体现了同学们丰富的想象力和生动的创造力，充满童趣和活力。通过这一幅幅作品，可以走进孩子，走进他们的童心世界，聆听他们的故事，和他们一起童心飞扬，感受四季。

此次美术节活动，丰富了孩子们的校园生活，激发了学生们美术创作的兴趣，进一步提升了学生的美术素养，同时也充分展示了纳古中心小学美术教育的丰硕成果，更好地营造出浓郁的文化艺术教育氛围。

2014年12月22日

纳古镇党委中心组召开第四季度中心组学习会议，专题学习党的十八届四中全会精神。此次学习特别邀请了县委党校高级讲师师丽虹为大家讲解全会精神，通过上党课、中心发言和自由讨论的方式，重点学习了《中共中央关于全面推进依法治国若干重大问题的决定》。

会上，师丽虹介绍了十八届四中全会的基本情况，围绕指导思想、总体目标和基本原则三个方面详细讲解了全面推进依法治国的五大体系和六大任务。中心组成员就《决定》内容结合自身工作实际，相互谈了认识、理解及感想。大家一致认为《决定》是党在新的历史起点上全面推进依法治国的科学指南和行动纲领，必将对我国法治建设产生深远的影响。

镇党委书记张兴友主持学习并强调，全镇党员干部要把学习贯彻落实党的十八届四中全会精神作为当前和今后一个时期首要的政治任务，坚持领导带头，先学一步，把学习宣传、贯彻落实好党的十八届四中全会和当前开展的"六五"普法工作结合起来，切实增强法治思维和法治意识，不断提高依法行政能力，依法做好各项工作。

全体干部职工参加了学习。

2014年12月23日

近年来，纳古镇在上级部门的关心和支持下，不断加大城镇建设力度，通过完善城镇基础设施，提升人居环境，开展创卫活动，城镇建设和环境得到日益改善，但是，纳古镇作为省级工业型特色小镇，仍存在承载力不足、功能不配套、环境脏乱差等问题。为了改善镇容镇貌，完善基础设施建设，塑造城镇特色，健全公共服务，增强城镇承载力，改善人居环境质量，建成"基础设施完善、人居环境优良、特色风貌明显"的新型城镇，更好地展现纳古回乡特色，纳古镇积极向上争取项目资金进行美丽乡镇项目建设。

项目主要以主要出入口和街道景观改造为主，对忠爱大街和狮山路两条主要街道进行绿化、亮化和改造，更换路灯，改造绿化带、补植行道树、铺设人行道、美化临街墙面、拆除临违建筑、规范广告牌匾，整治占道经营、规范车辆停放。项目计划总投资 265.65 万元，其中申请项目资金 200 万元，自筹 65.65 万元。项目建成后，将极大地改善镇容镇貌，优化人居环境，方便群众生产生活。目前，纳古镇已经编制美丽乡镇建设项目实施方案并上报市住建局，待方案审批通过后即可着手实施，预计明年可以启动项目建设。

纳瑞媛日志
2015年

2015年1月1—3日

元旦期间,纳古镇举办了盛大的圣纪节欢庆活动,作为穆斯林的三大宗教节日("圣纪节""开斋节""古尔帮节")之一。圣纪是穆斯林纪念穆圣的一种方式,每逢圣纪,除了举行必要的宗教活动,清真寺要聚餐,穆斯林买新衣,各家各户要早早地邀请各地的亲朋好友,节日气氛浓郁。

此外,今年纳古镇的圣纪节还一并举办了"和谐纳古——首届民族文化风情展",独具特色的民族文化更让人耳目一新。民族文化风情展共设五个板块:①清真饮食,传达清真的食品理念,走健康发展之路;②阿语角,了解阿拉伯语与我们的生活息息相关;③民族服饰,在当代的发展潮流趋势形式下,明确伊斯兰服饰的特点及其意义,培养正确的审美情趣;④书画工艺,了解伊斯兰文化融入中华文化而形成的文化表达形式;⑤本土文化,通过政府、清真寺、文化学院、基础教育和学校各机构的发展成就,展示出纳古镇在和谐发展道路上所做出的努力及贡献。本次圣纪通过书画展室、工艺品展室、清真食品展室、民族服饰展等将此五个板块生动地展现给人们,彰显出纳古人民奋发、执着、开放、与时俱进的民族精神。

本次"和谐纳古"为主题的民族文化风情展,表达出了纳古人民对建立和谐社会的响应,与各民族和睦相处、和衷共济,共同团结奋斗、共同繁荣发展,为建设美丽纳古做出积极的贡献。

2015年1月4日

根据通海县抓基层党建工作述职评议会议的精神,纳古镇组织召开了2014年村民小组党支部书记抓基层党建工作述职评议工作会。参加本次会议的有:县委组织部副科级组织员林维齐、镇党政班子成员、中心站所负责人、各村民小组党支部书记及组长、部分党员代表、人大代表、基层干部群众代表,共计40余人。

会上，7 位支部书记分别就村支部自身建设、党员队伍建设、党风廉政建设以及各支部卫生防疫、增收致富等方面工作情况，以及下一步工作计划依次向镇党委述职，镇党委书记张兴友逐一做出了点评，并对各支部下一步抓好基层党建工作提出了要求。在听取了各支部的述职汇报后，林维齐对本次会议做了点评，实事求是地总结和查找了各支部存在的问题，并提出了相应的建议。最后，全体参会人员对 7 位支部书记进行评议并填写了测评表，镇党委同各支部书记签订了 2015 年党建目标管理责任书。

2015 年 1 月 5 日

纳古镇深入实施"工业强镇"战略。2014 年，纳古镇坚持实施工业强镇战略，坚定不移发展工业，加大产业结构调整，推进企业整合重组，转变经济发展方式，促进各类产业协调发展。圆满完成了第三次经济普查；引导协助企业办理和审验各种证照，积极协调召开银政、银企协调会，促进企业正常运转，稳渡难关；协助解决企业用电难问题，积极协调电力部门对已关停的炼钢企业减免巨额差别电价；鼓励传统五金、清真食品加工等特色企业创新发展。

全年实现工业总产值 80 亿元，同期增加 1540 万元；规模以上工业总产值 16.6 亿元，减 7.9%；利润总额 -4184 万元，减 2624 万元，减 168.2%；工业固定资产投资 8525 万元，减 34.4%；工业销售产值 7.4 亿元，增 8.04%；1000 万元以上新开工项目 1 个，竣工项目 2 个，新增规模以上企业 1 户。

"工业兴，则纳古兴，纳古的出路在工业"。2015 年，纳古镇将紧紧围绕"工业强镇"的发展战略，坚持以优势产业为龙头，加大企业重组整合力度，淘汰关闭一批、兼并整合一批，带领企业走出低谷，破茧重生；引导支持规模以上企业运用新工艺、新技术改良传统产业，努力提高企业核心竞争力；重点支持发展线材、焊管等在钢材市场占有优势的产品和行业；逐步发展壮大清真食品、生活刀具、五金加工传统民族工艺企业；加大对商贸、交通运输行业的支持力度；积极调整产业和产品结构，逐步化解产能过剩，加强节能减排，加速推进新型工业化进程。

紧紧抓牢深化改革开放，着力改善经济发展的大好环境。继续实施重点企业领导干部挂钩联系制度；支持纳古商会和信用担保公司发挥作用；加大对企业家的培训力度，增强企业发展信心，重塑纳古良好信誉，走开放合作之路，革除自我封闭、自我陶醉的陈旧思想，加快实施"引进来""走出去"的开放战略，着力解决恶性竞争等问题，全面提高开放型经济水平，关心县外企业的发展，实现县外企业与本地企业的良性互动，鼓励企业实施多元化发展；强化企业安全生产主体责任，杜绝重大安全事故发生。

纳古夯实农业基础地位。2014年纳古镇重视"三农"工作，农业经济协调发展，农业总产值达4847万元。同期增加359万元，增幅为8%。全年粮食播种1716亩，产量70.85万公斤；种植烤烟320亩，产量3.94万公斤；积极做好畜禽规范养殖和疫病的防治工作，抓好科技培训，促进畜牧业生产发展，今年牛羊出栏分别比去年同期增765头和164头，肉蛋奶产量达170.9万公斤，比去年同期增11.54万公斤；落实各项惠农政策，补贴惠农资金10.37万元；投资27.5万元，新建大东门下段沟渠；投资1.2万元对海泥田排涝站海埂段进行加固，确保防洪安全；两次开展大规模灭鼠活动，灭鼠总数11200只；禽流感疫情期间，设立卡点3个，出动人员381人次，发放和使用消毒药124公斤、生石灰4吨，迅速、高效、有序地进行疫情排查应急处置，最大限度地减轻对畜牧业及公众健康造成的危害；制定了《纳古镇农村集体资产资源交易实施细则》，积极推进"三资"管理工作，促进"组账镇管"更加规范化。

2015年纳古镇党委政府夯实农业基础地位，落实政策保障，加快农村发展。积极争取项目资金，加大农田水利基础设施建设力度，修复农田灌溉及防洪沟必要的沟渠；积极争取上级对古城关塘进行立项批复，恢复其蓄水灌溉功能；认真落实种粮补贴、农业贷款等各项强农惠农政策，为农业发展提供保障；继续实施农村民居地震安全工程，完成"一事一议"财政奖补项目和二组"美丽乡村"建设项目，加快农村各项事业发展。

发展传统产业，提升优势产业。继续抓好烤烟生产，巩固烤烟种植面积，种植烤烟225亩，收购烟叶3.75万公斤；加大核桃等林果产业发展力度，完成500亩核桃种植计划，培育新的农业产业和经济增长点；加大绿化造林，栽种四季杨树6000棵；切实抓好疫病防治、技术推广，提高牲畜产品质量；鼓励发展山地牧业，逐步取缔禁养区养殖场，加大对规模养殖户的扶持政策，逐年增加大牲畜的出栏量；扶持发展家庭农场，推动农业生态化发展；抓好农业科技措施推广，开展农作物统防统治、测土配方施肥，有效减少农药和化肥使用量。

纳古镇全力推进"生态立镇"战略。2014年，纳古镇加大生态环保治理，环境质量进一步提升。组织全镇干部职工、党员和青年志愿者对忠爱大街绿化带、杞麓湖入湖河道及湖堤进行清理，清理垃圾60余立方米；投入资金34万余元，加大街道清扫和垃圾收集、清运力度，全年清运各类垃圾1.2万余吨，继续落实"门前三包"责任制，收取垃圾费和卫生维护赞助费，落实环卫工作经费保障，新修垃圾房2座；对纳古连接线和文化路上的行道树进行修剪。继续引导原有污染企业实现整合，逐步向里山工业园区、大化工业园区搬迁；严厉打击高能耗、高污染小作坊，组织关停了1家废旧轮胎冶炼厂、2家造纸厂，引导企业向轻污染、低耗能转型，环境进一步得到改善。切实加强了443亩国家级生态公益林、2554亩省级生态公益林、513亩石漠化治理造林项目的管理保护；落实500亩核桃基地建设项目，继续维护好48.8亩退耕还林成果。截至目前，栽种四季杨1.229万棵，超县下达任务数的22.9%，完成0.4万株喜树林木补造工作；加强森林防火工作，实施网格化责任制包案管理；加大林业行政执法力度，严厉打击乱砍滥伐林木、乱捕滥猎野生动物等行为。

按照《纳古镇特色小镇规划》要求，2015年全力推进"生态立镇"战略，我镇加大规划执行力度，切实维护规划的严肃性和一贯性；积极争取项目资金，推进"美丽家园"建设项目，继续实施农村居民地震安全工程及二组"美丽乡村"建设项目，加大街道、公厕等基础设施建设力度；完成垃圾中转站和污水收集处理工程，解决垃圾清运和污水处理问题；完成集镇供水配水管网后续工程建设，彻底解决自来水饮水安全和跑、冒、漏、滴现状；争取上级部门把马鞍子路、海埂路、湖滨路纳入乡村道路盘子进行硬化。

认真落实《杞麓湖保护条例》，加强入湖河道保洁治理；继续推进拆临拆违工作，严禁新增临违建筑，切实加大土地执法力度，坚决查处违法用地行为，严格落实农村宅基地"一户一宅"制度；切实抓好石漠化治理、公益林管护，落实森林防火网格化管理制度，最大限度地保护森林资源；认真执行《纳古镇环境保护实施细则》，深入开展环境综合整治，严格环保执法，加强节能减排，抓好重点污染企业限期治理达标排放工作，严格项目审批建议，依法关停污染企业；抓好镇容镇貌、公共设施、交通等方面的管理；加强卫生"门前三包"管理；大力实施道路绿化、亮化、净化、美化工程，完成忠爱大街的人行道改造和太阳能灯安装；强化生态文明宣传教育，动员广大人民群众齐心协力建设"美丽纳古"，努力改善纳古人居环境。

纳古镇巩固社会文化事业发展。纳古镇注重社会文化事业的发展，努力改善民生。2014年间，继续巩固"两基"成果，落实义务教育小学阶段免费上学、农村贫困家庭学生"两免一补"政策。维护外来务工子女的就学权利；加大纳古镇中心幼儿园建设项目的协调力度，积极筹措资金，目前总投资460万元的中心幼儿园正在建设之中；社会力量办学成效明显；素质教育全面推进；继续由政府、社会企业、清真寺和"家琨教育基金"共同出资10余万元，对30余名大学生进行奖励和资助。

开展各类活动，丰富群众的业余文化生活，文化站图书室藏书4286册，实行免费借阅；落成纳古镇第一家农家书屋；继续利用每周六对青少年进行书法培训；组织团员观看爱国主义教育片等活动；编撰《纳家营》杂志3期，投入5万多元修缮纳忠、纳训名人故居；加强文化站阵地宣传，制作宣传栏及文化墙200多平方米；对12家黑网吧依法开展整治；指导志愿者协会成功举办首届"民族文化风情展"。

社会文化事业关系民生之本，2015年将继续坚持"文化和镇"的发展战略。认真落实省、市、县旅游工作会议精神，紧抓昆玉红旅游文化产业经济带建设机遇，结合纳古实际，挖掘保护纳古特色伊斯兰历史文化资源。发挥名人效应，对纳忠纳训故居进一步修缮保护；积极争取省民委的资金支持，把忠训图书馆和民俗文化展览馆合并成回族文化博物馆，展示民族民俗历史文物；大力发展民族特色的五金产品、生活刀具、清真食品等旅游商品；丰富"民族文化风情展"等节庆活动；发挥纳古语言、饮食、服饰、风俗等民族特色鲜明、文化浓厚的优势，逐步打造宜居、生态、观光型的新纳古。

全面推进依法治理，维护社会和谐稳定。纳古镇深入实施"六五"普法和"四五"依法治镇工作，继续实施"法律六进"活动，以企业经营者、外来务工人员为重点加强法律宣传；继续在学校和清真寺开展法制宣传教育活动，加强青少年法制教育；充分利用各种活动日开展形式多样的政策法律法规宣传。

坚持"打防结合、预防为主"的方针，进一步加大治安基础设施投入，充分发挥监控摄像系统的作用，不断完善治安防控体系，依法严厉打击各类违法犯罪活动；加强"禁毒防艾"工作，营造全体社会成员共同参与的禁毒防毒品氛围，对失足青年主动帮教，助其回归；积极化解各类矛盾纠纷，强化法律在维护群众权益、化解社会矛盾中的权威地位；整顿和规范市场秩序，加强食品药品等重点领域的安全监管；落实消防、交通及企业生产安全措施，组建一支消防业务队，配备消防车和消防器材；保障人民群众生命财产安全；充分利用社会治安网格化管理平台，提升社会治安综合治理水平。

重视信访、民族、宗教工作。完善利益表达、权益保障、矛盾排查调处、社会稳定风险评估等机制，积极预防和妥善处置各类突发性公共安全事件；加大依法治访力度，维护正常的信访秩序，从根本上解决群众"信访不信法"问题；支持各种正常宗教活动的依法有序开展，依法妥善处置涉及民族、宗教方面的问题，确保民族团结、宗教和顺。

2015年1月8日

天气冷了，海鸥饿了，面包贵了。红嘴鸥，这种经常出现在昆明的可爱生灵，从去年开始，纳古海边也成群出现。逐渐吸引了纳古四周乃至沙甸、玉溪等地的民众来此观赏。

最近降温了，气温最低都3℃～4℃了，还下了小雨，去海边观海鸥的人也少了。

可怜的海鸥，在水里硬是冷了耐不住了，只能跑到地面上，希望大家瞧瞧，想下办法，让海鸥度过这个冬天。

2015年1月12—13日

通海县政协十届三次会议在新区秀麓写字楼会堂报告厅召开，纳古镇11名市、县政协委员和3名列席人员参加了会议。

会议期间，纳古镇政协委员分别参加了6个界别小组的讨论活动，听取和审议了县政协常委工作报告和提案工作情况报告，协商讨论了县政府工作报告、法、检两院工作报告和其他报告。委员们围绕促进全县经济社会发展和生态文明建设等话题参政议政，建言献策，还就"杞麓湖北岸纳古镇片区申报杞麓湖国家级湿地生态公园建设"以及"支持纳古镇工业企业发展"等撰写了提案，充分体现了政协委员政治协商、民主监督、参政议政的职能。

2015 年 1 月 18 日

为加强乡镇文化站阵地宣传作用，广泛宣传"文化惠民"工程，大力弘扬中华传统文化，纳古镇文化站文化墙绘画工程于 12 月初完工。

文化站文化墙工程从粉刷围墙到绘画墙壁耗时近一个月，投入资金 1 万多元，以中华传统文化为主题，以《弟子规》为主体内容，采取图文共茂的形式进行自主创作。

通过纳古镇公共文化服务体系建设专栏和文化墙相互呼应的宣传效应，切实加强了文化站阵地宣传作用，发挥文化助推作用；不仅宣传了文化政策，净化群众心灵，而且在潜移默化中激励着广大群众为建设美丽纳古而共同奋斗。

2015 年 1 月 19 日

由县政法委副书记童永志带领县综治、信访、交通、消防等单位的综合考评小组，到纳古镇考核综治维稳工作，镇党政班子成员、综治办、纳古派出所、信访办、司法所等相关部门参与考评。考评采取听取汇报、查阅资料、反馈意见等形式进行。考评组成员肯定了纳古镇 2014 年在综治维稳工作中所取得的成绩，对在维护社会稳定中的流动人口、禁毒、地界纠纷、交通、宗教等工作难点问题提出了工作建议。

2015 年 1 月 20 日

参加纳古镇第五届人民代表大会第三次会议的代表分组对纳古镇《政府工作报告》和《人大主席团工作报告》进行了审议和讨论。

共设四个讨论组，每组设有一名召集人负责讨论人员召集，各分组讨论会场气氛热烈，代表们踊跃发言。特别在对《政府工作报告》的讨论中代表们认为：过去的 2014 年，我镇克服国内外经济下行和国家宏观调控带来的不利影响，全镇人民调产业、强经济、抓整治、美环境、严打击、保稳定，实现了我镇经济平稳健康发展、社会和谐稳定的良好局面。报告所反映的我镇一年来各方面取得的成绩实事求是、全面客观，对存在的问题找得准、析得透，代表们总体上对镇政府的工作表示满意。2015 年的工作目标求真务实，符合科学发展要求和我镇实际，体现了全镇人民的利益，令人振奋。代表们希望镇政府按照报告提出的目标和要求，严格履职，真抓实干，实现报告既定的目标任务。

讨论中，代表们还就环境卫生、农业基础设施建设以及禁毒防艾工作等群众普遍关心的问题展开热议，并提出了意见和建议。

2015 年 1 月 21 日

纳古镇召开第五届人民代表大会第三次会议，全镇应到会 46 名正式代表，实到会 43 名正式代表和 65 名列席代表参加了会议。

会议听取和审议了《镇人民政府工作报告》和《镇人大主席团工作报告》，并通过相关决议。

大会对过去一年来镇政府和镇人大主席团所做的工作进行了总结。过去的一年，面对国内外经济形势下行和宏观调控带来的不利影响，全镇紧紧围绕"生态立镇、工业强镇、旅游兴镇、文化和镇"的发展战略，加强环境卫生综合整治，加强基础设施建设，转变发展方式，确保经济平稳健康发展。2014 年，全镇完成财政总收入 1437 万元，本级财政收入 542 万元，农民人均纯收入 15202 元，上缴税金 895 万元。与去年相比，虽然经济总量稍有上升，但收益有所下降，总体上保持经济平稳发展、社会和谐稳定。

大会明确了新型工业化、"三农"工作、生态立镇、文化旅游产业等 2015 年全镇应着重抓好的八个方面的工作任务。

2015 年 1 月 22 日

由县财政补贴和纳古连铸公司出资购买的水罐消防洒水车已经抵达纳古镇，新车抵达后，乡镇的专职工作人员对车辆及水泵性能进行了全面检验，认真参照合同书规定的各项性能指标参数对新购车辆及随车器材进行了检验，并对每一件随车器材的生产厂家、规格型号、技术参数认真仔细地进行了核对。厂家技术人员还对新车进行了使用前培训，就消防车的性能、操作方法和维护方法等内容向专职工作人员做了详细的介绍，还现场演示了消防车出水、吸水以及水炮的使用。

水罐消防洒水车的到位，标志着纳古镇消防安全工程建设工作迈上了一个新台阶，为确保第一时间快速有效处置乡镇、山林等火灾提供了保障。这不但提高了纳古镇应急救援和抢险救援的工作能力，还大大增强了乡镇的消防执勤实力和战斗力，有效弥补了乡镇火灾得不到及时扑救而带来的损失。

2015 年 1 月 25 日

纳古镇人大主席马恒骧应云南大学和昆明理工大学邀请，先后到两个大学给学生讲课。以《千锤百炼始成钢》给云南大学民族学本科生讲课，主要讲授了纳古手工业发展史。之后给云南大学民族学研究生讲课《奋斗铸就辉煌史》，重点讲授民族文化与手工业发展的关系。次日，给昆明理工大学建筑学本科生以"名刀锋从磨砺出"为题讲课，主要讲授手工业名牌产品——刀具的工艺及其相关知识。

来自省内外和部分留学生共计 170 余人，在听完讲座后对纳古的手工业发展历史及其手工业产品工艺和民族文化非常感兴趣，纷纷发言、踊跃提问，师生互动，对云南回族名镇——纳古产生了良好的印象。

据悉，本项目是云南大学民族研究福特基金美联项目《传统知识与大学课堂互动》的其中一个部分。

2015 年 1 月 26 日

通海县社保局和纳古镇党委、政府举行企业退休人员春节年拜会，向全镇 30 余名企业退休人员送上了新春的祝福。

会上，社保局对企业退休人员表示深切慰问，通报了2014年企业退休人员社会管理工作情况和2015年工作计划，对办理相关业务做了情况说明；镇长纳立凡则就纳古镇2014年社会经济发展情况和2015年工作思路做了介绍，重点通报了环境保护、文化产业、禁毒防艾、城镇建设和综治维稳等群众普遍关心的工作取得的成绩和存在的问题，充分肯定了退休人员在纳古经济社会发展中起到的作用，希望大家继续发挥余热，一如既往关心纳古各项事业的发展，并祝大家健康长寿、幸福安康。

2015年1月27日

县委考核组4人一行到纳古镇开展基层党建、招商引资等重点工作领导干部履职表现的考核。纳古镇班子成员、各中心站所负责人、各小组支书及组长等30余人参加了本次考核。考核主要采用听取汇报、考核测评、查阅台账、实地走访的方式进行，并落实招商引资工作资金到位的情况。

会上，镇党委书记张兴友分别就基层党建工作、招商引资项目工作、领导干部拆临拆违等工作情况进行了汇报，并对开展工作中存在的问题和困难提出了工作措施。县委考核组肯定了纳古镇2014年工作中所取得的成绩，并对工作中存在的难点问题提出了工作建议。

2015年1月28日

为进一步改善我镇环境面貌，提高人民群众的卫生意识，根据县级统一要求部署，我镇对沿湖、河堤进行清扫工作，全力打造干净、整洁的城镇环境。

全体干部职工，各村民小组、清真寺和环卫工人开展了对沿湖、河堤的清扫工作，共计60余名人员，出动5辆垃圾清运车，清运6车次垃圾。

此次活动，按照政府机关包保主要街道、村民小组、学校和清真寺各管辖区的方式进行整治。清扫现场，干部职工，党员群众、环卫工人带着铁锹、扫帚、火钳、小推车等劳动工具，对全镇主要街道和村民小组道路的环境卫生进行集中整治，重点清理垃圾杂物、沟道杂草和卫生死角。

通过此次整治活动，镇区环境得到有效改善，同时也营造了干部群众共同关心、支持并参与环境卫生管理的良好氛围。

2015年1月29日

上午，纳古镇对各村民小组村组干部进行年终考核。镇班子成员、各中心站所负责人、各小组支书及组长等30余人参加了本次考核。考核中，发放测评表，对村组干部从道德建设、工作能力、工作态度和工作成绩四个方面进行考核。

本次考核是对2014年村组干部工作的一个总结，扬长避短，切实地发现了在工作中的困难和不足，为2015年的工作开展奠定了基础。

2015年1月30日

纳古小学在假期之余，由清真寺组织清理湿地湖岸垃圾，一大早，学生们自带火钳、垃圾袋、铲子等工具早早在清真寺门口集合，前往湖边清理垃圾，共30余人参加了此次活动。学生们很认真地清理游人丢弃的垃圾，本次活动不仅丰富了假期生活，培养了学生们保护环境的意识，也通过清理垃圾，改善了杞麓湖北岸纳古湿地的环境。

2015年2月1日

杞麓湖北岸纳古湿地聚集了大量红嘴鸥，通过口口相传、网络宣传、电视台和报纸的报道，许多人都慕名前来观看，特别临近春节期间更是吸引了众多游客，小精灵们为纳古带来了生机和人气，但由于游客的增多，也产生了随之而来的大量垃圾，湖面上漂着投喂的面包屑、塑料袋，湖边草丛里尽是垃圾袋和食品包装袋等，尽管摆放有垃圾桶，但仍然无法承载尽大家欢乐之余随意丢弃的垃圾，湖岸环境令人痛心。

虽然纳古镇举行过多次垃圾清理活动，但由于游客众多，垃圾随意乱丢的问题仍然存在，爱护环境，人人有责。在此，我们也呼吁广大游客保护环境，不要随意乱扔垃圾，纳古的环境需要大家共同爱护，共同为红嘴鸥创造一个整洁干净的环境。

2015年2月5—7日

今年年初，家琨教育基金会与云南明德志愿服务中心（下称明德公益）达成共识，由基金会捐款4.5万元，资助明德公益举行第一次乡村教师培训计划。培训计划分两期进行，第一期培训工作已于2月初完成，并取得了良好的效果。第二期培训目前正在筹备中。

云南明德公益在冬季寒冷的昭通举办了首期"乡村教师成长计划"，10多所昭通地区的乡村幼儿园，40多位乡村教师参与此次公益交流培训。

此次交流培训总计3天，活动得到云南通海家琨教育基金会的大力支持。

明德公益在多年关注乡村幼教的基础上设计了整个交流计划，我们邀请到被社会忽视的乡村幼师，通过和他们面对面，倾听乡村幼师的声音，给他们鼓励，同时也提供幼教前沿理念和方法的培训，以便让乡村幼师有所成长，让他们有信心坚持下来更好地关照乡村留守孩子。

通过此次交流培训，我们发现交流培训带来的效果远不止这么多。培训就像是一个起点，让我们和这些乡村幼儿园教师面对面，让这些乡村幼儿园之间相知相悉，让社会上的爱心力量与他们、我们相连。这种连接带来极大的正能量，激励着乡村幼师重新燃起对幼教事业的热爱，让他们对乡村幼儿园的发展满怀信心，也让我们有机会搭建一个爱心平台，陪伴他们一路向前。

效果评估，行动落地初见成效：

3天的培训并不轻松，课程内容包括：乡村留守儿童现状、幼儿家庭教育支持、儿童发展观、乡村儿童乡土教育、儿童艺术教育、乡村教师专业成长、儿童阅读教育、儿童手工教育、儿童自然教育、乡村幼儿园网络教育。以上课程的所有讲师，都是由明德公益邀请有一线教学经验的讲师，并且在提前半个月开始跟各位讲师一起设计针对乡村幼教的课程。此外，每堂课中间我们都精心安排互动交流，让每一位参与老师互动起来，以便达到更好的培训效果。

从我们收回的交流反馈问卷来看，很多老师都认为培训内容对自己有用，培训课程比较丰富。他们说："儿童艺术教育的理念，让我们感觉只要教育理念对了，就可以很方便地在生活中进行幼儿艺术教育"；还有老师反映：儿童阅读教育课的方法非常实用灵活，以后教育学生阅读时可以借鉴；不过，也有老师说："像儿童自然教育课的理念非常好，只是再结合一下乡村大环境会更好。"我们想，在后续的交流培训中，接地气的授课方式还有待加强。许多教师表示希望马上将所学运用到实际工作中。记得有位教师在培训后激动地说："谢谢明德为我们做的一切，你们带来的课程对我们太有用了，乡村教师非常需要这样的交流活动。"

另外，在交流培训中有个问题是共性的，就是乡村教师不太善于表达。在交流培训过程中有个幼教说："乡村儿童最大的差距是表达，孩子不怎么主动交流自己的内心想法。"这个幼教的话其实透露出，这方面的培训还需要得到更多的重视。培训虽已结束，可是将每一个课上的理念化为行动，还需要跟教师们保持更多的沟通和鼓励。在交流结束后，我们与乡村教师开始添加微信、QQ等，期望通过网络保持互动，让面对面时不太善于表达的乡村教师说出他们的感受和想法，以便更好地理解他们，帮助他们成长。

培训之外，乡村幼教需要更多关注：

在培训中有3位乡村女教师背着自己的孩子，坚持听完了3天的课程。看到这些乡村老师的参与热情，我们忍不住想，除了培训，我们还能做点什么？

爱是最有力的感召，在这种感召之下，我们发现越来越多的人与我们同行，开始关注乡村幼教的问题。有位从大理专程过来参加幼教培训的志愿者对我们说："这样的交流活动对我们老家的幼儿园太需要了，明德公益的活动能不能在我们那边也举办一下。"

我们深知：公益扶持乡村幼教这条路，非常不易，需要不断探索，所以我们希望能有更多的幼教专业人士关注这个项目，帮助我们提升培训的专业质量。今天我们的点滴投入，可能会帮助到一个幼师的成长，他们的成长和坚守，会让更多的乡村留守儿童受益。

目前，"乡村幼师成长计划"第二期准备工作正在进行中。好的开始，就是一种力量的继续，我们期待更多人的关注与同行。

2015年2月8日

200余名来自全省各大高校的学生结束了寒假社会实践活动，学生们陆续离开纳古，结束了在纳古为期半个月的学习生活。本次大学生寒假社会实践自1月23日开始，为期近半个月。

纳家营清真寺每逢寒暑假期间都会邀请各高校学生来纳古镇参观学习，学习伊斯兰及阿拉伯文化，了解纳古镇民族文化，其中不乏外国青年学生及非穆斯林青年。大学生们在为期不多的时间里，通过听讲座、走访农户、与群众交流等方式了解体验基层群众的生产生活状况及纳古的民风民俗文化，不仅丰富了寒假生活，也加强了民族文化交流。

2015年2月9日

由县民宗、统战、安监、质监、消防等部门组成的检查组，到纳古镇进行宗教活动场所安全检查，先后检查了古城新寺、古城清真寺、纳家营清真寺消防安全管理措施和制度，检查电线是否老化、是否安装跳闸开关设置，是否乱拉乱接电线；检查厨房锅炉使用情况，是否存在火灾隐患；检查房屋是否存在安全隐患，宗教活动场所有无建立安全监控、是否配备灭火器、是否开设安全通道、是否落实食品卫生等。通过大检查，从根本上、源头上防范、遏制宗教活动场所安全事故的发生，确保春节期间的安全生产和社会稳定。

2015年2月11日

县委常委、统战部部长牛建明代表县委政府在春节来临之际，组织县委统战部、县民宗局领导到纳古镇，对纳家营清真寺、古城清真寺、古城新寺的教长、宗教场所管理负责人等进行了走访慰问，慰问组向他们送上了新春的祝福和慰问金。

2015年2月13日

在新春佳节即将来临之际，玉溪市侨办副主任李莉一行在县委统战部部长牛建明的陪同下，深入纳古对4户困难侨眷进行新春走访慰问，深入了解他们的生活情况、存在的实际困难、海外亲人的现状、有无经常联系等，向他们送上慰问金和新春的祝福，希望他们继续关心和支持统战工作，为巩固和壮大最广泛的爱国统一战线积极做贡献。

几名侨眷对各级党委、政府长期以来对他们的关心和照顾表示感谢，并表示将发挥好桥梁和纽带作用，与海外亲人经常保持联系，为地方经济社会发展做贡献。

2015年2月16日

春节期间，纳古镇集中开展新春走访慰问活动，看望慰问老地下党员、困难党员、老乡干部，向他们送去党和政府的关怀，并致以新春的问候和祝福。共对7名老地下党员、困难党员、老乡干部进行了走访慰问，发放慰问金共计2100元。

2015年2月17日

为进一步加强流动人口服务管理工作,近日,纳古派出所紧密结合辖区实际全面实施"四抓四实现"管理模式,逐步实现流动人口的规范化、高效化管理。

"四抓四实现"是指:抓制度建设,创新管理模式,实现管理效能化;抓信息采集,完善信息档案,实现管理动态化;抓联合强警,促进协作配合,实现管理合力化;抓服务能力,强化为民意识,实现管理亲情化。纳古派出所每月组织社区民警和协警人员开展流动人口信息采集,建立流动人口专职警员登记、办证,做到"用人登记、人走户销、每月统计、逐月上报"的信息管理模式。并主动上门走访,深入企业厂矿、出租房屋、工地等流动人口密集场所进行排查。

规范高效的管理方法,不仅提高了流动人口信息的准确度,降低了安全风险,还针对流动人口的劳资纠纷、工伤意外等问题提供了法律援助,截至目前,共化解涉及流动人口纠纷30余起,切实维护了流动人口的合法权益。

2015年2月18日

春节期间,纳古镇因其丰富的民族文化和美丽的自然风光,迎来了众多慕名而来的游客。为了做好春节期间到纳古的游客接待工作,纳古志愿者充分发挥青年的活力与热情,为游客提供接待咨询服务,此项工作也得到了镇党委、政府的大力支持。

志愿者们在纳家营清真寺伊斯兰文化学院前设立了旅游接待点,为到访游客提供饮水、小食、《纳家营》杂志、义务导游等服务,向游客们宣传介绍纳古。通过一系列的服务,使游客充分体会到宾至如归的感觉,同时更好地展现了纳古的精神风貌,为纳古镇的伊斯兰文化和旅游业发展增添了一抹亮丽的色彩。

2015 年 2 月 19 日

　　为了进一步优化户籍窗口，提升服务水平及群众的满意度，贯彻落实好"全心全意为人民服务"的宗旨，杜绝一些不利于人民群众的现象和不作为、乱作为的问题发生，纳古派出所按照《通海县公安局优化户籍窗口服务活动实施方案》的要求，结合自身实际情况开展"亮户籍窗口，创优质服务"的活动，出台了新的便民利民的措施，切实提高了户籍窗口服务质量，受到了辖区民众的称赞。

　　具体的四项举措分别是：一是优化办事环境，旨在保持办事区域环境卫生整洁的同时给群众营造一个舒心的办事环境。二是延长服务时间，以"三力"原则为指向，旨在确保群众能够在第一时间办理户籍业务。三是创新服务方法，旨在为群众提供快捷便利的服务体系。四是树立良好形象，着重打造民警外塑形象内提素质，着力提升服务水平。严格按照《云南省公安机关户籍业务办理工作规范》受理群众户口办理，并自觉接受群众的监督和评价，旨在更好地为群众处理户籍业务。

2015 年 2 月 20 日

　　为进一步规范纳古镇食品市场秩序，净化市场环境，让群众吃得放心，近日，县食药局、畜牧局、纳古镇食安站等多部门组成的联合执法检查组到纳古镇，对超市、农贸市场、饭店等进行联合执法检查。

　　此次活动重点开展几方面的工作：一是重点检查辖区内超市、集贸市场等；二是重点检查无证、无照及制售假冒伪劣食品、过期变质食品等；三是签订责任书进行食品安全管理检查。检查中，认真填写《纳古镇食品安全检查记录》，并与经营户签订了《2015 年纳古镇食品安全目标责任书》，针对存在的问题，检查人员进行了告知并下达了监督整改意见书、责令限期整改，确保群众食品卫生安全。

2015年2月21日

由纳家营清真寺举办的第二届"海鸥杯"篮球比赛正式开赛，比赛共分为成人组和少年组，于小海公园篮球场及七队篮球场开展本次比赛。

纳古镇一贯重视体育工作，篮球、武术、自行车等群众性体育运动开展得丰富多彩，自办运动会更独具特色，特别是篮球运动作为纳古的传统体育项目更是深受广大群众喜爱，此次由纳家营清真寺主办的篮球运动会也广受欢迎，共吸引到来自纳古及周边村镇的21支球队参加，此次运动会旨在促进交流、增进友谊、加强团结，比赛采用分组循环制进行，将持续到2月27日闭幕。

2015年2月22日

春节期间，纳古镇迎来了许多慕名而来参观湿地风景、喂食海鸥的游客。为保证节日期间不因游客数量激增而造成安全隐患，纳古镇派出所民警及镇政府值班工作人员在景点处值守巡逻，并引导游客按次序依次喂食海鸥，保证了节日期间的安全秩序，也让游客有一次愉快的旅行。

2015年2月23日

纳古镇属于工业特色小镇，目前共有工业企业256户，其中钢铁产业占到80%，在全镇经济社会中占有较大比重。由于近些年在发展过程中钢铁业产能过剩的情况越来越明显，再加上全球钢铁业市场疲软，纳古镇的钢铁企业已步入寒冬。2014年，纳古镇的各项经济指标数据与去年同期相比普遍呈负增长态势，钢铁企业加快转型升级，成为纳古经济实现协调发展的必然举措。

面对经济持续下滑，纳古镇政府做了多方面的努力：一是积极协调银企关系，缓解企业贷款难题；二是与电力公司积极协调纳古镇企业电力供应不足这一长期难题；三是积极引导企业转型，并采取转、停、并等措施，调整产业和产品结构，走重组整合，转型升级之路，逐步化解产能过剩。2013年至2014年，纳古镇已淘汰生活区内高耗能、高污染的炼钢厂22户、造纸厂4户。通过政府引导及企业对市场的调研，纳古镇的部分企业目前正逐步向纸箱、食品及其他低污染行业发展。

针对纳古镇的钢铁企业转型，举出下列两个典型案例，与大家一起探讨。

通海康宏钢铁有限公司是纳古镇已经营多年的一家钢铁生产企业，近几年由于钢铁行业正经历严峻的挑战，"高成本、低盈利"成为对许多钢企的生动写实，面临困境，康宏钢铁的负责人把目光投向非钢产业。

2014年年初，考虑到纸箱产业市场平稳，本县域内同类企业数量不多，市场竞争相对较小，康宏钢铁负责人马存康从银行贷款1150万元，企业自筹2800万元，共投资3950万元，在原场地改建年产4500万平方米纸箱生产线项目，成为纳古企业转型的带头人。

该纸箱生产线项目占地面积17600平方米，目前已基本完成土建及设备安装，2014年10月开始试生产，主要生产水果包装箱。该项目的实施对周围环境的污染较小，有利于促进工业产业结构调整，为当地增加就业岗位，同时也为财政税收做贡献。待该项目办理完相关备案手续后，我们当地政府也会积极为其争取享受省市县各级相关扶持政策。

云南中云工业有限公司在过去几年一直从事线材生产，产品较单一。2013年，公司新上了一条生产线，因投资过大同时又遇到钢铁市场连续下滑，公司在2014年面临严重的资金短缺。在政府及多方人士的积极帮扶协调下，在即将破产倒闭之时，通海县热轧带钢厂向中云公司注入资金6000万元，成为中云公司的第一大股东，同时向中云公司注入新的管理人员，并在原有的管理模式与经营方式上进行创新，增加了新的产品品种，与热轧带钢厂一起生产各种不同型号的带钢，以此增强公司在市场上的竞争力。经过重组整合之后，现在的中云公司已基本走出困境，并在市场上迸发出更强势的竞争力。

面对钢铁市场展现出的重重危机，纳古的一些钢铁企业深刻认识到加快经济转型升级的重大意义，纷纷加快推进科技创新、管理创新和营销模式创新，大力引进和培育高端人才和专业技术人才，为纳古民营企业转型升级和实现民营经济发展起到了先锋带头作用。

2015年2月24日

近日，走进位于江通公路纳古野卡工业区的康宏包装公司车间，只见厂房宽敞明亮，一条纸箱生产线正在生产中，几名工人正在调试设备，高高的卷纸原材料堆满了车间正中，两条生产线上的工人正在订纸箱，门口两辆装满货物的货车正在等待发运，还有两辆空车正在等待装货。眼前所见，与印象中噪声巨大、粉尘飘飞、黑漆漆的炼钢轧钢车间形成鲜明对比。

从去年4月到9月期间，原通海康宏钢铁有限责任公司更名为通海县康宏包装厂，这不仅是名称的变更，也是企业的转型，公司在原有的土地上，将厂房进行改建，改建年产4500万平方米的纸箱生产线，经过半年的改造，公司于9月中旬试机，9月底正式投产，总投资4000万元，生产包装箱和纸板，投资1000万元从台湾地区购进一条纸板生产线，厂房占地17600平方米，目前已正常生产，每日发货量可达5万平方米，产品主要销往省内各地。

公司领导人说："公司目前各项手续完备，生产销售正常，虽然现在的产值和利润还不能与过去的钢铁生产相比，但是现在公司刚起步，产品比较单一，在彩印包装行业还是初学者，但随着公司的发展，我们还要拓展其他彩印包装其他业务，关键在于该项目符合国家产业政策，我相信公司会越来越好。"

今年以来，在经济下行压力增大、市场需求放缓、钢铁经济不景气、生产经营困难的局面下，纳古部分钢铁企业利用资金优势，谋求转型之路。康宏公司转型的成功为纳古其他钢铁企业谋求转型升级之路起到了很好的示范带动作用。

2015年2月25日

纳古镇社保中心办公室已装修完工，改造了纳古镇就业和社会保障服务中心为二层框架结构，社保中心改扩建后总建筑面积为305平方米，总投资5万余元，本次工程历时两个月，已于上个月进行了验收，社保中心将在完善配备相关设施后正式投入使用。

2015年2月27日

历时7天的纳家营清真寺篮球运动会胜利闭幕，经过多场激烈的比赛，最后恒华物资摘下本次运动会冠军。镇长纳立凡和纳家营清真寺管委会领导出席闭幕式并为获奖代表队颁发了奖杯、奖牌和奖金。

本届篮球运动会自2月21日开始，2月27日结束，历时7天，来自纳古及周边村镇的21支球队200余名运动员参加了比赛，比赛采用分组循环制。各队充分发挥"友谊第一、比赛第二"的竞技精神，顽强拼搏，奋力争先，赛出了风格，打出了水平，强健了体魄，促进了交流、增进了友谊，同时丰富了群众的节日文化生活。

2015年2月28日

经过各村组支部推选评比，纳古镇善行美德光荣榜已于近日公布，本次善行美德光荣榜从7个村组的个人、党员、商户等人选中推选出在社会公德、职业道德、家庭美德、个人品德中的优秀典型中，共计选出77名优秀代表，其中包括"奉献社会好人士""保护生态好标兵""诚信立业好商户""创先争优好党员""文明和睦好家庭""尊老爱幼好媳妇""持家有道好婆婆""互敬互爱好夫妻""和睦友爱好邻里""孝敬父母好儿女""助人为乐好公民"。

2015年3月2日

对上榜人员张榜公布，希望通过他们的善行美德、先进事迹成为榜样,用榜样的力量带动更多的人见贤思齐。

县中医院到纳古镇卫生院免费为65岁以上老人进行身体检查,体检时间从3月2日至6日每天早上8点半开始,参加体检的老人基本都年过半百,体检项目有肝功、肾功、血常规、尿常规、心电图、内科、外科等常规项目的检查。本次免费体检活动受到群众的一致好评,刚开始体检的几天,每天体检老人有百人有余,进行身体检查可以有效帮助老人们了解自身身体状况,为其老有所安提供帮助。

2015年3月5日

纳家营铺面一直是很紧俏的,特别是在人流量大、居住集中的菜市场门口的铺面更是很难租到。

今天竟然看到一家转租铺面的,位置还是在菜市场门口,客源稳定,可开餐馆或做其他,有意愿的别错过哟。

2015年3月6日

在一年一度的"三八"国际劳动妇女节到来之际,纳古镇工会、纳古镇妇联积极组织全镇机关妇女干部职工参加健步登山活动。

早上8点半,在秀山公园门口,28名女职工迎着和煦的春风,沐浴着早晨的阳光,踏着欢快的脚步向山顶进发。一路上,大家三五成群,一路欢声笑语,共同享受着踏青的快乐,为初春的秀山增添了勃勃生机。正值新春到来之际,爬山不仅可以锻炼身体,还可以观赏沿途的各种花卉,有樱花、山茶花、杜鹃花等,春天的勃勃生机给大家带来了愉快的心情。此次登山活动不仅丰富了女职工的业余文化生活,更增强了大家的健康意识,增进了相互间的友谊。

2015年3月13日—15日

由通海县宣传部组织的"手艺通海"电视专题组来到纳古镇进行取

景拍摄。拍摄组一行记录下了纳家营清真寺礼拜的场景以及民间刀具工艺的生产制作过程。

摄制组以纳家营清真寺为取景点，不仅记录下了纳家营清真寺独特雄伟的民族建筑特色和美丽的风景，还记录下了穆斯林全程庄重的礼拜过程。拍摄工艺刀具的时候，摄制组从工作车间、制作流程、产品展示等方面做了拍摄，并就工艺特点、产业发展和未来规划等方面对刀具生产商做了采访，对于宣传我镇特色民族文化和传统民族手工艺有积极的作用。

2015 年 3 月 16 日

在第二期青少年书法培训班圆满结束并取得良好社会效果的基础上，纳古镇第三期青少年书法培训班即将开班。上午，镇文化事务中心将《青少年书法培训班招生简章》送至纳古镇中心小学，并张贴至镇文化站公示栏。

第三期青少年书法培训班将于 3 月底 4 月初开班，预计招收 20 名新学员、10 名前期优秀学员。培训班将延续第二期新老学员同时同地上课的制度，以达到在将新学员引进门，培养其兴趣爱好的同时，通过优秀学员的带动作用激发新学员的学习热情和动力，并使往期优秀学员在温故知新的基础上达到更高水平的效果与目的。

2015 年 3 月 17 日

纳古镇全体干部职工利用夜学时段，在三楼多媒体会议室组织观看了政论片《百年潮　中国梦》第四集《中国力量》。

《百年潮　中国梦》以图文并茂、形声互动的方式，对中国梦的内涵、中国梦的产生背景、中国梦如何实现、中国梦与世界的关系等问题进行了集中而深刻的阐释，多侧面、深层次、艺术化地阐释和论述了以习近平同志为核心的党中央提出的中华民族伟大复兴这一国家宏图伟略，整部纪录片纵论古今、大气磅礴，给人以极大的心灵震撼！

2015年3月18日

县委书记张小良、县委副书记魏德锦、县委常委县委办主任县统战部部长牛建明、副县长赵南方携统战、工信、商务、民宗等部门负责人一行10余人深入纳古，就我镇经济社会发展和社会稳定情况进行调研。

张小良书记首先走访了解纳古镇农贸市场情况，随后深入我镇企业生产车间就企业生产经营情况进行走访调研，实际了解了纳古镇钢铁企业现状及所存在的问题，与基层干部以及企业负责人座谈交流，并对相关工作做出了要求。

2015年3月19日

由县政协副主席尚学寿携相关部门负责人组成的调研组一行10余人到纳古，就我镇五金工业发展状况进行了专题调研。

调研组首先实地走访了大白龙工贸有限公司，随后与各企业负责人座谈交流，了解纳古五金工业发展经营现状及困难并对我镇经济发展提出了指导性意见和建议。

2015年3月20日

按照《通海县安全生产委员会关于开展新〈安全生产法〉知识竞赛活动的通知》文件要求，纳古镇组织开展了新《安全生产法》知识竞赛活动。

在职工学习例会上，按照安全生产分管领导的安排部署，我镇安委办及时组织开展了新《安全生产法》知识竞赛活动。一是组织全镇干部职工45人参加了知识竞赛活动，收到答题卡45份。二是组织全镇14户规上企业参加了知识竞赛活动，收到答题卡14份。通过此次新《安全生产法》知识竞赛活动的开展，全镇干部职工和规上企业负责人对新《安全生产法》有了更加全面的认识，进一步提高了安全生产意识。

2015年3月21日

为进一步落实县委、县政府关于殡葬改革工作有关会议精神，实现火化区范围内两个100%目标（人员死亡后100%火化，火化后100%进公墓），纳古镇召开了抓好殡葬改革工作落实会。镇政府机关全体干部职工、镇属协作单位学校、卫生院以及7个村名小组等相关人员参加了本次会议。

会上，纳古镇副镇长马燕妮同志传达了关于殡葬改革工作全面实施的会议精神要求。一是及时掌握人员死亡动态。各个居民小组负责殡葬工作的具体责任人要随时掌握本组人员的伤亡动态，出现人员死亡，第一时间向社区领导报告。二是加大殡葬改革工作宣传深入力度。相关村组要挨家挨户上门发放殡葬改革火化工作流程宣传单，做到家喻户晓，人人皆知。三是要充分利用广播，反复宣传播送，增加宣传次数，做到人人知晓。

2015年3月22日

纳古镇按照县委宣传部有关要求，在职工例会上传达学习习近平总书记在云南考察工作时的重要讲话精神，联系实际提出学习贯彻落实的具体要求。

一是认真学习，深刻领会，充分认识习近平总书记重要讲话精神的重大意义。习近平总书记的重要讲话，从党和国家全局发展的高度，明确了云南的发展地位，赋予了云南崇高责任。讲话深刻阐述了事关云南全局和长远发展的一系列重大问题，明确提出了当前和今后一个时期云南的前进方向和重要任务，对云南改革开放和现代化建设具有纲领性、战略指导意义。要深刻认识习近平总书记考察云南的重大意义，以高度的政治责任感和强烈的历史使命感，切实抓好习近平总书记考察云南重要讲话精神的学习宣传贯彻落实工作，自觉用讲话精神武装头脑、指导实践、推动工作，努力把工作提高到一个新水平，以实际行动为纳古的发展做出应有贡献。

二是精心组织，周密安排，迅速掀起讲话精神的学习宣传贯彻热潮。精心组织理论学习、理论研究、理论宣传和理论引导，把习近平总书记重要讲话精神纳入党委中心组学习的重要内容，组织专题学习，深入研讨，深化理解，以领导干部的学习，带动全县各族干部群众的学习，不断把学习宣传贯彻习近平总书记讲话精神引向深入。全镇干部职工要紧紧围绕学懂弄通、准确把握习近平总书记的重要讲话精神，认真开展学习讨论和体会交流，积极畅谈自己对总书记讲话精神的认识和理解。深入学习领会、认真贯彻落实习近平总书记重要讲话精神，准确把握习近平总书记关于努力把云南发展成为我国民族团结进步示范区、生态文明建设排头兵、面向南亚东南亚辐射中心的重大战略定位，深刻理解、准确把握习近平总书记关于"五个着力"的重点任务，紧密结合我镇实际，做到全面理解、准确把握、坚决贯彻，切实把思想和行动统一到习近平总书记重要讲话精神上来。

三是坚定信心、有力有为，把讲话精神迅速转化为推动工作发展的强大动力，转化为党员干部"忠诚干净担当"的过硬作风，以更加奋发向上的精神状态、更加扎实有效的措施办法、更加高效务实的工作作风，为全面建成小康社会、全面深化改革、全面依法治国、全面从严治党，科学谋划"十三五"，从严从实做好当前各项工作。切实找准习近平总书记重要讲话精神与当前重点工作的结合点，围绕中心、服务大局，联系实际，真正使讲话精神内化于心、外化于行，成为全镇干部职工的思想引领和力量源泉。

2015年3月23日

利用夜学，纳古镇组织全镇干部职工学习《通海县干部作风"红黄牌警告"制度》和《通海县干部尽职免责暂行办法》。

纳古镇党委书记张兴友要求，要认真学习规定、办法，深刻领会其精神实质，要自觉依法依纪履行职责，提高工作效能。

制度的学习，是认真贯彻全面从严治党要求，进一步转变工作作风，以良好的职业道德和党性修养，进一步推进党的作风建设。按照"三严三实"和"忠诚干净担当"的要求，鼓励支持干部认真履行职责，提高工作效能，全力推进我乡各项工作的有序开展。

2015 年 3 月 25 日

纳古镇组织全体干部职工观看《高德荣同志先进事迹报告会》专题片，集中学习云南省贡山县"老县长"高德荣同志先进事迹。

2015 年 3 月 26 日

为扎实推进纳古镇公益性公墓规划建设工作，切实做好殡葬改革制度，确保规范的丧葬行为，促进社会和谐文明发展，纳古镇党委、政府按照县上的要求，在镇内新建了汉族公墓，并在今天组织相关工作人员及纳古镇第六村名小组组长 10 余人，查看了纳古镇镇级农村公益性骨灰公墓一期工程，并听取了公墓建设情况的介绍。一期工程包括停车场挡墙、管理房、墓穴、公厕等已完成基础工程建设。

2015 年 3 月 27 日

最近一段时间，星月路（公交车站往上）有一家轧钢厂排放的烟雾实在是太难闻刺鼻了，严重影响了周围居民的正常呼吸，连晚上睡觉时都会被呛醒！虽然 2012 年开始，关停和迁移了一批轧钢厂，但还是有个别老板，为了节省资金，未将轧钢厂从居民区搬离，每到晚上则集中生产，附近的居民不胜其扰。

2015 年 4 月 1 日

随着季节的变化，转眼间冬天飞临纳古镇的红嘴鸥也要进行新一年的迁徙了。红嘴鸥在中国主要为冬候鸟，春季 3—4 月迁往西伯利亚及天山以北繁殖地，秋季于 9—10 月离开繁殖地往南迁徙。据专家估计，红嘴鸥从西伯利亚向南方迁徙越冬的路线可能是从贝加尔湖穿越内蒙古进入中国的青海再到西南或是进入西安再沿南而下到昆明，两条路线不管从哪条飞来都要飞行近万千米，它们经过长途跋涉飞到昆明已经消耗大量脂肪，急需在栖息环境里补充能量，等待来年飞回西伯利亚。

时至阳春三月，小精灵们经过冬季的蛰伏，储存身体的能量，准备飞回几万千米外的繁殖地了，陪伴了我们整个冬季的红嘴鸥也日渐稀少，预计 4 月红嘴鸥将迁徙而归。看着湖面上稀稀疏疏的鸥影我们仍会感觉不舍，让我们小精灵们一路顺风。

2015 年 4 月 13 日

由玉溪市政府组织、从不同市级中学中抽调的 5 位专家老师及负责人组成的专家评估小组来到纳古小学，对纳古小学进行申报的"玉溪市现代教育示范学校"项目进行评估。评估小组的 5 位专家老师进行了课堂听课评优，评优率达到 80%，巡视了校园环境，并且访问在校师生相关情况，而后查阅了相关评估资料。评估时，纳古小学副校长董绍平做了"教育追求境界，管理彰显特色"的材料汇报，评估小组将会形成评估决议上报市政府。

纳古志愿者的志愿服务活动参与到了秀山街道六一社区，为六一社区"爱心超市"送去了一些旧衣服和书籍，交流学习了"爱心超市"的志愿服务活动，突显了"奉献、友爱、互助、进步"的志愿精神。

2015 年 4 月 14 日

为落实殡葬改革制度，合理节约和利用土地资源，规范丧葬行为，促进社会和谐文明发展，遏止群众乱埋乱葬、破坏土地林业资源等现象的发生，鉴于我镇尚无一处公益性公墓，经纳古镇党委政府研究决定，在纳古镇第六村名小组苹果地建设镇级农村公益性骨灰公墓。

纳古镇总面积12平方千米，由纳家营、古城、三家村3个自然村组成，共有2970户8904人，每年人口死亡率为3.5%，是一个以回族为主体民族的建制镇，汉族有1445人，该墓地位于纳古镇政府以北，相距5千米，交通便利，区位优势明显，周围植被较好，占地面积14.7亩。该地块所有权和使用权属纳古镇第六村民小组集体土地。公益性公墓一期建设工程已完成，停车场挡墙、管理房、墓穴、公厕等已完成基础工程建设，已于日前交付纳古镇第六村民小组使用。

2015年4月16日

纳古镇六组有村民死亡，丧属主动联系镇民政办工作人员，工作人员向其介绍了殡葬改革的相关政策和通海县殡仪服务流程。家属听后都表示支持殡葬改革，同意火化。按规定"一工一农"可以进入公益性公墓。在纳古镇相关工作人员的努力和家属的支持下，纳古镇顺利完成了首例遗体火葬工作。

2015年4月22日

为深入普及法律法规知识，提高清真寺学校法律意识，切实深入全镇民主法制建设和普法依法治理工作。今天，纳古镇司法所分别在纳家营清真寺文化学院、古城清真寺阿文学校课堂上开展了防艾知识政策法规及安全生产法规的普法宣讲。

纳古镇法进清真寺宣讲每月定期举行，作为少数民族地区别具特色的法制宣传教育途径，其宣传的效果和所取得的成绩受到各级的肯定和全镇人民群众的欢迎，为促进地方经济发展、民族团结、宗教和顺发挥了积极的作用。

《大国重器》是由中央电视台财经频道（CCTV-2）制作的大型高清纪录片，展现中国装备制造业的成就，讲述了充满中国智慧的机器制造故事。今天组织观看的。

2015年4月23日

现在，在纳古已经较少能够见到传统的建筑了，特别是保存完好的更少了，代之而起的则是钢筋混凝土的高楼。随着传统建筑的逐渐消失，我们的传统文化随之也逐渐存在于记忆之中。今天就贴几张在纳家营五队网友拍摄的纳氏大门楼吧，希望能唤起一点记忆，激起一丝保护传统的声音。

2015年4月24日

"计划生育家庭意外伤害保险"是中国计划生育协会与中国人寿保险股份有限公司合作推出的一项计生惠民政策，目的是增强计划生育家庭遭受意外伤害的应对能力，切实解决计划生育家庭的部分后顾之忧。自2015年，经玉溪市计划生育协会和市人寿保险公司批准，我县的计划生育家庭意外伤害保险工作从村（社区）延伸覆盖到机关事业单位，该保险项目不分职业类型，都可以承保，保险公司给予最优费率，承担每份10元／人／年的保险费，个人只需承担每份40元／人／年保险费，被保险人意外死亡或残疾的保险金额为24000元，意外伤害医疗保险金额为3000元，保险期时效一年，每个人最高可办理10份。

自2015年4月20日至2015年5月31日期间，个人可到纳古镇计划生育服务所咨询、办理，每人自愿自费购买。村组领导对组上的每家每户展开动员，希望他们了解后积极购买。

2015年4月25日

依照《通海县深入开展严禁领导干部收送"红包"专项整治工作实施方案》及省市县相关要求，纳古镇开展严禁领导干部收送"红包"专项整治工作。镇纪委书记周锁明同志向全镇干部职工学习传达了玉溪市深入开展领导干部收送"红包"专项整治工作精神和要求。

2015 年 4 月 26 日

狂犬病（俗称疯狗病）是由狂犬病病毒引起的人兽共患烈性传染病，人及温血动物均可感染，我国将其列为二类动物疫病。发病后主要表现为：过度兴奋或过度安静，性情明显改变，离群独处，攻击人、畏水、最终麻痹而亡。狂犬病病毒主要通过咬伤的伤口传播，也可由带病毒的唾液经受伤的黏膜和皮肤而侵入体内。还有对患病动物（病犬、病猫等）宰杀、剥皮、切割及食用患病动物而被感染的病例。犬和猫与人接触频繁，在我国人被各种动物咬伤而得狂犬病的比例为：狗咬伤约占 92%，猫咬伤约占 5%，其他动物约占 3%。

如被咬伤后，应立即用清水或肥皂水清洁伤口，轻轻压挤出血；也可以用 70% 酒精或醋、白酒洗涤，并及时到医院咨询处理。被发疯动物撕裂的衣物，应及时更换消毒，以防止再接触皮肤或黏膜发生"非咬伤性接触感染"。狂犬病潜伏期的波动很大，最短的 6 天，长的可达数年，并且潜伏期内不出现发病症状，一旦发病，难以治愈，死亡率几乎是 100%。

狂犬病疫苗免疫注射是防控狂犬病的有效手段，养犬户要积极配合做好犬（猫）狂犬病免疫。狂犬病病毒对环境抵抗力不强，容易被高温、光照、强酸、强碱等杀灭，如过氧乙酸、高锰酸钾、含氯消毒剂等均可用于消毒。

做好狂犬病防控工作，加大宣传力度，能让周边群众防患于未然，维护社会的安定团结。

2015 年 4 月 27 日

为了缅怀革命先烈、继承光荣传统、增强爱国主义情感，纳古镇团委积极开展"网上祭英烈"宣传活动。在缅怀先烈的情怀中弘扬文明新风。

通过网上学习，浏览革命先烈的英雄事迹，进行网上献花、网上留言等低碳环保文明的祭祀方式寄托自己的哀思，了解了更多为祖国和民族的解放战争抛头颅、洒热血的英雄人物，加深了对祖国的热爱之情。一段段网上留言寄托着人们对先烈的哀思与敬仰，表达着人们的决心与信念。

本次"网上祭英烈"活动受到了广大干部职工的好评，大家在学习英雄人物先进事迹、寄托哀悼的过程中，也逐渐对自身工作、学习等方面产生了积极的影响。

2015 年 5 月 1 日

恰逢一年一度的"五一"国际劳动节假日，纳古志愿者自发成立的"伊友读书会"在清真寺门口摆上"书摊"，向过往群众免费借阅图书，宣传读书的重要性。"五一"假日期间，来到纳古镇游玩的旅客增多，前来参观借阅的人络绎不绝。

2015 年 5 月 3 日

新一年新参保工作开始，针对仍有部分老年人对参保政策不清楚的情况，纳古镇社保中心工作人员积极开展新型农村社会养老保险参保工作。

工作人员细心地向群众讲解农村养老保险的相关政策、规定以及参加农村养老保险对解决广大农民老有所养的重要性和必要性，回答了群众最为关心的如何缴费、如何领取保险金等方面的问题，使广大农民了解到新型农村社会养老保险的政策、法规、性质、意义以及相关农保常识，增强了广大农民的投保意识，调动了广大农民参保积极性和主动性。

截至目前，已办理新参保人员 42 人，缴费档次也有群众从 100 元变更到 1000 元。

2015 年 5 月 4 日

五四青年节到来，我镇组织了一支由 10 名（7 男 3 女）村民参赛的队伍，参加共青团通海县委、县体育局共同举办的"通海县'云天石珠宝'杯第五届'五·四'青年登山比赛"。在赛场上，大家奋力拼搏，努力冲刺，更发挥了"友谊第一，比赛第二"的团结协作精神。

2015 年 5 月 11 日

在纳古"海泥湾"的农田里，300 余亩的水稻插秧工作正在忙碌地进行中，镇农机站工作人员以及村组领导到现场指导插秧工作，并提供水稻秧苗。

2015 年 5 月 12 日

云南大学国际关系研究院姚继德教授到纳古对历史文化进行走访调研，先后到古城清真寺、纳家营清真寺、纳古镇中心小学、纳古工艺刀具等进行了实地参观，纳古镇人大主席马恒骧对我镇历史文化进行了讲解。

2015 年 5 月 13—14 日

纳家营清真寺文化学院夏季运动会正式开幕，纳家营清真寺文化学院全体学生参加了开幕仪式。

此次运动会设篮球、接力赛、跳绳、跳远、拔河等比赛项目，通过运动，充分展现了学生们团结拼搏、奋发向上和生机勃勃的精神。

学院举办运动会，旨在减轻学生学习压力、丰富学习生活、增进师生感情、增强身体素质，以达到团结进步的目的。

2015 年 5 月 17 日

为做好防控布鲁氏杆菌疾病工作，在通海县动物疫病预防控制中心组织下，对我镇 22 只种公羊进行了统一采血检疫，检疫结果均为阴性，我镇尚未发现布鲁士杆菌疾病。

据了解，布鲁士杆菌病是一种由布鲁氏杆菌引起的人畜共患传染病，主要传染源为患病的家畜如羊、牛、马、猪等。

2015年5月18日

纳古镇按照县扶贫办的要求召开了扶贫工作会，各村民小组干部参加了会议。会上分管领导副镇长马燕妮传达了县扶贫工作会议精神，对我镇的扶贫贷款工作做了具体安排，要求各村民小组认真做好宣传、上报工作，落实好此项惠民工作，切实帮助到有困难的群众。

本次扶贫贷款总额为200万元，每户可贷款上限为5万元；贷款期限1年；贷款利率6.85%（政府贴息5%、客户承担1.85%）；还款方式按一次性还本付息。截至目前，已有20余户困难群众申请办理扶贫贴息贷款。

2015年5月19日

为确保纳古镇60岁死亡人员的家属能按时拿到每人每月15元补发金，纳古镇社会保障服务中心工作人员通知继承人进行信息核对，查看以往相关材料，认真查看继承人身份证号码，信用社存折号，按时把补发金发到继承人存折上，此次共计补发16户家庭补助金。

2015年5月20日

为了解流动人口生存发展状况及公共卫生服务利用、计划生育服务管理等情况，进一步提高流动人口卫生计生服务管理水平和质量，我镇根据《国家卫生计生动态监测工作的通知》开展流动人口动态监测调查工作。

调查采用个人问卷和村／居问卷进行。个人问卷内容主要包括：家庭成员与收支情况；就业情况；基本公共卫生和计划生育服务；老年人医疗卫生服务。村／居问卷主要包括人口基本状况；社区健康教育；公共卫生服务管理情况。

据悉，截至目前已经从 200 余人中抽样调查 40 余人次，涉及两个村民小组 60 余户住户。

2015 年 5 月 21 日

为贯彻落实民兵整组点验相关规定，根据军分区要求，纳古镇组织基干民兵参加全县集中点验工作。本次点验我镇共有民兵 41 人次，分为医疗卫生 8 人、交通运输 8 人、应急排 25 人。民兵们精神焕发，步调一致，充分展示了团结进取的形象。

2015 年 5 月 23 日

通海县微耕机操作培训在四街镇二街村委会举办，纳古镇与四街镇农户参加了本次培训。

培训中，县农机站培训老师为学员讲解了微耕机操作知识，播放培训视频，发放宣传材料以及给予学员们每人 30 元的当日误工费。本次培训得到了农户的一致好评，使得农户对操作微耕机有了进一步的认识，提升了操作农机具安全防范意识，规范了安全生产行为。误工费的发放极大地提高了农户们对参加此类技能培训的积极性。

2015 年 5 月 25 日

"邮青时贷"特色贷款助创业。中国邮政储蓄银行携手通海共青团，共促青年创业就业推出"云岭邮青伴成长"专属金融产品——"邮青时贷"，该产品为新推出的特色贷款产品和金融服务，循环、灵活、快捷。

本次贷款有信用类贷款，额度 1 万～20 万元有限期单笔最长限期为两年，其次还有非信用类贷款，额度 1 万～200 万元额度循环使用，随借随还，贷款利率统一执行人行基准利率适当浮动，还款方式可按等额本息、阶段性等额本息、一次性还本付息、按月（季）还息，到期一次性还本，两项贷款适用于有创业发展资金需求的城乡青年。

符合贷款条件的青年可携带身份证、户口本、婚姻证明、营业执照、税务登记、经营场所证明、抵押物权属证明（非信用类）材料复印件自愿到我镇团组织处申报。

2015年5月26日

结合争当"仙湖卫士"通海行动计划，纳古镇组织干部职工及村组人员50余人，积极参与入湖河道清理行动。

上午8点半，工作人员带着铁锹、钩刨、火钳、锄头等劳动工具整装待发，在镇长纳立凡简短的动员讲话和工作安排后，大家分头行动，以饱满的热情投入了清理行动中。男职工主要负责打捞清理河道垃圾，女职工主要负责捡拾湖滨湿地垃圾。通过大家一上午的努力，入湖河道和湖岸环境得到了较大改善。

通过清理活动，旨在营造一种增强全民卫生意识，自觉维护环境卫生，保护母亲湖，共建和谐家园的良好氛围，以达到逐步提高群众环保意识的目的。

2015年5月27日

纳古的3名社区矫正人员经司法所组织，参加了县司法局开展为期半天的"社区服刑人员警示教育活动"，县司法局社区矫正股全体人员及分管领导、各司法所所长（负责人）、全县被判处缓刑或者平时监管难度大的社区服刑人员80余人参加了此次教育活动。

通过学习，社区矫正人员进一步提高了自身认识，认清了自己的特殊身份，表示会自觉服从刑罚处罚，认真接受教育改造。这次警示教育活动，使社区矫正人员心灵受到震撼，深切体会到自由的珍贵。他们纷纷表示：一定要珍惜监外执行改造机会，端正态度，坚决服从县司法局和司法所的监督、教育和管理，悔过自新，积极工作，努力改造，认真遵守社区矫正监管规定，多学法律知识，提高法制意识，努力做一名对社会、对家庭有用的人，早日回归社会。

2015年5月28日

三届玉溪市政协主席冷明德、市政协副主席郭亚钢、三届市政协副主席张炜等领导在县政协主席钱润光的陪同下到纳古镇进行随机调研。

在座谈会上，冷明德听取了纳古镇经济社会发展情况的汇报，了解了镇党委、政府近期的工作情况，并询问了发展过程中存在的困难和问题。研组对纳古镇社会经济发展取得的成绩给予了充分肯定，对我镇经济发展提出了指导性意见和建议，为纳古的社会经济发展提供了良言美策。

2015年6月1日

一年一度的六一节是孩子们最期盼的日子，因为这是属于孩子的节日。为了给孩子们一个快乐的"六一儿童节"，2013年5月31日纳古中心小学校园彩旗飘扬、鲜花灿烂，全校2000多名师生和近100名家长代表早早来到操场，整个校园呈现出浓浓的节日气氛，以"我的中国梦 快乐过六一"为主题的六一国际儿童节庆祝活动在此隆重举行。

上午8—10点进行的是开幕式。在喜庆的鼓号演奏中，庆祝活动拉开了序幕；首先由少先队员代表献词；接着孙建勇副校长致"六一"祝福词；纳古镇副镇长陈申力也给全校的小朋友带来祝福并寄语希望；然后由县妇联发放资助金3000元、纳古镇妇联发放资助金1000元、纳古镇关工委发放资助金1000元，共资助贫困学生46人；紧接着是表彰会，共表彰了92名优秀家长、9名优秀大队委、14名优秀鼓号队员、6名优秀小广播员、46名优秀班干、46名优秀队干、230优秀学生、230进步学生；最后是捐衣捐物活动。

上午10:00—12:00进行游园活动。操场上处处是学生们游园活动的场所，每个班所展现的活动都不一样。如：六（2）班的盲人击鼓，三（2）班的猜谜语，二（4）班的水上穿针等。游园活动开始后，每个活动场所都排着长长的队伍，同学们积极踊跃地参加了一系列活动，表现突出的同学手握一堆的奖券。他们拿着这些辛苦得到的奖券到各兑奖处换取了自己喜欢的奖品。

下午2:00—4:00是"红领巾跳蚤市场"。本着"你的多余，我的需要"理念。让队员把家中闲置文化用品、玩具、小饰品、图书、自制食品等拿到交易市场与队员等价交换或钱物交换，从而培养孩子不浪费自己的物品、节约资源的良好行为习惯，让队员们体验"公平买卖""劳动快乐"，结识更多的朋友。孩子们个个都是小老板，好不热闹，吸引了许多的社会人士的参与。通过交易，让孩子们初步感受市场经济，给队员创设理财平台，学会推销、购买商品，设计促销标语、广告、海报，增强团队意识，培养和加强队员的合作、动手、交流创造等能力。

下午4:00—4:30进行班级联欢。在同学和老师的精心布置下充满了节日的喜气的教室里，孩子们载歌载舞，畅所欲言，他们笑得像花儿一样灿烂。

庆祝活动持续了一整天，孩子们余兴未尽，一张张灿烂的笑脸上写满了快乐与幸福。又是一个让孩子们难以忘怀的"六一"节！

2015年6月2日

赞目赞目水，是阿语音译叫法，赞目赞目水是每年穆斯林民众去沙特朝觐时带回来的水，赞目赞目水的矿物元素指数为：430～480元素单位，纯净水的指数为：10～20元素单位，加之每个穆斯林朝觐回程只能携带10公斤的水，所以更加显现出赞目赞目水的珍贵。但从4月开始，甘肃、宁夏、新疆、青海市场出现了很多卖赞目赞目水的无良商家，后经查证，这些水来源于宁波制假窝点，成本仅为10元，已经有相关部门扣押了3000多桶假水，在此提醒广大穆斯林，放亮眼睛，勿上当受骗。

2015年6月3日

今天听到一则消息：二十来年前，老书记纳为品、前通海县林业局长纳汝山，和退休回乡后在狮山头上从事农牧垦荒养殖的纳苍良、合慈萍夫妇给我说他们曾分别受到过中央、省、地、县民族团结、林业建设和农业生产方面的奖励——作为局长、书记和普通纳古人的他们倒是根本没把这当一回事，淡淡一句就完了。而我限于当时条件也没有及时记录下来。可是这关系纳古荣誉、关系纳古正能量历史能听之任之，眼睁睁望着让它湮没了吗？如今他们多已归真，而我只会耿耿于怀、纠结于心。希望有能力的好心人关注一下，尽可能做一点弥补工作，反映和保存历史的本来面目。

2015年6月10日

随着全国钢铁市场及大经济环境的不景气，纳古和沙甸地区很多本地人为了筹集资金，开始低价出售地产，有的甚至比2013年高价时打了5折出售。今天在纳古社区看到网名叫"忆青春"的发帖低价出售沙甸区鸡街镇冷库177平方米，装修没多久，带全套全新家具的一套房屋。

看到这些，不禁让人感叹，国家经济的不景气，就连西南边陲的一个小镇都不可避免地受到了严重影响，我们纳古也在经受着重创，何况其他地方。在此，只能希望国家尽快走出经济衰退的阴霾，让我们尽快脱离经济低迷的困扰。

2015年6月11日

为了规范纳古镇摩托车管理工作，提高摩托车安全交通文明意识。早上，县交警大队联合纳古派出所共同组织了"纳古镇摩托车驾照集体培训考试"，县交警大队副大队长谢宏为学员们做了培训讲课。讲课结束后，学员们进行了科目一"理论考试"、科目二"交通安全文明驾驶"的笔试考试。

参加本次培训考试的学员共计 150 余人，培训考试的组织增加了学员们的安全文明驾驶意识。

2015 年 6 月 12 日

为加强对杞麓湖内船舶的管理，排除湖泊内的安全隐患，规范船舶停靠秩序，根据《云南省杞麓湖保护条例》等相关法律法规规定，今天，纳古镇农业中心、规划中心联合县湖管局，对纳古镇辖区杞麓湖沿湖段，在宣传期内未自行清理的违规船只进行清理。此次清理整顿共出动 30 余人，清理违规铁船 9 只、木船 6 只，并留存一艘船作为湖面垃圾清理专用责任船。

自 5 月中旬以来，纳古镇成立由镇长为组长、分管副镇长为具体牵头负责人的领导小组，认真组织开展杞麓湖内船只清理整顿工作，在沿湖村大力宣传，发放《关于整顿杞麓湖内违法船只的通告》及《船主告知书》。通过清理整顿工作，杞麓湖内船只管理得到加强，大大排除了湖泊内的安全隐患。

2015 年 6 月 13 日

结合县委政府"仙湖卫士"行动，纳古镇与四街镇共同出资 4 万余元，在十街村"十街小河"进行河道疏通专项清理行动。

本次共计打捞 200 余车河道淤泥，经过了 5 天的清理工作，不仅入湖河道和湖岸环境得到了较大改善，沟渠变得干净整洁，也确保了雨季汛期防洪泄水的安全。

2015 年 6 月 15 日

2015 年第一期，总第二十四期《纳家营》杂志于近期出版，共印刷 2000 册，该书将以当面赠送、邮寄等多种方式送至各相关单位、赞助方、学校、供稿人等处。下午，镇人大主席带领工作人员将新出版的《纳家营》

杂志送至清真寺、特约供稿人纳文鹏等处。

本期《纳家营》共有"纳古春秋""经训感悟""乡风民俗""名师集锦""综合文苑"等九个板块的内容。既再现民族节日盛况，又描写纳古名木古树概况；既传承经典文化，又聚焦时事政治，每个板块各具风格，内容丰富。

2015年6月16日

我镇辖区内的相关企业、个体经济组织、机关、企事业单位，共20余人参加了培训。会上镇社保中心工作人员对注册、设置密码、填报、上传等网上审核步骤进行了详细的讲解，并对填报中应注意的事项和可能存在的问题进行了说明。截至目前，已有32家用人单位顺利实行了网上注册，注册时间将持续至本月底。

2015年6月18日

在通海县文明委开展的评选命名通海县第十届文明单位、文明村（社区）活动中，纳古镇精心组织，经过申报推荐、县创评小组实地考评等环节，纳古中心小学、纳古蓓蕾幼儿园、通海鸿翔焊管公司、通海纳古运输公司四家单位被县委、县政府表彰命名为通海县第十届文明单位。

2015年6月23日

斋月到了，对于回族来说是非常重要的日子，纳家营当地在斋月里有半夜敲鼓叫穆民起来封斋的传统，这种传统一方面增加了斋月的氛围，另一方面也对一切晚起的人起到了一定的叫醒作用。但今年的斋月里，有人在纳古社区发帖不赞同这种做法，认为：纳家营还有20%的汉族以及超过本地人口的外来务工人员，半夜敲鼓不应该影响这部分人，同时半夜开车到处敲锣打鼓，鼓声会惊吓到小孩和老人。

一时间在网上掀起了热烈的讨论，观点也呈现出分化，一部分人认为传统不应放弃，几十年来都是这样过来的，斋月就一个月，对于打扰到非穆斯林表示很抱歉，会尽量在汉族聚居街区不敲锣打鼓。一部分人认为应本着各行其是、互不干扰的原则。

2015年6月24日

为了关爱中老年健康，提高中老年的保健意识，弘扬中医药文化。近日，纳古镇卫生院邀请通海县中医院院长阚佑骞，为纳古镇带来了名为"老年病中医治疗知识宣传"的讲座，共计40余名中老年人参加了此次讲座。

在讲座中，阚院长为大家广泛宣传了中医药技术的优势和疗效，加大中医药治疗常见病、多发病、慢性病、老年病以及疑难杂症的宣传力度，发放了中老年慢性病防治宣传材料，向在座的听众讲解中医药保健知识、煎药方法，怎样服中药，以及根据不同的节气和不同人的体质，从情志调节、饮食调养、起居作息、运动保健、穴位保健等方面教大家中医养生保健方法。

此次讲座内容丰富、简而易懂，既丰富了科学的中医知识，又增强了疾病预防意识，深受中老年的欢迎。

2015年6月25日

饵丝一直是纳古群众乃至云南各民族喜爱的一种食物，尤其以大理饵丝尤为受大众喜爱。随着交通的方便、经济范围的扩大，如今的纳古市场也出现售卖大理饵丝的了，自然了，路途的遥远，每次有人从大理带饵丝来销售总能够很快销售一空，今天已经有人早早在几天前将销售广告打出来了，定于明天12点在菜市场销售饵丝，很多民众都已经迫不及待地要买了。有个别人等不及今天就已经联系卖家购买了。

2015 年 6 月 26 日

在"6·26"国际禁毒日到来之际,纳古镇派出所、计生所、司法所、卫生院等部门联合开展了一次以禁毒普法为主题的宣传教育活动。

工作人员走上街头,向过往群众发放禁毒防艾、流动人口动态管理、地质灾害防治、法律法规等宣传材料,图文展板吸引了过往群众不时驻足观看。通过图文展板、发放宣传资料等,让群众了解毒品的危害,加深了法律法规安全意识,进一步提高人们识毒、防毒、拒毒和禁毒思想,告诫人们远离毒品,珍爱生命。

此次宣传活动共发放《中华人民共和国禁毒法》《艾滋病防治条例》和有关地质灾害、普法教育宣传以及生理卫生预防知识宣传材料近千份。

2015 年 6 月 27 日

纳古连铸公司继续爱心接力,出资 40 万元,对全镇 7 个村民小组 825 名 65 岁以上的老年人和 273 户爱心户以及河西镇大回村 185 名 65 岁以上的老年人和 15 户爱心户进行慰问,每人(户)发放慰问金 300 元。

捐助仪式在镇政府会议室举行。镇党政主要领导、纳古连铸公司董事长及企业管理人员、纳古镇 7 个村民小组支书、组长、副组长及大回村村委会主任参加了这次爱心捐助仪式。全镇各村民小组组领导及大回村村委会主任代表各自村组老年人和爱心户领取了捐助款。简短的捐助仪式后,村组领导及时将爱心款送到老年人和爱心户手中。

纳古连铸公司是我镇的重点企业,也是县级以上规模企业,作为连铸公司董事长,马跃升一直以来积极支持县、镇各项社会事业发展,并致力于慈善事业,对社会贡献明显。今年在行业经济不景气的情况下仍然出资献爱心,同时也是该公司第六年连续发放爱心慰问款,5 年来累计发放 220 余万元,真正诠释了企业勇于承担社会责任的信念,也为全镇的企业树立了良好榜样。

2015年6月28日

为做好纳古镇六月安全月宣传工作，镇安监站制作了安全生产宣传标语：广泛深入开展"安全生产月"活动，悬挂于纳古镇政府大门口，标语的悬挂标志着纳古镇六月安全生产工作的逐步展开。

2015年6月29日

省人大民族委员会主任孔祥庚在通海县委书记张小良、县长卢维江、县人大副主任叶永元等领导的陪同下，一行10余人到纳古进行民族文化传承保护情况调研。

调研组专题走访了华钢刀剪有限公司和锦程刀具有限公司，了解了刀具的生产及销售情况。在华钢刀剪公司董事长纳文鹏的刀具生产作坊调研时，调研组成员对其精湛的刀具工艺，特别在茶刀打造中的技艺给予了高度的赞扬。

孔祥庚主任指出，纳古应重点培养工艺"小巨人"，将地方民族工艺推向全国，以工艺产品带动经济的可持续发展。纳文鹏不仅是云南省级金属工艺大师，也是纳古小有名气的书法家，谈兴正浓时，孔祥庚主任现场题字赠送其诗作《云根诗词》给纳文鹏，对纳文鹏作为一名手工技艺传承人以及在书法方面的造诣，给予鼓励和肯定。

2015年6月30日

为了关爱女性健康提高妇女的保健意识，预防孕期的常见病、多发病，提高新生儿的质量，近日，纳古镇卫生院邀请通海县妇幼保健院保健科何金梅、杨美英两位老师，为纳古的妇女举办了一场名为"孕妇及儿童保健知识宣传"的讲座，共50余名妇女参加了此次讲座。

在两个小时的讲座中，讲座老师主要讲解了孕早期的一些常见问题、孕中晚期的安全及自我检查，此季节应注意的各种事项和孕产妇的营养需求及搭配，使准妈妈们了解和认识孕产期保健的重要性和必要性。另外还深入浅出、通俗易懂地为大家讲解了常见妇科病、多发病的发病原因、症状及其预防与治疗；女性分娩胎儿产前染色体检测及预防艾滋病等密切相关的问题。

此次讲座内容丰富、简而易懂，既丰富了科学孕育知识，又增强了疾病预防意识，深受妇女们的欢迎，讲座在愉悦的氛围中结束，会后两位老师还留下了联系方式，便于今后咨询，大家纷纷表示这样的讲座今后要多多开展。

2015年7月1日

县纪委书记刘世伟深入纳古各村民小组，看望慰问困难党员，向他们送去了慰问金和节日的祝福。

慰问组一行来到89岁高龄老党员纳为品家中，刘世伟与其进行亲切交谈，嘘寒问暖，了解他们的生产生活情况，并感谢他们为地方经济社会发展做出的贡献。希望老党员们继续发挥余热，支持关心纳古各项事业的发展。

2015年7月4日

在五六岁时，纳文鹏就喜欢跑到外公的作坊里，看着外公挥动铁锤，把烧红的铁块敲打成薄薄的刀片。那时的他着迷于金属的敲击声，喜欢看坚硬的钢铁变为实用的刀具。上小学后，他一放学就去作坊里帮忙，痴迷于这祖传的手艺，期待着能像外公一样打造属于自己的刀具。

这位来自通海纳家营的小男孩，30多年后成就了自己的梦想，2013年，40岁的他凭着自己的精湛手艺赢得了"云南省金属工艺大师"的称号。

茶刀实现了童年梦想。1999年，纳文鹏自立门户。为了生计，他像其他工匠一样在自家的小作坊里敲敲打打，但内心深处却一直没有放弃自己的梦想。高中毕业后，纳文鹏曾外出学习艺术，他知道，祖传的手艺虽然精湛实用，但却少了艺术的灵性。他想为民间工艺注入艺术的灵魂，让民间工艺走得更远。

2008年，纳文鹏开始琢磨茶刀的打制。"云南是普洱茶故乡，马帮把茶文化传播到四海。但我注意到，当品茶人自豪地拿出自己珍藏的茶饼准备冲泡时，手里的茶刀却是如此粗糙简单，且有不少人直接用手掰开。"从中，纳文鹏看到了商机，也看到了潜在的艺术创新机会。

"我曾接触过几位马来西亚客商，他们喝茶时用精美的中国台湾产的茶刀，小心翼翼地撬茶饼，细心到把茶叶一叶叶从紧压的茶饼上剥下来。客商说，茶是有灵性的，力用大了，茶叶会疼的。"听到一个男人如此温情地说出这样的话，纳文鹏被感动了，茶文化体现在每一个细节中，也体现在每一件茶具中。

2009年，纳文鹏正式推出了自己的茶刀，一经推出就被各界追捧。纳文鹏更坚定了自己所走的路子，为了使自己的工艺茶刀能真正被懂茶的人所接受，成为登堂入室的工艺品，他开始研习书法和茶文化。其独创的茶刀，不仅是当地高超制作工艺的集大成，更体现了纳文鹏对中国传统文化的理解和体验。

纳文鹏制作的茶刀既有金属的质感和光泽，又兼具木质的古典韵味。茶刀形似钢笔，长16厘米左右，黄铜和紫檀木完美组合的外表，质感圆润柔滑；扭开刀柄，茶刀的锋芒慢慢显露，四棱的刀锋依然是圆润、温和的，刀柄和刀身相接的部位衔接得天衣无缝。每把茶刀上，纳文鹏都亲自刻下"文鹏制"的字样，有的刀柄上还有他精心刻上的秀山名匾名联，这也是他的品牌的象征。

42岁的纳文鹏虽从事金属工艺数十年，但却谦和内敛，像一位文质彬彬的书生，或许这与他长期研习传统文化不无关系。

纳文鹏不满足于只做一名工匠。纳家营素有"手工刀具之乡"美誉，祖祖辈辈凭手艺过得富足，如果只停留于粗放的制造，就难以在新时代寻找到自己的价值和地位。

纳文鹏一直在追求手艺的不断创新与突破。走进他的工作室"清一斋",别有洞天,一席茶桌,四壁博古架上摆放着纳文鹏精心制作的各种工艺刀成品;最醒目的是悬挂于茶桌后的一幅书法作品,内容是《考工记》里的一段文字。《考工记》是春秋末期齐国的工艺官书,纳文鹏说,书中所记载的工艺规范,对现在的生产实践都还有指导意义。而道法自然、合于天道则是工匠的最高境界,纳文鹏一直在追求这种境界。

会客厅旁边就是纳文鹏的操作室,里面摆放了纳文鹏收藏的经典机床,其中有一台20世纪40年代的进口机床,而两台做工精良、生产于20世纪70年代、来自广州的国产机床至今还在运作。借助一些科技手段,纳家营的手工刀具制作早已告别了千敲百打的历史,但最关键的环节,仍然需要手工的精心打磨。纳文鹏拿出一把工艺刀,刀柄上依次装饰有黄花梨、青金石、鹿角,高贵而大气。最奇妙的是,这把工艺刀的刀身上显示出独特的水波纹路,摸上去有明显的质感。"这把刀的钢材来自印度,叫乌兹钢,经过反复锤打才会产生水波纹。可以说每把工艺刀的纹路都不一样,这是千锤百打之后才可能产生的效果,需要沉下心、屏住气不懈地锤打,而这也是一位工匠的最高追求。从设计到制作太费气力了,我每年只做几把,都是定做的。"纳文鹏说。

纳文鹏的创意和精湛工艺为他赢得了海外市场,他逐渐打进了东南亚市场。2012年,他的茶刀正式进入马来西亚市场,两年下来,最终占据了整个市场。对方评介纳文鹏的工艺茶刀机械强度好、装饰美观、漂亮耐用。纳文鹏说:"好刀需要好钢材,我的刀,钢材都来自世界各地。我的愿望是一把茶刀要传三代!"

纳文鹏毫无保留地把自己独创的茶刀工艺传授给其他工匠,现在当地有30多家作坊都在用他的技术做茶刀。他带出的徒弟带着手艺重起炉灶,开始创业。纳文鹏常年开设针对通海民族工艺刀具协会的成员及其他制刀人的培训和讲座,6年来学员人次超过1000人。

"手艺上,安全第一,做刀十年不伤到自己就是合格的手艺人。在纳家营做刀与做人是相通的,做人不欺瞒,做刀不短斤少两。我希望家乡人能够凭着祖传的手艺，诚信经营、勤劳致富！"纳文鹏说。

2015年7月5日

在烤烟生产进入中耕管理的关键期，纳古镇按照"生态、优质、特色、安全"的要求，着力稳定规模，提升烟叶质量，强化提高优质烟叶有效供给能力，加快转变烤烟生产发展方式，努力实现"稳规模、稳产量，提质增效"的目标，确保我镇烤烟生产可持续发展。

采取"统一收集、登记造册、集中销毁"的方式进行不适用鲜烟叶处理，正确把握不适用烟叶标准，科学把握摘除不适用烟叶时机，掌握不适用鲜烟叶消化处理方法，将不适用烟叶处置在田间，做好鲜烟叶优化烟叶结构工作。

截至目前，我镇已完成225亩不适用鲜烟叶田间处理，不仅优化了烟叶结构，农民也将得到相应的补助，提高优质烟叶的有效供给能力，圆满完成烟叶收购任务，实现烟农降成本增收入提供了保障。

2015年7月6日

为提高群众国家安全意识，近日，纳古镇综治办、司法所开展了《中华人民共和国反间谍法》宣传会，镇各中心站所负责人及各村民小组干部参加了本次会议。

会上，司法所工作人员耐心向村组干部讲解法律内容，营造了浓郁的法制宣传氛围，广大干部群众的法制意识得到明显提高，大家纷纷表示要严格遵守法律法规。本次会议共发放《中华人民共和国反间谍法》宣传材料300余份，各村组干部也将加大各村民小组的宣传力度，为全镇的法制工作奠定了坚实的基础。

2015年7月7日

由纳古志愿者协会筹建的"电子阅览室"目前已初步建成，并已开始试运行,"电子阅览室"构建在云上(网上),全天 24 小时运行。

"电子阅览室"目前有近 70 本电子图书,图书数量将会在制定好书单后迅速增加,注重质量。读者需要一台 Kindle 或一台安装了 Kindle 应用软件的智能手机便可以使用"电子阅览室"。

2015 年 7 月 8 日

根据县妇联 2015 年办理贷免扶补的相关要求及安排,近日,纳古镇结合实际开展了有关创业小额贷款的贷免扶补工作会,会上工作人员为需要申请创业小额贷款的有关群众说明了相关政策要求,落实了办理贷免扶补工作的有关流程和所需材料。

通过引导创业小额贷款,鼓励发展中小创业者,对稳定经济增长、增加就业率、引导产业结构转变有良好的促进作用。

2015 年 7 月 9 日

在纳古第一村民小组支书向有林的主持下,召开了第一村民小组党支部及村民小组会议,9 名村组党员代表参加了会议。

会上,向支书结合近期工作开展情况,对"争当仙湖卫士"行动分片责任制、80 户低保户申请审查、党员积分制考核、新农村建设工作、红色信贷以及"融耀通海"融资项目进行了宣传落实。

本次会议对促进基层党建,实行村务公开起到了积极的促进作用。

2015 年 7 月 18 日

7 月 18 日,是穆斯林传统节日"开斋节",纳家营清真寺进行了集体礼拜会欢度开斋节。斋月,又称莱麦丹月,是伊斯兰历每年九月。根据《古兰经》的规定,斋月期间穆斯林只有在黎明前和日落后才能进食,也就是通常所说的"把斋",除了完成宗教义务外,还在于陶冶性格、克制私欲、锻炼毅力,体会穷人饥饿之苦,萌发恻隐之心,以资济贫、行善。

2015年7月19日

纳古志愿者开展爱心捐助衣服活动，在纳家营清真寺门口设置爱心服务点，向外来务工人员和过往群众免费提供衣服。同时，志愿者们还提供书籍借阅，提升群众的精神文化生活，突显了"奉献、友爱、互助、进步"的志愿精神。

2015年7月20日

2015年我们纳古镇烤烟指导性种植面积225亩，其中：田烟225亩，合同交售量37500公斤，其中：指令性34500公斤，出口备货3000公斤。全镇统一种植K326品种，具体到各村民小组分配。

在烤烟生产进入中耕管理的关键期，纳古镇按照"生态、优质、特色、安全"的要求，着力稳定规模，提升烟叶质量，强化提高优质烟叶有效供给能力，加快转变烤烟生产发展方式，努力实现"稳规模、稳产量、提质增效"的目标，确保我镇烤烟生产可持续发展。

现在采取"统一收集、登记造册、集中销毁"的方式进行不适用鲜烟叶处理，正确把握不适用烟叶标准，科学把握摘除不适用烟叶时机，掌握不适用鲜烟叶消化处理方法，将不适用烟叶处置在田间，做好鲜烟叶优化烟叶结构工作。

截至目前，我镇已完成225亩不适用鲜烟叶田间处理，不仅优化了烟叶结构，农民也将得到相应的补助，提高优质烟叶的有效供给能力，圆满完成烟叶收购任务，为实现烟农降成本增收入提供了保障。

2015年7月21日

镇上根据"荣耀通海—通海县基础设施建设保本投资收益项目—基础建设工程、管网改造工程、保障房工程"会议精神，由镇上的党政办牵头，精心组织工作人员深入纳古镇第一村民小组，利用村组开展村民活动机会，广泛开展"荣耀通海"保本投资收益项目宣传动员工作。

此次宣传动员工作共发放宣传资料 80 余份，做到了宣传动员工作的深入基层，并收到了良好的宣传效果。

2015 年 7 月 22 日

纳古相当重视精神文明建设工作，积极弘扬中华传统美德，培育和践行社会主义核心价值观。今天，纳古中心小学、纳古蓓蕾幼儿园、通海鸿翔焊管公司、通海纳古运输公司 4 家单位被县委、县政府表彰命名为通海县第十届文明单位，并于近期参加了"道德讲堂"第六期通海国税专场，领取了文明单位牌匾。

2015 年 7 月 23 日

走进通海纳古康宏包装公司，昔日机声隆隆、粉尘飞扬的钢铁生产车间，如今变成了干净整洁、宽敞明亮的纸箱包装生产线。这是纳古钢铁企业积极探索转型升级新路子的成功典范。

原通海康宏钢铁有限责任公司是当地一家老牌钢铁生产加工企业，伴随着近几年的钢铁行业持续走入低迷，公司也同其他钢铁企业一样陷入困境。面对逆境，公司董事会紧紧围绕建设滇中高原特色农业的发展趋势，抓住通海蔬菜产业包装箱需求量大这一机遇，因地制宜进行转型升级。公司于去年 3 月投资 4000 万元，将原生产车间改建年产 4500 万平方米的纸箱生产线，经过半年的改造，并于 9 月正式投产，生产包装箱和波形瓦楞纸板，今年初还投资 1000 万元从台湾地区购进一条数控纸板生产线，实现了公司的全面转型和提档升级。目前生产销售正常运行，每日发货量可达 5 万平方米，产品主要销往省内各地，通过转型升级不仅使公司取得了较好的经济效益，而且还改善了当地的环境条件。

2015 年 7 月 24 日

对于我镇的工厂有销售的商品，可以进行扩开销路，把商品推向更广阔的市场，村民也可以通过这个平台，享受实体店不能提供的实惠商品。

2015 年 7 月 27 日

正值水稻稻飞虱、穗瘟病、稻曲病等病虫害防治关键时期，为了抓好我镇水稻病虫害防治工作。今天，由镇农技农机站联合县农业局植保植检站及秀山街道青禾植保协会，组织 50 名工作人员，投入 7 辆车，使用机动喷雾器 35 台，投入农药、机防手工资等价值 1 万余元，对我镇 330 亩连片种植水稻开展统防统治服务。

本次统防统治采用统一人员、统一药剂、统一时间、统一技术指导、统一作业的方式，既提高了病虫防治效果和效率，为今年水稻增产增收打下良好基础，同时也使农民省钱又省力。

2015 年 7 月 30 日

经过阿里巴巴农村淘宝"合伙人"前期招募选拔考试。最终，纳古镇首家农村淘宝服务中心开业啦，纳古镇服务站经过前期筹备装修后，正式开启了纳古镇农村"淘宝模式"。

纳古镇服务站可为群众提供购买的范围包括车辆、家具、家电、装修材料、日用百货和床上用品等等。且通过农村淘宝，可以很方便地在网络上货比三家，最终选择好自己满意的商品后，请店主下单后购买。免去了群众奔波的辛苦，减少了不必要的开支。"农村淘宝"利用物流聚集的优势，从县城发快递到各社区服务站缩短物流时间，免去了每件 3 元的快递服务费，购买商品时不收取任何费用。减少了中间环节，更好地让利于民，服务于民。

"农村淘宝"是由政府扶持的同时，阿里巴巴提供技术指导。解决农村买卖难，以及"最后一公里"配送等问题。将会更好地刺激消费，给农村注入更多活力。

2015年8月1日

纳古镇组织召开了2015年一事一议工程项目招投标会议，本次会议主要进行了纳古镇第三村民小组"振兴路下段路面硬化及涵管铺设"的公开招标工作。镇规划中心、财政所、农经站负责人、三组领导、项目投标方参加会议。据悉，"一事一议"财政奖补项目作为通海县一项突出的村级公益事业，把"普惠制"和"美丽乡村""百村示范、千村整治"有机地结合起来，做到了既抓重点村建设，又保证"普惠制"项目有一定的覆盖。本次招投标会议的召开，标志着我镇"一事一议"财政奖补工程项目建设已进入实施阶段。

"八一"建军节之际，县领导到我镇看望慰问退伍军人，慰问组一行分两个组，县委常委县政法委书记陈文存、县委督查室主任县政府办副主任柏朝生以及县民政局有关领导为一组，他们来到带病回乡的退伍军人周其绿家中，与其进行亲切交谈，嘘寒问暖，了解近期的身体状况，感谢他为军队建设做出的贡献。县人民武装部一行为一组，他们到我镇第六村民小组，对退伍军人葛志高进行走访慰问，慰问组向退伍军人送去了慰问金和节日的祝福。

2015年8月2日

我镇利用每周政治学习和夜学时间，组织全体干部职工集中观看了历史文献纪录片《筑梦中国》。共120余人次观看了该纪录片。

通过观看纪录片《筑梦中国》，引起了全镇干部职工的强烈共鸣，进一步加深了干部职工对中国梦的理解，进一步激发了民族自信心和自豪感，进一步增强了实现中国梦的信心。在讨论会上，大家各抒己见，踊跃发言，一致同意，中国梦是要让国家富强、民族振兴、人民幸福的梦，每个人都是实现"中国梦"的重要组成部分，作为一名党员干部，要立足本职岗位，自觉践行"三严三实"和"忠诚干净担当"要求，脚踏实地做好本职工作，努力为实现中华民族伟大复兴而贡献自己的力量。

2015年8月5日

玉溪市2015年度朝觐培训班在纳家营清真寺举行，参训人员共计159名，来自通海（135人）、华宁、澄江，培训内容：朝觐相关知识及注意事项，省伊协和市民宗局领导主讲。应沙安拉，让准哈吉顺利完成功课。"朝觐"是伊斯兰教五项基本功课之一，也是中国伊斯兰教一项大型涉外宗教活动，涉及10个信仰伊斯兰教的少数民族，涵盖20余省份，纳古镇是穆斯林重镇，每年都有序组织穆斯林朝觐活动。

2015年8月6日

我镇由于特殊原因，部分民房建设未批先建、无规划建设等现象仍然较为突出，严重影响了"美丽乡村"的长远建设。为促进民房建设步入规范化和法制化轨道，根据县委、县政府及镇上的要求，就严格民房建设管理暂停单户分散民房建设审批相关事项做如下处理：

第一，即日起，镇内一律暂停单户分散民房建设规划许可和用地审批，暂停准建证核发。只允许按村庄规划进行整村推进或分批次整体推进。

第二，我镇认真梳理落实辖区内村组村庄建设规划编制情况，对土地有合法手续的，没有村庄建设规划的户，发放停工通知；对土地没有合法手续的户，发放停工整改通知。

总之，民房建设必须严格执行规划许可审批程序和准建证制度，确保按批准的规划实施建设。

2015年8月7日

接纳古供电所通知，因变电站检修，上午7点至晚上7点停电。所以今天镇政府整栋大楼静悄悄的，好像周末，来办事的群众也非常少；好多主妇早上起来晨礼的时候就把早饭用电饭煲煮着，个把小时饭就熟了。唉，没电的日子真难熬。停电感言：听说将停电，不由生烦恼。电视开不了，小孩满街跑，电脑用不了，工作不减少。大眼瞪小眼，皱眉又苦笑。

2015年8月9日

今早6点20分，听到广播通知马海龙母亲归真。

2015年8月10日

由通江公司及纳古镇共同出资12万元，对纳古镇上山路段进行路面硬化。本次路面硬化工程联合通江公司，旨在撬动民间资本共同建设改善纳古镇生产生活环境，路面硬化对防汛防控，防止雨季泥土冲刷起到了很大作用。

2015年8月11日

为收集整理各地民风民俗，市文化馆一行4人到纳古考察采风。镇文化分管领导马恒骧主席详细介绍了纳古民风民俗，并与4位老师交流研讨有关文艺创作方面的事宜。到阿訇马连芳家听其用不同诵读法诵读《古兰经》，并收集记录一手原声资料。

通过了解纳古民间文化，现场听阿訇诵读《古兰经》，使4位老师对伊斯兰文化进行了一个大概的认识了解，为后期创作打下基础。

2015年8月12日

根据《玉溪市总工会、玉溪市国家保密局关于开展保密知识竞赛的通知》精神，按照通海县总工会相关安排，我镇经过初赛筛选选出4名工作人员参加通海县总工会保密知识竞赛复赛。

本次保密知识竞赛是一次学习保密知识、提高保密观念，强化保密意识的好机会。竞赛题目涵盖了《中华人民共和国保守国家秘密法》《中华人民共和国保守国家秘密法实施条例》《云南省保密意识保密常识教育手册》等保密知识相关条例。

通过竞赛活动，广大干部职工和涉密人员充分认识到学习掌握保密技术防范知识是工作所需、责任所系。

2015年8月13日

为了解群众对乡镇卫生院提供的医疗卫生服务的满意程度，帮助乡镇卫生院发扬成绩，改进工作，近日，云南省医院协会社会评价调查队到纳古进行"乡镇卫生院社会满意度调查"，调查采取匿名调查问卷的方式进行，群众根据以往接受乡镇卫生院服务的经历和感受完成调查问卷。

2015年8月15日

为促进就业困难人员多渠道多形式地就业，根据上级相关文件精神，我镇社会保障服务中心开展了2015年就业困难人员灵活就业社会保险补贴工作。本次补贴对象为具有通海县户籍、从事灵活就业后申报就业、月收入低于1605元、以个人身份缴纳社会保险费的就业困难人员。符合条件的群众可以在2015年8月至10月，每月1日至20日之间到户口所在地乡镇（街道）、社区劳动保障工作站申请补贴。

2015年8月17日

纳古镇根据县委宣传部《通海县百姓宣讲团实施方案》的要求，认真做好宣讲团成员的筛选工作。镇宣传办从离退休干部、退休教师、优秀村组干部中，本着能胜任宣讲工作和本人乐于奉献的原则，最终选出3人上报县委宣传部。并按照县委宣传部采取了座谈、试讲等形式，进行了初步审核筛选。百姓宣讲团将会在学习贯彻党的理论、政策和弘扬社会正能量中发挥重要作用。

2015年8月18日

为认真开展好贷免扶补工作，纳古镇妇联结合开展"四群"活动，认真学习并熟练掌握业务，制定有力的工作措施，积极推进创业就业。今年贷免扶补工作于3月份启动，经过宣传、培训、报名、初选、调查和审核等工作，截至今日，纳古镇妇联已完成2015年贷免扶补工作，共为36名符合条件的创业人员每人给予5万元的免息创业贷款，共发放创业贷款180万元。创业人员有大学生、农民工，创业项目涉及种植、养殖、经商等。圆满完成了今年的贷免扶补工作任务。

通过贷免扶补工作的开展，让创业人员更加熟悉和了解各项扶持政策，真正感受到党和政府的关怀，并鼓励他们在政策扶持和社会帮助下，依靠自身努力实现创业和就业，从而带动广大群众增收致富。

2015年8月19日

今早8点30分左右G323国道东山坡上发生一起特大交通事故，三死多伤！一家人送姑娘到大庄清真寺念经，死了三个大人一个一岁的小孩。看到这样的事情我们应该多参悟和多反思，谁也不知道死亡和明天哪样先到来。

2015年8月20日

施工人员正在纳古镇的忠爱大街上进行道路铺设工程作业。为促进全镇经济发展、改善人居环境，纳古镇实施美丽乡镇建设项目。项目于2015年8月1日开工建设，力争在10月初竣工，建设项目主要包括道路人行道铺设青石板、道路中间绿化带以及路灯照明工程等。

2015年8月21日

在新生开学之际，纳古镇一年一度的学生表彰奖励大会如期在镇政府举行。镇党政班子领导、纳古中心小学校长、三所清真寺教长、企业代表、家琨教育基金董事长参加了会议。

纳古镇党委政府、纳家营清真寺、古城清真寺、云马扣件厂、南方公司、通海方圆公司共同出资5.3万元,对今年考取三本以上高等院校的36名大学生和5名重点高中生进行了表彰奖励,其中,一本每人奖励2000元,二本每人奖励1000元,三本每人奖励800元,重点高中每人奖励1000元。同时,家琨教育基金也单独出资3.3万元,对考上一本、二本和重点高中的学生每人奖励1000元,另外,对考上一本、二本的学生每人奖励一台Kindle电子书阅读器。

纳古镇历来重视教育发展,每年都联合社会各界对考取高等院校和重点高中学生进行奖励,奖励已持续了9年,今后仍将一如既往坚持奖励政策,注重优秀人才的培养,助推教育发展和经济腾飞。

附:学生代表纳继根的发言稿

尊敬的各位领导、老师、家长,亲爱的同学们:

大家早上好!

我是2015年参加高考的学生纳继根,今天很荣幸能够站在这里代表纳古学子讲话。首先我应该代表大家,向这次给予大学生鼓励的纳古镇党委、政府、清真寺、学校、家琨基金以及社会各界人士,表示衷心的感谢!

同学们,十二年寒窗已过,我们每个人都已经收获了自己的成果。我们一同喜悦,但喜悦之时,不应该忽视了这么多年来,父母为我们付出的那么多的辛酸与苦难。你们一定见过父母渐白的鬓角,见过他们日益苍老的面容,他们已然不再年轻。父母用一生抚育我们,只希望我们健康快乐地长大,不辜负自己,而他们将时光给了我们,却从未想过酬劳。我们该如何回报?唯有不断学习,充实自己。所以,今天在这里,我要代表大家向他们说一句:"爸爸妈妈,你们辛苦了!你们的儿女已经长大,请相信我们一定不会辜负你们的期望!谢谢你们!"

同学们,我们应该怀着感恩的心,感谢那些支持、关心我们的亲人和老师，感恩我们的母校，时刻牢记我们的家乡——纳古。我们的祖先曾在这片土地奋斗，我们继承他们的血脉和责任，就要将这份光荣延续下去。

身在路上，前方是梦想，我们终将起航。而故乡永远在身后凝望，那是多少人的期盼。大学虽好，时光容易蹉跎，所以我们应该更加地鞭策自己，不荒废青春时光。长路漫漫，愿我们一起努力，为社会，为我们的家乡，尽自己的一份力量。

最后祝我们大家乘风破浪，走向美好的未来！

谢谢大家！

2015年8月23日

按照纳古镇2015年夏季征兵工作计划日程安排，近期，纳古镇已完成已报名的7名应征青年的初检工作。此次初检的项目主要有身高、体重、五官等，并通过目测了解应征人员基本身体状况。值得一提的是，本次应征对象中有两名女兵以及一名大学生男兵报名参加初检。

2015年8月25日

纳古镇财政所标准化建设以106.9的总分顺利通过市、县财政部门验收检查。标准化财政所建设工作是按照省财政厅关于印发《云南省乡镇财政标准化建设规划（2012—2016年）的通知》（云财预〔2013〕272号）文件要求，我镇从2015年初开始进行标准化建设，到8月底，较好地完成了建设任务。

（一）加强基础设施建设，创造优质的工作条件。一是对1997年镇政府建盖的二楼办公室、三楼会议室进行修缮；购置电脑、碎纸机、打印机、扫描仪、照相机、凭证柜等一批办公设备；重新制作了财政所门牌、监督举报箱、宣传栏、工作流程等；进行网络改造，实现了县乡联网互通，内外网分离，保证网络数据的安全传送。二是设立了便民服务大厅，结合我镇实际，在镇政府便民服务大厅设置财政服务窗口，具体业务到财政所办理。三是按照要求设置了档案室。配备档案柜、装订机等设施。对所有资料进行科学分类整理，规范惠农补贴农户基础档案、台账及资金管理等，确定专人负责。做到归档及时、摆放有序、查阅方便、安全可靠。四是设置财政公示栏，定期对项目资金、补助资金、财政政策、业务流程进行公开公示，加大财政政策的宣传力度，并接受社会监督。

（二）规范行政行为。为规范财政干部行为，在着力提高干部队伍自身素质基础上，我们做了两个方面的工作，一是明确岗位职责，按财政标准化要求，设置了所长、行财会计、农财会计、出纳四个岗位，制定了各项规章制度和岗位工作职责，分工明确、责任到人；二是加强业务学习，建立了财政干部学习机制，着重提高财政干部的业务能力。

（三）完善管理制度。制度建设是管理工作的基础，我们制定了业务管理制度、基础工作制度、队伍建设制度。主要有：纳古镇财政所《内部控制制度》《内部管理制度》《会计电算化管理制度》《财产清查制度》《工作人员管理制度》等。制度规范上墙，在实际工作中得到了较好的执行和落实，保证了各项工作的顺利开展，为全面提高管理水平打下了坚实基础。

（四）细化工作程序。按照达标要求，制定了"镇财县管镇用""组账镇管"和涉农补贴资金"一卡通"发放等业务流程，规范了财政所在预算编制、收入管理、支出管理、账户管理、惠农补贴发放管理、专项资金管理、会计对账和年终结算等方面的操作程序，确保按时高质量地完成财政收支、会计核算、预决算编审、资金监管、惠农补贴发放和乡镇化债等各项工作任务，实现镇财政各项业务工作达到精细化的标准。

（五）办公条件得到改善。通过开展创建活动，财政所面貌焕然一新，办公设施设备齐全，信息网络畅通，办公环境整洁卫生。

通过标准化财政所建设，我镇财政所管理制度进一步完善，财政机构队伍、业务工作、履职能力水平明显提升，财政管理水平和服务能力显著增强，财政机构健全、职能完善、管理规范、服务高效、队伍稳定，为我镇财政正常履行收支管理和服务民生等职能提供了保障，确保省委、省政府各项强农惠农政策能贯彻执行，促进我镇农村经济和社会事业健康发展。

2015年8月30日

原定于今天纳古学校学生收假，9月1日正式上课，由于暑假期间，纳古学校对小学教学楼、综合楼进行翻新改造及幼教楼的收尾工程，因恰逢雨季耽误了工期，造成施工方不能在学生收假前交工。为了保障学生安全入学及学校整体工作安排，现调整为9月5日收假，9月6日正式上课。收到此消息，小学生那高兴劲儿无以言表，"又多了一周的假期，我们又可以好好地玩耍玩耍了"。

2015年9月2日

我镇组织开展希望水窖"1+X"爱心捐款活动。号召广大干部职工、团员青年、纳古志愿者奉献爱心，为干旱地区援建希望水窖积极募捐。

2015年9月6日

按照县团委、县青年联合会及县少工委的要求，纳古镇组织开展爱心资助贫困大学生捐赠倡议活动，号召党员干部、团员青年、纳古志愿者等社会各界人士，为考入大学的贫困家庭学子奉献自己的爱心。本次捐款可以以个人、家庭或单位的名义捐资助学，所有单位和个人的捐款数额将通过新闻媒体对外公开并接受社会各界的监督。

2015年9月7日

纳古镇12名申请2015年度"基层党员带领群众创业致富贷款"的党员致富带头人拿到了总额60万元的贷款，他们将把这笔贷款用于发展种植、养殖、经商等多种形式的创业。同时，去年的7名贷款户也在全部偿本付息后得到了总额2.4万元的财政贴息补助。

纳宏锦是纳古镇第五村民小组党支部书记，同时也是创业致富贷款的受益人，在县委组织部近日召开的"2014年基层党员带领群众创业致富贷款财政贴息发放工作会"上，纳宏锦作为纳古镇的贷款人代表做了交流发言。从大学毕业后，纳宏锦经营起家里的皮革生产加工企业，去年，为了扩大公司规模，改建厂房、购买生产设备，他多方筹措资金，在了解到"创业致富贷款"政策后向党支部申请，经镇党委初审推荐，县委组织部审批，通过农信社贷到了5万元，与其他贷款相比，"创业致富贷款"手续简便还有政府贴息，虽然贷款不多，但确实解决了他的燃眉之急。目前，公司生产经营状况良好，年产值80万元，年收入20余万元，带动了8人创业就业。

通过2014年的宣传推广，"创业致富贷款"在纳古已经具有一定的影响，很多有需求的党员纷纷提出了申请，2015年申请人数达21人，经过层层审核，共12人获得了60万元的贷款。

"创业致富贷款"不仅仅是一笔简单的贷款，它在党组织和党员群众之间架起了一座桥梁，通过党员群众、党组织、信用社三方联动，充分体现了服务基层导向。党员群众得到了实实在在的实惠，更加信赖支持支部，支部堡垒作用切实凸显，从而带动更多党员和群众致富，能够增强党组织的凝聚力和战斗力，对支持农村基层党员率先实现脱贫致富，助推农村党员创业，带领群众实现共同致富有重要意义。

2015年9月8日

上午，副市长、市公安局局长朱家伟，市政协副主席马良昌等领导在副县长、县公安局局长赵南方，县政协副主席杨文良，县民宗局局长纳爱斌等陪同下一行10余人到纳古进行随机调研。

调研组一行走访了纳家营清真寺、纳家营清真寺女寺、古城清真寺、古城新寺，与清真寺的教长及工作人员亲切交流，看望了正在清真寺女寺上课的学生，在随后的座谈中听取了纳古镇的近年发展状况报告。朱副市长初次造访纳古，对纳古的经济文化建设所取得的成绩给予了充分肯定，鼓励大家团结一致，利用好现行政策尽快实现经济转型，把纳古建设得更加繁荣美丽。

2015 年 9 月 9 日
纳古镇"一事一议"财政奖补"十三五"规划

纳古镇位于通海县杞麓湖北岸，总面积 12 平方千米，辖纳家营、古城、三家村 3 个自然村 7 个村民小组和 9 个党支部。2014 年常住人口 8976 人，外来流动人口 4989 人，人均耕地 0.16 亩，居住着回、汉、彝、傣等 7 个民族，其中回族占 82.63%，是一个以回族为主体民族的建制镇，也是著名的"侨乡"和"手工业之乡"。近年来，通过"一事一议"项目的实施，极大地促进了我镇经济和社会事业的全面发展和美丽乡镇的建设。

今年是"十二五"收官之年，纳古镇全面总结"一事一议"财政奖补工作开展以来的经验，通过深入挖掘典型，总结新情况、发现新问题，指导推动"一事一议"财政奖补工作向上台阶。我镇在认真做好当前"一事一议"财政奖补和美丽乡镇建设工作的同时，提早筹备谋划，着手制订"一事一议"和美丽乡镇建设"十三五"规划。

近期，纳古镇财政所按照上级财政部门的要求，联系我镇实际，结合美丽乡镇建设和"百千工程"的开展，因地制宜，分类指导，明确今后一个时期的工作目标和重点，并就编制"十三五"规划的原则、项目确定、建设地点、资金规模、工程预算、竣工时间要求、收益群众人数等事项进行统筹考虑和安排。

一、明确工作重点进行分类指导

在充分尊重农民群众的意愿，尊重农村发展规律和历史规律的基础上，结合实际，科学合理确定村庄布局、人口规模、功能定位、发展方向，做到村内生产、生活、生态功能的合理布点，多规融合。一事一议项目规划以农村基础设施和人居环境改善为重点，围绕村内主干道建设、小型水利设施、村庄绿化亮化等，不搞大拆大建。

二、2016年至2020年项目实施情况

（一）2016年实施的项目

1. 海埂路下段改造，实施下水管道埋设、路面硬化、亮化、绿化工程，该道路长577米，宽7.37米，厚0.3米；Φ800涵管，安装7米高、间距为30米的太阳能灯；绿化间距为5～6厘米，间距为5米。该项目预计投资76.68万元。

2. 海埂路上段改造，实施下水管道埋设、路面硬化、亮化、绿化工程，该道路长576米，宽7.88米，厚0.3米；Φ800涵管，安装7米高、间距为30米的太阳能灯；绿化间距为5～6厘米，间距为5米。该项目预计投资98.07万元。

（二）2017年实施的项目

1. 象鼻路改造，实施下水管道埋设、路面硬化、亮化工程，该道路长278米，宽5.5米，厚0.3米；Φ600涵管，亮化间距为30米，该项目预计投资32.92万元。

2. 纳古镇关塘防渗引水工程，面积2.1万平方米，库容4.2万米，预计投资225.92万元。

（三）2018实施的项目

1. 文化路北段改造，实施路面亮化、绿化工程，该道路长855米，亮化间距30米，绿化胸径为5～6厘米，间距5米，该项目预计投资18.1万元。

2. 忠训路改造改造，实施下水管道埋设、亮化工程，该道路长537米，Φ600涵管，亮化间距30米，该项目预计投资24.41万元。

（四）2019实施的项目

1. 官门前街改造，实施下水管道埋设、亮化工程，该道路长224米，

Φ600 涵管，亮化间距 30 米，该项目预计投资 11.71 万元。

2. 湖滨路下段改造，实施下水管道埋设、路面硬化、亮化工程，该道路长 766 米，宽 6 米，厚 0.25 米；Φ800 涵管，亮化间距为 30 米，该项目预计投资 90.83 万元。

（五）2020 实施的项目

1. 中沟街改造，实施路面硬化、亮化工程，该道路长 709 米，宽 5.0 米，厚 0.2 米，亮化间距 30 米，该项目预计投资 38.76 万元。

2. 狮山路改造，实施人行道砖更换、亮化、绿化工程，原花砖换为 300×600 青石板，安装 7 米高太阳能灯，间距 30 米；绿化胸径为 5～6 厘米，间距 5 米，该项目预计投资 91.62 万元。

三、尊重农民意愿，合理确定项目

项目的确定，以农民共同需求为导向，以农民普遍受益为目标，实行农民民主决策，尊重农民自主权；项目申报初定必须经过村民代表大会讨论通过，尊重农民的知情权；同时明确要求项目在今后实施过程中，实行民主管理，尊重农民的参与权；项目管护实行民主协商，尊重农民的监督权。村级所有项目的初步规划和向上申报前，必须在村民代表大会讨论通过的基础上，并在村务公开栏公示 7 天，在公示无异议的基础上，方可申报。项目实施地点选址、资金规模初步预算也需村民代表大会同意。

四、既兼顾多数群众又突出工作重点

在编制规划中妥善处理"一事一议"财政奖补与美丽乡镇建设和"百千工程"的关系，把"一事一议"财政奖补资金的基数部分用于改善农民的基本生活条件和人居环境，重点解决困难群众的生产生活方面的基础问题。增量部分重点用于美丽乡镇建设，以普惠保基本，特惠促重点。普惠保基本，照顾面上及公平方面的问题；特惠促重点，解决发展方面问题。解决好重点投入与普遍受益、锦上添花与雪中送炭的关系。继续坚持普惠制项目实行村级申报、乡级对照政策进行逐项初审、公示、汇总、呈送县级审批。涉及支持美丽乡镇建设大局的起示范作用的重点项目，实行乡级统筹申报、再逐级申报审批，以确保重点项目的合理安排和实施。

五、化解矛盾，促进农村和谐稳定

由于项目投资大，加之纳古镇经济不景气，自筹三分之一资金难度较大，尽管如此，我镇有信心实施"十三五"规划的项目，为使"一事一议"工作对农村基础设施建设形成强力支持，我镇结合"十三五"规划的编制，把群众积极性高、前期准备工作充分、群众需求迫切的项目，在安排计划时优先考虑；财政部门提前介入，优先安排"一事一议"项目，基本具备条件后，安排提前启动实施，化解了基层一些棘手矛盾，解决了群众的燃眉之急；通过"一事一议"先行启动后，再积极争取其他项目资金的整合和配套，确保项目顺利竣工，群众早日受益，较好地解决了需要和可能之间的矛盾。

我镇规划涉及6个村民小组10个项目，项目内容涉及道路硬化、绿化、亮化、管道埋设等方面。投资总预算1185.84万元（其中自筹144.02万元）。项目实施完成后，将有效地改善农村基本生产生活条件、化解群众矛盾、促进农村和谐稳定，受益群众达12848人。通过对"十三五"规划的实施，必将大大加快我镇美丽乡镇建设的进程。

2015年9月10日

为了进一步加强安全消防设施的管理，保障消防设施的可用性，近日，我镇对老化的消防栓、消防水带、老旧灭火器等进行了统一更新维护。通过进一步的检查维护，以确保消防设施在安全隐患发生时能够发挥应有的作用。

2015年9月11日

今天下午，纳古中心小学召开庆祝第31个教师节暨表彰会，镇党政领导受邀参加并致辞。

当日的表彰会在纳古中心小学礼堂进行，学生代表和教师代表分别做了献词，校长马灿敏对全校教学工作所取得的成绩给予了肯定，勉励在座老师再接再厉。副镇长羊文兴代表镇党委、政府向全体教育工作者致以节日的问候，总结回顾了近年来我镇教育取得的成绩、存在的问题，并就未来我镇教育工作发展道路提出了中肯的建议。最后对本年度的优秀教师和教育工作者进行了表彰。

2015 年 9 月 16 日

为编制《玉溪市新滇中新民族风格建筑研究及实施导则规划设计》，省城乡规划设计研究院工作人员一行 5 人到纳古镇对伊斯兰风格建筑及伊斯兰文化进行考察调研。

省设计院工作人员先到省级金属工艺大师纳文鹏处了解纳古伊斯兰文化。在交谈中，大家逐渐改变原先的一些观点和看法，并对回族及纳古镇有了一个全新的认知。后又参观了纳家营清真寺、纳家营清真女寺、古城清真寺和纳忠故居、纳训故居，采集了部分纳古镇伊斯兰建筑风格的图片资料。通过访谈与参观，收集一手资料，为后期的设计编撰奠定了基础。

2015 年 9 月 21 日

纳古镇为深入贯彻落实省市县扶贫攻坚"挂包帮、转走访"工作要求，召开县镇相关领导扶贫攻坚工作联席会，县纪委、县工信局领导干部、镇全体干部职工以及各村民小组支书、组长、副组长参加联席会。

镇党委副书记陈申力认真传达了县委办、县政府办 2015 年 45 号、46 号文件精神，安排部署纳古镇扶贫攻坚工作。镇长纳立凡要求全体干部职工统一思想，尽职尽责，把扶贫攻坚工作干到实处。县委常委、县纪委书记、联系纳古镇领导刘世伟对工作纪律提出了要求，他指出：领导干部要提高认识，用真心；热情服务，用真情；勇于担当，用真功；

确保扶贫攻坚工作与全县目标同步完成。

扶贫攻坚联席会的召开，让相关包帮人员对自身的职责义务有了更清晰准确的认识，为打好全镇扶贫攻坚战奠定了坚实的基础。

2015年9月22日

今天上午，纳古镇组织召开2015年中秋、国庆节期间严明节庆纪律、加强作风建设工作会，传达学习省纪委《关于2015年中秋国庆期间加强监督检查工作的通知》（云纪发电〔2015〕8号）文件及县纪委《关于加强监督检查严明中秋国庆纪律的通知》（通纪发〔2015〕15号）文件精神，部署落实节庆期间党风廉政建设和反腐败工作。会议由镇纪委书记周锁明同志主持，全镇干部职工参加了会议。

会上，镇纪委书记周锁明同志传达学习了省纪委和县纪委通知精神，强调了省纪委"八个严禁"纪律要求，并对节庆期间贯彻落实中央八项规定精神，加强作风建设工作进行安排部署。镇长纳立凡同志强调，全体干部职工要充分认识加强中秋、国庆期间作风建设的重要性和必要性，不折不扣地执行中央纪委关于坚决刹住中秋国庆期间公款送礼等不正之风的要求；各单位、部门要切实执行党风廉政建设责任制，加强对干部职工的教育、管理和监督，防止违规违纪问题发生；镇纪委要认真落实监督责任，紧盯中秋节、国庆节等重要节点，加强对节假日期间落实中央八项规定精神和省纪委"八个严禁"情况的监督检查力度，不定期组织明察暗访，坚决遏制"四风"反弹，坚决把纪律和规矩挺在前面。同时，对中秋、国庆期间顶风违纪、"四风"问题禁而不绝的单位、部门，不仅追究直接责任，还要追究领导责任。

2015年9月23日

中秋是稻谷收获的时节。近日，天气晴朗，走进位于杞麓湖畔的纳古海泥田，310余亩连片水稻正饱吸着大地的营养，金黄的稻穗迎着秋风起舞，弥漫着一股成熟的味道。

今年以来，由于降水丰沛、光照充足、气温适宜的自然条件对农作物生长成熟十分有利，加之前期水稻统防统治等田间管理工作到位，今年全镇 310 余亩连片水稻喜获丰收，预计产量可达 26.8 万公斤。

2015 年 9 月 25 日

农民抢抓时节水稻收割忙。

临近中秋，纳古镇大片水稻喜获丰收，田间已有不少农民在抢抓时节忙收割，只见有的在挥舞着镰刀收割，有的在用打谷机进行脱粒，有的在装稻谷，有的在捆扎稻草，有的在整车装运，大家分工合作，呈现出一片繁忙的收割景象。

2015 年 9 月 28 日

为保护杞麓湖小海湿地周边生态环境，我镇安装 6 块通告牌声明严禁在杞麓湖一级保护区内倾倒工业废渣、农业、医疗废弃物和生活及建筑垃圾，违者将根据《云南省杞麓湖保护条例》第十三条第（三）项及第二十二条之规定，处 1 万元以上 5 万元以下罚款。

2015 年 9 月 30 日

今天下午 3 时，县委书记张小良率队到纳古镇调研旅游文化小镇发展情况。在纳古镇政府，县党政领导张小良、魏德武、钱润光、刘世伟、牛建明、柳洪、李艳萍及有关部门负责人与纳古镇主要领导、宗教界人士及企业家代表亲切座谈，听取纳古镇经济社会发展情况、旅游文化小镇发展情况汇报。他强调，充分开发伊斯兰风情民俗、历史文化等特色资源，建设旅游文化小镇，促进产业转型升级和经济发展，进一步改善群众生活。

今年以来，纳古镇坚持以科学发展观为指导，深入实施"生态立镇、工业强镇、旅游兴镇、文化和镇"的发展战略，紧紧围绕年初县委、县政府确定的目标任务和中心工作，解放思想，真抓实干，实现了经济平稳发展和社会和谐稳定。近年来，纳古镇党委、政府高度重视旅游文化发展，在上级有关部门的指导帮助下，稳定工业经济发展、加强基础设施建设、优化人居环境，乡村旅游工作迈出了关键的一步。

张小良对纳古镇在促进经济社会发展、社会和谐稳定等方面所做的大量卓有成效的工作给予了充分肯定，对纳古镇在下一步的工作中将进一步优化思路，突出亮点，打造生态、宜居、旅游、观光新纳古的思路表示赞赏。

张小良要求，"规划领导发展，规划凝聚人心"。纳古镇要深入贯彻落实习近平总书记考察云南重要讲话精神，围绕省委、省政府跨越式发展的目标任务，做好集镇规划，助推城镇建设与美丽乡村建设、农村危房改造及旅游产业发展齐头并进。要统一思想，高度重视规划，充分征求各界的意见，做出高质量的规划，尽快组织实施。

张小良强调，纳古旅游文化小镇规划建设，必须坚持科学规划、统筹兼顾，深入挖掘民族文化资源，充分发挥名人名寺效应，突出民族文化特色。要以项目建设为抓手，多渠道整合资金，拉动民间投资加大旅游文化小镇建设步伐，全力打造具有滇中民族特色的美丽家园。坚持因地制宜原则，立足现有基础进行特色民居村落建设和改造，彰显生态文明，保护生态环境，注意挖掘文化内涵，展现伊斯兰集镇特色魅力。要传承弘扬民族文化的精髓，借旅游文化小镇规划建设之机，完善集吃住、休闲娱乐、购物于一体的特色民族集镇，让八方宾客纷至沓来，零距离感受滇中民族特色旅游文化小镇的别样风情。

当天，张小良一行还到纳家营清真寺等地进行了实地调研。

2015年10月3日

国庆期间，纳古镇举办了盛大的圣纪节欢庆活动，每逢圣纪，除了举行必要的宗教活动,清真寺要聚餐,穆斯林买新衣,各家各户要早早地邀请各地的亲朋好友,节日气氛浓郁。

今年纳古镇的圣纪节还一并举办了"和谐纳古——第二届民族文化风情展",独具特色的民族文化更让人耳目一新。这一届的展会在上一届的基础上增加了盆景工艺板块,所以就有了清真食品、手工艺品、伊斯兰服饰、民族特色文化、书画工艺、盆景工艺六个板块。在展出的地点和形式上也做了一下改变,把书画工艺和民族特色文化独立出来,将其他四个板块放到街道上展出,这样既减少了对清真寺待客的干扰,又能全天候开展活动。

本届"和谐纳古"为主题的民族文化风情展的开展,使群众及游客从艺术活动中得到美的享受与情操的陶冶,丰富并升华了群众的精神生活,彰显出纳古人民奋发、执着、开放、与时俱进的民族精神,表达出了纳古人民对建立和谐社会的响应,与各民族和睦相处、和衷共济,共同团结奋斗、共同繁荣发展,为建设美丽纳古做出积极的贡献。

2015年10月8日

上午,纳古镇纪委书记周锁明同志在政治学习例会上,传达学习云南省委《关于落实党风廉政建设监督责任的规定》(以下简称《规定》)的通知(云发〔2015〕15号)文件,认真落实党风廉政建设监督责任,深入推进反腐败斗争工作。

会上,周锁明传达学习了落实党风廉政建设监督责任的规定,强调要加强组织领导,把贯彻落实该规定作为一项长期的重要任务,采取理论学习、党委(党组)会、职工大会等形式及时传达学习,认真准确领会精神,抓好落实,抓出特色,抓出成效。各单位、部门要切实执行党风廉政建设责任制,加强对干部职工的教育、管理和监督,防止违规违纪问题发生,镇纪委要切实履行监督责任,敢于监督、善于监督,加大责任追究力度,不定期组织明察暗访,坚决遏制"四风"反弹,坚决把纪律和规矩挺在前面，完善落实监督责任的长效机制，确保《规定》落到实处。

2015年10月9日

为深入学习党的十八届四中全会、第七次全国少代会精神和中央领导对少先队工作提出的新要求，带动通海县各级少先队组织认真落实、扎实做好在少年儿童中培育和践行社会主义核心价值观工作，全面提升全县少先队辅导员的理论素养和工作技能，由团县委、县教育局、县少工委联合举办通海县庆祝少先队建队66周年暨2015少先队辅导员培训班于上午在纳古中心小学正式开班，来自全县各中小学校、各乡镇（街道）团委书记和纳古中心小学的辅导员共计240名少先队参训，团市委副书记赵波、玉溪市总辅导员徐吟鹏和团县席开班仪式并做了讲话。

开班仪式上，团县委书记纳鸿翔做了动员讲话。她指出：全县辅导员要以这次培训为契机，要深刻认识历史使命，学习领会全国第七次少代会精神和中央领导对少先队工作提出的新要求，创新工作思路，认真研究和把握少年儿童的成长规律和认知特点，主动适应时代发展的新要求，深入开展"我是向上向善好少年"等一系列丰富多彩、卓有成效的主题教育活动，促进了通海县少年儿童的健康成长。

培训会上，首先由纳古中心小学校长马灿敏做经验交流发言。马校长从少先队工作在学校德育工作中的重要作用、完善并发挥少先队的组织建设和阵地建设、少先队辅导员要以高度的事业心和责任心来开展少先队工作三个方面做了经验交流。

其次是辅导员代表一行参观了由纳古中心小学六（4）中队展示的《和谐之风伴我成长》少先队活动课。活动课由"校园之家议和谐之音""百花齐放促和谐行动""齐心协力谱和谐乐章"三个板块组成。队员们通过小记者采访、小品、诗朗诵、音乐剧等丰富多彩的形式来赞美和谐、歌颂和谐。生动活泼的活动形式赢得了前来观摩的领导、老师们的一致好评。课后，玉溪市少先队总辅导员徐吟鹂奶奶与队员们进行了互动交流，充分肯定了队员们在活动课中的优异表现，同时也对活动课中存在的问题提出了宝贵的建议。

紧接着是徐总辅导员向与会代表传达了她到北京参加第七次全国少代会的心得体会和相关的会议精神，并对下一步全市少先队工作做了安排部署。徐老师的发言声情并茂、深入浅出、生动有趣，赢得了与会代表的阵阵掌声。

最后，团市委副书记赵波对本次建队日活动和辅导员培训班做了总结发言。她要求全县少先队组织和辅导员深刻地认识到历史所赋予的光荣使命，切实增强少先队事业的责任感和使命感，积极思考，学以致用，努力提高工作能力和业务水平，以科学的理论指导自己的实际工作，不断把红领巾事业做得更好。

2015年10月10日

由纳古中心小学承建的纳古镇中心幼儿园已装修竣工。项目位于纳古中心小学内，在纳古中学教学楼原址上推倒重建。新建的纳古镇中心幼儿园占地面积1500余平方米，建筑面积2000余平方米，总投资460万元。项目主要建设综合教学楼、活动场地，教学楼建筑主体三层，建筑立面造型简洁明快，融入伊斯兰民族特色风格，可容纳12个标准班500余名幼儿入园接受学前教育。

纳古镇中心幼儿园是一项民生工程，它的建成将有效地解决我镇幼儿入园难的问题，极大地改善我镇的学前教育条件，让外来务工子女和当地孩子就近就能享受到优质的学前教育资源，为纳古镇的学前教育打下坚实的基础。

2015年10月13日

为保证我镇居民应保尽保，将政府惠民政策落到实处，根据《云南省人力资源和社会保障厅、云南省财政厅关于做好2015年城镇居民基本医疗保险工作的通知》等相关文件精神，我镇社保中心工作人员集中开展办理2016年度城镇居民医疗保险参保缴费工作。

2016年度玉溪市城镇居民基本医疗保险的人员（含特殊困难群体）年缴费标准为120元，并且玉溪市城镇居民基本医疗保险的人员可以免缴大病补充医疗保险费，享受大病补充医疗保险待遇。原免缴费的特殊困难群体中的重度残疾人、低收入家庭60周岁以上老年人及低收入家庭的未成年人、2015年6月及以后通过民政部门的审核的低保人员，可以由财政代缴费用。

2015年10月14日

为进一步提高我镇一线民警的基本素质和应对突发状况的应急能力，纳古镇派出所组织民警、协警15余人进行定期集体作训，本次作训主要是针对武器警械和示范技能教学训练，作训的组织可以让警务人员的身心素质得到一次很好的锻炼。

2015年10月15日

云南省城乡规划设计研究院工作人员进驻纳古开展实地调查，初步了解纳古镇的现状。下午在镇政府召开旅游文化小镇工作领导小组第一次会议，同时邀请省城乡规划设计研究院工作人员参会。纳立凡镇长通报了旅游文化小镇规划工作的进度，要求各成员积极配合、通力协作，尽快制订出可行性高质量的规划。研究院人员在实地考察后，提出：纳古具备建设旅游文化小镇的优势，但是同时存在问题不少。旅游小镇的规划建设任务艰巨，需要大家的全力配合。此次会议的召开正式启动纳古旅游文化小镇建设的规划工作。

近年来,受国内外经济形势下滑影响,我镇钢铁产业受到重创,曾经的"工业重镇"正面临产业转型的巨大压力。面对此现状,旅游文化小镇的建设无疑是一场及时雨,不仅解决纳古多年的集镇规划不合理及生态环境等难题,更重要的是给纳古的经济发展带来新的春天。纳古镇要立足背靠狮子山、面临杞麓湖,交通便利等区位优势,充分开发伊斯兰风情民俗、历史文化等特色资源,按规划逐步实施,突出特色、传承发展,长远谋划,促进经济发展、产业融合、产业转型升级,进一步改善群众生活,全力打造具有滇中民族特色的美丽家园。

2015 年 10 月 19 日

文山州砚山县江那镇人大主席陈林祥率江那镇人大代表、政协委员一行 30 余人深入纳古,在纳古人大主席马恒骧的陪同下实地参观连铸公司、天方食品等公司,了解企业发展情况,并与企业管理人员交流,学习纳古乡镇企业的先进经验,进一步加强工作交流合作。

江那镇与纳古经济发展各有优势及侧重点。通过交流,可增进双方友谊,在发展方向上取长补短,实现合作共赢。

2015 年 10 月 20 日

近来,纳古镇党委坚决贯彻执行县委、县政府各项决议决定,集中开展以治理干部走读为主要内容的作风建设,收到明显成效。

一是认真落实全员值班工作制度。执行县委决定不找理由、不搞变通、坚决执行。把治理干部走读作为作风建设的突破口,切实转变干部工作作风、生活作风,用良好的作风促进各项工作顺利开展。

二是执行好"两个纪律":执行好党的政治纪律、执行好民族宗教纪律,努力维护纳古社会稳定、民族团结、宗教和顺。

三是严格遵守好单位内部各项规章制度,积极推进用制度管人、管事。认真治理干部"庸、懒、散"等不良风气,激发广大干部职工内强素质、外树形象的主动性，营造干事创业光荣、偷奸耍滑可耻的良好氛围。

四是调动干部职工积极性，关心职工生活，为干部职工履行好岗位职责树立信心，创造条件，提供帮助。

五是提高执行力。通过跟踪问效、督促检查等方式，提高班子成员和干部职工执行力，保证各项工作有序开展。

2015年10月21日

9月30日县委书记张小良率县四套班子领导及县属相关部门负责人到纳古镇调研，为纳古镇的工业转型升级、纳古镇的经济社会发展目标指明了方向。

调研结束后，纳古镇党委政府高度重视，及时研究成立领导小组，第一时间与县规划局和规划设计部门对接，确定旅游文化小镇规划的相关事项。目前，云南省城乡规划设计研究院人员已进驻纳古镇开展实地调查工作，其他各项工作正有序推进，纳古旅游文化小镇规划工作全面启动。

规划过程中，镇党委政府提出了规划工作应该遵循的"一个核心，四个支撑"的规划工作思路，即突出"旅游文化"这个核心，坚持从"工业转型升级、旅游文化品牌打造、农村危房改造和集镇基础设施建设"等四个方面作为支撑，真正把纳古打造成既可以观光，又能真切品味纳古深厚的伊斯兰历史文化的小镇。

一个核心：即旅游文化小镇。所有规划的前提都要围绕旅游文化小镇的打造来开展。

四个支撑：一是工业转型升级。纳古是一个工业重镇，当前工业虽然面临许多困难，但通过招商引资，引导企业转型升级等各种措施，把纳古工业的发展融入旅游文化小镇建设的全过程，工业转型升级完成，旅游文化小镇打造才有支撑。二是旅游、文化元素打造。纳古有悠久的伊斯兰历史文化，纳忠纳训是有名的历史学家、教育家、翻译家，伊斯兰历史文化底蕴深厚。只有把旅游元素与历史文化元素有机结合，才能做到有血有肉。三是农危房改造建设。把纳古全镇农村危房改造工程纳入旅游文化小镇建设的整体框架，同步规划、同步建设、整体推进。四是基础设施建设规划。结合纳古实际，高起点对纳古的水、电、路、绿化、亮化等设施进行规划。

2015 年 10 月 23 日

镇妇联积极协调，参与纳古调委会调解成功了一起因 8 年前离婚引起的家庭矛盾纠纷。

管某到镇妇联反映：其前夫的父母把原本属于自己及其女儿小敏的房产证占为已有，索要 8 年一直不予归还，申请镇妇联给予解决。

接到申请后，镇妇联协同调委会组织人员分别到当事人家里了解情况。通过走访管某前夫李某得知：8 年前，管某和李某因感情不和离婚，离婚时孩子小敏跟随管某，房子也归管某所有。但是当时该房产证被李某用于抵押信用社贷款，还有 2 万元的欠款没还清所以暂时没能拿出来。父母得知这一情况后，主动拿了 2 万元到信用社还清了欠款，拿回房产证就一直保管到现在。随后走访了李某父母得知：两位老人之所以这么做，原因主要有两个，一是考虑到儿子离婚时孙女还小，房子是留给孙女的，只是暂时帮她保管，等她长大了再给她，从来没说过不给的话；二是担心将来管某再嫁，如果丈夫对孩子不好怎么办？以后的家庭对她不好怎么办？有了房子孙女最起码有个住的地方。

通过走访各方当事人了解其真实的意思表示后，调委会认为此纠纷可以把原本属于管某与前夫李某及其李某父母三方的矛盾，直接化解为管某与前夫李某父母之间的双方矛盾。双方当事人对房产证的所有权问题争议不大，主要就是对该房产证的保管问题存在争议。根据纠纷基本情况确定调解方案后，镇妇联和调委会及时组织了当事人进行调解。在调解过程中，当事人情绪比较平稳，都能心平气和地阐述自己的观点。

在此和谐的基础上，调解员抓住机会提出调解方案并进行晓之以理、动之以情的劝说，最后双方当事人达成一致协议：一、房产证归管某保管；二、该房产证上所指房屋在二老有生之年需留两间供其自由居住。

签订协议时当事人流下了激动的泪水，8年来因这本房产证保管权问题三天一小吵、五天一大吵，几乎隔断的亲情在人民调解的耐心劝说下得到了恢复。

2015年10月24日

为进一步加强学校与家庭、教师与家长之间的密切联系，增进每一位家长对学校工作的了解，更全面地了解自己的孩子在校的表现情况，真正达到家校携手共同培养孩子的目标，今日通海三中召开纳古镇回族学生"关注、支持、共谋、提升"家长会。纳古镇党委书记杨堂聪、镇长纳立凡、副镇长羊文兴、中心小学校长马灿敏以及两所清真寺管委会主任参加了家长会。

纳古镇的学生均是在通海三中上初中，三中为纳古培养了许多人才。近年来，由于镇党委政府、清真寺的关心，广大家长的配合，纳古回族学生取得了优异的成绩。三中校长王廷顺向各位家长介绍学校的办学理念、校园文化、安全措施、教学成绩及今后的方向和目标，重点指出学生安全问题及家教合作问题。纳立凡镇长和两位清真寺管委会主任分别表达了对学校的关心，共谋纳古教育事业的发展。

通过本次家长会，各位家长及时了解了近年来纳古回族学生中高考成绩和在校各方面的表现情况，确定了子女今后学习的努力方向。大家都一致认为：孩子是明天的希望，只有大家携起手来，把学校教育和家庭教育、家长和教师紧密联系起来，才能把我们的下一代培养得更好。

2015年10月25日

"七彩云南全民健身运动会"通海县第十二届机关职工运动会在通

海县体育场隆重开幕，纳古镇干部职工积极参加体育运动。镇党委书记和人大主席带队参加了拔河比赛，并取得了三等奖的好成绩。镇干部职工的参赛热情高涨，践行了本届运动会大力倡导的"全民健身、全民共享，我参与、我健康、我快乐"的主题，展示了当代基层队伍蓬勃向上的精神面貌和正能量，体现了追求美好生活的态度和风采。

镇领导在运动会后强调指出：在日后的工作和生活中全体职工要切实贯彻"每天锻炼一小时，天天都是健身日"的理念，注重健身，不断增强体质，活跃工作氛围，陶冶生活情操，为基层工作做出新的更大的贡献。

2015 年 10 月 26 日

为全面贯彻落实省政法委、省综治委《关于在全省开展"秋季集中宣传活动"》的要求，经镇党研究，决定从 10 月份开始在全镇开展为期三个月的"秋季集中宣传活动"。

根据统一安排，10 月 15 日制订纳古镇宣传活动方案，并准备宣传素材和宣传重点，为接下来集中宣传做准备。活动以乡镇党政干部、教师、学生、医生、护士、农民、个体从业人员、外来流动人员等为宣传重点对象。紧紧围绕国家治理体系和治理能力现代化的总目标，以全面深化平安纳古建设为重点，通过全方位、多层次的集中宣传，进一步提高社会各界对我镇平安建设、法治建设的知晓率、参与率和满意率，努力营造平安共建、和谐共享的良好氛围。

宣传活动要始终坚持正面宣传，不断提高舆论引导水平，通过传递"正能量"，努力营造团结稳定、奋发向上的舆论氛围。

2015 年 10 月 27 日

自扶贫攻坚"挂包帮""转走访"工作开展以来，纳古镇党委政府高度重视，紧紧围绕县委、县政府的决策部署，严格按照各项要求，全力推进"挂包帮""转走访"工作。

深入摸底调查。开展走村入户,遍访贫困户,对其进行摸底调查,并根据访谈信息填写《通海县遍访贫困户访谈问卷》。目前,纳古镇第一轮"转走访"任务已圆满结束,共对100户贫困户进行走访(其中,县纪委帮扶21户,工信局帮扶21户,纳古镇帮扶58户)。通过做好走访记录,听取群众意见,为下一步解决群众实际困难,推动精准扶贫各项措施落实打下坚实基础。

制订帮扶计划。一是党委政府积极争取上级各相关部门的支农、惠农和扶贫开发等政策,引导贫困群众转变观念,摆脱意识贫困和思路贫困,增强贫困群众脱贫致富的信心和决心;二是不仅要为贫困户理思路、找出路,还要充分调动群众的积极性和主动性,"授之以鱼,不如授之以渔",以实实际际的行动带领群众脱贫致富,实现小康;三是将贫困户纳入现有的农危房改造、政府贴息贷款等惠民项目,改善贫困户住房条件,解决创业资金难等问题;四是借助纳古旅游文化小镇建设契机,全力打造旅游文化产业,带动周边经济发展。为贫困户另辟致富之路,以打造清真美食一条街、发展传统民族手工艺等特色产业为突破口,加快贫困户脱贫致富的步伐,保证"挂包帮""转走访"工作收到实效。

2015年10月28日

纳古镇周密组织,认真细致推进,顺利完成镇第五届人大代表补选工作。

代表选举工作是基层政权建设的大事,是人民当家做主的重要体现。纳古镇党委高度重视此次代表补选工作,按照法律法规和选举程序,在所出缺代表的第3选区和第9选区分别组织补选工作,并于10月28日顺利选举出2名镇人大代表。

2015年10月29日

受钢铁市场持续低迷、房地产市场用钢量大幅下降、市场需求严重萎缩等多重因素影响，2015年，纳古钢铁行业亏损严重，企业破产、倒闭趋势加剧，对纳古镇几项重要经济指标形成巨大影响。1—9月，纳古完成公共财政预算收入383万元，完成工业总产值45亿，减11亿；完成固定资产投资50万元，招商引资0万元。

面临当前严峻的形势，纳古镇党委政府认真分析，积极谋划，调动一切有利资源冲刺四季度，想方设法争取完成县委政府下达的各项目标任务：

一是深入推进机关干部职工作风建设，激发广大干部职工干事创业、奋力争先的积极性和主动性，在全镇形成干事创业光荣、偷奸耍滑可耻的良好氛围。支持和鼓励各中心站所大胆作为、主动作为，党政班子成员努力为站所工作协调关系、解决问题，从人、财、物等方面给予全方位保证。

二是主动与县发改局、工信局、统计局、国土资源局等部门对接，争取县属部门大力支持和帮助，梳理固定资产投资、招商引资方面的政策措施，制订符合纳古实际的操作方案，全力以赴抓好工作落实。

三是抓紧纳古旅游文化小镇规划编制工作，提出"围绕一个中心、执行两个纪律、实施三大战略、实现四个目标"的战略构想，积极谋划纳古今后的工作重点、目标方向和具体措施，为纳古今后3～5年的近期目标和10～20年的中长期目标任务实现奠定坚实基础。

2015年10月30日

10月29日，中共十八届五中全会公报决定全面实施一对夫妇可生两个孩子的政策，实施了30多年的独生子女政策正式宣布终结。该消息一出，就受到人们的高度关注，引起群众最热烈的讨论：一时间，到底要不要再生一个小孩成为人们议论的话题。

60后：想都没想

纳古一组的纳女士今年57岁了。她是在电视上看到国家要全面放开二孩政策的消息。纳女士说他们那一代为响应计划生育号召，只生一个孩子，如今30多年过去了，现在又允许生二胎了，他们倒是希望儿女们能多生几个孩子，这样他们晚年能享受到儿孙满堂的幸福生活。

好多60后妇女均表示，根本不会再要二孩儿，一是可能不具备生育能力了，再者都是半百的年龄了，岁数越来越大，现在都需要儿女们照顾了，身体已经吃不消了，哪还有心思再要孩子。所以，对于众多的60后一代，二孩政策对他们来说，已经没有吸引力，他们希望儿女能够多要几个孩子。

70后：尴尬的选择

70后妇女认为，夫妻二人都已40多岁了，现在他们女儿已经10多岁了，双方父母都已是年至古稀，担心如果再要个二孩，上有老，下有小，年迈的老人也帮不上忙，到时两口子既要管小的，又要管半大的，还不被"折磨死"。如果不要，担心年龄越来越大，将来再想要时，怕身体不允许。所以，要不要二孩一直很困惑。

80后：想生又纠结

自二孩政策全部放开后，很多80后独生子女，现在自己已经成家了，但有时遇到一些大事，身边根本没有人商量，感觉特别无助。现在孩子身边的小伙伴也非常少，显得很孤单，如果再有一个弟弟或妹妹，不仅能培养孩子的责任心，身边也可以多一个一起玩的伙伴。但是考虑到家庭收入，担心由此带来的压力恐怕很难应付。

2015年10月31日

近段时间以来，纳古镇利用悬挂宣传标语、广播等宣传方式，创新综合治理方式，加大社会治安综合治理建设法治平安纳古宣传力度，巩固辖区教育阵地，提升群众知晓率，营造浓厚的社会舆论宣传氛围和良好的综治工作环境。

"谢谢镇团委的同志们，谢谢你们的关心，实在是太感谢了……"家住纳古镇大东街30号的马亚芬，泪流满面地紧紧握住镇团委书记陈妍澹的手，连声表示感谢。这是10月29日上午发生在孤寡老人马亚芬家的感人一幕。

在通海县团县委的号召，纳古镇团委以"秋风送暖，情系老人"为主题的开展"敬老月"慰问活动。活动中，纳古镇团委对辖区内8户困难老年人进行了走访慰问。通过活动对青年团员进行潜移默化的教育，培育青少年"老吾老以及人之老"的道德风尚。

上午9时，纳古镇团委书记陈妍澹、副书记徐瑞带领团员青年，进村入户，开展"敬老月"志愿服务送活动。每到一户，团员青年都关切地询问了老人的生活情况，与他们握手畅谈，详细了解他们在日常生活中遇到的困难。经了解，走访慰问的8户老人中，其中3户是孤寡老人，2户视力模糊、听力下降，1户双腿天生残疾。本次慰问最高年龄94岁，最低年龄61岁。

活动受到了慰问对象、村民小组领导和附近居民的一致赞扬。培养了纳古青年有爱心、乐于助人的好品质，使团员青年受到敬老爱老和扶贫助残的中华传统美德的教育。

2015年11月1日

为进一步做好农村劳动力培训转移工作，提高农村妇女的科技文化素质、就业能力和创业能力，带动更多的妇女群众致富发展，促进农村劳动力转移就业和服务新农村建设，10月29日至30日，纳古镇积极组织10名各行业能手参加全县省级农村劳动力转移种植技能培训班。

培训以栽培技术知识、蔬菜绿色防控技术为主要内容，以及农民素质提升理论教育。在培训过程中参训人员认真听讲，积极与老师开展互动，完成了全部学习任务，并全员通过了考试。通过此次培训，大大提高了 10 名种植能手的综合素质和科学种植水平，为种植能手带领身边群众致富提供了坚强保障。

2015 年 11 月 2 日

县委书记张小良率纪委、组织部、发改委等部门的领导到纳古镇调研党的基层组织建设工作。在听取了纳古镇党委的工作情况汇报后，张小良指出：刚刚闭幕的党的十八届五中全会审议通过的《中共中央关于制定国民经济和社会发展第十三个五年规划的建议》，是指导全国全面建成小康社会的纲领性文件，全县各级党组织要把学习的党的十八届五中全会精神作为当前和今后一个时期的中心任务，迅速在全县掀起学习热潮，把学习五中全会精神与党的基层组织建设工作相结合，与"三严三实教育活动"相结合、与当前各项中心工作相结合，把学习全会精神的成果转化为推进各项工作目标任务落实的强大动力，促进全县重点、中心工作顺利开展。

张小良强调，全县各级党委（党组）要树立抓好党建是本职、不抓党建是失职、抓不好党建是渎职的思想，切实履行好基层党建工作主体责任。通过抓好党的基层组织建设工作，进一步维护社会和谐稳定，进一步统一全县人民干事创业的思想，进一步促进党员干部作风转变，进一步维护社会和谐稳定，进一步理清各地发展思路，进一步增强多级党组织的凝聚力、战斗力。

2015 年 11 月 3 日

十八届五中全会刚刚闭幕，纳古镇党委利用夜学时间及时组织干部职工和组干部，传达学习五中全会精神，在纳古掀起学习五中全会精神热潮。

一是全文传达学习全会《公报》。集中干部职工原文学习五中全会《公报》全文，并将《公报》印发到全体人员手中进行自学，要求全体人员结合各自工作实际熟读内容，用中央精神指导各口工作开展。

二是要自觉把思想和行动统一到党的十八届五中全会和习近平总书记重要讲话精神上来，把学习贯彻党的十八届五中全会和总书记重要讲话精神，作为当前和今后一个时期的主要政治任务。特别是对全会在改革发展和民生改善等领域提出的许多新思路、新举措，要认真研究，想方设法抢抓改革机遇。

三是要把十八届五中全会精神作为谋划纳古"十三五"发展的根本指针。坚持全面规划和突出重点相协调，进一步明确纳古"旅游文化小镇"发展思路，科学设置发展目标，从"企业转型升级、农危房建设、旅游文化线路和基础设施建设"四个方面全力做好规划，使规划成为一个符合中央精神、符合纳古实际、质量高、有特色、能落地、可实施的规划。

四是要继续抓好"以治理干部走读"为主要内容的作风建设。要把作风建设和学习贯彻《中国共产党廉洁自律准则》和《中国共产党纪律处分条例》结合起来，坚决把党纪挺在前面，做到不出底线、不越红线，以优良的作风确保纳古各项工作有力有效推进。

2015年11月4日

纳家琨，男，中共党员，回族，通海县热轧带钢厂董事长，"通海家琨教育基金"发起人。在纳古镇首次善行义举榜评选中被评为奉献社会好人士。个人出资筹建通海家琨教育基金。2006年1月，纳家琨个人出资100万元成立"通海家琨教育基金"。基金的成立旨在抛砖引玉，期盼更多能人志士都来关心资助品学兼优、家庭贫困的莘莘学子完成学业，振兴民族，报效祖国。帮扶贫困学习，为社会培养人才。

通海家琨教育基金自成立以来，在社会各界的支持下，特别是在得到通海热轧厂的支持下，以发展教育、培育人才为宗旨，从来不计较回族汉族，只在乎帮困济贫，扶植新秀，奖掖群贤。截至2015年底，共奖励或资助536名品学兼优、继续求学有困难的学生，资助金额达97万元。

其中：2006年奖励或资助23人，共5.4万元；2007年16人，共5.6万元；2008年19人，共7.4万元；2009年扩大范围，共奖励和资助通海县优秀学生27人，并通过云南省民族文化发展基金会，资助在昆明就读的贫困大学生20名，共计发放奖助学金10.3万元；2010年33人，共计3.6万元；2011年71人，共计8.7万余元；2012年65人，共计8.1万元；2013年76人，资金创历史新高共计15.1万元；2014年受资助学生增加至83人，共计资金13.55万元。2015年受资助学生增加至历年最高101人，共计资金18余万元。捐资乡村教师培训，关注乡村教育。2015年2月，家琨教育基金与云南明德志愿服务中心（下称明德公益）达成共识，由基金会捐款4.5万元，资助明德公益在昭通举行首期"乡村教师成长计划"，10多所昭通地区的乡村幼儿园，40多位乡村教师参与此次公益交流培训。基金会多年来所进行的资助和奖励，已成为较受地方政府和人民群众瞩目和赞誉的奖项之一，一批有作为、有成就的优秀人才逐年脱颖而出，成为地方和行业的栋梁，取得了丰硕的成果，为地方教育事业的发展做出了宝贵的贡献。

2015年11月5日

纳古镇1%人口抽样调查工作于11月1日零时与全国同步开展。通过前期的宣传和摸底工作，得到了广大群众的支持，摸底工作十分顺利，调查小区内62户266人已经初步了解情况，目前正在进行入户登记中。

依照国务院2010年颁布的《全国人口普查条例》规定，人口普查每10年进行一次，尾数逢0的年份为普查年度，在两次人口普查之间进行全国1%人口抽样调查。此次抽样调查旨在了解2010年第六次人口普查以来我国人口在数量、素质、结构、分布以及居住等方面的变化情况，为制订国民经济和社会发展规划提供依据。

此次1%人口抽样调查的标准时点为2015年11月1日零时，调查对象为抽中小区内的全部人口。调查的内容主要包括住户的基本情况和个人的性别、年龄、民族、受教育程度、迁移流动、就业、社会保障、婚姻、生育、死亡、住房情况等指标。此次调查采用调查员入户登记。

2015年11月6日

根据工作安排，我镇严格依照中共通海县委办公室 通海县人民政府办公室《关于印发通海县推行政府部门权力清单制度工作实施方案的通知》（通办发〔2015〕57号）文件要求，结合全镇机关事业单位、县直管单位权力运行情况，依次进行清理，较为全面地对各职权部门的职责进行了梳理。整体工作从安排部署、权力运行情况摸底排查、文档整理规范等采取积极措施，明确工作推进的完成时限、工作内容、工作要求、责任人，严格按照清理工作要求和步骤，逐项落实工作任务，确保此次行政权力清单和责任清单梳理工作取得实效。

具体对镇派出所、党政办、财政所、综治办、文化事务中心、农村经济管理服务中心、农业中心、规划和环境保护中心、社会保障服务中心、民政办公室、林业站、畜牧兽医站、农机农机站、统计站、国土所、司法所，共计16个内设机构和下属单位的职权进行了梳理。按照权责一致，有权必有责的要求，根据不同类别行政权力的职责和工作任务，落实责任主体，明确相应责任。逐一对权责归属进行了清理，要求相关职能站所逐一对照清理，并逐条逐项分类登记，以清单方式列举；再呈交分管领导、主要领导复查，对各部门梳理出来的权责事项进行审核把关，防止漏报错报。

经过梳理，共确定行政职权共计8类64项目，对应的责任事项共计294项，追责情形355项。其中行政许可类2项，行政处罚类4项，行政强制类7项，行政检查类4项，行政确认类5项，行政裁决类2项，其他行政权力37项，政府内部审批事项3项。

2015年11月7日

社会文化事业关系民生之本，2015年将继续坚持"文化和镇"的发展战略。认真落实省、市、县旅游工作会议精神，紧抓昆玉红旅游文化产业经济带建设机遇，结合纳古实际，挖掘保护纳古特色伊斯兰历史文化资源。积极争取省民委的资金支持，把忠训图书馆和民俗文化展览馆合并成回族文化博物馆，展示民族民俗历史文物；大力发展民族特色的五金产品、生活刀具、清真食品等旅游商品；丰富"民族文化风情展"等节庆活动；发挥纳古语言、饮食、服饰、风俗等民族特色鲜明、文化浓厚的优势，逐步打造宜居、生态、观光型的新纳古。

2015年11月8日

根据统一部署，自2015年10月开始，纳古镇全面启动第二次地名普查工作。镇政府高度重视，切实加强领导，明确责任分工，相互协调配合，落实保障措施，严格进度，确保纳古镇第二次全国地名普查工作圆满完成。

地名普查是一项公益性、基础性的国情调查，旨在查清地名基本情况，掌握地名基础数据，提高地名标准化水平，加强地名信息化服务建设。开展地名普查工作，有利于社会交流交往，方便群众生产生活，对提高政府管理水平和公共服务能力都具有重要意义。

2015年11月10日

为全面完成2016年我镇新农合筹资任务，让群众充分享受到这项惠民政策，纳古镇按照《通海县2016年新型农村合作医疗筹资工作方案》的要求，高度重视、精心组织，通过宣传发动、集中收取和审核缴验三个阶段，圆满完成2016年筹资工作目标。

在工作中，我镇根据今年参合费用上涨和代缴户先交后退的实际情况，通过召开会议、清真寺广播及进村入户的方式做好宣传解释，有效消除了群众疑虑，同时对工作完成较好的村民小组给予及时通报表扬，各收费人员、村民小组之间，形成你追我赶的良好格局。

据新农办反馈，纳古镇参合总人数为8224人，参合率达100%，筹资额达98.6万元，超出全县平均水平，达到了"参合率高、参合积极性高、筹资进度快、筹资效果好"的筹资目标。

2015年11月11日

自从2009年开始，每年11月11日就被贴上电商购物节的标签，尤其近两年，在电商狂轰滥炸的宣传攻势下，"双十一"俨然已成为纳古人民"疯狂"的购物节。马云在接受媒体采访时称，要感谢中国妇女，"这些败家的女人，我可以保证很多女人是为孩子、为老公买的，为爸爸妈妈买的，女人比男人考虑别人多多了。"纳古镇的广大妇女也参与到其中，现在由于经济发展，很多农村家庭用上了电脑、智能机，农村妇女也开始学会网购了，纳古也有了两家农村淘宝，自己确实不会的，可以让农村淘宝和朋友帮忙买。所以我镇的广大妇女都参与了"双十一"购物狂欢。

但是狂欢过后，商品质量、快递爆仓等问题也暴露出来，一些妇女认为"双十一"是消费陷阱，发出了抵制"双十一"的声音。"双十一"为我们制造了太多的浪费，消耗了物质资源、浪费了社会资源。在商家打折与满减的诱惑之下，许多人买了一年也用不完的产品；商家为吸引流量，开发了许多抢红包的小游戏，让人因这小小的红包而买了许多可有可无的东西，也给生态环境造成了新的压力，单说包装中的胶袋、泡沫等都会对环境造成污染。因此，我们必须提倡适度消费、生态消费。我们不能把购物瞬间的快乐建立在物质浪费、环境污染、精神空虚上，可以说，非理性购物看似是个人事情，其影响的却不仅仅是个人。

2015年11月15日

随着冬天的到来，白色精灵海鸥的身影再一次飞翔在杞麓湖北岸纳古小海公园的上空。蓝天、碧水、海鸥，构成了冬日里小海公园最亮丽的一道风景。

今年从11月初开始就有零星海鸥飞到纳古小海公园过冬，随着海鸥的增多，来纳古看海鸥的游人亦日渐增多。海鸥们上下翻飞蔚为壮观，岸边的游人大饱眼福。近几年，几乎每年都有海鸥、白鹭到杞麓湖的报道。海鸥似乎与杞麓湖结下了不解之缘。位于杞麓湖北岸的纳古小海公园，已成为海鸥聚集的地方，每年都有数千只海鸥在湖面上翩跹起舞，构成一道美丽的风景。

近年来，纳古镇不断加大杞麓湖生态环境保护力度，在湖泊沿岸培植了大量的人工湿地，种植了茭草、香蒲、荷花等植物，进一步改善了杞麓湖生态环境，同时也加强了对杞麓湖珍稀禽鸟和各种水产资源的保护，由于今年降水量的增多，杞麓湖水位不断上涨，缓解了杞麓湖干旱局面。优美的环境，让飞临杞麓湖的海鸥逐年增多。

2015年11月16日

今天上午，镇党委组织中心站所负责人、村组领导共20余人参观了通海县人民检察院倾力打造的"通海县预防职务犯罪警示教育基地"。参观的目的旨在进一步贯彻落实党的十八大以来反腐倡廉重要指示和重要精神，推动党风廉政建设和预防职务犯罪工作的不断深入，促进经济社会持续健康发展。

警示教育基地以生动翔实的造型和画面，宣扬先进事迹，剖析腐败案例，弘扬正气，鞭挞腐恶，警醒队伍。通过参观学习，大家更加坚定理想信念，牢筑思想防线，遵纪守法，执政为民，使绵延浩荡的清正廉洁之风在纳古劲吹，为建设美丽幸福的新纳古营造一个良好的社会环境。

2015年11月17日

县招商局王学明局长、杜传龙副局长、四川博能天然气公司领导到纳古镇进行天然气管道铺设项目洽谈，镇党委书记、经管中心主任和各村民小组支部书记参加了会议。会上，四川博能天然气公司董事长及总经理从经济性、安全性、环保性以及在工业方面的广泛使用等方面介绍了天然气的优势。在听取公司讲解后，镇党委书记杨堂聪提出，纳古镇在天然气管道铺设项目方面具备五大优势：①群众生产生活成本高，对天然气需求量大；②纳古镇各村民小组集中在镇域生活区，人口密集，可全镇统一展开管道铺设；③现在天然气主管道已铺设至杨广镇马家湾，距离纳古镇仅4千米，安装方便；④纳古镇与四街镇接壤，沿纳古镇铺设管道，以后可辐射至四街镇、九街镇、兴蒙乡等乡镇；⑤纳古镇是工业重镇，天然气在工业上广泛使用及经济效益高的优势可以极大地降低企业成本。组领导表示，请博能公司给出具体实施方案，特别是对天然气的优势、初装费用等群众关心的重点给予说明，方便征求群众意见及宣传。

天然气管道铺设是一项重要的基础设施建设，对于提高群众的生活质量、降低生产生活成本具有重要意义，同时将强有力地推动纳古旅游文化小镇的建设。

2015年11月18日

为积极培育和践行社会主义核心价值观，弘扬全面建成小康社会、实现中华民族伟大复兴中国梦的强大正能量，2015年11月18日上午10点30分，纳古中心小学在四至六年级学生中开展"践行社会主义核心价值观"演讲比赛。

活动在各中队初赛预选的基础上，诞生了20名小选手，进行决赛。他们可都是各中队选拔来的优秀选手，演讲中，选手们紧紧围绕主题，结合自己身边的故事，以真挚的情感、朴实的语言、生动的事例满怀激情地讲述了一个个发生在自己身边的故事，故事中蕴含的道理深入浅出、由小见大，让在座观摩的同学们对社会主义核心价值观有了更深层次的认识和感悟。

选手们富于感召力的演讲把现场气氛一次又一次推向高潮，其中，六（3）中队的马露晨的演讲的《立身处世 诚信为本》、五（4）中队张馨演讲的《树立崇高的理想 践行社会主义核心价值观》以及四（1）中队陆颢丹演讲的《中国精神》获得了各年级组的最高分。

本次演讲比赛的顺利举行，充分展示了纳古小学生践行社会主义核心价值观的良好精神风貌，不断激发了同学们用社会主义核心价值观引领校园思潮的动力。

2015年11月24日

纳古镇安监站对辖区的企业单位进行安全生产检查，要求企业单位严格要求，认真落实上级部门的相关规定，确保企业安全生产。

在检查过程中，发现有隐患、有危险、有不安定因素的，安监站要求责令限时整改，对逾期不整改的企业单位，将依法追究法人代表责任。

通过检查，受检单位纷纷表态，将严格按照安全生产法的相关规章制度执行，确保问题早发现早解决，并将问题化解在企业，化解在萌芽状态。

2015年11月25日

纳古镇位于通海县杞麓湖北岸，总面积12平方千米，2014年末常住人口8976人。纳古镇下辖7个村民小组，机构设置为村民小组党支部、村民小组，设置党支部书记、组长、副组长各一人。自1988年建乡以来，纳古镇已按此模式管理27年。

近年来随着经济社会的快速发展，在此模式实施过程中，存在不利于上级项目资金落实、不利于少数民族干部培养、村干部待遇不高等弊端。为了纳古镇能够争取到更多的项目资金，促进民族团结和保持社会稳定，更好地发挥村委会职能作用，更好地为村民服务，镇党委、政府今天组织召开征求成立村委会意见会议，72.5%的参会人员同意设立村委会。同时镇党委政府正积极向上级部门申请成立村民委员会。

2015年11月26日

纳古镇团委邀请通海团县委、通海县禁毒大队、纳古镇派出所、纳古镇司法所和各乡镇团支部书记、纳古镇宗教界、企业界人士共46人，开展了一次以禁毒警示教育、新农村建设和善行义举为主的秋季集中宣传月活动。

活动分为三个主题，上午9时，一行人来到云南省第三强制隔离戒毒所。首先是参观教育矫治中心，禁毒教育基地内形态纷繁的毒品和陷入毒品深渊的人生丑态，无言地冲击着我们的灵魂。荣誉室里醒目的牌匾、奖状、勋章一起默默地向大家传递着九溪所的份份荣誉。其次是走进学员生活区，了解了生理脱毒期和回归巩固期学员的戒毒过程。生活区里配备有心理咨询师和沙盘、心理图解、解压室等硬件配备，每一个房间、每一个细节无不体现着以人为本的戒毒理念。管教的讲解和学员的现身说法，沉重地警示着我们要珍爱生命、远离毒品。

下午1点30分，一行人来到秀山街道大树社区，参观学习新农村建设。社区党总支书记、全国劳模赵思旺同志详细介绍了大树社区新农村建设的历程。大树社区地处城郊接合部，过去"脏乱差"是大树社区的真实写照，农业生产资料乱堆乱放、污染严重；社区内街道狭窄不规则、车辆通行难；生活垃圾乱堆乱放，居民反应强烈。赵书记上任后，统一了社区"两委"班子成员的思想，着力打造"玉溪生态第一社区"。通过赵书记多年的努力，克服重重困难，现在的大树社区将原来4米宽的街道变成了14米宽、干净整洁的大道，一幢幢"洋房"拔地而起，同时还完成了社区内公共道路的硬化。通过实地参观，团员青年们纷纷表示，大树社区就是新农村建设的榜样，一定要向亲朋好友宣传，确保即将开展的农村危房改造工程顺利推进。

下午3时,一行人来到本次活动的最后一个考察点——秀山街道六一社区,参观善行义举榜。团员青年们到实地参观了六一社区的爱心超市和位于五组的善行义举榜。走进爱心超市,一件件由志愿者捐赠的衣物正在等待有需要的人把它无偿带回家。走进小广场,一张张照片正在善行义举榜上散发光芒。区党总支书记张万林向团员青年们详细介绍了六一社区推广善行义举的经验,通过定期张榜公示凡人善举,用身边的道德模范现身说教传递正能量,现在村民们都争着比孝顺、做模范。

由纳古镇团委主办的本次秋季集中宣传月活动,在通海团县委及各单位的关心支持下圆满完成。活动对广大团员青年开展了禁毒警示教育,同时也对今后的新农村建设指明了方向。

2015年11月30日

纳古镇召开旅游文化小镇规划设计费用谈判会,县住建局、发改局、审计局、财政局、通海玉地科服务有限公司、云南省城乡规划设计研究院、纳古镇相关领导参与了此次谈判会。其中,通海玉地科服务有限公司负责纳古的地形图修补测绘工作;云南省城乡规划设计研究院负责纳古镇旅游文化小镇规划工作。本次谈判会是在玉地科服务有限公司所递交的报价方案及省城乡规划研究院所递交的规划工作方案的基础上,对补测绘费用及规划费用进行进一步沟通、磋商,最终达成了一致意见并形成了纪要,为下一步合同签订及工程顺利实施奠定了坚实基础。

2015年12月1日

今天上午,县委考核组到纳古镇对2015年度惩治和预防腐败体系建设暨党风廉政建设责任制工作进行考核。镇党政班子成员、中心(站所)负责人和部分村组干部、人大代表、政协委员、职工代表参加了考核。

考核采取听汇报、民主测评和查阅台账的方式进行。考核组听取了镇党委书记杨堂聪做工作汇报和个人述廉述责报告,对纳古镇党政班子及成员进行了民主测评，并仔细查阅了相关工作台账资料。

通过认真细致的检查考核，考核组对纳古镇2015年度惩治和预防腐败体系建设暨党风廉政建设责任制工作给予了充分肯定，认为纳古镇领导对惩治和预防腐败体系建设暨党风廉政建设工作高度重视，敢于担当，党委主体责任落实到位、责任分解到位、督促落实到位，"三公"管理严格细致，工作材料档案齐全，做到了有计划、有部署、有检查，全面完成了2015年的工作目标任务。

在肯定成绩的同时，考核组也对我镇的惩防体系建设暨党风廉政建设工作提出了意见和建议：一是加大对干部职工的思想教育力度，打造一支作风过硬的干部队伍；二是充分落实党委的主体责任，进一步发挥纪委的监督责任；三是进一步完善和落实各项管理制度，坚持用制度管人管事，严格落实中央八项规定，抓好作风建设；四是进一步完善和规范总结汇报材料、台账资料的分类整理，充实数据。

2015年12月3日

为深入了解全镇农业和城镇基础设施建设情况，提升对政府工作的审议和监督水平，今天，纳古镇组织市县镇人大代表、政协委员50余人实地视察了小海湿地公园及海埂路、马鞍子路等基础设施建设情况、人畜饮水工程情况和高标准农田沟配路建设情况。县委常委、纪委书记刘世伟、县人大选联工委主任余忠勇、副主任胡开友应邀参加了视察活动。

代表、委员们走街道、看项目、听汇报，沿着新月路、转马鞍子路下去，再转海埂路、到小海湿地公园，对沿线道路建设、湿地公园基础设施建设等项目建设情况进行了视察，并听取了纳古镇农业中心主任普进亭关于高标准农田沟配路建设以及人畜饮水工程建设情况的工作汇报，大家听汇报后就所看到的情况现场提出了整改意见。

在随后的座谈会上，县人大选联工委副主任胡开友做代表撰写议案建议相关知识的讲座。党委书记杨堂聪通报了党委政府当前和今后一个时期的中心工作，并就"十三五"期间将要开展的一系列有关农业和旅游文化小镇规划建设的重点项目做了介绍。他表示，纳古各项工作的开展和成绩的取得，离不开人大代表和政协委员的关心和支持，希望代表、委员们继续关心支持政府的工作，提出宝贵的意见和建议，共同做好纳古各项工作。代表、委员们还就群众普遍关心的道路建设、加强小海公园基础设施、牛羊清真屠宰等热难点问题提出了意见和建议。

镇党政主要领导参加了视察活动。

2015年12月4日

为深化学校素质教育，提高德育工作实效性，充分发挥红领巾广播站的宣传作用，丰富、活跃学生课余文化生活，传播知识，加强沟通，讴歌学校的新人、新事、新风貌，反映蓬勃向上的校园新风，创建健康活泼的校园文化氛围，纳古中心小学于2015年12月3日委派何文平、徐正艳、马顺瑜3位教师和马雨琪等11名红领巾广播站成员到明通小学北辰校区参观学校少先队红领巾广播站建设情况。

首先在明通小学北辰校区大队辅导员郝学兰老师的带领下我校师生观摩明通小学北辰校区红领巾广播站周四栏目组的现场直播，参观该校师生收听广播的情况，还观摩了他们周二、周三栏目组的现场彩排，最后是交朋友活动，明通小学北辰校区的小记者为我校小记者送上礼物、交换联系方式、合影留念。

参观结束，我们怀着无比激动的心情来到云南大学，伴随着银杏树的落叶，眼前的景象触动着师生们的心弦。老师给孩子们讲述着：云南大学是云南省最高等的学府，建于1921年，抗战时期的西南联大是云大的前身，云南大学历史悠久，是我国的"211"高校，讲述着古时多少文人墨客热衷于描写儿时学堂壮阔的景象。下午4点，孩子们恋恋不舍地坐上返校的车，望着窗外美丽的风景，怀着对大学无限的遐想慢慢睡去。

本次参观学习活动圆满结束了，但是留给我们的不仅仅是在明通小学北辰校区和云南大学的所见所闻，我们将带着学习心得认真投入学校的工作中，努力打造学校的德育教育的主阵地——红领巾广播站。

2015年12月5日

为进一步加强乡镇团基层组织建设，今天下午，团省委权益部部长杨敏在团县委书记纳宏翔、副书记陈太汝陪同下到纳古调研，指导共青团基层组织建设工作，并与纳古镇领导及团委干部举行了座谈会。

座谈会上，纳古镇党委书记杨堂聪、镇党委副书记陈申力、镇团委书记陈妍澹分别就党建带团建、纳古基层团组织建设现状、工作中的特色亮点及存在的问题向杨敏部长进行了汇报。杨敏部长充分肯定了纳古镇党政领导对团委工作的支持，对纳古镇结合本地方伊斯兰文化、结合纳古旅游文化小镇打造所做的努力予以认可。同时对纳古镇团的下一步工作提出了三点要求：一是抓好村组团支部工作，并引导好明年的团委换届工作；二是创新青年志愿服务活动内容和方式；三是加强对青年思想引导和宣传工作。

2015年12月8日

为进一步提升全镇人力资源社会保障管理服务水平和金融服务能力，拓展社会保障卡应用领域，方便人民群众享受社会保障待遇和金融服务，今天，纳古镇组织召开金融社保卡发放工作会。

会议对金融社保卡的定义及功能、发卡任务及对象、组织领导、实施步骤、职责分工、工作要求等做了详细安排部署。

会议强调，发行金融社保卡是一项重大民生工程、惠民工程，涉及面广，时间紧，任务重，影响广泛，意义深远。各村民小组、相关部门要高度重视，通力合作，及时妥善解决工作中出现的问题，确保金融社保卡发行和各项社会保障及金融功能拓展应用工作有序推进。

2015年12月9日

纳古镇积极申请成立村民委员会，纳古镇位于通海县杞麓湖北岸，总面积12平方千米，2014年末常住人口8976人。纳古镇下辖7个村民小组，机构设置为村民小组党支部、村民小组，设置党支部书记、组长、副组长各一人。自1988年建乡以来，纳古镇已按此模式管理27年。

近年来随着经济社会的快速发展，在此模式实施过程中，存在不利于上级项目资金落实、不利于少数民族干部培养、村干部待遇不高等弊端。为了纳古镇能够争取到更多的项目资金，促进民族团结和保持社会稳定，更好地发挥村委会职能作用，更好地为村民服务，镇党委、政府于2015年11月25日组织召开征求成立村委会意见会议，72.5%的参会人员同意设立村委会。同时镇党委政府正积极向上级部门申请成立村民委员会。

2015年12月11日

纳古镇党委、政府高度重视党报党刊征订工作，经过半个多月的努力，在镇党委、政府的关心和各企事业单位的支持下，纳古镇圆满完成2016年党报党刊征订任务，共征订《人民日报》9份、《云南日报》51份、《玉溪日报》41份、《光明日报》2份、《经济日报》2份、《求是》4份。

确保公费优先订阅中央和省、市委重点党报党刊，同时积极鼓励自费订阅，工业企业自费订阅量超过60%。

2015年12月12日

按照县委、县政府要求，纳古镇将路域环境综合整治工作作为首要任务来抓，积极采取措施整治路域环境、村庄环境卫生，全镇干部职工加班加点开展整治工作。

上午召开纳古镇路域环境整治推进会，党委书记杨堂聪安排具体工作；每个重点整治项目都安排专人负责，全镇上下形成了齐抓共管的良好局面。

一是严格要求，加强垃圾清运及保洁力度。环境卫生的维护是一项长期有效的工作，保洁员的出勤程度直接关系到环境卫生的视觉感官，所以严格要求保洁员每天清扫不低于3次实行全天候保洁，并安排专人对环境卫生进行督促巡查。

二是墙面粉刷工程。力争5天内完成全部工程，并安排专人进行维护，粉刷后的墙面不得再有广告粘贴等情况出现。截至12月12日下午，已完成大部分的墙面粉刷工程。

三是临违建筑拆除。经过镇党委政府耐心细致的工作，江通公路段热轧带钢厂附近临违建筑（原清真回味园职工宿舍）于12月12日下午开始拆除。

四是广告牌清理。由派出所及工商所负责江通公路纳古段的广告牌拆除工作，计划于12月13日开始进行。

五是公路清扫及杂石杂草清除。计划于12月13日上午组织全镇干部职工开展江通公路纳古段沿线环境卫生整治行动。将对辖区内公路沿线的生活垃圾、建筑垃圾、杂草等进行清理。

按照县委、县政府要求，经过纳古镇党委政府多次耐心细致的工作，于12月12日，村民开始自行拆除江通公路段热轧带钢厂附近临违建筑（原清真回味园职工宿舍）。标志着纳古镇路域环境综合整治工作已初步取得成效。

2015年12月14日

为提高我镇民间文艺队演唱水平，丰富群众精神文化生活，镇文化中心组织8名文艺队队员到县文化馆参加"2015年通海县文化馆滇剧、花灯讲座"。

在学员自行选曲试唱之后，由老师逐一点评，并针对参训人员存在的问题进行纠正，从音准、手势、步法、眼神等进行辅导。经老师细心的指导，学员们的水平得到显著提升。最后，纳古镇朱丽仙被选为玉溪市第三届"滇剧、花灯"比赛之花灯演唱参赛选手。

2015 年 12 月 15 日

今天下午在镇政府三楼多媒体会议室召开 2016 年森林防火工作会。分管林业副镇长马燕妮汇报 2015 年森林防火工作，安排 2016 年工作任务。镇长纳立凡做讲话：通报我镇 2014 年被表彰为森林防火先进集体，马燕妮被表彰为先进个人；森林防火设备配置齐全，上级补助 5 万元，连铸公司捐赠 7 万元买了辆消防车，要求所有持驾照的男职工学会操作。7 个村民小组的支书、组长、会计、学校相关负责人、派出所及全镇干部职工近 70 人参加会议。镇领导与 7 个村民小组签订了责任书，使职、责、权相统一，为开展森林防火工作铺垫坚实的基础。

2015 年 12 月 16 日

纳古镇组织召开"百千工程"建设项目公开招投标会议，分管副镇长马燕妮、公共资源交易中心成员、宣传员和二组领导参加会议，11 家施工单位参与投标。

本次招投标会议共开标两个，一标项目为二组活动广场改造；二标项目为二组老年活动室修缮改造，采用合理低价法中标方式。项目计划于 2015 年 12 月 20 日开工，2015 年 4 月 30 日竣工，工期 4 个月，总投资约 80 万元。该项目是纳古镇"百千工程"的第一个项目，工程的建设有利于贯彻实施"百村示范、千村整治"推进美丽乡镇建设，进一步改善和提升纳古镇人居环境。

镇人大主席马恒骧、武装部长张波参加了会议。

2015年12月17日

自12月14日开始,纳古镇卫生院组织全镇的妇女聆听艾滋病防治讲座,讲座分6场次进行,每组各一场,二六组合并,参与人数达1000余人,讲座邀请县防艾办的史发明老师授课。在史老师幽默的讲解中,很多第一次参与的妇女普及了相应的知识,也在互动中不断加深印象。近年来,艾滋病发病呈逐年上升趋势,很多人远离病人,生活中不关爱她们,也不帮助她们,讲座普及艾滋病防治相关知识,也加强对艾滋病病毒携带者和艾滋病患者的反歧视教育,通过这样以点带面的普及和宣传工作,不仅有利于加强职业预防,降低职业风险,同时有利于妇女正确认识、预防、控制艾滋病传播。

2015年12月20日

按照县委、县政府的要求,纳古镇积极组织干部职工、村组干部、党员群众开展全镇环境卫生整治行动。在镇政府集中动员后,大家同心协力,不怕脏,不怕累,对辖区内大小街道的垃圾、杂草等进行了清理,同时发动村组群众及企业负责人对房屋前后进行清扫。此次集中整治活动共出动人员120余人,车辆15台,清除生活垃圾12余吨。

结合这次整治活动,纳古镇将继续落实环境卫生工作长效管理机制,进一步发动党员、群众,与日常工作人员相互配合,共同维护良好的生活环境,提高纳古整体形象,为广大群众营造良好的生活环境而努力。

2015年12月21日

早上,经过认真筹备的纳古镇商会第四次会员大会胜利召开,大会圆满完成各项既定议程。一是镇党委副书记、镇长纳立凡为大会致开幕词。二是邀请市委党校副教授胡伟同志做中国经济社会发展的新理念、新路径和新境界专题讲座。三是听取了商会会长马跃升代表第三届执行委员会所做的工作报告。四是选举产生了17名纳古商会第四届执行委员会委员，并选举马跃升为会长，马丽波、马喜恒、李学开为副会长，许珍丽同志为秘书长，马灿廷等17位同志当选为执委。五是由继续连任的会长马跃升同志做表态发言。六是县工商联主席祁敬元出席会议并做重要讲话，他强调：要做好商会工作，必须充分发挥好其职能作用。最后由镇党委书记杨堂聪做总结讲话。

全镇40余位会员代表和县工商联的领导、镇党政班子成员、中心站所负责人参加了会议。

2015年12月24日

为进一步加强青年生态文明教育，普及环境保护意识，借助12月"国际志愿者日"的契机，宣传志愿者精神，动员青年学生从小事做起，从自己做起，积极参加绿色环保行动。今天，纳家营伊斯兰文化学院组织老师、学生180余人开展"携手保护杞麓湖 共创美丽新纳古"活动。

杞麓湖是通海县重要的水资源，是通海人民的"母亲湖"。海鸥是纳古冬日里最亮丽的一道风景，每年到杞麓湖北岸纳古小海湿地公园过冬的红嘴鸥达5000余只，每年有几万人到纳古观鸥。随着经济的快速增长，人们的生活在发生了巨大的变化：我们在努力创造一个舒适的生活环境的同时，也在加速破坏一个美好的自然世界，日益恶化的环境形势使人们迫切感到保护环境的重要性。虽然我们的力量有限，但我们用实际行动影响并带动身边的人。

纳家营伊斯兰文化学院的教师学生从沿岸沟渠清理起来，把垃圾一点一点地从水里清理出来，清扫小海湿地公园的垃圾，在冬日的暖阳里，老师和同学们都干得热火朝天，场面很是壮观。有效改善了小海湿地公园环境卫生，为海鸥提供了一个干净、卫生的栖息之地。为"携手保护杞麓湖 共创美丽新纳古"作出自己的一份贡献。

本次活动不仅让师生对环保有了更多的了解，还激发了大家的环保热情，切实增强广大青年的杞麓湖保护意识，并通过学生带动群众共同参与杞麓湖保护行动中来。

2015 年 12 月 25 日

按照全县人居环境和路域环境专项整治工作总体要求，我镇积极开展辖区范围环境卫生综合整治。现将整治工作开展情况总结如下：

一、领导重视，职责明确

纳古镇党委、政府高度重视人居环境和路域环境专项整治工作，将人居环境和路域环境综合整治工作作为当前镇党委、政府的中心工作任务来抓，积极采取措施整治路域环境、村庄环境卫生，全镇干部职工取消周末休息加班加点开展整治工作。按照全县人居环境和路域环境专项整治工作总体要求，及时安排部署，明确工作分工。分别于 12 月 4 日和 12 月 22 日，召开党政班子会议专题研究人居环境和路域环境综合整治工作。会议明确专项整治的重点区域为纳古镇辖区环境卫生和江通路公路全域周边环境。明确了班子成员分工和任务要求，保证我镇人居环境和路域环境综合整治工作有效开展。

二、工作开展情况

（一）加强环境卫生的清扫保洁力度。环境卫生工作直接关系到群众身体健康和视觉感官，纳古镇把环境卫生的清扫保洁作为一项重要工作来抓落实。一是积极动员并组织全镇干部职工和村组干部、群众及企业人员进行卫生清扫。12 月 13 日，组织全镇干部职工开展江通公路沿线环境卫生整治行动，对辖区公路沿线的垃圾、杂草、路边堆放的沙石进行了清扫、清理，整治活动参与人员 50 余人，出动车辆 6 台，清除垃圾近 3 吨。12 月 20 日，我镇再次组织全体干部职工和各组干部、群众及相关企业人员参加了城乡人居环境整治行动，对全镇范围内的城乡环境卫生进行全面整治，此次参加人员为 300 余人，出动车辆 8 辆，对纳古镇辖区内所有街道进行清扫，对卫生死角、卫生脏乱差区域、沟渠等进行全面清理打扫，共清理垃圾 20 余吨。二是做好环境卫生的日常清扫保洁。纳古镇环卫站的10名环卫工人坚持每天对集镇主要街道进行不低于3次的全天候清扫保洁,7个村民小组的保洁员每天对辖区范围的卫生进行清扫,3辆垃圾清运车和3名驾驶员每天对全镇所有垃圾塘、垃圾箱的生活垃圾进行清运,日均清运垃圾近30吨。三是做好临时垃圾的清运工作。针对少数群众、企业环境卫生意识淡薄,乱倒生活、建筑、农业、工厂废弃物等垃圾现象,一经发现,及时安排人员和车辆进行清运,做好日常监督检查。四是对镇辖区范围江通公路旁的垃圾塘进行日清月结,对路边的垃圾进行彻底清理,并安排专人每天进行保洁,实行专人督促巡查,发现问题及时处理。

(二)清理整顿小广告。针对江通公路旁墙体上小广告、电话号码比较密集的情况,镇政府及时联系施工队进行谈判,确定了施工的范围和单价后,从12月12日开始对喷涂有小广告、电话号码的墙体进行粉白处理,目前共粉白处理墙体2000多平方米,取得了较好成效。同时,加强路域环境的巡查,粉刷后的墙体一经发现有粘贴、喷涂广告等情况,及时进行清理。

(三)对有碍观瞻的简易建筑进行拆除。对江通公路旁有碍观瞻的临时建筑和铁皮围栏,镇党委、政府通过耐心细致的做群众思想工作,取得了群众的支持与理解,组织了人员和机械对临时建筑和铁皮围栏自行清理拆除。目前拆除临时建筑400余平方米,铁皮围栏50余米,拆除地段砌围墙或种树进行美化处理。

(四)清理商户"三乱"。针对江通公路旁部分商户乱摆广告牌、杂物、乱堆乱放的现象,由镇派出所联合工商所出动人员60余人次,车辆13辆次,对江通公路旁纳古辖区的商户"三乱"现象进行清理整顿。共拆除江通公路纳古段的广告牌15块,乱堆乱放的商品、杂物全部清理移除,"三乱"现象得到了有效遏制。

(五)做好绿化美化。为进一步改善人居环境,镇党委、政府积极联系了绿化施工队对江通路旁病死树木进行补种,闲置土地一律种植绿化树；对镇区所有的绿化带进行修剪，路边的沟渠、杂草进行了彻底清理；对长年堆积垃圾的死角进行了清运；目前种植绿化树木1000余株，修剪绿化带500米，修剪绿化树木500平方米，清运垃圾、杂草200吨，绿化美化了镇区环境。

三、长效机制建立情况

结合纳古镇城乡垃圾环境卫生工作整治，目前我镇建立了纳古镇《乡村垃圾专项整治工作方案》《乡村垃圾专项整治工作考核办法》《乡村垃圾专项整治经费筹措及管理使用办法》《垃圾整治工作领导包干责任制》等环境卫生制度，7个村民小组分别建立了环境卫生制度。党政领导采取划片包干主要街道环境卫生工作，并联系各村民小组的环境卫生工作。12月22日，为进一步抓好环境卫生工作，建立长效机制，召开了党政班子会议专题研究安排人居环境和路域环境综合整治长效机制建立工作。会议决定：一是目前镇环卫站负责的清扫区域不变，但要加强清扫保洁的力度；二是对环境卫生死角（下江通路立交桥附近的绿化带、绿化树木、沟渠、环境卫生，过磅房附近的环境卫生）由分管领导提出具体实施方案，与绿化施工队签订管护、保洁协议，管护与保洁每月不少于三次，协议从2016年1月1日起实施；三是重新修订领导干部分片包干四条主要街道环境卫生工作，由镇党政主要领导带四个组，负责包干街道环境卫生的督促检查和开展环境卫生大扫除活动的清扫。

通过开展人居环境和路域环境专项整治工作，我镇辖区环境卫生工作得到了较大改善，全镇干部职工的环保意识得到了提升，人人爱护环境的意识在群众中得到了宣传。在下一步的工作中，我镇将继续按照县委、县政府相关会议及文件要求，进一步查缺补漏，对整治中存在的死角进行认真清理。同时积极建立完善路域环境和人居环境整治长效机制，加大日常保洁力度，确保城乡环境和路域环境干净整洁。进一步加大宣传教育力度，动员全社会积极参与人居环境和路域环境整治、维护、保洁，引导广大群众逐渐形成良好的保护环境意识，杜绝乱堆乱放、乱丢乱弃等行为的发生，在全镇营造爱护人居环境、讲究公共卫生的良好社会氛围。

2015年12月26日

五组村民马宇结婚，新姑爷是去年广西大学毕业，原专业为水产养殖，后换成电子信息技术与管理，马宇刚开始的女朋友是我的侄女纳汝佳，两人相处两年后纳汝佳瞧不着马宇，分手了。现在这个新媳妇是三组纳继清的小女儿，今年才18岁，女方很喜欢男方，新房装修很高档气派，尽是些高档美式家具。原来的婚客是结婚当天下午为正客，下午1点开始待客，师傅阿訇还有部分男客先吃，女客从2点以后开始吃，送亲队伍要到3点30分以后才来吃，结婚的第二天早上还有一顿是专门待送亲的。现在改了，结婚当天早上就开始待送亲客了，送亲菜与大众不同，吃11～12碗，肉：干吧、红烧、牛菜片、小炒、凉鸡、冻鱼；小菜：藕、水豆腐（或地豆米）、木耳、笋子（或白萝卜）、腌菜。大众9碗：荤素各少1碗。第二天就不吃了。大家都认为改成像这种老实要得，省事，特别是夏天办婚礼菜不好摆；牛菜片原来是每人分4片带走，从前年纳锦彬家开始改了，牛菜片做菜吃，有打小米辣酸甜蘸水的，有撒椒盐的，据说牛菜片做菜可以省一半的牛肉。

2015年12月28日

马宇的岳父纳继清家接回门，纳继清家经济状况很好，请的宾客很多，我们要等两巡才吃得着。

2015年12月29日

古城马孝康继子结婚，小伙子是马孝康的第二任妻子从下回村带来的，新媳妇是纳家营三组马映春之女，听说是小伙子上门，但还是男方家先办，明早女方接回门，新房设在女方家。由于小伙子是孤儿，加之马孝康家生活条件不好，大家还是多送些的，一般情况送50元的到

100元。

12月29日：通海县人民政府批复纳古镇成立两个村民委员会。

我镇于12月9日上报的《关于纳古镇成立两个村民委员会的请示》（纳政请〔2015〕38号），根据《中华人民共和国村民委员会组织法》相关规定，经2015年12月19日通海县十五届人民政府第二十七次常务会议研究，已获批复：同意我镇设立纳古纳家营村民委员会、纳古古城村民委员会2个村民委员会。

纳汝辉的父亲今天归真，两年前不小心摔伤。

纳瑞媛日志
2016年

2016年1月3日

新年伊始,纳古镇文化站外借室迎来新气象——通海数字图书馆纳古分馆开馆啦!数字图书馆使用方便、操作简单,只需要在手机上安装专用软件,再扫描电子书阅读机中所选图书的二维码,即可使用手机软件离线阅读书籍;也可以直接在电子书阅读机上阅读书籍。数字图书馆中内置3000种图书,每月将更新150种图书,极大地丰富了我镇群众的精神文化生活,提高了大家阅读积极性,增加了大家获取知识的途径与方法。镇文化事务中心为方便广大群众浏览及下载书籍,专门增添了一台无线路由器,免费提供无线WIFI以供大家使用。

2016年1月4日

纳古二组"百千工程"建设项目正在如火如荼的开展中,施工人员正在进行排水系统及活动广场作业。该项目是纳古镇"百千工程"的第一个项目,工程的建设有利于贯彻实施"百村示范、千村整治"推进美丽乡镇建设,进一步改善和提升纳古镇人居环境。项目于2015年12月27日开工,力争2016年4月30日竣工,工期4个月,总投资约80万元。工程主要包括活动广场改造和老年活动室修缮改造两个部分。

2016年1月5日

纳亮文大姑爷归真了,脑出血,53岁,寻甸人,上门女婿。

2016年1月6日

纳古中心小学开展了以"我爱红领巾 争当好队员"为主题的一年级学生入队仪式。仪式上,大队副辅导员马顺瑜老师宣布了入队新队员名单,六年级的老队员为一年级180名同学戴上了鲜艳的红领巾,使他们成为一名光荣的中国少年先锋队队员,当鲜艳的红领巾佩戴在他们的胸前时,新队员的脸上都洋溢着激动与自豪;仪式上聘请了一年级的7

位教师为一年级各中队的辅导员并由学校大队委同学将中队旗授给一年级各班班长；随后，一(5)班学生代表常倚恒发表了入队感言，表示一定好好学习，好好锻炼，严格要求自己，多做好事，让胸前的红领巾更加鲜艳。接着，校领导又做了重要讲话。最后，入队仪式在队员们"时刻准备着"的呼号声中圆满结束。这次庄严而隆重的少先队入队仪式，激发了全体队员加入队组织的荣誉感、自豪感和使命感，让每位队员明白：入队是人生道路上的一次新起点，是准备为共产主义事业贡献出一切力量的第一步，今后要牢记党的教导，把自己锻炼成为共产主义事业的接班人。相信我们的队员会继续继承和弘扬少先队的光荣传统，今后在学习和生活上有更大的进步。

2016 年 1 月 10 日

云南电视台《大口马牙·吃货两个伴》栏目组到纳古镇拍摄民族手工艺制品、清真特色美食。节目主要介绍纳古民族手工艺刀具的历史及制作过程；清真美食主要以纳古传统美食土锅炖鸡、冻鱼、红烧牛肉为代表，以纳古传统做法展示清真美食的独特魅力。此次拍摄以纳古独特的民族手工艺及清真美食为载体，展现纳古的"风土人情、民族文化、山水风光"。节目于1月10日19：00至20：00在云南电视台二台大口马牙栏目播出。

《大口马牙·吃货两个伴》是云南电视台的一档真人秀节目，该节目地方特色鲜明，自开播以来，以其轻松、风趣、幽默的风格在全省范围内赢得了众多粉丝。纳古镇是通海县回族人口中较多的一个乡镇，也是全省乃至全国都知名的一个回族聚居区，文化底蕴深厚，民俗工艺精湛，旅游资源丰富，还有各种特色美食。此次栏目组到纳古拍摄，对纳古的风土人情、民族文化都将起到良好的宣传作用，让更多人感受到不一样的纳古。

2016年1月11日

今早8点30分,清真寺小学班开班啦。纳古学校于2016年1月9日正式放假,收假时间:2月28日下午2点。每年假期,清真寺都要举办阿文学习班,早上两节8点30分至10点30分,下午一节底盖尔下拜至沙目时间。早上清真寺免费为24个班1000多学生提供品种丰富的早点,有米线、稀饭、包子、酱粑粑等,吃饱为主,不限量,为的是吸引更多的小孩子走进学堂学习教门知识。

2016年1月12日

纳古镇召开旅游文化小镇居民点改造规划初步方案征求意见会,云南省城乡规划设计研究院、纳古镇书记、镇长、规划中心、各村民小组领导参与了此次征求意见会。省城乡规划研究院就纳古镇旅游文化小镇规划中居民点改造部分,提出民居改造方案、农危房改造片区、建筑方案设计等初步方案,向镇、组领导征求意见,为下一步制订详细规划确定方向。镇、组领导提出以下意见:一是居民点建筑设计方案需围绕当地特色文化和生活习俗等规划,需符合旅游文化小镇建设特色;二是居民点改造规划需符合纳古旅游文化小镇整体规划,不能与整体规划相冲突;三是居民点规划如需占用其他用地,所占面积需具体核算出来,为下一步细化到村民小组的详细规划奠定坚实基础。

省城乡规划研究院将在镇、组领导所提出意见的基础上,进一步完善规划。下一步还将充分听取群众的意见和建议,使规划既符合旅游文化小镇建设要求,又符合纳古实际具备可行性。规划有群众基础,项目才能落实到位。

2016年1月13日

1月12日和1月13日,全面反映我省民族团结进步事业发展历程和成就的大型电视专题纪录片《一家人 过日子——云南故事》在中央电视台首播，分上下两集，约84分钟。

今晚上7点，纳古镇组织干部职工、号召群众收看《一家人 过日子——云南故事》纪录片下集。观看结束后，干部群众均意识到，民族团结对于一个地方的发展具有重要意义。回顾历史，纳古镇就有各民族团结互助的优良传统。700多年来，纳古与周围乡村各民族和谐相处，风雨同舟，共同发展。清朝咸丰、同治年间，清政府横直剿灭回族800里，在血雨腥风的年代，包括纳古在内的河西县东乡36营，回汉之间多次磋商，订立回汉互保同盟，共渡难关；明清时期、民国年代，也是回汉民族一起赶马经商；解放战争时期，纳古人民与周围同胞跟着共产党一起革命，"滇中回族连"成员绝大部分是纳古回族，为滇中各县区的解放做出了贡献；1949后，纳古人在党的领导下，与各民族共建和谐社会。党的十一届三中全会之后，在党的方针政策指引下，纳古人民充分发挥自己的聪明才智，积极发展个体私营经济，创办企业，并带动了周围乡村的发展，大家都富裕起来了，同时集纳了1万多外来劳务协作人员，向社会提供了大量的产品，向国家上缴税金最高年份达到3700多万。当然，纳古的发展离不开外来劳务协作人员和周围乡村其他民族的支持和帮助，原材料外进，产品外销，连每天的生活必需品都是周围其他民族提供，可以说一睁开眼睛就和其他民族打交道。因此，纳古人民群众充分认识到要像保护自己的眼睛一样维护民族团结的大好局面。

这部纪录片以"各民族都是一家人，一家人都要过上好日子"为主题，通过一个个鲜活的故事，形象地展现了中国共产党对待民族关系的基本立场和做好民族工作的主要途径，深刻反映了云南作为多民族边疆省份推进民族团结进步事业创新发展的理念、做法和特点。该片的摄制和播出，对于全省各地深入贯彻习近平总书记考察云南重要讲话精神、推动民族团结进步示范区建设具有重要的现实意义。

2016年1月14日

市民宗局沐爱斌局长率队到纳古镇视察二组"民族团结示范村"项目建设情况。二组"民族团结示范村"建设项目正在如火如荼的开展中，目前活动广场排水系统已完工，正在进行活动广场土地平整及土主寺围墙修建。

2016年1月15日

纳古镇再添一名县级民族民间工艺师。

为保护、传承和发展通海县民族民间传统文化，实施"文化和县"战略，推动文化大繁荣和大发展，促进通海文化建设和文化旅游产业发展，通海县人民政府授予纳古镇纳文超等10人"通海县第二批民族民间传统文化工艺师"称号。

连同此次获评"通海县第二批民族民间传统文化工艺师"称号的纳文超，至此，我镇已有省、市、县三级金属工艺大师称号获得者共4名，他们对于引领和推动我镇传统民族手工艺的传承和发展具有重要的作用。

据了解，今年通海县第二批民族民间传统文化工艺师评选活动，从全县评选出10名民间工艺师，范围涵盖金属、刺绣、雕刻、建筑等不同行业和领域。

2016年1月16日

由县民宗局牵头，组织县公安局、县安监、县消防大队、镇人民政府相关领导对纳古镇宗教活动场所进行年度安检。当日，检查了纳古镇纳家营清真寺、古城清真寺、古城新寺3个宗教场所的安全工作，在检查中，县级部门领导诚恳指出存在的问题和整改要求，确保宗教活动场所安全、无隐患。

2016年1月18日

为认真做好2016年森林防火工作，今天上午，纳古镇召开2016年森林防火业务培训会，邀请县林业局邱少文授课。镇领导干部、全体职工、各村村民小组领导共60余人参加培训。

结合纳古镇森林防火工作实际，镇长纳立凡提出三点要求：一是分析形势，提高认识，增强做好森林防火工作的紧迫感和责任感；二是明确任务，强化措施，扎实有效地做好森林防火工作；三是加强领导，齐抓共管，形成森林防火工作强大合力。副镇长马燕妮回顾2015年的森林防火工作，并对2016年的工作进行安排部署。

培训会上，培训教师邱少文为参会人员讲解森林防火的基本知识、掌握森林火灾预防和扑救技能，增强护林员工作职责，树立森林防火的工作理念，达到以人为本、科学扑救的目的。通过培训，大家对森林火灾防控和扑救有了基本的了解，为做好做实2016年我镇森林防火工作奠定坚实的基础。

2016年1月19日

经精心筹备，今日上午，在纳古镇政府会议室，纳古镇社会保障中心主办的通海县2016年创业培训（纳古）开班了！

这次"创业培训班"为期7天，全镇7个村民小组30余名20岁至40岁、有创业热情的学员参加了此次创业培训。据悉，参训的学员多为本地村民，本次培训课由玉溪市辰信职业培训学校讲师马艳老师主讲。

参加创业培训课可以帮助学员们确定是否具备创办企业素质和能力，产生创办企业想法，找出最适合个人情况的企业想法。马老师以新颖有趣的教学方法，指导学生探索自己是否能利用自身的能力和知识为社会提供产品或服务，共同进行头脑风暴，探讨周边环境和身处的地区内存在的创业机会。培训过程中，学生认真思考，积极参与，效果显著。课程还深入纳古镇情，把知识普及到每个学员身上。

本次培训班为学员们创造了宝贵的学习机会，帮助学员们树立正确的创业意识，指导他们如何选择创业项目，培养他们的创业素质，挖掘他们的创业潜力，激发他们的创业热情。

今后，我镇将继续加大对本地农民的创业培训力度，积极引导我镇就业困难人员创业就业。

2016年1月21日

三组组长合保华家儿子结婚，邀请全镇干部职工做客，席设三组公房，新媳妇是四组纳翠琼的侄女，大学生，席设四组公房，请客是老式请法，21号下午开始待送亲客，22号早上还有一顿，新式请法21号从早上就开始待送亲客，当天就结束了。

2016年1月22日

今天下午，我镇40余名企业离退休人员齐聚政府会议室，共庆一年一度的年拜会！全会由镇武装部部长张波主持。

会上，县社保局副局长吴焕丽向老同志们致以新年祝福，通报全县2015年社保离退休相关工作及成绩，并对离退休老工人的支持表示感谢。分管领导张波向老同志们全面介绍了我镇2015年度经济社会运行总体情况和近期中心工作、重点工作，并向老同志们予以诚挚的祝福，同时希望老同志们发挥余热，尽可能地为我镇的发展贡献力量。

各位老同志纷纷踊跃发言，对我镇一年以来所取得的各项工作成绩表示肯定，对社会部分热点、难点问题提出了自己的见解，对镇机关部分工作提出了建议、意见，对各级、各部门给予离退休老干部的关心表示感谢。

2016年1月26日

今天是高粱冲冬令营结业典礼的日子，我镇的二十几位家长早早地准备了孩子的零食踏上了去高粱冲的路程，各家都平安到达。每家交400元的伙食费（15天）。预计是1月27日举行结业典礼，也就是高粱冲圣节的正日子，但是天气骤然降温，还降雪了，导致圣节不能如期举行（买不到小菜），推迟到1月30—31日，由于天气原因，孩子们被提前接回家。在高粱冲冬令营的日子里，孩子们玩得非常开心，8个来自玉溪师范学院的大学生志愿者参加了此次活动，孩子们被分成7个组，由志愿者各带一组，活动内容开设得丰富多彩，有美术课、音乐课、体育课、书法课等，和在学校差不多，也是上午上4节课、下午上2节课，下午的课基本都是领着孩子们外出活动，像摘橄榄比赛、爬山、参观养牛场、手工制红糖等，让孩子们在玩中学，在学中玩。纳顺鼎捐了2000元的羊钱，让高粱冲的师傅买了一只羊领着孩子们去烤全羊吃，总之，此次高粱冲冬令营活动让孩子们体验了如何和同伴们相处，锻炼了他们的独立自主的能力。问他们回家后的最大感受就是：高粱冲之行，值！

2016年1月27日

今天上午，纳古镇召开宗教界、企业界代表座谈会，总结通报近段时间开展的系列工作情况，并就即将开展的部分重点工作听取各方意见。镇党委书记杨堂聪、人大主席马恒骧、镇长纳立凡、副书记陈申力、副镇长派出所所长张从国、武装部部长张波、3所清真寺教长、伊玛目、管委会成员、商会会长、副会长、企业代表等近40人参加了会议。会议由镇长纳立凡主持。

会上，镇党委书记杨堂聪就近段时间纳古开展的成立村委会、旅游文化小镇规划、企业转型升级、农危房改造、基础设施建设、美丽乡镇建设、民族团结示范镇申报等重点工作做了通报，并就下一阶段村委会领导选配、旅游文化小镇规划、企业转型升级、农危房改造、基础设施建设、民族团结示范镇建设等工作听取各方意见。镇长纳立凡做了补充汇报。副镇长派出所所长张从国对纳古的治安、禁毒等工作进行了通报。

参会人员首先对纳古镇党委、政府所做的大量卓有成效的工作给予了充分肯定；其次大家纷纷对纳古的发展建言献策：针对农危房改造工作，大家希望能够结合实际、因地制宜；希望政府积极争取项目，加强排洪系统、乡村道路、蓄水坝塘等基础设施建设；希望政府加强法治文化宣传、普及法律知识、提升人民的法律素质，营造全民学法遵法用法的良好氛围；同时对旅游文化小镇规划、企业转型升级、治理占道经营、环境卫生工作等提出了积极的意见和建议。

2016年1月28日

今天早上，县人大副主任钱秀琼等领导一行代表县委、人大、政府在春节来临之际，到纳古进行新春走访慰问活动，向我镇困难党员、群众及残疾人送上了新春的祝福和慰问金。

2016年1月31日

古城马维孝的妻子归真，患糖尿病多年，听说是家族病，盘溪人，现还健在的只有一个哥哥，其他的都是死于糖尿病、高血压。

2016年2月1日

马兴三的女儿结婚，新式吃法，早上就开始待送亲客了，下午正客，2月3日早上，新媳妇家接回门。

2016年2月3日

今早上，古城马维孝家4天起经筹客，由于3所清真寺已发过申明：死人不允许筹客，不允许大操大办，以前是人死了7天筹客，一般人家都宴请100桌以上的客人，更有甚者宴请三四百桌，听说他家今早有七八百桌客，吃粑粑丝。粑粑丝相对简单、方便点。

今天下午，副县长、公安局局长赵南方代表县委、政府在春节来临之际，率领县委统战部副部长华永伟、县民宗局局长祁跃红、副局长马瑞杰，在纳古镇党委书记杨堂聪的陪同下，对纳家营清真寺、古城清真寺、古城新寺的教长、清真寺管委会主任等宗教界人士进行了走访慰问，并同宗教界人士座谈。赵副县长要求，宗教人士要发扬爱国爱教的伊斯兰优良传统，共建纳古民族团结示范镇。同时向他们送上了新春的祝福和慰问金。

2016年2月4日

春节前夕，纳古镇文化事务中心按县文体广局要求对镇属范围内文保单位、名人故居等进行安全检查。本次安全检查由分管领导牵头，并邀请镇派出所、镇安监站工作人员一起联合检查。在检查中，对消防设备进行检查，对存在的问题提出了整改意见，确保各文保单位、名人故居等安全、无隐患。

2016年2月5日

春节前夕，在纳古一组篮球场上举行了一场激烈的篮球比赛，参赛双方为LM队和聚点队，经过激烈的比赛，聚点队惜败LM队，这是古城清真寺举办的春节篮球运动会的最后一场比赛，吸引了男女老少几百名群众到现场观战。比赛结束后随即举行了闭幕式，为期5天的古城清真寺春节篮球运动会结束。

此次篮运会是在镇党委、政府的支持下，由古城清真寺自发组织的广大青年篮球爱好者广泛参加的群众性体育运动，虽然回族群众不过春节，但是他们以自己的方式迎接春节的到来。篮球运动会，共17支球队200余人参加，队员由全镇广大青年篮球爱好者自由组合，没有组别、民族之分。虽然妇女没有组队参赛，但她们做好了有力的后勤保障工作，参赛队员的伙食费通过爱心人士向企业老板筹集资金，由一组的10余名妇女提供。通过运动会的举办，丰富了广大群众的节日文化生活，促进了篮球运动的普及，加强了民族团结交流。

2016年2月6日

镇上开展"关爱民生，寒冬送暖"活动，纳古六组的可艳芬家成为走访慰问的对象。可艳芬，是一名老环卫工人，已连续工作18年，为纳古的环境卫生做出极大贡献。2015年，可艳芬患严重疾病，一年内连续住院4次，不但病情没有好转，还给家庭经济带来极大的困难。在春节来临之际，镇上开展"关爱民生，寒冬送暖"活动，在镇领导的带领下，到可艳芬家进行走访慰问，同时给他们送去了棉被、棉衣、干部职工的捐款以及镇环卫站的慰问金，详细了解他们的情况，嘱咐家人照顾好病人，自己也要好好保重身体，有什么困难及时向镇领导反映。此次走访慰问活动，献上了干部职工的一片爱心，让困难群众度过一个温暖、祥和的新春佳节。

2016年2月12日

我镇春节运动会比赛继续进行。本次春节运动会从2月11日开始，至2月15日结束，为期5天，包括篮球和乒乓球两项比赛。今天上午篮球赛迎来的是聚点队和航凯队的比赛，相遇的两支球队实力强大且旗鼓相当，吸引了数百群众到场观看。尽管刮着大风，仍然挡不住人们的热情，赛场周围围满了前来观看比赛的群众。赛场上，只见队员们在努力奔跑，严密防守，精彩配合，巧妙抢断，不时地将比赛气氛推向高潮；赛场外，妇女们忘情地为自己喜欢的球队鼓劲加油，气氛异常热烈。当有意外跌倒发生时，队员之间拍拍肩膀相互安慰一下接着再来，完美地诠释了"友谊第一，比赛第二"的竞技精神。乒乓球赛同样精彩绝伦，参赛队伍球技高超。

纳古镇一贯重视体育工作，篮球、乒乓球、羽毛球、武术、自行车等群众性体育运动开展得丰富多彩，自办运动会更独具特色，特别是篮球运动作为纳古的传统体育项目更是深受广大群众喜爱，曾经成功举办过几届"狮山杯""海鸥杯"篮球赛，就在春节前，古城清真寺还成功举办了春节篮球运动会。此次由纳古镇党委、政府主办，纳家营清真寺和古城清真寺承办的春节运动会同样广受欢迎，共吸引到来自纳古及周边村镇的23支篮球队和7支乒乓球队参加，此次运动会旨在促进交流、增进友谊，加强民族团结，比赛将持续到2月15日结束。

2016年2月13日

我镇春节运动会乒乓球比赛落下帷幕。来自纳古及周边村镇的7支代表队的运动员在赛场角逐。比赛采用循环赛制进行，经过两天的角逐，下回代表队获得比赛第一名，乒乓球协会代表队获得第二名，志诚代表队获得第三名，ROOM队荣获精神文明奖。本次比赛，全体运动员努力拼搏，奋勇争先，赛出风格、赛出水平，严格遵循体育道德精神，比赛中尽展自强不息、勇往直前的精神，让在场观众深受感染，充满了对生活的热爱。

2016年2月15日

历时5天的我镇春节运动会胜利闭幕，经过多场激烈的比赛，最后子弹队摘下本次运动会篮球赛成人组冠军、king队荣获青少年组冠军，下回代表队荣获乒乓球赛冠军。镇党委书记杨堂聪、镇长纳立凡、纳家营清真寺和古城清真寺管委会领导出席闭幕式并为获奖代表队颁发了奖状和奖金。

本届篮球运动会自2月11日开始，至2月15日结束，历时5天，来自纳古及周边村镇的23支篮球队和7支乒乓球队参加了比赛。各队充分发挥"友谊第一，比赛第二"的竞技精神，顽强拼搏，奋力争先，赛出了风格，打出了水平，强健了体魄，促进了交流，增进了友谊，同时丰富了群众的节日文化生活。运动会期间，妇女姐妹做好了最忠实的啦啦队，从开始至结束她们没有落下任何一场比赛。啦啦队的参与，展示她们与活动参与者之间的凝聚力、向心力和亲和力，给人人气很旺的感觉，在心理上给活动参与者莫大的支持，烘托了现场气氛，热闹了场面。

2016年2月16日

自从红嘴鸥飞临纳古做客以来，海鸥受到了群众的热烈欢迎。人们在惊讶和新奇中，奔走相告，闲暇时间带着亲人朋友到纳古看海鸥成了人们的新选择。特别在春节期间，每天都有数千来自各地的人到纳古赏鸥喂鸥。

春节期间，游客车辆都停到小海湿地公园外的道路上，其中不乏外地车辆。湖边人流如潮、热闹非凡，许多人都是慕名专程来看海鸥的。一群群游客聚在一起，有的拿着面包喂海鸥，有的观看，有的拍照。因为人们的热情，海鸥也越聚越多，上千只海鸥成群结队，有的在湖面上嬉戏，有的高旋在人们头顶接受人们投喂面包，大家玩得不亦乐乎。为保证节日期间不因游客数量陡然激增而造成安全隐患，纳古镇派出所民警及镇政府值班工作人员在景点处值守巡逻，并引导游客按次序喂食海鸥，既保证了节日期间的安全秩序，也让游客有一次愉快的旅行。据估算，春节期间共有上万人到纳古赏鸥喂鸥。

2016年2月17日

2月14日至17日期间，通海县政协十届四次会议召开，纳古镇11名市、县政协委员和4名列席人员参加了会议。

会议期间，纳古镇政协委员分别参加了6个界别小组的讨论活动，听取和审议了县政协常委工作报告和提案工作情况报告，协商讨论了县政府工作报告、法检两院工作报告和其他报告。讨论中，委员们还结合各自的工作实际，对扎实推进协商议政、服务经济社会发展、保障和改善民生等话题参政议政，建言献策，并就"加强杞麓湖北岸纳古镇小海湿地公园基础设施建设""建设回族公墓"和"加强民族团结交流"等撰写了提案，充分体现了政协委员政治协商、民主监督、参政议政的职能。

会议结束后，政协委员提出，镇政协学习活动组要积极组织学习活动，深入开展调研视察，广纳群言、广集民智，增进共识、增强合力，为纳古实施"生态立镇、工业强镇、旅游兴镇、文化和镇"战略积极建言献策，为推动全镇经济社会发展提供大力支持。

2016 年 2 月 18 日

为切实提高流动人口基本公共卫生计生均等化服务水平，促进流动人口社会融合。近日，在县卫计局的组织带领下，镇计生所深入纳古镇人口密集的流动人口区域开展流动人口关怀关爱活动，拉开了"人口流动 健康同行"活动的序幕。

一行人深入 10 户家庭中，与他们亲切交谈，仔细询问他们的身体、生活、小孩入学等情况，感谢他们一直以来对计生工作的支持与配合，征求他们对计生工作的意见和建议，并为每户家庭送了一袋米和一桶油。

此次活动在送上温暖的同时，也送上党和政府的关怀和祝福，进一步加强了政府与群众的密切联系，有效促进了纳古镇的和谐与稳定。

2016 年 2 月 19 日

为广泛开展优秀传统文化活动，丰富春节期间群众精神文化生活，营造欢乐喜庆、祥和文明的节日氛围，镇妇联配合党委、政府组织开展了丰富多彩的系列活动。

（1）广泛开展群众性文化活动。一是按照上级部门要求做好"三下乡"活动，为群众送书、送法律、送卫生计生、送安全环保知识，更送上了新春的祝福和温暖，受到了群众的热烈欢迎；二是开展篮球运动会和春节运动会。古城清真寺和纳古镇党委、政府分别举办了规模不等的篮球运动会和春节运动会，吸引到 40 支篮球队和 7 支乒乓球队参加，几千群众到场观看，促进了民族团结和交流。

（2）精心组织送温暖献爱心活动。一是镇机关开展寒冬送暖活动，共收到525元现场捐款，连同镇环卫站的500元慰问金及棉被棉衣送到病重老环卫工人可艳芬家人手中；二是配合市统战部、副县长走访慰问宗教界人士，配合县纪委走访慰问困难党员、老乡干部，配合县侨联走访慰问困难侨眷，配合县卫计局走访慰问流动人口；三是对老地下党员、困难党员、老乡干部和特困户、残疾户和优抚对象进行了走访慰问并发放各类慰问金2万余元；四是组织召开退休老干部和企业退休人员春节年拜会、宗教界和企业界人士座谈会，向他们送上新春祝福。

（3）努力营造浓厚氛围。充分利用广播、黑板报等传统方式和网络、微信等新兴媒体进行传播，提高广大群众的知晓率和参与度。

纳古的群众因为民族风俗的关系虽然不过春节，但纳古人却在以自己的方式参与春节，通过组织开展系列活动，让群众度过了一个祥和美满的节日，增强了全镇的影响力和凝聚力。

2016年2月22日

纳绍伟的长子和纳跃义的女儿结婚，两人都曾经历过不幸的婚姻。

2016年2月24日

为提高社区服刑人员的就业能力，增强他们回归社会的信心，纳古司法所组织本辖区内符合条件的2名社区服刑人员参加了纳古镇社保中心开展的创业和劳动技能培训。

培训以创业意识的形成、创业计划的制作和模拟演示企业经营管理等理论知识为主，宣传了我县就业、创业相关优惠政策，培训合格后，符合条件的人员可以申请一次性小额担保贷款10万元，享受两年免息补贴。同时还指导其准确做好市场定位，明确自己目标，理性规划自己的职业生涯，鼓励和扶持社区服刑人员成为创业者。

此次创业和劳动技能培训,为社区服刑人员提供了一个提高自身劳动技能和就业能力的机会,一系列优惠政策更是激发了社区服刑人员积极改造的热情,增强了他们悔过自新、回归社会的信心和决心。

2016 年 2 月 25 日

纳古镇认真筹备,积极参加了 2 月 22 日至 28 日举办的通海县第十六届迎春花街,借此平台很好地展示了我镇的风采,向外界宣传和介绍了纳古。

在花街期间,纳古花街展览设花桩、盆景工艺茶刀和铁艺四个展位,充分展示具有纳古镇特色的花卉和工艺品。古朴苍劲的树桩、造型别致的盆景,省级工艺大师纳文鹏手工制作的精美工艺茶刀,县级工艺大师纳文超锻造的典雅铁艺,独具纳古特色的文化商品,展示纳古丰富的文化旅游资源,吸引着游客纷纷驻足留影拍照,为花街增添风采。乡镇简介和纳古宣传册、《纳家营》杂志则很好地向外界宣传和推介了纳古旅游文化小镇,带动了纳古旅游业的发展。

2016 年 2 月 26 日

近日,纳古镇积极宣传《中国公民民族成分登记管理办法》。该办法已于 2015 年 5 月 20 日国家民委第 5 次委务会议审议通过,并经公安部同意,以国家民委和公安部令(第 2 号)于 2015 年 6 月 16 日发布,自 2016 年 1 月 1 日起施行。

2015 年末,纳古镇总人口为 9169 人,其中回族 7377 人,汉族 1547 人,彝族等其他民族 52 人,回族人口占户籍人口总数的 82%,是一个以回族为主体,由汉族、彝族、哈尼族、白族、壮族等多个民族组成的建制镇。纳古镇通过会议传达学习、广播、发放宣传资料等有效形式进一步提高少数民族群众对这一政策精神的认知和理解,及时提醒目前符合民族成分变更条件又还未进行变更的群众,如有需要,及时办理办结，以避免工作不到位带来的矛盾问题，确保新政策能够平稳有序地贯彻执行。

2016年3月1日

纳古二组"民族团结示范村"建设项目正在有条不紊的开展中，目前活动广场硬化及围墙已完成80%的工程量，土主寺完成70%的修建工程。该项目是纳古镇"民族团结示范村"的第一个项目，工程的建设有利于推进纳古团结进步示范镇建设，进一步改善和提升纳古镇人居环境。项目于2015年12月27日开工，力争2016年4月30日竣工，工期4个月，总投资约80万元。工程主要包括活动广场改造和老年活动室修缮改造两个部分。

2016年3月2日

为了提高农民的科学种田水平，推广应用先进的栽培技术，带动全镇水稻种植向优质高产、高效、产业化生产方向发展，在市农科院、县农技站的大力支持和指导下，今天上午，我镇农技农机站举办了一期水稻栽培技术培训班。镇农技员、村农科员及种植户52人参加了培训。

培训班上，市农科院及县农技站的专家运用多媒体授课，结合我镇实际，从如何选择适合我镇种植的优良稻种，根据节令适时浸泡谷种、耕整田、播撒育秧、插秧、病虫害防治、科学施肥、科学施用农药、确保粮食安全生产等进行了深入浅出的讲解，内容实用，通俗易懂。现场学习气氛浓厚，参训学员认真听讲，并就专家所讲的内容进行热烈的讨论与交流，大家都十分珍惜这次难得的学习机会。

该培训班的举办，让参训学习的52名农民学员饱尝了一场水稻栽培"科技大餐"，同时有力推进了纳古农业科技发展，为今年的粮食增产增收打下了扎实的基础。

2016年3月4日

在三八妇女节来临之际,为大力弘扬中华民族尊老爱老、互帮互助传统美德,将党和政府的温暖送到贫困妇女家中,把妇联干部的牵挂和关爱送进妇女的心坎里,我镇妇联积极筹措资金,开展了关爱贫困妇女走访慰问活动。

为确保此次活动的公正、公开、透明,镇妇联前期安排妇代小组长们在组内进行摸底筛选,形成慰问名单后镇妇联将慰问名单放在宣传栏内进行公示,辖区内居民对名单无异议后才走进社区进行慰问,以确保慰问金送到最迫切需要的姐妹同胞们手中!

本次共走访慰问患心血管、癌症等重病妇女,丧偶妇女,高龄困难妇女,残疾妇女等贫困妇女共计14名,共计发放慰问金2800元,并为她们送去了慰问品和节日祝福。走访慰问中,每到一户,镇妇联工作人员都与她们亲切攀谈,给她们送上代表我镇妇联心意的200元慰问金,一方面详细询问生产生活情况和现实困难,摸底了解各组妇女敬老爱老、赡养老人情况,掌握最真实的"妇情民意";另一方面认真倾听妇女的心声和诉求,了解发展所需,以及对镇妇联工作的意见和建议,为促进2016年工作打开了新思路。

2016年3月7日

经过通海县委宣传部、县文产办、县文化局共同组织市、县有关专家,对参评"通海县第二批民族民间传统文化工艺师"民间艺人的从艺经历、艺术修养、制作技艺、作品特色、生产前景、带徒能力等方面进行严格评审,我镇纳文超被评为"通海县第二批民族民间传统文化工艺师",于近期获得了命名授牌。目前,我镇已有省级工艺师1人、市级工艺师1人、县级工艺师2人,形成了纳古镇民间工艺品产业发展的领头羊,为打造纳古民族民间工艺品牌、促进纳古特色文化产业发展提供了强有力的人才保障和支持。

2016年3月8日

三八妇女节这天，残疾人李国选大爷满怀感激地向纳古派出所送来一面印有"破案神速，为民服务"的锦旗，以表达对派出所快速破案，帮其找回被盗现金的感激之情。

据悉，纳古二组李国选是一名残疾人，在纳古镇创新路开设一个小卖部。2016年3月1日上午11点左右，李国选的小卖部被人闯入，盗走其放在抽屉钱包里的现金1400余元。接到报警后，纳古派出所的民警快速出警，勘查现场，并调取案发地周围的监控设备记录。在锁定1名犯罪嫌疑人之后，民警立即对周围人员进行走访调查，了解到犯罪嫌疑人平时在纳古镇拉货。通过周密部署，民警迅速将嫌疑人李某抓获。经查，李某于2016年3月1日上午像往常一样拉完货，在回家的路上，路经创新路李国选的小卖部想买包烟，当时小卖部没人，李某环顾四周发现老板在四五十米处玩，于是趁老板不注意就将小卖部抽屉钱包的1400余元现金偷走。目前犯罪嫌疑人李某已被刑拘。

李国选大爷真诚地说："真没想到我的钱这么快就被找回来了，太感激你们派出所的民警了，你们真是为民服务的好干警。"

2016年3月9日

我镇第一村民小组中摆田防洪沟位于古城清真寺东北边，属于防洪大沟上段，涉及镇第一、二、三、四村民小组耕地面积800亩，户数1790户，人口5269人。江通路、李坡脚沟、猪山坡片区雨水均汇集于防洪沟。中摆田防洪沟段沟渠断面狭小加之为土沟，难以满足排洪灌溉，雨季到来时农作物受灾严重，且严重影响中摆田片区农户生产生活及周边村庄安全。为解决片区农户生产生活及周边村庄排灌问题，镇属相关部门多次到实地查看，同村组干部群众共同商量解决办法，积极争取上级部门支持。2016年初，经过多方努力，在前期工作准备充分的条件下，决定对中摆田防洪沟段进行修建，采取M7.5浆砌石三面光沟渠支砌，沟渠长 260 米，渠断面 1.8 米 ×1.5 米，支砌石方 1864 立方米，经初设预算，项目总投资 45.8 万元。

目前，沟渠修建前期工程正在实施，已完成部分沟渠基础铺设。工程建成后可彻底解决排灌农田面积 800 亩及沟渠周边村庄安全的问题。

2016 年 3 月 10 日

为响应上级关于开展学雷锋志愿服务活动的号召，镇妇联联合镇团委开展了一次以"保护杞麓湖 珍爱白精灵"为主题的生态环保志愿服务。

近年来，随着杞麓湖生态环境的不断改善，每年到纳古小海湿地公园过冬的红嘴鸥达 5000 余只，吸引了周边数万人到纳古观鸥，小精灵给我们留下了许多美好的瞬间！与此同时，也有一部分抓鸥、虐鸥等不文明行为在我们中间发生，这对海鸥的生存造成了严重的威胁。同时湖面上漂着的垃圾触目惊心，对我们的母亲湖造成了一定程度的破坏。保护杞麓湖、珍爱白精灵成为纳古亟待解决的问题。近期随着气候变暖，海鸥陆续迁回，喂食海鸥的人逐渐减少，故此纳古镇妇联、团委及时开展了此次生态环保志愿服务。

上午 9 时，组织召集巾帼志愿者、团员青年 30 余名，到小海湿地公园进行横幅签字及喂海鸥，本次活动共喂食鸥粮 40 份，吸引了周围群众共同参与。以此呼吁纳古妇女、团员青年从自己做起、从身边做起，身体力行争当生态文明建设排头兵。

纳古镇发出倡议：美好的家园需要你我共同守护；美丽的杞麓湖需要你我共同爱护；可爱的小精灵需要你我共同保护。让我们携起手来，倾一份心、尽一份力，共建美丽纳古！

2016 年 3 月 11 日

今早晨礼结束后，听清真寺广播通知郑营归真。死者是嵩明人，原是外教人，随伊斯兰教已有 10 年，刚来纳古时帮纳光存管理炼钢厂，此人很有本事，待遇非常高，堪称老板的左膀右臂，还在纳古买了块地，由于此人患肺病后转化成肺癌，加之近几年生意不好做，纳光存也就把此人辞退了。这些年几十万的积蓄也因治病花光了，现在仅靠妻子租田栽韭菜维持生计，韭菜的销路全仰仗好心人纳爱媛的宣传、帮忙，纳家营的米线馆几乎都和郑营媳妇拿韭菜。

2016 年 3 月 12 日

森林防火已进入高火险期。日前，我镇通过广播宣传、发送资料、粘贴公告等方式，全面做好群众防火教育工作。

近期，随着气温快速回升和风速加大，森林火险等级快速升高。为做好做实高火险期森林防火工作，我镇积极采取措施，全面提升森林火灾的防控能力。一是明确防火责任，落实领导带班制度，确保各防火卡点每天都有专人值守；二是对进山路口、重点区域，安排专人把守，加强火源管控，杜绝带火源进入林区；三是落实 24 小时值班人员备勤制度，坚守森林防火一线，及时通报信息；四是合理安排好应急扑救力量，备全物资装备，时刻做好准备工作。

今年，我镇继续加大防火人员和设施投入，成立专门的护林防火队伍，同时配备风力灭火机、动力喷水灭火机、油锯、二号工具等设施及购买人员服装，以便在森林火灾发生时，能在最短时间内做出应急处理，达到最佳灭火效果，确保森林防火安全。

2016 年 3 月 13 日

纳古镇按照县委相关会议精神，在县工作小组的精心指导下，有序推进镇党委换届选举工作。

2 月 29 日至 3 月 8 日，镇上先后召开 3 次党委会，专题研究换届选举工作，制订了《中共纳古镇委员会关于认真做好 2016 年党委换届工作的实施方案》（纳发〔2016〕4 号）和《关于成立纳古镇 2016 年党委换届选举工作领导小组的通知》（纳发〔2016〕6号）。该方案指出党委换届选举的重要意义、指导思想、主要任务及时间安排和方法步骤，为做好换届选举工作提供有力的思想保障和组织保障。镇党委成立了以镇党委书记杨堂聪任组长，镇人大主席马恒骧、镇长纳立凡、镇纪委书记周锁明、镇党委副书记陈申力任副组长的领导小组，领导小组下设文秘综合、宣传、信访处理、督导、党代表资格审查、工作指导6个工作小组，负责换届选举的日常工作。

3月初，镇党委在县委组织部和县纪委工作指导组的关心指导下，圆满完成组织推荐后备干部、组织谈话等相关工作。3月8日全镇领导干部、各党支部书记、支委和各村民小组组长召开了镇党委暨村级组织换届动员及业务培训会，认真学习贯彻全国、全省、全市、全县换届工作会议精神，动员部署我镇党委和村级组织换届工作。动员会的召开，为选出忠诚干净担当的好干部、配出结构优功能强的好班子奠定坚实的思想基础和组织基础。

目前，镇党委认真做好党代表大会的筹备工作，有序推进换届选举工作。

2016年3月15日

我镇党委杨书记和纳镇长在华宁县李副县长和工信局普局长的带领下，深入华宁工业园区考察调研纳古外迁企业华宁康宏球团公司的发展情况。

据公司董事长马存康介绍，华宁康宏球团公司是纳古镇第一批外迁企业之一，2012年投资1.5亿元到华宁工业园区落地建厂，2013年投入使用，2015年实现利税1000万元，现厂内职工160余人，公司在华宁县委、政府的关心支持下，日益发展壮大。同时，马董事长就纳古镇党委、政府对外迁企业的关怀和重视表示衷心的感谢！

镇党委杨书记、纳镇长在充分肯定外迁企业自强发展的同时，还就纳古工业的转型升级及集镇建设等方面的工作和华宁县李副县长、工信局普局长进行了亲切的交流和探讨，为纳古镇下一步的发展指明了方向。

2016年3月16日

为进一步加强对青少年的思想引领，培养青少年从小树立遵法守法的意识，纳古派出所联合镇综治办、团委、妇联等部门，共同开展了一次有声有色的法律宣传进校园活动。

今天上午，普法宣传队走进纳古镇中心小学，向小学生发放法律宣传单，讲解展板内容，对禁毒、消防安全、公路养护、反邪教等法律知识进行讲解，面对面向小学生讲授辨认毒品的方法及一些最基本的安全防范常识和应对策略，并提醒大家遇到可疑情况的处理办法。

此次活动，共发放宣传资料200余份，安放展板20余块。此举增强了小学生的法律意识，并通过小学生向其家人进行了法律宣传，提升了广大群众利用法律武器维护自身合法权益的能力。

2016年3月17日

今天，纳古镇各村民小组、机关、非公企业和天方公司共计10个党支部先后召开党员大会，选举出席中共纳古镇第十一次代表大会代表。

自3月8日我镇召开镇党委暨村级组织换届动员及业务培训会后，各支部在镇党委的指导下，严格按照换届选举日程及相关规定，结合镇党委分配的代表名额和结构比例，在充分酝酿和听取多数党员意见的基础上，先后提出代表候选人推荐人选、初步人选和预备人选，进行考察并报镇党委审批。今天，各支部按照镇党委审批意见和既定议程，在镇换届工作指导组的指导下，顺利选举出了出席中共纳古镇第十一次代表大会代表。正式代表的选举产生，为纳古镇顺利召开第十一届党代会第一次会议奠定了坚实基础。

下一步，纳古镇将严格按照镇党委换届选举工作日程开展会议筹备工作，确保镇第十一届党代会第一次会议顺利召开。

据悉，为顺利完成镇第十一次党代会代表选举工作，镇党委多措并举，加强领导，扎实推进。一是加强领导，成立换届选举工作领导小组，细化分工，明确职责，做到层层落实责任；二是强化指导，在党代表选举前，联系领导到各支部进行指导，集中学习换届选举相关规定及办法，确保严格按照程序及要求选出代表；三是强调纪律，自换届选举工作启动以来，我镇党委始终强调纪律问题，利用多种宣传方式学习中央、省、市和县关于换届纪律相关文件精神，提高换届纪律的知晓率，强化自律，筑牢严守纪律的思想防线，营造良好的换届选举舆论环境。

2016 年 3 月 18 日

近年来，受钢铁市场持续低迷、房地产市场用钢量大幅下降、市场需求严重萎缩等多重因素影响，纳古钢铁行业亏损严重，企业破产、倒闭不断出现。2016 年，在国家供给侧结构性改革、钢铁去产能等重大政策的影响下，纳古镇钢铁企业的生产经营越发艰难。

按照稳增长、促转型，实现经济社会跨越式发展的要求，为确保纳古经济有序发展，社会持续稳定，确保各项工作顺利进行，完成年初县委、政府下达的各项经济指标任务。纳古镇党委、政府决定对镇属钢铁企业做地毯式的走访，挨家挨户进行详细调查了解，俯下身子去倾听企业厂家的心声，了解企业目前存在的困难、以后的发展思路、需要镇党委、政府提供什么帮助以及如何避免因经济不景气而引发的各类矛盾纠纷等。在调查走访的基础上，镇党委、政府能更准确地对纳古企业的生产经营现状、债权债务情况、土地利用情况、产品结构情况进行重新定位，更有效地采取工作措施，实事求是，解放思想，通过"走出去、请进来"等方式帮助企业解决思路不广、眼界不宽、重复投资、同质发展的问题，帮助企业提质量、保存量、降成本，引导和鼓励企业加快技术改造和创新，优化产品结构，延伸产业链，增强企业竞争力，推进工业企业转型升级，谋求纳古跨越发展新的机遇路径。

走访活动自3月初开始，截至目前已走访企业近60户。

2016年3月19日

今天上午，消防官兵们走进纳古小学，通过展出展板、发放宣传画册等形式，举办了一场消防安全宣传教育"进学校"活动。纳古镇妇联也积极参与其中，向小朋友们讲解火灾常识，发放宣传资料。

活动中，给小朋友们普及讲解火灾的危害、报火警流程、火场自救逃生等消防安全知识。纳古镇妇联也温馨提醒大家：火灾固然可怕，但只要我们具备了足够的消防安全知识，在日常生活的用火用电中多加防范，我们就可以降低和避免火灾事故的发生！

2016年3月20日

今天，县委副书记魏德锦到纳古镇调研换届工作，纳古镇党委书记杨堂聪、镇长纳立凡以及相关班子成员参加了调研工作会。

会上，杨堂聪就当前镇、村两级换届选举工作情况做了汇报：结合实际，镇党委、政府抓好两个统筹确保换届工作的开展，一是统筹镇、村、组三级换届工作，确保三级换届按照时间、程序要求圆满完成；二是统筹好换届工作与当前中心工作的关系，镇相关工作人员各司其职，在换届工作筹备开展的同时抓好企业普查、护林防火、环境卫生整治以及项目建设推进等，确保两不误。目前，全镇党支部党员代表选举工作已经顺利完成，镇党代会计划于3月29日、30日召开。此次换届工作中、纳古镇的重点和难点为要选举成立村一级的三委班子，目前群众参与性、积极性都很高，镇党委、政府工作组加强换届纪律和法律法规宣传指导，确保选举工作的顺利进行。

魏德锦听取汇报后对纳古镇换届工作开展情况表示肯定，并对下一步工作提出三点要求：（1）镇党委、政府要做好民意调查收集，可以结合当前开展的企业普查工作听取企业关于换届、选举工作意见，及时收集整理民意；（2）镇党委、政府监督严肃换届工作的纪律和程序，确保选举出有代表性的、有公心能做事的人；（3）新选举产生村委会以后，要处理好村委会与清真寺管委会的关系，做到两者各司其职、互相促进、共同发展。

2016年3月22日

按照县委、政府今天上午召开的通海县森林防火工作紧急会议安排，我镇于下午6点召开紧急会议，分析当前森林防火工作形势，并对近期，特别是清明节期间森林防火工作进行再安排、再部署。镇长纳立凡，林业站站长旃长林、二组、六组领导和镇护林员参加了会议。

镇长纳立凡传达了通海县森林防火工作紧急会议精神及通报了县监察局对前期森林防火工作的督查情况。同时强调，要进一步加强工作，特别是清明节期间要重点加强森林防火工作。一是要做到宣传到位，要发动广大人民群众参与森林防火，营造森林防火良好氛围。二是要做到管理到位，进一步加大巡山护林力度，要落实看护人员，严防死守，尽力避免火灾发生，确保安全度过森林火灾高危时期。三是清明节期间，对入山人员、车辆严格检查和登记，代管火种；对聋哑痴呆等人员重点监护；对重点区域重点巡查。四是要做到责任到位，各位护林员要各司其职，恪尽职守。五是各护林员、巡山人员要注意自身安全，确保森林防火信息渠道畅通无阻，加强信息报送和应急值守，确保指挥调度及时有效。

2016年3月27日

近日，纳古镇旅游文化小镇规划初步方案征求意见，云南省城乡规划设计研究院、县住建局、纳古镇相关领导班子、规划中心参与了此次征求意见会。省城乡规划设计院按照镇党委、政府提出的"一个核心，四个支撑"的规划工作思路，对纳古镇进行深入而细致的调研，分析其在产业发展、城镇建设、环境保护、人文景观等方面存在的问题。从产业转型、空间转型和形象转型三方面明确转型的方向和策略，并分类制订具体的行动计划，重点围绕文化旅游产业的发展，贯彻和落实"十三五"规划发展目标，从产业发展、交通建设、公共服务、人居环境提升四个方面，制订了旅游文化小镇规划初步方案，向县、镇领导征求意见。

会上提出以下意见：一是旅游文化小镇规划须在县级相关规划范围内进行，要进一步与县级规划充分衔接挂钩；二是规划还需要进一步听取村组领导和群众的意见和建议，使规划既符合旅游文化小镇建设要求，又具有群众基础，保证项目的实际可行性。

下一步，省城乡规划设计院将根据反馈意见对方案进行修改完善，最终提交成熟的规划评审成果。

2016年3月28日

今天，我镇妇联召集各组妇代小组长，就2016年妇联贷款工作进行安排部署。

会上，镇妇联主席纳瑞媛向各组妇代小组长传达了通海县妇联贷款工作会议的精神，分别讲解了2016年度妇联小额贷款的基本内容、扶持对象、基本要求等，并将县妇联下达的指标分配到各个小组。据悉，本次贷款工作县妇联给纳古下达的指标分别是：贷免扶补22名，小额担保贷款17名。两项无息贷款预计将为我镇39户创业户带来390万元的资金，帮助心怀创业梦想的妇女同胞们实现创业梦！

近几年来，贷款工作是妇联的常规工作，我镇妇联一直坚持公平、公开的原则，保证资金流入实际需要的妇女同胞们手中！

2016年3月29日

今天，中国共产党纳古镇第十一次代表大会隆重召开。59名镇党代表、30余名列席人员参加了此次大会,县委常委、纪委书记刘世伟,县政协领导、县委指导组有关领导列席会议并指导工作。

上午10时,伴随着庄严雄壮的国歌声,大会正式拉开帷幕。杨堂聪同志代表中国共产党纳古镇第十届委员会向大会做了党委工作报告。报告全面总结了纳古镇5年来的工作情况及取得的成绩,充分肯定了中国共产党纳古镇第十届委员会的工作,分析了新阶段面临的挑战和机遇,明确了今后5年全镇经济社会发展的指导思想、发展目标和主要任务。

李国兴同志代表中国共产党纳古镇纪律检查委员会做了纪委工作报告。报告回顾总结了过去5年我镇党风廉政建设和反腐败工作,提出今后5年将坚持全面从严治党、依规治党,坚定不移推进党风廉政建设和反腐败斗争,为顺利实现纳古镇"十三五"规划提出的各项目标任务提供坚强有力的纪律保证。

会议指出,2011年以来,纳古镇深入实施"生态立镇、工业强镇、旅游兴镇、文化和镇"四大战略,正确处理改革、发展与稳定的关系,努力战胜各种困难,狠抓各项工作落实,保持了纳古经济平稳发展和社会和谐稳定。

会议确定了今后纳古镇的工作重点:加快转变发展方式,提高经济发展质量;深度挖掘特色资源,增强特色文化旅游吸引力;推动基础设施建设;促进社会事业发展;全面加强党的建设。以"工业企业转型升级、旅游文化品牌打造、农村危房改造工程、基础设施建设"四个方面作为支撑,真正把纳古打造成为一个生态环境优美、旅游发展成熟、产业结构合理、人民生活富裕、社会和谐稳定、民族宗教和顺的旅游文化小镇。

会议号召,全镇广大党员干部和各族人民群众要在中央和省、市、县委的领导下,在新一届党委班子的带领下,团结一心,抢抓机遇,开拓创新,奋发图强,为实现纳古跨越发展、建设美丽纳古而努力奋斗!

2016年3月30日

中国共产党纳古镇第十一次代表大会胜利闭幕,这次大会是在纳古镇"十三五"开局之年召开的一次承前启后、继往开来的重要会议,是纳古镇广大党员和人民群众政治生活中的一件大事。会议圆满完成镇第十一届党委、纪委换届选举工作,并选举产生出席县第十二次党代会的代表。

会议审议通过了镇党委工作报告和镇纪委工作报告。大会采用无记名投票、差额选举的方式,选举产生了新一届镇党委委员9名、纪委委员5名和出席中国共产党通海县第十二次代表大会代表7名。在新一届纳古镇纪律检查委员会第一次会议上,李国兴同志当选书记,常敏同志当选副书记。在中国共产党纳古镇第十一届委员会第一次会议上,杨堂聪同志当选书记,纳立凡、陈申力同志当选副书记,在镇党委十一届一次全会上还通过了镇纪委一次全会选举结果。

至此,纳古镇第十一次党代会圆满完成了各项议程。

2016年3月31日

纳古镇第五届人民代表大会第四次会议召开,镇人大代表有47人,还邀请镇工作人员、主要企业负责人等列席人员87人参加了会议。县人大常委、人大副主任钱秀琼,县政协秘书长刘正鹏列席会议并指导工作。

会上,镇党委副书记、镇长纳立凡代表镇人民政府做《政府工作报告》,报告回顾了"十二五"期间和2015年的工作情况,提出"十三五"时期的发展目标,明确2016年纳古镇将重点从完善基础设施建设、开展产业建设、优化人居环境、加强法治建设、突出民生建设、转变政府职能6个方面开展工作。

党委委员、人大主席马恒骧代表镇人民代表大会做《人大主席团工作报告》,提出镇人大主席团要坚持以邓小平理论、"三个代表"重要思想和科学发展观为指导，坚持党的领导、人民当家做主和依法治国的有机统一，切实增强监督实效，发挥代表作用。

与会代表分4个小组对两个报告的内容进行了分组讨论，代表们紧紧围绕中心工作和人民群众生产生活的热点问题展开讨论，对两个报告提出建议和意见，会议共收到代表建议和意见20余条，切实体现了人大代表为人民服务的情怀。

会议全票通过了《政府工作报告》《人大主席团工作报告》，为纳古镇2016年的工作明确了新目标，为工作开展提供了坚实的组织保障。

2016年4月1日

今天上午，秀山医院组织医生到纳古镇开展义诊，镇妇联、团委工作人员提前宣传，做好组织安排，义诊吸引了纳古镇群众积极参与。

此次义诊主要就慢性病、内科、外科、妇科、儿科的疾病提供诊治和咨询，设有专人给到场咨询或就诊的群众免费测量血压、血糖，对测量结果进行记录并反馈到个人。

义诊活动中到场咨询及就诊的群众主要以中老年人为主，针对老年人普遍存在血压偏高的现象，对于血压偏高的群众，医生当场给予就诊、饮食建议并对其并发症进行相关的讲解，让群众了解高血压的危害及防治，提高群众对高血压病的认识。

今天下午2点30分，纳古中心小学三至六年级的优秀少先队员代表以及学校大队委的全体成员在党员教师、团教师的带领下，100余人来到通海烈士陵园开展"缅怀革命先烈，弘扬爱国精神"清明节扫墓活动，缅怀那些为了人民解放、祖国富强而献身的革命烈士们。

活动开始，孩子们首先向革命烈士献上少先队员最崇高的队礼；在庄严、肃穆的氛围中聆听了党支部副书记纳雪梅老师的讲话，了解革命烈士先进事迹，缅怀革命烈士的丰功伟绩；副大队长马伊莎代表队员们发言表决心；鞠躬默哀寄托我们的哀思，并向烈士墓敬献了花篮；全体少先队员在大队长合伊宁的带领下重温入队誓词："我们要继承革命先烈遗志，发扬革命传统，谨记党的教诲，树立远大理想"，何文平副校长在烈士纪念碑前带领全体师生庄严宣誓；少先队员们用最响亮的呼号声为今后的努力拉响航行的鸣笛。

一定不辜负烈士们的遗愿，踏着烈士们的足迹奋勇向前，为祖国的强大和社会的和谐做出应有的贡献。活动最后，全体少先队员绕烈士纪念碑一周，聆听大队辅导员徐正艳老师讲述那段沧桑沉重的往事，活动在庄严肃穆的气氛中结束。

此次活动，不但缅怀了先辈业绩，祭奠了烈士英魂，还对全体少先队员进行了一次深刻的思想教育；使队员们更加深刻地明白了，如今幸福的生活是来之不易的，而作为当代少先队员，要从小学习做人、从小学习立志、从小学习创造，将来回报社会，这样才是对烈士们最好的回报。

2016年4月2日

今年纳古镇新成立纳家营、古城两个村委会，镇党委、政府高度重视，切实加强联系指导和组织工作，扎扎实实抓好"三强化"，按程序一步一步推进村组换届。

一、强化安排部署。镇党委、政府研究制订《中国通海县纳古镇委员会 通海县纳古镇人民政府关于村级组织换届选举工作的实施方案》，结合纳古镇实际对村组换届工作做出细致全面的安排部署，列出工作日程安排，使换届选举工作的各个程序一目了然。

二、强化组织指导。成立镇党委书记任组长、镇党政班子成员任副组长的村级组织换届选举工作领导小组，下设办公室、督察工作组、秩序维护工作组、调查和信访工作组、宣传报道组等。为确保新成立村委会工作的顺利开展，还特别抽调镇工作人员成立村民小组工作指导组，切实加强对每个村民小组换届选举工作的联系指导。

三、强化宣传培训。4月村组换届选举工作正式开展以来，镇党委、政府利用悬挂横幅、发布网上信息、召开会议等多种途径开展宣传，营造积极参与、遵纪守法的选举氛围。在每个阶段选举及时组织开展换届工作业务培训，反复强调换届工作纪律，安排部署下一步工作程序，目前已开展培训4次。

目前，纳古镇已经顺利选举产生2个村的新一届村级党组织，并选举产生2个村民选举委员会，正式开始选民登记工作。

2016年4月6日

今天下午，在通海县妇联、县教育局组织安排下，"女童保护"志愿讲师王琴来到纳古中心小学，为五年级学生讲授儿童防性侵课程讲座，县妇联还发放了儿童防性侵手册供孩子们学习了解。

王琴老师首先向孩子们提问："好朋友应该是什么样的？"进而引申到爱护身体这一主题，轻松的引导方式活跃了原本有些拘束的课堂气氛。随着讲座的深入，王琴老师邀请同学示范不同的身体接触方式，让孩子们识别什么是正常的，什么是不正常的。最后，在活泼轻松的课堂氛围中提出"性侵害"这一概念，并着重讲解了遇到性侵害后孩子们应该怎么做。

本次讲座，孩子们在王琴老师的引导下，从腼腆害羞到踊跃回答，对"性侵害"这一问题不再讳莫如深，也掌握了预防性侵害的相关知识。活动不仅得到了校方的支持，也得到老师们的一致认可。纳古小学德育处马老师指出，我镇流动儿童多，这些孩子的居住环境大多较差，这样的讲座应该大力宣传和推广，提高孩子们的防性侵意识。

我镇妇联也在本次学习后对儿童性侵害的相关知识有了进一步的了解，我们将一如既往地参与到保护儿童的工作中来，并尽力拓宽教育渠道，让更多的儿童和家长知道性侵害的相关知识，引导舆论不再"谈性色变"！

2016年4月7日

纳古镇召开村级组织换届选举工作培训会。镇党政班子领导、各指导组成员，各村民小组党支部书记、支委、组长、副组长等相关人员参加了会议，会议由党委副书记陈申力主持。

会上，镇党委书记杨堂聪做了重要讲话，对做好此次村级组织换届选举工作提出要求。会议宣读了镇党委、政府关于纳古镇村级组织设置相关事宜的决定，学习了村级组织换届工作的政策、纪律要求、实施方案，做到"三个坚持、四个把握"，即：坚持党的领导、坚持发扬民主、坚持严格依法办事，把握换届的范围、把握换届工作具体流程方法步骤、把握重点难点问题、把握换届政策要求。

会议要求，要进一步统一思想、提高认识，准确理解和把握抓好换届的重要意义。严格按照"党性强、能力强、改革意识强、服务意识强、带头致富能力强、群众威望高"的标准，选出好干部；要突出重点、强化措施，扎实推进换届工作依法有序进行。坚持高标准、严要求，严格换届程序和流程，严肃换届纪律，选好配强村两委班子，努力建设一支"守信念、讲奉献、有本领、重品行"的基层干部队伍，不断提高基层组织的执政水平和能力，为全镇经济社会平稳健康发展提供坚强的组织保证。要加强领导、落实责任，确保村级组织换届工作任务全面完成。严格落实工作责任制，保证换届工作的质量、进度和效果。

2016年4月8日

经过前期的努力争取和积极准备，纳古镇马鞍子路、海埂路、龙潭路延长线改扩建工程3个项目已通过上级批复，其中马鞍子路、龙潭路延长线项目资金已到位，进入招投标程序。

目前，镇党委、政府正紧锣密鼓，确保项目顺利实施。一是多次组织道路两旁住户及村组领导座谈，听取他们的意见和建议，并积极引导、统一意见，制订切实可行的方案；二是委托玉溪碧成公司按程序依法开展招投标工作；三是多方协调争取，弥补海埂路项目不足资金。

2016年4月13日

纳古镇党委政府组织纳古纳家营村、纳古古城村村民代表分别召开村民代表会议。会议表决通过了《村民委员会选举投票办法》《第六届村民代表推选办法》《村民小组选举投票办法》《村务监督委员会推选办法》，并选举产生纳古纳家营村村民选举委员会、纳古古城村村民选举委员会。村组换届的下一步工作将主要由村民选举委员会组织开展。

2016年4月14日

在"两推一选"的基础上，经镇党委考察公示，4月14日，纳古纳家营村、纳古古城村分别按照镇党委审批意见和既定议程，在镇村组换届工作指导组的主持下，顺利选举产生了纳古纳家营村第一届村党总支委员会委员7人、纳古古城村第一届村党总支委员会委员5人。

在纳古纳家营村党总支委员会第一次全体会议上，纳宏锦当选党总支书记，合卫伦当选副书记，马绍飞、纳爱媛、曹永安、马智高、纳泽敏当选委员。

在纳古古城村党总支委员会第一次全体会议上，马俊坤当选党总支书记，鲁绍委、廖兴华、向继华、喻伟当选委员。

下一步，将在村党总支委员会的领导下，选举产生村选举委员会，开展村民委员会选举工作。

2016年4月15日

"二妹、二琼诊所"出人命了，今天下午3点30分接到二姐的电话。死者是昭通人，现年85岁，老人的儿子在大白龙打工。听说2天前才从通海县人民医院出院回来，住院期间，医院曾下过几次病危通知，出院的第二天到二妹诊所打针。听说二妹是照医院开的处方打，第一天打针有所好转，第二天打针也就是今天就出人命了，针水打了不到1瓶老人就死了，老人百病缠身，患高血压、心脏病、心肌梗死等病。老人的死把二妹诊所给害惨了，她们诊所是两妯娌合开的，看病以二妹为主，她们没有行医证。二妹的丈夫已过世4年，二琼和丈夫离异2年多。出事当天，她们店里的所有针药都被工商部门没收，通过派出所参与解决，二妹诊所赔偿死者家属56000元，这些钱是二妹亲家张瑞帮垫付。两个寡妇人家，行医讨生活实属不易，她们的行医技术是婆婆教的，婆婆病死于5年前。两家人的生活全靠她们看病收入，也只是基本够过。

2016年4月16日

进入4月，纳古镇各项工作步入紧张而有序的状态。为确保各项工作扎实推进，实现纳古跨越发展，镇党政领导干部奋力争先、中心站所职工积极主动，在全镇形成干事创业光荣、偷奸耍滑可耻的良好氛围。

一是全力做好纳古旅游文化小镇规划方案制订工作。重点围绕文化旅游产业的发展，贯彻和落实"十三五"规划发展目标，从产业发展、交通建设、公共服务、人居环境提升四个方面，制订了旅游文化小镇规划初步方案。现已向县、镇、村组领导完成意见征求，下一步将确定规划方案，为纳古今后三至五年的近期目标和十至二十年的中长期目标任务实现奠定坚实基础。

二是扎实推进基础设施项目建设。马鞍子路、海埂路、龙潭路延长线改扩建工程3个项目已进入招投标程序，同时征求道路两旁住户及村组领导的意见和建议，制订切实可行的方案，确保及时开工建设；中摆田防洪大沟修建工程已完成并投入使用，等待验收；集镇供水配水管网完善工程正在进行方案设计，争取年内完成。

三是着力开展镇党委和村组三级换届选举工作。今年恰逢镇党委和村组三级换届选举工作，尤其是纳古镇新成立纳家营、古城两个村委会，这是上半年工作的重中之重。在县党委、政府的指导下，我镇高度重视，明确职责，全力以赴，及时制订工作方案，成立工作领导小组，开展换届选举工作培训会。3月底，镇党委换届顺利完成。4月14日，顺利选举产生纳古纳家营村党总支委员会、纳古古城村党总支委员会，并召开村党总支委员第一次全体会议，选举产生了纳古纳家营村党总支书记、副书记，纳古古城村党总支书记。紧接着，将积极筹备开展村民委员会和村民小组的换届选举工作，计划5月下旬完成选举。两个村委会成立后，将有力推动纳古基础设施建设，推动旅游文化小镇建设，推动纳古镇"十三五"规划顺利进行，推动纳古社会经济实现跨越发展。

四是扎实开展其他各项工作。紧抓森林防火工作不松懈，确保安全度过森林防火期；按时做好烟苗移栽工作，确保完成下达的任务；严格做好"农危改"工作，确保改善贫困农户居住条件；继续做好企业走访调查了解，推动企业转型升级。在着力重点工作的同时，抓紧其他日常工作的开展，做到双管齐下，共同推进。

2016年4月19日

三组振兴路下段路面硬化及涵管铺设项目正在有条不紊地开展中，该项目是纳古镇村级公益事业建设一事一议财政奖补项目，工程的建设有利于推进社会主义新农村的建设，进一步改善和提升纳古镇人居环境。项目于2016年4月15日开工，力争2016年5月15日竣工，工期1个月，预计总投资41.19万元。工程主要包括振兴路下段路面硬化及涵管铺设两个部分。

2016年4月20日

为推动残疾人创业，促进就业，提高残疾人及其家庭收入水平，玉溪市残联印发《玉溪市"助残就业同奔小康"创业就业行动方案》，经过纳古镇工作人员的积极宣传，共有13户残疾人自主创业户申报补助资金。4月20日，县残联理事长施俊到纳古镇对13户申报户进行现场核查。申报资料将上报市残联审核，审核通过的残疾人自主创业户每户将获得不少于 8000 元的补助。

2016 年 4 月 22 日

通过前期筛选上报玉溪市"两癌"贫困母亲救助名单，今天早上，镇妇联把救助金额从县妇联领回发放到救助人员手中。我镇"两癌"贫困母亲上报 2 名，纳古五组的纳汝梅和七组的纳俊华。纳汝梅现年 48 岁，于 2013 年 1 月被云南省肿瘤医院确诊为浸润性恶性导管癌症（乳腺癌），纳汝梅家庭贫困，上有年近八旬的老母，下有 23 岁的独子（无业），其夫死了好多年，仅靠她早上在菜市场卖鸡蛋为生，每年高昂的治疗费用给这个家庭雪上加霜。收到县妇联的救助金额 1000 元，她激动地说，感谢党，感谢妇联，然后哽咽着说不出话。纳俊华，现年 38 岁，2012 年被云南省肿瘤医院确诊为宫颈原位癌，每两年需做 1 次 HPV 检查，每年做 1 次 TCT 检查，每天需服用妇科药，其家庭贫困，丈夫是上门女婿，在厂里打工，近几年厂里效益不好，每月只有几百元的生活费。妇联发放的 1000 元救助金给了她们温暖，点燃了她们生活的热情。

2016 年 4 月 25 日

今天下午，我镇组织召开民族团结示范镇建设规划初评会。县民宗局、财政局、住建局、发改局、纳古镇政府等相关部门领导参加评审。

会议听取了纳古镇关于《规划》方案的汇报。与会专家一致认为：《规划》基础资料翔实，目标定位明确，带动示范作用明显，内容基本完整，符合上位规划，体现了纳古镇民族团结进步、旅游文化小镇发展特色，同意《规划》通过评审。会议要求进一步完善项目和投资、项目质量和资金监督管理规划章节内容以及附件基础设施建设、手工艺展示厅建设规划章节内容及项目概算，进一步提高《规划》的科学性、合理性和可操作性。

纳古镇民族团结示范镇建设规划，将纳古镇的民族团结、旅游文化特色很好地统筹到一起，对新时期民族团结和民族经济起到示范作用。《规划》重点确定实施打造主要街道景观、强化基础设施建设、建设纳古回族文化展览馆、修缮纳忠纳训故居、打造民族手工艺展示厅、人居环境综合整治、民族团结进步示范创建等项目。在做好基础设施建设的同时，进一步提升纳古历史文化深度，加大对特色伊斯兰历史文化资源保护和开发力度，积极探索旅游业发展新路子，通过示范镇的创建达到建设纳古旅游文化特色乡镇、民族经济发展示范、民族宗教和谐示范、民族团结进步示范等目标。

2016年4月26日

今天，我镇7个村民小组选举党支部委员及支部书记。镇党委、政府派出7个工作指导组，由镇班子成员带队到各村民小组选举现场进行指导。截至晚上9点，7个村民小组顺利选举产生第六届党支部。

新当选的21名党支部委员中，13人为新当选，其余8人为续任，每个村民小组都有续任和更新，既为各村民小组班子注入了新活力，又兼顾班子内部的"传帮带"，实现稳定与发展的合理统一。其中，35岁以下的年轻干部有8人，占38%，高中以上学历干部有9人，占43%，大专以上学历的有4人，占19%，与上一届相比，年轻干部和学历较高干部比例明显提高。当选的7个村民小组支部书记中，有3人为80后。

2016年4月27日

今天下午3时，我镇镇党委组织镇党委委员、全体机关支部党员、各村党总支部委员和各党支部书记召开纳古镇"两学一做"动员会，全面启动开展"两学一做"学习教育活动。

会议学习了《关于在全镇党员中开展"学党章党规、学系列讲话、做合格党员"学习教育实施方案》，提出纳古镇开展"两学一做"的主要措施，要求参会党员高度重视，各支部书记按照会议精神迅速传达落实，全体党员共同参与到"两学一做"活动中来。

镇党委书记杨堂聪做动员讲话，并强调：（1）"两学一做"基础在学，关键在做，全体党员要结合我镇中心工作，如项目建设、农村危房改造、环境卫生整治等，开展相应活动、志愿服务等；（2）严格党员学习活动制度，完善相应规章制度，加强党员教育管理；（3）换届选举中新当选的干部要进入状态，切实做好"关键少数"的带头作用。

今天下午4时，由市监察局副局长李家富带队的市委换届工作督查组到纳古镇督查村组换届选举工作开展情况，县委组织部部长刘绍宏陪同前往。

纳古镇党委书记杨堂聪汇报了村组换届选举工作的进展：自4月7日召开动员会启动村组换届选举以来，目前全镇2个村、7个村民小组已经完成了党组织班子的选举换届，预计村组换届选举工作于5月18日全部完成。纳古镇此次换届选举工作的重点和难点为：要选举新成立的村一级党政班子。为保证换届各项工作顺利开展，镇党委、政府结合纳古实际，重点通过三方面开展工作：一是及早调研，认真筹备；二是利用微信、网络、标语、宣传单、会议、清真寺课堂等多种方式广泛开展宣传；三是在换届工作的每个重要节点组织培训，安排部署下一步工作细节。通过以上工作实现了群众积极参与、工作有序开展、结果群众满意的效果。在已完成的村组党组织班子选举换届工作中，纳古镇坚持导向性，实现了两个组织意图：一是使党性强、遵纪守法、有文化的年轻党员进入村组党组织班子；二是注重培养少数民族干部，特别是回族干部。当选的两个村党总支部书记均为80后大学生，21名党支部委员比上一届年轻化、高学历化，妇女所占比重达48%。

听取汇报以后，市委督察组对纳古镇村组换届工作的开展情况表示满意，督察组组长李家富强调：①要高度重视新成立村党总支的政治性，纳古镇今年新成立两个村，是加强党的领导、加强基层政权建设的表现，是纳古与全省一同进入小康社会的重要基础保障；②在换届选举工作开展中，要加强与县委组织部、县纪委、县民政局等单位的联系，确保换届选举工作开展有序、程序合法；③要充分发挥村党总支的作用，在镇党委的领导下组织开展好村组换届选举。

2016年5月5日

今年，纳古镇新成立纳家营、古城两个村委会，镇党委、政府高度重视，切实加强联系指导和组织工作。4月7日，召开动员会启动村组换届选举工作；4月26日，圆满完成了2个村、7个村民小组党组织班子的选举换届；4月29日，完成了2个村民委员会候选人提名"海选"，目前正在进行正式选举的准备工作，预计村组换届选举工作于5月18日全部完成。

2016年5月6日

今年我镇烤烟栽种任务为248亩，烤烟收购任务37500公斤。截至今日，我镇全部完成248亩烤烟栽种任务，其中连片种植面积达200亩，膜下小苗种植率达60%。烤烟长势良好。

2016年5月9日

纳古镇水稻连片种植移栽工作全面展开。

纳古镇300亩水稻连片种植示范基地，是通海县最大的水稻连片种植基地。5月10日前，示范基地全部土地平整完毕并开始放水泡田。目前农户已经开始移栽秧苗，整个示范基地一片热火朝天的劳动景象。

2016年5月10日

纳古中心小学组织全校少先队员开展2016年"红领巾相约中国梦"少先队基本知识竞赛活动。此次竞赛活动是在各中队认真学习队章知识及少先队相关知识的基础上进行的，知识竞赛前，学校大队部利用少先队活动课的时间，通过召开主题中队会、国旗下的讲话、红领巾小广播等多种形式，辅导少先队员学习掌握好少先队基本知识，教育引导并帮助少先队员理解基本知识的内涵，自觉在生活和学习中实践。

此次比赛由三至六年级的 4 支代表队参赛，每支代表队都由 1 名辅导员和 3 名少先队员组成。竞赛方式为个人必答题、集体必答题、抢答题、风险题。每支代表队的队员都有备而来，答题非常顺利，经过激烈的角逐，三年级代表队以 198 分的好成绩赢得本次比赛的冠军。最后，党支部副书记纳雪梅老师对此次活动做了精彩点评。

举行这次比赛目的就是要让各年级以这次知识竞赛为契机，掀起学习少先队基本知识的热潮，提高少先队员及辅导员的少先队知识理论水平。通过本次活动，不仅检阅了少先队员们对队知识的掌握情况，还增强了他们对少先队组织的光荣感、使命感和责任感，为少先队员健康、快乐的成长奠定了坚实基础。

2016 年 5 月 11 日

今天是纳古镇纳古古城村村民委员会正式选举的日子，上午 11 点，市换届工作指导组一行到纳古镇对选举投票工作进行现场巡查。

在选举投票现场，工作人员佩戴工作牌，带着流动票箱分片区挨家挨户送选票。每到一户，工作人员都先向选民告知选举纪律和选票填写注意事项，核对选民人数以后发放选票。选民填写好选票以后当场投入票箱。镇党委书记杨堂聪向指导组介绍，纳古镇今年新成立两个村民委员会，镇党委、政府高度重视筹备宣传工作，并安排工作指导组全程保驾护航，全镇村级换届选举工作呈现群众积极参与、遵纪律守秩序、选举结果群众认可的特点。

纳古镇换届选举工作宣传到位、组织到位、细节考虑到位，投票选举工作井然有序。市换届办领导对纳古镇村级换届选举工作的开展表示肯定。

2016年5月12日

5月11日是纳古镇纳古古城村村民委员会正式选举的日子，纳古古城村通过正式选举产生村民委员会，马灿勇当选村民委员会主任，廖兴华当选副主任，马丽清、李春玲、杨丽当选委员，新一届村民委员会中，妇女当选率达60%。

此次选举选民积极参与，参选率高达98%。公布选举结果以后，村民们纷纷表示选举结果符合选民意愿，认为当选的5位同志都是公正能干事的人，有望带领纳古古城村更好更快地发展。

今天，纳古纳家营村正式选举第一届村民委员会。纳古纳家营村共有5个村民小组，共计选民人数5022人。

为确保选举工作公平公正顺利开展，镇党委、政府统筹安排，划分25个选区，由联系单位工信局下派工作人员、镇政府工作人员、村选举委员会人员及村民代表组成25个工作小组进行选举投票工作。

工作组人员严守换届纪律和工作纪律，严格按照选举工作程序进行选举、投票、计票工作。共计发出选票4974张，收回4963张，一次性顺利选举产生村民委员会成员：主任1名，马恒慈当选；副主任1名，合儒斋当选；委员3名，纳爱媛、纳海熙、纳学会当选。

2016年5月13日

5月以来持续高温干燥，我镇对护林防火工作毫不松懈，继续严格按照省、市、县森林防火命令要求抓好火源防范管理。坚持以预防为主、防范第一的思路，深入扎实推进森林防火大宣传、大预防、大检查、大排查、大整治专项行动，重点从以下八方面开展工作：

一是继续切实加强宣传教育，使森林防火的法律法规、防扑火的基本知识和安全自救常识进村入户、进学校入课堂，不断增强全民森林防火的法治观念和责任意识。

二是切实做到火患早排除、火险早预报、火情早发现、火灾早处理，坚决打赢冲刺阶段森林防火攻坚战，为保护森林资源、促进生态文明建设做出积极贡献。

三是继续增强卡点人员的责任意识和大局意识，做到恪尽职守，尽职尽责，严禁火种入山。

四是切实严管重点人群、特殊人群，层层落实监护责任，杜绝随意用火和野外用火。

五是切实做好应急物资、后勤方面的保障，严格执行24小时领导值班、带班制度。

六是切实做好扑火队员应急待命工作，确保召之能来，来之能战，扑火得力，安全高效。

七是进一步完善充实"网格"责任，及时调整不适宜或不乐意参与森林防火人员，使每个山头地块、每片林子的防火责任落实到位，不留死角；护林员与防火检查员加强沟通，掌握入林人员动向。

八是切实做好坟地、面山、江通公路沿线、街边及交叉地块等重点部位的防护工作，实行定人定岗、专人专管的方法进行看护。

5月11日、5月12日，纳古镇两个村先后选举产生第一届村民委员会。镇党委书记杨堂聪、镇长纳立凡为当选的10位委员颁发当选证，并进行诫勉谈话。

镇党委书记杨堂聪对当选的委员表示祝贺，要求第一届村民委员会成员踏踏实实，从小事做起，逐步提高群众的生活水平，在工作中做好以下三点：（1）要低调做人，高调做事；（2）要特别注重班子团结；（3）要处理好四个关系，即：与村民小组的关系、与清真寺的关系、与企业界的关系、与选举中没有支持自己的群众的关系。

2016 年 5 月 14 日

4月14日，纳古镇两个村选举产生第一届村党总支委员会。5月11日，纳古古城村选举产生第一届村民委员会；5月12日，纳古纳家营村选举产生第一届村民委员会。至此，纳古镇村两委选举圆满完成。

由于是成立第一届村两委，镇党委、政府高度重视，全镇干部职工团结一致，分7个工作组对选举工作全程保驾护航。重点通过加强宣传，营造选举的积极气氛；加强培训，确保选举的顺利实施；加强监督，确保选举的风清气正等方面开展工作，取得了显著成效。纳古群众统一思想，本着选出能切实为群众办事、带领纳古人民加速发展的两委班子这一原则，遵纪守法积极参与选举。此次选举呈现3个亮点：一是选民积极性高。在两个村民委员会的选举中，群众积极参与，参选率高达98%，体现了全民参与、民主选举。二是选民意愿集中。两个村党总支、村民委员会的选举均为一次性顺利选举产生，候选人高票当选。三是创新宣传方式。在全面利用传统方式开展宣传的同时，创新利用微信公众号开展宣传。纳古镇民间微信公众号"百事通"关注人数达1000余人，在选举期间，通过该公众号发布选举公示公告、最新工作动态，新鲜快捷的宣传方式获得了群众的交口称赞，极大地提高了宣传覆盖率。最值得一提的是竞选人通过该微信号发布竞选宣传，通过介绍自己、列出竞选理由、公布竞选承诺等方式让群众认识自己。良性的竞争在提高群众认知程度的同时确保了选举风气的清正严明。

纳古镇第一届村两委班子共计选出委员22人。党总支书记2名、党总支副书记1名、党总支委员9名；村主任2名，副主任2名，委员6名。两委交叉任职人员2名。

22名班子成员中，年龄最大63岁，年龄最小的32岁，平均年龄45。大专以上学历4人，占18%，高中以上学历8人，占36%，初中以上学历18人，占82%。妇女有7名，占32%。

2016 年 5 月 15 日

纳古镇定于 5 月 17 日两个村同时开展村民小组换届，5 月 18 日选举村务监督委员会。5 月 13 日，纳古镇组织新选举产生的 2 个村党总支、村委会成员，安排部署辖区村民小组换届和各村务监督委员会选举工作。

会议强调，各村两委要高度重视村民小组换届和村务监督委员会选举工作，严格依法依规，安排部署好辖区换届选举工作，要严把法律、政策关，严肃换届工作纪律，切实保证各村民小组换届和村务监督委员会选举工作顺利完成。

2016 年 5 月 19 日

河南省民族商会代表团一行 11 人在中国回族学会副秘书长、省民委处长明瑜的陪同下到纳古镇进行交流考察，镇党委、政府相关人员及通海县纳古商会主要人员参与了交流座谈。

座谈会上，镇人大主席马恒骧介绍了纳古镇基本情况，纳古商会人员介绍了纳古主要产业和产品。纳古商会在今年钢铁市场持续低迷的情况下，通过引导企业调整产业结构、加大企业兼并重组力度、优化产业升级等方式扭转下滑局面，积极配合镇党委、政府着力推进清真食品产业、民间手工艺产业的发展。河南省民族商会代表团对纳古清真食品马老表方便米线十分感兴趣。

双方就民族企业的发展思路和商机进行了深入探讨。

马鞍子路道路建设工程是"百千工程"项目，是纳古群众期盼已久的一件民心工程。镇政府经过实地勘察、广泛征求周围群众意见，制订出符合实际的建设方案，预算投资 92.74 万元。工程已经按程序完成招投标，5 月 19 日，施工队正式进场开工建设。目前道路中线和水平线已经放出，转入拆除围墙阶段。

2016年5月20日

接省防汛办发布的紧急防汛通知，因受孟加拉湾低压登陆东北移动、西风槽、低涡切变线和弱冷空气影响，预计21日至24日，我县将出现大范围较强降水天气过程，局部伴有雷电、冰雹、大风等强对流天气。纳古镇党委、政府高度重视，立即安排部署防汛抗灾工作，要求各村委会及时做好水库、坝塘、沟渠、地质灾害点及村庄民房、农田排水等的排查和监测工作，务必做到责任到位、人员到位，党政主要领导亲自挂帅，配合村委会开展防汛抗灾工作。截至5月24日14时，无灾害损失发生。

纳古镇党委、政府同时要求镇属各部门、各村委会要立足于防大汛、抗大灾、抢大险，牢固树立科学防控理念，做到思想上一丝不苟，责任上一环不漏，措施上横抓到边、纵抓到底，扎扎实实地做好当前的防汛抗灾工作，确保人民群众生命财产安全和公共财产安全。

今日为杞麓湖入湖河道保洁集中清理日，纳古镇组织全体干部职工、村组干部、党员群众、青年团员等共计90余人开展入湖河道集中清理活动。镇主要入湖河道有两条，为确保清理活动切实有效开展，镇政府将所有清理人员分为3组，明确组长、副组长，分别负责清理两条入湖河道及杞麓湖沿岸、小海湿地公园。大家干劲十足，挖淤泥、修杂草、捡垃圾，清理成效明显。

在接下来的1周中，我镇将继续开展入湖河道清理保洁周活动，争取通过1周的努力，达到入湖河道"三无一畅"。

2016年5月23日

《老青走了》（摘自狮山猎人）

"老青归真了，你怎么会不有克抬埋体？"内人进家的头一句话，我听后吃惊且内疚。10多年没有装零花钱的习惯了，前天在菜市场门口冷不丁老青站在了眼前，我下意识将手伸进衣兜的同时听到了"阿耶"①。那天我竟然装有几块零钱，想起这事使我稍许多了几丝安慰。

老青是个苦命的人，天生智力有些欠缺，虽然曾经父母双全，但没有兄弟姐妹，家也和他自身一样有着缺陷，犹如破裂的容器，盛装不了对他的爱和温暖。但老青是幸运的，他把整个村庄当成自己的家，时而坐在清真寺门口的木凳上，时而坐在红灯口的路旁，好像在看守着这个爱他的村庄。只要他静静地坐着，整个村庄就像是平安无事的。人们已经习惯了他不分辈分、不分老小单调却温暖地称呼"阿耶""阿婶"，因为都把老青当作自己的亲人了。

老青是个懂事的人，他绝对不会连续几天向同一人伸手，总是隔三岔五，所以人们从不感觉老青烦人，相反几天见不到他，总要探知究竟。谁家请客都不会刻意邀请老青，但他几乎不会缺席，他总在恰当的时候出现，且自觉地站在门外，他知道自己的衣着形象不宜离人们太近，这时大家都会争先恐后地盛饭给他。

老青是个安静的人，总是低声并微笑着，从不咆哮，不会发狂。无论男女老少面前，老青的出现，不会伴有危机感，反而油然而生一种难以言表的宁静和亲切，好比见到自己的家人。

老青是个干净的人，他虽然衣着油腻，浑身污垢，但他的一生是干净的，他的心灵是干净的，他的干净让正常人望尘莫及，他的干净让金钱显得寡淡无趣。他走了，走得那样洒脱，那样无牵无挂，那样干净无瑕。抛开辈分考究，我想说："青哥，我们会想你的。"

2016 年 5 月 24 日

纳古镇残联在镇分管领导的带领下走访慰问贫困残疾人。慰问组每到一户，都详细了解他们的生产和生活困难，鼓励贫困残疾人克服困难，

---

① "阿耶"，当地回族口语称呼，"叔叔"的意思。

树立信心，积极面对生活。这次走访共慰问贫困残疾人10户，发放慰问补助资金5000元。

2016年5月25日

出名的方式有两种：一种正面人物，能给予正能量的传播；一种反面人物，能成为人们茶余饭后的笑料。缺失信仰、道德、社会责任……在本该对父母、对儿女努力付出，担当责任的青壮年时期，马某违反国法，被社会所唾弃，步入高墙，与世隔绝。那年，大女儿仅7岁，二女儿4岁，小儿子未满百日，嗷嗷待哺；年迈的奶奶80多，父母60多。十五六年的牢狱生活，躲过了对儿女的养育、对父母的孝道，出狱这年，大女儿已为人母，小儿子已上高中；奶奶、父亲、母亲已全部归真。同样在这一年，为了虚荣，卖田卖地，举办另类的婚礼，又再次出名。

2016年5月27日

"谢谢叔叔阿姨给我送来的新书包和书，我一定会好好学习！"纳古小学的吴艳红小朋友面对摄像机镜头，腼腆地向记者叔叔表达着自己心中的喜悦。六一儿童节前夕，通海县妇联副主席李桦一行带着爱心书包、十万个为什么知识读本来到纳古中心小学，对前期我镇妇联摸底上报的4位学习成绩优异的困难流动儿童进行了慰问，提前祝贺孩子们六一快乐。

此次，我镇受资助的4位小朋友都是流动困难儿童。庆幸的是，困难的生活没有磨灭他们那颗积极向上的心，聪明乖巧的他们在老师的教导下，成绩名列前茅。通过这次的资助活动，一方面，使我们更加了解我镇流动儿童的生活、学习状态；另一方面，小小的书包与书本就像一座精神桥梁，拉近了妇联与孩子们的距离。

2016 年 5 月 31 日

一年一度的六一儿童节，是孩子们最隆重的节日。今天，纳古小学以"争先创优当先锋　同心共筑中国梦"为主题组织了六一系列活动，镇党委书记杨堂聪、镇长纳立凡、武装部部长张波、团委书记陈妍澹、妇联副主席马梦出席了活动。通过资助学生，表彰优秀家长、优秀学生，开展游园、"少年传承中华传统美德"书画展等活动，给纳古镇的孩子们送去节日的祝福，引导少年儿童向真、向善、向美，让孩子们度过了一个快乐而有意义的节日。

纳古镇妇联、镇关工委给品学兼优的 20 位贫困学生送去 2000 元助学款，纳古小学资助 49 名学生，发出资助款 2450 元。上午 10 点开始全校游园活动，一个个精彩有趣、寓教于乐的游戏让孩子们大呼过瘾，学校成了欢乐的海洋，处处洋溢着孩子们的欢声笑语。丰富而有意义的活动展示了学生的精神风貌，培养了学生的创新精神，推动了学校教育的健康发展，传承和弘扬中华民族的传统美德。

2016 年 6 月 1 日

为提高广大穆斯林群众"知恐、识恐、防恐、反恐"的意识和避险自救能力，县民宗局、县公安局、纳古镇政府和镇司法所联合在纳家营清真寺举办《反恐怖主义法》知识讲座。

讲座邀请县公安局反恐大队大队长刘帮鑫同志向大家讲授反恐基本知识。刘大队以《反恐怖主义法》颁布的背景、实施的重要意义为切入点，详细讲解了当前社会所面临的严峻反恐形势、恐怖行为的具体表现、法律责任和如何应对恐怖袭击等内容，让广大师生了解恐怖活动的手段、特征及危害。同时，教育大家严以律己，正确认识非法宗教问题，以身示范做好民族团结的模范和表率，依据《宪法》和宗教法规在清真寺开展宗教活动。鼓励大家同警方一起行动，众志成城打好打赢这场反对恐怖主义的人民战争。

此次讲座，共发放宣传材料300余份，解答咨询20余人次，让广大师生了解反恐防范的重要性，进一步增强了反恐安全意识，有效地防止极端暴力、恐怖事件的发生。

2016年6月2日

纳古镇村级组织换届选举工作于5月底全部完成。为切实增强新任村组干部干事创业的紧迫感和责任感，提高村组干部政策理论水平、依法行政意识和实际工作能力，激发广大村组干部想干事、能干事、干成事的工作热情，促进纳古科学发展、和谐发展、跨越发展。今天，纳古镇组织新一届村组干部进行培训。新成立的纳古古城村和纳古纳家营村两个村党总支、村委会、村务监督委员会以及各村民小组干部共42人参加了此次培训。培训由镇党委副书记陈申力主持。

在开班仪式上，镇党委书记杨堂聪做了动员讲话，就村务管理、如何当好村组干部、村组干部的职责义务做了讲授，并从加强学习、守好纪律，履行好职责等三方面对新任村组干部做了要求。在随后的培训中，县公安局反恐大队大队长刘帮鑫从实施背景、法律条文、相关概念、典型案例、当前形势，结合通海实际向大家做了《反恐怖主义法》讲解。县农经站老师李蜜桃则从专业角度讲解了《农村集体"三资"规范管理》，对"三资"管理的问题、资产资源交易程序和报账问题一一进行了讲授，并结合纳古实际，就纳古农村集体"三资"管理工作中存在的问题同组干部做了现场交流和解答。

下午的培训，纳古镇各中心站所负责人围绕各站所的工作任务，结合当前工作的重点，为村组干部讲解了农业、农技农机、关工委、民政、统计、社保、林业、规范养殖等方面的法律法规、相关政策和具体工作，较为系统和全面地让村组干部对村组工作有了一个清晰的了解。

在培训小结上，镇长纳立凡再次强调了会议纪律，对纳古当前经济社会发展取得的成绩、存在的问题和下一步打算向村组干部做了介绍，并对纳古未来发展提出了希望。

此次培训内容丰富实用,授课老师讲解细致生动、贴近实际。通过培训,使参训学员了解和掌握了农村各项工作的政策法规和工作方法,对村组干部解放思想、提高认识、转变角色、更新观念、明确思路,提高自身素质和履职能力,努力做好当前工作,为实现纳古经济发展和社会和谐稳定有着重要的作用。

2016年6月3日

我镇高度重视上级部门关于对我县公路开展"清门户、除垃圾、保畅通、还路权、美家园"活动的决策部署,为全面提升江通路纳古段公路的通行服务水平,经纳古镇党委、政府研究决定对江通路纳古段实施路域环境整治提升绿化工程项目。通过实地查看、测量,决定在整治路段种植香樟树200余棵,预计总投资50万余元。在镇党委书记、镇长的关心督促下,今天,全部绿化树已经种植完毕。一排排整齐的绿化树成为公路沿线一道美丽的风景。

实施路域环境整治是建设美丽生态新纳古的一个环节,纳古镇已经在积极开展镇村道路硬化亮化美化工程、基础设施建设工程、村庄环境卫生整治行动等工作。美丽生态的新纳古正在紧锣密鼓地建设中。

2016年6月4日

第一届村领导踏踏实实办实事。

俗话说"新官上任三把火",选举产生第一届村级班子以后,村民们对新领导充满期待。纳古古城、纳家营两个村的班子成员不好高骛远,踏踏实实从小事抓起,上任后的第一件事就是发出《环境卫生保护倡议书》,提出"纳古是我家,清洁靠大家"的口号,呼吁全镇群众爱护环境,争当环境卫生宣传员、保洁员、监督员,设立每月第一个周六为纳古卫生日,大家一起对房前屋后、主要街道开展大扫除。

今天是第一次大扫除活动，一大早，村班子成员组织党员、青年团员等先锋力量率先开始了大扫除，大家不怕脏不怕累，带着扫把、铲子、锄头、火钳将路边的生活垃圾、建筑垃圾统一清理到垃圾车上。同时，把倡议书发到沿街的商铺和工厂，向他们宣传"门前三包"责任。在他们的带动下，群众纷纷响应号召，自发带工具参与大扫除。

第一次大扫除取得了显著成效，街道干净整洁，房前屋后焕然一新。大家纷纷表示要将纳古卫生日活动坚持下去。两个村班子想群众之所想，团结群众踏踏实实办实事的作风获得了村民的交口称赞。

2016年6月5日

在创建纳古民族团结进步示范镇的规划中，按照"率先发展、全面小康"的创建类型要求，纳古镇通过打造主要街道景观、加强基础设施建设、建设回族文化展览馆、修缮忠训故居、打造民族手工艺展示厅等七个方面的项目实施，努力建设纳古民族团结进步示范镇，促进民族地区经济社会发展，增加少数民族群众收入渠道，有效改善民族群众生产生活条件。

一、打造主要街道景观。从江通一级公路立交口起始的狮山路、创新路是镇区主要入口道路，对狮山路、创新路实施改建，重新铺设道路两旁人行道、更换路灯、实施绿化美化工程，形成较好的门户形象，力争为打造乡村旅游线路，提供有力的基础设施保障。以入口景观绿地、手工艺品展示、工业品交易市场、传统民居及街头绿地等元素塑造出纳古镇经济繁荣、社会和谐的景观环境。项目总投资171.903万元，其中：申请省级补助100万元、市补助50万元、整合及自筹资金21.903万元。

二、强化基础设施建设。马鞍子路、海埂路是纳古镇生产生活的交通要道，对马鞍子路实施硬化、安装路灯、绿化美化工程，改善群众生产生活条件，力争为建设民族团结示范镇提供有力的基础设施保障，达到安民增效、和谐发展、团结进步的目的。项目总投资284.198万元，其中：

申请省级补助50万元、市补助30万元，整合及自筹资金204.198万元。

三、建设纳古回族文化展览馆。研究、展示精品回族文物及各类回族传统文化资料，对云南纳古回族传统文化进行调查研究、抢救保护，采集、征集一批精品回族文物资料，征集以赛典赤·赡思丁、纳忠、纳训等为代表的纳古回族历史文化名人的事迹和相关文物资料，永久收藏在展览馆，作为历史和文化发展的见证物。力争把文化博物馆打造成民族团结进步示范镇和纳古旅游文化小镇的一张名片。项目总投资50余万元，其中：申请省级补助20万元、市补助20万元，整合及自筹资金10万元。建设内容有展览馆装修工程，购置陈列设施、物件。

四、修缮纳忠、纳训故居，保护弘扬传统文化。纳忠、纳训是著名的阿拉伯历史学家、文学翻译家，是纳古历史上著名的先贤学者，具有崇高的地位。纳忠、纳训故居位于纳古镇忠训路上，年代久远，对故居进行修缮、开发，同时收集相关文物、史料，丰富故居内涵，对弘扬伊斯兰文化，推动纳古民族团结、宗教和顺及旅游文化发展具有重要意义。项目总投资30余万元，其中：申请省级补助10万元、市补助10万元，整合及自筹资金10万元。建设内容有故居修缮工程，购置陈列设施、物件，收集相关文物、史料。

五、传承民族手工艺，打造手工艺展示厅。纳古是著名的"手工业之乡"，自古就有自制手工艺品的传统，茶刀更是远近闻名，成为馈赠亲友的佳品。现有省、市级工艺大师各1名、县级工艺大师2名，民间工艺师数百人。下一步将以纳古工艺大师牵头，整合资源，打造纳古民族手工艺展示厅。展示厅计划设立在纳古镇入镇大道狮山路上，集生产、展示、销售于一体。发扬旅游商品优势，使纳古手工艺品成为独一无二的旅游纪念品。以民族手工艺产品的发展，助推纳古民族团结进步示范镇建设，示范带动群众发展民族手工艺产业，增加农民收入，促进纳古经济社会发展。项目总投资50余万元，其中：申请省级补助20万元、市补助10万元，整合及自筹资金20万元。建设内容有展示厅建设，购置陈列设施、物件，收集相关文物、史料。

六、人居环境综合整治，美化环境，助推民族团结示范镇、旅游文化小镇建设。对全镇环境卫生进行综合治理、设置交通标识、治理乱停乱放等现象，通过人居环境综合整治、基础设施建设等有效改善村容村貌和推动民族关系和谐稳定。项目计划总投入 79.6 万元。其中：申请省级补助 20 万元、市补助 10 万元，整合及自筹资金 49.6 万元。

七、产业发展扶持资金。加大对新成立两个村委会的扶持力度，申请省级补助 60 万元，分别给予纳古古城村 20 万元、纳古纳家营村 40 万元作为其产业发展扶持资金。建设内容为扶持村民自主创业，发展清真食品、民族服饰、民族手工业品、农村电子商务等特色产业。

2016 年 6 月 14 日

纳古镇林业站按照镇党委、政府的统一安排和部署，抽调得力人员组成绿化造林自查组，对纳古镇辖区内 2013 年冬至 2015 年春完成的杨树、喜树等各种绿化树种进行全面检查，准确掌握各树种栽植数量、栽植地点、成活情况及死亡原因，为下一步县级抽查提供真实、准确、可靠的基础材料。

经认真自查自验，纳古镇辖区内 2013 年冬至 2015 年春完成的杨树、喜树等各种绿化树种除部分受霜雪灾害死亡外，成活的树种目前长势良好，成为建设生态纳古和美丽纳古一道亮丽的风景线！

2016 年 6 月 20 日

今早，纳古连铸公司举行斋月慰问活动，为纳古镇和大回村 65 岁以上老年人及困难家庭提供帮助，这已经是连铸公司连续 7 年开展爱心捐赠，善款总额累计已达 260 多万元。

爱心慰问活动上，连铸公司董事长马跃升将 43 万元善款分发到各村民小组长手中，由他们代为转交给 1000 多位 65 岁以上的老年人以及近300户经济困难家庭。公司的资助不分回族、汉族,只要符合规定,都能得到。

连铸公司自成立起到现在走过10年,公司从成立之初就确定了回报社会的宗旨。近年来因受大环境的影响,钢铁行业发展较为困难,连铸公司的经营销售也受到不小的影响,但该公司依然履行回报社会的承诺,承担企业的社会责任。

纳古镇党委书记杨堂聪出席了慰问活动,他对连铸公司做慈善回报社会的做法表示了高度赞扬,并号召参会人员加强宣传,进一步提升纳古企业回报社会、造福纳古的思想意识,大家共同努力为纳古的经济社会建设添砖加瓦。

2016年6月22日

今天,纳古镇邀请云南省第三强制隔离戒毒所警官和学员到纳古中心小学阶梯教室开展"无悔青春 健康生活"毒品预防教育活动。纳古小学师生,镇党委、政府,派出所工作人员,村组干部以及青年团员、妇女,清真寺师生等270余人参加了此次活动。

在教育活动上,3名戒毒学员现身说法,他们讲述了自己的吸毒经历,吸毒对他们的人生和家庭造成了巨大的伤害,呼吁我们防毒、戒毒。

接下来,戒毒所的两位警官用深入浅出的案例来讲解国家关于禁毒的法律法规,指明了禁毒的方向,增强了禁毒的信心,特别强调青少年要严以律己,加强自身修养,抵制社会不良诱惑,珍爱生命,远离毒品从自身做起。

最后观看了《禁毒宣传片》,大家都很震撼,毒品与我们近在咫尺,一个不小心便会有人坠落。

通过真实案例和警示教育,参会人员都深刻认识到拒绝毒品任重道远,与之斗争神圣光荣。大家都说要从自身做好防毒禁毒,把今天学到的知识宣传给身边的人。

2016 年 6 月 23 日

今天下午 3 点 50 分，纳古中心小学举行了 2016 年"传递大爱，点燃梦想"捐助仪式。云南省青少年发展基金会对纳古小学 100 名品学兼优的学生进行了资助，共计捐助善款 80400 元。其中：一至五年级 88 名在校食堂就餐的学生每人得到 900 元资助；六年级 12 名学生每人得到 100 元的资助。

纳古中心小学何文平副校长对受助孩子及家长提出了殷切希望，希望受资助的同学珍惜这来之不易的受助机会，将社会各界爱心人士涓涓关爱化为奋发进取的不竭动力！她嘱咐孩子们，勤奋学习，自强不息，争取以优异的成绩回报家乡人民对他们的关心与培养，将来为家乡的建设和发展多做贡献！

聚沙成塔，集腋成裘，拳拳爱心开启了贫困学子童年的梦想，点燃了他们读书的希望，也改变了每一名学子的人生命运。希望工程为贫寒学子的求学之路增添了一份温暖和呵护，也为他们的成长成才撑起一片希望的蓝天。大爱无言，大美无疆！它体现了人类最高尚的品质、最美好的情感和道德情操，也是社会文明与进步的标志。今天，云南省青基会及广大爱心人士用自己的实际行动诠释了这一美好的品德！这一切的善举，我们将铭记！受助者将铭记！社会也将铭记！相信它最终会转化为推动社会发展的不竭动力。

2016 年 6 月 24 日

一直以来，纳古镇党委、政府高度重视民族团结和稳定工作，坚持一把手负总责，牢固树立"经济是第一要务，稳定是第一责任"的观念，建立健全长效机制，妥善处理民族问题，努力促进民族团结。

一是组织协调机制。建立民族工作领导小组，明确职能，落实责任，加强对民族工作的领导协调。二是培训教育机制。开设民族理论政策课，加强对党政领导干部的培训；采取多种形式，广泛开展群众性的民族团结宣传教育活动。三是目标责任考核机制。镇政府与各村组每年签订民族团结目标责任制，加强落实，严格考核，对完成任务好、贡献突出的单位和个人给予适当表彰和奖励，对因官僚主义等失职、渎职，致使发生影响民族团结问题的要追究有关人员和领导的责任。四是不安定因素排查调处联动机制。按属地管理的原则，定期自下而上排查民族领域的不安定因素，开展民族团结稳定形势分析研判和隐患排查，各级各部门联动，及时把矛盾化解在基层，消除在萌芽状态。五是突发事件应对机制。完善应急工作预案，增强工作的预见性、主动性和有效性。

2016年6月29日

今天上午9点，镇长纳立凡一行深入通海三中考点巡视中考考务工作，并看望考生和考务工作人员。通海三中党支部书记解丽琼等相关学校领导陪同巡考。

通海三中党支部书记、考点主任解丽琼详细向介绍了考点的基本情况，三中考点高度重视考务工作，各个环节准备充分、落实到位，全体考务工作人员恪尽职守、细致认真、考生热情高涨、积极应考。一行人认真察看了数学科的考试情况，对三中考点工作及考点环境非常满意，对全体考务工作人员的辛勤工作给予充分肯定和衷心感谢，并对考生寄予了真心祝福和殷切期望。

据悉，通海三中2016年参加考试的考生人数为1378人。其中初三考生685人，设23个考场；初二考生693人，设24个考场。统一考试时间为6月28日至7月1日。

2016年7月1日

为纪念中国共产党成立95周年，激励广大党员干部紧紧围绕党的"两学一做"主题，坚定理想信念，树立群众观点，增强服务意识，改进作风建设，夯实党的执政基础。7月1日下午，我镇召开庆祝中国共产党成立95周年大会，全镇各党支部代表50余人参加了会议。

会上，镇党委副书记、镇长纳立凡宣读表扬决定，表扬旆长林、马丽清、李维仙为优秀共产党员，鲁绍委、马绍飞、马为孝为优秀党务工作者，纳古镇纳古古城村二组党支部、纳古镇纳古纳家营村二组党支部、云南天方食品有限公司党支部为先进基层党组织。镇党委主要领导向受表扬的党员和党支部颁奖。

镇党委书记杨堂聪带领大家重温了党的历史，庆祝党的诞辰。他在讲话中总结了近年来镇各党支部的建设成绩，指出工作中的不足，呼吁全镇党员加强学习，要切实发挥党员的先锋模范作用，贯彻落实党和国家的各项方针政策。

杨堂聪强调，在"十三五"规划的开局之年，我们党员要切实增强政治意识、大局意识、核心意识和看齐意识，以优秀模范为榜样，共同促进纳古经济社会的和谐快速发展。一是要做到心中有党，牢固树立党的思想信念；二是要做到心中有民，牢记党全心全意为人民服务的宗旨，为群众办实事、办好事；三是要做到心中有责，各级党组织要切实履行自己的责任，体现担当精神；四是要做到心中有戒，加强学习法律法规，严守规矩，敬畏党纪国法。

2016年7月2日

今年4月，我镇连片水稻田里装上了8盏太阳能板杀虫灯。近几个月来，杀虫灯大显身手，充分发挥了杀灭害虫的作用，农户在水稻田里几乎没有使用农药，目前进入孕穗期的水稻长势良好，节约了农药成本的同时也提高了水稻质量安全。

太阳能板杀虫灯利用太阳能发出紫光，吸引害虫靠近并进行物理杀灭，主要杀灭螟虫、粘虫等害虫。纳古镇在水稻田里安装的8盏杀虫灯成效明显，接下来将在全镇农田加装太阳能板杀虫灯。

2016年7月3日

经过两个月的反复实地踏勘、讨论商量，挨家挨户多次做动员工作，最终，马鞍子路涉及住户对道路改扩建具体实施方案基本达成一致意见并签字同意。7月初，在电力、通信设施迁移安置第一阶段工作完毕后，道路两旁住户开始陆续拆除围墙，为铺设路面做好准备。

马鞍子路全长520米，最窄处仅4.6米，平均路宽约5.5米，虽不是纳古镇辖区主要交通道路，但连接入镇大道振兴路和镇过境路忠爱大街，具有较大的交通功能。马鞍子路原为沙土路面，道路两旁厂家与住户交错坐落，货运车辆出入较频繁，导致路面受损严重，坑洼不平，雨天泥泞晴天灰，群众出行不便，怨声很大。

今年马鞍子路改扩建纳入"百千工程"项目，是纳古群众期盼已久的一件民心工程。工程预算投资92.74万元，路面扩至10米宽，全面实施硬化、绿化、亮化。项目完成后，将有力缓解振兴路和忠爱大街的部分交通压力，方便群众出行，改善城镇形象，助力纳古旅游文化小镇建设。

2016年7月4日

在这个红色的7月，为庆祝中国共产党成立95周年，我镇机关支部组织全体党员开展学习活动。

在学习活动上，大家共同学习了习近平总书记在庆祝中国共产党成立95周年大会上发表的重要讲话，坚定理想信念，在新的历史时期，不忘初心，继续前进。随后，组织党员观看了红色电影《建党伟业》，

通过一系列的活动，加深了党员意识，镇机关支部全体党员宣誓：我们将永远保持党的优良传统，永远保持对人民的赤子之心，坚持马克思主义的指导地位，坚定共产主义远大理想和中国特色社会主义共同理想，在党中央的带领下为实现中华民族伟大复兴的中国梦贡献力量。

2016 年 7 月 5 日

为庆祝中国共产党成立 95 周年，缅怀党的光辉历程，讴歌党的丰功伟绩，继承和发扬党的优良传统，纳古镇各级党组织在"七一"期间开展了一系列纪念建党 95 周年系列活动。

（1）走访慰问困难党员。"七一"前夕，县委常委、纪委书记李荣奇及我镇党政主要领导，深入各村组看望慰问困难党员，并送去慰问金，感谢他们为党的事业和纳古经济社会发展做出的贡献，向他们致以节日的问候和祝福，共组织走访慰问 7 人，发放慰问金 5600 元（其中市、县党费补助 4400 元，自行慰问 1200 元）。

（2）深入基层讲党课。"七一"期间，镇党政班子成员积极深入各村组开展讲党课活动。党课内容结合"两学一做"教育活动，围绕党的光辉历程，紧密联系实际，联系当前全镇正在开展的中心工作。通过上党课，广大党员干部进一步统一了思想、深化了认识、明确了目标、激发了自觉、强化了党性、提高了积极性。

（3）开展评比表扬活动。7 月 1 日，召开全镇"七一"庆祝表扬大会，表扬先进基层党组织 3 个，优秀共产党员 3 名，优秀党务工作者 3 名，动员全镇各级党组织和广大共产党员向受表扬的先进学习，坚定信心、投身改革、服务发展、勇于担当，为纳古的经济社会健康发展添砖加瓦。

（4）发放学习材料作为党员节日礼物。为落实全面从严治党的要求，推进党风廉政建设和反腐败工作，切实增强全镇党员干部的纪律意识、规矩意识和组织意识，把党章党纪党规刻印在心、落实于行，按照县委要求，组织广大党员开展党章党规知识网络测试，并订购了《中国共产党章程》《习近平总书记系列重要讲话读本》，印制了《中国共产党廉洁自律准则》和《中国共产党纪律处分条例》等学习读本各 300 份，作为镇党委送给全体党员的节日礼物，发放给全镇党员和积极分子，要求全镇党员深入学习，并进行手抄党章，以便加深对党纪党规知识的学习了解，同时也促进了"两学一做"活动的深入开展，营造了守纪律、讲规矩的浓厚氛围。

（5）开展丰富多彩的纪念活动。"七一"期间，各党组织结合实际组织开展重温入党誓词、观看红色电影、参观革命遗址等不同形式的纪念活动。纳古纳家营村党总支组织全村党员开展环境卫生大扫除。机关支部组织党员学习了"毛泽东同志有关做合格共产党员的重要论述"和"邓小平、陈云同志有关对党要忠诚老实的两篇文章"等材料，学习合格党员的标准以及怎样做合格党员。

2016 年 7 月 7 日

6 月 15 日五金产业园区液化气储备站发生爆燃事故以后，为深刻汲取事故教训，全面贯彻落实省、市、县党政主要领导同志重要批示精神，我镇结合实际，组织全体干部职工召开安全生产大检查工作会议，制订安全生产大检查实施方案，在全镇全面开展安全生产大检查工作。

我镇企业众多，为保证大检查取得实效，镇政府制定干部职工联系企业名单，全镇干部职工齐出动，以班子成员为组长，分组对镇域企业进行检查。此次共分为 8 个检查小组，主要对全镇约 86 户企业及交通运输、消防、人员密集场所的生产安全进行检查。

检查组每到一户企业均认真细致地对生产环节、电路、防护装备等重点部位进行检查，督促企业立即整改小的安全隐患，同时要求企业加强安全巡查，对汛期可能出现的安全隐患做好应对准备措施。目前，大检查工作正在紧张有序地开展中。

2016 年 7 月 8 日

纳古镇靠近杞麓湖的部分农田低洼积水，适宜藕生长，今年全镇种植藕 40 余亩，目前，莲藕长势良好。正在田里施肥的大叔说，我们纳古种的这些藕 8 月中下旬可以成熟，他家去年种植的藕亩产 2～3 吨，大的藕一根就有 10 多斤重，增加家庭收入约 2 万元，今年田里的莲藕长得好，预计又是一个大丰收。

2016年7月10日

继纳古镇新成立古城、纳家营两个村委会和村组换届选举后，为使我镇新成立的两个村级调委会成员尽快熟悉调解业务，明确自己的工作职责，充分发挥基层调解组织"第一道防线"作用。今天，纳古司法所邀请通海县司法局基层股股长张汝春同志对新任调委会成员20人进行调解业务培训。

培训会上，张股长首先从业务知识方面向大家讲解了充分认识人民调解工作的重要性、调解的工作程序、调解协议的制作、调解协议的司法确认等四方面的内容，重点强调了调解协议制作中主体合法、内容合法、形式合法三要素。其次，结合我镇常见的婚姻家庭、邻里关系等矛盾纠纷进行以案说法，运用法律进行深入浅出、通俗易懂的讲解。最后，结合自身从事调解工作30余年丰富经验向大家传授"如何做好人民调解工作"，提醒大家时刻铭记"群众利益无小事，民间纠纷无小事，本着一颗为人民服务的真心"，赢得了在场群众的热烈掌声。

会后，大家纷纷表示，将以此培训为契机，学以致用，充分发挥人民调解的职能作用，努力做好全镇矛盾纠纷的调处工作，为我镇和谐稳定做出自己应有的贡献。

2016年7月12日

为确保全镇畜产品的质量安全，杜绝"瘦肉精"等禁用物质使用，纳古镇畜牧兽医站组织全镇规模养殖户、屠宰户、畜禽贩运户及村动物防疫员、协检员等20余人开展畜产品质量安全培训会。

通海县动物卫生监督所副所长岳修俊从畜产品质量安全生产行为控制、动物和动物产品的检疫、病死畜禽无害化处理、违法案例分析等方面对参训人员进行了培训，贴近实际的生动讲解令参训人员受益匪浅。

培训后，参训人员分别签署了《养殖场活畜养殖安全承诺书》《收购运输动物及动物产品安全及动物疫病防控承诺书》，承诺严格遵守《动物防疫法》《农产品质量安全法》《食品安全法》等法律法规，依法养殖、收购、运输动物及动物产品，确保畜产品质量安全。

2016年7月13日

我镇组织召开2016年综治维稳工作会议，镇领导班子成员、相关站所长、村两委班子以及调解主任等30余人参加了会议，会议由镇党委副书记陈申力主持。

会上，陈申力总结了2015年以来我镇综治维稳工作和目前存在的主要问题，安排了2016年重点开展的群众满意度提升、矛盾纠纷排查等几项工作。

镇党委书记杨堂聪对纳古镇2016年综治工作提出两个要求：①综治维稳工作对纳古至关重要，维护社会和谐稳定是我们的主要工作责任，镇、村、组三级要随时绷紧综治维稳这根弦；②要结合纳古实际，密切关注影响社会稳定的事件：无理上访、山林权属纠纷、工程涉及的拆迁、企业转型升级发展中产生的矛盾等。镇、村、组三级领导干部在当好信息员外，还要切实履行自己的职责。

镇长纳立凡在讲话中强调，新选举成立的村班子成员要做好影响稳定因素的引导工作，在党委、政府的领导下共同树立纳古积极正面的形象，在新形势下关注综治工作面临的网络诈骗、电话诈骗等新问题。

会上，镇党委书记杨堂聪、镇长纳立凡分别同村党支部书记、村主任签订了《纳古镇2016年综治维稳责任状》。

2016年7月15日

为了提高纳古镇妇女的"两癌"健康知识水平，做好自我预防和保健，今天，镇卫生院邀请杨美英医生开展了一期"两癌"防治知识讲座，我镇妇女60余人参加了此次讲座。

杨美英医生通过自己在工作岗位上长年积累总结出的经验，结合实际和典型案例，从医学的角度讲授了妇科常见病与多发病及宫颈癌、乳腺癌等妇科疾病的预防和保健，还讲解了日常生活中呈高发态势的妇科常见病及多发病的原因、症状及预防治疗方法。她以通俗易懂的语言、翔实的病例对宫颈炎症、宫颈癌的预防和治疗等情况做了具体讲解与剖析，并详细讲解了乳腺保健、乳腺自我检查、预防乳腺增生、乳腺癌等知识。

细致生动的讲解融知识普及和自检、自查于一体，使在场的妇女们一次次给予热烈的掌声。讲座结束时，群众纷纷排队咨询，并且都得到了满意的答复和建议。

这次讲座的举办，普及了妇科疾病防治知识，大大提高了女性的预防保健意识，使大家对女性易发疾病做到早发现、早预防、早诊治，引导妇女树立关爱自己、关注乳腺宫颈健康意识，做一个健康、美丽、快乐、知性的女人。

2016年7月23日

马爱莲家儿子纳宏佳与纳继昌家女儿结婚，新式吃法，今天早上就开始待客（抵以前24日早上的女方家送亲客），吃1天；新媳妇家25日早回门，吃1天，下午请男方家的7天，以前结婚满7天女方家请男方家来吃，来的人是男方家的亲朋好友。

2016年7月24日

纳家营村五组的马恒归真，60多岁，盖石棉瓦从梯子上掉下来，手脚摔断，伤着头部，23日晚连夜从通海县医院转玉溪市医院，未抢救过来，此人平时身体很好，听说早上还拉着媳妇去克县医院打银针。真主的灾难随时都有可能降临，所以平时我们要谨守拜功，多多行善。

2016 年 7 月 27 日

纳家营村四组的原组长纳周存归真,哮喘病,80 多岁。

2016 年 7 月 28 日

纳家营村五组开经吃饭,庆祝公房投入使用,公房自 2012 年就开始动工,直至今年才完工。大家都说是烂尾楼,组领导无心管理,导致资金不到位,所以一直拖了 4 年。

2016 年 7 月 29 日

纳家营村五组纳汝廷归真,脑梗阻。

2016 年 7 月 30 日

纳古是著名的"手工业之乡",自古就有自制手工艺品的传统,刀具制作是纳古传统文化的代表,茶刀更是远近闻名,成为馈赠亲友的佳品。目前,纳古刀具生产企业有 14 户,主要生产水果刀、餐具刀、工艺刀等三个系列 10 多个产品,符合市场需求和国家政策,年产值达 2000 万元。其中生产茶刀的企业有 12 户,年产量为 37000 把,年产值 1000 多万元,从业人员近 100 人。特别是"纳家营牌"茶刀(已注册),规模、档次、质量全国领先,成功进入高端普洱茶具市场,并在英国、马来西亚、新加坡等国外市场建立了良好的口碑和影响力。

随着刀具企业的发展,纳古近年涌现出一批省、市、县级民族民间工艺师。其中有省级民族民间工艺师 1 名,市级民族民间工艺师 1 名,县级民族民间工艺师 2 名,民间工匠上百人。然而,由于各方面的条件限制,纳古刀具企业存在许多短板:一是品牌创建意识弱;二是整体规模小,市场竞争力弱;三是传承人才队伍少,眼界不宽;四是宣传推广不到位,好产品没有好市场。刀具生产如何适应市场经济的发展,如何做好传承与发展壮大,对纳古来说意义重大。

"十三五"期间,将是纳古镇培植新型优势产业的重要时期。纳古镇将认真落实国家文化产业振兴规划,以建设旅游文化小镇为目标,依托"民俗风情、自然风光、历史文化、手工艺品"四大旅游资源优势,坚持突出特色,集中开发,全力打造伊斯兰风情小镇。在纳古特色旅游小镇的规划发展中,纳古民族工艺刀具是其中的支柱产业,纳古镇党委、政府将坚持政府搭台、企业唱戏的做法,以精湛的工艺打造属于纳家营的刀具品牌,使纳古手工艺刀具成为独一无二的旅游纪念品。届时,纳古品牌刀具将充分发挥旅游商品优势,有力推动纳古旅游文化小镇的发展,示范带动周边群众发展旅游产业,增加农民收入,促进纳古镇经济社会发展。主要通过以下几项措施创建纳古工艺刀具品牌:

一、品牌创建。加强行业品牌的培育和宣传力度,打造品牌效应,力争创建 1～2 个省级著名商标。邀请省内外传统媒体和新兴媒体,宣传报道通海工艺刀具企业和产品,通过品牌宣传走出去,树立品牌形象;支持和鼓励工艺刀具企业参加南博会、昆交会、文博会等各类博览会和大型商品展销活动,不断增强企业的品牌意识和市场意识;鼓励企业积极组织本土企业参加省级以上工艺美术评奖活动,提高品牌知名度和产品附加值。

二、加强人才培养,加大培训力度。着力提高工艺刀具产业从业人员的综合素质,加强优秀人才推选,积极培养、选报国家级和省、市、县级工艺师;积极向上争取名额,促使更多的优秀企业和个人加入云南省工艺美术行业协会,为企业创造更多的学习观摩机会;与刀具协会联合,计划每季度请专家来培训一次,采取以现场会、观摩会、座谈会、培训会等形式及时进行交流学习,保护、提升纳古制刀工匠的思维及工艺水平。形成一支优秀专业人才队伍,以点带面,充分发挥民间工艺师的带动作用,推动传统手工艺企业加快发展,实现做大做强。

三、组织外出参观学习。为开拓视野,使纳古的刀具企业家对市场前景加深了解,学习外边先进的生产工艺和管理营销水平,纳古镇政府准备带领纳古的部分企业家外出考察学习。

四、刀具企业厂房搬迁改造。结合纳古旅游文化小镇的打造，必须对现有厂房进行升级改造，对现有资源进行整合，提升纳古民族民间手工艺品的档次，打造旅游商品一条街。对按规划进行搬迁改造的企业给予扶持。

五、打造民族手工艺展示厅。以纳古工艺大师牵头，整合资源，打造纳古民族手工艺展示厅。展示厅计划设立在纳古镇进镇大道狮山路上，集生产、展示、销售于一体。建设内容有：建设展示厅，陈列设施、物件，收集相关文物、史料。

六、规范行业协会，加强协会管理。进一步明确刀具协会工作的职能任务，发挥协会桥梁纽带作用，通过协会不断加强政府与企业的联系，规范行业竞争，整合行业资源，推动产品创新，带动特色产业不断发展壮大，凝聚工艺刀具行业业内人士，促进工艺刀具产业的健康有序发展。进一步健全行业制度，规范财务管理；积极组织民族民间工匠进行技术技能竞赛、市场销售服务竞赛，鼓励经营户和企业争创"诚信商户"品牌。

2016 年 7 月 31 日

7月16日至31日，来自云南大学、云南师范大学、云南民族大学、西南林学院、昆明理工大学等高校的300余名学生到我镇进行社会实践。

在社会实践活动期间，大学生们主要通过听讲座、调查走访、交流等形式了解纳古的社会经济和民族宗教等情况。

五组马连坤媳妇纳培英归真，得骨癌不到2年。

2016 年 8 月 1 日

我镇司法所组织工作人员重点走访了在册矫正张某。

张某，因犯虚开增值税专用发票被判有期徒刑三年，缓刑五年。2015年3月初，张某与朋友到山上骑摩托车不慎摔倒，身体多处严重骨折，病情严重，长期住院治疗，生活不能自理。在得知其回家休养后，即刻组织工作人员对其进行重点走访。在走访过程中，司法所所长一是对其病情、生活情况进行了解，同情其遭遇并鼓励其重树生活的信心；二是对其使用的已损坏定位的手机进行更换，以便能及时掌握其动态情况；三是送去法律书籍，丰富其休闲时光，提高其法治意识。

我镇司法所在严格执行社区矫正日常监督管理外，不失灵活性，彰显人文关怀，从心理上增强社区服刑人员面对困难的勇气，为其走出生活阴影、重塑新的人生指明了方向。矫正对象流下了感动的眼泪，表示一定会珍惜现在的生活，保持积极向上的乐观心态，遵纪守法，做一个对家庭、对社会有用的人。

2016年8月2日

2013年底，我镇辖区范围内的10余家造纸厂被依法强制关停，并及时搬迁。但光明造纸厂、新业造纸厂两家造纸厂虽已关停，却一直未进行拆除搬迁。为保证工作取得实效，推进环境治理工作，改善纳古人居环境，今天，我镇党委、政府决定对这两家造纸厂进行现场督促拆除，两家造纸厂比较配合，目前正在拆除之中。

2016年8月3日

根据通海县委、政府对"美丽宜居乡村建设"工作的安排，我镇立即组织召开会议，安排部署"美丽纳古建设"具体工作，镇班子成员、相关站所负责人、村党总支书记参加了会议，县人大领导钱秀琼、胡体林亲临指导。

会上，镇党委书记杨堂聪传达了县"美丽通海建设工作会议"精神，对我镇全力推进"百千工程"、农危改、城乡环境整治工作进行了细致安排：一是成立"美丽纳古建设工作领导小组"，领导小组下设工程建设组、城乡环境整治组、督促检查组、宣传报道组，由镇班子成员任工作组组长，全镇领导干部各司其职，全力推进工作开展；二是结合纳古镇实际制订详细可行的工作方案；三是镇纪委切实履行监督责任，做好工作进度和工作质量跟进督促；四是村领导班子要在镇党委、政府的带领下，做好宣传协调，带领各村民小组把各项工作落到实处。

县人大副主任钱秀琼强调，县委县政府高度重视"美丽宜居乡村建设"，各项工作的全力开展已经迫在眉睫。她提出三点要求：一是严格按县委县政府时间要求完成任务，明确目标，制定目标倒逼、工期倒排等责任制，根据倒逼目标履行好监督，加快工作推进速度；二是工作方案制订要结合纳古实际，明确主体责任，压实责任，抓好落实；三是要做好政策宣传，让群众了解政策措施，抓住机遇，通过"百千工程"、农危改、城乡环境整治来改变农村面貌，提升群众生活环境质量。

2016 年 8 月 4 日

为促进今年新选举产生的党组织书记熟悉工作业务，更好地开展基层党务工作。今天下午，我镇组织各村组党组织书记开展轮训，会议由镇党委副书记陈申力主持。

会上，镇党委副书记陈申力就党的组织分类及设置原则、基层党组织的任务和工作职责及工作制度、组织生活、党建工作五个方面进行了详细讲解，并提出今年下半年基层党组织的重点工作：一是严格落实"两学一做"各项要求，开展好各项活动；二是积极开展党员发展、教育、管理工作。

随后，陈申力为参训人员讲授了《如何当好基层党支部书记》，解读了基层党组织书记的职务特点、工作目标和日常工作，要求我镇基层党组织书记在工作中应做到"讲究两种方法、把握三个要点、强化四种意识、提高五种能力"，树立为共产主义事业献身的伟大理想，思想、行动上时刻与党中央保持一致，努力更新观念、锤炼自身、务实工作，成为新时期合格的带头人。

镇组织委员王丽波对基层党建工作的开展做了详细的安排和部署，要求各村组党组织认真开展好近期党建重点工作：开展"两学一做"、做好党员发展教育管理、开展三个行动计划、软弱涣散基层党组织整顿、基层党员带领群众创业致富贷款、老党员管理、村组干部管理等。

2016 年 8 月 5 日

今年进入汛期以来，降水量持续增加，特别是近期几场大雨来势急、雨量大，在短时间内形成了大量积水。镇党委、政府高度重视排水防涝工作，安排农业中心工作人员每天巡查主要入湖河道及村庄主要排水沟渠，发现堵塞立即清理。

由于排水沟道通畅，排水迅速及时，全镇农田未出现受灾情况，农作物长势良好。

2016 年 8 月 10 日

我镇妇联将县妇联发放的 6 箱贝因美（1～3 阶段）奶粉，发放到了两个村 15 户贫困家庭手中。

"贝因美与爱同行公益项目"是由中国妇女发展基金会与贝因美婴童食品股份有限公司合作开展的一项公益活动，目的是促进贫困地区母婴健康、营养状况持续改善。为此，纳古镇妇联结合精准扶贫工作，通过前期摸底调查，以此次活动为契机，及时将 6 箱贝因美奶粉，发放到我镇两个村的贫困婴幼儿家庭，使婴幼儿在发育关键期能及时、充足地获取营养，保证智力和身体正常发育。

2016 年 8 月 11 日

云南省文产办主办的"2016 年云南省特色文化产业示范县（市、区）、示范村、销售示范街区（市场）及示范企业"评选活动在昆明国际会展中心举行颁奖仪式。全省 22 个县（市、区）、村、销售街区以及企业获奖，我县纳古纳家营村凭借工艺刀具产业被评为"2016年云南省特色文化产业示范村"。

我镇纳古纳家营村是一个以传统手工业为主要经济来源的村,制作刀具的历史可追溯到700多年前,目前全村民族工艺刀具生产制作单位有38户。纳古纳家营村工艺刀具在生产方式上主要采用手工和机械相结合的方式,在原材料选用上非常严格,制刀的钢材大多引进专门用于生产刀具的优质不锈钢、较好的高碳高镍等特殊钢材,装饰材料有牛角、鹿角、玉石、铜及较贵重的木材。

被评为"云南省金属工艺大师"的纳文鹏创建的云南通海华钢刀剪有限公司是纳古纳家营村工艺刀具企业的领头羊,纳文鹏设计的水果刀多次在全国"刀博会"上获奖,多个工艺刀具和茶刀作品荣获云南省"工美杯"奖项。纳古纳家营村还有多个工艺刀具制作者获得市、县级工艺师的殊荣,其中:"玉溪市民族民间工艺师"1名;"通海县民族民间传统文化工艺师"2名。纳古纳家营村工艺刀具以其精湛的工艺、美观实用的品质深受消费者的青睐,远销新加坡、马来西亚、英国等地。

到颁奖现场领奖的纳古纳家营村党总支书记纳宏锦说,获得"全省特色文化产业示范村"这一殊荣是对纳古纳家营村工艺刀具产业的肯定,他们将以此为激励,引导刀具生产企业在产品文化内涵的提升、品牌打造、包装设计、创意研发、市场营销等方面继续努力,切实发扬文化特色,打造示范产业。

2016年8月15日

海埂路位于我镇的西边,属于我镇的村道,是我镇辖区主要交通道路,路线编码C016530423,为四级公路,北接县道白金线,南接我镇农田保护区海泥田湾,全长3713米,项目计划按四级公路标准建设。项目完成后,将进一步完善我镇的基础设施建设,极大地改善群众的生产生活条件,方便游客前往小海湿地公园游玩。

目前，镇党委、政府正紧锣密鼓，确保项目顺利实施。一是成立项目工作领导小组；二是组织道路两旁住户及村组领导座谈，听取意见和建议，积极引导，制订切实可行的改造实施方案。

2016年8月15日

8月10日至15日举办的创意云南2016文化产业博览会上，纳古工艺茶刀参加了玉溪展区的展销，前来参观咨询的人络绎不绝，极大地提升了纳古工艺刀具的知名度。

省级工艺大师纳文鹏带着自己制作的工艺茶刀参加了展览。纳文鹏制作的茶刀工艺精湛，设计充满奇思妙想，具有深厚的文化内涵，吸引了众多茶艺爱好者的关注。市委副书记保明顺莅临视察，在听纳文鹏介绍了茶刀的工艺流程和市场需求情况后，保副书记鼓励道：工艺大师要充分发挥自身优势，发扬纳古文化特色，将纳古工艺刀具产业做大做强。到场的新闻媒体对纳古工艺茶刀十分感兴趣，针对工艺刀具产业的历史、现状、规模、市场等问题对纳文鹏进行了采访。

展会上，茗锋茶魂茶具厂的工艺师傅苗从应制作的大马士革花纹钢茶刀受到了参观群众的热情围观。花纹钢美观大方、高档，配于各类角，更彰显茶刀的个性。苗从应师傅介绍说：制作花纹钢的材料必须采用弹性好、易腐蚀、强度高的优质钢材。弹性好以提高其韧度，易腐蚀以体现其花纹，强度高以保证其刃口的锋利。制作时要严格控制温度，多层折叠锻打，就像揉破酥包子一样。

近年来，纳古工艺刀具产业发展迅速，工艺水平不断提高，共有"云南省金属工艺大师"1名，"玉溪市民族民间工艺师"1名，"通海县民族民间传统文化工艺师"2名。在本届文博会上，纳古纳家营村荣获"2016年云南省特色文化产业示范村"称号。

2016 年 8 月 16 日

我镇农技农机站、安监站、综治维稳办、派出所联合开展农机安全隐患排查整治工作,主要对拖拉机、微耕机等农机道路行驶运输安全情况进行排查整治,制止拖拉机违法载人上路,无牌无证行驶,载危险、易燃易爆物品,超速行驶,酒后驾驶;微耕机挂斗上路行驶,违法载人及酒后操作等严重违法行为。

检查组在镇忠爱大街设立卡点,对经过的农机逐辆进行检查,共检查拖拉机 25 辆,无违法违规驾驶运载行为。检查组工作人员在检查的同时,还对驾驶员宣传农机安全驾驶相关知识和法律法规。

2016 年 8 月 14 日

一年一度的穆斯林朝觐期到来,在经过前期网上报名、资格审核、培训体检之后,今天下午,我镇 78 名穆斯林从家乡出发,踏上了前往沙特"圣城"麦加的朝觐之路。

朝觐团首先乘坐大巴车抵达昆明长水国际机场,于今晚乘坐中国政府包机前往沙特,经过近 9 个小时的飞行,朝觐团于 15 日上午安全抵达沙特麦地那。据了解,今年全县共有 111 名回族群众参加朝觐,其中我镇有 78 名。他们将在麦加停留 1 个多月,参加系列朝觐活动,完成功课,预计于 9 月下旬乘包机返回。

"朝觐"是伊斯兰教五项基本功课之一,也是中国伊斯兰教一项大型涉外宗教活动,涉及 10 个信仰伊斯兰教的少数民族,涵盖 20 余个省份,我镇是穆斯林重镇,每年都有序组织穆斯林朝觐活动。

2016 年 8 月 17 日

我镇 4 家轧钢企业率先安装了经自己亲手改进的除尘设备,烟囱排放出的刺鼻黑烟变成了淡淡的清烟,显著地改善了我镇的空气质量!

2016 年 7 月以来,镇政府下发通知给烟尘排放不达标的企业厂家,要求其停产整改，不整改不开工，并对其整改情况严格监督。接到通知后，各企业厂家立即停止生产，但是如何整改却成了一个难题。因为严格按环保标准整改需投入较大资金，很多企业难以承受这笔费用。如何才能既保证企业正常生产发展，又确保环境治理取得实效？

根据以上情况，镇党委、政府从实际出发，从技术改造等方面协助引导企业进行整改。企业积极配合，结合自身的生产状况，购买费用相对较低的除尘设备，由自己厂里的技术工人对购买的设备因地制宜进行改良。通过改造，有效提高了设备的除尘性能。改良后的除尘设备，能使烟尘的排放量比原先降低60%以上，极大地降低了粉尘污染。

下一步，镇政府将督促未进行整改的企业尽快整改，鼓励安装使用此类除尘设备。同时，加大宣传力度，提高企业的环境保护意识，改善纳古人居环境。

2016年8月20日

今年高考中，我镇考生上三本分数线的有39人。在这些优秀的学生中，有部分家庭贫困的学生拿到录取通知书的同时就开始为难以承担的入学费用发愁。

秉承尊师重教的优良传统，我镇党委、政府联合清真寺及爱心企业出资对这些准大学生进行奖励，人均奖励约1400元；家琨教育基金也对二本以上的优秀学生进行了奖励，人均奖励约1000元。

县相关部门对贫困大学生入学费用问题十分关注，8月以来，在镇民政工作人员深入调查的基础上，县民政局、县残联、县民宗局领导分别带队走访。通过入户座谈，实际了解贫困大学生的家庭情况，亲切询问学生们的困难，确保每一位家庭困难的大学生都能顺利入学。县民政局、县残联、县民宗局共帮扶我镇贫困大学生7名，给予扶助资金每人3000元。

奖励和帮扶资金减轻了贫困大学生家庭的学费负担，也对勤奋求学的莘莘学子给予了莫大的鼓励：只要为着自己积极向上的理想努力奋斗，大家都愿意对你求知路上遇到的困难伸出援助之手。

2016 年 8 月 23 日

市委组织部、市财政局组成的检查组到我镇检查了解党员活动室建设使用情况。

我镇 2 个村委会，共有 7 个村民小组。7 个小组党支部中，有 5 个建有党员活动室，2 个因无公房而未建设。

检查组一行实地察看了党员活动室后，对我镇各支部的党员活动室建设使用表示肯定，同时指出不足和存在的问题。检查组要求纳古镇督促各党支部按时按质完成党员活动室的建设，严格按照"八有标准"完善相关配套设施，并管理运用好党员活动室，充分发挥党员活动室阵地作用。

2016 年 8 月 24 日

一起工作难度大、调解时间长的分家析产纠纷在我镇纳古纳家营村调委会的悉心调解下最终得以圆满解决，也是该调委会成立以来首个调解成功的疑难纠纷。

马某系纳古镇纳古纳家营村七组的村民，与前妻在世时育有一儿三女共 4 个孩子，家庭共同财产有：位于我镇忠爱大街铺面 10 间、空地 1 块（面积 1151 平方米）、坐落于我镇忠训路的老房子 1 所和少量海田承包经营权。9 年前，儿子因病去世，留下儿媳和两个孙女与二老一起生活，3 个女儿都已成家。当时，3 个女儿就向马某提出分割家庭财产的要求，对此提议"分与不分、该如何分？"的问题已成为困扰马某 9 年的心病。在这 9 年里，为此事家庭里争吵过无数次，甚至争吵激烈大打出手向派出所报案 10 余次。近日，马某向纳古纳家营村调委会提出申请，要求给予调解。调解主任立即召集调委会成员，向大家详细介绍了纠纷情况后制订了调解方案,打算先分3个小组分别做马某、儿媳和女儿的劝说工作,再结合案情实际和当事人的诉求制订合理的分配方案组织当事人进行现场调解,力求不管多难一定要把此纠纷调解成功。由于前期做了大量思想工作,调解现场气氛比较融洽,调解主任首先从分家析产法律法规、穆斯林教义教规、家庭伦理道德等方面向当事人介绍分配方案,各调解员又从情理上引经据典,立足家庭和谐,唤醒人性良知,赞扬家庭美德,既要维护各方的合法权益,又要维护一家人的血脉亲情做好各方思想工作。经耐心的辨法析理后,终于达成了如下调解协议:①10间铺面由儿媳、两孙女和马某各享有5间,靠北边5间归儿媳和两孙女所有,靠南边5间归马某所有,所有者有权独立支配属于自己的铺面,其他人无权干涉;②空地由3个女儿共同所有,平均分配;③坐落于纳古镇忠训路的老房子和少量海田承包经营权归马某所有;④儿媳和两孙女在自己能力范围内对马某进行赡养。协议签订后,调解员还向当事人建议变更房产登记和进行土地确权登记等,确实维护当事人的合法权益。当事人纷纷表示:虽然财产上已分割清楚,但是在亲情血脉上永远都是一家人。

该纠纷的成功调解使新成立村级调解组织得到广大村民群众的认可,同时也为调解组织成员在今后工作中树立了坚定信心!

2016年8月25日

玉溪市副市长、市公安局局长朱家伟带领市政协、市民宗局、市公安局国保支队相关领导到纳古镇开展随机调研,通海县副县长、县公安局局长杨兴龙,县民宗局局长祁跃红,纳古镇相关领导,县公安局副局长师震海及国保大队、反恐大队负责人陪同调研。

朱副市长一行首先对纳古派出所工作进行了检查,通过问、听、查、看后,朱副市长对纳古派出所的工作表示肯定,同时要求纳古派出所在社区工作上要做到精细化管理,做到"点线面"、条块结合,有目标、有针对性开展工作,实施人管人、措施管人,织密纳古镇社会治安综合防控网。

随后，朱副市长一行走访了纳家营清真寺、古城清真寺，并与纳古镇宗教界人士进行了座谈。朱副市长指出，纳古镇在民族宗教管理上要做好三点工作：一是要学习借鉴省内外先进经验，大力宣传国家方针政策，寻找民族、宗教、法律的契合点，营造爱国爱党爱教的氛围；二是要加强反恐宣传教育，珍惜当前和谐稳定的社会局面，继续保持纳古经济社会繁荣稳定；三是民族宗教人士要支持公安工作，同时公安机关将贯彻执行党的民族宗教政策，支持民族宗教工作长足发展。最后朱副市长强调，纳古镇刀具产业的发展要按照当前规定，保护合法、打击非法，确保刀具产业健康有序发展。

我镇"百千工程"建设项目包括马鞍子路和龙潭路的改造建设。今年工程开工以来，镇党委、政府主要领导高度重视，每周追问了解工程进展情况，协商解决道路改造中的占地、拆迁等难题。镇规划中心全力跟进，在分管领导的带领下反复实地勘察，多次到涉及占地拆迁的群众家中挨家挨户做动员工作，努力在今年降水频繁的情况下保证工程进度。

目前，马鞍子路涉及的占地拆迁已经基本处理完毕，两侧厂房、民居均按改造标准完成了拆退，预计本月底可以开始进行路面硬化。

龙潭路上段已经完成硬化，进入路面保养期，27天的保养期过后将马上进行路面亮化、绿化工程。龙潭路下段的改造工作全面启动。

"百千工程"是纳古群众期盼已久的民心工程，马鞍子路和龙潭路将全面实施路面扩宽、硬化、绿化、亮化。项目完成后，将有力缓解镇内交通压力，方便群众出行，改善城镇形象，助力纳古旅游文化小镇建设。

2016年8月26日

我镇组织召开土地确权登记颁证工作推进会，邀请县确权办领导、老师指导工作开展。镇班子成员、土地确权工作组成员、各村组领导班子共30余人参加了会议。

县确权办杨文智通报了目前全县土地确权工作的开展情况，他指出，我们要严格按照中央要求，尊重农民意愿来推进工作。工作人员要提高认识，不要有畏难情绪，先易后难，对无争议的先予以确权登记，有争议的可以先摸清情况，然后通过一村一策、一事一议等方法处理。

镇三资中心主任张建萍再次重点讲解了工作流程和需要把握的基本要求，安排我镇土地确权登记工作的近期任务：9月5日前完成资料收集，9月6日作业单位开始入驻纳古，开始实地测绘、指认工作，9月15日前，无争议、无纠纷的地块全部完成信息录入。

镇党委书记杨堂聪强调，大家要充分认识土地确权登记工作的意义，这是为老百姓做好事，参与工作的人员要按照时间节点完成阶段任务，做好政策宣传，狠抓工作落实，全力推进我镇土地确权登记工作。

我镇将进行确权登记的土地约1800亩，面积不多但是情况较为复杂。我镇高度重视土地确权登记工作，成立了镇党委书记任组长的工作领导小组，下设办公室、宣传组、技术业务组、政策法规组、信访维稳组、督查组6个工作小组，由镇班子成员带领各中心站所工作人员开展工作，同时成立7个工作指导组，深入村民小组指导工作。前期我镇已经组织开展了业务培训、政策宣传等工作，目前资料收集、全面排查工作正在进行中。

2016年8月30日

今天，我镇召开1—8月经济运行分析暨重点工程项目推进会，会议通报了我镇上半年经济指标完成情况并安排了下半年的工作目标任务。镇党政班子成员、中心站所负责人参加了会议。

截至6月底，我镇实现地方财政收入255万元，完成全年目标任务的46.70%；向上争取资金205.7万元，完成全年目标任务的82%。截至7月底完成工业总产值35.1亿元，完成全年目标任务的61.19%。截至8月完成社会固定资产投资4495万元，完成全年目标任务的81.73%。

镇党委书记杨堂聪指出，我镇经济产业结构单一，受经济下行影响，1~7月我镇各项经济指标情况不容乐观。他要求，在下半年的工作中，所有干部职工更要团结一致，上下协作，千方百计抓工作、出成绩，力争完成全年目标任务。

一是要全力推进基础设施工程建设项目：加快对"百千工程"涉及的马鞍子路、龙潭路的建设进度；积极跟进海埂路的建设，在要求时间内完成硬化通路；农危改规划方案要迅速报上级审批后立即组织开展实施；要加快"一水两污"工程项目建设；落实民族团结示范镇项目工程，尽快启动。

二是要加强企业的监管服务：督促企业开展排污改造，目前已有部分企业进行了除尘设备的安装、改造，要对除尘设备的实用性进行跟踪调查；帮助引导企业开展纳规申报、环评等工作。

三是要加强基层党建工作：深入推进"两学一做"学习教育，指导两个村委会厘清职能职责，完善工作制度，目前两个村委会已挂牌正常办公。

四是要按时按质完成近期重点工作：开展烤烟收购工作，确保完成收购任务；全力开展土地确权登记颁证工作，工作指导组加强与村组的联系，每天上报工作进度。

2016年9月4日

县委书记卢维江，县委常委、县组织部部长刘绍宏一行到纳古镇调研。

纳古镇党委书记杨堂聪围绕1—8月纳古镇开展的主要工作、工作中存在的问题及接下来4个月的工作计划做了汇报，镇班子成员分别汇报了分管工作的开展情况。

卢维江对纳古镇新一届领导班子开展的工作表示肯定，他说，纳古镇历史以来就是民族融合、团结互助的地方，有深厚的文化底蕴，经济发展有特色，在纳古工作的领导干部要做到"四懂"：一要懂地方历史，二要懂政策，三要懂民情，四要懂镇情。他对纳古镇今后的工作开展思路提出了以下四方面要求：

一是要求纳古做好发展规划，做好特色旅游文化小镇建设的规划，在城镇规划的基础上做好产业规划；二是要求引导促进产业转型，可以做好二产和三产结合，引导纳古企业向有优势的工艺刀具、清真食品等行业转型；三是要求接下来的人大和政府换届工作早筹备、早宣传，严格落实政治意识、大局意识、核心意识、看齐意识；四是要求结合纳古镇实际，高度重视环保问题和教育问题。

随后，卢维江一行与纳古党政班子成员进行了单独谈话，通过交心谈心深入了解班子建设、干部思想状态及工作开展中的亮点及出现的困难。

2016年9月10日

9月1日开始烤烟交售以来，到目前我镇烤烟交售任务已经过半。今年我镇烤烟种植合同面积为225亩，烤烟交售任务量37500公斤，目前已经交售17378.6公斤，其中上等烟比例99.04%，交售均价约为36.96元／公斤。

2016年9月11日

我镇海埂路建设项目完成招标，今天，镇政府领导、纳古纳家营村两委领导以及村民小组负责人、施工单位、村联防队等一起参加测量放线，测定并标注沿路建筑需拆除占用的范围，纳古人民群众期盼已久的民心项目正式启动开工。

海埂路是通往小海湿地公园的主要交通线路，每年冬季通过海埂路到小海湿地公园观赏海鸥的游人络绎不绝，是展现纳古镇貌的重要道路。由于道路多年未修缮，而且两旁多为炼钢轧钢企业，重型汽车出入频繁，路面坑洼不平，晴天尘土飞扬，雨天泥泞难行。

镇党委、政府高度重视海埂路建设项目，设计对海埂路进行扩宽硬化，路宽扩至10米，按实际需求进行高标准硬化，整个工程预计投资300万元。

2016年9月12日

在古尔邦节之际，纳古回族群众打扫卫生、参加会礼、走亲访友、宰牲待客，用传统方式欢庆节日，他们互致节日问候、共贺祖国昌盛。

节日前夕，全镇居民各家负责清洁门前和庭院卫生，共同清洁家园。古尔邦节当天，我镇回族群众身穿节日盛装，齐聚清真寺参加会礼，欢度这一传统佳节，会礼结束后，大家高兴地互相致以节日祝福并进行宰牲活动。

古尔邦节又称"宰牲节"，是我国回族、维吾尔族、哈萨克族、乌孜别克族、塔吉克族等10个少数民族共同的盛大节日，与"开斋节"并称为伊斯兰教的两大节日。按照传统习俗，在这一天不仅要诚心正意、虔诚礼拜，还要宰牲款待亲友，并向周边的困难人群施舍。

2016年9月13日

9月7日开始，我镇各村组土地确权工作进入群众指认阶段，农户积极参与，目前已有过半农户通过指认确定了自己的土地位置、面积等。

我镇为把农村土地承包经营权确权登记颁证工作落实到位，提前谋划好此项工作：一是大力宣传登记工作的重要性，为什么要登记、登记什么、怎么登记，让农户充分了解土地确权登记的作用，积极参与和支持；二是由镇政府工作人员组成工作指导组，深入村民小组指导工作开展；三是组织村组工作人员及镇工作组成员进行业务培训，明确工作程序、工作要点及阶段目标任务。

8月26日组织召开土地确权登记颁证工作推进会后，全镇各村组工作人员进村入户，挨家挨户耐心解释这次农村土地承包经营权确权登记颁证工作就是为了维护农民权益，目的就是让改革红利普惠农民，通过确权登记颁证，解决好面积不准、位置不明、四至不清、登记不全等问题，切实维护好、落实好广大农民的切身权益。在宣传到位、工作到位、登记核实到位的基础上，纳古镇切实做实每一个环节工作，全镇土地确权工作进展顺利。

2016 年 9 月 14 日

在全党深入开展"两学一做"活动之际，纳古学校迎来了第 32 个教师节。为突出展现当代教师的高尚风采，努力营造尊师重教的社会氛围，激发广大教师教书育人、为人师表的责任心和幸福感，今天下午，学校召开了以"甘守三尺讲台，争做'四有'老师"为主题的"庆祝第 32 个教师节暨优秀教师表彰会"。大会对做出显著成绩的优秀教师、优秀班主任、优秀教育工作者、教学竞赛中获奖教师等先进个人给予表彰，并号召广大教职员工向他们学习，以他们为榜样，为学校的各项工作做出新贡献。

参加表彰大会的人员有纳古镇政府领导、纳古中心小学退休领导、全校教职员工共 170 余人，会议由纳雪梅副书记主持。

大会在雄壮的国歌声中拉开了序幕，首先，纳古小学 4 位少先队员用激情洋溢的朗诵形式向教师们做了教师节致辞，祝福教师们教师节快乐、身体健康。这让全体教职员工倍感温馨，部分教师更是热泪盈眶。随后，教师代表胡雪梅分享了自己从大学毕业到踏入社会，从新教师蜕变为有丰富经验的老教师的心路历程，在这个过程中无疑是遇到了许多困难的，但是在教师们及学校领导的关心下，困难都被克服了。她号召教师们积极行动起来，从自身做起，从现在做起，把过去的成绩作为新的工作起点，以更高的标准严格要求自己，虚心学习，踏实工作，爱岗敬业，不断提高教学水平，始终保持旺盛的精神风貌和饱满的工作热情,全心全意地投入学校各项工作中去,以此来回报各级领导和教师们的鼓励和期盼。她情真意切的分享让场内的掌声久久未能平息。接着,何文平副校长宣读了《校级优秀教师表彰决定》,孙建勇副校长宣读了2015～2016学年县级教学竞赛一等奖获奖名单,分别对在2015学年度中为全镇教育教学工作做出突出贡献的45名教师予以表彰。在欢快的乐曲声和热烈的掌声中,受表彰的优秀个人有秩序地走上主席台领奖,幸福洋溢在每一位受表彰优秀教师的笑靥中。

最后,副校长何文平向各位与会人员介绍了纳古中心小学基本概况,并向辛勤耕耘在教学一线的全体教师致以诚挚的节日问候,向受到表彰的单位和个人表示热烈的祝贺。讲话中包含了对先进教师努力工作、无私付出和奉献的赞扬,同时也包含了对新来的教师的鼓励、信心和希望。人大主席马恒骧同志代表纳古镇党委、政府向全体教师致以节日的问候、向受表彰的优秀教师表示热烈的祝贺,他强调,广大教师要虚心向优秀教师学习,努力克服自身的不足,不仅要爱岗敬业,关爱每一位学生的成长,更要志存高远,树立终身学习理念,争当一名无愧于人民、无愧于党的合格教师。

2016 年 9 月 15 日

俗话说"谷黄一晌午",经过几天晴好的日头,我镇水稻田里连片的稻谷陆续成熟了,金色的谷穗沉甸甸的,把稻秆压弯了腰。农民在田里收割稻谷,脸上都是丰收的喜悦。收割的稻谷在田里直接脱粒,马上就运到晒场晒干。过几天,大家就可以吃到纳古的新米了。

2016 年 9 月 17 日

昨天、今天,我镇组织相关站所人员于对辖区内的库塘、自来水厂蓄水池、小水窖、沟渠、排涝站、湖堤进行了拉网式全面排查,确保安全度汛无死角。

排查基本情况：

一、水库坝塘：我镇辖区内无水库，四冢坟坝塘、关塘、黄龙潭、白龙潭4个坝塘因多年干旱无蓄水，无安全隐患。

二、自来水厂蓄水池：纳古古城自来水厂李坡脚沟蓄水池、磨镰刀沟水池、水厂3个蓄水池经排查，蓄水正常，无安全隐患。纳古镇自来水厂蓄水池经排查也无安全隐患。

三、小水窖：对纳古镇鲁家大山42口小水窖及水池进行排查，蓄水正常，无安全隐患。

四、沟渠：纳古古城村委会片区3条沟渠于2016年5月前进行沟渠清淤，排灌通畅，经排查无淤积可保障正常排灌使用；纳古纳家营片区14条沟渠于2016年5月前进行了主要沟渠，包括防洪大沟、大东街沟渠、小东门沟渠、中沟街沟渠、排涝站沟渠、纳十小河沟渠的清淤，排灌通畅，经排查无淤积可保障正常排灌使用。

五、排涝站：纳古纳家营海泥田排涝站于2016年6月进行了抽水设备升级改造，运行正常，无安全隐患。

六、湖堤：对辖区内1.1千米杞麓湖湖堤进行排查，湖堤坚固，无渗水现象，没有安全隐患。

今年降水较多，我镇将加强24小时值班及排查预警工作，全面贯彻落实各级对防汛度汛工作的指示精神，明确责任，加大力度，确保全镇水利工作安全生产形势的稳定。

2016年9月19日

县美丽通海工作领导小组第二督查组到我镇督查美丽乡村建设工作进展，主要就农危改工作、土地确权工作、环境综合整治工作进行了督查。

镇党委书记杨堂聪汇报了我镇工作开展情况：一是农危改2015年任务数50户目前已经全部建成，2016年工作任务正在积极跟进中；二是土地确权工作中秋节前已完成第一轮指认，无争议的地块基本指认完毕，占需确权土地的65%左右，剩余有争议或已改变用途的土地将在下一轮工作中继续确权；三是我镇人居环境整治工作，目前主要开展基础设施建设，镇内主要交通道路海埂路、马鞍子路、龙潭路均已开工建设，狮山路、创新路改造项目将于本月底开展招投标，环卫站、"一水两污"项目、污水处理厂项目均陆续开始招投标。

听取汇报后，督查组对纳古镇工作表示肯定，要求纳古镇党委、政府全力以赴，完成美丽通海建设纳古的各项目标任务：一是2016年农危改工作要结合旅游文化小镇规划，争取做到连片建设，做出示范成果，带动各项产业发展；二是进一步加强人居环境整治，建立机制，逐年改善基础设施，加强软件促进作用；三是结合纳古镇实际发展工业，加强政府引导，结合民族特色，促进企业转型。

2016年9月20日

自脱贫攻坚工作开展以来，纳古镇以改善农村贫困群众生产生活条件、加快农村经济发展、巩固农村基层组织建设为切入点，把脱贫攻坚等重点工作纳入镇党委、政府工作总体目标，列入重要议事日程，制订工作方案，做到任务目标细化量化，工作责任具体到人，群策群力，上下联动，积极争取社会各界帮扶，脱贫攻坚基础不断夯实。

开展"挂包帮、转走访"，确保精准脱贫。紧紧围绕重点工作，在落实上做文章，下功夫，在"挂包帮""转走访"工作中，严格按照"一看二听三记录"的要求，深入"挂包帮"联系点，进村入户面对面交流和座谈，用心、用情、用力，真扶贫、扶真贫。区分因灾、因病、因学、缺资金、缺劳力、缺技术等不同致贫原因，找准制约贫困村户发展的瓶颈问题，准确掌握贫困户的实际需求，对建档立卡的10户贫困户，由镇党政班子成员与贫困户按照一对一的措施进行帮扶，把帮扶信息精准到每家每户。

加快基础设施建设，改善生活生产条件促脱贫。一是全力推进"一水两污"项目建设，集镇供水项目主体工程已竣工，污水处理项目和生活垃圾收运设施项目正在稳步推进中；完成了纳古古城村二组"百千工程"项目建设，完成了纳古纳家营村三组振兴路下段路面硬化及涵管埋设工程，海埂路、马鞍子路、龙潭路路面改造硬化工程正在加紧实施中。二是积极争取成立了纳古纳家营、古城两个村委会，并顺利选举产生村三委领导成员。目前正在争取资金支持村委会办公场所建设。三是积极开展纳古旅游文化小镇规划工作和农村危房改造工作，逐步改善农民的生活生产条件，助推精准脱贫。

重视"三农"工作，落实惠农政策扶贫。一是进行农业基础设施建设，完成了烟田水利设施建设、纳古古城村一组白龙潭扩建、中摆田防洪沟修建、海泥田排灌沟渠清理修复、大东门下段沟渠新建等工程，开展高标准农田建设工作。二是深入田间地头指导培训农户356人次，在海泥田湾水稻种植区安装太阳能板杀虫灯8盏，年均发放各种惠农补贴资金10万余元。三是积极发展畜牧产业，累计发放畜牧扶持贷款81户317万元。

增强与企业合作，共谋扶贫事业。深入企业开展地毯式走访调查，引导企业转型升级的同时，鼓励经济效益较好的企业积极接纳帮助一部分贫困人员实现就业，促进农村经济健康发展和实现贫困群众增加收入的目标。

发展壮大第三产业，增加就业岗位扶贫。支持以家庭经营为主要形式的小商店、小餐饮店、民族手工艺品店发展，2016年发放贷免扶补及扶贫贷款61户610万元；积极发挥伊斯兰特色文化优势，吸引四面八方游客到纳古参观旅游，年均接待游客5万余人次，有力带动餐饮小吃、旅馆及其他服务业发展。

加强教育培训，实施智力扶贫。针对我镇企业多、劳动技能欠缺的特点，加大务工人员培训力度。开展特种设备安全操作培训达1200人次，开展焊接、会计等实用技术培训11项，培训人数1800人次，开展农民农业实用技术培训 600 人次，切实增强了农民创收和自主脱贫的能力。

发展社会民生事业，防范意外困难出现的返贫。一是镇政府、家琨教育基金和企业人士每年出资 10 余万元对优秀高中生、大学生和困难学生进行奖励和资助，解决上学难问题。二是落实"三免一补"政策，维护外来务工子女的就学权利，减轻流动人口家庭的经济负担。三是完善社会保障，减缓因贫困而造成的压力。以新农合和新农保为重点，通过帮助救助对象实现再就业及发放各类优抚保障金、慰问金为补充，帮助贫困户度过暂时的困难。

2016 年 9 月 21 日

县精神卫生综合管理试点工作领导小组到我镇开展三季度试点工作督导，镇党委副书记陈申力就纳古试点工作开展情况做了汇报：一是加强领导落实职责，成立了纳古镇精神卫生综合管理试点工作领导小组，制订《纳古镇精神卫生工作管理试点方案》，形成了综治办牵头，办公室协调、站所部门各司其职，家庭和患者积极配合，动员全社会支持的综合管理机制；二是丰富宣传方式，以各种节假日及主题宣传日为平台，通过宣传标语、宣传资料、讲座等形式普及精神卫生知识，引导公众关注心理健康，预防精神疾病的发生；三是落实各项扶助政策，通过救助、救治、康复等方式加强对精神病人的管理和关爱；四是加强对重性精神病人肇事肇祸的管理，确保辖区内精神病患者按病情等级和危害程度全部得到救治、看护、管控。

听取汇报、查阅台账资料后，督导组对纳古镇试点工作开展情况表示肯定，并提出，精神卫生综合管理工作，乡镇的重点是落实，要求纳古镇深入落实各项政策，做好以下几点工作：一是加强各站所协调，充分发挥镇试点工作领导小组的作用，统筹做好纳古精神卫生综合管理工作；二是积极主动加强与上级部门的联系汇报，有问题及时解决；三是结合"两补贴"的实施加大对精神病患者的救助力度。

2016年9月22日

今天上午，市、县农业局农产品质量安全监督管理站的工作人员在县农业局高发旺副局长的带领下，到我镇开展水稻抽检工作。此次水稻专项抽检主要检测我镇水稻的重金属及农药残留情况。抽检水稻样品之后将送到省内水稻所、农科院等专业机构进行农残物和重金属的监测，检测结果将会真实地反映我镇的水稻质量，为加强我镇粮食质量安全监管，及时发现和消除粮食质量安全隐患，确保粮食质量安全打下了坚实的基础。同时农业局将会根据检测结果指导我镇明年的水稻监督和生产工作。

2016年9月23日

农函大纳古镇办学点坚持实际、实用、实效的办学原则，根据纳古的实际，按需施教，学用结合，提高农民的科学种菜水平。今天上午，在县科协、县经作站的大力支持和指导下，纳古办学点举办了一期蔬菜栽培技术培训班。镇农技人员、村组干部、村农科员及种植户共64人参加了培训。

培训班上，县经作站高级农艺师李清云站长结合多媒体授课，结合我镇实际，对如何选择适合我镇种植的优良菜种，采用水旱轮作或冬季晒垡让土地进行修整，科学施肥（多施农家肥、少施化肥），科学施用农药及物理防治害虫，消减农业面源入湖污染负荷，种植无公害蔬菜，确保蔬菜安全生产和市场稳定等进行了综合性的讲解，内容实用，通俗易懂。现场学习气氛浓厚，参训学员认真听讲，十分珍惜这次难得的学习机会。

举办该期培训班，让参训学员饱尝了一次蔬菜栽培"科技大餐"。同时有力推进了纳古镇农业科技发展，为今后的蔬菜增产增收夯实了基础。

2016年9月24日

在9月23日至26日举办的玉溪市文化产业博览会上,纳古纳家营村的苗从应师傅的两件作品获奖,分别是:"镇宅宝剑"荣获云南省工艺美术"玉溪文博·工美杯"精品评选二等奖,"白牛角茶刀——茶魂"荣获云南省工艺美术"玉溪文博·工美杯"精品评选三等奖。

纳古手工艺一直以来都小有名气,近年来,通过工艺师们坚持不懈的探索,生产工艺日趋精湛,文化内涵地不断提升,工艺刀具生产制作水平越来越成熟,今年纳古纳家营村被评为"2016年云南省特色文化产业示范村",工艺刀具产业将成为代表纳古的又一张名片。

2016年9月25日

我镇2015年农危改工作目标任务50户,目前已经全部竣工。纳古镇组织人员进行了初步验收,有9户符合农村危房改造补助要求,其余41户多为超层、建筑面积过大及结构不合理。县验收组于2016年8月2日对我镇9户进行验收,通过验收的有2户,已兑付农危房改造(拆除重建)补助资金20400元。我镇根据县验收组要求积极督促存在问题的农户进行整改。截至今日7户整改完成,已向县验收组提交复验申请。

2016年9月26日

我镇民族团结示范镇狮山路、创新路改建项目在公共资源交易中心进行招投标,6家公司参与竞标。在现场公证员的监督下,招标按程序依次进行。

通过专家组5名专家的细致评选,云南通海第二建筑有限公司中标,工程造价报价1776610元,工期45天,工程包括纳古镇两条主要交通道路狮山路、创新路的全线美化、绿化、亮化等。9月27日至29日为公示期,公示无异议后该公司将即刻进场施工。

今天下午,我镇邀标领导小组严格按照县招投标办的相关规定,在镇纪委的全程监督下，圆满完成纳古环卫服务中心最后一批生活垃圾清运设备采购招标工作。

为确保我镇生活垃圾清运和管理工作的正常开展，切实推进我镇人居环境卫生综合整治工作。8月13日，我镇召开党政班子会议研究讨论了清运设施的采购事宜，会议讨论决定成立通海纳古环卫服务中心，全面负责纳古镇生活垃圾的管理和清运，根据纳政请〔2015〕31号文件的相关要求，纳古镇垃圾处理、清运设备采购招标工作分三批进行，分别是：14吨垃圾车1辆；3立方米垃圾站31个及垃圾牵引装运车3辆；12立方米活动式垃圾中转站3个。

三批垃圾处理、清运设备共计投入专项资金144.64万元，根据合同要求，所购设备将在10月底以前全部到位并投入使用。

2016年9月27日

纳古纳家营清真寺定于10月1日、2日两天举行圣诞节活动，近几日筹备活动开展得如火如荼，届时预计将接待近万人次用餐。

纳古镇加强监督管理及巡查检查，确保圣诞节期间的食品安全。镇市场监管所全员出动，依次对镇内超市、小卖部以及菜市场开展食品安全检查，及时消除隐患。集中屠宰活牛共计50余头，镇分管领导、畜牧兽医站等相关站所到现场监督屠宰工作。

圣诞节期间，纳古的人流量骤然增多，纳古镇党委、政府将严格执行值班制度，增加值班人员，维护节日期间的和谐稳定。

2016年9月28日

我镇召集各村党总支书记、纳古商会、纳古小学、镇宣传办、经管中心等安排部署2016年优秀道德模范榜样评选建榜工作。

优秀道德模范榜样的评选立榜旨在用社会主义核心价值观凝聚人心，弘扬真善美，展示善行义举。纳古镇2016年要实现村村全覆盖立榜，为此，镇党委、政府成立了纳古镇优秀道德模范榜样评选建榜工作领导小组，结合纳古镇实际制订工作实施方案，着重评选出在社会公德、职业道德、家庭美德、个人品德方面事迹突出的优秀榜样。

为贯彻落实上级定点屠宰专项整治行动的文件精神，进一步规范纳古镇生猪定点屠宰工作，确保我镇人民群众真正吃上"放心肉"，今天下午，县动物卫生监督所稽查队和县定点屠宰场相关管理人员到我镇开展"生猪定点屠宰"检查工作。在镇人民政府和镇市场监管所的全力配合下，县检查组一行先后对我镇辖区内的三家生猪屠宰经营户上市猪肉产品进行了现场检查（胴体检验、检疫验讫印章、检疫票据持有等情况）。

通过此次检查，县检查组充分肯定了我镇生猪定点屠宰工作的开展成效，同时对我镇生猪定点屠宰工作中存在的问题提出了要求：一要落实责任，对规范不到位的经营户进行定期整改；二要加强生猪屠宰日常防范工作，不断提高生猪定点屠宰监管能力，建立健全猪肉质量安全保障体系，确保我镇人民群众猪肉消费安全。

2016年9月29日

9月23日，历时3天的云南省第三届宗教界体育运动会在玉溪聂耳大剧院圆满闭幕。纳古镇12名穆斯林作为玉溪代表队的一分子参加了此次运动会，获得了个人、团体多个奖项。

在比赛中，来自纳古的穆斯林运动员发挥良好的体育道德风尚，努力拼搏，超越自我，参加了跳绳、自行车、体操、气排球等多项比赛。分别获得：体操团体冠军、气排球团体第二名、个人跳绳第二名、羽毛球混双第四名、篮球团体第五名、乒乓球混双第六名。

参赛运动员表示，能参加此次运动会非常荣幸，宗教运动会促进了民族的和谐团结，充分体现了党的民族宗教政策。

2016年10月3日

10月1—3日，我镇纳家营村举办了盛大的圣纪节欢庆活动。每逢圣纪，除了举行必要的宗教活动，清真寺要聚餐，穆斯林要买新衣，各家各户要早早地邀请各地的亲朋好友，节日气氛浓郁。

今年，纳古镇的圣纪节增加了盆景工艺板块，在展出的地点和形式上也做了一下改变，把盆景工艺品放到街道上展出，这样既减少了对清真寺待客的干扰，又能全天候开展活动。

本届以"民族团结"为主题的圣纪节盛会的开展，使群众及游客从艺术活动中得到了美的享受与情操的陶冶，丰富并升华了群众的精神生活，彰显出纳古人民奋发、执着、开放、与时俱进的民族精神，表达出了纳古人民对建立和谐社会的响应，与各民族和睦相处、和衷共济，共同团结奋斗、共同繁荣发展，为建设美丽纳古做出积极的贡献。

2016年10月8日

纳古镇综合业务楼2号楼（镇政府的老办公楼）修缮工程正在如火如荼地开展中，施工人员正在进行门窗安装及卫生间修缮作业。该综合业务楼2号楼已建成多年，部分设施已不能正常使用，为解决办公环境，对该楼墙体、地板、门窗、水电、卫生间等进行修缮。项目于2016年10月8日开工，力争2016年12月10日竣工，工期2个月，总投资约63万元。

2016年10月10日

建设纳古回族文化展览馆是创建纳古民族团结示范镇的一个重要项目，该项目总投资50余万元，建设内容包括展览馆装修工程、购置陈列设施、物件。建设纳古回族文化展览馆，对云南纳古回族传统文化进行调查研究、抢救保护、采集、征集一批各类资料，征集一批精品回族文物，征集以赛典赤·赡思丁、纳忠、纳训等为代表的纳古回族历史文化名人的事迹和相关文物资料，永久收藏在展览馆，作为历史和文化发展的见证物，力争把文化展览馆打造成民族团结进步示范镇和纳古旅游文化小镇的一张名片。

目前，展览馆装修工程已正式启动。今日，示范镇项目工作组成员和施工方通过比较询价的方式进行了装修材料的采购，下一步将进行展览馆的全面装修工程。

2016年10月11日

纳家营伊斯兰文化学院邀请县武装部教官为200余名在校生开展军训活动。

据悉，此次军训活动为期5天。目的在于增强学生的爱国主义精神和国防观念，进一步磨炼学生果断、勇敢、顽强、自制和坚忍不拔的优良意志品质。通过军训，激励青年学生在奋发、成才之路上努力攀登，为今后踏上工作岗位、走上社会奠定良好基础。

今日上午，市人大教科文卫主任周葵一行4人在通海县人大副主任钱秀琼等领导的陪同下，到纳古进行刀具文化产业调研。

调研组专题走访了华钢刀剪有限公司，了解了工艺刀具的生产及销售情况。同时听取华钢刀剪公司董事长、省级金属工艺大师、通海民族工艺刀具行业协会会长纳文鹏的汇报，目前通海民族工艺刀具行业协会带动了38户农户生产茶刀、近1000名从业人员就业。

调研组成员对其精湛的刀具工艺，特别在茶刀打造中的技艺，以及带动周边群众共同致富的做法给予了高度的赞扬。

2016年10月12日

通海县人民医院纳古分院举行了揭牌仪式，纳古镇政府领导、县卫计局领导、医院领导和工作人员及前来就诊的广大患者参加了本次揭牌仪式。

张院长为本次揭牌仪式致辞。随后，纳古镇书记的讲话对通海县医院托管纳古卫生院这一举措给予了充分的肯定，对通海县医院为纳古人民提供的优质医疗服务表示了感谢，并表示将在以后的工作中全力支持托管工作的开展。最后，纳古镇书记和卫计局钱局长进行了揭牌。

为真正做到"学医为民、服务乡亲"，医院社服部还组织了一支医疗团队在纳古卫生院进行义诊活动。派出的义诊专家主要有内科医生、外科医生、妇科医生和口腔科医生，护理人员为患者免费量血压、测血糖，医院还为患者免费发放药品。

通海县人民医院纳古分院的开诊及一系列义诊举措受到了纳古人民的一致肯定和高度评价。医院将竭尽所能，把精湛的医疗技术和优质的医疗服务带给纳古人民，为他们解病痛之苦、解疾病之忧！

2016年10月13日

为了提高我镇妇女的"两癌"健康知识水平，做好自我预防和保健，今天，镇卫生院邀请县妇幼保健院李波副院长开展了一期"两癌"防治知识讲座，我镇妇女60余人参加了此次讲座。

我镇狮山路、创新路改建工程正式启动，施工人员正在进行重新铺设人行道作业。项目于今天开工，力争今年12月20日竣工，工期2个月，总投资约171余万元。

狮山路、创新路是我镇主要入口道路，对狮山路、创新路实施改建工程，是纳古民族团结示范镇的一项重要工程。对狮山路、创新路重新铺设道路两旁人行道、更换路灯、实施绿化美化工程，形成较好的门户形象，力争为打造乡村旅游线路，提供有力的基础设施保障。以入口景观、民族手工艺品展示、工业品交易市场、传统民居及街头绿地等元素塑造出纳古镇经济繁荣、社会和谐的景观环境。

2016年10月14日

象征和平、平安之意的吉祥鸟——海鸥来临之际，为欢迎这些远道而来的朋友，我镇司法所组织9名在册矫正对象到海鸥栖息地纳古镇小海湿地公园进行环保公益劳动。

司法所工作人员带领矫正对象对湿地公园篮球场、观赏台等地沿路地面垃圾、丛林垃圾、杂草进行了认真清理、倾倒。在耗时1个小时的劳动中，工作人员还向大家宣传了《云南省杞麓湖保护条例》相关内容，增强矫正对象环保意识，要求大家自觉遵守条例规定，鼓励大家积极参与环保活动，宣传、教育身边的家人、朋友、游客要爱护湿地环境，不乱扔垃圾，不要破坏海鸥的生存环境，文明观赏。矫正对象的环保公益劳动受到广大村民的一致赞誉，都纷纷表示以后会积极参与保护小海湿地公园的活动，用自己的实际行动美化自己的家园。

2016年10月15日

为认真贯彻落实省、市、县提升城乡人居环境行动会议精神，纳古镇依托美丽乡村建设、"百千工程"、民族团结示范镇建设、旅游文化小镇打造等项目，全力推进城乡人居环境提升工作。

（一）着力基础设施建设，完善集镇功能。

一是对忠爱大街、狮山路、创新路实施绿化美化亮化工程，形成较好的门户形象。二是对马鞍子路、龙潭路和海埂路三条道路实施改扩建。三是对镇内防洪大沟及振兴路、大东街、小东门、中沟街四条街道进行沟道清理、路面硬化、涵管埋设，新建古城村中摆田防洪沟，完成了古城村二组民族团结进步示范村建设项目。四是结合旅游小镇建设，全力推进农村危房改造，提升居住环境。五是加大硬件设施投入，完善生活垃圾处理设施。投资200万元购置垃圾处理车1辆，垃圾收集车3辆，流动垃圾箱36个，目前，已顺利完成项目招投标，10月全部设施设备即可到位，从硬件设施上对人居环境提升予以保证。六是对现有水厂进行扩建，完成总处理能力为 0.8 万吨／日的净水厂两座和 16.15 千米的配水管网及配套设施。目前，供水主管道已竣工验收，分支管道改扩建处理项目工程实施方案已经通过市级评审，现在待批复文件以开展下一步工作。进一步完善生活污水处理设施，建设日处理 1000 立方米的污水处理站 1 座，工程实施方案已通过省级技术评审和市级行政审查，现在待批复文件。

（二）加大环境卫生整治力度，美化人居环境。

一是广泛宣传动员，引导全民参与，提高人民群众环境卫生意识。结合《古兰经》倡导的"清洁是信仰的一部分"，充分发挥全民信教的优势，以爱国卫生月、创建卫生镇为契机，多部门联合，以发放宣传资料、张贴标语、清真寺广播宣传、会议等多种形式认真开展宣传工作。大力倡导"纳古是我家、环境卫生靠大家"的理念，有力调动广大群众爱护环境卫生的观念。

二是加强环境卫生综合整治工作。确定每月的 20 号为纳古卫生集中清扫日，聘请离退休老干部、宗教界上层人士等为纳古环境卫生义务监督员，加大对卫生的监督和宣传，逐步增强群众讲卫生、爱清洁的自觉性。通过建立环境卫生制度、加大重点区域的保洁清理和监督、加强路域环境整治、进行全民大扫除、开展争当"仙湖卫士"行动等措施活动强化全镇范围内的环境卫生管理，保障清洁卫生的居住环境。

三是加强工业污染整治，优化产业结构，净化人居环境。在对企业进行地毯式调查走访的基础上，引导鼓励企业进行转型升级，技术改造，坚决要求污染较重的企业厂家进行停产整改。目前，已有烟尘污染较大的 6 户企业进行了除尘设备升级改造，另外 7 户企业正着手进行改造，最大限度降低烟尘污染。同时，积极引导扶持发展清真食品、民族服饰、民族手工业品、农村电子商务等特色产业，通过优化产业结构，降低工业污染。

2016 年 10 月 19 日

我镇按照上级要求,积极开展农村公路养护检查工作。此次农村公路养护检查工作主要包括两个方面的内容:一是内业方面,整理各种资料,形成资料汇编;二是外业方面,利用人工和机械对所养护的道路进行清杂草、水沟,补坑塘。从今日起,我镇认真做好下半年农村公路养护工作,为当地农业生产和经济发展提供有力保障,确保农村道路安全通畅。

2016 年 10 月 20 日

我镇马鞍子路修建工程的施工人员正在进行土方开挖及清运等路面清理作业,整个工程正在有序推进中。马鞍子路修建工程属于我镇民族团结示范镇建设其中的一个重要项目。

2016 年 10 月 21 日

今年下半年云南省群众安全感满意度测评已经开始。为安排好、配合好调查工作,今天,我镇综治办利用 QQ 群、微信群、"6995"等多平台、多渠道宣传群众安全感。

通过宣传来发动和组织群众积极参与到安全感满意度调查中,客观、公正地评价我县今年的社会治安状况,理性、真实地反映我县群众安全感、政法综治部门和平安创建主体部门的工作情况,帮助改进我县政法综治工作作风,塑造"平安峨山"对外良好形象。

为推进农村危房改造和抗震安居工程建设,打造美丽宜居纳古,我镇党委、政府在上级的指导和群众的支持下,凝心聚力,明确责任,攻坚克难,积极采取多项措施,保障危房改造工作有序推进。

目前,我镇 2015 年度农危改 50 户的建设任务数已完成。镇级初验有 10 户符合农村危房改造补助要求,其余 40 户多为超层、建筑面积过大及结构不合理;县级验收通过 2 户,共兑付补助资金 2.04 万元,其余 8 户已整改完成，等待复验。2016 年度农危改工作稳步实施。

2016 年 10 月 22 日

马鞍子路因路面土方开挖施工，不慎将纳家营村的引水主管压断，致使村子无法正常供水。镇水保站接到通知后，立即组织人员进行抢修，争取尽早恢复供水。

2016 年 10 月 28 日

管林生的父亲归真，中午 12 点 20 分送埋体。今天是主麻，平时下午 4 时站拜。

2016 年 10 月 30 日

10 月 28—30 日，古城村过圣节。

县人大常委会主任魏德武一行到纳古镇调研县乡人大换届工作。镇党委书记杨堂聪、人大主席纳立凡汇报了纳古开展县乡人大换届工作的情况：一是工作筹备早，纳古镇从 7 月就开始做县乡人大换届筹备工作，制订了工作开展方案，成立领导小组和工作指导组、选举委员会；二是工作开展扎实，纳古镇分别组织召开了动员会、工作推进会、业务培训等会议，深入开展政策纪律和换届程序的宣传培训，极大地提升了群众依法选举意识；三是各项工作按时间节点有序推进，严格按照县统一的时间节点推进工作，目前已完成选民登记工作，将于 12 月 2 日前全部公示。

听了汇报后，调研组一行对纳古镇工作开展表示肯定，调研组成员分别从工作程序、工作难点要点、宣传等方面提出了意见和建议。魏德武指出，当前纳古镇县乡人大换届各项工作稳步推进，井井有条，要求纳古镇继续坚持踏实的工作作风，在下一步工作中做到三个确保：一是确保换届选举依法按程序进行，按时间节点开展；二是加强宣传，突出重点，确保换届选举环境的营造；三是扎实深入开展工作，确保依法完成换届选举工作任务。

2016 年 10 月 31 日

纳古派出所户籍室门口来了一位稀客，萌萌的体态，大大的眼睛像极了蓝宝石，特别漂亮，它就是国家二级保护动物——猫头鹰。

下午 3 时许，派出所户籍室门口发现一只小鸟，民警走近一看，原来是一只猫头鹰，右边翅膀受伤，安静地躲在户籍室门口角落里。为了防止猫头鹰再次受伤，民警将其小心翼翼地抱到派出所值班室内妥善照顾，并帮其检查伤口，经检查，猫头鹰除了右边翅膀受了伤，其余部位无大碍。民警及时与通海县森林公安局进行联系，并将受伤的猫头鹰交由专业人员救护，确保安全。

下午 7 时许，纳古派出所接到一群众报警称，他家里来了一位迷路的老人需要帮助。接到报警后，值班民警立即赶到现场，发现一位白发苍苍的老大爷迷了路，误走进纳古镇一居民家中，以为是回到了家，好心的群众帮助报了警。

由于老人患有老年痴呆症，现场一时问不清老人的具体情况。于是值班民警只有把老人带回派出所进一步核实身份。民警本着全心全意为人民服务的宗旨，怕老人饿着，买来热气腾腾的饭菜给老人吃，等待老人心情平复些了，民警耐心地询问老人的姓名、家庭住址和亲人，从老人的只言片语中得到老人的相关信息。功夫不负有心人，民警通过全国人口信息系统查询和云南省人像比对实战应用平台，终于得知老人叫蔡某，今年 87 岁，今早从通海县秀山街道城郊社区三组北街 59 号外出，然后坐公交车来到纳古镇转转，由于年岁已高又患有老年痴呆症，就迷失了方向。民警通过老人的信息联系到了老人的三儿子蔡某，立即通知蔡某到派出所将老人领回家好好照顾。当老人的三儿子蔡某来到纳古派出所看见老人平安，激动地连声道谢。

2016年11月6日

为预防鼠源传染病，保证人畜健康和人民生命财产安全，我镇于11月3—5日在全镇组织开展以农户农田为重点的冬季统一灭鼠工作。镇农技农机站及村组工作人员等10余人在全镇农户及村子周边200米以内的农田投放灭鼠毒饵。

工作人员严格入户灭鼠，做到"村不漏组，组不漏户，户不漏屋"，同时对公共场所及村庄周围的农田也进行大范围灭鼠，在鼠害严重的区域重复投饵。在投放毒饵的同时，工作人员还挨家挨户进行灭鼠宣传，鼓励大家共同参与灭鼠行动，也提醒村民注意管理好小孩和家禽，避免因误食灭鼠毒饵造成生命安全事故和财产损失。此次共计投放灭鼠毒饵700公斤，投放范围覆盖了全镇3203户农户以及1100亩左右农田，预计可灭鼠14000只，挽回粮食损失2.8万公斤，折合人民币11.2万元。

2016年11月10日

我镇召开县、镇两级人大换届选举动员暨培训会。县人大副主任钱秀琼、指导组沈荣选、童永贵、龚建云到会指导，镇全体干部职工、各村三委成员、村民小组干部、选举委员会全体成员共70余人参加了会议。会议由纳古镇党委副书记陈申力主持。

会议对我镇人大换届选举工作进行了安排部署。人大代表选举日为2016年12月22日，整个换届选举工作，共分六个阶段进行，包括筹备和宣传动员、选民登记、提名推荐初步候选人、考察审查和确定正式代表候选人、组织选举、筹备和召开新一届人民代表大会。我镇将选举产生县人大代表4名，镇人大代表47名。

镇党委书记杨堂聪对本次换届选举做出了要求：一要认清形势，统一思想，精心组织，高质量完成换届选举工作；二要加大宣传，提高认识，营造风清气正选举氛围；三要严格按照宪法和法律的规定依法依规选举。

会议发放了《纳古镇关于县、镇两级人民代表大会换届选举工作实施方案》，并对如何进行选民登记、如何推荐初步候选人、如何考察审查代表候选人和如何填报换届选举相关报表进行了说明。此次会议为确保圆满完成纳古镇县、镇两级人大换届选举工作奠定了良好的基础。

纳家营村五组一块160亩后山山地出租给河西镇石山嘴村十一组的戴廷建、钱正伟、施文祥做种植用，租期3年，自2016年12月31日至2019年12月31日，租金每亩450元，一年一付，计72000元；签约当年应在2017年1月1日前一次性支付且多交3万元保证金，保证金在最后一年租金中扣除，第二、第三年的租金于每年1月1日前付清。出租方代表：马智高（五组支部书记）、纳俊业（五组组长）；村民代表：纳维庆、马锦华；鉴证人：纳古镇三资中心主任张建萍。

2016年11月11日

县民宗局、财政局领导到我镇视察回族文化展览馆装修工程。施工人员正在进行展览馆展厅地砖铺设作业。

2016年11月14日

我镇于今日召开成立通海县反邪教协会纳古镇分会工作会议。各村党总支书记、调解主任，镇综治办、科协、工会、团委、妇联、司法所、中心学校等负责人及相关工作人员参加了会议。

会议传达了通海县科学技术协会、中共通海县委政法委《关于成立通海县反邪教协会乡镇（街道）分会的通知》文件精神。镇党委副书记陈申力向大家介绍了当前我县反邪教工作的形势，要求与会人员提高认识，切实增强工作责任感，加强社会面、重点要害部位、公共复杂场所的防范控制。

会上以举手表决的形式全票通过了通海县反邪教协会纳古镇分会理事会名单，成立了由党委副书记陈申力担任理事长，综治专干纳锦斋任副理事长，科协专干简树棚任副理事长、秘书长，中心小学校长、各村党总支书记为理事，工会、团委、妇联、司法所负责人及各村调解主任为成员的"通海县反邪教协会纳古镇分会"。

理事长陈申力表示，通海县反邪教协会纳古镇分会将充分发挥协会作用，传播科学思想和科学方法，整合社会各界力量，密切注意社区安全动向，发现邪教分子破坏行动及时举报，坚决杜绝邪教人员在我镇出现，确保全镇人民的安全和社会稳定，维护法律尊严。

2016年11月15日

纳古镇召开2016年今秋明春高致病性禽流感综合防控工作专题会，安排部署防控工作。

会议传达了县2016年禽流感防控防疫及畜禽规范养殖的会议精神，要求各相关站所、各村组要按照县委、县政府通知要求，严格落实八项措施：一要强化组织领导，落实防疫责任制；二要抓好强制免疫，健全免疫档案；三要加强疫情监测，科学防控动物疫情；四要加强生物安全防疫措施，实现全面消毒灭源；五要加强防疫监督监管，严打防疫违法行为；六要加强疫情核查巡查，及时果断铲除疫点；七要加强宣传培训，提高从业人员防疫意识；八要强化监督工作，保证防控工作各项措施落实到位，确保镇内不发生疫情。

会后，分管领导镇党委委员尹绍荣和各村委会主任签订了《纳古镇高致病性禽流感防治目标管理责任书》和《纳古镇畜禽养殖规范管理责任书》。

2016年11月16日

我镇古城村二组"百千工程"建设项目正在如火如荼地开展中，施工人员正在进行活动广场大门建设作业，现在已完成龙潭路上段硬化、活动广场青石板铺设部分。该项目工程的建设有利于贯彻实施"百村示范、千村整治"，推进美丽乡镇建设，进一步改善和提升纳古镇人居环境。

工程主要包括活动广场建设和龙潭路硬化亮化工程两个部分。项目力争2016年12月30日竣工，总投资约96万元。

2016年11月18日

通海县住建局组织并主持召开纳古镇转型发展系列规划专家评审暨部门意见征询会，会议邀请市级专家组成的专家组对系列规划进行评审，县发改局、旅发局、工信局、住建局、交通局、环保局、水利局、文广体局、湖管局、纳古镇政府等部门参会。

纳古镇转型发展系列规划是在纳古镇当前产能过剩、传统工业型特色小镇发展面临危机的背景下，县委、县政府高度重视，为纳古未来发展谋划方向，以挖掘资源、突出特色、促进企业转型升级为目的所做的全面规划。系列规划分为转型发展战略研究与行动计划、旅游专项规划、居民点改造规划、小海湿地公园修建性详细规划、望三海公园修建性详细规划五个部分，为纳古2016年至2030年的发展做出了近期、中期、长期的详细规划。

与会专家在认真听取了规划编制单位汇报并审阅文本后，认为规划调研思路清晰，规划内容齐全翔实，充分挖掘了纳古现有的资源，专家组一致同意通过规划评审。为了完善规划，专家提出了修改完善意见，参会的各部门也就各自分管范围对规划提出了修改意见。

在规划编制单位根据专家和各部门意见修改完善各项规划以后，纳古镇将按照规划全面实施转型发展。

为进一步规划网吧经营管理秩序，有效解决我镇黑网吧不断滋生、屡打不绝、半公开经营的突出问题，及时消除社会安全隐患，净化社会文化环境，促进未成年人健康成长，今天上午，镇文化站、派出所、市场监管所配合县文体广局、县公安局进行黑网吧专项整治工作后期清查落实工作，对前期未关闭的3家黑网吧进行实地调查，对前期已关闭的4家黑网吧进行抽查。在清查过程中，工作人员就断网一事进行核查，向经营者严正声明继续经营黑网吧的后果，表明打击黑网吧的决心，传达相关法规政策，详述办理网络经营许可证的内容、条件。

2016年11月23日

我镇组织各村主任、副主任、村务监督委员会主任及各村民小组组长、副组长召开农村集体资产资源清查及村组"小金库"问题专项整治工作会，安排部署相关工作。

会上，镇纪委书记李国兴传达了县纪委《关于进一步严明纪律规定认真开展"小金库"问题整治工作的通知》文件精神，安排《纳古镇关于进一步开展村组"小金库"问题专项整治工作的通知》，要求各村组充分认识此次"小金库"专项整治工作的重要性、紧迫性，按照通知要求认真开展自查自纠，镇政府将在自查自纠基础上进行抽查。

镇三资中心主任张建萍传达了《通海县关于开展2016年全县农村集体资产资源清查工作的通知》文件精神，对我镇的清查工作做出具体安排。李国兴对此次农村集体资产清查工作提出三点要求：一是要统一思想，提高认识，切实增强农村集体"三资"清理工作的使命感和责任感；二是要突出重点，明确任务，认真完成农村集体"三资"清理工作各阶段任务；三是要加强领导，落实责任，确保农村集体"三资"清理工作取得实效。

会后，各村组立即开始行动，农村集体资产资源清查工作及"小金库"自查自纠工作将于11月底完成。

我镇召开人大主席团会议研究人事任免工作，主席团成员应到7人，实到6人。

会上通过选举，全票通过了纳立凡、羊文兴、马燕妮因工作变动，免去原任职务。全票通过了纳鸿翔任通海县纳古镇人民政府副镇长、代理镇长，张波任通海县纳古镇人民政府副镇长，柏云海任通海县纳古镇人民政府副镇长，尹绍荣任通海县纳古镇人民政府副镇长。

会议研究决定同意马恒骧辞去通海县纳古镇第五届人大主席团主席职务，提名纳立凡为通海县纳古镇第六届人大主席团主席。

2016年11月24日

今年8月，由市文明办、市总工会、团市委、市妇联、市文化广播电视局联合举办的第二届"玉溪好人"推荐评选活动正式启动，经过为期1个多月的推荐和评委会公开、透明、公平、公正的评选，于今天，从各县区、市直单位推荐的45名第二届"玉溪好人"候选人中确定30名正式候选人，并接受群众网络投票。

纳家琨先生出生于抗战最艰难的1941年，成长在百废待兴的中华人民共和国成立初期，在十六七岁时，纳家琨虽有奋发求学之抱负，却因为当时社会运动因素失去继续升学的机会。党的十一届三中全会后，在党和政府的正确方针指引下艰苦奋斗、自强不息，从副业社做小刀、做冰棒卖冰棒、卖钢窗材料到创办云南省第一家私营焊管企业，再到大型股份制企业热轧带钢厂，一点一滴地累积财富，一步步地成为纳古镇艰苦创业的排头兵、领路人。

此时纳家琨的家庭已经衣食无忧、相对富裕，但是，作为著名学者纳忠先生之子的他始终没有忘记责任和理想，保持着艰苦奋斗、勤俭治家的作风。为了不使年轻人走自己想读书而无力读书的老路，2005年底，纳家琨与家人协商之后，毅然决定卖掉自家一砖一瓦亲手盖起来的老房子，再加上自己多年艰苦朴素积累下来的点点财富，凑足了100万元人民币，成立了通海家琨教育基金会。

通海家琨教育基金会自成立以来，在社会各界的支持下，特别是在得到通海热轧厂的支持下，以发展教育、培育人才为宗旨，从来不计较回族汉族，只在乎帮困济贫，扶植新秀，奖掖群贤。到目前为止，资助奖励的个人和团体已达500多个，累计捐赠助学奖学金101.8万元。

纳家琨先生早在成立教育基金之初就曾坦言："基金一年的投资收

益虽然不多，但聚沙成塔、集腋成裘，涓涓溪流最终也可以汇成浩瀚江河，一点一滴都是我们对和谐社会的真诚奉献。"纳古镇自古以来民风淳朴，人民更是乐善好施。著名学者、阿拉伯历史学家纳忠先生，著名翻译家纳训先生都生长在这片热土上。2008年初，伴随着纳忠先生的离世，出自地方的老一辈的学者都离我们而去了。我们的民族、我们的地方需要更多有知识、有文化的建设者和接班人能够沿着忠训之路走下去，而像纳家琨一样的有心人士正在这条忠训之路上为他们加油鼓劲，贡献着自己的一份力量。

马喜恒同志以创新务实的工作精神，在创建和壮大天方公司的过程中，为当地财税的增长，农民增收致富，社会文明进步做出了不懈的努力，为提高天方公司农业产业化经营水平，推动地方农业经济发展创新协调发展做出了突出贡献。

马喜恒创建的云南天方食品有限公司成立于1998年，成立之初就一直致力于云南米线产业化开发。董事长马喜恒坚持诚信为本，孜孜以求技术革新和产品质量，以创新务实的工作精神和诚实守信的企业作风，将一个不足20人、年产值不足百万元的小作坊，办成了一个拥有员工216人、年产值5000多万元的规模化企业，连续被认定为国家"十五""十一五""十二五"期间少数民族特需商品定点生产企业，马喜恒也被云南省政府评为中小企业创业之星。天方公司之所以10多年来健康发展，其根本就在于以农为本，诚信经营，公司充分发挥农业产业化重点龙头企业带动作用，大力发展农副产品种养殖基地建设。在通海、华宁、邱北、新平等地常年采购大米、菜油、蔬菜、牛肉、鸡肉等农产品，坚持选用优质原料，保障产品质量，多年来，"马老表"方便食品获得了广大消费者的一致认可。在没有大规模宣传广告推动的情况下，销量以每年50%以上的速度在增长，产品成功推向国内外市场，销售网络遍及全省市场，销售到国内各大中型城市，并成功打入中国香港、缅甸、泰国市场，产品一直供不应求。

马喜恒多年来一直热心社会公益事业,在安置就业、资助教育、赈灾救灾等方面积极贡献,多次对当地学校教育事业进行捐款捐物,为当地教育事业改善教学条件做出了积极的贡献。"5·12"汶川地震、昭通鲁甸地震等自然灾害发生后,马喜恒立即做出决定,多次向灾区捐款捐物,表达了对灾区人民的关怀与支持,充分体现了一名私营企业家强烈的社会责任感。

2016年11月27日

随着冬天的到来,天气也一天冷过一天,我们的好朋友海鸥又来过冬了。杞麓湖北岸纳古小海湿地公园,蓝天、碧水、海鸥,构成了冬日里最亮丽的一道风景。

海鸥是纳古人民的好朋友,天气晴朗的日子,游客较多,能给海鸥提供足够的食物。遇到天阴下雨,几乎就无人观看了。在这样阴冷的天气,纳古的一些群众,会自发地特意买上几大袋面包,坚持到海边喂食海鸥,以免海鸥挨饿。

在观看、喂食海鸥时,海鸥与游客很亲近,极少数游客会情不自禁地伸手触碰甚至捕捉海鸥,导致海鸥受到惊吓。为避免这种现象,纳古镇在小海湿地公园的几个显眼位置,设置了爱护海鸥的提示标语,同时加强宣传,要求群众文明观看海鸥,坚决避免出现伤害海鸥的行为,大家要自我约束、相互制止,呵护海鸥。同时,在游玩过程中,要爱护环境卫生,保护杞麓湖生态环境。

2016年11月28日

立冬后,远方的客人红嘴鸥如约而至,海鸥的到来,给纳古人民带来了吉庆和欢乐,纳古人民对海鸥也极其关爱。今年降水量特别多,杞麓湖水位不断上涨,纳古人民重新修建加固了海鸥观看栈道,保障游客安全方便地与海鸥互动娱乐。

2016 年 11 月 29 日

我镇狮山路改造工程正在积极推进中,近期正在铺设石板,改造工程预计于 12 月底全部完工。

2016 年 11 月 30 日

冬春季节是禽流感的多发时节,纳古镇结合镇情,采取以下五项措施严防禽流感。

一是及时安排部署防控工作。召开 2016 年今秋明春高致病性禽流感综合防控工作专题会,安排部署防控工作。

二是强化组织领导,落实防疫责任制。分管领导镇党委委员尹绍荣和各村委会主任签订了《纳古镇高致病性禽流感防治目标管理责任书》和《纳古镇畜禽养殖规范管理责任书》,确保重大动物疫病防控工作有序开展。

三是抓好强制免疫,健全免疫档案。规模养殖场实行常年程序化免疫,建立健全免疫档案,其免疫由养殖户自行完成。秋防集中免疫期间,由乡镇(街道)组织村级防疫员采取防疫整村推进的方式,逐村逐户逐只实施免疫,平时由村级防疫员根据各村散养家禽补栏情况,每月补免一次,免疫密度达应免数的 100%,免疫档案建档率达 100%。

四是全镇范围实施全面消毒灭源。给镇内养殖户发放消毒药,要求对养殖地点进行重点消毒,组织人员对活禽交易市场进行清理及石灰消毒,安排各村组组织人员在全镇道路两旁、阴沟、公厕等地方撒石灰,进行全范围消毒。

五是加强疫情监测,科学防控动物疫情。对规模养禽场的活禽进行采血监测,联系通海县动物疫病防控中心对我镇 1 户土杂鸡规模场的活禽进行采血监测,镇农业中心组织工作人员每天对活禽交易市场检查监督,组织村级防疫员巡查,发现异常及时报告。

冬春期间,纳古镇将切实落实以上各项措施,严密防范禽流感。

2016年12月2日

我镇召开会议安排部署第三次全国农业普查摸底工作,并对普查员进行业务培训。副镇长柏云海、镇农普办成员、村组主要领导、普查员等35人参与了培训。

会议首先强调了农业普查工作的重要性,号召各部门、各村组高度重视,做好宣传,严格按照《第三次全国农业普查方案》及各级要求,在镇农普办的领导下认真组织协调、积极对待。镇农普办成员马磊尧对摸底表各项指标的指标说明和填报要求进行了详细讲解,并于会后将普查物资发放到每个村委会。

在我国,每10年开展一次全国农业普查。10年来,随着经济发展进入新常态,国情、社情、农情发生了深刻变化,纳古镇将严格按照省、市、县安排部署,积极做好宣传培训工作,确保我镇第三次全国农业普查工作顺利进行、稳步推进。

2016年12月5日

近日,县乡人大换届选举工作正在紧张有序地开展中,纳古镇加大宣传力度,扩大宣传面,努力营造群众参与、依法选举的换届氛围。

结合纳古镇情况,我镇采取悬挂条幅、张贴标语、发布换届工作信息、电子屏宣传等方式开展宣传,在主要街道悬挂条幅9条,张贴标语100余条,利用电子屏每天显示换届宣传标语100余条,在全镇营造了浓厚的换届氛围。同时,利用网页、微信等发布我镇组织开展县乡人大换届工作进展情况、换届工作的程序、换届的纪律要求、相关法律法规等,吸引群众全面了解此次县乡人大换届工作,确保换届工作依法有序地进行。

2016年12月7日

为保障广大人民群众及农机驾驶员的生命财产安全,有效预防和遏制农机安全事故的发生，创建"平安农机"，促进新农村建设，纳古镇在镇、村道路隐患路段安置5块农机安全警示宣传牌。警示牌主要内容为"严禁拖拉机违法载人""严禁酒后驾驶拖拉机"。

安装安全警示牌的主要目的是督促农机驾驶员严格遵章守法，争做合法、执法和守法的农机人。警示牌安装后，将对提高广大群众的农机安全生产意识，预防重特大农机事故发生起到一定的警示作用。

2016年12月9日

12月5日是国际志愿者日，为深入弘扬志愿服务理念，提升志愿服务水平，推动志愿服务活动深入持久地开展，纳古镇组织志愿者开展"关爱他人、关爱社会、关爱自然"活动。

今天，志愿者在主要交通街道及清真寺门口开展便民利民、文明劝导与秩序维护活动，志愿者通过发放不动产登记、社会保障服务制度等宣传单来宣传便民利民政策，同时用实际行动和口头劝导来引导人们文明礼让，维护交通秩序。

2016年12月10日

我镇司法所牵头，组织多个部门工作人员，在纳古镇开展了岁末年初法制、反邪教、科普及安全生产等宣传活动。活动当天，镇农技农机站发放了印有农机安全生产内容的手提袋子、致广大农机户的公开信、农机驾驶（操作）人员守则、农机驾驶员安全操作常识、告拖拉机驾驶员书、微耕机安全使用注意事项各类宣传资料3500份，宣传群众达3000余人次。

活动增强了人民群众安全生产的意识和防范能力。为创建"平安农机"，促进新农村建设，确保农机手和他人的生命财产安全，营造了良好的社会氛围。

2016年12月11日

随着冬季的到来,海鸥陆续回到小海湿地公园,来纳古观看海鸥的人也越来越多。为了保持纳古的人居环境,给大家展现一个整洁的纳古,纳古纳家营村村委会联合纳古志愿者协会发出《环境卫生大扫除倡议书》,呼吁大家共同行动起来,培养文明健康的生活方式。不乱扔垃圾、不乱摆乱占、不随地吐痰、不践踏花木、不损坏公共设施,做健康文明的好村民。

今日,纳古纳家营村村组领导、村民代表、党员、志愿者及热心群众开展了一次大扫除。在村组领导的带领下全面清理卫生死角,打扫街道卫生,清运积存垃圾。活动得到了群众的积极响应,男女老幼齐出动,大家自带工具,将房前屋后、大街小巷打扫得干干净净。小海湿地公园是这次大扫除活动的重点,在大家的共同努力下,清运了30多袋垃圾,小海湿地公园焕然一新。

纳古纳家营村和志愿者们呼吁大家关爱自然、关注环境卫生:人人倾注一份热情,人人贡献一份力量,共同塑造纳古美丽新形象。

2016年12月12日

为使《宪法》家喻户晓,深入人心,镇司法所以"12·4"宪法宣传日为契机,联合镇派出所、综治办、社保中心等多个部门,以悬挂横幅、发放宣传资料、上法制课等多种宣传方式,用通俗易懂的语言,向大家普及宪法基本知识。

一是在镇政府门口和人口密集处分别悬挂内容为"学习宪法、宣传宪法、遵守宪法"和"弘扬宪法精神,构建和谐社会"的宣传横幅,为引导大家学习宪法知识营造良好的学习氛围。

二是利用周五回民礼主麻的日子,在纳家营清真寺门口设置宣传展台,进行内容丰富的法制宣传活动。重点宣传《宪法》《道路交通安全法》《反恐怖法》《反间谍法》、反邪教等相关法律法规。司法所工作人员还向群众发放印有"关注社区矫正、共建和谐家园；法律援助在您身边、爱心牵手与您同行；手牵手参与七五普法、心连心打造和谐家园；弘扬宪法精神，建设法治通海"的环保袋、围裙、抽纸等宣传资料，并现场解答群众咨询。

三是到纳家营清真寺女寺进行宪法基本知识讲解。特别是对如何理解"公民在法律面前一律平等"这一问题进行了详细讲解和辩论，得到在场学生广泛参与，赢得了广大师生一致好评。

此次宣传活动共发放宣传资料600余份，抽纸300余盒、围腰200余条、环保袋300余个，悬挂宣传标语2幅，解答群众咨询100余人次。通过开展宪法宣传活动，增强了群众法治意识，提高了自觉遵纪守法的积极性，使宪法法律真正融入群众的日常生活。

2016 年 12 月 19 日

上午，我镇邀请县委党校高级讲师师丽虹为全镇干部职工宣讲十八届六中全会精神，镇全体干部职工40余人参加了宣讲会。

师丽虹老师以《关于新形势下党内政治生活的若干准则》和《中国共产党党内监督条例》为重点，宣讲了"党的十八届六中全会的重要意义""严肃党内政治生活，推进全面从严治党""加强党内监督，落实管党治党责任""认真履行岗位职责，做好本职工作，把十八届六中全会精神落到实处"四个方面的内容。

与会人员纷纷表示，听了这次宣讲报告，使大家对六中全会精神有了更清晰的把握。镇党委书记杨堂聪要求，纳古镇全体干部职工要继续保持学习宣传贯彻十八届六中全会精神的热潮，始终保持全面从严治党的高度自觉，把思想和行动统一到中央要求部署上来，在今后的工作中以全会精神指导工作，推动纳古经济社会的发展进步。

2016年12月21日

上午，我镇组织镇换届选举工作组全体工作人员召开培训会议，县联络组到会进行指导，详细安排部署22日的选举投票工作。

会上，镇人大主席纳立凡通报了我镇县乡人大换届选举工作的进展情况并对22日选举工作进行了安排部署。我镇县乡人大代表名额共47人，按照换届选举工作程序，通过推荐、考察、公示，产生正式候选人66人，正式候选人名单已于12月15日公布。12月22日，全镇19个选区将与全县同步进行选举投票工作，投票时间为早上8点到中午12点。

县联络组组长沈荣选同志对纳古镇工作开展表示肯定，认为纳古镇严格按照宪法和法律程序开展工作，较好地完成了换届选举的准备工作。他强调，在22日的选举投票工作中，工作组全体人员要严格遵守投票选举的基本原则，严格遵守投票程序，严格遵守计票程序，严格遵守换届纪律要求，确保换届选举投票工作依法按程序进行。

最后，镇党委书记杨堂聪要求，镇换届选举工作组全体工作人员要高度重视，端正态度，团结一致，确保选举顺利平稳进行。

2016年12月22日

上午8点，根据全县统一安排，纳古镇19个选区同时开始换届选举投票，投票时间为上午8点到中午12点。

镇换届选举工作组成员带着流动票箱挨家挨户发送选票，每到一户，工作人员都详细讲解选票填写注意事项，选民认真慎重地填写选票。县指导组、联络组领导到各选区指导查看选举投票工作。

投票工作结束后，镇换届选举工作组全体工作人员集中在镇大会议室统一开箱计票，计票统票工作在监票人的监督下依法按程序进行。通过紧张有序的计票统票，镇选举委员会当场宣读选举结果，此次选举结果合法有效，纳古镇共选举产生县人大代表6人、镇人大代表47人，换届选举工作圆满完成。

2016年12月23日

今早10时,纳家营村四组纳培建归真,90多岁。

今晚10时,纳家营村四组纳孝遘归真,肺癌扩散至头部,从发现至今1个多月,清真寺聘请此人管理菜市场。

2016年12月28日

我镇县乡人大换届选举正式代表名单分别以我县人民代表大会常务委员会公告和我镇第五届人民代表大会主席团公告形式公布。

按照选举法及有关法律法规的规定,经县第十五届人大常委会代表资格审查委员会审查,我镇选区马俊坤等6人当选通海县第十六届人民代表大会代表。经纳古镇第五届人大主席团代表资格审查委员会审查,我镇19个选区分别选出的纳鸿翔等47人当选纳古镇第六届人民代表大会代表。

2016年12月29日

我镇邀请县防艾办主任史发明老师为全镇干部职工进行艾滋病知识培训,镇全体干部职工40余人参加了培训。

史老师为大家讲了当前全省、全市、全县的防艾工作形势,指出在全社会的共同努力下,我们的防艾工作取得了显著成绩,但是防艾任重道远,还需要社会各界的继续重视和联防。随后,史老师用互动提问的方式向大家讲授了如何预防艾滋病。

此次培训,让我镇干部职工更深入地了解了艾滋病,大家纷纷表示,我们应该正确看待艾滋病,在日常生活中保护好自己,同时多向身边的人宣传,共同参与防艾工作。

2016年12月30日

我镇组织全体干部职工召开镇第六届人民代表大会第一次会议筹备

会，镇人大主席纳立凡对会议筹备工作进行安排部署。

为开好纳古镇第六届人民代表大会第一次会议，纳古镇成立了镇党委书记杨堂聪任组长、副书记王绕任副组长，党政班子成员、干部职工为成员的领导小组，下设秘书组、服务组、生活组、保卫组四个工作组。

纳古镇第六届人民代表大会第一次会议将于2017年1月1日至2日召开，届时纳古镇47名人大代表，88名列席人员将参加会议。

今天底盖尔下拜，纳家营村三组纳学旺之妻归真，肺癌，近70岁。

纳瑞媛日志
2017年

2017年1月1日

上午，我镇组织全体人大代表召开第六届人民代表大会第一次会议预备会，县统战部部长蔡骏辉出席会议。

会议听取了代表资格审查委员会做的《纳古镇第六届人民代表大会代表资格审查报告》，并以举手表决的方式全票通过了《纳古镇第六届人民代表大会第一次会议表决办法（草案）》《纳古镇第六届人民代表大会第一次会议议程（草案）》《纳古镇第六届人民代表大会第一次议案审查委员会成员名单（草案）》，选举产生了纳古镇第六届人民代表大会主席团成员。为纳古镇第六届人民代表大会第一次会议的顺利召开奠定了基础。

预备会议之后，纳古镇第六届人民代表大会第一次会议隆重开幕，47名镇人大代表，来自全镇各行各业的88名列席人员参会。县统战部部长蔡骏辉、组织部副部长胡立元、政法委副书记黄勇、县人大代表沈荣选到会指导。开幕式由镇党委书记杨堂聪主持。代理镇长纳鸿翔做政府工作报告，报告总结了2013年以来纳古镇人民政府取得的工作成绩，梳理了工作中存在的不足和困难。报告提出，今后5年，镇政府将牢牢把握四个重点：一是加快新型工业化进程，打牢经济基础；二是深度挖掘特色资源，发展壮大第三产业；三是整体规划基础设施建设，改善优化人居环境；四是统筹兼顾，促进社会事业全面发展。镇党委委员、镇人大主席纳立凡向大会做了第五届人大主席团工作报告，总结了镇第五届人大主席团工作情况，提出下一步工作重点。会上宣读了主席团第一次会议向大会提名的镇人大主席候选人和镇长、副镇长候选人建议名单，并介绍各项候选人情况。在接下来的两天里，全体出列席人员将对两个报告和一个建议进行审议，并选举产生新一届人大主席团主席1名，镇人民政府镇长1名、副镇长4名。

2017年1月2日

今天,我镇第六届人民代表大会第一次会议圆满完成各项议程,胜利闭幕。

会议表决通过了《政府工作报告决议》《第五届人大主席团工作报告决议》及《关于提升纳古镇集镇内人居环境综合整治的建议》,听取了议案审查委员会关于代表议案处理意见的报告。依法选举产生了纳古镇新一届镇人大主席、镇长和副乡长。新当选的镇人大主席,镇人民政府领导班子做了庄严的宣誓。

新当选的镇人民政府镇长纳鸿翔做表态发言,表示将不负全体代表的期望,带领新一届政府班子,在县委、政府的领导下,在镇党委的指导下,在镇人大的监督下,在各位代表和全镇人民的支持配合下,把纳古建设成为开放、民主、富裕、美丽的新纳古。

2017年1月3日

自去年7月人大换届选举工作启动以来,纳古镇纪委按照上级各项安排部署和全面从严治党营造风清气正换届环境的要求,认真部署,采取有效措施,切实加强换届风气监督检查,圆满完成镇人大、政府换届选举工作。

2017年1月4日

纳古镇第六届人民代表大会第一次会议已经圆满闭幕,大会议案审查委员会共收到代表提出的建议、意见27件。

本次会议代表联名提出的建议、意见内容主要包括城镇建设管理、经济建设发展、农业发展、社会问题、政府自身建设等关系我镇经济社会全面发展的重要问题。其中:有关城镇建设管理方面的10件,有关经济建设发展方面的4件,有关农业发展方面的5件,有关社会问题方面的4件,有关政府自身建设方面的4件。

这些建议、意见，按照《云南省县级以上地方各级人民代表大会建议、批评和意见处理的规定》，闭会后，由镇人大主席团交镇人民政府认真研究办理，并在规定时间内负责答复代表。

出席会议的各位代表，以高度的责任感和对人民负责的精神，立足我镇改革发展、和谐稳定的大局，紧紧围绕人民群众普遍关心的问题，认真履行宪法和法律赋予的职责，在深入调查研究的基础上，积极提出建议、意见，充分发挥了人大代表议大事、谋发展的作用。

2017 年 1 月 8 日

我镇综治维稳办牵头，组织多个部门工作人员，开展了元旦、春节期间法制、反邪教、科普及农产品质量安全宣传活动。活动当天，镇农产品质量安全监管站发放了《粮食安全宣传标语口号，粮食安全寄语》《粮食生产宣传标语 20 条》《农产品质量安全宣传小知识》《农产品质量安全宣传资料》《农产品质量安全知识宣传资料》等宣传资料 3500 份，宣传群众达 4000 余人次。

活动增强了人民群众科学合理施用农药，确保农产品安全生产的意识。为使农产品的质量符合保障人的健康、安全的要求，保证老百姓吃得饱、吃得安全、吃得放心打下了良好的基础。

2017 年 1 月 9 日

我镇反邪教协会在本镇开展了元旦、春节期间反邪教宣传活动。活动当天发放了印有反邪教内容的日历、传单，《反邪教警示教育宣传册》、粘贴反邪教宣传警示告知书等反邪教宣传资料 2500 份，宣传群众达 3000 余人次。

活动增强了人民群众去除迷信、崇尚科学的意识和抵制邪教的能力。为元旦、春节期间依法治理邪教，确保人民群众不受邪教组织侵害而过一个祥和的节日营造了良好的社会氛围。

2017年1月10日

为切实加强我镇农机安全管理,确保元旦、春节期间的安全稳定,按照省、市、县相关安全大检查文件、会议要求,纳古镇农技农机站联合派出所、安监站等相关部门联合行动,在全镇范围内开展农机安全专项整治。

此次专项整治行动时间于2016年12月25日至今,深入农村地区主要道路、农户家中、田间地头对拖拉机无牌无证驾驶、酒后驾驶、超员超载、脱检漏检、拖拉机违法载人、微耕机挂斗上路及违规操作等违法行为开展专项整治。该行动共出动车辆8辆次、人员40人次,检查拖拉机56台次、微耕机28台次,发现无证驾驶1人、脱检拖拉机10台次、私自改装拖拉机1台,发放农机宣传资料1200余份。

此次行动为从源头上预防和减少农机安全事故的发生、不断改善农机安全生产环境、确保人民群众生命财产安全打下了良好的基础。

2017年1月11日

我镇创新路、狮山路具备施工条件的路段已经改造完成80%,两条路全段亮化全部完成,安装太阳能路灯86盏。今天,建设方、监理方、施工方三方联合到现场实地查看工程质量及进度,下一步将进行绿化树种植等工作。

上午,通海县2017年农村劳动力"转移就业百日行动"创业培训纳古班开班,纳古镇54名农村转移就业劳动力学员参加培训。此次培训由通海县劳动就业局组织开展,邀请玉溪市二职中的优秀教师为大家讲授创业知识。通过5天的培训,让学员学习和掌握小企业开办、经营和管理的必备知识,有针对性对有创业意愿和创业能力的学员开展创业咨询、跟踪辅导,提高学员的创业综合素质和创业成功率,以创业进一步带动其他农村劳动力的转移就业。

2017年1月12日

我镇海埂路项目纳十小河段道路硬化现已完成，连接到小海湿地公园，现进入封路保养期。镇人民政府发出封路公告，在2017年1月9日至2月5日期间对海埂路纳十小河段进行封路保养，禁止车辆通过。

2017年1月14日

今天上午，纳古纳家营村"民族和谐杯"篮球赛举办开幕式，市、县有关领导到场祝贺，镇党委政府领导、友好乡镇（村）代表等出席了开幕式。

此次比赛时间为1月14日至1月20日，共有26支球队报名参赛，其中成人队18支、少年队8支，除了纳古镇的球队，还有大回村、小回村、十街村等代表队参赛。

纳古人民热爱篮球运动，几乎每年都会举办篮球比赛。这次篮球赛是纳古纳家营村成立后组织举办的第一届比赛，旨在通过比赛，宣传民族团结和谐，加强与各村组的交流和联系，增强村民之间的团结协作，提倡健康运动的生活方式。

2017年1月17日

市统战部领导和县统战部部长蔡骏辉带领统战部干部职工到纳古镇走访慰问4户困难侨眷。4位侨眷均年事已高，因患病造成生活困难。蔡骏辉一行每到一户，都细心询问老人的身体情况，叮嘱子女尽心照顾老人，并给老人送去了春节慰问，祝各位侨眷欢度春节。

2017年1月18日

上午，我镇召开专题会议，安排布置2017年烤烟生产暨集镇浅层地下水开采清理整顿重点工作。镇班子成员、相关站所负责人及各村主要领导参会，会议由分管副镇长尹绍荣主持。

会上，尹绍荣介绍了 2016 年我镇烤烟种植收购情况：2016 年纳古镇种植烤烟 248 亩，交售 37500 公斤，均价为 33.72 元／公斤，实现交售收入 126.8 万元，圆满完成了 2016 年县下达的各项交售指标任务。在传达了县委、政府《关于切实抓好 2017 年烤烟生产重点工作的通知》精神后，尹绍荣指出，2017 年我镇要高度重视烤烟生产工作，实现五个要求：一是统一种植 K326 烤烟品种，品种纯度达 100%；二是扎实推进规模连片种植，实现一片 50 亩以上连片种植；三是在 2017 年 5 月 10 日前必须 100% 完成移栽；四是采用客土移栽的面积必须占总种植面积的 80% 以上；五是强化烤烟种植落实，保证农户、面积、地块、合同四个统一。

会议同时还安排了《纳古镇人民政府关于印发纳古镇集镇浅层地下水开采清理整顿工作实施方案的通知》，要求各领导小组成员根据方案分工，及时开展集镇内浅层地下水开采情况摸底调查工作，为下一步清理整顿工作打下扎实基础。

下午组织召开 2017 年森林防火工作会议，安排部署森林防火工作。镇班子成员、各中心站所负责人、村组领导共 30 余人参加了会议。

会议安排了 2017 年森林防火网格化工作领导小组成员、各小组联系负责区域及森林防火重点阶段性相关工作。镇党委书记杨堂聪强调，目前已经进入森林防火期，各村组、各中心站所要严格落实森林防火责任书要求，严防死守，切实做到"四到位两就位"：设卡检查到位、检查督导到位、物资配备到位、宣传教育到位、巡山人员就位、镇村半专业扑火队人员就位。在镇党委、政府的坚强领导下，统一思想、团结协作、全力以赴，用洪荒之力打好我镇森林防火攻坚战。

2016 年 12 月底召开森林防火工作动员会以后，纳古镇森林防火工作已经全面启动，前期宣传教育、装备配置、半专业扑火队培训等工作均已圆满结束，2017 年 1 月 1 日开始进行巡山工作，1 月 16 日开始设立卡点对进出车辆人员进行检查登记，我镇 2017 年的森林防火工作已按县委、县政府的要求全面安排部署、落实到位。

2017年1月19日

今年春节期间,为进一步做好刑释解教人员信息摸底,及时准确掌握刑释解教人员思想动态,同时强化重点人员管控措施落实到位,今天纳古司法所工作人员到刑释解教人员家中进行实地走访,对他们的生活和工作情况进行详细调查了解。在约谈中,刑释解教人员及其亲属以及帮教责任人就安置和帮教情况向工作人员进行了汇报,同时还对安置和帮教工作中遇到的就业歧视、创业困难等问题与工作人员进行了深入的交流。

司法所工作人员向刑释解教人员讲解了近期内由镇社保中心办理的10万元无息创业贷款,为刑释解教人员就业创业创造了有利环境,鼓励符合条件的人员积极争取,尽量减少他们初期的创业压力和困难。司法所所长最后强调,刑释解教人员一定要克服自卑心理,在社会和家庭的关爱和帮助下,鼓起生活的信心和勇气,通过自己的诚实劳动创造美好的生活。

2017年1月20日

今天下午,为期1周的纳古纳家营村"民族和谐杯"篮球赛圆满结束。纳古纳家营村的横洲工业队获得第一名,小回村代表队获得第二名,篮途队获得第三名,十街村代表队获得道德风尚奖。镇、村领导为获奖球队颁发了奖杯和奖状,鼓励运动员们继续发扬团结奋斗的团队精神和奋勇拼搏的体育精神。

2017年1月23—24日

新春佳节将至,县委、县政府及县属各部门领导,纳古镇党委、镇政府心系纳古镇贫困家庭、困难群众,在春节前开展走访慰问活动,把祝福和温暖送到群众家中。

1月12日，县纪委党员干部到纳古镇走访慰问联系的21户贫困户，送去了大米和食用油。

1月18日，市县统战部领导到纳古镇走访慰问4户困难侨眷，共送出慰问金2000元。

1月22日，县委、县政府、人大、政协领导到纳古镇走访慰问贫困户和优抚对象，共送出慰问金2000元。

1月23日，纳古镇党委、政府组织走访慰问7位老党员、困难党员，共送出慰问金5500元。

镇社保中心、计生站、民政等中心站所也分别走访慰问了困难失业农民工、贫困流动人员、低保户等，送出慰问金、慰问品5000余元。

在春节前，各级各部门共开展走访慰问活动8次，共走访慰问贫困家庭、困难群众等56户，送出慰问金、慰问品共计19600余元。

上午，纳古镇组织开展"文化、科技、卫生三下乡"活动，营造温暖欢乐的节日气氛。

此次活动由镇宣传办、文化站、派出所、农业中心、卫生院、综治办、司法所、团委等部门合力举办，发放玉溪精神新年日历，种植、养殖等科技书籍，反邪、禁毒及相关政策法规宣传册、森林防火知识宣传册及计生用品等。

活动吸引了纳古群众的热情参与，大家纷纷前来领取宣传品，咨询自己关心的民生、科技、法律等问题，镇相关站所工作人员耐心细致地解答群众的问题。

活动共发放各种宣传材料2000余份，宣传品600余份，给群众送去春节祝福的同时，宣传普及了文化科技卫生知识，取得了良好的效果。

1月24日，县团委到纳古镇走访慰问贫困留守儿童、单亲家庭儿童4户，送出慰问金2000元。

2017年1月25日

我镇马鞍子路正在紧锣密鼓地施工中。在镇党委、政府的积极争取下，将马鞍子路改建项目纳入纳古民族团结示范镇建设。2016年6月启动实施以来，电力、通信设施迁移安置工作、涉及扩宽路面需拆迁的厂家与住户动员工作、涵管埋设等准备工作有序开展，现在已经开始进行水稳层铺设。

2016年以来，纳古镇全力推进基础设施建设，多个项目陆续开工实施。龙潭路上段扩宽硬化已经完工，下段即将开工建设。纳古古城村二组活动广场建设项目已经竣工。生活垃圾处理设施设备全部到位。狮山路、创新路改建工程，海埂路建设项目工程均进度过半。连接纳古镇两个村的"村村通"公路正在做拆迁清理等准备工作。

纳古镇党委、政府积极争取项目建设，严格督促项目落地实施，力求通过基础设施改善城镇形象，助力纳古旅游文化小镇建设。

2017年1月26日

新春佳节将至，今天，纳古镇组织环卫站所有工作人员开展"迎新春 洁环境 美家园"行动，对镇内主要街道进行清扫保洁，以干净整洁的环境来迎接春节。

2017年2月4日

今年春节期间天气晴好，杞麓湖北岸的纳古镇小海湿地公园碧水蓝天，洁白美丽的海鸥翩翩飞舞，吸引了万余游客到纳古游玩。游客们在栈桥上观鸥喂鸥，处处欢声笑语。

春节期间，纳古镇每天组织10余名镇、村工作人员在小海湿地公园巡逻，维持秩序，确保了游客安全欢乐的游玩。

2017年2月5日

春节过后，为加强社区矫正人员的监督和管理，切实掌握矫正人员的思想动态和生活情况。我镇司法所工作人员对本辖区内在册矫正对象进行入户走访活动。

走访过程中，通过与矫正人员进行谈话，充分了解他们的思想动态、家庭现状、经济情况、目前从事职业、新一年的工作、生活期望等。引导矫正对象在严格遵守社区矫正相关规定的同时，积极进取，在新的一年里重塑对生活的信心和奋斗目标，努力做对社会有用的人。

此次走访，增强了与矫正对象的沟通和联系，及时掌握了矫正人员的最新动态，为开展好2017年社区矫正教育工作打下了坚定的基础。

2017年2月6日

春节收假以来，纳古镇党委、政府千方百计推进工程进度，各在建工程项目进展顺利。

2017年2月8日

纳古镇人大办及相关工作人员对镇主要在建工程项目进行实地查看。海埂路下段和马鞍子路均在年前完成了硬化，海埂路下段现在已经度过保养期，路面宽敞平坦，马鞍子路还处于保养期，即将进行窨井维护工作，龙潭路下段即将开始硬化施工，目前正在进行路面扩宽。

几个主要在建项目进展顺利，镇大人主席纳立凡同志要求，这几条路是纳古主要交通道路，要切实保证工程质量，同时做好周边群众的工作，大家同心同力，保证工程按时按质完成。

2017年2月9日

县统计局副局长师本其率县农普办几位领导到纳古镇对农普工作进行指导。目前，纳古镇已基本完成三农普入户登记工作，此次，农普办一行将对纳古两个村已完成的农户普查表进行审核，修改完善后，纳古三农普工作将进入 PDA 录入程序。

2017 年 2 月 10 日

2017 年 2 月 9 日 19 时 40 分许，网民"游戏啦啦去了"为发泄私愤在通海贴吧中发帖侮辱、谩骂纳古派出所两名户籍协警人员，还恐吓要杀了她们及全家，后被公安机关依法处以罚款 300 元人民币的处罚。

经查，该网民为云南省禄丰县的杨某（现年 24 岁），杨某于 2017 年 1 月 31 日从江苏到通海县四街镇看望父母，来了以后打算在通海学个汽车驾驶证，杨某咨询了驾校，学车需要在通海办理一个居住证或者暂住证明。2 月 8 日，杨某就到纳古派出所户籍室办理居住证，户籍协警人员询问杨某居住地址后，根据属地管辖原则告知杨某应该到管辖地四街派出所办理，并告诉他办理居住证需要提供房东证明和身份证。第二天，杨某就想找父母所在工厂的老板（通海县纳古镇人）出具一个假证明再到纳古派出所办理居住证。来到纳古派出所户籍室后，另外一名户籍协警人员接待杨某，当户籍协警人员问了杨某居住地址和看了证明后告知杨某应到四街派出所办理。杨某走出了户籍室后，就没有把此事放在心里，到亲戚家串门，至下午 5 时许，杨某才想起此事，就到四街派出所办理居住证，可是当他去的时候四街派出所户籍室工作人员已经下班。在没有办理到居住证后，杨某在回家的路上越想越气愤，为了发泄心中的愤怒，于 2 月 9 日 19 时 40 分许，杨某就用手机登录互联网，在百度贴吧通海论坛上两次发帖侮辱、谩骂纳古派出所两名户籍协警人员，还恐吓要杀了她们及全家，给纳古派出所及户籍协警人员带来不良影响。当民警找到杨某的时候，杨某已经知道自己错了，是自己不清楚办理居住证的条件，就在互联网上发帖侮辱、谩骂人，本以为自己在贴吧发泄一下情绪，没有什么大不了的，可是没有想到自己已经触犯了法律。

纳古派出所鉴于其认罪态度好，没有造成严重后果，根据《中华人民共和国治安管理处罚法》第四十二条第一项之规定给予杨某300元人民币罚款的处理。

2017年2月11日

纳古镇组织镇、村、组三级相关人员对纳十小河段进行镇级初验，对已完工程实地测量收方。

纳十小河段于1月8日硬化完成，保养期2017年1月9日至2月5日。该路以前是土路，雨天泥泞晴天灰，自从硬化完成后，每天都有很多群众去散步，大大方便了群众，也提升了纳古镇的人居环境。

2017年2月13日

今天上午，纳古镇组织开展专题学习会，邀请县委党校师丽虹老师为全镇干部职工宣讲省第十次党代会精神及玉溪精神。师老师从省第十次党代会的重大意义、省第九次党代会以来云南经济社会发展的新成效、今后5年云南经济社会发展的奋斗目标和总体要求、今后5年云南经济社会发展的重大部署等方面宣讲了省第十次党代会的主要精神。重点讲解了省第十次党代会上提出的"坚定不移推进全面从严治党"，强调全面从严治党永远在路上，作风建设永远在路上，反腐倡廉建设永远在路上，我们一定要保持反"四风"、正党风、反腐败、倡清廉的战略定力、意志品质。随后，师老师为大家宣讲了玉溪精神"玉汝于成、溪达四海"的内涵，指出玉溪精神学习宣传教育工作的重要意义，要求纳古镇干部职工扎实做好玉溪精神学习宣传教育工作。

此次宣讲内容丰富，催人奋进，纳古镇干部职工将继续深入学习省第十次党代会精神和玉溪精神，用精神指导工作开展，更加紧密地团结在以习近平同志为核心的党中央周围，不忘初心，奋勇前进，为云南实现跨越式发展、全面建成小康社会、各族人民的幸福生活而努力奋斗，以优异成绩迎接党的十九大胜利召开！

2017年2月14日

春节以来，随着气温快速回升和风力加大，森林火险等级快速升高。按照通海县森林防火"网格化"管理的要求，纳古镇积极采取措施，做好、做实森林防火工作。

1. 加大宣传力度，全面做好群众防火教育工作。截至目前，出动广播宣传车6辆次、发放宣传资料2000份、粘贴公告、布标20多幅。

2. 加大防火人员和设施投入。对半专业护林防火队伍积极开展培训，同时配备风力灭火机、动力喷水灭火机、油锯、二号工具等设施及工作标识、服装，以便在森林火灾发生时，能在最短时间内做出应急处理，达到最佳灭火效果。

3. 明确防火责任，落实领导带班制度。各防火卡点每天至少有3名以上专人值守，对进山人员及车辆进行严格登记，问清进山事由，要求上交打火机等随身携带的火种，加强火源管控，杜绝带火源进入林区。落实24小时值班人员备勤制度，坚守森林防火一线，及时通报信息。

4. 加强山林巡护。要求林业站及6名巡护员认真进行山林巡护工作，严守重点区域、地段；要求"网格化"各片区责任领导带领各组组员进行巡山，认真排查森林火灾隐患，杜绝森林火灾的发生；要求周末值班组，除阴雨天气外，值班期间至少巡山一次，并做好巡山记录。

2017年2月15日

纳古镇2017年栽种烤烟任务为280亩，育苗由专业机构统一操作，1月23日正式启动烤烟育苗。今天，镇分管副镇长尹绍荣带领工作人员查看育苗工作。第一批烟苗已经出苗，长势良好。

2017 年 2 月 16 日

通海县人民政府副县长张润生同志率县统计局副局长张春明及相关专业人员到纳古镇调研。张副县长与镇党委、镇政府主要领导进行交谈，听取了镇长、副镇长两位领导针对纳古镇现阶段三农普工作、及经济形势所做的报告，深入了解了纳古镇近年来的经济社会发展情况和三次全国农业普查工作。

会上，副镇长柏云海首先对纳古三农普工作开展情况做了介绍：目前纳古镇三农普户普查已基本结束，并对登记对象较摸底结果的减少进行了分析说明，下一步将集中开展PDA录入工作。镇长纳鸿翔着重对纳古镇目前的经济困境进行了分析汇报，目前纳古镇正处在产业提升与转型的关键阶段，淘汰落后产能，引进新项目，调整和优化产业结构，是纳古镇经济社会发展的重中之重。以厨房用刀、工艺茶刀等为特色的民族手工艺刀，以"一千零一夜"为契机的特色小镇建设，以清真食品为特色的少数民族农副食品等，无不是纳古产业转型的方向和经济社会建设的契机。同时，还强调了党委、政府对三农普工作的重视，纳古镇将在接下来的时间里，集中精力开展好三农普录入工作，保证普查数据真实可靠的同时，按时完成此次普查任务。张副县长一行在听取汇报后，对纳古镇三农普工作做了业务指导，肯定了纳古镇在通海县经济发展中所取得的成绩和贡献。张副县长指出，以江浙一带的产业转型为例，纳古镇现在的发展困境是源于没有抓好产业转型的时机，但是转型的滞后并不代表着没有转型发展的转机。纳古镇经过多年的发展，为转型升级奠定了坚实的经济基础，同时，作为以回族为主的少数民族乡镇，也有着其他乡镇不能比拟的优势。"再难都要抓转型！"——这句话道出了张副县长对纳古未来经济发展所寄寓的厚望，更是纳古镇领导班子和广大干部职工对纳古未来的期盼。在县委、政府的带领下，在镇党委、政府的坚强领导下，纳古将全力以赴开展各项工作，迎来新发展。

2017年2月17日

森林防火卡点是防止火源进山的重要手段。纳古镇高度重视卡点管理，在入山主要道路上设置防火卡点，安排专门护林员强化火源管理，对进山人员和车辆一律进行登记，并发放森林防火宣传单、进行口头防火知识宣传，做好巡查记录。同时，在检查点配备相应的灭火设备，如遇火情，值守人员可及时处理、及时上报。目前，入山人员日均30余人次，无火源进山情况。

2017年2月18日

纳古派出所严格按照县局《通海县公安局"盗抢骗"和"春季缉毒攻坚"专项行动工作方案》的要求和部署，结合辖区实际，对辖区内的吸毒人员开展排查行动，果然功夫不负有心人，战果不断。

纳古派出所通过深挖线索，认真排查，在辖区内将纳某、合某和纳某3名吸毒人员查获，带至派出所进行尿样检测，结果呈"阳"性，经询问三人如实供述了近日以来吸食毒品的违法事实。其中纳某还交代了其为了吸食毒品经济困难，便打起了偷盗的主意，2016年12月5日、7日，纳某在纳古镇辖区内闲逛寻找猎物，当寻至永兴街4号门口和忠爱大街29号华盛轧钢厂门口时，趁四周无人且摩托车钥匙插在摩托车上的机会，纳某直接将2辆摩托车骑走，然后销赃挥霍。

目前，纳某和合某因吸食海洛因成瘾已被强制隔离戒毒两年，至于纳某因先后两次盗窃摩托车，涉案金额达到4500余元，已于2017年2月17日被依法逮捕。

2017年2月22日

为切实做好安全生产工作，杜绝重特大事故的发生，我镇分管安全生产工作领导和安委办工作人员对全镇辖区内3座加油站进行安全检查。主要针对加油站的安全管理、现场布局、防火安全、消防设施、隐患巡查整改记录、安全标准化运行记录以及是否落实安全生产责任制等情况进行了检查。通过检查,我镇辖区范围内的3座加油站基本符合安全要求,没有发现大的安全隐患,同时,检查人员也对存在的巡查记录不详细等问题进行了告知并要求其限期整改。

2017年2月23日

为了有效防控动物疫病,逐步规范畜禽安全养殖,促进畜牧业健康发展,保障动物及产品安全,结合冬末春初动物疫病多发的特点,纳古镇政府组织召开动物疫病防控和畜产品质量安全培训会议。镇分管领导、镇畜牧兽医技术人员、村组干部和村动物防疫员、协检员等共30余人参加。

培训邀请通海县动物疫病预防控制中心主任和动物卫生监督所副所长讲解科学养殖、重大动物疫病防控综合知识、依法用药用料、畜产品质量安全知识,并对纳古镇春季动物疫病防治工作做了具体安排。

会上,镇分管副镇长尹绍荣与两个村村主任分别签订了《纳古镇2017年动物防疫目标管理责任书》,同时要求各村民委员会与各村民小组签订责任书,落实主要责任目标,将动物防疫目标管理统一纳入纳古镇村组干部绩效考核。

根据《关于坚决遏制钢铁煤炭违规新增产能打击"地条钢"规范建设生产经营秩序的通知》要求,纳古镇党委、政府高度重视,成立了主要领导任组长的打击"地条钢"专项工作领导小组,安排工作人员对全镇企业进行排查,排查出涉及使用中频炉生产的企业10户。1月25日前,10户企业全部按要求停产。

1月以来,纳古镇加强政策宣传,加强企业信息收集,争取各方支持,鼓励企业在淘汰落后产能的同时积极谋求转型发展之路。目前,10户企业中有4户已拆除中频炉设备。镇工作人员每天对以上企业进行巡查,坚决贯彻县委、政府要求,继续推进中频炉拆除工作。

2017年2月24日

县委副书记曾丽娟、人大副主任钱秀琼到纳古镇专题调研农危改工作、"百千工程"。

实地走访了农危改施工现场和镇马鞍子路、龙潭路等百千工程项目以后,曾副书记一行对纳古镇工作开展表示肯定,近年来纳古镇积极争取项目,通过基础设施建设极大地改善了镇人居环境。曾副书记要求,纳古镇党委、政府要结合纳古实际,加强政策宣传,全力推进农危改及"百千工程"工作。

2017年2月25日

由于今年冬末春初气温回升、日渐暖和,风调雨顺,利于小春农作物生长发育,纳古镇种植的250亩油菜和230亩蚕豆长势良好,丰收在望。

2017年2月26日

纳古镇政府办公区停车场改造工程正在迅速推进,目前已经对第一停车场规划了停车位,在第二停车场种植了樱花树,后期还将对第二停车场进行硬化亮化,建造摩托车、自行车停车棚。整个工程预计3月初结束,建成后可有效解决目前车辆乱停乱放情况,打造美观有序的办公环境。

2017年2月27日

纳古派出所组织辖区联防队开展治安巡逻。派出所联合纳家营村自建的10余人联防队对辖区内重点单位、重点区域、重点路段以及人员密集场所进行夜间巡逻防控,通过采取车巡与步巡相结合的方式,提高见警率。同时对辖区群众开展防火、防盗、防抢、防骗等宣传,增强群众的安全防范意识,及时发现和打击各种违法犯罪活动。巡逻防控工作的开展,震慑了各类违法犯罪活动,确保了辖区社会治安秩序稳定。

2017年2月28日

纳古镇综合文化站维修工程于今年初开工，目前主体工程已基本完工，今年3月底将整体竣工。现已对原楼梯进行除锈上漆，封严北面和西面复合瓦，新建一楼储藏室。之后将对四楼多功能活动室进行装修，主要内容有铺木地板、安装镜子。

综合文化站维修工程完工后，将塑造纳古文化新形象，提升阵地服务功能，为"文化合镇"战略奠定基础。

2017年3月3日

市民宗局副局长董存志、县民宗局局长祁跃红、副局长曾永萍一行到纳古镇检查调研经文学院规范办学情况及民族团结示范镇建设工作。纳古镇人大主席纳立凡、副镇长尹绍荣陪同调研。

调研组实地查看了经文学院及纳古民族团结示范镇在建项目：文化站、马鞍子路、海埂路、创新路、狮山路以及忠训故居。

一路上，纳立凡具体介绍了经文学院办学情况、忠训故居下一步打造计划。尹绍荣介绍了民族团结示范镇在建各项目的工程进度。

调研组对纳古镇开展的工作表示肯定，希望纳古镇党委、政府在下一步的工作中，紧密结合特色旅游文化小镇创建工作，更加有效地推进民族团结示范镇各个项目建设，为纳古镇社会稳定、经济发展打下坚实基础。

2017年3月4日

今年的三八妇女节前夕，纳古古城村组织妇女开展了清洁环境卫生、共度三八妇女节活动。村组领导干部带领妇女们打扫村里的大街小巷、房前屋后，还给村里的每位妇女发送了一袋洗衣粉作为节日礼物。妇女们纷纷表示，看着自己打扫干净的家园，感到高兴和自豪，这样的妇女节活动很有意义。

2017年3月5日

随着天气一天天转暖，迎来了2017年的惊蛰节令，纳古镇村民抢抓节令，结合纳古实际选择在惊蛰中五日整田撒秧。

我镇采用水田薄膜育秧的方式共播种35亩，预计可栽种水稻350亩左右，5月10日就可以移栽了。

2017年3月6日

为切实做好全国"两会"安保工作，确保纳古辖区治安稳定，今天我镇召开了2017年全国"两会"安保暨农村道路交通消防安全工作会。会议由纳古派出所所长张从国主持，镇党委、政府班子成员，村组领导干部，治保主任和联防队长等共30余人参加了会议。

会上，张从国首先通报了红河弥勒县"3·02"重大火灾和临沧市"3·02"特大道路交通事故，要求全体人员深刻汲取事故教训。其次，对全国"两会"期间辖区道路交通消防等工作做了安排部署：一是各部门和村组要配合派出所开展好农村道路交通管制工作，充分发挥道路交通安全劝导员的作用，主要在重点时段、重要路段开展执法检查，严查农村常见的面包车超员，低速货车、三轮汽车等违法载人和摩托车超载、酒后驾驶、无证驾驶等突出违法行为，特别是对学校附近、主干线路段进行交通整治，严禁大货车乱停乱放、阻碍交通；二是各部门和村组要配合派出所开展好农村消防安全防范工作，结合正在开展的冬春火灾防控专项行动工作，对辖区内超市、旅馆、学校、清真寺、饭店等公众聚集场所和易燃易爆企业等重点场所进行消防安全大检查；三是提高反恐维稳工作意识，各部门和村组要严格按照"铲土壤、堵通道、反回流、防事件"的要求，开展对涉恐、涉稳等重点人员的识别排查，做到"行知去向、动知轨迹"；四是积极开展矛盾纠纷排查工作，各部门和村组结合实际深入开展矛盾纠纷排查调处工作，防止在全国"两会"期间发生较大规模的群体性治安事件和治安灾害事故。

2017年3月7日

为贯彻落实县委农村工作暨全市扶贫开发工作会议相关精神，我镇组织全体干部职工、村两委主要领导进行了专题学习传达，并对今后工作进行了安排部署。会上，党委书记杨堂聪强调，要深入贯彻县委会议相关精神，以高度的责任心和使命感，深入推进农业供给侧结构性改革，加快文化旅游特色小镇等项目建设，带动社会各项产业发展，为群众实现产业增收、全面脱贫攻坚，奋力开创我镇"三农"工作新局面。

镇长纳鸿翔结合实际情况，指出要切实按照县委、县政府的会议精神，继续做好以下几个方面的工作：

（1）继续做好我镇10户38人建档立卡贫困户的扶贫攻坚工作，着力解决好贫困户的住房安全工作，结合我镇旅游文化小镇发展思路，集思广益为贫困群众谋福祉、解决生活困难等问题。

（2）切实推进农业供给侧结构性改革，紧紧围绕"一千零一夜"文化旅游特色小镇建设，努力做好"山水林田湖"共同体生态项目建设规划，积极推进高标准基本农田建设，着力打造好特色农业"四区"品牌：一是着力打造好海泥田400亩水稻观光区；二是着力打造好中街沟槽子田60亩荷花观赏区国；三是着力打造好荷花塘烤烟样板连片种植区；四是着力打造好古城面山20度退耕还林经果林采摘区。让特色农业成为旅游产业发展的坚实保障。

（3）积极创建民族团结示范镇建设，通过实施建设纳古民族团结进步示范镇，促进民族地区经济社会发展，增加群众收入渠道，有效改善群众生产生活条件，美化村容村貌和推动民族关系和谐稳定。

（4）集中力量抓好重点项目建设，努力实现现代化的基础设施建设，在经济发展进程中强力推进重点项目建设，以项目带动产业发展。一是积极争取上级对古城关塘进行立项批复，尽快恢复其蓄水灌溉功能。二是继续抓好"一水两污"建设，解决垃圾清运和污水处理问题。三是积极推进"村村通"建设，建设纳家营村至古城村公路。四是着力打造小海湿地公园，规划一条景观道路，重建观景台，全面完善小海湿地公园基础设施建设。五是在纳古"一千零一夜小镇"规划的基础上做好农危房改造工作，争取在2017年进行小范围的连片改造。

（5）大力推进生态文明建设，努力提升人居环境。一是努力改善人居环境，解决脏、乱、差问题。继续开展环境卫生综合整治，加大资金投入，加强街道清扫和垃圾清运力度；认真落实《杞麓湖保护条例》，开展湖泊保护治理。二是逐步完善农村基础设施建设。积极争取项目资金，稳步推进"美丽纳古"建设。完成垃圾中转站和污水收集处理工程，完善集镇供水分支管网工程建设，争取对纳家营村至古城村乡村道路实施硬化，实现"村村通"，做好农村危房改造登记、核查工作，严格按照申报条件进行入户调查。三是进一步遏制工业污染。抓好重点污染企业限期治理达标排放工作，严格项目审批建议，逐步关停小轧钢等污染企业，继续化解过剩产能，推进企业转型升级，努力改善生态环境。四是加强耕地、林地保护。严格土地管理，严厉打击违法占地行为，逐步清理违法占地；继续加强林地的管护工作，保护原有植被，加大荒山荒坡、公路沿线和面山植树造林力度，建设生态屏障。

2017年3月8日

今天上午，我镇组织班子成员和村组干部一起学习《通海县村组权力清单三十八条》，会上，镇纪委书记李国兴引导大家学习了重点条款内容，并结合纳古实际进行讲解说明。

《通海县村组权力清单三十八条》以流程图的形式详细列出了村级组织的二十八条权力清单和村民小组的十条权力清单，相当于村组干部的一本工作手册，精简易懂，方便查阅，大到集体建设工程管理、村组财务开支审批、土地承包经营权流转、"三资"管理，小到村民救灾救助办理、计划生育奖励扶助金发放、被征地农民养老保险办理等，并列明每条权力清单的责任组织、责任人、追责依据和违责处理。

通过学习，镇党委书记杨堂聪指出，《通海县村组权力清单三十八条》不仅提高了村组办事的透明性和规范性，也给村组干部上了一道"紧箍咒"，村组权力看似不大，实际影响却不小，每一项权力都事关群众切身利益，事关农村改革发展稳定。要求班子成员和村组干部学以致用，特别是村组干部要做到不出轨、不强权、不越位，政治上守规纪，谋事干事走在前列，发挥表率模范作用。同时强调，一是要在全镇广泛开展权力清单宣传工作，做到家喻户晓，公开透明；二是要加强协调配合，强化责任担当，督促抓好权力清单贯彻落实；三是要求相关业务部门就所属权力清单内容进行流程细化、动态维护，并及时组织开展业务培训。

2017年3月9日

为开展好"三五"学雷锋暨"中国青年志愿者服务日"活动，弘扬雷锋精神，开展志愿者服务活动。今天，我镇组织镇志愿者及村组领导干部对全镇公共环境卫生进行大扫除。大扫除由镇班子成员带队，划分责任片区，主要对镇内交通要道、公共活动场所进行清理。在大家的共同努力下，镇内环境恢复了干净整洁。此次活动通过志愿者的实际行动号召纳古镇群众爱护公共环境，共同维护纳古的干净整洁，对美丽纳古建设起到了积极的推动作用。

2017年3月10日

今天上午，省民宗委副主任徐畅江一行到纳古镇检查民族团结示范镇建设工作，副县长杨兴龙、县民宗局局长祁跃红等陪同检查。

检查组走访了纳古镇古城清真寺、纳家营清真寺、纳家营伊斯兰文化学院、忠训故居等地，实地参观了纳古镇民族手工艺刀具生产企业，了解了纳古茶刀的制作工艺。一路上，纳古镇党委书记杨堂聪、镇长纳鸿翔详细介绍了纳古镇实施民族团结示范镇建设工作以来的工作进展、面临的困难以及今后的工作思路。

徐畅江指出，民族团结示范镇建设要注重中国传统文化底蕴，立足民族文化，结合实际，充分发挥纳古的优势，大力发展工艺刀具和清真食品产业。结合国家"一带一路"政策，思考钢铁企业如何"走出去"。同时，徐副主任对纳家营伊斯兰文化学院提出了四点要求：一是要规范管理；二是要丰富教学内容，在学习传统伊斯兰文化的同时可以开办世界历史、人类学、社会学等课程，开阔学生的视野；三是建议引导学生学习一技之长，不仅做一个合格的穆斯林，而且能够融入社会，能做事；四是坚持开展法治教育，要通过反复的学习宣传，形成知法用法的氛围。

2017年3月11日

在烤烟育苗基地，各阶段烟苗长势良好，预计4月10日可以开始供苗移栽。

2017年3月13日

纳古调委会成功调解了一起外来务工人员工伤事故赔偿纠纷。

今天上午，纳古调委会接到一文山籍女子来访，请求对其丈夫工伤事故赔偿纠纷进行调解。通过调解员向其了解具体情况得知：该女子与丈夫马某同为文山州丘北县人，都在纳古务工。丈夫马某于2015年3月起在纳古某管业公司从事装卸工作，月平均工资为3000元。2016年10月14日，马某在装车过程中由于自己的疏忽大意被行车吊架打伤。事发后，申请人被厂方及时送至云南省第一人民医院住院治疗。

经过1天的努力，双方当事人终于达成了调解协议：厂方除了已支付马某住院期间所有医疗、生活费用21.7万元外，还补偿马某一次性伤残补偿金、一次性就业补助金、一次性医疗补助金等共计45万元人民币。

2017年3月14日

今天上午，我镇组织相关站所工作人员、村组领导干部、食品信息员召开专题会议，学习《云南省食品生产加工小作坊和食品摊贩管理办法》（以下简称《管理办法》）。

副镇长柏云海带领大家学习了《管理办法》以后，要求参会人员根据《管理办法》要求，依法履行对镇内食品生产加工小作坊和食品摊贩的食品安全管理职责。镇村组相关工作人员立即对镇内食品生产加工小作坊及食品摊贩进行走访排查，在3月20日前，填写《通海县食品生产加工小作坊调查表》《通海县食品摊贩调查表》《食品加工小作坊名单》《食品摊贩名单》。在走访排查的过程中，将《管理办法》宣传到每一户食品加工小作坊及食品摊贩，签订《通海县食品生产加工小作坊安全目标责任书》《通海县食品摊贩食品安全目标责任书》。

2017年3月15日

为加强法律援助宣传工作，提高群众法律援助知晓率，扩大法律援助的影响力。今天上午，纳古司法所以综治宣传月大型宣传活动为契机，在纳家营清真寺门前开展法律援助知识宣传活动。

活动中，司法所干警以发放宣传资料、宣传环保袋、解答法律咨询等方式，向广大群众介绍《法律援助条例》、申请法律援助条件、办理程序等相关法律法规和我县法律援助中心的地址、联系方式等信息，同时耐心解答群众的疑难问题，特别提醒弱势群体遇到纠纷不能及时维护自身合法权益时，法律援助将为其提供帮助。

此次活动，共发放宣传资料200份、宣传环保袋200个，解答法律咨询50余人次。通过宣传，提高了广大群众依法维护自身合法权益的法律意识。

2017年3月16日

按照"重点突破、以点带面、形成经验、示范全省"示范区建设的目标要求，在省、市、县各级民族部门的关心和支持下，2016年纳古镇启动实施民族团结示范镇建设。以民族团结示范镇的建设推动旅游文化小镇的建设，贯彻和落实"十三五"规划发展目标。

纳古民族团结示范镇建设规划期限为2016—2017年，重点确定为实施打造主要街道景观、强化基础设施建设、建设纳古回族文化展览馆、修缮纳忠纳训故居、打造民族手工艺展示厅、综合整治人居环境、创建民族团结进步示范等项目。建设重点项目投资768.5万元，拉动其他项目资金2756.45万元，预计总投资3524.951万元。通过两年项目的实施达到建设纳古旅游文化特色乡镇、民族经济发展示范、民族文化繁荣示范、民族宗教和谐示范、民族团结进步示范等作用。

纳古民族团结示范镇建设，经过2016年1年来的积极推进，完成重点项目投资295万元。目前重点项目建设已完成狮山路、创新路景观改造，完成马鞍子路改扩建，完成海埂路部分道路硬化，共计硬化道路2.72千米，铺设青石板人行道2360米、更换安装太阳能路灯105盏、种植绿化树187棵；完成回族文化展览馆水电、门窗改造，铺设地砖870平方米，并收集500多件回族文物展示资料。同时，积极开展人居环境卫生综合整治工作。在全镇范围内开展了多次全民大扫除、开展争当"仙湖卫士"行动等活动。引导鼓励企业进行转型升级，技术改造，7户企业进行了除尘设备升级改造，6户企业正着手进行改造，最大限度降低烟尘污染。积极开展民族团结进步示范创建。举办民族团结运动会、法进清真寺、民族团结教育培训等活动；积极引导支持纳家营清真寺经文学校申请成立昆明伊斯兰教经学院玉溪分院。

重点项目建设，整合及拉动其他项目资金1334.2万元。推动了"一水两污"、生活垃圾收运设施、旅游文化小镇项目规划、小海湿地公园基础设施等项目的建设。

2017年，纳古民族团结示范镇建设按计划全力推进，重点完成海埂路改扩建，回族文化展览馆装修纳忠、纳训故居修缮，手工艺展示厅、民族文化墙、民族文化广告牌等项目建设，并整合和拉动其他项目投资建设。

2017年3月18日

春节前夕，综合考虑县妇联的要求，纳古镇妇联上报一名困难儿童，接受市妇联的春节慰问。由于春节期间孩子回了贵州老家，错过了市妇联领导的慰问，我镇妇联代孩子领取了慰问金。近日，学生开学后，镇妇联在纳古小学德育处老师的带领下，走访到孩子家中，送上了来自县妇联的500元慰问金。

该名儿童情况特殊，父母均为从贵州前来纳古打工的流动人员，在河西镇西城生下该名儿童后，就将孩子抛弃给孩子的奶奶进行看管，而且孩子患有先天性唇腭裂。虽然是外来流动儿童，但是该名儿童从幼儿园起就和奶奶在纳古镇一起生活，近几年父母远走打工，孩子从原本就条件不好的流动儿童演变成了条件越发困难的留守儿童。孩子由于兔唇手术做得较晚，效果不是很好，说话不是很流利。

妇联工作人员到他家中发现，一间30平方米不到的房间集卧室、厨房所有功能于一体，房屋上的石棉瓦有着一个个洞，简单地在床上方的瓦上用塑料、纸铺盖着，衣服都悬挂在床边的墙上，房间因为通风不好和做饭的原因，散发着味道。经了解，他的奶奶一共照管了4名儿童，情况均与受慰问的小朋友一样。纳古镇妇联在向孩子送出500元慰问金后，传达了市、县妇联对他的关心，鼓励他自立自强，好好学习。受访家庭也表达了对政府、妇联和学校的感谢。

2017年3月19日

惊蛰过后，天气一天天转暖，我镇村民开始整田播撒谷种。今年，纳古镇采用水田薄膜育秧的方式共播种35亩，预计可栽种水稻350亩左右。村民陈师傅介绍，他家今年播撒了100斤谷种，育出的秧苗预计可以栽种水稻10亩。谷种播撒以后，就要时刻关注出苗情况，出苗以后做好通风透气，还要防止鸟雀啄食，到5月中旬就可以进行稻秧移栽了。

2017年3月21日

今天,我镇组织全体干部职工和村组干部开展杞麓湖周边环境及入湖河道清理整治大行动。此次整治行动主要清理入河道,打捞清运沿湖白色垃圾,在清理过程中向沿路村民宣传保护环境、爱护家园。通过实际行动言传身教,号召纳古镇群众一起行动,共建美丽纳古。

2017年3月23日

今天下午,玉溪市人民政府教育督导室主任潘亚川,在县政府副县长施又莓、县政府教育督导室主任储美春、县教育局局长陈申力和教育局督导室主任旆太春等领导的陪同下到纳古中心小学督查义务教育均衡发展工作。检查组一行参观了学校美术室、书画室、舞蹈室、音乐室、科学实验室、微机室、图书室等功能室。检查组对我校宽敞的校园环境、配套齐全的功能教室、浓厚的校园文化氛围、开展的丰富的文化活动等主要办学特色给予高度评价,对学校教育工作取得的成绩给予了肯定,同时高度赞赏了我校对外来务工人员子女的教育。

本次督查,督导组针对我校现状提出了更高的要求,我们将在近期内全力精心打造,力争通过国检验收,并以此为契机,在今后的工作中,提高推进义务教育均衡发展工作的针对性和有效性,有力地促进义务教育的均衡发展。

2017年3月30日

我镇召开清明高火险期护林防火暨农业机械设备购置补贴专题工作会议,镇、村、组三级领导及相关站所负责人参加会议。

会上,纳古镇副镇长尹绍荣对清明节期间森林防火工作进行安排部署,强调要充分认识并做好护林防火工作的重要性,进一步加强领导,强化措施,扎实做好清明期间的护林防火工作,确保辖区不发生森林火情、火灾。

会议同时安排布置了2017年农业机械设备购置补贴的相关工作。

2017年4月1日

县委书记卢维江到纳古镇调研。卢维江实地走访了纳古镇两个村委会办公场所，与纳古古城村村主任马灿勇进行了亲切交谈，了解村委会工作中的困难。

随后，卢维江与镇党委、政府班子成员就纳古旅游文化小镇建设规划进行了座谈。卢维江指出，现在是建设特色小镇的最好时期，国家政策支持，纳古镇也有建设特色小镇的条件，缺乏的是产业转型的勇气。卢维江说，从以钢铁产业为主的工业镇转变为以文化旅游为主的特色小镇，面临许多困难和问题，我们党委、政府就是要从错综复杂的问题中找到关键结点，结合实际找到可以解开结点的有效措施。

卢维江对纳古旅游文化特色小镇建设规划表示肯定，认为规划切合实际，突出了纳古的伊斯兰特色。他建议，结合规划的实施，纳古镇在一产方面，可以发展规模养殖业和畜牧业，为二产的清真食品加工提供支撑；二产方面要进行升级提档，建设标准化工厂，引导鼓励科技化、高端优质化的二产，如生活刀具、清真食品加工等，也可以采取二产与三产结合的方式，建设文化产业园、产业街，在提升二产的同时也要改善环境，为三产提供支撑；纳古镇要靠三产来支撑今后的发展，目前镇党委、政府急需要做的就是改造人居环境，进行基础设施建设，打造一个示范街区，逐步来改变纳古当前形象。

卢维江书记的讲话给纳古镇党委、政府指出了近期和长期的工作目标，在今后的工作中，纳古镇将围绕中心、结合实际，逐步推进落实旅游文化特色小镇建设规划。

2017年4月5日

2017年以来，纳古镇加大力度开展人居环境整治、基础设施建设工作。为保证各项工程顺利推进，纳古镇研究制订《纳古镇2017年重点项目实施方案》（以下简称《方案》）。

《方案》成立纳古镇项目实施领导小组，由镇党委书记杨堂聪任组长。领导小组下设3个工作组，其中"人居环境综合整治项目工作组"由镇人大主席纳立凡任工作组长，"基础设施建设项目工作组"由镇长纳鸿翔任工作组长，"工程项目资金监管及验收工作组"由镇纪委书记李国兴任组长。

两个项目工作组负责纳古镇2017年要开展实施的18个工程项目，包括道路人行道升级改造项目、道路停车线划定项目、"一水两污"项目、手工艺品展示厅项目、民族文化墙广告牌项目、"百千工程"建设项目、农危改项目等。18个工程项目分别由镇党政班子成员任项目组长，相关站所长任副组长，镇全体干部职工为各工作组成员。

《方案》的制订实施充分调动了全镇干部职工的积极性，各项目组组长带领组员制订工程项目推进计划，实地查看项目实施进度，形成了全镇干部职工齐上阵，撸起袖子加油干的良好工作风气。

2017年4月6日

为打造纳古旅游文化小镇，弘扬传统文化，增添文化氛围，我镇着重打造了纳古回族文化展览馆、狮山书院等一批精品文化项目。目前，纳古回族文化展览馆收集了部分以马帮文化、手工业文化为代表的展品，并对工作室进行装修。狮山书院融合书法教学、文艺创作、假期补课等项目，为纳古文化爱好者及学生提供了一个学习提升平台。下一步，镇文化事务中心将聘请狮山书院纳恒鹏老师为第四期青少年书法培训班授课。

2017年4月7日

县委常委、组织部部长刘绍宏到纳古就基层党建工作开展调研。

刘绍宏就纳古镇近期基层党建工作开展情况，新成立的2个村办公场所建设和小组党员活动室建设、打击"地条钢"、拆除中频炉所开展的工作和进度，重点项目建设情况以及干部管理、人才培养等工作进行了了解。

在听取了镇党委书记杨堂聪——汇报后，刘绍宏对纳古镇近期开展的各项工作给予了充分肯定，针对2个村办公场所建设的问题，要求镇党委把落实2个村委会办公场所作为当前的一项重要工作来抓，积极落实地点，争取整合各级项目资金，及早建设，尽快为2个村解决办公场所的问题。刘绍宏高度肯定了我镇近期干部管理制定的党政班子成员工作日报告制度，建议再进一步修改完善，试行一段时间后将中层干部和村组干部一并纳入管理，不断总结完善经验，将报告制度与从严治党、明责定岗结合起来，同时作为年终考核、评先评优依据。

随后，刘绍宏实地察看了纳家营村办公场地选址，走访了纳家营和古城两个村委会，与村两委人员进行座谈，要求村两委配合镇党委积极落实办公场地，争取项目资金，共同解决办公场所问题，争取在明年5月建成投入使用，方便群众办事。

最后，刘绍宏还走访了省级金属工艺大师纳文鹏的工作室，实地了解了工艺茶刀的制作生产过程，从人才培养的角度和产业发展的方向建议纳文鹏要积极争取项目资金支持，发挥工艺茶刀制作领头羊的作用，带领纳古发展民族工艺刀具产业。

2017年4月12日

纳古镇作为全国著名伊斯兰文化旅游小镇吸引了全国各地穆斯林教徒旅游参观。为增强我镇旅店业经营场所的反恐防恐意识，今天，纳古司法所联合镇派出所对全镇范围内11家旅店业经营场所开展反恐防恐宣传活动。

宣传以发放宣传资料、讲解法律知识的形式向旅店业从业人员介绍了反恐基本知识和相关法律责任，要求各旅店切实落实实名登记制度，严格按要求一人一证进行登记、录入、及时上传至旅店业治安管理信息系统，若发现可疑人员及事物，在确保自身安全的同时立即向派出所报告。

此次宣传活动提高了旅店业从业人员的反恐防恐意识和能力，大力营造反恐防恐人人有责、反恐工作由全社会共同参与的良好氛围。

2017年4月14日

纳古办学点坚持为"三农"服务的办学宗旨，广泛推广普及农村实用技术，努力提高农民的科学文化素质，引导农民运用先进的科学技术增收致富，促进农村产业发展。结合纳古实际，按需施教，学用结合，提高农民的科学种养水平。

在县科协、县水产站的大力支持和指导下，纳古办学点今天上午举办了一期稻田综合种养技术培训班。镇农技人员、各村委会副主任及村农科员、纳家营各村民小组组长及部分水稻、莲藕种植户代表共56人参加培训。

培训会上，县水产站站长王春勇运用多媒体授课，结合我镇实际，以稻田养鱼为例，从如何挖池（沟）、如何选择鱼苗、投放数量及密度、科学饲养管理、科学防洪、科学施肥、科学施用农药及适时捕鱼，确保粮、鱼丰收等进行了深入浅出的讲解，内容实用，通俗易懂。现场学习气氛浓厚，大家都十分珍惜这次难得的学习机会。

此次培训，使学员饱尝了一次知识大充电，更新了理念，开阔了视野。同时有力推进了纳古农业科技发展，为今后的种养增产增收打下了扎实基础。

2017年4月15日

今天，我镇举办农产品质量安全培训班，各村委会副主任及村农科员、纳家营各村民小组组长及部分种植户代表共55人参加了培训。

在培训会上，县水产站站长王春勇，镇农技农机站站长简树棚，就位于杞麓湖畔的330亩连片稻田综合种养安全生产方面，分别对农产品质量安全法律法规、农产品标准化生产、安全生产、无公害农产品、绿色食品、土地轮作、科学种养、科学施用农药、科学施肥及削减农业面源入湖污染负荷等知识给学员进行了详细讲授。

通过培训，增强了学员依法、诚信生产经营的意识，为保证老百姓吃得饱、吃得安全、吃得放心提供了可靠保障。

2017年4月16日

为扎实做好汛期安全生产各项工作，4月中旬至8月中旬，纳古镇组织开展为期4个月的安全生产大检查工作。

此次安全生产专项检查主要是贯彻落实市、县安全生产工作会议精神，重点检查企业汛期的防范措施，排查安全隐患。同时结合纳古镇实际，对正在拆除中频炉以及已经拆除中频炉的企业进行重点检查。

镇党委、政府要求，此次安全生产大检查要做到以下三点：一是强化安全生产意识，突出企业主体责任，对落实不到位的企业要求立即整改，在检查中，同时对企业主要负责人、安全管理人员进行安全生产相关法律法规及政策的宣传。二是发挥镇安委会的作用，各站所落实"管行业必须管安全"，高度负责、极端细心，积极组织开展此次大检查，全面彻底排查治理各类事故隐患。三是强化痕迹管理，各站所在开展检查的过程中，做好现场检查记录及照片资料的收集整理，发现重大安全隐患要及时联系镇安监站，上报上级部门。

2017年4月17日

"微心愿"是团县委引导广大青年、儿童通过"青年之声"发表自己的愿望，譬如"想要一个新书包""想要一件棉衣"等，同时号召广大团员、党员和各界爱心人士认领心愿的一项献爱心行动。自行动开展以来，得到了纳古社会各界的广泛支持，"微心愿"在一批好心人的帮助下正在变成现实，镇团委将这份爱心送到了同学的手中。

1月6日、4月14日，纳古镇团委先后两次来到纳古中心小学，为6名同学送去"微心愿"。正在上小学二年级的纳同学没有想到，她想要一套羽绒服的心愿实现得这么快。当纳古镇团委书记陈妍澹将一套崭新的黑色羽绒服送到纳同学手中时，她满含感恩之心地敬了一个队礼，此时戴在她胸前的红领巾显得特别的亮眼。纳同学对我们说，虽然她不知道认领"微心愿"的是谁，但她一定会好好学习，以后去帮助更多需要帮助的人。

除了纳同学之外，还有其他5名同学的"微心愿"得到认领。他们中有的是外来务工人员子女，有的是家庭困难人员，无论是一套羽绒服还是一双鞋子，一个书包还是一套文具，小小的爱心正温暖着这些孩子的心。"用这样的方式来帮助同学们完成这些小小的心愿，能让这些家庭感受到快乐，觉得生活还有希望，就很值得。"陈妍澹说。

下一步，镇团委还将继续做好这项工作，鼓励更多的爱心人士参与到"微心愿"活动中，让爱心善举一直持续下去，让更多的正能量凝聚起来温暖更多的人。

2017年4月19日

今天上午，纳古镇政协活动组开展学习活动，邀请纳古镇党政主要领导参加，县政协副主席施俊到会进行指导。

委员们学习了政协通海县委员会2017年工作意见，研究制订了纳古镇学习组2017年的学习活动计划。

纳古镇党委、政府向委员们书面提交了《纳古镇2017年重点项目实施方案》和《纳古镇党政班子成员工作日报告制度（试行）》。

镇长纳鸿翔向委员们介绍：镇党委、政府将2017年计划开展的18

个重点工程项目分别明确工作职责,由班子成员任组长,带领全镇各中心站所职工积极推进项目实施。一季度以来,各项重点工作取得了明显进展。随后,纳鸿翔就政协委员马跃升领衔的"关于纳古镇环境脏乱差及道路交通占道经营的提案"给出了镇政府的办理计划:纳古镇将通过人居环境整治、基础设施建设、垃圾清运设备的投入使用以及划定停车线等措施来解决提案中提出的问题,请各位委员监督并给予支持。

镇党委书记杨堂聪介绍了班子成员工作日报告制度,提出2017年,镇党委、政府将以工作日报告制度为抓手,落实党风廉政建设,推进干部队伍建设,全力推动各项工作落到实处。

听了书记和镇长对党委、政府工作的汇报后,委员们各抒己见,围绕纳古镇实际情况,从工业经济、食品产业、社会治安、基础设施建设、旅游文化小镇建设、民族团结等方面提出了意见和建议。

施俊对此次学习活动给予了高度评价,认为学习活动成效明显。通过镇主要领导向委员们汇报工作的方式,让委员们了解镇党委、政府的工作方向和重点,同时各界别委员为纳古镇经济社会的发展建言献策,所提意见充分反映了社情民意,并建议纳古镇学习组严格落实好"三四五"要求,委员们继续履行职责发挥作用,更多了解基层群众的情况。

2017年4月23日

4月以来,纳古镇根据县委、政府要求,全力开展入湖河道打捞清理、杞麓湖保洁等工作。

一是镇环卫站将工作重心放在沿湖的清理保洁,每天安排5~8人对沿湖道路进行清扫,同时清理入湖河道里的垃圾废弃物。

二是对沿湖非定点堆放的垃圾进行清运。4月18日,组织开展集中清运1次,出动装载机1台,运输车2辆,人员30人次,清运垃圾20余吨。

三是对入湖河道进行深度清淤。4月19日至22日,与四街镇联合对交界处的纳十小河进行清淤，投入资金3.2万元，出动装载机1台，挖机2台，运输车3辆，清理入湖河道1700米，清理淤泥1400余方。在接下来的两周内，纳古还将继续对主要入湖河道中街沟下段、防洪大沟下段进行清淤疏浚。

通过全面的清理整治，杞麓湖纳古段沿湖环境得到了极大的改善，入湖河道排洪顺畅，在近期的几场大雨中发挥了积极作用，有效地保障了人民群众的生命财产安全。

2017年4月21日

为增强我镇流动人口及其子女安全防范意识，平安快乐地在辖区内生活。今天，纳古司法所联合镇派出所干警对我镇辖区内60余家流动人口住户进行入户安全知识宣传活动。

活动以发放宣传资料、解答咨询、安全隐患排查等方式，深入流动人口聚居地、企业宿舍等地，向流动人口及其子女宣传生活安全知识、家庭消防安全小常识、预防煤气中毒安全知识、道路交通安全等基本生活常识。遇见适龄儿童闲置在家情况及时教育父母并宣传九年义务教育，指引其向就近学校就读；遇见驾驶摩托车的住户积极进行"行车卫士"宣传，为自己的交通工具上把电子锁预防盗窃事件的发生；遇见存在安全隐患的住户及时进行指引，登记在册、限期整改，杜绝一切安全事故的发生。

此次宣传活动发放宣传资料200份，宣传作业本100本，解答咨询20余人次。通过安全知识宣传活动的开展，进一步提高了辖区内流动人口及其子女的自我保护能力，为我镇和谐稳定奠定了坚实的基础。

2017年4月24日

美丽纳古建设工作启动以来，纳古镇党委、政府高度重视人居环境综合整治工作，通过建设基础设施、增加环卫投入、加大宣传力度、定期组织开展大规模清扫活动等措施来改善纳古面貌。经过努力，纳古镇人居环境得到了极大的改善，群众爱护环境的意识显著提高。但是纳古镇外来人口众多，管理困难，加上积年陋习等原因，镇内仍然存在垃圾非定点堆放的情况，群众反映强烈。

结合纳古镇实际，通过实地调研，镇党委、政府认为，要切实杜绝垃圾非定点堆放现象，必须发挥村组领导干部的监管作用，严格落实村组管理责任。近期，纳古镇计划对全镇7个垃圾非定点堆放区域进行一次彻底清理。清理后，划定责任片区，由各村组负责人对本村组的垃圾堆放负责监管，镇政府将和村组领导签订片区保洁责任书，明确村组领导的责任和义务，激励村组领导干部认真履职。年终将对此项工作进行成效考核，对工作负责且成效明显的村组给予表扬奖励，对落实不力的村组给予批评问责。

镇党委、政府将继续加大人居环境整治力度，争取资金项目，增加环卫设施，与村组形成合力，共同打造美丽生态新纳古。

2017年4月25日

为推进"七五"普法规划，深入开展"法律六进"活动，努力将普法向回族聚居地方延伸，不断加强回族群众的法治宣传教育。今天，通海县司法局以当前全县广泛开展的国家安全宣传为契机，组织县妇联、关工委、纳古镇相关职能部门在纳古清真寺门口开展了一场法治宣传教育活动。

宣传活动主要围绕国家安全、社会治安、民族宗教、法律援助、妇女权益保障等相关法律法规进行了宣传讲解，发放了《通海县"七五"普法宣传手册》《国家安全法》《反恐怖主义法》《妇女权益保障法》《婚姻家庭法》《反家庭暴力法》等宣传资料3000余份、悬挂宣传横幅5条、环保袋420余个、抽纸350余盒、解答法律咨询20余人次、受教育回族群众达700余人。

通过此次开展法律进回族聚居地区专题宣传活动，促使普法工作潜移默化、润物无声，使回族群众明白"爱国即是爱教、守国法就是遵教法"的重要意义，引导回族群众要做一个好公民、做一个好教徒，就要遵法守法，就要学法用法，做到爱国爱教、知法守法、团结稳定、和谐有序。

2017 年 4 月 27 日

纳古镇牢固树立创新发展理念，在大讨论大行动中提出，紧紧围绕打造伊斯兰旅游文化小镇为中心，抓好企业转型升级、清真美食文化、民族手工艺品等方面的发展，谋求纳古科教引领创新发展新的机遇路径。

海埂路是纳古镇通往杞麓湖小海湿地公园的重要道路。去年底已完成了 2.2 千米的道路铺筑，通过不断完善的道路设施，美化、绿化工程的建设，使小海湿地公园成了众多村民及游客观光休闲的好去处。

杨堂聪向记者介绍，纳古镇将全力抓好基础设施项目建设，坚决破除纳古在科教引领创新发展中的瓶颈制约。年内将完成关塘蓄水、海埂路、忠训路、湖滨路等项目建设，全力抓好小海湿地公园保护，并完善环境卫生整治机制，加快省级旅游小镇申报，积极融入昆玉红旅游文化产业经济带。

纳古镇党委书记杨堂聪：应该说 2016 年我们投了 1000 多万，2017 年还要继续加大投入，还要 4000 多万来对整个镇区范围内的所有的基础设施进行提升改造，硬化、绿化、亮化，这是一个方面。第二个方面是围绕我们环卫站的投入运营，加大软件方面的建设，加大我们宣传力度的同时加大我们的监督、处罚，如对损坏我们环境卫生方面的这个处罚力度。

纳古的环境卫生越来越好，另外，在国家供给侧结构性改革、钢铁去产能、关闭中频炉等重大政策的影响下，纳古经济以钢铁一枝独秀的路子已走到了必须彻底洗牌的关键时刻，面临转型困难的严峻形势。

纳古镇党委书记杨堂聪：纳古的钢铁行业应该说占到纳古镇经济总

量的98%以上，在这一次国家淘汰落后产能、关闭中频炉这个过程里，应该说纳古是个重灾区。作为党委、政府来说，坚决淘汰落后产能，坚决拆除中频炉。目前，纳古镇有10家涉及中频炉的企业，到目前为止，已经拆除了9家，84台，还有最后一家，还有6台，也在积极地做工作协调过程中。

在杨堂聪看来，此次科教引领创新发展大讨论大行动，对当前纳古显得尤为重要。如何在发展困境中找出路，是纳古镇首要解决的问题，走好企业转型升级之路急迫而艰难。

纳古镇党委书记杨堂聪：就我们党委、政府来说，积极和上级争取政策支持，争取市委、市政府，县委、县政府为我们纳古的这些钢铁企业如何转型找一条出路。然后，就我们党委、政府来说，积极服务好企业、积极和上级党委、政府保持一致，为我们纳古整个钢铁行业的转型做好工作，对纳古来说，应该说也是一个大的民生工程。

唯有把挑战转变为机遇，纳古才能走出困境。杨堂聪认为，必须抓住新一轮产业政策调整的重大机遇，坚决淘汰退出一批传统落后产能，为新的产能腾出更多的发展空间。而纳古民族刀具作为新的支柱产业，将全力创建以茶刀、厨房刀具为主的省级、市级知名品牌，推进纳古产业结构合理化。

纳古镇党委书记杨堂聪：目前纳古的民族工艺刀具这一块存在小、散、弱的情况，全镇38家企业，像我们锦程公司这一家，算一个龙头企业。下一步，纳古镇党委、政府将一（方面）做好规划；另一（方面）全力引导好我们这些企业进入民族工艺刀具创意（创业）园，通过采取前店后产集中经营，然后加大品牌宣传的力度，把纳古的工艺刀具这一块作为纳古的支柱产业。

杨堂聪还表示，纳古将把旅游文化小镇的打造、创建作为今后纳古中长期的发展战略目标，最终实现"产业结构合理、生态环境优美、旅游发展成熟、人民生活富裕、社会长期和谐稳定"五个目标。

纳古镇党委书记杨堂聪：目前，我们已经制订旅游文化小镇建设的中长期规划方案，我们将按照规划，逐步开展实施各项建设，重点抓好企业转型升级、清真美食文化、民族手工艺品三方面的工作，全力提升纳古人居环境和科教引领创新发展的水平，为纳古的旅游文化小镇的打造奠定坚实的基础。

2017年4月28日

在中老年纳古人的记忆里，总有奶奶或是外婆拿着针线，精心缝制小鞋子、小抱被的样子，一针一线里，倾注的是对儿孙健康成长的祝愿。

虽然渐渐地，大家都习惯了直接购买方便便宜的成衣，但还是有这么一群人，秉承着儿时美好的记忆，将奶奶辈的技艺传承了下来。

纳古镇的马姐，在2008年北京举办奥运会的时候，想用自己的方式表示内心的自豪和喜悦，于是，她想到了自己闲暇时做的手工刺绣作品。她自己设计绘图，亲手缝制了8双小鞋子。马姐介绍说，8双小鞋子，每双2只，代表的就是2008，其中一双是奥运五环图案的，这是一个普通中国人民对祖国的祝福。马姐的设计和手工技艺获得了大家的认可，在2015年玉溪市众创空间创业大赛中获得过二等奖。

在纳古镇，还有不少这样的妇女，利用业余时间制作婴儿穿的小鞋子，她们都是从小看着奶奶、妈妈做，成家以后为自己的孩子做。在传承传统手艺的前提下，她们又加入了许多现代的流行元素，手工小鞋子色彩鲜艳，花样活灵活现，有蝴蝶鞋、双鱼鞋、半鱼鞋、猫头鞋、狮子鞋、小白兔鞋等。据善于缝制小鞋子的纳姐说，我们的传统是，孩子满月的时候，就要准备小花鞋。我们小时候几乎家家都会做，现在好多人都不会做了，有许多人来我这里定做，所以我空闲时间都用来做小鞋子。

由于手工制作费时费力，所以现在大家都只能做婴幼儿用品，这些柔软透气的小物品，承载了长辈对孩子的美好祝愿，传承了我们中华民族的传统文化。

2017年4月30日

纳古镇烤烟移栽工作按时有力推进，目前已经移栽254亩，完成目标任务量的90%。我镇将于今日完成全部移栽任务。

4月24日早，纳古派出所接到纳古学校李玉洁老师报案：蓓蕾幼儿园旁发现一被遗弃的女婴，还带着脐带呢。现婴儿被派出所民警抱到镇卫生院处理，由于医疗条件简陋，民警和民政办合惠儒、社保中心朱琼又将女婴送去县医院检查。听合惠儒说，女婴送到县医院由产科主任普琼检查。还没有等抽血结果出来，女婴就被兴蒙一户人家收养。兴蒙人老早就在民政局登记备案过收养手续，又是普医生的亲戚，听说还有好几户等着收养，今早还接待过翔峰公司的工人，他们也是来报名登记收养婴儿的。据派出所监控显示，弃婴的父母今早骑着电摩托从清真寺穿过，由于脸被雨伞遮着，看不清楚。

2017年5月4日

纳古镇内的几个垃圾非定点堆放区域由于垃圾长年累月堆放，极大地影响了纳古的镇容镇貌，为了改善镇人居环境，有效治理局部区域脏乱差现象，经纳古镇党委、政府研究决定，对辖区内生活垃圾非定点堆放区域进行综合整治。5月4日开展的集中整治共出动机械2台、运输车4辆，主要清运了忠爱大街地磅秤等地的垃圾，共清运垃圾60余吨。下一步，纳古镇将结合美丽纳古建设继续开展垃圾整治，同时加强宣传，呼吁大家相互监督维护好整治成果，积极响应好"纳古是我家，环保靠大家，垃圾不落地，纳古更美丽！"的环保思想。

2017年5月5日

根据《通海县困难残疾人生活补贴和重度残疾人护理补贴制度实施方案》，纳古镇残联及民政办公室坚持需求导向、待遇适度，在村组领导的支持下，围绕困难残疾人和重度残疾人，从残疾人最直接、最现实、最迫切的需求入手，着力解决残疾人因残疾产生的额外生活支出和长期照护支出困难。困难残疾人生活补贴标准，每人每月50元；重度残疾人护理补贴标准，一级每人每月70元，二级每人每月40元。

纳古镇符合条件的残疾人共有258人次，共计补助12990元，已上报上级部门审批，补助将于近期开始发放。

两项补贴政策坚持制度衔接、全面覆盖。注重与社会救助、社会保险、公益慈善有效衔接，是一大惠民政策。纳古镇在工作开展中做到应补尽补，确保残疾人两项补贴制度覆盖所有符合条件的残疾人。

2017年5月6日

为了保护杞麓湖环境，同时确保汛期沟渠排水通畅。近期，纳古镇将入湖河道清理及杞麓湖周边环境整治作为重点工作，发挥镇党委、政府的带头作用，调动村组的积极性，真抓实干，通过近1个月的努力，清理整治工作取得了显著成效。镇内3条主要入湖河道全部疏浚完毕，排水通畅；杞麓湖沿岸垃圾全部清运，干净整洁。

2017年5月7日

近期连续气温攀升，森林防火等级不断升高，纳古镇加大森林防火检查巡查力度，确保森防工作万无一失，走好森防工作"最后一公里"！

2017年5月12日

为让全体干部职工有效提高应对地震、火灾等突发灾害的自护、自救能力，最大限度地降低灾害带来的损失。今天下午，纳古镇组织全体干部职工开展地震应急疏散演练。

演练分为事故应急处置组、疏散引导组、应急救护组。在演练中，全体人员听到疏散信号后，立即停止上班，正在办公室办公的人员先躲在桌子旁（下）紧急避震（警报声响起1分钟内），后经组织后迅速疏散，按组织要求迅速撤离办公楼。在撤离中，按指定路线有序快速疏散到指定集合点集合，注意保护头部等身体重点部位。

在演练领导小组的领导和全体干部职工的配合下，应急演练圆满完成，全体干部职工都能按要求迅速有序地避震疏散。

2017 年 5 月 15 日

5 月是正值水稻种植的节令，走进位于杞麓湖北岸 300 余亩水稻连片种植区纳古镇海泥田湾，呈现出一派繁忙的景象，稻农们忙着赶节令栽秧。今年栽秧从 5 月 8 日开始，到本周已经基本栽完，估计种植水稻 350 亩左右。纳古镇水稻连片种植区一直坚持水旱轮作，采用传统种植方式，水稻品质好、产量高，近几年来亩产达 750 公斤以上。

2017 年 5 月 17 日

纳古镇团委牵头邀请县团委组织全县街道、社区、镇、村的团总支、团支书、部分团员、关工委、五老人员共 59 人到安宁少管所参观，开展青少年法制警示教育活动。

此次参观少管所的活动，给参与活动的全体人员带来了较深的思想触动，使其亲眼看到了少管所的高墙、大铁门，感受到了违法犯罪所要承担的法律责任及其压力，体会到了自由被禁锢限制的感觉。这样一次身临其境的特别的参观活动，给参观活动的人员敲响了警钟，上了一堂生动的法制教育课。参加活动的青少年们纷纷表示要好好学法，遵纪守法，从小事做起，用实际行动守法，严格规范自己的行为，不做违法之事，争取成长为身心健康、对社会有用的人才。

青少年是祖国的未来和希望，正处于塑造正确的人生观、价值观、思想观的当口，适时地正确引导显得尤为重要。团委组织的此次参观少管所的活动，是落实依法治国理念，践行依法治国价值观，对青少年进行法制教育宣传引导的一次有益行动，为成长中的青少年儿童送上了生动的法制教育宣传课，为青少年的健康成长献力。

2017年5月18日

纳古中心小学非常重视各学科建设，为了深入推进新课程教学改革，进一步提高教师教学技能和专业能力，也为了推选参加县教学竞赛选手，按照教导处计划，科学、美术学科技能竞赛于5月17日至18日在学校阶梯教室如期举行。

本次竞赛，有7位教师报名参加科学竞赛，2位教师报名参加美术竞赛。9位参赛教师认真准备、精心设计，为大家呈现了一堂堂设计严谨、内容充实、简约而不减质的课例。无论在教学方法、课堂互动，还是在活动设计等方面，都体现得较好。教学中教师们采用"学生为主体，教师为主导"的方法。

科学教师充分利用实验室的实验材料或自制的材料以及多媒体，在教学过程中教师们注重创设情境、实验操作的指导，加入技能训练，设计学生参与的活动。教师边教边指导，学生边学边练，知识与技能相互渗透，学生学得有兴趣，理解掌握知识也容易；教师们能根据自己对教材的理解，设计不同的教学思路，组织学生开展探究活动，通过实验、观察、记录、分析，帮助学生建构科学概念。尤其是记录单的设计，活动后对实验数据的整理和分析都各有不同，辅助教学的课件制作精美，运用适时、合理，使教学目标得以达成，有效地体现了科学课堂的真正探究过程，很好地诠释了科学课堂教学的特点。此次竞赛不仅给我校教师搭建了一个相互学习、相互交流的平台，还提供了取长补短的机会，达到了"以赛促研，以赛促长"的意义。

2017年5月19日

纳古镇"村村通"道路于今日开始动工改造。村村通是连接纳古镇两个村的交通道路，全长约4千米，预计3个月可以完工。村村通道路硬化以后，将极大地方便村民的出行，加强两个村的联系。

2017年5月21日

纳古镇农业中心、宣传、司法等站所实地查看烤烟栽种情况，近期雨水充沛、气温适宜，全镇烤烟长势良好。

2017年5月23日

为深入贯彻落实党的十八大精神，进一步提升民族乡镇的社会性别意识，促进国策宣传进党校、进机关、进社区，营造和谐发展的良好社会氛围，今天，县妇联、县妇儿工委联合县司法局在纳古镇举办"男女平等"基本国策专题讲座，镇有关领导、机关女职工以及村三委、村妇女主任、村组妇代小组长、部分妇女群众等40余人踊跃参加了讲座。

此次讲座特邀秀山街道党职校副校长王寿村老师进行讲授。王老师以"推进男女平等·构建和谐社会"为主题，从什么是男女平等、为什么要提倡男女平等、全面贯彻男女平等基本国策、如何实现男女平等四个方面讲授了性别平等与社会和谐的关系。同时，他通过不同的角色转换，辅以大量实例，动之以情、晓之以理地为现场与会人员阐述了男女平等基本国策的形成过程、基本内涵、重要作用、重大意义。讲座具有很强的理论性、指导性和针对性，使参会人员对男女平等基本国策有了全面、深刻的认识和理解。

最后，王老师还为与会人员讲授了《妇女权益保障法》。大家对王老师的讲授拍手称赞，纷纷表示受益匪浅，从新的角度认识了男女平等的概念，也懂得了如何保护女性该享有的权利，在人格平等、机会平等、责任平等"三个平等"方面有了更全面、更深刻的认识和理解。

2017年5月24日

据通海县气象台发布5月23日8时至24日8时雨量：纳古6.1毫米。

23日上午纳古镇对排水沟渠进行巡查，镇内沟渠畅通，无汛情，烤烟长势良好。

2017年5月25日

温馨祝福送上门，亲情关怀暖人心。在"5·29"中国计划生育协会成立37周年来临之际，也是全国计生协第19个会员活动日及第二十一届母亲节，通海县计生协号召以"深入推进计生协改革发展，全面落实六项重点任务"为主题，组织广大计生协工作者和群众开展内容丰富的宣传服务活动，体现计生协对计生家庭的关怀关爱，同时也将党和政府的温暖及时送到他们家中，切实关心关爱计划生育困难户家庭生活。

今天上午，纳古镇计生部门走访慰问了2户家庭，一户失独家庭、另一户单亲家庭，详细询问和了解他们最近的生活、身体状况，鼓励他们克服困难，要乐观地面对生活，并为他们送上了慰问金，让他们感受到党和政府的关怀和温暖。

2017年5月27日

今天下午，通海县妇联携通海县女能人协会的几位爱心大姐，一同来到纳古镇中心小学，为前期通过镇妇联许下"微心愿"的3位小朋友带来了儿童节的爱心礼物。

"我想要一个书包""我想要一支钢笔""我想要一双运动鞋"……这样简单的心愿，是此次纳古镇的3名困境儿童许下的"微心愿"。活动以妇联为桥梁，在困境儿童和女能人协会之间搭起了一座爱心桥梁，为我镇几位留守儿童、流动儿童实现了小小心愿，提前送来了儿童节的礼物。孩子们羞涩的表情中掩饰不了实现愿望的激动，以及对爱心人士们的感激之情。

活动体现了妇联关爱儿童、服务儿童的职能，也体现了女能人协会的博大爱心，以及行善不分行业的思想精髓。纳古小学德育处的老师们，向妇联和女能人们表达了感谢，感谢妇联一如既往地关心支持儿童事业，感谢女能人企业家的爱心资助。来自妇联的爱，点亮了困境儿童的小小愿望，照亮了困境儿童的成长道路！

2017年5月30日

县政协副主席吴云一行到纳古镇走访新当选政协委员。纳古镇2017年新任政协委员3名，主要是经济界人士。在交谈中，吴云向委员们介绍了通海县政协的基本情况，委员们也就自己的专长为政协工作的开展、通海经济的发展提出了看法和建议。

新当选委员表示，通过座谈，更进一步地了解了政协工作的重要性，也增强了作为政协委员的荣誉感，在任期中，一定会更加关注经济社会问题，发挥政治协商、民主监督、参政议政作用。最后，吴云要求新任政协委员有高度的责任心，加强学习，充分发挥政协委员的作用，为纳古、通海的经济社会发展建言献策。

2017年5月31日

社会救助制度是托底线、救急难、可持续，与其他社会保障制度相衔接的一项制度，含低保、特困供养、临时救助、医疗救助等各项保障制度，保障最困难群体、弱势群体。

纳古镇民政办上情下达，为困难群众积极争取各项补助。今年来，为使更多最困难的弱势群体得到及时照顾，4月，民政办积极为他们申报特困供养待遇，共增加了19名特困供养人员，其中有16名精神、智力残疾，2名其他残疾。救助金额比原来享受的低保待遇增加了约3倍，提高了其救助水平。

社会救助最根本的目的是扶贫济困，保障困难群体的最低生活需求。在实施社会救助工作时，纳古镇秉承既不违反政策，又能确实帮助困难群众的原则，公开、公平、公正地进行社会救助申报。今年，镇民政办严格对低保工作进行资产核查，要求所有村组对低保户入户调查，各低保户到银行、车辆管理部门实施盖章确认，了解其财产收益、生活状况。经调查，有近60户低保户已脱贫致富。对已脱贫致富、不符合条件的及时停发，对符合低保条件的困难群众尽快纳入，做到应保尽保。

2017年6月1日

一年一度的六一儿童节是孩子们最隆重的节日，为了丰富校园文化生活，引导少年儿童向真、向善、向美，展示学生的精神风貌和培养学生的创新精神，推动学校教育的健康发展，进一步推进学校素质教育的实施，引导学生过一个快乐而有意义的节日，经校务委员会研究决定，纳古中心小学于2017年6月1日举行庆六一活动。

今天上午7点40分，纳古中心小学各班级准时拿凳子入场，按体育教师指定的位置入座。各班放好凳子后，在体育老师的指挥下，观看学校鼓号队表演。锣鼓齐鸣，热热闹闹的六一拉开了序幕。

观看完表演后，有关领导上主席台就座，大队委成员为主席台领导敬献红领巾。在庄严的国歌声中，来宾、全校师生肃立敬礼。纳古镇副镇长张波为六一献词，他祝所有儿童节日快乐，健康成长！祝各位家长、教师有一副童颜永不老，有一份童真永无邪，有一颗童心永快乐！借六一之机，纳古镇关工委、妇联纷纷为学校困难家庭子女送来关怀，在资助贫困生环节中，纳古中心小学共资助学生60名，资助金额达4000元。

在领导的关心关怀下，莘莘学子健康成长，纳古中心小学涌现出一批又一批的优秀家长、优秀学生。在六一表彰会上，全校84名家长受到表彰，546名学生分别被评为优秀学生、进步学生、优秀班干、优秀队干、优秀少先队员。

表彰会结束后，以文艺会演正式开幕。以年级为单位，纳古中心小学呈现了12台精彩节目，加上2位校园之星的演出，14台节目形式多样、风格各异。

下午2点到3点，班级内文艺活动在各班教室开始了。早上没有机会上台的同学在班级内找到了自己的舞台，各班根据自己的特点开展文艺活动，每走进一间教室都别具特色、精彩纷呈。孩子们大胆展示着自己的才艺，六一儿童节是属于每一个孩子的六一儿童节！

下午3点，全校性读书漂流活动在操场隆重举行。6个年级搭建六大书摊，书摊上展示着同学们从家里带来的课外书，课外书上都有一张小标签，标签上标明了书的小主人。"你喜欢它吗？""那我们交换吧！"你的书变成我的书，我的书从此属于你。纳古中心小学想让孩子们与书籍为友，在阅读中成长，在阅读中成才，在阅读中放飞梦想！

纳古中心小学庆六一活动得到了有关领导的大力支持，每个环节秩序井然、自然流畅，充分展示了孩子们的活泼个性，"从小学习做人、从小学习立志、从小学习创造"，纳古中心小学的学生在十九大即将到来之际，用属于儿童的方式为祖国献礼。今天，我为祖国而骄傲；明天，祖国为我而自豪！

2017年6月2日

六一国际儿童节是孩子们最快乐的节日，为此，我们纳古中心幼儿园的小朋友们将用稚嫩的歌声和舞姿来庆祝自己的节日，并于今天上午举行了"欢庆六一、梦舞童心"文艺会演。来自幼儿园大、中、小班3个年级12个班的全体幼儿和部分家长登台进行了精彩的表演。整台演出共27个节目，三大篇章，在童真、童趣、童心3个篇章的串联下，幼儿园全体孩子欢聚一堂，载歌载舞共庆六一。

演出在大班的《we will you》等3个精彩开场舞中拉开了序幕。紧接着，最具孩子特色的《我有一双小小手》《拉大锯》《水果王国》《箱子里的梦》，歌唱《学习雷锋好榜样》《捉泥鳅》、亲子表演等节目轮番上阵，高潮迭起，最后演出在《老师》《我的梦想》中落下帷幕。

在演出中，还得到镇妇联、关工委、中心校领导的祝福和对困难孩子的资助。

此次庆六一活动，不仅展示了孩子们健康成长、蓬勃向上的精神风貌，更让孩子们在活动中充分体验了成长的快乐。

2017年6月3日

为改进和完善流动人口卫生计生服务管理工作，根据国家流动人口动态监测相关要求，4月21日，我镇相关人员参加了市卫计委统一培训，经前期培训之后，纳古镇立即正式开展流动人口动态监测工作。

本次调查的抽样共分三个阶段进行，第一阶段抽选乡镇，第二阶段抽选村居委会，第三阶段抽选个人调查对象。我镇纳家营村被抽中为调查样本点。调查采取抽样调查形式，调查对象先是入户登记200人，并定位采集地理信息，在200人中，采用电脑随机抽选，确定40人，按照国家规定的调查项目内容，进行入户登记和调查，对辖区内流动人口进行监测调查工作。为确保调查质量，工作人员逐户走访，认真询问，准确录入系统，为流动人口相关政策决策提供了真实完整的科学依据。在调查过程中，还向这40位受调查对象赠送了一份纪念品。调查的同时还不忘了解和解决调查对象在生产生活中遇到的各种困难。调查员对工作的积极态度取得了流动人口的信任和支持。

2017年6月5日

经过1个月的建造，纳古古城村汉族公墓竣工。今天，我镇组织财政、民政、司法、规划部门对公墓进行镇级初验，并邀请县民政局相关工作人员参与查看。

公墓共有墓穴52个，种有绿化树，建有焚烧池、鞭炮池、简易公厕和停车场，总投资约15万元。通过镇验收组的实地查看测量，公墓通过镇级初验。县民政局通过查看，认为纳古古城村汉族公墓符合公墓建设要求，可以先行投入使用。

2017 年 6 月 6 日

都说饮水思源致富不忘家乡，今天，纳古连铸公司为当地 60 岁以上的老人和低保户、困难户送去了 80 万元的慰问金，也给他们送去了温暖和关怀。

纳古镇纳家营一组的合惠英老人今年 59 岁，因为身带残疾并且患有风湿病，因此终身未嫁，现在老了无儿无女无依无靠，只能靠政府发放的低保来维持生计。作为组上的五保户，合惠英每年都会接到连铸公司发放的爱心款，今年也不例外。合惠英老人接过爱心慰问金激动地说：谢谢连铸公司的爱心，年年地给着，第八年了。65 岁的隆凤英老人有 8 个子女，她和生病的老伴以及 1 个身带残疾的儿子都是连铸公司慰问的对象。每年的这个时候，她家三口人都会如约接到连铸公司送来的慰问金。隆凤英老人说：这点钱在这个斋月里，人家给点（这个月的生活费）就够了，给得太好了。纳家营一组组长纳子彬告诉记者，这次连铸公司慰问的对象光他们小组就有 100 多人，这些人当中有一半以上都是困难群众，对于他们来说，这些慰问金非常重要。纳家营这个地方的田地已经没有了，好多困难群众就是靠政府的关怀、企业的救助来维持生计。

据了解，每年连铸公司都会对纳古镇和大回村的老人和困难群众进行慰问，今年已经是第八年发放慰问金了。往年是以 65 岁老人为界限，今年扩宽了慰问对象，向 60 岁以上老年人及困难家庭提供帮助，今年发放的慰问金人数近 2000 人。8 年来，捐助的善款总额已达 340 多万元。连铸公司董事长马跃升说：其实我们办企业的，应该有这种社会责任，一旦我们赚了钱，有了利润，我们心里面一定要装着所有的地方群众，百姓这些爱心户，人民群众的困难，地方建设各方面，应该不断地为地方的公益事业做出贡献，献出爱心。

2017年6月8日

马应芳归真。

2017年6月9日

为确保在雨季来临前完成涵管埋设工作，今天，我镇加大工作力度督促海埂路工程进度，镇、村、组三级合力，组成工作组经常到现场查看工程进度。目前主要开展的工程是道路拓宽占用建筑的拆除与恢复工作，需要做大量的群众工作，工作组通过现场办公，及时协调解决工程推进中的矛盾和问题，全力推进工程进展。

2017年6月12日

纳古中心小学举行第一届科普实践种植成果展示活动。在两个多月的花卉种植活动中，参加此次活动的110名同学在科学组教师的指导下，从松土到栽种浇水、精心养护，孩子们通过自己的劳动，体验着劳动的快乐。花卉现在已枝繁叶茂，竞相开放。

五颜六色的格桑花争奇斗艳，淡淡的幽香传来，让人陶醉在至真至纯的情怀里；金色的向日葵在风中跳舞，向阳而开的花，开起来就像阳光般灿烂，颜色里已经充满阳光的味道；娇艳的凤仙花也开了，缀满了红的、白的花朵，活像一只只翩翩起舞的蝴蝶，那舞姿是多么的迷人、多么的优雅、多么的美丽……株株花儿为校园的一角增添了一道亮丽的风景。

同学们从种植活动中体验劳动和收获的快乐，促进了学生对科学知识的探究，动手能力、观察能力得到了提高。长期对花卉的照料，增强了学生的责任感，使他们更有担当。

在此次种植活动中，对表现突出的学生颁发了荣誉证书。祝愿纳古中心小学的每一个孩子如同鲜花一样，绽放美丽。

2017年6月13日

今天上午，我镇召开河长制工作推进会，深入贯彻落实党中央、国务院关于全面推行河长制的重大决策部署及省、市、县相关会议精神，研究部署全镇全面推行河长制各项工作。镇党政班子成员，各中心站所负责人、村支书、主任，村民小组分支部书记、组长等40余人参加会议。

会上，镇长纳鸿翔传达了省、市、县相关精神，对纳古镇全面推行河长制工作做了动员部署。明确镇内的4条主要入湖河道的河长、段长、联系工作组等，要求各村组、镇属各部门增强使命担当，努力做好全面推行河长制各项工作，使爱河护河形成长效机制。

镇党委书记杨堂聪要求：全镇干部职工、村组干部要高度重视，深刻把握全面推行河长制的重大意义；强化宣传引导，营造全镇范围内保护河湖库渠、保护环境卫生的浓厚氛围；积极构建管护治理体系，落实责任，明确目标任务，狠抓工作落实，切实把河湖库渠治理好、保护好、管理好。

会议决定在汛期到来前组织一次全镇的爱河护河主题活动，动员全镇干部职工、村组干部、党员团员、志愿者等共同清理入湖河道，通过活动的开展使爱河护河的观念更加深入群众内心。

2017年6月14日

在纳古镇党委、政府的统一安排和精心部署下，纳古镇河长制全民治理母亲湖打响了第一枪。今天上午，纳古镇党员干部自发对辖区内的所有入湖河道及入河沟渠进行彻底清理整治，真正起到党员先锋模范带头作用。在党员干部的带动下，群众开始积极响应，共同参与到这场轰轰烈烈的"保护母亲湖、留清于子孙"的"战斗"当中。在打捞运输机器的轰轰声中，干部群众齐参与、老中青年同上阵，展开了一场对纳古镇所有入湖河道及入河沟渠的彻底大清理整治行动。两个村委班子成员带头挥动着清理工具，在夏日骄阳的炙烤下，挥汗如雨，汗流浃背；一些老党员，不顾年事已高，身心疲惫，依然干得无怨无悔；一些平时组织性较弱的年轻党员，在这种气氛中，也挥臂甩膀，投入"战斗"，干得热火朝天。村里的群众，在镇村党员干部的带动下，也自觉地加入河道、沟渠的清理整治行列中来。一些群众激动地说："看来，这次镇村是动真格的了，我们的母亲湖有救了！"

据不完全统计，此次河道、沟渠清理整治行动，约有上百人参与，动用大小车辆20余辆，累计共清运垃圾淤泥1000余方，为实现杞麓母亲湖"河畅、岸绿、水清、湖美"的目标添上了浓厚一笔。

2017年6月15日

政协通海县委员会纳古镇学习组组织委员到第五届昆明南亚博览会参观学习，镇政协委员、党员代表、村组领导和镇相关工作人员共30余人共同参加了活动。

在南博会上，参观人员结合纳古镇实际，对制造业、建筑业、饮食业、绿化装饰等行业的新技术、新产品进行了详细的参观了解。

参加活动的人员一致认为，此届南博会的宗旨是"促进中国—南亚东南亚全面合作与发展"，以推动"一带一路"建设为主线，是集商品贸易、服务贸易、投资合作、旅游合作和文化交流等于一体的高水平综合性展会。纳古镇正积极创建旅游文化小镇，同时，企业也面临转型升级的关键时刻，非常需要"走出去"，学习更新、更好的发展理念和发展方式。此次活动增进了参会人员的交流，同时了解了新知识，开阔了眼界，为纳古取得更好的发展积累了条件。

2017年6月16日

根据上级关于印发《通海县农村集体资金资产资源信息入户公开工程实施方案》的要求，我镇结合实际制订《纳古镇农村集体资金资产资源信息入户公开工程实施方案》，切实抓好全镇2个村、7个村民小组的农村高清互动电视和手机端 APP 节点建设，并向村、组延伸，力争 2017 年底，实现全镇 2 个村、7 个村民小组"三资"信息入户公开全覆盖。目前，"三资"信息入户公开工作有序推进。

今天上午，我镇组织召开了"三资"信息入户公开推进会。镇政府主要领导、纪委委员、三资中心工作人员，各村党总支书记、主任、分支书记、组长、副组长，以及广电网络公司负责人和业务人员，共 50 余人参加了会议。镇纪委书记李国兴传达学习了《通海县农村集体资金资产资源信息入户公开工程实施方案》，对全镇"三资"信息入户公开推进工作总体目标、公开内容、工作步骤等进行全面安排。广电网络公司负责人对高清数字电视的功能运用进行详细讲解说明。

会议指出，"三资"信息通过高清数字电视公开，能有效遏制村组乱开支、乱作为现象，切实从源头上减少和避免村组干部违纪违法行为，使村组干部树立良好的形象。会议强调，要把"三资"信息入户公开工作纳入镇对村组的党风廉政建设考核，三资中心和村组干部要明确工作职责，各司其职，相互配合，做好宣传发动和"三资"信息入户收集等工作。

会后立即组织村组干部进村入户宣传政策，广电网络公司随即现场安装高清互动电视。"三资"信息入户公开，能有效实现群众监督，让群众有知情权、监督权和参与权，实现"三资"信息在阳光下运行。

2017 年 6 月 18 日

今天下午，省政府督学黄福光、官渡区人民政府教育督导室主任张庆诠等专家组在县政府、县教育局领导的陪同下，到我校对义务教育均衡发展工作进行省级检查评估和验收。

专家组一行刚进校园就被学校整洁亮丽的育人环境、温馨和谐的校园文化和规范科学的规划格局所吸引，并给予高度评价。接着，检查组对科学实验室和器材室、音体美活动室、少年宫室、音体美器材室、微机室、图书室等进行详细的检查和评估，并提出了一些宝贵的建议。孙建勇校长就学校在义务教育均衡发展方面所做的工作及所取得的成绩向专家组做了详细汇报。

通过生均占地面积、生均绿化面积、生均校舍建筑面积、生均体育场地面积、数学科学仪器配备、音体美器材配备、百名学生计算机、生均图书、学生与教职工之比、教师学历合格率10项指标进行评价，纳古中心小学除体育场地正在规划建设外，均符合省定要求。

通过此次验收工作，将会进一步推进纳古中心小学的现代化建设、完善配套设施，规范办学行为，推动学校的均衡化、特色化、优质化发展，为迎接国家级义务教育均衡发展评估验收工作奠定坚实的基础。

2017年6月19日

今天上午，我镇邀请县委党校师丽虹老师进行习近平总书记系列讲话精神和考察云南重要讲话精神的宣讲迎接十九大胜利召开，镇全体干部职工共40余人参会。

2017年6月20日

为增强社区服刑人员的反恐防范应对能力，树立维护国家安全的意识，纳古司法所于近日组织辖区内的社区服刑人员进行了一次以"反恐怖"为主题的集中教育学习，并组织他们进行公益劳动。

教育学习会上，司法所向社区服刑人员逐一发放了《公民防范应对恐怖袭击》手册。司法所所长详细讲解了恐怖活动基本常识，如何识别可疑人员、可疑信息，常见恐怖袭击的应对方法，如何自救与互救等方面的知识，并就近年来发生的恐怖事件进行案例分析。通过此次学习，提高了社区服刑人员对恐怖袭击的认识以及反恐怖防范的应对能力。

教育学习会后，组织社区服刑人员到纳古镇樱花停车场进行了公益劳动，清扫垃圾、给樱花树苗浇水，大家分工合作，互相配合，态度积极认真。

通过开展此次集中教育学习和公益劳动活动，提升了服刑人员的自律意识和遵纪守法观念，他们纷纷表示，要为反恐工作贡献一份自己的微薄力量，让恐怖活动无处遁形，不再猖獗。今后也一定积极参加司法所组织的各项活动和公益劳动，不断改造、充实、完善自我，做一个对社会有益的人。

2017年6月21日

纳古镇烤烟因移栽时令适宜，中耕管理到位，目前烤烟长势喜人，预计7月中下旬进入采摘烘烤期。

2017年6月22日

汛期来临，近日降水频繁。纳古镇组织人员对辖区内汛情进行认真的巡排查，经查：沟渠通畅，部分农田受小涝，已安排群众排涝，无重特大汛情发生。

2017年6月23日

当前，纳古镇330亩连片种植水稻正值稻飞虱繁殖高峰期，是防治稻飞虱、稻瘟病的关键时期。为了切实抓好我镇水稻病虫害的防治工作，2017年6月22日，由通海县植保植检站、纳古镇农技农机站联合聘请云南高科新农科技有限公司对这片水稻进行无人机飞防，共组织22名工作人员，投入6辆车，使用植保无人飞机4架，投入农药、机防费及配药人员工资等1万余元，对这片水稻开展统防统治服务。

本次统防统治采用纳米技术航空专用药剂、统一人员、统一药剂、统一时间、统一技术指导、统一作业的方式进行。

采用植保无人飞机喷洒农药成效明显，喷洒均匀、节劳省时、用药量小、成本低，提高了病虫害的防治效果和效率，削减了农业面源入湖污染负荷，确保了水稻增产增收、粮食生产安全。

经今天上午进行药后防治效果调查，稻飞虱杀灭率达91%，成效显著。

2017年6月24日

纳古镇集镇面积小、车辆多，乱停乱放现象突出。为切实规范主要街道车辆停放，保障道路交通安全。日前，纳古镇通过招投标，投资约10万元，由专业公司对镇内主要街道划定了停车线及路面交通标识，要求车辆按要求行驶及停放，同时启动交通违法监控设备，对违法违规行驶、停放的车辆进行处罚。

2017年6月25日

近日，纳古镇调解委员会成功调处一起私人诊所因输液致人死亡的医疗赔偿纠纷。

2017年5月27日上午，纳古调委会接到昭通籍男子解某的调解申请：解某与妻子袁某同系昭通籍人，在纳古镇务工。5月26日中午妻子袁某因身体不适到私人诊所看病，该诊所医生诊断袁某为感冒后就对其进行输液，不料袁某在诊所输液过程中死亡。死者家属认为诊所医生存在重大过错，应负医疗事故的全部责任。而诊所医生则认为，袁某的死亡与其自身的疾病有关，不应负全部医疗事故赔偿责任。双方发生纠纷，死者家属不同意尸检和医疗事故技术鉴定，同时要求诊所赔偿100万元，并召集30余亲属到纳古镇政府集聚，双方矛盾一触即发。纳古镇调委会工作人员立即组织双方当事人进行调解。调解员先对双方当事人宣传相关法律法规，指出双方如果不能有效控制情绪，发生肢体冲突，后果自负。为保障调解顺利进行，建议双方各派4人进入调解室调解。

调解中，调解员了解到：死者现年31岁，育有3个孩子均为未成年人，最大的10岁，最小的2岁，父母健在年事已高，与丈夫同在纳古打工共同抚养3个年幼孩子和双方年迈父母。死者确系在诊所内输液死亡，双方当事人对此均无异议。在双方表达各自诉求环节上，死者家属坚持100万的赔偿要求，而诊所只愿赔偿15万元，巨大的赔偿差距导致死者家属情绪异常激动，致使协商过程中出现数次中断。经过6个小时的艰难调解，到晚上8点半，诊所愿意将赔偿数额提高到17万元，但离死者家属的赔偿要求仍存在较大差距，调解未果。

5月28日上午9点，调解员放弃端午节休假，组织双方当事人二次调解，在调解员的耐心沟通、明法析理下，死者家属最终与诊所达成了协议，由诊所一次性补偿死者家属丧葬费、死亡赔偿金、抚养费、赡养费、精神抚慰金等共计42万元。一起因医疗纠纷可能引起的群体性事件最终化解在基层，消灭在萌芽状态，促进了社会的和谐稳定。

2017年6月29日

共青团纳古镇第十次代表大会胜利召开，会议审议通过了《纳古镇第九届团委工作报告》，对共青团纳古镇委员会今后3年的工作提出了意见和建议，并选举产生了第十届委员会，郑雪娇同志被选举为共青团纳古镇第十届委员会书记，叶鉴剑同志、纳学栋同志被选举为共青团纳古镇第十届委员会副书记。

在大会开幕式上，镇党委副书记、镇长纳鸿翔致开幕词，对共青团纳古镇第九届委员会的工作成绩表示肯定，认为我镇广大团员青年是我镇社会主义现代化建设的一支值得信赖的生力军，共青团组织无愧于自己的光荣称号。要求团员代表们团结一心、群策群力，把我们的大会开成一次民主、团结、振奋、进取的大会。

会议期间，代表们听取了《不忘初心跟党走 谱写青春新篇章——在中国共产主义青年团纳古镇第十次代表大会上的报告》以后，参会代表分为3组进行讨论，团员代表们各抒己见，从青年人的角度，对报告提出意见和建议，为共青团纳古镇第十届委员会的工作绘出青春飞扬的蓝图。选举产生共青团纳古镇第十届委员会委员9名和出席共青团通海县第十八次代表大会代表8名。

在闭幕式上，表决通过《共青团纳古镇第十次代表大会第一次会议关于纳古镇第九届团委工作报告的决议》，镇党委副书记王绕致闭幕词。激励大家把会议精神带到青年中去，以饱满的工作热情、扎实的工作作风、高效的工作方法，团结带领全镇广大团员青年勤于学习、善于创造、甘于奉献，在经济社会建设中建功立业，为实现繁荣、稳定、和谐纳古创造更加辉煌灿烂的青春业绩。

新当选的镇团委书记郑雪娇表示，将和各位委员一起，和全镇青年团员一起，在镇党委、政府的带领下，在团县委的指导下，紧紧围绕会议确定的各项任务，不忘初心跟党走，用青春谱写纳古镇经济社会发展的新篇章。

2017年6月30日

"6·26"国际禁毒日，纳古镇镇妇联联合派出所、综治办、司法所、社会保障服务中心等相关部门，分别于6月28日、6月29日举行了两场次的禁毒宣传教育活动。

一、利用护校安园时间进行青少年禁毒知识宣传

6月28日下午，纳古镇派出所利用放学的护校安园时间，在纳古镇中心小学门口进行禁毒知识宣传，向过往的学生及家长发放禁毒宣传册子和印有"和谐玉溪是我家 拒绝毒品靠大家"字样的环保袋。此次宣传，使广大人民群众特别是青少年认清毒品的危害，使家长和孩子们提高了识毒、防毒、拒毒、禁毒意识。

二、利用早市时间，在纳家营清真寺门口进行禁毒知识宣传

6月29日上午，纳古镇镇妇联联合派出所、综治办、司法所、社会保障服务中心等相关部门，在纳古镇纳家营清真寺门口，开展了一场全民禁毒宣传活动，广大群众，特别是妇女同胞们积极参与其中。

此次宣传教育活动中，工作人员向过往的群众发放了印有禁毒知识的宣传画册、抽纸、环保袋等，宣传了党和国家的禁毒方针和禁毒法律法规，宣传禁毒的重大意义，并号召大家积极行动起来，宣传和带动周围群众，参与到全民禁毒行动中去。

以上两次宣传，使纳古镇广大人民群众特别是青少年和妇女同胞们认清了毒品的危害，为我镇营造良好的禁毒氛围、巩固平安家庭创建成果起到了积极作用。

2017 年 7 月 27 日

为了进一步了解乡亲们的健康需求，继承和弘扬中医药文化，保障和促进中医药事业发展，保护人民健康，提高大家的健康意识，改进医疗服务，今天，通海县医院协同纳古卫生院开展"中医药管理"大型免费义诊活动，义诊地点就在纳古卫生院。参加义诊专家：云南省第三人民医院专家——常宇，肾脏内分泌科专家（主治医师），擅长内分泌代谢疾病临床及教学工作，擅长糖尿病及急慢性并发症、甲状腺系统疾病、骨质疏松症、肥胖症的诊治。黄云达——老年病、呼吸消化内科专家（主治医师），擅长老年心血管、内分泌及重症疾病诊治。袁贵斌——医学影像学专家（主治医师），擅长长期 X 线、CT、MRI 诊断及介入治疗。

2017 年 8 月 2 日

为迎接南亚东南亚国家商品暨投资贸易洽谈会的顺利召开，确保纳古辖区内的社会治安稳定，纳古派出所持续加强辖区重点人员管控，全力排查肇事肇祸精神病人，及时送治 1 名重性精神病人，消除了社会安全隐患。

今天，民警在走访中发现，家住纳古镇湖滨路的马儒某精神病发作，经常在房里骂人，还说要杀了某某等，有严重的暴力倾向。目前家里只有其母一个人，其父亲也是生病卧床，家里人控制不了马儒某，又怕其伤害到其他人，希望民警能够帮助送往医院治疗。重性精神病人马儒某，男，回族，现年38岁，大学文化，患有精神分裂症，经常辱骂周围人员，我所民警了解情况后，迅速出警赶往纳古镇湖滨路马儒某家中。一进马儒某家中，看到马儒某被家人关在房间里，精神病正在发作，嘴里不停地乱骂人，最后在家人的配合下，民警将马儒某送往玉溪市第二人民医院治疗。

纳古派出所此次果断送治该精神病人，及时消除了社会安全隐患，保证了辖区人民的生命和财产安全，避免了不必要的事故发生，得到了辖区群众和病人家属的一致好评。

2017年8月3日

家风家教是传承中华优秀传统文化和构建良好社会风尚的基石。为进一步贯彻落实习近平总书记关于家庭家教家风的重要讲话精神，扎实推进创建文明县城工作，培育良好家德家风，提升全社会道德素养，高扬主旋律，凝聚正能量，由通海县委宣传部、县文明办、县直机关工委、县总工会、团县委、县妇联等部门联合举办了通海县第十一届"红土地之歌"演讲大赛。我校教师纳月代表纳古镇参加此次演讲比赛。

大赛今天下午在通海县电力公司举行。比赛现场，来自全县各乡镇及单位的16名选手围绕"弘扬良好家风、引领时代风尚"这一主题，或描述亲人身上体现出的优良家风，或讲述有关传承家风家训的感人小故事，或引述家风家训对社会的影响。他们用慷慨激昂的声音，佐以自然的动作、悦耳的音乐，配以温馨、感人的唯美画面，从不同角度、不同层面阐释好家风、好家训的深刻内涵。选手们饱含深情的话语、朴实感人的事例，让现场观众时而若有所思、时而鼓掌点赞、时而为之动容。

经过激烈比拼，纳古学校教师纳月以自身的经历、真挚的感情、优美的普通话打动了现场观众及评委，完美诠释了什么是"相亲相爱一家人"，最终以9.780的最高分获得本次比赛的第一名。

此次演讲比赛，充分发挥了"红土地之歌"演讲大赛这一思想道德宣传教育品牌的作用，以"注重家庭、注重家教、注重家风"为着力点，以"传家训、立家规、扬家风"为载体，促进千万家庭树立正确家庭观，推动社会文明程度提升，为我县争创省级文明县城凝聚正能量。

2017年8月4日

今天上午，在纳古镇召开纳古、四街两镇钢铁企业座谈会，柳洪县长、孟志明副县长、工信局可恒昌书记、张颖星局长、工商局张兴友局长、企业主、纳古四街镇村干部、清真寺教长管事共100余人参加会议。

会议由杨堂聪书记主持。首先，由纳鸿翔镇长就下一步国家验收工作做具体安排；其次，孟志明副县长和各部门领导就当前的钢铁市场形势进行深入分析，并做出下一步工作要求；最后，柳洪县长提出要求和希望：①肯定企业在拆除中频炉工作中的付出，②下一步国家验收工作按照孟副县长和部门乡镇安排，③积极争取纳古四街钢铁企业转型升级政策支持。

2017年8月7日

为提高各文艺队的业务能力和水平，加强各文艺队间的合作与交流，备战2017"云舞飞扬"首届云南IPTV广场舞大赛，镇文化中心今天下午在文化站四楼多功能活动室举行广场舞培训，并聘请专业舞蹈教师为其授课。

培训前，镇文化中心和舞蹈老师分别做了动员讲话和培训要求；培训中，学员以饱满的热情投入其中。相信本次培训能达到预期效果，展现纳古良好的精神风貌，学员在比赛中取得优良成绩。

2017年8月9日

今天中午，县卫计局、县防艾办对我镇上半年艾滋病防治工作开展情况进行督查。

督察组听取了副镇长张波同志对全镇艾滋病防治工作开展情况的汇报，并对照目标责任书，查阅相关台账资料，开展入户调查。通过认真细致的检查考核，督察组对纳古镇2017年上半年艾滋病防治工作给予了充分肯定。督察组认为，纳古镇党政领导对艾滋病防治工作高度重视，认真落实"一把手"负责制，层层签订了目标责任书，责任分解到位，督促落实到位，工作材料档案齐全，做到了有计划、有部署、有检查，各项工作进展顺利。督察组在肯定成绩的同时，也提出了建议，要求进一步加大防艾宣传教育和培训力度，尽快组织开展镇、村两级党政领导干部培训，进一步扩大HIV检测覆盖面，年底完成年度内常住人口HIV检测比例25%、任务数1000人的目标。

2017年8月10日

今天上午，县督察组对纳古镇十九大维稳安保工作进行督查。督察组具体从矛盾纠纷排处情况、反恐工作落实情况、反邪教工作落实情况、道路交通安全整治情况、消防安全整治情况五个方面开展督查，要求最终达到"六个坚决、五个下降、二个确保"的目标，确保我镇社会环境和谐稳定，为以优异成绩迎接党的十九大胜利召开提供坚强保障。

今年汛期降水频繁，防汛任务重，纳古镇组织人员对辖区内的河坝、湖堤进行常规全面安全大检查，排查排洪沟是否畅通，是否存在安全隐患，保障人民群众的人身财产安全。暂未发现安全隐患。

2017年8月12日

为实现人大工作规范化、信息化，根据上级安排，我镇人大办近日组织村组干部认真落实选民信息，三增三减，认真维护人大选举任免信息服务平台。纳古镇人大选民信息系统录入工作正紧张有序进行中。

2017年8月14日

今天上午，纳古镇在镇政府三楼视频会议室召开了警示教育专题会议，会议由镇党委副书记主持，镇全体干部职工及临时人员40余人参加。会上，镇纪委书记传达了《关于对党员干部开展警示教育的通知》，并按其相关要求对此次专题会进行安排部署。

2017年8月15日

纳古镇一年一度的优秀中高考学生表彰庆典即将到来，为保证庆典的顺利进行，镇党委政府、纳古小学、各清真寺、各村的领导在纳古小学会议室召开庆典筹备会。会上，分别就庆典行程、送行路线、各单位分工等达成一致意见。

2017年8月17日

今天上午9点，纳古镇召开农村劳动力转移就业信息台账工作会。参加会议的有镇党委副书记王绕、分管领导柏云海副镇长、社保中心全体工作人员及各村支书、主任、副主任共20余人。

会上，乡分管领导柏云海副镇长传达了《云南省人力资源和社会保障局办公室关于建立农村劳动力转移就业信息台账的通知》文件精神，着重强调了文件要求和工作内容。社保中心主任徐瑞做了宣传动员，要求各村按要求做好、做实调查登记工作，做到不漏一户、不缺一人。

2017年8月18日

今天上午，纳古镇召开秋季防疫工作会议，镇分管领导尹绍荣副镇长、畜牧兽医站工作人员、各村防疫员及村组领导共20余人参加了此次会议。

此次会议传达了农业部、省、市、县相关文件精神，分析了当前禽H7N9防控形势，对全镇秋防工作进行了安排和部署。会上要求：一是做到政府高度重视，技术部门保防疫质量；二是要加大宣传力度，保证免疫密度；三是要认真做好畜禽存栏动态管理；四是在防疫过程中，要注意自身安全，确保秋防工作任务圆满完成；五是按照要求做好消毒灭源工作。

2017年8月19日

在各大高校新生即将入学之际，日前，纳古镇一年一度的奖励中高考优秀学生表彰会在纳古小学举行，进一步激发全镇优秀学生的勤奋好学意识。

会上，学校代表、企业家代表、社会知名人士代表依次发言，对受奖励的优秀中高考学生表示祝贺，并提出了殷切期望，鼓励大家在新的学习环境里"不忘初心，继续前进"，用自己的成绩为纳古建设做出贡献。鲁睿晗是今年刚刚考上云南财经大学的研究生，他表示在今后的学习中将更加努力来答谢大家对他的肯定和鼓励。

此次表彰会由纳古镇党委、政府，纳家营清真寺，古城清真寺及多家爱心企业和爱心人士共同出资10万元对全镇今年上线的3名研究生、37名本科以上大学生以及10名考取重点高中的学生进行了奖励。家琨教育基金也出资3.7万元，对35名优秀学生进行了奖励。

纳古镇家琨教育基金由企业家纳家琨于2006年出资100万元创立，分为助学金和奖学金，于2006年开始实施奖励，用其每年所产生的股金收益资助全镇的贫困学生和奖励优秀的大学生。到目前为止，资助奖励的个人和团体已达650余人次，累计捐赠助学奖学金121余万元，是纳古镇社会各界捐资助学的领头羊。

多年来，纳古镇党委、政府十分重视教育事业，坚定实施"科教兴镇"战略，社会各界踊跃捐资助学，在全镇营造了尊师重教、尊重人才、爱惜人才的良好氛围。表扬奖励优秀学生是纳古开展"科教兴镇"的一项重要举措，纳古镇党委、政府从2006年就开始对优秀中高考学生进行奖励，11年来累计发放奖学金60余万元。通过这一活动，全镇人民认识到教育培养孩子的重要性，不断推进纳古镇教育事业的发展。

玉溪市政协副主席马良昌、纳古镇党政班子领导、社会各界专家学者、家琨教育基金代表、爱心企业代表、部分教师代表、受表彰的学生及家长等300余人参加了表彰会。

今天下午，纳古镇党委、政府邀请省内专家、学者、教授、工商界知名人士及部分企业名家出席"谋划纳古发展座谈会"，既为经济发展面临困境把脉问诊，又为下一步经济升级转型，打造"一千零一夜"旅游文化小镇建言献策。镇党委副书记、镇长纳鸿翔主持座谈会，镇党委书记杨堂聪同志做纳古经济发展情况汇报。

与会专家学者高度肯定打造纳古旅游文化小镇的发展思路，并就纳古当前面临的困境，提出以下几点建议：一是解放思想，转变观念。二是组建经济专家小组，调研纳古发展方向，指导企业转型，将产业转型升级朝紧缺、尖端、高端、多元化方向发展。三是打造独具特色的"一千零一夜"旅游文化小镇。四是加强宣传意识，争取各级支持。五是发展支柱产业，有产业支撑，才能吸引人才、留住人才。

镇党委、政府表示，将各位专家学者的建议踏踏实实地落实到纳古经济发展中去。

专家学者们与我镇领导及部分企业代表面对面地座谈交流，畅所欲言地剖析国内外宏观经济形势走势，分析宏观调控政策下经济发展所面临的挑战与机遇，寻求纳古未来发展的新突破口。专家学者们讲得鞭辟入里，镇领导及企业代表听得聚精会神，座谈会上气氛活跃，令与会者们颇受启发、深受鼓舞。

在认真听取各位专家学者长达4个多小时的发言之后，镇党委书记杨堂聪十分感谢专家学者们对纳古经济社会发展的献计献策。他说，纳古镇将坚决按照中央的要求，坚持以科学发展观为指导，坚定不移地改革创新，进一步转变经济发展方式，着力推进企业转型升级，全力打造旅游特色小镇，突破发展瓶颈，攻坚克难，保持纳古经济平稳健康发展、社会和谐稳定、民族团结、宗教和顺。

教授、博士导师，中国回族学会会长，原云南大学党委书记高发元同志；教授、博士导师，云南回族学会会长，原云南社科院院长、党组书记纳麒同志；教授、博士导师，西南财经大学博士、中山大学博士后、云南财经大学 云南企业发展研究中心主任，兼任云南白药控股公司董事纳鹏杰同志；教授、暨南大学博士、硕士导师、中国会计领军人才，云南财经大学会计学院财务研究中心主任，兼任沃森生物股份公司独立董事纳超洪同志；北京大学青年教师纳海同志等11名专家学者；玉溪市政协副主席马良昌同志；华宁县副县长沐华斌同志等上级领导；纳古镇班子成员、村干部、清真寺领导及部分企业代表出席了座谈会。

2017年8月21日

今天上午，纳古镇综治办利用星期一的政治学习召开了反邪教工作会议。全镇干部职工、纳古镇反邪教协会成员、村委会领导参加了会议。

大会上，王副书记传达了关于习近平总书记对反邪教斗争工作的重要批示和市委防范处理邪教工作会议精神，并对如何进一步做好反邪教工作提出具体要求：一是认识要加深。各组、各村要深刻认识到"法轮功""全能神"等邪教的危害性、严重性，认清其对广大群众生命财产的危害，要站在讲政治的高度去关注与重视，继续绷紧弦，不能有丝毫麻痹。二是宣传要加力。要充分利用广播、标语、传单、发放宣传材料、设置反邪教标牌等形式，在车站娱乐场所、出租房等流动人口密集的地方开展反邪教宣传，把宣传工作做实、做细，不留死角。三是骨干要加力。要充分发挥镇、村两级干部的能动作用，特别要发挥好村级反邪教专管员和信息的作用，发动广大群众积极参与"法轮功""全能神"等邪教的防范和抵制工作。同时，要积极引导群众参与"法轮功""全能神"等邪教举报工作。

2017年8月22日

为切实加强纳古镇畜禽疫情防控工作,确保人民群众生命安全,今天上午9时,纳古镇启动2017年畜禽疫情防控工作,对辖区内活禽交易市场开展全面排查。

镇分管领导尹绍荣副镇长、畜牧兽医站站长林维槐对辖区内活禽交易市场开展逐一排查,要求各养殖、贩运户严格执行"一日一清理、一周一消毒、一月一休市、过夜零存栏"的制度,保障人民群众生命安全和食品安全。

2017年8月24日

在纳古防洪大沟纳家营小海段,纳古镇污水处理项目正在进行场地回填,车辆来来往往运输沙土,推土机正在进行场地土方回填平整。

据相关负责人介绍,通海县纳古镇污水处理项目建设工程内容主要为污水处理厂工程和污水配套管网工程两部分。新建污水处理厂一座,占地面积1807平方米,新建DN300污水管网总长110米,工程概算694.27万元。项目完成后,服务能力达到3.07万人,将极大地改善全镇人居环境,为保护杞麓湖生态环境增添力量。

目前,项目场地土方回填已完成,下一步将进行地质勘查。

2017年8月26日

为贯彻落实中央和省委党的群团工作会议和《云南省妇联改革实施方案》(云厅字〔2016〕41号)精神,进一步推进全市基层妇联组织改革创新,增强基层妇女工作力量,纳古镇分别于8月23日、24日、25日上午召开纳古纳家营村、纳古古城村、纳古镇妇女代表大会。

会议圆满完成了各项议程,选举了各行各业的优秀女性,组建了一支领导放心、群众满意的队伍。相信在今后的工作中,纳古镇妇联、纳古纳家营村妇联、纳古古城村妇联将更好地代表和维护妇女群众的权益,动员广大妇女为建设一个开放、民主、富裕、美丽的新纳古而努力。

2017年8月28日

今年汛期降水频繁,防汛任务重,纳古镇防汛办对辖区内的沟渠、湖堤进行全面巡查,并在湖堤标注最高水位线(5.2米),保障人民群众的人身财产安全。经巡查,河道保洁正常,沟渠、湖堤安全!

2017年8月29日

纳古镇立足脱贫攻坚大局,紧紧围绕"廉洁扶贫护航精准"这一主题,运用新视角、展示新做法、善用新媒体,采取多种形式宣传。通过布标、宣传栏、标语等多种形式加强宣传力度,利用微信、QQ等网络互动平台传达扶贫领域相关政策精神,并在各村设置举报意见箱。截至目前,纳古镇利用宣传栏、电子显示屏张贴和滚动廉洁扶贫标语17条,悬挂廉洁扶贫布标4条,张贴廉洁扶贫宣传标语5条,发放廉洁扶贫宣传单20份。在营造良好氛围的同时,畅通扶贫领域信访渠道,多举措持续释放从严执纪的强烈信号。

通过宣传,让群众深入了解扶贫的各项惠民政策,识别扶贫工作的违纪行为,并懂得通过什么渠道维护权益,怎么维护权益,纳古镇切实做到了步调一致、共同发声,营造了风清气正的扶贫攻坚氛围。

2017年9月1日

近日,纳古派出所民警果断出击,将经营已久的吸毒贩毒窝点彻底捣毁,成功抓获9名涉毒违法犯罪人员,其中,1名贩毒犯罪嫌疑人,8名吸毒人员。

2年前,纳古派出所在工作中发现,纳维某在纳古镇辖区内多次贩卖毒品,纳古镇多半吸毒人员找其购买毒品吸食,对纳古镇治安环境造成恶劣影响。但是纳维某十分狡猾,抓获工作一直扑空,纳古派出所民警仍不灰心，2年来继续收集其犯罪事实，等待时机将其抓获归案。终于功夫不负有心人，今天中午，纳维某正在纳古镇珠源铝厂旁贩卖毒品时，被民警识破，纳古派出所所领导通过精心组织，制订了周密的抓捕计划，将纳维某成功抓获。为了扩大战果，纳古派出所民警通过纳维某的微信将跟其购买毒品的8名吸毒人员引出并成功抓获，将其吸贩毒窝点一网打尽。经审讯，犯罪嫌疑人纳维某（纳古镇人）交代了近年来多次贩卖毒品的犯罪事实。违法人员马国某（纳古镇人）、纳继某（纳古镇人）、纳碧某（纳古镇人）、马志某（纳古镇人）、纳宝某（纳古镇人）、纳国某（纳古镇人）、合进某（河西镇人）、沐思某（河西镇人）8人供述了多次与纳维某购买毒品，并且多次吸毒的违法事实。

目前，1名贩毒人员被刑事拘留，吸毒人员中4名被强制戒毒，4名被社区戒毒，此案正在进一步办理中。

2017年9月2日

在古尔邦节到来之际，纳古回族群众打扫卫生、参加会礼、走亲访友、宰牲待客，用传统方式欢庆节日，他们互致节日问候、共贺祖国昌盛。

节日前夕，由纳古镇政府、纳家营清真寺、古城清真寺、纳家营伊斯兰文化学院、古城中阿学校、纳古志愿者共同通过中穆网——纳古社区、微信等平台发起倡议，号召全镇居民共同清洁家园。9月1日一早，大家一起行动，各家负责清洁门前和庭院卫生，纳古两所清真寺和文化学院、中阿学校、纳古志愿者则按照分工，分别对忠爱大街、文化路、星月路、忠训路、振兴路等镇区主要街道进行集中清扫并清运垃圾。

2日古尔邦节当天，纳古镇群众身穿节日盛装，欢度这一传统佳节，会礼结束后，群众高兴地互相致以节日祝福并进行宰牲活动。

2017年9月7日

近日，通海县连日大雨，密集的降水造成了局部农田被淹、排水沟渠溢水、杞麓湖水倒灌等情况，对群众的生产生活造成了影响。纳古镇党委、政府积极应对，组织干部职工每天开展巡查，对发现灾情及时上报，调集力量立即处理，目前镇内道路街道、民居无被淹情况。

（1）辖区内山上水流较大，但是管道通畅，排水及时。

（2）镇内民居无被淹现象，海埂安全，近年来进行的各项基础设施建设在汛期充分显现出作用。

（3）防洪大沟下段农田被淹，也显现出我镇农业水利设施的脆弱和不完善。

（4）杞麓湖水位上涨至5.3米，出现倒灌、排涝沟溢水等情况，镇党委、政府及时安排人员紧急进行沙袋加高、加固。

天灾无情，在自然灾害面前，纳古镇党委、政府坚持以人为本，全体干部职工团结一致，加强应急值班巡查，力求保障镇内群众的生命财产安全。

2017年9月10日

今年县农业局农技站引进新品种玉米"秋庆一号"在通海县进行试验示范，投放5公斤在纳古镇试验，种植约4户农户、5亩地块，种植方式、施肥、管理等均不做特别要求，跟农户平时种植其他品种一样。

今天县农技站负责"秋庆一号"试验的同志和镇农技人员一同到纳古镇古城村村委会鲁家大山调查"秋庆一号"玉米的长势及抗病能力等情况，根据现场查看，出苗率高，整齐，苗清秀，长势良好，无大的病虫害发生，抗病能力强，适应2000米左右高海拔种植条件，玉米棒大，预计产量达500公斤左右，能广泛推广种植。

2017年9月11日

我镇海泥田的稻田里一派繁忙的景象，村民们正在帮助杨福收割水稻。进9月以来，纳古镇连片种植的350余亩水稻陆续进入收割期，农户们纷纷开镰收获金秋。

　　2017年纳古镇在县农业局植保站的指导下，开展了水稻高产创建工作，通过水稻种植培训班、发放科技培训材料、农技人员进村入户宣传等交流方式，对水稻田间管理和病虫害防治进行全程知识指导，并于6月中旬和7月下旬分别开展了两次无人机水稻病虫害统防统治工作，为金秋的粮食增产、农民增收打下了基础。

　　由于备耕充分、技术指导到位、统防统治扎实、防汛排涝及时，全镇水稻喜获丰收，亩产平均达780公斤，较去年持平。全镇350余亩水稻预计9月底能全部收割完毕。

　　纳古镇污水处理项目按挂牌倒排工期计划稳步推进，地质勘查进行到最后一个孔，接下来将进入地勘报告及审图阶段。

　　纳古镇污水处理项目于今年8月开工，计划于12月底完成中期建设工程。中期工程建成以后，可以对现有的排污管道排放的污水进行统一收集处理。

2017年9月12日

　　为强化烟农法治意识，维护烟叶收购正常秩序，充分发挥法治宣传教育在烟叶收购中的教育引导作用。今天，纳古司法所开展烤烟收购专项法治宣传活动。

　　一是深入烟站开展法治宣传。把烟站作为烟叶收购法治宣传的中心宣传点，重点宣传了《烟草专卖法》《烟草专卖法实施条例》《合同法》《刑法》等烟草专卖相关法律、法规、政策。

　　二是现场解答烟农咨询。以面对面的形式向烟农宣讲《烟草专卖法》知识，结合"以案释法"案例进行讲解分析，有效地为烟农提供相关的法律及政策咨询服务。

　　三是深入开展涉烟矛盾纠纷排查化解工作，确保烤烟收购有序开展。走访两村调委会，加强涉烟矛盾纠纷信息跟踪、预防、排查和调处工作，力争发现一起调处一起，有效地预防了涉烟纠纷群体性事件和集体上访事件的发生。

此次普法宣传共发放资料1000余份，抽纸300盒、围裙200条，解答咨询30余人次，粘贴横幅2条，取得了良好的普法效果，为全镇烤烟收购工作稳步推进营造了良好的法治氛围。

2017年9月13日

按照玉溪市委办公室、玉溪市人民政府办公室关于印发《玉溪市农村危房改造及配套设施建设二期（第二轮"百村示范、千村整治"）行动实施方案》的通知要求，纳古镇结合实际，对镇内基础设施较差的4个村民小组进行建设项目申报。目前，4个建设项目已经通过市县评审。

纳古镇4个"百千工程"建设项目分别是纳古镇纳家营村一组、二组、五组和纳古镇古城村一组的基础设施建设，主要包括了垃圾污水处理设施、绿色村庄建设、村内道路硬化、太阳能路灯安装等，每个村民小组建设项目预计投资约100万元。项目建设完工以后，将极大地改善纳古镇村容村貌，优化群众生活环境。

今天，我镇党委、政府组织村组干部召开2017年玉溪市第二轮"百千工程"动员部署会，要求村组干部统一思想，做好宣传发动，为4个建设项目的顺利推进做好准备。

2017年9月14日

今天，纳古镇组织召开安全生产大检查工作动员部署会议，镇班子成员、相关站所负责人、村组领导共30余人参加了会议。

会上，副镇长柏云海传达了全国全省安全生产电视电话会议精神，强调当前安全生产工作的严峻形势，对我镇开展安全生产大检查工作进行了安排部署。

2017 年 9 月 15 日

今天,纳古镇市、县、镇三级人大代表和县政协委员对镇内重点建设项目进行现场视察。

视察组现场查看了海埂路建设进度、小海湿地公园、民族手工艺展示厅、黄龙潭、官塘、狮山书院以及马鞍子路等。

镇长纳鸿翔、镇人大主席纳立凡参加活动,并向视察组详细介绍了以海埂路建设项目、官塘建设项目等为主的民族团结示范镇建设,以民族手工艺展示厅、小海湿地公园等项目为主的"一千零一夜"小镇建设。希望人大代表和政协委员出谋划策,在各界加强宣传,共同推进项目的顺利开展。

此次视察,让人大代表和政协委员了解了镇党委、政府在重点工程项目推进中所做的努力、存在的不足以及面临的困难,为 9 月底年中人代会的顺利召开打好了基础。

下午,纳古镇组织人大代表、政协委员、镇班子成员等共 40 余人到河西镇大回村考察学习传统村落建设开发。

在座谈会上,大回村村委会主任马国才介绍了他们进行传统村落建设开发的经验:一是利用农危改建设美丽乡村,拆除旧房危房,建设整齐美观的新房;二是利用自身特色打造旅游亮点,将马家大院、特色民居、茶马古道等有历史文化深度的 三是积极争取项目资金,村委会分工明确,在镇政府的支持下,结合自身特点争取相关配套项目和资金并迅速落实。

随后,纳古镇一行参观了大回村独具特色的马家大院和村寨文化建设。人大代表和委员们纷纷表示此次考察学习收获很多,大回村和纳古纳家营村、纳古古城村有很多相似的地方,他们的经验值得我们学习借鉴。

2017年9月16日

汛期已近尾声，但是降水依旧频繁，为了确保全镇人民群众的生命财产安全，迎接党的十九大的胜利召开，纳古镇召集镇相关站所、村组领导干部召开专题会议，对防汛工作进行再强调、再部署。

会上，副镇长尹绍荣介绍了我镇目前防汛工作情况：汛期以来，镇党委、政府高度重视，加强宣传和预防，村组领导干部积极配合，加强巡逻和疏浚。在连月大雨的情况下，虽然有局部农田被淹、排水沟渠溢水等情况，但是镇内道路街道、民居安全，无受灾情况发生。尹绍荣要求，防汛工作取得了一定的成绩，我们要继续绷紧防汛这根弦，在做好巡逻检查的基础上，各村组要更加注意环境卫生，对街道、排水沟的卫生死角进行清理，防止大雨将垃圾冲入河道造成堵塞。

镇长纳鸿翔对我镇防汛工作提出三点要求：一是各村组要切实负起"河长制"责任，河长要对镇内4条主要入湖河道加强巡逻管理，发现隐患及时处理；二是湖水上涨后湖边垂钓的人增多，镇相关站所、各村组在巡逻过程中要加强宣传，提醒湖边的游人注意安全，保护环境卫生；三是我镇黄龙潭前几年由于降水量少，几乎处于干涸，在今年频繁的降水中，潭中蓄水已满，相关村组要加强防范措施，提醒过路群众和孩童注意安全，严禁在潭里戏水。

2017年9月17日

为提升社区服刑人员教育改造质量，增强服刑人员法治意识。近日，纳古司法所组织在册12名矫正对象观看县司法局自编自演微电影《我不服》。

该剧是一部反映社区矫正工作的微电影，讲述了一个社区矫正对象从不服矫正到心甘情愿接受矫正的故事。影片情节引起了矫正对象的强烈共鸣，片中司法干警以人为本、坚持原则的工作作风得到了矫正对象的一致称赞。

观影过后，镇司法所所长阚红琴就影片中所涉及的法律知识进行了讲解：一是解读了《社区矫正实施办法》，让社区服刑人员了解日常应遵守的规定及收监执行的相关内容；二是普及了法律援助的申请范围和程序，让服刑人员了解和宣传这一惠民政策。

"于微电影中学法，在日常生活中守法"，接地气的影片让矫正对象更直观地了解了《社区矫正实施办法》和法律援助知识，此次观影教学成效显著。纳古镇司法所将继续丰富社区矫正集中教育形式，在潜移默化中引导社区服刑人员学法、知法、守法，从而取得更好的矫正效果。

2017 年 9 月 18 日

今天，纳古镇党委理论学习中心组组织全体班子成员、中心站所长、村组领导开展集中学习，对习近平总书记扶贫开发脱贫攻坚战略思想进行专题学习讨论。

镇党委书记杨堂聪带领全负学习了《习近平在东西部扶贫协作座谈会上强调：认清形势聚焦精准深化帮扶确保实效，切实做好新形势下东西部扶贫协作工作》《庄严的承诺 历史的跨越——党的十八大以来以习近平同志为核心的党中央引领脱贫攻坚纪实》。

2017 年 9 月 19 日

金秋九月，纳古镇水稻喜获丰收。近日，天气晴朗，秋风送爽，走进位于杞麓北岸的纳古海泥田湾，350 亩连片水稻正饱吸着大地的营养，金黄的稻穗迎风起舞，弥漫着一股浓浓的稻香味。田间农民在抢抓时节忙收割，呈现在眼前的是一派丰收的景象。

为了提高农民的种稻积极性，纳古镇及时把各种惠农政策落实到农户，种植水稻的生产用水水费和 1 名田间管理人员工资全部由镇政府支付。镇农技农机站认真组织开展水稻栽培技术培训，应用优质高产品种、塑料薄膜育秧、配方施肥、节水灌溉、统防统治病虫害等先进的农艺措施。稻谷长势良好，谷粒颗颗饱满，全镇水稻亩产量将达到780公斤以上，使水稻生产实现了增产增收。

2017年9月21日

今天，市委常委、副市长田川带队，市发改委、工信委、国土局、质监局、工商局、安监局等部门领导组成调研组到纳古镇开展钢铁行业转型升级调研。

调研组一行现场查看了纳古镇部分铸造企业、轧钢企业和正在转型升级的企业，了解通海县在打击和取缔"地条钢"及钢铁行业转型升级工作开展情况。通过与企业负责人交流，了解企业目前面临的困难和问题、在转型升级中的努力和创新做法。田副市长还询问了解了企业安全生产管理工作落实情况。

实地调研以后，市调研组与通海县领导、相关部门负责人及企业代表进行座谈。座谈会上，听取了县长柳洪、副县长孟志明对我县打击和取缔"地条钢"工作开展的情况汇报、工业经济发展中存在的困难和问题。纳古镇党委书记杨堂聪介绍了纳古镇基本情况，汇报了纳古镇党委、政府针对钢铁产业转型升级中出现问题的应对措施。

企业代表也从企业的角度谈了对国家产业政策的理解和积极配合。

田川副市长对通海县县委、政府和纳古镇党委、政府的工作表示肯定，认为打击和取缔"地条钢"工作落实到位。对今后工作的开展提出三点要求：一是政府和企业要明确不走回头路，用与时俱进的思想来发展；二是政府要着眼长远，加强对企业的服务和指导；三是要按照省、市对通海的新定位来发展经济。

2017年9月22日

今天，纳古镇第六届人民代表大会第二次会议在镇人民政府召开，全镇人大代表、特邀列席人员等100余人参会，县人大副主任钱秀琼、县政协副主席施俊出席开幕式。

第一次全体会议上，听取了镇人民政府镇长纳鸿翔做的镇政府专项工作报告《纳古镇关于2017年上半年重点项目建设和企业转型升级的报告》，镇人大主席纳立凡做代表视察工作报告《纳古镇人大主席团关于组织市、县、镇三级人大代表视察情况的报告》，镇财政所所长纳瑞媛做的《纳古镇人民政府关于2017年上半年财政收支预算执行情况的报告》。

全体代表和列席人员分为4组开展讨论，镇班子成员参加了各小组的讨论。讨论中，镇班子成员详细介绍了2017年我镇重点开展的18个工程项目进展情况、面临的困难和问题。代表和特邀列席人员也根据3个报告分别对纳古镇经济社会发展建言献策，对镇党委、政府的工作提出意见和建议。

第二次全体会议表决通过了镇人民政府专项工作报告、人大主席团代表视察工作报告和镇人民政府关于本级财政预算执行情况的报告，会议圆满闭幕。

晚上，纳古镇非公企业党支部召开全体党员会议，选举产生新一届支委会。在新一届支委会上，马跃能同志当选为支部书记。

2017年9月23日

古城村马灿敏之子和同村的纳应龙双胞胎小女儿结婚，新式吃法；同日，纳家营村一组的马全芳小儿子马宵和同村同组的纳丽参侄女结婚，新式吃法。

2017年9月25日

纳古镇党政班子成员带领工作组，在村组领导干部的积极配合下，结合各低保户资产审查资料，再深入低保户家中进行入户调查，详细了解各低保户的家庭状况。

近日，纳古镇召开农村低保精准施保全面排查整治专项行动工作会，在入户调查以后，纳古镇将根据调查结果，将存在不得享受低保情形的低保对象剔除。

2017年9月26日

经县纪委、县委组织部同意，今天，纳古镇领导班子围绕习近平总书记系列重要讲话特别是关于脱贫攻坚的重要讲话精神，以"坚决把市委专项巡察组反馈意见落到实处，推动脱贫攻坚、全面从严治党向纵深发展"为主题，召开脱贫攻坚专项巡察组反馈意见专题民主生活会。

2017年9月27日

在镇派出所的带领下，纳古镇两个村治保会近日加强夜间巡逻，震慑并消除治安隐患，给纳古镇群众带来满满的安全感，为迎接十九大的胜利召开营造良好治安环境。

2017年9月28日

国庆、中秋将至，为切实加强"两节"期间食品安全监管，防止食品安全事故发生，保障全镇人民度过一个欢乐、祥和、平安的节日，纳古镇组织食安委成员单位开展了国庆、中秋节前食品安全监督检查。

此次检查以大型超市、食品加工作坊、糕点店、生肉活禽市场、学校食堂为重点检查对象，严厉打击生产经营三无、霉变、过期等不合格食品，对存在食品安全隐患的单位，责令其限期整改，对存在食品安全违法违规行为的单位，依法立案查处，积极引导食品生产经营户依法规范经营，确保全镇人民吃上安全、放心的食品。

据悉，截至目前共检查大型超市4个、食品加工作坊3户、食品经营户2户、学校食堂2个、牛肉屠宰销售户10户、猪肉屠宰销售户3户，下发整改意见书6份。通过检查，进一步增强了各单位的食品安全主体责任意识，为群众提供了一个安全、放心的食品消费环境。

2017 年 9 月 29 日

为加快施工进度，镇上安排人员集中清理海埂路，拆除房屋外墙和路面。

镇村中秋节看望特困供养人员。

2017 年 9 月 30 日

今天上午 10 时左右，纳家营清真寺广播通知四组纳增廷师傅小儿子小名"四老虎"归真，41 岁，脑出血，凌晨 3 时从玉溪市医院拉回来，10 点归真，在家 7 小时，"四老虎"是本组纳忠厚老师的上门女婿，今年刚刚朝觐回来，住医院还做了开颅手术但还是未见好转。

2017 年 10 月 3 日

国庆期间，纳古镇举办了盛大的圣纪节欢庆活动。每逢圣纪，除了举行必要的宗教活动，清真寺要聚餐，穆斯林要买新衣，各家各户要早早地邀请各地的亲朋好友，节日气氛浓郁。大家虽然忙但快乐着，放弃休息的日子，传递博爱。大家认真坚持，善待、负责好每一位客人，利用好每一桌饭菜；大家默默奉献，笑迎八方客；大家辛苦付出只为取悦安拉。

圣纪节期间，还有一群背后工作者，每年他们都如期而至，兢兢业业守候在这里，天还不亮就要早早地蒸好米饭等候待客，中午礼完就要准备下午的米饭，晚上要准备消夜稀饭。从早到晚，每年如此，一天要倒很多很多袋大米淘煮蒸，煮好后还要一篓一篓地挑进大厅、教学楼……

2017 年 10 月 6 日

纳家营三组的老支书纳为品昨天下午 5 点多归真，90 岁高龄，今日主麻下拜送埋体，听他的家人说，得了胰腺炎。老支书在职时相当公正，当的老实好，不逗人嫌，口碑好，好多群众都在议论：由于老支书人品好，领受才会好，日子占的老实好，死在盘闪，抬在主麻。

2017年10月7日

黄龙潭的水满了，好多年都没有出现这种情况了，今年由于降水量多，黄龙潭又恢复成儿时的龙潭了。此情此景，想起小时候写作文：我美丽的家乡，前有杞麓湖，后有狮子山，中间还有一个黄龙潭……

2017年10月8日

截至今日，纳古镇交售烤烟42500公斤，百分百完成了烤烟收购的各项指标任务。今年汛期时节，纳古镇烤烟在冰雹中受灾，造成了部分损失，镇相关站所加强指导，烟农积极配合，努力提高单产，按要求完成了交售任务。交售的烤烟中，中上等烟占95.33%，均价为28.72元／公斤。

2017年10月9日

纳古卫生院的清真食堂今天正式营业，食堂经营早点有红烧米线、卷粉、饵丝、牛肉凉片等，快餐、各种时鲜炒菜、各类炒饭，还对外营业，且承接各种会议用餐、工地用餐。老板是纳红卫，原来在海边开火锅店，烤鱼很好吃。卫生院没有开火前，大家是在镇政府食堂就餐的。

2017年10月10日

今天是10月10日，又称十全十美日。其实，工作没有十全十美，尽心就好；生活没有十全十美，简单就好；朋友没有十全十美，真诚就好；爱人没有十全十美，真心就好；亲人没有十全十美，和睦就好；幸福没有十全十美，知足就好；人生没有十全十美，快乐就好！愿你一切都好。

2017年10月11日

今天凌晨12时左右，马跃廷的母亲归真，住纳家营四组（学校附近），90岁差点。

2017年10月12日

为了提升学校中队辅导员的业务水平和工作能力，努力打造一支优秀的少先队工作者队伍，在第68个建队日来临之际，纳古中心小学举行少先队辅导员基本知识与技能培训活动，今天下午4点全校39名中队辅导员参加了此次活动，活动共分两项议程。

第一项议程是由学校大队辅导员徐正艳老师主讲少先队活动基本仪式，她首先对少先队活动基本仪式进行了全面梳理和讲解，用规范标准的动作向在座的辅导员演示，接着由六（4）中队少先队员把少先队仪式的预备部分和正式部分做了完整的演练。虽然参加活动的有不少老师担任过多年的中队辅导员，对一些少先队知识早已熟透摸清，但还是很认真地记录每个细节。

第二项议程是辅导员经验交流，由经验丰富的辅导员杨建辉老师就如何抓少先队员佩戴红领巾的问题进行了分享，年轻辅导员刘君老师就小干部培养进行了交流。

短短1个多小时的培训全面而高效，内容简化而不简单。今后，每一位辅导员将带着此次培训的收获，认真、细致、规范地开展少先队的各项工作，努力推动学校少先队工作更快、更好地发展，让火红的红领巾放射出更加夺目的光彩。

2017年10月13日

纳家营一组（原纳古镇七组）纳泽应三子结婚，儿子和儿媳在市医院上班，儿媳汉族，随教仪式是玉溪周城的师傅马建康老师舅子举行的。纳泽应家庭经济状况不好，老两口在菜市场洗鸡，原先和纳赛兰家合伙，后分开，每家各洗1周。算下来一年洗得着半年，长子和次子也都成婚，纳泽应得了严重痛风，手指头上起了一坨一坨的包包。求主赐福1对新人婚姻美满、两世幸福。

今晚，纳家营五组纳存兰的女儿吃茶，在五组大场吃；纳家营四组绰号"四代"的孙女吃茶，在四组大场吃。"四代"的姑爷马伟是勐海人，现在思茅监狱服刑，听说是无期徒刑，涉及白粉生意，所以马伟的媳妇女儿在岳父家，住通海县城，四代纳家营房子卖给纳家营一组的纳吉琮家。办事回来办。

2017年10月14日

纳家营一组的合萍英长子与同村组的纳忠有的女儿结婚，席设一组公房。

2017年10月16日

今早，纳家营一组的纳会祥的小儿子酬祝米客，他家生了个小姑娘，席设一组大场，200多桌客规模。今天还重客，古城村一组马兴义家接回门，马兴义女儿嫁给古城村一组马开华的儿子。

2017年10月17日

在通海县举行的第三批县级民间工艺师表彰会上，纳古镇两名工艺刀具制作师傅荣获"通海县第三批民族民间工艺师"称号。

马必伟、苗从应两位师傅从事工艺刀具制作多年，技艺纯熟，他们的作品充满了工匠特有的奇思妙想，工艺精湛。此项荣誉是对他们工艺水平的肯定。

"通海县县级民族民间工艺师"评选活动极大地推动了纳古文化产

业的发展，鼓舞从业者潜心学习、努力创新，以精益求精的精神将纳古工匠世代传承的传统手工艺发展壮大。

2017年10月18日

今天上午，中国共产党第十九次全国代表大会在北京人民大会堂隆重召开，纳古镇全体干部职工集中观看了开幕式，两个村党总支、相关站所也集中人员，共同收看十九大盛大开幕。

今年汛期降水较多，冰雹、短时急降水等天气对农作物造成了极大影响，纳古镇部分群众受灾。在县民政局的关心帮助下，镇民政办积极落实救灾救济工作，将救灾救济粮及时发放到受灾群众手上，共发放大米9500公斤。

2017年10月19日

今天上午，纳古镇公共资源交易中心、建设主体、施工方三方人员共同对文化站一期、二期装修工程及文化墙绘制工程进行验收。验收组通过实地查看、测算之后，一致同意准许工程竣工验收。

竣工后的文化站，提升了主体形象，增强了文化氛围，完善了服务功能，在今后的工作中将更好地实施文化惠民工程，发挥文化站阵地作用及免费开放功能。

2017年10月20日

今天，县住建局和相关专家到纳古镇指导"四类人员"农村危房加固改造工作。纳古镇建档立卡贫困户、低保户、贫困残疾人家庭共5户属于C、D类住房，需要进行改造的3户，需要拆除重建的2户。专家组一行对5户住房进行了实地查看测量，根据每一户的实际情况出具改造重建方案。目前，改造重建工作已经逐步开始。

2017 年 10 月 22 日

纳家营村五组纳兴之女纳汝佳吃茶，姑爷是通海六中副书记陈艳老师的儿子，听说还去过英国留学刚回来，婚期为 2018 年 2 月 4 日。

2017 年 10 月 23 日

纳古镇点亮玉溪项目开始施工，将在纳古镇内创业路、创新路、文化路、海埂路、星月路等 10 条主要街道安装路灯共 123 盏。此项工程实施以后，纳古镇基本实现了村内户外路灯全覆盖，实现每个自然村内均有满足出行基本需求的路灯照明。

2017 年 10 月 24 日

四组马洁清家接回门，姑娘嫁古城一组马存康的次子。

2017 年 10 月 25 日

今早是纳古学校马月娇老师筹娃娃客，二胎，生了个儿子，头胎是囡①，席设四组大场，80 多桌客。马月娇老师嫁纳家营五组的杨白弟，夫妻俩还有 10 多岁的年龄差距，相处也还不错。

2017 年 10 月 27—29 日

通海县河西镇小回村过圣节，28 日正日子这天天气很好，白天只消穿夏天的衣裳，今天来的客人很多，纳古二营去了大半营。

2017 年 11 月 3 日

纳家营村一组合成旺归真，80 多岁，心脏病，之前是重型糖尿病。

---

① "囡"，当地方言，"女儿"的意思。

2017年11月6日

纳家营村一组的管委会成员纳光生小女儿接回门,席设本组大场,远嫁通海县小回村。

2017年11月7日

今晚7时多,纳家营村五组马儒敏之妻马素芳归真,46岁,心肌梗死,平时血压高。今天中午她还去四组大场帮忙,听说是下午4时多在请客房处上厕所就没有出来了,晕倒在里面,喊我镇张从荣医生(原在纳古卫生院上班,任院长,云南中医学院毕业,后辞职开诊所)来看,张医生叫拉去玉溪,到晚上就归真了,儿子今年12月结婚,今天还是儿子挑糖的日子(结婚前吃茶,男方要拉糖果、糯米到女方家,到吃茶时用)。这些年来,随着人们生活水平的提高,心脑血管疾病日益增多且年轻化,所以平时还是应注意饮食清淡、多运动。

2017年11月10日

纳家营村五组一块160亩鸡脖子山地出租给四街镇十街村五组的周家能做种植用,租期两年,自2017年11月10日至2019年11月10日,租金每亩400元,两年租金一次性于今日前付清,共计金额128000元。出租方代表:马智高(五组支部书记)、纳俊业(五组组长);村民代表:纳维庆、纳维运、马锦华、邓应昌、纳云仙、纳泽丽、马琼、马劲松、纳向增;鉴证人:纳古镇三资中心主任张建萍。

2017年11月12日

纳家营村三组合群老师儿子结婚,新媳妇是同村组纳武勇的小囡,新式吃法,早上就开始待客了。合群老师丈夫死了几年了,她也是3年前才转成正式老师的,之前一直代课,合老师数学教得很好,私下还补课,参加学生为数不少。纳武勇和妻子已经离婚多年,小娃给媳妇领的,听说为了躲债，全部资产转到儿子名下，担子①全部脱完了。

2017年11月13日

早上，古城张应辉小儿子酬祝米客，生了对双胞胎儿子，小儿子在玉溪体校教书，媳妇没有工作，大回村人。平时一家住在玉溪。下午纳家营村五组纳存兰儿子讨媳妇，在洁雅饭庄。

为积极响应中国老体协倡导的于每年11月11日开展的全国老年人健步走大联动活动，庆祝党的十九大胜利召开，在纳古镇党委、政府的领导和各村委会、村民小组的配合下，镇老体协组织镇内老年人参加欢庆"十九大"2017年云南省老年人健步走活动通海县纳古镇分会场活动。纳古镇各部门领导、老年人、村治保队、党员、团员、五老人员等1000余人参加了活动。通过此次活动表达广大老年人欢庆党的十九大胜利召开的喜悦心情，引导老年人积极参加体育锻炼，健康强体魄，实现中国梦。

2017年11月15日

纳古连铸公司召开股东大会，通报收购穆光公司相关事项及连铸公司运行情况。连铸公司以3.88亿元收购穆光公司，分18个月付清，现向穆光投入2个亿，转炉原始股5000多万、高炉原始股9000多万、私人股份5000多万；向通海县人民不分民族招股，以万为单位。

2017年11月16日

今早，纳汝宏的囡回门，远嫁峨山，在四队大场待客，纳汝宏老家也是纳家营，现在通海县城托修厂上班，媳妇是纳家营村五组杨白老的四囡，无业，2人是重组家庭，今天回门的姑娘是纳汝宏前妻生的。

---

① "担子"，伊斯兰教认为，操办儿女的婚事是父母的宗教、社会和家庭责任与义务，故回族民间将此称为"担子"，将办完婚事称为"了担子"或"脱担子"。

2017年11月17—19日

纳古镇古城清真寺举行穆圣诞辰暨学生毕业典礼活动。

2017年11月20日

分红了，分红了，赶紧去五组请客房领钱了。五组的组员在路上遇着本组的人都这样喊着、宣传着。看着他们一个个满面春风，尽管分的金额不多，人均150元，只要上过户口的都有份。据统计，本次发放惠及325户1310名村名，金额共计196500元。

2017年11月22日

今天，纳古镇举办宗教界、企业界党的十九大精神宣讲座谈会，进一步学习贯彻党的十九大精神。

2017年11月23日

纳家营村七组马俊聪女儿结婚，嫁给五组绰号叫"黑眼"的儿子，新式吃法，席设四组大场，500多桌客。

今天晚7时多点，四组马琼坤母亲归真，80岁，心脏病突发，之前是脑梗塞。老人口碑好，不爱议论人，不搬弄是非。

2017年11月25日

自2017年5月实施河长制以来，纳古镇严格按照省、市、县各级的要求，认真贯彻落实河长制工作。通过近半年来的努力，镇辖区内的沟渠、河道、湖岸有了明显改善，与之前垃圾遍布、沟渠污浊、河道不畅的情景形成鲜明对比。

我镇成立河长办和督导办，持续加强辖区内4条入湖河道及湖岸的日常巡查和保洁。镇河长办领导小组每天指派1位领导带领人员进行巡查，发现问题及时整改。镇督导办进行1周不少于两次的定期、不定期督查，对发现的问题进行通报，并记入年末对镇、村、组领导及保洁员的考核。

纳古镇明确责任，进一步细化河长制工作。在海泥田片区、槽子田片区、大东门片区、小东门片区、荷花塘片区共5个农田片区建立镇、村、组、保洁员4级沟渠片长责任制，做到纳古辖区内每一条河道、沟渠都有责任单位、责任人监管，确保河长制推行全覆盖，不留死角。

同时，在每个片区安装一定数量的垃圾箱及温馨提示牌，让农户在喷洒农药后，农药瓶、农药袋有丢弃处，促进群众的环保意识及习惯形成新常态。

11月，纳古镇投入10万余元，对辖区内所有农田沟渠进行了为期15天的清理。对沟渠内淤泥及杂草杂物，沟渠路边的杂草及白色垃圾进行彻底清理。清理沟渠长度达15000米。

推进河长制，保护杞麓湖，提升人居环境是一项长期持续的工作。纳古镇党委、政府将持之以恒，常抓不懈，用心绘画好水清、河畅、岸绿、湖美的美好图卷！

2017年11月26日

纳锦彬的小儿子结婚，媳妇是五组马华的囡，马华也只有一个囡，马华已归真，癌症。新式吃法，早上就待客了，600多桌，纳锦彬家还不设接外人的人亲，只有接接姊妹和至亲。

2017年11月27日

今早，马琼坤母亲第四天起经请客，在马琼坤五弟家请。马琼坤只有一个弟弟，是独子，其家庭条件没有几个姐姐好，所以老人平时轮流在马琼坤大姐马素坤和她家居住。按农村习俗，请客在儿子家请，请客钱是马琼坤拿出来的。大多数家庭是吃饵丝，她家是吃饭。规模还是大呢，200多桌客。

2017年11月28日

10月13日吃茶、11月26日嫁小回村纳家营村四组绰号四代的孙女今早回门，席设四组大场，客少，100多桌，桌子也支得少。

今天下午，我镇团委领导来到纳古中心小学开展了"圆梦微心愿，爱心捐赠在行动"活动。社会爱心人士爱心扶助，为纳古小学9名同学赠送运动鞋、精美书包和学习用品等学生期待的爱心物品。

在捐赠仪式上，镇团委书记发言，对学生学习生活情况亲切关怀，对以后的学习寄予厚望；希望少先队员发奋读书，发扬吃苦耐劳精神，自立自强，学习更加进步，心怀感恩，以实际行动回报社会。

学生铭记上级政府和爱心人士的关爱和帮助，感激之情难以言表，以此为动力，将更加努力学习，回报爱心人士，回报社会。

继纳古中心小学今年年初贫困学生微心愿项目启动以来，上级政府多次关怀和社会各界爱心人士慷慨解囊，相继让学生实现着他们的"微心愿"，为学生的学习生活解决了一定困难，将不断激励孩子勤奋刻苦，奋发向上。

2017年11月29日

四组武聪长子家筹房子客，宰羊吃饵丝。

党的十九大是在全面建成小康社会决胜阶段、中国特色社会主义发展关键时期召开的一次十分重要的大会。党的十九大报告阐述了未来一个时期，党和国家事业发展的大政方针和行动纲领，具有很强的思想性、战略性、前瞻性和指导性。纳古镇坚持将学习宣传贯彻党的十九大精神作为当前和今后一个时期的首要政治任务来抓，深刻领会和全面把握十九大报告的科学内涵和精神实质，精心组织安排了各项学习宣传活动。

自党的十九大召开以来，纳古镇学习宣传贯彻党的十九大精神取得了较好成效，但在活动中，仍然存在一些问题，如结合具体工作如何贯彻落实还需进一步细化，学习载体较为单一等。在今后工作中，我们将对照差距、弥补不足，将学习宣传贯彻党的十九大精神不断引向深入，用党的十九大精神指引各项工作，以改革创新的精神和求真务实的作风扎实推动各项工作，不断取得新成效。

2017年11月30日

今天上午，我镇召开残疾人联合会第五次代表大会，32名代表出席会议，不是代表的党政班子成员、镇属相关部门（站所）负责人、各村委会主任列席会议，县残联副理事长黄珊到会指导。镇党委书记杨堂聪在会上做了讲话，对我镇残疾人事业全面发展提出要求。大会选举产生第五届主席团委员及出席县第六次残代会代表。

在第五届主席团第一次会议上，选举产生了主席团委员会主席、副主席、理事长、理事，名誉主席、副主席。县残联副理事长黄珊向新当选的同志颁发当选证、聘书。

大会审议通过了合惠儒同志代表纳古镇残疾人联合会第四届主席团所做的工作报告，明确了今后工作的指导思想和基本原则，提出了当前的重点工作和奋斗目标。

大会号召，全镇广大残疾人和残疾人工作者要继续发扬求真务实、开拓创新、无私奉献的精神，以高昂的斗志，认真完成今后5年的工作任务，让广大残疾人安居乐业、衣食无忧，生活得更加殷实、更有尊严。

2017年12月1日

进入冬季，美丽的海鸥飞越千山万水，再次来到纳古小镇。如今，海鸥不仅成了纳古人民的好朋友，也成为纳古旅游文化小镇的亮丽名片。

小海湿地公园成了观赏海鸥的胜地，这里一天多景，美不胜收！

纳古镇欢迎各位游客到杞麓湖北岸观看海鸥，也提醒各位游客要文明观看海鸥，坚决避免出现伤害海鸥的行为，同时，请游客们在游玩过程中，爱护环境卫生，保护杞麓湖生态环境。

2017年12月2日

纳家营村三组卖牛肉的老厚家儿子结婚，在大场待客，新媳妇是五组纳维芳二女儿，新式吃法，一天就办完了。

晚上是纳家营村一组马光廷小囡吃汤圆，姑爷是小回村人。

2017年12月3日

纳家营村一组纳东润小囡会亲。

为保证人畜健康和人民生命财产安全，纳古镇经研究决定，在全镇辖区内开展一次以农村农田为重点的冬季大规模统一灭鼠工作。

在镇灭鼠领导小组统一领导下，制订农村农田灭鼠方案，由农技农机站负责组织实施；各村灭鼠领导小组负责区域内的灭鼠组织协调，农科员负责指导。

各村组充分利用各种宣传媒介（广播、黑板报等），采取多种形式，广泛向群众宣传鼠害的严重性、灭鼠的重要性，做到家喻户晓，认真做好环境卫生，收藏好食物，断绝鼠粮。灭鼠期间做好安全工作，避免发生安全事故，管好小孩，畜禽尽量关养。

11月27—28日为准备阶段，镇农技农机站做好毒饵配制工作，各村组认真做好投放鼠药前的宣传、发动工作；11月29—30日为统一投药时间，各村委会到镇政府将灭鼠毒饵领去并安排各组由灭鼠员分发到农户进行投放。

此次灭鼠活动做到"村不漏组，组不漏户，户不漏屋"，同时对公共场所及村庄周围200米以内的农田也进行灭鼠。共计投入灭鼠经费3800元，投放毒饵600公斤，投放范围覆盖了全镇3331户农户，覆盖率达100%，覆盖了农田1100亩覆盖率达99%，预计可灭鼠2万余只，挽回粮食损失5万余公斤，折合人民币20余万元。

2017年12月4日

纳家营村五组纳维芳二囡接回门,早上是正客,席设五组大场。下午请男方家吃。

民以食为天,农产品质量安全事关人民生命和身体健康与社会和谐,事关农业发展和农民增收。纳古镇认真贯彻《中华人民共和国食品安全法》《中华人民共和国农产品质量安全法》,落实好党中央、国务院关于加强农产品质量安全工作的一系列决策部署,切实保障农产品质量安全和公众饮食消费安全,共同推进健康纳古、健康通海建设。

农产品质量安全监管站认真组织开展农产品产地快速检测工作,将"农产品生产及销售市场100%纳入监测范围",实时监测农产品质量,按照省、市、县关于农产品质量安全监管工作的要求和县农业局的安排,定期对辖区内销售的蔬菜、水果进行随机抽样检测,并进行动态管理,确保农产品产地质量安全。2017年共抽检农户100户次,抽样检测蔬菜、水果样品120个,合格率100%。

2017年12月5日

2017年汛期降水较多,对纳古镇抽排水设施造成了一定损害。纳古镇积极争取资金项目,投资约20万元对破损湖堤、黄龙潭抽水房、海泥田排涝站进行修复,目前,工程已经完工并通过镇级验收。

2017年12月6日

为进一步贯彻落实党中央、国务院决战脱贫攻坚、决胜全面小康的决策部署,纳古镇全面加强全镇建档立卡户、低保户、农村分散供养特困户、贫困残疾人家庭四类重点对象的农村危房改造工作。

一是明确责任。明确乡镇是农村危房改造的责任主体,加强组织领导,整合各类资源,严格执行农村危房改造政策,充分发挥驻村扶贫工作队和县级专家组、乡镇技术组的作用,积极引导和发动农户,统筹推进农村危房改造工作。镇相关部门要按照职责分工，指导村组做好4类重点对象精准识别、危房精准认定、改造技术指导、质量安全跟踪、资金筹措监管等工作。

二是精准核实存量危房。由镇规划中心、扶贫办牵头，民政、残联等部门配合，完成全镇4类重点对象C、D级农村危房现状精准核实工作。与中央、省级危房信息衔接，及时录入信息系统，认定底数，应保尽保。最终锁定4类重点对象C、D级农村危房5户，其中建档立卡贫困户3户（C级2户，D级1户），低保户1户（D级），贫困残疾人家庭1户（C级）。

三是科学编制实施计划。根据农户房子实际情况制订了一户一方案，多次到农户家中沟通协调、听取户主意见和建议，根据农户的想法，制订农户满意且可行的方案，并于10月11日邀请了县级专家组逐户实地查看并进行指导，根据专家的意见和建议，修改完善一户一方案。目前涉及修缮改造的3户已经竣工。

四是严格档案管理。在开展工作过程中，及时补充、更新、完善4类重点对象危房改造全过程的相关危房认定与改造对象申请、评议、审核、审批、公示、实施改造、验收、兑付及督查整改等工作的痕迹资料和信息录入资料，一并归入档案资料，坚持"一户一档"同步建纸质和电子两套一致台账。定期通报工作情况，确保扶贫工作精准。

五是加强监督检查。镇规划、扶贫办会同相关部门、站所加强4类重点对象危房改造工作监管，加强项目进度调度，开展全镇4类重点对象危房改造工作绩效评价工作，建立落后村（社区）约谈制度，及时公开信息，畅通投诉渠道，主动接受纪检、监察、审计和社会监督。

2017年12月7日

纳古镇落实县残联惠民政策，将拐杖、轮椅发放到符合条件要求的贫困残疾人手中，此次共发放拐杖13根、轮椅23台。

2017年12月8日

为了确保田间排灌沟渠的畅通，纳古镇通过招标，投资10.1万元对镇内所有农田排灌沟渠进行清淤疏浚。从11月中旬动工以来，经过20天的打捞清理，项目按时完工。今天，镇组织工程项目验收工作小组对项目进行检查验收。经实地查看测量，项目质量符合合同要求，同意通过镇级验收。

通过此次清理，极大地方便了纳古群众栽田种菜，同时也为明年汛期的平稳度过打下坚实基础。

2017年12月12日

玉溪市委常委、常务副市长王力到纳古镇调研经济社会发展情况，实地察看了纳古镇企业转型升级情况，参观了纳古民族传统手工艺展示厅和纳家营清真寺后，王力副市长对纳古的集镇建设、产业转型提出了意见和要求。

2017年12月13日

今天，纳古镇召开2017年今冬明春森林防火暨绿化造林成果保护工作会，镇班子成员、各中心站所长、村组领导、护林工作人员等50余人参加会议。

会上，分管副镇长尹绍荣总结了2017年以来护林防火工作情况，提出了工作中存在的不足，并对2018年护林防火工作进行安排部署。他指出，省、市、县对今冬明春森林防火工作提出了"六个更加，两个确保"，即：思想要更加重视，宣传要更加广泛深入，责任要更加落实，火源管控要更加有效，督查要更加有力，应急处置要更加安全高效，确保不发生大的森林火灾，确保不发生人员伤亡。

结合纳古镇实际，今年护林防火工作要做好以下三点：

（一）强化责任落实是根本。一是镇党委、政府的责任要落实到位。

行政主要领导要亲自抓、负总责，分管领导要全面抓、抓具体，切实强化组织领导，做到领导到位、工作到位、保障到位。二是镇林业站的责任要落实到位。镇林业站是预防和扑救森林火险的主体单位，要发挥好职能部门的组织、培训、协调、指导、督查的作用，确保工作落到实处。三是村组和护林员的责任要落实到位。村组、护林员处在森林防火的第一线，是预防森林火灾最基层的力量，必须确保到岗到位，认真履行好维护山林安全的责任。

（二）强化措施落实是关键。一是要加强监测预警。根据重点时间、重点区域和重要天气适时发布火情预警信息。二是要强化野外火源管理。要认真组织村组及护林员加强巡山护林，针对农事、林事用火，要实现疏堵结合，加强巡查监管，严打严查违章用火行为，坚决杜绝携带火源、火种进山。同时要抓好重点领域防火措施的落实，突出重点部位、把握重点时段、管住重点人群，坚决设卡防控进山人员，做到拒火种于林外。三是着力抓好计划烧除，及早排除火灾隐患。对符合计划烧除条件的要做到应烧尽烧，不具备烧除条件的要采取铲除、割除等方法尽可能减少林下可燃物，以达到有效减少火灾发生率的目的。

（三）强化排查督查是重点。一是做好排查整改。在全镇范围内组织开展森林火灾隐患大排查活动，对排查出的隐患及时整改，特别要抓好抓实高火险区、重点部位、重点地段、重点人群的检查监管，及时消除隐患。二是抓好督促检查。认真组织开展森林防火工作大督查，促进各项防范措施落实到位，重点督查领导责任到位情况、24小时值班制度落实情况、基层工作落实情况、巡山护林员手机在线情况、宣传工作开展情况、资金物资储备及应急工作落实情况。对检查中发现的问题，要及时提出整改措施，落实整改责任、整改时限，及时消除火灾隐患。

镇党委书记杨堂聪总结发言并对全体参会人员提出：护林防火工作是政治任务，镇、村、组三级要高度重视，形成合力，践行"绿水青山就是金山银山"，切实保护好我镇森林资源和人民群众生命财产安全。

2017年12月14日

今天，纳古镇召开今冬明春消防安全火灾防控工作会，对冬春两季的防火安全进行安排部署。

会上，镇分管副镇长张从国传达了《纳古镇2017年今冬明春火灾防控工作方案》文件要求，他指出，即日起至"两会"结束为我镇冬春火灾防控工作特别防护期。纳古镇成立今冬明春火灾防控工作领导小组，由副镇长张从国任组长，镇相关站所负责人、村委会主任为成员。

领导小组要做好以下三项工作任务：

一是强化火灾防控基础工作。切实加强政府组织领导，强化部门依法监管，落实社会单位主体责任，将消防安全网格化管理纳入平安建设、社会综治管理、政府工作目标等内容，纳入村干部绩效考核，推动落实基层消防工作责任。

二是强化火灾隐患整治工作。深入推进消防专项治理，持续开展全镇人员密集场所、出租屋、闲置厂房、三小场所和重要施工工地等场所专项整治工作，落实重点场所、要害部位的火灾防控。在全国和省市"两会"及元旦、春节、元宵节等重大活动和重要节日，着重开展防火安全检查，督促落实火灾防控措施。

三是强化消防宣传教育工作。通过"119"消防安全宣传月等活动，广泛开展群众性的消防宣传教育培训活动，发动社会公民参与查找并消除身边火灾隐患，普及消防安全知识；发挥消防志愿者作用，组织热心消防公益事业的宣传力量走街串户，以独居老人和出租房为重点，深入推进消防宣传活动；元旦、春节、元宵节期间要重点宣传和提示公众聚集场所火灾预防、逃生自救、安全燃放烟花爆竹等知识；利用微信、QQ等现代通信工具和平台开展消防"微互动"活动，发动群众通过"96119"举报火灾隐患；镇主管部门对农村消防安全责任人和工作人员进行防火安全教育培训，派出所对专兼职消防民警、农村志愿消防员进行防火安全教育培训，重点单位、人员密集场所要对员工开展至少1次消防安全教育培训。

张从国要求所有参会人员提高思想认识，始终绷紧消防安全这根弦，严格落实以上三点要求，将消防安全知识宣传和火灾隐患排查融入日常工作中，层层落实工作责任，共同守护纳古人民群众的生命财产安全。

2017年12月15日

今天，在全镇干部职工和村组领导工作会议上，镇党委书记杨堂聪对年终工作进行安排部署，要求镇村组合力开展好年终工作。

一是做好镇18项重点工作的收尾工作。镇18项重点工作均进入收尾阶段，群众关注度最高的就是海埂路建设和"村村通"道路建设，目前海埂路工程正在积极推进中，镇相关中心站所要加强督促，村组领导干部要积极配合，做好沿路厂矿和群众的出行工作，确保工程的顺利进行。"村村通"道路由于施工方工期原因，已确定要到过年后再继续进行施工，请村组领导干部对群众做好宣传。

二是引导企业做好转型升级工作。目前镇内转型从事彩印包装及电线电缆生产的两家企业已经成功办理了全部合法生产证照，镇相关站所及村组领导干部要加强对辖区内企业的宣传引导，引导企业走正规化道路。

三是继续落实河长制，开展环境卫生整治工作。纳古镇河长制工作在大家的共同努力下，成效显著。我们要再接再厉，从小处着手，继续开展环境卫生整治，村组领导干部要落实责任，起好带头作用，带领群众维护好街头巷尾、田间沟渠、入湖排水沟渠的卫生。镇相关中心站所要加强巡查，发现问题及时通报，特别要关注镇内随意倾倒建筑垃圾的现象，一经发现将进行严惩重处。

2017年12月16日

纳家营村五组一村民长子大涛结婚，27岁，二婚，头婚讨金卫的大囡，2个多月后就离婚，现讨纳家营村一组涮菜小丽的囡，女方还是小姑娘，未嫁过，两家都是按头婚办。今天早上开始待客，席设五组大场，300多桌客规模。

2017年12月19日

今天早上，纳家营村一组涮菜小丽囡接回门，席设三组大场，400多桌客。下午，还要邀请男方亲朋好友吃。一般男方邀请到亲姊妹、叔伯姊妹、表姊妹、隔壁邻舍、伙伴。

今天，纳古镇组织全镇党员参加云南省农村党员冬春训第一次视频培训。镇机关党员在镇多媒体会议室集中学习，各村党员在村委会集中学习。

2017年12月20日

县委统战部对乡镇困难侨属侨眷的生活十分关心，经过调查核实，为我镇4户困难侨属侨眷家庭发放补助金共计4000元。纳古镇分管领导人大主席纳立凡将补助金和县委、政府的关心送到4户困难侨属侨眷家中。

2017年12月21日

县残联关注纳古镇贫困残疾人家庭过冬问题，为有困难的残疾人家庭配发过冬棉被15条。镇残联工作人员和村组领导及时将棉被送到镇内贫困残疾人家中。

今天下午，玉溪市水利局局长乔正喜、县水利局局长吉德武在镇党委书记杨堂聪和镇长纳鸿翔的陪同下，实地检查指导我镇古城关塘防渗引水工程实施推进工作，并对关塘防渗引水工程施工进展及工程质量给予了肯定。

在了解工程推进情况后，市水利局乔局长指出：关塘防渗引水是一项涉及民生的工程，做好关塘的防渗引水工程，能够有效地解决旱期人畜饮水问题，扩大农田灌溉面积，对改善生态环境、促进农业发展有良好的推动作用。

最后，乔局长强调：岁末年初，要把关塘防渗引水工程施工安全作为重中之重的工作，要做好库塘周边的安全措施，树立施工安全警示牌等，加强库塘施工及管理人员的素质、业务培训，以此提高库塘施工的管理安全质量，争取在2017年12月底，按质按量安全完成关塘防渗引水工程，同时安排布局做好2018年相关的防汛工作，排除汛期的安全隐患。

2017年12月26日

马灿林是纳古镇纳古古城村的义务卫生监督员，同时也是该村的基层河道监督员。自任职以来，马灿林同志认真负责地履行岗位职责，纳古古城村的人居环境和入湖河道卫生得到了极大改善。镇党委、政府工作人员和纳古古城村的群众提起他都是赞不绝口。

作为纳古镇纳古古城村河道卫生监督员，马灿林同志不但积极宣传上级提出的河道保洁方针政策，还负责对村内每条河道的清淤和保洁工作，在日常巡查中针对本村范围的河道进行河道保洁情况督查，并实时将问题拍下照片发到镇河道保洁监督群里。监督巡查活动有力推动了本村的河道保洁工作，长效保洁成效明显，有效杜绝了已治理河道的反弹情况。村里的治水工作做好了，他鼓励本村村民继续做好保持工作，对发现问题的地方，及时督促责任人进行落实整改。

自从河长制工作开展以来，马灿林同志在工作和生活中自觉节约用水，在巡河过程中发现的垃圾，不管是不是自己负责的河道，他都会及时安排清理，自觉践行生态文明理念和绿色生活方式。在河道清理行动中，在卫生死角清理中，在道路垃圾打扫中，在田间地头垃圾捡拾中，我们都能看到马灿林同志的身影。在河长制工作刚开展的时候，很多群众都认为这是作秀，是形式主义，而正是像马灿林同志这样的好党员，用长期坚持、身体力行消除了群众的疑虑，做好群众的宣传工作，让更多的群众重视了河长制工作，让更多的群众参与到河道治理活动中来。

马灿林同志还借助民情地图"走村入户"工作宣传治水，每次走访农户他都是挨家挨户发放宣传单，同时，他还对群众悉心讲解和宣传河长制的目的和意义，介绍相关政策措施，普及治水知识，积极推广生态理念，使更多村民踊跃参与到杞麓湖治理的工作中。

作为一名基层河道监督员，马灿林同志尽职尽责，出色地完成各项工作，得到了镇河长办相关领导的一致好评。作为一名最基层的河长，他对待每一条河道都像对待自己的家园一样认真负责，他这样认真负责的态度，是我们学习的榜样。让我们向和马灿林同志一样为杞麓湖治理默默奉献的人学习，传递社会正能量，为打造美丽通海贡献出自己的一份力量。

2017年12月27日

今晚11点20分，上一届老镇长纳立凡父亲归真（我们来自安拉，必将归于安拉），老人是纳古镇五金厂退休工人，住小儿子家，在纳家营村三组荷花小区住，老人小脑萎缩严重，大小便失禁，这几年不出门了，主要由老伴照管，几个儿子轮流照顾，听说老伴每天要洗几条尿裤子。归真对大家来说是脱担子。

2017年12月28日

今天，"两县区、八乡镇（街道）森林防火联防会议"在纳古镇召开，来自通海县、江川区森林防火指挥部的领导，通海县林业局领导以及通海县秀山街道、纳古镇、杨广镇、四街镇、河西镇、江川区大街街道、九溪镇、雄关乡等8个乡镇（街道）的森林防火工作人员参加了会议。

会上，作为2017年森林防火联防当班乡镇，通海县纳古镇镇长纳鸿翔致辞，对各参会单位在2017年森林防火联防工作中的支持配合表示感谢。纳古镇分管副镇长尹绍荣对2017年森林防火联防工作进行总结，他提出，2017年联防区内未发生森林火情，取得了历史以来最好的成绩，但是森林防火联防工作也还存在结合部设施落后等不足。

随后，2018年当班乡镇通海县杨广镇副镇长吕江河对2018年森林防火联防工作的开展提出安排部署意见。

通海县森林防火指挥部专职副指挥长余联昌指出：森林防火的目标是树，有了树才有山，才有绿水青山，才有金山银山。他要求，参会各联防单位要做好宣传，预防为主，加强两县区交界处的防火工作，相互配合加强交流。

最后，在集体讨论并一致通过了《通海县、江川区八乡镇（街道）森林防火联防协议》以后，参会各乡镇签订了联防协议。

2017年12月29日

今天15时许，通海县四街镇四街社区北正街发生一起致人伤亡刑事案件，造成1人当场死亡、8人受伤。伤者中有1人在送医救治过程中死亡，其余7名伤者正在医院救治，生命体征平稳。

案件发生后，通海县委、政府高度重视，第一时间全力以赴对伤者展开医疗救治，并成立案件处置工作领导小组，现场对处置工作做出全面安排部署；政法、公安、教育、卫生等部门和相关乡镇党委、政府工作人员联动协作，及时开展群众疏导、社会维稳、案件侦破、善后处置等工作。

经公安机关初步侦查：今日11时许，通海县第三中学高三学生解某与高一学生朱某，在打篮球的过程中发生纠纷，经他人劝解后各自离开。15时许，双方离开学校后，在四街镇四街社区北正街路上发生冲突，解某持刀伤人，致1人当场死亡，1人在送医救治过程中死亡，7人受伤住院治疗。

目前，涉案犯罪嫌疑人解某、朱某已被刑事拘留，案件正在进一步侦办中。

纳瑞媛日志
2018年

2018年1月2日

今天晚上7点多，纳家营村四组纳顺祥次子纳鸿宝骑摩托车和一辆130蓝剑车在九龙路口相撞，当场死亡。蓝剑车司机报警之后逃离现场，等纳鸿宝父亲和岳父把他送到秀山医院，医生已经宣布无生还体征。纳鸿宝今年仅32岁，妻子是四组组长纳锦高的女儿名纳伊，27岁，育有一女，7岁多，纳伊身怀六甲，预产期在今年3月，听到丈夫死讯后，纳伊伤心欲绝，没有一滴眼泪，听说肇事司机暂时送了5万元的安埋费用来。纳鸿宝今天是和赛托队一起到九龙山上进行山地摩托车比赛，比赛结束后，同伴们在山上野炊，下午饭未来得及吃才接着电话他就赶往家里，车速太快导致和大车相撞。唉，摩托车确实很不安全，一定要教育好年轻人远离赛托，安全第一。

2018年1月3日

纳家营村四组纳廷武妻子归真。

2018年1月4日

今天，中国共产党纳古镇第十一届代表大会第二次会议召开。50名镇党代表出席会议，镇党政班子成员、中心站所负责人、村组领导干部等受邀列席会议。

在上午举行的开幕式上，镇党委书记杨堂聪代表镇党委做题为"高举习近平新时代中国特色社会主义思想伟大旗帜努力开启纳古跨越发展新篇章"的党委工作报告。

报告总结了2017年主要工作：

一、经济保持平稳健康发展。2017年全镇生产总值8.2亿元，地方财政收入622万元，比上年增长17.8%，完成社会固定资产投资1.01亿元，向上争取资金291万元，完成招商引资1.2亿元；农村居民人均可支配收入2.42万元，比上年增长11%。

二、工业在困境中逐步转型。严格执行国家五部委文件，坚决按照要求拆除、关停11户中频炉企业，加大"地条钢"生产使用打击力度，与企业签订承诺书，保证辖区范围内不再生产、销售、使用"地条钢"。积极争取设立纳古北片工业发展区，实施"一厂一策""一厂一审批"政策，支持合规合法企业办理手续入园生产，确保工业主体地位不动摇。

三、"三农"实现稳步发展。2017年实现农业现价总产值5653万元，比去年增长5.7%。交售烤烟4.25万公斤，交售收入122.04万元。举办农产品质量安全培训10场，培训各类人员723人次。加强对规模养殖户、贩运户的培训和管理，共培训463人次，检疫家禽4.8万余只。

四、基础设施建设力度加大。马鞍子路改扩建，破损湖堤、黄龙潭抽水房、海泥田排涝站修复工程，古城村汉族公墓建设，主要交通道路停车线划定，狮山路、创新路人行道改造，民族手工艺品展示厅，回族文化展览馆等工程已经完成建设。海埂路、互保路至杞麓湖北岸段，古城关塘蓄水项目，第二轮"百千工程"等建设项目正在积极推进。

五、民生事业持续保障。城乡居民养老保险完成107.6%，基本医疗保险参保人数占全镇总人口的92%。完成创业担保贷款、贷免扶补33户；调解农民工劳资纠纷19起，涉及金额60.8万元；累计发放各种抚恤救助金197.7万元，发放救济粮1.55万公斤，发放过冬救济物品370件；完成12户建档立卡贫困户的动态管理工作；完成5户四类重点对象C、D级危房加固改造。

六、民主法治建设积极推进。受理各类行政、治安、刑事案件72件，查处破获60起；受理调解各类矛盾纠纷84件，调解成功82件，组建2支村联防队伍。坚持党的民族宗教政策，切实维护民族团结、宗教和顺、社会稳定的良好局面。

七、思想文化建设不断加强。坚持党管意识形态工作，不断深化中国特色社会主义、中国梦、习近平总书记系列重要讲话和考察云南重要讲话精神的宣传教育，切实抓好党的十九大精神的学习宣传贯彻落实。

八、生态文明建设取得新成效。深入实施环湖党建和"党建＋生态流域"工作，开展"仙湖卫士"主题服务活动10余次，环境卫生综合整治6.4万平方米。全面推行"河长制"制度，4条主要入湖河道、41条小沟小巷全部实现清理，镇区保洁实现常态化。

九、全面从严治党不断推进。始终坚持全面从严治党，层层落实管党治党政治责任。坚持政治学习例会、党政班子例会、党委理论中心组学习。制定实施《纳古镇2017年重点项目实施方案》《纳古镇机关工作纪律和会议纪律管理办法》和《纳古镇党政班子成员工作日报告制度》三个制度，以制度管人管事。

十、基层党建得到提升。以"基层党建提升年"为契机，推进"两学一做"学习教育常态化、制度化。发展党员4名；慰问老党员33人次，发放慰问金16600元；为27名党员发放创业致富贷款260万元；高标准完成15个基层党组织及279名党员信息采集工作；收取并上缴党费15000元；加强党建工作保障，共拨付党建工作经费25.97万元。

书面提交以"夯实作风 锐意进取 开创从严治党和反腐工作新局面"为题的镇纪委工作报告和镇党委班子成员述职述廉报告。出席代表和列席人员分四组对镇党委、纪委工作报告进行讨论，对党建、党风廉政等工作提出意见和建议。

在下午15点30分召开的闭幕式上，大会通过了《中国共产党纳古镇第十一届代表大会第二次会议关于中共纳古镇纪律检查委员会工作报告的决议》，并圆满闭幕。

2018年1月5日

今天，纳古镇召开第六届人民代表大会第三次会议。46名镇人大代表、来自全镇各行各业的76名列席人员参会。

开幕式上，镇长纳鸿翔代表镇政府做政府工作报告，报告总结了2017年以来纳古镇人民政府取得的工作成绩：抓好重点项目建设，城镇面貌不断改善；严格执行国家政策，积极促进企业转型升级；一、二、三产业发展步伐稳步加快；生态环境建设扎实推进；民生事业不断完善；社会治安综合治理不断强化；政府自身建设不断加强。对2018年工作开展提出计划：一是坚守安全环保底线，筑牢可持续发展屏障；二是推动旅游文化产业发展，书写小镇故事；三是着力完成重点项目建设，发展集镇基础设施；四是努力推进企业转型升级，走多元化发展的路子；五是争取省市资源，搭建平台，寻求经济增长点；六是加强人居环境综合整治，建设生态美丽新纳古；七是坚定不移推进改革，不断创新监管机制；八是发展民生事业，增强群众幸福感；九是加强社会治安管理，维护纳古社会长期和谐稳定。

镇人大主席纳立凡向大会做了人大主席团工作报告，总结了2017年镇人大工作情况：一是依法履行人大职责；二是积极参与中心工作；三是加强自身建设，提高履职能力。提出2018年工作重点：一是围绕党政中心工作谋划全局；二是服务大局，强化各项监督工作；三是加强联系，发挥代表的主体作用。

下午5点，参会代表表决通过《纳古镇第六届人民代表大会第三次会议关于政府工作报告的决议》《纳古镇第六届人民代表大会第三次会议关于纳古镇人大主席团工作报告的决议》，大会圆满结束。

2018年1月12日

纳家营村四组组长发老二哥哥归真，45岁，红斑狼疮。

在今天召开的玉溪市精神文明建设工作会议上，纳古镇纳家信一家荣获第一届"市级文明家庭"称号。

纳家信一家是纳古镇人人称赞的文明友爱家庭。纳家信和妻子纳素兰育有3个子女，子女都已成家并有了自己的孩子，但是一家人还是相亲相爱地和睦相处。长女纳月的女儿是脑瘫患儿，从孩子出生以来，纳素兰和两个儿媳就悉心照顾。除此之外，孩子出生后一直在昆明儿童医院康复科进行治疗,每个月1个疗程,每个疗程两个星期,除了寒暑假外,每个月都是两家哥嫂轮流带孩子去进行治疗,这一治,便是8年!孩子和舅舅、舅妈相当亲,甚至对两个舅妈都喊"妈"!纳月的侄子侄女对孩子也是爱护谦让,从不让她受任何委屈。纳月感激家人的付出,不知如何回报,而母亲纳素兰总是说:"傻孩子,我们是相亲相爱的一家人!"

正是在这相亲相爱的良好家风中,家人和睦相处、其乐融融。心灵手巧的母亲,勤俭睿智的父亲,勤劳能干的子女,活泼可爱的孩子。一大家子大大小小10多人,围坐在一起,这时,母亲纳素兰异常欢喜,总是乐呵呵地说道:"我们是相亲相爱的一家人!"纳家信一家长辈慈爱、晚辈孝顺。子女儿媳互敬互爱,对孩子关爱至极。"我们是相亲相爱的一家人"是纳素兰常挂在嘴边的一句话。这句话已经渗透到全家人的思想中,潜移默化地映射在全家人的言行中。在父母的言传身教下,纳家信一家不仅关心邻里,还对社会上的贫困家庭给予力所能及的帮助。同时,纳家信一家十分重视孩子良好道德品质的培养,孙子孙女耳濡目染,经常会把自己卖玩具的钱,给乞讨的老人、残疾人或小孩,好的家风得以传承!

荣获"市级文明家庭"称号是对纳家信一家的肯定,一家人相亲相爱,互相帮助,和睦共处的家风值得我们共同学习!

2018年1月15日

今晚10时,纳家营村一组纳俊辉父亲归真,脑出血,之前是脑梗。

2018年1月22日

纳家营村一组马丽春家酬祝米客,长子纳川家添了个小囡,满月筹客。

2018年1月23日

今早三组马玉恒归真,心脏病发,71岁。

2018 年 1 月 24 日

纳家营村三组纳润锦小儿子结婚，新媳妇是四组马慈良的长女。新式吃法，早上就开始待客了。

2018 年 1 月 25 日

为进一步提高辖区微型消防站的灭火作战能力，全面提升初期火灾的处置能力，今天上午，纳古派出所邀请通海县消防大队官兵到纳古镇对微型消防站开展消防技能业务培训及演练，两村治保主任及村组领导20余人参加培训。

首先，通海县消防大队官兵结合案例着重讲解了社区建立微型消防站的重要意义、微型消防站如何在处置初期火灾中发挥作用，并对微型消防站建设标准及相关职责、制度进行了解读。其次，开展干粉灭火器、机动泵、水带、水枪等基本灭火器材培训及演练，同时结合业务技能训练还及时向参训人员讲解了一些灭火救援经验常识，使其学会在火场中如何根据现场情况的变化正确选用灭火战术、灵活掌握火场形势有效扑救火灾和保护自身安全。

通过此次培训，开拓了大家的思维，使参训人员认清了消防安全工作的重要性，有效提升了微型消防站的联勤联动和群防群治能力，进一步提升了社区微型消防站的业务水平和处置初期火灾的能力。

2018 年 1 月 26 日

纳家营村四组马慈良长女接回门，四组公房。

2018 年 1 月 27 日

纳家营村五组纳俊荣儿子结婚，新媳妇是五组金六的姑娘，去年考取云南师范大学，通海一中毕业。婚宴有五六百桌。

2018年1月28日

2018年1月,县民政局将冬春救灾衣被及时下拨,根据县民政局的要求,纳古镇民政办将衣被发放到镇内建档立卡贫困户、残疾人困难户、优抚对象等困难家庭,共发放冬寒衣被360件。

2018年1月29日

古城村一组包脚老超家儿子结婚,新媳妇是纳家营村三组纳汝程姑娘,在古城请客房处待客。

2018年1月29日

今天下午,纳古镇组织召开2018年度企业离退休职工春节年拜会,会议由县社保局退保股股长赵玲主持。

会上,镇长纳鸿翔代表镇党政班子致新春贺词,向老同志们汇报了纳古镇2017年的重点工作开展情况和重要建设项目建设进度,诚挚邀请各位老前辈为纳古镇建设提出意见和建议。

通海县社保局副局长李宗福向各位离退休职工介绍了2017年通海县企业离退休人员管理的主要工作开展情况,并向纳古镇退休工人送上新春的祝福。纳古镇退休工人40余人参加了年拜会。

2018年1月30日

今早,纳古镇组织综治、司法、团委、妇联、工会、计生、农业中心、卫生院、派出所等中心站所集中开展科技文化卫生"三下乡"活动。

各中心站所就各自工作重点宣传了党的十九大精神、反邪教、禁毒防艾、社会治安、"一标三实"、卫生健康等知识及法律法规,发放宣传日历、宣传单、宣传购物袋、计生用品等共计3000余份。丰富多彩的宣传物品吸引了群众的热情参与。工作人员还提供现场咨询服务,许多群众就自己关心的民生、科技、法律等问题进行了咨询。

县卫计局工作人员带着展板和宣传资料到活动现场宣传麻风病、肺结核等传染病的特征和防治方法。县农机站工作人员到活动现场宣传了农机安全生产知识和法律政策。

此次"三下乡"活动实现了把安全知识送到基层，把健康知识送给群众，取得了良好的宣传效果。

2018年1月31日

新春将至，纳古镇计生站近期对镇内独生子女奖励扶助人员和特别扶助人员进行走访面谈。

独生子女奖励扶助人员是指办理了独生子女证的，年龄在60岁以上的人员，纳古镇共49人。特别扶助人员是指失独家庭人员及办理了独生子女证的伤残人员，纳古镇共7人。

镇计生站将在春节前完成对上述人员家庭的走访，了解扶助人员家庭生活情况、困难问题，向受扶助的人员家庭送去镇党委、政府的关心和慰问。

2018年2月1日

纳家营村五组马子昌长子讨媳妇，新娘是在镇计生站上班马茜茜小姑。席设五组公房，新式吃法，早上开始待客，400多桌客的规模。

马子昌前妻尿毒症归真，现任妻子是纳家营村四组小名六妹，三婚了，按常理接亲人应该是六妹，但是由马子昌老母亲接，听说老人有点难办。

2018年2月2日

今早6点17分，纳家营村五组纳永安（镇人大主席纳立凡丈人）归真，糖尿病并发症，前几天刚刚住院回来。

在镇计生站上班的马茜茜小姑接回门，席设四组公房。

2018年2月3日

今早,纳古镇古城村全民健身运动会举行开幕式,镇村领导、企业代表和来自古城村的21支篮球队参加开幕式。此次运动会将组织开展篮球赛、拔河比赛、10千米长跑等比赛运动。预祝本次运动会圆满成功。

2018年2月4日

纳家营村四组纳顺坤独子纳宏宇结婚,新娘是纳家营村五组纳兴长女纳汝佳。席设四组公房,新式吃法,早上就开始待客了,600多桌客规模。

2018年2月5日

纳家营村五组纳德文母亲归真。

2018年2月6日

纳家营村五组纳兴长女纳汝佳接回门,席设五组公房。今天还停电,从早上8点停至下午4点30分,他家就借了发电机。

2018年2月8日

今天上午,纳古纳家营村第二届"民族和谐杯"开幕式在小海湿地公园篮球场隆重举行。本次运动会以"深入贯彻落实十九大精神 全面建成小康社会"为指导思想。镇村组领导、企业代表和来自纳古纳家营村、大回村、小回村、下回村等的21支篮球队参加了开幕式。纳家营村村委会还邀请全村人民到小海湿地公园就餐。

2018年2月10日

纳家营村一组马光廷的小囡接回门,远嫁下回村。席设公房,300多桌客规模。

2018年2月11日

纳家营村四组纳恒盛小儿子酬祝米客。

2018年2月12日

在新春佳节即将到来之际，县妇联一行到纳古镇慰问两名贫困妇女、儿童，并送去节日的问候与祝福。

在走访慰问中，县妇联李副主席与贫困妇女、儿童亲切交谈，详细了解她们的家庭经济情况和身体状况，转达市妇联对她们的关心，分别向她们送去了500元慰问金，并鼓励她们积极面对暂时的困境，自立自强。受访家庭也表达了对政府、妇联的感谢。

2018年2月13日

21支球队分为成年组和青年组进行比赛，经过5天的激烈角逐，"横洲工业"队、"MAE"队凭借高超的球技和团结拼搏的团队精神分别荣获成年组和少年组的冠军。

今天举行的闭幕式上，纳古纳家营村领导为获奖球队颁发奖杯和奖状，号召全体村民深入学习贯彻党的十九大精神，加强民族团结和谐，为全面建成小康社会添砖加瓦，贡献自己的力量。

2018年2月14日

纳家智老师归真，胆囊癌。

2018年2月20日

纳家营村七组"石林果"纳孝鸿归真，之前是尿毒症，年前突发巨型肿瘤，死于心脏病。

玉溪市第二届"普法杯"乒乓球邀请赛于2月19日在纳家营村四组公房举行开幕式，今天圆满落幕，来自省内15支球队参加本次比赛。

本次比赛，要感谢通海乒协赵丽华主席、孔繁聪副主席、周鹤秘书长、纳家营乒协纳恒光主席和为本次大赛默默贡献与付出的所有后勤保障人员及台前幕后所有工作人员！感谢所有裁判员、教练员、运动员以精湛的球技、良好的道德操守完美演绎了奥林匹克"更快、更高、更强"的精神主旨！特别鸣谢市国家安全局的法律知识普及教育，让大家深刻认识到法制建设与和谐社会的重要关系！再次感谢市、县、镇、村各级领导的大力支持和关怀！

2018年2月21日

今天上午10点10分，纳家营村四组纳吉文母亲归真。

2018年2月23日

原纳古中学纳东老师奶奶归真，从东川拉回来，老人是纳家营的姑娘。

2018年3月6日

纳家营村四组纳顺坤之父和五组纳永芳之妻于今天凌晨12点左右归真，相继几分钟的时间。纳顺坤父亲91岁，老人病；纳永芳之妻70多岁，脑梗，加之10多天前摔断大壮骨，头脑不清醒。

纳家营村两位委员纳爱媛、成头做姑太节，席设四组公房，时间1天，300多桌客的规模，功德从50元起挂。早上吃桌餐，下午自助餐，剩了好多饭菜，听爱媛姐说是要给清真寺学生吃。本次姑太节，收入筹了3万余元，支出不足3万元，结余几千元，结余资金全部归清真寺。

2018年3月7日

纳家营村一组马书母亲归真，享年95岁高龄。老人身体一直都很好，2月20日还去金家庄过圣节，外孙女婿在那边任教长，过圣节回来才发的病，从不省人事到归真也才半个月的时间。听说老人守了60多年寡，育有一子一女，老人非常能干，在村里德高望重。

2018年3月9日

马宝学的父亲归真。

2018年3月21日

今天上午，纳古派出所全体人员到纳古镇小海湿地公园开展以"清洁家园美化环境，我们在行动"为主题的学雷锋活动。

纳古镇小海湿地公园位于通海县杞麓湖的北边，环境优美，远近闻名的观鸥台，吸引了众多游客，本地群众也经常去散步和游玩，但是由于个别群众乱丢垃圾的不文明行为，影响了整个小海湿地公园的形象。在活动过程中，大家发扬不怕脏、不怕累、个个奋力争先的精神，分头行动，主要捡拾小海湿地公园里的碎纸屑、塑料制品、烟头等生活垃圾。为了确保能够彻底清除，大家采取"地毯式"清理，不放过任何一个角落，垃圾被源源不断地清理出来，还小海湿地公园一个美丽清洁的环境。

通过此次活动，不但改善了小海湿地公园的环境卫生状况，民警还以身作则向村民宣传了环保、爱护小海湿地公园及杞麓湖的理念，同时也将为民服务常态化、规范化，在行动中体现党的服务宗旨。

2018年3月27日

为做好2018年纳古镇贷款工作，把惠民实事落到实处，社保中心、妇联于今天下午在镇政府多媒体会议室，组织召开贷款培训工作会议。参会的有纳家营、古城两个村的社保代办员、妇女委员及有贷款意向的群众共70余人。

会上，社保中心主任、妇联副主席徐瑞为参加培训的群众详细讲解了2018年贷免扶补、小额创业担保贷款的相关政策、申请条件及申办流程。今年的贷款申办工作将于3月30日上午9时正式开始，最大亮点是创新服务模式,采取网上报名。网络跑腿代替群众跑腿的模式大大降低了群众办理贷款申办的成本,提高了申办效率,得到了群众的广泛认可。

会上还对通海县就业技能培训、玉溪高新区智能制造产业企业岗位需求等促进群众创业就业的信息进行了宣传讲解。

今天,在通海县纳古派出所,民警利用激光喷码机将商户送来的生产生活性管制刀具打上二维码,让每一把刀具有了"身份证"。据介绍,自通海县公安局实行"互联网+管制刀具管理"措施以来,实现了刀具的源头式管理和可溯式管理。

2018年3月28日

今天上午,县植保站、镇农技农机站、纳家营村植保员联合深入田间调查水稻秧苗的生长发育及病虫害发生情况。

今年,纳古镇水稻秧苗于3月5日左右播撒,共育苗约30亩,目前刚刚出苗掀膜,经检查,秧苗长势良好,无病虫害现象。

2018年3月29日

纳古镇开展法制宣传进校园活动,镇派出所工作人员走进纳古镇中心学校,为全校师生及家长1000余人进行了法制宣传,有效提高了小学生及家长对法制观念的理解,强化护校安园工作,得到全校师生和家长的一致好评。

首先,纳古小学法制副校长、镇派出所教导员任彦冰在学校阶梯教室以"防校园欺凌 建和谐校园"为主题给全校师生和家长上了一堂生动有趣的法制课。课上,为了让全体师生和家长更加生动形象地理解相关法律知识,任彦冰利用经典案例,主要针对一些青少年犯罪种类、如何认定犯罪、犯罪应承担的后果、犯罪处罚、易引发犯罪的因素以及如何预防犯罪等内容进行详细讲解。同时,就如何防止校园欺凌伤害,抵制不良风气侵袭,如何提高自我保护防范意识等方面进行了指导,在提高小学生和家长的法制观念的同时,增强了小学生辨别是非和自我保护、自我防范的能力。

其次,全校师生和家长到操场上观看了宣传展板,宣传内容有防火、防盗、防骗、禁毒、反恐怖等,派出所民警现场讲解相关法律、法规知识并发放各种宣传资料。

此次宣传活动共发放宣传资料300余份,共展出20块宣传板,对预防青少年违法犯罪行为和自我保护起到了积极作用,为构建平安校园、和谐校园打下坚实的基础。

2018年3月30日

为了确保全国"两会"期间辖区农村道路安全,纳古镇按照通海县《关于加强全县中小学护校安园工作及农村道路交通安全管理工作的通知》要求,对辖区内公交车司机进行道路交通安全宣传,并签订了《通海县驾驶员交通安全责任书》。

工作中,镇派出所民警要求公交车司机深刻汲取近期重特大道路交通事故的教训,杜绝农村道路机动车辆超速行驶、超员超载、酒后驾驶、无证驾驶,驾驶报废、未参加定期检查车辆上道路行驶等重点违法行为,并向司机强调:安全无小事,责任重如山,细节决定成败,麻痹酿成大祸。

2018年4月1日

为维护辖区社会治安稳定,加强宗教场所禁毒、反恐知识宣传,积极构建和谐警民关系,今天,纳古派出所民警深入辖区清真寺开展"禁毒、反恐"法制宣传活动。

活动中,民警改变日常单一的宣传方式,把走访、宣传、征求意见有机结合起来,紧紧围绕防盗、防火、防抢、防诈骗等安全常识及禁毒、反恐知识进行宣传。

民警结合宣传展板内容，向群众阐述毒品的危害，号召群众不仅要珍爱生命、拒绝毒品，还要教育好身边的亲人朋友远离毒品，如果发现有人吸毒要及时向公安机关举报。观看展板、现场讲解等方式赢得了清真寺及辖区群众的理解、支持和信任。

民警还向宗教人士详细了解日常宗教活动情况，查看进寺礼拜外来人员登记情况，走访交谈过往群众和清真寺管理人员，并就派出所工作作风、便民服务措施、治安防控及增进警民关系等工作积极征求群众意见。

此次宣传活动，共展出25块宣传板，为群众详细解答5条法律咨询，收集到2条意见和建议。法制宣传活动的开展，在纳古镇群众中更好地树立了"学法、知法、懂法、守法"意识，进一步增强群众法制观念和法律意识，提高了群众自身安全防范能力，为营造和谐、健康、稳定的社会治安环境筑牢基础。

2018年4月2日

纳家村五组蹦头归真，近50岁。

2018年4月3日

今天下午5点多，古城村一组马有礼媳妇归真，心梗，59岁，纳家营村三组姑娘，育有4子，无女儿，全部已完婚生子。

2018年4月4日

清明将至，纳古镇内入山群众显著增加，目前正是森林防火高火险期，为确保清明期间森林安全，纳古镇以预防为主，积极做好清明期间森林防火工作。

一、做好安排部署。今天，我镇在森防卡点召开重点时段森林防火工作攻坚会，安排布置清明期间森林防火工作，森林防火网络化负责领导副县长杨兴龙、挂钩单位县工信局副书记沈海军到会指导，对森防工作做要求和强调。

二、做好宣传引导。镇党委、政府发出《绿色清明 文明祭扫》（纳古镇文明祭扫倡议书），向纳古镇群众提倡文明的祭扫方式，上坟扫墓不带火种进山、不焚烧纸钱冥物，采取敬献鲜花、植树绿化、踏青遥祭、网络祭祀等文明环保的方式来过清明。

三、加强重点区域巡查。清明期间，纳古镇更加严格地开展守卡和巡查。卡点工作人员在做好入山登记的同时，严格对进山人员车辆进行检查，发现火种立即没收。增加巡山人员和巡逻频率，重点做好公墓沿线的巡逻。安排专人值守公墓，引导扫墓群众安全祭扫，发现隐患及时制止。

2018年4月7日

狮山书院——诚德教育拓展计划

为了提高孩子进入初中的适应能力和巩固学习成绩，纳继圣等热心人士出资数十万元牵线玉溪诚德教育机构为我镇适龄学生进行免费补习，在初中阶段开始前，冲刺提高！本次补习班限招纳古本地户口的在校六年级学生；招收学生人数为30人（15人／班）；补习时间为每星期五、六、日下午7点至9点20分，每天3节课，科目为语文、数学、英语，至2018年7月中旬止；自愿报名后，参加统一选拔考试，前30名即录取成为补习班学生；报名和考试地点为纳古狮山书院，即日起开始报名至4月5日止；考试时间为2018年4月6日，下午3点至4点30分（语文）和5点至6点30分（数学）；培训老师均为知名教育机构优选教师，补习班学生无任何费用，全免费。今天下午5点30分，补习班开始授课！

2018年4月9日

纳望路是纳古镇入山主要道路，道路曲折坑洼，车辆难行。目前进入森林高火险期，纳古镇自筹资金6万余元对纳望路进行全面维护，通过平整填坑，切实提高道路通行能力。纳望路修复完成以后，切实保证护林防火通道的通畅，保证有火情时，人员、车辆能快速到达。

2018年4月13日

2018年烤烟移栽工作即将开展，今天上午，纳古镇在县农函大及烟草公司的大力支持和指导下举办了一期烤烟栽培技术培训班，镇科技专干、村组干部、村农科员及部分烟农代表共57人参加了培训。

培训会上，县烟草公司科技室主任王绍忠结合纳古镇实际，为参会人员讲解了烤烟移栽前预整地技术、抢抓节令烤烟移栽技术、烤烟大田中耕管理技术等，并对烟草病虫害发生种类、大田期主要病害的识别诊断、主要病虫害识别等病虫害防治进行了重点讲授，内容实用，通俗易懂。现场学习气氛浓厚，参训学员认真听讲，大家都十分珍惜这次难得的学习机会，纷纷在现场就课程内容向王老师请教交流。

此次培训，纳古办学点结合纳古实际，按需施教，学用结合，传授农村实用技术，努力提高农民的科学素质和种植水平，引导农民运用先进的科学技术增收致富，促进农村产业发展。

2018年4月17日

今天，玉溪市政协副主席贺光明一行到纳古镇调研手工艺产业，县政协主席钱润光等陪同前往。纳古镇镇长纳鸿翔介绍了镇手工艺产业现状及纳古发展规划，在实地参观纳古手工艺刀具展示厅以后，贺副主席对纳古产业转型升级和经济社会长远发展提出宝贵建议。

2018年4月18日

今天下午，纳古镇召开2018年党建、党风廉政建设暨基层党组织书记专题培训班，回顾2017年党建暨党风廉政建设工作，安排部署

2018年工作，并对基层党组织书记就今年党建工作重点任务进行了业务培训。会议由镇党委副书记王绕主持。

会上，镇党委书记杨堂聪总结了2017年党建工作，并就今年实施"基层党建巩固年"重点目标任务，结合纳古实际提出"1234"党建基本思路，暨"坚持学习贯彻习近平新时代中国特色社会主义思想和十九大精神"这一个主题，突出队伍建设和阵地建设两个重点，注重党建与企业转型、乡村振兴和社会稳定三方面相结合，最终取得"一千零一夜"小镇建设、产业结构调整、乡村振兴战略和民族团结进步四个方面的成效，鼓舞与会人员不忘初心、牢记使命、恪尽职守、锐意进取，不断开创党建工作新局面，为推动纳古跨越发展提供坚强的组织保证。

镇纪委书记李国兴就2017年党风廉政建设工作开展情况、存在问题和今年工作计划做了安排部署，要求各党组织要认真借鉴十八大以来各地各部门反腐倡廉的经验教训，对纪律和作风问题要常抓不懈，把全面从严治党引向深入。

镇党委书记杨堂聪同各党组织书记签订2018年党建和党风廉政建设工作责任书，明确今年工作的目标任务。

镇党委组织委员王丽波就"基层党建巩固年"实施方案、重点任务项目清单和党支部规范化建设做了培训，并指导各党组织规范填写《玉溪市党支部规范化建设工作台账一本清》。

今天上午，在充分准备的基础上，纳古镇"万名党员进党校"暨基层党组织书记培训会（第一期）开班，镇党政班子成员、各村党总支（支部）委员、机关支部、非公支部委员等70余人参加培训，开班仪式由镇党委副书记、镇长纳鸿翔主持。

在开班仪式上，所有参训党员齐唱国歌，在镇党委副书记王绕的带领下重温入党誓词。

镇党委书记杨堂聪做了动员讲话后，县委党校孔祥云老师为参训党员讲了第一节党课：《坚持和发展中国特色社会主义实现中华民族伟大复兴的中国梦》。孔老师从基层党员如何坚持和培养"党性"和乡村振兴战略详细含义两方面进行授课，深入浅出的讲解，贴合实际的案例，让参加培训的党员受益匪浅。

最后，全体参训党员观看了教育片《不忘初心　继续前进》第一集。

此次培训，纳古镇党委以学习习近平新时代中国特色社会主义思想和党的十九大精神及基层党建工作任务为主，接下来还将开展由镇党委书记讲授《如何抓好基层党建工作实施乡村振兴战略》、镇纪委书记讲授《2018年党风廉政建设工作要点》、镇组织委员进行党支部规范化建设培训等课程，力求通过培训进一步提高基层党员的"四个意识"，强化基层党建巩固年工作，充分发挥党建带动作用，全面推进乡村振兴战略在纳古的落实。

2018年4月19日

今天上午，纳古纳家营村结合人居环境整治和学校周边环境治理工作，对振兴路下段（纳古小学旁）环境卫生进行集中整治，并发出《关于整治振兴路下段环境卫生的通知》，督促责任人将占道堆放的物品和长期停放的工程车辆等限期处理，广泛宣传并呼吁村民维护交通秩序和环境卫生。

2018年4月23日

纳古镇认真落实县人居环境综合整治工作精神，结合镇实际全面深入开展纳古人居环境综合整治工作。

一、党建带动工作深入开展

纳古镇通过"党建＋人居环境"，充分发挥党员先锋模范作用，镇、村、组三级层层带动，全镇党员率先行动，用实际行动做榜样。镇党委、政府对镇内非定点堆放的垃圾进行清运，镇内各党支部积极行动，组织党员集体打扫卫生死角、共同清理公共区域、安排专人监督随地乱丢垃圾现象。在党员的积极参与下，纳古镇人居环境综合整治氛围浓厚，群众也逐步加入共建美丽纳古的行动中。

二、集中力量治理重点难点

镇领导带队，带领村委会领导、镇分管领导和相关站所负责人对镇内街道、入湖河道进行全面巡查。对巡查中发现的问题，现场明确责任人、制定整治措施、限定整治时间。

三、继续保持前期有效的治理方式

2017年以来，纳古镇严格落实"河长制"和路域环境整治，常态化开展路域环境卫生保洁，镇村组"河长"认真履职，在做好日常保洁的同时开展定期巡查，镇内入湖河道清洁管理到位，成效显著。在开展重点整治的前提下，"河长制"和路域环境整治继续保持，巩固前期整治工作成果。

四、建立示范街促进集镇环境秩序整治

针对镇内主要街道上店铺招牌广告占道摆放以及车辆乱停乱放等乱象，集思广益，采取先在纳古古城村建设一条临街店铺和住户"门前三包"示范街的办法，分片区整治集镇环境秩序。目前该项工作正在开展，由纳古古城村村委会跟村内临街店铺和住户签订《纳古古城村"门前三包"责任书》，要求临街店铺和住户对门前卫生、门前绿化、门前秩序担负起管理和监督责任，共同参与美丽纳古创建。

2018年4月24日

纳古镇人居环境综合整治和校园周边环境整治工作全面开展。4月14日下午，镇党委书记杨堂聪、镇长纳鸿翔带领班子成员、村领导现场查看镇内环境卫生"死角"，要求重点整治纳古小学周边环境。

4月19日上午，纳古纳家营村发出《关于整治振兴路下段环境卫生的通知》，对学校周边占道堆放杂物、车辆乱停乱放现象进行整治，要求责任人将占道堆放的物品和长期停放的工程车辆限期清理，并呼吁村民共同维护校园周边交通秩序和环境卫生。

今天上午，在前期发出整改通知的前提下，纳古镇党委、政府组织派出所、综治办等站所与纳家营村一起对没有清理的占道杂物进行清运，切实做好校园周边环境整治，为全镇人居环境综合整治立下标杆。

为了切实巩固校园周边环境整治工作取得的成效，最近一段时间，纳古镇相关站所、纳古纳家营村安排专人在早晨人车密集的时候在振兴路下段巡视，对占道及乱停乱放及时进行劝离。

2018年4月25日

今天，市政协副主席杨丽萍带队，市民宗局、市公安局、市消防支队、市食药监局等联合开展宗教场所安全专题视察，对纳古镇纳家营清真寺、古城清真寺、古城新寺3所清真寺消防安全、食品安全等进行检查。

视察组对存在的隐患及时提出意见和建议，为信教群众营造安全和谐的环境，促进纳古镇进一步加强宗教活动场所安全工作，预防重大事故的发生。

为全面贯彻落实习近平新时代中国特色社会主义思想和十九大精神，有效化解村级组织干部队伍"后继乏人"困境，集约管理农村优秀青年党员，搭建优秀青年党员和后备干部选拔、教育、培养、使用一体化平台，为纳古镇党建添活力、发展添动力。经过精心筹备，纳古镇青年人才党支部成立了。

今天，纳古镇召开青年人才党支部党员大会，严格按照会议既定议程，选举产生了纳古镇青年人才党支部支部委员3名，镇党委书记杨堂聪当选纳古镇青年人才党支部书记。支部共25名党员参加了选举。

新当选的党支部书记杨堂聪同志向参会党员讲解了成立青年党支部的意义，并从探索管理模式、搭建实践平台和支部规范化建设三方面做出任职承诺，同时对支部党员提出3点要求：一是不忘初心，牢记使命，推动纳古实现跨越发展；二是履行党员义务，主动作为，为纳古发展出谋划策；三是坚持党的领导，增强支部凝聚力和活力。通过共同努力把党支部建成优秀青年"聚集区"，后备干部"蓄水池"和基层党建规范化建设"排头兵"，为全镇基层党建增添"新活力"，为纳古发展增添"新动力"。

最后，在党支部书记杨堂聪同志的带领下，全体党员重温了入党誓词。

2018年4月26日

随着气温逐渐上升，森防等级较高，纳古镇一如既往地加强森林防火工作，对卡点人员和巡护人员进一步压实责任，确保森防工作万无一失。

2018年4月27日

纳家营小井修缮保护工程竣工。此次修缮保护投资约7万元，主要对小井进行青石板铺设、青石护栏安装，对排水设施进行完善改造，对积水池进行修缮。今天，镇工程项目领导小组对工程进行验收，通过实地测量查看核算，工程符合合同要求，同意通过镇级验收。

2018年5月8日

今早在纳家营清真寺里捡到一个男弃婴，听说模样也生得俊俏，有四五家人争着领养，最后被纳古信用社保安收养。

通海县第十六届人大代表纳古镇党委书记杨堂聪、镇长纳鸿翔、镇人大主席纳立凡及纳古镇第六届人大代表，视察了纳古镇海泥田连片种植示范区建设情况。

视察中，几位代表听取了群众对高标准基本农田建设、海泥田400亩水稻观光区打造的看法和建议，讨论了纳古镇未来特色农业旅游产业发展规划的前景。

代表们一致认为，推进农业综合体建设，引导和推动更多的资本、技术、人才等要素投向休闲农业和乡村旅游农业综合体建设，推动形成产业兴旺的新型农业产业体系，可以为乡村振兴、产业结构转型升级提供有力的支撑。

2018 年 5 月 23 日

纳古镇对镇内企业进行安全检查，重点检查涉钢企业生产情况，要求企业重视汛期安全管理，确保安全生产，并向企业强调要求严格按照国家政策依法依规进行生产。安全生产是纳古镇的重点工作之一，镇党委、政府将带领相关站所长效性开展定期和不定期检查，对安全隐患和违法违规行为绝不容忍。

2018 年 5 月 29 日

纳古镇人大主席团如期召开第六次主席团工作会议，镇人大主席纳立凡主持本次会议，第六届主席团成员 7 人参会。

在会议中，纳立凡传达了纳古镇校园安全建设工作和乡村振兴三年行动计划等近期的中心工作，并讨论通过了《关于人大代表履职平台微信群建立使用有关事项的通知》，随后对《人大代表述职评议办法》进行意见征求。

主席团成员充分肯定了纳古镇近期的各项中心工作和未来的发展思路，认为今后应围绕"绿水青山就是金山银山"的发展思路进行工作开展，利用微信平台加强代表履职及自身建设，密切联系群众，依法开展述职评议及各项专项视察，使镇人大工作迈上新的台阶。

2018 年 5 月 31 日

通海县纳古镇"点亮玉溪"项目 153 盏路灯完成验收，纳古镇是全县完成验收的第一站。验收过程中，镇政府工作人员、项目公司、施工方共同对辖区内太阳能路灯逐盏检查、逐一验收。由此，纳古镇基本实现了每个自然村户外路灯全覆盖，满足了群众晚间出行有路灯照明的基本需求。

"点亮玉溪"工程目前已覆盖全县各村庄，在市级统一规划基础上，分期实施工程建设，2017年安装以来，通海县由各村按照布点设计规范确定选址，共安装太阳能路灯5195盏。加强农村公共照明设施建设，通过项目实施让公共资源向农村倾斜、辐射，改善农村人居环境，提高了农村生产生活质量，对深入推进美丽乡村建设起到了有力的促进作用。

2018年6月3日

纳家营村四组纳宝生之母归真，肠梗阻。

2018年6月4日

上午，纳古镇开展党委理论学习中心组第三次集中学习，镇班子成员、规环中心、农业中心、经管中心工作人员和镇机关支部全体党员参与学习。镇党委书记杨堂聪带领学习了习近平总书记在深入推动长江经济带发展座谈会上的重要讲话精神和省委贯彻落实推动长江经济带发展会议精神，要求全体参会人员自觉践行"共抓大保护，不搞大开发"精神，推进"河长制"工作、人居环境综合整治工作，全面实施乡村振兴战略。副镇长尹绍荣、张波做交流发言。

县委常委、宣传部部长唐雅馨到纳古镇调研，实地走访了转型升级企业荣顺彩印包装有限公司、纳古镇手工艺展示厅、纳古回族文化展览馆，深入了解纳古镇在文化产业、特色挖掘方面的工作情况，并与纳古手工刀具师傅亲切交谈，鼓励纳古金属手工艺"走出去"。

纳古镇机关支部组织开展支部活动，支部党员参与学习了"习近平总书记关于深入推动长江经济带发展战略"精神，6月入党的党员重温了入党誓言。

2018年6月5日

纳家营村四组纳文达之父归真。

按照市、县的要求，纳古镇普查指导员、普查员连续5天共同努力、协同配合，镇污染源普查清查阶段任务基本完成，共采集提交审核534户，其中：工业530户，畜禽养殖4户。纳古镇将及时根据系统信息反馈情况，修改、完善清查数据。

2018年6月6日

纳古镇召开企业安全生产专题会议，镇班子成员、相关站所、村组领导和企业负责人等100余人参加了会议。会上，镇长纳鸿翔对企业安全生产、环境保护工作做出了全面安排部署。镇党委书记杨堂聪要求：企业要明确主体责任、高度重视环保工作、自觉遵守国家政策、依法依规生产，村组、清真寺要加强监督协调。会议同时对人居环境综合整治和防汛工作做出安排部署。

纳古镇党委书记杨堂聪、镇长纳鸿翔到珠源铝业检查调研，了解企业生产情况及环保措施，要求企业必须高度重视环保工作，做好汛期安全生产工作。

2018年6月7日

上午，市综治维稳工作检查组到纳古镇检查指导社会治安综合治理和反恐工作。听取工作汇报后，实地检查了镇内加油站和清真寺。检查组对纳古镇工作表示肯定并提出宝贵意见。

2018年6月8日

纳古镇海泥田排涝沟修复工程完成竣工验收。此次修复沟段全长241米，原为自然沟段，因年久失修杂草丛生，在雨季极易堵塞。纳古镇党委、政府抓紧在汛期以前投入约6万元完成了修复，消除汛期安全隐患。

2018年6月9日

上午,县委组织部副部长杨翔等领导到纳古镇检查指导党建台账资料,查看了党总支及部分支部台账后,提出了存在的问题及整改方案。镇党委书记杨堂聪要求各位总支书记、支部书记要抓好党建工作,总结2018年上半年党建工作,厘清党建工作思路,结合纳古特色挖掘我镇党建工作亮点,将党建工作形成常态化、制度化。

2018年6月14日

县常务副县长刘绍宏到纳古镇检查指导污水处理厂项目建设推进工作。实地查看纳古污水处理厂建设进度,听取了施工方的介绍后,刘绍宏做出三点要求:一是确保汛期施工生产安全,二是保障施工质量,三是加快项目推进。

2018年6月15日

县委副书记金宏森到纳古调研,实地查看纳古镇"河长制"工作落实、文化产业企业情况、基层党建工作等。镇党委书记杨堂聪、镇长纳鸿翔陪同调研,重点汇报了纳古开展企业监管、人居环境综合整治和基层党建工作的措施和成效。金宏森对纳古镇工作表示肯定并提出建议。

2018年6月17日

在县委、政府的统一安排部署下,纳古镇以党员为先锋,发动全镇力量,全面开展环境卫生整治工作。
一、制订切实有效的工作方案
6月15日下午,纳古镇召开紧急班子会议,镇党委书记杨堂聪传达县委、政府要求,深入分析纳古当前环境卫生方面存在的主要问题。镇班子成员纷纷结合纳古实际和各自分管工作提出意见，集体讨论研究制订了环境卫生治理行动工作方案。

16日上午组织全镇干部职工、村组领导、各党支部委员召开专题会议，安排部署环境卫生整治工作，以村民小组为单位开展行动，镇班子成员带领工作组负责好联系小组的工作落实。会议要求各党支部积极行动起来，通过党员示范带动，引导群众共同参与。

二、党员带头，行动成效显著

纳古镇各党支部党员纷纷响应号召，自带工具参与环境卫生整治行动，对辖区内大小沟渠河道、大街小巷、田间地头、公路沿线进行全面清理。镇团委、妇联、关工委等也发挥作用，号召青年、妇女参与到清理白色垃圾行动中。几天以来，纳古镇干部职工、党员、团委、妇联等群团组织及热心群众共计1000余人次参加了行动，出动机械6台、大小运输车辆18辆，清理沟渠41余条、大街小巷70余条、农田800余亩、公路沿线8000余米，共清运各类垃圾30余吨，治理行动成效显著。

三、宣传号召，发动全镇群众共同参与

在宣传带动下，纳古群众也纷纷加入环境卫生整治的队伍中，主动清理公共区域、街道沿线的垃圾、在近年的人居环境综合整治工作开展中，纳古群众爱护家园的意识已经逐步增强，大多数群众都能保持房前屋后的干净整洁。在此次整治行动中，党员们挨家挨户入户宣传，要求群众禁止乱扔垃圾，禁止乱堆乱放。在田间地头发现塑料薄膜等白色垃圾立即落实责任人，明确告知垃圾严禁乱放。对长期存在的"卫生死角"集中清理以后，各小组将落实监督机制，严禁群众再习惯性地堆放垃圾杂物。

下一步，纳古镇将以此次整治行动为契机，建立长效监管机制，积极发动群众共同参与，让环境卫生治理成为常态，让爱护环境深入人心，共建美丽和谐、干净整洁、水清河畅、天蓝地绿的新纳古。

2018年7月2日

纳古镇结合"七一"系列活动开展"万民党员进党校"学习教育，邀请县委党校副校长师剑平老师为党员、干部职工宣讲党的十九大精神和习近平新时代中国特色社会主义思想学习读本《新时代面对面》理论知识。

2018年7月3日

纳古镇结合"七一"系列活动继续开展"万民党员进党校"学习教育，邀请市委党校理论教研室副教授胡伟老师宣讲习近平新时代中国特色社会主义思想。镇党员代表130余人参加了学习。

2018年7月4日

根据对纳古镇300亩连片种植水稻病虫害发生调查结果，当前正值稻飞虱繁殖高峰期，稻飞虱、稻瘟病防治工作已进入关键时期。为切实抓好我镇水稻病虫害的防治工作，通海县植保植检站于7月3日，聘请云南省文山州秋实航空科技有限公司对这片水稻进行无人机飞防。共组织9名工作人员，投入3辆车，使用植保无人飞机1架，投入农药、机防费及临聘人员劳务费等1万余元。

本次统防统治采用纳米技术航空专用药剂、专人配药、统一时间、统一作业的方式进行。

采用植保无人飞机喷洒农药快速均匀、省劳、省时、省药、节本高效，消减了农业面源入湖污染负荷，确保了水稻增产增收、安全生产等明显成效。

经过今天上午进行药后防治效果调查，稻飞虱杀灭率达84%，成效显著。

此次无人机飞防有相关领导、植保员、村农科员等共19人参加现场观摩并接受了相关知识培训。

2018年7月6日

今年6月是全国安全生产月,为深入宣传贯彻党中央、国务院和省、市委、市政府关于加强安全生产工作的系列决策部署和重要指示精神,进一步加大安全生产宣教工作力度,推动落实安全生产主体责任,有效防范和遏制重特大事故发生,纳古镇组织开展了丰富多样的宣教活动。

一、组织学习安全生产相关文件规定

纳古镇高度重视安全生产工作,制定班子成员联系企业制度,严格落实安全生产责任制。在6月期间,纳古镇组织全镇干部职工集中学习《云南省安全生产条例》和《地方党政领导干部安全生产责任制规定》,通过学习,强调地方党政领导干部的安全生产责任,要求镇全体干部职工必须以习近平新时代中国特色社会主义思想为指导,切实增强政治意识、大局意识、核心意识、看齐意识,牢固树立发展绝不能以牺牲安全为代价的红线意识,承担起"促一方发展、保一方平安"的政治责任。

二、广泛开展安全生产宣传

一是营造氛围。纳古镇在主要街道和人流聚集处悬挂安全生产宣传标语,宣传中央对安全生产的政策,在全镇营造重视安全生产的氛围。

二是开展宣传进企业。镇分管领导李波带领经管中心、安监站工作人员深入开展安全生产宣传月进企业活动,对辖区内的企业进行全面走访检查,将安全生产宣传送到企业,向企业强调安全生产,检查企业安全生产台账,落实企业安全生产责任。镇各班子成员落实一岗双责,到联系企业进行安全生产知识宣传。

三是通过网络宣传。纳古镇运用微信公众平台对安全生产月宣传标语、《安全生产法》《云南省安全生产条例》等进行宣传,进一步扩大宣传面,号召全社会关注安全生产。

三、组织开展安全生产月集中宣传咨询日活动

6月11日,纳古镇经管中心、安监站联合镇司法所、综治办等中心站所在纳古菜市场门口开展以"普及《安全生产法》 增强全民安全意识"

为主题的集中宣传咨询活动，集中宣传安全生产方针政策、法律法规、安全知识、职业病防治和自救互救方法等，工作人员还在活动现场回答群众关心的安全生产问题。

四、深入开展汛期安全隐患排查

今年6月已经进入汛期，纳古镇结合安全生产月活动深入开展汛期安全隐患排查。6月中旬，组织召开全镇二季度安全生产工作会，安排部署汛期安全生产工作，要求镇干部职工、村组干部进一步强化"红线"意识，高度重视强降水、冰雹、洪水、泥石流、山体滑坡、雷电等自然灾害对安全生产工作造成的不利影响，切实把汛期安全生产工作摆到重要位置，抓实抓好。镇值班组加强应急值守，镇安监站加大企业监督检查力度，严格监管执法。

在镇党委、政府的高度重视和村组的积极配合下，纳古镇安全生产月主题学习宣传活动成效显著，镇干部职工对安全生产责任制认识更加深入，企业、群众安全生产意识明显提高。纳古镇将继续保持安全生产高压态势，以月促年，保持安全生产形势的持续稳定。

2018年7月9日

纳古镇组织镇污染源普查指导员、普查员召开污普协调工作会。传达县污普办工作要求，要求指导员和普查员按要求核查普查数据，按时报送清查成果。目前，纳古镇全国第二次污染源普查清查阶段建库工作基本完成。总共清查了568家企业，运行且纳入普查的企业为102户。

纳古镇召集各村组领导召开土地确权确认工作安排会议，纳古镇共涉及农户约1500户，承包面积约2800亩。第三方公司将与各村组工作人员逐户进行指认确认。

纳古镇土地确权农户指认确定工作全面开展，县确权办到现场指导工作。

2018年7月10日星期二

县委书记卢维江、副书记金宏森、统战部部长蔡骏辉、县公安局领导等一行到纳古镇调研民族宗教工作。纳古镇党委书记杨堂聪、镇长纳鸿翔，两个村党总支书记、村委会主任和清真寺管理人员参加调研。卢维江要求纳古各界上下一心，把思想统一到党中央的要求上来，严格落实相关政策要求，确保纳古民族团结、宗教和顺、社会稳定。

2018年7月11日

纳古镇副镇长张波带领镇规环中心、安监站工作人员检查镇内重点企业安全和环保隐患整改情况。经巡查，企业按要求进行了隐患整改。镇相关站所将继续做好日常监管。

纳家营村一组马凤洁归真，肺癌晚期，50岁。

2018年7月13日

县委常委、纪委书记、监委主任李荣奇到纳古镇调研村两委工作和村务监督委员会履职情况，与村领导干部座谈，了解工作开展中存在的问题和困难。

纳古镇污水处理厂设备基本完成安装，项目建设进入管道开挖埋设阶段。

2018年7月14日

纳家营村三组纳慈逵归真。

2018年7月15日

老年妇女班就抹墙事件进镇政府上访，由于是周末，镇上的主要领导不在，她们找了镇派出所民警反映，"这事不归我们管"，她们一直等到值班组来。

2018 年 7 月 19 日

纳家营村一组纳宗敏今天下午 3 点多归真，高血压引起的脑出血，50 岁不到。

纳家营村四组纳敏归真，心梗，50 多岁。当天就送了埋体。

纳家营村三组马荣凤归真，肠癌，享年 84 岁。

2018 年 7 月 20 日

今天主麻下拜，送了昨天归真的两个埋体，纳宗敏和马荣凤。

纳家营村四组姚琼结婚，三婚，姚琼今年 41 岁。头婚嫁四组桂老师儿子，育有一儿一女，儿子 20 多岁，读的大学；姑娘 17 岁，读的高中；二婚嫁下方，育有一子，7 岁多；现在的丈夫是纳家营村三组人，男方二婚，有 2 个小囡。

2018 年 7 月 21 日

伴随着古老的战鼓声，今天中午，我镇 21 名（纳家营村 16 名，古城村 5 名）穆斯林从家乡出发，踏上了前往沙特"圣城"麦加的朝觐之旅。他们将在麦加停留一个多月，参加系列宗教活动，完成朝觐功课，预计于 9 月初乘包机返回。

纳古学校教师周乔伟老师儿子周思达今天归真，心梗，1993 年 12 月出生，25 岁。

2018 年 7 月 23 日

纳家营村四组组长纳锦高家儿子结婚，新媳妇是纳家营村一组纳维恒女儿，席设四组大场，宴请 800 多桌客人，新式吃法，早上就开始待客。

2018 年 7 月 25 日

纳家营村一组纳维恒女儿接回门，在家待客。一天共计宴请 700 多人。

2018 年 7 月 27 日

纳寿慈阿訇家孙女吃茶,在家的请吃汤圆,300 多桌客,邀请本次暑期班夏令营活动大学生参加。

2018 年 7 月 29 日

纳家营村五组纳泽喜儿子吃茶,在四组公房,吃汤圆。

2018 年 7 月 30 日

纳家营村五组杨丽女儿吃茶,在五组公房,吃汤圆。

2018 年 8 月 6 日

纳家营村三组退休工人苍林归真。

2018 年 8 月 8 日

纳家营一组纳绍忠二女儿吃茶,席设本组公房,小伙子是本组马子明长子。

2018 年 8 月 9 日

一、纳古镇团委推荐报送 3 名贫困大学生参与团县委 2018 年爱心圆梦大学公益基金资助。团县委工作人员到学生家中实地入户调查。

二、2018 年文化产业博览会在昆明国际会展中心开幕,纳古镇 3 家工艺刀具单位在 5 号州市馆玉溪展区参展,以工艺茶刀为代表的纳古金属工艺备受关注。

2018 年 8 月 15 日

8 月 13 日、14 日凌晨,通海县连续发生 2 次 5.0 级地震,位于震中附近的纳古镇也是受灾严重的乡镇之一。截至 8 月 16 日,纳古镇共

2724人受灾，房屋倒塌4户，受损630户，广大人民群众的生命财产安全受到威胁。"灾情就是命令"，地震发生后，纳古镇各级党组织迅速行动，带领村组干部和广大党员，主动肩负起抗震救灾的重任，积极投身应急处置工作，保证了灾区群众的生命安全和社会的稳定。

灾难来临，镇党委就是坚强的领导力量

震后几分钟，当人们还惊魂未定时，镇党委书记杨堂聪、镇长纳鸿翔、镇人大主席纳立凡、党委副书记王绕第一时间带领工作人员到主要街道开展巡查，疏导交通。两个村党总支带领治保委员会和党员深入大街小巷进行巡逻，查看灾情，引导群众就近转移到安全开阔地带避险，同时安抚群众、维护交通，确保社会秩序平稳有序。在镇村组的共同努力下，群众快速地聚集到安全地带，大家虽然心有余悸，但总体情况平稳。

灾难面前，党组织就是抗震救灾的指挥所

群众疏散完毕后，纳古镇及时召集全镇干部职工、村组干部和清真寺负责人召开抗震救灾工作会，通报地震以来的情况，宣布立即启动镇级地震应急预案，成立抗震救灾指挥部和办公室，负责协调指挥抗震救灾相关工作，全体干部职工取消休息，组成7个工作组联系各村民小组，各中心站所和村组各司其职，全力投入抗震救灾工作中。

在此次地震中，部分房屋和设施出现开裂、倒塌的情况，镇党政班子成员带领工作组人员和村组干部深入联系组一户一户排查，一边查看房屋受损情况，一边通知安排人员撤离。镇规环中心对镇内四类重点人员住房进行查看，镇经管中心、市场监管所、安监站巡查镇内重点企业和加油站，镇水保站巡查水库坝塘和水利设施，排除险情，避免发生次生灾害。

为了确保群众得到及时安置，在救灾物资尚未到达之前，纳古镇投入3万元自行购买了20顶帐篷，连同民政部门提供的70顶共90顶帐篷第一时间分发到各安置点。两个村党总支及时召开地震应急工作会，就安置点选址、救灾物资发放和社会秩序维护等工作做统一安排。全镇

就近选取空旷地带设置了8个集中安置点,共安置群众3022人。为确保救灾物资得到合理利用,镇党委要求救灾物资优先保障老弱病残孕等需要关爱的人员。纳古古城村党总支对每个帐篷入住人员进行登记造册,并安排1名年轻志愿者作为"帐篷长",负责照顾入住人员和帐篷清洁卫生,做好管理服务。在做好集中安置的同时,纳古镇鼓励群众主动开展自救,引导群众尽量寻找空旷地带抱团安置。对于分散安置点,镇村组也尽力做好服务,协调电力部门为安置点拉线接灯,保障夜晚照明,组织志愿巡逻队每天对安置点进行巡查,帮助进行帐篷加固和防水防潮,维护镇区秩序,了解群众困难和需求,保障救灾物资发放到有困难的群众手中。

镇抗震救灾指挥部每天召开2次例会,早晨8点对一天的工作进行细化部署,结合实际情况明确当天工作重点,晚上12点对全天工作进行总结梳理,汇总工作中发现的问题和急需解决的困难,集中研究解决方案。

党徽闪耀,党员是灾区群众的主心骨

在灾区和安置点,随处都能看到党员的身影。救灾帐篷到达后,镇村组及时组织工作队员、党员和志愿者搭建帐篷,当天搭建完毕,保证群众顺利入住。灾难面前,我们不分彼此,考虑到外来务工人员远离家乡、生活不便、物资缺乏,古城村安排专人对外来务工人员租住房屋进行排查,引导动员外来务工人员集中到安置点进行安置,党员发扬先人后己的精神,主动把帐篷让给需要的外来务工人员居住。

为了维护震期社会安定,由镇、村、组三级工作队员,青年党员,治保委员会和志愿者组成应急救援分队、党员护村巡逻队进行全天24小时值班值守和不间断巡逻,保证群众生命财产安全和社会秩序稳定。为了解决安置点群众生活和卫生医疗问题,古城村设置党员服务点,为群众提供免费开水、充电、咨询等服务,古城一组党支部书记马启坤带领小组干部、志愿者、安置区群众、孩子自发打扫安置区环境卫生,党

总支书记马俊坤通过微信群实时发布灾情提醒和安置点居住注意事项，维护安置点环境和秩序。

纳家营村在部分安置点设置帐篷诊疗室，召集有资格证的医生坐诊，随时为安置点提供诊疗服务，积极联络县卫生防疫部门为安置点进行消毒防疫，并自筹资金在安置点建盖简易公厕，方方面面为群众考虑周到，让群众得到温暖，让党员找到组织。

在安排好镇内抗震救灾工作的同时，纳古镇抽调青年党员和民兵组成10人志愿队奔赴四街镇支援救灾工作，帮助搭建帐篷、搬运物资。

党有号召，群团行动，社会力量奉献爱心团结抗灾

一方有难，八方支援。在党的号召下，纳古镇团委、工会、妇联等纷纷组织相关人员积极参与到抗震救灾工作中，参与巡查登记、搭建帐篷、搬运分发物资、安抚群众和维护秩序等工作。社会力量纷纷参与，奉献自己的爱心并提供帮助。纳家营村部分志愿者自发为留守老人和儿童做饭，青年志愿者纷纷加入临时治安巡查队，协助维护社会秩序。纳古志愿者协会广泛呼吁企业和个人奉献爱心，为受灾群众提供帮助，社会各界纷纷响应。截至8月16日晚，纳古志愿者协会共收到爱心企业、爱心人士的捐款9万元、矿泉水2073件、大小帐篷421顶、方便食品300箱、大米210袋、帐篷伞13把、床50张、床板250块、床垫4张。志愿者协会成立"'8·13'服务小组"，将爱心物资发放到受灾群众手中。

自地震发生那一刻起，纳古镇镇、村、组三级上下一心，勇当抗震救灾的主心骨、生力军，发挥了高效的组织指挥和协调动员能力，发挥了党组织的战斗堡垒和党员先锋模范作用，竭尽全力组织群众抵御灾情、共渡难关，在震后切实维护了群众的生命安全，保障了社会治安，确保了抗震救灾各项工作的有序开展。

2018年8月18日

在地震来临时，纳古镇群众不等不靠不要，在政府救援到来之前，积极组织抗震自救，互帮互助，为纳古镇震后安置工作顺利开展提供了很好的条件。

纳古镇建设了5个集中安置点，远不够容纳众多受灾群众。大多数群众都在积极地想办法安全地安置家人，有的左邻右舍聚在一起，有的一大家子聚在一起，用车辆、自购小帐篷等搭建临时避险点。

许多公交车、大货车司机打开车门，请避险的群众上车休息，形成了"流动的帐篷"。在微信群里都是提供避险场所、帮助采买急需物资等信息。多数商铺坚持开门营业，为群众生活提供便利。

在各安置点，有资格证的医生主动承担起为安置点群众看病的责任，形成了"帐篷诊所"。

每个集中安置点都设立了"外来务工人员帐篷"，群众主动把救灾帐篷让给外来务工家庭居住，他们说："外来务工人员居住条件较差，房子肯定不能回去住了，我们应该把帐篷给他们。"

在纳古清真寺女寺里，聚集了一批行动不便的老弱妇孺。几位妇女带着家里的老人到这里避险以后，主动承担了照顾老人的任务。自发形成"纳姐服务小组"，她们发出消息，没有条件的老人都可以来这里避险，同时将附近的孤寡老人请过来。现在，这个"非正式"安置点有三四十人，纳姐等几位"管理人员"每天为前来避险的人准备热饭菜，打扫卫生，让大家感受到了家的温暖。

灾难面前，真情尽现。有人搭好避险帐篷以后把最舒适的床留给隔壁的孤寡老人；有人做好饭以后先送给受灾严重无法回家的人家；有人购置了多个小帐篷邀请露宿的人入住；有人将安全的闲置仓库、空旷厂房提供给附近群众作为避难场所。

群众积极自救，为政府的救助赢得了时间。面对共同的困难，纳古人民表现得更加团结、友爱，我们都是一家人，一定能战胜地震灾难，取得抗震救灾的胜利！

2018 年 8 月 19 日

突如其来的"8·13"地震，震醒了睡梦中的人，也震撼着纳古人的心，全镇人民众志成城，抗震救灾工作迅速展开，其中有很多感人的医护故事。

纳古本地的几位医务人员及志愿者，自发组织医疗救护，为被地震弄得身心疲惫的人，送上了暖暖的爱心。

自己熬制中药免费提供给纳古人民的马医生，喝下去的药是苦的，大家的心是甜的；益群大药房，多少年来默默奉献着，受益最多的是群众，地震哪能没有你们；纳古镇卫生院，老百姓健康的第一道保障，可能叫不上你们的名字，但你们是最优秀的；在纳古行医多年的张医生，深受老百姓信任，医技精湛，地震中不求自保，而是在简陋的环境下坚持替百姓看病，地震期间还有百来号病人等着看病，足见你的优秀；还有我们可爱的护士，坚守岗位，守护着地震中产下的婴儿，那一刻，足见人性的光辉；县医院的外科医生老马，手术病人的安全全靠你保障，虽未在纳古，但你却坚守在最重要的地方。纳古地震，也牵动着在外学子的心，中南大学纳古医学生心系纳古，为抗震救灾 MV 歌曲作词，用优美的歌声传递正能量。

为什么回族这么团结，清真寺、村干部牵头组织，一呼百应，人人埋头实干、无私奉献，这是纳古人的传统、优点，在地震时体现得更淋漓尽致，有这样一群人，纳古的明天会更好。

今天，上海医疗援滇专家团抵达通海，方便看病的民众。上海东方医院院长、心胸外科专家刘中民亲自坐诊。

2018 年 8 月 20 日

通过镇党委、政府广泛宣传和积极组织协调，2018 年大学生表彰会共计收到 22 家企业及两所清真寺专项捐赠款 47.3 万元，其中通海纳古连铸工贸有限公司捐赠 20 万元、古城清真寺和纳家营清真寺照惯例各捐赠 1 万元、华宁康宏球团和云南华双商贸有限公司各捐赠 5 万元、通海聚元工贸公司捐赠 1 万元等。

2018 年 8 月 21 日

通海 8·13 地震以后，社会各界纷纷对纳古灾区伸出援手，与镇、村、组形成抗震救灾合力，为纳古受灾群众带来了巨大的帮助和温暖。

爱心企业和个人的捐赠

震后，纳古志愿者协会迅速行动，呼吁社会各界帮助受灾群众共渡难关。几天里，爱心企业、清真寺、爱心人士纷纷奉献爱心：天方食品有限公司捐赠方便米线 500 件、志愿者协会捐赠帐篷 200 顶、纳锦高捐赠帐篷 200 顶、朱绍军捐赠大米 210 袋、纳武斌捐赠矿泉水 1000 件等。还有许许多多关心受灾群众的单位和个人捐赠了床板、药品、塑料布等物资。

志愿服务暖人心

爱心企业、爱心人士的捐赠，饱含了对纳古受灾群众的深深关怀，纳古志愿者协会组织镇内青年志愿者，在每个安置点设"志愿服务站"，尽心尽责为安置点群众提供帮助。志愿者是抗震救灾工作中最闪亮的身影，清晨有志愿者在安置点打扫卫生，中午有志愿者为受灾群众送饭送药，晚上有志愿者为群众搭建帐篷。

镇内有资格证的医生也加入志愿者的行列中，在安置点的"帐篷诊所"为群众义务看病，诊疗以后，常用的药品都是免费提供给群众，给受灾群众提供了便利。

通海县人民医院纳古分院的医生定期到各安置点开展义诊，指导安置点消毒防疫。

今天，通海县人民医院组织志愿者医生护士 18 人到纳古镇安置点开展义诊，这是县医院开展震后义诊的第一站。志愿者为受灾群众提供现场诊疗、健康咨询、心理咨询等服务，免费为就诊群众提供常用药品。义诊受到了纳古群众的一致好评，前来看病咨询的群众排起了长队。

社会各界的大力支持和志愿者们的无私奉献，是对政府救助的有力补充，在震后安置工作中起到了十分重要的作用。他们不仅为受灾群众提供了物资支持，更重要的是在灾区传递了奉献爱心、关爱他人的精神，让纳古镇受灾群众感受到关爱我们的人很多，我们也应该力所能及地关爱他人。聚爱成海，让我们携手笑对灾难。

2018年8月22日

古尔邦节之际，纳古回族群众打扫卫生、参加会礼、走亲访友、宰牲待客，用传统方式欢庆节日，他们互致节日问候，共贺祖国昌盛。

节日前夕，由纳古志愿者8·13服务小组发起倡议，号召全镇居民共同清洁家园。虽然大家刚刚经历了可怕的地震，还心有余悸，在这人心惶惶的时刻迎来了2018年的古尔邦节，大家还是像去年一样做大扫除。8月21日一早，大家一起行动，各家自扫门前垃圾，志愿者负责清运，各安置点的卫生由各点的志愿者协助打扫并监督检查；纳古镇政府、纳家营村委会、古城村委会和两所清真寺进行监督检查。

古尔邦节当天，纳古镇穆斯林群众身穿节日盛装，齐聚清真寺参加会礼做礼拜，欢度这一传统佳节，会礼结束后，穆斯林群众高兴地互相致以节日祝福并进行宰牲活动。

2018年8月24日

在各大高校新生即将入学之际，日前，纳古镇一年一度的奖励中高考优秀学生表彰会在纳古小学举行，进一步激发全镇优秀学生的勤奋好学意识。

今早9点，两所清真寺敲锣打鼓，教长管事送受表彰的53名学生到学校，进行了集体合影，之后参加表彰会。会上，受表彰学生代表马宇帆同学、受表彰学生家长代表纳航波依次做了发言；上级领导和纳古镇党委书记杨堂聪做了讲话，对受奖励的优秀中高考学生表示祝贺，并提出了殷切期望，鼓励大家在新的学习环境里"不忘初心，继续前进"，用自己的成绩为纳古建设做出贡献。

此次表彰会由纳古镇党委、政府，纳家营清真寺，古城清真寺及多家爱心企业和爱心人士共同出资10万元对全镇今年上线的1名博士生、2名研究生、13名一本生、26名二本生、6名经学院的大学生以及5名考取重点高中的学生进行了奖励。家琨教育基金也出资5万余元，对53名优秀学生进行了奖励。

纳古镇家琨教育基金由企业家纳家琨于2006年出资100万元创立，分为助学金和奖学金，于2006年开始实施奖励，用其每年所产生的股金收益资助全镇的贫困学生和奖励优秀的大学生。到目前为止，资助奖励的个人和团体已达650余人次，累计捐赠助学奖学金121余万元，是纳古镇社会各界捐资助学的领头羊。

多年来，纳古镇党委、政府十分重视教育事业，坚定实施"科教兴镇"战略，社会各界踊跃捐资助学，在全镇营造了尊师重教、尊重人才、爱惜人才的良好氛围。表扬奖励优秀学生是纳古开展"科教兴镇"的一项重要举措，纳古镇党委、政府从2006年就开始对优秀中高考学生进行奖励，11年来累计发放奖学金60万余元。通过这一活动，全镇人民认识到教育培养孩子的重要，不断推进纳古镇教育事业的发展。

玉溪市政协副主席马良昌、纳古镇党政班子领导、社会各界专家学者、家琨教育基金代表、爱心企业代表、部分教师代表、受表彰的学生及家长等300余人参加了表彰会。

2018年8月25日

8月13日、14日，通海县连续发生两次5.0级地震，造成纳古镇部分房屋损毁，给群众的居住生活带来了安全隐患。为了消除安全隐患，确保不发生次生灾害，纳古镇党委、政府贯彻落实县排危除险的工作部署，提出"打通生命通道　建设美丽纳古"的工作目标，全面开展排危除险工作。

一、及时安排部署

8月19日,纳古镇组织班子成员及供电、水保、规环等部门召开排危除险工作推进会议。镇党委书记杨堂聪提出"打通生命通道 建设美丽纳古"的工作目标,要求全体参会人员提高对排危除险工作的认识,协调好水电等各项配套工作,全力加快工作进程,尽快拆除危房,保障群众的生命财产安全。

镇党委书记杨堂聪、镇长纳鸿翔、镇党委副书记王绕分别到村组召集村组干部召开专题会议,要求村组干部提高对排危除险工作的认识,结合村组实际做好打通生命通道／拆除危房的工作。

二、细化深入调查

镇各工作组深入各联系村组,细化开展排危除险工作调查。采取群众自查申请、工作组挨家挨户现场查看相结合的方式,明确房屋受损情况,并向危房户主宣传排危除险的紧迫性和重要性,做好群众思想工作。

三、有序拆除危房

纳古镇统筹开展拆危除险工作,由镇统一安排拆除存在安全隐患的危房,镇各工作组和水力、电力、规划等部门共同配合,确保危房拆除工作顺利开展的同时,也不影响附近群众的正常生活。

同时,纳古镇每天召集各工作组召开工作例会,汇总一天工作情况,对排危除险工作中出现的问题和困难统一商讨协调解决办法。镇各工作组克服巷道狭窄、施工难度大、工程推进缓慢等困难,千方百计加快排危除险工作进度。

到8月25日,纳古镇共排查拆除危房63户,建筑面积12282.43平方米,极大地消除了一批震后安全隐患。

群众安全无小事,纳古镇排危除险工作还在继续开展中,镇党委、政府将保持工作力度,消除安全隐患,打通生命通道,引导群众共同建设美丽纳古。

2018年9月1日

今天下午,我镇21名赴沙特完成朝觐功课的新哈吉平安回到家乡。在清真寺举行了简短的迎接仪式后,各位哈吉按分组名单被护送至各家。

2018年9月5日

经过春的播撒、夏的耕耘,终于迎来了秋的收获。海泥田百亩连片水稻开启收割模式!今年水稻喜迎丰收,预计可产稻谷24万公斤,产值120万余元。

2018年9月6日

秋日蓝天暖阳下,杞麓湖北岸纳古镇海泥田水稻连片种植基地惠风和畅、金稻飘香。今天一早,村民普新和一家首先开镰割稻,掀开了该水稻种植基地金秋丰收热潮。

"我家在这块海泥田种植稻谷已经10多年了,今年种了10亩多,近年亩产稻米都在1000多斤,按照往年的市价,每斤新米可以卖到3.5元左右,这一季水稻可以收入近4万元。"正在打谷子的普新和介绍说。

杞麓湖北岸沿湖农田地势低洼,水资源丰富,非常适宜水稻生长。据悉,纳古镇水稻连片种植基地今年共种植水稻300余亩,预计可收获稻谷24万公斤。水稻均采用传统种植方式,施用农家肥,出产的大米味清香、口感好,在通海供不应求。

近年来,通海县不断深化农业产业种植结构调整,在杞麓湖北岸沿湖农田进行"稻菜轮作"试验示范,种植水稻、莲藕等作物占到当季农业种植的80%以上。通过水旱轮作,自然恢复地力、保护土壤、减少土壤病虫害,同时就能大量消减农药、化肥施用量,对湖泊水质起到有效保护,从而实现良好的生态效益和经济效益。

纳古镇第四次经济普查即将拉开序幕,纳古镇将依照规定对普查对象进行"地毯式"的逐一清查。届时,请各位普查对象给予支持和配合,积极参与经济普查，助力纳古经济发展！

2018年9月10日

纳家营村一组马福义继丈母娘——石屏老师母，即昆明一所清真寺的教长马勇的母亲归真，94岁高龄。

我镇白内障患者今天带本人身份证到四街镇政府内进行免费检查。

2018年9月11日

2019年度农房火灾保险掀起购买热潮，本着自愿原则，30元一年，政府补助4元，需要购买的找各组领导。

2018年9月12日

纳家营村四组马俊能医生小兄弟酬祝米客，在本组大场。

纳家营清真寺管委会通知今年圣节送病人饭有关事项：此次圣节病人饭以老人、病人、孕妇、产妇为主；此次圣节病人饭需在各组群里登记，并公开登记名单；此次圣节，所有经商的一律不准以任何借口来索要病人饭；圣节是全村人的圣节，望大家都进来帮忙。

2018年9月13日

纳古镇经管中心、规环中心等联合对镇内重点企业进行巡查，督促企业落实安全生产责任和环保责任。

纳古镇排危除险工作继续开展，本周开始对危房拆除的建筑垃圾进行清运。

纳古镇海泥田水稻连片种植基地的水稻逐渐成熟，本周开始收割，基地今年共种植水稻300余亩，预计可收获稻谷24万公斤。

纳古镇污水处理厂主体工程基本完工，本周开始进行污水管道埋设。

第四次全国经济普查工作即将开始，纳古镇组织开展第四次全国经济普查清查业务培训会，对镇、村、组普查员进行业务培训。

纳古镇召开治理淘汰黄标车工作推进会，副镇长张波传达淘汰黄标车文件要求和政策措施，对纳古镇工作开展进行安排部署。

纳古镇经济普查开始进行清查入户，村组普查员们严格按照小区地图和清查要求，进行清查入户登记。

今早10点，镇民政办邀请县防震减灾局张维明主任到纳家营清真寺进行防震减灾知识培训，参加学生及教师共计300余人。张主任从普及防震减灾知识的意义、宗旨，地震灾害特点，怎样应对地震等方面进行授课，特别对通海8·13、8·14地震疑问进行了现场解答。讲座结合大量的图片资料、典型案例，图文并茂，形象生动。通过此次授课，增强了大家的防震减灾意识，提高自救互救能力。

2018年9月14日

经济普查是一项利国利民的重大国情国力调查，一般5年开展一次。经济普查不仅与人民生产生活息息相关，而且对科学制订经济社会发展中长期规划和加强宏观调控的作用不言而喻。

一、摸清"经济家底"，助力经济发展

回望过去的5年，我国经济已经发生了翻天覆地的变化。相应的，我镇"经济家底"也已经发生了巨大变化，区域经济社会发展开始显现出新的特征。第四次全国经济普查，能够帮助我镇摸清最新"经济家底"、掌握最新发展动态，对科学制订我镇经济社会发展中长期规划的作用，不言而喻。

二、重视普查"宣传工作"，激发各界参与热情

"兵马未动粮草先行"——宣传工作是粮草、是喉舌、是利剑。结合以往普查经验，宣传工作是普查工作的开路先锋，是普查工作一个重要的环节。为做好第四次全国经济普查工作，纳古镇积极组织开展经济普查工作宣传活动。

三、多管齐下，掀起普查宣传热潮

一是充分发挥新、老媒体的作用，在镇政府、村委会、小组公房、综合市场等人员密集处，粘贴、悬挂四经普宣传画册、《第四次全国经济普查单位清查告知书》《第四次全国经济普查宣传标语口号》；同时，灵活利用新媒体，组建纳古镇四经普工作群，通过LED显示屏、微信群、微信公众号等新媒体进行宣传。二是自上而下，充分发挥镇、村、组三级的作用，确保普查工作"遍地开花"，村组干部带头宣传，让辖区内民众知晓为什么要普查、普查有什么作用、普查的内容什么、普查时间表……力争做到全民知晓、人人关注，以充分调动普查对象参与、配合的积极性。

2018年9月17日

纳家营村一组李维仙归真，50岁，胃癌晚期，去年纳家营做圣节（10月1日至10月3日）期间查出病症，不到1年时间，癌细胞已扩散至全身。

纳古镇经济普查工作个体户普查部分进入PAD录入阶段，今天上午针对法人和产业活动单位的普查召开业务培训会，对普查员进行详细培训，为开展好法人和产业活动单位的普查清查打好基础。

纳古镇认真巡查辖区水利设施和水道沟渠，做好22号台风"山竹"的防御准备。经巡查，镇内沟渠通畅、湖堤坚固，排涝站排涝正常，受8·13、8·14地震影响的高位蓄水池加固已完工，关塘蓄水正常，在安全蓄水位线下。

2018年9月19日

我镇召开震后过渡安置资金补助和恢复重建工作会议。镇长纳鸿翔传达县会议精神，对补助政策标准、时间节点要求进行安排。镇党委书记杨堂聪重点围绕恢复重建进行安排部署，要求参会人员做好政策宣传，严格落实工作要求。镇党政班子成员、各村组领导及联系村组工作组长参加会议。

县委常委、组织部部长陈雪峰到纳古镇纳古古城村、纳古纳家营村检查指导党支部规范化建设工作，要求严格把握规范化建设标准，细化工作要求，推进党支部建设达标升级。

2018年9月20日

副县长、公安局局长杨兴龙一行到纳古镇实地调研指导灾后重建工作，在详细听取镇党委书记杨堂聪汇报排危除险、下步重建工作中的打算和工作中存在的困难、问题等情况后，杨兴龙强调要认真贯彻落实好相关会议精神，结合纳古实际情况，稳步推进重建工作。

2018年9月21日

中秋佳节来临之际，在县民政局的支持下，纳古镇村组走访慰问特困供养户，共为33户特困户送去月饼和节日的问候。

2018年9月22日

今晚7点46分，镇长纳鸿翔老公的爷爷归真，83岁，手工艺人。

2018年9月23日

副县长常伟带领县湿地办、县林业局相关人员到纳古镇实地调研杞麓湖北岸湿地公园建设工作，在听取纳古镇党委书记杨堂聪汇报建设规划情况后，常副县长结合纳古实际，针对性地提出了建设意见和建议。

2018年9月24日

纳古古城村委会修缮工程开始施工。

2018年9月25日

为喜迎国庆、优化人居环境，纳古镇安排绿化工人对集镇内主街道绿化带（树）进行每年两次的常规除草修枝工作。

纳古镇打通生命通道工作继续开展，镇工作组在排危除险的基础上引导群众按照规划进行受损老旧房屋拆除重建。

2018年9月26日

纳古镇中秋、国庆安全生产大检查工作全面开展，县安监局副局长杨奎华带领工作人员对纳古重点企业进行安全生产检查。

2018年9月27日

县委常委、统战部部长蔡骏辉到纳古镇调研经济发展、民族宗教工作。

副市长周群英到纳古镇调研。在座谈会上，纳古镇党委书记杨堂聪汇报了纳古经济社会发展情况和今后发展规划。随后，周群英走访查看了展现纳古民族手工艺的纳古工艺刀具展示厅，具有文化特色的纳古清真寺、纳训故居和镇清真食品代表企业天方食品有限公司。副县长孟志明陪同调研。

纳家营清真寺大厅内学习班已停课，各组妇女按区域认桌子准备圣节相帮。

2018年9月28日

县委常委、宣传部部长唐雅馨调研纳古文化产业发展，与纳古镇工艺师座谈，了解工艺师对工艺刀具产业发展的想法，指导文化产业发展方向。

市委"开展全面从严治党　走在全省前列"专题调研组到纳古镇调研，走访了纳古中心小学党支部、纳古古城村党总支，通过听取汇报、查阅台账、实地查看等方式对基层党建、支部规范化建设、干部队伍建设等工作情况进行深入了解。县委副书记金宏淼、县教育局党委书记陈明华、县委组织部副部长杨翔陪同调研。

县委副书记、代理县长马春明到纳古镇与党政班子成员座谈，了解纳古经济社会发展总体情况，对下一步发展规划、震后重建、民族团结、党建引领等工作提出意见和建议。

纳家营村一组（原七组）大场内正在搭建圣节宰牛用架子。

2018年9月29日

文化路农行路段正在搭建圣节期间赶花街架子。

2018年9月30日

县工作组环保局副局长李刚、纳古镇镇长纳鸿翔到杞麓湖北岸查看，对杞麓湖纳古段"四退三还"（退人、退房、退田、退塘，还湖、还水、还湿地）工作进行实地了解。

2018年10月1日

"转角杞岸"今天正式开业，是纳古镇首家最大的自助中西餐厅，位于杞麓湖边的小海湿地公园，负责人是位美女。在纳古这个传统的回族小镇，女人可是要顶半边天的，这里的女人跟他们的男人一样，以勤劳著称。她们不仅长得美丽，而且做得一手的好菜，这里的美食都出自女人之手，她们也不会因为自己的美丽而甘心成为男人的花瓶。在纳古这个镇上，开饭店的大多都是女性，在这里，各行各业你都能看见女人的身影，这里的男人也会因为自家能干的女人而产生某种无名的自豪感。

一进餐厅，映入眼帘的就是一排摆放整齐的美食，从做工精致的糕点（每一份糕点还配有一碟甜蜜酱）到新鲜的水果，热菜有炒各种时令蔬菜，荤菜有粉蒸肉、小炒、红烧鸡块等，海鲜有过油鱼块、扇贝，还有根据顾客的口感不同而煲制的各种汤，如牛骨煲莲藕、鸡汤炖萝卜、银耳莲子羹，主食有炒面、炒饭和稀饭，还有针对时下年轻人最爱吃的"涮菜"，大概近20道菜肴，可算是一应俱全。这里的消费只有36元，也就是说，只需36元就可以品尝到360元钱的大餐，这里已经不是马路边随便的快餐店，从这些丰富的菜品看，餐厅必定请了高级大厨，餐厅的老板娘也一定是走遍天下的"老江湖"了。

餐厅布置很雅致，也很有诗意，一幅长条的油画，一张可坐4个人的长条桌椅，桌子上放1个土陶的花瓶，里面插1枝绿萝，简洁、高雅而又充满生机，窗外就是小海湿地公园的美景。两人相对而坐，一边闲聊着一边品尝着可口的美食，抬头看看窗外的美景，好不惬意。

走出餐厅，穿过美丽的小海湿地公园，再来到杞麓湖边散散步，此时正是西伯利亚海鸥来云南过冬的季节，成群的白色海鸥从平静的湖面掠过，兴起一阵波纹，微风吹来清凉的气息，让人深感心情舒畅。

走在长长的河堤上，看着远处的青山、眼前清澈的湖水、身边绿树成荫的小海湿地公园，真是美景、美食、美女，不得不感叹：人生何求啊！

2018年10月2日

县委常委、常务副县长刘绍宏到纳古镇了解灾后重建开展情况，并对纳古灾后重建工作提出指导意见。

2018年10月3日

在国庆节来临之际，纳家营清真寺于10月1日至10月3日举办2018年圣纪节系列庆祝活动。每逢圣纪，除了举行必要的宗教活动，清真寺要聚餐，穆斯林要买新衣，各家各户要早早地邀请各地的亲朋好友，节日气氛浓郁。

今年，纳家营清真寺的圣纪节增加了盆景工艺板块，在展出的地点和形式上也做了一下改变，把盆景工艺品放到街道上展出，这样既减少了对清真寺待客的干扰，又能全天候开展活动。

本届以"民族团结"为主题的圣纪节盛会的开展，使群众及游客从艺术活动中得到了美的享受与情操的陶冶，丰富并升华了群众的精神生活，彰显出纳古人民奋发、执着、开放、与时俱进的民族精神，表达出了纳古人民对建立和谐社会的响应，与各民族和睦相处、和衷共济，共同团结奋斗、共同繁荣发展，为建设美丽纳古做出积极的贡献。

2018年10月6日

纳家营村一组寿慈师傅孙女出嫁，新郎是木头老三的长子，原是旦气村人，后在纳家营买的房子。席设家里。

2018年10月8日

纳家营村一组寿慈师傅孙女接回门，500多桌规模，席设四组大场，未接人亲。

纳古镇组织对江通公路沿线存在安全隐患的桉树进行清理。

市卫生局对纳古镇自来水厂末梢水水质进行现场取水化验。

2018年10月9日

纳古镇纳古古城村灾后重建建房委员会召开建房专题会议，研究灾后重建相关事项，镇党委副书记王绕到会指导。

2018年10月10日

县委组织部调研督察组到纳古检查党支部规范化建设和党员活动室建设情况，肯定所做的工作，指出存在的问题，对下一步工作提出要求。

县成长护航联合办公室调研组到纳古镇调研预青工作，镇党委书记杨堂聪、副书记王绕，派出所、镇团委、关工委、综治办等部门参加座谈。调研组听取镇党委副书记王绕汇报纳古预防青少年违法犯罪工作开展情况以后，介绍了全县预青工作的整体谋划布局，对纳古镇工作提出意见和建议。

2018年10月11日

纳古镇党委书记杨堂聪、镇长纳鸿翔到企业检查安全生产及企业除尘设备改造情况。

纳古镇林业站对林地植被恢复进行实地核查。

中央电视台纪录片频道工作人员为完善《中国影像方志——通海版》的录制，到纳古镇忠训故居拍摄纳忠、纳训两位教授的资料。

今天，我镇所有救灾帐篷开始拆除，且在10月14日前统一归还政府。

2018年10月12日

纳古镇组织镇村组工作人员和部分黄标车车主代表召开黄标车淘汰治理工作推进会。县交警大队队长杨增科到会宣传解读我县黄标车淘汰工作政策。镇长纳鸿翔，副镇长张波、张从国对工作推进进行安排部署。

2018年10月13日

纳家营村一组杨美珍二儿子结婚，二婚，媳妇是同一个组的纳维云小女儿，也是二婚；新郎头婚是讨纳武斌女儿纳露露，育有两女儿，随母亲生活；新娘头婚嫁纳家营村五组纳绍伟儿子，1年不到就离婚了。200多桌客规模，未接人亲。

2018年10月15日

纳家营村一组纳维云小女儿接回门，席设本组大场，200多桌客。

2018年10月19日

今晚，纳家营村一组马艳婵长女吃汤圆，在五组大场。

2018 年 10 月 20 日

纳家营村一组纳光全儿子结婚，新媳妇是峨山人，听说两人是念经时认识的，男方家长极力反对，不喜欢小姑娘，嫌个子小，还说不到 1 米 4，双方是真心喜欢。

2018 年 10 月 21 日

纳家营村四组一村民大孙女（马双丽姑娘）吃茶，吃糯米饭，在四组大场，小伙子是古城村一组杨孝侄儿子，寻甸人，小伙子父母亲从寻甸出来好几年了，帮人看厂，婚期定在今年 11 月，新房设在女方家，等小伙子经济好转再搬出去住。

2018 年 10 月 22 日

纳家营村四组纳立本归真，50 多岁，肝癌，从发现到归真 3 个月，育有两儿子，都还没有脱担子，大儿子 30 多岁。

2018 年 10 月 23 日

纳家营村四组李艳姑娘接回门，远嫁甸百亩，席设四队大场，200 多桌客。

2018 年 10 月 24 日

纳家营村一组纳翠英小儿子马儒明酬祝米客，席设古城村一组马聪林家（原纳古镇人大主席），马儒明是马聪林上门女婿，马聪林仅仅只有这个女儿，并且是妻子妹妹家的，其女儿于 3 年前归真，育有一子，3 岁多；马儒明自媳妇归真后一直履行着儿子应尽的义务，孝顺岳父岳母，把他们当成亲父母，和他们住在一起。前年在马聪林一家张罗下，娶了马儒明侄女（马儒明堂姐女儿），今年 10 月生了个女儿，所以才会酬祝米客。马儒明夫妻二人孝敬岳父母，其妻善待继子，一家其乐融融。

2018年10月29日

通过前期细致的摸排调查和广泛的宣传动员,今天上午,纳古镇"四退三还"工作组采取逐个击破的工作方式,打开了租地工作的口子,进入了租地协议签订和租金补偿兑付攻坚阶段。

县交通局局长苏明东到纳古镇查看计划硬化建设的"村村通"道路,镇长纳鸿翔陪同介绍相关情况。

纳古镇重点推进纳古古城新村建设,今天下午,党委副书记王绕、副镇长尹绍荣到纳古古城村一组召开建房户会议,向建房户解释新村建房方案,动员群众参与,同时解答建房户的疑问。

2018年10月30日

今天上午,纳古镇举行"通海县监察委员会派出纳古镇监察专员办公室"挂牌仪式,县纪委副书记、监委副主任许传明到场挂牌并宣读任职通知。纳古镇党政班子成员、镇纪委委员和各村监委会主任参加挂牌仪式。

2018年11月1日

1. 纳古镇副镇长尹绍荣召集村组干部座谈商议"四退三还"下一步租地协议签字工作的推进情况,讲解租地协议的具体内容,针对群众中存在的问题进行解决。

2. 纳古镇党委委员、武装部部长李波带领经管中心工作人员巡查企业,督促各企业负责人安全生产、环保生产。

3. 纳古镇党委书记杨堂聪、镇长纳鸿翔、镇人大主席纳立凡到纳古连铸公司走访,与公司负责人座谈了解企业生产经营情况。

4. 纳古镇严格按上级安排、要求,深入养殖户开展非洲猪瘟排查及防控宣传工作。

2018 年 11 月 2 日

今天上午，纳古镇召开党政班子会，研究市县人大代表建议、意见，认真梳理纳古社会民生、经济建设、乡村振兴等方面重、急、难、热点问题。

纳家营村因把公厕建在自来水供水主管道上方，遭到群众强烈反对，纳古镇水保站解决群众反映热点问题，请施工单位人员实地查看测量并进行自来水主管改道。

镇武装部部长李波继续带领经管中心、安监站工作人员巡查企业，向企业管理人员宣传安全生产、环保生产。

2018 年 11 月 3 日

纳家营村五组马子凡母亲归真，近 80 岁，高血压引起眼压高，眼睛要掉出来。

纳家营村一组纳应正孙子结婚，席设四组大场，300 多桌客规模。

2018 年 11 月 5 日

小海湿地公园正在施工打造，在小海湿地公园摆摊、支点的各位教亲积极支持镇、村两级工作，帮助搬运东西，共同打造美丽家乡。

2018 年 11 月 6 日

近日，纳古百事通举办最美纳古摄影大赛，通过微信广泛收集摄影作品，作品可以做成音乐相册、图册。参赛作品评比以点赞的多少为标准。投稿时间：从今天起到 2018 年 11 月 15 日。大赛设 3 个奖项，一等奖 300 元，二等奖 200 元，三等奖 100 元。举办的目的不为奖金，只为发现家乡的美。欢迎个人或者企业提供赞助资金 600 元。感谢纳家营村党总支书记纳宏锦为最美纳古参赛作品提供奖金。

2018 年 11 月 12 日

通海县人民政府副县长孟志明到纳古镇调研企业发展工作,镇党委书记杨堂聪汇报相关情况。

纳古镇继续做好路域环境整治工作,江通公路纳古段保洁到位。

2018 年 11 月 13 日

县财政局综改办到纳古镇对纳古古城村申请的 2018 年"一事一议"项目进行实地查看。

镇党委书记杨堂聪、镇长纳鸿翔到小海湿地公园查看建设推进工作,听取施工方在施工中存在的困难和问题并现场协调、研究解决。

县滇中引水办到纳古镇实地踏勘滇中引水二期自来水管道走向及取水口选址工作。

2018 年 11 月 14 日

杞麓湖湿地公园建设工程纳古镇小海项目正在抓紧施工中,镇人大主席纳立凡到现场查看督促施工进度。

纳古镇全力推进杞麓湖"四退三还"租地工作,在镇工作组和村组干部的努力下,多数群众积极交报材料,签订租地合同。

纳古镇"村村通"道路建设正式开始,施工方入场准备施工。

2018 年 11 月 15 日

纳古镇继续开展牲畜养殖疫病防控工作,镇工作人员挨家挨户到养殖户家中检查,查看养殖卫生环境并向养殖户强调疫病防控注意事项。

纳古镇副镇长曾锦带领经管中心工作人员开展企业安全检查。

镇党委书记杨堂聪、镇长纳鸿翔走访调研纳古镇县级工艺师马毕伟工作室,了解工艺师对于发展的规划,并提出意见和建议,引导工艺师以文化产业为方向,做好金属工艺。

今天，杞麓湖畔迎来了一群来自远方的老朋友，红嘴鸥开始陆续飞到杞麓湖越冬。在杞麓湖北岸纳古段，已经聚集了上百只海鸥，很多游人观鸥喂鸥，其乐融融。

2018 年 11 月 16 日

纳古镇继续推进纳古古城新农村建设工作，镇党委副书记王绕督促村组干部对群众加强政策宣传，逐个解决存在问题，加快工作进度。

县民宗局祁跃红、宗教事务股张智睿到纳古镇指导调研民族宗教工作，与纳古镇党委书记杨堂聪、纳古清真寺管理人员进行座谈。

2018 年 11 月 18 日

纳家营村一组马某归真，70 余岁，脑梗，卧病在床 3 年有余。马文廷育有一儿两女，儿子吸毒 7 年前就死亡了，吸毒儿子育有一儿，现 7 岁多，由大姑妈抚养，姑妈无儿无女。马某自从儿子死了之后就由大女儿照管，大女儿很孝顺，照管得很好。

2018 年 11 月 19 日

纳古镇做好退役军人和其他优抚对象信息采集工作，通过宣传发动镇内退役军人到镇退役军人管理服务站进行信息采集。

纳古镇海埂路道路绿化树种植正在进行树洞开挖，镇党委书记杨堂聪了解树洞开挖及破损水管情况。

"村村通"道路建设稳步推进，"村村通"道路是连接纳古纳家营村和纳古古城村的主要道路。目前在 2017 年路基清理的基础上进行路面浇筑硬化。道路建设约 4 千米，路面宽度 5 米，预计今年内完工。

纳家营村五组纳维芳母亲归真，脑出血。

2018 年 11 月 20 日

纳古镇组织 47 名人大代表和 8 名政协委员开展视察，实地走访查看杞麓湖湿地公园小海湿地建设、纳古古城村震后重建新村建设，参观里山工业园区的云南穆光工贸有限公司及纳古回族文化展览馆。展览馆分为"农耕区""马帮区""手工艺区""传统文化区"和"回族文化区"五个展区，展示了纳古镇回族独具特色的生产生活文化。镇长纳鸿翔、镇党委副书记王绕介绍规划情况和工作推进情况。

纳古镇在机关单位和群众中发放宣传单，广泛开展"12340"群众满意度调查宣传。

纳古镇深入开展非洲猪瘟排查及宣传。

2018 年 11 月 21 日

纳古镇海埂路开始进行绿化树种植。

市民宗局董副局长一行，在县委常委、统战部部长蔡骏辉的陪同下，对纳古镇综治维稳及民族宗教等工作进行调研。

今天，纳古镇对海埂路电杆塘进行硬化，目前路上所有电杆塘全部硬化完毕。

2018 年 11 月 22 日

纳古镇抓紧推进"四退三还"租地工作，镇联系纳家营村班子成员、镇人大主席纳立凡与进度落后的小组领导进行座谈，督促工作推进。

县财政局耿双昌局长一行在纳古镇杨堂聪书记等镇领导陪同下，对杞麓湖纳古段周边基础设施建设进行实地调研。

镇党委书记杨堂聪、副镇长张波实地检查"村村通"、海埂路绿化、北岸湿地公园项目建设推进情况。

镇党委书记杨堂聪、副镇长尹绍荣对辖区内的入湖河道进行日常巡查，镇内几条入湖河道保洁到位，河畅水清。

2018 年 11 月 23 日

防震减灾局蔡建华局长一行到纳古调研防震减灾及灾后重建工作。

为切实做好人居环境整治,纳古纳家营村在十字路口设置交通治安执勤点,重点对镇内车辆乱停乱放情况进行治理。

2018 年 11 月 24 日

纳家营村三组的合群老师的独子酬祝米客,席设三组公房,100 多桌客。

纳家营村四组雷家顺岳母归真,90 岁,卧病在床多年,不出门。归真前摔了一跤。

纳家营村五组马慈坤归真,脑出血。

2018 年 11 月 25 日

纳家营村一组马子明的长子结婚,新媳妇是本组纳绍忠的小女儿,在家的请,未接人亲,500 多桌客,新式吃法。

2018 年 11 月 26 日

为了有效切断疫病传播途径,纳古镇根据县农业局安排切实做好防控宣传,向屠商发放《关于对活畜禽承运车辆备案登记的通告》。

纳古镇副镇长曾锦带领工作人员巡查企业,了解企业安全生产情况。

纳古镇派出所联合纳古纳家营村委会开展治安交通乱点整治。

2018 年 11 月 27 日

纳古镇土地确权工作进入颁证阶段,镇三资中心指导村组将土地承包经营权证发到群众手中。

纳家营村一组马文信归真,70 余岁。

纳家营村一组纳绍忠小女儿接回门,席设公房,300 多桌客。

2018年11月28日

副镇长尹绍荣、张波到纳家营村二组督促推进杞麓湖"四退三还"租地工作。

2018年11月29日

纳古镇召开2019年森林防灭火工作会议，副镇长尹绍荣总结2018年森林防火工作，安排部署2019年防灭火工作，签订森林防火工作责任书。纳古镇森林防灭火指挥部成员、半专业扑火队员及村组领导干部共50余人参会。

纳古镇召开2018年消防安全知识培训暨今冬明春火灾防控工作会议，副镇长张从国结合镇实际对今冬明春火灾防控工作进行安排部署，要求参会人员高度重视排查火灾隐患，在冬春火灾高发期加强宣传火灾防控知识。

在消防安全知识培训暨今冬明春火灾防控工作会议上，云南消防安全普及中心主讲教师讲解日常生活中消防安全注意事项和火灾防控逃生方法等。

纳古镇32辆新能源公交车陆续到位，今天开始正式运营。新能源公交车以车载电源为动力，纯电能驱动行驶，车辆噪声小、行驶稳定性高，有效减轻了汽车排放污染。

纳古新能源公交车负责往返"纳古—四街—通海"的乘客运送，运行路线和票价不变。据了解，新能源公交车采用自动投币的方式付款，温馨提示：请乘客提前准备好零钱。

2018年11月30日

云南穆光工贸有限公司进行生产点火仪式，镇党委书记杨堂聪、镇长纳鸿翔、镇人大主席纳立凡、副镇长张从国到现场走访。

纳家营村三组合林方归真，60余岁，脑出血，出血量大，送至玉溪市人民医院，医生诊断：即使手术了也只会是植物人，所以未做手术。

纳家营村一组纳跃东归真，36岁，肝硬化。

2018年12月2日

纳家营村三组合应华长子结婚，新媳妇是纳家营村一组马映婵女儿。

2018年12月3日

纳古镇2018年四类重点对象农危房修缮加固改造施工中。

纳古镇继续深入开展黄标车淘汰治理工作，镇工作人员配合县公安局交警大队到新平县查属于纳古镇的黄标车。

镇党委副书记王绕、副镇长尹绍荣到纳古古城村听取村组干部汇报新村建设推进情况，并就面临的困难和问题进行商议、研究，同时实地查看古城村建房户让宽生命通道情况。

2018年12月4日

纳家营村一组马映婵女儿接回门，席设四组大场，200多桌客规模。

今天晚上纳翠兰女儿吃茶，在五队大场。

今天早上，通海三中米世明父亲归真，89岁，住在昆明小儿子家，听说被电动车撞伤送往医院就没有抢救过来，晚上从昆明拉回纳家营。

2018年12月5日

副镇长张波、曾锦和司法所所长阚红琴到企业宣传环保安全生产及《宪法》等国家法律法规。

省委统战部，省民宗委，市、县民宗局领导一行到纳古镇开展基层宗教工作队伍建设情况调研。

今天送米世明父亲"埋体"。

2018 年 12 月 6 日

镇安监站联合市场监管所对辖区内危化企业进行检查。

镇长纳鸿翔巡查森防工作，对森防卡点的工作开展，巡山护林员的生活、工作情况进行了详细的了解，要求全体巡山护林员守好卡、巡好山，守护好纳古的绿水青山。

为切实推进"四退三还"工作进度，镇党委书记杨堂聪到纳家营村二组向群众宣传讲解"四退三还"相关政策。

县委书记卢维江到杞麓湖北岸督导纳古小海湿地公园建设情况。

"再穷不能穷教育，再苦不能苦孩子"的感人口号喊了多年，如今听着稍稍有一点儿疲劳。眼下国富民强，按说国库充盈，建设一个运动场还不是小菜一碟。

今天，纳古学校因运动场改造已经停办了多年的体艺节，在尘土飞扬、杂草丛生、凹凸不平的运动场上开幕了，看着孩子们在这样的场地上比赛，我们深感愧疚和自责。

早已完成设计、招标等前期工作的运动场改造，却因缺乏建设资金，时停时建，前前后后围挡了 5 年多，学校的体艺节也随之停办了多年。围住的不仅仅是一块场地，而是孩子们释放童真童趣的天地，禁锢的是孩子们放飞梦想的天堂，1759 名孩子被圈在狭小的教室里，前途命运堪忧。

听着孩子们"加油、加油……"此起彼伏的喊叫声，大家的内心却充满了煎熬。国家对教育如此重视，却不能为孩子们提供一个像样的运动场，只能在狭缝中分年级举行简单的比赛。"祖国的未来"如此悲催，我们心如刀绞，此景难以释怀，两行腮边泪，不知该怨谁。

看着孩子们"我们得第一了"奔走相告的高兴劲儿，教师们却无颜面对江东父老。除了担心孩子们比赛的安危，更不知 5 年多连个体育活动都无法正常开展，对孩子们造成的身心影响，真不知"祖国的花朵"是否折腰于狭小的天地里？情悠悠，恨悠悠，愁到何时方始休。

回想教师们为了给孩子们一个活动的地方，节衣缩食，减少培训，减少花钱的活动，能省则省，该用则少用或不用，校领导对教师充满了内疚。教师走不出去，人人会否成为井底之蛙？个个会否枯竭了源头活水？亏欠的是教师，伤害的却是孩子们啊！蚕丝吐尽，烛泪成灰，风残流水尽，哀哉哀哉！

　　钱到用时方恨少，事非经过不知难。为发工资，财政已尽全力，运动场改造遥遥无期，耐心等待已成现实。但孩子们怎么办，运动场可等，孩子们能等吗？我们无能为力，愧对孩子们。今识愁滋味，欲说还休，欲说还休，但愿天凉好个秋。

　　希望孩子们比赛时注意安全，不要伤了你们稚嫩的身体，祝你们取得优异的成绩！

　　为进一步扩展公司在中东地区的业务，2018年11月21日至12月5日，云南纳速拉丁公司负责人前往迪拜进行了为期15天的考察活动。

　　本次外出考察，主要针对农产品贸易、房地产开发、酒店投资、市政工程承建几个方面进行考察了解与合作商谈。15天的时间里，公司负责人与迪拜政府官员、商界及企业界人士进行了面对面交谈，并到实地查看了解相关情况。

　　通过本次考察，公司对迪拜相关行业的政策法规、监管体制、市场供需情况、运行现状、发展趋势等多方面有了更深入的了解，为公司的投资方向、业务发展、经营管理提供了指导，为下一步的发展打下了基础。

2018年12月7日

　　县动物疫控中心工作人员与纳古镇兽医站工作人员一起对生猪养殖户进行非洲猪瘟排查，告知养殖户：禁止使用餐厨剩余物和泔水喂猪，做好免疫，加强饲养管理和消毒灭源工作。

2018 年 12 月 8 日

本周，纳古镇海埂路至小海湿地公园连接线涵管埋设工程顺利推进，完成土方开挖，涵管埋设过半。

"村村通"道路建设有序进行，本周进行路帮浇筑。

杞麓湖"四退三还"租地工作抓紧开展，镇工作组人员配合村组领导深入群众家中做工作，签订租地合同。

护林防火工作全面开始，入山卡点开始值班值守，巡山人员开始日常巡查。

2018 年 12 月 9 日

今天下午 2 时，纳家营村四组小名尔林大名纳有才归真，1 周前摔了一跤不会说话，送玉溪市人民医院急诊科抢救，住了几天不见好转回家观察。纳有才家很可怜，一家人的生活仅靠他在菜市场门口骑三轮车帮人送菜为生，这次发病治疗是通过"百事通"在微信群里筹款，筹了 8 万多元。

2018 年 12 月 10 日

镇长纳鸿翔现场查看"村村通"和海埂路连接小海湿地公园下水管道埋设情况。

镇计生站开展流动人口信息采集工作。

2018 年 12 月 11 日

县安监局副局长杨奎华带队到纳古镇检查企业生产安全。镇相关站所对冶金工贸企业、建筑施工等重点行业进行安全检查。通过查隐患、重整改、压事故、严执法，坚决杜绝较大及以上事故，切实遏制一般事故，加大安全生产宣传教育和检查力度，全面提升安全生产保障能力，督促安全生产责任落实，确保纳古各行业安全生产形势稳定向好。

结合"12·4"国家宪法日和"12·5"国际志愿者日活动，纳古镇开展以"弘扬宪法精神"为主题的系列志愿服务宣传，志愿者在镇人流聚集处发放宪法知识、文明建设、扫黑除恶等宣传资料，并现场回答群众咨询的问题。

2018 年 12 月 12 日

纳古镇 2018 危房修缮加固改造改施工推进中。

市委副书记保明顺、县委书记卢维江等市、县领导到纳古镇检查指导河湖治理及小海湿地公园建设工作。

镇畜牧站工作人员对镇内养殖户进行检查，主要就规范养殖环境污染进行查看指导。

官渡区博物馆一行到纳古镇收集赛典赤·赡思丁史料。

镇畜牧站对镇内牲畜屠宰零售户进行检查，告知屠商：做好牛血、牛粪和污水的收集，经过处理后再排放，不能直排，做好屠宰点环境卫生，生产合格的牛肉。宣传过程中发放、张贴《非洲猪瘟防控告知书》，并将消毒药发到每户养殖户，指导开展消毒防疫。

2018 年 12 月 13 日

经过省、市检查审核，纳古镇派出所从三级派出所升级为二级派出所，县公安局局长杨兴龙、副局长师震海为纳古镇派出所颁发二级所牌匾。

2018 年 12 月 14 日

镇党委副书记王绕、副镇长张波召集纳家营村组领导干部和小海湿地公园周围住户就立面改造工程召开专题会议。镇工作组与村组领导逐户到群众家中做工作，对群众有异议的租地面积进行实地核查，解决群众争议问题，引导群众签订租地合同。

镇环卫站对镇内垃圾进行清运，14日完成了3、4号过磅房的垃圾清运。

2018年12月15日—16日

古城清真寺定于今天、明天、后天庆祝穆圣诞辰暨学生毕业典礼。古城清真寺位于通海县纳古镇北面的古城村中心，背靠狮子山，面临杞麓湖，距离通海县城15千米左右，这里依山傍水，风光旖旎。诚挚邀请各地教亲及社会各界人士光临指导，共度佳节！

2018年12月17日

纳古纳家营村委会办公场所破土动工。

2018年12月18日

纳古镇召开2018年"河（湖）长制"暨人居环境综合整治工作会议，副镇长尹绍荣传达省、市、县关于三湖治理的政策要求，具体安排部署纳古镇"河长制"工作和人居环境治理工作。

纳古镇组织镇村组干部集中收看"庆祝改革开放四十周年"大会，群众也在家中观看大会直播。

2018年12月19日

纳古镇污水处理厂建设项目收尾工程加快推进中。

纳古镇组织镇班子成员、各村领导和相关站所负责人召开专题会议，镇党委书记杨堂聪就扶贫开发工作做安排部署。

纳古镇党委书记杨堂聪、镇长纳鸿翔巡查杞麓湖北岸小海湿地公园及污水处理厂建设项目推进情况。

今天，纳古镇人大主席团组织召开第九次会议，讨论并通过镇2019年年初人代会相关议程。

2018年12月20日

纳古镇组织镇环卫服务中心召开环卫、清运工人"除旧布新迎新年、清洁纳古我先行"人居环境综合整治工作会。

县委副书记金宏淼一行到纳古镇督导河道日常保洁、管护及村落环境综合整治项目工作。

纳古镇继续对镇内养殖户开展非洲猪瘟防控巡查，将宣传资料发放到每户养殖户。

县验收组到珠源铝业检查验收中央环保督查整改情况。

2018年12月21日

古城村一组杨孝侄子结婚，新娘是纳家营村四组马双丽的女儿，新郎是东川人，父母亲几年前就回来了，现在厂里面看门。

2018年12月22日

纳家营村四组马存应的母亲归真，90多岁高龄。

2018年12月23日

纳古镇抓紧推进杞麓湖"四退三还"租地工作，镇工作组与村组干部逐户宣传政策，逐个解决问题，动员群众尽快签订租地合同。

2018年12月24日

纳古镇做好建档立卡贫困户联系管理，镇班子成员到建档立卡户家中走访慰问，了解贫困户生活中存在的问题和困难。

2018年12月28日

今天早上，五组会计在本组请客房发放山地租金分红，凡上过户口都有份。

今天晚上，纳家营村四组纳云飞女儿吃汤圆，在四队大场。

2018年12月29日

云南衡水实验中学的名师到纳古交流，内容是：如何把你的孩子培养成为一个爱读书、有抱负的人。地点设在兰苑学堂，纳古镇忠爱大街98号三楼，参与家长达数百人，整个会场讨论气氛热烈，让家长们受益匪浅。大家都期待这样的讲座。

2018年12月30日

今天气温大幅度下降，街道上变得冷清，卖小菜的摊贩也不多，平时1元钱一颗花菜今天卖到3元钱一颗。糍粑、饵块相当热卖，马会、德孝媳妇馒头近期成为海鸥的主粮，尤其是今天特好卖，早上9点多就已经卖空了，说明今天海鸥很多，朋友圈都被喂鸥视频刷屏了。五队大场上，忙碌着本组人的身影，有的捡木耳，有的剁红烧，有的撕藕皮……她们正在为明早上请客开经做准备。四队大场上也在热闹着，她们在为马丽娅家帮忙，明天马丽娅的次子讨媳妇。

2018年12月31日

纳家营村五组纳建学的母亲归真，老人病。下午4点30分站拜，纳跃义教长主持，纳家营村五组开经，早上坐桌子吃，下午抬大碗吃。